# NomosPraxis

**Dr. Frederik Karsten**
Geschäftsführer Recht der Handwerkskammer Chemnitz,
Lehrbeauftragter für Gesellschaftsrecht an der TU Chemnitz

# GmbH-Recht

Die Deutsche Nationalbibliothek verzeichnet diese Publikation in
der Deutschen Nationalbibliografie; detaillierte bibliografische Daten
sind im Internet über http://www.d-nb.de abrufbar.

ISBN 978-3-8329-3326-5

1. Auflage 2009
© Nomos Verlagsgesellschaft, Baden-Baden 2009. Printed in Germany. Alle
Rechte, auch die des Nachdrucks von Auszügen, der fotomechanischen Wiedergabe und der Übersetzung, vorbehalten.

## Vorwort

Die GmbH ist in Deutschland die beliebteste Rechtsform. Das Gesetz zur Modernisierung des GmbH-Rechts und zur Bekämpfung von Missbräuchen (MoMiG) hat das GmbHG zum 1. November 2008 grundlegend geändert. Mit der Unternehmergesellschaft (haftungsbeschränkt) gibt es eine neue Variante der GmbH. Die Regelungen zu den eigenkapitalersetzenden Gesellschafterleistungen wurden aus dem Gesellschaftsrecht (§§ 32 a, 32 b GmbHG) in das Insolvenzrecht (§§ 39, 135 InsO) verlagert. Dort findet sich nun auch eine Insolvenzantragspflicht der Gesellschafter (§ 15 a Abs. 3 InsO), die einen weiteren Missbrauch mit der GmbH verhindern soll.

Kurz vor Inkrafttreten des MoMiG hat der Gesetzgeber unter Eindruck der Finanzmarktkrise den Überschuldungsbegriff geändert. Auf das hierzu erlassene Finanzmarktstabilitätsgesetz (FMStG) wird in diesem Buch eingegangen. Berücksichtigt wurde auch das Gesetz über das Verfahren in Familiensachen und in den Angelegenheiten der freiwilligen Gerichtsbarkeit (FamFG), das am 1. September 2009 in Kraft treten wird.

Einen Schwerpunkt habe ich auf die Erweiterung der Baugeldhaftung gelegt. Sie wurde durch das Gesetz zur Sicherung und Durchsetzung von Werklohnforderungen (FoSiG) vom 23. Oktober 2008 grundlegend geändert. Zu diesem Gesetz wurde am 26. Mai 2008 eine Anhörung vor dem Rechtsausschuss des Deutschen Bundestags durchgeführt, an der ich als Sachverständiger teilgenommen habe.

In diesem Buch werden die Grundlagen des gesamten GmbH-Rechts dargestellt. Mein Ziel ist es insbesondere, die Änderungen des MoMiG und ihre Auswirkungen nicht nur für die Anwaltschaft und Justiz, sondern auch für die Gesellschafter und die Geschäftsführer einer GmbH praxisgerecht zu erläutern. Fundierte Vorkenntnisse im Gesellschaftsrecht werden dabei nicht vorausgesetzt. Die oft abstrakte Materie wird durch Beispiele veranschaulicht, für die ich regelmäßig auf Entscheidungen des BGH zurückgegriffen habe.

Mein herzlicher Dank geht an Herrn Holger Höhr, Geschäftsführer der HKBiS Handelskammer Hamburg Bildungs-Service gGmbH, und an Herrn Dr. Bernhard Klose, Vizepräsident des Verwaltungsgerichts Chemnitz. Beide haben das ganze Buch geduldig Korrektur gelesen und mir mit stilistischen Verbesserungen sehr geholfen. Meiner Sekretärin, Frau Regine Uhlig, und Herrn Assessor Uwe Lorbeer, Rechtsberater bei der Handwerkskammer Chemnitz, danke ich ebenso herzlich für ihre Unterstützung.

*Für Rike, Meret und Finn.*

Dr. Frederik Karsten
Chemnitz, im November 2008

# Inhalt

| | |
|---|---|
| Vorwort | 5 |
| Literaturverzeichnis | 11 |
| Abkürzungsverzeichnis | 13 |
| **§ 1 Gründung** | **15** |
| A. Rechtsformwahl | 15 |
|    I. Einleitung | 15 |
|    II. Vorteile der GmbH gegenüber anderen Rechtsformen | 17 |
| B. Verfahren | 26 |
|    I. Überblick | 26 |
|    II. Errichtung der GmbH | 29 |
|    III. Leistung der Einlage | 33 |
|    IV. Anmeldung beim Handelsregister | 36 |
|    V. Prüfung und Eintragung durch das Registergericht | 41 |
| C. Gründerhaftung | 44 |
|    I. Vorgründungsgesellschaft | 44 |
|    II. Vorgesellschaft | 45 |
| D. Synopse zum Gründungsrecht | 50 |
| **§ 2 Satzung** | **52** |
| A. Beurkundung | 52 |
| B. Mindestinhalt | 55 |
|    I. Firma | 55 |
|    II. Sitz | 58 |
|    III. Unternehmensgegenstand | 60 |
|    IV. Stammkapital | 61 |
|    V. Geschäftsanteil | 61 |
| C. Fakultativer Inhalt | 63 |
|    I. Stellvertretung und Geschäftsführung | 63 |
|    II. Regelungen zu Gesellschafterbeschlüssen | 65 |
|    III. Regelungen zum Ausscheiden von Gesellschaftern | 68 |
|    IV. Wettbewerbsverbot | 74 |
|    V. Bekanntmachungen | 74 |
|    VI. Übernahme der Gründungskosten | 75 |
| D. Synopse zum Satzungsrecht | 76 |
| **§ 3 Finanzierung** | **77** |
| A. Kapitalaufbringung | 79 |
|    I. Stammkapital | 79 |

|  |  |
|---|---|
| II. Bargründung | 80 |
| III. Sachgründung | 91 |
| IV. Kapitalerhöhung | 96 |
| V. Synopse zur Kapitalaufbringung | 102 |
| **B. Kapitalerhaltung** | 103 |
| I. Vermögensschutz | 103 |
| II. Auszahlungsverbot | 108 |
| III. Erstattungsanspruch | 120 |
| **C. Fremdkapital** | 123 |
| I. Überblick | 123 |
| II. Gesellschafterfinanzierung nach bisherigem Recht | 133 |
| III. Gesellschafterfinanzierung nach dem MoMiG | 154 |
| IV. Synopse zum Fremdkapital von Gesellschaftern („Eigenkapitalersatzrecht") | 168 |
| **§ 4 Gesellschafter** | 169 |
| **A. Allgemeines** | 170 |
| **B. Rechte** | 172 |
| I. Überblick | 172 |
| II. Beteiligung am Gewinn | 173 |
| III. Verteilung der Kompetenzen | 175 |
| IV. Informationsrecht | 176 |
| **C. Pflichten** | 179 |
| I. Überblick | 179 |
| II. Treuepflicht | 180 |
| III. Wettbewerbsverbot | 182 |
| **D. Beschluss** | 183 |
| I. Gegenstand der Gesellschafterbeschlüsse | 184 |
| II. Beschlussfassung innerhalb der Gesellschafterversammlung | 191 |
| III. Beschlussfassung ohne eine Gesellschafterversammlung | 207 |
| IV. Rechtsschutz gegen fehlerhafte Gesellschafterbeschlüsse | 209 |
| **E. Ausscheiden** | 215 |
| I. Überblick | 215 |
| II. Anteilsveräußerung | 216 |
| III. Kaduzierung | 223 |
| IV. Einziehung | 226 |
| V. Ausschluss | 230 |
| VI. Austritt | 234 |
| VII. Synopse | 236 |

| | |
|---|---|
| § 5  Geschäftsführer | 238 |
| A. Grundlagen | 239 |
| I. Vertretung und Geschäftsführung | 240 |
| II. Organstellung und Anstellung | 247 |
| III. Einteilung von Geschäftsführern | 248 |
| IV. Rechtliche Einordnung | 251 |
| B. Rechte | 260 |
| C. Pflichten | 261 |
| I. Überblick | 261 |
| II. Externe Transparenzpflichten | 262 |
| III. Pflicht zur Einberufung der Gesellschafterversammlung | 266 |
| IV. Buchführungspflicht | 267 |
| V. Wettbewerbsverbot | 268 |
| VI. Arbeits- und sozialversicherungsrechtliche Pflichten | 270 |
| VII. Steuerrechtliche Pflichten | 272 |
| VIII. Insolvenzantragspflicht | 272 |
| D. Organstellung | 282 |
| I. Bestellung | 282 |
| II. Abberufung | 286 |
| III. Amtsniederlegung | 292 |
| E. Anstellung | 295 |
| I. Zustandekommen des Anstellungsvertrages | 295 |
| II. Inhalt des Anstellungsvertrags | 297 |
| III. Kündigung des Anstellungsvertrags | 313 |
| § 6  Beseitigung | 324 |
| A. Überblick | 324 |
| B. Auflösung | 325 |
| I. Auflösungsgründe | 325 |
| II. Anmeldung | 330 |
| III. Rechtsfolgen | 331 |
| IV. Fortsetzung | 331 |
| C. Liquidation | 332 |
| I. Liquidator | 332 |
| II. Verfahren | 336 |
| D. Beendigung | 339 |
| E. Nachtragsliquidation | 340 |

| | |
|---|---|
| § 7 Haftung | 341 |
| A. Geschäftsführer | 342 |
| I. Innenhaftung | 342 |
| II. Außenhaftung | 355 |
| B. Gesellschafter | 404 |
| I. Innenhaftung | 405 |
| II. Außenhaftung | 417 |
| § 8 Unternehmergesellschaft | 424 |
| A. Einführung | 424 |
| B. Musterprotokoll | 426 |
| I. Vorbemerkung | 427 |
| II. Musterprotokoll für die Einpersonen-UG | 430 |
| III. Musterprotokoll für die Zwei- oder Dreipersonen-UG | 432 |
| C. Sonderrecht | 434 |
| I. Bezeichnung (§ 5 a Abs. 1 GmbHG) | 434 |
| II. Kapitalaufbringung (§ 5 a Abs. 2 GmbHG) | 436 |
| III. Rücklagenbildung (§ 5 a Abs. 3 GmbHG) | 439 |
| IV. Einberufung von Gesellschafterversammlungen (§ 5 a Abs. 4 GmbHG) | 441 |
| D. Umwandlung | 442 |
| I. Von der UG in die GmbH („upgrading") | 443 |
| II. Von der GmbH in die UG („downsizing") | 448 |
| E. Vergleich mit Limiteds | 449 |
| I. Gründung | 449 |
| II. Kosten | 453 |
| III. Ansehen der Rechtsform | 454 |
| IV. Haftung | 454 |
| V. Resümee | 461 |
| Stichwortverzeichnis | 463 |

# Literaturverzeichnis

*Arens/Beckmann,* Die anwaltliche Beratung des GmbH-Geschäftsführers, 1. Aufl. 2006

*Baumbach/Hueck/Fastrich* (Hrsg.), Kommentar zum GmbHG, 18. Aufl. 2006

*Baumbach/Lauterbach/Albers/Hartmann,* Zivilprozessordnung, 62. Aufl., 2004

*Beck/Depre* (Hrsg.), Praxis der Insolvenz, 2003

*Bruns,* Forderungsdurchsetzung am Bau, 2005

*Budde/Förschle,* Sonderbilanzen, 3. Aufl. 2002

*Dombek/Kroiß* (Hrsg.), Formularbibliothek Vertragsgestaltung, Gesellschaftsrecht I, 1.Aufl. 2007

*Gehrlein,* GmbH-Recht in der Praxis, 1. Aufl. 2004

*Germann,* Die GmbH, 2. Aufl. 1998:

*Goette,* Die GmbH, 2. Aufl. 2002

*Grunewald,* Gesellschaftsrecht, 6. Aufl. 2005

*Hagenloch,* Handbuch zum Gesetz über die Sicherung der Bauforderungen (GSB), 1. Aufl.1991

*Heckschen/Heidinger,* Die GmbH in der Gestaltungspraxis, 2005

*Heinz,* Die englische Limited, 2. Aufl. 2006

*Hoffmann/Liebs,* Der GmbH-Geschäftsführer, 2. Aufl. 2000

*Hofmann/Koppmann,* Die neue Bauhandwerkersicherung 4. Aufl. 2000

*Huber,* Anfechtungsgesetz, 10. Aufl. 2006

*Hüffer* (Hrsg.), AktG, 7. Aufl. 2006

*Ingenstau/Korbion,* Kommentar zur VOB : Teile A und B, 16. Aufl. 2006

*Kallmeyer,* GmbH-Handbuch (Loseblatt-Sammlung, Stand 2008)

*Koller/Roth/Morck,* Kommentar zum HGB, 6. Aufl. 2007

*Dombek/Kroiß* (Hrsg.), Formularbibliothek Zivilprozess, Gesellschaftsrecht (Bearb.: David) 1. Aufl. 2005

*Löber/Wendland/Bilz/Lozano,* Die neue spanische GmbH, 1. Aufl. 2004

*Lutter/Hommelhoff,* GmbHG, 16. Aufl. 2004

*Michalski,* GmbHG, 1. Aufl. 2002

*Meyke* Die Haftung des GmbH-Geschäftsführers, 4. Aufl. 2004

Münchener Handbuch des Gesellschaftsrechts, Band 3, Hrsg. *Priester/Mayer,* 2. Aufl. 2003

Münchener Kommentar zum BGB, Hrsg. *Säcker/Rixecker,* Band 1, 5. Aufl. 2006

*Palandt,* Kommentar zum BGB, 66. Aufl. 2006

*Picot,* Unternehmenskauf und Restrukturierung, 3. Aufl. 2004

*Raiser/Veil,* Recht der Kapitalgesellschaften, 4. Aufl. 2006

*Römermann/Wachter,* GmbH-Beratung nach dem MoMiG, Sonderheft GmbH-Rundschau 10/2008

*Roth/Altmeppen,* GmbHG, 5. Aufl. 2005

*Rowedder/Schmidt-Leithoff,* GmbHG, 4. Aufl. 2002

*Saenger/Aderhold/Lenkaitis/Speckmann* (Hrsg.),Handels- und Gesellschaftsrecht, 1. Aufl. 2008

*Stammkötter,* Kommentar zum Gesetz über die Sicherung der Bauforderungen (GSB), 2. Aufl., 2003

# Literaturverzeichnis

*Stobbe* Die Durchsetzung gesellschaftsrechtlicher Ansprüche der GmbH Insolvenz und masseloser Liquidation, 2001

*Stöber* Forderungspfändung, 15. Aufl. 2005

*Schmidt, K.*, Gesellschaftsrecht, 4. Aufl. 2002

*ders.*, Handelsrecht, 5. Aufl. 1999

*Scholz*, GmbHG, 10. Aufl. 2006 ff

*Staudinger*, Kommentar zum Bürgerlichen Gesetzbuch, 13. ff. Bearbeitung, 1993 ff

*Süß/Wachter*, Handbuch des Internationalen GmbH-Rechts, 2006

*Triebel /von Hase/ Melerski*, Die Limited in Deutschland, 1. Aufl. 2006

*Ulmer/Habersack/Winter.*, Großkommentar GmbHG, 1. Aufl. 2005 ff

*Zöller* (Hrsg.), Kommentar zur ZPO, 26. Aufl. 2007

# Abkürzungsverzeichnis

| | | | |
|---|---|---|---|
| aA | anderer Ansicht | einschl. | einschließlich |
| aaO | am angegebenen Ort | einschr. | einschränkend |
| abl. | ablehnend | Entsch. | Entscheidung |
| Abs. | Absatz | entspr. | entsprechend |
| Abschn. | Abschnitt | Entw. | Entwurf |
| abw. | abweichend | Erkl. | Erklärung |
| aE | am Ende | Erl. | Erlass; Erläuterung |
| aF | alte Fassung | etc. | et cetera |
| AG | Aktiengesellschaft | evtl | eventuell |
| allg. | allgemein | | |
| allgA | allgemeine Ansicht | f, ff | folgende, fortfolgende |
| allgM | allgemeine Meinung | Fn | Fußnote |
| aM | anderer Meinung | | |
| Anh. | Anhang | geänd. | geändert |
| Anm. | Anmerkung | gem. | gemäß |
| Aufl. | Auflage | ggf | gegebenenfalls |
| ausdr. | ausdrücklich | grds. | grundsätzlich |
| ausf. | ausführlich | | |
| Az | Aktenzeichen | hA | herrschende Auffassung |
| | | Hdb | Handbuch |
| Bd. | Band | hL | herrschende Lehre |
| Begr. | Begründung | hM | herrschende Meinung |
| Bek. | Bekanntmachung | Hrsg. | Herausgeber |
| ber. | berichtigt | hrsg. | herausgegeben |
| bes. | besonders | Hs | Halbsatz |
| Beschl. | Beschluss | | |
| bespr. | besprochen | iA | im Auftrag |
| bestr. | bestritten | idF | in der Fassung |
| bez. | bezüglich | idR | in der Regel |
| Bl. | Blatt | idS | in diesem Sinne |
| bspw | beispielsweise | iE | im Ergebnis |
| bzgl | bezüglich | ieS | im engeren Sinne |
| bzw | beziehungsweise | iHv | in Höhe von |
| | | inkl. | inklusive |
| ders. | derselbe | insb. | insbesondere |
| dh | das heißt | insg. | insgesamt |
| dies. | dieselbe | iS | im Sinne |
| Dok. | Dokument | iÜ | im Übrigen |
| | | iVm | in Verbindung mit |
| E. | Entwurf | iwS | im weiteren Sinne |
| e.V. | eingetragener Verein | | |
| ebd | ebenda | Kap. | Kapitel |
| Einf. | Einführung | krit. | kritisch |
| eingetr. | eingetragen | | |
| Einl. | Einleitung | lit. | littera |

# Abkürzungsverzeichnis

| | | | |
|---|---|---|---|
| Lit. | Literatur | s.o. | siehe oben |
| LS | Leitsatz | s.u. | siehe unten |
| | | Slg | Sammlung |
| m.Anm. | mit Anmerkung | sog. | so genannt |
| mE | meines Erachtens | str. | streitig/strittig |
| mind. | mindestens | | |
| Mitt. | Mitteilung(en) | u.a. | unter anderem |
| mN | mit Nachweisen | u.a.m. | und anderes mehr |
| mwN | mit weiteren Nachweisen | uÄ | und Ähnliches |
| mWv | mit Wirkung von | uE | unseres Erachtens |
| | | umstr. | umstritten |
| n.r. | nicht rechtskräftig | unstr. | unstreitig |
| n.v. | nicht veröffentlicht | Urt. | Urteil |
| Nachw. | Nachweise | usw | und so weiter |
| nF | neue Fassung | uU | unter Umständen |
| Nov. | Novelle | uVm | und Vieles mehr |
| Nr. | Nummer | | |
| | | v. | von |
| oa | oben angegeben, angeführt | vgl | vergleiche |
| | | VO | Verordnung |
| oä | oder ähnlich | vorl. | vorläufig |
| og | oben genannt | | |
| | | wN | weitere Nachweise |
| resp. | respektive | | |
| Rn | Randnummer | zB | zum Beispiel |
| Rspr | Rechtsprechung | zit. | zitiert |
| | | zT | zum Teil |
| S. | Satz/Seite | zust. | zustimmend |
| s. | siehe | zutr. | zutreffend |
| s.a. | siehe auch | zzgl | zuzüglich |

# § 1 Gründung

| | | | | |
|---|---|---|---|---|
| A. Rechtsformwahl | 1 | | 4. Gesellschafterliste | 61 |
| I. Einleitung | 1 | | III. Leistung der Einlage | 63 |
| II. Vorteile der GmbH gegenüber anderen Rechtsformen | 6 | | 1. Bareinlagen | 64 |
| | | | 2. Sacheinlagen | 65 |
| 1. Einzelunternehmen | 6 | | IV. Anmeldung beim Handelsregister | 73 |
| 2. Personengesellschaften | 10 | | | |
| a) Gesellschaft bürgerlichen Rechts | 10 | | 1. Zuständiges Registergericht | 73 |
| b) Offene Handelsgesellschaft | 16 | | 2. Form | 74 |
| | | | 3. Inhalt | 75 |
| c) Kommanditgesellschaft | 18 | | a) Notwendige Angaben | 75 |
| d) Partnerschaftsgesellschaft | 19 | | b) Exkurs: Zustellung und Zugang von Willenserklärungen an die GmbH | 79 |
| 3. Kapitalgesellschaften | 20 | | | |
| a) Unternehmergesellschaft (haftungsbeschränkt) | 20 | | 4. Anlagen | 88 |
| | | | V. Prüfung und Eintragung durch das Registergericht | 93 |
| b) Aktiengesellschaft | 23 | | | |
| 4. Auslandsgesellschaften | 30 | | C. Gründerhaftung | 104 |
| B. Verfahren | 39 | | I. Vorgründungsgesellschaft | 104 |
| I. Überblick | 39 | | II. Vorgesellschaft | 106 |
| 1. Reguläres Verfahren | 39 | | 1. Gesellschafterhaftung | 106 |
| 2. Vereinfachtes Verfahren | 43 | | a) Eintragung der GmbH (Vorbelastungshaftung) | 106 |
| II. Errichtung der GmbH | 50 | | | |
| 1. Erklärungen der Gesellschafter | 50 | | b) Keine Eintragung der GmbH (Verlustdeckungshaftung) | 114 |
| 2. Gesellschaftsvertrag | 53 | | | |
| 3. Bestellung des Geschäftsführers | 57 | | 2. Handelndenhaftung | 127 |
| | | | D. Synopse zum Gründungsrecht | 128 |

## A. Rechtsformwahl

### I. Einleitung

Die Frage nach der richtigen Rechtsform stellt sich für einen Unternehmer nicht nur zu Beginn seiner wirtschaftlichen Tätigkeit. Sie bleibt auch danach aktuell, denn die Größe des Unternehmens oder eine notwendige Unternehmensnachfolge stellen die einmal getroffene Entscheidung für eine bestimmte Rechtsform immer wieder auf den Prüfstand. Es handelt sich hierbei um eine individuelle Entscheidung, bei der nicht nur die wirtschaftlichen Verhältnisse des Unternehmers, sondern auch die des Unternehmens eine wichtige Rolle spielen. **1**

Das vorliegende Buch soll vor allem bei der Beratung von kleinen und mittelständischen Unternehmen (KMU) sowie Kleinstunternehmen hilfreich sein. Nach der Empfehlung der Kommission der EU vom 6.5.2003 setzen sich die KMU aus Unternehmen zusammen, die weniger als 250 Personen beschäftigen und die entweder einen Jahresumsatz von höchsten 50 Millionen EUR erzielen oder deren Jahresbilanzsumme sich auf höchsten 43 Millionen EUR beläuft. Innerhalb der KMU wird ein kleines Unternehmen als ein Unternehmen definiert, das weniger als 50 Personen beschäftigt und dessen Jahresumsatz bzw Bilanzsumme 10 Millionen EUR nicht übersteigt. Von Kleinstunterneh- **2**

**§ 1 Gründung**

men ist die Rede, wenn sie weniger als 10 Mitarbeiter beschäftigen und einen Jahresumsatz bzw eine Bilanzsumme von 2 Millionen EUR nicht überschreiten.[1] Unternehmen aus dem Handwerk, dem Handel, der Industrie, der Produktion und der Dienstleistungen sowie der Freien Berufe zählen zu den KMU.

3   Wenn sich ein mittelständischer Unternehmer für eine Rechtsform entscheidet, kommt insbesondere der **Haftungsbeschränkung** und der **Unternehmensnachfolge** eine ganz besondere Bedeutung zu. Außerdem ist zu beachten, dass bei den KMU das eigentliche Merkmal des gesellschaftsrechtlichen (Mehrpersonen-)Zusammenschlusses oft in den Hintergrund tritt. Im klein- und mittelständischen Bereich sind viele GmbHs entweder Einpersonen- oder Familiengesellschaften oder werden von einem Mehrheitsgesellschafter beherrscht; zutreffend spricht man hier auch von „verkappten Einmann-GmbHs".[2] Bei diesen Gesellschaften wird auf eine genaue Ausgestaltung der Rechtsverhältnisse zwischen den Gesellschaftern weit weniger Wert gelegt, als es bei Gesellschaften der Fall ist, bei denen die Gesellschafter nicht miteinander verwandt sind.

4   In Deutschland gibt es etwa eine Million Gesellschaften mit beschränkter Haftung.[3] Dass die GmbH insbesondere im Mittelstand die beliebteste Rechtsform ist, hat zahlreiche Gründe. Im Folgenden werden die wesentlichen Vorteile einer GmbH gegenüber den Rechtsformen erläutert, die einem kleinen und mittelständischen Unternehmern als Alternative zur Verfügung stehen. Hierbei handelt es sich um:

- die Führung eines **Einzelunternehmens** (als einfacher Einzelunternehmer, aber auch als eingetragener Kaufmann)
- die Gründung einer **Personengesellschaft** (Gesellschaft bürgerlichen Rechts, offene Handelsgesellschaft, Kommanditgesellschaft, Partnerschaftsgesellschaft)
- die Gründung einer **juristischen Person**, zB Unternehmergesellschaft (haftungsbeschränkt) oder Aktiengesellschaft
- die Gründung einer **Auslandsgesellschaft** (zB Limiteds)

5   Auf einen umfassenden Rechtsformvergleich muss an dieser Stelle ebenso verzichtet werden[4] wie auf einen intensiven steuerrechtlichen Vergleich.[5] Aufgrund der ab 2008 geltenden Bedingungen kommt es ohnehin nicht mehr zu den deutlichen Steuerbelastungsunterschieden, wie sie in den vergangenen Jahren zwischen den Personen- und Kapitalgesellschaften bestanden. Weil Umwandlungen bei Gesellschaften mit hohen Anfangsverlusten regelmäßig zu Steuernachteilen führen, kommt es allerdings immer mehr darauf an, zum „richtigen" Zeitpunkt einen Rechtsformvergleich vorzunehmen.[6]

---

1 Vgl Artikel 2 der Empfehlung der EU-Kommission vom 6.5.2003 (2003/361/EG).
2 So auch *Roth/Altmeppen*, GmbHG, Einl. Rn 8.
3 *Kornblum*, GmbHR 2008, 19.
4 Umfassend zur Rechtsformwahl s. *Brück/ von Oertzen* in Saenger/Aderhold/Lenkaitis/Speckmann, Handels- und Gesellschaftsrecht, § 4.
5 Zur Rechtsformvergleich unter Berücksichtigung der Unternehmenssteuerreform 2008 sowie der erwarteten Reform des Bewertungs- und Erbschaft- bzw Schenkungsteuerrechts, s. *Jorde/Götz*, BB 2008, 1032.
6 So *Harle*, BB 2008, 2151, 2166.

# A. Rechtsformwahl

## II. Vorteile der GmbH gegenüber anderen Rechtsformen

### 1. Einzelunternehmen

Ein Einzelunternehmer haftet mit seinem kompletten Vermögen. Die Haftung beschränkt sich also nicht auf das betrieblich genutzte Vermögen. Sie erstreckt sich vielmehr auch auf das gesamte Privatvermögen. Mit der Gründung einer GmbH möchte und kann ein Unternehmer insbesondere den Zugriff der Gläubiger auf sein Privatvermögen verhindern. Wenn der Einzelunternehmer ein betrieblich genutztes Grundstück besitzt, möchte er dies regelmäßig aus der Haftungsmasse heraushalten. Hierzu kann er bspw ein Grundstück an die von ihm gegründete GmbH, die als sog. Betriebsgesellschaft das Grundstück weiter nutzt (Betriebsaufspaltung), vermieten.

Die GmbH haftet nur mit ihrem Gesellschaftsvermögen (§ 13 Abs. 2 GmbHG). Diese Haftungsbeschränkung muss sich der Einzelunternehmer zunächst „erkaufen". Das Stammkapital der GmbH muss nach § 5 Abs. 1 GmbHG mindestens 25.000 EUR betragen. Hiervon sind auch bei einer Einpersonen-GmbH nur 12.500 EUR vor der Anmeldung als Einlage einzuzahlen. Die Stammeinlage ist aber nicht der einzige Preis, den ein Einzelunternehmer für die Haftungsbeschränkung zahlen muss. Er hat u.a. die **Gründungskosten** (Beurkundung des Gesellschaftsvertrages, Registergebühren, Beratungskosten bei der Ausgestaltung des Gesellschaftsvertrags) zu entrichten. Als Geschäftsführer der GmbH muss er die in §§ 325 ff HGB festgelegten Publizitätspflichten erfüllen und alle 12 Monate einen **Jahresabschluss** beim Betreiber des elektronischen Bundesanzeigers einreichen. Ein wirtschaftlicher Misserfolg kann strafbar sein, wenn er es versäumt, rechtzeitig einen Insolvenzantrag zu stellen (§ 15 Abs. 3 und 4 InsO). Auch wird ein Gesellschafter sein Privatvermögen nicht vor allen Gläubigern schützen können. Gerade Banken machen die Vergabe eines Kredits für eine GmbH oft von der Bürgschaft des Gesellschafters oder des Geschäftsführers abhängig.

Trotz dieser Nachteile überzeugt die GmbH mit ihrem Haftungsprivileg. Insbesondere wenn in dem Unternehmen viele Arbeitnehmer beschäftigt sind, droht dem Unternehmensinhaber in Hinblick auf § 278 **BGB** ein Haftungsrisiko. Es kann mit einer GmbH (oder AG) auf das Gesellschaftsvermögen beschränkt werden. Aus diesem Grund ist die GmbH gerade bei Unternehmen aus der Baubranche besonders beliebt. Im Vergleich zum Einzelunternehmen ist eine GmbH auch für die Vorbereitung einer **Unternehmensnachfolge** von Vorteil. Der bisherige Alleingesellschafter kann zunächst nur einen Teil der Geschäftsanteile veräußern und hat mit seinem Weisungsrecht gegenüber einem möglicherweise neuen Geschäftsführer immer noch einen Einfluss auf das Unternehmen.

Ein Einzelunternehmer muss die strengeren Vorschriften des HGB nur beachten, wenn er als Kaufmann ein Handelsgewerbe betreibt. Ein Handelsgewerbe ist ein Gewerbebetrieb, wenn er nach Art oder Umfang einen in kaufmännischer Weise eingerichteten Geschäftsbetrieb erfordert (§ 1 Abs. 2 HGB). Die Grenzen zwischen einem kaufmännischen Unternehmern und einem Kleingewerbetreibenden sind sehr unscharf. Als einer von mehreren Anhaltspunkten gilt der Jahresumsatz. Liegt er unter 250.000 EUR, besteht zumindest die Vermutung, dass ein kaufmännisches Unternehmen nicht vorliegt.[7] Wenn ein Einzelunternehmer sich mit den Gedanken einer GmbH-Gründung trägt, betreibt er nicht immer ein kaufmännisches Unternehmen. Auf eine GmbH sind aber unabhängig von der Größe des mit ihr betriebenen Unternehmens die Vorschriften des HGB anwendbar, da es sich bei ihr um eine Handelsgesellschaft handelt (§ 6 Abs. 1 HGB, § 13 Abs. 3 GmbHG). Die Gründung einer GmbH kann daher zur Anwendung des HGB führen. Dies kann in Hinblick auf die **Rügepflichten nach § 377 HGB** oder die nun verpflichtenden **Gerichtstandsvereinbarungen** (§ 38 Abs. 1 ZPO) von Nachteil sein.

### 2. Personengesellschaften

#### a) Gesellschaft bürgerlichen Rechts

10 Die Gesellschaft bürgerlichen Rechts (GbR) setzt mindestens zwei Gesellschafter voraus. Sie kann nach § 705 BGB zu jedem zulässigen Zweck gegründet werden. Ein schriftlicher Vertrag ist nicht erforderlich, und die Gesellschaft muss auch nicht in das Handelsregister eingetragen werden. Mit einer GbR sind in der Folge nur geringe Gründungskosten verbunden. Das Gesellschaftsvermögen ist Gesamthandsvermögen. Bei der GbR kann eine Übertragung der Mitgliedschaft auf einen neuen Gesellschafter nur mit Zustimmung aller bereits vorhandenen Gesellschafter erfolgen. Die GbR hat als Rechtsform an Attraktivität gewonnen, seitdem ihre Rechts- und Parteifähigkeit vom BGH festgestellt wurde.[8]

11 Dennoch hat die GbR im Vergleich zur GmbH einen ganz entscheidenden Nachteil: für die Gesellschaftsverbindlichkeiten haften die Gesellschafter persönlich. Diese **Haftung** kann auch nicht durch einen Namenszusatz („**GbRmbH**") ausgeschlossen werden.[9] Die mit einer GbR verbundenen Haftungsgefahren sind insbesondere bei einem Gesellschafterwechsel von besonderer Bedeutung. So haftet der in eine GbR eintretende Gesellschafter in analoger Anwendung des § 130 HGB auch für die vor seinem Eintritt begründeten Verbindlichkeiten der Gesellschaft persönlich.[10] Die Haftung besteht auch für alle **Altverbindlichkeiten**, die der Gesellschafter bei seinem Eintritt in die Gesellschaft kannte, oder wenn er deren Vorhandensein bei auch nur geringer Aufmerksamkeit hätte erkennen können. Wenn die GbR Eigentümerin eines Grundstücks ist, gehören bspw die Versorgungsverträge (Gas, Strom, Wasser) zu den erkennbaren Verbindlichkeiten.[11]

12 Der aus einer GbR ausgeschiedene Gesellschafter haftet nach § 128 HGB analog, wenn die Verbindlichkeit bereits zum Zeitpunkt seines Ausscheidens bestand und fällig war. Der ausscheidende Gesellschafter kann aber auch für die während seiner Mitgliedschaft begründeten Verbindlichkeiten in Anspruch genommen werden, wenn sie erst nach seinem Ausscheiden innerhalb von 5 Jahren fällig und in der durch § 160 Abs. 1 HGB geregelten Weise geltend gemacht werden. Hat die GbR bspw ein Gebäude gemietet oder einen Arbeitnehmer eingestellt, wird mit dem Vertragsabschluss eine Forderung

---

7 Vgl hierzu die Beispielsfälle bei Baumbach/*Hopt*, HGB, § 1 Rn 20.
8 BGH v. 29.1.2001 – II ZR 331/00, NJW 2001, 1056.
9 BGH v. 27.9.1999 – II ZR 371/98, NJW 1999, 3483.
10 BGH v. 7.4.2003 – II ZR 56/02, NJW 2003, 1803.
11 BGH v. 12.12.2005 – II ZR 283/03, NJW 2006, 765.

## A. Rechtsformwahl

begründet. Der Anspruch auf Mietzins wird für den jeweiligen Monat fällig; ebenso verhält es sich mit dem Lohnanspruch des Arbeitnehmers. Ein ausgeschiedener Gesellschafter muss daher damit rechnen, dass er von dem Vermieter der GbR oder von deren Arbeitnehmern auch noch fünf Jahre nach seinem Ausscheiden in Anspruch genommen werden kann.[12] Die Fünf-Jahresfrist beginnt mit der erstmaligen Kenntnis des jeweiligen Gläubigers von dem Ausscheiden des Gesellschafters.[13]

Insbesondere die Haftungsverfassung einer GbR bei einem **Gesellschafterwechsel** spricht für eine GmbH-Gründung. Mit einer GmbH können neue Gesellschafter gewonnen werden. Sie werden nicht durch die analoge Haftung aus § 130 HGB abgeschreckt. Damit ist die GmbH der GbR auch in Hinblick auf eine zukünftige Unternehmensnachfolge überlegen. Gesellschafter einer GmbH müssen nach ihrem Ausscheiden zudem nicht eine Haftung für Verbindlichkeiten gegenüber einem Vermieter oder einem Arbeitnehmer fürchten.

Die Geschäftsanteile an einer GmbH sind nach § 15 Abs. 1 GmbHG frei veräußerlich. Eine Veräußerung des Geschäftsanteils hängt daher nicht von der Zustimmung der anderen Gesellschafter ab. Bei der GbR kann eine Mitgliedschaft nicht gegen den Willen der anderen Gesellschafter auf eine dritte Person übertragen werden. Gerade bei mittelständischen Unternehmen möchten die Gesellschafter aber ein Mitspracherecht bei der Aufnahme eines neuen Gesellschafters haben. Die gesetzlichen Regelungen der GbR berücksichtigen hier die mutmaßlichen Interessen der Gesellschafter. Allerdings können die Gesellschafter einer GmbH die Veräußerung von Geschäftsanteilen durch eine Vereinbarung in der Satzung einschränken. Solche **Vinkulierungsklauseln** sind so stark verbreitet, dass der diesbezügliche Nachteil der GmbH hier nicht weiter ins Gewicht fällt.[14]

Die notwendige Beschränkung der Anteilsveräußerung zeigt, dass eine GmbH-Satzung mit mehreren Gesellschaftern nicht ohne juristische Beratung vereinbart werden sollte. Dies allein spricht allerdings nicht für eine GbR. Auch für sie bestehen gesetzliche Regelungen, die regelmäßig nicht im Interesse der Gesellschafter stehen und daher durch eine anderslautende Satzungsklausel ersetzt werden. So ist es gerade in den Gesellschaftsverträgen einer GbR üblich, statt der gemeinschaftlichen Geschäftsführung nach § 709 BGB eine Einzelgeschäftsführung zu vereinbaren.

### b) Offene Handelsgesellschaft

Bei der Offenen Handelsgesellschaft (OHG) ist der Gesellschaftszweck gemäß § 105 Abs. 1 HGB auf den Betrieb eines Handelsgewerbes unter gemeinschaftlicher Firma gerichtet. Der Gesellschaftsvertrag wird in der Regel schriftlich abgeschlossen. Auch hier sollten die Gesellschafter vorher rechtlichen Rat einholen. Insbesondere empfiehlt es sich, die Entziehung der Geschäftsführungsbefugnis nicht von einem gerichtlichen Gestaltungsurteil (so aber § 117 HGB) abhängig zu machen, sondern von einem Gesellschafterbeschluss (wie in § 712 BGB). Die OHG ist nach § 106 HGB bei dem Ge-

---

12 Zur vergleichbaren Nachhaftung eines Komplementärs für Arbeitslöhne s. BAG v. 19.5.2004 – 5 AZR 405/03, NJW 2004, 3287.
13 *Hoppe* in Saenger/Aderhold/Lenkaitis/Speckmann, Handels- und Gesellschaftsrecht, § 5 Rn 287.
14 Hierzu *Bayer/Hoffmann/Schmidt*, GmbHR 2007, 953.

richt, in dessen Bezirk sie ihren Sitz hat, zur Eintragung in das Handelsregister anzumelden. Die Gründungskosten sind bei einer OHG geringer als bei einer GmbH. Im Vergleich zur GbR hat die OHG den Vorteil, dass den Erben eines OHG-Gesellschafters die Möglichkeit eingeräumt wird, als Kommanditist in der Gesellschaft zu verbleiben (§ 139 HGB). Wegen der Registerpublizität wird die Kreditwürdigkeit der OHG im Vergleich zur GbR als höher eingestuft. In Hinblick auf die persönliche Haftung aller Gesellschafter ist die OHG im Gegensatz zur GmbH auch kreditwürdig. Dieser Makel wird allerdings ausgeglichen, da Gesellschafter und Geschäftsführer der GmbH sich insbesondere gegenüber Banken persönlich verbürgen.

17 Die wesentliche Schwäche der OHG ist die **gesamtschuldnerische Haftung** der Gesellschafter. Hier kann auf die Ausführungen zur Gesellschafterhaftung bei der GbR verwiesen werden. Da der Betrieb eines Handelsgewerbes mit weitreichenden Haftungsgefahren verbunden ist, hat sich gerade in diesem Bereich die GmbH gegenüber der OHG durchgesetzt.

### c) Kommanditgesellschaft

18 Die Kommanditgesellschaft (KG) hat mit dem Komplementär mindestens einen Gesellschafter, der mit seinem gesamten Vermögen haftet. Daneben gibt es einen oder mehrere Kommanditisten, deren Haftung gegenüber den Gesellschaftsgläubigern auf die jeweilige Vermögenseinlage beschränkt ist (§ 161 Abs. 1 HGB). Bis die Kommanditisten ihre Einlage geleistet haben, haften sie den Gesellschaftsgläubigern unmittelbar, danach ist eine Haftung nach § 171 Abs. 1 HGB ausgeschlossen. Eine KG setzt nicht das Bestehen eines Handelsgewerbes voraus. Auch die in § 2 HGB geregelten „Kann-Kaufleute" können eine KG gründen. Berücksichtigt man, dass es für die Einlage des Kommanditisten keinen Mindestbetrag gibt, so ist die KG eine besonders günstigste Form der Haftungsbeschränkung. Allerdings bleibt der Komplementär haftbar. Aus diesem Grund wird eine KG meistens mit einer GmbH als Kommanditisten gegründet. Da alle GmbH-Gesellschafter grundsätzlich nicht mit ihrem Privatvermögen haften, ist die GmbH insofern auch der KG überlegen.

### d) Partnerschaftsgesellschaft

19 Eine Partnerschaftsgesellschaft kann nur von Angehörigen Freier Berufe (Rechtsanwälte, Ärzte, Architekten etc.) unter Beachtung der einschlägigen berufsrechtlichen Vorschriften gegründet werden (§ 1 PartGG). Das besondere an der Partnerschaftsgesellschaft ist die Haftungsregelung in § 8 PartGG. Nach § **8 Abs. 1 PartGG** haften die Partner den Gläubigern der Partnerschaft als Gesamtschuldner. Außerdem haftet die Partnerschaft. Handelt es sich allerdings um einen Haftungsanspruch wegen einer fehlerhaften Berufsausübung, können neben der Partnerschaft nur diejenigen Partner in Anspruch genommen werden, denen der berufliche Fehler unterlaufen ist. Da die Gründung einer Partnerschaftsgesellschaft aber den Freiberuflern vorbehalten ist, stellt sie für die überwiegende Anzahl der KMU keine Alternative dar.

### 3. Kapitalgesellschaften

#### a) Unternehmergesellschaft (haftungsbeschränkt)

Die haftungsbeschränkte **Unternehmergesellschaft** (im Folgenden: UG) kann mit dem gesetzlichen Mindeststammkapital von einem Euro gegründet werden. Es handelt sich hierbei um keine eigenständige Rechtsform. Sie wurde durch das MoMiG eingeführt, um Kleinunternehmern und Existenzgründern, deren Unternehmen nur ein geringes Startkapital benötigen, eine äußerst flexible *Variante* der GmbH anzubieten.[15] Sie ist im Grunde genommen nur eine Übergangslösung auf dem Weg zur „richtigen" GmbH. Das gesamte GmbHG ist daher anwendbar, soweit nicht die besonderen Vorschriften der UG Anwendung finden. Das Sonderrecht der UG ist ebenfalls in § 5 a GmbHG festgelegt und besteht aus folgenden Regelungen:

- Eine UG muss die **Bezeichnung** „Unternehmergesellschaft (haftungsbeschränkt)" oder „UG (haftungsbeschränkt)" führen (§ 5 a Abs. 1 GmbHG).
- Die Gesellschafter können Stammkapital für die UG vereinbaren, das **unterhalb von 25.000 EUR** liegt, allerdings müssen sie es in voller Höhe einzahlen. Sacheinlagen sind ausgeschlossen (§ 5 a Abs. 2 GmbHG).
- Im Jahresabschluss ist eine **gesetzliche Rücklage** zu bilden, in die ein Viertel des um den Verlustvortrag aus dem Vorjahr geminderten Jahresüberschusses einzustellen ist. Sie darf nur für eine nominelle Kapitalerhöhung oder für einen Verlustausgleich verwendet werden (§ 5 a Abs. 3 GmbHG).
- Abweichend von § 49 Abs. 3 GmbHG muss der Geschäftsführer die **Gesellschafterversammlung** bei drohender Zahlungsunfähigkeit unverzüglich einberufen (§ 5 a Abs. 4 GmbHG).

Charakteristisch für die UG ist außerdem, dass für sie die Gründung in einem einfachen Verfahren durch die Verwendung der in der Anlage zum GmbHG enthaltenen **Musterprotokolle** sinnvoll sein kann. (Zur UG noch ausführlich unter § 8)

Wegen der Pflicht zur Rücklagenbildung kann mit guten Gründen davon ausgegangen werden, dass die Gesellschafter zeitnah den Wechsel von einer UG in eine GmbH einleiten werden. Eine vergleichbare Alternative zur GmbH ist die UG auf Dauer jedenfalls nicht.

#### b) Aktiengesellschaft

Die GmbH ist in Deutschland vor allem die Kapitalgesellschaft für kleinere und mittelständische Unternehmen. Dagegen eignet sich die Aktiengesellschaft (AG) vor allem für größere Unternehmen, die entweder schon an der Börse notiert sind oder aber zumindest mittelfristig einen Börsengang planen.

Auch das Gesetz für kleine Aktiengesellschaften und zur Deregulierung des Aktienrechts vom 2.8.1994 hat die Attraktivität der GmbH im Vergleich zur AG nicht geschmälert. Seinerzeit wurden einige nützliche Erleichterungen für die AG eingeführt. Die Möglichkeit der **Einpersonen-Gründung** wurde ausdrücklich zugelassen (§ 2 AktG). Für die Einberufung von Hauptversammlungen genügt gem. § 121 Abs. 4 AktG ein eingeschriebener Brief, sofern alle Aktionäre der Gesellschaft namentlich bekannt

---

15 BT-Drucks. 16/9737, S. 95.

sind. Wenn zu einer Hauptversammlung alle Aktionäre erscheinen, ist die **Nichtbeachtung der Einberufungsformalien** unbeachtlich, wenn kein Aktionär der Beschlussfassung widerspricht (§ 121 Abs. 6 AktG). Durch das Deregulierungsgesetz aus 1994 wurde auch die Beurkundung von Hauptversammlungsbeschlüssen bei nichtbörsennotierten Aktiengesellschaften erleichtert. Beurkundungspflichtig sind nur noch Beschlüsse, wenn sie von Gesetzes wegen einer Dreiviertel- oder größeren Mehrheit bedürfen (§ 130 Abs. 1 S. 3 AktG).[16]

25  Die Änderungen des Aktienrechts haben 1994 allerdings nicht dazu geführt, dass eine „kleine" AG als neue Rechtsform in das Kapitalgesellschaftsrecht eingeführt wurde. Der Begriff wurde lediglich zur Veranschaulichung und nicht als Tatbestandsmerkmal verwendet (für den Beurkundungsumfang von Hauptversammlungsbeschlüssen kommt es gem. § 130 Abs. 1 S. 3 AktG auf die Börsennotierung an, für die Einberufung von Hauptversammlungen ist entscheidend, ob alle Aktionäre der Gesellschaft nach § 121 Abs. 4 AktG namentlich bekannt sind). Die Bezeichnung der Aktienreform 1994 und das aus ihr abgeleitete Schlagwort „kleine AG" haben Erwartungen ausgelöst, die das zugrunde liegende Gesetz nicht rechtfertigen konnte.[17]

26  Die Vorteile der GmbH gegenüber der AG werden schon bei der Gründung deutlich. Für die Gestaltung der Satzung gibt es bei der AG einen engeren Gestaltungsspielraum. Grund hierfür ist die Orientierung des Aktiengesetzes an die börsennotierte AG. Anleger sollen auch ohne eine Überprüfung des jeweiligen Satzungstextes darauf vertrauen dürfen, dass ein bestimmter Mindeststandard bei der Vertragsgestaltung gewahrt wurde.[18]

27  Die Aktiengesellschaft hat ferner mit ihren drei Organen (Vorstand, Aufsichtsrat und Hauptversammlung) eine vergleichsweise schwerfällige Organisationsstruktur, die auch nicht den typischen Interessen von kleinen und mittelständischen Unternehmen entspricht. Gerade bei den personalistisch strukturierten Gesellschaften des Mittelstandes möchte die Unternehmensinhaber auch selber über die Geschäftspolitik entscheiden und diese auch persönlich umsetzen. Bei der GmbH werden diese Interessen schon durch die **gesetzliche Kompetenzverteilung** zwischen Gesellschafterversammlung und Geschäftsführung berücksichtigt. Das oberste Organ jeder GmbH ist die Gesellschafterversammlung. An ihre Beschlüsse ist die Geschäftsführung im Innenverhältnis nach § 37 Abs. 1 GmbHG gebunden. Die Aktionäre haben demgegenüber keinen direkten Einfluss auf das operative Geschäft. Ihr Einfluss beschränkt sich auf wichtige Grundlagengeschäfte und auf die Wahl von Aufsichtsratsmitgliedern.[19] Die festgeschriebenen Zuständigkeiten von Vorstand, Aufsichtsrat und der Hauptversammlung können bei einer Personenidentität von Vorstand und Aktionären sowie einer Besetzung des Aufsichtsrats mit engvertrauten Personen verwischen. Allerdings zeigen gerade solche Konstruktionen, dass die Organisationsstruktur einer Aktiengesellschaft bei kleinen und mittelständischen Unternehmen nicht sinnvoll ist.[20]

---

16  Zur Aktienreform 1994 vgl *Blanke*, BB 1994, 1505; *Kindler*, NJW 1994, 3041; *Priester*, BB 1996, 333.
17  Vgl *Priester*, BB 1996, 333; gar von einem „Etikettenschwindel" spricht *Schaber*, GmbHR 1995, R 1.
18  Hierzu *Priester*, BB 1996, 333.
19  Vgl *Dewald* in Saenger/Aderhold/Lenkaitis/Speckmann, Handels- und Gesellschaftsrecht, § 6 Rn 593.
20  So auch *Priester*, BB 1996, 333.

# A. Rechtsformwahl

Weil die Organisationsverfassung einer AG nicht für den Mittelstand geeignet ist, kommt dem Erfordernis einer Kapitalaufbringung von **50.000 EUR** keine entscheidende Bedeutung bei dem Rechtsformvergleich zu. Als weiterer und entscheidender Nachteil der AG gegenüber der GmbH kann es aber angesehen werden, dass die Aufbringung des Stammkapitals mit der Leistung von Bar- und Sacheinlagen der Sache nach längst nicht abgeschlossen ist. Bei einer Aktiengesellschaft besteht außerdem noch die Pflicht zur Bildung von Rücklagen. Nach § 150 Abs. 2 AktG sind 5 % des um einen etwaigen Verlustvortrag geminderten Jahresüberschusses in eine **gesetzliche Rücklage** einzustellen, bis diese zusammen mit den Kapitalrücklagen 10 % des Grundkapitals erreicht.[21]

28

Die AG hat im Vergleich mit der GmbH aber auch Vorteile. Sie hat immer noch ein stärkeres Renommee, und ihr wird im Geschäftsverkehr ein höheres Vertrauen entgegengebracht. Außerdem können bei ihr die Geschäftsanteile ohne eine notarielle Beurkundung übertragen werden. Bei der GmbH besteht hier das strenge Formerfordernis des § 15 Abs. 3 GmbHG. Diese beiden positiven Aspekte können mE jedoch nicht die soeben dargestellten Nachteile einer AG ausgleichen.

29

### 4. Auslandsgesellschaften

Nach Art. 43 Abs. 1 EGV[22] sind Beschränkungen der **Niederlassungsfreiheit** von Staatsangehörigen eines Mitgliedstaats im Hoheitsgebiet eines anderen Mitgliedstaats grundsätzlich verboten. Dieses Verbot gilt unter anderem auch für Beschränkungen der Gründung von Zweigniederlassungen oder Tochtergesellschaften durch Angehörige eines EU-Mitgliedstaats (43 Abs. 2 EGV). Die an sich nur auf natürliche Personen anzuwendende Reglung des Art. 43 EGV gilt gemäß Art. 48 EGV auch für die in einem Mitgliedstaat gegründeten Gesellschaften, wenn sie ihren satzungsmäßigen Sitz, ihre Hauptverwaltung oder ihre Hauptniederlassung innerhalb der Gemeinschaft haben.

30

Für Auslandsgesellschaften wird das Europarecht bedeutend, wenn sie in einem Land der EU eine Zweigniederlassung errichten, um von dort aus alle unternehmerischen Aktivitäten auszuüben. Hier stellt sich die Frage, ob die faktische Sitzverlegung einer im Ausland gegründeten Gesellschaft in das Inland eine nach inländischen Recht durchzuführende Neugründung notwendig macht, weil die Gesellschaft nach dem an ihrem neuen Sitz geltenden Recht nicht wirksam gegründet wäre. Dies war der Grundgedanke der sog. **Sitztheorie**, die lange Zeit in Deutschland herrschend war, und die dazu führte, dass eine Limited wie eine OHG oder GbR behandelt wurde, denn eine Anerkennung als Kapitalgesellschaft war wegen der nicht erfolgten Aufbringung des Mindeststammkapitals nicht möglich.[23]

31

---

21 Vgl hierzu *Hentzen/Rau*, BB 2008, 713.
22 Vertrag zur Gründung der Europäischen Gemeinschaft, Amtsblatt Nr. C 325 vom 24.12.2002; in der vorhergehenden Fassung stand die Niederlassungsfreiheit in den Artikeln 52 und 58 EGV; s. hierzu EuGH v. 9.3.1999 – Rs. C-212/97 (*Centros*), NJW 1999, 2027.
23 Vgl *Kindler*, NJW 1999, 1993, 1996 f

32 Der EuGH hat sich indes für die **Gründungstheorie** ausgesprochen. Eine maßgebliche Bedeutung haben hierbei die Entscheidungen des EuGH zu den Verfahren „*Centros*", „*Überseering*" und „*Inspire Art*".[24]

33 Wenn eine im Ausland gegründete Gesellschaft in einem Land der EU eine Zweigniederlassung eintragen möchte, ist seit **Centros** geklärt, dass diese Eintragung zumindest nicht mit der Begründung abgelehnt werden darf, die unternehmerische Tätigkeit der im Ausland gegründeten Gesellschaft beschränke sich auf das Inland und es handele sich daher lediglich um eine Scheinauslandsgesellschaft.[25] In dem Verfahren **Überseering** stellte der EuGH fest, dass die Mitgliedstaaten die nach dem Recht des Gründungsstaates verliehene Rechts- und Parteifähigkeit einer ausländischen Gesellschaft auch dann noch zu achten haben, wenn diese Gesellschaft ihren Sitz in einen anderen Mitgliedstaat verlegt hat.[26] Und auch die Botschaft von **Inspire Art** war deutlich: Die Tätigkeit einer Auslandsgesellschaft im Inland darf auch nicht von der Einhaltung der im Inland gültigen Mindestkapitalvorschriften abhängig gemacht werden.[27]

34 Seit dieser Rechtsprechung steht ein Unternehmer aus Deutschland bei der Suche nach einer geeigneten Rechtsform vor der Qual der Wahl. War er zunächst auf das Angebot des deutschen Gesetzgebers beschränkt, kann er heute zwischen 25 verschiedenen Gesellschaftsrechten aus der Europäischen Union frei wählen.[28] Zu dem Sortiment möglicher Rechtsformen gehören außerdem noch die Gesellschaftsformen der EWR-Mitgliedstaaten (Island, Liechtenstein und Norwegen)[29] und wem das immer noch nicht reicht, der kann aufgrund eines Staatsvertrages zwischen Deutschland und den USA auf weitere 50 Gesellschaftsformen zurückgreifen, da auch die in den Vereinigten Staaten gegründeten Gesellschaften in Deutschland anzuerkennen sind.[30] Ein abschließender Rechtsformvergleich ist nicht mehr möglich.

35 Bei dieser reichhaltigen Auswahl kommt der englischen **Limited** eine besondere Bedeutung zu. Dafür sind aber nicht unbedingt die Vorzüge des englischen Gesellschaftsrechts verantwortlich. Es gibt durchaus andere europäische Rechtsformen, die auch für Kleinstunternehmen sehr interessant sein können. So hat man in Frankreich 2003 die Herabsetzung des Mindestkapitals der französischen GmbH (*société à responsabilité limitée* – **SARL**) auf 1 EUR beschlossen.[31] Seit eh und je kann der Gesellschaftsvertrag für eine SARL in privatschriftlicher Form geschlossen werden.[32] Außerdem gibt es in Art. L 223-1 Abs. 2 Code de commerce eine Ermächtigungsgrundlage für den Erlass

---

24 Hierzu *Stork*, GewArch 2005, 265 ff; *Heckschen/Heidinger*, Die GmbH in der Gestaltungspraxis, § 12 Rn 8 ff.
25 EuGH v. 9.3.1999 – Rs. C-212/97 (*Centros*), NJW 1999, 2027; der Sachverhalt zu dieser Entscheidung wird sehr lebhaft bei *Triebel /von Hase/ Melerski*, Die Limited in Deutschland, S. 113 dargestellt.
26 EuGH v. 5.11.2002 – Rs. C-208/00 (*Überseering*), NJW 2002, 3614. Ausgangspunkt dieser Entscheidung war ein Vorlagebeschluss des BGH v. 30.3.2000 – VII ZR 370/98, GmbHR 2000, 715. Unter Berücksichtigung der Entscheidung des EuGH folgt der BGH nunmehr der Gründungstheorie, s. BGH v. 13.3.2003 – VII ZR 370/98, NJW *2003*, 2705.
27 EuGH v. 30.9.2003 – Rs. C 167/01 (*Inspire Art*), NZG 2003, 1064; hierzu *Bayer*, BB 2003, 2357.
28 Hierzu *Altmeppen*, NJW 2004, 97, 98.
29 *Wachter*, GmbHR 2005, 717.
30 Hierzu *Karsten*, GewArch 2006, 234.
31 *Becker*, GmbHR 2003, 1120; *Lutter*, GmbHR 2005, 1, 3.
32 Eine notarielle Beurkundung der Gründungssatzung ist nur erforderlich, wenn ein Gesellschafter eine Immobilie als Sacheinlage leistet; vgl hierzu *Maul*, RIW 1997, 911, 913; *Frank/Wachter*, RIW 2002, 11, 12; *Recq/ Hoffmann*, GmbHR 2004, 1070, 1072.

## A. Rechtsformwahl

einer amtlichen Mustersatzung.[33] Diese wurde aufgrund der Verordnung Nr. 2006-301 vom 9.3.2006 für die SARL erlassen.[34] In Spanien gibt es seit Juni 2003 neben der bisherigen GmbH, der *„Sociedad de responsabilidad limitada"* (**SRL**), auch eine vereinfachte Variante, die *„Sociedad limitada nueva empresa"* (**SLNE**).[35] Beide Gesellschaften sind mit der deutschen GmbH vergleichbar; beide haben ein gesetzlich vorgegebenes Mindestkapital (3.012 EUR). Für eine SLNE gibt es eine vom Justizminister erlassene Modellsatzung, die zwar inhaltlich dem üblichen Standard entspricht, aber für jede SLNE zwingend vorgegeben ist.[36] Wegen der Sprachbarrieren kommt die Gründung einer französischen oder spanischen Kapitalgesellschaft für ein mittelständisches Unternehmen regelmäßig nicht in Betracht.

Dass sich ein Unternehmer aus dem umfangreichen Katalog der Auslandsgesellschaftern ausgerechnet die Limited heraussucht, liegt vor allem an der Popularität der englischen Sprache. Fast jeder Unternehmer hat ein bisschen Englisch in der Schule gelernt und kann sich etwas unter dem Begriff „Limited" vorstellen. Schon allein deshalb hat die Limited im Wettbewerb der Gesellschaftsformen einen Vorteil gegenüber beispielsweise der *Osakeyhtiö*.[37] Vor allem aber hat sich aufgrund der EuGH-Rechtsprechung eine ganze Dienstleistungsbranche entwickelt, die für die Gründung einer Limited ihre Hilfe anbietet und die Vorzüge des englischen Gesellschaftsrechts in den rosigsten Farben anpreist. Die Werbung richtet sich an kleine und mittelständische Unternehmen und lebt von einfachen Botschaften. Die Vor- und Nachteile einer Limited werden oft jedoch nur verzerrt wiedergegeben.[38]

**36**

Freilich hat die Limited auch einige **rechtliche Vorteile** gegenüber der GmbH:

**37**

- Das **Gründungsprocedere** ist relativ simpel. Es gibt zahlreiche Vertragsmuster und Formulare, und bei dem Verfahren sind die Anbieter von Limiteds behilflich, die selbst oftmals beim *companies house* registriert sind und alle Unterlagen online vorlegen dürfen.[39]
- Für eine Limited muss **kein nennenswertes Stammkapital** eingezahlt werden. Damit ist diese Rechtsform vor allem für Unternehmensgründer attraktiv, die sich die Aufbringung des deutschen Mindeststammkapitals von 25.000 EUR nicht leisten können.

---

33 *Karst* in *Süß/Wachter*, Handbuch des internationalen GmbH-Rechts, 2006, 799 (807).
34 Auf der Homepage des französischen Ministeriums für kleine und mittlere Unternehmen, Handel, Handwerk und die freien Berufe ist die Mustersatzung mit einfachen Erläuterungen einsehbar, s. www.pme.gouv.fr/informations/entreprise/statut_eurl.pdf.
35 Das spanische GmbHG (*Ley Sociedad de Responsabilidad limitada*) wurde mit einem XII. Kapitel ergänzt, in dem die SLNE geregelt ist, s. *Fröhlinger*, RIW 2004, 584.
36 Zur spanischen Mustersatzung ausführlich *Karsten*, GmbHR 2007, 958.
37 Die Osakeyhtiö ist die Aktiengesellschaft nach finnischem Recht. Es handelt sich in Finnland um die einzige relevante Kapitalgesellschaftsform. Eine mit der GmbH vergleichbare Rechtsform gibt es nicht. Sowohl börsennotierte Unternehmen wie mittelständische Betriebe betreiben ihr Unternehmen als finnische Aktiengesellschaft; vgl *Hagert*, IStR 1997, 605.
38 Hierzu *Karsten*, GewArch 2006, 234.
39 Die Gründung einer Limited erläutert u.a. Kasalowsky in Hirte/Bücker, Grenzüberschreitende Gesellschaften (2005), § 4, Rn 7 ff. Das *comapanies house* in Cardiff hat, wie man seiner Internetpräsenz (www.companieshouse.gov.uk) entnehmen kann, auch deutschsprachige Mitarbeiter und auch zahlreiche Broschüren sowie Formulare ins Netz gestellt.

- Die **Haftungsbeschränkung** tritt bereits mit der Gründung in England ein und hängt nicht von einer deutschen Handelsregistereintragung ab.[40]

38  Das MoMiG hat mit der Unternehmergesellschaft (haftungsbeschränkt) eine deutsche Antwort auf die Limited gegeben. Das besondere an dieser neuen Variante einer GmbH ist der Verzicht auf ein (nennenswertes) Stammkapital. Die Höhe des gesetzlichen Mindestkapitals ist nun gerade für Kleinstunternehmer ein besonderes Kriterium bei der Rechtsformwahl. Sie werden sich also nicht mehr zwischen einer GmbH und einer Limited entscheiden, sondern überlegen, ob sie statt einer Auslandsgesellschaft nun eine Unternehmergesellschaft gründen sollen. Da die Unternehmergesellschaft noch ausführlich in § 8 dargestellt wird, erfolgt dort auch der Vergleich mit dem englischen Konkurrenzprodukt.

## B. Verfahren

### I. Überblick

#### 1. Reguläres Verfahren

39  Eine GmbH entsteht mit ihrer Eintragung im Handelsregister (§ 11 Abs. 1 GmbHG). Diese Eintragung bildet den Schlusspunkt des Gründungsverfahrens; am Anfang steht der Entschluss, eine GmbH gründen zu wollen. Wenn diese Entscheidung von mehreren Gesellschaftern gefasst wird, entsteht zu diesem Zeitpunkt eine **Vorgründungsgesellschaft**. Der Zweck einer Vorgründungsgesellschaft ist im Regelfall darauf beschränkt, die Gründung und spätere Tätigkeit der GmbH organisatorisch vorzubereiten. Hierzu gehören u.a. die Erstellung eines Unternehmenskonzepts, die Klärung steuerrechtlicher Fragen und die Auswahl eines geeigneten Notars. In dieser Phase sollten es die Gesellschafter tunlichst vermeiden, vertragliche Verpflichtungen im Namen einer (angeblichen) „GmbH i. G." einzugehen. Eine Vorgründungsgesellschaft bildet je nach dem, ob sie bereits in diesem Stadium ein Handelsgewerbe unter gemeinsamer Firma betreibt oder nicht, entweder eine OHG oder eine GbR. Die Gesellschafter haften persönlich und unbeschränkt aus den für eine Vorgründungsgesellschaft abgeschlossenen Geschäften, soweit sich aus den Umständen nichts anderes ergibt.[41] Mit dem Notartermin endet die Vorgründungsgesellschaft durch Zweckerreichung (§ 726 BGB). Die Rechte und Verbindlichkeiten der Vorgründungsgesellschaft gehen allerdings nicht automatisch auf die Vorgesellschaft (hierzu sogleich) oder später auf die GmbH über.[42] Die persönliche Haftung der Gesellschafter aus Geschäften der Vorgründungsgesellschaft bleibt also bestehen und erlischt grundsätzlich auch nicht mit der Gründung oder der Eintragung der GmbH.[43] Die Gesellschafter können diese Haftung vermeiden, indem

---

40 Hierzu BGH v. 14.3.2005 – II ZR 3/05, NJW 2005, 1648, der deutlich darauf hinweist, dass gegen die Gesellschafter deliktsrechtliche Ansprüche bestehen können.
41 Hierzu BGH v. 20.6.1983 – II ZR 200/82, NJW 1983, 2822.
42 Hierzu BGH v. 25.10.2000 – VIII ZR 306/99, NJW-RR 2001, 1042.
43 Hierzu BGH v. 20.6.1983 – II ZR 200/82, NJW 1983, 2822; BGH v. 25.10.2000 – VIII ZR 306/99, NJW-RR 2001, 1042.

die jeweiligen Verträge (etwa Miet- und Arbeitsverträge) unter der aufschiebenden Bedingung einer späteren Eintragung der GmbH geschlossen werden.[44]

Nach den Vorbereitungshandlungen wird die GmbH mit Abschluss des beurkundungsbedürftigen Gesellschaftsvertrags errichtet.[45] Bei diesem Notartermin verpflichten sich die Gesellschafter in der Gründungsurkunde auch zur Übernahme der Stammeinlagen und fassen regelmäßig einen Beschluss über die Bestellung eines Geschäftsführers. Außerdem erstellt der Notar im Regelfall die Gesellschafterliste. Der Beurkundungstermin bedeutet auch das Ende der Vorgründungsgesellschaft. Durch den Abschluss des Gesellschaftsvertrages entsteht eine **Vorgesellschaft** (auch „Vor-GmbH" genannt), deren Ende schließlich durch die Eintragung der GmbH in das Handelsregister besiegelt wird. Die Vor-GmbH ist eine Personenvereinigung eigner Art. Bis auf die fehlende Rechtsfähigkeit entspricht sie der zukünftigen GmbH; sie kann insbesondere ein Konto errichten, Prozesse führen und Trägerin eines Unternehmens sein.[46]

Erst nach dem Beurkundungstermin sollten die Gründer Erklärungen für eine „GmbH i. G." abgeben. Mit der Eintragung der Vor-GmbH erlischt die Außenhaftung der Gesellschafter. Sollte die Eintragung allerdings scheitern oder aber die GmbH von der Beurkundung bis zur Eintragung Verluste erwirtschaften, bestehen für die Gesellschafter Haftungsrisiken (hierzu noch unter Rn 106).

Sofern es sich um den Regelfall einer Bargründung handelt, leisten die Gesellschafter nach der Beurkundung ihre **Einlagen**. Danach erfolgt die **Anmeldung** der GmbH beim Handelsregister (§§ 7, 8 GmbHG). Nach einer **Prüfung** durch das Registergericht erfolgt die **Eintragung** der GmbH in das Handelsregister (§§ 9 c, 10, 11 GmbHG).

## 2. Vereinfachtes Verfahren

Durch das MoMiG wurde für die GmbH ein vereinfachtes Gründungsverfahren eingeführt. Der Verfahrensablauf ist dabei bis auf eine Ausnahme genau so, wie gerade beschrieben. Die Besonderheit des vereinfachten Verfahrens besteht lediglich darin, dass eine GmbH statt durch notarielle Beurkundung einer Satzung nun auch durch die Verwendung eines Musterprotokolls gegründet werden kann. Das Musterprotokoll besteht im Wesentlichen aus dem notwendigen Satzungsinhalt und einer Geschäftsführerbestellung. Es gilt gem. § 2 Abs. 1 a S. 4 GmbHG auch als Gesellschafterliste (ausführlich hierzu unter § 8 Rn 8). Das GmbHG enthält zwei Musterprotokolle; eines davon für die Einpersonen-Gesellschaft, das andere ist für eine Gesellschaft mit zwei oder drei Gesellschaftern.

Jedes Musterprotokoll muss beurkundet werden. Die für eine Beurkundung fälligen Gebühren bemessen sich nach dem Geschäftswert (§§ 18, 39 KostO), für den wiederum die Höhe des Stammkapitals entscheidend ist. Die Beurkundung einer Satzung führt daher zu demselben Geschäftswert wie die Beurkundung des Musterprotokolls. Bei

---
44 Wenn die Gesellschafter sich in einem Vorvertrag verpflichten, den Inhalt des künftigen Gesellschaftsvertrags festzulegen, spricht man von einer Vorgründungsgesellschaft im engeren Sinne; wenn Inhalt des Gesellschaftsvertrages noch nicht festgelegt ist und man sich nur auf die Errichtung einer GmbH verständigt hat, liegt eine Vorgründungsgesellschaft im weiteren Sinne vor; BGH v. 7.5.1984 – II ZR 276/83, NJW 1984, 2146.
45 Zur Terminologie *Lutter/Bayer* in Lutter/Hommelhoff, GmbHG, § 1 Rn 1.
46 Hierzu *Gehrlein*, GmbH-Recht in der Praxis, S. 55.

# § 1 Gründung

einer GmbH-Gründung können die Gesellschafter mit dem Musterprotokoll daher nicht viel Geld sparen.[47] Die vereinfachte Gründung ist in erster Linie für die UG interessant.

45 Vielmehr kann die Gründung der GmbH mit einer notariell zu beurkundenden Satzung sogar günstiger sein. Der Grund hierfür liegt in der Geschäftsführerbestellung. Eine notarielle Beurkundung der Geschäftsführerbestellung kostet an Notargebühren genauso viel wie die Beurkundung einer Satzung mit mehreren Gesellschaftern; bei einer Einpersonen-GmbH ist die Gebühr für die Beurkundung eines Beschlusses über die Geschäftsführerbestellung doppelt so hoch wie die Gebühr für den Gesellschaftsvertrag. Der Gesellschafterbeschluss über die Bestellung eines Geschäftsführers muss allerdings nicht notariell beurkundet werden. Die Gesellschafter können ihn auch schriftlich fassen, brauchen hierbei aber regelmäßig rechtlichen Rat. Wenn die Gesellschafter auf herkömmlichem Wege ihre GmbH gründen, können sie von einer notariellen Beurkundung der Geschäftsführerbestellung absehen und somit die Notargebühren senken. Bei dem von den Notaren vorgeschlagenen Musterprotokoll ist die Geschäftsführerbestellung demgegenüber zwingender Bestandteil und löst daher auch die entsprechende Beurkundungsgebühr aus.[48]

46 Auch inhaltlich vermag das Musterprotokoll nicht vollständig zu überzeugen. Für die Errichtung einer Einpersonen-GmbH sind in dem Musterprotokoll unter den Ziffern 1 – 3 die Mindestbestandteile eines Gesellschaftsvertrags (Firma, Sitz, Unternehmensgegenstand, Stammkapital und Stammeinlage) enthalten. Der Gesellschafter hat lediglich die Wahl, ob er seine Bareinlage ganz oder nur zur Hälfte erbringen möchte. Ebenso enthält das Musterprotokoll unter Ziffer 4 die notwendige Bestellung einer Person zum Geschäftsführer, der sodann von den Beschränkungen des § 181 BGB befreit wird. Nach Ziffer 5 des Musterprotokolls trägt die Gesellschaft die mit der Gründung verbundenen Kosten bis zu einem Gesamtbetrag von 300 EUR, höchstens jedoch bis zum Betrag ihres Stammkapitals. Damit enthält das Musterprotokoll für eine **Einpersonen-GmbH** alle Regelungen, die auch von der Literatur für die Errichtung einer GmbH mit lediglich einem Gesellschafter empfohlen werden.[49]

47 Problematisch wird es allerdings, wenn **zwei oder drei Gesellschafter** im vereinfachten Verfahren eine GmbH gründen wollen. Auch für diese Konstellationen beschränkt sich das Musterprotokoll auf die in § 3 Abs. 1 GmbHG festgelegten Mindestbestandteile und enthält unter Ziffer 3 die Option, dass die Bareinlage entweder sofort in voller Höhe oder zu 50 % sofort zu erbringen ist. Ebenso sieht das Musterprotokoll für eine Gründung durch mehrere Gesellschafter lediglich die Bestellung eines Geschäftsführers vor. Damit fehlen in diesem Musterprotokoll wichtige und übliche Bestandteile. So vermisst man insbesondere eine **Vinkulierungsklausel**, die in fast jeder Satzung einer

---

47 Nach der Berechnung von *Wachter* in Römermann/Wachter, GmbH-Beratung nach dem MoMiG, 25, 28, beträgt die Kostenersparnis des Musterprotokolls im Vergleich zur herkömmlichen Gründung bei einer Einpersonen-GmbH mit dem gesetzlichen Mindeststammkapital lediglich 15 EUR.
48 *Wälzholz*, GmbHR 2008, 841, 843.
49 Vgl hierzu *Heinrich* in Münchener Handbuch des Gesellschaftsrechts, Bd. 3, § 10 Rn 7.

Mehrpersonen-GmbH enthalten ist.⁵⁰ Ebenso hapert es an einer Regelung über die Einziehung von Geschäftsanteilen und über die Bemessung einer Abfindung.⁵¹

Kritik verdient das Musterprotokoll außerdem wegen der Beschränkung bei der Bestellung des Geschäftsführers. Die Gesellschafter können in dem vereinfachten Verfahren nach § 2 Abs. 1a GmbHG lediglich eine Person zum Geschäftsführer bestellen. Längst nicht alle Gesellschafter einer Mehrpersonen-GmbH möchten aber nur einen Geschäftsführer haben. Gerade bei kleinen und mittelständischen Unternehmen legen die Anteilsinhaber großen Wert darauf, Geschäftsführer zu sein. Sie meinen, nur auf diese Weise die Geschicke des Unternehmens lenken zu können. Die Weisungsbefugnis der Gesellschafter gegenüber der Geschäftsleitung wird aus Gründen des eigenen Renommees ebenso verdrängt wie die Haftungsgefahren, die nur einem Geschäftsführer drohen.⁵² Freilich hindert niemand die Gesellschafter, gleich nach der Unterzeichnung des Musterprotokolls einen weiteren Geschäftsführer zu bestellen.⁵³ Allerdings sind mehrere Geschäftsführer gemäß § 35 Abs. 2 S. 1 GmbHG nur gemeinschaftlich zur Vertretung der Gesellschaft befugt. Eine Gesamtvertretung ist gerade bei personalistisch geprägten Gesellschaften unüblich. In den Satzungen finden sich daher häufig Vereinbarungen zu einer Einzelvertretung. In dem Musterprotokoll können die Gesellschafter eine solche Vereinbarung allerdings nicht treffen. Die Geschäftsführer müssen sich daher gegenseitig zum alleinigen Handeln bevollmächtigen. Hierbei müssen sie beachten, dass eine Vollmacht nur für einzelne oder eine bestimmte Art von Geschäften erteilt werden kann.⁵⁴ Mit diesem Procedere kann man leben, von einem „vereinfachten Verfahren" kann aber nicht mehr die Rede sein.

**48**

Da das Musterprotokoll nur bei einer UG Kostenvorteile bietet und es sich inhaltlich lediglich für die Bargründung einer Einpersonen-GmbH mit nur einem Geschäftsführer eignet, wird es sich aller Voraussicht nach auch nur in diesen Konstellationen durchsetzen.⁵⁵ Bei einer GmbH bleibt es in den meisten Fällen daher beim bisher üblichen Verfahren, also bei der Beurkundung einer Satzung. Aus diesem Grund wird das Musterprotokoll im Zusammenhang mit der UG ausführlich erläutert.

**49**

## II. Errichtung der GmbH

### 1. Erklärungen der Gesellschafter

Die GmbH wird auch nach Einführung des Musterprotokolls in § 2 Abs. 1a GmbHG regelmäßig in dem bereits vertrauten Verfahren gegründet. Für die Errichtung der GmbH erstellt der Notar ein sog. **Gründungsprotokoll**. Die vollständige Satzung ist in

**50**

---

50 *Bayer/Hoffmann/Schmidt*, GmbHR 2007, 953; *Karsten*, GmbHR 2007, 958.
51 *Wälzholz*, GmbHR 2008, 841, 843.
52 Zur Häufigkeit der Geschäftsführerbestellung bei einer Mehrpersonen-GmbH s. *Karsten*, GmbHR 2006, 57, 58.
53 Demgegenüber vertritt *Wälzholz*, GmbHR 2008, 841, 843 die Auffassung, dass die Bestellung eines weiteren Geschäftsführers erst nach der Eintragung erfolgen kann.
54 *Wälzholz*, GmbHR 2008, 841, 842.
55 Ob das Musterprotokoll die Eintragung der Gesellschaft beim Handelsregister beschleunigt, ist derzeit offen, s. auch *Seibert*, ZIP 2008, 1208, 1209.

der Regel eine Anlage des Gründungsprotokolls.⁵⁶ Nach § 9 Abs. 1 Nr. 1, § 10 Abs. 1 BeurkG müssen im Gründungsprotokoll die Personen der Beteiligten (hier: die Gesellschafter) so genau bezeichnet werden, dass Zweifel und Verwechslungen ausgeschlossen sind. Die Tatbestände des Beurkundungsgesetzes werden durch die Dienstordnungen für Notarinnen und Notare (DONot) näher konkretisiert. Nach § 26 Abs. 2 S. 1 DONot sind bei der Bezeichnung natürlicher Personen der Name, das Geburtsdatum, der Wohnort und Wohnung anzugeben. Gesellschafter müssen daher in der Gründungsurkunde auch ihre Privatanschrift einschließlich der Straße und der Hausnummer angeben. Zum Schutz gefährdeter Beteiligter oder deren Haushaltsangehörigen kann nach § 26 Abs. 2 S. 2 DONot von der Angabe der Wohnung abgesehen werden. Dies ist allerdings nur in Ausnahmefällen möglich.⁵⁷

51 In der Gründungsurkunde erklären die Gesellschafter zunächst ihre Absicht, eine GmbH errichten zu wollen. Die Gründungsgesellschafter können sich aufgrund einer notariell errichteten oder beglaubigten Vollmacht **vertreten** lassen (§ 2 Abs. 2 GmbHG). Wenn eine deutsche Kapital- oder Personenhandelsgesellschaft eine GmbH gründen möchte, kann sich der Notar seit Einführung des Unternehmerregisters im Internet über die Bevollmächtigung der handelnden Personen informieren.⁵⁸

52 In der Gründungsurkunde erklären die Gesellschafter außerdem, welche Höhe sie Geschäftsanteile übernehmen und in welcher Form sie diese Einlage leisten.

### 2. Gesellschaftsvertrag

53 Der Gesellschaftsvertrag ist einerseits die vertragliche Grundlage für die GmbH, in dem dort bspw die Firmierung und der Unternehmensgegenstand festgelegt werden, andererseits begründet die Satzung auch vertragliche Verpflichtungen der Gesellschafter gegenüber der GmbH und den Mitgesellschaftern, denn er enthält auch die Verpflichtung zur Leistung der Stammeinlagen.⁵⁹ Die Satzung muss nach § 3 Abs. 1 GmbHG enthalten:

- Firma;
- Sitz;
- Unternehmensgegenstand;
- **Betrag des Stammkapitals**;
- Zahl und Nennbeträge der **Geschäftsanteile**, die jeder Gesellschafter gegen Einlage auf das Stammkapital (Stammeinlage) übernimmt.

54 Sollte die GmbH nur für eine **bestimmt Dauer** errichtet werden, muss auch diese zeitliche Beschränkung nach § 3 Abs. 2 GmbHG Bestandteil des Gesellschaftsvertrages sein. Bei einer Sachgründung müssen in der Satzung der Gegenstand der Sacheinlage und der Nennbetrag des Geschäftsanteils, auf den sich die Sacheinlage bezieht, festgesetzt werden (§ 5 Abs. 4 S. 1).

---

56 Wenn der Gesellschaftsvertrag in das Gründungsprotokoll aufgenommen wird, können Zweifel darüber entstehen, welche Vereinbarungen Inhalt der Satzung sind und welche Vereinbarungen eine Nebenabrede darstellen, hierzu *Heidenhain* in Münchener Vertragshandbuch, Bd. 1, S. 364.
57 Vgl *Seibert/Wedemann*, GmbHR 2007, 17, 18.
58 Vgl *Noack*, NZG 2006, 804; *Liebscher/Scharff*, NJW 2006, 3745.
59 Zur doppelten Funktion des Gesellschaftsvertrags s. Scholz/*Emmerich*, GmbHG, § 2 Rn 3.

# B. Verfahren

Für die Beurkundung des Gesellschaftsvertrages einer GmbH mit mehreren Gesellschaftern berechnet der Notar eine doppelte Gebühr nach § 36 Abs. 2 KostO. Der Geschäftswert bestimmt sich bei einer Bargründung gem. § 39 Abs. 1 KostO nach dem einzuzahlenden Stammkapital, wenn die Gesellschafter das gesetzliche Mindeststammkapital von 25.000 EUR vereinbaren, beträgt die doppelte Gebühr gem. § 36 Abs. 2 KostO 168 EUR. Wird die GmbH durch nur einen Gesellschafter errichtet, ermäßigt sich die Gebühr für die Beurkundung der Satzung auf 84 EUR.[60]

55

Im Zuge der GmbH-Reform 2008 wurde die Gründung einer **Einpersonen-GmbH** wesentlich erleichtert. Bis dahin mussten die Gründungsgesellschafter neben der Einzahlung des hälftigen Mindeststammkapitals eine Sicherheitsleistung für die ausstehende Bareinlage erbringen (§ 7 Abs. 2 S. 3 aF). Da eine **Sicherheitsleistung** mit Kosten verbunden ist, haben sich insbesondere Kleingewerbetreibende für ihre GmbH-Gründung einen Mitgesellschafter im Verwandtenkreis gesucht. Damit konnte man zwar Kosten für eine Sicherheitsleistung sparen, indes verdoppelte sich die Gebühr für die Beurkundung des Gesellschaftsvertrages. Die Sicherheitsleistung bei Gründung einer Einpersonen-Gesellschaft erwies sich jedoch in der Praxis als verzichtbar, da sie lediglich eine unnötige Komplizierung der GmbH-Gründung bedeutete.[61]

56

## 3. Bestellung des Geschäftsführers

Um handlungsfähig zu sein, benötigt jede GmbH zumindest einen Geschäftsführer. Daher fassen die Gesellschafter schon bei der Errichtung einen Beschluss, in dem sie selbst oder andere Personen zum Geschäftsführer bestellt werden. Die Bestellung des Geschäftsführers erfolgt in der Regel durch einen **Beschluss** nach § 46 Nr. 5 GmbHG. Sie kann auch im **Gesellschaftsvertrag** erfolgen, was aber unüblich und im Hinblick auf die damit verbundenen Auslegungsschwierigkeiten nicht ratsam ist.[62] Der Beschluss zur Bestellung des Geschäftsführers muss enthalten:

57

- Vor- und Zuname des Geschäftsführers;
- Geburtsdatum;
- Wohnort.[63]

Die Gesellschafter müssen in dem Beschluss auch festlegen, ob der Geschäftsführer **einzel- oder gesamtvertretungsberechtigt** ist. Soweit es erforderlich ist und die Satzung diese Möglichkeit zulässt, sollte der Geschäftsführer von den Beschränkungen des **Insichgeschäfts** (§ 181 BGB) befreit werden.

58

Durch das MoMiG wurden die **Bestellungshindernisse** für Geschäftsführer sehr stark ausgeweitet.[64] Eine Bestellung zum Geschäftsführer ist für die Dauer von fünf Jahren nicht mehr möglich, wenn man wegen:

59

---

60 Zu den weiteren Kosten (Dokumentenpauschale), Erzeugung der XML-Strukturdaten sowie der qualifizierten Signatur s. *Tiedtke/Sikora*, MittBayNot, 2006, 393, 396.
61 Vgl BegrRegE MoMiG, BT-Drucks. 16/6140, S. 76; *Karsten*, GmbHR 2006, 57.
62 *Heidenhain* in Münchener Vertragshandbuch Bd. 1, S. 366; zur Unentziehbarkeit eines satzungsmäßigen Rechts des GmbH-Gesellschafters auf Geschäftsführung BGH v. 16.2.1981 – II ZR 89/79, GmbHR 1982, 129.
63 Die Angabe der Privatanschrift ist nicht erforderlich, vgl *Lutter/Bayer* in Lutter/Hommelhoff, GmbHG, § 8 Rn 3; *Seibert/Wedemann*, GmbHR 2007, 17, 19.
64 *Drygala*, ZIP 2005, 423, 424, geht davon aus, dass aufgrund der Gesetzesänderung dreimal so viele Personen vom Amt des Geschäftsführers ausgeschlossen werden.

- des Unterlassens der Stellung des Antrags auf Eröffnung des Insolvenzverfahrens (Insolvenzverschleppung),
- nach den §§ 283–283 d StGB,
- der falschen Angaben nach § 82 GmbHG oder § 399 AktG,
- der unrichtigen Darstellung nach § 400 AktG,
- § 331 HGB, § 313 UmwG oder des § 17 PublG oder
- nach den §§ 261 bis 264 a oder den §§ 265 b, bis 266 a StGB

zu einer Freiheitsstrafe von mindestens einem Jahr verurteilt worden ist. Der Umfang der Bestellungshindernisse geht weit über den Katalog des Referentenentwurfs zum MoMiG hinaus.[65] Er entspricht im Wesentlichen den Änderungen, die das Gesetz zur Sicherung von Werkunternehmeransprüchen und zur verbesserten Durchsetzung von Forderungen (**Forderungssicherungsgesetz – FoSiG**) bereits für § 6 GmbHG vorsah.[66] Soweit es die Verurteilung wegen einer Straftat anbelangt, führte nach frührem Recht lediglich eine Verurteilung nach den §§ 283–283 d StGB zu einem Bestellungshindernis (hierzu noch ausführlich unter § 5 Rn 139).

60 Die Bestellung von Geschäftsführern durch einen Gesellschafterbeschluss ist nicht beurkundungsbedürftig. Gerne nehmen die Notare ihn aber in die Gründungsurkunde auf. Auch wenn die Bestellung des Geschäftsführers durch notariellen Beschluss üblich ist, führt sie zu einer zusätzlichen 20/10-Gebühr (§ 47 KostO). Es stellt dabei keine unrichtige Sachbehandlung durch den Notar dar, wenn er die Bestellung des Geschäftsführers nicht in den Gesellschaftsvertrag aufnimmt. Auch wenn die Beurkundung des Gesellschaftsvertrags und der Geschäftsführerbestellung in derselben Urkunde zusammengefasst sind, entsteht neben der Gebühr des § 36 KostO auch die des § 47 KostO.[67] Die Geschäftsführerbestellung löst bei einer Mehrpersonen-GmbH damit dieselbe Gebühr (168 EUR) aus, wie die Satzung; bei einer Einpersonen-GmbH führt die notarielle Bestellung des Geschäftsführers ebenfalls zu einer Gebühr von 168 EUR, während der Notar für die Beurkundung der Satzung eine Gebühr von 84 EUR erhebt.[68]

**4. Gesellschafterliste**

61 Im Hinblick auf die vorzunehmende Anmeldung (§ 8 Abs. 1 Nr. 3 GmbHG) enthält die Gründungsurkunde eine Gesellschafterliste, aus welcher Namen, Vornamen, Geburtsdaten und Wohnorte der Gesellschafter sowie die Nennbeträge und die laufenden Nummern der von jedem Gesellschafter übernommenen Geschäftsanteile ersichtlich sind. Die Gesellschafterliste ist von den Anmeldenden zu unterschreiben. Bei der ersten Anmeldung der Gesellschaft beim Handelsregister ist die Gesellschafterliste von sämtlichen Geschäftsführern zu unterzeichnen (§ 78 GmbHG). Für die Anmeldung reicht nach § 12 Abs. 2 HGB eine Liste in **Textform**. Hiergegen wurde bei der Diskussion zur

---

65 Der Referentenentwurf findet sich auf der Internetseite des Bundesministerium der Justiz: www.bmj.de (Themen, Gesellschaftsrecht, GmbH-Reform).
66 Vgl hierzu *Karsten*, NJ 2002, 178.
67 OLG Frankfurt v. 21.11.1989 – 20 W 242/88, JurBüro 1991, 1218.
68 Vgl zu den Kosten insgesamt *Tiedtke/Sikora*, MittBayNot, 2006, 393, 396.

GmbH-Reform 2008 Bedenken erhoben, da die Gesellschafterliste als Grundlage für einen Gutglaubenserwerb aufgewertet wird.[69]

Aufgrund der Änderungen des § 8 Abs. 1 Nr. 3 GmbHG sind in der Gesellschafterliste die Geschäftsanteile nunmehr durchgehend zu **nummerieren**. Der Gesetzgeber verspricht sich davon eine einfachere und eindeutige Bezeichnung des Geschäftsanteils, die eine Anteilsübertragung erleichtert. Da die Geschäftsanteile jeweils mit einem Nennwert bezeichnet werden sollen, der auch als Identitätsbezeichnung dient, sollen zudem die Nennbeträge der von den jeweiligen Gesellschaftern übernommenen Geschäftsanteile aus der Gesellschafterliste hervorgehen.[70] Ob die auftragsgemäße Fertigstellung der Gesellschafterliste im Zusammenhang mit der Neugründung einer GmbH ein gebührenfreies Nebengeschäft gem. § 35 KostO ist oder ob es sich hierbei um ein gebührenpflichtiges selbständiges Geschäft nach § 147 Abs. 2 KostO handelt, ist umstritten.[71]

## III. Leistung der Einlage

Nach § 5 Abs. 1 GmbHG muss das Stammkapital der GmbH mindestens 25.000 EUR betragen. Der Nennbetrag jedes Geschäftsanteils muss auf volle Euro lauten. Ein Gesellschafter kann bei Errichtung der Gesellschaft mehrere Geschäftsanteile übernehmen (§ 5 Abs. 2 GmbHG). Die Höhe der Nennbeträge der einzelnen Geschäftsanteile kann nach § 5 Abs. 3 GmbHG verschieden bestimmt werden. Die Summe der Nennbeträge aller Geschäftsanteile muss mit dem Stammkapital übereinstimmen. Die Zahl und die Nennbeträge der Geschäftsanteile, die jeder Gesellschafter gegen Einlage auf das Stammkapital übernimmt, definiert § 3 Abs. 1 Nr. 4 GmbHG als Stammeinlage.[72]

### 1. Bareinlagen

Die Gesellschafter erbringen ihre Einlage regelmäßig in bar. Diese Bareinlagen müssen in dem durch § 7 Abs. 2 S.1 und S. 2 GmbHG vorgegebenen Umfang bereits vor der Anmeldung geleistet werden und sich endgültig in der freien Verfügung der Geschäftsführer befinden (§ 8 Abs. 2 S. 1 GmbHG). Bei dem gesetzlichen Mindeststammkapital sind Bareinlagen in einer Höhe von 12.500 EUR einzuzahlen. Vor der notariellen Beurkundung sollten die Gesellschafter allerdings die Zahlungen auf die Stammeinlage nicht vornehmen. Solche Voreinzahlungen sind unwirksam, weil vor der notariellen Beurkundung die Verpflichtung zur Zahlung der Stammeinlage noch gar nicht besteht und lediglich eine Vorgründungsgesellschaft vorhanden ist. Nach einer weitverbreiteten Auffassung in der Rechtsprechung und im Schrifttum befreien Einzahlungen vor dem Beurkundungstermin damit den Gesellschafter nicht von seiner Einlageverpflich-

---

[69] Vgl *Noack*, NZG 2006, 801, 802.
[70] BegrRegE MoMiG, BT-Drucks. 16/6140, S. 76.
[71] Das Bestehen einer zusätzlichen Gebühr verneint das OLG Frankfurt v. 5.7.2007 – 20 W 264/04, NZG 2007, 919; aA *Tiedtke/Sikora*, MittBayNot, 2006, 393, 396.
[72] Vgl BegrRegE MoMiG, BT-Drucks. 16/6140, S. 76: Der Begriff „Stammeinlage" wird für eine Übergangsphase beibehalten.

tung.⁷³ Auch bei einer Voreinzahlung sollten die Gesellschafter nach dem Beurkundungstermin ein Geschäftskonto für die (Vor-)GmbH errichten. Zahlungen auf dieses Konto führen dann zum Erlöschen der Einlageverpflichtung. Frühere Zahlungen sind rückgängig zu machen.⁷⁴

### 2. Sacheinlagen

65  Gesellschafter entscheiden sich häufig für eine Sachgründung, weil sie über kein hinreichend großes Barvermögen verfügen oder ein bereits betrieblich genutztes Vermögen in die GmbH einbringen wollen.

66  Besonders häufig handelt es sich bei einer Sachgründung um die **Umwandlung eines Einzelunternehmens** in eine GmbH. Hier stehen den Gesellschaftern grundsätzlich zwei Wege zur Verfügung, nämlich zum einen die Ausgliederung eines Betriebes aus dem Vermögen eines Einzelkaufmanns in eine dadurch neu gegründete GmbH nach dem Umwandlungsgesetz und zum anderen die Neugründung einer GmbH unter Einbringung des Betriebes im Wege der Einzelrechtsnachfolge. Da Freiberufler kein kaufmännisches Unternehmen betreiben können, steht ihnen nur die Variante einer Einzelrechtsnachfolge zur Verfügung.

67  Bei der **Einzelrechtsnachfolge** wird jedes einzelne Wirtschaftsgut als Sacheinlage in die GmbH eingebracht.⁷⁵ Bei der Ausgliederung aus dem Vermögen eines Einzelkaufmanns handelt es sich um eine partielle **Gesamtrechtsnachfolge** nach den §§ 158 ff UmwG. Das gesamte Vermögen des Einzelkaufmanns geht, soweit es in dem Ausgliederungsplan erwähnt wird, auf die neu gegründete GmbH über. Um zukünftige Verpflichtungen aus bereits eingegangenen Dauerschuldverhältnissen (Zahlung des Mietzins und des Arbeitslohns an Vermieter bzw Arbeitnehmer) zu beschränken, muss der Einzelunternehmer als Kaufmann im Handelsregister eingetragen sein (§ 132 UmwG; § 25 HGB). Seit dem Handelsrechtsreformgesetz im Jahr 1998 können sich auch Kleingewerbetreibende freiwillig in das Handelsregister eintragen lassen (sog. „Kann-Kaufleute"). Es reicht aus, wenn der hierfür erforderliche Eintragsantrag mit der Beurkundung der Ausgliederung sowie der GmbH-Gründung erfolgt.⁷⁶

68  **Beispiel (nach OLG Karlsruhe v. 19.8.2008 – 1 U 108/08, DB 2008, 2241):**
Vermieter V schließt im Februar 1988 einen gewerblichen Mietvertrag über Räumlichkeiten zum Betrieb eines Lagers und Büros ab. Als Mieter wurde die „Firma O." im Vertrag genannt. Im Dezember 1996 wurde das Einzelhandelsunternehmen des O gemäß §§ 152 ff UmwG im Wege der Ausgliederung in eine GmbH (in der Folge: O GmbH) umgewandelt. Ab 2002 wird keine Miete mehr gezahlt. V klagt gegen O persönlich auf Zahlung der noch ausstehenden Mietzinsen. Seine Klage wird in der zweiten Instanz abgewiesen. Werden nämlich Räumlichkeiten zu gewerblichen Zwecken an einen Einzelhandelskaufmann vermietet und wird das von ihm betriebene Unternehmen gemäß § 152 UmwG im Wege der Ausgliederung in eine GmbH umgewandelt, erlischt die von einem Einzelkaufmann geführten Firma. Kraft Gesetzes (§§ 155 iVm 131 Abs. 1 Nr. 1 UmwG)

---

73 Vgl *Heckschen/Heidinger*, Die GmbH in der Gestaltungspraxis, § 1 Rn 36; die Tilgungswirkungen von Voreinzahlungen können insbesondere bei künftigen Kapitalerhöhungen problematisch sein, s. BGH v. 26.6.2006 – II ZR 43/05, NJW 2007, 515. Zu den Pflichten des Notars im Zusammenhang mit der Zahlung auf eine künftige Einlageschuld s. BGH v. 24.4.2008 – III ZR 223/06, NZG 2008, 512.
74 *Mohr*, GmbHR 2003, 347.
75 Zu weiteren Details *Perwein*, GmbHR 2007, 1214.
76 Hierzu *Perwein*, GmbHR 2007, 1214.

gehen die Rechte und Pflichten aus dem Mietvertrag auf die O GmbH über. Auf eine Zustimmung des Vermieters kommt es nicht an.

Die Gesellschafter müssen einen einlagefähigen Gegenstand in die GmbH einbringen. Neben dem Betrieb eines Einzelkaufmanns zählen hierzu Maschinen, Patente, Grundstücke, Kfz, Forderungen usw).[77] Nicht anlagefähig sind die von den Gesellschaftern noch zu erbringenden Dienstleistungen. **69**

Damit die Gesellschafter keinen wertlosen Gegenstand in die GmbH einbringen, müssen sie dem Handelsregister die Möglichkeit verschaffen, die Werthaltigkeit der Sacheinlage zu überprüfen. Aus diesem Grund bestimmt § 5 Abs. 4 S. 1 GmbHG, dass der Gegenstand der Sacheinlage und der Nennbetrag des Geschäftsanteils, auf den sich die Sacheinlage bezieht, im Gesellschaftsvertrag festgesetzt werden müssen. Erforderlich ist eine möglichst genaue Bezeichnung. Bei einem Kfz empfiehlt es sich Marke, Typ, Baujahr, Motor- und Fahrgestellnummer in die Satzung aufzunehmen.[78] Nach Auffassung des OLG Dresden müssen die bei einer Sachgründung eingebrachten Sachen jedoch nicht in der Satzung identifizierbar umschrieben werden, wenn der Registerrichter aus dem Zusammenspiel von Gesellschaftsvertrag, Sachgründungsbericht, Rechnungen und Wertgutachten die eingebrachten Sachen genau identifizieren kann.[79] **70**

In einem **Sachgründungsbericht** müssen die Gesellschafter darlegen, aufgrund welcher Umstände sie die Bewertung der Sacheinlagen für angemessen halten. Bei einem Übergang eines Unternehmens auf die GmbH sind die Jahresergebnisse der beiden letzten Geschäftsjahre anzugeben (§ 5 Abs. 4 S. 2 GmbHG). Der genaue Inhalt eines Sachgründungsberichts hängt von den Besonderheiten der jeweiligen Sacheinlagen ab.[80] Neben dem Sachgründungsbericht müssen **Nachweise zu dem Wert der Sacheinlagen** beim Registergericht eingereicht werden. Soweit es um Maschinen und Fahrzeuge geht, sollte ein Wertgutachten vorgelegt werden. Hierzu gibt es zahlreiche Anbieter (DEKRA, TÜV, DAT etc.). Für die Bewertung eines Grundstücks empfiehlt es sich, auf die Sachverständigen der in der jeweiligen Stadt benannten Gutachterausschüsse für Grundstückswerte zurückzugreifen. Bei der Einbringung eines Unternehmens ist ein Wertgutachten erforderlich, das in der Regel von einem Wirtschaftsprüfer erstellt wird. Sollte der Gegenstand einen höheren Wert haben als der Nennbetrag des Geschäftsanteils, auf die die Sacheinlage geleistet wird, kann in der Satzung eine Regelung aufgenommen werden, nach der sich die GmbH verpflichtet, den die Stammeinlage übersteigenden Wert in Höhe eines bestimmten Betrages an den jeweiligen Gesellschafter zu vergüten. **71**

Die Sacheinlagen sind im vollen Umfang vor der Anmeldung an die (Vor-)GmbH zu erbringen. Der Abschluss eines besonderen Vertrages ist hierfür grundsätzlich nicht erforderlich. Ausnahmen bestehen, wenn der Gegenstand nur unter Einhaltung einer besonderer Form (§ 311 b BGB für Grundstücke) erfolgen kann. Bei der Einbringung **72**

---

77 Zur Sacheinlagefähigkeit eines obligatorischen Nutzungsrechts in Form eines Unterpachtvertrages s. BGH v. 14.6.2004 – II ZR 121/02, NJW-RR 2004, 1341.
78 Vgl hier den Formulierungsvorschlag von *Heidenhain*, Münchner Vertragshandbuch Bd. 1, S. 386; *Kollmorgen/Friedrichsen* in Dombek/Kroiß, Formularbibliothek Vertragsgestaltung, Gesellschaftsrecht I, Teil 1, § 1 Rn 75.
79 OLG Dresden v. 7.2.2002 – 11 U 2489/01, ZInsO 2003, 662.
80 S. hierzu das Beispiel von *Heidenhain* in Münchner Vertragshandbuch Bd. 1, S. 390.

eines Grundstücks genügt nicht die Vormerkung. Das Grundstück befindet sich erst dann endgültig in der freien Verfügung des Geschäftsführers, wenn die Auflassung erfolgte.

### IV. Anmeldung beim Handelsregister
#### 1. Zuständiges Registergericht

73 Die Gesellschaft ist bei dem Gericht, in dessen Bezirk sie ihren **Sitz** hat, zur Eintragung in das Handelsregister anzumelden (§ 7 Abs. 1 GmbHG). Die Gesellschafter können sich aufgrund der Neufassung des § 4a Abs. 1 GmbHG einen **inländischen Satzungssitz** aussuchen; sie unterliegen nicht mehr den Beschränkungen des § 4 Abs. 2 GmbHG aF, der als Satzungssitz in der Regel den Ort des Betriebes oder den Ort der Geschäftsleitung bzw der Verwaltung festlegte. Aufgrund dieser Liberalisierung steht mittelbar auch die Auswahl des Registergerichts im Belieben der Gesellschafter, da die GmbH an ihrem (frei wählbaren) Satzungssitz anzumelden ist.

#### 2. Form

74 Die Anmeldung ist nach § 78 GmbHG durch sämtliche Geschäftsführer zu bewirken. In der Praxis gibt es allerdings kaum einen Geschäftsführer, der die Anmeldung eigenhändig vornimmt. Auch wenn die Zuständigkeit des Geschäftsführers gesetzlich fixiert ist, wird die Anmeldung durch einen Notar *eingereicht*. Die Anmeldung zur Eintragung in das Handelsregister ist nach § 12 Abs. 1 HGB nämlich in öffentlich beglaubigter Form und elektronisch einzureichen. Bei einer öffentlichen Beglaubigung muss die Erklärung nach § 129 Abs. 1 BGB schriftlich abgefasst und die Unterschrift des Erklärenden von einem Notar beglaubigt werden. Die notarielle Beurkundung kann die notarielle Beglaubigung ersetzen. Um die bei der Einreichung in elektronischer Form einen sicheren Datentransfer zu gewährleisten, sind Anmeldungen beim Handelsregister über das **Elektronische Gerichts- und Verwaltungspostfach** (EGVP) vorzunehmen. Eine Anmeldung mittels E-Mail oder durch Versand von Datenträgern genügt nicht den gesetzlichen Anforderungen. Zwar können sich Unternehmen die EGVP-Client-Software kostenlos im Internet herunterladen. Die damit verbundenen Mühen sind aber regelmäßig größer als die mögliche Kostenersparnis.[81]

#### 3. Inhalt
##### a) Notwendige Angaben

75 Zum notwendigen Inhalt einer Anmeldung gehören:[82]
- die Anmeldung der **Errichtung** selbst;
- die Versicherung der Geschäftsführer, dass die **Leistungen auf die Geschäftsanteile** bewirkt sind und dass der Gegenstand der Leistung (Bar- oder Sacheinlage) sich endgültig in der freien Verfügung der Geschäftsführer befindet (§ 8 Abs. 2 GmbHG);

---

81 Vgl *Sikora/Schwab*, MittBayNot, 2007, 1,3; *Clausnitzer/Blatt*, GmbHR 2006, 1303.
82 *Kollmorgen/Friedrichsen* in Dombek/Kroiß, Formularbibliothek Vertragsgestaltung, Gesellschaftsrecht I, Teil 1, § 1 Rn 38.

- die Versicherung der Geschäftsführer, dass für sie kein **Bestellungshindernis** nach § 6 Abs. 2 S. 2 Nr. 2 und 3 GmbHG sowie § 6 Abs. 2 S. 3 GmbHG besteht und sie über ihre unbeschränkte Auskunftspflicht gegenüber dem Registergericht belehrt worden sind (§ 8 Abs. 3 GmbHG);[83]
- Angaben über Art und Umfang der **Vertretungsbefugnis** der Geschäftsführer (§ 8 Abs. 4 Nr. 2 GmbHG);
- durch das MoMiG werden die Geschäftsführer nunmehr auch verpflichtet, bei der Anmeldung eine **inländische Geschäftsanschrift** nach § 8 Abs. 4 Nr. 1 GmbHG anzugeben.

Die hierbei angegebene Geschäftsanschrift wird in der Regel mit der Anschrift des Geschäftslokals, dem Sitz der Hauptverwaltung oder des maßgeblichen Betriebes übereinstimmen. Sollten solche Einrichtungen noch nicht oder nicht mehr vorhanden sein, kann eine andere Anschrift als „Geschäftsanschrift" angegeben werden. Wichtig ist, dass sich diese Geschäftsanschrift im Inland befindet. Aufgrund der Änderungen des § 4a GmbHG kann eine GmbH ihre Geschäftstätigkeit ausschließlich im Rahmen einer im Ausland gelegenen Niederlassung ausüben. Lediglich der in der Satzung genannte Sitz muss nach § 4a GmbHG noch in Deutschland sein. Um eine Zustellung im Inland zu gewährleisten, ist es erforderlich, dass die nach § 8 Abs. 4 Nr. 1 GmbHG anzugebende Geschäftsanschrift im Inland liegt.[84] Bei einer ausschließlich im Ausland tätigen GmbH kann auch die inländische Wohnanschrift eines Geschäftsführers oder eines als Zustellungsbevollmächtigten eingesetzten Vertreters angegeben werden.

Die Geschäftsanschrift wird im Handelsregister veröffentlicht und ist – auch online – jederzeit einsehbar. Aus § 43 Nr. 2 b HRV ergibt sich, dass die inländische Geschäftsanschrift regelmäßig die Angabe von Straße, Hausnummer, Postleitzahl und Ort beinhaltet. Die bloße Angabe der Postleitzahl oder des Ortes genügt nicht.[85]

Wenn eine Person, die für Willenserklärungen und **Zustellungen** an die Gesellschaft empfangsberechtigt ist, nach § 10 Abs. 2 S. 2 GmbHG mit einer inländischen Anschrift zur Eintragung in das Handelregister angemeldet wird, sind auch diese Angaben einzutragen; Dritten gegenüber gilt die Empfangsberechtigung als Fortbestehen, bis sie im Handelsregister gelöscht und die Löschung bekannt gemacht worden ist, es sei denn, dass die fehlende Empfangsberechtigung dem Dritten bekannt war.

### b) Exkurs: Zustellung und Zugang von Willenserklärungen an die GmbH

Die durch das MoMiG eingeführte Pflicht zur Anmeldung einer inländischen Geschäftsanschrift nach § 8 Abs. 4 Nr. 1 GmbHG und die Option zur Eintragung einer zusätzlichen empfangsberechtigten Person nach § 10 Abs. 2 S. 2 GmbHG sollen das Recht der **Zustellung** und des **Zugangs von Willenserklärungen** bei der GmbH erleichtern. Sie werden ergänzt durch die neu eingeführte Empfangsvertretung der GmbH-Gesellschafter bei Führungslosigkeit (§ 35 Abs. 1 S. 2 u. Abs. 2 S. 2 GmbHG) und der Erleichterung von öffentlichen Zustellungen (§ 185 Nr. 2 ZPO).

---

83 Die Versicherung muss jedes einzelne Bestellungshindernis aufführen und verneinen, s. BayObLG v. 30.8.1983 – Breg 3 Z 116/83, BB 1984, 238.
84 BegrRegE MoMiG, BT-Drucks. 16/6140, S. 80.
85 Vgl *Steffek*, BB 2007, 2077.

**§ 1 Gründung**

80  Der wesentliche Anlass für diese Änderungen waren die sog. „**Firmenbestattungen**", mit denen seit Mitte der 1990iger Jahre gezielt versucht wurde, Gläubigern die Durchsetzung von Ansprüchen gegenüber der GmbH zu erschweren. Zu diesem Zweck organisierte der Firmenbestatter meistens die **Veräußerung sämtlicher Geschäftsanteile** und die Übertragung der Geschäftsführerstellung auf eine vermögenslose Person. Der Sitz der GmbH wurde zumeist an einen kleinen Ort oder ins Ausland verlegt, ohne dass dort irgendwelche Unterlagen auffindbar waren. Der neu hinzugetretene und lediglich vorgeschobene Geschäftsführer sorgte dann dafür, dass eine Zustellung an die GmbH nicht mehr möglich war, weil diese vor Ort keine Adresse hatte. Auf diese Weise konnte noch nicht einmal mehr ein **Insolvenzantrag** zugestellt werden. Die GmbH lag dann still und leise als Karteileiche im Register eines kleinen Amtsgerichts, um dann irgendwann einmal nach einer **Amtslöschung** zu verschwinden.[86] Vor der Anteilsübertragung sorgten Gesellschafter und Geschäftsführer regelmäßig noch für eine Übertragung des Gesellschaftsvermögens auf eine neue GmbH. Es kam nur in Ausnahmefällen vor, dass ein Registergericht hierbei nicht mitspielte und die notariell beurkundeten Verträge sowie die damit beschlossenen Gesellschafterbeschlüsse für nichtig erklärte.[87]

81  Aber auch ohne die Hilfe eines Firmenbestatters konnten die hinter einer GmbH stehenden Personen die Gläubiger abschütteln. Hierfür mussten sämtliche Geschäftsführer ihr Amt niederlegen. Außerdem war es erforderlich, dass jegliche Zustellung durch Schließung des Ladenlokals unmöglich gemacht wurde. Ohne Geschäftsführer konnte das Insolvenzverfahren über das Vermögen der Gesellschaft nicht eröffnet werden.[88] Die Gesellschaftsgläubiger hatten dann lediglich die Möglichkeit, die **Bestellung eines Not-Geschäftsführers** zu beantragen. Dies ist allerdings mit großen Schwierigkeiten verbunden.[89] Spätestens zu diesem Zeitpunkt waren die Gläubiger zermürbt und sahen von der weiteren Verfolgung ihrer Ansprüche ab. Der Gesetzgeber möchte diesen Missständen begegnen, indem er zunächst einmal die GmbH verpflichtet, eine inländische Geschäftsanschrift im Handelsregister anzumelden. Diese Anmeldung erfolgt bei jeder Gründung. Die im Zeitpunkt des Inkrafttretens des MoMiG bereits gegründeten Gesellschaften sind nach § 3 Abs. 1 EGGmbHG ebenfalls zur Anmeldung ihrer inländischen Geschäftsanschrift verpflichtet, es sei denn, dem Handelsregister wurde die korrekte und aktuelle Anschrift bereits nach § 24 Abs. 2 HRV mitgeteilt. Wenn bis zum 31.10.2009 keine inländische Geschäftsanschrift zur Eintragung in das Handelsregister angemeldet ist, trägt das Gericht von Amts wegen und ohne Überprüfung kostenfrei die ihm nach § 24 Abs. 2 HRV bekannte inländische Anschrift als Geschäftsanschrift in das Handelsregister ein.

82  Die inländische Geschäftsanschrift ist für die Zustellung und den Zugang von Willenserklärungen von großer Bedeutung. Unter dieser Anschrift können Willenserklärungen abgegeben und Schriftstücke für die Gesellschaft zugestellt werden.

83  Weil die Zustellung nicht mehr durch eine Amtsniederlegung der Geschäftsführer oder deren Abberufung vereitelt werden darf, wird die GmbH ohne einen Geschäftsführer

---

86 Ausführlich hierzu *Goltz/Klose*, NZI, 2000, 108, 110; *Hirte*, ZInsO 2003; *Schröder*, DNotZ 2005, 596.
87 Vgl AG Memmingen v. 2.12.2003 – HRB 8361, MittBayNot 2004, 292.
88 S. hierzu OLG Köln v. 3.1.2000 – II W 214/99, NZI 2000, 134.
89 *Gustavus*, GmbHR 1992, 15.

## B. Verfahren

(**Führungslosigkeit**) nach § 35 Abs. 1 S. 2 GmbHG durch die Gesellschafter vertreten. Auch ihnen gegenüber kann unter der im Handelsregister eingetragenen Geschäftsanschrift eine Willenserklärung abgegeben und Schriftstücke zugestellt werden.

Eine Zustellung über die Geschäftsanschrift setzt allerdings voraus, dass dort tatsächlich ein Geschäftslokal besteht und der zurechenbare Rechtsschein eines Geschäftsraums gesetzt worden ist, an dem wirksame Willenserklärungen zugehen und Zustellungen bewirkt werden können. Sollte unter der im Handelsregister eingetragenen Geschäftsanschrift aber kein Geschäftslokal mehr vorhanden sein, können die Gläubiger entweder eine Zustellung an eine nach § 10 Abs. 2 S. 2 GmbHG eingetragene zusätzliche Person versuchen oder aber eine Zustellung im Wege der **öffentlichen Zustellung** nach § 185 Nr. 2 ZPO durchführen.[90]

84

Damit gegenüber der GmbH abgegebene Willenserklärungen zugehen können, wurden die Voraussetzungen für eine **öffentliche Zustellung** nach § 15a HGB iVm § 185 Nr. 2 ZPO erleichtert. Eine öffentliche Zustellung ist zulässig, wenn der Zugang der Willenserklärung weder *erstens* unter der nach § 8 Abs. 4 Nr. 1 GmbHG angemeldeten inländischen Geschäftsanschrift noch *zweitens* unter einer im Handelsregister eingetragenen Anschrift einer für Zustellungen empfangsberechtigten Personen (§ 10 Abs. 2 S. 2 GmbHG) noch *drittens* unter einer ohne Ermittlungen bekannten anderen inländischen Anschrift möglich ist.[91]

85

Mit der Eintragung einer empfangsberechtigten Person schützen sich die GmbH und ihre Gesellschafter von den Nachteilen einer öffentlichen Zustellung, von der man möglicherweise erst etwas erfahren kann, wenn es schon zu spät ist. Die Regelungen für eine empfangsberechtigte Person wurden vom Gesetzgeber auch unter Berücksichtigung des Art. 103 Abs. 1 GG eingefügt.[92] Ermittlungen zum Wohnsitz des Gesellschafters oder des Geschäftsführers im Ausland sind nunmehr ebenso wenig erforderlich wie etwaige Zustellungsversuche. Eine **Zustellung im Ausland** muss selbst dann nicht versucht werden, wenn ein ausländischer Wohnsitz eines Geschäftsführers oder einer sonstigen empfangsbereiten Person positiv bekannt ist.[93]

86

Das MoMiG hat zweifelsohne zu einer wesentlichen Erleichterung der öffentlichen Zustellung geführt. Allein mit den Änderungen in § 185 ZPO ist den Gläubigern aber nicht viel geholfen. Die Zustellung eines gerichtlichen Titels führt nämlich nicht automatisch zu einer erfolgreichen Zwangsvollstreckung.[94] Die Missbrauchsbekämpfung wird durch die GmbH-Reform allerdings effektiv flankiert, in dem die Insolvenzantragspflicht auf die Gesellschafter der GmbH ausgeweitet wird (s. hierzu unter § 7 Rn 271).

87

---

90 BegrRegE MoMiG, BT-Drucks. 16/6140, S. 97.
91 Hierzu *Steffek*, BB 2007, 2077, 2081.
92 BegrRegE MoMiG, BT-Drucks. 16/6140, S. 124.
93 BegrRegE MoMiG, BT-Drucks. 16/6140, S. 116.
94 Vgl auch die Stellungnahme des BDI zum RegE MoMiG v. 7.9.2007, im Internet eingestellt unter www.bundestag.de (schriftliche Stellungnahme von Dr. Sünner für die Anhörung zur GmbH-Reform vor dem Rechtsausschuss des Deutschen Bundestags am 23.1.2008).

## 4. Anlagen

**88** Der Anmeldung müssen nach § 8 Abs. 1 GmbHG beigefügt sein:

- der **Gesellschaftsvertrag** und für den Fall, dass für die Gesellschafter Bevollmächtigte die Satzung unterschrieben haben, die entsprechende Vollmacht;
- **Legitimation der Geschäftsführer** (Gesellschafterbeschluss über die Geschäftsführerbestellung, der regelmäßig im Gründungsprotokoll enthalten ist);[95]
- **Gesellschafterliste**, aus welcher Name, Vorname, Geburtsdatum und Wohnort der Gesellschafter sowie die Nennbeträge und die laufende Nummer der von jedem Gesellschafter übernommenen Geschäftsanteile ersichtlich sind.

**89** Bei einer **Sachgründung** muss die Anmeldung nach § 8 Abs. 1 GmbHG außerdem folgende Anlagen umfassen:

- die **Festsetzung der Sacheinlage** und der ihr zugrunde liegenden oder zu ihrer Ausführung geschlossenen Verträge;
- der **Sachgründungsbericht**;
- **Unterlagen über den Wert der Sacheinlagen**.

**90** Durch das MoMiG weggefallen ist die Verpflichtung, dem Registerrichter eine **Genehmigungsurkunde** vorzulegen, sofern der Gegenstand des Unternehmens einer staatlichen Genehmigung bedarf (§ 8 Abs. 1 Nr. 6 GmbHG aF). Diese Genehmigung wurde nicht dem Gesellschafter oder dem Geschäftsführer, sondern der GmbH erteilt und war Voraussetzung für die Eintragung in das Handelsregister. Bei § 8 Abs. 1 Nr. 6 GmbHG aF handelte es sich um eine Ausnahme von dem Grundsatz des § 7 HGB. Die Regelung des § 8 Abs. 1 Nr. 6 GmbHG aF sollte die Entstehung von GmbHs verhindern, die trotz Ermangelung einer staatlichen Genehmigung dennoch einen für sie unerlaubten Unternehmensgegenstand haben. Auf diese Weise sollte auch für die Einhaltung der öffentlich-rechtlichen Genehmigungserfordernisse gesorgt werden (sog. „Präventivzweck").[96] Für die Anmeldung der Aktiengesellschaft bestand eine vergleichbare Regelung in § 37 Abs. 4 Nr. 5 AktG.

**91** Die Eintragung in die **Handwerksrolle** wurde wie eine staatliche Genehmigung nach § 8 Abs. 1 Nr. 6 GmbHG aF behandelt. Eine GmbH, deren Unternehmensgegenstand auf den Betrieb eines Handwerks gerichtet war, konnte daher nur dann in das Handelsregister eingetragen werden, wenn eine Bescheinigung der zuständigen Handwerkskammer vorlag, aus der hervorging, dass der späteren Eintragung dieser GmbH in die Handwerksrolle keine Gründe entgegenstehen würden.[97]

**92** Die Vorlage einer staatlichen Genehmigung wurde allgemein als lästig empfunden. Das lag auch daran, dass Gründer häufig erst nach der notariellen Beurkundung des Gesellschaftsvertrags von diesem Erfordernis erfuhren. Demgegenüber gab es keine nennenswerten Verzögerungen, wenn der Notar den Unternehmensgegenstand fernmünd-

---

[95] Auch wenn es nicht in § 8 Abs. 1 GmbHG erwähnt ist, gehört auch die Bestellung eines Aufsichtsrats zur den erforderlichen Urkunden einer Anmeldung, *Heidenhain* in Münchener Vertragshandbuch, Bd. 1, S. 375.
[96] Vgl BGH v. 9.11.1987 – II ZB 49/87, NJW 1988, 1087.
[97] Hierzu *Ammon*, GmbHR 2004, 1578. Demgegenüber vertritt *Robrecht*, GmbHR 2004, 946, 947, die Ansicht, dass die Eintragung einer Handwerks-GmbH in die Handwerksrolle keine staatliche Genehmigung sei. Diese Auffassung berücksichtigt allerdings nicht die einschlägige Rechtsprechung des BGH, so auch *Ammon* (aaO).

lich oder per E-Mail mit der Handwerkskammer abgestimmt hatte.[98] Wegen dieser Verzögerungen war es nicht weiter verwunderlich, dass von der Literatur schon seit geraumer Zeit die Streichung des § 8 Abs. 1 Nr. 6 GmbHG aF angeregt wurde[99] und diese Forderung in der Diskussion um das MoMiG erneut erhoben wurde.[100] In der Tat sprachen zahlreiche Gründe für eine Abschaffung dieser Vorschrift. Zu allererst war es doch sehr zweifelhaft, ob der von § 8 Abs. 1 Nr. 6 GmbHG aF bezweckte Schutz tatsächlich erreicht werden konnte. Wer das ganze Procedere zur Genehmigungspflicht des Unternehmensgegenstandes umgehen wollte, „erdichtete" sich eine genehmigungsfreie Gründungssatzung und ließ die GmbH im Handelsregister eintragen.[101] Ob diese GmbH dann später, wie *Priester*[102] es treffend formulierte, „unter falscher Flagge" ein erlaubnispflichtiges Unternehmen ohne die dafür erforderliche Genehmigung betrieb, konnte zumindest im Eintragungsverfahren nicht verhindert werden. So gesehen war § 8 Abs. 1 Nr. 6 GmbHG aF auch nicht dazu geeignet, das Regelungsziel zu erfüllen.

### V. Prüfung und Eintragung durch das Registergericht

Der anmeldende Geschäftsführer hat einen Anspruch auf Eintragung der GmbH. Wenn die Gesellschaft allerdings nicht ordnungsgemäß errichtet ist, kann das Gericht die Eintragung nach § 9c Abs. 1 GmbHG ablehnen. **93**

Grundsätzlich muss das Registergericht die Satzung prüfen. Hierbei gilt der allgemeine **Amtsermittlungsgrundsatz** (§ 12 FGG)[103]. Da eine detailverliebte Überprüfung jeder einzelnen Satzungsklausel die Eintragung von neu gegründeten Gesellschaften verzögern würde, wurde der Prüfungsumfang des Registerrichters schon durch das Handelsrechtsreformgesetz 1998 eingeschränkt. Seitdem gilt § 9c Abs. 2 GmbHG, der dem Registergericht die Ablehnung einer Eintragung der Gesellschaft nur gestattet, wenn eine mangelhafte, fehlende oder nichtige Bestimmung eines Gesellschaftsvertrages: **94**

- eine Tatsache oder Rechtsverhältnisse betrifft, die nach § 3 Abs. 1 GmbHG oder aufgrund anderer zwingender gesetzlicher Vorschriften in dem Gesellschaftsvertrag bestimmt sein müssten oder die in das Handelsregister einzutragen oder von dem Gericht bekannt zu machen wären (§ 9c Abs. 2 Nr. 1 GmbHG);
- Vorschriften verletzen würde, die ausschließlich oder überwiegend zum Schutz der Gläubiger der Gesellschaft oder sonst im öffentlichen Interesse gegeben sind (§ 9c Abs. 2 Nr. 2 GmbHG) oder
- die Nichtigkeit des Gesellschaftsvertrages zur Folge hätte (§ 9c Abs. 2 Nr. 3 GmbHG).

Soweit es die Einhaltung der formellen Voraussetzungen einer Gesellschaftsgründung anbelangt (Vorliegen eines beurkundeten Gesellschaftsvertrags, Vollständigkeit der vorgeschriebenen Anlagen, Versicherungen der Geschäftsführer etc.) wird der Prü- **95**

---

98 *Gustavus*, GmbHR 1993, 259, 262 berichtet, dass nach übereinstimmender Meinung der Registerrichter die Gründer erst im Eintragungsverfahren (also nach Beurkundung der Gründungssatzung) auf vorhanden Genehmigungserfordernisse durch das Gericht hingewiesen werden.
99 *Gustavus*, GmbHR 1993, 259, 262; *Koegel*, GmbHR 2003, 1225;.
100 *Priester*, DB 2005, 1315, 1319 f.
101 Hierzu *Gottwald*, DStR 2001, 944, 945.
102 In DB 2005, 1315, 1319.
103 Zukünftig § 26 FamFG

fungsumfang des Registergerichts durch § 9c Abs. 2 GmbHG nicht eingeschränkt. Inhaltlich unterliegt der Gesellschaftsvertrag allerdings nur noch einer begrenzten Kontrolle durch den Registerrichter. Er hat die Prüfung von Satzungsbestimmungen allein auf die in § 9c Abs. 2 GmbHG aufgezählten Eintragungshindernisse zu beschränken.

96 **Beispiel:**
Die Gesellschafter vereinbaren im Gesellschaftsvertrag, dass für eine Zahlung an einen bestimmten Gesellschafter jeweils nur dieser haften soll. Der gegen einen Mitgesellschafter möglicherweise bestehende Erstattungsanspruch nach § 31 Abs. 3 GmbHG wird in der Satzung ausgeschlossen. Eine solche Vereinbarung verletzt den Gläubigerschutz, denn der Gesellschaft geht ein möglicherweise solventer Schuldner verloren. Das Registergericht müsste hier die Eintragung ablehnen.[104]

97 **Beispiel:**
Die Gesellschafter halten nicht viel vom Minderheitenschutz und schließen daher in der Satzung § 50 Abs. 1 GmbHG aus. Nach dieser Regelung kann ein Gesellschafter, dessen Geschäftsanteile zusammen mindestens 10 % Stammkapital entsprechen, vom Geschäftsführer die Einberufung einer Gesellschafterversammlung verlangen. Der Registerrichter muss die GmbH trotz dieser unwirksamen Bestimmung eintragen. Sollte es später zu einer Auseinandersetzung unter den Gesellschaftern kommen, kann sich aber niemand auf die gesetzeswidrige Bestimmung berufen.[105]

98 Durch das MoMiG wurde der Prüfungsumfang des Registerrichters in Zusammenhang mit der Leistung von Bar- und Sacheinlagen noch etwas weiter eingeschränkt.

99 Bei einer **Bargründung** hat der Geschäftsführer nach § 8 Abs. 2 S. 1 GmbHG zu versichern, dass die Leistungen auf die Geschäftsanteile bewirkt worden sind und der Gegenstand der Leistung sich endgültig in der freien Verfügung der Geschäftsführer befindet. Hierbei ist es üblich, dass die Versicherung über die Einzahlung der Bareinlage bereits bei der Beurkundung des Gesellschaftsvertrages vom Geschäftsführer unterzeichnet wird. Erst danach erfolgt die Leistung der Stammeinlage. Sie wird dem Notar ohne erneuten Termin durch Einreichen eines Zahlungsbelegs oder eines Kontoauszugs nachgewiesen. Daraufhin reicht der Notar die Anmeldung mit der dazugehörigen Versicherung zum Handelsregister ein.

100 Dieser Weg kann aber zu Verzögerungen führen, da manche Registergerichte die Eintragung von der Vorlage eines Einzahlungsbelegs oder einer Bankbestätigung abhängig machen. Nach der Rechtsprechung sollte sich das Registergericht regelmäßig mit der Versicherung des Geschäftsführers nach § 8 Abs. 2 S. 1 GmbHG begnügen, wenn es keinen Anlass hat, an ihrer inhaltlichen Richtigkeit zu zweifeln.[106] Wann allerdings Anlass für **Zweifel an einer ordnungsgemäßen** Leistung der Bareinlage vorliegen, beurteilt das Schrifttum unterschiedlich. Die einen legen insbesondere bei Gründungen von Einpersonen-Gesellschaften ohne Fremdgeschäftsführer dem Registergericht nahe, einen Nachweis über die Leistung der Mindesteinlagen zu verlangen.[107] Andere emp-

---

104 Ebenso könnte das Registergericht eine Eintragung versagen, wenn die Satzung gegen §§ 5 Abs. 1, 9, 9b, 16 Abs. 2, 19 Abs. 2 und Abs. 3, 21ff, 30ff, 58 GmbHG verstößt, s. *Lutter/Bayer* in Lutter/Hommelhoff, GmbHG, § 9c Rn 10.
105 Zur Kritik an der eingeschränkten Kontrolle des Registerrichters vgl *Lutter/Bayer* in Lutter/Hommelhoff, GmbHG, § 9c Rn 13.
106 S. OLG Düsseldorf v. 31.7.1996 – 3 Wx 293/96, GmbHR 1997, 70; BayObLG v. 14.10.1993 – 3 Z BR 191/93, GmbHR 1994, 116; vgl auch BGH v. 18.2.1991 – II ZR 104/90, NJW 1991, 1754. 72; zur abweichenden Praxis der Registergerichte s. *Spielberger/Walz*, GmbHR 1998, 761, 762.
107 Vgl *Ulmer* in Ulmer/Habersack/Winter, GmbHG, § 9c Rn 32.

fehlen dem Registerrichter, zunächst eine Auskunft beim Zentralen Schuldnerverzeichnis einzuholen um ggf danach eine Vorlage des Einzahlungsbelegs zu verlangen.[108] Wieder andere raten dem Geschäftsführer, selbst die Initiative zu ergreifen und zur Beschleunigung des Eintragungsverfahrens einen Zahlungsbeleg vorzulegen.[109]

**101** Angesichts dieser Unsicherheiten wäre es naheliegend gewesen, mit einer eindeutigen Regelung für Klarheit zu sorgen. Hierbei gab es zwei Möglichkeiten. Man hätte wie auch bei einer Aktiengesellschaft (§ 37 Abs. 1 S. 2 u. 3 AktG) den förmlichen Nachweis für die Einzahlung des Stammkapitals vorschreiben können.[110] Man hätte aber auch durch eine Änderung des GmbHG eine gerichtliche Kontrolle der Kapitalaufbringung ausschließen können.[111]

**102** Das MoMiG hat es im Prinzip bei den bisherigen Unsicherheiten belassen. Nach § 8 Abs. 2 S. 2 GmbHG kann das Gericht bei *erheblichen* Zweifeln an der Richtigkeit der Versicherung über die Einlageleistung Nachweise (unter anderem Einzahlungsbelege) verlangen. Mit dieser Änderung soll klar gestellt werden, dass die Versicherung ausreicht und weitere Nachweise grundsätzlich nicht erforderlich sind. Der Gesetzgeber vertraut hierbei darauf, dass die Versicherung des Geschäftsführers strafbewehrt ist, und hält diese deutliche Sanktion im Regelfall für ausreichend.[112] Freilich wird ein Registerrichter nun eher von einem konkreten Nachweis absehen. Allerdings lassen die Regelungen jedem Richter noch einen erheblichen Entscheidungsspielraum Kein Geschäftsführer kann sich aber sicher sein, ob gerade der für dieses Eintragungsverfahren zuständige Richter die Richtigkeit der Versicherung über die Einlageleistung bezweifelt oder eben nicht. Nach wie vor empfiehlt es sich daher, einen Einzahlungsbeleg oder eine Bankbestätigung parat zu haben. Auf diese Weise kann man nicht nur den Registerrichter von der ordnungsgemäßen Leistung der Stammeinlage überzeugen, sondern bei einem wirtschaftlichen Niedergang des Unternehmens auch einen Insolvenzverwalter, der regelmäßig die Erfüllung der Einlageleistung überprüft: Da die Verjährungsfrist für eine Einlageleistung nach der Eröffnung des **Insolvenzverfahrens** sechs Monate beträgt und diese Frist auch dann noch beginnt, wenn seit dem Abschluss des Gesellschaftsvertrages 10 Jahre verstrichen sind, sollte sich ein Gesellschafter den Zahlungsbeleg oder die Bankbestätigung gut aufheben. Der Nachweis über die Erbringung der Leistungen wird vom Notar regelmäßig zusammen mit den Nebenakten für die Dauer von sieben Jahren aufbewahrt (§ 5 Abs. 4 DONotO).[113]

**103** Bei einer **Sachgründung** hatte das Registergericht nach bisherigem Recht eine GmbH nur einzutragen, wenn es aufgrund der Eintragungsunterlagen keinen Anlass zum Zweifel daran hat, dass der Wert der Sacheinlage den Wert der dafür übernommenen Stammeinlage deckt. Sobald eine auch nur geringfügige Unterdeckung vorlag, lehnte das Registergericht den Antrag auf Eintragung der GmbH ab.[114] Diese Praxis führte

---

108 *Böttcher/Ries*, Formularpraxis des Handelsregisterrechts, S. 138.
109 *Spielberger/Walz*, GmbHR 1998, 761, 762.
110 Vgl auch *Gustavus*, GmbHR 1993, 259, 263, der den Vorteil einer Bankbescheinigung auch darin sieht, dass dem Geschäftsführer das Bewusstsein, über fremdes Geld zu verfügen, gestärkt wird.
111 S. hierzu die Überlegungen von *Wachter*, Die GmbH-Reform in der Diskussion, S. 55, 99.
112 BegrRegE MoMiG, BT-Drucks. 16/6140, S. 79.
113 S. hierzu die Überlegungen von *Wachter*, Die GmbH-Reform in der Diskussion, S. 55, 101.
114 So *Lutter/Bayer* in Lutter/Hommelhoff, GmbHG, § 9c Rn 18; vgl auch BegrRegE MoMiG, BT-Drucks. 16/6140, S. 82.

nicht nur zu einer Verlängerung des Eintragungsverfahrens, sondern auch zu Rechtsunsicherheiten. Bei einer auch nur befürchteten Überbewertung veranlassten die Gründungsgesellschafter eine nochmalige Überprüfung der Sacheinlage durch die Einholung eines weiteren Sachverständigengutachtens. Letztlich waren auch die damit verbundenen Kosten ein Grund, warum gerade mittelständische Unternehmen in der Regel eine Bargründung vornahmen, das vorhandene Betriebsvermögen an die GmbH veräußerten und somit in die Gefahr gerieten, über die Rechtsfigur der verdeckten Sacheinlage eine zweites Mal die Bareinlage leisten zu müssen (hierzu ausführlich unter § 3 Rn 48). Das MoMiG hat die Hürden für eine Sachgründung herabgesetzt. Das Registergericht kann die Eintragung einer GmbH gem. § 9c Abs. 1 S. 2 GmbHG nur noch ablehnen, wenn die Sacheinlagen wesentlich überbewertet worden sind. Künftig soll ein Registergericht nur für den Fall, dass sich auf Grundlage der mit der Anmeldung eingereichten Unterlagen **begründete Zweifel** ergeben, die auf eine **wesentliche Überbewertung der Sacheinlage** hindeuten, weitere Unterlagen anfordern können. Bestehen allerdings keine Anhaltspunkte dafür, so ist **keine Ausforschungsermittlung** einzuleiten, ob denn eine wesentliche Überbewertung vorliegt. Dies wird nicht nur nach Einschätzung des Gesetzgebers die Eintragungszeiten beim Handelsregister deutlich verkürzen und damit die Gründung einer GmbH beschleunigen.[115]

## C. Gründerhaftung

### I. Vorgründungsgesellschaft

104 Eine Vorgründungsgesellschaft entsteht, wenn sich die Gesellschafter vor der notariellen Beurkundung der GmbH-Satzung verpflichten, eine GmbH zu gründen. Wenn schon zu diesem frühen Zeitpunkt Verträge im Namen einer GmbH abgeschlossen werden, die es noch nicht einmal als Vorgesellschaft gibt, haften die Gesellschafter persönlich, denn bei der Vorgründungsgesellschaft handelt es sich entweder um eine GbR oder eine OHG.[116] Die persönliche Haftung der Gesellschafter für Verbindlichkeiten, die sie vorweg für die erst noch zu gründende Gesellschaft eingegangen sind, endet mit Errichtung oder Eintragung der GmbH im Handelsregister nur, wenn dies mit den Gesellschaftsgläubigern vereinbart wurde. Für das Vorliegen einer solchen Vereinbarung tragen die Gesellschafter die Beweislast.[117]

105 War der Handelnde nicht von den Gesellschaftern der Vorgründungsgesellschaft bevollmächtigt, so haftet er als **vollmachtsloser Vertreter** nach § 179 BGB. Wer beispielsweise für eine vermeintliche GmbH auftritt und Arbeitsverträge abschließt, muss die Löhne und Gehälter der Arbeitnehmer aus eigener Tasche zahlen, sollte die GmbH nicht später nicht errichtet werden.[118]

---

115 BegrRegE MoMiG, BT-Drucks. 16/6140, S. 82.
116 BGH v. 9.3.1998 – II ZR 366/96, NJW 1998, 1645.
117 BGH v. 20.6.1983 – II ZR 200/82, NJW 1983, 2822.
118 Zur vergleichbaren Haftung bei einer gescheiterten Gründung einer Aktiengesellschaft, s. BAG v. 12.7.2006 – 5 AZR 613/05, NJW 2006, 3230.

## II. Vorgesellschaft

### 1. Gesellschafterhaftung

#### a) Eintragung der GmbH (Vorbelastungshaftung)

Die Gesellschafter müssen bei der Gründung einer GmbH die Stammeinlagen leisten. Die Aufbringung des Stammkapitals ist auch die politische Legitimation für die in § 13 Abs. 2 GmbHG festgeschriebene Haftungsbeschränkung. Gesellschaftsgläubiger wären schutzlos, wenn das bei Gründung noch vorhandene Gesellschaftsvermögen wieder in die Taschen der Gesellschafter gelangen dürfte. Deshalb gibt es den Grundsatz der Kapitalerhaltung. Er ist in §§ 30, 31 GmbHG geregelt. Die Regelungen zur Kapitalaufbringung und -erhaltung stellt das „Kernstück" des GmbH-Rechts dar.[119] Nach § 30 Abs. 1 S. 1 GmbHG darf das zur Erhaltung des Stammkapitals erforderliche Vermögen nicht an die Gesellschafter ausgezahlt werden. Verstößt eine Zahlung gegen diesen Grundsatz, besteht ein Erstattungsanspruch der GmbH gegen den Zahlungsempfänger nach § 31 Abs. 1 GmbHG.[120]

106

Das in § 30 Abs. 1 S. 1 GmbHG geregelte Zahlungsverbot soll die Erhaltung des Stammkapitals ab der Eintragung der GmbH in das Handelsregister schützen. Aber auch vor der Eintragung muss das Stammkapital der GmbH – mit Ausnahme des Gründungsaufwandes – vorhanden sein (**Unversehrtheitsgrundsatz**).[121] Deshalb besteht auch eine Gesellschafterhaftung, wenn das Stammkapital bereits zwischen der Beurkundung des Satzung und der Eintragung der GmbH durch die Vor-GmbH ganz oder teilweise verbraucht wurde. In einem solchen Sachverhalt greift die von der Rechtsprechung entwickelte **Vorbelastungshaftung** ein. Nach ihr haften Gesellschafter unbeschränkt. Sie müssen alle Verluste ausgleichen, bis die GmbH wieder das zur Erhaltung ihres Stammkapitals erforderliche Vermögen hat. Diese Haftung ist allerdings als eine Innenhaftung ausgestaltet. Es besteht daher nur ein Anspruch der GmbH gegen ihre Gesellschafter.[122]

107

Die Vorbelastungshaftung soll gewährleisten, dass das einmal eingezahlte Kapital auch noch bis zur Eintragung *erhalten* bleibt.[123] Sie bildet mit der **Verlustdeckungshaftung** die von der Rechtsprechung entwickelte einheitliche Gründerhaftung im GmbH-Recht. Beide Haftungsmodelle sind darauf ausgerichtet, das Vertrauen der Gläubiger in das tatsächliche Vorhandensein des in der Gründungssatzung ausgewiesenen Stammkapitals zu schützen. Sie gewährleisten beide, dass das Stammkapital vollständig erhalten wird, und begründen jeweils eine **Innenhaftung** der Gesellschafter.

108

Sofern eine Unterbilanz vorliegt und die weiteren Voraussetzungen des § 30 GmbHG erfüllt sind, hat die GmbH einen **Erstattungsanspruch** nach § 31 Abs. 1 GmbHG. Die Vorbelastungshaftung wird regelmäßig erst bedeutend, wenn ein Insolvenzverfahren über das Vermögen der GmbH eröffnet wird. Sie setzt ferner voraus, dass es einem

109

---

[119] Scholz/*H.P. Westermann*, GmbHG, § 30 Rn 1 mwN.
[120] Hierzu noch ausführlich unter § 3 B.
[121] BGH v. 29.9.1997 – II ZR 245/96, NJW 1998, 233.
[122] BGH v. 9.3.1981 – II ZR 54/80, NJW 1981, 1373.
[123] Die ähnliche Zielrichtung ist auch ein Grund dafür, dass Vorbelastungshaftung bisweilen „Unterbilanzhaftung" genannt wird, s. BGH v. 24.10.1988 – II ZR 176/88, NJW 1989, 710; BGH v. 29.9.1997 – II ZR 245/96, NJW 1998, 233; die hier verwendete Terminologie vermeidet Missverständnisse und wird auch von *Lutter/Bayer* in Lutter/Hommelhoff, GmbHG, § 11 Rn 14, Rn 28 ff verwendet.

Verwalter gelingt, seine Darlegungs- und Beweispflicht zu erfüllen. Bei einer masselosen Insolvenz kann ein Gläubiger der GmbH – wenn er nicht auch noch deren Gesellschafter ist – den Erstattungsanspruch pfänden. Die Pfändung des Erstattungsanspruchs hängt nicht von der Vollwertigkeit der Forderung, einem Insolvenzverfahren oder einer masselosen Liquidation ab.[124] Die Ansprüche der GmbH aufgrund der Vorbelastungshaftung sichern gleichermaßen den Einlageanspruch, so dass die **Pfändung** der Einlageforderung auch diese Ansprüche umfasst.[125]

110 Bei den hier in Rede stehenden Forderungen befindet sich der Kläger aber in erheblichen Beweisschwierigkeiten. Trotz alledem zeigen vereinzelte Beispiele aus der Praxis, dass auch bei einer masselosen Insolvenz die Gläubiger einer GmbH teilweise mit Erfolg gepfändete Ansprüche der GmbH, die aus einer Nichtbeachtung der Kapitalerhaltungsvorschrift resultieren, mit Erfolg durchsetzen konnten. Gerade weil der BGH die Anforderungen an die **Beweisführung** bei einer Vorbelastungshaftung herabgesetzt hat,[126] verdient dieses Haftungsmodell durchaus Aufmerksamkeit. In der Regel kommen die Gesellschafter nämlich nicht auf den Gedanken, eine Vorbelastungsbilanz auf den Eintragungsstichtag zu erstellen. Wenn dann auch nur Anhaltspunkte dafür bestehen, dass das Stammkapital der Gesellschaft schon im Gründungsstadium angegriffen oder verbraucht worden ist, müssen die Gesellschafter darlegen, dass keine Unterbilanz bestanden hat.[127]

111 Die Haftung der Gesellschafter bei der Gründung der GmbH ist auch deshalb von erheblicher Bedeutung, weil die Vor-GmbH häufig unmittelbar nach der Beurkundung der Gründungssatzung ihre Geschäftstätigkeit aufnimmt oder – im Falle der Sachgründung durch die Einbringung eines Unternehmens – dessen Geschäftstätigkeit fortsetzt. Bis zur Eintragung kann es aber gerade bei einer Sachgründung aus verschieden Gründen zur Verzögerungen kommen: Oft dauert die Erstellung des Sachgründungsberichts lange; liegt er dann vor, können Gesellschafter oder aber das Registergericht mit den dort vorgenommenen Bewertungen nicht einverstanden sein.

112 Wenn bei der dann vorgenommenen Eintragung ins Handelsregister das Nettovermögen der GmbH unterhalb der Kapitalziffer liegt, besteht eine haftungsrelevante Vorbelastung. Deren Feststellung erfolgt in gleicher Weise wie bei einer Unterbilanz. Maßgeblich ist allerdings nicht der Zeitpunkt einer Zahlung an einen Gesellschafter, sondern die Eintragung in das Handelsregister. Eine weitere Besonderheit besteht beim Gründungsaufwand. Nur wenn die Gesellschaft diesen Aufwand durch eine Vereinbarung in der Gründungssatzung übernommen hat, darf er in einer Vorbelastungsbilanz aktiviert werden.[128]

113 Bei der **Vorbelastungshaftung** ist eine direkte Inanspruchnahme der Gesellschafter durch die Gläubiger nicht möglich. Sie ist ausnahmslos als reine Innenhaftung ausge-

---

124 Vgl *Lutter/Bayer* in Lutter/Hommelhoff, GmbHG, § 31 Rn 3 mwN. Gleichwohl findet die Pfändung eines Erstattungsanspruchs regelmäßig im Zusammenhang mit einer Insolvenz der GmbH statt, s. BGH v. 23.6.97 – II ZR 220/95, NJW 1997, 2599.
125 So im Ergebnis für die Vorbelastungshaftung s. BGH v. 24.10.1988 – II ZR 176/88, NJW 1989, 710; zustimmend *Stobbe*, Durchsetzung gesellschaftsrechtlicher Ansprüche, Rn 779.
126 BGH v. 17.2.2003 – II ZR 281/00, NZG 2003, 393.
127 BGH v. 17.2.2003 – II ZR 281/00, NZG 2003, 393.
128 BGH v. 29.9.1997 – II ZR 245/96, NJW 1998, 233.

staltet.[129] Damit unterscheidet sich die Vorbelastungshaftung von der Verlustdeckungshaftung (hierzu sogleich). Selbst wenn die GmbH vermögenslos ist oder nur einen Gesellschafter hat, besteht die Haftung der Gesellschafter lediglich gegenüber der GmbH. Eine persönliche Außenhaftung der Gesellschafter kann es in Hinblick auf Eintragung der Gesellschaft im Handelsregister nicht geben.[130]

**b) Keine Eintragung der GmbH (Verlustdeckungshaftung)**

114 Wenn die Gesellschaft nach dem Beurkundungstermin nicht im Handelsregister eingetragen wird, greift die von der Rechtsprechung entwickelte **Verlustdeckungshaftung** ein. Auch hier haften die Gesellschafter für die im Gründungsstadium eingetretenen Verluste. Diese Haftung besteht gegenüber der GmbH, sie ist also auch als Innenhaftung ausgestaltet.[131] Allerdings finden die Grundsätze der Verlustdeckungshaftung allein dann Anwendung, wenn die Geschäftstätigkeit sofort beendet und die Vorgesellschaft abgewickelt wird.[132] Wird der Geschäftsbetrieb nach Scheitern der Eintragung fortgeführt, besteht eine **unbeschränkte Außenhaftung** der Gesellschafter.

115 Es ist durchaus möglich, dass Gesellschafter oder der Geschäftsführer bereits nach der Satzungsbeurkundung den Geschäftsbetrieb für die GmbH aufnehmen, ohne die Eintragung in das Handelsregister abzuwarten. Schon vor der Eintragung kann es daher vorkommen, dass eine Vor-GmbH unter der Firmierung „GmbH i. Gr." am Wirtschaftsleben teilnimmt und Aufträge zB an Bauunternehmer vergibt.

116 **Beispiel (nach BGH v. 4.11.2002 – II ZR 204/00, BGH, NJW 2003, 429):**
Die Gründungssatzung der C-GmbH wurde notariell beurkundet. Ein halbes Jahr später beauftragte sie als „C-GmbH i. Gr." die klagende Baugesellschaft mit diversen Bauarbeiten. Der Werklohn wurde nur zum Teil bezahlt und das Konkursverfahren über die Gesellschaft eröffnet. Der Werkunternehmer verklagte daraufhin die Gründungsgesellschafter und den Geschäftsführer, der ihm seinerzeit den Auftrag erteilte. Diese wollten seinerzeit ihre Stammeinlage durch Einzelübertragung sämtlicher Wirtschaftsgüter ihres bisherigen Unternehmens erbringen. Da sich die Gesellschafter aber nicht über die Bewertung ihrer Sacheinlage einigen konnten, gab es keinen Sachgründungsbericht. Infolgedessen wurde die GmbH auch nie eingetragen.

117 Unterbleibt die spätere Eintragung der GmbH in das Handelsregister, haften die Gesellschafter unbeschränkt für die Verbindlichkeiten der Vor-Gesellschaft.[133] Nach der Rechtsprechung besteht eine einheitliche Gründerhaftung der Gesellschafter, die – wie die Vorbelastungshaftung auch – allerdings nur als eine Innenhaftung ausgestaltet ist, und in Form einer bis zur Eintragung andauernden Verlustdeckungshaftung besteht.[134] Die Gesellschafter der Vor-GmbH haften entsprechend ihrer Beteiligung an der GmbH, so dass die Gläubiger zunächst gegen jeden Gesellschafter in Höhe des

---

129 BGH v. 24.10.2005 – II ZR 129/04, NJW-RR 2006, 254.
130 Hierzu *Ulmer* ZIP 1996, 733, 735.
131 Grundlegend hierzu BGH v. 27.1.1997 – II ZR 123/9 NJW 1997, 1507.
132 So BGH v. 4.11.2002 – II ZR 204/00, BGH, NJW 2003, 429.
133 Der Geschäftsführer der Vor-GmbH haftet wie jeder andere, der „im Namen der Vor-GmbH" tätig wird, persönlich aus § 11 Abs. 2 GmbHG, hierzu im einzelnen *Lutter/Bayer* in Lutter/Hommelhoff, GmbHG, § 11 Rn 21 ff.
134 BGH v. 27.1.1997 – II ZR 123/9 NJW 1997, 1507; vgl auch der Vorlagebeschluss zu dieser Entscheidung: BGH, NJW 1996, 1210. Eine Haftung des Gründungsgesellschafters, der nicht mit der Geschäftsaufnahme einverstanden ist, besteht nicht; vgl *Meyke*, Haftung des Geschäftsführers, Rn 538.

jeweiligen Anteils vorgehen müssen und erst nach fruchtloser Vollstreckung die Ausfallhaftung nach § 24 GmbHG geltend machen können.[135]

**118** Diese Rechtsprechung schützt die Gesellschafter. Schließlich könnte man, wie es zahlreiche Stimmen in der Literatur fordern, sich in diesem Zusammenhang auch für eine unmittelbare Außenhaftung der Gründungsgesellschafter aussprechen.[136] Der BGH hat sich jedoch für eine Haftung der Gesellschafter gegenüber der Vor-GmbH entschieden, weil die unternehmerische Tätigkeit ein notwendiges Zwischenstadium bis zur Eintragung ist, die, ohne dass man den Gesellschaftern hieraus einen Vorwurf machen könne, sich verzögern oder sogar scheitern kann.[137]

**119** Die Kritik an der Innenhaftung bei einer Vor-GmbH ist seit der wegweisenden Entscheidung des BGH vom 27.1.1997 nicht verstummt.[138] Man mag der auch weiter anhaltenden Diskussion zwar vorhalten, dass sie für die Praxis nicht sehr fruchtbar sei.[139] In einem Punkt muss man den Kritikern allerdings zustimmen: Die Innenhaftung stellt im Vergleich mit der Außenhaftung für die Gläubiger in der Tat höhere Hindernisse bei der Forderungsdurchsetzung auf. Wenn ein Gläubiger den Innenhaftungsanspruch durchsetzen will, muss er zunächst einen Titel gegen die Vor-GmbH erwirken, danach den Anspruch der Vor-GmbH gegen den Gesellschafter auf Verlustausgleich pfänden und sich zur Einziehung überweisen lassen, dann die Forderung in einem Einziehungsprozess geltend machen und schließlich gegen den Gesellschafter vollstrecken. Es verwundert daher nicht, dass – soweit ersichtlich – bisher wohl nur eine Entscheidung veröffentlicht wurde, in der ein Gläubiger der GmbH erfolgreich gegen einen Gesellschafter über eine Verlustdeckungshaftung vorgegangen ist.[140]

**120** Wie auch bei der Vorbelastungshaftung ist es für die Verlustdeckungshaftung zunächst entscheidend, dass das Vermögen der Vor-GmbH geringer ist als die Stammkapitalziffer. Die Höhe der Verluste kann nur durch eine Bilanz ermittelt werden. Dies bereitet in der Praxis einige Schwierigkeiten, und es spricht für sich, dass das soweit ersichtlich einzige veröffentlichte Urteil, in dem ein Gesellschaftsgläubiger einen Anspruch der Vor-GmbH gegen einen Gründer aufgrund der Verlustdeckungshaftung geltend machte, für den Kläger auch deshalb erfolgreich war, weil der beklagte Gesellschafter erst in der zweiten Instanz das Vorliegen eines Verlusts bestritten hat. In jedem Fall kann sich der Kläger aber auch hier auf die Grundsätze der sekundären Beweis- und Behauptungslast berufen.[141]

**121** Weitere Voraussetzung für das Entstehen einer Verlustdeckungshaftung ist das Fehlschlagen der Gründung. Regelmäßig wird sich das Scheitern der Gründung und die

---

135 Zutreffend weist *K. Schmidt*, Gesellschaftsrecht, § 34 III 3. c) aa) (S. 1024), daraufhin, dass der Gläubiger die Haftungsquoten der Gesellschafter nicht kenne, und er gleichsam mit dem Hut im Gesellschafterkreis Quoten und Ausfälle einsammeln müsse.
136 Kritisch äußerten sich vor allem *Altmeppen*, NJW 1997, 3272; *K. Schmidt*, ZIP 1996, 353.
137 Nach der früheren Rechtsprechung hafteten die Gesellschafter einer Vorgesellschaft den Gläubigern unmittelbar, aber beschränkt auf die satzungsmäßige Einlage, soweit diese noch nicht eingebracht war, vgl BGH, NJW 1981, 1373.
138 Vgl die kritischen Anmerkungen von *Lutter/Bayer* in Lutter/Hommelhoff, GmbHG, § 11 Rn 20.
139 Zur geringen praktischen Relevanz dieser Diskussion angesichts der Rechtsprechung, vgl *Wiegand*, BB 1998, 1065.
140 Vgl OLG Köln v. 20.12.2001 – 18 U 138/01, GmbHR 2002, 1066.
141 BGH v. 17.2.2003 – II ZR 281/00, NZG 2003, 393.

damit verbundene **Aufgabe der Eintragungsabsicht** durch die Gesellschafter an äußeren Umständen feststellen lassen. Hierzu zählen folgende Sachverhalte:

- Die Gesellschafter stellen **keinen Antrag auf Eintrag in das Handelsregister** (dies kann zB bei einer Sachgründung vorkommen, wenn sich die Gesellschafter nicht über die Bewertung der Sacheinlagen einigen können);[142]
- das **Registergericht beanstandet den Eintragungsantrag**, ohne dass die Gesellschafter etwas unternehmen. Sofern die Gründer einer noch nicht eingetragenen GmbH über mehrere Monate Unterlagen, die zur Eintragung unerlässlich sind, trotz Aufforderung des Gerichts nicht beschaffen, geht die Rechtsprechung davon aus, dass die Absicht, die Eintragung herbeizuführen, nicht mehr besteht.[143] In der Literatur wird davon ausgegangen, dass ein von den Gesellschaftern mit Sorgfalt betriebenes Anmeldeverfahren nicht länger als sechs Monate dauern darf.[144]
- Der **Eintragungsantrag wird abgelehnt**. Für die Feststellung des Scheiterns kommt es auf die erste gerichtliche Ablehnungsentscheidung an;[145]
- der **Eintragungsantrag wird zurückgenommen** oder die Gesellschafter beschließen die **Auflösung** der Gesellschaft;[146]
- es wird ein **Insolvenzantrag** über das Vermögen der Vor-GmbH gestellt.

Bei Vorliegen eines der vorgenannten Sachverhalte darf man zumindest vermuten, dass die Eintragung nicht mehr weiter betrieben wird.

**122**

Statt einer unbeschränkten Außenhaftung besteht in Sonderfällen eine unmittelbare, gleichsam **unbeschränkte Außenhaftung** der Gesellschafter gegenüber den Gläubigern der Vor-GmbH.[147] Eine Außenhaftung der Gesellschafter besteht, wenn

**123**

- die Vor-GmbH nur **einen Gesellschafter** hat, denn dann spricht schon die Prozessökonomie dafür, dass die Gläubiger diesen Gesellschafter direkt in Anspruch nehmen können;[148]
- die Vor-GmbH **keinen weiteren Gläubiger** hat, da in einer solchen Konstellation ein Wettlauf der Gläubiger, dem der BGH bei einer Vor-GmbH reserviert gegenüber steht, nicht besteht;[149]
- die Vor-GmbH (bis auf den Verlustdeckungsanspruch) **vermögenslos** ist;[150]
- die Vor-GmbH **keinen Geschäftsführer** hat.[151]

Lehnt das Registergericht den Eintragungsantrag ab, ist die Gründung gescheitert, wenn die Gesellschafter das Gründungsverfahren nicht zumindest durch Einlegung eines Rechtsmittels weiter betreiben. In einer solchen Konstellation müssen die Gesellschafter unverzüglich die Konsequenzen ziehen und eine Liquidation der Vor-GmbH

**124**

---

142 BGH v. 4. 11.2002 – II ZR 204/00, BGH, NJW 2003, 429, 430.
143 Vgl auch OLG Koblenz, GmbHR 2001, 433.
144 *Drygala*, ZIP, 2003, 2311, 2313.
145 Hierzu *Wiegand*, BB 1998, 1065, 1067.
146 BGH v. 4.11.2002 – II ZR 204/00, BGH, NJW 2003, 429, 430.
147 Vgl BGH v. 27.1.1997 – II ZR 123/9 NJW 1997, 1507, 1509; *Wiegand*, BB 1998, 1065, 1067.
148 Zur Einmann-Vor-GmbH, BGH v. 27.1.1997 – II ZR 123/9 NJW 1997, 1507, 1509; bestätigt durch BGH, NJW 2001, 2092.
149 BGH v. 27.1.1997 – II ZR 123/9 NJW 1997, 1507, 1509.
150 Vgl BGH v. 27.1.1997 – II ZR 123/9 NJW 1997, 1507, 1509 und die Kritik von *Wiegand*, BB 1998, 1065, 1069.
151 Hierzu *Drygala*, ZIP 2003, 2311, 2313.

in die Wege leiten. Betreiben sie aber weiterhin werbende Geschäfte der Vorgesellschaft, haften sie gesamtschuldnerisch und unbeschränkt als Gesellschafter einer BGB-Gesellschaft oder, sofern mit der Vor-GmbH ein Handelsgewerbe betrieben wurde, als Gesellschafter einer OHG.

125 Die Gesellschafter haften für alle Verbindlichkeiten, also auch für diejenigen, die vor dem Scheitern der Gründung eingegangen wurden. Die Außenhaftung richtet sich aber nur an diejenigen Gesellschafter, die eine unternehmerische Tätigkeit auch fortsetzen. Wird der Geschäftsbetrieb nach dem Scheitern der Vor-GmbH fortgesetzt, trifft solche Gesellschafter, die sich nicht mehr an der werbenden Tätigkeit beteiligen, statt der Außenhaftung lediglich eine Innenhaftung in Form der Verlustdeckungshaftung.[152]

126 Die unbeschränkte und unmittelbare Haftung der Gesellschafter findet auch dann Anwendung, wenn trotz einer notariell beurkundeten GmbH-Satzung die Gründung einer GmbH von vornherein nie beabsichtigt gewesen war.[153]

### 2. Handelndenhaftung

127 Wer zwischen der Satzungsbeurkundung und der Registereintragung für die Vor-GmbH handelt, haftet nach § 11 Abs. 2 GmbHG persönlich. Die Handelndenhaftung richtet sich gegen die ordentlich bestellten sowie die faktischen Geschäftsführer, sofern sie vertragliche Erklärungen für die Vor-GmbH abgegeben haben. Der Geschäftsführer haftet auch, wenn ein Dritter (Prokurist) die Vor-GmbH bei Abschluss eines Rechtsgeschäfts vertritt.[154] Mit Eintragung der GmbH in das Handelsregister erlischt die Handelndenhaftung.[155]

## D. Synopse zum Gründungsrecht

128

| | bisheriges Recht | neues Recht |
| --- | --- | --- |
| Gründungsverfahren | Gründung bei Notar mit individueller Satzung. | Gründung im vereinfachten Verfahren, wenn Gesellschaft höchstens drei Gesellschafter hat (§ 2 Abs. 1 a GmbHG). Es gibt hierfür ein Musterprotokoll, das notariell beurkundet werden muss. |
| Zuständiges Registergericht | wegen § 4 a Abs. 2 GmbHG aF war die Wahl des Satzungssitzes eingeschränkt. | die Gesellschafter können nach § 4 a GmbHG einen beliebigen Satzungssitz in Deutschland wählen. |

---

152 LG Dresden v. 14.9.1998 – 8 O 195/98, EWiR 1999, 171 m.Anm. *Saenger*.
153 Vgl BGH v. 4.11.2002 – II ZR 204/00, BGH, NJW 2003, 429, 430.
154 Hierzu *Schmidt-Herzscheidt/Coenen* in Saenger/Aderhold/Lenkaitis/Speckmann, Handels- und Gesellschaftsrecht, § 6 Rn 28.
155 BGH v. 16.3.1981 – II ZR 59/80, NJW 1981, 1452.

## D. Synopse zum Gründungsrecht

| | bisheriges Recht | neues Recht |
|---|---|---|
| Stammkapital | mindestens 25.000 EUR gem. § 5 Abs. 1 GmbHG. | das Mindeststammkapital bleibt in unveränderter Höhe bestehen. Die Gesellschafter können nun eine UG gründen (hierzu unter § 8). |
| Bestellungshindernisse für Geschäftsführer | bei Verurteilung wegen einer Bankrott-Straftat nach §§ 283–283 d StGB. | bei Verurteilung von mindestens einem Jahr wegen Insolvenzverschleppung, einer Straftat nach §§ 283–283 d StGB, §§ 263–264 a; §§ 265 b bis 266 a StGB (u.a.). |
| Genehmigungsurkunde (bspw Eintragung in die Handwerksrolle) | Genehmigungsurkunde muss nach § 8 Abs. 1 Nr. 6 GmbHG aF als Anlage zur Anmeldung eingereicht werden, wenn der Unternehmensgegenstand einer staatlichen Genehmigung bedarf. | Einreichung einer Genehmigungsurkunde ist nicht erforderlich. |
| Pflicht zur Angabe einer inländischen Geschäftsanschrift | bisher nicht vorgesehen. | besteht nach § 10 Abs. 1 GmbHG. |
| Anmeldung einer für die GmbH empfangsberechtigten Person | bisher nicht vorgesehen. | besteht nach § 10 Abs. 2 GmbHG als Option (Vermeidung einer öffentlichen Zustellung). |
| Kontrolle der Kapitalaufbringung bei Bargründung | Registergericht soll sich regelmäßig mit der Versicherung des Geschäftsführers nach § 8 Abs. 2 S. 1 GmbHG begnügen, wenn es keinen Anlass hat, an ihrer inhaltlichen Richtigkeit zu zweifeln (BGH). | das Gericht kann bei erheblichen Zweifeln an der Richtigkeit der Versicherung über die Einlageleistung Nachweise verlangen (§ 8 Abs. 2 S. 2 GmbHG). |
| Kontrolle der Kapitalaufbringung bei Sachgründung | Registergericht konnte die Eintragung einer GmbH gem. § 9 c Abs. 1 S. 2 GmbHG aF ablehnen, wenn die Sacheinlagen überbewertet worden sind. | Registergericht kann die Eintragung einer GmbH gem. § 9 c Abs. 1 S. 2 GmbHG nur noch ablehnen, wenn die Sacheinlagen *nicht unwesentlich* überbewertet worden sind. |

# § 2 Satzung

| | | | |
|---|---|---|---|
| A. Beurkundung | 1 | II. Regelungen zu Gesellschafterbeschlüssen | 50 |
| B. Mindestinhalt | 8 | III. Regelungen zum Ausscheiden von Gesellschaftern | 53 |
| I. Firma | 8 | | |
| 1. Überblick | 8 | 1. Überblick | 53 |
| 2. Personenfirma | 13 | 2. Anteilsveräußerung | 56 |
| 3. Sachfirma | 16 | 3. Einziehung | 62 |
| 4. Fantasiefirma | 17 | 4. Ausschluss | 67 |
| 5. Rechtsformzusatz | 18 | 5. Austritt | 71 |
| II. Sitz | 20 | 6. Abfindung | 74 |
| III. Unternehmensgegenstand | 28 | IV. Wettbewerbsverbot | 75 |
| IV. Stammkapital | 32 | V. Bekanntmachungen | 79 |
| V. Geschäftsanteil | 33 | VI. Übernahme der Gründungskosten | 80 |
| C. Fakultativer Inhalt | 40 | | |
| I. Stellvertretung und Geschäftsführung | 40 | D. Synopse zum Satzungsrecht | 81 |

## A. Beurkundung

1   Der Gesellschaftsvertrag einer GmbH muss nach § 2 Abs. 1 S. 1 GmbHG in **notarieller Form** geschlossen werden. Dies ist längst nicht so selbstverständlich, wie es auf den ersten Blick erscheint. Im ersten Entwurf zum GmbHG aus 1891 war unter § 2 Abs. 1 S. 1 GmbHG-E noch vorgesehen, dass ein Gesellschaftsvertrag in einfacher Schriftform abgeschlossen werden konnte. Die lesenswerte Begründung lautete:[1] „Der Gesellschaftsvertrag als die dauernde, auch Dritten erkennbar zu machende Grundlage der Gesellschaftsverhältnisse kann nicht anders als schriftlich geschlossen werden. Die Form einer Privaturkunde ist aber als genügend zu betrachten; für das Erfordernis gerichtlicher oder notarieller Errichtung, wie sie bei der Aktiengesellschaft vorgeschrieben ist, fehlt es hier mit Rücksicht auf die einfachere Struktur des Gründungsherganges an einem Bedürfnisse."

2   In den weiteren parlamentarischen Beratungen wurde dann dennoch die notarielle Beurkundung in das Gesetz aufgenommen. Aus den Gesetzgebungsmaterialien geht hervor, dass die noch unbekannte Haftung der Gesellschafter für die ausstehende Stammeinlage eines säumigen Mitgesellschafters ein entscheidender Grund für die notarielle Beurkundung darstellte. In einem Bericht zu den Vorberatungen des GmbHG wird zur Einführung eines Beurkundungserfordernisses der GmbH-Satzung Folgendes ausgeführt:[2] „Der Gesellschaftsvertrag bildet die rechtliche Grundlage der Gesellschaftsverhältnisse, durch denselben wird der Betrag der Stammeinlage und damit die Haftung jedes Gesellschafters festgestellt; dadurch ist die Vorschrift (…) der notariellen Errichtung gerechtfertigt." Bei der Einführung der notariellen Beurkundung dachte der Gesetzgeber in erster Linie an die Ausfallhaftung des Gesellschafters nach § 24 GmbHG,

---

[1] Entwurf eines Gesetzes betreffend die Gesellschaften mit beschränkter Haftung nebst Begründung und Anlagen, amtliche Ausgabe, 1891, S. 47.
[2] Kommissionsbericht, S. 4, abgedruckt in: Amtl. Protokolle des Reichstags, VIII. Legislaturperiode, Sess. 1890/92, Anl. 744.

## A. Beurkundung

denn nur diese Haftung wird durch die Gesellschaftssatzung festgelegt.[3] Dieses Haftungsrisiko besteht aber bei einer Einpersonen-GmbH nicht. Besinnt man sich auf die Motive des historischen Gesetzgebers, so besteht nur bei der Satzung einer Mehrpersonen-GmbH der Bedarf für eine notarielle Beurkundung.

Losgelöst von den Gesetzgebungsmotiven soll nach der weit überwiegenden Meinung die notarielle Beurkundung vor allem für **Rechtssicherheit** sorgen.[4] Bei näherer Betrachtung verbirgt sich hinter diesem Schlagwort folgende Überlegung: Die GmbH ist eine juristische Person, die eine juristisch fundierte Grundlage braucht. Die Gründungssatzung ist für die Existenz der Gesellschaft entscheidend. Ohne einen klaren und rechtssicheren Gesellschaftsvertrag können die zahlreichen Beziehungen zwischen der Gesellschaft und den Gesellschaftern nicht im Interesse der Gesellschaft und des Gesellschaftsunternehmens geregelt werden.[5] Ob allein das Entstehen einer juristischen Person die Erforderlichkeit einer notariellen Beurkundung rechtfertigt, kann allerdings mit guten Gründen bezweifelt werden. Auch bei einer Genossenschaft handelt es sich um eine juristische Person. Deren Mitglieder haben ebenfalls ein Interesse an rechtssicheren Vereinbarungen, und dennoch reicht für die Errichtung einer Genossenschaft ein schriftlicher Vertrag aus (§ 5 GenG).

Weitestgehende Einigkeit besteht auch darüber, dass die notarielle Beurkundung des Gesellschaftsvertrages eine **Warnfunktion** hat.[6] Dies wird nur vereinzelt in Frage gestellt, da die Gründung einer OHG oder einer GbR mit wesentlich größeren Risiken für die Gesellschafter verbunden sein kann.[7] Der Vergleich mit den Formalanforderungen und den Haftungsgefahren anderer Gesellschaftsformen erlaubt allerdings nur die Schlussfolgerung, dass die Formvorschriften im Gesellschaftsrecht kein stimmiges Warnsystem für Gesellschafter bieten. Eine Warnfunktion kann dem § 2 Abs. 1 GmbHG deshalb aber nicht abgesprochen werden. Allerdings haben die Haftungsgefahren durch das MoMiG und das EHUG deutlich an Schrecken verloren. Der Gesetzgeber begrenzt mit der GmbH-Reform die Haftung wegen einer verdeckten Sacheinlage auf ein angemessenes Maß (Anrechnungslösung). Das EHUG beschleunigt die GmbH-Gründung und reduziert somit die Haftungsrisiken während des Gründungsverfahrens. Es bleibt noch die Ausfallhaftung eines Gesellschafters für die ausstehenden Einlagen eines Mitgesellschafters, die es allerdings bei der Einpersonen-GmbH nicht geben kann.[8] Auch wenn man sich die Haftung bei einer GmbH-Gründung vor Augen führt, besteht nur bei einer Mehrpersonen-GmbH ein Grund für den Beurkundungszwang. Hat die GmbH indes nur einen Gesellschafter, ist die notarielle Beurkundung des Vertrages überflüssig.[9]

---

3 Auch in Österreich war die Haftung des Mitgesellschafters für ausstehende Einlagen das ausschlaggebende Argument für eine notarielle Errichtung, s. *Novotny*, AnwBl 2002, 255, 256.
4 Statt aller Scholz/*Emmerich*, GmbHG, § 2 Rn 13.
5 Hierzu ausführlich *Fischer*, GmbHR 1954, 129, 131; *Flume*, in FS Kessler (1971), S. 3, 19.
6 Scholz/*Emmerich*, GmbHG, 9. Aufl. 2000, § 2 Rn 13. Die Rechtsprechung hat die Warnfunktion des § 2 Abs. 1 GmbHG in Hinblick auf die Formbedürftigkeit des Vorgründungsgesellschaftsvertrages bejaht, s. BGH v. 21.9.1987 – II ZR 16/87, GmbHR 1988, 98.
7 Hierzu *Flume*, in FS Kessler (1971), S. 3, 18.
8 Zur europarechtlichen Zulässigkeit einer schriftlichen GmbH-Satzung, s. *Karsten*, GmbHR 2006, 56; aA Wachter GmbHRR 2002, 409, 410.
9 Vgl in diesem Zusammenhang die Kritik von *Koegel*, GmbHR 2003, 1225, 1228.

**5** Auch die Verfasser des Regierungsentwurfs zum MoMiG zweifelten an dem Sinn einer notariellen Beurkundung bei einfachen Sachverhalten. Um die Unternehmensgründung zu erleichtern, enthielt der Regierungsentwurf vom 23.5.2007 ein sog. „Gründungs-Set", das aus einer **Mustersatzung** und weiteren Gründungsformularen (Muster für die Handelsregisteranmeldung, Gesellschafterbeschluss zur Ernennung des ersten Geschäftsführers und einer Liste der Gesellschafter) bestand. Der Entwurf sah vor, dass es bei Verwendung der im RegE enthaltenen Mustersatzung genügen sollte, wenn der Gesellschaftsvertrag schriftlich abgefasst und die Unterschriften der Gesellschafter öffentlich beglaubigt werden (§ 2 Abs. 1 a GmbHG-RegE). Bei der beurkundungsfreien Mustersatzung handelte es sich um eine Forderung aus der gesamten Wirtschaft.[10] Dem schloss sich der RegE an, um die Gründung in Standardfällen zu erleichtern. In Tradition der Begründung zum Entwurf aus dem Jahr 1891 führten die Verfasser des RegE aus, dass es aufgrund der Einfachheit der Regelungen, die in der Mustersatzung enthalten waren, keiner notariellen Beratung und Belehrung bedürfe.[11]

**6** Die Mustersatzung war nur für die unkomplizierten Standardgründungen gedacht. Neben den Mindestbestandteilen nach § 3 Abs. 1 GmbHG (Firma, Sitz, Unternehmensgegenstand, Stammkapital und Stammeinlage) enthielt sie nur noch Regelungen zur Geschäftsführung und Vertretung sowie zur Kostenübernahme. Eine wesentliche Schwäche der Mustersatzung nach dem RegE war die Festlegung auf drei Unternehmensgegenstände. Die Gesellschafter können nach § 3 der Mustersatzung aus dem RegE lediglich zwischen drei verschiedenen Unternehmensgegenständen wählen: „Handel mit Waren", „Produktion von Waren" oder „Dienstleistungen".[12] Dies stand allerdings im Widerspruch zur Rechtsprechung und herrschenden Lehre, wonach derartige Gegenstandsbezeichnungen mangels erforderlicher Individualisierung nicht ausreichend sind.[13]

**7** Die Mustersatzung aus dem RegE hat es nicht in die jetzige Fassung des GmbHG geschafft.[14] Der Rechtsausschuss hat sich vielmehr entschieden, ein Gründungsprotokoll einzuführen, welches von den Notaren über den Bundesrat in die Diskussion eingeführt wurde.[15] Das **Musterprotokoll** (zum Inhalt noch ausführlich unter § 8 Rn 20) soll ebenfalls die Gesellschaftsgründung erleichtern, weist aber einen entscheidenden Unterschied auf: Es muss beurkundet werden. An der Beurkundung wurde einerseits festgehalten, weil man die rechtliche Beratung der Gesellschafter in der Gründungsphase sicherstellen wollte. Andererseits musste man damit rechnen, dass die Notare bei einer bloßen Beglaubigung der Unterschriften die Übernahme der elektronischen Anmeldung der Gesellschaft beim Handelsregister verweigern könnten. Ein Geschäftsführer hätte sich dann ein elektronisches Gerichts- und Verwaltungspostfach einrichten müssen, was zu zusätzlichen Verzögerungen geführt hätte. Ebenso musste man befürchten, dass

---

10 Für die Industrie vgl Stellungnahme des DIHKT bei der Anhörung v. 23.1.2008, abrufbar unter www.bundestag.de; für das Handwerk s. *Karsten*, GmbHR 2006, 58, 61 ff
11 So die Begründung zum RegE, BR-Drucks. 354/07, S. 60.
12 Begründung zum RegE, BR-Drucks. 354/ 07, S. 62.
13 Für die Rechtsprechung: BayObLG v. 8.1.2003 – 3 Z BR 234/02, NJW-RR 2003, 686 (zu: „Handel mit Waren aller Art"); BayObLG v. 1.8.1994 – 3 Z BR 157/94, NJW-RR 1995, 31 (zu: „Produktion und Vertrieb von Waren aller Art"). Zur Kritik s. *Karsten*, GmbHR 2007, 958, 963; *Schröder/Cannivé*, NZG 2008, 1, 4.
14 *Seibert*, ZIP 2008, 1208, 1209.
15 Vgl Stellungnahme des Bundesrats zum RegE, BR-Drucks. 354/07, S. 4.

für die Notare eine Anzeigepflicht nach § 54 EStDV nicht bestanden hätte.[16] Losgelöst von der traditionellen Rechtfertigung für das Beurkundungserfordernis hat sich der Gesetzgeber im Ergebnis dafür entschieden, dass Satzungen, aber auch Musterprotokolle einer notariellen Beurkundung bedürfen.

## B. Mindestinhalt

### I. Firma

#### 1. Überblick

Im allgemeinen Sprachgebrauch wird zwischen den Begriffen „Firma" und „Unternehmen" nicht unterschieden („Ich arbeite bei der Firma XY"). Für Juristen handelt es sich bei einer Firma aber lediglich um den Namen unter dem ein Kaufmann seine Geschäfte betreibt. Die Firma ist ein unverzichtbarer Bestandteil der Satzung (§ 3 Abs. 1 Nr. 1 GmbHG). Sie muss nach § 4 GmbHG die **Bezeichnung** „Gesellschaft mit beschränkter Haftung" oder eine allgemein verständliche Abkürzung dieser Bezeichnung enthalten. 8

Der **Name** einer GmbH kann eine Person-, Sach-, Fantasiefirma oder Mischfirma sein. Für eine Personenfirma wird in der Regel der Namen des Gründungsgesellschafters verwendet. Für die Bildung einer Sachfirma greifen die Gesellschafter auf den Tätigkeitsbereich des Unternehmens zurück. Eine Fantasiefirma enthält weder einen Namen noch einen Hinweis auf den Unternehmensgegenstand. Die Gesellschafter bilden vielmehr eine neue Bezeichnung oder verwenden einen Begriff, mit dem die angesprochenen Verkehrskreise das von der GmbH betriebe Unternehmen verbinden können (Abkürzungen, Verwendung von Buchstabenkombinationen oder Markennamen). Eine Mischfirma besteht aus einer Kombination von Person-, Sach- oder Fantasiefirma. 9

Ursprünglich musste die Firma einer GmbH dem Unternehmensgegenstand entlehnt sein oder den Namen wenigstens eines Gesellschafters enthalten. Diese Beschränkungen wurden aber bereits mit dem Handelsrechtsreformgesetz 1998 aufgehoben. Seitdem gilt § 4 GmbHG in der jetzigen Fassung. Fantasiebezeichnungen sind für eine GmbH grundsätzlich zulässig. Die Auseinandersetzungen über die Firmenbildung sind seit 1998 deutlich zurückgegangen. Die zum früheren Recht ergangene Rechtsprechung muss bei heutigen Zweifelsfragen genau hinsichtlich ihrer Aktualität überprüft werden. 10

Bei der Firmierung sind nach wie vor die für alle Handelsgesellschaften geltenden Regelungen der §§ 17 bis 37 a HGB zu beachten. Die Firma muss zur Kennzeichnung des Unternehmens geeignet sein, Unterscheidungskraft besitzen (§ 18 Abs. 1 HGB) und darf keine Angaben enthalten, die geeignet sind, über geschäftliche Verhältnisse, die für die angesprochenen Verkehrskreise wesentlich sind, irrezuführen (§ 18 Abs. 2 S. 1 HGB). 11

Die Industrie- und Handelskammern sowie die Handwerkskammern helfen den Unternehmen bei der Firmenbildung. Beide Kammern sind über § 126 FGG (zukünftig § 380 Abs. 1 Nr. 1 und Nr. 2 FamFG) verpflichtet, das Registergericht bei der Verhütung unrichtiger Eintragungen im Handelsregister zu unterstützen. Auch deshalb wird ihnen nachgesagt, den besten Überblick über verwechslungsfähige Firmen am Ort 12

---

16 *Seibert*, ZIP 2008, 1208, 1209.

(§ 30 HGB) oder über die Auffassung des Handelsverkehrs bei bestimmten Wortbildungen, die Firmenbestandteil werden sollen, zu haben.[17]

## 2. Personenfirma

**13** Bei den personalistisch geprägten Unternehmen bildet oft der **Name eines Gründungsgesellschafters** die Firma der GmbH. Soweit es sich hierbei nicht um einen „Allerweltsnamen" handelt (bspw „Meyer GmbH"), genügt regelmäßig der Nachname. Mit der Verwendung des Vor- und Zunamens kann eine Firmierung die notwendige Unterscheidungskraft haben (bspw „Wolfgang Meyer GmbH").[18] Wenn dieser Gesellschafter aus der Gesellschaft ausscheidet, darf die GmbH den Namen des Gesellschafters auch ohne dessen Einwilligung weiter in der Firma führen, da § 24 Abs. 2 HGB insoweit keine Berücksichtigung findet.[19]

**14** Noch nicht abschließend geklärt ist, ob die Neuordnung des Firmenrechts durch das Handelsrechtsreformgesetz auch dazu geführt hat, dass bei einer neugegründeten GmbH der Nachname eines Nichtgesellschafters in die Firma aufgenommen werden darf. Nach der überwiegenden Auffassung ist hierbei entscheidend, ob die Gefahr einer **Irreführung** besteht.[20] Solange vermutet werden kann, dass es den Kunden einer GmbH gleichgültig ist, wer als Gesellschafter hinter der GmbH steht, hat die Rechtsprechung unter bestimmten Bedingungen keine Bedenken gegen die Verwendung des Nachnamens einer natürlichen Person ohne Gesellschafterstellung.[21] Irreführend ist allerdings die Firmierung unter dem Namen einer weithin bekannten Person des öffentlichen Lebens (*„Beckenbauer Fußballartikel GmbH"*), da mit einem solchen Namen eine bestimmte Erwartungshaltung verbunden ist.[22] Ebenso unzulässig ist es, einen Namen zu verwenden, wenn der betreffenden Person im Zusammenhang mit einem bestimmten Tätigkeitsbereich ein gewisses Vertrauen entgegengebracht wird und es sich für die angesprochenen Fachkreise um einen bekannten Namen handelt.[23]

**15** Bei einer neu gegründeten Gesellschaft dürfen nur Partnerschaften den Zusatz „**und Partner**" führen (§ 11 Abs. 1 S. 1 PartGG).[24] Hatte eine GmbH diesen Zusatz vor der Einführung der Partnerschaft (1.7.1995) in ihre Firmierung aufgenommen, darf sie ihn nach § 11 Abs. 1 S. 3 PartGG weiter führen.

## 3. Sachfirma

**16** Die Sachfirma ist von besonderer Bedeutung. Mit ihr haben die Gesellschafter die Möglichkeit, auf den Geschäftszweig des Unternehmens hinzuweisen. Auch wenn die

---

17 So *Germann*, Die GmbH, § 3 Rn 2.
18 *Scholz/Emmerich*, GmbHG, § 4 Rn 37.
19 BGH v. 20.4.1972 – II ZR 17/70, NJW 1972, 1419.
20 *Scholz/Emmerich*, GmbHG, § 4 Rn 37; im Schrifttum wird bisweilen die Auffassung vertreten, dass grundsätzlich nur die Namen der Gesellschafter bei der Anmeldung eingetragen werden dürfen, s. *Kögel*, BB 1998, 1645.
21 So für den Fall einer Computervertriebsgesellschaft LG München I – 17 HKT 16920/06, MittBayNot 2007, 71.
22 Hierzu *Lutter/Bayer* in Lutter/Hommelhoff, GmbHG, § 4 Rn 35 mit dem Hinweis, dass eine Verwendung von Namen berühmter aber lang verstorbener Persönlichkeiten zulässig sein kann.
23 Vgl OLG Brandenburg v. 21.10.2002 – 8 Wx 23/02 (bei juris abrufbar).
24 Dies gilt auch für die Zusätze „+ Partner" und „& Partner", s. BGH v. 21.4.1997 – II ZB 14/96, NJW 1997, 1051.

Bildung einer Sachfirma durch das Handelsrechtsreformgesetz 1998 erleichtert wurde, haben die Gesellschafter hierbei weiterhin keinen unbeschränkten Gestaltungsspielraum. Die Sachfirma einer GmbH muss nämlich nach § 6 Abs. 1 iVm § 18 Abs. 1 HGB **Unterscheidungskraft** besitzen. Sie muss daher die Fähigkeit haben, die GmbH von anderen Unternehmen zu unterscheiden. Eine Verwendung von bloßen Branchen- oder Gattungsbezeichnungen oder einer allgemeinen Bezeichnung des Geschäftsbereichs ist daher nicht zulässig.[25] Unzulässige Sachfirmen sind bspw.: „Profi-Handwerker GmbH"[26] und mE auch „Gebäudereinigungsgesellschaft mbH".[27] Eine Sachfirma darf ferner nicht irreführend sein. Wenn ein Unternehmen Waren vertreibt, darf die Firmierung nicht den Eindruck erwecken, dass es selber produzierend tätig ist.[28]

### 4. Fantasiefirma

Zu den noch offenen Fragen bei der Bildung einer Fantasie-Firma zählt vor allem die Verwendung des **@-Zeichens**. Nach Auffassung des BayObLG kann eine Firma mit diesem Zeichen vor allem deshalb nicht in das Handelsregister eingetragen werden, weil es in seiner Funktion und in seiner Aussprache mehrdeutig sei und es sich um ein Bildzeichen handele.[29] Wegen der zunehmenden Verbreitung des Internets wird das @-Zeichen von einem beachtlichen und weiter zunehmenden Teil der Bevölkerung nicht mehr als Bildzeichen, sondern als Wortzeichen wahrgenommen. Außerdem ist zu berücksichtigen, dass die eintragungsfähigen Zeichen „&" und „+" nicht einheitlich, sondern mal als „plus", mal als „und" ausgesprochen werden. Aus diesem Grund kann nach der zutreffenden Auffassung des LG Berlin[30] und des Schrifttums[31] die unterschiedliche Aussprache des @-Zeichens als deutsches „a" oder als englisches „at" kein Eintragungshindernis sein.

17

### 5. Rechtsformzusatz

Die Firma muss nach § 4 GmbHG die Bezeichnung „Gesellschaft mit beschränkter Haftung" oder eine allgemeinverständliche Abkürzung dieser Bezeichnung führen. Diese Vorschrift wird auch wegen der Liberalisierung des Firmenrechts sehr streng ausgelegt, denn der Rechtsformzusatz ist der einzige Hinweis auf die Haftungsbeschränkung.[32] Nach einer sehr kritisch beurteilten Entscheidung des OLG München stellt die Abkürzung „**gGmbH**" keine zulässige Angabe der Gesellschaftsform dar und kann daher nicht im Handelsregister eingetragen werden.[33] Ob sich diese Auffassung durchsetzt ist allerdings zu bezweifeln, denn das „g" ist nun mal keine Abkürzung für eine Gesellschaftsform, sondern für die Gemeinnützigkeit der GmbH. Da es in Deutschland etwa mehrere Hundert gemeinnützige GmbHs gibt, dürfte entgegen der Auffassung des

18

---

25 So BayObLG v. 1.7.2003 – 3Z BR 122/03, NJW-RR 2003, 1544.
26 BayObLG v. 1.7.2003 – 3Z BR 122/03, NJW-RR 2003, 1544.
27 Ob eine solche Firmierung ein Eintragungshindernis darstellt, ist bisher offen, s. *Scholz/Emmerich*, GmbHG, § 4 Rn 19.
28 Zu weiteren Beispielen einer unzulässigen Sachfirma s. *Heckschen/Heidinger*, § 3 Rn 11.
29 BayObLG v. 4.4.2001 – 3Z BR 84/01, NJW 2001, 2337.
30 LG Berlin v. 131.2004 – 102 T 122/03, NJW-RR 2004, 835.
31 *Wachter*, Die GmbH-Reform in der Diskussion, S. 55, 104; *Lutter/Bayer* in Lutter/Hommelhoff, GmbHG, § 4 a Rn 19; aA *Scholz/Emmerich*, GmbHG, § 4 a Rn 12.
32 *Scholz/Emmerich*, GmbHG, § 4 Rn 52.
33 OLG München v. 31.12.2006 – 31 Wx 84/06, NJW 2007, 1601.

**§ 2 Satzung**

OLG München die Gefahr einer Irreführung nicht bestehen. Es ist auch nicht ersichtlich, wieso der zusätzliche Buchstabe „g" zu der Annahme verleiten kann, dass man es mit einer GmbH zutun hat, für die das GmbHG nicht gelte.[34]

19 Wer für die GmbH als Geschäftsführer oder als anderer Vertreter die Firma ohne Rechtsformzusatz verwendet und damit das berechtigte Vertrauen des Vertragspartners in auf die Haftung mindestens einer natürlichen Person hervorruft, haftet in analoger Anwendung des § 179 BGB persönlich.[35]

**II. Sitz**

20 Das GmbHG enthält in seinem § 4a eine Regelung zum Sitz der Gesellschaft. Sie besteht nur noch aus einem (Ab)satz: „Sitz der Gesellschaft ist der Ort im Inland, den der Gesellschaftsvertrag bestimmt". Durch das MoMiG wurde § 4a Abs. 2 GmbHG gestrichen. Nach früherem Recht hatte der Gesellschaftsvertrag als Sitz der Gesellschaft in der Regel den Ort, an dem die Gesellschaft einen Betrieb hatte, oder den Ort, an dem sich die Geschäftsleitung befand oder die Verwaltung geführt wurde, als Sitz der Gesellschaft zu bestimmen. Die Regelung in § 4a Abs. 2 GmbHG aF wurde mit dem Handelsrechtsreformgesetz 1998 eingeführt und sollte die bis dahin freie Sitzwahl zur Vermeidung von Missbräuchen stärker beschränken. Gerade im Interesse des Gläubigerschutzes sollte verhindert werden, dass in der Satzung ein – angeblicher – Sitz festgelegt wurde, der keine tatsächliche Beziehung zu der Gesellschaft hatte und nur dazu diente, sich dem Zugriff der Gläubiger und der öffentlichen Stellen zu entziehen.[36] Obwohl die GmbH-Reform auch den **Gläubigerschutz** verstärken soll, wurde § 4a Abs. 2 GmbHG aufgehoben. Die Gesellschafter können den Gesellschaftssitz wieder frei in der Satzung bestimmen. Der Sache nach bedeutet dies die Einführung einer Briefkastengesellschaft im GmbH-Recht.[37]

21 Mit dieser Änderung wollte der Gesetzgeber die **Wettbewerbsfähigkeit der GmbH** gegenüber EU-Auslandsgesellschaften stärken. § 4a GmbHG bedeutet nämlich nicht nur, dass die Gesellschafter nach eigenem Belieben einen inländischen Sitz in der Satzung festlegen können. Indem der Satzungssitz nicht mehr mit dem Verwaltungssitz übereinstimmen muss, kann der Sitz der Verwaltung an jedem beliebigen Ort und damit auch im Ausland sein. Eine GmbH kann ihre Geschäftstätigkeiten nun auch ausschließlich im Rahmen einer Niederlassung ausüben, die außerhalb des deutschen Hoheitsgebietes liegt.

22 Eine Verlegung des Verwaltungssitzes einer GmbH in das europäische Ausland war bis zur Aufhebung des § 4a Abs. 2 GmbHG nicht möglich. Dies war für die deutschen Kapitalgesellschaften ein Nachteil, da es EU-Auslandsgesellschaften gestattet ist, den Verwaltungssitzung unter Wahrung ihrer Rechtsform nach Deutschland zu verlegen

---

34 Kritisch zur Entscheidung des OLG München *Wachter*, EWiR 2007, 181; *Krause*, NJW 2007, 2156; *Ullrich*, NZG 2007, 656.
35 BGH v. 8.7.1996 – II ZR 258/95, NJW 1996, 2645; bestätigt durch BGH v. 5.2.2007 – II ZR 84/05, NJW 2007, 1529.
36 Vgl BT-Drucks. 13/8444, S. 75.
37 Eine vergleichbare Änderung hat es durch das MoMiG auch für die AG gegeben, in dem § 5 Abs. 2 AktG gestrichen wurde, s. hierzu *Franz/Laeger*, BB 2008, 678.

und diese Auslandsgesellschaften wegen der EuGH-Rechtsprechung in Deutschland als solche anzuerkennen sind.[38] Nach Abschaffung des § 4 a Abs. 2 GmbHG ist die Verlegung des Verwaltungssitzes ins EU-Ausland möglich. Ebenso steht nun der Weg für die Gründung einer GmbH mit originärem Verwaltungssitz im europäischen Ausland offen, sofern dort der Gründungstheorie gefolgt wird (zB England).[39] Die Mobilität einer GmbH soll durch eine Änderung des Art. 10 EGBGB erweitert werden. Geplant ist, dass eine GmbH ihren Sitz ohne weiteres auch außerhalb der EU verlegen kann.[40]

Nach wie vor entscheidend ist, dass die Satzung einer GmbH einen **Sitz im Inland** bestimmt. Die GmbH kann daher ihre Verwaltungstätigkeit ins Ausland verlegen. Die Satzung muss allerdings festlegen, dass der Sitz in Deutschland bleibt. Die Verlegung des Satzungssitzes einer nach deutschem Recht gegründeten GmbH in einen anderen Mitgliedstaat der EU kann auch weiterhin nicht in das deutsche Handelsregister eingetragen werden.[41] 23

Durch die Änderungen des MoMiG können sich die Gesellschafter innerhalb Deutschlands ein Registergericht aussuchen. 24

**Beispiel:** 25
Eine Gesellschaft möchte das „@-Zeichen" in ihre Firmierung aufnehmen. Das Registergericht signalisiert, dass es wegen der Entscheidung des Bayerischen Obersten Landesgerichts die Eintragungsfähigkeit einer Firma mit dem @-Zeichen ablehnen werde.[42] Der Gesellschafter kennt die Entscheidung des LG Berlin, nach der das Zeichen „@" als Firmenbestandteil im Handelsregister eingetragen werden kann.[43] Um eine Verzögerung des Registerverfahrens zu vermeiden, bestimmt der Gesellschafter in dem Gesellschaftsvertrag Berlin als Sitz der Gesellschaft. Aufgrund des § 7 Abs. 1 GmbHG kann die Anmeldung der Gesellschaft nun in Berlin erfolgen.

Der Gesetzgeber hat bei den Mobilitätserleichterungen für die GmbH auch den Gläubigerschutz im Auge behalten. Bei der Anmeldung ist nach § 8 Abs. 4 Nr. 1 GmbHG eine inländische Geschäftsanschrift anzugeben. Unter dieser Anschrift können unter den erleichterten Voraussetzungen des § 15 a HGB Zustellungen vorgenommen werden.[44] 26

Unberührt von den Änderungen des § 4 a GmbHG bleibt die Bedeutung des Satzungssitzes. Wie soeben gesehen, ist er für die Bestimmung des bei der Anmeldung zuständigen Handelsregisters nach § 7 Abs. 1 GmbHG entscheidend. Außerdem wird durch den Sitz der **allgemeine Gerichtsstand** der GmbH gem. § 17 Abs. 1 S. 1 ZPO bestimmt. Der Verwaltungssitz gilt nach § 17 Abs. 1 S. 2 ZPO nur subsidiär. Die Gesellschafter können allerdings mit der Festlegung des Sitzes in der Satzung nicht abschließend ein Prozessgericht festlegen, da die GmbH auch am Ort ihrer Niederlassung nach § 21 Abs. 1 ZPO verklagt werden kann. Für ein Insolvenzverfahren ist nach § 3 Abs. 1 S. 1 27

---

38 BT-Drucks. 16/6140, S. 65 mit Verweis auf die Entscheidungen EuGH v. 5.11.2002 – Rs. C-208/00 (*Überseering*), NJW 2002, 3614 sowie EuGH v. 30.9.2003 – Rs. C 167/01 (*Inspire Art*), NZG 2003, 1064.
39 Hierzu *Franz/Laeger*, BB 2008, 678, 683 mit dem Hinweis, dass ein Umzug der GmbH ins Ausland ferner auch dann möglich ist, wenn der Zuzugsstaat einen einschlägigen Staatsvertrag mit der BRD abgeschlossen hat oder er nach eigenem Kollisionsrecht die Gründungstheorie anwendet.
40 Vgl hierzu *Stork*, GewArch 2008, 240.
41 Hierzu bereits OLG München v. 4.10.2007 – 31 Wx 36/07, NZG 2007, 915; hierzu *Neye*, EWiR 2007, 715.
42 BayObLG v. 4.4.2001 – 3 Z BR 84/01, NJW 2001, 2337.
43 LG Berlin v. 13.1 2004 – 102 T 122/03, NJW RR 2004, 835.
44 BT-Drucks. 16/6140, S. 65.

InsO ausschließlich das **Insolvenzgericht** zuständig, in dessen Bezirk der Schuldner seinen allgemeinen Gerichtsstand hat.

### III. Unternehmensgegenstand

28 Nach § 3 Abs. 1 Nr. 2 GmbHG muss der Gesellschaftsvertrag auch den „Gegenstand des Unternehmens" enthalten. Der **Unternehmensgegenstand** legt den Geschäftsbereich der Gesellschaft fest. Er definiert den Tätigkeitsrahmen, in dem sich die Gesellschaft zu bewegen hat. Unternehmensgegenstand und **Unternehmenszweck** sind zweierlei Dinge. Der Unternehmenszweck umschreibt das Ziel und damit das „Wozu" der Gesellschaft (in der Regel, ist es die Gewinnerzielung). Mit dem Unternehmensgegenstand legen die Gesellschafter in der Satzung fest, „wie" sie dieses Ziel erreichen wollen.[45]

29 Die Rechtsprechung und die überwiegende Meinung aus dem Schrifttum verlangen eine weitgehende **Individualisierung** des Unternehmensgegenstandes in der Satzung. Leerformeln wie „Handel mit Waren aller Art"[46] oder „Produktion und Vertrieb von Waren aller Art" sind mangels erforderlicher Individualisierung nicht ausreichend.[47] Vielmehr wird gefordert, dass die Angaben zu dem Unternehmensgegenstand so konkret sein müssen, dass die interessierten Verkehrskreise der Satzung entnehmen können, in welchem Geschäftszweig und in welcher Weise sich die Gesellschaft betätigen will.[48]

30 Ob die zwingende Aufnahme des Unternehmensgegenstandes und die Anforderungen an dessen Individualisierung sachgerecht sind, kann man mit guten Gründen bezweifeln.[49] Eine individuelle Fassung des Unternehmensgegenstandes wurde nach früherem Recht vor allem wegen § 8 Abs. 1 Nr. 6 GmbHG aF gefordert, da der Registerrichter die Tätigkeit der GmbH auf ihre **Genehmigungsbedürftigkeit** prüfen können sollte. Mit der Streichung dieser heftig kritisierten Vorschrift verlor diese Erwägung allerdings ihre Grundlage.[50] Weiterhin soll der Unternehmensgegenstand in einer Satzung möglichst konkret gefasst werden, um den Minderheitsgesellschafter vor einer willkürlichen Ausweitung oder Änderung des unternehmerischen Betätigungsfeldes zu schützen. Hierfür besteht aber bei einer Einpersonen-GmbH und bei vielen Mehrpersonen-GmbHs aufgrund der familiären oder persönlichen Verbundenheit der Gesellschafter kein Anlass. Außerdem eignet sich der Unternehmensgegenstand nicht für einen **Minderheitenschutz**, da er auch bei Einhaltung des Individualisierungsgebots hierfür zu vage und zu unbestimmt ist.[51] Die Rechte und Pflichten eines Geschäftsführers sind ohnehin im Anstellungsvertrag zu regeln. Schließlich besteht die Möglichkeit, die Geschäftsführungsbefugnis durch einen Gesellschafterbeschluss intern und tagaktuell zu beschränken. Eine Individualisierung des Unternehmensgegenstandes wird letztlich auch im Hinblick auf eine Eintragung in das Handelsregister und dem damit verbundenen **Informationsbedürfnis der Öffentlichkeit** gefordert. Auch dies ist nicht zwingend, denn selbst eine allgemeine Umschreibung des Geschäftsbereichs hätte einen gewissen Infor-

---

45 So auch *Schröder/Cannivé*, NZG 2008, 1.
46 BayObLG v. 8.1.2003 – 3 Z BR 234/02, NJW-RR 2003, 686.
47 BayObLG v. 1.8.1994 – 3 Z BR 157/94, NJW-RR 1995, 31.
48 Statt aller: *Kallmeyer*, GmbH-Handbuch, I Rn 223.
49 Vgl die ausführliche Kritik an der Rspr von *Wallner*, JZ 1986, 721.
50 *Seibert*, GmbHR 2007, 673; *Heckschen*, GmbHR 2007, 198.
51 Hierzu *Wachter*, Die GmbH-Reform in der Diskussion, 2006, S. 55, 77.

mationswert, ließe aber Zweifel am Realitätssinn und dem wirtschaftlichen Sachverstand der hinter der GmbH stehenden Gesellschafter aufkommen.[52] Mit einer Individualisierung des Unternehmensgegenstandes erhält der Geschäftsverkehr auch keine zuverlässigen Informationen, da man sich bei der Einsichtnahme in das Handelsregister nicht darauf verlassen kann, dass der eingetragene Gegenstand tatsächlich noch von der Gesellschaft praktiziert wird. Wer sich schließlich über den Tätigkeitsbereich eines Unternehmens informieren will, bekommt auf der häufig auch vorhandenen Homepage eines Unternehmens die gewünschten Informationen in aktualisierterer Form.

Angesichts dieser Bedenken war es nicht weiter verwunderlich, dass in der Diskussion über die GmbH-Reform vorgeschlagen wurde, den Unternehmensgegenstand aus dem Pflichtenkatalog des § 3 GmbHG zu streichen.[53] Es war allerdings zweifelhaft, ob diese Änderung mit dem Europarecht im Einklang steht.[54] Der Gesetzgeber beließ es daher bei dem bisherigen Rechtszustand. In Hinblick auf den beschränkten Nutzen eines konkret definierten Unternehmensgegenstandes sollte die Rechtsprechung geringere Anforderungen an die Individualisierung des Unternehmensgegenstandes stellen.

31

## IV. Stammkapital

Das Stammkapital beträgt bei einer GmbH mindestens **25.000 EUR**. Eine Obergrenze gibt es nicht. Jeder darüberliegende Betrag ist in Hinblick auf den sogleich noch zu erläuternden § 5 Abs. 2 S. 1 GmbHG möglich, sofern das Stammkapital auf volle Euro lautet. Das Stammkapital muss mit der Summe der Nennbeträge aller Geschäftsanteile nach § 5 Abs. 3 S. 1 GmbHG übereinstimmen.[55] Die ursprünglich geplante Herabsetzung des Stammkapitals auf 10.000 EUR hat sich im Rechtsausschuss des Deutschen Bundestags nicht durchgesetzt. Auch als Ausgleich hierfür wurde die Unternehmergesellschaft (haftungsbeschränkt) eingeführt.[56]

32

## V. Geschäftsanteil

Nach bisherigen Recht musste in einem Gesellschaftsvertrag gem. § 3 Abs. 1 Nr. 4 GmbHG aF der Betrag des von jedem Gesellschafters auf das Stammkapital zu leistenden Einlage (Stammeinlage) aufgeführt sein. Der Betrag der übernommenen Stammeinlage war nach § 14 GmbHG aF für die Bestimmung des Geschäftsanteils maßgeblich. Im Mittelpunkt stand daher die Stammeinlage. Sie war der Ausgangspunkt für die Berechnung der Geschäftsanteile. Das MoMiG enthält einen Paradigmenwechsel, der letztlich auch eine Flexibilisierung die Satzungsgestaltung ermöglicht. Die Neufassung des § 3 Abs. 1 Nr. 4 GmbHG sieht nun vor, dass die Zahl und die Nennbeträge der Geschäftsanteile, die jeder Gesellschafter gegen Einlage auf das Stammkapital (Stammeinlage) übernimmt, notwendige Satzungsbestandteile sind. Zur Klarstellung wurde in § 14 S. 1 GmbHG aufgenommen, dass auf jeden Geschäftsanteil eine Einlage zu leisten

33

---

52 *Wallner*, JZ 1986, 721, 725.
53 *Wachter*, Die GmbH-Reform in der Diskussion, 2006, S. 55, 77; *Seibert*, GmbHR 2007, 673, 674.
54 Hierzu ausführlich *Karsten*, GmbHR 2007, 958 mwN.
55 Zur Änderung des Stammkapitals vor und nach der Einragung der Gesellschaft s. Scholz/*Emmerich*, GmbHG, § 3 Rn 49.
56 Hierzu noch unter § 8.

ist. Die Höhe der zu leistenden Einlage richtet sich laut § 14 S. 2 GmbHG nach dem bei der Errichtung der Gesellschaft im Gesellschaftsvertrag festgesetzten Nennbetrag des Geschäftsanteils. Nun steht also der Geschäftsanteil im Mittelpunkt. Diese Änderung scheint zunächst nur kosmetische Auswirkungen zu haben. Auch die Begründung zum Regierungsentwurf führt aus, dass durch die Neufassung des § 3 Abs. 1 Nr. 4 GmbHG die von den Gesellschaftern zu übernehmenden Geschäftsanteile und somit ihre Beteiligung bzw ihre Mitgliedschaft gegenüber der Einlageverpflichtung in den Vordergrund gerückt wird. Die Aufnahme der Nennbeträge ist außerdem sinnvoll, weil der Nennbetrag des Geschäftsanteils schon bisher als Identitätsbezeichnung diene. Der Begriff „Stammeinlage" wird nur noch für eine Übergangsphase beibehalten.[57]

34 Die Änderungen in § 3 Abs. 1 Nr. 4 sowie in § 14 GmbHG sind die Basis für eine weitreichende **Flexibilisierung** des Satzungsrechts. Nach früherem Recht war es nicht möglich, mehrere Stammeinlagen zu übernehmen (§ 5 Abs. 2 GmbHG aF). Die Stammeinlage jedes Gesellschafters musste außerdem mindestens 100 EUR betragen (§ 5 Abs. 1 GmbHG aF). Bei der Höhe der Stammeinlage mussten die Gesellschafter darauf achten, dass der Betrag durch fünfzig teilbar war (§ 5 Abs. 3 S. 2 GmbHG aF). Die Vorgaben hielt man 1892 noch für notwendig, um eine klare Grenze zwischen der eher personalistisch strukturierten GmbH und einer Aktiengesellschaft zu ziehen, bei der für eine Beteiligung auch spekulative Gründe entscheidend sein können.[58] In der Praxis führten diese Vorgaben allerdings zu Schwierigkeiten. Bei Erbauseinandersetzungen oder einer vorweggenommenen Erbfolge waren Gesellschafter bisweilen zu einer Kapitalerhöhung gezwungen, damit der Betrag der Stammeinlage auch weiter durch fünfzig teilbar blieb.[59]

35 Die Geschäftsanteile können nun wesentlich flexibler in der Satzung festgelegt werden, als es früher noch bei den Stammeinlagen der Fall war. Der Nennbetrag eines Geschäftsanteils muss nur noch auf volle Euro lauten (§ 5 Abs. 2 S. 1 GmbHG). Die Höhe der Nennbeträge des einzelnen Gesellschafters kann verschieden bestimmt werden. Die Summe der Nennbeträge aller Geschäftsanteile muss mit dem Stammkapital übereinstimmen (§ 5 Abs. 3 S. 1 und S. 2 GmbHG). Auch die Einheitlichkeit einer Beteiligung nach § 5 Abs. 2 GmbHG aF ist nun Geschichte. Ein Gesellschafter kann nun bei der Errichtung der Gesellschaft auch mehrere Geschäftsanteile übernehmen. Bereits bestehende Gesellschaften können von den Neuerungen profitieren, wenn sie einen diesbezüglichen Gesellschafterbeschluss nach § 46 Nr. 4 GmbHG fassen. In einem solchen Beschluss können nunmehr auch Geschäftsanteile geteilt oder auch wieder zusammengeführt werden.[60]

36 Bei einer Einpersonen-GmbH sind daher u.a. folgende Vereinbarungen denkbar:[61]

---

[57] So Begründung zum RegE des MoMiG, BT-Drucks. 16/6140, S. 63, 64.
[58] Hierzu *Happ*, ZHR 169 (2005), S. 6, 11 f.
[59] Vgl BT-Drucks. 16/6140, S. 68; zu den Problemen bei einer *due diligence* aufgrund des früheren Verbots, mehrere Stammeinlagen zu übernehmen s. *Happ*, ZHR 169 (2005), S. 6, 12.
[60] *Katschinski/Rawert*, ZIP 2008, 1993, 1995.
[61] Hierzu *Katschinski/Rawert*, ZIP 2008, 1993, 1995.

## C. Fakultativer Inhalt 2

**Muster: Ein Geschäftsanteil mit einem Nennbetrag von 25.000 EUR (Variante 1)** 37

Das Stammkapital der Gesellschaft beträgt 25.000 EUR Herr/Frau ■■■ übernimmt einen Geschäftsanteil (Geschäftsanteil Nr. 1)[62] mit einem Nennbetrag von 25.000 EUR, auf den er/sie eine Bareinlage von 25.000 EUR leistet.

**Muster: 25.000 Geschäftsanteile mit einem Nennbetrag von einem Euro (Variante 2)** 38

Das Stammkapital der Gesellschaft beträgt 25.000 EUR Herr/Frau ■■■ übernimmt 25.000 Geschäftsanteile (Geschäftsanteile Nr. 1 bis 25.000) mit einem Nennbetrag von jeweils einem Euro, auf die er/sie eine Bareinlage von 25.000 EUR leistet.

**Muster: Mehrere Geschäftsanteile mit unterschiedlichen Nennbeträgen (Variante 3)** 39

Das Stammkapital der Gesellschaft beträgt 25.000 EUR Herr/Frau ■■■ übernimmt

– einen Geschäftsanteil (Geschäftsanteil Nr. 1) mit einem Nennbetrag von 10.000 EUR, auf die er/sie eine Bareinlage von 10.000 EUR leistet,
– vier Geschäftsanteile mit einem Nennwert von jeweils 2.500 EUR (Geschäftsanteile Nr. 2 bis 5) auf die er/sie eine Bareinlage von 10.000 EUR leistet
– sowie 5.000 Geschäftsanteile mit einem Nennbetrag von jeweils einem Euro (Geschäftsanteile Nr. 6 bis 5.005), auf die er/sie eine Bareinlage von 5.000 EUR leistet.

Die im letzten Muster enthaltene Mischlösung ist sehr unübersichtlich und dient nur zur Verdeutlichung des mit dem MoMiG eröffneten Gestaltungsspielraums. Der Vorteil der ersten Variante besteht in einer gewissen Übersichtlichkeit. Mit der zweiten Variante wird eine spätere und häufig fehlerbehaftete Teilung von Geschäftanteilen vermieden.[63] Wichtig ist, dass die Summe der Nennbeträge aller Geschäftsanteile mit dem Stammkapital übereinstimmen muss (§ 5 Abs. 3 S. 2 GmbHG).

## C. Fakultativer Inhalt

### I. Stellvertretung und Geschäftsführung

Als juristische Person braucht die GmbH eine natürliche Person, die für sie handeln 40 kann. Dies ist der Geschäftsführer. Er vertritt die GmbH nach § 35 Abs. 1 S. 1 GmbHG gerichtlich und außergerichtlich. Der Geschäftsführer gibt in seiner Funktion als organschaftlicher Vertreter Erklärungen für die GmbH ab und nimmt auch für sie Erklärungen entgegen. Die Gesellschafter können die Vertretung auf gewisse Geschäfte oder Arten von Geschäften beschränken oder bestimmen, dass eine Vertretung nur für eine gewisse Zeit oder an einem gewissen Ort stattfinden soll. Gegenüber dritten Personen hat eine Beschränkung der Vertretungsbefugnis indes keine rechtliche Wirkung.[64]

Wenn die GmbH nur einen Geschäftsführer hat, ist er der einzige organschaftliche 41 Vertreter. Bei einer mehrköpfigen Geschäftsführung stehen die Gesellschafter vor der Entscheidung, ob die Geschäftsführer nur gemeinsam (**Gesamtgeschäftsführung**) oder einzeln (**Einzelgeschäftsführung**) Erklärungen abgeben dürfen. Sind mehrere Geschäftsführer bestellt, sind sie nach der jetzigen Fassung des § 35 Abs. 2 S. 1 GmbHG[65] nur

---

62 Die Nummerierung des Geschäftsanteils ist kein zwingender Satzungsbestandteil; sie verhindert aber Unklarheiten und sollte daher in der Satzung enthalten sein. Vgl auch das Musterprotokoll zu § 2 Abs. 1a GmbHG.
63 *Katschinski/Rawert*, ZIP 2008, 1993, 1995.
64 Hierzu noch ausführlich unter § 5 Rn 6.
65 Im Vergleich zum bisherigen Gesetzestext handelt es sich bei der Neufassung des § 35 Abs. 2 S. 1 GmbHG um eine klarere Formulierung, s. Begründung zum RegE des MoMiG, BT-Drucks. 16/6140, S. 102.

gemeinschaftlich zur Vertretung der Gesellschaft befugt. Da eine GmbH als Unternehmen im kaufmännischen Geschäftsverkehr jederzeit handlungsfähig sein muss, vereinbaren die Gesellschafter in der Praxis aber eine Einzelvertretung. Eine **Einzelvertretung** liegt vor, wenn die GmbH mehrere Geschäftsführer hat und jeder einzelne für die GmbH eine Erklärung abgeben kann.[66]

42 Die Gesellschafter können auch vereinbaren, dass einzelne Geschäftsführer nur in Beisein eines Prokuristen Erklärungen abgeben dürfen. Eine solche **unechte Gesamtvertretung** ist zulässig, sofern die GmbH auch ohne den Prokuristen noch handlungsfähig bleibt. Es dürfen daher nicht alle Geschäftsführer an die Mitwirkung eines Prokuristen gebunden werden.[67]

43 In dem Gesellschaftsvertrag kann daher folgende Vereinbarung aufgenommen werden:[68]

44 **Muster: Geschäftsführung und Vertretung**
Die Gesellschaft hat einen oder mehrere Geschäftsführer. Ist nur ein Geschäftsführer vorhanden, so vertritt er die GmbH allein. Wurden von der Gesellschafterversammlung mehrere Geschäftsführer bestellt, so vertreten zwei Geschäftsführer oder ein Geschäftsführer gemeinschaftlich mit einem Prokuristen die Gesellschaft. Die Gesellschafterversammlung kann den Geschäftsführern Einzelvertretungsbefugnis erteilen.

45 Für den Geschäftsführer einer GmbH gilt das allgemeine Verbot des Selbstkontrahierens (§ 181 BGB). Der Geschäftsführer kann daher nicht im Namen der GmbH mit sich im eigenen Namen ein Rechtsgeschäft abschließen, es sei denn, das Rechtsgeschäft bestehe ausschließlich in der Erfüllung einer Verbindlichkeit.[69]

46 Insbesondere bei Gesellschafter-Geschäftsführern empfiehlt es sich, den Geschäftsführer vom Verbot des § 181 BGB zu befreien. Hierfür ist eine Ermächtigungsgrundlage in einem Gesellschaftsvertrag aufzunehmen. Dabei empfiehlt sich folgende Klausel:[70]

47 **Muster: Befreiung vom Insichgeschäft**
Die Gesellschafterversammlung kann den Geschäftsführern gestatten, als Geschäftsführer Rechtsgeschäfte mit sich selbst oder mit sich als Vertreter eines Dritten abzuschließen (Befreiung von § 181 BGB).

48 Die Befreiung eines Geschäftsführers von § 181 BGB ist zum Handelsregister anzumelden und dort einzutragen. Die Befreiung kann nur generell, nicht aber für ein einzelnes konkretes Rechtsgeschäft erfolgen. Auch der Alleingesellschafter einer GmbH muss als Geschäftsführer von § 181 BGB befreit werden.[71] Gerade weil diese in der weit überwiegenden Zahl der Fälle erfolgt, hatte der Bundesrat in seiner Stellungnahme zum

---

66 Die Begriffe Einzel- und Alleinvertretung können nach Auffassung des BGH synonym verwendet werden, s. BGH v. 19.3.2007 – II ZB 19/06, NJW 2007, 3287; aA aber OLG Zweibrücken v. 12.10.1992 – 3 W 134/92, NJW-RR 1993, 933.
67 *Lutter/Hommelhoff* in Lutter/Hommelhoff, GmbHG, § 35 Rn 39.
68 Nach *Kollmorgen/Friedrichsen* in Dombek/Kroiß, Formularbibliothek Vertragsgestaltung, Gesellschaftsrecht I, Teil 1, § 2 Rn 10.
69 Hierzu noch unter § 5 Rn 14.
70 *Kollmorgen/Friedrichsen* in Dombek/Kroiß, Formularbibliothek Vertragsgestaltung, Gesellschaftsrecht I, Teil 1, § 2 Rn 10; bei der Satzung einer Mehrpersonen-GmbH empfehlen sie zusätzlich eine Vereinbarung, die den Fortbestand der Befreiung vom Insichgeschäft auch für den Fall absichert, dass aus der GmbH bis auf den geschäftsführenden Gesellschafter alle Mitgesellschafter ausscheiden.
71 BGH v. 28.2.1983 – II ZB 8/82, NJW 1983, 1676.

## C. Fakultativer Inhalt 2

RegE des MoMiG angeregt, die Befreiung von den Beschränkungen des Insichgeschäfts als gesetzlichen Regelfall in das Gesellschaftsrecht aufzunehmen.[72] Dem ist die Bundesregierung nicht gefolgt. Dies ist bedauerlich, denn es wäre ein sinnvoller Beitrag zur Deregulierung der GmbH-Gründung gewesen.

Im Gegensatz zur Stellvertretung geht es bei der Geschäftsführung um die Entscheidungsfindung im Innenverhältnis. Mit der Geschäftsführung werden die Entscheidungen umschrieben, die innerhalb einer GmbH über die Geschäftspolitik (Geschäftsführung im weiteren Sinne) und über die laufende Geschäftsführung (Geschäftsführung im engeren Sinne) getroffen werden.[73] Die Stellvertretung betrifft demgegenüber die Abgabe und Entgegennahme von Erklärungen für die GmbH. Sind mehrere Geschäftsführer bestellt, geht das Schrifttum im Hinblick auf die gesetzlich festgelegte Gesamtvertretung auch von einer gesetzlichen Gesamtgeschäftsführung aus.[74] Die Satzung kann auch eine Einzelgeschäftsführung festlegen. Wenn in der Satzung keine Regelung über die Geschäftsführung enthalten ist, die Gesellschafter aber eine Einzelvertretungsbefugnis vereinbart haben, besteht auch eine Vermutung für eine Einzelgeschäftsführungsbefugnis.[75]

### II. Regelungen zu Gesellschafterbeschlüssen

Die Gesellschafterversammlung ist das zentrale Entscheidungsorgan der GmbH.[76] Das GmbHG enthält in §§ 46 bis 51 GmbHG zahlreiche Regelungen zur Gesellschafterversammlung, und auch einzelne Vorschriften aus dem AktG sind nach der Rechtsprechung auch bei einer GmbH analog anwendbar. Trotz dieser Regelungsdichte gibt es zahlreiche Ansätze für eine Vertragsgestaltung:

- Nach § 49 Abs. 1 GmbHG ist der Geschäftsführer für die **Einberufung** der Gesellschafterversammlung zuständig. Die Gesellschafter können eine Gesellschafterversammlung erst einberufen, wenn sie dies unter Beachtung des § 50 Abs. 1 GmbHG vom Geschäftsführer erfolglos verlangt haben (§ 50 Abs. 3 GmbHG). Sollte es nur einen Geschäftsführer geben, kann es für die Gesellschafter interessant sein, die Einberufung der Gesellschafterversammlung selber vornehmen zu können.
- Die Einberufung der Gesellschafterversammlung erfolgt nach § 51 Abs. 1 durch Einladung mittels **eingeschriebenen Briefs**. Ein Übergabe-Einschreiben erfüllt nach Auffassung des gesamten Schrifttums die Anforderungen des § 51 Abs. 1 S. 1 GmbHG; bei einem Einwurf-Einschreiben ist dies umstritten.[77] Eine E-Mail oder ein Telefax reichen für eine ordnungsgemäße Einladung angesichts des eindeutigen Wortlauts in 51 Abs. 1 S. 1 GmbHG nicht aus. In der Satzung können die Gesell-

---

72 Vgl BT-Drucks. 16/614, S. 161.
73 Vgl Scholz/*Schneider*, GmbHG, § 37 Rn 2 f.
74 Scholz/*Schneider*/*Sethe*, GmbHG, § 35 Rn 21 mwN.
75 Vgl BGH v. 28.9.1992 – II ZR 299/91, NJW 1993, 193.
76 So *Gehrlein*, GmbH-Recht in der Praxis, S. 149.
77 Für eine Zulässigkeit des Einwurf-Einschreibens Scholz/*K. Schmidt*/*Seibt*, GmbHG, § 51 Rn 10;/Putz, NJW 2007, 2450; gegen die Zulässigkeit eines Einwurf-Einschreibens wenden sich *Zöllner* in Baumbach/Hueck, GmbHG, § 51 Rn 10 und *Arens*/*Beckmann*, Die anwaltliche Beratung des GmbH-Geschäftsführers, § 7 Rn 10.

- schafter aber vereinbaren, dass die Einberufung mittels normalen Briefes, Telefax oder E-Mail erfolgt.[78]
- Nach § 51 Abs. 1 S. 2 GmbHG ist die Einladung mit einer **Frist von einer Woche** zu bewirken. Die Frist beginnt nicht schon mit der Einlieferung des Briefes und auch nicht erst mit dem tatsächlichen Zugang der Einladung. Entscheidend ist vielmehr der Zeitpunkt des regelmäßig zu erwartenden Zugangs. Im Normalfall wird man mit einem Postlauf von zwei Tagen rechnen dürfen.[79] Da sich die Rechtsprechung noch nicht zu einer klaren Linie durchgerungen hat, sollte in der Satzung eine eindeutige Regelung aufgenommen werden.
- Sofern die Satzung keine diesbezügliche Regelung enthält, ist die Gesellschafterversammlung bereits dann beschlussfähig, wenn auch nur ein stimmberechtigter Gesellschafter anwesend ist. Gesellschaftsverträge haben daher regelmäßig eine Vereinbarung, nach der die Beschlussfähigkeit erst bei der Anwesenheit eines bestimmten Teils des Stammkapitals oder der vorhandenen Stimmen gegeben ist. Um eine Funktionsfähigkeit der Gesellschafterversammlung sicher zu stellen, ist in diesen Satzungen üblicherweise auch vorgesehen, dass für den Fall einer Beschlussunfähigkeit der ersten Gesellschafterversammlung mit gleicher Frist zu einer zweiten Versammlung mit geringeren Anforderungen an die **Beschlussfähigkeit** eingeladen werden kann.[80]
- Die Satzung kann vorsehen, dass Gesellschafterbeschlüsse nur mit einer **qualifizierten Mehrheit** (zB Dreiviertelmehrheit) oder einstimmig zustande kommen können. Eine solche Verschärfung ist wegen des damit verbundenen Minderheitenschutzes zulässig. In der Satzung kann demgegenüber nicht vereinbart werden, dass ein Gesellschafterbeschluss ohne Stimmenmehrheit zustande kommt.[81]
- Der Gesellschaftsvertrag kann einen Versammlungszwang festlegen, in dem er eine Beschlussfassung nur in einer **Gesellschafterversammlung** vorsieht.[82] Die Gesellschafter können durch eine Satzungsregelung auch die Beschlussfassung erleichtern und Gesellschaftern die Stimmabgabe mittels Telefon oder Video-Konferenz ermöglichen.[83] Eine Vereinbarung in der Satzung, nach der eine Gesellschafterversammlung jederzeit formlos möglich ist (also ohne Einladung usw.) sollte nicht in die Satzung aufgenommen werden, denn sonst streitet man sich ggf vor Gericht, darüber ob ein einfaches Gespräch zwischen den Gesellschaftern schon eine Versammlung darstellte.[84]

---

78 *Kollmorgen/Friedrichsen* in Dombek/Kroiß, Formularbibliothek Vertragsgestaltung, Gesellschaftsrecht I, Teil 1, § 2 Rn 10.
79 OLG Hamm v. 26.2.2003 – 8 U 110/02, NZG 2003, 630; Der BGH hat diese Frage bisher offen gelassen, s. BGH v. 30.3.1987 – II ZR 180/86, NJW 1987, 2580.
80 Vgl hierzu die Vereinbarung bei *Kollmorgen/Friedrichsen* in Drombeck/Kroiß, Formularbibliothek Vertragsgesellschaft, Gesellschaftsrecht I, Teil 1, § 2 Rn 10; vor der Durchführung der ersten Gesellschafterversammlung kann die zweite Gesellschafterversammlung nicht einberufen werden, vgl BGH v. 8.12.1997 – II ZR 216/96, NJW 1998, 1317.
81 Von der gesetzlichen Dreiviertelmehrheit können die Gesellschafter in der Satzung nur für den Auflösungsbeschluss nach § 60 Abs. 1 Nr. 2 GmbHG abweichen.
82 Eine diesbezügliche Satzungsbestimmung muss allerdings eindeutig sein. Auch wenn der Gesellschaftsvertrag eine Formulierung enthält, nach der „Beschlüsse in Gesellschafterversammlungen gefasst werden", ist damit der Weg zu § 48 Abs. 2 GmbHG nicht versperrt, da solche Formulierungen als Handlungsempfehlung für den Geschäftsführer angesehen werden, so Scholz/*K. Schmidt*, GmbH-G, § 48 Rn 66.
83 *Gehrlein*, BB 2006, 1128.
84 BGH v. 11.12.2006 – II ZR 166/05, NJW 2007, 917.

- Die Satzung sollte auch daher eine klare **Frist** für eine Anfechtungsklage enthalten. Bei einer kleinen oder mittelständischen GmbH dürfte es im Interesse der häufig miteinander verwandten Gesellschafter angemessen sein, wenn diese Frist nicht einen Monat, sondern zwei Monate beträgt.[85] Eine kürzere Frist als einen Monat können die Gesellschafter nicht wirksam vereinbaren.[86]

Gerade die Anfechtungsfrist zeigt, dass die individuellen Bedürfnisse der Vertragsparteien auch bei der Gestaltung einer Satzungsklausel zur Gesellschafterversammlung zu berücksichtigen sind.

**Muster: Einberufung und Beschlussfassungen der Gesellschafterversammlung**[87]

(1.) Die Einberufung der Gesellschafterversammlung erfolgt durch die Geschäftsführer. Jeder Geschäftsführer ist einzeln zur Einberufung befugt. Die Einberufung bedarf der Textform und kann daher durch einen normalen Brief, einen Telefax oder einer E-Mail erfolgen. Zwischen dem Tag der Absendung und der Gesellschafterversammlung muss eine Frist von mindestens zwei Wochen liegen. Die Einberufungsfrist beginnt bei einer Einladung mittels Telefax oder E-Mail mit Absendung der Einladung, ansonsten zwei Tage nach Absendung.

(2.) Die Gesellschafter fassen Beschlüsse in Präsenzversammlungen.

(3.) In der Einladung zu einer Präsenzversammlung kann eine Beschlussfassung per Telefax oder E-Mail vorgeschlagen werden. Dieser Vorschlag ist mit der Aufforderung zu verbinden, binnen einer Frist von drei Tagen ab dem Datum der Einladung gegenüber dem Einladenden die Zustimmung oder die Ablehnung zu dieser alternativen Beschlussfassung in Textform zu erklären. Wenn Gesellschafter, deren Geschäftsanteile zusammen Dreiviertel des Stammkapitals entsprechen, ihre Zustimmung zu der vorgeschlagenen Beschlussfassung erklären, werden die Beschlüsse per Telefax bzw E-Mail gefasst. Die Einladung ist ferner mit einer Frist zur Stimmabgabe für den Fall einer alternativen Beschlussfassung zu verbinden. Die Frist zur Stimmabgabe muss mindestens zwei Wochen betragen; sie darf erst enden, nachdem die Frist zur Entscheidung über die Durchführung einer alternativen Beschlussfassung abgelaufen ist.

(4.) Die Gesellschafterversammlung ist beschlussfähig, wenn mindestens 75 % aller Geschäftsanteile vertreten sind oder außerhalb einer Präsenzversammlung teilnehmen. Für den Fall der Beschlussunfähigkeit ist mit unveränderter Tagesordnung und mit einer Frist von mindestens einer Woche erneut einzuladen. Die zweite Gesellschafterversammlung ist in jedem Fall beschlussfähig; hierauf ist in der Ladung hinzuweisen.

(5.) Gesellschafter können sich durch einen anderen Gesellschafter vertreten lassen. Darüber hinaus ist eine Vertretung nur durch einen Rechtsanwalt, Steuerberater, vereidigten Buchprüfer oder Wirtschaftsprüfer möglich. Die hierfür erforderliche Vollmacht kann in Textform (zB Telefax oder E-Mail) abgegeben werden.

(6.) Die Beschlüsse der Gesellschafterversammlung kommen mit einfacher Mehrheit des bei der Versammlung vertretenen Geschäftsanteile zustande. Bei der Änderung des Gesellschaftsvertrages, bei der Auflösung der Gesellschaft, bei Maßnahmen nach dem Umwandlungsgesetz sowie bei Zustimmungen zu Maßnahmen nach dem Umwandlungsgesetz bedürfen die Beschlüsse einer Dreiviertelmehrheit der Geschäftsanteile.

(7.) Beschlüsse der Gesellschafterversammlung können nur mittels einer Klage innerhalb einer Frist von zwei Monaten angefochten werden. Die Frist beginnt mit dem Zugang des Wortprotokolls. Der Tag des Zugangs wird bei der Fristberechnung nicht mitgerechnet.

---

85 Ähnlich auch Scholz/K. *Schmidt*, GmbHG, § 45 Rn 144: „Monatsfrist, die zur Klageerhebung eines Monats zwingt, ist nicht uneingeschränkt ratsam." Anders indes das Vertragsmuster von *Kollmorgen/Friedrichsen in* Dombek/Kroiß, Formularbibliothek Vertragsgestaltung, Gesellschaftsrecht I, Teil 1, § 2 Rn 10.
86 BGH v. 21.3.1988 – II ZR 308/87, NJW 1988, 1844.
87 Nach *Kollmorgen/Friedrichsen in* Dombek/Kroiß, Formularbibliothek Vertragsgestaltung, Gesellschaftsrecht I, Teil 1, § 2 Rn 10; die dort enthaltene Klausel wurde auf die Bedürfnisse für kleine und mittelständische Unternehmen angepasst.

## III. Regelungen zum Ausscheiden von Gesellschaftern

### 1. Überblick

53 Das GmbHG enthält zum Ausscheiden der Gesellschafter nur sehr lückenhafte Regelungen. Wenn nicht die von der Rechtsprechung entwickelten Voraussetzungen für einen Ausschluss des Gesellschafters oder dessen Austritt vorliegen, kann ein Ausscheiden des Gesellschafters lediglich durch Veräußerung der Geschäftsanteile oder den Tod des Gesellschafters erfolgen. Nun setzt eine Anteilsveräußerung aber voraus, dass entweder die Gesellschaft oder ein Dritter den Geschäftsanteil erwerben will, und ein Ausscheiden kann auf Seiten der GmbH oder des Gesellschafters schon zu dessen Lebzeiten gewünscht sein. In Hinblick auf ein mögliches Ausscheiden des Gesellschafters besteht bei einem Gesellschaftsvertrag daher regelmäßig Handlungsbedarf. Dabei sollen an dieser Stelle nur die Grundlagen für eine Satzungsgestaltung dargestellt werden. Die Voraussetzungen für ein Ausscheiden des Gesellschafters werden unter § 4 Rn 153 beleuchtet.

54 Soweit es die Gestaltung von Gesellschaftsverträgen anbelangt, sind folgende Varianten, die zu einem Ausscheiden des Gesellschafters aus der GmbH führen können, von besonderem Interesse:

- Ausscheiden durch Veräußerung der Geschäftsanteile an Dritte (Anteilsveräußerung);
- Ausscheiden durch Einziehung des Geschäftsanteils (Einziehung, s. § 34 GmbHG);
- Ausscheiden auf Betreiben der Mitgesellschafter (Ausschluss);
- Ausscheiden auf Betreiben des Gesellschafters (Austritt).

55 Anschließend sollen die wichtigsten Aspekte einer Satzungsgestaltung für eine Anteilsveräußerung, der Einziehung, den Ausschluss und den Austritt erläutert und jeweils in einer Muster-Klausel zusammengefasst werden. Hieran schließen sich Grundgedanken für eine Abfindungsvereinbarung an.

### 2. Anteilsveräußerung

56 Geschäftsanteile sind frei veräußerlich, wenn nicht die Satzung die Abtretung an weitere Voraussetzungen, wie bspw das Vorliegen einer Genehmigung durch die Gesellschaft knüpft (§ 15 Abs. 1, Abs. 5 GmbHG). Mit einer solchen Satzungsklausel wird der Anteilsinhaber regelmäßig an die Zustimmung der Mitgesellschafter gebunden. Im Lateinischen steht vinculum für Band, und daher hat sich für solche Abreden der Begriff „Vinkulierungsklausel" eingebürgert. Mit einer solchen Vereinbarung behalten die Gesellschafter die Kontrolle über die personelle Zusammensetzung der Anteilsinhaber und können das Eindringen Dritter verhindern.[88] Fast jede GmbH mit mehreren Gesellschaftern hat eine Vinkulierungsklausel in ihrem Vertrag.[89] Gerade wegen des personalistischen Charakters von kleinen und mittelständischen Unternehmen wäre es daher sinnvoll gewesen, wie im spanischen GmbHG eine Norm aufzunehmen, nach der die Übertragung von Geschäftsanteilen ohne Zustimmung nur möglich ist, wenn sie an andere Gesellschafter, Ehegatten oder Abkömmlinge sowie an Gesellschaften einer Un-

---

88 Vgl *Heckschen*, GmbHR 2007, 198.
89 *Bayer/Hoffmann/Schmidt*, GmbHR 2007, 953.

ternehmensgruppe erfolgt.⁹⁰ Die freie Veräußerbarkeit von Geschäftsanteilen wurde allerdings durch das MoMiG nicht eingeschränkt, sodass auch weiterhin Vinkulierungsklauseln in die Satzung einer Mehrpersonen-GmbH aufgenommen werden sollten.

In der Praxis wird die Übertragung eines Geschäftsanteils häufig von der Genehmigung der Gesellschafter, der Gesellschafterversammlung oder der Geschäftsführung abhängig gemacht. Aufgrund der Vinkulierungsklausel hängt die Übertragung des Geschäftsanteils (Verfügungsgeschäft) von dem Eintritt einer Bedingung ab. Bis dahin ist das Verfügungsgeschäft schwebend unwirksam. Der zwischen dem Anteilsveräußerer und dem -erwerber geschlossene Kaufvertrag (Verpflichtungsgeschäft) bleibt davon unberührt. Wenn die Gesellschafter die Genehmigung der Anteilveräußerung verweigern, bestehen gegen den veräußerungswilligen Gesellschafter daher vertragliche Schadensersatzansprüche seitens des nicht zum Zuge gekommenen Erwerbers. 57

Für eine Vinkulierungsklausel gibt es verschiedene Varianten. Erforderlich für eine Anteilsveräußerung kann nach einer Satzungsvereinbarung sein: 58

- Die **Zustimmung der „Gesellschaft"**. In einem solchen Fall müssen die Geschäftsführer unter Beachtung ihrer Vollmacht die Zustimmung erteilen und vorher einen Gesellschafterbeschluss einholen.⁹¹
- Die **Zustimmung der „Gesellschafterversammlung"**. In diesem Zusammenhang sollte in der Satzung klar geregelt sein, ob der erforderliche Beschluss mit einfacher oder nur mit qualifizierter Mehrheit zustande kommt.⁹²

Eine Vinkulierungsklausel kann daher wie folgt in die Satzung aufgenommen werden: 59

**Muster: Vinkulierungsklausel** 60

Die Verfügung über Geschäftsanteile ist nur mit Zustimmung der Gesellschafterversammlung wirksam. Der Beschluss bedarf einer Mehrheit von Dreivierteln der abgegebenen Stimmen.

Pfändungsgläubiger oder Insolvenzverwalter müssen bei der Verwertung eines Geschäftsanteils eine Vinkulierungsklausel nicht beachten. Wenn die Gesellschafter das Eindringen Fremder verhindern wollen, müssen sie also auch eine Einziehungsklausel in den Gesellschaftsvertrag aufnehmen.⁹³ Eine weitere Beschränkung der Anteilsveräußerung findet in der Praxis durch die Einräumung eines Vorkaufsrechts statt. Die Gesellschafter verpflichten sich hierbei in der Satzung, dass bei einer Veräußerung des Geschäftsanteils die Mitgesellschafter ein Vorkaufsrecht haben. Um zu verhindern, dass der veräußernde Gesellschafter das Vorkaufsrecht durch einen viel zu hohen „Mondpreis" aushöhlt, wird den Mitgesellschaftern ein Mitverkaufsrecht eingeräumt. Auf diese Weise kann der veräußerungswillige Gesellschafter seinen Anteil nur verkaufen, 61

---

90 So Art. 29 Abs. 1 LSRL, hierzu näher *Löber/Wendland/Bilz/Lozano*, Die neue spanische GmbH, S. 57 f sowie *Karsten*, GmbHR 2007, 958.
91 *Heckschen*, GmbHR 2007, 198 empfiehlt in diesem Zusammenhang eine klare Regelung darüber, ob der Beschluss mit einer einfachen oder qualifizierten Mehrheit zustande kommt.
92 Vgl *Heckschen*, GmbHR 2007, 198; *Kollmorgen/Friedrichsen* in Dombek/Kroiß, Formularbibliothek Vertragsgestaltung, Gesellschaftsrecht I, Teil 1, § 6 Rn 18 f.
93 *Heckschen* in Heckschen/Heidinger, § 3 Rn 170.

wenn er auch die Anteile der Mitgesellschafter zu denselben Konditionen veräußern kann.[94]

### 3. Einziehung

62 Die Einziehung von Geschäftsanteilen (auch „Amortisation" genannt) darf laut § 34 Abs. 1 GmbHG nur erfolgen, wenn sie im Gesellschaftsvertrag zugelassen wurde. Wie sich aus dem Zusammenspiel mit § 34 Abs. 2 GmbHG ergibt, ist damit die freiwillige Einziehung gemeint. Gegen die Zustimmung eines Gesellschafters darf die Einziehung nur erfolgen, wenn die Voraussetzungen hierfür im Gesellschaftsvertrag geregelt wurden (§ 34 Abs. 2 GmbHG). Dies ist notwendig, weil mit der Einziehung der Geschäftsanteil des betroffenen Gesellschafters vernichtet wird. Die Gesellschafter können die Einziehung deshalb auch nicht an jeden x-beliebigen Grund knüpfen. Der Gesellschafter darf nicht der Gefahr ausgesetzt sein, bei jedem noch so geringfügigen Fehlverhalten seinen Geschäftsanteil zu verlieren.[95] Der Gesellschaftsvertrag ermächtigt die GmbH zu einer Einziehung des Geschäftsanteils häufig bei Pfändung dieses Anteils sowie bei Insolvenz eines Gesellschafters, denn so kann der Einfluss von Pfandgläubigern und Insolvenzverwaltern auf die unternehmerischen Entscheidungen der GmbH eingeschränkt werden.[96] Als weitere Gründe für eine **Zwangseinziehung** kommen in Betracht: Krankheit und Alter, Niederlegung der Geschäftsführung oder der Mitarbeit.[97] Schließlich sollte eine Satzung neben einzelnen speziellen Gründen auch das Vorliegen eines „wichtigen Grundes" als Auffangtatbestand enthalten.[98]

63 Die Einziehung setzt einen **Beschluss der Gesellschafterversammlung** gem. § 46 Nr. 4 GmbHG voraus. Der Beschluss kommt grundsätzlich mit der einfachen Mehrheit der abgegebenen Stimmen zustande. Die Satzung kann für einen Einziehungsbeschluss aber auch eine qualifizierte Mehrheit von drei Vierteln aller Stimmen voraussetzen.[99] Eine solche Mehrheit ist in dem folgenden Muster enthalten. Zumindest die Gesellschafter sollten sich über das Vorliegen eines wichtigen Grundes überwiegend einig sein, bevor sie eine solch weitreichende Entscheidung fassen. Auch wenn es in der Rechtsprechung und im Schrifttum unstrittig ist, dass der betroffene Gesellschafter nach § 47 Abs. 4 GmbHG kein Stimmrecht bei der Beschlussfassung hat, sollte dies in der Satzung ausdrücklich erwähnt werden. Dies schafft Rechtssicherheit.

64 Der Beschluss zur Einziehung des Geschäftsanteils wird durch eine Erklärung der GmbH gegenüber dem betroffenen Gesellschafter durchgeführt. Nur wenn der Gesell-

---

94 Hierzu *Schmitz-Herscheidt/Coenen* in Saenger/Aderhold/Lenkaitis/Speckmann, Handels- und Gesellschaftsrecht, § 6 Rn 213; zu der Kombination eines Vorkaufsrechts mit einem Erwerbsrecht s. *Kollmorgen/Friedrichsen* in Dombek/Kroiß, Formularbibliothek Vertragsgestaltung, Gesellschaftsrecht I, Teil 1, § 6 Rn 22 ff.
95 In dem Sachverhalt zur Entscheidung des OLG Brandenburg lag eine notariell beurkundete Satzung vor, die die Einziehung eines Geschäftsanteils bei jedem vorsätzlichen und fahrlässigen Verstoß gegen Gesellschaftsinteressen möglich machen sollte, s. OLG Brandenburg v. 30.8.2005 – 6 U 149/04, MDR 2006, 582.
96 Vgl *Scholz/H. P. Westermann*, GmbHG, § 34 Rn 14.
97 Weitere Beispiele bei *Lutter/Hommelhoff* in Lutter/Hommelhoff, GmbHG, § 34 Rn 18; *Gehrlein*, GmbH-Recht in der Praxis, S. 115; gerade bei einer GmbH, in der sich Freiberufler zu einer gemeinsamen Berufsausübung zusammengeschlossen haben, kann eine Einziehung des Geschäftsanteils wegen des Verlustes einer Berufszulassung oder einer fehlenden Berufsausübung erforderlich sein; ein Muster für einen Einziehungsgrund bei einer Rechtsanwalts-GmbH findet sich bei *Fuhrmann*, GmbH-Handbuch, M 41.
98 So die Empfehlung von *Gehrlein*, GmbH-Recht in der Praxis, S. 116; zur Verwendung unbestimmter Rechtsbegriffe vgl *Scholz/H. P. Westermann*, GmbHG, § 34 Rn 16.
99 Vgl auch *Lutter/Hommelhoff* in Lutter/Hommelhoff, GmbH § 34 Rn 21.

schaftsvertrag dies zulässt, verliert der Gesellschafter seine Mitgliedschaft in der GmbH unmittelbar mit der Mitteilung des Einziehungsbeschlusses. Der Geschäftsanteil gilt dann als vernichtet, der Gesellschafter hat nun einen Abfindungsanspruch. Ohne eine solche Vereinbarung verliert der betroffene Gesellschafter erst mit Erhalt der Abfindungszahlung seinen Geschäftsanteil. Da zwischen der Beschlussfassung und der Abfindungsberechnung sowie -auszahlung viel Zeit vergehen kann, in der die GmbH weiter handlungsfähig bleiben muss, ist auch in dem nachfolgenden Muster vorgesehen, dass die Einziehung mit Zugang der Einziehungserklärung und damit schon vor Zahlung einer Abfindung erfolgt.[100]

Eine Gesellschaftssatzung kann daher folgende Vereinbarung für die Einziehung eines Geschäftsanteils vorsehen:[101]

65

**Muster: Einziehung eines Geschäftsanteils**

66

(1.) Die Einziehung eines Geschäftsanteils ist mit Zustimmung seines Inhabers zulässig.

(2.) Die Gesellschafterversammlung kann ohne die Zustimmung eines Gesellschafters die Einziehung seines Geschäftsanteils beschließen:
- wenn Gläubiger dieses Gesellschafters seinen Geschäftsanteil gepfändet haben;
- wenn über das Vermögen dieses Gesellschafters das Insolvenzverfahren eröffnet oder dieses Verfahren mangels Masse abgewiesen wurde;
- wenn der Gesellschafter wegen des Vorliegens eines wichtigen Grundes in seiner Person ausgeschlossen wird.

(3.) Die Einziehung bedarf eines Gesellschafterbeschlusses. Für diesen Beschluss ist eine Mehrheit von drei Viertel der abgegebenen Stimmen erforderlich. Der betroffene Gesellschafter hat bei der Beschlussfassung kein Stimmrecht.

(4.) Die Einziehung des Geschäftsanteils erfolgt, sobald dem Gesellschafter die Einziehungserklärung zugeht. Wenn der Gesellschafter bei der Beschlussfassung über die Einziehung anwesend ist, bedarf es keines nochmaligen Zugangs der Einziehungserklärung. Die Einziehung erfolgt unmittelbar.

### 4. Ausschluss

Auch wenn sich das GmbHG hierüber nicht äußert, kann nach gefestigter Rechtsprechung die GmbH einen Gesellschafter ausschließen (hierzu noch ausführlich unter § 4 Rn 220). Ohne eine Vereinbarung in der Satzung ist dies allerdings nur bei Vorliegen eines wichtigen Grundes möglich und auch nur, wenn hierüber ein Gesellschafterbeschluss mit einer qualifizierten Mehrheit zustande kommt und hiernach eine Ausschlussklage eingereicht wird. Selbstverständlich kann der Gesellschaftsvertrag aber auch eine Ausschlussklausel enthalten. Hierbei können die Gesellschafter

67

- die **Ausschlussgründe festlegen** (ohne Vorhandensein eines sachlichen Grundes kann ein Gesellschafter gleichwohl nicht aus der GmbH ausgeschlossen werden);[102]

---

[100] Vgl auch *Lutter/Hommelhoff* in Lutter/Hommelhoff, GmbH § 34 Rn 30; zur Zulässigkeit einer solchen Vereinbarung bei einer Kündigung durch den Gesellschafter s. BGH v. 30.6.2003 – II ZR 326/01, NJW-RR 2003, 1265; vgl *Meister/Klöcker* in Münchener Vertragshandbuch, Bd. 1, S. 412 (Erwägungen, die gegen eine solche Vereinbarung sprechen finden sich dort auf S. 430 f).
[101] Nach dem Muster von *Kollmorgen/Friedrichsen* in Dombek/Kroiß, Formularbibliothek Vertragsgestaltung, Gesellschaftsrecht I, Teil 1, § 2 Rn 10.
[102] Vgl BGH v. 9.7.1990 – II ZR 194/89, NJW 1990, 2622; zu den seltenen Ausnahmen s. BGH v. 14. 3. 2005 – II ZR 153/03, DStR 2005, 798.

- das **Ausschlussverfahren regeln** (die Satzung kann eine Regelung treffen, nach der ein Gesellschafter für den Fall des Ausschlusses schon durch den Gesellschafterbeschluss und schon vor Erhebung einer Ausschlussklage oder Zahlung einer Abfindung endgültig aus der GmbH ausscheidet; eine solche Regelung ist in dem nachfolgenden Muster enthalten, andernfalls bleibt der Betroffene bis zum rechtskräftigen Urteil über die Ausschlussklage Gesellschafter der GmbH. Er hätte dann einen Anspruch auf Gewinnbeteiligung und könnte grundsätzlich seine Mitgliedschaftsrechte wahrnehmen, in dem er bspw bei der Gewinnverwendung mit stimmt.[103] Ein Stimmrecht des auszuschließenden Gesellschafters besteht allerdings dann nicht, wenn die übrigen Gesellschafter einen Beschluss fassen wollen, der zur Durchführung seines Ausschlusses notwendig ist (hierzu zählt bspw eine Kapitalherabsetzung).);[104]
- die **Höhe der Abfindung** bestimmen (wenn der wichtige Grund für den Ausschluss in dem schuldhaften Verhalten des Gesellschafters liegt, sind Kürzungen der Abfindung zulässig).[105]

68 Bei der Beschlussfassung hat der auszuschließende Gesellschafter **kein Stimmrecht**, (s. § 47 Abs. 4 S. 2 Alt 2 GmbHG).[106] Wie auch bei einer Klausel über die Einziehung eines Geschäftsanteils sollte dies ausdrücklich in der Satzung geregelt werden.

69 In einem Gesellschaftsvertrag kann daher folgende Regelung zum Ausschluss eines Gesellschafters enthalten sein:[107]

70 **Muster: Ausschluss eines Gesellschafters**

(1.) Die Gesellschafterversammlung kann einen Gesellschafter aus der Gesellschafterversammlung ausschließen. Hierfür ist erforderlich, dass in der Person des Gesellschafters ein wichtiger Grund vorliegt, der den übrigen Gesellschaftern ein Verbleiben des betreffenden Gesellschafters in der Gesellschaft unzumutbar mach. Der auszuschließende Gesellschafter hat bei der Beschlussfassung kein Stimmrecht.

(2.) Wenn die Gesellschafterversammlung einen Beschluss nach Absatz 1 fasst, scheidet der Gesellschafter mit Zugang der Erklärung des Ausschlusses aus. Falls der Gesellschafter bei der Beschlussfassung über seinen Ausschluss anwesend ist, bedarf es keines nochmaligen Zugangs der Erklärung.

### 5. Austritt

71 Auch für den Austritt des Gesellschafters (häufig als Kündigungsrecht ausgestaltet) gibt es im GmbHG keine Regelung. Dies kann bei kleinen und mittelständischen GmbHs zu ungewünschten Rechtsfolgen führen, wenn die Gesellschafter sich zwar kennen, aber dennoch unsicher sind, ob man überhaupt auf Dauer zusammenarbeiten kann. Es wäre nicht interessengerecht, wenn die Gesellschafter in diesem Stadium auf die Rechtsform der GbR verwiesen werden. Zwar gewährt § 723 Abs. 1 S. 1 BGB jedem

---

103 Vgl BGH v. 1.4.1953 – II ZR 235/52, NJW 1953, 332; *Gehrlein*, GmbH-Recht in der Praxis, S. 142; bei dem Beschluss über die Gewinnverwendung werden bis auf den auszuschließenden Gesellschafter alle für eine Rücklagenbildung und nicht für eine Gewinnausschüttung stimmen.
104 Vgl BGH v. 26.10.1983 – II ZR 87/83, NJW 1984, 489; BGH v. 30.6.2003 – II ZR 326/01, NJW-RR 2003, 1265.
105 Hierzu *Kallmeyer*, GmbH-Handbuch, Rn I, 1364.
106 Hierzu BGH v. 13.1.2003 – II ZR 227/00, NJW 2003, 2314.
107 In Anlehnung an das Muster von *Kollmorgen/Friedrichsen* in Dombek/Kroiß, Formularbibliothek Vertragsgestaltung, Gesellschaftsrecht I, Teil 1, § 2 Rn 10.

Gesellschafter die Möglichkeit, den Vertrag jederzeit zu kündigen, wenn der Gesellschaftsvertrag auf unbestimmte Zeit eingegangen wurde, doch spricht die gesamtschuldnerische Haftung gerade dagegen, mit einem Gesellschafter gemeinsam in dieser Konstellation eine GbR zu gründen. Aus diesem Grund sollte ein Austrittsrecht im Gesellschaftsvertrag enthalten sein. Dieses Recht sollte mE nur zeitlich befristet ausgeübt werden dürfen, da sich mit der Dauer des Gesellschaftsvertrags das Interesse der Gesellschafter an einer weiteren Zusammenarbeit verfestigt. Hiernach sollte der Gesellschaftsvertrag die Möglichkeit einer außerordentlichen Kündigung sowie deren Folgen regeln. Auch können die Gesellschafter in der Satzung vereinbaren, ob der Austritt unter der aufschiebenden Bedingung einer Abfindungszahlung gestellt werden oder mit sofortiger Wirkung erfolgen soll.[108]

Der Gesellschaftsvertrag könnte daher folgende Vereinbarung für den Austritt eines Gesellschafters vorsehen:[109]

**Muster: Austritt (Kündigung)**

(1.) Jeder Gesellschafter kann die Gesellschaft mit einer Frist von 9 Monaten zum Ende eines Geschäftsjahres kündigen. Die Kündigung ist schriftlich zu erklären. Das Kündigungsrecht kann erstmals zum (Datum) und letztmalig zum (Datum) ausgeübt werden. Danach ist eine Kündigung nur unter den Voraussetzungen des folgenden Absatzes möglich.

(2.) Jeder Gesellschafter kann den Gesellschaftsvertrag kündigen, wenn ein wichtiger Grund vorliegt, der die Mitgliedschaft des Gesellschafters in der Gesellschaft unter Einbeziehung aller relevanter Umstände als untragbar erscheinen lässt.

(3.) Sofern die Kündigung nach Abs. 1 erfolgt, tritt der kündigende Gesellschafter durch die Kündigung aus der Gesellschaft aus. Sofern die Kündigung nach Abs. 2 erfolgt, tritt der kündigende Gesellschafter aus, wenn er eine Abfindung erhalten oder auf diese verzichtet hat.

(4.) Die Gesellschaft wird mit den verbliebenen Gesellschaftern fortgeführt.

## 6. Abfindung

Der Gesellschafter hat einen Abfindungsanspruch bei der Einziehung seines Geschäftsanteils, bei seinem Ausschluss als Gesellschafter und nach einem von ihm erklärten Austritt. Falls der Gesellschaftsvertrag keine Vereinbarung enthält, ist für die Berechnung der Abfindung der Verkehrswert des Geschäftsanteils maßgebend. Im Zweifel ist der Anteilswert auf der Grundlage des wirklichen Werts des lebenden Unternehmens einschließlich der stillen Reserven und gegebenenfalls auch des sogenannten „Goodwill" zu errechnen. Dieser ergibt sich im Allgemeinen aus dem Preis, der bei einer Veräußerung des Unternehmens als Einheit erzielt würde. Der Preis muss regelmäßig durch einen Sachverständigen ermittelt werden.[110] Der Abfindungsanspruch kann durch den Gesellschaftsvertrag eingeschränkt werden. Vereinbarungen dieser Art dienen dazu, den Bestandsschutz der Gesellschaft zu gewährleisten. Außerdem soll die Berechnung

---

108 Zur Zulässigkeit einer solchen Vereinbarung, s. BGH v. 30.6.2003 – II ZR 326/01, NJW-RR 2003, 1265.
109 Es ist umstritten, ob der Gesellschaft infolge der Kündigung aufgelöst wird, vgl *Meister/Klöcker* in Münchener Vertragshandbuch, Bd. 1, S. 466 mwN. Daher sollte die Satzung hierzu eine Regelung enthalten; zu einer solchen Vereinbarung s. *Kollmorgen/Friedrichsen* in Dombek/Kroiß, Formularbibliothek Vertragsgestaltung, Gesellschaftsrecht I, Teil 1, § 2 Rn 10; zur Auflösung der GmbH vgl die Vereinbarung von *Meister/Klöcker* in Münchener Vertragshandbuch, Bd. 1, S. 460 (dort § 25 des Vertragsmusters).
110 Vgl hierzu BGH v. 16.12.1991 – II ZR 58/91, NJW 1992, 892.

der Höhe des Abfindungsanspruchs vereinfacht werden. Eine Beschränkung des Abfindungsanspruchs unterliegt den Grenzen des § 138 BGB.[111]

### IV. Wettbewerbsverbot

75 Gesellschafter können einem Wettbewerbsverbot unterliegen. In entsprechender Anwendung des § 112 HGB ist man sich in der Rechtsprechung und im Schrifttum darin einig, dass ein Gesellschafter mit mehr als 50 % Beteiligung nicht in Konkurrenz zu der GmbH treten darf.[112] Auch Minderheitsgesellschafter müssen ein Wettbewerbsverbot beachten, wenn sie aufgrund von Sonderrechten einen bestimmenden Einfluss auf die Geschäftsführung haben.[113] Demgegenüber besteht kein Wettbewerbsverbot für Alleingesellschafter einer GmbH, da hier keine Minderheitsgesellschafter geschützt werden müssen.[114] Darüber hinaus ist es jedem Gesellschafter-Geschäftsführer und jedem Fremdgeschäftsführer verboten, im Geschäftszweig der GmbH für eigene oder fremde Rechnung Geschäfte zu machen (hierzu noch ausführlich unter § 5 Rn 90).

76 Das Bestehen eines Wettbewerbsverbots muss nicht unbedingt im Interesse der Gesellschafter und Geschäftsführer liegen. Gerade bei kleinen und mittelständigen Unternehmen ist es keine Seltenheit, dass die Gesellschafter-Geschäftsführer neben der GmbH einer weiteren Tätigkeit nachgehen. In solchen Konstellationen möchte die Gesellschafter-Geschäftsführer häufig von einem Wettbewerbsverbot befreit werden. Diese Befreiung muss rechtlich wirksam sein, da sonst die Gefahr besteht, dass die Finanzbehörden eine verdeckte Gewinnausschüttung wegen unterlassener Geltendmachung von Ansprüchen wegen eines Wettbewerbsverstoßes annehmen können.[115] Um eine rechtssichere Befreiung von einem Wettbewerbsverbot zu ermöglichen, sollte die Satzung eine sog. Öffnungsklausel enthalten.[116] Diese könnte lauten:

77 **Muster: Befreiung Wettbewerbsverbot**
Die Gesellschafterversammlung kann mit einer Mehrheit von drei Vierteln der abgegebenen Stimmen jedem Gesellschafter eine Befreiung vom Wettbewerbsverbot erteilen.

78 Bei der Beschlussfassung hat der betroffene Gesellschafter kein Stimmrecht.

### V. Bekanntmachungen

79 Bestimmt das Gesetz oder der Gesellschaftsvertrag, dass etwas durch die Gesellschaft öffentlich bekannt zu machen ist, so erfolgt die Bekanntmachung nach § 12 S. 1 GmbHG im elektronischen Bundesanzeiger (Gesellschaftsblatt). Der Gesellschaftsvertrag kann auch andere öffentliche Blätter oder elektronische Informationsmedien als

---

111 Hierzu BGH v. 19.12.1991 – II ZR 58/91, NJW 1992, 892; zu den Vor- und Nachteilen des Stuttgarter Verfahrens ausführlich *Kallmeyer*, GmbH-Handbuch, Rn I 1345.
112 *Lutter/Bayer* in Lutter/Hommelhoff, GmbHG, § 14 Rn 24.
113 OLG Köln v. 22.2.1991 – 3 U 20/91, GmbHR 1991, 366.
114 BGH v. 28.9.1992 – II ZR 299/91, NJW 1992, 2053.
115 Hierzu *Arens/Beckmann*, Die anwaltliche Beratung des GmbH-Geschäftsführers, § 1 Rn 51; zur gegenläufigen Problematik einer möglicherweise in der Befreiung liegenden Gewinnausschüttung vgl *Thiel*, GmbHR 1992, 338.
116 Ohne eine solche Klausel in der Satzung ist es unklar, welche Mehrheitserfordernisse für die Befreiung von einem Wettbewerbsverbot erforderlich sind, *Arens/Beckmann*, Die anwaltliche Beratung des GmbH-Geschäftsführers, § 1 Rn 53 ff.

Gesellschaftsblätter bezeichnen (§ 12 S. 2 GmbHG). Die Veröffentlichung im elektronischen Bundesanzeiger ist allerdings regelmäßig mit geringeren Kosten verbunden.[117] Bei älteren Satzungen wird lediglich der Bundesanzeiger zur Bekanntmachung genannt. § 12 S. 3 GmbHG stellt klar, dass in solchen Fällen die Bekanntmachung im elektronischen Bundesanzeiger ausreichend ist.[118]

## VI. Übernahme der Gründungskosten

Die Gründungskosten für eine GmbH sind von deren Gesellschaftern zu tragen. Regelmäßig vereinbaren die Gesellschafter in der Satzung, dass die GmbH die Gründungskosten bis zu einem bestimmten Betrag trägt.[119] Diese Vereinbarung ist erforderlich, damit eine Zahlung der Gründungskosten durch die GmbH als Betriebsausgabe anerkannt wird. Ohne eine Übernahme der Gründungskosten in der Satzung wertet die Finanzverwaltung eine Zahlung als verdeckte Gewinnausschüttung.[120] Bei einer GmbH-Gründung mit dem gesetzlichen Stammkapital werden 1.500 bis 2.500 EUR als Pauschalbetrag anerkannt (es bestehen allerdings regionale Unterschiede).[121]

80

---

117 Vgl auch ScholzI/*Veil*, GmbHG, § 12 Rn 7.
118 § 12 S. 3 GmbHG wurde durch das EHUG in das GbmHG eingefügt, zur Vorgeschichte dieser Regelung, s. *Sikora/Schwab*, MittBayNot 1007, 1, 11.
119 Eine solche Vereinbarung steht auch im Musterprotokoll zu § 2 Abs. 1 a GmbHG (bei beiden Protokollen jeweils unter Ziff. 5).
120 BFH, 11.2.1997 – IV R 139/67, BFH/NV 1997, 711.
121 So *Heckschen/Heidinger*, § 3 Rn 215; nach der Auffassung des LG Essen v. 11.12.2002 – 44 T 5/02 müssen in der Satzung die von der Gesellschaft zu tragenden Kosten so konkret angeben werden, dass jeder Dritte ohne weitere Berechnung allein nach der Lektüre des Gesellschaftsvertrags erkennen kann, ob die Gesellschaft bestimmte Kosten übernimmt oder nicht. Die erstattungsfähigen Einzelkosten müssen daher namentlich benannt werden. Nach der überwiegenden Meinung im Schrifttum und der Rechtsprechung genügt allerdings die Festlegung des zu erwartenden Gesamtbetrags, s. *Lutter/Bayer* in Lutter/Hommelhoff, GmbHG, § 3 Rn 54.

## D. Synopse zum Satzungsrecht

| | bisheriges Recht | neues Recht |
|---|---|---|
| Einlage | nach § 3 Abs. 1 Nr. 4 GmbHG aF: der Betrag des von jedem Gesellschafters auf das Stammkapital zu leistenden Einlage (Stammeinlage). | nach § 3 Abs. 1 Nr. 4 GmbHG: die Zahl und die Nennbeträge der Geschäftsanteile, die jeder Gesellschafter gegen Einlage auf das Stammkapital (Stammeinlage) leistet. |
| Sitz der Gesellschaft | Sitz der Gesellschaft; in der Regel der Ort, an dem die Gesellschaft einen Betrieb hat oder der Ort, an dem sich die Geschäftsleitung befindet oder die Verwaltung geführt wird (§ 4a Abs. 2 GmbHG aF). | Sitz der Gesellschaft ist der Ort im Inland, den der Gesellschaftsvertrag bestimmt (§ 4a GmbHG). |
| Übernahme mehrerer Geschäftsanteile | nach § 5 Abs. 2 GmbHG aF war es nicht möglich, mehrere Stammeinlagen zu übernehmen. | gem. § 5 Abs. 2 S. 2 GmbHG kann ein Gesellschafter bei der Errichtung der Gesellschaft mehrere Geschäftsanteile übernehmen. |
| Höhe der Beteiligung | die Stammeinlage jedes Gesellschafters muss mindestens hundert EUR betragen(§ 5 Abs. 1 GmbHG aF) | ein Geschäftsanteil kann auch lediglich einen Euro betragen (Beschränkung in § 5 Abs. 1 GmbHG wurde gestrichen) |
| Gestaltungsfreiheit | der Betrag der Stammeinlage muss durch fünfzig teilbar sein (§ 5 Abs. 3 S. 2 GmbHG aF) | der Nennbetrag eines Geschäftsanteils muss auf volle Euro lauten (§ 5 Abs. 3 S. 1 GmbHG) |

# § 3 Finanzierung

A. Kapitalaufbringung .................. 4
  I. Stammkapital ...................... 4
  II. Bargründung ...................... 8
    1. Fälligkeit ....................... 9
    2. Sicherung der realen Kapitalaufbringung ................... 13
      a) Überblick .................. 13
      b) Erfüllung ................... 16
      c) Hin- und Herzahlen ....... 24
      d) Befreiungs- und Aufrechnungsverbot ............... 35
    3. Verjährung ..................... 37
    4. Pfändung der Einlageforderung ........................... 39
  III. Sachgründung ..................... 43
    1. Offene Sacheinlage ............ 43
    2. Verdeckte Sacheinlage ........ 48
      a) Tatbestand .................. 48
      b) Rechtsfolgen ................ 57
  IV. Kapitalerhöhung .................. 62
    1. Effektive Kapitalerhöhung ... 66
      a) Reguläres Verfahren ...... 66
      b) Genehmigtes Kapital ...... 69
      c) Zeitpunkt für die Leistung der Einlage ................. 73
      d) Bezugsrecht ................ 76
    2. Nominelle Kapitalerhöhung ........................... 77
  V. Synopse zur Kapitalaufbringung ............................. 80
B. Kapitalerhaltung ..................... 81
  I. Vermögensschutz .................. 81
    1. Grundsatz ..................... 81
    2. Vergleich mit den aktienrechtlichen Regelungen ............. 96
    3. Änderungen durch das MoMiG ......................... 99
    4. Prüfungsreihenfolge ........... 100
  II. Auszahlungsverbot ................ 102
    1. Bestandsaufnahme des Vermögens ........................ 102
      a) Unterbilanz ................. 103
      aa) Bilanzielle Ermittlung ..... 103
      bb) Aktiva ...................... 104
      cc) Passiva ..................... 108
      b) Überschuldung ............. 111
    2. Auszahlung .................... 114
      a) Grundsatz ................... 114
      b) Veräußerung von Vermögen ......................... 117

      c) Geschäftsführervergütung .......................... 127
      d) Darlehen an Gesellschafter ............................ 132
    3. Zahlungsempfänger ........... 139
      a) Leistungen an den Gesellschafter persönlich ........ 139
      b) Leistungen an den Gesellschafter über Dritte ....... 141
      c) Leistungen an Dritte mit einem besonderen Näheverhältnis zum Gesellschafter ..................... 143
  III. Erstattungsanspruch ............... 150
    1. Grundsatz ..................... 150
    2. Höhe des Erstattungsanspruchs ........................ 156
    3. Nachträgliche Beseitigung einer Unterbilanz oder Überschuldung ..................... 157
    4. Gutgläubiger Empfänger ..... 159
    5. Haftung des Mitgesellschafters ............................ 160
    6. Verjährung ..................... 165
C. Fremdkapital ......................... 166
  I. Überblick .......................... 166
    1. Rechtsprechungsregeln ........ 172
    2. Novellenregeln ................. 176
    3. Anfechtungsregeln (MoMiG) ..................... 181
    4. Zeitlicher Anwendungsbereich ........................... 188
  II. Gesellschafterfinanzierung nach bisherigem Recht .................. 201
    1. Eigenkapitalersetzendes Gesellschafterdarlehen ........ 202
      a) Darlehen ................... 202
      b) Gesellschafter als Darlehensgeber ................. 205
      aa) Gesellschafter .............. 205
      bb) Kleinbeteiligungsprivileg ......................... 208
      cc) Sanierungsprivileg ......... 210
      dd) Dritte mit einem besonderen Näheverhältnis zum Gesellschafter ............... 213
      c) Krise der Gesellschaft ..... 215
      aa) Zahlungsunfähigkeit ...... 216
      bb) Überschuldung ............. 217
      cc) Kreditunwürdigkeit ....... 219
      dd) Kenntnis .................... 225

| | |
|---|---|
| ee) Beweislast .................. 226 | c) Umqualifizierung in Eigenkapitalersatz ......... 280 |
| d) Umqualifizierung in Eigenkapitalersatz ......... 229 | d) Rechtsfolgen ............... 283 |
| aa) Umqualifizierung bei Gewährung des Darlehens ....................... 229 | III. Gesellschafterfinanzierung nach dem MoMiG ...................... 285 |
| bb) Umqualifizierung beim Stehenlassen in der Krise ...................... 235 | 1. Gesellschafterdarlehen ........ 286 |
| | a) Darlehen und gleichgestellte Forderungen ........ 286 |
| e) Rechtsfolgen ................ 237 | b) Gesellschafter als Darlehensgeber ................... 291 |
| aa) Erstattung eines zurückgezahlten Darlehens .......... 242 | aa) Gesellschafter ............. 291 |
| (1) Rechtsprechungsregeln ... 242 | bb) Kleinbeteiligungsprivileg ........................... 292 |
| (2) Novellenregeln ............. 247 | cc) Sanierungsprivileg ......... 296 |
| (3) Masselose Insolvenz ....... 251 | dd) Dritte mit einem besonderen Näheverhältnis zum Gesellschafter ............. 299 |
| bb) Ausfallhaftung der Mitgesellschafter ................ 253 | |
| cc) Haftung des Geschäftsführers .......................... 256 | c) Rechtsfolgen ............... 302 |
| | aa) Insolvenzeröffnung ........ 303 |
| 2. Eigenkapitalersetzende Besicherung eines Drittdarlehens ................. 257 | bb) Masselose Insolvenz ....... 311 |
| | 2. Besicherung eines Drittdarlehens ...................... 312 |
| a) Drittdarlehen ............... 257 | 3. Gebrauchsüberlassung ........ 318 |
| b) Besicherung ................ 261 | a) Wirtschaftlicher Hintergrund einer Gebrauchsüberlassung ................ 318 |
| c) Krise der Gesellschaft ..... 262 | |
| d) Umqualifizierung in Eigenkapitalersatz ......... 266 | b) Gesellschafter als Vertragspartner ............... 321 |
| e) Rechtsfolgen ................ 267 | c) Rechtsfolgen ............... 322 |
| 3. Eigenkapitalersetzende Gebrauchsüberlassung ........ 273 | IV. Synopse zum Fremdkapital von Gesellschaftern („Eigenkapitalersatzrecht") .......................... 334 |
| a) Gesellschafter als Vertragspartner ................ 274 | |
| b) Krise der Gesellschaft ..... 277 | |

**1** Die Finanzierung beginnt mit der Aufbringung des Stammkapitals bei der Gründung der Gesellschaft. Danach können die Gesellschafter der GmbH weiteres Eigenkapital zuführen oder die notwendigen finanziellen Mittel als Fremdkapital, häufig in Form eines Gesellschafterdarlehens, zur Verfügung stellen. Die Finanzierung durch die Gesellschafter erfolgt oft auch in der Weise, dass sie Gegenstände an die GmbH vermieten oder verpachten (typisches Beispiel hierfür ist die aus steuerlichen Gründen durchgeführte Betriebsaufspaltung) oder die Finanzierung durch Dritte persönlich absichern (so bei der Bürgschaft eines Gesellschafters gegenüber einer Bank oder eines Leasinggebers).

**2** Bei Beachtung aller einschlägigen Vorschriften im Zusammenhang mit der Finanzierung einer GmbH – die wichtigsten sind die §§ 19, 30, 31 GmbHG – haben die Gesellschafter die Chance, sich über eine GmbH unternehmerisch zu betätigen, ohne der Gefahr einer persönlichen Haftung ausgesetzt zu sein. Gerät die GmbH allerdings in eine wirtschaftliche Schieflage und wird daran anschließend ein Insolvenzverfahren über deren Vermögen eröffnet, macht der Insolvenzverwalter Ansprüche der GmbH gegen die Gesellschafter geltend, wenn diese die Finanzierungsvorschriften verletzt haben. Das Recht über die Finanzierung der GmbH – man spricht in diesem Zusammenhang auch von der „Finanzverfassung der GmbH" – beschreibt also in erster Linie die **Haftung der Gesellschafter**.

In diesem Kapitel werden die wesentlichen Grundpfeiler der Finanzverfassung der GmbH, also die Kapitalaufbringung, die Kapitalerhaltung und die Regelungen zum Fremdkapital (bis zum Inkrafttreten des MoMiG noch „Eigenkapitalersatz" genannt) erläutert.

## A. Kapitalaufbringung

### I. Stammkapital

Nach § 5 Abs. 1 GmbHG muss das Stammkapital der GmbH (auch nach Inkrafttreten des MoMiG) mindestens **25.000 EUR** betragen. In der Diskussion um das MoMiG erfreute sich die Auseinandersetzung über die Höhe des gesetzlichen Mindestkapitals einer besonderen Beliebtheit in der Tagespresse und den Fachzeitschriften.[1] Es war ein wahrer „**Kulturkampf**" entbrannt.

Auf der einen Seite standen die Traditionalisten, die sich vehement gegen eine Herabsetzung des gesetzlichen Mindeststammkapitals aussprachen. Zusammengefasst führten sie folgende Argumente ins Feld: Ein Stammkapital von 25.000 EUR verhindere wagemutige Unternehmensgründungen. Das Stammkapital habe die Funktion einer sog. „**Seriositätsschwelle**". Mit ihr werde eine gewisse Ernsthaftigkeit der Unternehmensgründung gewährleistet. Der Gründer solle erst einmal beweisen, dass er diesen Betrag aufbringen könne. Nur dann könne man ihn und sein Vorhaben als seriös ansehen. Mit dem Stammkapital werde dann auch der angemessene Preis für eine Haftungsbeschränkung bezahlt. Die 25.000 EUR seien letztlich auch die Legitimation für eine Beschränkung der Haftung auf das Gesellschaftsvermögen. Der historische Gesetzgeber habe mit dem ursprünglichen Stammkapital von 20.000 Mark auch für einen hinreichenden **Gläubigerschutz** gesorgt, denn umgerechnet auf die heutigen Verhältnisse hatte die GmbH 1892 ein Stammkapital in sechsstelliger Höhe gehabt. Die Mindestkapitalziffer müsste daher eigentlich heraufgesetzt werden.[2]

Den Traditionalisten gegenüber standen die Modernisierer. Für sie konnte das Stammkapital nicht niedrig genug sein. In der gebotenen Kürze zusammengefasst lautet die Argumentation wie folgt: Die GmbH stehe durch die Rechtsprechung des EuGH zur Niederlassungsfreiheit unter einem enormen Konkurrenzdruck. Im Wettbewerb der Gesellschaftsformen sei es für die deutsche GmbH von Nachteil, dass lediglich in Österreich die Mindestkapitalziffer höher sei, andere Rechtsordnungen eine deutlich niedrigere Eintrittsschwelle bei der Kapitalaufbringung hätten und in manchen Ländern (England, Irland und Frankreich) sogar auf ein Mindestkapital verzichtet wurde.[3] Der Betrag von 25.000 EUR indiziere weder die Seriosität der Gesellschafter noch des Un-

---

1 Die Bedeutung dieser Kontroverse wird von K. *Schmidt*, GmbHR 2007, 1 zu recht relativiert.
2 Allen voran *Priester*, Die GmbH-Reform in der Diskussion, S. 1, 7; *ders.* ZIP 2005, 921; *ders.* ZIP 2006, 161; *Goette*, DStR 2005, 197; *Kleindiek*, DStR 2005, 1366; in diesem Sinn auch die Begründung zur GmbH-Novelle 1980, s. hierzu Bericht des Rechtsausschusses, BT-Drucks. 8/3908, S. 69.
3 Übersichten zum gesetzlichen Stammkapital in den einzelnen Mitgliedländern der EU bei *Altmeppen*, NJW 2004, 97 (Fn 2); *Karsten*, GewArch 2006, 234.

ternehmens.⁴ Ob ein gesetzlich fixiertes Stammkapital die Gläubiger einer GmbH vor Forderungsausfällen wirksam schütze, dürfe man mit dem EuGH⁵ und zahlreichen Stimmen aus dem Schrifttum bezweifeln. Eine gesetzliche Kapitalziffer orientiere sich weder an dem konkreten Insolvenzrisiko noch an dem tatsächlichen Eigenkapitalbedarf des einzelnen Unternehmens. Minimale Befriedigungsquoten für einfache Insolvenzgläubiger und die große Zahl der masselosen Insolvenzen würden belegen, dass ein effektiver Gläubigerschutz durch ein Mindestkapital von 25.000 EUR nicht gewährleistet werde.⁶

7  Der Referenten- und der Regierungsentwurf zum MoMiG sahen vor, das Stammkapital auf 10.000 EUR herabzusetzen. Damit wollte man das Mindeststammkapital an die tatsächlichen Anforderungen der Praxis anpassen, die Wettbewerbsfähigkeit der GmbH im europäischen Vergleich erhalten und das bewährte Haftkapitalsystem nicht in Frage stellen. Er war, um mit den Worten von *Hirte* zu sprechen, „eine gute Lösung mit Blick auf den gesellschaftsrechtlichen Rechtsfrieden".⁷ Die Einführung der „Unternehmergesellschaft (haftungsbeschränkt) " bei gleichzeitiger Beibehaltung der Mindestkapitalhöhe für die „klassische" GmbH belegt den Kompromisscharakter des MoMiG, der es sowohl den Traditionalisten als auch den Modernisierern erlaubte, als Sieger vom Platz zu gehen. Mit dieser haftungsbeschränkten Unternehmergesellschaft als Unterform der GmbH ist nach Auffassung des Rechtsausschusses der Wettbewerbsdruck, der von der Limited ausgeht, aus der Welt geschafft. Außerdem werde die Reputation der normalen GmbH als verlässliche Rechtsform des etablierten Mittelstandes erhalten bleiben.⁸

## II. Bargründung

8  Auf jeden Geschäftsanteil ist nach § 14 S. 1 GmbHG eine Einlage zu leisten. Die Gesellschafter können diese Einlage in bar leisten oder eine Sachgründung vornehmen (hierzu noch unter Rn 43 ff).

### 1. Fälligkeit

9  Bis zur Eintragung der GmbH im Handelsregister müssen die Gesellschafter ihre Geldeinlage nicht in voller Höhe geleistet haben. Die Anmeldung und Eintragung der GmbH können bereits erfolgen, wenn auf jeden Geschäftsanteil **ein Viertel des Nennbetrags** eingezahlt ist. Insgesamt muss auf das Stammkapital mindestens so viel eingezahlt sein, dass der Gesamtbetrag der gezahlten Geldeinlagen die **Hälfte des Mindeststammkapitals** von 25.000 EUR erreicht (§ 5 Abs. 2 GmbHG). Es gibt daher den Mindestbetrag

---

4 Vgl in diesem Zusammenhang der treffende Hinweis von *Hirte* auf das Hamburger Milieu, in dem es durchaus Personen gebe, die deutlich mehr als 25.000 EUR in bar mit sich herumtragen würden, ohne dabei besonders seriös zu wirken; s. seine Stellungnahme zur Anhörung vor dem Rechtsausschuss des Deutschen Bundestags am 23.1.2008, eingestellt bei www.bundestag.de.
5 Vgl EuGH v. 30.9.2003 – Rs. C 167/01 (*Inspire Art*), GmbHR 2003, 1260; sowie die hierzu gestellten Schlussanträge des Generalanwalts *Siegbert Alber* v. 30.1.2003, GmbHR 2003, 302.
6 So auch *Blaurock*, FS für *Raiser* (2005), S. 3, 10; vgl auch *Eidenmüller/Engert*, GmbHR 2005, 433, 435; *Grunewald/Noack*, GmbHR 2005, 189, 190; *Haas*, DStR 2006, 993.
7 Vgl seine Stellungnahme zur Anhörung vor dem Rechtsausschuss des Deutschen Bundestags am 23.1.2008, eingestellt bei www.bundestag.de.
8 Hierzu Beschlussempfehlung und Bericht des Rechtsausschusses, BT-Drucks. 16/9737, S. 94 f.

von 12.500 EUR, der bis zur Anmeldung der GmbH einzuzahlen ist. Der ursprüngliche Zweck dieser Regelung erschließt sich, wenn man den wirtschaftlichen Wert des Mindestkapitals im Jahre 1892 berücksichtigt. Damals musste das Stammkapital der Gesellschaft mindestens 20.000 Mark betragen. Hiervon konnte man seinerzeit eine recht noble Villa kaufen.[9] Eine vollständige Einzahlung des Mindestkapitals schien unter diesen Verhältnissen nicht notwendig und hätte, „zu einer nutzlosen Anhäufung von Geldmitteln" führen können.[10] Berücksichtigt man die Kaufkraft von 25.000 EUR, ist vom damaligen Regelungszweck kaum noch etwas übrig geblieben. Bei einer Herabsetzung des Mindeststammkapitals auf 10.000 EUR hätte es daher nahegelegen, die vollständige Einzahlung dieses Betrags vor der Anmeldung der GmbH vorzuschreiben.[11] Hierzu ist es aber nicht gekommen.

Das MoMiG hat die Bargründung einer **Einpersonen-GmbH** wesentlich erleichtert. Nach früherem Recht musste ein Alleingesellschafter mindestens 12.500 EUR einzahlen. Für den übrigen Teil der Geldeinlage musste der Gesellschafter eine Sicherung bestellen (§ 7 Abs. 2 S. 3 GmbHG aF). Dies war umständlich und teuer. Ein Einzelunternehmer machte sich daher häufig in seinem Verwandten- oder Bekanntenkreis auf die Suche nach einem Mitgesellschafter, der lediglich einen geringen Geschäftsanteil übernahm. So entstanden Mehrpersonen-GmbHs, bei denen der zweiten Gründungsgesellschafter nur eingeschaltet wurde, um die Bestellung einer Sicherung zu vermeiden.[12] Damit wurde das Gründungsverfahren unnötig kompliziert.[13] Aus guten Gründen wurde daher die Regelung in § 7 Abs. 2 S. 3 GmbHG aF gestrichen.[14]

10

Das Gesetz schreibt nun nur vor, welcher Teil der Bareinlage bereits vor der Anmeldung zu zahlen ist. Da nach der Satzung regelmäßig nur die Mindesteinlagen sofort einzuzahlen sind, wird der restliche Betrag fällig, sobald die Gesellschafterversammlung einen Beschluss über die Einforderung von Einzahlungen auf die Einlagen (§ 46 Nr. 2 GmbHG) gefasst hat und der Geschäftsführer dem Gesellschafter diesen Beschluss mitgeteilt hat (sog. Anforderung).[15] Das Stimmrecht ist jedoch nicht an die Leistung der Einlage geknüpft. Ein Gesellschafter ist bei der Beschlussfassung auch dann nicht vom Stimmrecht ausgeschlossen, wenn alle anderen Gesellschafter ihre Bareinlage schon in voller Höhe geleistet haben.[16]

11

Mit Eröffnung des Insolvenzverfahrens über das Vermögen der GmbH geht die Zuständigkeit für die Einforderung der Bareinlage von der Gesellschafterversammlung auf den **Insolvenzverwalter** über. Er kann ohne einen Gesellschafterbeschluss die noch offene Einlage unmittelbar zur Masse einzufordern.[17]

12

---

9 Hierzu *Priester* DB 2005, 1315, 1319.
10 Entwurf eines Gesetzes betreffend die Gesellschaften mit beschränkter Haftung nebst Begründung und Anlagen, amtliche Ausgabe, 1891, S. 54.
11 *Karsten*, GmbHR 2006, 57.
12 Hierzu *Karsten*, GmbHR 2006, 57.
13 BegrRegE MoMiG, BT-Drucks. 16/6140, S. 80.
14 Dies führt auch zur Streichung der bis dahin in § 8 Abs. 2 S. 2 GmbHG und § 19 Abs. 4 GmbHG enthaltenen Regelungen (s. BegrRegE MoMiG, BT-Drucks. 16/6140, S. 80).
15 Hierzu Scholz/*Schneider*/H. P. *Westermann*, GmbHG, § 19 Rn 10; die Zahlungsaufforderung kann auch durch eine Klage erfolgen, vgl OLG Dresden v. 6.7.1998 – 2 U 959/98, GmbHR 1998, 884.
16 BGH v. 9.7.1990 – II ZR 9/90, NJW 1991, 172.
17 BGH v. 15.10.2007 – II ZR 216/06, NZG 2008, 73.

## 2. Sicherung der realen Kapitalaufbringung

### a) Überblick

13 Die Kapitalaufbringung ist für die GmbH von zentraler Bedeutung, da das Stammkapital die Rechtfertigung für eine Beschränkung der Haftung auf das Gesellschaftsvermögen darstellt. Das GmbHG enthält daher **formelle und materielle Mechanismen**, um die Leistung der Bareinlage zu sichern.

14 Die formelle Absicherung der Kapitalaufbringung ist im GmbHG allerdings erstaunlich lückenhaft. Man könnte wegen der herausgehobenen Bedeutung der Kapitalaufbringung eigentlich erwarten, dass ein Geschäftsführer bereits bei der Anmeldung den Nachweis über die Leistung der Bareinlagen zur erbringen habe. Ein förmlicher Nachweis zur Kapitalaufbringung während des Gründungsverfahren ist nach § 37 Abs. 1 S. 2 u. 3 AktG jedoch nur bei einer AG vorgeschrieben. Der GmbH-Geschäftsführer hat bei der Anmeldung der Gesellschaft lediglich die **Versicherung** abzugeben, dass die Mindestleistungen auf die Geschäftsanteile bewirkt sind und dass der Gegenstand der Leistungen sich endgültig in der freien Verfügung der Geschäftsführer befindet (§ 8 Abs. 1 S. 2 GmbHG). Durch das MoMiG neu hinzugekommen ist § 8 Abs. 2 S. 2 GmbHG: Das Gericht kann bei erheblichen Zweifeln an der Richtigkeit der Versicherung Nachweise (unter anderem Einzahlungsbelege) verlangen. Manche Handelsregister sind schon nach früherem Recht in dieser Weise verfahren.[18] Des Weiteren war es auch bisher schon üblich, dass die Versicherung über die Einzahlung der Bareinlage bereits bei der Beurkundung des Gesellschaftsvertrages vom Geschäftsführer unterzeichnet wurde. Erst danach erfolgte die Leistung der Einlage. Sie wurde dem Notar ohne erneuten Termin durch Einreichen eines **Zahlungsbelegs** oder eines **Kontoauszugs** nachgewiesen. Daraufhin reichte der Notar die Anmeldung mit der dazugehörigen Versicherung zum Handelsregister ein. Hat sich bei einem Registergericht eine solche Praxis eingespielt, wird der Registerrichter voraussichtlich auch weiterhin nicht auf die Vorlage von Einzahlungsbelegen bestehen. Trotz des Fehlens einer mit § 37 Abs. 1 S. 2 AktG vergleichbaren Regelung ist bei dieser Verfahrensweise die Einzahlung der Mindesteinlage formell abgesichert.

15 Die materielle Absicherung der Einlageforderung wird durch § 19 GmbHG gewährleistet. Aus dieser Regelung leitet die Rechtsprechung den Grundsatz der **realen Kapitalaufbringung** ab. Die von den Gesellschaftern übernommenen Einlageverpflichtungen sind unverkürzt und in der Form zu erfüllen, wie sie der Gesellschaft zugesagt und in der Satzung vereinbart sind.[19] Jede Vereinbarung, die den Anspruch der GmbH auf Einzahlungen der Einlage aushöhlt, ist unzulässig.[20] Eine Befreiung von dieser Verpflichtung ist daher ebenso wenig möglich wie eine Aufrechnung (§ 19 Abs. 2 S. 1 und S. 2 GmbHG). Wegen des Grundsatzes der realen Kapitalaufbringung sind das **Hin- und Herzahlen** der Bareinlage ebenso unzulässig wie **verdeckte Sacheinlagen**. Dies ist nun in § 19 Abs. 4 bzw Abs. 5 GmbHG positiv geregelt.

---

18 Der BGH geht davon aus, dass sich ein Registerrichter regelmäßig mit der Versicherung nach § 8 Abs. 2 GmbHG begnügen wird, wenn er keinen Anlass hat, an der inhaltlichen Richtigkeit zu zweifeln, BGH v. 18.2.1991 – II ZR 104/90, NJW 1991, 1754; zur abweichenden Praxis der Registergerichte s. *Spielberger/Walz*, GmbHR 1998, 761.
19 BGH v. 18.2.1991 – II ZR 104/90, NJW 1991, 1754.
20 Scholz/*Winter*/H.P. *Westermann*, GmbHG, § 19 Rn 29.

## b) Erfüllung

Die Einlageverpflichtung ist vom Einlageschuldner (auch „Inferent" genannt) so zu bewirken, wie sie nach der Satzung geschuldet ist. Im unproblematischen Fall überweist der Gesellschafter also den Betrag auf ein Konto der GmbH. **16**

Aus der Überweisung muss hervorgehen, ob sie die Einlageverbindlichkeit oder eine andere Forderung der GmbH begleichen soll. Unklarheiten lassen sich am besten mit einer **Tilgungsbestimmung** auf dem Überweisungsträger vermeiden (Verwendungszweck: „Einlage"). Fehlt eine eindeutige Tilgungsbestimmung, muss sich aus anderen Umständen ergeben, dass die Zahlung der Einlageschuld zuzuordnen ist. Dabei kommt es allein auf die Sicht des Leistungsempfängers, hier also des Geschäftsführers an. Musste er die Leistung als Einlagezahlung auffassen, dann ist diese damit erbracht.[21] Dies ist u.a. dann der Fall, wenn der Gesellschafter genau den Betrag überweist, welcher der offenen Einlageschuld entspricht.[22] **17**

Der Gesellschafter muss die Zahlung nicht persönlich leisten. Die Voraussetzungen für eine reale Kapitalaufbringung sind auch erfüllt, wenn ein **Dritter** für den Gesellschafter die Leistung gem. § 267 BGB erbringt. Allerdings darf dieser Dritte nicht die GmbH selbst sein, um zu verhindern, dass die Eigenkapitalerbringung im Wege eines betriebsinternen Aktivtauschs nur vorgetäuscht stattfinden würde. Aus diesem Grund darf die GmbH dem Gesellschafter auch dann kein **Darlehen** gewähren, wenn er mit der Darlehensvaluta die Forderung auf Leistung der Einlage erfüllen möchte. Eine solche Transaktion steht dem verbotenen Erlass einer Einlageschuld gleich, denn der Inferent erfüllt (scheinbar) die Forderung, ohne dafür eigenes Geld zu verwenden.[23] **18**

Bei der Einzahlung der Mindesteinlage wird in der Praxis nach der notariellen Beurkundung ein Konto für die Vor-GmbH eröffnet; dorthin fließt die Mindesteinlage.[24] Vor dem Beurkundungstermin handelt es sich bei der Gesellschaft noch um eine sog. **Vorgründungsgesellschaft**, die ebenfalls schon Inhaberin eines Konto sein kann. Wenn die Gründungsgesellschafter ihre Einlage schon vor der Beurkundung der Satzung auf das Konto der Vorgründungsgesellschaft überweisen, liegt eine reale Kapitalaufbringung nur vor, wenn der Betrag vollständig auf die Vor-GmbH übergeht.[25] **19**

Die Einzahlung muss grundsätzlich auf ein **Geschäftskonto** der GmbH erfolgen, auf das der Geschäftsführer alleine und ohne Zustimmung eines Gesellschafters zugreifen kann. Nur so kann von einer „freien Verfügung der Geschäftsführer" (§ 8 Abs. 2 S. 1 GmbHG) die Rede sein. Eine Erfüllung der Einlageschuld liegt daher nicht vor, wenn der Betrag zwar auf dem Geschäftskonto der GmbH eingeht, aber der Gesellschafter ebenfalls Kontoinhaber ist und er den eingezahlten Betrag ohne Mitwirkung des Geschäftsführers wieder abbuchen kann. Auch in einer solchen Konstellation steht das Kontoguthaben noch nicht zur endgültigen freien Verfügung der Geschäftsführung. Nur wenn der Geschäftsführer das Guthaben tatsächlich zur Begleichung originärer **20**

---

21 BGH v. 22.6.1992 – II ZR 30/91, NJW 1992, 2698.
22 Ohne ausdrückliche Tilgungsbestimmung kann selbst eine Zahlung als Erfüllung der Einlageforderung gewertet werden, wenn sie vom Geschäftsanteil geringfügig aber nachvollziehbar abweicht, weil der Inferent zB Bankgebühren abzieht, s. BGH v. 17.9.2001 – II ZR 275/99, NJW 2001, 3781.
23 BGH v. 22.3.2004 – II ZR 7/02, NZG 2004, 618.
24 Zu weiteren Varianten s. BegrRegE MoMiG, BT-Drucks. 16/6140, S. 85.
25 Hierzu *Gehrlein*, GmbH-Recht in der Praxis, S. 303.

Gesellschaftsverbindlichkeiten eingesetzt hat, kann eine Tilgung der Einlageforderung vorliegen.[26]

**21** Die Geldeinlage muss vom Gesellschafter in einer Weise geleistet werden, dass sie zur endgültigen und freien Verfügung der Geschäftsführer steht (vgl § 8 Abs. 2 S. 1 GmbHG). Bei einer Einzahlung auf ein **debitorisches Geschäftskonto** der GmbH, sind die Voraussetzungen für eine reale Kapitalaufbringung erfüllt, wenn das Kreditinstitut der GmbH in diesem Zusammenhang auf einem anderen Konto einen Kredit zur Verfügung stellt, der den Einlagebetrag zumindest erreicht.[27] Ebenso führt die Zahlung auf ein im Debet geführtes Konto zum Erlöschen der Einlageforderung, wenn die Geschäftsführung die Möglichkeit erhält, über einen Betrag in Höhe der Einlageleistung frei zu verfügen, sei es im Rahmen eines förmlich eingeräumten Kreditrahmens, sei es aufgrund einer nur stillschweigenden Gestattung der Bank.[28] Eine vom Inferenten auf ein debitorisches Bankkonto geleistete Zahlung befreit den Gesellschafter allerdings nicht von seiner Verpflichtung aus § 19 Abs. 1 GmbHG, wenn die GmbH wegen gleichzeitiger Kündigung oder Rückführung des bisher eingeräumten Kreditrahmens auf den neuen Saldo keine Möglichkeit hat, über die neuen Mittel zu verfügen.[29]

**22** Die Einlageforderung wird in aller Regel von einem Insolvenzverwalter durchgesetzt. Bis zur Eröffnung des Insolvenzverfahrens verhindern die Gesellschafter aus naheliegenden Gründen, dass „ihre" GmbH gegen sie selbst Ansprüche erhebt. In einem Rechtsstreit müssen die Gesellschafter darlegen und beweisen können, dass sie bei der Gründung sowie bei allen eventuell später erfolgten Kapitalerhöhungen die Einlageverpflichtung erfüllt haben. Bereits aus den allgemeinen Regeln folgt, dass derjenige, der die Erfüllung behauptet, diese auch zu beweisen hat, was wiederum einen substantiierten Sachvortrag voraussetzt. Darüber hinaus gebietet es der gläubigerschützende Zweck des § 19 GmbHG, dem Gesellschafter die Beweislast aufzubürden.[30] Entscheidend für den Ausgang des Rechtsstreits ist, ob der beklagte Gesellschafter den Beweis für die Erfüllung der Einlageforderung führen kann. Hat es der Gesellschafter versäumt, sich diese Unterlagen rechtzeitig zu beschaffen, oder kann er die Belege wegen der Insolvenz der GmbH (angeblich) nicht vorlegen,[31] geht dies zu seinen Lasten. Die Leistung seiner Einlage kann der Gesellschafter nicht durch die Vorlage eines negativen Schuldanerkenntnisses der GmbH oder der Buchhaltungsunterlagen nachweisen, denn die GmbH und deren Gesellschafter stehen sich oft so nahe, dass man eine Manipulation der Buchhaltung nicht ausschließen kann.[32]

**23** Im Insolvenzfall kann die Klage eines Insolvenzverwalters auf Zahlung der Einlage schon deshalb erfolgreich sein, weil der Gesellschafter keinen Beleg für die Einzahlung vorlegen kann. Damit droht eine erneute Einlagenzahlung. GmbH-Gesellschafter sind

---

26 BGH v. 29.1.2001 – II ZR 183/00, NJW 2001, 1647; allein die nachträgliche Umschreibung des vom Gesellschafter und der GmbH genutzten Kontos auf die GmbH führt nicht zur Tilgung der Einlageschuld, weil das Kontoguthaben möglicherweise von der GmbH erwirtschaftet wurde.
27 Für den Fall einer Kapitalerhöhung s. BGH v. 18.3.2002 – II ZR 363/00, NJW 2002, 1716.
28 So BGH v. 8.11.2004 – II ZR 362/02, NJW-RR 2005, 338.
29 BGH v. 3.12.1990 – II ZR 215/89, NJW 1991, 1294.
30 BGH v. 22.6.1992 – II ZR 30/91, NJW 1992, 2698.
31 Zutreffend weist das OLG Köln, NJW-RR 1996, 939, auf die mit der Gesellschafterstellung verbundenen Möglichkeiten zur Informationsbeschaffung hin.
32 Hierzu ausführlich *Stobbe*, Durchsetzung gesellschaftsrechtlicher Ansprüche, Rn 695 ff.

## A. Kapitalaufbringung

also gut beraten, die Einzahlungsbelege für die gesamte Dauer der GmbH bei sich aufbewahren.

### c) Hin- und Herzahlen

Bei dem sog. **Hin- und Herzahlen** des Einlagebetrages liegt keine Leistung der geschuldeten Bareinlage zur endgültigen und freien Verfügung des Geschäftsführers vor. Hier wird die eben *hingegebene* Einlage dem Gesellschafter entsprechend einer vorherigen Vereinbarung wieder *hergegeben*. Eine diesbezügliche Abrede wird vermutet, wenn die Einlage binnen weniger Tage an den Gesellschafter zurückfließt. Bei einer Hin- und Herzahlung des Einlagebetrages innerhalb von 12 Werktagen nahm der BGH an, dass eine Tilgung der Einlageschuld nicht vorliegt.[33] Eine Umgehung der Kapitalaufbringung durch ein Hin- und Herzahlen liegt auch dann vor, wenn die Einlage im Abstand von einem bzw zweieinhalb Monaten in zwei Raten wieder in die Taschen des Inferenten zurückfließt.[34] 24

Zur Fallgruppe des Hin- und Herzahlens gehört auch die Gewährung eines **Darlehens an den Gesellschafter**, sofern damit die geleistete Einlage (aus der Sicht des Inferenten) als Darlehensvaluta ausgeglichen wird. Zwar hat die Gesellschaft bei einer streng bilanziellen Betrachtungsweise mit der Darlehensgewährung kein Vermögen verloren. Statt eines Kontoguthabens hat sie nach der Auszahlung des Darlehens einen Rückforderungsanspruch gegenüber dem Gesellschafter (Aktivtausch). Es widerspricht aber dem Prinzip der realen Kapitalaufbringung, wenn die prinzipiell unverzichtbare Einlageforderung (§ 19 Abs. 2 S. 1 GmbHG) durch eine Darlehensforderung ersetzt werden kann, die eben nicht durch § 19 Abs. 2 S. 3 GmbHG und auch nicht durch § 24 GmbHG abgesichert ist.[35] Wenn die GmbH die Bareinlage sogleich als Darlehen an den Gesellschafter zurückreicht, steht die Einlageleistung außerdem nicht zur endgültigen und freien Verfügung des Geschäftsführers und erfüllt daher nicht die gesetzlichen Anforderungen (§ 8 Abs. 2 S. 1 GmbHG).[36] Wenn die Einlage als Darlehen an den Inferenten zurückfließt, hat die GmbH weiterhin ihren Anspruch auf Einzahlung der Einlage. Zahlt der Gesellschafter die erhaltenen Barmittel an die GmbH zurück, erfüllt er nach der Rechtsprechung damit seine Einlageschuld. Dass die nachträgliche Zahlung fälschlich als „Darlehensrückgewähr" deklariert und möglicherweise als solche auch in den Bilanzen GmbH verbucht wird, ist unschädlich.[37] 25

Mit dem grundsätzlichen Verbot des Hin- und Herzahlens sind zahlreiche Probleme verbunden. Hierzu zählen die Kapitalaufbringung bei einer **GmbH & Co. KG** sowie die Konzernfinanzierung durch einen **Cash-Pool**. 26

---

33 Vgl BGH v. 17.9.2001 – II ZR 275/99, NJW 2001, 3781; im Fall des BGH v. 22.3.2004 – II ZR 7/02, NZG 2004, 618 wurde die Bareinlage noch am Tag der Einzahlung wieder an den Gesellschafter überwiesen.
34 BGH v. 15.10.2007 – II ZR 236/06, NJW 2007, 3067; Wenn die Gründung der GmbH 20 Jahre zurückliegt, sollen sich nach Auffassung des OLG Frankfurt aM v. 26.7.2000 – 23 U 118/99, NJW-RR 2001, 402, die Anforderungen des Gesellschafters an seine Beweisführung verringern, wenn nicht andererseits umso deutlicher Anhaltspunkte für die Nichtleistung vorgebracht werden. Nach Ansicht des OLG Koblenz v. 7.3.2002 – 6 U 1220/00, NZG 2002, 821 verbleibt auch in diesem Fall die Beweislast bei dem Gesellschafter.
35 Vgl *Ulmer*, ZIP 2008, 45; *Kallmeyer*, DB 2007, 2755.
36 BGH v. 21.11.2005 – II ZR 140/04, NJW 2006, 509; BGH v. 2.12.2002 – II ZR 101/02, NJW 2003, 825; vgl auch *K. Schmidt*, Gesellschaftsrecht, § 37 II 2 c (S. 1113).
37 BGH v. 12.6.2006 – II ZR 334/04, NJW-RR 206, 1630; BGH v. 21.11.2005 – II ZR 140/04, NJW 2006, 509.

**27** Bei der Gründung einer **GmbH & Co. KG** können die Gesellschafter der Komplementär-GmbH mit den Gesellschaftern der KG identisch sein. Wenn die GmbH von den Inferenten eine Einlage erhält und das so erhaltene Geld an die KG verleiht, kann dies nach Auffassung des BGH auf eine Rückgewähr der Einlage hinauslaufen. Ein mit der realen Kapitalaufbringung unvereinbares Hin- und Herzahlen kann nach der höchstrichterlichen Rechtsprechung nicht nur dann gegeben sein, wenn die Bareinlage direkt an den Inferenten zurückfließt, sondern auch bei einer mittelbaren Begünstigung des Gesellschafters. Maßgeblich für das Vorliegen einer mittelbaren Begünstigung ist dabei eine wirtschaftliche Betrachtungsweise. Eine mittelbare Begünstigung des Inferenten liegt vor, wenn die an eine Komplementär-GmbH geleistete Einlage umgehend als „Darlehen" an die vom Inferenten beherrschte KG weitergereicht wird.[38] Diese Rechtsprechung zwingt die Gesellschafter, für die GmbH und die KG jeweils getrennte Bankkonten einzurichten. Der Auffassung des BGH kann man entgegenhalten, dass der Sinn einer Komplementär-GmbH durchaus darin bestehen könne, Finanzmittel in die KG als die eigentliche Betriebsgesellschaft einzubringen, weil beide Gesellschaften eine wirtschaftliche Einheit bilden.[39] Ein „Sonderrecht" für die Kapitalaufbringung bei der Komplementär-GmbH einer GmbH & Co. KG soll es aber nach dem BGH *nicht* geben. Eine Weiterreichung der Bareinlage an die KG sollten die GmbH-Gesellschafter im Zweifel vermeiden, da in der Insolvenz eine nochmalige Einlageleistung droht. Wenn die Gesellschafter der Komplementär-GmbH die Einlage der KG als Darlehen gewähren wollen, müssen sie dies gegenüber dem Registergericht offenlegen (hierzu sogleich unter § 3 Rn 29).[40]

**28** Weil eine Hin- und Herzahlen der Bareinlage verboten ist, besteht ein weiteres Problem bei der Gründung einer GmbH innerhalb eines Konzerns. Hier wird die Einlage auf das Konto der soeben gegründeten Tochtergesellschaft gezahlt und dann bisweilen auf ein Zentralkonto der Muttergesellschaft (dem sog. **Cash-Pool**) gebucht. Auch hier hat die Tochtergesellschaft einen Rückzahlungsanspruch gegen die Muttergesellschaft und damit gegen einen Gesellschafter. Die in ein Cash-Pool-System einbezogenen GmbHs haben nach der Rechtsprechung des BGH wie jede andere GmbH auch die einschlägigen Kapitalaufbringungsvorschriften zu beachten. Der BGH wertet das Hin- und Herzahlen als verdeckte Sacheinlage, so dass die Muttergesellschaft in einer Insolvenz der Tochtergesellschaft die Einlage „nochmals" leisten muss.[41]

**29** Um den Interessen der Gesellschafter bei einer GmbH & Co KG und bei einem Cash-Pool Rechnung zu tragen, begründet der Rückfluss der Bareinlage aufgrund einer Änderung durch das MoMiG gem. § 19 Abs. 5 GmbHG keine Haftung des Gesellschafters, wenn die dort festgelegten Voraussetzungen eingehalten werden. Ist vor der Einlage eine Leistung an den Gesellschafter vereinbart worden, die wirtschaftlich einer Rückzahlung der Einlage entspricht und die nicht als verdeckte Sacheinlage im Sinne

---

38 BGH v. 10.12.2007 – II ZR 180/06, NJW-RR 2008, 480.
39 So auch die Kritik von *Witt*, BB 2008, 184; Wirtschaftlich betrachtet, kann ein Darlehen, welches die Verwaltungs-GmbH „ihrer" Kommanditgesellschaft auszahlt, nicht als Zahlungsvorgang an die Gesellschafter gewertet werden, so OLG Jena v. 28.6.2006 – 6 U 717/05, NZG 2006, 661.
40 BGH v. 10.12.2007 – II ZR 180/06, NJW-RR 2008, 480.
41 Hierzu BGH v. 16.1.2006 – II ZR 76/04, NJW 2006, 1736; zur Kritik an dieser Entscheidung s. *Heidenhain*, GmbHR 2006, 455.

A. Kapitalaufbringung

von § 19 Abs. 4 GmbHG zu beurteilen ist, so befreit dies den Gesellschafter nach § 19 Abs. 5 S. 1 GmbHG nur dann von seiner Einlageverpflichtung, wenn die Leistung durch einen **vollwertigen Rückzahlungsanspruch** gedeckt ist, der **jederzeit fällig** ist oder durch fristlose Kündigung durch die Gesellschaft fällig werden kann. § 19 Abs. 5 S. 2 GmbHG sorgt für eine **Transparenz** während der GmbH-Gründung, denn er verpflichtet den Geschäftsführer, eine solche Leistung oder Vereinbarung einer Leistung in der Anmeldung nach § 8 GmbHG anzugeben.[42]

Ein Hin- und Herzahlen der Bareinlage ist nach der Neufassung des § 19 Abs. 5 GmbHG nunmehr in engen Grenzen zulässig und befreit den Gesellschafter von seiner Einlageschuld (dies ist bei der sogleich noch zu erläuternden verdeckten Sacheinlage anders). Voraussetzung ist allerdings zum einen, dass der Rückzahlungsanspruch der GmbH aus dem Darlehen **vollwertig** ist. Das Vermögen der GmbH muss daher trotz der Weiterleitung der Bareinlage (sei es an die von ihr beherrschte KG, sei es in den Cash-Pool) ausreichen, um alle fälligen Forderungen ihrer Gläubiger zu erfüllen.[43] 30

Zum anderen muss die GmbH ihren Rückzahlungsanspruch jederzeit durchsetzen können, was in dem Darlehensvertrag durch eine diesbezügliche **Fälligkeit** oder einem Recht zur **fristlosen Kündigung** abzusichern ist (§ 19 Abs. 5 S. 2 GmbHG). Diese zweite Voraussetzung war im Regierungsentwurf zum MoMiG noch nicht enthalten. Für die Verfasser des Regierungsentwurfs genügte die Vollwertigkeit der Rückzahlungsforderung für eine ordnungsgemäße Kapitalaufbringung. Dies entspreche, so die Regierungsbegründung, der bilanziellen Betrachtungsweise, die sich wie ein roter Faden durch das neue Haftkapitalsystem durchziehen solle.[44] Dies war nach dem Schrifttum allerdings nicht ausreichend, da den Geschäftsführer auch feste Darlehenslaufzeiten und Zahlungsziele bei seiner Verfügung über den Darlehensbetrag zu stark einschränken konnten, ohne dass sich dies in einer Bilanz niederschlägt.[45] Der Rechtsausschuss hatte diese Bedenken geteilt, denn bei einer längeren Kündigungsfrist ist die Vollwertigkeit der Rückzahlungsforderung kaum prognostizierbar.[46] 31

Schließlich ist das Hin- und Herzahlen bei der Anmeldung der GmbH **offenzulegen**. Bei der Gründung einer GmbH & Co. KG muss der Geschäftsführer dem Registergericht den Darlehensvertrag an die Kommanditgesellschaft vorlegen, wenn an sie die Einlage als Darlehen fließen soll; bei einem Cash-Pool sind die einschlägigen Vereinbarungen zwischen der GmbH und dem Verfügungsberechtigten des Cash-Pools einzureichen. Nur dann kann der Registerrichter prüfen, ob die Voraussetzungen einer Erfüllungswirkung gegeben sind.[47] 32

Mit der Regelung in § 19 Abs. 5 GmbHG bleibt die Kapitalaufbringung auch bei einem Hin- und Herzahlen der Einlage zwischen GmbH und einer KG bzw über einen Cash-Pool schwierig. Durch die notwendige Offenlegung einerseits und die strengen Anfor- 33

---

42  Vgl *Bormann/Urlichs* in Römermann/Wachter, GmbH-Beratung nach dem MoMiG, 37, 43.
43  BGH v. 2.12.2002 – II ZR 101/02, NJW 2003, 825; BGH v. 21.2.1994 – II ZR 60/93, NJW 1994, 1477.
44  Im Regierungsentwurf war in § 8 Abs. 2 S. 2 GmbHG noch vorgesehen, dass eine Einlagerückgewähr der Erfüllung einer Einlageschuld nicht entgegenstehen sollte, BegrRegE MoMiG, BT-Drucks. 16/6140, S. 82 f.
45  *Ulmer*, ZIP 2008, 45.
46  Beschlussempfehlung und Bericht des Rechtsausschusses, BT-Drucks. 16/9737, S. 97 f.
47  Zur Ausgestaltung der Kündigungsrechte und deren Absicherung durch einen Informationsanspruch und der Abgabe eines vollstreckbaren Schuldanerkenntnisses des Cash-Pool-Trägers, s. *Wessels*, ZIP 2006, 1701.

derungen an die Vertragsgestaltung und an die Rückzahlungsforderungen andererseits, dürfte sich das Anmeldungsverfahren bei den beiden hier in Rede stehenden Konstellationen verzögern. Bei der Kapitalaufbringung im Konzern kann es daher auch weiterhin sinnvoll sein, für die Tochtergesellschaft ein eigenen Geschäftskonto einzurichten, das nicht in den Cash-Pool einbezogen ist und von dem aus die Bareinlage zur Erfüllung von Verbindlichkeiten gegenüber Dritten (Arbeitnehmer, Lieferanten) verwendet wird.[48] Entsprechend kann man auch bei einer GmbH & Co. KG verfahren.

34 § 19 Abs. 5 GmbHG gilt nach § 3 Abs. 4 (**GmbHG-Einführungsgesetz – EGGmbHG**) auch für Einlagenleistungen, die vor dem Inkrafttretens des MoMiG bewirkt worden sind, soweit sie nach der bis dahin geltenden Rechtslage wegen der Vereinbarung einer Einlagenrückgewähr keine Erfüllung der Einlagenverpflichtung bewirkt hatten. Dies gilt allerdings nicht, soweit über die aus der Unwirksamkeit folgenden Ansprüche zwischen der Gesellschaft und dem Gesellschafter bereits vor dem Inkrafttreten des MoMiG ein rechtskräftiges Urteil ergangen oder eine wirksame Vereinbarung zwischen der Gesellschaft und dem Gesellschafter getroffen worden ist; in diesem Fall beurteilt sich die Rechtslage nach den bis zum Inkrafttreten des MoMiG geltenden Vorschriften.

**d) Befreiungs- und Aufrechnungsverbot**

35 Die GmbH kann die Gesellschafter wegen § 19 Abs. 2 S. 1 GmbHG nicht von der Verpflichtung zur Leistung der Einlagen befreien. Nach allgemeiner Auffassung ist aufgrund dieser Regelung weder ein Erlass (§ 397 Abs. 1 BGB) noch die Abgabe eines negativen Schuldanerkenntnisses (§ 397 Abs. 2 BGB) oder eine Stundung möglich.[49] Die GmbH darf wegen § 19 Abs. 2 S. 1 GmbHG nur dann einen Vergleich über die Einlageforderung treffen, wenn das Bestehen einer Einlageforderung aus tatsächlichen oder rechtlichen Gründen ernsthaft bezweifelt werden kann.[50]

36 Aus § 19 Abs. 2 S. 2 GmbHG ergibt sich, dass der Gesellschafter gegen den Anspruch der GmbH keine Aufrechnung erklären kann. Fordert die GmbH von ihm die noch offene Einlage, kann er nicht mit einer Forderung aufrechnen, die er gegenüber der GmbH etwa aufgrund eines Mietverhältnisses hat. Aber auch die Aufrechnungserklärung durch die GmbH gegen einen Anspruch des Gesellschafters ist nur ausnahmsweise wirksam. Sie muss im Einklang mit der Sicherung einer realen Kapitalaufbringung stehen und darf nicht zu einer Befreiung des Inferenten von seiner Einlageverpflichtung führen. Nach ständiger Rechtsprechung ist eine Aufrechnung der Gesellschaft mit ihrer Einlageforderung nur zulässig, wenn die Forderung des Gesellschafters existent, fällig und **vollwertig** ist.[51] Die Vollwertigkeit ist nur gegeben, wenn die GmbH im Zeitpunkt der Aufrechnung in der Lage ist, alle fälligen Forderungen ihrer Gläubiger (unter Einschluss der Gegenforderung) zu erfüllen; andernfalls sind die Forderungen des Gesellschafters und die der weiteren Gläubiger in ihrem Wert gemindert.[52] Im Ergebnis ist eine Aufrechnung der Gesellschaft nur zulässig, wenn sie nur als Abkürzung eines

---

48 Hierzu *Wessels*, ZIP 2006, 1701.
49 Vgl *Lutter/Bayer* in Lutter/Hommelhoff, GmbHG, § 19 Rn 14.
50 BGH v. 19.7.2004 – II ZR 65/03, NJW 2004, 2898.
51 BGH v. 2.12.2002 – II ZR 101/02, NJW 2003, 825; BGH v. 21.2.1994 – II ZR 60/93, NJW 1994, 1477; zur Kritik an der Erfordernis einer vollwertigen Forderung des Gesellschafters s. Scholz/Winter/H.P. Westermann, GmbHG, § 19 Rn 65.
52 BGH v. 2.12.2002 – II ZR 101/02, NJW 2003, 825.

überflüssigen Hin und Her der gleichen Geldleistung anzusehen ist. Es dürfte für einen Gesellschafter ausgesprochen schwierig sein, eine wirksame Aufrechnung in einem Rechtsstreit gegen die GmbH oder deren Insolvenzverwalter nachzuweisen, muss er doch beweisen, dass die GmbH im Zeitpunkt der Aufrechnungserklärung in der Lage war, sämtliche Verbindlichkeiten zu erfüllen.[53]

### 3. Verjährung

Nach § 19 Abs. 6 GmbHG verjährt der Anspruch der Gesellschaft auf Leistung der Einlagen in **zehn Jahren** von seiner Entstehung an. Wird das Insolvenzverfahren über das Vermögen der Gesellschaft eröffnet, so tritt die Verjährung nicht vor Ablauf von **sechs Monaten** ab dem Zeitpunkt der Eröffnung ein. Diese Regelung hatte der Gesetzgeber mit Wirkung zum 15.12.2004 durch das Gesetz zur Anpassung von Verjährungsvorschriften an das Gesetz zur Modernisierung des Schuldrechts in das GmbHG eingefügt.[54] Bis zum Inkrafttreten des Schuldrechtsmodernisierungsgesetzes am 1.1.2002 unterlag die Einlageforderung einer GmbH der regelmäßigen 30-jährigen Verjährung gemäß § 195 BGB.[55] Diese lange Verjährungsfrist wurde mit dem Inkrafttreten des Schuldrechtsmodernisierungsgesetzes der generell geltenden Verkürzung der Regelverjährungsfrist auf drei Jahre verkürzt.[56] Da der Einlageanspruch aber in erster Linie im Interesse der Gesellschaftsgläubiger besteht und einen Ausgleich für die beschränkte Haftung auf das Gesellschaftsvermögen bieten soll, war die Frist von drei Jahren nach allgemeiner Auffassung zu kurz und wurde, noch bevor erstmals Einlageforderungen verjähren konnten, auf zehn Jahre verlängert.[57]

37

Soweit der Anspruch auf die Bareinlage nach dem 1.1.2002 fällig wurde, gilt die zehnjährige Verjährungsfrist. Falls die Fälligkeit vorher eintrat, sind die jeweiligen Übergangsvorschriften für die konkrete (und auch komplizierte) Berechnung der Verjährung maßgeblich.[58] Für kleine und mittelständische Gesellschaften relativiert sich die Verkürzung der Verjährungsfrist, weil eine Einlageforderung wegen der Identität von Gesellschafter und Geschäftsführer erst in der Insolvenz geltend gemacht wird und ein Insolvenzverwalter aufgrund des § 19 Abs. 6 S. 2 GmbHG nach der Eröffnung des Insolvenzverfahrens sechs Monate Zeit hat, um eine Einlageforderung bei Gericht einzuklagen.

38

### 4. Pfändung der Einlageforderung

Ein Gläubiger der GmbH kann die Einlageforderung der Gesellschaft pfänden, wenn die Eröffnung des Insolvenzverfahrens mangels Masse abgewiesen wurde und niemand bereit ist, einen Vorschuss in Höhe der Verfahrenskosten zu leisten. Diese Voraussetzung ist bei einer masselosen Insolvenz zu vermuten. Die Zulässigkeit einer Pfändung

39

---

53 Vgl BGH v. 15.6.1992 – II ZR 229/91, NJW 1992, 2229 zur Beweislast nach einer Pfändung der Einlageforderung.
54 BGBl. 2004, 3214.
55 BGH v. 24.7.2000 – II ZR 202/98, NZG 2000, 1226.
56 BGH v. 11.2.2008 – II ZR 171/06, NJW-RR 2008, 843.
57 Vgl *Stenzel*, BB 2008, 1077.
58 Hierzu ausführlich *Stenzel*, BB 2008, 1077; demnach gilt für Gründungen von 1978 bis 1982 noch die 30-jährige Verjährungsfrist, erst danach kann die kürzere Verjährungsfrist anwendbar sein; vgl hierzu auch Scholz/Winter/H.P. Westermann, GmbHG, § 19 Rn 13 ff.

hängt dann auch nicht davon ab, dass etwaige andere Gläubiger von dem Vorhandensein einer möglicherweise noch bestehenden Einlageforderung wissen.⁵⁹

40 Von dem Fall einer masselosen Insolvenz einmal abgesehen, ist die Pfändung einer Einlageforderung regelmäßig nicht möglich. Schließlich handelt es sich hierbei um die Zwangsvollstreckungsmaßnahme eines *einzelnen* Gläubigers, der auf das Stammkapital und damit auf die Befriedigungsreserve *aller* Gläubiger zugreift. Damit die Belange der konkurrierenden Gläubiger nicht gefährdet sind, steht die Pfändung daher grundsätzlich unter dem Vorbehalt, dass die Forderung des Pfändungsgläubigers **vollwertig** ist. Die Vollwertigkeit ist nur zu bejahen, wenn die Forderung besteht *und* das Vermögen der Gesellschaft ausreicht, um sämtliche Forderungen der anderen Gläubiger in voller Höhe zu bedienen.⁶⁰ Ganz abgesehen davon, dass unter diesen Voraussetzungen eine Zwangsvollstreckung nicht erforderlich sein dürfte, wird es einem Gläubiger kaum möglich sein, die Vollwertigkeit seiner Forderung, die ja von den oft unbekannten wirtschaftlichen Verhältnissen der Gesellschaft abhängt, zu beweisen. Vor einem Insolvenzverfahren ist die Pfändung einer Einlageforderung daher regelmäßig nicht zulässig.

41 Nur in Konstellationen, in denen auf einen Schutz aller Gesellschaftsgläubiger verzichtet werden kann, ist eine Forderung über rückständige Einlagen auch dann pfändbar, wenn die Gläubigerforderung nicht vollwertig ist. Dies ist in eher theoretischen Lehrbuchbeispielen,⁶¹ vor allem aber bei einer masselosen Insolvenz der Fall. Würde man in einer derartigen Situation eine Einzelzwangsvollstreckung nicht zulassen, müsste der säumige Gesellschafter nicht einmal seine Einlage in voller Höhe leisten, obwohl Gläubiger der Gesellschaft ihre Ansprüche nicht realisieren können. Dies wäre ein nicht hinnehmbares Ergebnis.

42 Ein Gesellschafterbeschluss, der wegen § 46 Nr. 2 GmbHG eigentlich notwendig wäre, ist hier nicht erforderlich, da die Pfändung stets zur Fälligkeit der Einlageforderung führt.⁶² In einem Einziehungsprozess muss der Gläubiger das Bestehen dieser Forderung darlegen. Dies wird ihm häufig gelingen, denn die Einlageforderung und deren Schuldner sind durch die mühelos einzusehende Gründungssatzung und die Gesellschafterliste regelmäßig hinreichend dokumentiert. Allerdings sind die formellen Hürden einer Forderungspfändung sehr hoch. Bei einer gelöschten GmbH geht man überwiegend davon aus, dass für die Zustellung des Pfändungs- und Überweisungsbeschlusses ein Vertreter nach § 66 Abs. 5 GmbHG bestellt werden muss.⁶³

---

59 Hierzu BGH v. 15.6.1992 – II ZR 229/91, NJW 1992, 2229.
60 BGH v. 21.2.1994 – II ZR 60/93, NJW 1994, 1477.
61 Eine vollwertige Forderung ist bspw dann nicht erforderlich, wenn der Vollstreckungsgläubiger nur noch der einzige noch nicht befriedigte Gläubiger der Gesellschaft ist, s. hierzu *K. Schmidt*, Gesellschaftsrecht, § 37 II (S. 1119).
62 *Lutter/Bayer* in Lutter/Hommelhoff, GmbHG, § 19 Rn 40.
63 Hierzu ausführlich *Stobbe*, Die Durchsetzung gesellschaftsrechtlicher Ansprüche der GmbH in Insolvenz und masselose Liquidation, Rn 643.

## III. Sachgründung

### 1. Offene Sacheinlage

Das Gesetz stellt es den Gesellschaftern frei, ob sie die Einlage in bar erbringen oder eine Sacheinlage leisten. Sacheinlagen können im GmbH-Recht nur Vermögensgegenstände sein, deren wirtschaftlicher Wert feststellbar ist.[64] Hierzu zählen u.a.: **43**

- Eigentum an beweglichen und unbeweglichen **Sachen** (hierzu zählt auch Werkzeug und Material),[65]
- **obligatorische Nutzungsrechte** (bspw Nutzung eines verpachteten Gebäudes), wenn die Nutzungsdauer in Form einer festen Laufzeit oder als konkret bestimmte Mindestdauer feststeht und der Gesellschaft im Falle von Sachen der Besitz daran eingeräumt wird,[66]
- **Forderungen** des Gesellschafters mit einem feststellbaren wirtschaftlichen Wert,[67]
- der **Betriebsteil eines Unternehmens**, wenn dieser für sich allein als Unternehmen geführt wird und somit selbständig am Wirtschaftsleben teilnehmen kann.[68]

Wenn sich die Gesellschafter für eine Sachgründung entscheiden, müssen sie bei der Gründung besondere Verfahrensvorschriften beachten. Diese Regelungen sollen sicherstellen, dass die GmbH eine Sacheinlage erhält, die tatsächlich (und nicht nur nach Einschätzung der Gesellschafter) auch 25.000 EUR wert ist. Damit ein Registergericht die Sacheinlage bewerten kann, muss diese „offen" erfolgen. Dies bedeutet: **44**

- Der Gegenstand der Sacheinlage und der Nennbetrag des Geschäftsanteils, auf den sich die Sacheinlage bezieht, müssen im **Gesellschaftsvertrag** festgesetzt werden (§ 5 Abs. 4 S. 1 GmbHG).
- Die Gesellschafter haben in einem **Sachgründungsbericht** die für die Angemessenheit der Leistungen für Sacheinlagen wesentlichen Umstände darzulegen;[69] beim Übergang eines Unternehmens auf die Gesellschaft sind die Jahresergebnisse der beiden letzten Geschäftsjahre anzugeben (§ 5 Abs. 4 S. 2 GmbHG).
- Der Geschäftsführer muss bei der **Anmeldung** die Verträge über die Sacheinlagen, einen Sachgründungsbericht und die Unterlagen über den Wert der Sacheinlagen als Anlage beifügen (§ 8 Abs. 1 Nr. 4 und 5 GmbHG).

Die Sacheinlage soll auf diese Weise publik werden, damit der Registerrichter ihre Werthaltigkeit überprüfen kann. Das Registergericht kann die Eintragung einer GmbH gem. § 9c Abs. 1 S. 2 GmbHG nur ablehnen, wenn die Sacheinlagen **wesentlich überbewertet** worden sind. Künftig soll ein Registergericht nur für den Fall, dass sich auf Grundlage der mit der Anmeldung eingereichten Unterlagen begründete Zweifel ergeben, die auf eine wesentliche Überbewertung der Sacheinlage hindeuten, weitere Unterlagen anfordern können (hierzu näher unter § 1 Rn 103). **45**

---

[64] So der BGH v. 14.6.2004 – II ZR 121/02, NJW-RR 2004, 1341 zur analogen Anwendung des § 27 Abs. 2 AktG im GmbH-Recht.
[65] Scholz/*Winter*/H.P. *Westermann*, GmbHG, § 5 Rn 45.
[66] Vgl BGH v. 14.6.2004 – II ZR 121/02, NJW-RR 2004, 1341: Der Zeitwert eines solchen Nutzungsrechts errechnet sich aus dem für die Dauer des Rechts kapitalisierten Nutzungswert.
[67] Scholz/*Winter*/H.P. *Westermann*, GmbHG, § 5 Rn 47.
[68] BGH v. 18.9.2000 – II ZR 365/98, NJW 2001, 67.
[69] Zu den Unterschieden bei der Bewertung von Anlage- und Umlaufvermögen s. *Heckschen/Heidinger*, Die GmbH in der Gestaltungspraxis, § 2 Rn 40.

**46** Trägt das Registergericht die GmbH allerdings ein, obwohl der Wert einer Sacheinlage im Zeitpunkt der Anmeldung der Gesellschaft nicht den Betrag der dafür übernommenen Geschäftsanteils erreicht hat, muss der Gesellschafter die Differenz in bar nachzahlen (§ 9 Abs.1 GmbHG). Dieser Anspruch wird mit der Eintragung der GmbH in das Handelsregister fällig[70] und verjährt ab diesem Zeitpunkt nach § 9 Abs. 2 GmbHG in zehn Jahren. Daneben unterliegen die Gesellschafter gemeinsam mit den Geschäftsführern der Gründerhaftung nach § 9a GmbHG.

**47** Die Sacheinlagen sind nach § 7 Abs. 3 GmbHG schon vor der Anmeldung der GmbH beim Handelsregister so an die Gesellschaft zu bewirken, dass sie endgültig zur freien Verfügung der Geschäftsführer stehen. Eine GmbH kann an Gegenständen gutgläubig Eigentum erwerben, die ihr von einem Gesellschafter als Sacheinlage übertragen wurden. Auch wenn der Gesellschafter nicht Eigentümer war, hat er mit der Übertragung seine Einlagepflicht erfüllt.[71]

### 2. Verdeckte Sacheinlage
#### a) Tatbestand

**48** Die Sachgründungsvorschriften sind aufgrund der Offenlegungspflicht und der registerrichterlichen Kontrolle für die Gesellschafter mit einigem Aufwand verbunden. Es ist daher nicht weiter verwunderlich, wenn die Beteiligten versuchen, die Sachgründung in der Weise vorzunehmen, dass der Gesellschafter zunächst seine Bareinlage erbringt, dieser Betrag aber sogleich wieder als Kaufpreis an ihn zurückfließt, weil er Waren oder Maschinen an die GmbH verkauft hat. Rein wirtschaftlich betrachtet, handelt es sich um eine Sachgründung. Denn blendet man den kurzen Moment aus, in dem das Geld Gesellschaftskonto war, besteht das Anfangsvermögen der GmbH aus den Vermögensgegenständen. Verdeckt wird die Sachgründung allerdings durch die in der Satzung aufgenommene Verpflichtung der Gesellschafter, die Einlage in bar zu erbringen.

**49** Durch das MoMiG wurde eine Legaldefinition für die verdeckte Sacheinlage in das GmbHG aufgenommen. Wenn eine Geldeinlage eines Gesellschafters bei **wirtschaftlicher Betrachtung** und aufgrund einer im Zusammenhang mit der Übernahme der Geldeinlage getroffenen **Abrede** vollständig oder teilweise als Sacheinlage zu bewerten ist, dann handelt es sich nach § 19 Abs. 4 S. 1 GmbHG um eine verdeckte Sacheinlage. Diese abstrakte Umschreibung der Voraussetzungen für das Vorliegen einer verdeckten Sacheinlage knüpft an die in der Rechtsprechung übliche Definition. Der BGH sieht es als verdeckte Sacheinlage an, wenn die gesetzlichen Regeln für Sacheinlagen dadurch unterlaufen werden, dass zwar eine Bareinlage vereinbart wird, die Gesellschaft aber bei wirtschaftlicher Betrachtung von dem Einleger aufgrund einer im Zusammenhang mit der Übernahme der Einlage getroffenen Absprache einen Sachwert erhalten soll.[72] Mit der Formulierung in § 19 Abs. 4 S. 1 GmbHG bleibt daher die Kontinuität bei den Voraussetzungen für eine verdeckte Sacheinlage gewahrt.[73]

---

70 Der Anspruch nach § 9 Abs. 1 GmbHG wird ohne einen Gesellschafterbeschluss nach § 46 Nr. 2 GmbHG fällig, s. Scholz/H. Winter/Veil, GmbHG, § 9 Rn 19.
71 Hierzu BGH v. 21.10.2002 – II ZR 118/02, NJW-RR 2003, 170; eine GmbH kann allerdings nicht gutgläubig sein, wenn der übereignende Gesellschafter auch Geschäftsführer ist.
72 So BGH v. 11.2.2008 – II ZR 171/06, NJW-RR 2008, 843.
73 Vgl BegrRegE MoMiG, BT-Drucks. 16/6140, S. 97.

## A. Kapitalaufbringung

Neben der Vereinbarung einer Bareinlage (das Gesetz spricht hier von einer „Geldeinlage") und dem anschließenden Verkehrsgeschäft zwischen GmbH und Gesellschafter setzt die verdeckte Sacheinlage eine Vereinbarung (**Abrede**) zwischen dem Schuldner der Bareinlage und seinen Mitgesellschaftern oder dem Geschäftsführer voraus, nach der die nur formal geleistete Bareinlage bei wirtschaftlicher Betrachtungsweise als Sacheinlage zu bewerten ist. Bei einer Einpersonen-GmbH kann es im wörtlichen Sinne keine „Abrede" geben, weil dem Gründungsgesellschafter naturgemäß ein Gesprächspartner für eine solche Abrede fehlt; jedoch reicht bei dieser Sonderkonstellation ein entsprechendes "Vorhaben" des alleinigen Gründungsgesellschafters aus.[74]

50

Eine Vermutung für das Vorliegen einer Abrede (oder eines Vorhabens) wurde schon vor inkrafttreten des MoMiG durch einen engen sachlichen und zeitlichen Zusammenhang zwischen der Übernahme der Bareinlagepflicht und einem Umsatzgeschäft begründet.[75] Der **sachliche Zusammenhang** ist insbesondere dann anzunehmen, wenn es um Vermögensgegenstände geht, die der Gesellschafter bereits bei Begründung der Bareinzahlungsverpflichtung hätte als Sacheinlage einbringen können oder bei denen der Preis des Vermögensgegenstands der Bareinlage sehr nahe kommt. Ein sachlicher Zusammenhang ist weiterhin gegeben, wenn das Verkehrsgeschäft zwischen der GmbH und dem Gesellschafter einen Gegenstand betrifft, der einzig und allein vom Gesellschafter erbracht werden kann und üblicher Weise im Wege einer Sachgründung der GmbH zugeführt wird (hierzu zählen beispielsweise Patente, andere Unternehmen und Betriebsgrundstücke). Der erforderliche **zeitliche Zusammenhang** zwischen der Einlageleistung einerseits und dem Umsatzgeschäft andererseits soll nach überwiegender Ansicht jedenfalls dann vorliegen, wenn zwischen beiden ein Zeitraum von bis zu sechs Monaten liegt.[76] Nach der Rechtsprechung des BGH ist eine Zeitspanne von acht Monaten zu lange, als dass man allein wegen eines zeitlichen Zusammenhangs auf eine Abrede schließen kann.[77] Der Begründung zum Regierungsentwurf ist zu entnehmen, dass bei § 19 Abs. 4 S. 1 GmbHG ganz bewusst auf die Normierung einer festen Frist für den „zeitlichen Zusammenhang" zwischen der Übernahme der Geldeinlage und dem Verkehrsgeschäft, den die Rechtsprechung als Indiz für eine Abrede über den wirtschaftlichen Erfolg einer Sacheinlage wertet, verzichtet wurde. Eine solche Frist wäre leicht zu unterlaufen; zudem dürfte infolge der erheblichen Abmilderung der Rechtsfolgen verdeckter Sacheinlagen (sogleich unter Rn 57 ff) das Bedürfnis nach einer entsprechenden Regelung sinken. Angesichts dessen bedeutete eine ausdrückliche gesetzliche Fristenregelung eher eine zusätzliche Komplizierung des positiven Rechts anstelle einer Vereinfachung.[78]

51

Da Verträge zwischen den Gesellschaftern und der Gesellschaft zulässig sind, ist der Tatbestand der verdeckten Sacheinlage nur bei solchen Geschäften erfüllt, die noch mit

52

---

74 BGH v. 11.2.2008 – II ZR 171/06, NJW-RR 2008, 843.
75 BGH v. 4.3.1996 – II ZB 8/95, NJW 1996, 1473; *Schöpflin*, GmbHR 2003, 57, 60; *Grunewald/Noack*, GmbHR 2005, 189, 190.
76 Für einen Zeitraum von längstens sechs Monaten: OLG Köln v. 2.2.1999 – 22 U 116/98, GmbHR 1999, 663; *Schöpflin*, GmbHR 2003, 57, 62; *Einsele*, NJW 1996, 2681; demgegenüber für eine Frist von zwei Jahren in Anlehnung an § 52 AktG: *Mayer*, NJW 1990, 2593, 2598.
77 BGH v. 16.9.2002 – II ZR 1/00, NJW 2002, 3744.
78 Regierungsentwurfs zum MoMiG, BT-Drucks. 16/6140, S. 98.

der Kapitalaufbringung im Zusammenhang stehen. Allerdings beschränkt sich der Anwendungsbereich der verdeckten Sacheinlage auf den Rückfluss der geleisteten Geldeinlage an den Gesellschafter. Demgegenüber liegt grundsätzlich keine verdeckte Sacheinlage vor, wenn der Gesellschafter der GmbH neben der Bareinlage weitere finanzielle Mittel zur Verfügung stellt und diese dann für ein Verkehrsgeschäft zwischen ihm und der Gesellschaft verwendet werden.[79]

**53 Beispiel:**
Die A & B GmbH wird mit dem gesetzlichen Mindestkapital von den Gesellschaftern A und B gegründet. Beide Gesellschafter erbringen ihre Geldeinlage in voller Höhe. Unmittelbar nach der Eintragung gewährt A der GmbH ein Darlehen in Höhe von 50.000 EUR. Kaum ist dieses Geld auf dem Konto, erwirbt die A & B GmbH von A ein Grundstück zu einem Preis von 50.000 EUR. Eine verdeckte Sacheinlage wäre gegeben, wenn die GmbH mit der Bareinlage das Grundstück gekauft hätte. Ebenso könnte man eine verdeckte Sacheinlage annehmen, wenn es zur Tilgung des Gesellschafterdarlehens verwendet wird. Um eine Anwendung der verdeckten Sacheinlage zu verhindern, müssen die Gesellschafter in einer solchen Konstellation dafür sorgen, dass die Gelder auf getrennten Konten verwahrt werden und ausschließlich das Darlehen für eine Zahlung an die Gesellschafter verwandt wird. Die Gesellschafter sind hierfür beweispflichtig. Sollte das Grundstück keine 50.000 EUR wert sein, könnte die Leistung gegen § 30 Abs. 1 S. 1 GmbHG verstoßen.

54 Vom Schrifttum wurde vorgeschlagen, den Erwerb von betriebsnotwendigen Maschinen oder Werkzeugen von einem Gesellschafter als „gewöhnliche Umsatzgeschäfte im Rahmen des laufenden Geschäftsverkehrs" aus dem Anwendungsbereich der verdeckten Sacheinlage auszuklammern.[80] Eine solche generelle Bereichsausnahme gewährt die Rechtsprechung allerdings nicht, da es hierfür keine Stütze im Gesetzeswortlaut gibt und diese Ausnahme auch nicht mit dem Gesetzeszweck vereinbar ist.[81]

55 Eine verdeckte Sacheinlage kann auch vorliegen, wenn das Verkehrsgeschäft nicht unmittelbar zwischen der GmbH und dem Gesellschafter abgewickelt wird, sondern zwischen der GmbH und einem Dritten, der in einem Näheverhältnis zum Gesellschafter steht. Erforderlich für eine verdeckte Sacheinlage sei hierbei, dass der Gesellschafter zumindest wirtschaftlich in gleicher Weise begünstigt werde wie durch eine unmittelbare Leistung an ihn selbst.[82]

56 Eine Aktiengesellschaft kann unter Einhaltung der engen Voraussetzungen des § 52 AktG 10 % des Grundkapitals verwenden, um damit Vermögensgegenstände von den Aktionären zu kaufen (sog. **Nachgründung**). Der Gesetzgeber hatte aber schon 1892 ganz bewusst davon abgesehen, eine solche Vorschrift auch für GmbHs aufzunehmen. Auf diese Weise wollte er sicherstellen, dass in jedem Fall die Einlage der GmbH, auch wenn sie als Sacheinlage erfolgt, zumindest den nominellen Wert erreicht. Er war sich dabei im Klaren, dass dies zu Einschränkungen bei der unternehmerischen Tätigkeit der GmbH führen kann.[83]

---

79 Hierzu *Heckschen/Heidinger*, Die GmbH in der Gestaltungspraxis, § 2 Rn 54 und zum fremdfinanzierten Verkehrsgeschäft *dies.* aaO, § 2 Rn 59 ff.
80 Henze, ZHR 154 (1990), 105, 112 f
81 So der BGH v. 20.11.2006 – II ZR 176/05, NJW 2007, 765 zunächst für die AG und dann auch für die GmbH, s. BGH v. 11.2.2008 – II ZR 171/06, NJW-RR 2008, 843.
82 Zur verdeckten Sacheinlage in einem Konzern s. BGH v. 12.2.2007 – II ZR 272/05, NJW 2007, 3285.
83 Hierzu *Ulmer* in Ulmer/Habersack/Winter, GmbHG, § 19 Rn 94 ff.

## A. Kapitalaufbringung

### b) Rechtsfolgen

Die Rechtsfolgen einer verdeckten Sacheinlage waren bisher dramatisch und trafen den Gesellschafter mit voller Wucht: Der bereits auf die Einlage geleisteten Zahlung wurde die Erfüllungswirkung versagt und die Bareinlageverpflichtung blieb selbst dann noch bestehen, wenn der Gesellschafter aufgrund des Verkehrsgeschäfts einen wertvollen Vermögensgegenstand geleistet hatte. Für ihn bestand damit die Gefahr, dass er zum zweiten Mal die Einlageleistung erbringen musste. Der schuldrechtliche Teil des Verkehrsgeschäfts war in analoger Anwendung des § 27 Abs. 3 S. 1 AktG ebenso nichtig, wie das dingliche Erfüllungsgeschäft.[84] Das bedeutete zwar, dass der Gesellschafter bei Verkehrsgeschäften über Immobilien einen Grundbuchberichtigungsanspruch nach § 894 BGB und bei Verkehrsgeschäften über bewegliche Gegenstände einen Herausgabeanspruch nach § 985 BGB gegen die (dann meist insolvente) GmbH hatte. Aber gerade bei beweglichen Sachen waren diese Ansprüche wegen der zwischenzeitlichen Abnutzung der Gegenstände kaum noch etwas wert.[85] Die Rechtsfolgen einer verdeckten Sacheinlage wurden daher zu Recht als „katastrophal" bezeichnet und waren insbesondere in den Fällen einer werthaltigen Einlage in Folge eines Verkehrsgeschäfts nicht nachvollziehbar.[86] Die Literatur bemühte sich um Schadensbegrenzung und sprach sich für eine Differenzhaftung des Einlageschuldners aus.[87] Da die Rechtsprechung aber hierauf nicht einging, war es die Aufgabe des Gesetzgebers, für eine Änderung zu sorgen.[88]

57

Das MoMiG trägt der Kritik aus Wirtschaft und Wissenschaft an den Rechtsfolgen einer verdeckten Sacheinlage Rechnung. Den Gesellschaftern droht nun eine eingeschränkte Haftung. Zwar bleibt es dabei, dass eine verdeckte Sacheinlage den Gesellschafter nicht von seiner Einlageverpflichtung befreit. Auf die fortbestehende Einlagepflicht des Gesellschafters wird aber der Wert des Vermögensgegenstandes im Zeitpunkt der Anmeldung zur Eintragung in das Handelsregister oder im Zeitpunkt seiner Überlassung an die Gesellschafter, falls diese später erfolgt, nach § 19 Abs. 4 S. 3 GmbHG **angerechnet**. Die Anrechnung erfolgt laut § 19 Abs. 4 S. 4 GmbHG nicht vor der Eintragung der Gesellschaft in das Handelsregister. Die Beweislast für die Werthaltigkeit des Vermögensgegenstandes trägt gem. § 19 Abs. 4 S. 5 GmbHG der Gesellschafter. In Abkehr zur bisherigen Rechtsprechung sind nach § 19 Abs. 4 S. 2 GmbHG die Verträge über die Sacheinlage und die Rechtshandlung zu ihrer Ausführung nicht unwirksam.[89]

58

Mit dieser Anrechnungslösung wird eine sachgerechte Rechtsfolge festgelegt. Wenn sich die Gesellschafter nicht an die Formvorschriften für eine (offene) Sachgründung halten und sie es dem Registergericht unmöglich machen, Sacheinlagen auf deren Werthaltigkeit zu kontrollieren, wird diese Überprüfung in einem Rechtsstreit nachgeholt, der in aller Regel von einem Insolvenzverwalter geführt wird und auf Zahlung der noch

59

---

84 BGH v. 7.7.2003 – II ZR 235/01, NJW 2003, 3127.
85 Hierzu ausführlich *Heidenhain*, GmbHR 2006, 455.
86 Brandner, FS Boujong (1996), S. 37, 40; *Lutter/Gehling*, WM 1989, 1445, 1446; *Heidenhain*, GmbHR 2006, 455.
87 Hierzu auch *Grunewald*, FS Rowedder (1994), S. 114 ff.
88 So *Brandner*, FS Boujong (1996), S. 37, 40.
89 Begründung des Regierungsentwurfs zum MoMiG, BT-Drucks. 16/6140, S. 98.

nicht erfüllten Einlageforderung gerichtet ist. Der Inferent kann sich in dieser Auseinandersetzung aber nur sicher sein, den Wert seiner Einlage nicht noch einmal leisten zu müssen, wenn er einen geeigneten Nachweis für die Werthaltigkeit seiner Einlage erbringen kann. Unterlässt er es, den Wert bei der Durchführung des Verkehrsgeschäfts sachgerecht zu ermitteln, geht er ein erhebliches Risiko ein. Sollte die Werthaltigkeit der Sacheinlage in einem Rechtsstreit zwischen ihm und der GmbH (bzw deren Insolvenzverwalter) nicht in voller Höhe zur Überzeugung des Gerichts feststehen, muss er die Differenz zwischen der Bareinlage und dem nachgewiesen, geringeren Wert an die Gesellschaft leisten. Nach Einschätzung des Handelsrechtsausschusses des Deutschen Anwaltsvereins wird dieses Risiko sicherstellen, dass der Gesellschafter nach der neuen Rechtsalge keine „Flucht in die verdeckte Sacheinlage" antreten wird.[90]

60  Da die verdeckte Sacheinlage nicht zur Erfüllung der Einlageschuld führt, kann der Geschäftsführer bei der Anmeldung nicht nach § 8 Abs. 2 GmbHG versichern, dass die Einlagepflicht des Gesellschafters ordnungsgemäß erfüllt worden sei. Bei einer vorsätzlich begangenen verdeckten Sacheinlage macht er sich daher nach § 82 GmbHG **strafbar**.[91]

61  Die in § 19 Abs. 4 GmbHG geregelte Anrechnungslösung besteht auch für Einlagenleistungen, die vor dem Inkrafttretens des MoMiG bewirkt worden sind, soweit sie nach der bis dahin geltenden Rechtslage wegen einer verdeckten Sacheinlage keine Erfüllung der Einlagenverpflichtung bewirkt hatten. Dies gilt allerdings nicht, soweit über die aus der Unwirksamkeit folgenden Ansprüche zwischen der Gesellschaft und dem Gesellschafter bereits vor dem Inkrafttreten des MoMiG ein rechtskräftiges Urteil ergangen oder eine wirksame Vereinbarung zwischen der Gesellschaft und dem Gesellschafter getroffen worden ist; in diesem Fall beurteilt sich die Rechtslage nach den bis zum Inkrafttreten des MoMiG geltenden Vorschriften (§ 3 Abs. 4 EGGmbHG).[92]

## IV. Kapitalerhöhung

62  Bei der GmbH unterscheidet man zwischen zwei Formen der Kapitalerhöhung. Bei der **effektiven Kapitalerhöhung** erhält die GmbH neue Mittel (Vermögen) durch bisherige oder neu beitretende Gesellschafter. Diese Art der Kapitalerhöhung ist in den §§ 55–57 b GmbHG geregelt. Sie entspricht im Wesentlichen der Kapitalaufbringung bei der GmbH-Gründung. Dagegen werden bei der **nominellen Kapitalerhöhung** Rücklagen in Stammkapital umgewandelt. Auch hier erhöht sich das Stammkapital der Gesellschaft, allerdings wird diese Erhöhung aus Gesellschaftsmitteln finanziert. Die Regeln hierzu stehen in §§ 57c–57 o GmbHG.

---

90  Vgl Stellungnahme des Deutschen Anwaltsvereins, abrufbar unter www.anwaltverein.de; auch nach *Kallmeyer*, DB 2007, 2755 sollte sich ein Gesellschafter nur für eine verdeckte Sacheinlage entscheiden, wenn die Werthaltigkeit der Sacheinlage zweifelsfrei gegeben ist.
91  Hierzu *Seibert/Decker*, ZIP 2008, 1208; der Regierungsentwurf enthielt noch die sog. Erfüllungslösung, s. § 19 Abs. 4 S. 1 GmbHG-E und Begründung des Regierungsentwurfs zum MoMiG, BT-Drucks. 16/6140, S. 98. Damit wurde allerdings die strikte Unterscheidung zwischen Bar- und Sacheinlagen verwischt; außerdem stand die Regelung aus dem Regierungsentwurf im Widerspruch zu den allgemeinen zivilrechtlichen Erfüllungsvorschriften, s. *Ulmer*, ZIP 2008, 45; *Priester*, ZIP 2008, 55.
92  Bedenken gegen diese Rückwirkung wurden in der Anhörung von *Goette* geäußert, s. seine Stellungnahme zur Anhörung vor dem Rechtsausschuss des Deutschen Bundestags am 23.1.2008, abrufbar unter www.bundestag.de.

## A. Kapitalaufbringung

Eine effektive Kapitalerhöhung soll regelmäßig neues Geld für Investitionen bereitstellen. Sie stärkt die Kreditwürdigkeit der Gesellschaft; Banken machen gelegentlich eine Kreditvergabe von einer Kapitalerhöhung abhängig.  63

Das MoMiG hat einen weiteren Grund für eine Kapitalerhöhung geschaffen: Möchten die Gesellschafter ihre Unternehmergesellschaft (haftungsbeschränkt) in eine GmbH umwandeln, ist hierfür eine Kapitalerhöhung erforderlich. Hierbei steht es den Gesellschaftern grundsätzlich frei, ob sie eine effektive oder eine nominelle Kapitalerhöhung durchführen.[93] Da eine nominelle Kapitalerhöhung schon wegen der notwendigen Beauftragung eines vereidigten Buchprüfers sehr kostenintensiv ist, kann schon jetzt mit guten Gründen davon ausgegangen werden, dass sich zumindest die Gesellschafter einer Unternehmergesellschaft (haftungsbeschränkt) eher für eine effektive Kapitalerhöhung entscheiden werden.  64

Durch das MoMiG wurden die Vorschriften zur effektiven Kapitalerhöhung um die Regelung des § 55a GmbHG ergänzt. Der Gesellschaftsvertrag einer GmbH kann den Geschäftsführer unter besonderen Voraussetzungen ermächtigen, das Stammkapital bis zu einem bestimmten Nennbetrag durch Ausgabe neuer Geschäftsanteile gegen Einlagen zu erhöhen. Bei dieser Sonderform der Kapitalerhöhung handelt es sich um das sogenannte genehmigte Kapital, das bisher nur im Aktienrecht vorgesehen war (§§ 202–206 AktG).  65

### 1. Effektive Kapitalerhöhung

#### a) Reguläres Verfahren

Die Kapitalerhöhung bei einer GmbH vollzieht sich in mehreren Schritten:  66

- Am Anfang steht der satzungsändernde und daher auch **beurkundungsbedürftige Beschluss** der Gesellschafterversammlung über die Kapitalerhöhung. Dieser Beschluss kommt nur mit einer qualifizierten Mehrheit zustande.[94] Der Kapitalerhöhungsbeschluss muss den Betrag angeben, um den das Stammkapital erhöht wird (§§ 53 Abs. 1, 3 Abs. 1 Nr. 3 GmbHG);
- wird eine Kapitalerhöhung beschlossen, so bedarf es nach § 55 Abs. 1 S. 1 GmbHG zur **Übernahme jedes Geschäftsanteils** an dem erhöhten Kapital einer notariell aufgenommenen oder beglaubigten Erklärung des Unternehmers. Der Kapitalerhöhungsbeschluss wird üblicherweise mit der förmlichen Übernahme verbunden und bildet somit die maßgebliche Zäsur einer Kapitalerhöhung;[95]
- hiernach erfolgt die **Einzahlung** der Mindesteinlage (§ 56a GmbHG)

---

[93] Anders ist die Einschätzung von *Wachter* in Römermann/Wachter, GmbH-Beratung nach dem MoMiG, 25, 33.
[94] Eine Zustimmung aller Gesellschafter gem. § 53 Abs. 3 GmbHG ist nicht erforderlich, s. *Lutter/Hommelhoff* in Lutter/Hommelhoff, GmbHG, § 55 Rn 8.
[95] BGH v. 26.6.2006 – II ZR 43/05, NJW 2007, 515; sinnvoll ist es, in dem Beschluss auch festzulegen, ab wann ein Gewinnbezugsrecht besteht, da sonst ein möglicherweise durch die Kapitalerhöhung beitretender Gesellschafter für das volle Geschäftsjahr, in dem die Kapitalerhöhung in das Handelsregister eingetragen wird, ein solches Recht besitzt, s. *Schmitz-Herscheidt/Coenen* in Saenger/Aderhold/Lenkaitis/Speckmann, Handels- und Gesellschaftsrecht, § 6 Rn 373.

- und die **Anmeldung** der Erhöhung des Stammkapitals beim Handelsregister einschließlich der Abgabe der Anmeldeversicherung durch die Geschäftsführung (§ 57 GmbHG) sowie
- schließlich die Eintragung der Kapitalerhöhung in das Handelsregister (§ 54 Abs. 3 GmbHG).

67 Wie bei der Kapitalaufbringung im Gründungsstadium ist auch bei einer Kapitalerhöhung zwischen einer Bar- und einer Sacheinlage zu unterscheiden. Wenn sich der Gesellschafter bei der Kapitalerhöhung zur Zahlung einer **Bareinlage** verpflichtet hat, kann eine Anmeldung beim Handelsregister erfolgen, wenn auf jeden Geschäftsanteil ein Viertel des Nennbetrags eingezahlt wurde (§ 56 a GmbHG iVm § 7 Abs. 2 S. 1 GmbHG). Sollte der Kapitalerhöhungsbeschluss hierzu keine Regelung enthalten, werden nur die Mindesteinlagen sofort fällig. Demgegenüber setzt die Fälligkeit der Resteinlage regelmäßig einen Gesellschafterbeschluss nach § 46 Nr. 2 GmbHG voraus.[96]

68 Wenn die Gesellschafter eine Kapitalerhöhung mit einer **Sacheinlage** finanzieren wollen, müssen der Einlagegegenstand und der Nennbetrag des Geschäftsanteils auf den sich die Sacheinlage bezieht, im Kapitalerhöhungsbeschluss festgesetzt werden (§ 56 Abs. 1 S. 1 GmbHG). Ebenso ist in diesem Beschluss die Person des Sacheinlegers anzugeben.[97] Auch bei einer Kapitalerhöhung sind die Sacheinlagen schon vor deren Anmeldung so an die GmbH zu bewirken, dass sie endgültig zur freien Verfügung der Geschäftsführer stehen (§ 56 a GmbHG iVm § 7 Abs. 3 GmbHG).

**b) Genehmigtes Kapital**

69 Statt des regulären Verfahrens für eine Erhöhung des Stammkapitals haben die Gesellschafter seit Inkrafttreten des MoMiG auch die Möglichkeit einer Kapitalerhöhung in Form des genehmigten Kapitals nach § 55 a GmbHG. Diese **Sonderform der Kapitalerhöhung** gab es bisher nur für die Aktiengesellschaft. Dort stellt das genehmigte Kapital die häufigste Form der Kapitalerhöhung dar.[98]

70 Aufgrund des § 55 a GmbHG kann der Gesellschaftsvertrag die Geschäftsführer für höchstens fünf Jahre nach Eintragung der Gesellschaft ermächtigen, das Stammkapital bis zu einem bestimmten Nennbetrag (genehmigtes Kapital) durch Ausgabe neuer Geschäftsanteile gegen Einlagen zu erhöhen. Der Nennbetrag des genehmigten Kapitals darf hierbei die Hälfte des Stammkapitals, das zur Zeit der Ermächtigung vorhanden ist, nicht übersteigen (§ 55 a Abs. 1 S. 2 GmbHG). Die eigentliche Kapitalerhöhung ist in § 55 a Abs. 2 GmbHG geregelt. Demnach kann die Ermächtigung auch durch Abänderung des Gesellschaftsvertrages für höchstens fünf Jahre nach deren Eintragung erteilt werden. Bei einer Kapitalerhöhung gegen Sacheinlagen dürfen nur Geschäftsanteile ausgegeben werden, wenn die Ermächtigung dies vorsieht (§ 55 a Abs. 3 GmbHG).

71 Bei der Aktiengesellschaft liegt der Vorteil einer Kapitalerhöhung in Form des genehmigten Kapitals darin, dass man keinen weiteren Hauptversammlungsbeschluss benötigt, um die Erhöhung mit genehmigtem Kapital durchzuführen. Der Vorstand hat so-

---

96 Zur Entbehrlichkeit eines Einforderungsbeschlusses s. BGH v. 16.9.2002 – II ZR 1/00, NJW 2002, 3774.
97 Vgl *Schmitz-Herscheidt/Coenen* in Saenger/Aderhold/Lenkaitis/Speckmann, Handels- und Gesellschaftsrecht § 6 Rn 373.
98 *Marsch-Barner* in Bürgers/Körber, AktG § 202 Rn 1.

mit die Möglichkeit, auf den Finanzbedarf der Aktiengesellschaft schnell und flexibel zu reagieren. Hierfür besteht ein Bedürfnis, weil reguläre Kapitalerhöhungen wegen der Notwendigkeit, eine Hauptversammlung einzuberufen, langwierig und schwerfällig sein können.[99] Zwar fällt dieser Vorteil bei einer GmbH weniger ins Gewicht, denn die Einberufung einer Gesellschafterversammlung ist bei einer personalistischen Struktur mit weitaus geringerem Zeit- und Kostenaufwand verbunden. Dennoch können mit § 55a GmbHG auch bei einer GmbH Kosten gespart werden, da die Ausübung des genehmigten Kapital keine weitere notariell beurkundete Änderung des Gesellschaftsvertrags erfordert, sondern nur noch die Anmeldung zum Handelsregister.[100] Der Vorteil des genehmigten Kapitals wird allerdings durch eine Zeitgrenze (die Ermächtigung gilt nur für fünf Jahre nach deren Eintragung) und eine Höchstgrenze (das genehmigte Kapital darf nicht höher sein als die Hälfte des gezeichneten Kapitals) limitiert.[101]

Wenn die Gesellschafter ein genehmigtes Kapital in ihre Satzung aufnehmen oder aber hierüber einen Beschluss fassen, muss der Erhöhungsbetrag konkret beziffert werden. Die Angabe lediglich einer Prozentzahl ist unzulässig.[102] Im Falle einer Insolvenz der GmbH endet die Ermächtigung für eine Kapitalerhöhung automatisch. Man kann wohl nicht davon ausgehen, dass die Gesellschafterversammlung die Ermächtigung auch für ein Insolvenzverfahren erteilt hat.[103] 72

### c) Zeitpunkt für die Leistung der Einlage

Bei einer Kapitalerhöhung ist die Beurkundung des Kapitalerhöhungsbeschlusses, mit dem die förmliche Übernahme der Geschäftsanteile üblicherweise verbunden wird, die maßgebliche Zäsur. Erst danach kann eine Einlage für die Kapitalerhöhung geleistet werden.[104] Ein Gesellschafter erfüllt seine Einlagepflicht, indem er nach dem Kapitalerhöhungsbeschluss den Einlagebetrag zur freien Verfügung der Geschäftsführer an die Gesellschaft zahlt. Befindet sich das Geschäftskonto der GmbH im Soll, reicht die Zahlung für eine Tilgung der Einlagepflicht aus, wenn die Geschäftsführung aufgrund der Einlageleistung die Möglichkeit erhält, über einen Betrag in Höhe der Einlageleistung frei zu verfügen. Hierbei ist nicht entscheidend, ob diese freie Verfügung im Rahmen eines förmlich eingeräumten Kreditrahmens besteht oder aufgrund einer nur stillschweigenden Gestattung der Bank erfolgen kann.[105] 73

Probleme ergeben sich bei einer Voreinzahlung auf eine noch nicht formgültig beschlossene, sondern erst geplante Kapitalerhöhung. Insbesondere bei einer wirtschaftlichen Schieflage sehen sich die Gesellschafter gezwungen, der GmbH die notwendigen Barmittel möglichst kurzfristig zu geben. Sie haben dann weder die Zeit noch die Ge- 74

---

99 Vgl Beschlussempfehlung des Rechtsausschusses, BT-Drucks. 16/9737, S. 99; *Hüffer*, AktG, § 202 Rn 2; *Marsch-Barner* in Bürgers/Körber, AktG, § 202 Rn 1.
100 So Beschlussempfehlung des Rechtsausschusses, BT-Drucks. 16/9737, S. 99.
101 Vom Schrifttum wurde in der Diskussion über eine Reform des GmbH-Rechts der Vorschlag unterbreitet, dass das genehmigte Kapital bei der GmbH ohne eine Höchstgrenze eingeführt werden soll, s. *Triebel/Otte*, ZIP 2006, 311 (4. Vorschlag).
102 Vgl *Kollmorgen/Friedrichsen* in Dombek/Kroiß, Formularbibliothek Vertragsgestaltung, Gesellschaftsrecht I, Teil 2, § 7 Rn 141.
103 So die herrschende Meinung im Schrifttum vgl *Marsch-Barner* in Bürgers/Körber, AktG, § 202 Rn 24 mwN; zum präventiven Rechtsschutz der Gesellschafter zwischen der Ankündigung einer Kapitalmaßnahme und der Durchführung einer Kapitalerhöhung s. *Krämer/Kiefner*, ZIP 2006, 301.
104 BGH v. 26.6.2002 – II ZR 43/05, NJW 2007, 515.
105 BGH v. 8.11.2004 – II ZR 362/02, NJW-RR 2005, 338.

duld, um auf eine notarielle Beurkundung des Beschlusses über die Kapitalerhöhung zu warten, und überweisen schon vor dem Beurkundungstermin das Geld an die GmbH. Solche Voreinzahlungen haben nach der Rechtsprechung aber nur dann Tilgungswirkung, wenn der eingezahlte Betrag im Zeitpunkt der Beschlussfassung und der mit ihr üblicherweise verbundenen Übernahmeerklärung als solcher noch im Gesellschaftsvermögen zweifelsfrei vorhanden ist.[106] Voreinzahlungen lässt der BGH weiterhin nur unter sehr engen Voraussetzungen als wirksame Erfüllung der später übernommenen Einlageschuld gelten. Eben weil die ordnungsgemäße Kapitalaufbringung und Kapitalerhaltung das Korrelat für die Haftungsbeschränkung des § 13 Abs. 2 GmbHG ist, können mit Rücksicht auf den Gläubigerschutz Voreinzahlungen nur unter folgenden Voraussetzungen eine Tilgungswirkung haben:[107]

- Es muss ein aktueller Sanierungsfall vorliegen, bei dem die Kapitalerhöhung eine Überschuldung oder Zahlungsunfähigkeit abwenden soll;
- die Einzahlung von Mitteln in eine Kapitalrücklage oder auf ein gesondertes Konto, für das keine Sicherheiten bestehen, ist nicht möglich, und die GmbH muss wegen der 3-Wochen-Frist bei einer Insolvenzverschleppung sofort über die Barmittel verfügen;
- der Gesellschafter muss mit Sanierungswillen handeln, und die Gesellschaft muss nach pflichtgemäßer Einschätzung eines objektiven Dritten auch sanierungsfähig sein;[108]
- bei der Voreinzahlung muss für einen Dritten erkennbar sein, dass diese Zahlung wegen einer Kapitalerhöhung erfolgt;
- zwischen der Voreinzahlung und der folgenden Kapitalerhöhung muss ein enger zeitlicher Zusammenhang bestehen;[109]
- schließlich ist die Voreinzahlung in dem Kapitalbeschluss und in der Anmeldung offenzulegen.[110]

75 Die strengen Anforderungen des BGH an die Tilgungswirkung einer Leistung vor dem Kapitalerhöhungsbeschluss sind ausgesprochen hoch. Es ist auch nicht damit zu rechnen, dass die Rechtsprechung von diesen Anforderungen bei Sanierungsfällen zurückgehen wird, denn die Gesellschafter haben nun auch bei einer GmbH die Möglichkeit, ein genehmigtes Kapital zu beschließen.

**d) Bezugsrecht**

76 Die Kapitalerhöhung kann zur Entstehung neuer oder zur Erhöhung bereits bestehender Geschäftsanteile führen. Den bisherigen Gesellschaftern steht ein ungeschriebenes Bezugsrecht in analoger Anwendung des § 186 AktG zu.[111] Sie haben ein Bezugsrecht nach dem Verhältnis ihrer bisherigen Beteiligungen, sofern im Gesellschaftsvertrag kei-

---

106 BGH v. 26.6.2002 – II ZR 43/05, NJW 2007, 515; BGH v. 15.3.2004 – II ZR 210/01, NJW 2004, 2592.
107 Vgl hierzu BGH v. 26.6.2006 – II ZR 43/05, NJW 2007, 515.
108 Eine Voreinzahlung auf eine künftige Kapitalerhöhung kann schon deshalb keine Tilgungswirkung haben, wenn ein die Fortführung des Betriebes rechtfertigendes Unternehmenskonzept nicht vorliegt, s. BGH v. 26.6.2006 – II ZR 43/05, NJW 2007, 515.
109 Bei einer Einpersonen-GmbH ist ein Zeitraum von acht Tagen zwischen der Voreinzahlung und der Beschlussfassung nach der Rechtsprechung schon zu lang, s. BGH v. 26.6.2006 – II ZR 43/05, NJW 2007, 515; BGH v. 15.3.2004 – II ZR 210/01, NJW 2004, 2592.
110 Hierzu *Heidinger*, GmbHR 2004, 738.
111 *Lutter/Hommelhoff* in Lutter/Hommelhoff, GmbHG, § 55 Rn 17.

ne abweichende Regelung getroffen wurde. Ein Ausschluss dieses Bezugsrechts kann einen Geschäftsanteil abwerten. Er ist daher nur in bestimmten Ausnahmekonstellationen zulässig.[112]

## 2. Nominelle Kapitalerhöhung

Bei einer nominellen Kapitalerhöhung werden der GmbH keine neuen Mittel zugeführt. Es handelt sich hierbei um eine Kapitalerhöhung, die von der Gesellschaft selbst und nicht von ihren Gesellschaftern finanziert wird. Vor der Kapitalerhöhung können diese Rücklagen an die Gesellschafter ausgeschüttet werden; mit **Umwandlung der Rücklagen** in Eigenkapital ist eine Auszahlung an die Gesellschafter gem. § 30 Abs. 1 S. 1 GmbHG nicht mehr zulässig. Es werden keine neuen Geschäftsanteile übernommen oder den Gesellschaftern zusätzliche Leistungen abverlangt. Die GmbH verfügt aufgrund einer nominellen Kapitalerhöhung allerdings auch nicht über ein neues Vermögen. Die Kapitalerhöhung aus Gesellschaftsmitteln wird in der Praxis vergleichsweise selten praktiziert. 77

Auch bei einer Kapitalerhöhung aus Gesellschaftsmitteln ist ein satzungsändernder Beschluss der Gesellschafter erforderlich. In diesem Beschluss muss neben dem genauen Erhöhungsbetrag auch der Hinweis enthalten sein, dass die Kapitalerhöhung aus Gesellschaftsmitteln finanziert wird.[113] Entscheiden sich die Gesellschafter für eine nominelle Kapitalerhöhung müssen sie in dem Beschluss angeben, ob die Kapitalerhöhung durch die Bildung neuer Geschäftsanteile oder durch die Erhöhung des Nennbetrags der bestehenden Geschäftsanteile ausgeführt werden soll (§ 57 h GmbHG). In diesem Beschluss muss neben dem genauen Erhöhungsbetrag außerdem noch der Hinweis enthalten sein, dass die Kapitalerhöhung aus Gesellschaftsmitteln finanziert wird.[114] 78

Voraussetzung für eine Kapitalerhöhung aus Gesellschaftsmitteln sind **umwandlungsfähige Rücklagen**. Hierzu zählen Kapital- und Gewinnrücklagen. Diese Rücklagen dürfen von den Gesellschaftern nicht nach freiem Belieben in einer Bilanz angegeben werden. Vielmehr muss einem Beschluss über eine nominelle Kapitalerhöhung ein Jahresabschluss oder aber eine Zwischenbilanz zugrunde gelegt werden, die ein **Wirtschaftsprüfer** (bei kleinen Kapitalgesellschaften zumindest ein **vereidigter Buchprüfer**) mit einem uneingeschränkten Bestätigungsvermerk versehen hat. Bei der Anmeldung der Kapitalerhöhung dürfen der Jahresabschluss oder die Bilanz nicht älter als acht Monate sein (§ 57 e Abs. 1 bzw § 57 f Abs. 1 S. 2 GmbHG). Bei der Anmeldung haben die Geschäftsführer dem Registergericht gegenüber zu erklären, dass nach ihrer Kenntnis seit dem Stichtag der Bilanz keine Vermögensminderung eingetreten sei, welche der Kapitalerhöhung entgegenstünden (§ 57 i Abs. 1 S. 2 GmbHG). Der Anmeldung sind der Gesellschafterbeschluss zur Kapitalerhöhung und die Änderung des Gesellschaftsver- 79

---

112 Vgl BGH v. 19.4.1982 – II ZR 55/82, NJW 1982, 2444; zu einzelnen Konstellationen s. *Lutter/Hommelhoff* in Lutter/Hommelhoff, GmbHG, § 55 Rn 20.
113 Zu dem weiteren Inhalt eines Beschlusses über die Kapitalerhöhung aus Gesellschaftsmitteln s. *Kollmorgen/Friedrichsen* in Dombek/Kroiß, Formularbibliothek Vertragsgestaltung, Gesellschaftsrecht I, Teil 1 § 7 Rn 84; *Heckschen* in Heckschen/Heidinger, Die GmbH in der Gestaltungspraxis, § 6 Rn 323.
114 Zu dem weiteren Inhalt eines Beschlusses über die Kapitalerhöhung aus Gesellschaftsmitteln s. *Kollmorgen/Friedrichsen* in Dombek/Kroiß, Formularbibliothek Vertragsgestaltung, Gesellschaftsrecht I, Teil 1 § 7 Rn 84; *Heckschen* in Heckschen/Heidinger, Die GmbH in der Gestaltungspraxis, § 6 Rn 323.

trages, die in der Kapitalerhöhung zugrunde gelegte Bilanz nebst Bestätigungsvermerk sowie der geänderte Gesellschaftsvertrag beizufügen.

### V. Synopse zur Kapitalaufbringung

80

|  | bisheriges Recht | neues Recht |
|---|---|---|
| Stammkapital | 25.000 EUR | es bleibt bei 25.000 EUR, aber Einführung der Unternehmergesellschaft (haftungsbeschränkt), die nicht das Mindeststammkapital haben muss (§ 5 a GmbHG) |
| Stammeinlage/ Geschäftsanteil | die Stammeinlage jedes Gesellschafters muss mindestens 100 EUR betragen. | der Geschäftsanteil muss mindestens einen Euro betragen, da der Nennbetrag jedes Geschäftsanteils auf volle Euro lauten muss |
| Einpersonen-GmbH | Mindesteinzahlung von 12.500 EUR; über den Rest ist eine Sicherheit zu bestellen. Innerhalb von drei Jahren nach der Gründung dürfen sich die Geschäftsanteile nur dann in der Hand eines Gesellschafters vereinigen, wenn Kapitalaufbringung nach § 19 Abs. 4 GmbHG aF gesichert ist. | Mindesteinzahlung von 12.500 EUR *ohne* Sicherheitsleistung für die restliche Einlage. Beschränkung des § 19 Abs. 4 GmbHG aF entfällt. |
| Verdeckte Sacheinlage | Rechtsfolge: Die auf die Stammeinlage geleistete Zahlung hat keine Erfüllungswirkung. Der Anspruch der GmbH auf Bareinlage bleibt in voller Höhe bestehen. Der schuldrechtliche Teil des Verkehrsgeschäfts sowie das dingliche Erfüllungsgeschäft sind in analoger Anwendung des § 27 Abs. 3 S. 1 AktG nichtig. | Rechtsfolge: Die auf die Einlage geleistete Zahlung hat keine Erfüllungswirkung. Auf den Anspruch der GmbH wird die verdeckte Sacheinlage angerechnet. Entscheidend ist regelmäßig der Wert im Zeitpunkt der Anmeldung der GmbH. Verträge über die Sacheinlage und die Rechtshandlungen zu ihrer Ausführung sind wirksam (§ 19 Abs. 4 GmbHG) |

|  | bisheriges Recht | neues Recht |
|---|---|---|
| GmbH & Co. KG | Weiterreichung der Einlage für die GmbH als Darlehen an die KG ist keine ordnungsgemäße Kapitalaufbringung. Die Einlageschuld bleibt bestehen. | Weiterreichung der Einlage für die GmbH als Darlehen an die KG kann eine ordnungsgemäße Kapitalaufbringung sein, wenn der Rückzahlungsanspruch vollwertig ist, jederzeit fällig oder kündbar ist und bei der Anmeldung offengelegt wird (§ 19 Abs. 5 GmbHG). |
| Genehmigtes Kapital | unzulässig | möglich (§ 55 a GmbHG) |

## B. Kapitalerhaltung

### I. Vermögensschutz

#### 1. Grundsatz

Die Leistung der Einlage ist der Preis für die in § 13 Abs. 2 GmbHG festgelegte Haftungsbeschränkung. Gesellschaftsgläubiger sehen in ihr vor allem die Bereitstellung eines Haftungsfonds, der die Befriedigung ihrer Forderungen sichern soll. Wegen ihrer herausgehobenen Bedeutung wird die **Kapitalaufbringung** durch zahlreiche Vorschriften abgesichert (§§ 5 Abs. 4, 7 Abs. 2 und 3, 8 Abs. 2, 9, 9 a 9 b und 19 GmbHG). Diese Regelungen wären weitestgehend zwecklos, wenn das Gesetz nicht auch die **Kapitalerhaltung** sicherstellen würde. Den Gläubigern wäre nämlich nicht geholfen, wenn das bei Gründung noch vorhandene Gesellschaftsvermögen in wirtschaftlich schwierigen Zeiten von den Gesellschaftern beiseite geschafft werden dürfte. Genau dies sollen §§ 30, 31 GmbHG verhindern. Nicht ohne Grund gelten die Regelungen zur Kapitalaufbringung und -erhaltung als „**Kernstück**" des GmbH-Rechts.[115]

81

Der Begriff „Kapitalerhaltung" deutet zunächst darauf hin, dass genau die 25.000 EUR, die bei der Gründung als Bareinlage geleisteten wurden, oder der als Sacheinlage eingebrachte Gegenstand als Kapital der GmbH „erhalten" bleiben müssen. Eine solche strikte Kapitalerhaltung würde aber bedeuten, dass die zur Verfügung gestellte Einlage auf immer und ewig bei der GmbH verbleiben müsste und an niemanden, also an keinen Gesellschaftsgläubiger und an keinen Gesellschafter, ausgezahlt werden dürfte. Das Prinzip zur Kapitalerhaltung wäre somit einer Spardose vergleichbar, in welche die Bar- oder Sacheinlagen hineingesteckt werden und die allenfalls von einem Insolvenzverwalter geöffnet werden darf.

82

§ 30 Abs. 1 S. 1 GmbHG verbietet aber lediglich, dass das zur Erhaltung des Stammkapitals erforderliche **Vermögen** an die **Gesellschafter** ausgezahlt wird. Dieser kleine Satz enthält zwei Kernaussagen: Das Kapital einer GmbH wird nur als Vermögen bis zur Höhe des im Register eingetragenen Stammkapitals geschützt. Ein bestimmter Gegenstand oder ein Kontoguthaben der Gesellschaft wird demgegenüber nicht gesichert.

83

---

[115] Scholz/H.P.Westermann, GmbHG, 10. Aufl. 2006, § 30 Rn 1 mwN.

Ferner wendet sich das Gesetz lediglich gegen Auszahlungen an Gesellschafter. Diese beiden Kernaussagen zur Kapitalerhaltung werden durch die Rechtsprechung zwar relativiert: Denn zum einen wird neben einer wertbezogenen Kapitalsicherung aus § 30 GmbHG auch ein gegenstandsbezogener Vermögensschutz abgeleitet;[116] zum anderen können auch Auszahlungen an Dritte gegen den Grundsatz der Kapitalerhaltung verstoßen. Den in § 30 Abs. 1 S. 1 GmbHG niedergeschriebenen Kerngedanke eines **Auszahlungsverbots** sollte man gleichwohl nicht aus dem Blick verlieren.

84 Um das Kapitalerhaltungsprinzip zu verstehen, muss man sich zunächst den Aufbau einer handelsrechtlichen Bilanz vergegenwärtigen. Stark vereinfacht, gliedert sich eine Bilanz nach § 266 Abs. 2 und 3 HGB wie folgt:

| Aktiva | Passiva |
|---|---|
| A. Anlagevermögen | A. Eigenkapital: |
| I. Immaterielle Vermögensgegenstände | I. Gezeichnetes Kapital; |
| II. Sachanlagen | II. Kapitalrücklage; |
| III. Finanzanlagen | III. Gewinnrücklagen: |
| B. Umlaufvermögen | IV. Gewinnvortrag / Verlustvortrag; |
| I. Vorräte: | V. Jahresüberschuss/ Jahresfehlbetrag. |
| II. Forderungen und sonstige Vermögensgegenstände: | B. Rückstellungen |
| III. Wertpapiere: | C. Verbindlichkeiten |
| IV. Kassenbestand, Bundesbankguthaben, Guthaben bei Kreditinstituten und Schecks. | D. Rechnungsabgrenzungsposten |
| C. Rechnungsabgrenzungsposten | |

85 Das im GmbHG häufig erwähnte „Stammkapital" ist das „gezeichnete Kapital" im Sinne des § 266 Abs. 3 A I HGB. Es ist auch das Kapital auf das die Haftung der Gesellschafter für die Verbindlichkeiten der GmbH-Gläubiger grundsätzlich beschränkt ist (s. § 272 HGB).

86 § 30 Abs. 1 S. 1 GmbHG schützt das zur Erhaltung des Stammkapitals erforderliche Vermögen. Ein solcher Schutz ist spätestens dann erforderlich, wenn eine **Unterbilanz** vorliegt. Eine Unterbilanz ist gegeben, wenn das Reinvermögen der Gesellschaft, also die Aktiva (Anlage- und Umlaufvermögen) abzüglich der Passiva (hier: Verbindlichkeiten und Rückstellungen, ohne Stammkapital und Rücklagen) nicht mehr das Stammkapital deckt.[117]

87 Das Bilanzrecht reagiert auf diese Situation mit der Verpflichtung, den Betrag, der sich aus einem Überschuss der Passivposten über die Aktivposten ergibt, am Schluss der

---

116 So bspw bei der Darlehensgewährung an einen Gesellschafter, vgl BGH v. 24.11.2003 – II ZR 171/01, NJW 2004, 1111. Zu dieser Tendenz s. auch *Lutter/Hommelhoff* in Lutter/Hommelhoff, GmbHG, § 30 Rn 5 mwN.
117 So K. Schmidt, Gesellschaftsrecht, § 37 III 1. d (S. 1135); Rechnungsabgrenzungsposten bleiben unberücksichtigt, vgl *Lutter/Hommelhoff* in Lutter/Hommelhoff, GmbHG, § 30 Rn 19; ablehnend Beck GmbH-HB/ *Jung* § 8 Rn 16.

# B. Kapitalerhaltung 3

Bilanz auf der Aktivseite gesondert unter der Bezeichnung „nicht durch Eigenkapital gedeckter Fehlbetrag" auszuweisen (vgl § 268 Abs. 3 HGB). Aber auch im GmbH-Recht bleibt eine Unterbilanz nicht ohne Folgen. In einer solchen Konstellation hat die GmbH nämlich nicht mehr das zur Erhaltung des Stammkapitals erforderliche Vermögen. Zahlungen an die Gesellschafter sind nach § 30 Abs. 1 S. 1 GmbHG nun verboten.

Zur Erläuterung dieses Schutzmechanismus drei Beispiele: **88**

**Beispiel:** **89**
Nehmen wir zunächst an, die GmbH hat das gesetzliche Mindeststammkapital, 50.000 EUR Verbindlichkeiten und ein Vermögen von 150.000 EUR.

| Aktiva | | Passiva | |
|---|---|---|---|
| Vermögen | 150.000 EUR | Stammkapital | 25.000 EUR |
| | | Rücklagen | 75.000 EUR |
| | | Verbindlichkeiten | 50.000 EUR |

Die GmbH könnte in dieser Situation 75.000 EUR an die Gesellschafter auszahlen; eine darüber hinausgehende Zahlung an die Gesellschafter kann gegen den Grundsatz der Kapitalerhaltung verstoßen. Anstatt einer Auszahlung könnten die Gesellschafter auch die Gewinnrücklage (§ 272 Abs. 3 HGB) weiter im Vermögen der GmbH belassen.

**Beispiel:** **90**
Hat die GmbH bei einem Vermögen von 150.000 EUR und dem gesetzlichen Mindeststammkapital aber Verbindlichkeiten von 125.000 EUR, wäre die Bilanz an sich ausgeglichen:

| Aktiva | | Passiva | |
|---|---|---|---|
| Vermögen | 150.000 EUR | Stammkapital | 25.000 EUR |
| | | Verbindlichkeiten | 125.000 EUR |

Eine ohne Gegenleistung erfolgte Zahlung von bspw 10.000 EUR an die Gesellschafter steht im Widerspruch zu § 30 Abs. 1 S. 1 GmbHG, denn in diesem Fall **entsteht** durch die Zahlung eine Unterbilanz, da ein nicht durch Eigenkapital gedeckter Fehlbetrag von 10.000 EUR in der Bilanz ausgewiesen werden müsste.

| Aktiva | | Passiva | |
|---|---|---|---|
| Vermögen | 140.000 EUR | Stammkapital | 25.000 EUR |
| Fehlbetrag | 10.000 EUR | Verbindlichkeiten | 125.000 EUR |

**Beispiel:** **91**
Mit § 30 Abs. 1 S. 1 GmbHG unvereinbar können auch einseitige Zahlungen an die Gesellschafter sein, wenn bereits vor der Zahlung nicht durch Eigenkapital gedeckter Fehlbetrag festgestellt werden muss und die Zahlung einer Unterbilanz **weiter vertieft**. Stellt sich die Vermögenssituation einer GmbH wie folgt dar ...

| Aktiva | | Passiva | |
|---|---|---|---|
| Vermögen: | 10.000 EUR | Stammkapital: | 25.000 EUR |
| Fehlbetrag: | 190.000 EUR | Verbindlichkeiten: | 175.000 EUR |

... wird eine Auszahlung an die Gesellschafter gegen § 30 Abs. 1 S. 1 GmbHG verstoßen.

In dem soeben genannten Beispiel besteht nicht nur eine Unterbilanz. Vielmehr dürfte **92** diese Gesellschaft auch überschuldet sein, denn das Vermögen dürfte zur Begleichung aller Verbindlichkeiten nicht ausreichen. In dieser Situation ist die GmbH überschuldet

§ 19 Abs. 2 S. 1 InsO. Der Kapitalschutz des § 30 Abs. 1 S. 1 GmbHG greift auch ein, wenn die GmbH überschuldet ist oder infolge einer Zahlung an den Gesellschafter überschuldet würde.

93 Eine Auszahlung des zur Erhaltung des Stammkapitals erforderlichen Vermögens führt zu einem Erstattungsanspruch nach § 31 Abs. 1 GmbHG. Dieser Anspruch richtet sich in erster Linie gegen den **Empfänger**. Ist bei ihm allerdings nichts zu erlangen, haften die übrigen **Gesellschafter** unter den in § 31 Abs. 3 GmbHG enthaltenen Bedingungen. Nur diese Gesellschafter, nicht aber der Empfänger, haben einen Rückgriffsanspruch gegen den Geschäftsführer auf Schadensersatz, wenn und soweit ihnen wegen der Auszahlung aus dem gebunden Vermögen kein Verschulden zur Last fällt (§ 31 Abs. 6 GmbHG).

94 Darüber hinaus hat die Gesellschaft auch einen eigenen Anspruch gegen den **Geschäftsführer** nach § 43 Abs. 3 GmbHG, wenn den Bestimmungen des § 30 GmbHG zuwider Zahlungen aus dem zur Erhaltung des Stammkapitals erforderlichen Vermögens gemacht worden sind. Wegen dieser Haftung wird der Geschäftsführer auch als Normadressat des § 30 Abs. 1 S. 1 GmbHG angesehen. Auf **Prokuristen** oder sonstige zur Vertretung befugte Personen ist die Haftungsvorschrift des § 43 Abs. 3 GmbHG nicht anwendbar.[118]

95 Bei der Anwendung der §§ 30, 31 GmbHG ist es unerheblich, ob die Gesellschafter oder Geschäftsführer Kenntnis von der durch die Zahlung eintretenden oder vertieften **Unterbilanz** bzw **Überschuldung** haben, oder ob sie gar diesen Zustand bewusst haben herbeiführen wollen. Im Interesse der Gesellschaftsgläubiger sollen die Vorschriften zur Kapitalerhaltung, von der Ausnahme in § 31 Abs. 2 GmbHG abgesehen, allein an objektive Kriterien anknüpfen.[119]

**2. Vergleich mit den aktienrechtlichen Regelungen**

96 Zwischen der Kapitalerhaltung im Aktienrecht und derjenigen im GmbH-Recht bestehen Unterschiede. Eine Ausschüttung an die Aktionäre ist nach § 57 Abs. 3 AktG grundsätzlich auf den Bilanzgewinn beschränkt. Ohne einen Beschluss der Hauptversammlung ist der AG jede Ausschüttung von Gesellschaftsvermögen an die Aktionäre verwehrt (vgl § 57 Abs. 4 AktG).[120] Indem eine Ausschüttung auf den Bilanzgewinn beschränkt ist, werden auch die Rücklagen einer Aktiengesellschaft vor einem übereilten Zugriff der Gesellschafter geschützt.[121] Bei einer GmbH können die Rücklagen dagegen an die Gesellschafter ohne weiteres verteilt werden.[122]

97 Auch die **Ausfallhaftung** der Mitglieder ist im GmbH- und im Aktienrecht unterschiedlich geregelt. Während bei einer GmbH die Gesellschafter nach § 31 Abs. 3 GmbHG

---

118 Vg. BGH v. 25.6.2001 – II ZR 38/99, NJW 2001, 3123. In dieser Entscheidung hielt der BGH auch fest, dass ein Prokurist aus positiver Vertragsverletzung seines Anstellungsvertrages haftbar sein kann, wenn er eine unter § 30 GmbHG fallende Auszahlung an einen Gesellschafter entgegen einer Weisung des Geschäftsführers vornimmt.
119 BGH v. 23.6.1997 – II ZR 220/95, NJW 1997, 2599.
120 Vgl *K. Schmidt*, Gesellschaftsrecht, § 29 II 2 (S. 890).
121 Dieser Unterschied wird freilich dadurch relativiert, dass die Gesellschafter einer AG die Rücklagen unter Beachtung der §§ 150, 158 AktG zu Gunsten des Bilanzgewinns auflösen und dann ausschütten können, s. *Habersack* in Ulmer/Habersack/Winter, GmbHG, § 30 Rn 19.
122 Hierzu *Gehrlein*, GmbH-Recht in der Praxis, S. 346.

fürchten müssen, für die Zahlungen an einen Mitgesellschafter in Anspruch genommen zu werden, ist eine solche Haftung in § 62 AktG gerade nicht vorgesehen. Bei einer Aktiengesellschaft muss jeder Gesellschafter daher nur den Betrag erstatten, den er entgegen der Regelung des § 57 Abs. 3 AktG erhalten hat. Mit dieser Abweichung berücksichtigt das Gesetz die unterschiedliche personelle Struktur beider Gesellschaftsformen.[123]

Bei einem Vergleich mit den aktienrechtlichen Regelungen fällt schließlich die Haftung des Geschäftsleiters ins Auge. Bei der GmbH haftet der Geschäftsführer gegenüber der Gesellschaft, wenn die Zahlungssperre des § 30 Abs. 1 S. 1 GmbHG nicht beachtet wurde. Gläubiger der GmbH können diesen Anspruch im Falle einer masselosen Insolvenz pfänden und sodann einziehen. Die Gläubiger einer Aktiengesellschaft können bei einem Verstoß gegen die Grundsätze der Kapitalerhaltung aufgrund eines eigenen **Gläubigerverfolgungsrechts** direkt gegen den Vorstand nach § 62 Abs. 1 S. 1 AktG vorgehen.[124]

### 3. Änderungen durch das MoMiG

Der Satz: „Das Erhaltung des Stammkapitals erforderliche Vermögen der Gesellschaft darf an die Gesellschafter nicht ausgezahlt werden" bildete seit 1892 den § 30 Abs. 1 GmbHG. Durch das MoMiG wurden zwei Einschränkungen eingeführt. Zum einen soll dieser Satz nach § 31 Abs. 1 S. 2 GmbHG MoMiG-RegE nicht bei Leistungen gelten, die bei Bestehen eines Beherrschungs- oder Gewinnabführungsvertrags (§ 291 AktG) erfolgen oder durch einen vollwertigen Gegenleistungs- oder Rückgewähranspruch gegen den Gesellschafter gedeckt sind. Mit diesen Änderungen reagierte der Gesetzgeber auf das sogenannte **November-Urteil** des BGH.[125] In dieser Entscheidung ging es zwar nur um eine Darlehensgewährung an einen offenbar nicht kreditwürdigen Gesellschafter, allerdings enthielt die Urteilsbegründung Aussagen, mit der die gängigen Instrumente der Konzernfinanzierung („Cash-Pool") in Frage gestellt wurden (hierzu noch ausführlich unter § 3 Rn 133 ff). Zum anderen soll der jetzige § 31 Abs. 1 S. 1 GmbHG nicht auf die Rückgewähr eines Gesellschafterdarlehens und Leistungen auf Forderungen aus Rechtshandlungen anzuwenden sein, die einem Gesellschafterdarlehen wirtschaftlich entsprechen (§ 31 Abs. 1 S. 3 GmbHG MoMiG-RegE). Damit werden die sog. Rechtsprechungsregeln zu den eigenkapitalersetzenden Gesellschafterdarlehen abgeschafft. Zahlungen auf Gesellschafterdarlehen können keine verbotene Auszahlung des zur Erhaltung des Stammkapitals erforderlichen Vermögens mehr sein. Ein Rückzahlungsanspruch der Gesellschaft erfolgt daher auch nicht mehr in einer analogen Anwendung der §§ 30 Abs. 1, 31 GmbHG, sondern hat seine Grundlage im Insolvenz- und Anfechtungsrecht (hierzu noch ausführlich unter § 3 Rn 181).[126]

---

123 Vgl *Gehrlein*, GmbH-Recht in der Praxis, S. 345.
124 Nach *Konzen*, FS Ulmer, S. 345 f besteht in entsprechender Anwendung des § 62 Abs. 2 S. 1 AktG auch gegenüber dem GmbH-Geschäftsführer ein Gläubigerverfolgungsrecht.So auch *Habersack* in Ulmer/Habersack/Winter, GmbHG, § 31 Rn 12 mwN.
125 BGH v. 24.11.2003 – II ZR 171/01, NJW 2004, 1111; zum Regierungsentwurf *Drygala/Kremer*, ZIP 2007, 1289.
126 Vgl Begründung zum RegE MoMiG, S. 95. Hierzu *Habersack*, 2007, 2145 ff.

## 4. Prüfungsreihenfolge

**100** Für die Frage, ob gegen das Auszahlungsverbot des § 30 Abs. 1 S. 1 GmbHG verstoßen wird, bietet sich folgende Prüfungsreihenfolge an:

- Zunächst ist das Vermögen der GmbH entscheidend. Die Bestimmung des geschützten Gesellschaftsvermögens erfolgt bei einer Unterbilanz nach handelsbilanziellen Grundsätzen. Liegt demnach eine Unterbilanz (oder sogar eine Überschuldung) vor, kann eine Zahlung an die Gesellschafter gegen den Grundsatz der Kapitalerhaltung verstoßen (nachfolgend unter Rn 102 ff).
- Sodann ist zu klären, ob eine Auszahlung vorgenommen wurde, die eine Unterbilanz (bzw Überschuldung) herbeiführt oder weiter vertieft. In diesem Fall würde es sich um eine unzulässige Leistung handeln. (s. unter Rn 114 ff).
- Für die Anwendung des § 30 Abs. 1 S. 1 GmbHG ist dann weiterhin entscheidend, ob diese Leistung an einen Gesellschafter oder einen ihm gleichgestellten Dritten erfolgte (unter Rn 139 ff).

**101** Wenn ein Verstoß gegen § 30 Abs. 1 S. 1 GmbHG vorliegt, ist in einem weiteren Schritt das Bestehen eines Erstattungsanspruchs nach § 31 GmbHG zu prüfen (unter Rn 150 ff)

## II. Auszahlungsverbot
### 1. Bestandsaufnahme des Vermögens

**102** Wenn eine GmbH eine Auszahlung an die Gesellschafter vornimmt, ist dies so lange kein Problem, wie dies nicht zu Lasten der Gesellschaftsgläubiger geht. Erst ab einer bestimmten finanziellen Konstellation, kann eine Leistung an die Gesellschafter im Widerspruch zu den Kapitalerhaltungsregeln stehen. Nach § 30 Abs. 1 S. 1 GmbHG ist diese Situation gegeben, wenn das zur Erhaltung des Stammkapitals erforderliche Vermögen angegriffen wird. In einem solchen Fall spricht man von einer **Unterbilanz**. Deren bilanzielle Ermittlung wird sogleich dargestellt. Wenn das Vermögen der GmbH nicht mehr ausreicht, um die Verbindlichkeiten zu decken, liegt eine **Überschuldung** vor. Hierbei ist das zur Erhaltung des Stammkapitals erforderliche Vermögen schon längst ausgezerrt, die Regelung des § 30 Abs. 1 S. 1 GmbHG greift nun „erst recht" ein.[127]

### a) Unterbilanz
### aa) Bilanzielle Ermittlung

**103** Eine Unterbilanz liegt vor, wenn das Reinvermögen der Gesellschaft, also die Aktiva (Anlage- und Umlaufvermögen) abzüglich der Passiva (hier: Verbindlichkeiten und Rückstellungen, ohne Stammkapital und Rücklagen) nicht mehr das Stammkapital deckt.[128] Ob eine Auszahlung an einen Gesellschafter gegen § 30 Abs. 1 S. 1 GmbHG verstößt, ist anhand einer nach § 42 GmbHG, §§ 242 ff HGB zu fortgeführten Buch-

---

[127] *Habersack* in Ulmer/Habersack/Winter, GmbHG, § 30 Rn 28 und Rn 42.
[128] So K. Schmidt, Gesellschaftsrecht, § 37 III 1. d (S. 1135); Rechnungsabgrenzungsposten bleiben unberücksichtigt, vgl *Lutter/Hommelhoff* in Lutter/Hommelhoff, GmbHG, § 30 Rn 19; ablehnend Beck GmbH-HB/ Jung § 8 Rn 16.

werten erstellten Bilanz zu beurteilen.[129] Dabei ist die Erstellung einer Zwischenbilanz nicht unbedingt erforderlich.[130] Sollte ein Geschäftsführer allerdings bei der Auszahlung befürchten, dass damit § 30 Abs. 1 S. 1 GmbHG verletzt werden könnte, ist die Erstellung einer solchen Zwischenbilanz – auch aus Gründen der Beweissicherung in einem späteren Prozess mit dem Insolvenzverwalter – zu empfehlen.[131]

**bb) Aktiva**

Ausgangspunkt für die Ermittlung einer Unterbilanz ist in den allermeisten Fällen der letzte Jahresabschluss. Aus ihm werden die Buchwerte übernommen, mit denen die Wirtschaftsgüter bewertet werden. Dass die Aktiva mit den jeweiligen **Buchwerten** angesetzt werden, beruht nicht nur auf dem bilanzrechtlichen Grundsatz der Bewertungsstetigkeit (§ 252 Abs. 1 Nr. 6 HGB), sondern dient vor allem dem Gläubigerschutz. 104

Wenn bei den Vermögensgegenständen die Buchwerte für eine Unterbilanzrechnung maßgeblich sind, werden die stillen Reserven nicht aufgedeckt. Stille Reserven kennzeichnen den Unterschied zwischen dem Buchwert und dem regelmäßig höheren Verkehrswert eines Vermögensgegenstandes. Sie entstehen beispielsweise durch bilanzrechtliche und steuerrechtliche Abschreibungen.[132] Dass mit dem Buchwert der vergleichsweise niedrigere Wert bei der Ermittlung einer Unterbilanz eine Rolle spielt, liegt im Interesse der Gesellschaftsgläubiger. Auf diese Weise wird ein geringeres Vermögen auf der Aktivseite ausgewiesen, so dass dementsprechend früher der Anwendungsbereich des § 30 Abs. 1 GmbHG eröffnet ist. Bei einer Aktivierung des Verkehrswertes würde man demgegenüber in einer Bilanz gewissermaßen unterstellen, dass das Wirtschaftsgut zu dem Verkehrswert bereits veräußert und der Erlös auch noch an die Gesellschaft gezahlt wurde. Niemand würde aber seine Hand dafür ins Feuer legen, dass die Gesellschaft einen finanzkräftigen Käufer für eines ihrer Wirtschaftsgüter findet. Um die Gesellschaftsgläubiger nicht mit diesen Unwägbarkeiten zu belasten, sind die Buchwerte für die Ermittlung einer Unterbilanz maßgeblich.[133] Demgegenüber werden bei der Feststellung einer Überschuldung stille Reserven aufgedeckt (hierzu sogleich). 105

Bei der Ermittlung einer Unterbilanz dürfen auf der Aktivseite die selbst geschaffenen **Geschäfts- oder Firmenwerte** (§ 255 Abs. 4 HGB) ebenso wenig berücksichtigt werden, wie alle anderen immateriellen Güter, die nicht entgeltlich angeschafft worden sind (vgl § 248 Abs. 2 HGB, hierzu zählen u.a. Patente, Urheberrechte, selbst entwickelte EDV-Programme und der Kundenstamm). Der bei der Übernahme eines Unternehmens er- 106

---

129 BGH v. 7.11.1988 – II ZR 46/88, NJW 1989, 982, 983 = BGHZ 106, 7, 12; BGH v. 13.2.2006 – II ZR 62/04, NJW-RR 2006, 760 mwN.
130 Im Gegensatz zu einer AG können bei einer GmbH die Rücklagen ohne die Einhaltung bestimmter Formalien (Auszahlungsbeschluss der Hauptversammlung) aufgelöst werden. Hierzu würde es im Widerspruch stehen, wenn bei jeder Auszahlung das formale Erfordernis einer Zwischenbilanz bestünde, s. auch *Habersack* in *Ulmer/Habersack/Winter*, GmbHG, § 30 Rn 41.
131 So auch *Müller*, DStR 1997, 1577, 1578 mwN.
132 Zu den Abschreibungen nach der Handelsbilanz zählt u.a. § 253 Abs. 2 HGB; danach sind bei Vermögensgegenständen des Anlagevermögens, sofern deren Nutzung zeitlich begrenzt sind, die Anschaffungs- oder Herstellungskosten um planmäßige Abschreibungen zu verhindern. Ein Beispiel für einer steuerrechtliche Abschreibung ist die Sonderabschreibung zur Förderung kleiner und mittlerer Betriebe, vgl § 254 HGB iVm § 7g EStG.
133 BGH v. 7.11.1988 – II ZR 46/88, NJW 1989, 982, 983 = BGHZ 106, 7, 12; BGH v. 13.2.2006 – II ZR 62/04, NJW-RR 2006, 760 mwN; *Lutter/Hommelhoff* in Lutter/Hommelhoff, GmbHG, § 30 Rn 14.

worbene Geschäfts- oder Firmenwert darf dagegen unter Berücksichtigung des § 255 Abs. 4 HGB aktiviert werden.[134] Das Verbot der Aktivierung selbst geschaffener immaterieller Vermögensgegenstände des Anlagevermögens soll durch den zurzeit in der Diskussion befindlichen Referentenentwurf eines Gesetzes zur Modernisierung des Bilanzrechts (**Bilanzrechtsmodernisierungsgesetz – BilMoG**) aufgehoben werden.[135] Damit diese Änderung nicht zulasten des Gläubigerschutzes erfolgt, soll eine Ausschüttungssperre eingeführt werden.[136] Werden selbst geschaffene immaterielle Vermögensgegenstände des Anlegervermögens in der Bilanz ausgewiesen, dürfen nach § 268 Abs. 8 HGB in der Fassung des RefE zum BilMoG Gewinne nur ausgeschüttet werden, wenn die nach der Ausschüttung verbleibenden jederzeit auflösbaren Gewinnrücklagen abzüglich eines Verlustvortrags oder zuzüglich eines Gewinnvortrags dem angesetzten Betrag mindestens entsprechen.

**107** Die Forderung der Gesellschaft auf Zahlung der noch **ausstehenden Einlagen** ist in der Bilanz solange zu berücksichtigen, wie deren Einbringlichkeit unzweifelhaft ist.[137]

**cc) Passiva**

**108** Auf der **Passivseite** steht zunächst das **Stammkapital**, wie es in dem Gesellschaftsvertrag festgelegt wurde. Ob die Einlagen der Gesellschafter eingezahlt sind, ist für die Passivierung des Stammkapitals unerheblich.

**109** **Verbindlichkeiten** sind mit ihrem aktuellen Nennwert zu berücksichtigen.[138] In gleicher Weise sind **Rückstellungen** auf der Passivseite mit ihrem Nennwert anzusetzen. Eine Rückstellung soll in Verbindung mit § 30 GmbHG sicherstellen, dass auch die finanziellen Mittel im Gesellschaftsvermögen verbleiben, die zur Erfüllung ungewisser Verbindlichkeiten erforderlich sind. Die Rückstellungspflicht gemäß § 249 Abs. 1 HGB besteht auch bei dem Grunde nach ungewissen Verbindlichkeiten jedenfalls dann, wenn ernsthaft mit ihrem Bestand gerechnet werden muss. Maßgeblich ist insoweit, ob der Bilanzierungspflichtige bei sorgfältiger Abwägung aller in Betracht zu ziehenden Umstände eine Rückstellungspflicht nicht verneinen durfte.[139] In den Worten des BFH, von dem der II. Zivilsenat beim BGH nur in der Diktion, nicht aber in der Sache abweicht, besteht eine Pflicht zur Bildung von Rückstellungen, wenn mehr Gründe für eine Inanspruchnahme als dagegen sprechen.[140] Werden Rückstellungen nicht gebildet, kann die Bilanz einen Gewinn ausweisen, den es bei Beachtung des § 249 Abs. 1 HGB nicht geben dürfte. Eine nun folgende Auszahlung an die Gesellschafter kann gegen § 30 Abs. 1 S. 1 GmbHG verstoßen und zu einem Erstattungsanspruch führen.[141]

---

134 Vgl Beck GmbH-HB/Jung, § 8 Rn 11; anders aber *Lutter/Hommelhoff* in Lutter/Hommelhoff, GmbHG, § 30 Rn 15.
135 Der Entwurf ist abrufbar unter www.bmj.de/BilMoG.
136 Vgl hierzu *Ernst/Seidler*, BB 2007, 2557, 2558; kritisch zu dem Gesetzgebungsverfahren äußert sich *Wüstemann*, BB 2007, Heft 47, Editorial.
137 OLG Bremen v. 15.2.2001 – 2 U 129/99, NZG 2001, 897.
138 *Habersack* in Ulmer/Habersack/Winter, GmbHG, § 30 Rn 38.
139 So BGH v. 22.9.2203 – II ZR 229/02, NJW 2003, 3629.
140 BFH v. 30.1.2002 – I R 68/00, BStBl. II 2002, 688.
141 So BGH v. 22.9.2203 – II ZR 229/02, NJW 2003, 3629.

## B. Kapitalerhaltung

In einer Bilanz sind Verbindlichkeiten der GmbH gegenüber Gesellschaftern zu passivieren.[142] **Darlehen** der Gesellschafter sind auch dann noch in einer Unterbilanz zu berücksichtigen, wenn die Gesellschafter für ihre Forderung eine **Rangrücktrittserklärung** abgegeben haben. Bei einem Überschuldungsstatut sind die Darlehen mit Abgabe einer solchen Erklärung nicht mehr zu berücksichtigen.[143]

### b) Überschuldung

Die **Überschuldung** wird in § 19 Abs. 2 InsO zurzeit wie folgt definiert: Eine Überschuldung liegt vor, wenn das Vermögen des Schuldners die bestehenden Verbindlichkeiten nicht mehr deckt, es sei denn, die Fortführung des Unternehmens ist nach den Umständen überwiegend wahrscheinlich. § 19 Abs. 2 InsO wurde durch das Gesetz zur Umsetzung eines Maßnahmenpakets zur Stabilisierung des Finanzmarktes (**Finanzmarktstabilisierungsgesetz – FMStG**) vom 17.10.2008 befristet neu gefasst. Der bisherige und am 1.1.2011 wieder in Kraft tretende[144] Gesetzestext lautet: Eine Überschuldung liegt vor, wenn das Vermögen des Schuldners die bestehenden Verbindlichkeiten nicht mehr deckt. Bei der Bewertung des Vermögens ist die Fortführung des Unternehmens zugrunde zu legen, wenn diese nach den Umständen überwiegend wahrscheinlich ist (§ 19 Abs. 2 InsO).

Der Überschuldungstatbestand besteht in beiden Fassungen aus zwei verschiedenen, gleichwohl miteinander verwobenen Elementen: zum einen die **Ermittlung der Vermögensverhältnisse**, die in einem gesonderten **Überschuldungsstatus** ermittelt wird; zum anderen die **Fortführungsprognose**. Durch das FMStG wurde die Bedeutung der Fortführungsprognose geändert (hierzu noch unter § 5 Rn 111).

Die Überschuldung ist ein Insolvenzgrund. Geschäftsführer sind als Mitglieder des Vertretungsorgans nach § 15 a Abs. 1 S. 1 InsO verpflichtet, spätestens drei Wochen nach Eintritt der Überschuldung einen Insolvenzantrag zu stellen. Im Falle der Führungslosigkeit der Gesellschaft, trifft diese Pflicht nach § 15 a Abs. 3 InsO auch die Gesellschafter. Die wohl wesentlichen Unterschiede zwischen einer Unterbilanz und einer Überschuldung sind, die Aufdeckung stiller Reserven[145] sowie die Nichtberücksichtigung der Gesellschafter-Darlehen bei Vorliegen einer qualifizierten Rangrücktrittserklärung.[146] Wegen der herausgehobenen Bedeutung für die Geschäftsführerhaftung werden die genaueren Voraussetzungen einer Überschuldung unter bei § 5 Rn 111 ausführlich dargestellt. Soweit es die Kapitalerhaltung anbelangt, genügt die Feststellung, dass § 30 Abs. 1 S. 1 GmbHG auch bei einer überschuldeten GmbH einschlägig ist. Wegen der Ausfallhaftung der Mitgesellschafter scheute die Rechtsprechung sich zunächst, den Grundtatbestand zur Kapitalerhaltung auch bei einer Überschuldung an-

---

142 So schon zu den eigenkapitalersetzenden Darlehen BGH v. 6.12.1993 – II ZR 102/93, NJW 1994, 724, 725 = BGHZ 124, 282, 284; BGH v. 13.2.2006 – II ZR 62/04, NJW-RR 2006, 760.
143 BGH v. 13.2.2006 – II ZR 62/04, NJW-RR 2006, 760; vgl auch *K. Schmidt*, Gesellschaftsrecht, § 37 IV 6. c (S. 1170), *Habersack in Ulmer/Habersack/Winter*, GmbHG, § 30 Rn 38 sowie Müller, DStR 1997, 1577, 1581 mwN in FN 72; ablehnend Beck GmbH-HB/Jung § 8 Rn 15 sowie *Gehrlein*, GmbH-Recht in der Praxis, S. 353 f.
144 S. Art. 6 Absatz 3, Art. 7 Absatz 2 FMStG; BGBl. I S. 1982, 1989.
145 Zur Berücksichtigung selbstgeschaffener Firmenwerte s. BGH v. 30.9.1996 – II ZR 51/96, NJW 1997, 196.
146 Vgl BGH v. 8.1.2001 – II ZR 88/99, NJW 2001, 1280. Zu den Anforderungen an eine Rangrücktrittserklärung bei mehreren Darlehen von verschiedenen Gesellschaftern, s. BGH v. 14.5.2007 – II ZR 48/06, NJW 2007, 2118, 2120.

zuwenden. Mittlerweile ist die unmittelbare Anwendung der §§ 30, 31 GmbHG fester Bestandteil der höchstrichterlichen Rechtsprechung.[147]

## 2. Auszahlung

### a) Grundsatz

114 Dem § 30 Abs. 1 S. 1 GmbHG ist zu entnehmen, dass Auszahlungen an die Gesellschafter verboten sind, wenn sie zu einer Unterbilanz führen oder diese weiter vertiefen.[148] Das Tatbestandsmerkmal „Auszahlung" darf im Interesse des Gläubigerschutzes allerdings nicht wörtlich verstanden werden. Über den Wortlaut hinaus werden von § 30 Abs. 1 S. 1 GmbHG **Leistungen jeder Art** erfasst. Hierzu zählen beispielsweise Sach- und Dienstleistungen, die Erfüllung einer Verbindlichkeit des Gesellschafters durch die Gesellschaft oder ein Forderungserlass zugunsten des Gesellschafters.[149]

115 Zu den wichtigsten Leistungen, die im Konflikt mit dem Grundsatz der Kapitalerhaltung stehen können und sogleich näher dargestellt werden, zählen:
- die Veräußerung von Vermögen,
- die Geschäftsführervergütung,
- die Gewährung eines Darlehens.

116 Bei § 30 Abs. 1 S. 1 GmbHG ist ferner entscheidend, ob der Leistung eine **gleichwertige Gegenleistung** gegenübersteht. Ist dies der Fall, hat sich das Gesellschaftsvermögen nicht vermindert und der Gesellschafter braucht eine Erstattungspflicht nach §§ 30, 31 GmbHG nicht zu befürchten. Hält das Austauschverhältnis diesem Fremdvergleich aber nicht stand, hat die Leistung ihre Ursache im Gesellschaftsverhältnis, so dass ein Verstoß gegen § 30 Abs. 1 S. 1 GmbHG vorliegt. In diesem Zusammenhang spricht man auch von einer **verdeckten Gewinnausschüttung**.

### b) Veräußerung von Vermögen

117 Da es für die Anwendung des § 30 Abs. 1 S. 1 GmbHG entscheidend darauf ankommt, ob der Leistung der GmbH eine vollwertige Gegenleistung des Gesellschafters gegenübersteht, kann auch im Stadium einer Unterbilanz eine Veräußerung aus dem Vermögen der GmbH an den Gesellschafter mit dem Kapitalerhaltungsprinzip vereinbar sein. Dies ist vor allem dann der Fall, wenn der Abgang eines Wirtschaftsguts aus der Bilanz durch die Aktivierung eines im Gegenzug erhaltenen Wirtschaftsguts kompensiert wird.

118 **Beispiel:**
Die GmbH hat das gesetzliche Mindeststammkapital, 90.000 EUR Verbindlichkeiten und ein Vermögen von insgesamt 90.000 EUR. Hierzu zählt ein PKW der mit einem Buchwert von 5.000 EUR in der Bilanz steht. Verkehrswert und Buchwert sind identisch. Der Gesellschafter kauft den PKW für 5.000 EUR von der GmbH ab und zahlt in bar.

---

[147] Grundlegend BGH v. 5.2.1990 – II ZR 114/89, NJW 1990, 1730; s. hierzu *Gehrlein*, GmbH-Recht in der Praxis, S. 353 mwN (FN 50).
[148] *Lutter/Hommelhoff* in Lutter/Hommelhoff, GmbHG, § 30 Rn 26.
[149] Vgl hierzu *Lutter/Hommelhoff* in Lutter/Hommelhoff, GmbHG, § 30 Rn 8 mwN. Zum Erlass der Forderung einer GmbH gegen einen Gesellschafter, BGH v. 2.10.2000 – II ZR 64/99, NJW 2001, 370.

## B. Kapitalerhaltung 3

| Aktiva | | Passiva | |
|---|---|---|---|
| sonstiges Vermögen: | 85.000 EUR | Stammkapital: | 25.000 EUR |
| PKW/Bargeld | 5.000 EUR | Verbindlichkeiten: | 90.000 EUR |
| Fehlbetrag | 25.000 EUR | | |

Bei der GmbH lag bei Abschluss und Erfüllung des Kaufvertrags eine Unterbilanz vor. Diese wurde mit der Weggabe des PKW nicht vertieft, denn die Gegenleistung war angemessen. Statt des PKW ist nun Bargeld von 5.000 EUR vorhanden. Der nicht durch Eigenkapital gedeckte Fehlbetrag blieb unverändert in einer Höhe von 25.000 EUR bestehen.

Die Leistung an den Gesellschafter erfolgt nicht wegen seiner Stellung als Gesellschafter, sondern aufgrund eines Austauschgeschäftes (bspw.: Kaufvertrag). Es findet lediglich ein Aktivtausch statt. Wegen der **vollwertigen Gegenleistung** des Gesellschafters bleibt das Gesellschaftsvermögen seinem Wert nach unverändert. Es bestehen daher keine Bedenken gegen eine Leistung an den Gesellschafter.[150]  119

Falls der Gesellschafter aber nur eine **unangemessen niedrige Gegenleistung** erbringt, kann die Leistung der Gesellschaft gegen das Auszahlungsverbot verstoßen. In einem solchen Fall stellt die Leistung eine **verdeckte Gewinnausschüttung** dar.  120

Ob ein **normales Austauschgeschäft** oder eine verdeckte Gewinnausschüttung vorliegt, richtet sich danach, ob ein gewissenhafter und nach kaufmännischen Grundsätzen handelnder Geschäftsführer unter sonst gleichen Umständen und zu gleichen Bedingungen diesen Vertrag auch mit einem Nichtgesellschafter abgeschlossen hätte.[151] Wie auch im Steuerrecht kommt es also auf einen Drittvergleich an.  121

**Beispiel:**  122
Die Aktiva und Passive der GmbH sind wie im vorherigen Beispiel, allerdings wird der PKW nun für 1.000 EUR an den Gesellschafter verkauft. Einen solchen Preis hätte die GmbH nur einem Gesellschafter gemacht. Durch die Erfüllung des Kaufvertrages wird die Unterbilanz „vertieft", denn der nicht durch Eigenkapital gedeckte Fehlbetrag beläuft sich nun auf 29.000 EUR.

Die verdeckte Gewinnausschüttung ist allerdings nur dann mit dem Risiko einer Erstattungspflicht aus §§ 30 Abs. 1 S. 1, 31 GmbHG behaftet, wenn durch sie eine Unterbilanz entsteht oder vertieft wird. Falls die GmbH über ausreichend Vermögen verfügt, kann sie dieses den Gesellschaftern auch ohne einen formellen Gewinnverwendungsbeschluss zukommen lassen. Ein Verstoß gegen die Grundsätze der Kapitalerhaltung liegt dann nicht vor.[152] Dem Finanzamt bleibt es allerdings unbenommen eine verdeckte Gewinnausschüttung festzustellen. Liegt eine verdeckte Gewinnausschüttung im steuerlichen Sinne vor, so hat diese grundsätzlich nur Konsequenzen für die Steuerbelastung der GmbH und ihrer Gesellschafter: Gewinnerhöhung bei der GmbH und eine Erhöhung der Körperschaftsteuer.[153]  123

---

150 *Gehrlein*, GmbH-Recht in der Praxis, S. 348.
151 BGH v. 1.12.1986 – II ZR 306/85, NJW 1987, 1194. In dieser Entscheidung schloss eine Bau-GmbH mit ihrem Gesellschafter einen Werkvertrag über die Erstellung dessen Einfamilienhauses ab. Der vereinbarte Preis lag unter den Selbstkosten. Da bei Durchführung der Bauleistungen das zur Erhaltung des Stammkapitals erforderliche Vermögen bereits angegriffen war, bestand im Grunde nach ein Erstattungsanspruch gegen den Gesellschafter aus §§ 30 Abs. 1, 31 Abs. 1 GmbHG.
152 Eine Erstattungspflicht kann allenfalls im Innenverhältnis zwischen den Gesellschaftern bestehen, s. *Habersack* in Ulmer/Habersack/Winter, GmbHG, § 30 Rn 12.
153 Hierzu Beck GmbH-HB/*Ahrenkiel* § 10 Rn 220.

# 3 § 3 Finanzierung

**124** Bei den bisherigen Beispielen wurde die Veräußerung des Gesellschaftsvermögens in der Bilanz erfasst. Es sind allerdings Konstellationen vorstellbar, in denen eine GmbH nach der Durchführung eines Austauschvertrages mit ihrem Gesellschafter über ein Buchvermögen in gleicher Höhe verfügt, das tatsächliche Vermögen aber an Wert verloren hat. In solchen Konstellationen ist eine **bilanzielle Betrachtungsweise** nicht angebracht. Hierzu zählt auch die **Aufdeckung stiller Reserven**.[154]

**125** **Beispiel:**
Die GmbH hat das gesetzliche Mindeststammkapital, 90.000 EUR Verbindlichkeiten und ein Vermögen von insgesamt 110.000 EUR. Auch diese GmbH hat einen PKW mit einem Buchwert von 5.000 EUR in der Bilanz stehen, der Verkehrswert liegt allerdings bei 10.000 EUR. Der Gesellschafter kauft den PKW für 5.000 EUR von der GmbH ab und zahlt in bar.

| Aktiva | | Passiva | |
|---|---|---|---|
| sonstiges Vermögen: | 105.000 EUR | Stammkapital: | 25.000 EUR |
| PKW/Bargeld | 5.000 EUR | Verbindlichkeiten: | 90.000 EUR |
| Fehlbetrag | 5.000 EUR | | |

Die Aufdeckung der stillen Reserve „verschwindet" in der Bilanz. Der Buchwert des Vermögens bleibt auch nach beiderseitiger Erfüllung des Kaufvertrages derselbe, obwohl das tatsächliche Vermögen um 5.000 EUR geringer wurde.

**126** Im Interesse der Gesellschaftsgläubiger wird die rein bilanzielle Betrachtungsweise nach der herrschenden Auffassung in der Rechtsprechung und im Schrifttum um einen **gegenständlichen Vermögensschutz** ergänzt.[155] Wenn im Interesse der Gesellschaftsgläubiger für die Bewertung des Vermögens auch dessen Verwertung in der Zwangsvollstreckung entscheidend ist, dann kann eine verbotene Auszahlung aus dem gebundenen Vermögen sogar vorliegen, wenn das Austauschgeschäft einem Drittvergleich standhält, das Verhältnis von Leistung und Gegenleistung also ausgewogen und marktgerecht ist, der Gesellschaftsgläubiger aber nicht ohne weiteres die Gegenleistung in der Zwangsvollstreckung verwerten kann. Eine solche Konstellation liegt bspw bei einer **Stundung** der gegen einen Gesellschafter gerichteten Kaufpreisforderung vor. Bei der Stundung einer Kaufpreisforderung liegt ein bilanzneutraler Aktivtausch vor (statt des Kaufgegenstandes wird eine wertgleiche Forderung in das Anlagevermögen aufgenommen). Die Befriedigungsaussichten der Gläubiger werden aber durch die Übereignung des Gesellschaftsvermögens verschlechtert, da sie zuvor noch die unmittelbare Vollstreckung in den jeweiligen Gegenstand betreiben konnten. Nach der Übertragung können sie, wenn man das übrige Anlagevermögen außer Betracht lässt, nicht einmal die Pfändung in die Kaufpreisforderung betreiben, da sich der Gesellschafter als Schuldner dieser Forderung auf die Stundungsabrede berufen kann.[156]

## c) Geschäftsführervergütung

**127** Gerade bei mittelständischen Unternehmen ist der Gesellschafter einer GmbH oft auch deren Geschäftsführer. Gerät die GmbH in eine finanzielle Schieflage, ist die Zahlung

---

154 *Stimpel*, FS 100 Jahre GmbHG, S. 335, 346 ff; *Habersack* in Ulmer/Habersack/Winter, GmbHG, § 30 Rn 84.
155 *Lutter/Hommelhoff* in Lutter/Hommelhoff, GmbHG, § 30 Rn 5. Vgl hierzu auch *Stimpel*, FS 100 Jahre GmbHG, S. 335, 346 ff.
156 BGH v. 21.9.1882 – II ZR 104/80, NJW 1982, 383.

seiner Geschäftsführervergütung ebenfalls an § 30 Abs. 1 S. 1 GmbHG zu messen. Anders als bei der Veräußerung eines Vermögensgegenstandes erhält die GmbH aufgrund ihrer Leistung an den Gesellschafter-Geschäftsführer aber keinen aktivierbaren Vermögensgegenstand. Daraus folgt allerdings noch nicht, dass durch die Verringerung des Barvermögens oder Bankguthabens eine Vermögensminderung stattgefunden hat, die zwangsläufig zu einem Erstattungsanspruch nach §§ 30 Abs. 1 S. 1, 31 GmbHG führen muss. Verboten sind nur Zahlungen an Gesellschafter aus dem zur Erhaltung des Stammkapitals erforderlichen Gesellschaftsvermögen, soweit sie nicht durch eine **gleichwertige Gegenleistung** gedeckt sind. Entscheidend ist daher, dass die einem Gesellschafter-Geschäftsführer gezahlte Vergütung angemessen ist. Sie darf in keinem Missverhältnis zu der vergüteten Leistung und damit zu dem Entgelt stehen, das ein Fremdgeschäftsführer für die gleiche Tätigkeit erhalten hätte.[157]

Dabei sind alle Umstände zu berücksichtigen, die für eine angemessene Festsetzung der Bezüge von Bedeutung zu sein pflegen. Dazu gehören

- Art und dem Umfang der Tätigkeit,
- Art, Größe und Leistungsfähigkeit des Unternehmens,
- sowie Alter, Ausbildung, Berufserfahrung und Fähigkeiten des Geschäftsführers.

Bei der **Gesamtbeurteilung** über die Angemessenheit der Vergütung sind auch die sonstigen Leistungen, die der Geschäftsführer erhält (etwaige private Nutzung des Dienstwagens, Versorgungsanspruch, Versicherungsbeiträge), einzubeziehen.[158]

Freilich können die Leistungen eines Geschäftsführers unterschiedlich bewertet werden. Die Gesellschafter können am besten beurteilen können, was ihnen und ihrem Unternehmen der Geschäftsführer wert ist, und haben daher einen **Ermessensspielraum**, innerhalb dessen ein bestimmter Vergütungsbetrag nicht deswegen als unangemessen bezeichnet werden kann, weil sich eine andere Bemessung ebenso gut oder besser vertreten ließe.[159]

Wenn einem Gesellschafter-Geschäftsführer ein angemessener vertraglicher Vergütungsanspruch eingeräumt wurde, verstößt deren Zahlung auch dann nicht gegen § 30 Abs. 1 S. 1 GmbHG, wenn hierfür das zur Erhaltung des Stammkapitals erforderliche Vermögen angegriffen wird. Verschlechtern sich allerdings die wirtschaftlichen Verhältnisse, kann ein Gesellschafter aufgrund seiner Treuepflicht gehalten sein, einer Herabsetzung seiner Bezüge zuzustimmen.[160] Sollten die wirtschaftlichen Verhältnisse sich so verschlimmern, dass die GmbH **überschuldet** ist, sind Gehaltsauszahlungen wegen § 64 S. 1 GmbHG nicht mehr zulässig.[161]

#### d) Darlehen an Gesellschafter

Auch bei einer **Darlehensgewährung** handelt es sich grundsätzlich um einen bilanzneutralen Vorgang. Wenn die Gesellschaft Geld an einen Gesellschafter verleiht, führt

---

157 BGH v. 14.5.1990 – II ZR 126/89, NJW 1990, 2625; BGH v. 15.6.1992 – II ZR 88/91, NJW 1992, 2894, 2896.
158 BGH v. 14.5.1990 – II ZR 126/89, NJW 1990, 2625; BGH v. 15.6.1992 – II ZR 88/91, NJW 1992, 2894, 2896.
159 So ausdrücklich BGH v. 14.5.1990 – II ZR 126/89, NJW 1990, 2625, 2626.
160 BGH v. 15.6.1992 – II ZR 88/91, NJW 1992, 2894, 2896.
161 Vgl BGH v. 22.9.2003 – II ZR 229/02, NJW 2003, 3629, 3630.

dies in der Bilanz lediglich zu einem Aktivtausch; statt Bar- oder Buchgeld wird nun eine Forderung gegen den Gesellschafter aktiviert. Eine Minderung des bilanzierten Vermögens liegt nur vor, wenn der Rückzahlungsanspruch der GmbH wegen einer fehlenden Bonität des Gesellschafters oder einer unzureichenden Besicherung nicht vollwertig ist.[162]

133 Diese rein bilanzrechtliche Betrachtungsweise greift, wie es der BGH in seiner umstrittenen **November-Entscheidung**,[163] zum Ausdruck gebracht hat, mit Rücksicht auf die Bedeutung des Kapitalerhaltungsgrundsatzes zu kurz. Sinn und Zweck des § 30 GmbHG sei es, das Gesellschaftsvermögen in Höhe des Stammkapitals dem Zugriff der Gesellschafter zu entziehen. Den Gesellschaftsgläubigern werde damit eine Befriedigungsreserve gesichert. Mit diesem Ziel wäre es nicht vereinbar, wenn die Gesellschafter der GmbH zulasten des gebundenen Gesellschaftsvermögens Kapital entziehen könnten und der GmbH im Austausch für das fortgegeben reale Vermögen nur ein zeitlich hinausgeschobener schuldrechtlicher Rückzahlungsanspruch verbliebe.[164]

134 Nach der Rechtsprechung des BGH sind daher Kreditgewährungen an Gesellschafter, die nicht aus Rücklagen oder Gewinnvorträgen, sondern zulasten des gebundenen Vermögens der GmbH erfolgen, als verbotene Auszahlung zu bewerten. Dies gilt grundsätzlich auch dann, wenn sich der Rückzahlungsanspruch gegen einen solventen Gesellschafter richtet. Nur wenn die Darlehensvergabe im Interesse der Gesellschaft liegt, die Darlehensbedingungen dem Drittvergleich standhalten und die Kreditwürdigkeit des Gesellschafters selbst bei Anlegung strengster Maßstäbe außerhalb jedes vernünftigen Zweifels steht oder die Rückzahlung des Darlehens durch werthaltige Sicherheiten voll gewährleistet ist, könnte die Kreditgewährung an den Gesellschafter ausnahmsweise nicht als verbotene Auszahlung im Sinne von § 30 Abs. 1 GmbHG gewertet werden.[165]

135 Der BGH hat mit seiner Entscheidung eine Abkehr von einer bilanziellen Betrachtungsweise vorgenommen und sich hierbei auf den Gläubigerschutz berufen In der Tat verschlechtern sich die Chancen der Gesellschaftsgläubiger durch die Gewährung eines Darlehens an den Gesellschafter. Auf dieses Geld können sie nur noch über Pfändung des Rückzahlungsanspruchs zugreifen und hierbei müssen sie befürchten, dass ihnen ein Gläubiger des Gesellschafters zuvorkommt.

136 Die Entscheidung ist dennoch auf starke Kritik gestoßen, weil das Urteil die Praxis der Konzernfinanzierung in Frage stellte. Nicht selten wird in Konzernen ein zentraler **Cash-Pool** eingerichtet. Die einzelnen Gesellschaften eines Konzerns führen ihre freien liquiden Mittel auf ein zentrales Konto (auch „Zielkonto" genannt) ab. Das Konto wird von der Konzerngesellschaft oder einer speziellen Betreibergesellschaft geführt. Dieses Konto bildet den Cash-Pool. Hieraus werden Gelder an liquiditätsbedürftige Gesell-

---

162 Zur Bilanzierung von Darlehensrückzahlungsansprüchen s. *Blöse*, GmbHR 2002, 675, 677; *Vetter*, BB 2004, 1509, 1512.
163 BGH v. 24.11.2003 – II ZR 171/01, NJW 2004, 1111; vgl hierzu die Kritik von *Vetter*, BB 2004, 1509; *Wachter*, GmbHR 2004, 1249.
164 Der BGH möchte mit seiner Rechtsprechung auch verhindern, dass Zahlungen, die eigentlich gegen § 30 Abs. 1 GmbHG verstoßen, bilanzneutral als Darlehen verschleiert werden, s. BGH v. 24.11.2003 – II ZR 171/01, NJW 2004, 1111, 1112.
165 Vgl BGH v. 24.11.2003 – II ZR 171/01, NJW 2004, 1111.

## B. Kapitalerhaltung

schaften im Konzern verteilt. Auf diese Weise wird die im Konzern vorhandene Liquidität optimal genutzt und die Kosten für eine Kreditaufnahme bei einem Kreditinstitut vermieden oder doch weitgehend eingeschränkt werden. Die Einrichtung eines Cash-Pools hat zahlreiche Erscheinungsformen und Ausprägungen, die hier nicht im Einzelnen beschrieben werden können. Wesentlich ist hier, dass die Weiterleitung von Geld in den Cash-Pool innerhalb eines Konzerns als ein Darlehen an einen Gesellschafter qualifiziert wird.[166] Als der BGH judizierte, dass Kreditgewährungen an Gesellschafter, die nicht aus Rücklagen oder Gewinnvorträgen, sondern zu Lasten des gebundenen Vermögens der GmbH erfolgen, als verbotene Auszahlung von Gesellschaftsvermögen zu bewerten sei, war daher für manche damit das Ende der klassischen Konzernfinanzierung eingeläutet.[167]

Zu den Zielen des MoMiG gehört es, die durch November-Entscheidung entstandenen Unsicherheiten zu beseitigen. Deshalb wurde § 30 Abs. 1 S. 2 GmbHG in das Gesetz aufgenommen, der Leistungen, die bei Bestehen eines Beherrschungs- oder Gewinnabführungsvertrags (§ 291 des Aktiengesetzes) erfolgen oder die durch einen vollwertigen Gegenleistungs- oder Rückgewähranspruch gegen den Gesellschafter gedeckt sind, ausdrücklich von dem Auszahlungsverbot des § 30 Abs. 1 S. 1 GmbHG ausnimmt. **137**

Diese Ergänzung wurde, wie die Begründung des Regierungsentwurfs betont, vor dem Hintergrund der Unsicherheit über die Zulässigkeit von Darlehen und anderen Leistungen mit Kreditcharakter durch die GmbH an Gesellschafter *(„upstreamloans")* im Allgemeinen und der in Konzernen sehr verbreiteten Praxis des *cash-pooling* im Besonderen vorgenommen. Durch den Gesetzgeber wurde die Rückkehr zur bilanziellen Betrachtungsweise angetreten. Für die Bestimmung einer Auszahlungssperre nach § 30 Abs. 1 S.1 GmbHG gelten bei Darlehen die allgemeinen Bilanzierungsgrundsätze. Bei einer Leistung, die durch einen vollwertigen Gegenleistungs- oder Rückerstattungsanspruch gedeckt wird, wird danach ein Aktivtausch vorgenommen. Mit dieser Regelung will es der Gesetzgeber den Gesellschaften erleichtern, mit ihren Gesellschaftern – vor allem auch im Konzern – alltägliche und wirtschaftlich sinnvolle Leistungsbeziehungen zu unterhalten und abzuwickeln. Die Gesetzesbegründung betont dabei, dass das Ausplündern von Gesellschaften weder ermöglicht, noch erleichtert werden soll. Dies werde durch die ausdrückliche Einführung des Vollwertigkeits- und des Deckungsgebots gewährleistet. Die Vollwertigkeit der Rückzahlungsforderung sei eine nicht geringe Schutzschwelle. Ist der Gesellschafter zB eine mit geringen Mitteln ausgestattete Erwerbsgesellschaft oder ist die Durchsetzbarkeit der Forderung aus anderen Gründen absehbar in Frage gestellt, dürfte die Vollwertigkeit regelmäßig zu verneinen sein. Das Deckungsgebot bedeute, dass bei einem Austauschvertrag der Zahlungsanspruch gegen den Gesellschafter nicht nur vollwertig sein, sondern auch wertmäßig nach Marktwerten und nicht nach Abschreibungswerten den geleisteten Gegenstand decken müs- **138**

---

166 *Sieger/Hasselbach*, BB 1999, 645.
167 So *Bender*, BB 2005, 1492. Vgl auch *Habersack* in Ulmer/Habersack/Winter, GmbHG, § 30 Rn 50, der darauf hinweist, dass die Einbeziehungen der hier in Rede stehenden Zahlungen in den Schutzbereich des § 30 Abs. 1 GmbHG einzubeziehen sind, weil die (Tochter-) Gesellschaft typischerweise nicht über die Vermögensverhältnisse der Gesellschafter informiert ist.

se.[168] Mit der Rückkehr zur bilanziellen Betrachtungsweise hat das MoMiG eine rechtssichere und für die Beteiligten handhabbare Regelung geschaffen.[169]

### 3. Zahlungsempfänger

#### a) Leistungen an den Gesellschafter persönlich

139 Nach § 30 Abs. 1 S. 1 GmbHG darf der Empfänger einer Auszahlung kein **Gesellschafter** sein.

140 Im Normalfall findet zwischen der Begründung einer Leistungsverpflichtung der GmbH (Verpflichtungsgeschäft) und der Bewirkung der Leistung (Erfüllungsgeschäft) kein Gesellschafterwechsel statt. Scheidet aber ein Gesellschafter nach Abschluss des Verpflichtungsgeschäfts aus, greift gleichwohl § 30 Abs. 1 GmbHG ein, denn sonst wäre es doch zu verlockend, durch einen Austritt aus einer wirtschaftlich angeschlagenen GmbH die Kapitalerhaltungsregelungen zu umgehen.[170] Auch in der umgekehrten Konstellation, wenn der Empfänger also erst nach Begründung des Verpflichtungsgeschäfts in die Gesellschaft eintritt, gilt § 30 Abs. 1 GmbHG, sofern die Leistung für den Fall seines Eintritts in die Gesellschaft versprochen wurde.[171]

#### b) Leistungen an den Gesellschafter über Dritte

141 Der Gesellschafter muss die Leistung nicht persönlich empfangen. Unter den Anwendungsbereich des § 30 Abs. 1 GmbHG fallen auch Leistungen, die von der Gesellschaft zwar über Dritte, aber für Rechnung des Gesellschafters erbracht werden. Diese Leistungen kommen mittelbar dem Gesellschafter zugute. Hierzu zählt die Erfüllung von **Verbindlichkeiten des Gesellschafters** durch die Gesellschaft.

142 **Beispiel (nachgebildet der Entscheidung BGH v. 22.9.2003 – II ZR 229/02, NJW 2003, 3629):**
Trotz Vorliegens einer Überschuldung beschlossen die Gesellschafter die Ausschüttung eines Gewinns, der tatsächlich nicht vorhanden, in einer fehlerhaften Bilanz aber ausgewiesen war. Die Gesellschafter erhielten ihren Gewinnanteil, die hierauf anfallende Kapitalertragsteuer wurde von der GmbH direkt an das Finanzamt abgeführt. Da nach § 43 Abs. 1 Nr. 1 EStG jeder Gesellschafter selbst Steuerschuldner für die Kapitalertragsteuer ist, mussten sie nach § 30 Abs. 1 GmbHG den Gewinn nebst Steuern an die GmbH zurückerstatten, und wurden darauf verwiesen, die zu Unrecht abgeführte Steuer beim Finanzamt einzufordern.

#### c) Leistungen an Dritte mit einem besonderen Näheverhältnis zum Gesellschafter

143 Wenn zwischen dem Dritten und dem Gesellschafter ein besonderes Näheverhältnis besteht, wird die Leistung dem Gesellschafter zugerechnet, so dass § 30 Abs. 1 GmbHG zur Anwendung gelangen kann.

144 Hierzu können Leistungen:

- an nahe Angehörige (Ehegatten und minderjährige Kinder),
- an einen stillen Gesellschafter,
- an Treuhänder,

---

168 BegrRegE MoMiG, BT-Drucks. 16/6140, S. 93 f.
169 So schon zum Regierungsentwurf *Drygala/Kremer*, ZIP 2007, 1289. Zur Kritik an der Regelung des § 30 Abs. 1 S. 2 GmbHG wegen seines ungeklärten Verhältnisses zur Insolvenzanfechtung s. *Klinck/Gärtner*, NZI 2008, 457.
170 Vgl *Gehrlein*, GmbH-Recht in der Praxis, S. 362.
171 Vgl *Lutter/Hommelhoff* in Lutter/Hommelhoff, GmbHG, § 30 Rn 22 mwN.

## B. Kapitalerhaltung 3

- an Pfändungsgläubiger und
- an verbundene Unternehmen

zählen.

Für Leistungen an **nahe Angehörige** hatte der BGH in Anlehnung an die im Aktienrecht enthaltenen Regelungen für Organkredite (§§ 89 Abs. 3, 115 Abs. 2 AktG) das Auszahlungsverbot des § 30 GmbHG zunächst ausgedehnt,[172] sich aber dann für eine Einzelfallbetrachtung ausgesprochen.[173] Entscheidend ist nun, ob mit der Auszahlung an einen nahen Angehörigen eine tatsächliche Befreiung des Gesellschafters von seiner Unterhaltsverpflichtung gegenüber dem Angehörigen einhergeht, oder ob die in Rede stehende Auszahlung auf Veranlassung des Gesellschafters erfolgte.[174] 145

Ein **stiller Gesellschafter** ist in Bezug auf die Kapitalerhaltungsregeln wie ein GmbH-Gesellschafter zu behandeln, wenn er aufgrund der vertraglichen Ausgestaltung des stillen Gesellschaftsverhältnisses und seines Einflusses auf die GmbH weitgehend einem GmbH-Gesellschafter gleichsteht. Wer im Innenverhältnis bspw über einen Beirat an der Geschäftsführung beteiligt ist und hier einen bestimmenden Einfluss ausüben kann, trägt in gleicher Weise wie die Gesellschafter die Verantwortung für die Kapitalerhaltung.[175] 146

Ein **Treuhänder** verwaltet für einen Treugeber den Gesellschaftsanteil und nimmt dabei die Gesellschafterstellung ein. Schon aufgrund seiner Gesellschafterstellung gehören die Zahlungen an den Treuhänder zum Anwendungsbereich des § 30 Abs. 1 S. 1 GmbHG. Auszahlungen an den Treuhänder sind darüber hinaus auch als Zahlungen an den Treugeber zu werten, so dass auch der Treugeber für die Erhaltung des Stammkapitals einzustehen hat.[176] 147

Darüber hinaus können Leistungen an einen **Pfändungsgläubiger**, der einen Geschäftsanteil gepfändet hat, im Allgemeinen nur dann einen Verstoß gegen § 30 Abs. 1 GmbHG begründen, wenn sich dieser zusätzliche Befugnisse einräumen lässt, die es ihm ermöglichen, die Geschicke der GmbH ähnlich wie ein Gesellschafter (mit) zu bestimmen.[177] 148

Schließlich unterfallen dem § 30 Abs. 1 GmbHG nicht nur Leistungen an den Gesellschafter, sondern auch an die mit ihm **verbundene Unternehmen**. Mit einem Gesellschafter in diesem Sinne verbunden ist ein Unternehmen, wenn der Gesellschafter an ihm maßgeblich beteiligt ist,[178] also dessen Unternehmenspolitik bestimmen und durch Gesellschafterbeschlüsse der Geschäftsführung Weisungen erteilen kann. Dazu genügt regelmäßig – vorbehaltlich einer gegenteiligen Regelung im Gesellschaftsvertrag – eine Beteiligung an der leistenden Gesellschaft von mehr als 50 %.[179] Die maßgebliche Beteiligung des Gesellschafters muss an beiden Unternehmen bestehen.[180] 149

---

172 BGH v. 28.9.1981 – II ZR 223/80, NJW 1982, 386.
173 Vgl hierzu BGH v. 18.2.1991 – II ZR 259/89, NJW-RR 1991, 744.
174 Hierzu *Habersack* in Ulmer/Habersack/Winter, GmbHG, § 30 Rn 69.
175 So BGH v. 13.2.2006 – II ZR 62/04, NZG 2006, 341.
176 Vgl BGH v. 24.11.2003 – II ZR 171/01, NJW 2004, 1111.
177 So BGH v. 13.7.1992 – ZR 251/91, NJW 1992, 3035.
178 BGH v. 28.2.2005 – II ZR 103/02, NZI 2005, 350.
179 BGH v. 27.11.2000 – II ZR 179/99, NJW 2001, 1490.
180 So *Gehrlein*, GmbH-Recht in der Praxis, S. 364.

## III. Erstattungsanspruch
### 1. Grundsatz

**150** Nach § 31 Abs. 1 GmbHG müssen Zahlungen der Gesellschafter erstattet werden, wenn sie den Vorschriften des § 30 zuwider geleistet wurden. Dieser Erstattungsanspruch ist gesellschaftsrechtlicher Natur. Es handelt sich nicht um einen Bereicherungsanspruch. Deshalb spielt die Berufung auf eine Entreicherung (§ 818 Abs. 3 BGB) hier ebenso wenig eine Rolle, wie der Einwand, der Geschäftsführer habe gewusst, dass die Gesellschaft nicht zur Leistung verpflichtet gewesen sei (§ 814 BGB).

**151** Regelmäßig erfolgt die Leistung an den Gesellschafter durch eine **Auszahlung**. Dementsprechend ordnet § 31 Abs. 1 GmbHG an, dass die Zahlung – also das Geld – an die Gesellschaft zu erstatten ist. Wurde dem Gesellschafter aber ein bestimmter Gegenstand übergeben (bspw bei der Veräußerung eines Wirtschaftsguts unter Verkehrswert), dann ist eben dieser Gegenstand in Natur herauszugeben, sofern er noch bei dem Empfänger vorhanden ist. Ist er allerdings nicht mehr bzw nur noch in einem beschädigten Zustand vorhanden, greift eine Wertersatzpflicht ein.[181]

**152** Der Anspruch aus § 31 Abs. 1 GmbHG dient der Wiederaufbringung des durch die verbotene Auszahlung verletzten Stammkapitals. Er hat eine vergleichbare Funktion wie der Einlageanspruch der Gesellschaft.[182] Beide Ansprüche können den Schuldnern nicht erlassen werden (vgl einerseits § 31 Abs. 4 GmbHG und andererseits § 19 Abs. 2 S. 1 GmbHG).

**153** Der Gesellschafter kann in entsprechender Anwendung des § 19 Abs. 2 S. 2 GmbHG nicht als Schuldner gegen den Erstattungsanspruch aus § 31 Abs. 1 GmbHG aufrechnen. Zwar enthält § 31 GmbHG kein ausdrückliches Aufrechnungsverbot, wie es bei den Regelungen zur Kapitalaufbringung in § 19 Abs. 2 S. 2 GmbHG zu finden ist. Dies ist aber eine ungewollte Lücke. Es ist kein Grund dafür ersichtlich, dass der Gesetzgeber das Gesellschaftsvermögen nur bei der Kapitalaufbringung, nicht aber bei der Kapitalerhaltung mit einem Aufrechnungsverbot schützen wollte.[183]

**154** Im Gegensatz zur Einlageforderung wird der Erstattungsanspruch aus § 31 Abs. 1 GmbHG mit seinem Entstehen sofort fällig.[184] Der Anspruch auf die noch ausstehende Einlage wird erst fällig, wenn die Gesellschafter einen Beschluss über die Einforderung von Einzahlungen auf die Einlage gefasst haben (§ 46 Nr. 2 GmbHG).

**155** Die Ansprüche auf Rückerstattung verbotswidriger Auszahlungen müssen nicht am allgemeinen Gerichtsstand des Gesellschafters (§ 13 ZPO, Wohnsitz) eingeklagt werden. Nach § 22 ZPO ist nämlich auch das Gericht am Sitz der Gesellschaft zuständig, denn der Anspruch aus § 31 Abs. 1 GmbHG beruht auf der Eigenschaft des Gesellschafters als Mitglied der Gesellschaft. Die Regelung des § 22 ZPO ist auch anwendbar,

---

[181] Vgl Scholz/*Westermann*, GmbHG, § 31 Rn 2; Wenn die Gesellschaft dem Gesellschafter eine Forderung erlassen hat, besteht ein Anspruch auf Wiederbegründung der erlassenen Forderung. Sofern diese Forderung fällig ist, kann die GmbH unmittelbar Zahlung verlangen, BGH v. 2.10.2000 – II ZR 64/99, NJW 2001, 370.
[182] So BGH v. 29.5.2000 – II ZR 118/98, NJW 2000, 2577, 2578 unter Verweis auf *Hommelhoff* in FS Kellermann, S. 165, 175 ff.
[183] BGH v. 27.11.2000 – II ZR 83/00, NJW 2001, 830, wieder unter Verweis auf *Hommelhoff* in FS Kellermann, S. 165, 175 ff.
[184] BGH v. 8.12.1986 – II ZR 55/86, NJW 1987, 779.

wenn der Insolvenzverwalter für die Gesellschaft einen Anspruch aus § 31 Abs. 1 GmbHG geltend macht.[185]

## 2. Höhe des Erstattungsanspruchs

Falls die Zahlung zu einer **Unterbilanz** führte oder diese vertiefte, eine Überschuldung der Gesellschaft aber nicht eintrat, ist der Erstattungsanspruch auf den Betrag beschränkt, der zur Beseitigung einer Unterbilanz ausreicht. Der Höhe nach kann der Ausgleich in diesen Fällen nie über die Stammkapitalziffer hinausgehen.[186] Sollte die Gesellschaft bei oder infolge der Leistung aber **überschuldet** gewesen sein, schuldet der Empfänger unabhängig von der Höhe des Stammkapitals die Erstattung der gesamten Zuwendungen.[187]

**156**

## 3. Nachträgliche Beseitigung einer Unterbilanz oder Überschuldung

Für das Bestehen des Erstattungsanspruchs ist daher die Situation der GmbH zum **Zeitpunkt der Auszahlung** maßgeblich. Liegt in diesem Moment ein Verstoß gegen § 30 GmbHG vor, bleibt der einmal entstandene Anspruch unabhängig vom wirtschaftlichen Schicksal des Unternehmens bestehen. Der Anspruch aus § 31 Abs. 1 GmbHG entfällt also auch dann nicht, wenn später durch Einzahlungen oder durch das Erwirtschaften von Überschüssen das Stammkapital bis zur Höhe der Stammkapitalziffer nachhaltig wiederhergestellt wird.[188]

**157**

Diese Rechtsprechung führt zu einem Problem für die Praxis: Es ist nämlich durchaus vorstellbar, dass eine Gesellschaft nur kurzfristig in Turbulenzen gerät und in dieser Zeit Zahlungen, die gegen § 30 Abs. 1 S. 1 GmbHG verstoßen, an die Gesellschafter erfolgen, weil sie und die Geschäftsführer der GmbH erst im Nachhinein feststellen, dass zum Zeitpunkt der Auszahlung eine Unterbilanz vorlag. Der Beschluss über die Gewinnausschüttung ist grundsätzlich wirksam, er durfte allerdings wegen § 30 Abs. 1 S. 1 GmbHG nicht erfüllt werden. Auch wenn sich das Unternehmen zwischenzeitlich erholt, steht der Gesellschaft tatsächlich ein Erstattungsanspruch zu. In der Praxis wird dieser zwar nicht von den Gesellschaftern geltend gemacht. Bei einer erneuten wirtschaftlichen Krise der GmbH und einem daran anschließenden Insolvenzverfahren kann der Erstattungsanspruch aber von einem Insolvenzverwalter eingeklagt werden. Stellen die Gesellschafter fest, dass eine vorherige Auszahlung im Stadium einer Unterbilanz vorgenommen wurde und das Unternehmen nun über das zur Erhaltung des Stammkapitals erforderliche Vermögen verfügt, ist es daher ratsam, die ursprünglich beschlossene Ausschüttung aufzuheben und in einem erneuten Beschluss, der nicht

**158**

---

185 S. hierzu *Haas*, NZI 2007, Editorial zu Heft 12, S. V.
186 So *Gehrlein*, GmbH-Recht in der Praxis, S. 366.
187 *Habersack* in Ulmer/Habersack/Winter, GmbHG, § 31 Rn 22.
188 Hierzu BGH v. 29.5.2000 – II ZR 118/98, NJW 2000, 2577 (Balsam/Procedo) – unter Aufgabe von BGH v. 11.5.1987 – II ZR 226/86, NJW 1988, 139. Die jetzige Rechtsprechung wurde zuletzt bestätigt durch BGH v. 18.6.2007 – II ZR 86/06, BB 2007, 2025. Die Änderung in der Rechtsprechung war eine Reaktion auf die heftige Kritik in der Literatur , vgl die zahlreichen Nachweise in *Lutter/Hommelhoff*, GmbHG (hier: 15. Aufl. 2000), § 31 Rn 11.

gegen § 30 Abs. 1 S. 1 GmbHG verstößt, (noch einmal) die Gewinnausschüttung zu regeln.[189]

### 4. Gutgläubiger Empfänger

159 War der Empfänger in gutem Glauben, kann die Erstattung nach § 31 Abs. 2 GmbHG nur von ihm verlangt werden, wenn sie zur Befriedigung der Gesellschaftsgläubiger erforderlich ist. Ein Gesellschafter ist gutgläubig, wenn er nicht weiß, dass die Leistung eine Unterbilanz oder Überschuldung herbeiführt bzw vertieft wird, und seine Unkenntnis auch nicht auf grobe Fahrlässigkeit beruht.[190] Die praktische Bedeutung des § 31 Abs. 2 GmbHG ist eher gering. Der Erstattungsanspruch aus § 31 Abs. 1 GmbHG wird fast ausnahmslos von dem Insolvenzverwalter geltend gemacht. In dieser Konstellation dient die Erstattung der Befriedigung von Gläubigern einer insolventen GmbH, so dass auch eine etwaige Gutgläubigkeit des Empfängers eine Erstattungspflicht nicht ausschließt.[191]

### 5. Haftung des Mitgesellschafters

160 Bei der Kapitalaufbringung wurde bereits deutlich, dass es einem Gründungsgesellschafter nicht einerlei sein kann, wenn ein Mitgesellschafter seine von ihm zu erbringende Einlage nicht leistet, denn letztlich droht hier eine Ausfallhaftung nach § 24 GmbHG.

161 Bei der Kapitalerhaltung müssen die Mitgesellschafter die in § 31 Abs. 3 GmbHG niedergeschriebene **Ausfallhaftung** fürchten. Sie besteht, sobald der Anspruch gegen den Zahlungsempfänger nicht durchgesetzt werden kann und der fehlende Betrag zur Befriedigung der Gesellschaftsgläubiger erforderlich ist.

162 Die Mitgesellschafter haften allerdings nicht gesamtschuldnerisch, sondern müssen entsprechend ihrer Beteiligung an der Gesellschaft für den Ausfall des Mitgesellschafters einstehen. Nach der Rechtsprechung des BGH kann von einem Mitgesellschafter ein Betrag in Höhe des gesamten Stammkapitals verlangt werden, sofern die anderen Gesellschafter nicht greifbar sind.[192]

163 **Beispiel (in Anlehnung an BGH v. 22.9.2003 – II ZR 229/02, NJW 2003, 3629):**
Die GmbH hat ein Stammkapital von 350.000 EUR. An ihr sind die Gesellschafter A, B, C, D und E jeweils mit 70.000 EUR beteiligt. Trotz einer Überschuldung hat die GmbH Beträge an die Gesellschafter gezahlt. A wird von einem Insolvenzverwalter wegen der an ihn geflossenen Zahlungen in Anspruch genommen. Außerdem möchte der Insolvenzverwalter gegen A noch unter Berufung auf § 31 Abs. 3 GmbHG vorgehen, falls die Vollstreckungsversuche gegen seine Mitgesellschafter erfolglos sein sollten. Nach der Auffassung des BGH ist ein Feststellungsantrag auf einen von A zu zahlenden Höchstbetrag von 87.500 EUR pro ausfallenden Gesellschafter und bei Ausfall seiner sämtlichen vier Mitgesellschafter auf den Betrag des Stammkapitals der GmbH von 350.000 EUR begründet.

---

189 So der Vorschlag von *Thümmel*, BB 2000, 1485, 1486. Demgegenüber soll nach Ulmer, FS 100 Jahre GmbH-Gesetz, S. 363, 384 f dem betroffenen Gesellschafter nach Wiederherstellung des Stammkapitals u.a. das Recht zur Aufrechnung zustehen. Auf diesem Wege allerdings wäre aber dem Erwerber eines Erstattungsanspruchs wegen §§ 404, 406 BGB nicht geholfen, da die Aufrechnung regelmäßig auch ihm gegenüber erklärt werden kann.
190 Hierzu *Lutter/Hommelhoff* in Lutter/Hommelhoff, GmbHG, § 31 Rn 16.
191 S. hierzu BGH v. 22. 9.2003 – II ZR 229/02, NJW 2003, 3629.
192 BGH v. 25.2.2002 – II ZR 196/00, NJW 2002, 1803.

**C. Fremdkapital** 3

Berücksichtigt man aber, dass ein Gesellschafter bei der Gründung der GmbH seine Einlage schon in voller Höhe erbracht haben kann und er auch als Leistungsempfänger aus § 31 Abs. 1 GmbHG in Anspruch genommen werden kann, erscheint eine Verpflichtung zur Leistung des Stammkapitals in voller Höhe nicht gerechtfertigt. Naheliegend wäre es daher gewesen, die Ausfallhaftung auf das Stammkapital abzüglich der eigenen Einlage zu beschränken (im vorigen Beispiel: 280.000 EUR).[193] Der BGH ist dieser Auffassung aber nicht gefolgt und hat sich für ein Ergebnis entschieden, das noch stärker die Interessen der Gesellschaftsgläubiger berücksichtigt. 164

### 6. Verjährung

Nach § 31 Abs. 5 S. 1 GmbHG verjährt der Erstattungsanspruch aus § 31 Abs. 1 GmbHG in zehn Jahren; für die Haftung der Mitgesellschafter nach § 31 Abs. 3 GmbHG besteht eine Verjährungsfrist von **fünf Jahren**. Unabhängig von einer Kenntnis der Geschäftsführer über das Bestehen dieser Ansprüche, beginnt die Verjährung mit Ablauf des Tages, an dem die in Rede stehende Zahlung geleistet wird.[194] Falls ein Insolvenzverfahren über das Vermögen der GmbH eröffnet wird, tritt die Verjährung nicht vor Ablauf **von sechs** Wochen ab dem Zeitpunkt der Eröffnung ein (§ 31 Abs. 5 S. 3 iVm § 19 Abs. 6 GmbHG). 165

## C. Fremdkapital

### I. Überblick

Die Gesellschafter können ihre GmbH mit Eigenkapital ausstatten. Das GmbHG sichert die Aufbringung und Erhaltung des Stammkapitals vor allem durch die Regelungen in § 19 und §§ 30, 31 GmbHG. Die Gesellschafter können sich aber auch für eine Finanzierung ihrer GmbH mit Fremdkapital entscheiden. Bei Fremdkapital handelt es sich in erster Linie um **Darlehen**. 166

Bei einer mittelständischen GmbH besteht eine besonders intensive Beziehung zwischen den Gesellschaftern und dem dort betriebenen Unternehmen. Diese personalistische Struktur ist eine Ursache für die Finanzierung der GmbH durch Fremdkapital, sei es in Form eines Gesellschafterdarlehens oder in der Variante eines Drittdarlehens, bei dem sich ein Gesellschafter **verbürgt**.[195] Außerdem ist es nicht praktikabel, eine GmbH allein mit Eigenkapital zu finanzieren.[196] So ist bei der Gründung nicht absehbar, welchen Kapitalbedarf das Unternehmen hat, und auch in der Krise bedarf es zu einer Kapitalerhöhung eines Gesellschafterbeschlusses. Ob die hierfür erforderliche Mehrheit bei einer wirtschaftlich angeschlagenen GmbH eingeholt werden kann, ist nicht immer sicher. Schließlich ist eine Kapitalerhöhung in der Krise mit Risiken verbunden, da der BGH Voreinzahlungen (Leistungen vor Beurkundung des Erhöhungsbeschlusses) 167

---

[193] Vgl *Lutter/Hommelhoff* in Lutter/Hommelhoff, GmbHG, § 31 Rn 21.
[194] Wenn die Zahlung in der Form erfolgt, dass Vermögen der GmbH zur Sicherung einer Forderung eines Anteilsveräußerers verwendet wird, beginnt die Verjährung mit der Verwertung des Sicherungsguts und nicht mit der Auszahlung des Erlöses, vgl BGH v. 18.6.2007 – II ZR 86/06, BB 2007, 2025.
[195] Hierzu *Picot*, BB 1991, 1360.
[196] Zu etwaigen Nachteilen im Steuerrecht, s. *Meilicke*, GmbHR 2007, 225, 227.

grundsätzlich nicht anerkennt und den Inferenten somit zur „nochmaligen" Zahlung verpflichtet.[197]

**168** Es ist daher durchaus nicht ungewöhnlich, wenn sich eine GmbH mit Fremdkapital finanziert. Ob und unter welchen Voraussetzungen ein Darlehensgläubiger sein Geld wieder zurückbekommt, ist zunächst keine Frage des Gesellschaftsrechts. Hierfür ist das allgemeine Zivilrecht zuständig. Die Finanzierung einer GmbH mit Fremdkapital wird allerdings zu einem gesellschaftsrechtlichen Thema, wenn ein *Gesellschafter* das betreffende Darlehen gewährt hat oder er die Rückzahlung des von einer Bank oder einem Dritten zur Verfügung gestellten Darlehens mit seinem Privatvermögen absichert. Hier besteht die Gefahr, dass der Gesellschafter im Vorfeld einer Insolvenz nur noch an sich denkt und die Rückzahlung seines Darlehen oder des von ihm besicherten Drittdarlehens veranlasst. Dass hierbei die Interessen der übrigen Gläubiger auf der Strecke bleiben, liegt auf der Hand.

**169** Das GmbHG enthielt für solche Konstellationen zunächst keine einschlägigen Regelungen. Bei der ursprünglichen Höhe des Mindeststammkapitals (20.000 Mark) war eine Finanzierung über Fremdkapital auch nicht so notwendig, wie das heute der Fall ist. Aufgrund dieser Regelungslücke entwickelte der BGH in analoger Anwendung der §§ 30, 31 GmbHG seine Rechtsprechung zum Eigenkapitalersatzrecht (sog. **Rechtsprechungsregeln**), die der Gesetzgeber später mit seinen Regelungen in §§ 32 a, 32 b GmbHG aF und in § 32 a KO, heute § 135 InsO, ergänzte (sog. **Novellenregeln**). Die Reform des Eigenkapitalersatzrechts ist ein zentraler Bestandteil des MoMiG. Rechtsprechungs- und Novellenregeln wurden zumindest für zukünftige Sachverhalte abgeschafft. Das Eigenkapitalersatzrecht wurde auf eine rein insolvenzrechtliche und anfechtungsrechtliche Grundlage gestellt. Etwaige Ansprüche wegen der Rückzahlung eines Gesellschafterdarlehens oder eines von einem Gesellschafter besicherten Drittdarlehens setzen nun eine Anfechtung durch einen Insolvenzverwalter oder durch einen gem. § 2 AnfG anfechtungsberechtigten Gläubiger voraus (sog. **Anfechtungsregeln**).[198]

**170** Bevor wir uns den Voraussetzungen im Detail zuwenden, sollen die nun folgenden Ausführungen einen Überblick geben. Dabei sind die an sich aufgehobenen Rechtsprechungs- und Novellenregeln nach wie vor von Interesse. Zwar sind ihre gesetzlichen Grundlagen aufgehoben. Für Insolvenzverfahren, die vor dem Inkrafttreten des MoMiG bereits eröffnet waren, gelten sie aber noch weiter (zu weiteren Konstellationen s. Rn 188). Außerdem sind die früheren Regelungen weiter von Interesse, da manche Tatbestände, wie beispielsweise das sog. Kleinbeteiligungsprivileg, auch im neuen Recht zu finden sind (vgl einerseits § 32 a Abs. 2 S. 2 GmbHG aF und § 39 Abs. 5 InsO andererseits). Schließlich sind manche Regelungen aus dem MoMiG nur verständlich, wenn man sich die bisherigen Vorschriften ins Gedächtnis ruft.[199]

**171** Da die Rechtsprechungs- und Novellenregeln nur noch aufgrund von Übergangsregelungen eingreifen, werden die an sich aufgehobenen Regelungen in der Vergangenheitsform erläutert.

---

197 Hierzu BGH v. 26.6.2006 – II ZR 43/05, NJW 2007, 515.
198 *Huber/Habersack*, BB 2006, 1.
199 Hierzu zählt die Regelung des § 135 Abs. 2 InsO, die im Vergleich zu § 32 b iVm § 32 a Abs. 2 GmbHG aF sachlich schief formuliert ist, so ausdrücklich *K. Schmidt*, BB 2008, 1966, 1969.

## C. Fremdkapital 3

### 1. Rechtsprechungsregeln

Nach der bisherigen Rechtsprechung waren Gesellschafterdarlehen und ähnliche Leistungen als Eigenkapitalersatz anzusehen, wenn die GmbH von dritter Seite keinen Kredit zu marktüblichen Bedingungen erhalten hätte und die Gesellschaft deshalb kreditunwürdig war. Das Gleiche galt bei einer Überschuldung der GmbH. Kann eine GmbH nämlich wirtschaftlich nicht auf eigenen Füßen stehen, müssen sich die Gesellschafter entscheiden, ob sie eine Liquidation durchführen oder die Gesellschaft mit neuem Eigenkapital sanieren. Geben sie der GmbH in dieser Situation aber ein Darlehen, welches aufgrund ihres Insiderwissens jederzeit wieder zurückgeführt werden kann, sollte dieses Fremdkapital zugunsten der Gesellschaftsgläubiger wie Eigenkapital behandelt werden.[200] Dies führte vor allem zu folgenden Rechtsfolgen:

172

- in analoger Anwendung des § 30 Abs. 1 GmbHG aF bestand ein Verbot die Darlehensverbindlichkeit zu begleichen
- die Rückzahlung eines eigenkapitalersetzenden Darlehens führte zu einem Rückerstattungsanspruch nach § 31 Abs. 1 GmbHG
- bei einer Rückzahlung konnten die Mitgesellschafter aus § 31 Abs. 3 GmbHG in Anspruch genommen werden
- der Geschäftsführer haftete für diese Rückzahlung aus § 43 Abs. 3 S. 1 GmbHG
- alle Ansprüche standen der GmbH zu und hingen nicht von einem Insolvenzverfahren ab.

Die analoge Anwendung der §§ 30, 31 GmbHG auf Gesellschafterdarlehen überrascht schon auf den ersten Blick. Ob eine Zahlung an die Gesellschafter mit diesen Vorschriften vereinbar ist, beurteilt sich grundsätzlich aufgrund einer bilanziellen Bewertung des Geschehens. Wenn Geld aus den Aktivvermögen verwendet wird, um damit eine in den Passiva ausgewiesene Darlehensverbindlichkeit zu tilgen, kann dies nicht zu einer Unterbilanz führen oder diese weiter vertiefen, sondern lediglich die Bilanzsumme kürzen.[201]

173

In seinen grundlegenden Entscheidungen zum Eigenkapitalersatzrecht ging der BGH über diesen Einwand hinweg. Ausschlaggebend war für ihn die Überlegung, dass ein Gesellschafterdarlehen in Krisenzeiten lediglich den sonst erforderlichen Konkursantrag (heute: Insolvenzantrag) abwenden sollte. Mit diesem „**Konkursabwendungszweck**" des Darlehens setzte sich der Gesellschafter allerdings in Widerspruch, wenn er das Geld doch noch zurückfordert und erhält. Dies sei, so der BGH in einer der ersten Entscheidungen zu den eigenkapitalersetzenden Darlehen aus 1959, ein Verstoß gegen **Treu und Glauben** (§ 242 BGB).[202] Juristengenerationen später stellte *Röhricht* (ein ehemaliger Vorsitzende des II. Zivilsenats) klar, dass es sich bei dieser dogmatischen Herleitung um eine „Krücke" handelte.[203] Später war für die Rechtsprechung die sog. Finanzierungsfolgenverantwortung entscheidend (vgl hierzu noch ausführlich unter

174

---

200 Vgl hierzu BGH v. 24.3.1980 – II ZR 213/77, NJW 1980, 1524.
201 Aus diesem Grund sieht *Meilicke*, GmbHR 2007, 225, 226, in den Rechtsprechungsregeln auch eine Verletzung der Grundsätze ordentlicher Buchführung.
202 BGH v. 14.12.1959 – II ZR 187/57, NJW 1960, 285. Die Rechtsprechung des Reichsgerichts berief sich bei Gesellschafterdarlehen auf § 826 BGB, s. Scholz/K. *Schmidt*, GmbHG, §§ 32 a, 32 b, Rn 15.
203 *Röhricht*, ZIP 2005, 505, 512.

214). Das Eigenkapitalersatzrecht hatte sich durch die Rechtsprechung zu einem völlig eingeständigen Gläubigerschutzsystem gewandelt. Auch die Rechtsprechungsregeln standen am Ende ihrer Entwicklung dem Insolvenzrecht näher als dem Kapitalerhaltungsrecht.[204]

175 Die Umqualifizierung in Eigenkapital beschränkte sich nicht Gesellschafter-Darlehen, sondern erstreckte sich vor allem auch auf Bürgschaften der Gesellschafter zur Besicherung von Drittdarlehen.[205] Wenn die GmbH die Verbindlichkeiten gegenüber einer Bank zurückführte und die Voraussetzungen einer eigenkapitalersetzenden Bürgschaft vorlagen, hatte die Gesellschaft nach den Rechtsprechungsregeln einen Erstattungsanspruch gegen den Bürgen und gegebenenfalls auch gegen die Mitgesellschafter in analoger Anwendung des § 31 Abs. 1 und Abs. 3 GmbHG.

**2. Novellenregeln**

176 Der BGH konnte sich mit seiner Rechtsprechung zu den eigenkapitalersetzenden Gesellschafterdarlehen nur auf allgemeine Grundsätze stützen. Um eine **gesetzliche Rechtsgrundlage** zu schaffen und um bestehende Zweifelsfragen soweit wie möglich auszuräumen,[206] hatte der Gesetzgeber mit der GmbH-Novelle 1980 die §§ 32 a und 32 b in das GmbHG sowie Vorschriften ins Insolvenzrecht (§ 32 a KO, heute § 135 InsO) und in das Gläubigeranfechtungsgesetz (§ 3 a AnfG, heute § 6 AnfG) eingeführt.[207]

177 Nach § 32 a Abs. 1 GmbHG aF konnte ein Gesellschafter seinen Anspruch auf ein rückgewährtes Darlehen im Insolvenzverfahren über das Vermögen der Gesellschaft nur als nachrangiger Insolvenzgläubiger geltend machen, wenn er das Darlehen der Gesellschaft in einem Zeitpunkt gewährt hatte, in dem ihr die Gesellschafter als ordentliche Kaufleute Eigenkapital zugeführt hätten (Krise der Gesellschaft). Darüber hinaus bestimmte § 135 Nr. 2 InsO, dass die Rückgewähr eines kapitalersetzendes Darlehens anfechtbar ist, wenn die Befriedigung im letzten Jahr vor dem Eröffnungsantrag oder nach diesem Antrag vorgenommen worden ist. Weitere gesetzliche Regelungen zu den eigenkapitalersetzenden Darlehen gab es, sieht man einmal von dem wenig relevanten § 6 AnfG aF ab, nicht.

178 §§ 32 a, 32 b GmbHG aF enthielt auch noch Regelungen für die eigenkapitalersetzenden Bürgschaften und für andere Rechtshandlungen, die einem Darlehen entsprechen (man denke nur an die Gebrauchsüberlassungen). Dennoch blieben die **Novellenregeln** deutlich hinter dem Gläubigerschutz zurück, der bereits mit den Rechtsprechungsregeln erreicht wurde. So setzten die Novellenregeln die **Eröffnung eines Insolvenzverfahrens** voraus. Für die in der Praxis besonders wichtigen Fälle der stillen Liquidation boten die Novellenregeln keinen ausreichenden Schutz. In diese Konstellationen gibt es gerade kein geordnetes Insolvenzverfahren und auch keinen Insolvenzverwalter, der die Gesellschaftsgläubiger vor einer Rückführung des Gesellschaftsvermögens in die Taschen der Gesellschafter schützen kann.

---

204 Siehe hierzu *Haas* in Gutachten E zum 66 DJT, 2006, E 54 ff.
205 Hierzu BGH v. 13.7.1981 – II ZR 256/79, NJW 1981, 2570.
206 BT-Drucks. 8/1347, S. 39.
207 Zur Gesetzesnovelle, s. Scholz/K. *Schmidt*, GmbHG §§ 32 a, 32 b, Rn 15.

**C. Fremdkapital** 3

Aber auch in einem eröffneten Insolvenzverfahren spielten die Novellenregeln kaum eine wesentliche Rolle, weil sich die Insolvenzverwalter schon wegen der Verjährungsfrist von zehn Jahren (§ 31 Abs. 5 S. 1 GmbHG) auf den Erstattungsanspruch nach den Rechtsprechungsregeln stützten. Demgegenüber war der vergleichsweise kurze Anfechtungszeitraum in § 135 Nr. 2 InsO aF auf ein Jahr beschränkt und der Insolvenzverwalter musste die Anfechtung wegen § 146 InsO innerhalb der regelmäßigen Verjährung nach dem Bürgerlichen Gesetzbuch geltend machen. Außerdem verschonten die §§ 32 a, 32 b GmbHG aF die Mitgesellschafter vor einer Ausfallhaftung. Ebenso wenig kannten die Novellenregeln ein **Ausschüttungsverbot** und eine damit korrespondierende **Geschäftsführerhaftung** nach § 43 Abs. 3 S. 1 GmbHG. 179

Obwohl der Gesetzgeber 1980 das Ziel verfolgt hatte, den Schutz der Gesellschaftsgläubiger zu verbessern, wiesen die Regelungen der GmbH-Novelle wesentliche Lücken auf. Um das Ziel des Gesetzgebers letztlich zu erreichen, entschloss sich der BGH, die von ihm selbst herausgebildeten Rechtsprechungsregeln auch weiterhin neben den Novellenregeln anzuwenden.[208] Dies geschah mit Billigung des fast ungeteilten Schrifttums.[209] 180

### 3. Anfechtungsregeln (MoMiG)

Das Eigenkapitalersatzrecht wurde stets heftig kritisiert. Zum einen war die Argumentation für die Sonderbehandlung der Gesellschafterdarlehen längst nicht über jeden Zweifel erhaben. So setzten die Rechtsprechungsregeln, aber auch § 32 a Abs. 1 GmbHG aF, die Verpflichtung voraus, der GmbH in Krisensituationen Eigenkapital zuzuführen. Nur wer in dieser Weise verfuhr, handelte, wie es „ordentliche Kaufleute" iSd § 32 a Abs. 1 GmbHG aF tun würden. Dem ließ sich entgegenhalten, dass das Verschleudern von Vermögen nicht unbedingt zum Verhalten eines ordentlichen Kaufmanns gehört.[210] Auch ist eine Zuführung von Eigenkapital nur im Wege einer Kapitalerhöhung durch einen satzungsändernden Beschluss möglich und die hierbei erforderliche Mehrheit (§ 53 Abs. 2 S. 1 GmbHG) dürfte insbesondere bei einer wirtschaftlich angeschlagenen GmbH kaum zu beschaffen sein. 181

Ein weiterer Kernbestandteil für die Umqualifizierung von Gesellschafterdarlehen in Eigenkapital war die Annahme, dass der „Todeskampf" der GmbH durch die Gesellschafterdarlehen zu Lasten der Gesellschaftsgläubiger verlängert wurde. Hierbei wurde allerdings außer Acht gelassen, dass die Gesellschafter mit ihrem Darlehen nicht nur ein neues Risiko eingehen, sonders dieses Geld ja gerade für die Befriedigung der gesellschaftsfremden Gläubiger verwandt wurde. So konnte es durchaus sein, dass für die 182

---

208 BGH v. 26.3.1984 – II ZR 14/84, NJW 1984, 1891.
209 Scholz/K. *Schmidt*, GmbHG, §§ 32 a, 32 b, Rn 15; *Lutter/Hommelhoff* in Lutter/Hommelhoff GmbHG, §§ 32 a, 32 b Rn 10 (jeweils mwN).
210 So auch *Meilicke*, GmbHR 2007, 225, 227.

Gläubiger die durch ein Gesellschafterdarlehen geschaffene Sanierungschance vorteilhafter als die sofortige Liquidation war.[211]

183 Zum Dritten wandte sich die Kritik gegen die Rechtsunsicherheiten, die mit dem Eigenkapitalersatzrecht verbunden waren. Die Rechtsprechungs- und Novellenregeln setzten gleichermaßen voraus, dass sich die GmbH in einer wirtschaftlichen Krise befand. Eine Krisensituation bestand hierbei nicht schon bei einer überschuldeten oder gar zahlungsunfähigen GmbH. Vielmehr griff das Eigenkapitalersatzrecht schon bei einer Kreditunwürdigkeit der Gesellschaft ein. Eine GmbH war wiederum kreditunwürdig, wenn diese von dritter Seite einen zur Fortführung ihres Unternehmens erforderlichen Kredit zu marktüblichen Bedingungen nicht erhielt und sie deshalb ohne die Gesellschafterleistung liquidiert werden müsste.[212] Die Feststellung einer Kreditunwürdigkeit war in einem Rechtsstreit umständlich und oft schwierig.[213] Schließlich stand das Eigenkapitalersatzrecht in der Kritik, weil es als Hindernis für eine Sanierung von angeschlagenen Gesellschaften angesehen wurde.[214] Dieser Kritik ist hinzuzufügen, dass sowohl die Rechtsprechungsregeln als auch die Novellenregeln keinen hinreichenden Schutz für die Vielzahl der masselosen Insolvenzen boten. Zwar konnte ein Gläubiger in einer masselosen Insolvenz den aufgrund einer analogen Anwendung des § 31 Abs. 1 GmbHG bestehenden Erstattungsanspruch pfänden,[215] indes war es ihm als Außenstehenden kaum möglich, die Kreditunwürdigkeit der Gesellschaft zu beweisen. Auch die Durchsetzung der Rechtsprechungsregeln über die Gläubigeranfechtung war nur in Ausnahmefällen erfolgreich.[216] Die Novellenregeln versagten ebenfalls in der masselosen Insolvenz, da die Frist in § 6 Nr. 2 AnfG zu kurz war.[217] Gerade diese Defizite des Gläubigerschutzes bei einer masselosen Insolvenz verleiteten die Verantwortlichen einer GmbH dazu, die Abweisung des Insolvenzverfahrens mangels Masse durch eine rechtzeitige Verschiebung des Unternehmensvermögens vorzubereiten.

184 Mit den Erfahrungen aus der verunglückten GmbH-Reform von 1980 unternahm der Gesetzgeber mit dem MoMiG einen zweiten Anlauf zur Schaffung eines in sich schlüssigen Gläubigerschutzsystems. Dies ist ihm gelungen, wobei dem Gesetzgeber zugute kam, dass er in weiten Teilen auf die Vorarbeiten von *Huber/Habersack* zurückgreifen konnte.[218]

185 Schon der Referentenentwurf sah vor, die §§ 32 a, 32 b GmbHG aF zu streichen. Die in Rede stehenden Sachverhalte sollten bereits nach diesem Entwurf abschließend im Insolvenzrecht geregelt werden. Sämtliche Forderungen auf Rückgewähr eines Gesell-

---

211 Vgl *Grunewald,* GmbHR 1997, 7, 8; In diesem Zusammenhang darf man allerdings nicht übersehen, dass das als Darlehen gewährte Geld häufig an die Sozialkassen und Finanzämter weitergereicht wird. Wenn die GmbH einen Gesellschafter-Geschäftsführer hat, haftet er diesen über §§ 34, 69 AO bzw 823 BGB iVm § 266a StGB persönlich. Finanzämter und Sozialkassen werden unter diesen Umständen von einer Stellung des Insolvenzantrags absehen. Der Eintritt des Insolvenzverfahrens wird dadurch verzögert und die Zahl der enttäuschten Gläubiger steigt.
212 Vgl auch *Lutter/Hommelhoff* in Lutter/Hommelhoff, GmbHG, §§ 32 a, 32 b, Rn 19 mwN.
213 Hierzu *Röhricht,* ZIP 2005, 505, 512; *Huber/Habersack,* BB 2006, 1, 2.
214 *Götz/Hegerl,* DB 1997, 2365.
215 Zur Pfändbarkeit des Anspruchs aus § 31 Abs. 1 GmbHG s. *Lutter/Hommelhoff* in Lutter/Hommelhoff, GmbHG, § 31 Rn 3.
216 Die Entscheidung des BGH v. 22.12.2005 – IX ZR 1990/02, NJW 2006, 908 ist ein Ausnahmefall.
217 Hierzu *Hommelhoff,* Die GmbH-Reform in der Diskussion (2006), S. 115, 134.
218 *Huber/Habersack,* BB 2006, 1.

schafterdarlehens und wirtschaftlich entsprechender Forderungen sollten in der Insolvenz nachrangig sein und Rechtshandlungen, die in den letzten zehn Jahren vor dem Eröffnungsantrag Sicherung oder im letzten Jahr vor dem Eröffnungsantrag Befriedigung gewährt haben, der Insolvenzanfechtung unterliegen. Auf das Merkmal der Krise der Gesellschaft im Zeitpunkt der Gewährung oder des Belassens des Gesellschafterdarlehens sollte es nach der Konzeption des Referentenentwurfs nicht mehr ankommen. Schlichtweg jede Rückführung eines Gesellschafterdarlehens sollte mit dem Risiko einer Insolvenzanfechtung behaftet sein, wenn sie ein Jahr vor dem Insolvenzantrag erfolgte. Auch Gesellschaftsgläubiger, deren titulierte Forderung durch die masselose Insolvenz entwertet wurde, sollten über das AnfG die Möglichkeit haben, eine Rückzahlung des Darlehens anzufechten. Um sicher zu gehen, dass der BGH nicht erneut seine Rechtsprechungsregeln neben den neuen gesetzlichen Vorschriften anwendet, sah schon der Referentenentwurf eine „Abschaffung" die auf eine analoge Anwendung der §§ 30, 31 GmbH-gestützten Rechtsprechungsregeln vor.[219]

Die Resonanz auf den Referentenentwurf war überwiegend positiv.[220] Die wirtschaftsrechtliche Abteilung des Deutschen Juristentags 2006 hatte sich mit einer überwältigenden Mehrheit für eine endgültige Abkehr von den Rechtsprechungsregeln und eine Überführung des Eigenkapitalersatzrechts in das Recht der Insolvenz- und Gläubigeranfechtung ausgesprochen.[221] Und auch der II. Zivilsenat ließ in seiner Entscheidung vom 30.1.2006 erkennen, dass die Verortung des Eigenkapitalsrechts in das Insolvenzrecht im Interesse größerer Rechtssicherheit und einfacher Handhabbarkeit steht.[222] Indes gab es auch renommierte Hochschullehrer, die dem Referentenentwurf zum MoMiG sehr kritisch gegenüberstanden. Hierbei wurde insbesondere hervorgehoben, dass die bloße Nähe zwischen Gesellschafter und Gesellschaft kein hinreichender Grund für die Nachrangigkeit des Rückzahlungsanspruchs und die Anfechtbarkeit einer Rückzahlung sein könne[223] und mit der Beseitigung der Rechtsprechungsregeln ein Stück Rechtssicherheit verloren gehe.[224] Diese Bedenken haben sich aber letztlich nicht durchgesetzt. **186**

Die wichtigsten Änderungen des MoMiG sind: **187**

- die Regelungen zu den Gesellschafterdarlehen sind nun rechtsformneutral im Insolvenzrecht platziert. Sie gelten (vereinfacht) bei allen Gesellschaften, bei den keine natürliche Person persönlich haftet (vgl § 39 Abs. 4 InsO). Hierzu zählen die GmbH, die Unternehmergesellschaft (haftungsbeschränkt) und auch ausländische Kapitalgesellschaftern;
- die Unterscheidung zwischen „kapitalersetzenden'" und „normalen" Gesellschafterdarlehen entfällt, es kommt nicht mehr auf das Vorliegen einer Krise der Gesellschaft an;

---

219 Zum Referentenentwurf vgl die Darstellung von *Seibert*, ZIP 2006, 1157, 1160.
220 Im Wesentlichen zustimmend *Bayer/Graff*, DStR 2006, 1654; *Haas* in Gutachten E zum 66. DJT, 2006, E 54 ff; *Noack*, DB 2006, 1475; *Schäfer*, DStR 2006, 2085, 2087.
221 141 Ja-Stimmen bei drei Nein-Stimmen und fünf Enthaltungen; die Ergebnisse des DJT sind im Internet abrufbar unter www.djt.de.
222 Vgl BGH v. 30.1.2006 – II ZR 357/03, NJW-RR 2006, 1272 – 1273 unter Hinweis auf *Huber/Habersack*, BB 2006, 1, deren Konzept im Wesentlichen mit dem Referentenentwurf identisch ist.
223 Hierzu *K. Schmidt*, ZIP 2006, 1925, 1932.
224 *Hommelhoff* in VGR, Die GmbH-Reform in der Diskussion, 2006 S. 115, 130.

- bei jeder Rückzahlung eines Gesellschafterdarlehens gelten nun die Regelungen zur Insolvenzanfechtung (§ 135 Abs. 1 InsO) und zur ebenfalls modifizierten Gläubigeranfechtung (§ 6 AnfG);
- die Rechtsprechungsregeln zu den eigenkapitalersetzenden Gesellschafterdarlehen werden aufgehoben (§ 30 Abs. 1 S. 3 GmbHG);
- bei der Rückzahlung eines Drittdarlehens, für das ein Gesellschafter eine Sicherheit bestellt hatte oder als Bürge haftete, besteht ein Anfechtungsrecht des Insolvenzverwalters oder des Titelgläubigers gegenüber dem Gesellschafter (§§ 135 Abs. 2, 143 InsO; §§ 6 a, 11 AnfG);
- bei einer eigenkapitalersetzenden Gebrauchsüberlassung hat der Grundstückseigentümer einen Aussonderungsanspruch, der allerdings frühestens ein Jahr nach Eröffnung des Insolvenzverfahrens geltend gemacht werden kann (§ 135 Abs. 3 InsO).

### 4. Zeitlicher Anwendungsbereich

188 Wie bei jeder Gesetzesänderung gibt es auch im MoMiG **Übergangsfristen**, die über den zeitlichen Anwendungsbereich des früheren und des neuen Rechts entscheiden. Den Übergangsvorschriften kommt gerade bei der Aufhebung des bisherigen Eigenkapitalersatzrechts eine besondere Bedeutung zu. Zur Erinnerung: Bei der GmbH-Reform 1980 wollte der Gesetzgeber schon einmal die bis dato geltenden Rechtsprechungsregeln abschaffen. Eine selbstbewusste Justiz ließ sich davon aber nicht beirren und stütze seine Urteile zum Eigenkapitalersatzrecht auch weiterhin auf eine analoge Anwendung der §§ 30, § 31 GmbHG.[225] Das wollte sich der Gesetzgeber kein zweites Mal gefallen lassen. In § 30 Abs. 1 S. 3 GmbHG ist daher nun geregelt, dass § 30 Abs. 1 S. 1 GmbHG eben nicht auf die Rückgewähr von Gesellschafterdarlehen anzuwenden ist (§ 30 Abs. 1 S. 3 GmbHG). Für die Rechtsprechungsregeln gibt es daher einen Nichtanwendungserlass.[226] Aber auch bei einer gesetzlichen Aufhebung der Rechtsprechungsregeln stellt sich die Frage, wann diese Neuregelung in Kraft treten soll und in welcher Übergangszeit noch das alte Recht zur Anwendung gelangt.

189 Nach Art. 25 des MoMiG tritt dieses Gesetz am ersten Tag des auf die Verkündung folgenden Kalendermonats in Kraft; dies war der **1.11.2008**. Das MoMiG enthält aber auch Übergangsregelungen, die zum einen im neu eingeführten Einführungsgesetz zum Gesetz betreffend die Gesellschaften mit beschränkter Haftung (**GmbHG-Einführungsgesetz – EGGmbHG**) enthalten sind. Zum anderen findet man zum zeitlichen Anwendungsbereich auch eine Regelung im Einführungsgesetz zur Insolvenzordnung (**EGInsO**).

190 § 3 EGGmbHG beinhaltet einige Übergangsvorschriften zu den Änderungen des GmbHG durch das MoMiG. Eine Regelung zu § 30 GmbHG und zur Aufhebung der §§ 32 a, 32 b GmbHG aF sucht man dort jedoch vergebens.

---

225 BGH v. 26.3.1984 – II ZR 14/84, NJW 1984, 1891.
226 Vor einem solchen „Nichtanwendungsentscheid" hatte *Hommelhoff* in VGR, Die GmbH-Reform in der Diskussion, 2006, S. 115, 134, gewarnt. Seiner Meinung nach sollte der Gesetzgeber lieber darauf vertrauen, dass seine neuen Regelungen die Rechtsprechungsregeln obsolet werden lassen. Ähnlich auch *K. Schmidt*, GmbHR 2007, 1, 9.

## C. Fremdkapital 3

Nach § 103 d S. 1 EGInsO sind auf Insolvenzverfahren, die vor dem Inkrafttreten des MoMiG eröffnet worden sind, die bis *dahin geltenden gesetzlichen Vorschriften* weiter anzuwenden. § 103 d S. 2 EGInsO bestimmt, dass im Rahmen von nach dem Inkrafttreten des MoMiG eröffneten Insolvenzverfahren auf die davor vorgenommene Rechtshandlungen die bis *dahin geltenden Vorschriften der Insolvenzordnung über die Anfechtung von Rechtshandlungen* anzuwenden sind, soweit die Rechtshandlungen nach dem bisherigen Recht der Anfechtung entzogen oder in geringerem Umfang unterworfen sind. **191**

Nach den Übergangsregelungen des § 103 d EGInsO ist daher zunächst zu unterscheiden, *wann* die Rückgewähr eines Gesellschafterdarlehens erfolgte und *wann* das Insolvenzverfahren eröffnet wurde. Hier gibt es drei verschiedene Konstellationen: **192**

- **Variante 1**: Die Zahlungen an den Gesellschafter sowie die Eröffnung des Insolvenzverfahrens finden beide *nach* dem 1.11.2008 statt.
- **Variante 2**: Die Zahlungen an den Gesellschafter sowie die Eröffnung des Insolvenzverfahrens finden beide *vor* dem 1.11.2008 statt.
- **Variante 3**: Die Zahlungen an den Gesellschafter stammen noch aus einer Zeit *vor* Inkrafttreten des MoMiG; das Insolvenzverfahren wird aber erst *nach* dem 1.11.2008 eröffnet.

Schließlich ist es dann auch möglich, dass es gar *kein* Insolvenzverfahren gibt. Dies ist dann: **193**

- **Variante 4**: Die Zahlungen an den Gesellschafter stammen noch aus einer Zeit *vor* Inkrafttreten des MoMiG; die GmbH macht einen Erstattungsanspruch geltend und es gibt keinen Insolvenzverfahren.

In der **Variante 1** greift ausschließlich das neue Recht ein. Die Zahlungen an den Gesellschafter begründen einen Anfechtungsanspruch gegen den Zahlungsempfänger nach § 135 Abs. 1 Nr. 2 InsO, wenn sie im letzten Jahr vor dem Eröffnungsantrag vorgenommen wurden. Unter diesen zeitlichen Voraussetzungen ist auch die Zahlung an die Bank anfechtbar, wobei der Rückerstattungsanspruch sich ausschließlich gegen den darlehensgebenden Gesellschafter richtet (§ 135 Abs. 2). **194**

Schon schwieriger wird es bei **Variante 2**. Sie ist ein Fall für § 103 d S. 1 EGInsO, wonach auf Insolvenzverfahren, die vor dem Inkrafttreten des MoMiG eröffnet worden sind, die bis *dahin geltenden gesetzlichen Vorschriften* weiter anzuwenden sind. Im Zusammenspiel von § 103 d S. 1 EGInsO und § 103 d S. 2 EGInsO fällt auf, dass sich die Übergangsregelung in Satz 1 dieser Vorschrift auf „die bis dahin geltenden gesetzlichen Vorschriften" bezieht, wohingegen im zweiten Satz von den *„bis dahin geltenden Vorschriften der Insolvenzordnung über die Anfechtung von Rechtshandlungen"* die Rede ist. Nach dem Wortlaut des § 103 d S. 1 EGInsO finden daher die gesetzlichen Vorschriften des GmbHG Anwendung, also §§ 32 a und 32 b GmbHG sowie § 30 Abs. 1 S. 1 GmbHG ohne den Ausschlusstatbestand in § 30 Abs. 1 S. 3 GmbHG. **195**

Aus dem Wortlaut des § 103 d S. 1 und S. 2 EGInsO ergibt sich, dass die bisherigen Ansprüche nach den Rechtsprechungs- und Novellenregeln für die Insolvenzverfahren weiter gelten, die im Zeitpunkt des Inkrafttretens des MoMiG bereits eröffnet waren. **196**

Diese Ansicht wird zumindest im Ergebnis von *Schmitz-Herscheidt*[227] und (wohl auch) von *Goette* geteilt. In seiner Stellungnahme zur Vorbereitung der öffentlichen Anhörung vor dem Rechtsausschuss des Deutschen Bundestags erklärte *Goette*, dass das Eigenkapitalersatzrecht für Altfälle fortwirke und sich die Praxis noch einige Zeit weiter mir dem „Problemkreis" (gemeint waren die Abgrenzungsschwierigkeiten für das Vorliegen einer Krise) zu befassen habe.[228]

197 Soweit es die **Variante 3** (Zahlung vor, Insolvenzeröffnung nach dem 1.11.2008) anbelangt, ist die Rechtslage nicht eindeutig geregelt. Wird nach dem Inkrafttreten des MoMiG ein Insolvenzverfahren eröffnet, sind nach § 103 d S. 2 EGInsO auf die vor dem 1.11.2008 vorgenommenen Rechtshandlungen die bis dahin geltenden Vorschriften der Insolvenzordnung über die Anfechtung von Rechtshandlungen anzuwenden, soweit die Rechtshandlungen nach dem bisherigen Recht der Anfechtung entzogen oder in geringerem Umfang unterworfen sind. Diese Übergangsvorschrift regelt allerdings nur das Anfechtungsrecht. Hier gilt grundsätzlich das neue Recht, es sei denn, die Zahlung war nach dem alten Recht nicht anfechtbar. Sollte also nach altem Recht eine Zahlung auf ein Gesellschafterdarlehen erfolgt sein, bei dem die Voraussetzungen eines eigenkapitalersetzenden Darlehens nicht vorlagen und das Insolvenzverfahren ein Jahr nach der Zahlung das Insolvenzverfahren eröffnet werden (ein sehr ungewöhnlicher Sachverhalt), könnte sich ein Gesellschafter noch auf das alte Recht berufen. Der Insolvenzverwalter könnte in dieser Konstellation nicht nach § 135 Abs. 1 InsO anfechten.[229]

198 Die Übergangsregelung des § 103 d S. 2 EGInsO hat allerdings nur die Anfechtungstatbestände (also § 135 Abs. 1 InsO und § 32 a Abs. 1 GmbHG aF) im Blick. Die nicht zum Anfechtungsrecht zählenden Erstattungsansprüche gegen Mitgesellschafter aus § 31 Abs. 3 GmbHG und den Haftungsanspruch gegen einen Geschäftsführer werden hiervon nicht erfasst. Eine ähnliche Regelungslücke besteht bei **Variante 4**. Wird ein Insolvenzverfahren nicht eröffnet, ist für § 103 d EGInsO kein Raum. Da hier keine Übergangsvorschriften aus dem EGGmbHG und der EGInsO einschlägig sind, bliebe es bei Art. 25 des MoMiG, nach dem das Gesetz am ersten Tag des auf die Verkündung folgenden Kalendermonats in Kraft tritt. An diesem Tag wäre die rechtliche Grundlage für einen Erstattungsanspruch gegen einen Gesellschafter nach den Rechtsprechungsregeln, für die Haftung der Mitgesellschafter nach § 31 Abs. 3 GmbHG sowie der Geschäftsführer nach § 43 Abs. 3 GmbHG wegen des dann anwendbaren § 30 Abs. 1 S. 3 GmbHG weggefallen.

199 Dass der Wegfall Ansprüche in den Varianten 3 und 4 mit Blick auf Art. 14 GG nicht ganz unproblematisch ist, liegt auf der Hand.[230] Auch kann man mit guten Gründen vertreten, dass die Erstattungsansprüche nach den Rechtsprechungsregeln auch nach dem 1.1.2008 fortbestehen, da durch das MoMiG Schuldverhältnisse (Darlehensver-

---

227 Vgl *Schmitz-Herscheidt/Coenen* in Saenger/Aderhold/Lenkaitis/Speckmann, Handels- und Gesellschaftsrecht, § 6 Rn 368.
228 Vgl *Goette*, Stellungnahme vom 15. 1. 2008, im Internet zu finden bei www.bundestag.de (Ausschüsse, Rechtsausschuss, Öffentliche Anhörung, Stellungnahmen zur Anhörung vom 23. 1. 2008).
229 Vgl *Oppenhoff*, BB 2008, 1630, 1632.
230 Hierzu *Hirte*, WM 2008, 1429, 1435.

träge) geändert werden und hier eine rückwirkende Änderung nicht möglich ist.[231] Da aber bisher nur selten Ansprüche gegen Mitgesellschafter und Geschäftsführer aufgrund des Eigenkapitalersatzrechts erhoben wurde, können die verfassungsrechtlichen Fragen hier offen bleiben.[232]

Das bisherige Recht bleibt jedenfalls in der Variante 2 (also für Insolvenzverfahren, die bei Inkrafttreten des MoMiG bereits eröffnet waren) anwendbar. Zur besseren Unterscheidung wird es sogleich in der Vergangenheitsform dargestellt. Die Auseinandersetzung mit dem bisherigen Recht ist erforderlich, weil es noch über Jahre hinaus die Zivilgerichtsbarkeit beschäftigen wird[233] und auch Fragen zum neuen Recht nur unter Berücksichtigung der früheren Regelungen gelöst werden können.[234]   200

## II. Gesellschafterfinanzierung nach bisherigem Recht

Der Ausgangspunkt für die Rechtsprechung zum Eigenkapitalersatzrecht waren Gesellschafterdarlehen und auch der Grundtatbestand der Novellenregeln baute in § 32 a Abs. 1 GmbHG aF darauf auf, dass in der Krise der Gesellschaft ein Gesellschafter statt Eigenkapital ein Darlehen gewährt hatte. Die durch einen Gesellschafter mit einer eigenkapitalersetzenden Bürgschaft besicherten Drittdarlehen und die eigenkapitalersetzende Gebrauchsüberlassung hatten sich erst aus der Rechtsprechung zu den eigenkapitalersetzenden Darlehen entwickelt. Sie wurden als Ergänzung des Grundtatbestands in § 32 a Abs. 2 und 3 GmbHG aF geregelt. Diesem Aufbau folgend werden zunächst die Voraussetzungen für ein eigenkapitalersetzendes Gesellschafterdarlehen erläutert. Daran anschließend kommen die eigenkapitalersetzenden Bürgschaften und Gebrauchsüberlassungen zur Sprache.   201

### 1. Eigenkapitalersetzendes Gesellschafterdarlehen

#### a) Darlehen

Erste Voraussetzung für die Rechtsfigur des eigenkapitalersetzenden Gesellschafterdarlehens war das Bestehen eines **Darlehensvertrags**. Ein Darlehen liegt vor, wenn die Gesellschaft Geld (§ 488 BGB) oder vertretbare Sachen (§ 607 BGB) aufgrund eines Darlehensvertrags empfangen hat oder wenn vereinbart wird, dass ein Betrag, den die GmbH einem Gesellschafter bereits aus anderem Grund schuldet, nunmehr als Darlehen geschuldet sein soll.[235]   202

Nur in eng begrenzten Ausnahmefällen war ein kurzfristig rückzahlbarer **Überbrückungskredit** eines Gesellschafters vom Anwendungsbereich der Eigenkapitalersatzregeln ausgenommen. Dies kam nur in Betracht, wenn die GmbH zwar für kurze Zeit dringend auf die Zufuhr von Geldmitteln angewiesen war, aufgrund ihrer wirtschaft-   203

---
231 Vgl *Wedemann*, GmbHR 2008, 1131, 1134 f.
232 Die fehlende Bedeutung der Haftung von Geschäftsführern und Mitgesellschaftern waren für *Huber/Habersack*, BB 2006, 1, 3, ein Argument für die Abschaffung der Rechtsprechungsregeln.
233 Vgl hierzu die Entscheidung des BGH v. 28.4.2007 – II ZR 207/06: in dieser Entscheidung ging es um die eigenkapitalersetzende Gebrauchsüberlassung im Rahmen eines Insolvenzverfahrens, das 2002 eröffnet wurde.
234 S. hierzu die Auslegung zu § 135 Abs. 2 InsO unter Einbeziehung des § 32 a Abs. 2 und § 32 b GmbHG aF; vgl auch K. Schmidt, DB 2008, 1727, 1728.
235 So auch die Definition von Scholz/*K. Schmidt*, GmbHG, §§ 32 a, 32 b, Rn 29. Zur Abgrenzung von Sachdarlehen und Gebrauchsüberlassung, s. Scholz/*K. Schmidt*, GmbHG, §§ 32 a, 32 b, Rn 120.

lichen Lage aber mit der fristgerechten Rückzahlung objektiv gerechnet werden konnte.[236] Wenn die GmbH wegen ihrer fehlenden Kreditwürdigkeit mit einer Ablösung des Kredits nicht rechnen konnte, sprach man von einem Verschleppungsdarlehen, das den Regeln zum Eigenkapitalersatzrecht unterfiel.[237] Für die zeitliche Grenze eines Überbrückungskredit orientierte sich der BGH an der in § 64 Abs. 1 GmbHG aF (nunmehr in § 15 InsO) enthaltenen Frist von längstens **drei Wochen**.[238] Wenn das Darlehen für einen längeren Zeitraum als diese drei Wochen gewährt wurde, konnte es sich schon nicht mehr um einen kurzfristigen Überbrückungskredit handeln. Auch regelmäßig wiederkehrende kurzfristige Kredite hatten Kapitalersatzfunktion.[239]

204 Ein Darlehen ist von einem **Finanzplankredit** abzugrenzen. Bei einem Finanzplankredit verpflichten sich die Gesellschafter, der Gesellschaft ein Darlehen zu gewähren, das je nach Ausgestaltung einlageähnlichen Charakter haben kann. Die Novellen- und Rechtsprechungsregeln zu den eigenkapitalersetzenden Gesellschafterdarlehen konnten bei Finanzplankrediten nur angewendet werden, wenn der Gesellschafter die Leistung tatsächlich erbracht hatte. Nur bei einer Auszahlung konnte sich die Frage stellen, ob das an die GmbH verliehene Geld ungeachtet seiner formalen Einordnung als Darlehen tatsächlich funktionales Eigenkapital darstellte und aus diesem Grund der gesetzlichen Auszahlungssperre unterlag.[240]

### b) Gesellschafter als Darlehensgeber
#### aa) Gesellschafter

205 Für die Umqualifizierung eines Darlehens in Eigenkapitalersatz war es grundsätzlich erforderlich, dass das Darlehen von einem Gesellschafter gewährt wurde. Nach dem früheren Recht waren es eben die Gesellschafter, die für eine seriöse Finanzierung der am Wirtschaftsleben teilnehmenden GmbH verantwortlich waren. Nur sie hatten die Wahl, ob ihre GmbH mit Eigen- oder Fremdkapital ausgestattet werden sollte. Deshalb sollten auch nur sie die mit ihrer Finanzierungsfreiheit verbundenen Folgen ihrer Finanzierungsverantwortung tragen.[241]

206 Maßgeblicher Zeitpunkt für die Gesellschaftereigenschaft war der **Zeitpunkt Finanzierungsentscheidung**. Dies konnte die Darlehensgewährung aber auch das „Stehenlassen" eines Darlehens sein. Letzteres kam in Betracht, wenn einer wirtschaftlich gesunden GmbH ein Darlehen gewährte und ihr dieses nach Eintritt einer Krise belassen wurde. Das Stehenlassen wurde wie die Einräumung eines neuen Kredits behandelt und den Eigenkapitalersatzregeln unterworfen.[242]

207 Wenn der Gesellschaft in der Krise ein Darlehen gewährt wurde, so behielt es seine Eigenschaft als Eigenkapital auch dann noch, wenn der Gesellschafter später ausschied und er gegenüber der Gesellschaft nur noch Darlehensgläubiger war.[243] Die Darlehensgewährung eines soeben ausgeschiedenen Gesellschafters konnte den Regeln zum

---

236 BGH v. 2.6.1997 – II ZR 211/95, NJW 1997, 3171, 3172.
237 Hierzu *Lutter/Hommelhoff* in Lutter/Hommelhoff, GmbHG, §§ 32a, 32b, Rn 34.
238 BGH v. 17.7.2006 – II ZR 106/05, ZIP 2006, 2130.
239 Vgl Beck GmbH-HB/*Jung* § 8 Rn 206.
240 Hierzu BGH v. 28.6.1999 – II ZR 272/98, NJW 1999, 2809, 2810.
241 Hierzu BGH v. 19.9.1988 – II ZR 255/87, NJW 1988, 3143, 3145.
242 *Gehrlein*, GmbH-Recht in der Praxis, S. 404.
243 BGH v. 11.7.1994 – II ZR 146/92, NJW 1994, 2349, 2350.

Eigenkapitalersatzrecht auch unterfallen, wenn der Gesellschafter vor der Darlehensgewährung nur formal ausgeschieden war.[244] Hatte ein Gesellschafter der GmbH bereits vor Begründung seiner Mitgliedschaft ein Darlehen gewährt, so konnte dies als Eigenkapital der Gesellschaft zu qualifizieren sein, wenn der Gesellschafter das Darlehen nach dem Anteilserwerb kapitalersetzend hatte stehen lassen.[245]

**bb) Kleinbeteiligungsprivileg**

208 Nach § 32 a Abs. 3 S. 2 GmbHG aF waren die Regeln über den Eigenkapitalersatz nicht auf den nicht geschäftsführenden Gesellschafter mit einer Beteiligung von bis zu **10 %** anwendbar. Diese Ausnahme galt aber erst für die nach Inkrafttreten dieser Vorschrift am 24.4.1998 verwirklichten Tatbestände. Ausgeschlossen wurden mit dem Kleinstbeteiligungsprivileg die Rechtsprechungsregeln und die Novellenregeln.[246] Ziel dieser Ausnahmeregelung war es Kleingesellschafter, die nur einen geringen Einfluss auf die Geschäftsleitung haben, mit den Folgen des Eigenkapitalersatzrechts zu verschonen. Die Einführung des § 32 a Abs. 3 S. 2 GmbHG aF war im Schrifttum auf fast einhellige Ablehnung gestoßen.[247] Soweit ersichtlich gibt es zu dieser Regelung bisher noch keine höchstrichterliche Entscheidung.[248]

209 Ein Gesellschafter-Geschäftsführer mit einer geringeren Beteiligung als 10 % konnte sich nicht auf das Kleinbeteiligungsprivileg berufen. Wenn ein Kleingesellschafter sein Amt als Geschäftsführer niederlegt hatte oder abberufen wurde, unterstanden seine bis dahin gewährten Darlehen an die Gesellschaft den Regeln zum Eigenkapitalersatz. Nur für die danach ausgereichten Darlehen griff § 32 a Abs. 3 S. 2 GmbHG aF ein. Für das Darlehen eines Prokuristen, der mit weniger als 10 % an der GmbH beteiligt war, galten die Regelungen über den Eigenkapitalersatz grundsätzlich nicht. Wenn aber ein Fall der **unechten Gesamtvertretung** vorlag, der Gesellschaftsvertrag also vorsah, dass die GmbH durch den Geschäftsführer zusammen mit einem Prokuristen vertreten wurde, konnte auch das Darlehen eines **Prokuristen** in Eigenkapital umqualifiziert werden.[249]

**cc) Sanierungsprivileg**

210 Die Regelungen zum Eigenkapitalersatzrecht wurden bisweilen als sanierungsfeindlich gebrandmarkt.[250] Um volkswirtschaftlich sinnvolle Sanierungen zu ermöglichen hatte der Gesetzgeber ebenfalls in § 32 a Abs. 3 S. 3 GmbHG aF ein Sanierungsprivileg geschaffen: Erwarb ein Darlehensgeber in der Krise der Gesellschaft Geschäftsanteile zum Zweck der Überwindung der Krise, führte dies für seine bestgehenden oder neu gewährten Kredite nicht zur Anwendung der Regeln über den Eigenkapitalersatz. Dies bedeutete zum einen, dass der Gesellschafter bei einer gescheiterten Sanierung im Insolvenzverfahren seinen Darlehensanspruch nicht als nachrangiger Gläubiger (§ 93

---

244 So Scholz/*K. Schmidt*, GmbHG, §§ 32 a, 32 b, Rn 34.
245 Vgl BGH v. 21.9.1981 – II ZR 104/80, NJW 1982, 383; Scholz/*K. Schmidt*, GmbHG, §§ 32 a, 32 b, Rn 35.
246 BGH v. 11.7.2005 – II ZR 285/03, BB 2005, 2094.
247 Scholz/*K. Schmidt*, GmbHG, §§ 32 a, 32 b, Rn 197 mwN.
248 Lediglich über den Zeitpunkt des Inkrafttreten dieser Vorschrift musste der BGH ein klärendes Wort verlieren, s. BGH v. 11.7.2005 – II ZR 285/03, BB 2005, 2094.
249 *Lutter/Hommelhoff* in Lutter/Hommelhoff, GmbHG, §§ 32 a, 32 b, Rn 34.
250 Vgl hierzu *Götz/Hegerl*, DB 1997, 2365. Die Sanierungsfeindlichkeit des Rechts der eigenkapitalersetzenden Gesellschafterdarlehen wurde besonders deutlich im *Heleba-Sonnenring-Fall*; vgl hierzu BGH v. 21.9.1981 – II ZR 104/80, NJW 1982, 383 sowie *Dörrie*, ZIP 1999, 12.

InsO) geltend machen musste; zum anderen unterlagen die Darlehen keiner Rückzahlungssperre, denn das Sanierungsprivileg galt nicht nur für die Novellenregeln, sondern war auch auf Rechtsprechungsregeln anwendbar.[251]

211 Nach dem Wortlaut des § 32 a Abs. 3 S. 3 GmbHG aF musste der Gesellschafter die Geschäftsanteile "zum Zweck der Überwindung der Krise" erwerben. Für den BGH hing dieses Merkmal von drei Voraussetzungen ab:[252]

- die Gesellschaft musste nach der pflichtgemäßen Einschätzung eines Dritten im Augenblick des Anteilserwerbs die Gesellschaft **objektiv sanierungsfähig** sein
- die konkreten Maßnahmen mussten **objektiv geeignet** sein, die Gesellschaft in überschaubarer Zeit durchgreifend zu sanieren
- der neue Gesellschafter musste die Sanierung der Gesellschaft wollen; den **Sanierungswillen** konnte man im Regelfall als selbstverständlich vermuten.

212 Wer bereits Anteile an der GmbH hielt – als sog. „Altgesellschafter" – konnte durch den Erwerb weiterer Anteile nicht in den Genuss des § 32 Abs. 3 S. 3 GmbHG aF gelangen und auf diese Weise seine bisherigen Darlehen von einer möglichen Umqualifizierung als Eigenkapital retten. Ihm war die Krise der Gesellschaft ja zuzurechnen.[253] Entscheidend war ein besonderes Näheverhältnis zum Gesellschafter.

**dd) Dritte mit einem besonderen Näheverhältnis zum Gesellschafter**

213 Die Umqualifizierung von Darlehen als Eigenkapitalersatz setzte grundsätzlich voraus, dass der Darlehensgeber zugleich Gesellschafter sein muss. Wie auch bei den Regeln zur Kapitalerhaltung wurden vom Eigenkapitalersatzrecht nicht nur die Gesellschafter im formalen Sinn erfasst, sondern auch diejenigen, die dem Gesellschafter zugerechnet werden können. Auf diese Weise sollten Darlehen dem Eigenkapitalersatzrecht unterstellt werden, die zwar nicht rechtlich, aber wirtschaftlich von einem Gesellschafter stammten.[254] Hierbei kamen in Betracht:

- ein **Treuhänder oder ein Verwandter**, dem die finanziellen Mittel für das Darlehen von einem Gesellschafter zur Verfügung gestellt wurden
- ein **Pfändungsgläubiger**, der einen Geschäftsanteil gepfändet hatte und sich zusätzliche Befugnisse hat einräumen lassen, die es ihm ermöglichen, die Geschicke der GmbH ähnlich wie ein Gesellschafter (mit) zu bestimmen
- **Verbundene Unternehmen**. Mit einem Gesellschafter verbunden war ein Unternehmen, an dem der Gesellschafter maßgeblich beteiligt ist.[255] Eine maßgebliche Beteiligung des Gesellschafters lag vor, wenn er dessen Geschicke bestimmen und dem Geschäftsführer durch Gesellschafterbeschlüsse Weisungen erteilen konnte. Dazu

---

251 Zur Anwendbarkeit des Sanierungsprivilegs auf die Rechtsprechungsregeln s. BGH v. 21.11.2005 – II ZR 277/03, NZI 2006, 604.
252 Vgl BGH v. 21.11.2005 – II ZR 277/03, NZI 2006, 604. Die Entscheidung wird mit einer sehr hilfreichen Grafik zum Urteilstatbestand von *Pentz*, ZIP 2006, 1169 erläutert. Er hebt bei dieser Gelegenheit hervor, dass für den Beweis über Sanierungsfähigkeit des Unternehmens ein dokumentiertes Sanierungskonzept unerlässlich ist, s. *Pentz*, ZIP 2006, 1169.
253 Vgl auch *Gehrlein*, GmbH-Recht in der Praxis, S. 404; *Lutter/Hommelhoff* in Lutter/Hommelhoff, GmbHG, §§ 32 a, 32 b, Rn 80; aA *Dörrie*, ZIP 1999, 12, 17.
254 So *Lutter/Hommelhoff* in Lutter/Hommelhoff, GmbHG, §§ 32 a, 32 b, Rn 61.
255 BGH v. 28.2.2005 – II ZR 103/02, NZI 2005, 350.

genügte regelmäßig eine Beteiligung von mehr als 50 %.²⁵⁶ Werden beispielsweise die Anteile einer GmbH (Tochter-GmbH) von einer weiteren GmbH (Mutter-GmbH) gehalten, bezeichnete die Rechtsprechung den Gesellschafter der Mutter-GmbH als „Gesellschafter-Gesellschafter" der Tochter-GmbH. Auch der „Gesellschafter-Gesellschafter" konnte den Eigenkapitalersatzregeln unterliegen.²⁵⁷

Bei den **nahen Angehörigen** war zu beachten, dass deren Leistungen an die GmbH nur dann dem Eigenkapitalersatzrecht unterfielen, wenn ihnen der Leistungsgegenstand von einem Gesellschafter vorher überlassen wurde. Allein aufgrund eines Verwandtenverhältnisses konnte eine Leistung noch nicht in Eigenkapital der Gesellschaft umqualifiziert werden.²⁵⁸ Vielmehr schied eine Anwendung der Rechtsprechungs- und Novellenregeln aus, wenn die nahen Angehörigen wie ein Dritter eine Leistung aus dem eigenen Vermögen erbrachten.²⁵⁹ Wenn der Dritte dieses Vermögen allerdings nur aufgrund eines Darlehens empfangen hatte, das er gemeinsam mit dem Gesellschafter aufgenommen hatte und der Dritte aufgrund einer internen Vereinbarung mit dem Gesellschafter von der Rückzahlungspflicht freigestellt wurde, unterlag auch der Darlehensvertrag zwischen dem Dritten und der GmbH dem Eigenkapitalersatzrecht. Der Gesellschafter einer GmbH sollte sich nämlich seiner Finanzierungsfolgenverantwortung nicht dadurch entziehen können, dass er die von der GmbH in einer Krise benötigten Finanzierungsmittel durch gemeinschaftliche Darlehensaufnahme zusammen mit einem Dritten beschafft und diesen dann als Darlehensgeber gegenüber der GmbH eingeschaltet hatte.²⁶⁰

**214**

### c) Krise der Gesellschaft

Nicht für jedes Gesellschafterdarlehen galt das Eigenkapitalersatzrecht. Wenn eine GmbH über ausreichend Vermögen verfügt, spricht zumindest nach dem Gesellschaftsrechts nichts gegen eine Kreditaufnahme bei einem Gesellschafter. Die GmbH kann so zu möglicherweise günstigeren Konditionen ein Darlehen aufnehmen. Auf der anderen Seite kann der Gesellschafter sein Geld gewinnbringend bei einem Unternehmen anlegen, das er selbst am besten kennt (oder zumindest kennen sollte). Vollkommen anders war ein Gesellschafterdarlehen aber zu beurteilen, wenn es in der Krise einer Gesellschaft gewährt wurde. Eine Krise der Gesellschaft bestand nach der ursprünglichen Fassung des GmbHG, wenn ordentliche Kaufleute der GmbH Eigenkapital zugeführt hätten (§ 32a Abs. 1 GmbHG aF). Eine Krise war außer bei Insolvenzreife (Zahlungsunfähigkeit und Überschuldung) der GmbH auch dann gegeben, wenn die Gesellschaft kreditunwürdig bzw überlassungsunwürdig war. Die Insolvenzreife und Kredit- bzw Überlassungsunwürdigkeit wurden als eigenständige, in ihren Voraussetzungen voneinander unabhängige Tatbestände des Eigenkapitalersatzrechts verstanden.²⁶¹

**215**

---

256 BGH v. 27.11.2000 – II ZR 179/99, NJW 2001, 1490.
257 BGH v. 17.7.2006 – II ZR 106/05, ZIP 2006, 2130.
258 Gleichwohl wird das Auszahlungsverbot des § 30 GmbHG auf Ehegatten und minderjährige Kinder eines Gesellschafters ausgedehnt, vgl hierzu BGH v. 28.9.1981 – ZR 223/80, NJW 1982, 386.
259 BGH v. 18.2.1991 – II ZR 259/89, NJW-RR 1991, 744.
260 BGH v. 26.6.2000 – II ZR 21/99, NJW 2000, 3278.
261 BGH v. 3.4.2006 – II ZR 332/05, NZI 2006, 419; BGH v. 14.6.1993 – II ZR 252/92, NJW 1993, 2179.

### aa) Zahlungsunfähigkeit

216 Nach § 17 Abs. 2 S. 1 InsO ist ein Schuldner zahlungsunfähig, wenn er nicht in der Lage ist, die fälligen Zahlungspflichten zu erfüllen. Den Wortlaut des Gesetzes darf nicht dahingehend verstanden werden, dass die Zahlungspflichten **sofort** zu erfüllen sind. Eine nur vorübergehende Zahlungsstockung begründet noch keine Zahlungsunfähigkeit. Auch darf man die Regelung nicht so verstehen, dass **alle** Zahlungspflichten zu erfüllen sind. Es dürfen aber nur ganz wenige Verbindlichkeiten offen bleiben (man spricht in diesem Zusammenhang von: „geringfügige Liquiditätslücken"); anderenfalls ist das Vorliegen einer Zahlungsunfähigkeit zu bejahen (hierzu noch ausführlich unter § 5 Rn 108 ff).

### bb) Überschuldung

217 Die **Überschuldung** wird in § 19 Abs. 2 InsO zurzeit wie folgt definiert: Eine Überschuldung liegt vor, wenn das Vermögen des Schuldners die bestehenden Verbindlichkeiten nicht mehr deckt, es sei denn, die Fortführung des Unternehmens ist nach den Umständen überwiegend wahrscheinlich. § 19 Abs. 2 InsO wurde durch das Gesetz zur Umsetzung eines Maßnahmenpakets zur Stabilisierung des Finanzmarktes (**Finanzmarktstabilisierungsgesetz – FMStG**) vom 17.10.2008 befristet neugefasst.[262]

218 Der Überschuldungstatbestand besteht aus zwei verschiedenen, gleichwohl miteinander verwobenen Elementen: zum einen die **Ermittlung der Vermögensverhältnisse**, die in einem gesonderten **Überschuldungsstatus** ermittelt wird; zum anderen die **Fortführungsprognose**, (hierzu noch ausführlich unter § 5 Rn 111).

### cc) Kreditunwürdigkeit

219 Die Kreditunwürdigkeit war eine eigenständige Fallgruppe für den Tatbestand einer Krise im Sinne § 32a Abs. 1 GmbHG aF.[263] Eine Kreditunwürdigkeit der Gesellschaft lag vor, wenn diese von dritter Seite einen zur Fortführung ihres Unternehmens erforderlichen Kredit zu marktüblichen Bedingungen nicht erhält und sie deshalb ohne die Gesellschafterleistung liquidiert werden müsste.[264] Entscheidend war, ob ein außenstehender Dritter der GmbH das konkrete Darlehen in Kenntnis der kreditrelevanten Umstände überhaupt nicht oder nur zu marktunüblichen Bedingungen gewährt hätte.[265]

220 Eine Kreditunwürdigkeit trat bei einer GmbH häufig schon ein, bevor sie überschuldet oder zahlungsunfähig wird.[266] Zur Stärkung des Gläubigerschutzes ging die Rechtsprechung daher nicht erst bei einer **Insolvenzreife** von einer Krise der Gesellschaft auf. Sobald nämlich ein Gesellschafter die notleidende GmbH mit einem Darlehen vor dem Zusammenbruch retten wollte, sollte er das damit eingegangene Risiko eines Forderungsausfalls nicht auf die Gläubiger abwälzen dürfen. Dieses Risiko sollte er selber tragen, in dem das Darlehen nicht mehr an ihn zurückgezahlt werden durfte.[267]

---

262 S. Art. 6 Absatz 3, Art. 7 Absatz 2 FMStG; BGBl. I S. 1982, 1989..
263 BGH v. 3.4.2006 – II ZR 332/05, NZI 2006, 419; s. auch *Gehrlein*, GmbH-Recht in der Praxis, S. 394.
264 BGH v. 13.7.1992 – II ZR 269/91, NJW 1992, 2821; BGH v. 12.7.1999 – II ZR 87/98, NJW 1999, 3120;.
265 So auch die Definition von *Lutter/Hommelhoff* in Lutter/Hommelhoff, GmbHG, §§ 32a, 32b, Rn 19.
266 *Gehrlein*, GmbH-Recht in der Praxis, S. 394.
267 Hierzu ausführlich BGH v. 24.3.1980 – II ZR 213/77, NJW 1980, 1524. Diese Grundsatzentscheidung wurde zuletzt bestätigt durch BGH v. 3.4.2006 – II ZR 332/05, NZI 2006, 419.

## C. Fremdkapital 3

Bei der **Kreditunwürdigkeit** handelte es sich um einen komplexen Rechtsbegriff. Würde man die Krise einer Gesellschaft alleine von dem Vorliegen einer Insolvenzreife abhängig machen, wäre eine verhältnismäßig klare Abgrenzung kapitalersetzender von anderen Gesellschafterleistungen möglich. So aber war es, wie der BGH selbst betonte,[268] im Einzelfall schwierig zu entscheiden, ob ein Gesellschafterdarlehen Eigenkapitalcharakter hatte oder nicht. Letztlich hatten diese Schwierigkeiten den Gesetzgeber auch dazu bewogen, das Tatbestandsmerkmal einer „Krise" aus dem Gesetz zu streichen und damit auch die Unsicherheiten über das Vorliegen einer Kreditunwürdigkeit zu beenden.[269]

221

Die Kreditwürdigkeit der Gesellschaft als Kriterium dafür, ob eine Leistung ihrer Gesellschafter Eigenkapital ersetzt, war nicht rückblickend, sondern vielmehr allein anhand einer Reihe verschiedener Umstände zu beurteilen, die im Zeitpunkt der Gewährung oder Belassung der möglicherweise eigenkapitalersetzenden Leistung vorliegen. Die Beurteilung musste dabei für jedes einzelne Darlehen gesondert erfolgen.[270]

222

Indizien **für** eine Kreditunwürdigkeit waren:

223

- der Verlust des Stammkapitals, wenn im Anlagevermögen keine stille Reserven vorhanden waren, die als Sicherheit dienen konnten[271] (Die Annahme einer Krise konnte aber nicht allein auf das Vorliegen einer Unterbilanz gestützt werden, es mussten also noch weitere Indizien hinzukommen),[272]
- der Geschäftsbetrieb der GmbH konnte über einen längeren Zeitraum nur mit ständig wachsenden Krediten aufrechterhalten werden,[273]
- fällige Zahlungen für Löhne, Gehälter, Steuern sowie Sozialversicherungsbeiträge wurden nicht mehr gezahlt,[274]
- weitere fällige Verbindlichkeiten wurden in erheblichem Ausmaß nicht mehr beglichen,[275]
- die Hausbank erweiterte die Kreditlinie nur, wenn sich die Gesellschafter in unbeschränkter Höhe für den gesamten Kreditsaldo verbürgen[276] oder wenn eine Grundschuldabtretung aus dem Privatvermögen des Gesellschafters erfolgt.[277]

**Gegen** eine Kreditunwürdigkeit sprachen:

224

- eine noch nicht einmal annähernd ausgeschöpfte Kreditlinie bei einem Finanzierungsinstitut, sofern sie zur Deckung des augenblicklichen Kapitalbedarfs der GmbH ausreichte[278]

---

268 Hierzu schon in BGH v. 24.3.1980 – II ZR 213/77, NJW 1980, 1524.
269 Grundlegend *Huber/Habersack*, BB 2006, 1, 2.
270 BGH v. 28. 9.1987 – II ZR 28/87, NJW 1988, 824; BGH v. 13.7.1992 – II ZR 269/91, NJW 1992, 2821.
271 BGH v. 4.12.1995 – II ZR 281/94, NJW 1996, 720.
272 BGH v. 12.7.1999 – II ZR 87/98, NJW 1999, 3120.
273 BGH v. 18.11.1991 – II ZR 258/90, NJW 1992, 1169 (der Zeitraum betrug in dieser Entscheidung ca. drei Jahre).
274 BGH v. 4.12.1995 – II ZR 281/94, NJW 1996, 720 (der BGH führte in diesem Zusammenhang aus, dass dieses Indiz nachhaltig für die Annahme einer Kreditunwürdigkeit spreche).
275 BGH v. 4.12.1995 – II ZR 281/94, NJW 1996, 720.
276 BGH v. 11.12.1995 – II ZR 128/94, NJW 1996, 722.
277 BGH v. 17.111997 – II ZR 224/96, NJW 1998, 1143.
278 BGH v. 13.7.1992 – II ZR 269/91, NJW 1992, 2821.

- die GmbH konnte Sicherheiten aus ihrem Vermögen stellen, die ein außen stehender Geldgeber auch unter Bewertung der künftigen Verwertbarkeit als Kreditgrundlage akzeptiert hätte[279]
- nach dem Gesellschafterdarlehen erhielt die GmbH auch von einem Dritten ein Darlehen[280]
- die kreditgewährende Bank stellte einen Gesellschafter von einer von ihm übernommenen Bürgschaft frei.[281]

**dd) Kenntnis**

225   Die Rechtsprechung ging im Regelfall davon aus, dass der Gesellschafter die wirtschaftlichen Umstände der Gesellschaft und damit auch deren Krisensituation gekannt hatte oder jedenfalls hätte kennen können. Aus seiner Stellung als Gesellschafter leitete der BGH die grundsätzliche Verantwortlichkeit des Gesellschafters für eine seriöse Finanzierung der im Rechtsverkehr auftretenden GmbH ab. Um dieser Verantwortung gerecht zu werden, musste der Gesellschafter sicherstellen, dass er laufend und zuverlässig über die wirtschaftliche Lage der Gesellschaft, insbesondere den eventuellen Eintritt einer Krise, informiert war.[282]

**ee) Beweislast**

226   Wenn ein eigenkapitalersetzendes Darlehen an den kreditierenden Gesellschafter zurückgezahlt wurde, musste eine GmbH oder in deren Insolvenz ein Insolvenzverwalter bei der Durchsetzung eines Rückerstattungsanspruchs darlegen und beweisen, dass die Gesellschaft zu dem maßgeblichen Zeitpunkt in einer **Krise** iSd § 32 a Abs. 1 GmbHG aF war. Sofern die Gesellschaft bzw der Insolvenzverwalter in diesem Zusammenhang darlegte, dass die GmbH bei Darlehensgewährung bereits **insolvenzreif** gewesen sei, reichte die Vorlage einer Handelsbilanz und der Hinweis auf den darin gem. § 268 Abs. 3 HGB ausgewiesenen Fehlbetrag nicht aus.[283]

227   Für den ebenfalls von der Gesellschaft bzw einem Insolvenzverwalter zu erbringenden Nachweis der **Kreditunwürdigkeit** mussten Indizien vorgetragen werden.[284] Der beklagte Gesellschafter konnte sich gegen einen solchen Vortrag nicht mit der pauschalen Behauptung wehren, die GmbH hätte noch Vermögensgegenstände oder stille Reserven gehabt, die wiederum für andere Gläubiger als ausreichende Sicherheiten hätten zur Verfügung gestellt werden können. Er musste vielmehr darlegen, um welche Gegenstände es sich im Einzelnen handelte und inwiefern sie als Kreditsicherheit tauglich gewesen wären. Erst dann musste die Gesellschaft bzw der Insolvenzverwalter hierzu den Gegenbeweis antreten.[285]

228   Zugunsten des Insolvenzverwalters bestand eine **Beweislasterleichterung**, wenn im letzten Jahr vor Stellung des Insolvenzantrags von der GmbH eine Leistung auf ein Ge-

---

279   BGH v. 18.11.1991 – II ZR 258/90, NJW 1992, 1169, BGH v. 23.2.2004 – II ZR 207/01, NZG 2004, 619.
280   BGH v. 13.7.1992 – II ZR 269/91, NJW 1992, 2821.
281   BGH v. 8.11.2004 – II ZR 300/02, NZI 2005, 283.
282   BGH v. 26.6.2000 – II ZR 370/98, NJW 2000, 3565; BGH v. 23.2.2004 – II ZR 207/01, NZG 2004, 619.
283   Zu den Einzelheiten s. BGH v. 7.3.2005 – II ZR 138/03, NJW-RR 2005, 766 = NZI 2005, 351.
284   Vgl BGH v. 17.11.1997 – II ZR 224/96, NJW 1998, 1143 (der Konkursverwalter konnte letztlich den Nachweis einer Kreditunwürdigkeit auch durch die Vernehmung eines Bankangestellten führen).
285   BGH v. 2.6.1997 – II ZR 211/95, NJW 1997, 3171.

sellschafterdarlehen erbracht wurde, das zuvor eigenkapitalersetzenden Charakter gehabt hatte. In einem solchen Fall war dem Gesellschafter der Nachweis abgeschnitten, dass bei der Zahlung das Stammkapital der Gesellschaft nachhaltig wieder hergestellt und damit die Durchsetzungssperre entfallen war. Bei einer Rückzahlung binnen dieser Jahresfrist wurde der Eigenkapitalersatzcharakter des Darlehens unwiderleglich vermutet.[286] Diese Beweiserleichterung bestand allerdings nur, wenn der Rückerstattungsanspruch auf die Novellenregeln (§ 135 Nr. 2 InsO iVm §§ 32 a, 32 b GmbHG aF) gestützt wurde. Im Gegensatz hierzu stand bei den Rechtsprechungsregeln dem Gesellschafter der Gegenbeweis offen, das Darlehen habe im Zeitpunkt der Rückzahlung keine kapitalersetzende Funktion mehr gehabt.[287]

### d) Umqualifizierung in Eigenkapitalersatz
### aa) Umqualifizierung bei Gewährung des Darlehens

Die Gesellschafter sind nicht verpflichtet, die GmbH mit einem Stammkapital auszustatten, das in einem angemessenen Verhältnis zur Wirtschaftskraft des Unternehmens steht. Sie müssen der GmbH lediglich eine Mindestkapital von 25.000 EUR (§ 5 Abs. 1 GmbHG) geben. Ansonsten können sie frei wählen, ob sie die GmbH mit zusätzlichem Stammkapital versorgen. Stammkapital ist als „gezeichnetes Kapital" ein wesentlicher Bestandteil des Eigenkapitals (vgl § 266 Abs. 3 A I HGB und § 272 Abs. 1 HGB). Bei einer Finanzierung der GmbH durch Eigenkapital ist das Geld aus Sicht der Gesellschafter „weg", denn sie haben keine realistische Chance, nach einer Insolvenz oder Liquidation auch nur einen Cent wiederzusehen. 229

Demgegenüber hat ein Darlehen aus Gesellschafterhänden, also die Finanzierung durch Fremdkapital den Charme, dass dieses Geld – wenn man die Umqualifizierung in Eigenkapitalersatz für einen Moment gedanklich ausblendet – aufgrund eines schuldrechtlichen Anspruchs an die Gesellschafter zurückfließt und die Gesellschaftsgläubiger hierbei das Nachsehen haben. Die Umqualifizierung in Eigenkapital sollte darauf hinauslaufen, dass Geld, welches eine GmbH in der wirtschaftlichen Krise als Fremdkapital in Form eines Gesellschafterdarlehens erhielt, bei einem wirtschaftlichen Niedergang der GmbH in gleicher Weise verloren sein sollte, wie es bei dem Eigenkapital der Fall ist. Die Gesellschafter wurden dabei so behandelt, als hätten sie der Gesellschaft kein Fremd-, sondern Eigenkapital gegeben. 230

Eine **Umqualifizierung** des Gesellschafterdarlehens in einen Eigenkapitalersatz hatte der BGH erstmals in der sog. *„Lufttaxi-Entscheidung"* vorgenommen und hierbei entschieden, dass ein Gesellschafter einer unterkapitalisierten GmbH, der seiner Gesellschaft zur Abwendung der Konkursantragspflicht Gelder darlehensweise zur Verfügung gestellt hatte, diese Gelder, solange dieser Zweck noch nicht nachhaltig erreicht war, wie haftendes Kapital (also Eigenkapital) behandeln lassen musste. Etwaige Darlehensrückzahlungen, die dem § 30 Abs. 1 GmbHG aF zuwider geleistet wurden, hatte der Gesellschafter nach § 31 Abs. 1 GmbHG zu erstatten. Ausschlaggebend war für den BGH hierbei die Überlegung, dass das Darlehen lediglich dazu diente, die Zahlungs- 231

---

286 BGH v. 30.1.2006 – II ZR 357/03, NJW-RR 2006, 1272.
287 BGH v. 26.3.1984 – II ZR 14/84, NJW 1984, 1891, 1893; BGH v. 30.1.2006 – II ZR 357/03, NJW-RR 2006, 1272.

unfähigkeit der GmbH abzuwenden, denn ohne dieses Darlehen hätte die GmbH Konkurs anmelden müssen. Mit diesem „Konkursabwendungszweck" des Darlehens setzte sich der Gesellschafter allerdings in Widerspruch, wenn er das Geld zurückfordert und entgegennahm. Dies sei, so der BGH, ein Verstoß gegen Treu und Glauben (§ 242 BGB).[288]

232 Seine anfänglich noch „tastende Rechtsprechung"[289] hatte der BGH im Laufe der Zeit verfestigt und hierbei den Begriff „**Finanzierungsfolgeverantwortung**" geprägt.[290]

233 Wenn sich die Gesellschafter in Krisenzeiten entscheiden, der GmbH noch einen Kredit zu geben, dann treffen sie eine aus zwei Elementen bestehende Finanzierungsentscheidung. Sie entscheiden sich für eine **weitere Finanzierung der GmbH** (und damit gegen eine Liquidation). Ferner entscheiden sie sich für eine **Finanzierung der GmbH mit Fremdkapital** (und damit gegen eine Finanzierung mit Eigenkapital, die eine Kapitalerhöhung voraussetzt). Die *Folgen* dieser Finanzierungsentscheidung sollten die Gesellschafter nach den Rechtsprechungsregeln zu verantworten haben. Der Überlebenskampf der GmbH sollte nämlich nicht auf Kosten der Gesellschaftsgläubiger in die Länge gezogen werden, in dem das Darlehen in der Krise an den Gesellschafter-Gläubiger zurückgezahlt wird. Konnte die Gesellschaft daher ohne weitere Unterstützung ihrer Gesellschafter nicht mehr am Leben erhalten werden, so mussten sie ihr entweder jede Hilfe versagen und die Liquidation herbeiführen oder die objektiv gebotene Kapitalerhöhung durchführen. Ein dennoch gewährtes Darlehen hatten die Gesellschafter der GmbH bis zur anderweitigen Deckung des Stammkapitals zu belassen.[291] Da eine Auszahlung des zur Erhaltung des Stammkapitals erforderlichen Vermögens nach § 30 Abs. 1 GmbHG aF bei Vorliegen einer Unterbilanz verboten ist, durfte in analoger Anwendung dieser Vorschrift ein Darlehen während einer Krise der GmbH nicht an die Gesellschafter zurückgezahlt werden.[292]

234 Entscheidend für die Umqualifizierung war zunächst, dass das Darlehen schon bei der verbindlichen Kreditzusage, eigenkapitalersetzenden Charakter hatte; die GmbH musste also in diesem Zeitpunkt zumindest kreditunwürdig oder gar insolvenzreif gewesen sein.[293]

**bb) Umqualifizierung beim Stehenlassen in der Krise**

235 Hatte der Gesellschafter das Darlehen gewährt als sich die GmbH noch in geordneten wirtschaftlichen Verhältnissen lebte, kamen die Grundsätze für kapitalersetzende Darlehen zur Anwendung, wenn das Darlehen auch während der Krise bei der Gesellschaft blieb.[294] Das sogenannte „Stehenlassen" eines Darlehens führte allerdings nur zu einer Umqualifizierung in Eigenkapitalersatz, wenn

---

288 BGH v. 14.12.1959 – II ZR 187/57, NJW 1960, 285.
289 So *Röhricht*, ZIP 2005, 505, 512.
290 Ursprünglich sprach der BGH noch von einer „Finanzierungsverantwortung", s. BGH v. 13.7.1992 – ZR 251/91, NJW 1992, 3035; später von einer „Finanzierungsfolgeverantwortung" so bspw BGH v. 21.11.2005 – II ZR 277/03, NZI 2006, 604. Beide Begriffe werden von *Altmeppen*, NJW 2005, 1911, 1912 als „Zauberformel" demaskiert. Zur Kritik auch *Meilicke*, GmbHR 2007, 225.
291 BGH v. 13.7.1981 – II ZR 256/79, NJW 1981, 2570; BGH v. 21.9.1981 – II ZR 104/80, NJW 1982, 383.
292 Vgl BGH v. 19.9.1988 – II ZR 255/87, NJW 1988, 3143, 3145.
293 Hierzu BGH v. 19.9.1996 – II ZR 249/95, NJW 1996, 3203.
294 BGH v. 6.5.1985 – II ZR 132/84, NJW 1985, 2719.

# C. Fremdkapital

- der Gesellschafter wenigstens die **Möglichkeit** gehabt hatte, die **Krise der Gesellschaft zu erkennen**. Wegen der Finanzierungsfolgenverantwortung und den Informationsmöglichkeiten der Gesellschafter bestand hierfür eine Vermutung;[295]
- der Gesellschafter einen **Darlehensvertrag kündigen** konnte. Dazu war er in entsprechender Anwendung des § 490 BGB regelmäßig in der Lage.[296] Sollte der Gesellschafter das Darlehen ausnahmsweise[297] nicht kündigen können, hing eine Umqualifizierung in Eigenkapitalersatz von den Anteilen des Gesellschafters an der GmbH ab. Verfügte er nämlich über 75 % der Anteile, konnte er mit einem Gesellschafterbeschluss die Liquidation der GmbH nach § 61 Abs. 1 Nr. 2 GmbHG einleiten, sofern im Gesellschaftsvertrag nicht ein anderes bestimmt war.[298]

Nach der Rechtsprechung des BGH konnte der Gesellschafter für seine bei Eintritt der Krise zu treffende Entscheidung eine angemessene Überlegungszeit in Anspruch nehmen. Zur Umqualifizierung seiner Kredithilfe durch sogenanntes Stehenlassen kam es erst dann, wenn er diese Zeitspanne ungenutzt verstreichen ließ.[299] In analoger Anwendung des § 64 Abs. 1 GmbHG aF räumte der BGH dem Gesellschafter eine Überlegungsfrist von zwei bis drei Wochen ein.[300] **236**

### e) Rechtsfolgen

Die Rechtsfolgen eines eigenkapitalersetzenden Darlehens waren überschaubar, wenn die Gesellschaft den **Rückzahlungsanspruch des Gesellschafters** aus § 488 Abs. 1 BGB (früher § 607 Abs. 1 BGB) nicht erfüllt hatte. In einem Insolvenzverfahren konnte der Gesellschafter seinen Rückzahlungsanspruch nur als nachrangiger Insolvenzgläubiger gem. § 39 Abs. 1 Nr. 5 InsO geltend machen.[301] Wurde der Insolvenzantrag mangels Masse abgelehnt, stand einer Rückführung des Darlehens an den Gesellschafter die Auszahlungssperre der §§ 30, 31 GmbHG entgegen.[302] **237**

Weitreichende Rechtsfolgen hatte allerdings die **Rückzahlung des Darlehens** an den Gesellschafter. Sie konnte vor allem zu **238**

- einem Anspruch auf Rückerstattung gegen den Gesellschafter;
- einer Ausfallhaftung der Mitgesellschafter und
- einer Haftung des Geschäftsführers

führen.

Für die Rechtsfolgen war das komplizierte Geflecht der Rechtsprechungsregeln und der Novellenregeln entscheidend. Die auf den §§ 30, 31 GmbHG aufbauende Rechtspre- **239**

---

[295] BGH v. 23.2.2004 – II ZR 207/01, NZG 2004, 619. *Lutter/Hommelhoff* in Lutter/Hommelhoff, GmbHG, §§ 32 a, 32 b, Rn 47. Für den Beweis des Gegenteils trug der Gesellschafter die Beweislast, s. BGH v. 7.11.1994 – II ZR 270/93, NJW 1995, 326.
[296] So auch *Lutter/Hommelhoff* in Lutter/Hommelhoff, GmbHG, §§ 32 a, 32 b, Rn 49; im Ergebnis auch Scholz/ *K. Schmidt*, GmbHG, §§ 32 a, 32 b, Rn 52.
[297] Eine solche Ausnahme gab es in der Entscheidung des OLG Köln 14.12.2000 – 18 U 163/00, BB 2001, 1423.
[298] Hierzu *Gehrlein*, GmbH-Recht in der Praxis, S. 424 mwN zur Rspr; vgl demgegenüber die Kritik von *K. Schmidt*, ZIP 1999, 1245.
[299] BGH v. 24.9.1990 – II ZR 174/89, NJW 1991, 357.
[300] Vgl BGH v. 19.12.1994 – II ZR 10/94, NJW 1995, 658: „Eine zweiwöchige Überlegungsfrist ist zumindest im Regelfall nicht unangemessen.".
[301] Zur Rechtslage bei Insolvenzverfahren, die vor dem 1.1.1999 eröffnet wurden, s. *Lutter/Hommelhoff* in Lutter/Hommelhoff, GmbHG, §§ 32 a, 32 b, Rn 98.
[302] Vgl Scholz/*K. Schmidt*, GmbHG, §§ 32 a, 32 b, Rn 69.

chung führte zu einer Auszahlungssperre und einem Rückgewähranspruch.[303] Darauf aufbauend bestand nach den Rechtsprechungsregeln eine Ausfallhaftung der Gesellschafter in analoger Anwendung des § 31 Abs. 3 GmbHG sowie eine Geschäftsführerhaftung nach § 43 Abs. 3 S. 1 GmbHG.

240 Die Rechtsprechungsregeln setzten die Eröffnung eines Insolvenzverfahrens oder eine Gläubigeranfechtung nicht voraus. Damit unterschieden sie sich wesentlich von den Novellenregeln. In einem eröffneten Insolvenzverfahren konnte der Insolvenzverwalter mit einer Insolvenzanfechtung gegen die Rückgewähr eines kapitalersetzenden Darlehens vorgehen, sofern sie im letzten Jahr vor dem Eröffnungsantrag oder nach dem Antrag vorgenommen wurden (§ 135 Nr. 2 InsO iVm §§ 32 a, 32 b GmbHG aF). Einen Anspruch gegen die Mitgesellschafter und Geschäftsführer hatte der Insolvenzverwalter nicht. Die Gläubigeranfechtung musste innerhalb der in § 6 Nr. 2 AnfG geregelten Jahresfrist erfolgen. Dies war häufig nicht möglich.[304]

241 Die vom Gesetzgeber 1980 eingeführten Vorschriften weisen im Vergleich mit den Rechtsprechungsregeln wesentliche Lücken auf. Dies überrascht auch heute noch, denn der Gesetzgeber verfolgte 1980 mit der GmbH-Novelle das Ziel, den Schutz der Gesellschaftsgläubiger zu verbessern. Um sein Anliegen zu verwirklichen, wandte die Rechtsprechung die von ihr aufgestellten Grundsätze neben den Novellenregeln weiter an. Soweit §§ 32 a, 32 b GmbHG aF einen stärkeren Gläubigerschutz boten, behielten sie trotz der weiteren Anwendung der Rechtsprechungsgrundsätze ihre volle Bedeutung.[305] Bei den nachfolgend dargestellten Rechtsfolgen waren daher die Rechtsprechungsregeln und Novellenregeln gleichermaßen zu berücksichtigen.

### aa) Erstattung eines zurückgezahlten Darlehens
#### (1) Rechtsprechungsregeln

242 Wenn ein Gesellschafter der kreditunwürdigen oder gar insolvenzreifen GmbH ein Darlehen gewährte und die Rückzahlung zu Lasten des nach § 30 Abs. 1 GmbHG geschützten Stammkapitals ging, hatte die GmbH nach den **Rechtsprechungsregeln** einen Rückerstattungsanspruch in entsprechender Anwendung des § 31 GmbHG.[306] Dieser Anspruch bestand in derselben Höhe, in der der Kredit nach § 30 Abs. 1 GmbHG aF gebunden war;[307] anders ausgedrückt: der Anspruch aus § 31 Abs. 1 GmbHG war auf die Höhe des Nennkapitals zuzüglich einer weitergehenden Überschuldung begrenzt.[308]

243 **Beispiel:**
Eine GmbH hat ein Stammkapital von 25.000 EUR. Während einer wirtschaftlichen Krise gibt ihr ein Gesellschafter ein Darlehen von 60.000 EUR. Als das Darlehen vollständig zurückgezahlt wird, besteht eine rechnerische Überschuldung von 35.000 EUR. Das Gesellschafterdarlehen ist hier in voller Höhe eigenkapitalersetzend und die Rückzahlung begründet einen Rückerstattungsanspruch nach §§ 30, 31 GmbHG in Höhe von 60.000 EUR. Sollte bei der GmbH zum Zeitpunkt der

---

303 BGH v. 24.3.1980 – II ZR 213/77, NJW 1980, 1524.
304 Hierzu BGH v. 26.3.1984 – II ZR 14/84, NJW 1984, 1891, *Huber/Habersack*, BB 2006, 1, 6.
305 Vgl Hierzu BGH v. 26.3.1984 – II ZR 14/84, NJW 1984, 1891.
306 BGH v. 24.3.1980 – II ZR 213/77, NJW 1980, 1524.
307 So wörtlich Scholz/K. *Schmidt*, GmbHG, §§ 32 a, 32 b, Rn 83, der zutreffend darauf hinweist, dass die Ausführungen des BGH v. 24.3.1980 – II ZR 213/77, NJW 1980, 1524, nach der ein Erstattungsanspruch auf den Nennbetrag des Stammkapitals begrenzt sei, missverständlich ist.
308 So nunmehr BGH v. 5.2.1990 – II ZR 114/89, NJW 1990, 1730.

## C. Fremdkapital

Rückzahlung eine rechnerische Überschuldung von lediglich 15.000 EUR bestanden haben, hat die GmbH nach den Rechtsprechungsregeln einen Rückzahlungsanspruch in Höhe von 40.000 EUR.[309]

Die GmbH war Gläubigerin des Erstattungsanspruchs. Auch wenn dieser Anspruch in aller Regel von einem Insolvenzverwalter durchgesetzt wurde, gab es durchaus Konstellationen, in denen ein Erstattungsanspruch außerhalb eines Insolvenzverfahrens von der GmbH geltend gemacht werden konnte. Hierzu zählt vor allem die Durchsetzung eines Erstattungsanspruchs nach einer Anteilsveräußerung gegen den ausgeschiedenen Gesellschafter.[310] Häufig richtete sich der Erstattungsanspruch aus § 31 Abs. 1 GmbHG gegen den Gesellschafter, der ein Darlehen zunächst gewährt und dieses dann zurückerhalten hatte. Aber auch Dritte mit einem besonderen Näheverhältnis zu diesem Gesellschafter konnten als Schuldner in Betracht kommen.

Die Umqualifizierung des Gesellschafterdarlehens in funktionales Eigenkapital und das Eingreifen der von der Rechtsprechung entwickelten Eigenkapitalersatzregeln galt nur während der Krise. Wenn diese Krise aber überwunden war und das Stammkapital nachhaltig wiederhergestellt wurde, konnte die GmbH das Darlehen an den Gesellschafter zurückzahlen.[311] Wurde das Darlehen allerdings während der Krise an den Gesellschafter zurückgezahlt, entstand nach den Rechtsprechungsregeln ein Rückerstattungsanspruch in analoger Anwendung des § 31 Abs. 1 GmbHG, der auch bei einer nachhaltigen Wiederherstellung des Gesellschaftsvermögens bis zur Höhe des Stammkapitals nicht wieder entfiel.[312]

Der Erstattungsanspruch nach den Rechtsprechungsregeln verjährte nach § 31 Abs. 5 S. 1 GmbHG in 10 Jahren. Die Verjährung begann mit Ablauf des Tages, an welchem das Darlehen an den Gesellschafter zurückgezahlt wurde. Wurde das Insolvenzverfahren eröffnet trat die Verjährung nicht vor Ablauf von sechs Monaten ab dem Zeitpunkt der Eröffnung ein (§§ 31 Abs. 5 S. 3 iVm 19 Abs. 6 GmbHG).

### (2) Novellenregeln

Die Erstattung eines zurückgezahlten Darlehens setzte nach den **Novellenregeln** die Anfechtung durch einen Insolvenzverwalter oder einen Gläubiger voraus. Nach § 135 Nr. 2 InsO aF (ehemals § 32 a KO) war eine Rechtshandlung, die für die Forderung eines Gesellschafters auf Rückgewähr eines eigenkapitalersetzenden Darlehens oder eine gleichgestellte Forderung Befriedigung gewährt hat, anfechtbar, wenn die Handlung im letzten Jahr vor dem Eröffnungsantrag oder nach dem Antrag vorgenommen worden ist. Mit dieser Vorschrift wollte der Gesetzgeber typisierend diejenigen Fallgestaltungen erfassen, in denen ein Darlehen der Gesellschafter den Todeskampf der GmbH auf Kosten der Gläubiger verlängerte. Mit der Insolvenzanfechtung sollte dem Insolvenz-

---

309 Vergleichbare Beispiele findet man bei: *Gehrlein*, GmbH-Recht in der Praxis, S. 383; *Lutter/Hommelhoff* in Lutter/Hommelhoff, GmbHG, §§ 32 a, 32 b, Rn 106; *Scholz/K. Schmidt*, GmbHG, §§ 32 a, 32 b, Rn 83.
310 Vgl hierzu BGH v. 26.3.1984 – II ZR 14/84, NJW 1984, 1891; BGH v. 19.5.2005 – II ZR 229/03, NJW 2006, 225.
311 Ebenso kann der Gesellschafter nach Überwindung der Krise seinen Anspruch auf Rückzahlung des Darlehens gegen die GmbH verfolgen, BGH v. 8.1.2001 – II ZR 88/99, NJW 2001, 1230.
312 Vgl BGH v. 29.5.2000 – II ZR 118/98, NJW 2000, 2577 allgemein zum Rückerstattungsanspruch nach § 31 Abs. 1 GmbHG. Diese Rechtsprechung ist auch bei einem Anspruch aus § 31 Abs. 1 GmbHG nach Rückzahlung eines eigenkapitalersetzenden Darlehens anwendbar; so auch *Lutter/Hommelhoff* in Lutter/Hommelhoff, GmbHG, §§ 32 a, 32 b, Rn 110; aA *Scholz/K. Schmidt*, GmbHG, §§ 32 a, 32 b, Rn 88.

verwalter eine Möglichkeit eröffnet werden, mit der er zügig und effizient die Zahlungen der jetzigen Gemeinschuldnerin an den Gesellschafter rückgängig machen konnte. Aus diesem Grund waren alle Zahlungen im letzten Jahr vor der Stellung des Insolvenzantrags in voller Höhe von den Novellenregeln umfasst.[313] Die Anfechtbarkeit begründet einen Rückforderungsanspruch, dessen Höhe über diejenige des Stammkapitals oder des zur Erhaltung des Stammkapitals erforderlichen Vermögens hinausgehen kann.[314]

248 **Beispiel:**
Wie in unserem vorherigen Beispiel hat die GmbH ein Stammkapital von 25.000 EUR. Während einer wirtschaftlichen Krise gibt ihr ein Gesellschafter ein Darlehen von 60.000 EUR. Als das Darlehen ein halbes Jahr vor der Eröffnung des Insolvenzverfahrens vollständig zurückgezahlt wird, besteht eine rechnerische Überschuldung von 15.000 EUR. Nach den Rechtsprechungsregeln besteht lediglich ein Rückzahlungsanspruch in Höhe von 40.000 EUR. Unter Berufung auf § 135 Nr. 2 InsO kann der Insolvenzverwalter die gesamten Zahlungen von 60.000 EUR von dem Gesellschafter verlangen.

249 Da eine GmbH in dem Jahr vor der Eröffnung des Insolvenzverfahrens regelmäßig bilanziell überschuldet ist, hatten diese unterschiedlichen Rechtsfolgen keine besonders hohe Bedeutung. Bei einer bilanziellen Überschuldung konnte ein Insolvenzverwalter die Erstattung der gesamten Zahlungen an den Gesellschafter unter Berufung auf die Rechtsprechungsregeln sowie über eine Insolvenzanfechtung geltend machen.

250 Was die Novellenregelung des § 135 Nr. 2 InsO im Vergleich mit dem Erstattungsanspruch nach §§ 30, 31 GmbHG aber so unattraktiv machte, war der vergleichsweise kurze Anfechtungszeitraum in § 135 Nr. 2 InsO aF. So konnte der Insolvenzverwalter in Hinblick auf die Verjährungsfrist von 10 Jahren (§ 31 Abs. 5 S. 1 GmbHG) gegen Rückzahlungen vorgehen, die in diesem Zeitraum lagen. Zwar dürfte es kaum möglich sein, dass sich eine GmbH über ein Jahrzehnt hinweg in einer Krise befand, ohne letztlich ein Fall für das Insolvenzgericht zu werden. Indes konnte sich die Krise einer GmbH durchaus über die letzten zwei oder drei Jahre vor dem Insolvenzverfahren erstrecken. Gerade auf Vermögensverschiebungen, die in diesem Zeitraum zwischen der GmbH und deren Gesellschafter erfolgten, fand § 135 Nr. 2 InsO keine Anwendung. Anfechtbar waren hiernach eben nur Zahlungen, die im letzten Jahr vor der Stellung des Insolvenzantrags geleistet wurden. Die Begrenzung des Anfechtungszeitraums auf ein Jahr wurde daher stets vom gesellschaftsrechtlichen Schrifttum kritisiert.[315] Für die gerichtliche Geltendmachung der Insolvenzanfechtung galt über § 146 InsO die regelmäßige Verjährung nach dem Bürgerlichen Gesetzbuch.

(3) Masselose Insolvenz

251 Auch bei einer **Abweisung des Insolvenzverfahrens** mangels Masse konnte ein Titelgläubiger über eine Gläubigeranfechtung einen Erstattungsanspruch nach den Rechtsprechungsregeln durchsetzen. Wenn eine GmbH mit ihrem Gesellschaftsvermögen einen Kredit des Gesellschafters zurückgezahlt hatte und der Gesellschaftssitz im Anschluss daran wie geplant ins Ausland verlegt wurde, um dort die Gesellschaft still zu

---

[313] BGH v. 30.1.2006 – II ZR 357/03, NJW-RR 2006, 1272.
[314] So auch Scholz/*K. Schmidt*, GmbHG, §§ 32 a, 32 b, Rn 71.
[315] Vgl bspw *Altmeppen*, NJW 2005, 1911, 1914; *Fischer*, ZIP 2004, 1477, 1483; *Hommelhoff* in VGR, Die GmbH-Reform in der Diskussion, 2006, S. 115, 122; *K. Schmidt*, ZIP 1981, 696 f.

liquidieren, konnte eine nach § 3 Abs. 1, § 6 AnfG aF anfechtbare Rechtshandlung der GmbH darin bestehen, dass sie es unterlassen hatte, einen Erstattungsanspruch nach den Rechtsprechungsregeln zum Kapitalersatzrecht gegen ihren Gesellschafter geltend zu machen.[316] Im Interesse des Gläubigerschutzes half der BGH den Gesellschaftsgläubigern mit zwei Beweiserleichterungen weiter: So begründete die Veräußerung der Geschäftsanteile an einen sog. Firmenbestatter zur Vorbereitung einer stillen Liquidation ein erhebliches Beweisanzeichen dafür, dass die Durchsetzung eines Erstattungsanspruchs bewusst unterlassen wurde. Weiterhin ging der BGH davon aus, dass bei den Akteuren der Vorsatz einer Gläubigerbenachteiligung gegeben war, wenn die GmbH ohne ordnungsgemäße Liquidation beseitigt werden sollte, um so alle Verbindlichkeiten zu „erledigen".[317]

Nach den Vorstellungen des Gesetzgebers sollten auch die Novellenregeln aus 1980 einen Gläubigerschutz in der masselosen Insolvenz entfalten. Im Einklang mit dem Anfechtungsrecht eines Insolvenzverwalters war eine Rechtshandlung nach § 6 Nr. 2 AnfG aF anfechtbar, die für die Forderung eines Gesellschafters auf Rückgewähr eines kapitalersetzenden Darlehens Befriedigung gewährt hatte, wenn diese Handlung im letzten Jahr vor der Anfechtung vorgenommen worden war. Diese Frist wurde im Allgemeinen als zu kurz empfunden.[318] Es war in der Tat kaum vorstellbar, dass innerhalb eines Jahres ein eigenkapitalersetzendes Darlehen zurückgezahlt wurde, es zur Abweisung des Insolvenzverfahrens mangels Masse kam und ein Titelgläubiger sich alle Informationen beschaffen konnte, um vor Gericht die notwendigen Anspruchsvoraussetzungen nachweisen zu können. **252**

### bb) Ausfallhaftung der Mitgesellschafter

Wenn ein Gesellschafter (oder ein ihm gleichgestellter Dritter) die wegen eines eigenkapitalersetzenden Darlehens geflossenen Zahlungen nicht erstatten konnte, standen seine Mitgesellschafter aufgrund einer analogen Anwendung des § 31 Abs. 3 GmbHG in der Verantwortung.[319] Sofern die anderen Gesellschafter nicht greifbar waren, musste der Mitgesellschafter allerdings nicht die gesamte Unterbilanz oder Überschuldung ausgleichen. Die Gesellschaft, häufig vertreten durch den Insolvenzverwalter, konnte lediglich einen Betrag in Höhe des gesamten Stammkapitals verlangen.[320] **Kleingesellschafter** waren nach der überwiegenden Auffassung im Schrifttum von der Solidarhaftung in entsprechender Anwendung des § 32 a Abs. 3 S. 2 GmbHG aF ausgenommen.[321] **253**

---

316 BGH v. 22.12.2005 – IX ZR 190/02, NJW 2006, 950 (in diesem Fall ging es um die Bürgschaft eines Gesellschafters für ein Drittdarlehen, der BGH machte bei dieser Gelegenheit aber deutlich, dass nicht nur die unterlassene Geltendmachung eines Freistellungsanspruchs, sondern auch die unterbliebene Durchsetzung eines Erstattungsanspruchs eine anfechtbare Rechtshandlung sein können).
317 BGH v. 22.12.2005 – IX ZR 190/02, NJW 2006, 950; vgl auch die Anmerkungen zu diesem Urteil von *Weiss*, BB 2006, 403.
318 *Huber/Habersack*, BB 2006, 1,6; vgl auch *Hommelhoff* in VGR, Die GmbH-Reform in der Diskussion, 2006, S. 115, 134.
319 BGH v. 5.2.1989 – II ZR 114/89, NJW 1990, 1730.
320 BGH v. 25.2.2002 – II ZR 196/00, NJW 2002, 1803.
321 *Gaiser*, GmbHR 1999, 216; *Lutter/Hommelhoff* in Lutter/Hommelhoff, GmbHG, §§ 32 a, 32 b, Rn 106; *Müller*, GmbHR 1999, 216.

## § 3 Finanzierung

**254 Beispiel:**
Eine GmbH hat ein Stammkapital von 25.000 EUR. Während einer wirtschaftlichen Krise gibt ihr der Gesellschafter A ein Darlehen von 60.000 EUR. Als das Darlehen vollständig zurückgezahlt wird, besteht eine rechnerische Überschuldung von 35.000 EUR. Gegen A besteht ein Rückerstattungsanspruch nach den Rechtsprechungsregeln in Höhe von 60.000 EUR. Vom Mitgesellschafter B kann die GmbH unter den Voraussetzungen des § 31 Abs. 3 S. GmbHG nur einen Betrag von 25.000 EUR verlangen. Wenn B mit weniger als 10 % an der GmbH beteiligt ist und er auch nicht zum Geschäftsführer bestellt wurde, entfällt dieser Erstattungsanspruch aufgrund einer analogen Anwendung des § 32a Abs. 3 S. 2 GmbHG aF.[322]

255 Die Novellenregeln sahen im Gegensatz zu den Rechtsprechungsregeln keine Haftung der Mitgesellschafter vor.

### cc) Haftung des Geschäftsführers

256 Ein Darlehen, das ein Gesellschafter der sonst nicht mehr lebensfähigen GmbH anstelle von Eigenkapital zugeführt hat oder beließ, war wie gebundenes Stammkapital zu behandeln. Es durfte nach den Rechtsprechungsregeln solange nicht zurückgezahlt werden, bis wieder genügend freies, die Stammkapitalziffer übersteigendes Vermögen vorhanden war.[323] Diese Auszahlungssperre richtete sich auch gegen den Geschäftsführer.[324] Wurde er von einem Gesellschafter angewiesen, ein eigenkapitalersetzendes Darlehen mit Geldern der Gesellschaft zu tilgen, durfte er dem nicht nachkommen, da er sonst gegenüber der Gesellschaft in entsprechender Anwendung des § 43 Abs. 3 GmbHG haftete.[325] Eine vergleichbare Haftung des Geschäftsführers gab es nach den Novellenregeln nicht.

## 2. Eigenkapitalersetzende Besicherung eines Drittdarlehens

### a) Drittdarlehen

257 Bei den eigenkapitalersetzenden Gesellschafterdarlehen wurde ausgeführt, dass die Rechtsprechung einen Rückerstattungsanspruch gegen einen Gesellschafter auch deshalb für angebracht hielt, weil das Gesellschafterdarlehen in Krisenzeiten lediglich den sonst erforderlichen Konkursantrag (heute: Insolvenzantrag) abwenden sollte. Ein Gesellschafter, der die GmbH anstatt durch die wirtschaftlich gebotene Zufuhr von Eigenkapital „nur" durch ein Darlehen unterstützt hatte, setzte sich zu seinem eigenen Verhalten und dem Zweck der gesetzlichen Kapitalerhaltungsregeln in Widerspruch, wenn er die benötigten Mittel wieder abzog. Mit dieser Erwägung zementierte die Rechtsprechung einen Rückerstattungsanspruch gegen den Gesellschafter, der ein Darlehen der GmbH gewährte und es sich noch bei Bestehen einer wirtschaftlichen Schieflage der Gesellschaft wieder zurückzahlen ließ.

258 Diese Gedanken ließen sich mühelos auf ein Darlehen übertragen, das zwar nicht von einem Gesellschafter gewährt wurde, bei dem aber der Gesellschafter für den Rückzahlungsanspruch des Darlehensgläubigers eine Sicherheit gestellt hatte. Auch die Verpflichtung des Gesellschafters als **Bürge** gegenüber einer Bank kann die GmbH vor dem

---

322 Vgl auch das Beispiel von *Lutter/Hommelhoff* in Lutter/Hommelhoff, GmbHG, §§ 32a, 32b, Rn 106.
323 Hierzu BGH v. 8.11.2004 – II ZR 300/02, NZI 2005, 283.
324 So auch *Lutter/Hommelhoff* in Lutter/Hommelhoff, GmbHG, §§ 32a, 32b, Rn 103.
325 Vgl BGH v. 25.6.2001 – II ZR 38/99, NJW 2001, 3123. Diese Haftung richtet sich auch gegen einen faktischen Geschäftsführer, s. BGH v. 25.2.2002 – II ZR 196/00, NJW 2002, 1803.

wirtschaftlichen Zusammenbruch bewahren. Aus diesem Grund galten die Rechtsprechungsregeln zu den eigenkapitalersetzenden Darlehen auch bei Drittdarlehen, die von einem Gesellschafter während einer Krise der Gesellschaft besichert wurden.[326]

Durch die GmbH-Reform 1980 wurden auch Regelungen zur eigenkapitalersetzenden Sicherung in das Gesetz aufgenommen: Hatte ein Dritter der Gesellschaft in einem Zeitpunkt, in dem ihr die Gesellschafter als ordentliche Kaufleute Eigenkapital zugeführt hätten, stattdessen ein Darlehen gewährt und hatte ihm ein Gesellschafter für die Rückgewähr des Darlehens eine Sicherung bestellt oder hatte er sich dafür verbürgt, so konnte der Dritte nach § 32a Abs. 2 GmbHG aF im Insolvenzverfahren über das Vermögen der Gesellschaft nur für den Betrag verhältnismäßige Befriedigung verlangen, mit dem er bei der Inanspruchnahme der Sicherung oder des Bürgen ausgefallen war. Falls die Gesellschaft ein solches Darlehen im letzten Jahr vor dem Antrag auf Eröffnung des Insolvenzverfahrens oder nach diesem Antrag zurückgezahlt hatte, musste der Gesellschafter, der die Sicherheit bestellt hatte oder als Bürge haftete, der Gesellschaft den Betrag zurückerstatten (§ 32b S. 1 GmbHG aF). 259

Voraussetzung für die Anwendung der Rechtsprechungs- und Novellenregeln zur eigenkapitalersetzenden Besicherung bei einem Drittdarlehen war zunächst der Abschluss eines Darlehensvertrages zwischen der GmbH und einem Dritten. Häufig handelte es sich bei den gesellschafterbesicherten Drittkrediten um Darlehen einer Bank oder eines Kreditinstituts. Hierzu zählte auch der **Kontokorrentkredit**.[327] 260

### b) Besicherung

Der Gesellschafter musste dieses Drittdarlehen besichert haben. Hierfür gab er regelmäßig eine Bürgschaft ab, so dass der Hauptfall einer eigenkapitalersetzenden Besicherung die **eigenkapitalersetzende Bürgschaft** war. Als weitere Sicherheiten kamen aber u.a. auch Grundschulden an Immobilien des Gesellschafters, die Sicherungsübereignung beweglicher Sachen aus seinem Privatvermögen oder die Abgabe von Schuldversprechen in Betracht.[328] 261

### c) Krise der Gesellschaft

Eine Sicherheitsleistung des Gesellschafters wurde als Eigenkapitalersatz angesehen, wenn ein Gesellschafter sie zugunsten der GmbH in einem Zeitpunkt übernahm oder aufrechterhielt, in dem die Gesellschaft in Ermangelung einer ausreichenden Vermögensgrundlage von dritter Seite keinen Kredit zu marktüblichen Bedingungen erhalten hätte und die Liquidation ohne die Finanzierungsleistung unvermeidbar gewesen wäre.[329] 262

Wie bei den eigenkapitalersetzenden Darlehen kam es darauf an, ob ein wirtschaftlich vernünftig handelnder Externer, der weder Anteile an der GmbH hatte, noch welche erwerben wollte, unter denselben Verhältnissen und zu denselben Bedingungen wie der Gesellschafter gebürgt hätte.[330] 263

---

326 Vgl BGH v. 27.9.1976 – II ZR 162/75, NJW 1977, 104 (m.Anm. *K. Schmidt*, NJW 1977, 107).
327 Vgl BGH v. 26.3.2007 – II ZR 310/05, NJW-RR 2007, 984.
328 Zu weiteren Beispielen s. *Gehrlein*, GmbH-Recht in der Praxis, S. 404.
329 BGH v. 28.9.1987 – II ZR 28/87, NJW 1988, 824.
330 BGH v. 13.7.1981 – II ZR 256/79, NJW 1981, 2570; BGH v. 28.9.1987 – II ZR 28/87, NJW 1988, 824.

**264** Dieser von der Rechtsprechung vorgenommene Drittvergleich war bei den Bürgschaften nur schwer durchzuführen. (Wer kann sich schon verbürgen und gleichzeitig noch als „wirtschaftlich vernünftig handelnder" Beteiligter am Geschäftsverkehr angesehen werden?) Auch erlaubt das Verlangen nach einer solchen Bürgschaft keinen Rückschluss auf die finanzielle Situation der GmbH zu. Vielmehr entspricht es den üblichen Gepflogenheiten einer Bank, die Vergabe von Krediten von auch einer Bürgschaft der Gesellschafter abhängig zu machen.[331]

**265** Bei der Beurteilung des eigenkapitalersetzenden Charakters einer Sicherheit kam daher dem Vermögen der GmbH eine besondere Bedeutung zu. Waren Gegenstände vorhanden, die eine ausreichende Sicherheit für den Kredit darstellen konnte, sprach dies im Allgemeinen für eine Kreditwürdigkeit der Gesellschaft.[332]

### d) Umqualifizierung in Eigenkapitalersatz

**266** Eine Sicherheitsleistung wurde als eigenkapitalersetzend gewertet, wenn der Gesellschafter sich hierzu während einer Krise der GmbH verpflichtet hatte. Ebenso wurde eine Bürgschaft in Eigenkapital umqualifiziert, wenn sie mit Blick auf die sich abzeichnende Kreditunwürdigkeit abgegeben worden war. Falls die GmbH bei Abgabe der Bürgschaftserklärung noch kreditwürdig gewesen war, konnte die Bürgschaft (wie beim Darlehen) durch „**Stehenlassen**" eigenkapitalersetzenden Charakter bekommen. Wenn sich die Vermögensverhältnisse des Hauptschuldners wesentlich verschlechtern, ist der Bürge nämlich nach § 775 Abs. 1 Nr. 1 BGB berechtigt, die Befreiung von der Bürgschaft zu verlangen. Der spätere Eintritt der Kreditunwürdigkeit wurde mit einer wesentlichen Verschlechterung der Vermögensverhältnisse des Hauptschuldners (hier: der GmbH) gleichgesetzt.[333] Geriet die GmbH in eine wirtschaftliche Krise, ohne dass der Gesellschafter die Befreiung von der Bürgschaft verlangt hatte, wurde die von ihm gegebene Bürgschaft als Eigenkapitalersatz qualifiziert.

### e) Rechtsfolgen

**267** Bei den Rechtsfolgen musste auch nach früherm Recht danach differenziert werden, ob die GmbH das besicherte Drittdarlehen bedient hatte oder nicht.

**268** Für den Fall, dass die Bank als Darlehensgeber noch eine Forderung gegen die GmbH hatte, bestand eine Freistellungspflicht des sichernden Gesellschafters.[334] Wenn die **Bank** auch noch im Insolvenzverfahren einen Rückzahlungsanspruch hatte, konnte sie in diesem Verfahren nur für den Betrag eine **verhältnismäßige Befriedigung** verlangen, mit dem sie bei der Inanspruchnahme der Sicherung oder des Bürgen ausgefallen war (§ 32 a Abs. 2 GmbHG aF). Nach einer umstrittenen aber wohl herrschenden Auffassung im Schrifttum konnte der Gläubiger eines Drittdarlehens den vollen Forderungsbetrag anmelden und nicht nur den zu erwartenden Ausfall.[335]

**269** Wenn die GmbH allerdings die Verbindlichkeiten gegenüber einer Bank beglichen hatte und die Voraussetzungen einer eigenkapitalersetzenden Bürgschaft vorlagen, bestand

---

331 Vgl hierzu BGH v. 28. 9.1987 – II ZR 28/87, NJW 1988, 824.
332 BGH v. 6.5.1985 – II ZR 132/84, NJW 1985, 2719.
333 BGH v. 18.11.1991 – II ZR 258/90, NJW 1992, 1169.
334 BGH v. 9.12.1991 – II ZR 43/91, NJW 1992, 1166.
335 Scholz/K. *Schmidt*, GmbHG, §§ 32 a, 32 b, Rn 169.

nach den Rechtsprechungsregeln ein **Erstattungsanspruch** der GmbH gegen den Gesellschafter.[336] Außerdem konnte die GmbH bzw ihr Insolvenzverwalter gegen die **Mitgesellschafter** in analoger Anwendung des § 31 Abs. 3 GmbHG und gegen den **Geschäftsführer** über § 43 Ab. 3 GmbHG vorgehen.[337] Nach den Novellenregeln musste lediglich der Gesellschafter den Betrag zurückerstatten, der im letzten Jahr vor dem Antrag auf Insolvenzeröffnung oder nach diesem Antrag an den Darlehensgläubiger bezahlt wurde (§ 32 b S. 1 GmbHG aF).

Wenn sich ein Dritter seinen Rückzahlungsanspruch sowohl durch eine Gesellschaftersicherheit als auch durch die Bestellung eines dinglichen Rechts am Gesellschaftsvermögen (bspw Grundschuld zu Lasten eines Betriebsgrundstücks) gesichert hatte, war die Lage für den Gesellschafter besonders prekär. Zum einen konnte er aus der Bürgschaft in Anspruch genommen werden. Zum anderen durfte er sich nicht in Sicherheit wiegen, wenn die Bank auf das Gesellschaftsvermögen zugriff, denn es war dann durchaus möglich, dass die GmbH ihn wegen der Bürgschaft über § 31 Abs. 1 GmbHG in Anspruch nahm.

**Beispiel (nach BGH v. 6.7.1998 – II ZR 284/94, NJW 1998, 3273):**
Zur Absicherung eines Kredits an die AB-GmbH wurde auf deren Grundstück zu Gunsten der XY-Bank eine Grundschuld eingetragen. Außerdem hatte sich der Gesellschafter A für die Rückzahlung dieses Kredits verbürgt. Nachdem über das Vermögen der AB-GmbH ein Insolvenzverfahren eröffnet wurde und die XY-Bank die Grundschuld verwertet hatte, nimmt der Insolvenzverwalter den A in Höhe des Verwertungserlöses wegen seiner eigenkapitalersetzenden Bürgschaft in Anspruch. Sofern die Bürgschaft wegen einer Übersicherung der XY-Bank nicht unwirksam war, bestand nach der Rechtsprechung ein Anspruch gegen A nach den Rechtsprechungsregeln.[338]

Nach der im Schrifttum vertretenen Ansicht sollte bei einer solchen Doppelbesicherung die Bank zunächst aus der Bürgschaft gegen den Gesellschafter vorgehen. Auf diese Weise sollte das Gesellschaftsvermögen im Interesse aller Gläubiger geschont werden.[339]

### 3. Eigenkapitalersetzende Gebrauchsüberlassung

Bei der eigenkapitalersetzenden Gebrauchsüberlassung ging es um Fälle, in denen die Gesellschafter der GmbH Wirtschaftsgüter (Grundstücke, Fahrzeuge etc.) zur **Nutzung** überließen. Zwar gibt es zwischen der Darlehenshingabe und der Gebrauchsüberlassung einen entscheidenden Unterschied, denn der Darlehensnehmer wird Eigentümer des Geldes, der Mieter bzw Pächter eben nicht. Dennoch wurden die Grundgedanken des Eigenkapitalersatzrechts auch auf Gebrauchsüberlassungen übertragen. Gesellschafterdarlehen und die Überlassung von Gegenständen sind nämlich gleichermaßen geeignet, die Krise einer GmbH auf Kosten der Gesellschaftsgläubiger in die Länge zu ziehen. Bei beiden Varianten wird der Eindruck einer mit genügend Kapital ausgestatteten und deshalb lebensfähigen Gesellschaft hervorgerufen. Zwar beseitigt die Gebrauchsüberlassung nicht eine bereits eingetretene Überschuldung der GmbH, sie ermöglicht es ihr aber, den Geschäftsbetrieb fortzusetzen. Seit 1989 gehörte es daher

---
336 BGH v. 27.9.1976 – II ZR 162/75, NJW 1977, 104.
337 Vgl BGH v. 5.2.1990 – II ZR 114/89, NJW 1990, 1730.
338 BGH v. 6.7.1998 – II ZR 284/94, NJW 1998, 3273;.
339 Vgl hierzu Scholz/K. *Schmidt*, GmbHG, §§ 32 a, 32 b, Rn 178.

## § 3 Finanzierung

zur gefestigten Rechtsprechung, die Gebrauchsüberlassung als eine der Darlehensgewährung wirtschaftlich entsprechenden Handlung anzusehen und sie bei Vorliegen weiterer Voraussetzungen dem Eigenkapitalersatzrecht zu unterwerfen.[340]

**a) Gesellschafter als Vertragspartner**

274 Für die Anwendung des Eigenkapitalersatzrechts war es zunächst entscheidend, dass ein Gesellschafter der GmbH die Gegenstände zum Gebrauch überlassen hatte. Wie bei den eigenkapitalersetzenden Gesellschafterdarlehen bestand von dieser Grundregel eine Ausnahme für den Gesellschafter, der mit **10 %** oder weniger am Stammkapital beteiligt war und nicht zum Geschäftsführer bestellt wurde (§ 32 a Abs. 3 S. 2 GmbHG aF). Ebenso galt das in § 32 a Abs. 3 S. 3 GmbHG aF enthaltene **Sanierungsprivileg**.

275 In den Anwendungsbereich des Eigenkapitalersatzrechts fiel die Überlassung eines Gegenstandes, der im Eigentum eines Unternehmens stand, das wiederum von einem Gesellschafter beherrscht wurde. Ein von dem GmbH-Gesellschafter **beherrschtes Unternehmen** nahm die Rechtsprechung an, wenn der Gesellschafter daran mit mehr als 50 % beteiligt war.[341]

276 Um den Grundsätzen der eigenkapitalersetzenden Gebrauchsüberlassung auszuweichen, wurde durch eine Vertragsgestaltung dafür gesorgt, dass der Gegenstand eben *nicht* von einem Gesellschafter überlassen wurde (sog. Wiesbadener Modell).

**b) Krise der Gesellschaft**

277 Einem Gesellschafter war es grundsätzlich nicht verboten „seiner" GmbH einen Vermögensgegenstand zu vermieten oder zu verpachten. Wenn diese Gebrauchsüberlassung allerdings an eine Gesellschaft erfolgte, die sich in einer Krise befand, sollte im Interesse des Gläubigerschutzes eine Umqualifizierung dieser Gesellschafterhilfe in Eigenkapitalersatz erfolgen. Hierbei war es einerlei, ob sich die GmbH schon im Zeitpunkt der Gebrauchsüberlassung in der Krise befand oder der Gesellschafter bei Eintritt der Krise den überlassenen Gegenstand stehen ließ.[342]

278 Eine Krise war außer bei Insolvenzreife der Gesellschaft auch dann gegeben, wenn die Gesellschaft **überlassungsunwürdig** war. Insolvenzreife und Überlassungsunwürdigkeit waren eigenständige, in ihren Anwendungsvoraussetzungen voneinander unabhängige Tatbestände des Eigenkapitalersatzrechts.[343] Eine Überlassungsunwürdigkeit lag vor, wenn anstelle des Gesellschafters kein Dritter zur Überlassung des Gebrauchs bereit gewesen wäre.[344] Für die genaue Bestimmung der Überlassungsunwürdigkeit war zwi-

---

340 Maßgebend waren die vier „Lagergrundstück-Urteile", s. BGH v. 16.10.1989 – II ZR 307/88, NJW 1990, 516; BGH v. 14.12.1992 – II ZR 298/91, NJW 1993, 392; BGH v. 11.7.1994 – II ZR 146/92, NJW 1994, 2349; BGH v. 11.7.1994 – II ZR 162/92, NJW 1994, 2760. Die Rechtsprechung zur eigenkapitalersetzenden Gebrauchsüberlassung wird im Schrifttum auch als „hochkomplizierte und systemwidrige Fortentwicklung des Kapitalersatzrechts" gebrandmarkt, vgl *Huber/Habersack*, BB 2006, 1, 8.
341 Hierzu BGH v. 28.2.2005 – II ZR 103/02, NZG, 2005, 395.
342 Hierzu BGH v. 16.10.1989 – II ZR 307/88, NJW, 1990, 516; *Lutter/Hommelhoff* in Lutter/Hommelhoff, GmbHG, §§ 32 a, 32 b, Rn 143.
343 BGH v. 3.4.2006 – II ZR 332/05, NZI, 2006, 419.
344 So bereits BGH v. 16.10.1989 – II ZR 307/88, NJW, 1990, 516. Da die GmbH die Wirtschaftsgüter gerade nicht erwerben, sondern pachten oder mieten will, reichte es für die Annahme einer Überlassungsunwürdigkeit nicht aus, wenn die GmbH sich die Investitionskosten für dieses Wirtschaftsgut nicht aus eigener Kraft aufbringen oder beschaffen konnte.

schen der Vermietung/Verpachtung von Standardwirtschaftsgütern oder von Spezialwirtschaftsgütern zu unterscheiden.³⁴⁵

Verlangte eine GmbH oder in ihrer Insolvenz der Insolvenzverwalter von einem Gesellschafter die Rückzahlung eines Mietzinses nach den Grundsätzen des Eigenkapitalersatzes, musste die Gesellschaft bzw der Insolvenzverwalter darlegen und beweisen, dass die Gesellschaft zu dem maßgeblichen Zeitpunkt in einer Krise iSd § 32 a Abs. 1 GmbHG aF war.³⁴⁶ 279

#### c) Umqualifizierung in Eigenkapitalersatz

Die mietweise Überlassung von Vermögensgegenständen unterlag dem Eigenkapitalersatzrecht, wenn die GmbH nach Eintritt der Krise nicht liquidiert, sondern ohne den gebotenen Zuschuss von Eigenkapital unter Fortsetzung des Nutzungsverhältnisses weiter fortgeführt wurde.³⁴⁷ Wie auch bei den sonstigen Gesellschafterhilfen konnte auch hier ein **Kündigungsrecht** entscheidend sein. Allerdings bestand auch hier eine Besonderheit: Der Gesellschafter konnte als Darlehensgeber den Darlehensvertrag bei einer Krise regelmäßig in entsprechender Anwendung des § 490 BGB kündigen und der Gesellschafter, der für eine Darlehensverbindlichkeit der GmbH eine Bürgschaft abgegeben hatte, konnte sich bei einer Krise auf § 775 Abs. 1 Nr. 1 BGB berufen und die Befreiung von der Bürgschaft verlangen. Bei einer eigenkapitalersetzenden Gebrauchsüberlassung kam es demgegenüber entscheidend darauf an, ob eine **bestimmte Vertragsdauer** vereinbart wurde. Wurde das Mietverhältnis für eine unbestimmte Zeit geschlossen, hatte der Gesellschafter die Möglichkeit, das Vertragsverhältnis bei einem Ausbleiben der Mietzahlungen außerordentlich zu kündigen. Eine Umqualifizierung der Gesellschafterleistung in Eigenkapitalersatz fand statt, wenn der Gesellschafter nicht rechtzeitig sein Kündigungsrecht ausübte. In Anlehnung an die Insolvenzantragspflicht für einen GmbH-Geschäftsführer räumte der BGH dem Gesellschafter für seine Entscheidung eine **Überlegungsfrist** von etwa drei Wochen ein.³⁴⁸ War diese Frist verstrichen, fand eine Umqualifizierung der Gesellschafterhilfe in Eigenkapitalersatz statt. 280

Bei Mietverträgen mit einer **festen Mietzeit** stellte die drohende Umqualifizierung der Gebrauchsüberlassung in Eigenkapitalersatzrecht für sich genommen keinen wichtigen Kündigungsgrund dar.³⁴⁹ Der Ausschluss eines außerordentlichen Kündigungsrechts führte zu dem naheliegenden Gedanken, bei der Vertragsgestaltung eine möglichst kurze Gebrauchsdauer zu vereinbaren. Eine solche Vereinbarung war aber unter Berücksichtigung des § 117 BGB nichtig, wenn mit dem Mietvertrag die gesamte Betriebseinrichtung einer Betriebsgesellschaft überlassen wurde, die aufgrund ihres geringen Eigenkapitals gerade einmal in der Lage war, die laufenden Geschäfte zu führen und sich die notwendige Betriebsausstattung nicht selber beschaffen könnte.³⁵⁰ 281

---

345 Hierzu BGH v. 16.10.1989 – II ZR 307/88, NJW, 1990, 516; sowie *Lutter/Hommelhoff* in Lutter/Hommelhoff, GmbHG, §§ 32 a, 32 b, Rn 142.
346 BGH v. 7.3.2005 – II ZR 138/03, NJW-RR, 2005, 766.
347 Vgl BGH v. 28.2.2005 – II ZR 103/02, NZG 2005, 395.
348 Vgl BGH v. 19.12.1994 – II ZR 10/94, NJW 1995, 658: „Eine zweiwöchige Überlegungsfrist ist zumindest im Regelfall nicht unangemessen.".
349 BGH v. 16.10.1989 – II ZR 307/88, NJW 1990, 516.
350 Vgl *Lutter/Hommelhoff* in Lutter/Hommelhoff GmbHG, §§ 32 a, 32 b, Rn 150; BGH v. 11.7.1994 – II ZR 146/92.

282 Die Umqualifizierung eines Miet- oder Pachtverhältnisses über ein Grundstück in Eigenkapital erstreckte sich grundsätzlich auf alle in dem Gebrauchsüberlassungsvertrag eingegangenen Verpflichtungen des Gesellschafters. Wenn der Gesellschafter nach diesem Vertrag auch die Versorgung des Grundstücks – bspw mit Wärme, Wasser oder Strom – schuldete, war er verpflichtet, diese Kosten auch während der Krise der Gesellschaft zu tragen.[351]

### d) Rechtsfolgen

283 Die Umqualifizierung der Nutzungsüberlassung in funktionales Eigenkapital hatte zur Folge, dass ein Gesellschafter die vereinbarte Miete nicht fordern konnte und er nach § 31 GmbHG bzw § 32 b S. 1 GmbHG aF einen dennoch erhaltenen Mietzins wieder an die Gesellschaft zurückzahlen musste. Hierauf beschränken sich die Rechtsfolgen einer eigenkapitalersetzenden Nutzungsüberlassung allerdings nicht.

284 Mit dem Mietvertrag hatte der Gesellschafter der GmbH nämlich ein **Nutzungsrecht** eingeräumt. In der Insolvenz war der Insolvenzverwalter nach der Rechtsprechung befugt, dieses Nutzungsrecht durch eigene Nutzung (insbesondere bei zeitweiliger Fortführung des Betriebes) oder durch entgeltliche Überlassung an Dritte (Untervermietung) zu verwerten. Eine Verwertung der Sachsubstanz war ihm demgegenüber nicht gestattet.[352] Das zentrale Problem dieser fortwährenden Nutzungsüberlassung in der Insolvenz war deren Dauer. Grundsätzlich galten die im Mietvertrag vereinbarten zeitlichen Grenzen. Wäre jedoch ein inhaltsgleicher Vertrag mit einem Dritten nur unter Vereinbarung einer längeren Überlassungsdauer oder längeren Kündigungsfrist geschlossen worden, dann hatte der Gesellschafter das Nutzungsrecht zu diesen Konditionen zu überlassen. Die jeweilige Dauer konnte im Zweifel nur durch ein **Sachverständigengutachten** ermittelt werden.[353] Gerade Gesellschafter einer mittelständischen GmbH waren vom Fortbestand des Nutzungsrechts in der Insolvenz betroffen. Sie konnten in ihrem Eigentum stehendes Vermögen nicht zu einem Neuanfang nutzen.

### III. Gesellschafterfinanzierung nach dem MoMiG

285 Die Regelungen zu den eigenkapitalersetzenden Gesellschafterhilfen wurden durch das MoMiG abgeschafft. Bei der Finanzierung einer GmbH sind nun die Vorschriften der Insolvenzordnung entscheidend. Nach wie vor ist aber zwischen einem Gesellschafterdarlehen (sogleich unter 1.), der Besicherung eines Drittdarlehens (unter 2.) durch einen Gesellschafter sowie der Gebrauchsüberlassung (unter 3.) zu unterscheiden.

---

351 Hierzu BGH v. 26.6.2000 – II ZR 370/98, NJW 2000, 2565.
352 BGH v. 11.7.1994 – II ZR 146/92, NJW 1994, 2349.
353 Weil es keine klaren Regeln über die Dauer der geschuldeten Nutzungsüberlassung gibt, ist die Rechtsprechung zur eigenkapitalersetzenden Gebrauchsüberlassung immer von kritischen Stimmen im Schrifttum begleitet gewesen, vgl *Fastrich*, DStR 2006, 656, 659; *Roth/Altmeppen*, GmbHG, § 32 a Rn 204; *Lutter/Hommelhoff* in Lutter/Hommelhoff GmbHG, §§ 32 a, 32 b Rn 149; bestätigt durch BGH v. 31.1.2005 – II ZR 240/02, NZI 2005, 347.

## C. Fremdkapital

### 1. Gesellschafterdarlehen

#### a) Darlehen und gleichgestellte Forderungen

Für die Anfechtung einer Rückzahlung nach § 135 Abs. 1 Nr. 2 iVm § 39 Abs. 1 Nr. 5 InsO ist das Bestehen eines Darlehensvertrages zwischen der GmbH und einem Gesellschafter die erste Voraussetzung. Der Abschluss eines Darlehensvertrags mit einem Gesellschafter ist keine Seltenheit. Auch bei einer wirtschaftlich angeschlagenen GmbH sind Gesellschafter bereit, der Gesellschaft einen Geldbetrag als Darlehen zur Verfügung zu stellen. Auf diese Weise kann die GmbH sehr schnell über finanzielle Mittel verfügen. Langwierige Verhandlungen mit Banken und anderen Geldinstituten sind dann ebenso überflüssig, wie die beurkundungsbedürftige Erhöhung des Stammkapitals. 286

Ein Darlehen ist von einem Finanzplankredit abzugrenzen. Bei einem Finanzplankredit verpflichten sich die Gesellschafter, neben ihrer Einlage der Gesellschaft ein Darlehen zu gewähren, das je nach Ausgestaltung einlageähnlichen Charakter haben kann.[354] 287

**Beispiel (nachgebildet der Entscheidung des BGH v. 28.6.1999 – II ZR 272/98, NJW 1999, 2809):** 288
Die Gesellschafter A, B und C gründen eine GmbH. In der Satzung verpflichten sie sich zur Übernahme einer Einlage. Darüber hinaus verpflichten sich die Gesellschafter in der Satzung, der GmbH ein Darlehen in sechsstelliger Höhe zur Verfügung zu stellen, da das Stammkapital für den Finanzbedarf nicht ausreicht. Diese Vereinbarung ist auch in Hinblick auf die Ausfallhaftung nach § 24 GmbHG sinnvoll. Wäre auch das Darlehen in sechsstelliger Höhe Bestandteil des Stammkapitals, würde sich dementsprechend die Ausfallhaftung vergrößern.

Wenn das in einem Finanzplankredit zugesagte Darlehen noch nicht ausgezahlt wurde, taucht das Problem auf, ob die Gesellschafter auch noch bei einer Verschlechterung der Vermögensverhältnisse verpflichtet sind, ihr Darlehensversprechen zu erfüllen. In der Rechtsprechung war anerkannt, dass der Gesellschafter auch im Insolvenzfall das Darlehen vereinbarungsgemäß zu leisten hatte und ihm das Recht zur außerordentlichen Kündigung wegen einer Verschlechterung der Vermögensverhältnisse der GmbH nach § 490 Abs. 1 BGB nicht zustand.[355] Dies beruhte allerdings nicht auf den Regelungen zu den eigenkapitalersetzenden Darlehen, sondern ergab sich aus den Regeln zur Befreiung von eingegangenen aber noch nicht vollständig erfüllten Einlageverpflichtungen. Nach § 19 Abs. 2 S. 1 GmbHG können die Gesellschafter nicht von der Verpflichtung zur Leistung ihrer Einlage befreit werden. Nur vor Eintritt einer Krise kann eine einlageähnlich wirkende Darlehenszusage ohne Einschränkungen aufgehoben werden.[356] Hieran hat sich durch die GmbH-Reform nichts geändert.[357] 289

Neben der Darlehensforderung unterliegen auch Forderungen aus Rechtshandlungen, die einem Darlehen wirtschaftlich entsprechen, dem Nachrang des § 39 Abs. 1 Nr. 5 290

---

[354] Hierzu BGH v. 28.6.1999 – II ZR 272/98, NJW 1999, 2809, 2810. Statt von „Finanzplankrediten" sollte nach *Lutter/Hommelhoff* in Lutter/Hommelhoff, GmbHG, §§ 32 a, 32 b, Rn 169 „Risikodarlehen" gesprochen werden.
[355] Vgl BGH v. 28.6.1999 – II ZR 272/98, NJW 1999, 2809, 2810 unter Hinweis auf den damals noch geltenden § 610 BGB.
[356] Für die formellen Voraussetzungen für die Aufhebung eines Finanzplankredits ist entscheidend, ob die Vereinbarung in der GmbH-Satzung oder in einer von der Satzung getrennten Vereinbarung erfolgte, s. hierzu ausführlich BGH v. 28.6.1999 – II ZR 272/98, NJW 1999, 2809, 2810.
[357] Zu der Frage, ob ein Gesellschafter auch in der Insolvenz auf Erfüllung seines Finanzierungsversprechens in Anspruch genommen werden kann s. ausführlich *Habersack*, ZIP 2007, 2145; *K. Schmidt*, ZIP 2006, 1925.

InsO. Damit ist das neue Recht zwar nicht auf alle denkbaren Gesellschafterforderungen anwendbar.[358] Wie schon nach bislang geltendem Recht umfasst der Nachrang aber auch die Stundung einer Forderung aufgrund eines Austauschgeschäfts, eines Zinsanspruches und sonstiger Nebenforderungen.[359]

**b) Gesellschafter als Darlehensgeber**

**aa) Gesellschafter**

291  Gesellschafter können einen Rückzahlungsanspruch nur als nachrangige Insolvenzgläubiger gem. § 39 Abs. 1 Nr. 5 InsO geltend machen. Der Nachrang gem. § 39 Abs. 1 Nr. 5 InsO setzt lediglich voraus, dass das Darlehen von einem Gesellschafter gewährt wurde. Allerdings beruht die Sonderbehandlung der Gesellschafterdarlehen nicht mehr auf den Folgen einer Finanzierungsverantwortung. Das Konzept des MoMiG stellt in erster Linie auf die Mitgliedschaft der Gesellschafter bei ihrer GmbH ab. Sehr knapp wird in der Regierungsbegründung darauf hingewiesen, dass die Einbeziehung jedes Gesellschafterdarlehens den international verbreiteten Regelungsmustern entspreche.[360] Inhaltlich wird die Sonderbehandlung der Gesellschafterdarlehen mit der Vereinfachung für die Rechtspraxis gerechtfertigt.[361] Als dogmatische Grundlage für die Sonderbehandlung der Gesellschafterdarlehen dient jetzt das Prinzip der Haftungsbeschränkung bei einer Kapitalgesellschaft, dessen missbräuchliche Ausnutzung durch die Gesellschafter verhindert werden soll.[362]

**bb) Kleinbeteiligungsprivileg**

292  Wie schon im bisherigen Recht gibt es ein Kleinbeteiligungsprivileg. Nach § 39 Abs. 5 InsO gilt der Nachrang nicht für Gesellschafterdarlehen, wenn es sich beim Darlehensgeber um einen nicht geschäftsführenden Gesellschafter handelt, der mit **10 %** oder weniger am Haftkapital beteiligt ist. Die Übertragung der ehemals in § 32a Abs. 3 S. 2 GmbHG enthaltenen Regleung in die Insolvenzordnung hat in erster Linie Bedeutung für die Aktiengesellschaft. Dort kamen die Grundsätze über kapitalersetzende Gesellschafterdarlehen erst bei einem Aktienbesitz von mehr als 25 % des Grundkapitals zur Anwendung.[363]

293  Umstritten ist derzeit, wann genau die Voraussetzungen des Kleinbeteiligungsprivilegs gegeben sein müssen.

294  **Beispiel:**
Am 1.1.2009 ist der Gesellschafter A mit 25 % an der AB-GmbH beteiligt und auch deren Geschäftsführer. Im Laufe des Jahres veräußert er 15 % an den B und legt sein Geschäftsführeramt nieder. Berücksichtigt man, dass das Kleinbeteiligungsprivileg nur Gesellschafter schützen soll, die lediglich einen geringen Einfluss auf die unternehmerischen Geschicke der GmbH haben, kann bei einer typisierenden Betrachtung zumindest davon ausgegangen werden, dass auch noch ein Jahr nach der Anteilsveräußerung der unternehmerische Einfluss des A fortgewirkt hat, wenn ihm

---

358 *Habersack/Huber*, BB 2006, 1, 2; *Haas*, ZinsO 2007, 617, 623 schlugen vor, dass der Nachrang für sämtliche Gesellschafterforderungen ohne Rücksicht auf deren Entstehungsgrund gelten sollte.
359 *Habersack*, ZIP 2007, 2145, 2150; *Hirte*, WM 2008, 1429, 1451.
360 BegrRegE MoMiG, Bt-Drucks. 16/6140, S. 129; vgl aber hierzu *Hirte*, WM 2008, 1429, 1430, der darauf hinweist, dass es bspw im englischen und französischen Recht keine Sonderbehandlung kapitalersetzender Darlehen gibt.
361 BegrRegE MoMiG, BT-Drucks. 16/6140, S. 129 f; hierzu die Kritik von *K. Schmidt*, ZIP 2006, 1925.
362 *Habersack*, ZIP 2007, 2145, 2147; *Hirte*, WM 2008, 1429, 1431.
363 BGH v. 26.3.1984 – II ZR 171/83; hierzu *Habersack*, ZIP 2007, 2145.

sein Darlehen zurückgezahlt wird und die GmbH in die Insolvenz gerät. Zumindest in 2009 wäre daher das Kleinbeteiligungsprivileg für A nicht anwendbar. Ein Insolvenzverwalter könnte die Rückzahlung daher unter den erleichterten Voraussetzungen des § 135 Abs. 1 Nr. 2 InsO anfechten.[364]

Wenn ein ehemaliger Kleingesellschafter neue Geschäftsanteile erwirbt und somit über die 10 %-Schwelle kommt oder aber zum Geschäftsführer berufen wird, dann fallen weder seine bereits abgegebenen, noch seine später gewährten Gesellschafterdarlehen unter das Kleinbeteiligungsprivileg. Entsprechendes gilt, wenn die GmbH einen Kleingesellschafter zum Geschäftsführer bestellt.[365]

### cc) Sanierungsprivileg

Befindet sich eine GmbH in einer wirtschaftlichen Krise, kann es für eine Bank, aber auch für andere Gläubiger durchaus von Interesse sein, im Zusammenhang mit einem **Sanierungsdarlehen** Gesellschaftsanteile zu erwerben, um so einen noch größeren Einfluss auf die Zukunft des Unternehmens zu haben. Wenn die neu erworbene Gesellschafterstellung aber dazu führen konnte, dass Leistungen an die GmbH aus früherer Zeit (als man eben noch nicht Gesellschafter war) nun in Eigenkapital umqualifiziert werden, sinkt das Interesse der Gläubiger an dem Erwerb von Geschäftsanteilen. In Fortführung des § 32 a Abs. 3 S. 3 GmbHG aF gibt es daher auch nach den Änderungen durch das MoMiG ein Sanierungsprivileg. Erwirbt ein Gläubiger bei drohender oder eingetretener Zahlungsunfähigkeit der Gesellschaft oder bei Überschuldung Anteile zum Zweck ihrer Sanierung, führt dies bis zur nachhaltigen Sanierung nicht zur Anwendung des in § 39 Abs. 1 Nr. 5 InsO verordneten Nachrangs auf die Forderungen des Erwerbers aus bestehenden oder neugewährten Darlehens oder auf Forderungen aus Rechtshandlungen, die einem solchen Darlehen wirtschaftlich entsprechen (§ 39 Abs. 4 InsO). Im Gegensatz zur bisherigen Rechtslage ist es nun erforderlich, dass der Beteiligungserwerb nicht mehr in der Krise und zum Zwecke der Überwindung derselben zu erfolgen hat. Gesellschafter können sich auf das Sanierungsprivileg nur noch berufen, wenn bei drohender bzw eingetretener Zahlungsunfähigkeit oder bei Überschuldung der Gesellschaft Geschäftsanteile zum Zwecke der Sanierung erworben wurden.

Das Sanierungsprivileg gilt künftig auch für Personen, die vor dem Anteilserwerb aus dem Anwendungsbereich des § 39 Abs. 1 Nr. 5 InsO herausfielen, also weder Gesellschafter noch gleichgestellte Personen waren oder vor dem Hinzuerwerb weiterer Anteile den Kleinbeteiligungsprivileg unterfielen.[366] § 39 Abs. 4 S. 2 InsO setzt voraus, dass der Gesellschafter Anteile der Gesellschaft zum Zweck ihrer Sanierung erwirbt. Wie auch bei der Vorgängervorschrift in § 32 a Abs. 3 S. 3 GmbHG aF („zum Zweck der Überwindung der Krise") wird man das Sanierungsprivileg nur bei der Erfüllung der folgenden drei Voraussetzungen anwenden können:

- Die Gesellschaft muss nach der pflichtgemäßen Einschätzung eines Dritten im Augenblick des Anteilerwerbs **objektiv sanierungsfähig** sein;

---

364 Vgl hierzu *Habersack*, ZIP 2007, 2145, der generell die Anwendung des Kleinbeteiligungsprivilegs ausschließt, wenn es beim Abschluss des Darlehensvertrags nicht vorlag; aA *Freitag*, WM 2007, 1681.
365 *Habersack*, ZIP 2007, 2145.
366 So BegrRegE MoMiG, BT-Drucks. 16/6140, S. 95.

- die konkreten Maßnahmen müssen zusammen **objektiv geeignet** sein, die Gesellschaft in überschaubarer Zeit durchgreifend zu sanieren;
- der Anteilserwerber muss die Sanierung der Gesellschaft wollen; für den **Sanierungswillen** dürfte es, wie nach bisherigem Recht, eine Regel-Vermutung geben.[367]

298 Wenn sich ein Darlehensgläubiger gegenüber der GmbH bzw deren Insolvenzverwalter auf das Sanierungsprivileg beruft, wird es für die Beweisführung ein dokumentiertes Sanierungskonzept benötigen.[368]

**dd) Dritte mit einem besonderen Näheverhältnis zum Gesellschafter**

299 Schon bisher galten die Regelungen zu den eigenkapitalersetzenden Darlehen auch für Rechtshandlungen eines Dritten, die der Darlehensgewährung wirtschaftlich entsprachen (§ 32a Abs. 3 S. 1 GmbHG aF). Den Gesetzesmaterialien ist zu entnehmen, dass mit der Formulierung aus § 39 Abs. 1 Nr. 5 InsO („Forderungen aus Rechtshandlungen, die einem solchen Darlehen wirtschaftlich entsprechen") auch der bisherige § 32a Abs. 3 S. 1 GmbHG aF in personeller Hinsicht übernommen wird.[369] Der persönliche Anwendungsbereich bestimmt sich auf Grundlage der bisherigen Rechtsprechung zu § 32a Abs. 3 S. 1 GmbHG aF und weicht somit von § 138 InsO ab.[370] Nachrangige Insolvenzgläubiger iSd § 39 Abs. 1 Nr. 5 InsO können daher sein:

- ein **Treuhänder**, dem die finanziellen Mittel für das Darlehen von einem Gesellschafter zur Verfügung gestellt wurden;
- ein **Pfändungsgläubiger**, wenn er sich besondere Kontroll- und Mitsprachebefugnisse hat einräumen lassen;[371]
- **verbundenen Unternehmen**, an denen die Gesellschafter maßgeblich beteiligt sind.[372]

300 Eine Besonderheit besteht bei einer **Abtretung der Darlehensforderung** an einen Nichtgesellschafter. Nach dem bisherigen Recht kam es in erster Linie darauf an, ob die Abtretung vor oder nach einer Umqualifizierung eines Gesellschafterdarlehens als Eigenkapitalersatz erfolgte. Wenn sich die GmbH bereits in der Krise befand und es sich daher um ein eigenkapitalersetzendes Gesellschafterdarlehens handelte, musste sich der Zessionar die Verstrickung des Darlehens nach § 404 BGB entgegenhalten lassen. Seinen Zahlungsanspruch stand die Einwendung entgegen, dass die GmbH unter Berücksichtigung des § 30 Abs. 1 GmbHG aF die Darlehensforderung nicht erfüllen durfte. War das Darlehen bei der Betretung noch nicht kapitalersetzend, bestand diese Einwendung erst, wenn der **Zessionar** im Stadium der Krise eine Finanzierungsentscheidung traf und nicht sogleich seinen Rückforderungsanspruch geltend machte.[373]

301 Das Schrifttum vertritt überwiegend die Auffassung, dass sich auch der Zessionar eines Gesellschafterdarlehens den Nachrang des § 39 Abs. 1 Nr. 5 InsO entgegenhalten las-

---

367 So schon zu § 32a Abs. 3 S. 3 GmbHG aF BGH v. 21.11.2005 – II ZR 277/03, NZI 2006, 604.
368 Vgl schon zum alten Recht *Pentz*, ZIP 2006, 1169.
369 BegrRegE MoMiG, BT-Drucks. 16/6140, S. 130.
370 *Gehrlein*, BB 2008, 846, 850.
371 So unter Fortsetzung der bisherigen Rechtsprechung *Gehrlein*, BB 2008, 846, 850; *Hirte*, WM 2008, 1429, 1431; aA *Habersack*, ZIP 2007, 2145.
372 BGH v. 28.2.2005 – II ZR 103/02, NZI 2005, 350.
373 *Habersack*, ZIP 2007, 2145, 2149.

sen muss. In welcher wirtschaftlichen Situation sich die GmbH im Zeitpunkt der Abtretung befand, ist nun unerheblich.[374] In analoger Anwendung des § 135 Abs. 1 Nr. 2 InsO kommt es aber auf die Zeit zwischen der Abtretung und dem Insolvenzantrag an. Wenn die Abtretung bereits ein Jahr vor dem Insolvenzantrag oder früher erfolgte, handelt es sich um eine gewöhnliche Insolvenzforderung. Sollte die Abtretung zu einem späteren Zeitpunkt erfolgt sein, unterliegt die Darlehensforderung des Zessionars einem Nachrang gem. § 39 Abs. 1 Nr. 5 InsO.[375]

### c) Rechtsfolgen

Soweit das Gesellschafterdarlehen noch nicht zurückgezahlt wurde, können die Gesellschafter ihren Rückzahlungsanspruch nur als nachrangige Insolvenzgläubiger gem. § 39 Abs. 1 Nr. 5 InsO geltend machen. Im Gegensatz zum bisherigen Recht führt die Rückzahlung des Darlehens nur zu einem Anspruch gegenüber dem Gesellschafter. Eine Ausfallhaftung der Mitgesellschafter oder eine Haftung des Geschäftsführers gibt es nach dem neuen Recht nicht.[376] Durch die Neufassung des § 64 GmbHG wurde allerdings die Geschäftsführerhaftung ausgeweitet. Die nicht mehr bestehende Haftung des Geschäftsführers für die Rückzahlung eigenkapitalersetzender Darlehen nach § 3 Abs. 3 GmbHG wird durch die Erstattungspflicht des Geschäftsführer für Zahlungen an Gesellschafter, soweit diese zur Zahlungsunfähigkeit oder GmbH führen, kompensiert.[377]

302

### aa) Insolvenzeröffnung

Bei einer Eröffnung des Insolvenzverfahrens hat der Insolvenzverwalter ein Anfechtungsrecht. Nach § 135 Abs. 1 Nr. 2 InsO ist die Rückgewähr eines Gesellschafterdarlehens anfechtbar, wenn diese Handlung im letzten Jahr vor dem Eröffnungsantrag oder nach diesem Antrag vorgenommen worden ist. Diese Jahresfrist ist ein wesentlicher Beitrag für eine Deregulierung. Die zeitraubende Prüfung der von der Rechtsprechung entwickelten „Krisenmerkmale" muss nicht mehr erfolgen. Sämtliche Rückzahlungen auf ein Gesellschafterdarlehen, die ein Jahr vor dem Insolvenzantrag erfolgten, sind anfechtbar. Der darlehensgewährende Gesellschafter wird damit nicht schlechter gestellt, denn auch nach bisherigem Recht wurden Darlehen, die im Vorfeld der Insolvenz gewährt oder stehengelassen wurden, als kapitalersetzend angesehen.[378]

303

Die Finanzmarktkrise kann zu Fällen führen, in denen sich die Änderungen durch das MoMiG für den darlehensgebenden Gesellschafter als nachteilig erweisen können.

304

**Beispiel:**
Während eines wirtschaftlich gut laufenden Jahres beschließen die Gesellschafter einer GmbH, dass sämtliche Gesellschafterdarlehen zurückgezahlt werden. Die GmbH stellt Automobilteile her. In Folge der Finanzmarktkrise muss ein Hauptauftraggeber Insolvenz anmelden. Die GmbH verkraftet den Forderungsausfall nicht und meldet ebenfalls Insolvenz an. All dies geschieht innerhalb eines Jahres nach der Rückführung des Darlehens. Anders als nach bisher geltendem Recht kann sich der Gesellschafter nicht mit dem Einwand verteidigen, dass bei Rückzahlung des Darlehens keine Krise vorlag.

305

---

374 *Haas*, ZinsO 2007, 616, 619;.
375 *Habersack*, ZIP 2007, 2145, 2149; *Hirte*, WM 2008, 1429, 1431; *Gehrlein*, BB 2008, 846, 850.
376 Vgl hierzu die Kritik von *Hölzle*, GmbHR 2007, 729, 733.
377 Hierzu *Hirte*, WM 2008, 1429, 1431.
378 BegrRegE MoMiG, BT-Drucks. 16/6140, S. 130; *Huber/Habersack*, BB 2006, 1.

**306** Die starre Anwendung der **Jahresfrist** kann in extrem gelagerten Fällen zu einem unangemessenen Ergebnis führen. Letztlich ist dies aber der Preis, der für eine einfach zu handhabende Regelung gezahlt werden muss. Dabei ist der Preis noch nicht einmal hoch, denn die in § 135 Abs. 1 Nr. 2 InsO enthaltene Regelung führt regelmäßig zu demselben Ergebnis wie die Rechtsprechungs- und Novellenregeln, wenngleich auch mit weit weniger Aufwand. Nach bisherigem Recht war auch ein Anspruch gegen den Gesellschafter gegeben, wenn die Rückzahlung innerhalb des letzten Jahres vor dem Insolvenzantrag erfolgte, denn zumindest in dieser Zeit waren auch die Voraussetzungen für eine Umqualifizierung des Darlehens gegeben. Zu *lang* ist die Frist jedenfalls nicht.[379]

**307** Gleichwohl wurden vom Schrifttum schon während des Gesetzgebungsverfahrens Vorschläge unterbreitet, wie trotz der Anfechtungsfrist von einem Jahr im Einzelfall Härten vermieden werden können. Hierbei berief man sich auf die Rechtslage bei der stillen Gesellschaft. Dort ist nach § 136 Abs. 1 S. 1 InsO die Rückgewähr einer Einlage an den stillen Gesellschafter ebenfalls anfechtbar, wenn die diesbezügliche Vereinbarung im letzten Jahr vor dem Antrag auf Eröffnung des Insolvenzverfahrens getroffen wurde. Allerdings ist nach § **136 Abs. 2 InsO** die Anfechtung ausgeschlossen, wenn der Eröffnungsgrund erst nach der Vereinbarung eingetreten ist.[380] Damit besteht eine gesetzliche Regelung, die von der starren Jahresfrist (zwischen Vereinbarung und Insolvenzantrag) eine Ausnahme macht, falls innerhalb der Jahresfrist eine Zahlungsunfähigkeit oder Überschuldung eintritt. Eine analoge Anwendung dieser Vorschrift ist aber nicht möglich, weil der Gesetzgeber eben eine einfache und starre Regelung haben wollte; von einer ungewollten Lücke im Gesetz kann mE nicht die Rede sein.[381]

**308** Auch wenn man mit guten Gründen annehmen darf, dass die Frist des § 135 Abs. 1 Nr. 2 InsO nicht zu *lang* ist, so lässt sich doch trefflich darüber streiten, ob die Jahresfrist zu *kurz* bemessen ist. Sicherlich mag es nicht nur theoretische, sondern auch praktische Fälle geben, in denen die Gesellschafter den wirtschaftlichen Niedergang der GmbH über einen längeren Zeitraum verzögern. Es ist durchaus möglich, ein überschuldetes Unternehmen noch bis zu zwölf Monaten unter Missachtung der Insolvenzantragspflichten im Markt zu halten.[382] Die Jahresfrist kann somit als Gebrauchsanweisung für eine halbwegs geschickte Insolvenzverschleppung angesehen werden. Gerade deshalb wurden schon während des Gesetzgebungsverfahrens im Schrifttum Vorschläge unterbreitet, die sich für eine Verlängerung oder **Modifikation der Anfechtungsfristen** aussprachen.[383]

**309** Allerdings gibt es schon nach dem bisher bestehenden Recht einen Ansatz, die Anfechtungsfrist zu verlängern. Bei einer Vorsatzanfechtung nach § 133 Abs. 2 InsO besteht nämlich eine Anfechtungsfrist von zwei Jahren. Vorausgesetzt wird hierbei ein entgelt-

---

379 *Haas*, ZinsO 2007, 617; *Huber/Habersack*, BB 2006, 1.
380 Hierzu *Heckschen*, NotBZ 2003, 381.
381 Für eine analoge Anwendung des § 136 Abs. 2 InsO indes *Haas*, ZinsO 2007, 612.
382 Vgl hierzu *Hölzle*, GmbHR 2007, 729, 733; *Freitag*, WM 2007, 1681.
383 Für eine Ausdehnung der Anfechtungsfrist von zwei Jahren *Altmeppen*, NJW 2005, 1911, 1914; von *Hölzle*, GmbHR 2007, 729, 733 wurde der Vorschlag unterbreitet, die Fristberechnung nicht an den Zeitpunkt der Antragsstellung zu knüpfen, sondern davon abhängig zu machen, wann der Antrag hätte gestellt werden müssen. Ein solcher Vorschlag ist allerdings im Hinblick auf die damit verbundenen Rechtsunsicherheiten bei den übrigen Anfechtungstatbeständen abzulehnen s. *Gehrlein*, BB 2008, 846, 852.

licher Vertrag, der wegen der damit verbundenen Schuldbefreiung auch in einem Erfüllungsgeschäft liegen kann. Weiterhin muss dieser Vertrag mit einer nahestehenden Person geschlossen sein. Dabei kann es sich nach § 138 Abs. 2 Nr. 1 InsO auch um einen Gesellschafter handeln, der zu mehr als einem Viertel am Kapital der GmbH beteiligt ist.[384] Gerade wegen der Gesetzgeber erstrebten Rechtssicherheit und Rechtsklarheit scheint es aber vertretbar, dass § 135 Abs. 1 Nr. 2 InsO als speziellere Vorschrift (das Gesellschafterdarlehen wird dort ausdrücklich erwähnt) der allgemeinen Vorsatzanfechtung in § 138 InsO vorgeht.

In der Diskussion über die Dauer der Anfechtungsfrist darf nicht übersehen werden, dass die Gesellschaftsgläubiger die Möglichkeit haben, einen Insolvenzantrag zu stellen. Auf diese Weise können sie den Gesellschaftern, die mit der Jahresfrist in § 135 Abs. 1 Nr. 2 InsO spekulieren, einen Strich durch die Rechnung machen. Hierbei ist allerdings zu berücksichtigen, dass sie im Falle der Masselosigkeit nach § 23 GKG nicht nur die Gerichtsgebühren, sondern auch für die Auslagen einzustehen haben. Eine solche Kostenfolge erscheint ungerecht, wenn die Abweisung im Wesentlichen darauf beruht, dass die Geschäftsführer und Gesellschafter ihre Mitwirkung an der Sachverhaltsaufklärung verweigert haben. Auch hier hat der Gesetzgeber mit dem MoMiG für Abhilfe gesorgt: Aus § 101 Abs. 3 InsO ergibt sich nun, dass den Geschäftsführern einer GmbH im Fall der **masselosen Insolvenz** die Verfahrenskosten auferlegt werden können, wenn sie ihren Auskunfts- und Mitwirkungspflichten nicht nachkommen. In einem solchen Fall kann der antragstellende Gläubiger wegen § 31 Abs. 2 S. 1 GKG nur in Anspruch genommen werden, wenn eine Zwangsvollstreckung in das bewegliche Vermögen des Geschäftsführers erfolglos geblieben ist oder aussichtslos erscheint.[385]

310

### bb) Masselose Insolvenz

Bei der Abweisung des Insolvenzverfahrens mangels Masse können die Titelgläubiger einen Erstattungsanspruch nun unter erleichterten Voraussetzungen durchsetzen. Eine Rückgewähr eines Gesellschafterdarlehens ist anfechtbar, wenn sie im letzten Jahr vor Erlangen eines vollstreckbaren Schuldtitels oder danach vorgenommen wurde (§ 6 Abs. 1 S. 1 Nr. 2 AnfG). Auch im **Anfechtungsgesetz** gibt es also keine „kapitalersetzenden Darlehen" mehr. Wurde der Antrag auf Eröffnung des Insolvenzverfahrens abgewiesen, bevor der Gläubiger einen vollstreckbaren Schuldtitel erlangt hat, so beginnt die Anfechtungsfrist nach § 6 Abs. 1 S. 2 AnfG mit der Eröffnung des Insolvenzverfahrens. Für die Geltendmachung der Anfechtung besteht nach § 6 Abs. 2 S. 1 AnfG eine Ausschlussfrist von drei Jahren ab dem Schluss des Jahres, in dem der Gläubiger den Vollstreckungstitel erworben hat.

311

### 2. Besicherung eines Drittdarlehens

Auch die Vorschriften zu den gesellschafterbesicherten Drittdarlehen wurden aus dem GmbHG in das Insolvenzrecht (InsO und AnfG) verlagert. Diese Regelungen setzen daher einen Insolvenzantrag voraus. Bei einer Eröffnung des Verfahrens hat der Insol-

312

---

384 *Bormann*, DB 2006, 2616.
385 Vgl BegrRegE MoMiG, BT-Drucks. 16/6140, S. 130.

venzverwalter ein Anfechtungsrecht (§§ 135, 143 InsO), bei einer Abweisung steht dies einem titulierten Gläubiger zu (§§ 6 a, 11 AnfG).

313 Nach bisherigem Recht hatte die GmbH noch vor einem Insolvenzantrag einen gesetzlichen Freistellungsanspruch gegen einen bürgenden Gesellschafter, wenn die Bank mit der Fälligstellung eines besicherten Kredits drohte.[386] Für diesen gesellschaftsrechtlichen **Freistellungsanspruch** gibt es im Insolvenzrecht kein Pendant. Ein Freistellungsanspruch besteht daher nicht mehr und kann nur durch eine vertragliche Vereinbarung begründet werden.[387]

314 Bei den Rechtsfolgen ist es wie schon nach dem bisherigen Recht entscheidend, ob die GmbH das besicherte Drittdarlehen bedient hatte oder nicht.

315 Falls die gesellschafterbesicherte Darlehensforderung eines Dritten nicht vollständig erfüllt wurde, hat der Gläubiger (Bank oder Kreditinstitut) nun die in § 44 a InsO geregelten Rechte: In dem Insolvenzverfahren über das Vermögen einer Gesellschaft kann ein Gläubiger nach Maßgabe des § 39 Abs. 1 Nr. 5 InsO für eine Forderung auf Rückgewähr eines Darlehens oder für eine gleichgestellte Forderung, für die ein Gesellschafter eine Sicherheit bestellt oder für die er sich verbürgt hat, nur **anteilmäßige Befriedigung** aus der Insolvenzmasse verlangen, soweit er bei der Inanspruchnahme der Sicherheit oder des Bürgen ausgefallen ist. Die neue Regelung ist etwas missverständlich formuliert. Die Bank ist eigentlich kein Gläubiger iSd § 39 Abs. 1 Nr. 5 InsO. In der Gesamtschau mit der Vorgängerregelung wird allerdings hinreichend deutlich, dass eine Bank (als Dritter iSd in § 32 a Abs. 2 GmbHG aF) im Insolvenzverfahren über das Vermögen der Gesellschaft für den Betrag eine verhältnismäßige Befriedigung verlangen kann, mit dem sie bei der Inanspruchnahme der Sicherung oder des Bürgen ausgefallen war.[388]

316 Schon nach bisherigem Recht war umstritten, in welcher Höhe eine Bank im Insolvenzverfahren eine Forderung zur Tabelle anmelden konnte. Nach einer umstrittenen aber wohl herrschenden Auffassung im Schrifttum konnte sie den vollen Forderungsbetrag anmelden und nicht nur den zu erwartenden Ausfall.[389] Diese Ansicht scheint sich auch für das jetzige Recht durchzusetzen. Die Bank muss also vor der Anmeldung nicht gegen den Gesellschafter aus der Sicherheit vorgehen, sondern kann die Forderung in voller Höhe und nicht nur den zu erwartenden Ausfallbetrag anmelden.[390] Offen ist derzeit, ob die bereits nach bisherigem Recht höchst umstrittenen Folgen einer **Doppelbesicherung** (hierzu Rn 272) auch unter den aktuellen Bedingungen weiter gelten sollten.[391]

317 Wie auch bei einem Gesellschafterdarlehen ist für die Rückzahlung eines gesellschafterbesicherten Darlehens die Jahresfrist nach den Anfechtungsregeln entscheidend. Anfechtbar ist nach § 135 Abs. 2 InsO eine Rechtshandlung, mit der eine Gesellschaft

---

386 Gegen den Geschäftsführer bestand ein Schadensersatzanspruch, wenn er den Freistellungsanspruch nicht verfolgt hatte, s. BGH v. 9.12.1991 – II ZR 43/91, NJW 1992, 1166.
387 *K. Schmidt*, BB 2008, 1966, 1971.
388 Hierzu *K. Schmidt*, BB 2008, 1966, 1971.
389 Scholz/*K. Schmidt*, GmbHG, §§ 32 a, 32 b, Rn 169.
390 *Gehrlein*, BB 2008, 846, 852; *Freitag*, WM 2007, 1681, 1684; aA *Hirte*, WM 2008, 1429, 1434.
391 Zur Kritik an der Fortsetzung der bestehenden Auffassung s. *K. Schmidt*, BB 2008, 1966, 1970.

einem Dritten für eine Forderung auf Rückgewähr eines Darlehens im Sinne des § 39 Abs. 1 Nr. 5 oder für eine gleichgestellte Forderung innerhalb der in § 135 Abs. 1 Nr. 2 InsO geregelten Jahresfrist Befriedigung gewährt hat, wenn ein Gesellschafter für die Forderung eine Sicherheit bestellt hatte oder als Bürge haftete. Die Anfechtung wendet sich gegen den sichernden oder bürgenden Gesellschafter. Er hat bei einer Anfechtung die dem Dritten gewährte Leistung zur Insolvenzmasse zu erstatten (§ 143 Abs. 3 S. 1 InsO). Wie schon nach bisherigem Recht besteht diese Verpflichtung nur bis zur Höhe des Betrags, mit dem der Gesellschafter als Bürge haftet oder der dem Werte der von ihm bestellten Sicherheit im Zeitpunkt der Rückgewähr des Darlehens oder der Leistung auf die gleichgestellte Forderung entspricht. Hat der Gesellschafter eine Realsicherheit abgeben (Sicherung des Drittkredits durch Eintragung einer Grundschuld auf dem Privatgrundstück des Gesellschafters), wird er von seiner Zahlungsverpflichtung gegenüber dem Insolvenzverwalter frei, wenn er die betreffenden Gegenstände der Insolvenzmasse zur Verfügung stellt (vgl § 143 Abs. 3 S. 3 InsO).

### 3. Gebrauchsüberlassung

#### a) Wirtschaftlicher Hintergrund einer Gebrauchsüberlassung

Bei einer mittelständischen GmbH ist es keine Seltenheit, dass das betrieblich genutzte Vermögen im Eigentum eines Gesellschafters steht und es von der Gesellschaft lediglich gemietet wird. Dies ist darauf zurückzuführen, dass eine GmbH häufig aus einem Familienbetrieb hervorgegangen ist. Wenn eine GmbH gegründet wird, möchte der Gründungsgesellschafter das bisher von ihm als Einzelunternehmer genutzte Betriebsvermögen vor einem zukünftigen Gläubigerzugriff retten. Vor diesem Hintergrund rät man ihm zu der (auch steuerlich interessanten) **Betriebsaufspaltung**. Hierbei wird eine **Besitzgesellschaft** gegründet, die miet- oder pachtweise die Wirtschaftsgüter an eine **Betriebsgesellschaft** in der Rechtsform der GmbH überlässt. Die Besitzgesellschaft ist meist eine Personenhandelsgesellschaft, deren Unternehmensgegenstand auf die Verwaltung des eigenen Vermögens beschränkt ist (vgl § 105 Abs. 2 S. 1 HGB). Die Geschäftsanteile der Betriebsgesellschaft befinden sich im Vermögen der Besitzgesellschaft oder gehören den Gesellschaftern der Betriebsgesellschaft.[392]

Mit einer Betriebsaufspaltung möchte man regelmäßig Steuern sparen,[393] die Unternehmensnachfolge gestalten[394] und das unternehmerische Risiko minimieren. Wertvolle Gegenstände werden der Betriebsgesellschaft eben „nur" vermietet oder verpachtet. Auf diese Weise wird die Haftungsmasse der Betriebsgesellschaft möglichst klein gehalten. Auch dies ist ein Grund dafür, dass Insolvenzverfahren bei Betriebsaufspaltungen mangels einer die Verfahrenskosten deckenden Masse häufig gar nicht erst eröffnet werden.[395]

---

392 Eine typische Betriebsaufspaltung war Grundlage für die Entscheidung des BGH v. 23.2.2004 – II ZR 207/01, NZG, 2006, 465.
393 Die Tätigkeitsvergütungen der Gesellschafter-Geschäftsführer mindern die Gewerbeertragsteuer, vgl hierzu *Kessler/Teufel* BB, 2001, 17.
394 Vgl hierzu *Gesmann-Nuessl*, DB Special, 6/2006, 2, 4.
395 Vgl *Lutter/Hommelhoff in* Lutter/Hommelhoff, GmbHG, §§ 32 a, 32 b, Rn 138.

320  Die Gebrauchsüberlassung erfolgt auf Grundlage eines Miet- oder eines Pachtvertrages.[396] Die von einem Gesellschafter zum Gebrauch überlassenen Gegenstände können sehr unterschiedlich sein. Bei der soeben skizzierten Betriebsaufspaltung kann der Gesellschafter oder die für eine Geschäftstätigkeit benötigte Betriebseinrichtung einschließlich der Grundstücke und Gebäude an eine GmbH als Betriebsgesellschaft vermieten. Des Weiteren kommt eine Überlassung von **Standardwirtschaftsgütern** in Betracht. Hierbei handelt es sich um Wirtschaftsgüter, die von vielen Verwendern genutzt werden könnten (Kraftfahrzeuge, Computer etc.). Im Gegensatz hierzu stehen die Spezialwirtschaftsgüter, die ebenfalls Gegenstand einer eigenkapitalersetzenden Gebrauchsüberlassung sein können. Bei den **Spezialwirtschaftsgütern** handelt es sich um Gegenstände, die auf die besonderen Bedürfnisse der GmbH zugeschnitten und nicht ohne weiteres auf dem allgemeinen Markt für Gebrauchsüberlassungen abzusetzen sind.[397]

### b) Gesellschafter als Vertragspartner

321  Auch nach den §§ 39, 135 InsO ist die erste Voraussetzung für eine Sonderbehandlung der Miet- oder Pachtverträge in der Insolvenz, dass ein *Gesellschafter* die entsprechenden Verträge mit der GmbH abgeschlossen hat. Ein Sanierungsgesellschafter ist auch nach neuem Recht genauso privilegiert. Ebenso der nicht geschäftsführende Gesellschafter, der mit einer Beteiligung von weniger als 10 % am Stammkapital beteiligt ist (§ 39 Abs. 4 S. 2 und Abs. 5 InsO). Wie auch bei den Gesellschafter- und den Drittdarlehen besteht bei der Gebrauchsüberlassung die wesentliche Änderung im Wegfall des Merkmals „kapitalersetzend". Für die sogleich zu erläuternden Rechtsfolgen kommt es also nicht darauf an, ob, wann und wie lange die Gesellschaft „überlassungsunwürdig" war.

### c) Rechtsfolgen

322  Wenn der Gesellschafter bei der Insolvenzeröffnung noch einen Anspruch auf ausstehenden Mietzins gegen die GmbH hat, handelt es sich nach einer im Schrifttum vertretenen, aber auch umstrittenen Auffassung um eine nachrangige Forderung gem. § 39 Abs. 1 Nr. 5 InsO.[398]

323  Eine wesentliche Neuerung im Vergleich zum bisherigen Recht ist darin zu sehen, dass die GmbH – respektive der Insolvenzverwalter – grundsätzlich keinen Anspruch auf eine unentgeltliche Nutzung der überlassenen Sache bis zum Ablauf des Vertrages oder eines angemessenen weiteren Zeitraums hat.

324  Vielmehr besteht nur ein **zeitlich eingeschränktes** und ggf sogar nur **entgeltliches Nutzungsrecht** nach § 135 Abs. 3 InsO. Wurde der GmbH von einem Gesellschafter ein Gegenstand zum Gebrauch oder zur Ausübung überlassen, so kann der Aussonde-

---

396 Um Umgehungen zu verhindern möchten *Lutter/Hommelhoff in* Lutter/Hommelhoff, GmbHG, §§ 32 a, 32 b, Rn 141 auf die Nutzung eines Gegenstandes ohne einen Vertrag dem Eigenkapitalersatzrecht unterstellen. Regelmäßig dürfte aber bei einer tatsächlichen Nutzung eines Gegenstandes ein konkludenter Vertragsabschluss vorliegen.
397 BGH v. 16.10.1989 – II ZR 307/88, NJW, 1990, 516.
398 *Gehrlein*, BB 2008, 846, 850; ähnlich auch *K. Schmidt*, DB 2008, 1727, 1732 für gestundete und einvernehmlich stehengelassene Forderungen, ansonsten soll es sich nach seiner Auffassung um einfache Insolvenzforderungen nach § 108 InsO handeln.

rungsanspruch während der Dauer des Insolvenzverfahrens, höchstens aber für eine Zeit von einem Jahr nach Eröffnung des Insolvenzverfahrens nicht geltend gemacht werden, wenn der Gegenstand für die **Fortführung des Unternehmens** der GmbH von erheblicher Bedeutung ist (§ 135 Abs. 3 S. 1 InsO).

§ 135 Abs. 3 InsO wurde vom Rechtsausschuss in den Gesetzentwurf eingefügt. Im Regierungsentwurf gab es zu den insolvenzrechtlichen Konsequenzen eines Pachtverhältnisses zwischen der GmbH und ihren Gesellschaftern noch keine ausdrückliche Regelung. Jedoch konnte der Begründung seinerzeit der klare Hinweis entnommen werden, dass die unter dem Stichwort „eigenkapitalersetzende Nutzungsüberlassung" diskutierte Fallgruppe mit ihren Rechtsfolgen in den Neuregelungen keine Grundlagen mehr finden würde. Dies war für die Verfasser des Regierungsentwurfs eine Selbstverständlichkeit. Eine ausdrückliche gesetzliche Klarstellung erschien ihnen daher nicht geboten.[399]

**325**

Dem vollständigen Ausschluss eines Nutzungsrechts stand das Schrifttum allerdings sehr kritisch gegenüber[400] und auch Insolvenzverwalter befürchteten, dass ihre Sanierungsbemühungen ohne ein zumindest mittelfristiges Nutzungsrecht von Anfang an zum Scheitern verurteilt seien. Der Rechtsausschuss ließ sich von dieser Argumentation überzeugen. Der Zweck eines Insolvenzverfahrens, der nach § 1 Abs. 1 InsO eben auch in dem Erhalt eines Unternehmens bestehen kann, war in diesem Zusammenhang ein Grund für ein fortbestehendes Nutzungsrecht. Ein weiterer Grund war die **Treuepflicht des Gesellschafters**. Dieser Pflicht würde es eben widersprechen, wenn der Gesellschafter die zum Gebrauch oder zur Ausübung überlassenen Gegenstände nach der Insolvenzeröffnung jederzeit zurückverlangen könnte, auch wenn diese zur Betriebsfortführung von erheblicher Bedeutung sind.[401]

**326**

Der Sache nach geht es bei § 135 Abs. 3 InsO also nicht um eine Anfechtung von Zahlungen im Vorfeld einer Insolvenz, sondern vielmehr um ein in den §§ 103 ff InsO nicht geregeltes Recht zur **Nutzung überlassener Wirtschaftsgüter** in der Insolvenz der GmbH. Der Insolvenzverwalter kann das Vertragsverhältnis auch weiterhin nach §§ 103 InsO zu den vorherigen Konditionen fortsetzen oder beenden. Darüber hinaus hat er aber auch die Option des § 135 Abs. 3 InsO. Gerade wenn die Vergütung vor der Verfahrenseröffnung nicht gezahlt wurde, kann der Insolvenzverwalter über § 135 Abs. 3 InsO eine günstige Nutzung des Gegenstands erreichen. Würde er demgegenüber das Pachtverhältnis fortsetzen, müsste er alle Entgeltforderungen des Gesellschafters als Masseverbindlichkeit erfüllen.[402]

**327**

Gerade bei der Insolvenz von kleineren Unternehmen, versucht der Insolvenzverwalter keine Fortführung, sondern beginnt sogleich mit der **Vermögensverwertung**. Obwohl das Unternehmen längst seine werbende Tätigkeit aufgab, hatte ein Gesellschafter keine Möglichkeit, das verpachtete Betriebsgrundstück für eine neue wirtschaftliche Betätigung zu nutzen, ohne dafür an den Insolvenzverwalter einen Pachtzins zu entrichten.

**328**

---

399 BegrRegE MoMiG, BT-Drucks. 16/6140, S. 130.
400 *Haas*, ZInsO 2007, 612; *K. Schmidt*, ZIP 2006, 1925, 1933.
401 So die Beschlussempfehlung des Rechtsausschusses v. 24.6.2008, BT-Drucks. 16/9737, S. 106 mit Verweis auf eine mit § 135 Abs. 3 InsO vergleichbare Regelung in der österreichischen Konkursordnung.
402 *K. Schmidt*, DB 2008, 1727, 1732.

Hier hat es eine wesentliche Änderung gegeben. Der Gesellschafter kann nun seinen Aussonderungsanspruch geltend machen und danach das Betriebsgrundstück selber nutzen. Beschränkt sich der Insolvenzverwalter auf eine Verwertung des GmbH-Vermögens wird er hierfür das Betriebsgelände mE nicht nutzen können.

329 War für die Überlassung der Gegenstände ein **Entgelt** vereinbart, handelt es sich hierbei um eine **Masseverbindlichkeit**. Dies gilt nach den Ausführungen des Rechtsausschusses auch dann, wenn der Insolvenzverwalter an dem Vertragsverhältnis nicht mehr festhalten will und von seinem Sonderkündigungsrecht Gebrauch macht. Der Gesellschafter soll damit dieselbe Vergütung erhalten, die ihm bis zur Verfahrenseröffnung tatsächlich zugeflossen ist; ihm soll hingegen kein darüber hinausgehendes Sonderopfer abverlangt werden.[403]

330 Wenn der Insolvenzverwalter das Unternehmen fortführt, hat er ein Nutzungsrecht. Allerdings muss er für den Gebrauch des Gegenstandes an den Gesellschafter einen **Ausgleich** zahlen. Bei der Berechnung des Ausgleichs ist der Durchschnitt der im letzten Jahr vor Verfahrenseröffnung geleisteten Vergütung im Ansatz zu bringen, bei einer kürzeren Dauer der Überlassung ist der Durchschnitt während dieses Zeitraums maßgebend (§ 135 Abs. 3 S. 2 InsO). Sollte der Gesellschafter innerhalb des letzten Jahres vor der Verfahrenseröffnung seinen Anspruch auf Nutzungsentgelt nicht durchgesetzt haben, wird ihm zugemutet, seinen Anspruch auch während des ersten Jahres nach der Verfahrenseröffnung nicht geltend machen zu können.[404]

331 Um in den Genuss des gesetzlichen Nutzungsausgleichs nach § 135 Abs. 3 InsO zu kommen, wird vom Schrifttum empfohlen, die Entgeltzahlungen bis zur Verfahrenseröffnung fortzusetzen. Diese Empfehlung setzt allerdings voraus, dass diese Zahlungen keinen Erstattungsanspruch nach **§ 64 GmbHG** gegen den Geschäftsführer auslösen.[405]

332 Voraussetzung für die Beschränkung des Aussonderungsanspruchs nach § 135 Abs. 3 S. 1 InsO ist ein Gegenstand, der einer Gesellschaft zum Gebrauch oder zur Ausübung überlassen wurde. Das Gesetz geht also davon aus, dass der betreffende Gegenstand bei der Eröffnung des Insolvenzverfahrens noch bei der Gesellschaft ist. Nun kann es aber durchaus sein, dass die Gesellschafter im Einverständnis mit dem Geschäftsführer schon im Vorfeld einer Insolvenz alle Überlassungsverträge aufheben und die GmbH die Gegenstände an die Eigentümer zurückgibt. Ein Insolvenzverwalter kann in einer solchen Konstellation nicht unmittelbar über § 135 Abs. 3 S. 1 InsO vorgehen, denn die Gesellschafter haben ja den Gegenstand bereits „ausgesondert." Diese Regelungslücke füllt das Schrifttum mit einem Anspruch des Insolvenzverwalters gegen die Gesellschafter auf **Einräumung eines entgeltlichen Nutzungsrechts** oder einen damit vergleichbaren Wertersatz.[406]

---

[403] Beschlussempfehlung des Rechtsausschusses v. 24.6.2008, BT-Drucks. 16/9737, S. 107.
[404] So auch *Hirte*, WM 2008, 1429, 1431.
[405] Vgl *K. Schmidt*, DB 2008, 1727, 1732; nach *Hirte*, WM 2008, 1429, 1432 sollen diese Zahlungen aber nach § 135 InsO angefochten werden können. Der Ausschluss einer Insolvenzanfechtung nach § 142 InsO stehe dem nicht entgegen, weil diese Privilegierung auf Gesellschafter, die von ihrer GmbH Zahlungen erhalte, nicht passe.
[406] Ausführlich hierzu *K. Schmidt*, DB 2008, 1727, 1732.

**C. Fremdkapital** 3

Schon in der Vergangenheit hatte es Fälle gegeben, in denen ein vermietetes Betriebsgrundstück des Gesellschafters mit einer Grundschuld zugunsten der Bank für einen Kredit der GmbH belastet wurde und die Bank nach Eröffnung des Insolvenzverfahrens die Vollstreckung in das Grundstück betrieb. Mit der Beschlagnahme des Grundstücks im Rahmen einer Zwangsvollstreckung wurde der Gesellschaft das Nutzungsrecht entzogen und der Insolvenzverwalter konnte nach früherem Recht einen Ersatzanspruch gegen den Gesellschafter durchsetzen. Bei der Bemessung des Anspruchs bildete der vereinbarte Mietzins eine Richtschnur. Diese **doppelte Haftung des Gesellschafters** bestand nach Auffassung des BGH zum bisherigen Recht, weil der Gesellschafter das Grundstück als Finanzierungshilfe für die GmbH und als Sicherungsgut für einen Kredit eingesetzt hatte. Er war damit zugleich ein Kredit- und Überlassungsrisiko eingegangen. Verwirklichen sich beide Risiken, musste der Gesellschafter doppelt haften.[407] Derzeit ist noch ungeklärt, wie ein solcher Sachverhalt unter Berücksichtigung des § 135 Abs. 3 InsO zu lösen ist. Man könnte aus dieser Regelung den allgemeinen Grundsatz herauslesen, dass der Gesellschafter für höchstens ein Jahr ein entgeltliches Nutzungsrecht der GmbH zu dulden hat.[408] Wenn ein Nutzungsrecht aber nach der Eröffnung des Insolvenzverfahrens wegen der Zwangsversteigerung nicht mehr ermöglichen kann, könnte er daher zur Zahlung eines Wertersatzes verpflichtet sein. Allerdings beschränkt sich die Ersatzpflicht des Gesellschafters auf das erste Jahr nach der Verfahrenseröffnung.

333

---

407 Vgl BGH v. 28.2.2005 – II ZR 103/02, NZI 2005, 350.
408 Vgl *K. Schmidt*, DB 2008, 1727, 1732.

## IV. Synopse zum Fremdkapital von Gesellschaftern („Eigenkapitalersatzrecht")

334

| | bisheriges Recht | neues Recht |
|---|---|---|
| Rechtsgrundlagen | Rechtsprechungsregeln (§§ 30, 31 GmbHG analog) und Novellenregeln (§§ 32 a, 32 b GmbHG aF); sog. „Eigenkapitalersatzrecht" | § 39 Abs. 1 Nr. 5 InsO und § 135 InsO. |
| Anspruch des Gesellschafters in der Insolvenz | Wenn Darlehen eigenkapitalersetzend war, kann er im Insolvenzverfahren einen Rückzahlungsanspruch nur als nachrangiger Gläubiger geltend machen (§ 32 a Abs. 1 GmbHG aF). | Sämtliche Forderungen auf Rückgewähr eines Gesellschafterdarlehens haben in der Insolvenz den Nachrang des § 39 Abs. 1 Nr. 5 InsO. |
| Erstattung zurückgezahlter Darlehen | nach §§ 30, 31 GmbHG sowie § 135 Nr. 2 InsO aF, wenn Voraussetzungen für Eigenkapitalersatz vorliegen | nach § 135 Abs. 1 Nr. 2 InsO, wenn Rückzahlung ein Jahr vor dem Insolvenzantrag erfolgte |
| Sanierungsprivileg | § 32 a Abs. 3 S. 3 GmbHG aF | § 135 Abs. 4 iVm § 39 Abs. 4 S. 2 InsO |
| Kleinbeteiligungsprivileg | § 32 a Abs. 3 S. 2 GmbHG aF | § 135 Abs. 4 iVm § 39 Abs. 5 S. 2 InsO |
| Ausfallhaftung der Mitgesellschafter für zurückgezahlte Darlehen | analoge Anwendung des § 31 Abs. 3 GmbHG | entfällt |
| Geschäftsführerhaftung für zurückgezahlte Darlehen | § 43 Abs. 3 iVm § 30 Abs. 1 GmbHG | entfällt (aber Ausweitung Innenhaftung durch § 64 Abs. 2 S. 2 GmbHG) |
| Drittdarlehen mit Gesellschaftersicherheiten wird von GmbH bedient | Erstattungsanspruch gegen den Gesellschafter, wenn Sicherheit kapitalersetzend war (ebenso gegen Mitgesellschafter und Geschäftsführer) | Erstattungsanspruch gegen den Gesellschafter nach Insolvenzanfechtung, wenn Zahlung ein Jahr vor Insolvenzantrag |
| Gebrauchsüberlassung | Anspruch der GmbH auf unentgeltliche Nutzung aller überlassenen Gegenstände bis zum Ablauf des Vertrages oder eines angemessenen Zeitraums | Anspruch der GmbH auf entgeltliche Nutzung ein Jahr nach Eröffnung des Insolvenzverfahrens wenn Gegenstand für die Fortführung des Unternehmens von erheblicher Bedeutung (§ 135 Abs. 3 InsO) |

# § 4 Gesellschafter

| | |
|---|---|
| A. Allgemeines | 1 |
| B. Rechte | 7 |
| I. Überblick | 7 |
| II. Beteiligung am Gewinn | 12 |
| III. Verteilung der Kompetenzen | 16 |
| IV. Informationsrecht | 21 |
|    1. Überblick | 21 |
|    2. Voraussetzungen | 24 |
|    3. Schranken | 27 |
|    4. Verfahren | 29 |
| C. Pflichten | 30 |
| I. Überblick | 30 |
| II. Treuepflicht | 33 |
| III. Wettbewerbsverbot | 38 |
| D. Beschluss | 44 |
| I. Gegenstand der Gesellschafterbeschlüsse | 46 |
|    1. Überblick | 46 |
|    2. Gesellschafterbeschlüsse über Rechte und Pflichten der Gesellschafter | 48 |
|      a) Feststellung des Jahresabschlusses und Ergebnisverwendung (§§ 46 Nr. 1, 42a, 29 GmbHG) | 48 |
|      b) Einforderung der Einlagen (§ 46 Nr. 2 GmbHG) | 56 |
|    3. Gesellschafterbeschlüsse über Rechte und Pflichten des Geschäftsführers | 59 |
|      a) Bestellung von Geschäftsführern (§ 46 Nr. 5 Alt. 1 GmbHG) | 59 |
|      b) Abberufung von Geschäftsführern (§ 46 Nr. 5 Alt. 2 GmbHG) | 62 |
|      c) Entlastung des Geschäftsführers (§ 46 Nr. 5 Alt. 3 GmbHG) | 64 |
|      d) Beschlüsse über den Dienstvertrag des Geschäftsführers (Annexkompetenz zu § 46 Nr. 5 GmbHG) | 68 |
|      e) Prüfung und Überwachung der Geschäftsführung (§ 46 Nr. 6 GmbHG) | 70 |
|      f) Geltendmachung von Ersatzansprüchen gegen den Geschäftsführer (§ 46 Nr. 8 GmbHG) | 71 |
| II. Beschlussfassung innerhalb der Gesellschafterversammlung | 72 |
|    1. Einberufung der Gesellschafterversammlung | 72 |
|      a) Zuständigkeit | 72 |
|      b) Form | 81 |
|      c) Frist | 82 |
|      d) Inhalt | 85 |
|      e) Adressaten | 90 |
|      f) Muster für Einladungsschreiben | 91 |
|      g) Heilung von Einberufungsmängeln | 98 |
|      h) Rechtsfolgen von Einberufungsmängeln | 101 |
|    2. Ablauf der Gesellschafterversammlung | 104 |
|      a) Überblick | 104 |
|      b) Teilnahmerecht | 106 |
|      c) Beschlussfähigkeit | 110 |
|      d) Stimmrecht | 112 |
|      e) Stimmverbot | 114 |
|      f) Mehrheitserfordernis | 118 |
|      g) Protokollierung und Dokumentation | 124 |
|    3. Besonderheiten bei der Einpersonen-GmbH | 127 |
| III. Beschlussfassung ohne eine Gesellschafterversammlung | 128 |
|    1. Grundlagen | 128 |
|    2. Einverständnis in der Sache | 130 |
|    3. Schriftliche Abstimmung | 131 |
|    4. Kombinierte Beschlussfassung | 132 |
| IV. Rechtsschutz gegen fehlerhafte Gesellschafterbeschlüsse | 135 |
|    1. Grundlagen | 135 |
|    2. Nichtige Gesellschafterbeschlüsse | 137 |
|      a) Nichtigkeitsgründe | 137 |
|      b) Folgen nichtiger Gesellschafterbeschlüsse | 140 |
|    3. Anfechtbare Gesellschafterbeschlüsse | 142 |
|      a) Anfechtungsgründe | 142 |
|      b) Relevanzerfordernis | 144 |
|      c) Anfechtungsbefugnis | 146 |

## § 4 Gesellschafter

d) Anfechtungsfrist ........... 148
e) Zuständigkeit .............. 152
E. Ausscheiden ..................... 153
  I. Überblick ..................... 153
  II. Anteilsveräußerung ................ 156
    1. Zulässigkeit .................... 156
    2. Verpflichtungsgeschäft ........ 159
    3. Verfügungsgeschäft ............ 165
    4. Eintragung in die Gesellschafterliste ........................... 166
    5. Gutgläubiger Erwerb von Geschäftsanteilen .............. 173
    6. Haftung des Erwerbers neben dem Veräußerer ................ 182
  III. Kaduzierung ....................... 183
    1. Grundlagen .................... 183
    2. Verfahren ...................... 185
    3. Rechtsfolgen ................... 188

    4. Exkurs: Rückgriffshaftung ... 189
  IV. Einziehung ........................ 194
    1. Grundlagen .................... 194
    2. Verfahren ...................... 198
      a) Gesellschafterbeschluss ... 198
      b) Einziehungserklärung ..... 200
    3. Rechtsfolgen ................... 201
  V. Ausschluss ......................... 204
    1. Grundlagen .................... 204
    2. Verfahren ...................... 212
      a) Gesellschafterbeschluss ... 213
      b) Ausschließungsklage ...... 217
    3. Rechtsfolgen ................... 218
  VI. Austritt .............................. 220
    1. Grundlagen .................... 220
    2. Verfahren ...................... 225
    3. Rechtsfolgen ................... 226
  VII. Synopse ........................... 228

## A. Allgemeines

**1** Jede natürliche oder juristische Person kann Gesellschafter einer GmbH sein.[1] Bei den natürlichen Personen kann das Berufsrecht für Freiberufler Einschränkungen enthalten. So können Gesellschafter einer Rechtsanwalts-GmbH nur Rechtsanwälte und Angehörige der in § 59e Abs. 1 S. 1 und Abs. 2 BRAO genannten Berufe sein (u.a. Wirtschaftsprüfer und Steuerberater).[2] Juristische Personen können ohne Einschränkungen GmbH-Gesellschafter sein.[3] Zum Kreis der möglichen Gesellschafter einer GmbH zählen ebenso die OHG, die KG und – mit Anerkennung ihrer Rechtsfähigkeit – auch die GbR.[4]

**2** Die GmbH braucht nur einen Gesellschafter. Bei der Anzahl der Gesellschafter sind keine Grenzen gesetzt.

**3** Jeder Gesellschafter hat einen Geschäftsanteil. Im Gesellschaftsvertrag müssen laut § 3 Abs. 1 Nr. 4 GmbHG die Zahl und die Nennbeträge der Geschäftsanteile, die jeder Gesellschafter gegen Einlage auf das Stammkapital (Stammeinlage) übernimmt, enthalten sein. Auf jeden Geschäftsanteil ist eine Einlage zu leisten. Die Höhe der zu leistenden Einlage richtet sich nach dem bei der Errichtung der Gesellschaft im Gesellschaftsvertrag festgesetzten Nennbetrag des Geschäftsanteils (so die Neufassung von § 14 S. 1 und S. 2 GmbHG). Die Höhe des Geschäftsanteils hängt also von dem Umfang der Einlage ab. Der Geschäftsanteil selbst wird im GmbHG nicht näher beschrieben. Nach allgemeinem Verständnis handelt es sich bei dem Geschäftsanteil um eine Um-

---

[1] Zu den eher seltenen Fällen einer GmbH-Gründung durch beschränkt geschäftsfähige Personen, s. *Hueck/Fastrich* in Baumbach/Hueck, GmbHG, § 1 Rn 25; *Gehrlein*, GmbH-Recht in der Praxis, S. 36.
[2] § 59e BRAO soll den maßgeblichen Einfluss von Rechtsanwälten auf die unternehmerischen Entscheidungen der Rechtsanwalts-GmbH sichern, s. *Feurich/Weyland*, BRAO, § 59e Rn 9. Vergleichbare Regelungen gibt es auch in anderen Berufsordnungen.
[3] Auch ein nichtwirtschaftlicher Verein wie der ADAC kann eine GmbH gründen, s. BGH v. 29.9.1982 – II ZR 88/80, NJW 1983, 569.
[4] Vgl *Heckschen in Heckschen/Heidinger*, Die GmbH in der Gestaltungspraxis, § 2 Rn 22.

schreibung der aus einer Mitgliedschaft resultierenden Rechte und Pflichten des Gesellschafters in der GmbH.[5]

Der Nennbetrag des Geschäftsanteils ist Maßstab für die Rechte und Pflichten des Gesellschafters. Von dem Umfang des Geschäftsanteils hängt beispielsweise das Stimmrecht des Gesellschafters ab. Der durch das MoMiG geänderte § 47 Abs. 2 GmbHG lautet nun: „Jeder Euro eines Geschäftsanteils gewährt eine Stimme." Ein Gesellschaftsvertrag kann eine davon abweichende Stimmengewichtung für die Geschäftsanteile vorsehen. Bei den Gesellschaftern unterscheidet man zwischen den **Alleingesellschaftern**, den **Mehrheitsgesellschaftern** und den **Minderheitsgesellschaftern**. Entscheidend ist das Verhältnis des Geschäftsanteils zum Stammkapital der GmbH. Wenn der Geschäftsanteil zu 100 % mit dem Stammkapital übereinstimmt, handelt es sich bei dem Gesellschafter um einen Alleingesellschafter. Wessen Geschäftsanteil mehr als 51 % des Stammkapitals ausmacht, ist Mehrheitsgesellschafter. Minderheitsgesellschafter sind diejenigen Gesellschafter, deren Geschäftsanteile weniger als 49 % des Stammkapitals betragen.

Die Höhe des Geschäftsanteils ist mit zahlreichen Rechten und Pflichten verbunden, die hier in einer punktuellen Übersicht dargestellt werden:

| Verhältnis von Geschäftsanteil und Stammkapital: | Bedeutung (für die angegebenen %-Sätze wird der Einfachheit halber davon ausgegangen, dass diese auch den Stimmrechten entsprechen): |
|---|---|
| 100 % | Der Gesellschafter ist Alleingesellschafter. Er unterliegt grundsätzlich keinem Wettbewerbsverbot. Über die von ihm gefassten Beschlüsse ist eine Niederschrift anzufertigen (§ 48 Abs. 3 GmbHG). |
| 75 % | Der Gesellschafter ist Mehrheitsgesellschafter mit besonders weitgehenden Rechten. Er allein kann einen Beschluss über die Auflösung der GmbH fassen, sofern im Gesellschaftsvertrag nichts anderes bestimmt ist (§ 60 Abs. 1 Nr. 2 GmbHG). Dieser Gesellschafter kann auch satzungsändernde Beschlüsse herbeiführen (§ 53 Abs. 2 S. 1 GmbHG; zusätzliche finanzielle Verpflichtungen für die Mitgesellschafter können so aber nicht begründet werden) |
| 51 % | Der Gesellschafter ist Mehrheitsgesellschafter. Er kann grundsätzlich eine Entscheidung über die Gewinnverteilung, die Unternehmenspolitik oder die Ernennung und Abberufung von Geschäftsführern herbeiführen. Sein Stimmrecht kann allerdings durch die gesellschafterliche Treuepflicht eingeschränkt sein. Der Gesellschafter unterliegt als Mehrheitsgesellschafter einem Wettbewerbsverbot. |

---

5 Hierzu *Gehrlein*, GmbH-Recht in der Praxis, S. 75; Scholz/*H. Winter/Seibt*, GmbHG, § 14 Rn 1.

| Verhältnis von Geschäftsanteil und Stammkapital: | Bedeutung (für die angegebenen %-Sätze wird der Einfachheit halber davon ausgegangen, dass diese auch den Stimmrechten entsprechen): |
|---|---|
| 50 % | Der Gesellschafter ist weder Mehrheits- noch Minderheitsgesellschafter. Eine solche Beteiligung kommt insbesondere bei Gesellschaften mit zwei Personen vor, die auf diese Weise jeden Gesellschafterbeschluss von einer Zustimmung aller Gesellschafter abhängig machen. |
| 49 % | Der Gesellschafter ist Minderheitsgesellschafter. Er kann bspw bei der Gewinnbeteiligung überstimmt werden, wenn nichts anderes in der Satzung vereinbart wurde. |
| 26 % | Der Gesellschafter ist Minderheitsgesellschafter mit einer „Sperrminorität". Er kann mit seinen Stimmen eine Liquidation der GmbH oder eine Satzungsänderung verhindern. Er ist eine der GmbH nahestehende Person im Sinne des Insolvenzrechts, so dass ihm gegenüber eine Vorsatzanfechtung möglich ist (§§ 138 Abs. 1 Nr. 4, 133 InsO). |
| 10 % | Der Gesellschafter hat als Minderheitsgesellschafter besondere Minderheitsrechte. Hierzu zählt vor allem sein Recht, die Einberufung einer Gesellschafterversammlung zu verlangen. Von besonderer Bedeutung ist die 10 % Schwelle auch bei der Finanzierung der GmbH. Die Rückzahlung von Gesellschafterdarlehen unterliegt nach §§ 135, 39 Abs. 5 InsO nicht der Insolvenzanfechtung, wenn sie an einen nicht geschäftsführenden Gesellschafter erfolgte, der mit 10 % oder weniger am Haftkapital beteiligt ist. |

6   In diesem Abschnitt werden zunächst die Rechte und Pflichten des Gesellschafters erklärt (B und C). Die Entscheidungen der Gesellschafter durch Gesellschafterbeschlüsse sind Inhalt der Ausführungen unter D. Es gibt zahlreiche Möglichkeiten, die zu einem Ausscheiden eines Gesellschafters aus der GmbH führen können. Neben der Anteilsabtretung zählt hierzu auch das Kaduzierungsverfahren, die Einziehung des Geschäftsanteils, der Ausschluss eines Gesellschafters durch die GmbH und schließlich auch dessen Austritt (auch „Kündigung" genannt). Hiervon handelt der Abschnitt unter Rn 153 ff.

## B. Rechte

### I. Überblick

7   Als Eigentümer der GmbH haben die Gesellschafter umfassende Rechte. Man kann sie unterteilen in Individualrechte, Minderheitsrechte und Kollektivrechte.[6]

8   **Individualrechte** stehen jedem Gesellschafter zu und können ohne Mitwirkung der anderen Gesellschafter geltend gemacht werden. Hierzu zählen vor allem:

---

6 So auch Beck GmbH-HB/*Schmiegelt*, § 3 Rn 45 sowie 61 ff.

- die Gewinnbeteiligung nach § 29 Abs. 1 GmbHG (sogleich unter Rn 12 ff);
- das Informationsrecht nach § 51 a GmbHG (unter Rn 21 ff);
- die Mitwirkung an der Willensbildung der Gesellschaft durch Teilnahme an der Gesellschafterversammlung sowie Ausübung des Stimmrechts bei der Beschlussfassung (ausführlich unter Rn 44 ff).

Minderheitsgesellschafter bedürfen eines besonderen Schutzes. Sie haben daher **Minderheitsrechte**. Zu diesen gehören: 9

- das Recht, die Einberufung der Gesellschafterversammlung zu verlangen bzw diese Versammlung einzuberufen, wenn dem Verlangen nicht entsprochen wird (hierzu unter Rn 72 ff);
- das Recht zur Auflösungsklage nach § 61 GmbHG (es spielt in der Praxis keine besondere Rolle).

**Kollektivrechte** sind die Rechte der Gesellschafter, die den Gesellschaftern in ihrer Gesamtheit zustehen. Sie sind im Gesetz oder im Gesellschaftsvertrag festgeschrieben. Die Kollektivrechte werden im Einzelfall durch einen Gesellschafterbeschluss ausgeübt. Hierbei sind insbesondere von Bedeutung: 10

- die Verteilung der Kompetenzen zwischen den Gesellschaftern und dem Geschäftsführer (nachfolgend unter Rn 16 ff),
- die Bestellung und Abberufung des Geschäftsführers (hierzu unter Rn 59 ff und 62 ff);
- Prüfung und Überwachung des Geschäftsführers (hierzu unter Rn 71);
- die Entscheidung über die Finanzierung (Aufnahme von Darlehen oder Kapitalerhöhung, hierzu unter § 3);
- die Feststellung des Jahresabschlusses und Gewinnverteilung (§§ 46 Nr. 1, 42 a, 29 GmbHG hierzu unter Rn 59);
- die Geltendmachung von Ersatzansprüchen (unter Rn 71).

Da die Finanzierung bereits ausführlich unter § 3 erläutert wurde und dem Gesellschafterbeschluss, in dem die Kollektivrechte verwirklicht werden, unter Rn 44 ff ein eigener Abschnitt gewidmet ist, soll sich der folgende Teil auf die Gewinnbeteiligung, auf die Verteilung von Kompetenzen und das Informationsrecht beschränken. 11

## II. Beteiligung am Gewinn

Die Gewinnbeteiligung dürfte im Regelfall das wohl wichtigste Recht der Gesellschafter darstellen. Nach § 29 Abs. 1 GmbHG haben die Gesellschafter einen Anspruch auf den **Jahresüberschuss** zuzüglich eines Gewinnvortrags und abzüglich eines Verlustvortrags. Voraussetzung für diesen Anspruch ist ein Beschluss der Gesellschafter über die Ergebnisverwendung. Hierbei gibt es folgende Möglichkeiten: 12

- Ausschüttung an die Gesellschafter,
- Einstellung in die Gewinnrücklage,
- Vortrag des Gewinns.

Nach der gesetzlichen Konzeption beschließen die Gesellschafter über die Verwendung des Jahresergebnisses. Den Gesellschaftern steht ein sehr **weiter Entscheidungsspiel-** 13 raum zur Verfügung, dem freilich Grenzen gesetzt sind. So dürfen die Ausschüttungen nicht so hoch sein, dass sie die Existenz der Gesellschaft gefährden. Ein Entzug der überlebensnotwendigen finanziellen Mittel ist nicht zulässig.[7] Umgekehrt dürfen aber auch keine überhöhten Rücklagen zulasten der Minderheitsgesellschafter gebildet werden.[8]

14 Über die Ergebnisverwendung entscheiden die Gesellschafter mit einfacher Mehrheit. Dabei gibt es ein Spannungsverhältnis zwischen den Interessen der Mehrheits- und der Minderheitsgesellschafter. Auf lange Sicht gesehen profitieren vor allem die Mehrheitsgesellschafter von einer hohen Rücklagenbildung bei der GmbH. Indes können insbesondere die Minderheitsgesellschafter auf eine Ausschüttung angewiesen sein. Da es feste Regelungen über eine **Mindestverzinsung** bei der GmbH nicht gibt (zur Aktiengesellschaft s. § 254 AktG) und sich verbindliche Maßstäbe für eine Rücklagenbildung nicht durchgesetzt haben,[9] entscheidet sich an der **Treuepflicht** der Mehrheitsgesellschafter ob eine Ergebnisverwendung zulässig ist.[10] Für eine zulässige Rücklagenbildung sind die wirtschaftliche Lage der Gesellschaft, ihre strategischen Planungen, die Höhe der Verbindlichkeiten sowie der Umfang bereits vorhandener Rückstellungen und Rücklagen entscheidend. Diese Kriterien sind indes so vage, dass sie den Minderheitsgesellschaftern keinen Schutz bieten können.[11] Deshalb sollte der Gesellschaftsvertrag eine Vereinbarung über die **Ergebnisverwendung** vorsehen. Ein angemessener Ausgleich zwischen dem Finanzierungsinteresse der GmbH und dem Ausschüttungsinteresse der Gesellschafter dürfte regelmäßig vorliegen, wenn nach der Satzung ein Drittel des Jahresüberschusses in die Gewinnrücklage einzustellen ist und im Übrigen eine Auszahlung an die Gesellschafter vorgesehen wird.[12] Alternativ hierzu kann die Satzung auch eine Regelung enthalten, nach der die Bildung von Gewinnrücklagen die Zustimmung von drei Viertel aller abgegebenen Stimmen in der Gesellschafterversammlung voraussetzt.[13]

15 Wenn die Gesellschafter eine Ausschüttung beschließen, erfolgt die Verteilung nach dem Verhältnis der Geschäftsanteile (§ 29 Abs. 3 S. 1 GmbHG). Mit einem **Gewinnverwendungsbeschluss** entsteht der Anspruch des Gesellschafters auf Auszahlung. Dieser Anspruch ist sofort fällig. Die Gesellschafter können auch während des Geschäftsjahres eine Vorabausschüttung erhalten. Voraussetzung hierfür ist die begründete Gewinnerwartung. Stellt sich bei der Feststellung des Jahresabschlusses heraus, dass das Jahresergebnis niedriger ist als die Vorabausschüttungen, hat die GmbH einen Rücker-

---

7 *Lutter/Hommelhoff* in Lutter/Hommelhoff, GmbHG, § 29 Rn 25.
8 BGH v. 14.2.1974 – II ZR 76/72, BB 1974, 854; zu den Grenzen einer Inhaltskontrolle, s. Scholz/*K.Schmidt/ Seibt*, GmbHG, § 47 Rn 26.
9 Nach *Lutter/Hommelhoff* in Lutter/Hommelhoff, GmbHG, § 29 Rn 28 sollen 60 % des Jahresergebnisses solange auch gegen den Willen der Gesellschafterminderheit in die Rücklage eingestellt werden, bis die Höhe des Stammkapitals erreicht ist. Diese Grenze ist jedoch sehr willkürlich, so auch Scholz/*K. Schmidt*, GmbHG, § 46 Rn 31.
10 Vgl Scholz/*K. Schmidt*, GmbHG, § 46 Rn 31; Scholz/*Emmerich*, GmbHG, § 29 Rn 71 b.
11 Vgl Scholz/*Emmerich*, GmbHG, § 29 Rn 71 b.
12 So die Empfehlung von *Kallmeyer*, GmbH-Handbuch, Rn I, 1224.
13 Vgl auch *Kallmeyer*, GmbH-Handbuch, Rn I, 1222, der zurecht hervorhebt, dass der Gesellschaftsvertrag den Gewinnverwendungsbeschluss nicht von der Zustimmung aller Gesellschafter abhängig machen sollte, weil auf diese Weise wirtschaftlich gebotene Rücklagen verhindert werden können; aA *Meister/Klöcker* in Münchener Vertragshandbuch, Bd. 1, S. 458.

stattungsanspruch. Vorabausschüttungen stehen unter dem Vorbehalt der Rückforderung nach § 812 Abs. 1 S. 2 BGB.[14]

### III. Verteilung der Kompetenzen

Die GmbH hat zwei Organe: Zum einen gibt es die Gesellschafterversammlung, in der alle wichtigen Entscheidungen getroffen werden. Zum anderen hat jede GmbH mindestens einen Geschäftsführer, der die Gesellschaft nach außen vertritt. Die Gesellschafter können in der Satzung die Kompetenzen in bestimmten Bereichen zwischen der Gesellschafterversammlung und der Geschäftsführung verteilen. Außerdem kann der Gesellschaftsvertrag weitere Organe vorsehen. Der Gestaltungsspielraum ist nicht grenzenlos. Es gibt Aufgaben, die der Gesellschafterversammlung nicht entzogen werden können. Hierzu zählen die Beschlüsse über:

- Satzungsänderungen (§ 53 Abs. 1 GmbHG);
- Umwandlungsbeschlüsse (bspw §§ 193, 195, 232 Abs. 2 UmwG für einen Formwechsel von der GmbH in die KG);
- die Einforderung von Nachschüssen (§ 26 Abs. 1 GmbHG);
- die Entscheidung über ein Auskunfts- und Einsichtsrecht (§ 51 a Abs. 2 S. 2 GmbHG);
- die Bestellung und Abberufung von Geschäftsführern (§ 46 Nr. 5 GmbHG);
- der Ausschluss von Gesellschaftern (§ 34 Abs. 1 GmbHG);
- der Auflösungsbeschluss (§ 60 Abs. 1 Nr. 2 GmbHG);
- die Genehmigung der Abtretung von Geschäftsanteilen (§ 15 Abs. 5 GmbHG).[15]

Aus § 45 Abs. 1 GmbHG geht hervor, dass die Gesellschafter über die Führung der Geschäfte entscheiden. Damit ist die Meinungsbildung im Innenverhältnis gemeint. Die Aufgabe des Geschäftsführers besteht demgegenüber vor allem darin, die GmbH gerichtlich und außergerichtlich zu vertreten (§ 35 Abs. 1 GmbHG). Der Geschäftsführer verwirklicht die im Innenverhältnis getroffenen Entscheidungen und tritt nach außen für die GmbH auf. Obwohl die Geschäftsführung also die Entscheidungsfindung im Innenverhältnis betrifft, ist die originäre Aufgabe des Geschäftsführers, nicht die Entscheidungsfindung, sondern die Umsetzung von Entscheidungen. Die Gesellschafterversammlung ist daher **Willensbildungsorgan**, die Geschäftsführer dagegen **Leitungs- und Vertretungsorgan**.

Die Gesellschafterversammlung ist das übergeordnete Organ. Der Geschäftsführer hat Weisungen der Gesellschafterversammlung zu befolgen, sofern sie sich im Rahmen von Gesetz und Satzung halten.[16] Die Gesellschafter können das Handeln der Geschäftsführer durch allgemeine Anordnungen aber auch durch Weisungen im Einzelfall regeln. Die Weisungen dürfen aber nicht soweit gehen, dass der Geschäftsführer zur „reinen Vertretungsmarionette ohne jede Autorität gegenüber dem Personal des Unterneh-

---

14 Vgl BGH v. 22.9.2003 – II ZR 229/02, NJW 2003, 3629.
15 Nach *Gehrlein*, GmbH-Recht in der Praxis, S. 150, gehört die Bestellung und Abberufung von Geschäftsführern zu den zwingenden Zuständigkeiten der Gesellschafterversammlung; aA Scholz/K. *Schmidt*, GmbHG, § 46 Rn 3; zu weiteren Zuständigkeiten der Gesellschafterversammlung s. Scholz/K. *Schmidt*, GmbHG, § 46 Rn 178 ff.
16 *Kallmeyer*, GmbH-Handbuch, Rn I 1404.

mens" wird.[17] Vor allem können die gesetzlichen Kompetenzen des Geschäftsführers nicht auf die Gesellschafterversammlung verlagert werden. Hierzu zählen vor allem:

- die **Buchführung** der GmbH (§ 41 Abs. 1 GmbHG);
- die Einreichung der **Jahresabschlüsse** bei dem Betreiber des Elektronischen Bundesanzeigers (§ 325 Abs. 1 S. 1 HGB);
- die Stellung des **Insolvenzantrages** (ehemals § 64 Abs. 1 GmbHG aF, nun § 15a Abs. 1 InsO).

19  Die Gesellschafter können in der Satzung die Zuständigkeiten der Gesellschafterversammlung auf einen Beirat oder einen Aufsichtsrat übertragen. Hierbei haben sie allerdings den eben beschriebenen Katalog der zwingenden Zuständigkeiten für eine Gesellschafterversammlung zu beachten. Die Errichtung eines Beirats oder eines Aufsichtsrats kann bei Gesellschaften mit besonders vielen Mitgliedern sinnvoll sein, denn so wird die Willensbildung einzelnen Personen anvertraut.

20  Der Gesellschafterversammlung als oberstes Organ bleibt es aufgrund der Satzungskompetenz unbenommen, den Beirat oder den Aufsichtsrat wieder zu entmachten. Bei der Einrichtung eines fakultativen Aufsichtsrats finden gem. § 52 Abs. 1 GmbHG die aktienrechtlichen Vorschriften entsprechende Anwendung. Unter bestimmten Voraussetzungen kann eine GmbH auch gesetzlich verpflichtet sein, einen Aufsichtsrat zu bilden. Dies gilt allerdings nur bei Unternehmen, die mehr als 500 Arbeitnehmer (§ 1 Abs. 2 DrittelbG) oder mehr als 2.000 Arbeitnehmer (§§ 1 Abs. 1 Nr. 1, 6 Abs. 1 MitbestG) beschäftigen.[18]

**IV. Informationsrecht**

**1. Überblick**

21  Nach § 51a Abs. 1 GmbHG haben die Geschäftsführer jedem Gesellschafter auf Verlangen unverzüglich Auskunft über die Angelegenheiten der Gesellschaft zu geben und die Einsicht der Bücher und Schriften zu gestatten. Das Informationsrecht beruht auf dem Gedanken, dass es zwischen der GmbH und ihren Gesellschaftern **keine Geheimnisse** gibt.[19] Es soll jedem Gesellschafter eine sachgemäße Ausübung seiner unterschiedlichen Rechte ermöglichen.[20] Erst durch die Ausübung seines Informationsrechts wird der einzelne Gesellschafter in der Lage sein, den Geschäftsführer wirksam zu kontrollieren. Das Informationsrecht ist ein Individualrecht. Es ergänzt das in § 46 Nr. 6 GmbHG geregelte Kollektivrecht der Gesellschafterversammlung auf die Bestimmung der Maßregeln zur Prüfung und Überwachung der Geschäftsführung. Es ist der Gesellschafterversammlung vorbehalten, ein Berichtswesen und deren Ausgestaltung für die GmbH festzulegen. Nur aufgrund eines solchen Beschlusses (und nicht schon wegen § 51a Abs. 1 GmbHG) kann der Geschäftsführer verpflichtet sein, regelmäßig und ungefragt Informationen zu erteilen.[21]

---

17  So *Zöllner* in Baumbach/Hueck, GmbHG, § 37 Rn 9.
18  Hierzu *Arens/Beckmann*, Die anwaltliche Beratung des GmbH-Geschäftsführers, § 8; Scholz/*Schneider*, GmbHG, § 52 Rn 13 ff.
19  So *Lutter/Hommelhoff* in Lutter/Hommelhoff, GmbHG, § 51a Rn 7.
20  Vgl Die amtliche Begründung zu § 51a GmbHG, BT-Drucks. 8/1347, S. 44.
21  Hierzu OLG Jena v. 14.9.2004 – 6 W 417/04, NZG 2004, 1156.

Das in § 51 a Abs. 1 GmbHG geregelte Informationsrecht ist ein einheitliches Recht. **22** Die Auskunft und die Einsichtnahme sind lediglich unterschiedliche Informationsmittel, die zur Verwirklichung dieses Rechtes dienen. Ein selbständiges Auskunftsrecht oder ein Einsichtnahmerecht gibt es nicht. Ob der Gesellschafter eine Auskunft oder Einsicht verlangen kann, bestimmt sich nach seinem Informationsinteresse. Verlangt er die Einsichtnahme in bestimmte Unterlagen, kann dies auch durch eine Auskunftserteilung erfüllt werden, wenn hierdurch sein Informationsinteresse befriedigt wird. Dies gilt auch für den umgekehrten Fall, wenn aufgrund eines Auskunftsverlangens eine Einsicht in die Geschäftsunterlagen gewährt wird.[22]

Die Auskunft kann nach dem Ermessen des Geschäftsführers **mündlich** oder **schrift- 23 lich** erteilt werden. Einen Anspruch auf eine schriftliche Auskunft gibt es nicht. Wenn die begehrten Informationen so umfangreich sind, dass sie nicht in einer mündlichen Auskunft übermittelt werden können, muss der Gesellschafter die einschlägigen Unterlagen einsehen können.[23] Die Einsicht ist einem Gesellschafter während der ordentlichen Geschäftszeiten zu gewähren. Eine Beschränkung des Einsichtsrechts auf das Wochenende wäre nur dann gerechtfertigt, wenn die Einsichtnahme in die Geschäftsunterlagen während der üblichen Geschäftszeiten zu einer unverhältnismäßigen Belastung der Gesellschaft führen würde.[24] Nach § 51 a Abs. 1 GmbHG ist die Einsicht in „Bücher und Schriften" zu gewähren. Der Gesetzeswortlaut ist zu eng. Diese Vorschrift stammt aus der GmbH-Novelle von 1980 und damit aus einer Zeit vor der Textverarbeitung mit Hilfe eines Computers. Nach übereinstimmender Auffassung im Schrifttum und in der Rechtsprechung können daher auch elektronische Aufzeichnungen Gegenstand der Einsichtnahme sein.[25] Schriften der Gesellschaft iSv § 51 a GmbHG sind daher alle Arten von Aufzeichnungen und Urkunden bzw Datensammlungen. Hierzu zählen bspw die Jahresabschlüsse der Gesellschaft, der Anstellungsvertrag des Geschäftsführers und die betriebswirtschaftliche Auswertung.[26]

## 2. Voraussetzungen

Der Informationsanspruch hat zwei Voraussetzungen: Zum einen muss der Anspruch- **24** steller **Gesellschafter** sein, zum anderen muss es sich bei der Information um eine **Angelegenheit der Gesellschaft** handeln.

**Gesellschafter** sind die in der Gesellschafterliste eingetragenen Personen (vgl die Neu- **25** fassung des § 40 Abs. 1 GmbHG). Wenn die GmbH einen Beschluss über die Einziehung eines Geschäftsanteils fasst, muss dies nicht unmittelbar zum Ausscheiden des Gesellschafters aus der Gesellschaft führen. Vielmehr steht der Einziehungsbeschluss unter der aufschiebenden Bedingung, dass dem Gesellschafter eine Entschädigung gezahlt wird. Bis zur Zahlung dieser Abfindung bleiben die Mitgliedschaftsrechte und

---

22 Vgl OLG Jena v. 14.9.2004 – 6 W 417/04, NZG 2004, 1156; Scholz/K. *Schmidt*, GmbHG, § 51 Rn 10 ff.
23 Vgl OLG Düsseldorf v. 2.3.1990 – 17 W 40/89, NJW-RR 1991, 620; Scholz/K. *Schmidt*, GmbHG, § 51 a Rn 23.
24 OLG Hamburg v. 20.6.2002 – 11 W 41/01, GmbHR 2002, 913.
25 Vgl Scholz/K. *Schmidt*, GmbHG, § 51 a Rn 25.
26 Hierzu OLG München v. 11.12.2007 – 31 Wx 48/07, NJW-Spezial 2008, 145; OLG Jena v. 14.9.2004 – 6 W 417/04, NZG 2004, 1156.

damit auch das Informationsrecht aus § 51a Abs. 1 GmbHG unberührt.[27] Wenn die Einziehung allerdings wegen eines grob gesellschaftswidrigen Verhaltens des ausgeschlossenen Gesellschafters erfolgte, erlöschen die Mitgliedschaftsrechte dieses Gesellschafters bereits mit der Bekanntgabe des Einziehungsbeschlusses. In einer solchen Konstellation überwiegen die Nachteile einer fortdauernden Einflussnahme des ausgeschiedenen Gesellschafters auf die Geschäfte der GmbH gegenüber dem Interesse des Gesellschafters an der Sicherung seines Abfindungsanspruchs. Dies entspricht dem allgemeinen Rechtsgrundsatz, dass jeder die tatsächlichen rechtlichen Nachteile, die sich aus seinem schuldhaften rechtswidrigen Verhalten ergeben, selber zu tragen hat.[28]

26 **Angelegenheiten der Gesellschaft** sind alle Angelegenheiten der Geschäftsführung, insbesondere die unternehmerische Betätigung der GmbH und alle Angelegenheiten, die zum Gegenstand einer Gesellschafterversammlung gemacht werden können. Die weite Fassung des § 51a Abs. 1 GmbHG ist Ausdruck des gesetzgeberischen Willens, jeden Gesellschafter in den Stand zu setzen, seine Mitgliedschaftsrechte in der Gesellschafterversammlung verantwortungsbewusst und sachgerecht auszuüben und zugleich seine Individualinteressen zu wahren.[29] Eine Angelegenheit der Gesellschaft ist dann nicht mehr gegeben, wenn es um **Privatangelegenheiten** der Mitgesellschafter oder des Geschäftsführers geht, die keinen Bezug zu der GmbH haben. Darlehen, welche ein Gesellschafter seiner GmbH gewährt, sind Bestandteil der Gesellschaftsfinanzierung und gehören deshalb auch zu den Angelegenheiten der Gesellschaft.[30]

**3. Schranken**

27 Sieht man einmal von dem gleich noch zu erläuternden Sonderfall des § 51a Abs. 2 GmbHG ab, ist das Informationsrecht prinzipiell unbeschränkt und findet seine Grenzen erst bei einer nicht zweckentsprechenden Wahrnehmung.[31] Bei der Ausübung seines Informationsrechts muss der Gesellschafter gleichwohl das mildeste Mittel zur Erfüllung seines Informationsbedürfnisses wählen. Nimmt er an einer Gesellschafterversammlung nicht teil und stellt er nachträglich der Geschäftsführung ständig neue Fragen, kann dies im Einzelfall rechtsmissbräuchlich sein.[32] Ein missbräuchliches Informationsverlangen kann auch vorliegen, wenn ein Gesellschafter Angaben aus einer Zeit verlangt, in der er selber Geschäftsführer der Gesellschaft war. Hier bedarf die Geltendmachung des Informationsrechts nach § 51a Abs. 1 GmbHG einer besonderen Begründung.[33]

28 Ein Geschäftsführer darf nach § 51a Abs. 2 GmbHG die Auskunft und die Einsicht verweigern, wenn zu befürchten ist, dass der Gesellschafter sie zu gesellschaftsfremden Zwecken verwenden und dadurch der Gesellschaft einen nicht unerheblichen Nachteil zufügen wird. Ob ein nicht unerheblicher Nachteil zu besorgen ist, lässt sich nur im

---

27 So OLG München v. 11.12.2007 – 31 Wx 48/07, NJW-Spezial 2008, 145. Diese Entscheidung entspricht der überwiegenden Ansicht in der Rechtsprechung. Der BGH hat sich abschließend zu dieser Frage noch nicht geäußert, s. BGH v. 20.2.1995 – II ZR 46/94, NJW-RR 1995, 667.
28 Vgl hierzu das sorgsam begründete Urteil des KG v. 6.2.2006 – 23 U 2006/04, NZG 2006, 437.
29 Hierzu BayObLG v. 15.10.1999 – 3 Z BR 239/99.
30 Im Ergebnis auch OLG Jena v. 14.9.2004 – 6 W 417/04, NZG 2004, 1156.
31 BGH v. 11.11.2002 – II ZR 125/02, NJW-RR 2003, 830.
32 Vgl hierzu OLG Jena v. 14.9.2004 – 6 W 417/04, NZG 2004, 1156.
33 Im Einzelnen hierzu OLG München v. 21.12.2005, 31 Wx 080/05 – NZG 2006, 597.

Hinblick auf die gewünschten Informationen beurteilen. Einem Gesellschafter, der sich mit einem Wettbewerber der GmbH zu einer neuen Gesellschaft verbinden möchte, kann unter Berufung auf § 51 a Abs. 2 S. 1 GmbHG nicht jegliche Information pauschal vorenthalten werden. Vielmehr ist zu prüfen, ob die verlangten Informationen wettbewerbsrelevant sind. Im Einzelfall kann die Weiterleitung der Informationen durch einen zur Verschwiegenheit verpflichteten, für beide Seiten vertrauenswürdigen Treuhänder erforderlich sein. Er hat dann den Teil der Informationen an den Gesellschafter weiterzugeben, deren Verwendung keine Gefahr für die GmbH bedeutet. [34]

### 4. Verfahren

Das Informationsbegehren richtet sich nicht, wie der Wortlaut des § 51 a Abs. 1 GmbHG nahelegt, gegen den Geschäftsführer, sondern gegen die GmbH.[35] Sollte der Geschäftsführer die Auskunft und die Einsicht wegen der Gefahr eines nicht unerheblichen Nachteils verweigern wollen, bedarf es für diese Verweigerung eines Gesellschafterbeschlusses nach § 51 a Abs. 2 S. 2 GmbHG. Bei diesem Beschluss hat der Gesellschafter, der sich mit dem Informationsbegehren an den Geschäftsführer gewandt hat, in sachgerechter Auslegung des § 47 Abs. 4 GmbHG kein Stimmrecht.[36] Der Gesellschafter muss dann ein Informationserzwingungsverfahren bei der Kammer für Handelssachen am Sitz der GmbH einleiten (§ 51 b GmbHG). Wenn er diesen Prozess gewinnt, kann er das Urteil nach § 888 ZPO durch Verhängung von Zwangsgeld gegen die Gesellschaft oder Beugehaft gegen den Geschäftsführer durchsetzen. Wenn sich ein Geschäftsführer unberechtigt weigert, die begehrten Informationen zu erteilen, kann dies einen Grund zur fristlosen Kündigung des Dienstverhältnisses des GmbH-Geschäftsführers darstellen.[37]

## C. Pflichten

### I. Überblick

Den Gesellschafter einer GmbH können zahlreiche Pflichten treffen, die vor allem bei der Finanzierung der GmbH zu beachten sind. Hierzu zählen:

- die Einzahlungen auf die Geschäftsanteile nach § 19 Abs. 1 GmbHG,
- die Aufbringung von Fehlbeträgen, wenn ein Mitgesellschafter die Einlage nicht leistet und die weiteren Voraussetzungen des § 24 GmbHG erfüllt sind;
- die Erstattung von Zahlungen, die gegen den Grundsatz der Kapitalerhaltung verstoßen nach §§ 30 Abs. 1, 31 Abs. 1 und Abs. 3 GmbHG;
- die Einzahlung von Nachschüssen, die nach § 26 Abs. 1 GmbHG aber eine diesbezügliche Regelung in der Satzung erfordert.[38]

---

34 OLG München v. 11.12.2007, 31 Wx 48/07, NJW-Spezial 2008, 145.
35 BGH v. 6.3.1997 – II ZB 4/96, NJW 1997, 1985.
36 S. Scholz/K. Schmidt, GmbHG, § 51 a Rn 42 unter Hinweis auf BT-Drucks. 8/3908, S. 76.
37 Vgl hierzu OLG Frankfurt v. 24.11.1992 – 5 U 67/90, NJW-RR 1994, 498; in dem Sachverhalt zu dieser Entscheidung hatte sich der Geschäftsführer beharrlich geweigert, Auskünfte darüber zu erteilen, wo ein Geldbetrag verblieben ist, den er in bar von einem Gesellschaftskonto abgehoben hatte.
38 Die Nachschusspflichten im Sinne des § 29 GmbHG haben, wie *Kallmeyer,* GmbH-Handbuch, Rn I 1280, zu Recht betont, keine nennenswerte praktische Bedeutung erlangt.

31  Eine weitere Pflicht wurde den Gesellschaftern durch das **MoMiG** auferlegt. Nach § 15 a Abs. 3 InsO ist jeder Gesellschafter im Fall der **Führungslosigkeit** einer GmbHG zur Stellung des Insolvenzantrags verpflichtet, es sei denn, er hat von der Zahlungsunfähigkeit und der Überschuldung oder der Führungslosigkeit keine Kenntnis. Die mit dieser Änderung verbundenen Folgen werden im Zusammenhang mit der Gesellschafterhaftung (§ 7) ausführlich dargestellt.

32  Außerdem bestehen für den Gesellschafter gesetzliche Pflichten, die aus seiner Verbundenheit zur Gesellschaft resultieren. Es handelt sich hierbei um die Treuepflicht und das Wettbewerbsverbot, die sogleich erläutert werden.

## II. Treuepflicht

33  Im Verhältnis der Gesellschafter zur GmbH sowie im Verhältnis der Gesellschafter untereinander besteht eine Treuepflicht.[39] Aufgrund seiner Treuepflicht **gegenüber der GmbH** darf ein Gesellschafter mit seinem Verhalten die Gesellschaft nicht schädigen und muss ihr gegenüber loyal sein. Dabei muss der Gesellschafter nicht in Selbstaufopferung seine Interessen denen der GmbH unterordnen. Vielmehr ist eine Abwägung zwischen den Eigen- und Fremdinteressen erforderlich. Hierbei sind die Grundsätze der Verhältnismäßigkeit zu beachten. Wegen der Treuepflicht **zwischen den Gesellschaftern** besteht ein gegenseitiges Rücksichtsnahmegebot. Der Gesellschafter darf mit seinem Verhalten nur dann die Interessen anderer Gesellschafter beeinträchtigen, wenn dies verhältnismäßig und im Interesse der GmbH ist. Die zwischen den Gesellschaftern bestehende Treuepflicht führt damit auch zu einem Minderheitenschutz. Sowohl im Verhältnis der Gesellschafter zu ihrer GmbH, als auch im Verhältnis zwischen den Gesellschaftern führt die Treuepflicht zu einer aktiven Förderungspflicht sowie zu Unterlassungs- und Loyalitätspflichten.[40]

34  Die Treuepflicht besteht von der **Gründung** der GmbH bis zu ihrer **Liquidation**. Ein Gesellschafter hat auch in seiner Funktion als Liquidator die Treuepflicht zu beachten.[41] Für den Gesellschafter besteht außerdem noch während des **Insolvenzverfahrens** eine Treuepflicht zur GmbH.[42] Inhalt und Intensität der Treuepflicht hängen von der Struktur der GmbH ab. Es kommt darauf an, inwieweit das Verhalten eines Gesellschafters auf die Interessen seiner Mitgesellschafter oder der GmbH einwirken kann.[43] Handelt es sich um eine GmbH, die sehr auf die Interessen der Gesellschafter ausgerichtet ist und bei der die Gesellschafter auf eine gute Zusammenarbeit mit den Mitgesellschaftern angewiesen sind (sog. Personalistische GmbH), besteht eine intensive Treuepflicht. Demgegenüber sind die Treuepflichten bei einer GmbH, in der sich eine Vielzahl von Gesellschaftern mit einer Kapitalbeteiligung einbringen und nicht

---

[39] Grundlegend BGH v. 5.6.1975 – II ZR 23/74, NJW 1976, 191. Der BGH spricht in diesem Zusammenhang regelmäßig von einer „Treuepflicht", so BGH v. 11.12.2006 – II ZR 160/05, NJW 2007, 917, seltener von einer „Treupflicht", vgl BGH v. 18.4.2005 – II ZR 151/03, NZG 2005, 561.
[40] Vgl hierzu *Lutter/Bayer* in Lutter/Hommelhoff, GmbHG, § 14 Rn 18; *Lutter*, ZHR 162 (1998), 164; *Henze*, ZHR 162 (1998), 186.
[41] Hierzu BGH v. 29.11.2004 – II ZR 14/03, NZG 2005, 216.
[42] Es würde der Treuepflicht der Gesellschafter widersprechen, wenn sie die der GmbH zum Gebrauch überlassenen Gegenstände nach Insolvenzeröffnung jederzeit zurückverlangen könnten, so die Beschlussempfehlung des Rechtsausschusses BT-Drucks. 16/9737, S. 106.
[43] Hierzu *Lutter/Bayer* in Lutter/Hommelhoff, GmbHG, § 14 Rn 18.

unternehmerisch tätig werden geringer. Bei einer **Einpersonen-GmbH** besteht keine Treuepflicht des Alleingesellschafters gegenüber der GmbH.[44]

**Art** und **Umfang** der Treuepflicht werden im Einzelfall konkretisiert. Allgemein gültige Leitlinien lassen sich daher kaum entwickeln. Für eine erste Orientierung sind die folgenden Beispiele aus der Rechtsprechung dennoch hilfreich: 35

- Aufgrund der Treuepflicht ist ein Gesellschafter verpflichtet, seine Mitgesellschafter vollständig und zutreffend über Vorgänge zu informieren, die deren Vermögensinteressen berühren und ihnen nicht bekannt sein können;[45]
- Wenn ein Mitgesellschafter ausscheidet und ihm ein Abfindungsanspruch zusteht, können die Gesellschafter aufgrund der Treuepflicht gehalten sein, stille Reserven aufzulösen, wenn nur so der Abfindungsanspruch ohne einen Verstoß gegen § 30 Abs. 1 S. 1 GmbHG erfüllt werden kann;[46]
- Ein Mehrheitsgesellschafter kann gegen seine Treuepflicht verstoßen, wenn er die Auflösung der GmbH beschließt, um im Liquidationsverfahren das Gesellschaftsvermögen zu erwerben und das Unternehmen dann alleine weiterführen zu können;[47]
- Ein Gesellschafter kann von seinen Mitgesellschaftern unter Berufung auf deren Treuepflicht verlangen, dass sie bei der Heilung einer verdeckten Sacheinlage mitwirken;[48]
- Die Treuepflicht gebietet allen Gesellschaftern, der Abberufung eines Geschäftsführers zuzustimmen, in dessen Person ein wichtiger Grund vorliegt, der sein Verbleiben in der Organstellung für die Gesellschaft unzumutbar macht;[49]
- Der Gesellschafter muss aufgrund seiner Treuepflicht einer Satzungsänderung zustimmen, wenn diese nicht mit Nachteilen für ihn verbunden ist;[50]
- Als Ausfluss der Treuepflicht und Kehrseite des Informationsrechts eines Gesellschafters ist die Weitergabe von Informationen der GmbH zu gesellschaftsfremden Zwecken oder an gesellschaftsfremde Dritte grundsätzlich pflichtwidrig, und zwar ohne Rücksicht auf ihren Inhalt und ohne Rücksicht darauf, welche Zwecke mit der Verbreitung der Kenntnisse verfolgt werden;[51]
- Die Treuepflicht verbietet es einem Mehrheitsgesellschafter, den Geschäftsführer zu Leistungen der GmbH anzuweisen, denen keine gleichwertige Gegenleistung gegenübersteht[52]
- Durch das **MoMiG** hinzugekommen ist die Verpflichtung des Gesellschafters, der GmbH einen Gegenstand auch noch während des Insolvenzverfahrens zu überlassen (hierzu noch unter § 3 Rn 326).

---

44 BGH v. 31.1.2000 – II ZR 189/99, NJW 2000, 1571.
45 BGH v. 11.12.2006 – II ZR 166/05, NJW 2007, 917.
46 BGH v. 13.2.2006 – II ZR 62/04, NJW-RR 2006, 760.
47 BGH v. 1.2.1988 – II ZR 75/87, NJW 1988, 1579.
48 BGH v. 7.7.2003 – II ZR 235/01, NJW 2003, 3127.
49 Hierzu BGH v. 19.11.1990 – II ZR 88/89, NJW 1991, 846; vgl für den ähnlichen Fall des Ausschlusses von Gesellschaftern, BGH v. 14.4.1975 – II ZR 147/73, NJW 1975, 1318.
50 BGH v. 25.11.1986 – II ZR 262/85, NJW 1987, 189.
51 BGH v. 11.11.2002 – II ZR 125/02, NJW- RR 2003, 830.
52 BGH v. 5.6.1975 – II ZR 23/74, NJW 1976, 191.

36 Der **Verstoß** gegen die Treuepflicht begründet einen Unterlassungs- und/oder Schadensersatzanspruch der Mitgesellschafter bzw der GmbH gegen den pflichtwidrig handelnden Gesellschafter.[53] Die Treuepflicht kann einen Gesellschafter auch zu einem bestimmten Abstimmungsverhalten in der Gesellschafterversammlung zwingen. Ein Verstoß gegen die Treuepflicht kann die Stimmabgabe unwirksam machen und einen Anfechtungsgrund darstellen (hierzu noch unter C IV. 3. a). Sofern eine Schadensersatzpflicht gegenüber der Gesellschaft besteht, können deren Gesellschafter den gegen die Treuepflicht verstoßenen Mitgesellschafter auf Leistung an die GmbH in Anspruch nehmen. Dies kommt namentlich dann in Betracht, wenn ein Gesellschafter die im Verhältnis zu seinen Mitgesellschaftern bestehende Treuepflicht verletzt und so das Gesellschaftsvermögen und mittelbar auch das Vermögen der Gesellschafter schädigt.[54]

37 Wird an einen Gesellschafter-Geschäftsführer ohne Wissen eines Mitgesellschafters ein Geschäftsführergehalt gezahlt, kann der Mitgesellschafter nur dann einen **Schadensersatzanspruch** geltend machen, wenn er nicht aufgrund der gesellschaftsrechtlichen Treuepflicht gehalten ist, die Zahlung zu genehmigen. Dafür ist maßgebend, ob der Gesellschafter-Geschäftsführer eine Arbeitsleistung erbringt, die unter Berücksichtigung der Ausgestaltung des Gesellschaftsvertrages vernünftigerweise nur gegen eine gesonderte Vergütung zu erwarten ist.[55]

**III. Wettbewerbsverbot**

38 Das GmbHG enthält keine Vorschrift über ein Wettbewerbsverbot, welches von den Gesellschaftern zu beachten ist. Die Rechtsprechung und das Schrifttum sind sich darin einig, dass diese Lücke durch eine analoge Anwendung des § 112 HGB gefüllt werden kann. Demnach besteht ein Wettbewerbsverbot für:

- Gesellschafter-Geschäftsführer;
- Mehrheitsgesellschafter (eine 50 Prozent-Beteiligung allein reicht nicht aus);[56]
- Minderheitsgesellschafter, wenn die GmbH insgesamt betont personalistisch strukturiert ist;[57]
- Gesellschafter mit Sonderrechten und einem damit verbundenen Einfluss auf die Geschäftsführung;[58]

39 Der Alleingesellschafter einer GmbH unterliegt grundsätzlich keinem Wettbewerbsverbot, da hier keine Mitgesellschafter geschützt werden müssen.[59]

40 Für den sachlichen Umfang des Wettbewerbsverbots ist der Unternehmensgegenstand des Gesellschaftsvertrags – ein zwingender Bestandteil der Satzung gem. § 3 Abs. 1

---

53 Vgl BGH v. 11.12.2006 – II ZR 166/05, NJW 2007, 917.
54 So schon BGH v. 5.6.1975 – II ZR 23/74, NJW 1976, 191, bestätigt durch BGH v. 29.11.2004 – II ZR 14/03, NZG 2005, 216.
55 BGH v. 11.12.2006 – II ZR 166/05, NJW 2007, 917.
56 *Lutter/Bayer* in Lutter/Hommelhoff, GmbHG, § 14 Rn 24; OLG Karlsruhe v. 6.11.1998 – 15 U 179/97, GmbHR 1999, 539.
57 *Lutter/Bayer* in Lutter/Hommelhoff, GmbHG, § 14 Rn 24.
58 OLG Köln v. 22.2.1991 – 3 U 20/91 GmbHR 1991, 366.
59 Grundlegend BGH v. 28.9.1992 – II ZR 299/91, NJW 1992, 2053; zuletzt bestätigt durch BGH v. 7. 1. 2008 – II ZR 314/05, NJW-RR 2008, 629.

Nr. 2 GmbHG – ein erster Anhaltspunkt. Wenn eine bereits eingetragene GmbH ihren Tätigkeitsbereich ausweitet, ohne dafür gleich die Satzung zu ändern, bestimmt der faktische Unternehmensgegenstand die Reichweite des Wettbewerbsverbots. Das Wettbewerbsverbot verbietet dem Gesellschafter, innerhalb des Tätigkeitsbereichs der GmbH zu dieser in Konkurrenz zu treten. Darüber hinaus ist es ihm auch versagt, sich an Gesellschaften zu beteiligen, die mit der GmbH im Wettbewerb stehen. Die Gesellschafter können in der Satzung das Wettbewerbsverbot konkretisieren. Insbesondere können sie hierbei eine zeitliche und örtliche Begrenzung des Wettbewerbsverbots regeln; zur Durchsetzung eines Wettbewerbsverbots kann es sinnvoll sein, eine pauschalierte Vertragsstrafe zu vereinbaren.[60]

Aufgrund einer Vereinbarung in der GmbH-Satzung können die Gesellschafter von einem Wettbewerbsverbot auch befreit werden. Darüber hinaus kann der Gesellschaftsvertrag die Gesellschafter ermächtigen, einen Mitgesellschafter von den Beschränkungen eines Wettbewerbsverbotes zu befreien. Bei der hierfür erforderlichen Beschlussfassung ist der Gesellschafter, der von einer Aufhebung des Wettbewerbsverbotes profitiert, nicht stimmberechtigt.[61]

Bei einem Verstoß gegen das Wettbewerbsverbot hat die GmbH gegen den Gesellschafter einen **Unterlassungsanspruch** sowie einen **Schadensersatzanspruch**. Ferner steht ihr in analoger Anwendung des § 113 HGB das Recht zu, in das getätigte Geschäft einzutreten.

Wenn die Gesellschaft auf einen Schadensersatzanspruch wegen eines Wettbewerbsverstoßes oder auf Herausgabe des hieraus erlangten Vorteils verzichtet, kann eine **verdeckte Gewinnausschüttung** vorliegen.[62] Die entgeltlose Befreiung eines Gesellschafters von einem Wettbewerbsverbot führt aber nicht automatisch zu einer verdeckten Gewinnausschüttung. Eine solche liegt erst dann vor, wenn mit der Befreiung ein Schadensersatzanspruch der GmbH wegfällt und dies zu einer **Unterbilanz** führt oder diese weiter vertieft.[63]

## D. Beschluss

Wenn sich alle Gesellschafter einig sind, stellt der Inhalt des Gesellschafterbeschlusses kein Problem dar und es gibt auch niemanden, der sich besondere Gedanken darüber macht, ob denn der Beschluss unter Einhaltung aller formellen Voraussetzungen zustande gekommen ist. Vollkommen anders ist die Situation allerdings, wenn die Stimmung unter den Gesellschaftern kippt, und man entweder gar nicht oder nur noch in Begleitung eines Rechtsanwalts zur Gesellschafterversammlung erscheint. Die Gesellschafter streiten heftig um den Inhalt von Entscheidungen und den Formvorschriften im Zusammenhang mit einer Beschlussfassung kommt auf einmal eine besondere Bedeutung zu. Eröffnet ein fehlerhafter Gesellschafterbeschluss doch dem unterlegenen Gesellschafter die Möglichkeit, den Beschluss anzufechten.

---

[60] Vgl *Kallmeyer*, GmbH-Handbuch, Rn I 1308 u. Rn 1312.
[61] Zu nachträglichen Satzungsänderungen bei einem Wettbewerbsverbot s. BGH v. 16.2.1981 – II ZR 168/79, NJW 1981, 1512.
[62] Hierzu *Schulte/Behnes*, BB-Special 9/2007, 10.
[63] *Lutter/Bayer* in Lutter/Hommelhoff, GmbHG, § 14 Rn 25; BFH v. 30.8.1995 – I R 155/94, NJW 1996, 950.

**§ 4 Gesellschafter**

45 In Rechtsstreitigkeiten stehen regelmäßig Gesellschafterbeschlüsse auf dem Prüfstand, in denen der Beschluss wesentliche Rechtspositionen der Gesellschafter betrifft. Hierzu zählt bspw die Einziehung der Geschäftsanteile durch eine GmbH.[64] Kennt man die rechtlichen Rahmenbedingungen, kann ein Geschäftsführer – aber auch ein Gesellschafter – eine Gesellschafterversammlung wieder in geordnete Bahnen überführen. Außerdem ist eine Kenntnis dieser Vorschriften notwendig, um in der Satzung Vereinbarungen zu treffen, die von den nicht immer interessengerechten oder zeitgemäßen Gesetzesregelungen abweichen.

**I. Gegenstand der Gesellschafterbeschlüsse**

**1. Überblick**

46 Die Gesellschafterversammlung ist das **zentrale Entscheidungsorgan**.[65] Gegenstand der Gesellschafterbeschlüsse sind daher alle wichtigen Entscheidungen der GmbH. Hierzu zählen vor allem:

- Änderungen des Gesellschaftsvertrages (§ 53 GmbHG),
- die Einforderung von weiteren Einzahlungen (Nachschüssen), sofern dies in dem Gesellschaftsvertrag vereinbart wurde (§ 26 GmbHG),
- die Genehmigung der Übertrag von Geschäftsanteilen, sofern dies im Gesellschaftsvertrag vereinbart wurde (§ 15 Abs. 5 GmbHG),
- die bei einer mittelgroßen oder großen Kapitalgesellschaft erforderliche Wahl des Abschlussprüfers (§ 316 Abs. 1 S. 1, § 318 Abs. 1 S. 1 HGB),
- die Feststellung des Jahresabschlusses und die Ergebnisverwendung (§§ 46 Nr. 1, 42 Abs. 2 u. 29 GmbHG),
- die Entscheidung über die Offenlegung eines Einzelabschlusses nach IRS sowie die Billigung eines Konzernabschlusses (§ 46 Nr. 1 a u. 1 b GmbHG),
- die Einforderung der Einlagen (§ 46 Nr. 2 GmbHG),
- die Rückzahlung von Nachschüssen (§ 46 Nr. 3 GmbHG),
- die Teilung sowie die Einziehung von Geschäftsanteilen (§ 46 Nr. 4 GmbHG),
- die Bestellung und die Abberufung von Geschäftsführern sowie die Entlastung derselben (§ 46 Nr. 5 GmbHG),
- die Maßregeln zur Prüfung und Überwachung der Geschäftsführung (§ 46 Nr. 6 GmbHG),
- die Bestellung von Prokuristen und von Handlungsbevollmächtigten (§ 46 Nr. 7 GmbHG),
- die Geltendmachung von Ersatzansprüchen der GmbH gegenüber den Geschäftsführern oder Gesellschaftern (§ 46 Nr. 8 GmbHG),
- die Verweigerung eines Auskunfts- und Einsichtsrechts (§ 51 a Abs. 2 GmbHG),
- der Ausschluss von Gesellschaftern (§ 34 GmbHG),
- Auflösung der GmbH (§ 60 Abs. 1 Nr. 2 GmbHG)
- Ernennung und Abberufung von Liquidatoren (§ 26 Abs. 1 u. Abs. 3 GmbHG),
- Umwandlungsbeschlüsse (§§ 13, 123, 193 UmwG).

---

64 BGH v. 21.3.1988 – II ZR 308/87, NJW 1988, 1844.
65 So *Gehrlein*, GmbH-Recht in der Praxis, S. 149.

D. Beschluss **4**

Die folgenden Ausführungen beschränken sich auf die in der Praxis besonders wichtigen Beschlüsse über die Rechte und Pflichten der Gesellschafter sowie über die Rechte und Pflichten der Geschäftsführer. | 47

### 2. Gesellschafterbeschlüsse über Rechte und Pflichten der Gesellschafter

#### a) Feststellung des Jahresabschlusses und Ergebnisverwendung (§§ 46 Nr. 1, 42 a, 29 GmbHG)

Gegenstand der **ordentlichen Gesellschafterversammlung**, die jedes Jahr einmal durchgeführt wird, ist die Feststellung des Jahresabschlusses und der Beschluss über die Ergebnisverwendung. Vor diesem Beschluss haben die Geschäftsführer den Jahresabschluss (Bilanz), die Gewinn- und Verlustrechnung (Anhang) und den Lagebericht gem. § 42 a Abs. 1 S. 1 GmbHG vorzulegen. Nach dem Gesellschafterbeschluss müssen die Geschäftsführer den Jahresabschluss beim Betreiber des Elektronischen Bundesanzeiger elektronisch einreichen (§ 25 Abs. 1 S. 1 HGB). | 48

Bei einer **kleinen Kapitalgesellschaft**, deren Geschäftsjahr mit dem Kalenderjahr identisch ist, bestehen für den Geschäftsführer und die Gesellschafter folgende Fristen: | 49

- Die Geschäftsführer müssen den Jahresabschluss bis zum **30. Juni** aufstellen (§ 264 Abs. 1 HGB).[66] Die Geschäftsführer haben den Jahresabschluss und den Lagebericht unverzüglich nach der Aufstellung den Gesellschaftern zum Zwecke der Feststellung des Jahresabschlusses vorzulegen.
- Die Gesellschafter haben bis zum **30. November** über die Feststellung des Jahresabschlusses und die Ergebnisverwendung zu beschließen. Die Gesellschaftssatzung darf diese Frist nicht verlängern (§ 42 a Abs. 2 GmbHG).[67]
- Bis zum **31. Dezember** müssen die Geschäftsführer den Jahresabschluss beim Betreiber des Elektronischen Bundesanzeigers gem. § 325 Abs. 1 S. 2 HGB einreichen. Diese Pflicht besteht auch, wenn die Gesellschafter den Jahresabschluss nicht bestätigt haben.

Als **klein** ist eine GmbH nach der derzeitigen Fassung des § 267 Abs. 1 HGB zu qualifizieren, die nicht mehr als | 50

- 4.015.000 EUR Bilanzsumme nach Abzug eines auf der Aktivseite ausgewiesenen Fehlbetrags
- 8.030.000 EUR Umsatzerlöse in den zwölf Monaten vor dem Abschlussstichtag,
- nicht mehr als 50 Arbeitnehmer im Jahresdurchschnitt

hat.[68] Von den Kriterien muss eine GmbH mindestens zwei erfüllen, um als klein klassifiziert zu werden. Mittelgroße Kapitalgesellschaften sind solche, die mindestens zwei dieser Merkmale überschreiten und die weiteren Voraussetzungen des § 267 Abs. 2 HGB erfüllen.

---

66 Bei kleinen Kapitalgesellschaften entspricht es einem ordnungsgemäßen Geschäftsgang, wenn die Aufstellung innerhalb der ersten sechs Monate erfolgt; bei mittelgroßen und großen Kapitalgesellschaften ist der Jahresabschluss in den ersten drei Monaten des Geschäftsjahres für das vergangene Geschäftsjahr aufzustellen.
67 Bei mittelgroßen und großen Kapitalgesellschaften muss der Beschluss bis zum Ablauf der ersten acht Monate zustande kommen, s. 42 a Abs. 2 S.1 GmbHG.
68 Das BMJ plant eine Reform des Bilanzrechts. Hierbei sollen auch die Größenklassen in § 267 HGB geändert werden. Der Referentenentwurf des Bilanzrechtsmodernisierungsgesetzes ist im Internet abrufbar unter www.bmj.de/BilMoG; vgl hierzu *Ernst/Seidler*, BB 2007, 2557.

51 Die Abschlussfeststellung und der Beschluss über die Ergebnisverwendung sind rechtlich zu unterscheiden, auch wenn sie regelmäßig in einer Gesellschafterversammlung zustande kommen. Sie sind untrennbar miteinander verbunden, denn der Jahresabschluss ist eine Voraussetzung für den Verwendungsbeschluss und die Gewinnverwendung kann auch schon nach § 268 Abs. 1 S. 1 HGB sowie § 29 Abs. 1 GmbHG in den Jahresabschluss einbezogen (und damit vorweggenommen) werden. Erst mit dem Gesellschafterbeschluss über die Feststellung des Jahresabschlusses und die Gewinnverwendung entsteht der Anspruch des Gesellschafters auf Auszahlung eines Gewinns.[69]

52 Mit der Feststellung des Jahresabschlusses erkennen die Gesellschafter diesen Abschluss als richtig und verbindlich an. Sie müssen nicht den Bilanzentwurf des Geschäftsführers akzeptieren, sondern können ihn auch ändern, wobei sie genau wie der Geschäftsführer an das Bilanzrecht gebunden sind.

53 Sofern es sich bei der GmbH um eine mittelgroße oder große Kapitalgesellschaft handelt, ist der Jahresabschluss durch einen Abschlussprüfer gem. § 316 Abs. 1 S. 1 HGB zu prüfen. Wenn diese Prüfung nicht stattgefunden hat, kann eine Gesellschafterversammlung den Jahresabschluss nicht feststellen. Die Gesellschafter können auch von den Empfehlungen des Abschlussprüfers abweichen, allerdings ist dann eine Nachtragsprüfung gem. § 316 Abs. 3 HGB erforderlich. Damit die ordentliche Gesellschafterversammlung reibungslos abläuft, sollte der Geschäftsführer schon im Vorfeld das Einverständnis der Gesellschafter einholen.[70] Bei der Beschlussfassung ist auch der Gesellschafter-Geschäftsführer **stimmberechtigt**. Der Jahresabschluss enthält nicht automatisch eine Entlastung des Geschäftsführers. Wenn der Feststellungsbeschluss nicht zustande kommt, weil Mitgesellschafter die Mitwirkung verweigern, kann ein Gericht auf Klage des Gesellschafters gegen die GmbH den Beschluss in einem Gestaltungsurteil feststellen.[71]

54 Wenn nach dem festgestellten Jahresabschluss ein Überschuss vorliegt, steht die Gesellschafterversammlung vor der Wahl, ob sie eine Ausschüttung an die Gesellschafter oder ein Einstellung in die Gewinnrücklage vornimmt. Bei der Entscheidung über die **Ergebnisverwendung** stehen die Gesellschafter in einem Zielkonflikt. Die GmbH hat ein Interesse an einer Rücklagenbildung. Dem steht das Interesse der Gesellschafter an einer Gewinnausschüttung entgegen. Die Gesellschafter entscheiden über die Ergebnisverwendung mit einfacher Mehrheit. Minderheitsgesellschafter können bei der Beschlussfassung über die Ergebnisverwendung überstimmt werden. Gerade diese Gesellschafter haben aber häufig ein Interesse an einer Gewinnausschüttung. Da die Beschlüsse über die Verwendung des Jahresergebnisses nur einer sehr beschränkten Inhaltskontrolle durch die Gerichte unterliegen, sind die Gesellschafter gehalten, eine Gewinnauszahlung schon im Gesellschaftsvertrag abzusichern.

55 Bei der Entscheidung über die Gewinnverwendung sind alle Gesellschafter stimmberechtigt. Auch der Gesellschafter-Geschäftsführer, der den Jahresabschluss aufgestellt hat, kann an der Beschlussfassung mitwirken. Wenn der Geschäftsanteil zwischen dem

---

69 So BGH v. 14.9.1998 – II ZR 172/97, NJW 1998, 3646.
70 So auch Scholz/*K. Schmidt*, GmbHG, § 46 Rn 14.
71 Hierzu *Lutter/Hommelhoff* in Lutter/Hommelhoff, GmbHG, § 46 Rn 6.

Ende des Geschäftsjahres und dem Gewinnverwendungsbeschluss veräußert wird, hat der Anteilserwerber auch dann ein Stimmrecht, wenn dem Veräußerer des Geschäftsanteils im Innenverhältnis zum Erwerber ein Teil des Jahresgewinns gebührt.[72]

### b) Einforderung der Einlagen (§ 46 Nr. 2 GmbHG)

Bei einer Bargründung müssen die Gesellschafter die Einlagen nicht vollständig einzahlen. Eine GmbH wird bereits eingetragen, wenn jeder Gesellschafter ein Viertel des Nennbetrags seines Geschäftsanteils erbracht hat und insgesamt die Hälfte des gesetzlichen Mindestkapitals eingezahlt wurde (§ 7 Abs. 2 GmbHG). Damit der Anspruch auf die rückständige Einlage **fällig** wird, müssen die Gesellschafter einen Beschluss gem. § 46 Nr. 2 GmbHG fassen. Eines solchen Beschlusses bedarf es nur ausnahmsweise dann nicht, wenn in der Gesellschaftssatzung eine sofortige Volleinzahlung vereinbart oder im Voraus der Termin für deren Leistung festgelegt wurde. Ferner ist ein solcher Beschluss nicht erforderlich, wenn der Gesellschaftsvertrag den Geschäftsführer zu einer Einforderung ermächtigt. Erst bei Fälligkeit der Einlage kann ein **Kaduzierungsverfahren** eingeleitet werden.[73]

Wenn in der Gesellschafterversammlung der Beschluss über die Einforderung der Einlage auf der Tagesordnung steht, ist auch der Gesellschafter stimmberechtigt, der die Einlage noch nicht in vollständiger Höhe erbracht hat. Benutzt der Gesellschafter sein Stimmrecht allerdings, um in missbräuchlicher Weise die Einforderung zu verhindern, kann er von den Mitgesellschaftern unter dem Gesichtspunkt der gesellschafterlichen Treuepflicht auf Zustimmung verklagt werden, wenn die GmbH die Einlage zur Behebung eines Liquiditätsengpasses benötigt.[74] Das Stimmverbot in § 47 Abs. 4 S. 1 Alt. 1 GmbHG gilt nach der Rechtsprechung nicht für innergesellschaftliche Angelegenheiten. Hierzu zählt auch die Einforderung einer noch offenen Einlage, auch wenn sie gleichzeitig die Interessen des Gesellschafters an der weiteren Schonung seines privaten Vermögens berührt.[75]

Die auf § 46 Nr. 2 GmbHG beruhende Zuständigkeit der Gesellschafterversammlung entfällt mit der **Eröffnung des Insolvenzverfahrens** über das Vermögen der GmbH. In diesem Fall ist der Insolvenzverwalter befugt, auch eine bis dahin noch nicht fällig gestellte Einlageforderung unmittelbar zur Masse einzufordern.[76]

### 3. Gesellschafterbeschlüsse über Rechte und Pflichten des Geschäftsführers

#### a) Bestellung von Geschäftsführern (§ 46 Nr. 5 Alt. 1 GmbHG)

Die Bestellung des Geschäftsführers erfolgt nach § 6 Abs. 3 GmbHG entweder im Gesellschaftsvertrag oder durch einen Gesellschafterbeschluss gem. § 46 Nr. 5 Alt. 1 GmbHG. Bei einer mittelständischen GmbH beschließen die Gesellschafter im Regelfall unmittelbar nach der Beurkundung des Gesellschaftsvertrages noch in den Räumen des Notars über die Bestellung eines Geschäftsführers. Sofern der Gesellschaftsvertrag keine abweichende Regelung vorsieht, kommt der Beschluss mit einer einfachen Mehrheit

---
72 Scholz/*Emmerich*, GmbHG, § 29 Rn 26 ff.
73 Vgl OLG Zweibrücken v. 11.12.1994 – 8. U 158/93 GmbHR 1996, 123.
74 BGH v. 9.7.1990 – II ZR 9/90, NJW 1991, 172.
75 BGH v. 9.7.1990 – II ZR 9/90, NJW 1991, 172.
76 So die ständige Rechtsprechung, zuletzt bestätigt durch BGH v. 15.10.2007 – II ZR 216/06, NZG 2008, 73.

zustande. Weil es sich bei der Bestellung zum Geschäftsführer um ein Rechtsgeschäft handelt, welches typischerweise mit der Mitgliedschaft verbunden ist (sogenannte Sozialakte) besteht kein Stimmverbot. Der Gesellschafter kann also bei seiner eigenen Bestellung zum Geschäftsführer mitwirken.[77] Der Beschluss über die Bestellung des Geschäftsführers muss nicht notariell beurkundet werden. Er ist zur Eintragung in das Handelsregister nach § 39 Abs. 1 GmbHG anzumelden. Allerdings hat diese Eintragung nur deklaratorische Wirkung. Auch ohne Eintragung ist die Bestellung wirksam.[78]

60 Die Gesellschafter können grundsätzlich frei darüber entscheiden, wen sie zum Geschäftsführer bestellen. Begrenzt wird die Entscheidungsfreiheit durch die Bestellungshindernisse in § 6 Abs. 2 GmbHG. Wenn ein Geschäftsführer aus wichtigem Grund abberufen worden ist, kann er in derselben Gesellschaft nicht mehr wieder zum Geschäftsführer bestellt werden.[79] Ist die alleinige Gesellschafterin der GmbH eine Kapitalgesellschaft (Muttergesellschaft), kann sich deren vertretungsberechtigtes Organ nur dann in einer Gesellschafterversammlung selbst zum Geschäftsführer der Tochter-GmbH bestellen, wenn er als organschaftlicher Vertreter der Muttergesellschaft von den Beschränkungen des § 181 BGB befreit wurde.[80]

61 Mit der Annahme der Bestellung wird das organschaftliche Verhältnis zwischen der GmbH und dem Geschäftsführer begründet. Die Annahmeerklärung bedarf keiner besonderen Form. Aufgrund der somit entstanden Organstellung hat der Geschäftsführer bestimmte gesetzlich geregelte Rechte und Pflichten (Vertretungsmacht; Pflicht zur Stellung des Insolvenzantrags). Die Bestellung des Geschäftsführers lässt viele Punkte offen. Hierzu zählen vor allem die Gehaltsansprüche des Geschäftsführers. Hierüber schließt der Geschäftsführer mit der GmbH einen Anstellungsvertrag, dessen rechtliches Schicksal grundsätzlich nicht von der Organstellung abhängt (hierzu noch ausführlich unter § 5 Rn 177).

**b) Abberufung von Geschäftsführern (§ 46 Nr. 5 Alt. 2 GmbHG)**

62 Die Abberufung des Geschäftsführers markiert das Ende seiner Organstellung. Sie geschieht ebenfalls durch Gesellschafterbeschluss und bedarf der Mitteilung an den Geschäftsführer. Die Abberufung ist jederzeit möglich und gleichbedeutend mit dem in § 38 Abs. 1 GmbHG genannten Widerruf. Der Gesellschaftsvertrag kann die Abberufung von dem Vorliegen eines **wichtigen Grundes** abhängig machen. Als solche Gründe sind nach § 38 Abs. 2 S. 2 GmbHG insbesondere grobe Pflichtverletzungen oder die Unfähigkeit zur ordnungsgemäßen Geschäftsführung anzusehen.

63 Sofern der Gesellschaftsvertrag hierzu keine abweichende Regelung enthält, entscheidet die Gesellschafterversammlung über die Abberufung aus wichtigem Grund mit einfacher Mehrheit. Bei der Abberufung aus wichtigem Grund hat der hiervon betroffene Gesellschafter-Geschäftsführer kein Stimmrecht. Das **Stimmverbot** ist erforderlich, weil sonst ein Mehrheitsgesellschafter seine Abberufung aus wichtigem Grund verhindern

---

77 Vgl *Lutter/Hommelhoff* in Lutter/Hommelhoff, GmbHG, § 47 Rn 27.
78 Vgl *Kollmorgen/Friedrichsen* in Dombek/Kroiß, Formularbibliothek Vertragsgestaltung, Gesellschaftsrecht I, Teil 1, § 4 Rn 19.
79 Hierzu BGH v. 19.11.1990 – II ZR 88/89, NJW 1991, 846.
80 BayObLG v. 17.11.2000 – 3Z BR 271/00, NJW-RR 2001, 469.

könnte.[81] Wenn dem Gesellschafter in der Satzung das Sonderrecht eingeräumt wurde, zum Geschäftsführer bestellt zu werden, bedarf der Beschluss über seine Abberufung der notariellen Beurkundung.[82]

#### c) Entlastung des Geschäftsführers (§ 46 Nr. 5 Alt. 3 GmbHG)

Wenn die Gesellschafter über die Entlastung des Geschäftsführers einen Beschluss fassen, billigen sie damit dessen Amtsführung für die Dauer der zurückliegenden Geschäftsführungsperiode und sprechen ihm grundsätzlich auch für die künftige Geschäftsführung ihr Vertrauen aus. Die Entlastung hat zur Folge, dass die GmbH mit Ersatzansprüchen und Kündigungsgründen ausgeschlossen ist, die der Gesellschafterversammlung bei sorgfältiger Prüfung aller Vorlagen und Berichte erkennbar gewesen wären oder von denen alle Gesellschafter private Kenntnis haben.[83] Einzig und allein die Gesellschafter können darüber entscheiden, ob sie einen Geschäftsführer wegen etwaiger Pflichtverletzungen zur Rechenschaft ziehen oder ob sie auf Ansprüche gegen ihn verzichten. Dies gilt allerdings nur, solange nicht der Anwendungsbereich des § 43 Abs. 3 GmbHG betroffen ist. Mit dieser Ausnahme soll verhindert werden, dass Gesellschafter dem Geschäftsführer die Entlastung versprechen, wenn er Zahlungen an die Gesellschafter anweist, die gegen die Grundsätze der **Kapitalerhaltung** (§§ 30, 31 GmbHG) verstoßen. Bis auf diese Ausnahme ist ein Anspruchsverzicht der GmbH möglich. Dass damit das Gesellschaftsvermögen zu Lasten externer Gesellschaftsgläubiger geschmälert wird, nimmt das Gesetz hin.[84] Ein Entlastungsbeschluss ist selbst dann nicht nichtig, sondern nur anfechtbar, wenn damit ein eindeutiges und schwerwiegendes Fehlverhalten des Geschäftsführers gegenüber der GmbH verziehen wird.[85]

64

Die Verzichtswirkung der Entlastung erstreckt sich auf alle Ansprüche, sofern sie mit der Geschäftsführung in Verbindung stehen.[86] Die Entlastung wird häufig im Rahmen der ordentlichen Gesellschafterversammlung ausgesprochen. Da mit einer Entlastung des GmbH-Geschäftsführers auch ein Verzicht auf erkennbare Ersatzansprüche verbunden ist, sollte man den Entlastungsbeschluss trotz seiner Üblichkeit nicht als unwichtige Formalie ansehen.[87]

65

Sofern der Geschäftsführer auch Gesellschafter ist, darf er bei der Beschlussfassung über die eigene Entlastung nicht mit stimmen. Die Gesellschafter können frei darüber entscheiden, ob sie den Geschäftsführer entlasten. Er hat gegen die GmbH keinen diesbezüglichen Anspruch.

66

Neben der gesetzlich geregelten Entlastung kommt in der Praxis häufig die sogenannte **Generalbereinigung** vor. Es handelt sich hierbei um einen Vertrag zwischen der GmbH

67

---

81 BGH v. 14.10.1991 – II ZR 239/90, NJW-RR 1992, 292.
82 OLG Nürnberg v. 10.11.1999 – 12 U 813/99, BB 2000, 687.
83 So BGH v. 20.5.1985 – II ZR 165/84, NJW 1986, 129; *Lutter/Hommelhoff* in Lutter/Hommelhoff, GmbHG, § 46 Rn 154.
84 Vgl BGH v. 7.4.2003 – II ZR 193/02, NJW-RR 2003, 895.
85 So BGH v. 25.11.2002 – II ZR 133/01, NJW 2003, 1032 für den Entlastungsbeschluss einer Aktiengesellschaft, wenn Gegenstand der Entlastung ein Verhalten vom Vorstand oder Aufsichtsrat ist, welches eindeutig einen schwerwiegenden Gesetzes- oder Satzungsverstoß beinhaltet; diese Entscheidung ist auch bei einer GmbH anwendbar, s. BGH v. 7.4.2003 – II ZR 193/03, NJW-RR 2003, 895.
86 Vgl BGH v. 21.4.1986 – II ZR 165/85, *Gehrlein* GmbH-Recht in der Praxis, S. 156.
87 So zutreffend *Kollmorgen/Friedrichsen* in Dombek/Kroiß, Formularbibliothek Vertragsgestaltung, Gesellschaftsrecht I, Teil 1, § 3 Rn 9.

und dem Geschäftsführer, der inhaltlich über die Entlastung hinausgeht. Bei einer Generalbereinigung verzichtet die GmbH nicht nur auf die bekannten oder erkennbaren Ersatzansprüche, sondern auf sämtliche denkbaren Ersatzansprüche, sofern dies rechtlich möglich ist (die Einschränkung des § 43 Abs. 3 GmbHG gilt auch hier).[88]

**d) Beschlüsse über den Dienstvertrag des Geschäftsführers (Annexkompetenz zu § 46 Nr. 5 GmbHG)**

68  Da die Gesellschafterversammlung nach § 46 Nr. 5 GmbHG für die Bestellung und Abberufung des Geschäftsführers zuständig ist, besteht für sie aufgrund einer sog. Annexkompetenz auch die Zuständigkeit für den Abschluss, die Änderung, die einvernehmliche Aufhebung und die Kündigung des Anstellungsvertrages mit dem Geschäftsführer.[89] Die Gesellschafter vertreten hierbei die GmbH.

69  Wenn hinter dem Rücken eines Mitgesellschafters ein Gesellschafter-Geschäftsführer eine Vergütung erhält, ohne dass hierüber ein Beschluss in der Gesellschafterversammlung zustande kam, dann kann sich eine Schadensersatzpflicht aller Gesellschafter schon aus dem Verstoß gegen die **gesellschaftsrechtliche Kompetenzordnung** nach § 46 Nr. 5 GmbHG ergeben. Hierbei ist es allerdings entscheidend, ob der Leistung an den Gesellschafter-Geschäftsführer eine gleichwertige Gegenleistung gegenüberstand. Deckten sich der Wert der Leistung ganz oder teilweise mit dem Wert der Gegenleistung, kann ein Gesellschafter nämlich aufgrund der gesellschaftsrechtlichen Treuepflicht gehalten sein, die Gehaltszahlung in entsprechendem Umfang zu genehmigen. Dass ein Gesellschafter-Geschäftsführer ohne einen erforderlichen Beschluss Zahlungen von der GmbH erhält, ist für die Beweislastverteilung in einem Rechtsstreit von Bedeutung. Dass trotz des Verstoßes gegen die gesellschaftsrechtliche Kompetenzordnung kein unzulässiger Sondervorteil gewährt worden ist, haben nämlich diejenigen Gesellschafter und der Gesellschafter-Geschäftsführer zu beweisen, die von den Zahlungen ohne den erforderlichen Gesellschafterbeschluss wussten.[90]

**e) Prüfung und Überwachung der Geschäftsführung (§ 46 Nr. 6 GmbHG)**

70  Nach § 46 Nr. 6 GmbHG können die Gesellschafter auch einen Beschluss über Maßregeln zur Prüfung und Überwachung der Geschäftsführung fassen. Dieses kollektive Informationsrecht der Gesellschafter unterscheidet sich von dem individuellen Informationsrecht der Gesellschafter, welches in § 51 a GmbHG geregelt ist. So kann der Geschäftsführer gegenüber einem einzelnen Gesellschafter eine Auskunft oder eine Einsichtnahme nur verweigern, wenn ein nicht unerheblicher Nachteil für die Gesellschafter zu besorgen ist. Eine solche Schranke kennt das kollektive Informationsrecht nicht. Vielmehr können die Gesellschafter in einem Beschluss dem Geschäftsführer bestimmte Informationspflichten auferlegen. So kann er beispielsweise dazu verpflichtet werden, monatlich die betriebswirtschaftlichen Auswertungen vorzulegen. Der Geschäftsführer kann aufgrund eines solchen Beschlusses zu einer unaufgeforderten, au-

---

88 Vgl BGH v. 8.12.1997 – II ZR 236/96, NJW 1998, 315; *Lutter/Hommelhoff* in Lutter/Hommelhoff, GmbHG, § 46 Rn 16.
89 Hierzu *Kallmeyer*, GmbH-Handbuch, Rn I 1434; s. auch BGH v. 25. 3. 1991 – II ZR 169/90, NJW 1991, 1680.
90 BGH v. 11.12.2006 – II ZR 166/05, NJW 2007, 917.

tomatischen und präventiven Information verpflichtet sein. Eine solche Pflicht resultiert aus § 51 a GmbHG nicht.[91]

**f) Geltendmachung von Ersatzansprüchen gegen den Geschäftsführer (§ 46 Nr. 8 GmbHG)**

Ein Schadensersatzanspruch der GmbH gegen ihren Geschäftsführer kann erhebliche Auswirkungen für das Ansehen und den Kredit der GmbH haben. Da hierbei auch Interna dem Gericht vorgelegt werden, soll über die Geltendmachung von Ersatzansprüchen gegen Geschäftsführer (und Gesellschafter) die Gesellschafterversammlung nach § 46 Nr. 8 GmbHG entscheiden.[92] Der Gesellschafterbeschluss ist für die Klage gegen den Geschäftsführer eine sachliche Anspruchsvoraussetzung. Ohne einen solchen Beschluss geht der Prozess zu Lasten der GmbH verloren. Indes reicht es aus, wenn die GmbH den Beschluss nach Einreichung der Klage nachholt und dann dem Gericht vorlegt.[93] Soll sich der Schadensersatzanspruch gegen einen Gesellschafter-Geschäftsführer richten, hat dieser bei der Beschlussfassung wegen § 47 GmbHG kein Stimmrecht. Bei einer GmbH mit zwei Gesellschaftern ist ein Beschluss nach § 46 Nr. 8 GmbHG nicht erforderlich, wenn der Mitgesellschafter einem Stimmverbot unterliegt.[94] Falls die GmbH insolvent ist, braucht der Insolvenzverwalter keinen Gesellschafterbeschluss, um einen Ersatzanspruch gegen den Geschäftsführer gerichtlich geltend zu machen. Bei einer masselosen Insolvenz können die Gesellschaftsgläubiger die Ansprüche der GmbH gegen die Geschäftsführer pfänden. Ein Gesellschafterbeschluss ist auch hier nicht erforderlich.

71

**II. Beschlussfassung innerhalb der Gesellschafterversammlung**

**1. Einberufung der Gesellschafterversammlung**

**a) Zuständigkeit**

Die Gesellschafterversammlung wird nach § 49 Abs. 1 GmbHG durch den Geschäftsführer einberufen. Wenn eine GmbH mehrere Geschäftsführer hat, kann jeder einzelne von ihnen die Gesellschafterversammlung einberufen. Dies gilt auch im Fall der Gesamtvertretung.[95]

72

In dem Gesellschaftsvertrag kann die Zuständigkeit zur Einberufung der Gesellschafterversammlung auch den Gesellschaftern eingeräumt werden. Von dieser Möglichkeit sollten die Gesellschafter zumindest dann Gebrauch machen, wenn die GmbH nur einen Geschäftsführer hat. Möchten die Gesellschafter nämlich diesen einen Geschäftsführer abberufen und außerordentlich kündigen, ist eine Einberufung durch die Gesellschafter nicht ohne Weiteres möglich.

73

**Beispiel (in Anlehnung an BGH vom 7. 2. 1983 – II ZR 14/82, NJW 1983, 1677):**
Die Gesellschafter A, B und C haben eine GmbH gegründet. C ist deren alleinvertretungsberechtigter Geschäftsführer. Sein Anstellungsvertrag kann von beiden Seiten mit einer Frist von zwölf

74

---

91 Vgl OLG Jena v. 14.9.2004 – 6 W 417/04, NZG 2004, 1156.
92 Zum Normzweck des § 46 Nr. 8 GmbHG s. *Gehrlein*, GmbH-Recht in der Praxis, S. 160.
93 BGH v. 3.5.1999 – II ZR 119/98, NJW 1999, 215; die Verjährungsunterbrechung tritt auch bei einer späteren Vorlage des Beschlusses gem. § 46 Nr. 8 GmbHG bereits zum Zeitpunkt der Klageeinreichung ein.
94 Wegen des Stimmrechtsausschlusses wäre der Beschluss eine überflüssige Formalität, s. BGH v. 4.2.1991 – II ZR 246/89, NJW 1991, 1884.
95 Hierzu Scholz/K. *Schmidt*/*Seibt*, GmbHG, § 49 Rn 4.

Monaten zum Jahresende gekündigt werden. Die Gesellschafter gerieten in Streit. Dieser gipfelt zunächst darin, dass A und B das Anstellungsverhältnis des C fristgerecht zum Jahresende kündigen. Daraufhin kündigt auch C sein Anstellungsverhältnis zum Jahresende. Dies wollen wiederum A und B nicht auf sich beruhen lassen und berufen eine Gesellschafterversammlung ein, in der ein Beschluss für eine außerordentliche Kündigung gefasst wird. Zu dieser Gesellschafterversammlung war C nicht erschienen. Der Beschluss war auch wegen eines Verstoßes gegen § 49 Abs. 1 GmbHG unwirksam, denn A und B waren „nur" Gesellschafter.

75 Ohne eine ausdrückliche Ermächtigung in der Satzung können die Gesellschafter nur unter den Voraussetzungen des § 50 GmbHG eine Gesellschafterversammlung einberufen. Sofern die Gesellschafter zusammen mindestens 10 % der Geschäftsanteile halten, sind sie berechtigt, unter Angabe des Zwecks und der Gründe von dem Geschäftsführer die Einberufung der Gesellschafterversammlung zu verlangen. Dies sollte schriftlich geschehen und hierbei müssen die Gesellschafter drei Punkte ansprechen:

- ihre Legitimation von 10 % der Geschäftsanteile,
- den Zweck der Einberufung und damit den Gegenstand der Beschlussfassung (bspw „Abberufung des Geschäftsführers"),
- Begründung für die Dringlichkeit der Beschlussfassung (bspw Verhinderung eines Vermögensschadens für die GmbH).[96]

76 Der Geschäftsführer ist nach Erhalt eines solchen Einberufungsverlangens unverzüglich verpflichtet, eine Gesellschafterversammlung anzuberaumen. Wenn er dem Verlangen nicht entspricht, können die Gesellschafter die Gesellschafterversammlung selbst einberufen, wobei auch sie die Formvorschriften und Fristen des § 51 GmbHG zu beachten haben.

77 Gerade im Hinblick auf die Abberufung eines Geschäftsführers und den Ausspruch einer außerordentlichen Kündigung sind die Gesellschafter zu einem schnellen (nicht vorschnellen) Handeln verpflichtet. Eine außerordentliche Kündigung kann nach § 626 Abs. 2 BGB nur innerhalb von zwei Wochen erfolgen. Die Frist beginnt mit dem Zeitpunkt, in dem der Kündigungsberechtigte von den für die Kündigung maßgebenden Tatsachen Kenntnis erlangt. Bei einer GmbH beginnt die Zweiwochenfrist erst mit Kenntnis der Gesellschafterversammlung über die Umstände, die eine fristlose Kündigung rechtfertigen. Eine außerhalb der Gesellschafterversammlung erlangte Kenntnis der für die Kündigung maßgeblichen Tatsachen löst nicht den Lauf der in § 626 Abs. 2 BGB geregelten Ausschlussfrist aus.[97]

78 Die Gesellschafter dürfen allerdings die Einberufung der Gesellschafterversammlung nicht verzögern, denn sonst muss sich die GmbH so behandeln lassen, als wäre die Gesellschafterversammlung zu einem zumutbaren Termin einberufen worden. Der BGH hält eine Frist von einem Monat für ausreichend. Die Gesellschafter müssen daher innerhalb eines Monats nach ihrem Verlangen auf Einberufung der Gesellschafterversammlung gegenüber dem Geschäftsführer tätig werden.[98]

---

96 Vgl *Gehrlein*, GmbH-Recht in der Praxis, S. 168.
97 Vgl BGH v. 10.9.2001 – II ZR 14/00, NJW-RR 2002, 173; BGH v. 15.6.1998 – II ZR 318/96, NJW 1998, 3274.
98 Vgl hierzu BGH v. 15.6.1998 – II ZR 318/96 NJW 1998, 3274.

Soweit die Gesellschafter dagegen selbst zur Einberufung einer Gesellschafterversammlung berechtigt sind, können sie schneller reagieren und müssen nicht das durch § 50 GmbHG vorgeschriebene Prozedere einhalten. Allerdings darf man bei einer solchen Vereinbarung nicht übersehen, dass sie gerade bei der Abberufung des Geschäftsführers einen Handlungszwang begründen kann. Sofern ein Gesellschafter von dem Vorliegen eines außerordentlichen Kündigungsgrundes Kenntnis erlangt, wird er unverzüglicher die Gesellschafterversammlung einberufen müssen.

Der Geschäftsführer ist verpflichtet, die Gesellschafterversammlung einzuberufen, wenn dies im Interesse der Gesellschaft erforderlich erscheint. Neben dem Einberufungsverlangen nach § 50 GmbHG besteht eine Einberufungspflicht, wenn sich aus der Jahresbilanz oder aus einer im Laufe des Geschäftsjahres aufgestellten Bilanz ergibt, dass die Hälfte des Stammkapitals verloren ist (§ 49 Abs. 3 GmbHG). Diese Einberufungspflicht hat zum Zweck, bereits im Vorfeld einer Insolvenz der GmbH ein Krisenwarnsignal an die Gesellschafter zu geben.[99]

### b) Form

Die Einberufung der Gesellschafterversammlung erfolgt nach § 51 Abs. 1 GmbHG durch Einladung mittels eingeschriebenen Briefs. Dieser Brief muss nach der Rechtsprechung des BGH unterschrieben sein.[100] Ein Übergabe-Einschreiben erfüllt nach Auffassung des gesamten Schrifttums die Anforderungen des § 51 Abs. 1 S. 1 GmbHG; bei einem Einwurf-Einschreiben ist dies umstritten.[101] Eine E-Mail oder ein Telefax reicht für eine ordnungsgemäße Einladung iSd 51 Abs. 1 S. 1 GmbHG angesichts des eindeutigen Wortlauts nicht aus. In der Satzung können die Gesellschafter eine andere Form vereinbaren. Es muss dabei gewährleistet sein, dass die Gesellschafter an der Versammlung teilnehmen und sich zuvor sachgerecht informieren können. Möglich ist also eine Einberufung mittels normalen Briefes, Telefax oder E-Mail.

### c) Frist

Nach § 51 Abs. 1 S. 2 GmbHG ist die Einladung mit einer Frist von einer Woche zu bewirken. Die Frist beginnt nicht schon mit der Einlieferung des Briefes und auch nicht erst mit dem tatsächlichen Zugang der Einladung. Entscheidend ist vielmehr der Zeitpunkt des regelmäßig zu erwartenden Zugangs. Im Normalfall wird man mit einem Postlauf von zwei Tagen rechnen dürfen.[102] Da sich die Rechtsprechung noch nicht zu einer klaren Linie durchgerungen hat, sollte in die Satzung eine eindeutige Regelung aufgenommen werden. Für die Berechnung der Wochenfrist gelten die allgemeinen Vorschriften der §§ 186 ff BGB. Fällt das Fristende auf einen Samstag, Sonntag oder Feiertag, endet die Frist in entsprechender Anwendung des § 193 BGB erst am darauffolgenden Werktag.

---

99 Scholz/K. Schmidt/Seibt, GmbHG, § 49 Rn 23.
100 BGH v. 17.10.1988 – II ZR 1888, NJW-RR 1989, 347; bestätigt durch BGH v. 13.2.2006 – II ZR 200/04, NJW-RR 2006, 831.
101 Für eine Zulässigkeit des Einwurf-Einschreibens Scholz/K. Schmidt/Seibt, GmbHG, § 51 Rn 10; Putz, NJW 2007, 2450; gegen die Zulässigkeit eines Einwurf-Einschreibens wenden sich Zöllner in Baumbach/Hueck, GmbHG, § 51 Rn 10; Arens/Beckmann, Die anwaltliche Beratung des GmbH-Geschäftsführers, § 7 Rn 10.
102 OLG Hamm v. 26.2.2003 – 8 U 110/02, NZG 2003, 630. Der BGH hat diese Frage bisher offen gelassen, s. BGH v. 30.3.1987 – II ZR 180/86, NJW 1987, 2580.

83 **Beispiel:**
Wird das Schreiben am Dienstag zur Post gegeben und ist mit einem Zugang am Donnerstag zu rechnen, so endet die Wochenfrist am folgenden Donnerstag um 24:00 Uhr. Die Gesellschafterversammlung kann dann frühestens am Freitag anberaumt werden.[103]

84 In der Satzung kann die Einberufungsfrist nach übereinstimmender Meinung in Rechtsprechung und Schrifttum nicht verkürzt werden.

**d) Inhalt**

85 Der notwendige Inhalt einer Einberufung ist nur fragmentarisch im Gesetz geregelt. Einigkeit besteht aber in Literatur und Schrifttum dahingehend, dass für eine Einladung folgende Angaben erforderlich sind:
- Ort der Gesellschafterversammlung,
- Datum und Uhrzeit,
- Zweck der Gesellschafterversammlung, also die Tagesordnung; sollte die Tagesordnung nicht oder nicht vollständig in der Einladung enthalten sein, ist sie spätestens drei Tage vor der Versammlung bekanntzugeben,[104]
- Firma der Gesellschaft,
- Nachweis der Urheberschaft durch Unterzeichnung.

86 Die Gesellschafterversammlung findet üblicherweise in den von der GmbH genutzten Räumen statt. Außerhalb dieser Geschäftsräume kann eine Gesellschafterversammlung auch abgehalten werden, wenn den Gesellschaftern eine Teilnahme ohne Schwierigkeiten möglich ist. Datum und Uhrzeit der Gesellschafterversammlung dürfen von dem zur Einberufung befugten Geschäftsführer nicht wissentlich so gelegt werden, dass ein Gesellschafter verhindert ist.[105] Eine Eventualeinberufung für den Fall, dass eine beschlussfähige Versammlung an dem vorgesehenen Tag und zu der vorgesehenen Uhrzeit nicht zustande kommt, ist vor der Durchführung der ersten Gesellschafterversammlung nicht zulässig.[106]

87 Die Tagesordnung muss hinreichend bestimmt sein, sodass den Gesellschaftern eine sachgerechte Vorbereitung und Teilnahme an der Gesellschafterversammlung ermöglicht wird. Die Tagesordnung soll sie vor Überraschungen oder Überrumpelungen schützen.[107]

88 Die Formulierung der Tagesordnung hängt vom Gegenstand der Gesellschafterversammlung ab.

---

103 Vgl hierzu auch *Gehrlein*, GmbH-Recht in der Praxis, S. 173.
104 § 51 Abs. 2 u. 4 sind ungenau gefasst, weil mit dem „Zweck der Versammlung" (Abs. 2) und den „Gegenständen" (Abs. 4) dasselbe gemeint ist, nämlich die Tagesordnung, so auch Scholz/K. *Schmidt/Seibt*, GmbHG, § 51 Rn 18; *Lutter/Hommelhoff in* Lutter/Hommelhoff, GmbHG, § 51 Rn 11.
105 Vgl BGH v. 28.1.1985 – II ZR 79/84, GmbHR 1985, 256; der Begründung der Entscheidung ist zu entnehmen, dass ein Gesellschafter nicht zu einer Versammlung eingeladen werden kann, wenn er wegen der Taufe seines Kindes verhindert ist. Dies muss allerdings dem Einberufungsorgan bekannt sein. Ob es nach den Umständen des Einzelfalls, insbesondere bei geringerer Gesellschafterzahl geboten sein kann, auf das Teilnahmerecht eines Gesellschafters Rücksicht zu nehmen, wenn sich erst nach der Einladung herausstellt, dass ein Gesellschafter verhindert ist und durch Dritte auch nicht sachgemäß vertreten werden kann, hat der BGH offen gelassen.
106 BGH v. 8.12.1997 – II ZR 216/96 NJW 1998, 1317.
107 BGH v. 29.5.2000 – II ZR 47/99, NJW-RR 2000, 1278; BGH v. 25.11.2002 – II ZR 69/01, NJW-RR 2003, 826.

- Soll es in der Gesellschafterversammlung um die Feststellung des Jahresabschlusses und die Verwendung des Ergebnisses gehen, sollte dies auch klipp und klar formuliert werden mit: „Feststellung des Jahresabschlusses (Jahreszahl) und Verwendung des Ergebnisses". Demgegenüber reicht es nicht aus, wenn die Gesellschafter aufgrund der Tagesordnung lediglich mit einer „Erörterung des Jahresabschlusses" rechnen müssen.
- Abberufung des Geschäftsführers: Hier genügt die Ankündigung „Abberufung des Geschäftsführers XY". Die Angabe der Gründe ist nicht erforderlich. Nicht ausreichend wäre die Mitteilung „Geschäftsführerangelegenheiten"[108] oder die Ankündigung „Änderung der Geschäftsführung".[109]

Über Angelegenheiten, die nur unter dem Tagesordnungspunkt „Verschiedenes" angekündigt worden sind, darf in der Gesellschafterversammlung nur beraten, mangels ausreichend präziser Ankündigung aber nicht beschlossen werden.[110]

### e) Adressaten

Die Einladung zur Gesellschafterversammlung muss sich an alle teilnahmeberechtigten Gesellschafter wenden. Es sind also auch die Gesellschafter einzuladen, die in der Gesellschafterversammlung kein Stimmrecht haben.[111] Die Einladung hat an die Adresse zu erfolgen, die der Gesellschaft vom Gesellschafter mitgeteilt wurde. Die Ladung eines Gesellschafters zu einer Gesellschafterversammlung ist nicht deshalb unwirksam, weil sie ihm während seiner angekündigten und urlaubsbedingten Abwesenheit zugeht.[112] Ist der Gesellschafter gestorben und hat das Einberufungsorgan hiervon Kenntnis, ist die Ladung an die Erben unter deren Adresse zu bewirken. Wenn der Gesellschafter für längere Zeit im Urlaub ist und seine Anschrift nicht hinterlassen hat, kann das Einberufungsorgan diesen Gesellschafter ohne Verfahrensfehler bei der ihm bekannten Anschrift laden.[113] Wenn es sich bei dem Gesellschafter selbst um eine juristische Person handelt, ist die Einladung an deren gesetzlichen Vertreter zu richten. Falls über das Vermögen des Gesellschafters ein Insolvenzverfahren eröffnet wurde, ist der Insolvenzverwalter der Adressat des Einberufungsschreibens.[114]

### f) Muster für Einladungsschreiben

Falls die Gesellschaftssatzung keine Änderung zu den gesetzlichen Regelungen enthält (bspw E-Mail statt Einschreiben; Einladung durch die Gesellschafter statt Einladung durch den Geschäftsführer), kann eine Gesellschafterversammlung mit folgendem Schreiben einberufen werden:

---

108  BGH v. 29.5.2000 – II ZR 47/99, NJW-RR 2000, 1278.
109  Scholz/K. Schmidt/Seibt, GmbHG, § 51 Rn 20.
110  OLG München v. 30.6.1993 – 7 U 6945/92, GmbHR 1994, 259.
111  BGH v. 28.1.1984 – II ZR 79/84, GmbHR 1985, 256.
112  OLG München v. 3.11.1993 – 7 U 2905/93, GmbHR 1994, 404.
113  Scholz/K. Schmidt/Seibt, GmbHG, § 51 Rn 8.
114  So noch für die Konkursordnung OLG Düsseldorf v. 24.8.1995 – 6 U 124/94, NJW-RR 1996, 607.

**92 Muster:**

*(Briefkopf der Gesellschaft)*

Übergabeeinschreiben

An den Gesellschafter der XY-GmbH

Anschrift

**Einberufung einer ordentlichen Gesellschafterversammlung**

Sehr geehrter Herr *(Name),*

Sehr geehrte Frau *(Name),*

ich lade Sie hiermit zur ordentlichen Gesellschafterversammlung ein. Die Versammlung findet am *(Wochentag, Datum und Uhrzeit)* in den Geschäftsräumen der Gesellschaft statt.

Tagesordnung:

**TOP 1:** Feststellung des Jahresabschlusses zum 31. Dezember 20XX.

Beigefügt finden Sie eine Abschrift des Jahresabschlusses (Bilanz nebst Gewinn- und Verlustrechnung samt Anhang) und den Lagebericht.

**TOP 2:** Ergebnisverwendung

Die Geschäftsführung schlägt vor, den Jahresüberschuss der Gesellschaft zum 31. Dezember 20XX in Höhe von *(Betrag)* EUR zu einem Teilbetrag von *(Betrag)* EUR an die Gesellschafter auszuschütten und den verbleiben Betrag von *(Betrag)* EUR in die Gewinnrücklagen der GmbH einzustellen.

**TOP 3:** Entlastung des Geschäftsführers für das Geschäftsjahr 20XX.

Die Geschäftsführung schlägt vor, den Geschäftsführer für das Jahr 20XX Entlastung zu erteilen.

*(Ort und Datum)*

*(Unterschrift des Geschäftsführers)*

**93** Wenn eine GmbH nur einen Geschäftsführer hat, ist zunächst nur er allein befugt, eine Gesellschafterversammlung einzuberufen. Wenn nun gerade dieser Geschäftsführer abberufen werden soll, können die Gesellschafter – wie oben beschrieben – eine Gesellschafterversammlung erst einberufen, wenn der Geschäftsführer auf ein Einberufungsverlangen gem. § 50 Abs. 3 GmbHG nicht reagiert hat. Ein solches Schreiben kann wie folgt abgefasst werden:[115]

**94 Muster:**

An XY-GmbH

Herrn Geschäftsführer *(Name)*

Anschrift der GmbH

**Einberufung einer außerordentlichen Gesellschafterversammlung**

Sehr geehrter Herr *(Name),*

ich habe als Gesellschafter der XY-GmbH Geschäftsanteile mit einem Gesamtnennbetrag von 20.000 EUR. Dies entspricht mehr als 10 % des Stammkapitals von 30.000 EUR der XY-GmbH. Unter Berufung auf § 50 Abs. 1 GmbHG verlange ich die Einberufung einer außerordentlichen Gesellschafterversammlung mit dem Tagesordnungspunkt Abberufung des Geschäftsführers *(Name1)*, Geltendmachung von Schadensersatzansprüchen gegenüber dem Geschäftsführer *(Name1)* und Neuberufung des Geschäftsführers *(Name2)*.

---

115 Nach *Kollmorgen/Friedrichsen in* Dombek/Kroiß, Formularbibliothek Vertragsgestaltung, Gesellschaftsrecht I, Teil 1, § 3 Rn 44.

# D. Beschluss 4

Bei der Erstellung des Jahresabschlusses ist es dem Steuerbüro aufgefallen, dass einzelne Gegenstände der XY-GmbH zu einem Betrag, der weit unter dem Verkehrswert liegt, an die AB-GmbH veräußert wurden. Der alleinige Gesellschafter und Geschäftsführer der AB-GmbH ist der Bruder des abzuberufenden Geschäftsführers *(Name1)*. Mit seinem Verhalten hat er die Pflichten als Geschäftsführer verletzt und der XY-GmbH einen Schaden zugefügt. Seine sofortige Abberufung ist daher erforderlich, um weiteren Schaden von der XY-GmbH abzuwenden. Mit seiner Abberufung kann nicht bis zur nächsten ordentlichen Gesellschafterversammlung gewartet werden. An seiner Stelle soll *(Name)* zum Geschäftsführer bestellt werden.

Sollten Sie nicht innerhalb von einen Monat nach Erhalt dieses Schreibens auf mein Verlangen reagieren, werde ich in einem Monat nach § 50 Abs. 3 GmbHG selbst eine Gesellschafterversammlung einberufen.

Mit freundlichen Grüßen

*(Unterschrift des Gesellschafters)*

*(Empfangsbestätigung durch den Geschäftsführer)*[116]

Sofern der Geschäftsführer dem Einberufungsverlangen nicht entspricht, muss der Gesellschafter selbst die Gesellschafterversammlung einberufen. Hierbei kann das Schreiben wie folgt formuliert werden: 95

**Muster:** 96
Übergabeeinschreiben

An

*(Name der Gesellschafter)*

*(Anschrift)*

Einberufung zur außerordentlichen Gesellschafterversammlung am *(Datum)*

Sehr geehrter Herr *(Name)*,

als Gesellschafter der XY-GmbH habe ich Geschäftsanteile mit einem Gesamtnennbetrag von 20.000 EUR. Dies entspricht mehr als 10 % des Stammkapitals der XY-GmbH. Ich hatte den Geschäftsführer der XY-GmbH nach § 50 Abs. 1 GmbHG zur Einberufung einer außerordentlichen Gesellschafterversammlung aufgefordert. Diesem Verlangen ist er nicht nachgekommen. Ich mache daher von meinen Rechten aus § 50 Abs. 3 GmbHG Gebrauch und lade Sie als Gesellschafter der XY-GmbH zu einer außerordentlichen Gesellschafterversammlung ein. Die Versammlung findet am *(Datum und Uhrzeit)* in den Geschäftsräumen der XY-GmbH statt.

Tagesordnung:

**TOP 1:** Abberufung des Geschäftsführers *(Name1)*

**TOP 2:** Geltendmachung von Schadensersatzansprüchen gegenüber dem Geschäftsführer

**TOP 3:** Die Bestellung des Geschäftsführers *(Name2)*

*(Ort und Datum)*

*(Unterschrift des Gesellschafters)*

Zu weiteren Musterschreiben (bspw Ablehnung eines Einberufungsverlangens der Minderheitsgesellschafter durch den Geschäftsführer; Verlangen nach Ergänzung der Ta- 97

---

116 Im Gegensatz zur Einberufung durch den Geschäftsführer gem. § 51 Abs. 1 GmbHG ist bei dem Einberufungsverlangen der Gesellschafter keine besondere Form vorgeschrieben. Zur Beweissicherung empfiehlt sich die Schriftform. Statt eines Einschreibens sollte man dem Geschäftsführer den Brief der Einfachheit halber persönlich übergeben und den Erhalt quittieren lassen.

gesordnung) sei an dieser Stelle auf die einschlägigen Formularhandbücher hingewiesen.[117]

**g) Heilung von Einberufungsmängeln**

98 Die Gesellschafter können jederzeit in Form einer sog. **Universalversammlung**, dh unter Verzicht auf alle Formen und Fristen, zusammentreten.[118] Ein etwaiger Mangel bei einer Einberufung der Gesellschafterversammlung wird durch eine Universalversammlung der GmbH gem. § 51 Abs. 3 GmbHG geheilt. Der Wortlaut dieser Regelung ist allerdings missverständlich. § 51 Abs. 3 GmbHG besagt: Ist die Versammlung nicht ordnungsgemäß einberufen, so können Beschlüsse nur gefasst werden, wenn sämtliche Gesellschafter **anwesend** sind. Den Gesetzeswortlaut könnte man dahingehend verstehen, dass bei einer fehlerhaften Einberufung der Gesellschafter gezwungen wäre, der Gesellschafterversammlung fern zu bleiben, denn sobald er (physisch) anwesend wäre, könnte die Gesellschafterversammlung einen wirksamen Beschluss fassen. Erkennt ein Gesellschafter, dass die ihn zugegangene Einladung nicht den Anforderungen des § 51 Abs. 1 GmbHG oder der Gesellschaftssatzung entspricht, muss es ihm aber möglich sein, an der Gesellschafterversammlung teilzunehmen, um durch seine Hinweise den Mitgesellschaftern die Gelegenheit zu geben, angreifbare Beschlussfassungen zu unterlassen. Aus diesem Grund ist „anwesend" iSd § 51 Abs. 3 GmbHG nur derjenige Gesellschafter, der zur Gesellschafterversammlung erscheint und der Durchführung dieser Versammlung oder der Beschlussfassung weder ausdrücklich noch konkludent widerspricht.[119] Sobald ein Gesellschafter während der Gesellschafterversammlung einer Beschlussfassung widerspricht, gilt er als abwesend, so dass keine Universalversammlung (mehr) vorliegt.[120] Der Gesellschafter muss allerdings den Widerspruch gegen eine Beschlussfassung rechtzeitig erklären. Wenn in der Universalversammlung einer GmbH der Gesellschafter erst nach einem Gesellschafterbeschluss die Rüge einer mangelhaften Einberufung oder Ankündigung erhebt, genügt dies nicht, um die Heilungswirkung des § 51 Abs. 3 GmbHG auszuschließen.[121]

99 **Beispiel (in Anlehnung an BGH v. 25.11.2002 – II ZR 69/01, NJW-RR 2003, 221):**
Die ABC-GmbH wurde von den Gesellschafter A, B, C gegründet. A möchte seinen Geschäftsanteil an den X verkaufen. Dies geht nur mit Zustimmung der Gesellschafterversammlung. Obwohl er nicht Geschäftsführer ist, lädt er seine Mitgesellschafter zu einer Gesellschafterversammlung ein. B möchte gerne den Anteil erwerben. In der Gesellschafterversammlung wird ein Beschluss gefasst, dass nicht B, sondern der X den Anteil erwerben soll. Deswegen genehmigt die Gesellschafterversammlung auch – wie in der Satzung vorgesehen – die Veräußerung der Anteile. B hatte versucht, dieses Ergebnis mit seinen Gegenstimmen zu „kippen". In der Abstimmung war er allerdings unterlegen. Nach der Abstimmung erklärte er, dass die Gesellschafterversammlung sowieso fehlerhaft einberufen gewesen sei. Da er aber an der Abstimmung teilgenommen hatte, war er mit dieser Argumentation beim BGH nicht erfolgreich.

---

117 Ausführlich hierzu *Kollmorgen/Friedrichsen* in Dombek/Kroiß, Formularbibliothek Vertragsgestaltung, Gesellschaftsrecht I, Teil 1, § 3.
118 So zuletzt BGH v. 11.2.2008 – II ZR 187/06, NJW-RR 2008, 706.
119 BGH v. 30.3.1987 – II ZR 180/86, NJW 1987, 2580. Das Schrifttum verwendet statt des Begriffs „Universalversammlung" auch „Vollversammlung", gemeint ist dasselbe, s. *Lutter/Hommelhoff* in Lutter/Hommelhoff, GmbHG, § 51 Rn 17.
120 *Lutter/Hommelhoff* in Lutter/Hommelhoff, GmbHG, § 51 Rn 18.
121 So BGH v. 25.11.2002 – II ZR 69/01, NJW-RR 2003, 826; Scholz/K. Schmidt/Seibt, GmbHG, § 51 Rn 33.

## D. Beschluss 4

Eine Universalversammlung liegt mithin nur vor, wenn alle Gesellschafter anwesend sind und sich an der Abstimmung beteiligen. Um etwaige Streitigkeiten vor Gericht zu vermeiden, sollte das Protokoll einer Gesellschafterversammlung immer mit dem Verzicht auf Form und Frist der Einberufung beginnen. Außerdem sollte der Verzicht auf eine Anfechtungsklage wegen Ankündigungsmängeln erklärt werden.[122] Dieser Rügeverzicht kann auch noch nach der Beschlussfassung erklärt werden. 100

### h) Rechtsfolgen von Einberufungsmängeln

Nur bestimmte, besonders schwerwiegende Mängel der Einberufung führen zur **Nichtigkeit** der in der Gesellschafterversammlung gefassten Beschlüsse. Sie können von Jedermann geltend gemacht werden kann. Ansonsten können Mängel lediglich mit der fristgebundenen **Anfechtungsklage** durch einen Gesellschafter beseitigt werden (vgl hierzu noch unter § 4 Rn 135 ff). 101

Folgende Mängel bei der Einberufung führen zur **Nichtigkeit** des Gesellschafterbeschlusses: 102

- es werden nicht sämtliche Gesellschafter zur Versammlung eingeladen;[123]
- in der Einladung werden Ort oder Zeit nicht genannt;[124]
- die Versammlung wird durch einen Gesellschafter einberufen, der dazu in der Satzung nicht befugt ist;[125]
- die Ladung zu einer Gesellschafterversammlung weist derart schwerwiegende Form- und Fristmängel auf, dass dem Gesellschafter eine Teilnahme faktisch unmöglich ist (Ladung per E-Mail in den Abendstunden des Vortages auf den frühen Vormittag des nächsten Tages).[126]

Demgegenüber sind Gesellschafterbeschlüsse lediglich **anfechtbar**, wenn: 103

- die Ladung zur Gesellschafterversammlung durch einfaches Schreiben statt durch Einschreiben erfolgte;[127]
- die in § 51 Abs. 1 S. 2 GmbHG geregelte oder in der Satzung vereinbarte Ladungsfrist nicht beachtet wird, die Gesellschafter aber dennoch die Möglichkeit zur Teilnahme an der Gesellschafterversammlung haben.[128]

### 2. Ablauf der Gesellschafterversammlung

#### a) Überblick

Eine Gesellschafterversammlung beginnt in der Regel mit einem Beschluss der Gesellschafter über die Ernennung des Versammlungsleiters. Dieser kann, muss aber nicht der Gesellschafter sein. Statt durch Beschluss kann der Versammlungsleiter auch für alle Gesellschafterversammlungen aufgrund einer Vereinbarung in der Satzung festge- 104

---

122 So die Empfehlung von *Kallmeyer*, GmbH-Handbuch, Rn I 1537.
123 Gehrlein, GmbH-Recht in der Praxis, S. 175.
124 *Lutter/Hommelhoff* in Lutter/Hommelhoff, GmbHG, § 51 Rn 15.
125 BGH v. 7.2.1983 – II ZR 14/82, NJW 1983, 1677. Ein nichtiger Gesellschafterbeschluss liegt auch vor, wenn der einladende Gesellschafter zwar zu 10 % beteiligt ist und zuvor den Geschäftsführer nach § 50 Abs. 3 GmbHG um die Einberufung ersucht hat, dann aber nicht gewartet hat, bis dieser der Aufforderung nachkommen konnte und selbst die Versammlung einberuft.
126 BGH v. 13.2.2006 – II ZR 200/04, NJW-RR 2006, 831.
127 *Lutter/Hommelhoff* in Lutter/Hommelhoff, GmbHG, § 51 Rn 16.
128 Scholz/*K.Schmidt/Seibt*, GmbHG, § 51 Rn 24.

legt werden.¹²⁹ Aufgabe des (möglichst unparteiischen) Versammlungsleiters ist es, für die Einhaltung der Verfahrensvorschriften bei der Beschlussfassung zu sorgen. Hierfür stellt er zunächst die Beschlussfähigkeit aufgrund der anwesenden und teilnahmeberechtigten Gesellschafter fest. Der Versammlungsleiter ruft sodann die in der Tagesordnung angekündigten Gegenstände zur Erörterung auf, gibt jedem Gesellschafter die Möglichkeit, sich hierüber zu äußern und nimmt Anträge zur Aufnahme in die Tagesordnung entgegen. Hiernach geben die Gesellschafter ihre Stimme ab, wobei der Versammlungsleiter insbesondere darauf zu achten hat, dass niemand bei der Beschlussfassung mitwirkt, der nach § 47 Abs. 4 GmbHG von der Stimmabgabe ausgeschlossen ist. Die Beschlüsse sollten in einem Protokoll schriftlich festgehalten werden. Steht eine Satzungsänderung zur Beschlussfassung an, muss der Beschluss laut § 53 Abs. 2 S. 1 GmbHG von einem Notar beurkundet werden.

105 Eine Vereinbarung, nach der eine Gesellschafterversammlung jederzeit formlos möglich ist (also ohne Einladung usw), sollte nicht in die Satzung aufgenommen werden, denn sonst streitet man sich vor Gericht, ob ein simples Gespräch zwischen den Gesellschaftern schon eine Versammlung gewesen war.¹³⁰

**b) Teilnahmerecht**

106 Jeder Gesellschafter darf an der Gesellschafterversammlung teilnehmen. Sein Teilnahmerecht besteht auch, wenn die Einlage noch nicht in vollständiger Höhe geleistet wurde. Bei einer Veräußerung des Geschäftsanteils hat der neue Gesellschafter ein Recht auf Teilnahme an der Gesellschafterversammlung, sobald er als Inhaber eines Geschäftsanteils in der im Handelsregister aufgenommenen Gesellschafterliste eingetragen ist (§ 16 Abs. 1 S. 1 GmbHG). Vor der GmbH-Reform bestand ein Teilnahmerecht, wenn der Erwerb, gegenüber der GmbH gemäß § 16 Abs. 1 GmbHG aF angezeigt wurde.¹³¹ Das Teilnahmerecht endet erst mit dem Verlust der Mitgliedschaft und nicht bereits mit Beginn des Ausschluss- oder Einziehungsverfahrens (§§ 21, 27, 34 GmbHG).¹³² Ein Gesellschafter hat auch dann das Recht, an einer Gesellschafterversammlung teilzunehmen, wenn er nicht abstimmen darf. Der Gesellschafter muss immer die Möglichkeit haben, seine Auffassung über den zur Beschlussfassung anstehenden Tagesordnungspunkt mitzuteilen. Außerdem muss er die Möglichkeit haben, den Beschluss von einem Gericht überprüfen zu lassen. Ob die durch das Gesetz oder die Satzung aufgestellten Voraussetzungen für einen Gesellschafterbeschluss eingehalten wurden, wird er nur durch eine Teilnahme an der Gesellschafterversammlung in Erfahrung bringen können.¹³³

107 Wenn es sich bei dem Gesellschafter um eine juristische Person oder eine Personengesellschaft handelt, kann für sie nur ein Mitglied der Geschäftsführung an der Gesellschafterversammlung teilnehmen. Es ist nur fair, wenn die Einladung hierauf hinweist.¹³⁴ Gehören die Geschäftsanteile einer insolventen GmbH, ist deren Insolvenz-

---

[129] *Gehrlein*, GmbH-Recht in der Praxis, S. 176.
[130] So geschehen in BGH v. 11.12.2006 – II ZR 166/05, NJW 2007, 917.
[131] Vgl hierzu *Arens/Beckmann*, Die anwaltliche Beratung des GmbH-Geschäftsführers, § 7 Rn 24.
[132] Scholz/*K.Schmidt/Seibt*, GmbHG, § 48 Rn 13.
[133] Vgl BGH v. 28.1.1985 – II ZR 79/84, GmbHR 1985, 256; *Gehrlein*, GmbH-Recht in der Praxis, S. 180.
[134] So Scholz/*K.Schmidt/Seibt*, GmbHG, § 48 Rn 23.

verwalter teilnahmeberechtigt. Ist eine Erbengemeinschaft die Anteilseignerin, steht das Teilnahmerecht grundsätzlich allen Mitgliedern zu.[135]

Für die Gesellschafter besteht keine Teilnahmepflicht. Sie können auch einer Gesellschafterversammlung fernbleiben und sich von einem hierzu Bevollmächtigten vertreten lassen.[136] § 47 Abs. 3 GmbHG setzt für die Bevollmächtigung lediglich die Textform voraus. Von den Mitgesellschaftern muss der Bevollmächtigte bei Vorlage einer ordnungsgemäßen Vollmacht zugelassen werden. Bei Teilnahme des Vertreters an der Gesellschafterversammlung verbleibt dem Gesellschafter kein eigenes Teilnahmerecht. Entsendet der Gesellschafter seinen Berater als Vertreter, dann übt dieser das Recht für ihn aus.[137] Wird der Geschäftsanteil von einem Treuhänder gehalten, hat auch nur er und nicht der Treugeber ein Teilnahmerecht.

Im Gegensatz zu den Gesellschaftern haben die Geschäftsführer kein Recht zur Teilnahme an der Gesellschafterversammlung. Auch wenn die GmbH eigene Anteile hält (§ 33 Abs. 2 GmbHG), besteht für deren Geschäftsführer kein Teilnahmerecht. Die Mitgliedschaftsrechte für einen eigenen Anteil der GmbH ruhen.[138] Geschäftsführer können allerdings aufgrund Weisung der Gesellschafter zu einer Teilnahme an der Gesellschafterversammlung verpflichtet sein.

### c) Beschlussfähigkeit

Sofern die Satzung keine diesbezügliche Regelung enthält, ist die Gesellschafterversammlung bereits dann beschlussfähig, wenn auch nur ein stimmberechtigter Gesellschafter anwesend ist. Der Gesellschafter könnte dann sogar über eine vorgesehene Satzungsänderung allein beschließen, denn für einen solchen Beschluss sind nach § 53 Abs. 2 S. 1 GmbHG drei Viertel der abgegebenen Stimmen notwendig.[139] Um einer solchen Konstellation vorzubeugen, enthalten die Gesellschaftsverträge regelmäßig eine Vereinbarung, nach der die Beschlussfähigkeit erst bei Anwesenheit eines bestimmten Teils des Stammkapitals oder der vorhandenen Stimmen gegeben ist. Um eine Funktionsfähigkeit der Gesellschafterversammlung sicher zu stellen, ist in diesen Satzungen üblicherweise auch vorgesehen, dass für den Fall der Beschlussunfähigkeit der ersten Gesellschafterversammlung mit gleicher Frist zu einer zweiten Versammlung mit geringeren Anforderungen an die Beschlussfähigkeit eingeladen werden kann.[140]

---

135 *Arens/Beckmann*, Die anwaltliche Beratung des GmbH-Geschäftsführers, § 7 Rn 19; vgl hierzu auch Scholz/ *K.Schmidt/Seibt*, GmbHG, § 48 Rn 15, die im Interesse eines reibungslosen Ablaufs der Gesellschafterversammlung empfehlen, dass die Erben einen gemeinschaftlichen Vertreter entsenden sollten.
136 Ein Muster für eine Vollmacht findet man bei *Kollmorgen/Friedrichsen* in Dombek/Kroiß, Formularbibliothek Vertragsgestaltung, Gesellschaftsrecht I, Teil 1, § 2 C.
137 So auch *Fingerhut/Schröder*, BB 1999, 1230; die entgegen der herrschenden Meinung im Schrifttum davon ausgehen, dass ein Gesellschafter einen Berater zum Zwecke der unmittelbaren Einholung von Rat in die Gesellschafterversammlung mitnehmen kann.
138 Wegen des Ruhens der Mitgliedschaft hat die GmbH bei der Entscheidung über die Gewinnfeststellung und -verwendung kein Stimmrecht und kann auszuschüttende Gewinne nicht beziehen, s. BGH v. 30.1.1995 – II ZR 45/94, NJW, 1995, 1027.
139 Vgl auch Scholz/*K.Schmidt/Seibt*, GmbHG, § 48 Rn 43; aA *Heckschen* in Heckschen/Heidinger, Die GmbH in der Gestaltungspraxis, § 5 Rn 18.
140 Vgl hierzu die Vereinbarung bei *Kollmorgen/Friedrichsen* in Drombeck/Kroiß, Formularbibliothek Vertragsgesellschaft, Gesellschaftsrecht I, Teil 1, § 2 Rn 10; vor der Durchführung der ersten Gesellschafterversammlung kann die zweite Gesellschafterversammlung nicht einberufen werden, vgl BGH v. 8.12.1997 – II ZR 216/96, NJW 1998, 1317.

111 Kommt es nach der GmbH-Satzung für die Beschlussfähigkeit auf die Anwesenheit einer bestimmten Anzahl von Gesellschaftern an, sind für die Feststellung der Beschlussfähigkeit auch diejenigen Gesellschafter mitzuzählen, die sich bei der späteren Abstimmung enthalten haben. Mit Ihrer Anwesenheit geben die Gesellschafter zu erkennen, dass sie für eine Beschlussfähigkeit der GmbH sorgen wollen und das Ergebnis der Gesellschafterversammlung mittragen werden.[141] Die Beschlussfähigkeit muss während der gesamten Gesellschafterversammlung gegeben sein. Sobald ein Gesellschafter, dessen Stimme zur Beschlussfähigkeit erforderlich ist, die Versammlung verlässt, wird diese beschlussunfähig.[142]

**d) Stimmrecht**

112 Jeder Gesellschafter hat aufgrund seiner Mitgliedschaft ein Stimmrecht in der Gesellschafterversammlung. Dieses Stimmrecht behält er auch, wenn ein Gläubiger seinen Geschäftsanteil pfändet.[143] Das Stimmrecht ist untrennbar mit der Mitgliedschaft in der GmbH verbunden. Einem Nichtgesellschafter kann das Stimmrecht daher nicht übertragen werden. Allerdings kann ein Gesellschafter einen Bevollmächtigten in die Gesellschafterversammlung entsenden, der für den Gesellschafter das Stimmrecht ausübt. Wenn eine solche Vollmacht aber auf eine Abtretung des Stimmrechts hinausläuft, ist sie unzulässig. Dies ist bei der Erteilung einer unwiderruflichen Stimmrechtsvollmacht unter gleichzeitigem Stimmrechtsverzicht des Gesellschafters anzunehmen.[144] Ist eine insolvente GmbH an einer anderen GmbH beteiligt, so ist in einer Gesellschafterversammlung der Insolvenzverwalter stimmberechtigt. Hält die GmbH eigene Anteile, ruht ihr Stimmrecht in analoger Anwendung des § 71 b AktG.

113 Ein Gesellschafter kann sich schon vor der Gesellschafterversammlung in einer Vereinbarung mit einem Mit-Gesellschafter oder einem Nicht-Gesellschafter zur Ausübung seines Stimmrechts in einem bestimmten Sinne verpflichten.[145] Ein Verstoß gegen einen solchen Stimmbindungsvertrag führt weder zur Nichtigkeit noch zur Anfechtbarkeit des Gesellschafterbeschlusses.[146] Ein Gesellschafter kann auf Grund seines Geschäftsanteils mehrere Stimmen in der Gesellschafterversammlung haben. Der Gesellschafter darf dann seine Stimmen nur einheitlich abgeben. Wenn er sich seiner Stimmen nicht enthält, kann er also nur mit „Ja" oder „Nein" stimmen.[147] Der Vorsitzende entscheidet, ob das Stimmrecht in der Gesellschafterversammlung mündlich oder schriftlich ausgeübt wird. Die Satzung kann dies im Voraus regeln.[148]

**e) Stimmverbot**

114 In den von § 47 Abs. 4 GmbHG geregelten Fällen haben die Gesellschafter kein Stimmrecht in der Gesellschafterversammlung. Dieses Stimmverbot soll die Gesamtheit aller

---

141 Hierzu *Gehrlein*, GmbH-Recht in der Praxis, S. 179; *Lutter/Hommelhoff* in Lutter/Hommelhoff, § 47 Rn 4.
142 *Kallmeyer*, GmbH-Handbuch, Rn I 1612.
143 *Gehrlein*, GmbH-Recht in der Praxis, S. 182.
144 BGH v. 17.11.1986 – II ZR 96/86, NJW 1987, 780; *Gehrlein*, GmbH-Recht in der Praxis, S. 183.
145 Unter bestimmten Umständen können Abstimmungsvereinbarungen mit Nicht-Gesellschaftern unzulässig sein, s. *Lutter/Hommelhoff* in Lutter/Hommelhoff, § 47 Rn 5.
146 Vgl Scholz/*K. Schmidt*, GmbHG, § 47, Rn 53, wonach eine bindungswidrige Stimmabgabe zu einem fehlerhaften Gesellschafterbeschluss führen kann, wenn die Stimmbindung in der Satzung vereinbart wurde.
147 BGH v. 21.3.1988 – II ZR 308/87, NJW 1988, 1844; *Lutter/Hommelhoff* in Lutter/Hommelhoff, GmbHG, § 47 Rn 4.
148 Hierzu *Kallmeyer*, GmbH-Handbuch, Rn I, 1565.

Gesellschafter schützen. Auch wenn ein Gesellschafter in der Versammlung sein Stimmrecht wegen § 47 Abs. 4 GmbHG nicht ausüben darf, kann er dennoch an der Gesellschafterversammlung teilnehmen.

Die in § 47 Abs. 4 GmbHG enthaltenen Stimmverbote beruhen auf zwei Grundgedanken. Zum einen wird das allgemeine Verbot eines Insichgeschäftes (§ 181 BGB) in das Gesellschaftsrecht übertragen. Wenn ein Gesellschafter mit einer GmbH einen Vertrag abschließt, soll er keinen Einfluss auf die Willensbildung der Gesellschaft haben. Zum anderen soll der Gesellschafter nicht „Richter in eigener Sache" sein.[149] Auch wenn das Gesetz keine Generalklausel enthält, sind die in § 47 Abs. 4 GmbHG enthaltenen Stimmrechtsverbote nicht abschließend. Im Einzelnen bestehen folgende Stimmverbote: 115

- **Entlastung eines Gesellschafters** (§ 47 Abs. 4 S.1 Alt. 1 GmbHG). Das Stimmverbot ist erforderlich, weil die GmbH mit einer Entlastung des Gesellschafters in seiner Funktion als Geschäftsführer gem. § 46 Nr. 5 GmbHG auf Ersatzansprüche verzichtet. Hat eine GmbH mehrere Gesellschafter-Geschäftsführer, muss bei der Beschlussfassung darauf geachtet werden, dass immer nur derjenige mit stimmt, für den gerade keine Entlastung erteilt werden soll. Eine gegenseitige Entlastung der Gesellschafter-Geschäftsführer ist allerdings unwirksam, wenn diese in einer gesamtschuldnerischen Verantwortung stehen. Bei einer gemeinsam begangenen Pflichtverletzung umfasst das Stimmverbot alle Gesellschafter-Geschäftsführer, die hieran beteiligt waren.[150] Da der Gesellschafter aufgrund der in § 47 Abs. 4 S.1 Alt. 1 GmbHG enthaltenen Wertung **nicht Richter in eigener Sache** sein soll, kann er bei einem Beschluss über eine Kaduzierung oder Einziehung seines Anteils (§ 21 bzw § 34 GmbHG) und den Ausschluss aus wichtigem Grund nicht mit stimmen.[151] Aus diesem Grunde kann ein Gesellschafter auch bei der Beschlussfassung über eine von ihm vorgenommene Informationsverweigerung nach § 51a Abs. 2 S. 2 GmbHG nicht stimmberechtigt sein.[152] Von besonderer praktischer Bedeutung ist schließlich das Stimmverbot des Gesellschafter-Geschäftsführers bei einem Beschluss über seine Abberufung als Geschäftsführer aus wichtigem Grund sowie die außerordentliche Kündigung seines Anstellungsvertrages.[153]
- **Befreiung von einer Verbindlichkeit** (§ 47 Abs. 4 S. 1 Alt. 2 GmbHG). Das Stimmverbot greift für alle Verbindlichkeiten des Gesellschafters gegenüber der GmbH. Es ist unerheblich, ob die GmbH einen vertraglichen oder gesetzlichen Anspruch hat. Von der Verpflichtung zur Leistung der Einlage kann die GmbH den Gesellschafter wegen § 19 Abs. 2 S. 1 GmbHG auch dann nicht befreien, wenn dieser das Stimmverbot beachtet. Entsprechendes gilt für den Ersatzanspruch gegen einen Gesellschafter-Geschäftsführer nach § 31 GmbHG.
- **Vornahme eines Rechtsgeschäfts gegenüber einem Gesellschafter** (§ 47 Abs. 4 S. 2 Alt. 1 GmbHG). Rechtsgeschäfte sind der Abschluss eines Vertrages, die Erklärung

---

149 Hierzu *K. Schmidt*, Gesellschaftsrecht, § 36 III 3. b (S. 1096); *Lutter/Hommelhoff* in Lutter/Hommelhoff, GmbHG, § 47 Rn 13.
150 Hierzu BGH v. 20.1.1986 – II ZR 73/85, NJW 1986, 2051 sowie den hieraus gebildeten Beispielsfall bei *K. Schmidt*, Gesellschaftsrecht, § 36 III 3 b (S. 1097).
151 *Lutter/Hommelhoff* in Lutter/Hommelhoff, GmbHG, § 47 Rn 19.
152 *Kallmeyer*, GmbH-Handbuch, Rn I 1580.
153 BGH v. 20.12.1982 – II ZR 110/82, NJW 1983, 938; BGH v. 27.10.1986 – II ZR 74/85, NJW 1987, 1889.

einer Kündigung, die Anfechtung sowie die Befreiung eines Gesellschafters von einem Wettbewerbsverbot. Bei den innergesellschaftlichen Rechtsgeschäften, den sogenannten Sozialakten, besteht nach übereinstimmender Meinung in der Rechtsprechung und im Schrifttum kein Stimmrechtsverbot. Aus diesem Grund kann der Gesellschafter sein Stimmrecht auch bei einem Beschluss ausüben, mit dem er selbst zum Geschäftsführer bestellt wird. Der Gesellschafter unterliegt bei der Beschlussfassung über seine Vergütung als Gesellschafter-Geschäftsführer keinem Stimmverbot nach § 47 Abs. 4 S. 2 GmbHG.[154]

- **Einleitung oder Erledigung eines Rechtsstreits** (§ 47 Abs. 4 S. 2 Alt. 2 GmbHG). Der Gesellschafter ist von der Ausübung seines Stimmrechts ausgeschlossen, wenn die GmbH gegen ihn einen Rechtsstreit einleiten möchte (Beispiel: Klage auf Zahlung der rückständigen Einlage). Das Stimmverbot besteht nicht bei Beschlüssen, mit denen der Gesellschafter zu einer Leistung aufgefordert wird (Beispiel: Die Gesellschafter beschließen, dass die noch offene Einlage fällig gestellt wird.)[155]

116 Wenn die Voraussetzungen für ein Stimmverbot gegeben sind, ist nur der jeweilige Gesellschafter von der Ausübung seines Stimmrechts ausgeschlossen; seine Verwandten können demgegenüber an der Beschlussfassung mitwirken.[156] Ebenso bleibt die **Ehefrau** stimmberechtigt, wenn sich der Gesellschafterbeschluss gegen ihren Ehemann richtet.[157] Etwas anderes gilt nur, wenn nicht nur der Verdacht, sondern auch die ernsthafte Besorgnis besteht, dass die stimmberechtigten Gesellschafter ihr Stimmrecht mit Rücksicht auf den Befangenen unsachgemäß ausüben oder der Befangene einen beherrschenden Einfluss auf das Abstimmungsverhalten ausüben kann.[158]

117 Wenn ein Gesellschafter von seinem Stimmrecht ausgeschlossen ist, darf er nicht als Vertreter eines anderen Gesellschafters bei der Versammlung mitstimmen. Ein Stimmverbot kann nicht durch die Einschaltung eines Stellvertreters ausgehebelt werden. Eine im Widerspruch zu § 47 Abs. 4 GmbHG abgegebene Stimme darf bei der Beschlussfassung nicht mitgezählt werden. Sollte diese Stimme für das Schlussergebnis ausschlaggebend gewesen sein, kann ein Gesellschafter gegen diesen Beschluss mit einer Anfechtungsklage vorgehen.[159]

### f) Mehrheitserfordernis

118 Ein Gesellschafterbeschluss bedarf nach § 47 Abs. 1 GmbHG der Mehrheit der abgegebenen Stimmen. Während bei den Personengesellschaften das Einstimmigkeitsprinzip herrscht (§ 119 HGB), besteht bei der GmbH grundsätzlich das Mehrheitsprinzip. Für einen Gesellschafterbeschluss genügt grundsätzlich die **einfache Mehrheit**. Eine qualifizierte Mehrheit, also die Mehrheit von **drei Viertel** der abgegebenen Stimmen sieht das Gesetz in folgenden Fällen vor:

- Satzungsänderungen (§ 53 Abs. 2 GmbHG),
- Kapitalerhöhung (§ 55 GmbHG),

---

154 BGH v. 11.12.2006 – II ZR 166/05, NJW 2007, 917.
155 *Gehrlein*, GmbH-Recht in der Praxis, S. 191.
156 BGH v. 16.2.1981 – II ZR 168/79, NJW 1981, 1512.
157 Vgl BGH v. 13.1.2003 – II ZR 227/00, NJW 2003, 2314 zum Gesellschafterausschluss.
158 Hierzu BGH v. 13.1.2003 – II ZR 227/00, NJW 2003, 2314.
159 BGH v. 26.10.1988 – II ZR 87/83, NJW 1984, 489.

- Auflösung (§ 60 Abs. 1 Nr. 2 GmbHG),
- Umwandlungen (zB Formwechsel gem. §§ 193 Abs. 1, 240 Abs. 1 UmwG; Verschmelzung gem. §§ 13 Abs. 1, 50 Abs. 1 UmwG; Aufspaltung oder Abspaltung gem. §§ 125 Abs. 1, 13 Abs. 1, 50 Abs. 1 UmwG).

Die Zustimmung aller Gesellschafter ist nach herrschender Meinung im Schrifttum erforderlich, wenn der Gesellschaftszweck geändert wird. Soll der Gesellschafter durch den Gesellschafterbeschluss zu einer Leistung verpflichtet werden, die in dem Gesellschaftsvertrag noch nicht vorgesehen ist, geht dies nicht ohne seine Zustimmung (§ 53 Abs. 3 GmbHG).

Die Gesellschafter können in der Satzung eigene Regelungen zu den Mehrheitserfordernissen vereinbaren. Die Satzung kann daher vorsehen, dass Gesellschafterbeschlüsse nur mit einer Dreiviertelmehrheit oder einstimmig zustande kommen können. Eine solche Verschärfung ist wegen des damit verbundenen Minderheitenschutzes zulässig. In der Satzung kann demgegenüber nicht vereinbart werden, dass ein Gesellschafterbeschluss ohne Stimmenmehrheit zustande kommt. Von der gesetzlichen Dreiviertelmehrheit können die Gesellschafter in der Satzung nur für den Auflösungsbeschluss nach § 60 Abs. 1 Nr. 2 GmbHG abweichen. Ein solcher Beschluss kann von dem Erfordernis einer einfachen Mehrheit abhängig gemacht werden.[160] Nach § 47 Abs. 2 GmbHG aF gewähren je 50 EUR eines Geschäftsanteils eine Stimme. Das MoMiG hat § 47 Abs. 2 geändert. Nunmehr gewährt jeder Euro eines Geschäftsanteils eine Stimme. Es bleibt bei dem Grundsatz, dass ein Gesellschafter mehrere Stimmen aus demselben Geschäftsanteil ausüben kann, er hierbei aber nur einheitlich abstimmen darf. § 47 Abs. 2 GmbH regelt in diesem Zusammenhang nur die Stimmkraft der für einen Geschäftsanteil abgegebenen Stimme.[161] Wenn ein Gesellschafter mehrere Geschäftsanteile zu je einem Euro hat, kann er sein Stimmrecht ebenfalls nur einheitlich ausüben.[162]

**Beispiel:**
Die A & B-GmbH hat ein Stammkapital von 30.000 EUR. A hat einen Geschäftsanteil mit einem Nennbetrag 20.000 EUR, B einen Geschäftsanteil mit einem Nennbetrag von 10.000 EUR übernommen. Bei einer Gesellschafterversammlung hatte der A vor Inkrafttreten des MoMiG 400 Stimmen, der B 200 Stimmen. Nun hat A 20.000 Stimmen und B 10.000 Stimmen.

Ein Gesellschafterbeschluss kommt zustande, wenn die Zahl der Ja-Stimmen, die der Nein-Stimmen übersteigt. Enthaltungen werden nicht mitgezählt, denn nach § 47 Abs. 2 GmbHG entscheidet die Mehrheit der „abgegeben" Stimmen. Würde man die Enthaltungen mitzählen, wäre dies gleichbedeutend mit einer Wertung als Nein-Stimme. Wer sich enthält, stimmt aber nicht gegen einen Antrag.[163] Bei der Stimmauswertung bleiben ungültige Stimmen genauso unberücksichtigt wie die Stimmen eines Gesellschafters, dessen Stimmrecht ruht (bspw die GmbH hält eigene Anteile) oder die Stimmen eines Gesellschafters, der einem Stimmverbot nach § 47 Abs. 4 GmbHG unterliegt.

---

160 Vgl hierzu Scholz/*K. Schmidt*, GmbHG, § 47 Rn 11; zur Vereinbarung einer Einstimmigkeit s. BGH v. 25.9.1989 – II ZR 304/88, NJW-RR 1990, 99.
161 So Scholz/*K. Schmidt*, GmbHG § 47 Rn 6.
162 Im Ergebnis auch *Wachter* in Römermann/Wachter, GmbH-Beratung nach dem MoMiG, S. 5, 11.
163 BGH v. 25.1.1982 – II ZR 164/81, NJW 1982, 1585.

123  Von der gesetzlichen Regelung, nach der jeder Euro eines Geschäftsanteils eine Stimme gibt kann die Satzung verschiedene Abweichungen vorsehen. So ist es möglich, dass Stimmgewicht vom Kapitalanteil zu lösen und eine Abstimmung nach Köpfen einzuführen. Ebenso so kann das Stimmgewicht von den bisher geleisteten Zahlungen auf die Einlage abhängig gemacht werden.[164] Weiterhin ist es möglich, einem einzelnen Gesellschafter ein **Mehrfachstimmrecht** einzuräumen oder stimmrechtslose Anteile zu bilden. Für eine mittelständische GmbH kann es interessant sein, einem Gesellschafter ein **Vetorecht** einzuräumen. In diesem Wirtschaftsbereich wird eine GmbH häufig zur Vorbereitung einer Unternehmensnachfolge gegründet. Ist der ursprüngliche Unternehmensinhaber aufgrund der Freibeträge für die Schenkungs- und Erbschaftssteuer gehalten, den Nachfolgern möglichst viele Geschäftsanteile zu übertragen, kann ihm doch daran gelegen sein, auch weiterhin einen maßgeblichen Einfluss auf die Entscheidungen des Unternehmens zu behalten. In einer solchen Konstellation sollte die Satzung bestimmte Beschlussgegenstände nennen, die der Zustimmung dieses Gesellschafters bedürfen (zB Geschäftsführerbestellung, Genehmigung einer Anteilsübertragung, Satzungsänderung).[165]

### g) Protokollierung und Dokumentation

124  Im Gegensatz zur Hauptversammlung einer Aktiengesellschaft muss ein Gesellschafterbeschluss grundsätzlich nicht protokolliert werden. Eine dem § 130 AktG entsprechende Regelung gibt es im GmbHG grundsätzlich nicht. Eine Besonderheit gibt es bei den Beschlüssen einer GmbH mit nur einem Gesellschafter (hierzu sogleich). Ansonsten besteht von dem Grundsatz der formfreien Beschlussfassung lediglich bei Beschlüssen über eine Satzungsänderung (§ 53 Abs. 2 GmbHG) und bei Umwandlungsbeschlüssen eine Ausnahme. Diese Beschlüsse bedürfen einer notariellen Beurkundung.

125  Um einer Auseinandersetzung zwischen den Gesellschaftern vorzubeugen, sollte der Versammlungsleiter zu jeder Gesellschafterversammlung ein Protokoll aufsetzen. Üblicherweise enthält ein Protokoll folgende Angaben:[166]

- Datum, Beginn der Versammlung (Uhrzeit), Versammlungsort,
- Teilnehmende Gesellschafter und Geschäftsführer,
- Bestimmung des Protokollführers sowie Versammlungsleiters,
- Zugang der fristgemäßen Einladung nebst Tagesordnung,
- Feststellung der Beschlussfähigkeit,
- Aufruf der Tagesordnungspunkte,
- Angaben über die Abstimmung,
- Verkündung des Ergebnisses und ggf Feststellung der Beschlussfassung,
- Ende der Versammlung (Uhrzeit)
- Unterschrift.

---

164 *Gehrlein*, GmbH-Recht in der Praxis, S. 179.
165 Vgl hierzu Scholz/*K. Schmidt*, GmbHG, § 47 Rn 12.
166 Vgl hierzu das Muster für ein Versammlungsprotokoll bei *Kollmorgen/Friedrichsen* in Dombek/Kroiß, Formularbibliothek Vertragsgestaltung, Gesellschaftsrecht I, Teil 1, § 3 Rn 72; sowie die Übersicht von *Kallmeyer*, GmbH-Handbuch, Rn I 1621.

## D. Beschluss 4

Die Satzung kann festlegen, dass die Protokollierung Wirksamkeitsvoraussetzung für einen Beschluss ist. Im Zweifel dürfte es aber genügen, wenn der Gesellschaftsvertrag die Abfassung eines Protokolls als Regelfall vorschreibt.[167]

126

### 3. Besonderheiten bei der Einpersonen-GmbH

Ein Gesellschafterbeschluss ist grundsätzlich auch wirksam, wenn hierüber kein Protokoll erstellt wurde. Als Ausnahme von dieser Regel bestimmt § 48 Abs. 3 GmbHG, dass bei einer Einpersonen-GmbH über jeden Gesellschafterbeschluss eine Niederschrift anzufertigen ist, die der Gesellschafter unterschreiben muss. Bei einer GmbH & Co. KG als Alleingesellschafterin einer GmbH bildet der Geschäftsführer der Komplementärgesellschaft die Gesellschafterversammlung der GmbH. Er muss Beschlüsse nach § 48 Abs. 3 GmbHG dokumentieren. Das Fehlen einer solchen schriftlichen Fixierung macht zwar Beschlüsse oder Entschließungen keineswegs nichtig. Nach allgemeiner Auffassung kann sich die Einmanngesellschaft aber bei fehlender Dokumentation nicht auf das Vorhandensein eines Beschlusses berufen.[168] Bei einer Kündigung des GmbH-Geschäftsführers einer Einpersonen-GmbH kann das Kündigungsschreiben die Dokumentation des Gesellschafterbeschlusses über eine Abberufung des Geschäftsführers darstellen.[169]

127

### III. Beschlussfassung ohne eine Gesellschafterversammlung
### 1. Grundlagen

Die Beschlüsse der Gesellschafter werden nach § 48 Abs. 1 GmbHG *in* Gesellschafterversammlungen gefasst. Es kann aber durchaus Konstellationen geben, in denen eine Gesellschafterversammlung nicht erforderlich ist. Zum einen können sich die Gesellschafter bereits vor einer Beschlussfassung auf einen bestimmten Beschlussinhalt verständigt haben. Niemand hat dann noch ein Interesse an einer förmlichen Durchführung der Gesellschafterversammlung. Zum anderen kann es bei einer GmbH mit einer Vielzahl von Gesellschaftern sehr schwer sein, einen geeigneten Ort und Zeitpunkt für eine Gesellschafterversammlung zu finden. Das Gesetz gibt den Gesellschaftern die Möglichkeit, auch ohne eine Gesellschafterversammlung einen Beschluss zu fassen. Nach § 48 Abs. 2 Alt.1 GmbHG bedarf es einer Versammlung nicht, wenn sich sämtliche Gesellschafter in Textform mit der zu treffenden Entscheidung einverstanden erklären. Eine Gesellschafterversammlung ist gem. § 48 Abs. 2 Alt. 2 GmbHG ferner nicht erforderlich, wenn sich die Gesellschafter mit der schriftlichen Abgabe der Stimme einverstanden erklärt haben.

128

Sieht man einmal von den Umwandlungsbeschlüssen ab, können die Gesellschafter in allen Angelegenheiten ohne eine Gesellschafterversammlung einen Beschluss fassen. Selbst bei beurkundungsbedürftigen Satzungsänderungen ist eine Beschlussfassung ohne Gesellschafterversammlung zulässig.[170] Der Gesellschaftsvertrag kann einen Ver-

129

---

167 Hierzu *Lutter/Hommelhoff* in Lutter/Hommelhoff, GmbHG, § 48 Rn 9.
168 OLG Köln v. 3.6.1993 – 1 U 71/92, BB 1993, 1388.
169 BGH v. 27.3.1995 – II ZR 140/93, NJW 1995, 1750.
170 Dem Notar verbleibt es dann, das Ergebnis der in Textform eingegangenen Abstimmung festzustellen, s. hierzu Scholz/K. *Schmidt*, GmbHG, § 48 Rn 55, vgl auch *Lutter/Hommelhoff* in Lutter/Hommelhoff, GmbHG, § 48 Rn 2.

sammlungszwang festlegen, indem er eine Beschlussfassung nur in einer Gesellschafterversammlung vorsieht.[171] Die Gesellschafter können durch eine Satzungsregelung auch die Beschlussfassung erleichtern und Gesellschaftern die Stimmabgabe mittels Telefon oder Video-Konferenz ermöglichen (zur kombinierten Beschlussfassung sogleich unter 4.).[172]

### 2. Einverständnis in der Sache

130 Bei einem Einverständnis in der Sache (§ 48 Abs. 2 Alt. 1 GmbHG) kann es sinnvoll sein, den Beschluss im Umlaufverfahren an die Gesellschafter zu senden. In diesem Zusammenhang redet man auch von Zirkularbeschlüssen.[173] Ebenso kann jeder Gesellschafter die Erklärung per Fax oder per E-Mail abgeben. Eine fernmündliche Erklärung oder eine Telefonkonferenz genügt demgegenüber nicht.[174] Der Beschluss kann von einem Geschäftsführer oder einem Gesellschafter initiiert werden. Er kommt zustande, wenn alle Gesellschafter zugestimmt haben. Gesellschafter, die von der Beschlussfassung ausgeschlossen sind, müssen ihre Zustimmung zu einer Beschlussfassung in Textform abgegeben haben. Die Zustimmung der stimmberechtigten Gesellschafter hat eine Doppelfunktion. Sie stimmen einer Beschlussfassung außerhalb einer Gesellschafterversammlung zu und erklären ihr Einverständnis mit dem Beschlussinhalt. Die Satzung sollte genaue Regeln über eine Beschlussfassung im Umlaufverfahren enthalten. Hierzu gehören: Fristen für die Stimmabgaben; Zuständigkeit für die Entgegennahme der Stimmen und Beschlussfeststellung.[175] Da ein Gesellschafter während einer Beschlussfassung im Umlaufverfahren seine Meinung ändern könnte und sich von einer nochmaligen Aussprache nichts verspricht, sollte man für diesen Fall die Möglichkeit eines abweichenden Votums vorsehen. Dies geht nur über eine schriftliche Stimmabgabe gem. § 48 Abs. 2 Alt. 2 GmbHG.

### 3. Schriftliche Abstimmung

131 Eine Beschlussfassung ohne eine Gesellschafterversammlung ist nach § 48 Abs. 2 Alt. 2 GmbHG ferner möglich, wenn die Gesellschafter mit einer schriftlichen Abstimmung einverstanden sind. In der Sache selbst können sie unterschiedlicher Meinung sein, über das Verfahren muss indes Einigkeit bestehen. Auch der einem Stimmverbot unterliegende Gesellschafter muss mit einer schriftlichen Abstimmung einverstanden sein. Die Beschlussfassung setzt neben diesem Einverständnis einen klaren Antrag und eine schriftliche Stimmabgabe voraus. Bei einer schriftlichen Abstimmung ist der Beschluss regelmäßig erst zustande gekommen, wenn er vom Versammlungsleiter festgestellt und

---

171 Eine diesbezügliche Satzungsbestimmung muss allerdings eindeutig sein. Auch wenn der Gesellschaftervertrag eine Formulierung enthält, nach der „Beschlüsse nur in Gesellschafterversammlungen gefasst werden", ist damit der Weg zu § 48 Abs. 2 GmbHG nicht versperrt, da solche Formulierungen als Handlungsempfehlung für den Geschäftsführer angesehen werden, so Scholz/*K. Schmidt*, GmbHG, § 48 Rn 66.
172 *Gehrlein*, BB 2006, 1128.
173 So Scholz/*K. Schmidt*, GmbHG, § 48 Rn 60.
174 *Lutter/Hommelhoff* in Lutter/Hommelhoff, GmbHG, § 48 Rn 7.
175 Ebenso Scholz/*K. Schmidt*, GmbHG, § 48 Rn 60.

allen Gesellschaftern mitgeteilt wurde. Auch hier sollte die Satzung eine klarstellende Regelung enthalten.[176]

### 4. Kombinierte Beschlussfassung

Bei einer kombinierten Beschlussfassung geben nicht alle Gesellschafter ihre Stimme während der Versammlung ab. Einzelnen Gesellschaftern wird es vielmehr gestattet, ihr Stimmrecht außerhalb einer Gesellschafterversammlung, sei es davor oder danach, auszuüben. Eine kombinierte Beschlussfassung ist nur zulässig, wenn diese Entscheidungsform ausdrücklich in der Satzung vorgesehen ist. Ohne eine solche Vereinbarung ist ein Beschluss, der in einem kombinierten Verfahren zustande kam, nichtig.[177]

132

**Beispiel (der Entscheidung BGH v. 16.1.2006 – II ZR 135/04, NJW 2006, 2044 nachgebildet):**
A ist mit 12.000 EUR, B mit 26.000 EUR sowie C und D mit jeweils 6.000 EUR an der ABCD-GmbH beteiligt. Weil ein Gläubiger des A die Zwangsvollstreckung in dessen Geschäftsanteil betreibt, soll auf Betreiben des B die Gesellschafterversammlung über die in der Satzung vorgesehene Zwangseinziehung des Anteils von A einen Beschluss fassen. Zur Versammlung erscheinen nur B, C und D. Obwohl B und C bereits über die Hälfte aller Stimmen verfügen und einer Einziehung auch zustimmen, räumen sie dem noch unentschlossenen D die Möglichkeit ein, nachträglich seine Stimme abzugeben. Eine diesbezügliche Vereinbarung war in der Satzung nicht vorgesehen. Der BGH gab der Nichtigkeitsklage des A statt. Wenn bereits ein Einberufungsmangel zur Nichtigkeit eines Gesellschafterbeschlusses führen kann, dann muss dies erst recht für den Fall gelten, dass ein unzulässiges Abstimmungsverfahren stattgefunden hat.[178]

133

Die Gesellschafter sollten durch eine Satzungsregel eine kombinierte Beschlussfassung zulassen, bei der nicht nur die Stimmen der in einer Gesellschafterversammlung anwesenden Mitglieder berücksichtigt werden, sondern auch bereits vorliegende oder noch abzugebende Stimmen der Gesellschafter, die der Versammlung ferngeblieben sind. Die Gesellschafter können in diesem Zusammenhang auch die fernmündliche Stimmabgabe ermöglichen oder die Voraussetzungen für eine Videokonferenz schaffen.[179] Aus Gründen der Beweissicherung erscheint für die Abgabe einer Stimme außerhalb einer Gesellschafterversammlung die Schriftform empfehlenswert.

134

### IV. Rechtsschutz gegen fehlerhafte Gesellschafterbeschlüsse
### 1. Grundlagen

Zu den Rechtsfolgen eines fehlerhaften Gesellschafterbeschlusses enthält das GmbHG keine einschlägigen Normen. Seit eh und je wenden die Gerichte daher die Parallelvorschriften des Aktienrechts aus den §§ 241 ff AktG an, soweit nicht die Besonderheiten der GmbH eine Abweichung erfordern.[180] Die weit überwiegende Auffassung im Schrifttum stimmt dem zu und die Praxis hat sich damit arrangiert.[181] Im Gegensatz zum Regierungsentwurf aus 1971 (dort unter §§ 191 ff) enthält das MoMiG daher kei-

135

---

176 Vgl *Gehrlein*, GmbH-Recht in der Praxis, S. 193. Formulierungshilfen für eine schriftliche Beschlussfassung findet man bei *Kollmorgen/Friedrichsen* in Dombek/Kroiß, Formularbibliothek Vertragsgestaltung, Gesellschaftsrecht I, Teil 1, § 3 Rn 88.
177 So BGH v. 16.1.2006 – II ZR 135/04, NJW 2006, 2044.
178 Zur Kritik an dieser Entscheidung, s. Scholz/K. Schmidt, GmbHG, § 48 Rn 67.
179 Hierzu *Gehrlein*, BB 2006, 1128.
180 BGH v. 16.12.1953 – II ZR 167/52, NJW 1954, 385; zuletzt bestätigt durch BGH v. 13.2.2006 – II ZR 200/04, NJW-RR 2006, 831.
181 Hierzu Scholz/K. Schmidt, GmbHG, § 45 Rn 35 ff; *Lutter/Hommelhoff* in Lutter/Hommelhoff, GmbHG, Anh. § 47 Rn 1.

ne neuen Regelungen. Die §§ 241 ff AktG spielen auch weiterhin eine wichtige Rolle im GmbH-Recht.

136 Wie bei der Aktiengesellschaft machen nur besonders schwerwiegende Mängel einen Gesellschafterbeschluss **nichtig**. Ansonsten sind Gesellschafterbeschlüsse regelmäßig nur **anfechtbar**.[182] Auf die Nichtigkeit eines Gesellschafterbeschlusses kann sich jeder berufen; auch ein Fremdgeschäftsführer, der eben *nicht* GmbH-Gesellschafter ist. Dagegen können sich nur Gesellschafter mit einer Anfechtungsklage gegen einen Gesellschafterbeschluss wehren.[183]

### 2. Nichtige Gesellschafterbeschlüsse

#### a) Nichtigkeitsgründe

137 Nach § 241 AktG ist der Beschluss einer Hauptversammlung nur in den dort geregelten Konstellationen nichtig. In Anlehnung an diese Vorschrift hat die Rechtsprechung auch für die GmbH einen Katalog von Nichtigkeitsgründen entwickelt. In allen anderen Fällen führt ein Verstoß gegen eine gesetzliche Vorschrift nur zur Anfechtbarkeit des Gesellschafterbeschlusses.

138 Zu den wichtigsten Nichtigkeitsgründen zählen folgende Verstöße:

- **Einberufungsmängel (§ 241 Nr. 1 AktG analog):** Es werden nicht sämtliche Gesellschafter zur Versammlung eingeladen. In der Praxis unterbleibt eine Einladung an alle Gesellschafter, weil man meint, den mit einem Stimmverbot belegten Gesellschafter nicht einladen zu müssen.[184] In der Einladung werden Ort oder Zeit nicht genannt.[185] Die Versammlung wird durch einen Gesellschafter einberufen, der dazu in der Satzung nicht befugt war.[186] Die Ladung zu einer Gesellschafterversammlung weist derartige schwerwiegende Form- und Fristmängel auf, dass dem Gesellschafter eine Teilnahme faktisch unmöglich ist.[187]
- **Beurkundungsmängel (§ 241 Nr. 2 AktG analog):** Falls der Gesellschafterbeschluss den Gesellschaftsvertrag ändern soll, ist er nichtig, wenn er entgegen § 53 Abs. 2 GmbHG nicht notariell beurkundet ist.[188] Entsprechendes gilt u.a. für Umwandlungsbeschlüsse (§§ 50, 125, 176, 233 UmwG).
- **Verletzung des Gläubigerschutzes (§ 241 Nr. 3 AktG analog):** Ein Gesellschafterbeschluss verstößt vor allem dann gegen den Gläubigerschutz, wenn er mit den Vorschriften zur Kapitalaufbringung und -erhaltung (bspw §§ 19, 22, 24 30-34 GmbHG) nicht im Einklang steht. Hierzu zählt zB ein Beschluss, in dem die Ge-

---

[182] Eine seltene Sonderstellung nehmen die schwebend unwirksamen Gesellschafterbeschlüsse ein. Sie sind mangelfrei zustande gekommen, ihre Wirksamkeit hängt aber noch von einer Bedingung ab, s. hierzu Scholz/K. *Schmidt*, GmbHG, § 45 Rn 53 ff.
[183] Sofern der Versammlungsleiter kein Beschlussergebnis festgestellt hat, können die Gesellschafter hierauf mit einer Ergebnisfeststellungsklage reagieren, s. BGH v. 13.11.1995 – II ZR 288/94, NJW 1996, 259; vgl auch *Schmitz-Herscheidt/Coenen* in Saenger/Aderhold/Lenkaitis/Speckmann, Handels- und Gesellschaftsrecht, § 6 Rn 279 ff.
[184] *Gehrlein*, GmbH-Recht in der Praxis, S. 175.
[185] *Lutter/Hommelhoff* in Lutter/Hommelhoff, GmbHG, § 51 Rn 15.
[186] BGH v. 7.2.1983 – II ZR 14/82, NJW 1983, NJW 1677.
[187] BGH v. 13.2.2006 – II ZR 200/04, NJW-RR 2006, 831.
[188] Zur Abgrenzung von satzungsändernden und daher beurkundungsbedürftigen Beschlüssen von satzungsauslegenden und deshalb formfreien Beschlüssen, vgl BGH v. 25.11.2002 – II ZR 69/01, NJW-RR 2003, 826 sowie *Gehrlein*, GmbH-Recht in der Praxis, S. 198.

sellschafter trotz des § 19 Abs. 2 GmbHG auf eine noch ausstehende Bareinlage verzichten oder ein Beschluss über die Einziehung eines Geschäftsanteils, wenn feststeht, dass wegen § 30 Abs. 1 GmbHG an den Gesellschafter keine Entschädigung gezahlt werden darf.[189] Des Weiteren kann der Gläubigerschutz durch einen Beschluss zur Feststellung des Jahresabschlusses tangiert werden, wenn die Aktiva überbewertet sind. In diesem Falle ergibt sich die Nichtigkeit des Gesellschafterbeschlusses auch aufgrund einer analogen Anwendung des § 256 AktG.[190] Nach der Rechtsprechung ist ein solcher Beschluss allerdings nur dann nichtig, wenn die Vermögens- und Ertragslage vorsätzlich verschleiert werden sollte. Wenn die Feststellung des Jahresabschlusses nichtig ist, dann ist auch der Gewinnverwendungsbeschluss nichtig.[191]

Soweit es die Nichtigkeitsgründe anbelangt, haben die Gesellschafter keinen Gestaltungsspielraum. Sie können in der Satzung den Katalog der Nichtigkeitsgründe nicht erweitern oder einschränken.[192]

### b) Folgen nichtiger Gesellschafterbeschlüsse

Ein nichtiger Gesellschafterbeschluss ist grundsätzlich nicht verbindlich. Nur in seltenen Ausnahmefällen kann er durch die Eintragung in das Handelsregister geheilt werden. Hierzu zählt der eintragungspflichtige Zustimmungsbeschluss zu einem Unternehmensvertrag iSd §§ 291, 292 AktG. Die Nichtigkeit eines solchen Beschlusses kann in analoger Anwendung des § 242 Abs. 2 AktG nicht mehr geltend gemacht werden, wenn dessen Eintragung im Handelsregister länger als drei Jahre zurückliegt. Ebenso wird bei einer Satzungsänderung die Nichtbeachtung der notariellen Form durch die Eintragung im Handelsregister entsprechend § 242 Abs. 1 AktG geheilt.[193]

Ansonsten kann sich jeder innerhalb und außerhalb eines Rechtsstreits auf die Nichtigkeit des Gesellschafterbeschlusses berufen. Gesellschafter oder Dritte, bei denen ein Feststellungsinteresse gegeben ist (Fremdgeschäftsführer) können eine Nichtigkeitsfeststellungsklage erheben. Im Gegensatz zur Anfechtungsklage besteht keine Klagefrist, allerdings kann eine Verwirkung in Betracht kommen.[194]

### 3. Anfechtbare Gesellschafterbeschlüsse

### a) Anfechtungsgründe

Sofern ein Nichtigkeitsgrund nicht vorliegt, kann sich ein Gesellschafter mit einer Anfechtungsklage gegen einen fehlerhaften Beschluss wehren. Anfechtbar sind dabei alle gesetzes- oder satzungswidrigen Beschlüsse (vgl auch § 243 Abs. 1 AktG). Praxisrelevante Anfechtungsgründe sind vor allem:

---

[189] BGH v. 19.6.2000 – II ZR 73/99, NJW 2000, 2819.
[190] Vgl hierzu ausführlich *Brete/Thomsen*, GmbHR 2008, 176, die berichten, dass Insolvenzverwalter zunehmend „Nichtigkeitsgutachten" erstellen, um auf diese Weise Erstattungsansprüche gegen Gesellschafter durchzusetzen.
[191] Hierzu Scholz/*K. Schmidt*, GmbHG, § 45 Rn 79 mwN.
[192] Wie hier auch Scholz/*K. Schmidt*, GmbHG, § 45 Rn 63; aA *Zöllner* in Baumbach/Hueck, GmbHG, § 47 Rn 31.
[193] Hierzu *Lutter/Hommelhoff* in Lutter/Hommelhoff, GmbHG, Anh. § 47, Rn 28. Zur Anwendbarkeit des § 242 Abs. 2 AktG im GmbH-Recht, s. BGH v. 19.6.2000 – II ZR 73/99, NJW 2000, 2819.
[194] Hierzu *Schmitz-Herscheidt/Coenen* in Saenger/Aderhold/Lenkaitis/Speckmann, Handels- und Gesellschaftsrecht, § 6 Rn 265.

- **Verfahrensverstöße:** Ladung zur Gesellschafterversammlung durch einfaches Schreiben;[195] Nichteinhaltung der Ladungsfrist, wobei dem Gesellschafter die Teilnahme an der Gesellschafterversammlung möglich ist;[196] Beschlussfassung trotz Beschlussunfähigkeit;[197] Berücksichtigung von Stimmen, obwohl der Gesellschafter einem Stimmverbot unterliegt; ebenso die fälschliche Nichtberücksichtigung einer Stimme, weil die Voraussetzungen des § 47 Abs. 4 GmbHG nicht erfüllt sind.[198]
- **Inhaltsverstöße:** Die Gesellschafter beschließen den Ausschluss eines Mitgesellschafters oder die Einziehung seines Anteils, ohne dass die gesetzlichen oder vertraglichen Voraussetzungen erfüllt sind.[199] Die Gesellschafter beschließen eine Entlastung des Geschäftsführers, obwohl er eine schwere Pflichtverletzung begangen und der GmbH möglicherweise einen schweren Schaden zugefügt hat.[200] Ein Anfechtungsgrund liegt auch vor, wenn sich ein Gesellschafter mit seinem Abstimmungsverhalten unerlaubte Sondervorteile verschafft. Von den zahlreichen Fällen aus der Praxis, hier nur zwei Beispiele: Ein Gesellschafter nützt seine Stimmenmehrheit aus, indem er die Pensionsrückstellungen derartig erhöht, dass ein Mitgesellschafter, der nur wenige Jahre der GmbH angehören wird, kein Gewinnbezugsrecht mehr hat.[201] Ein Gesellschafter möchte die Folgen einer verdeckten Sacheinlage heilen, bei dem dafür erforderlichen Beschluss verweigert sein Mitgesellschafter aber die Zustimmung.[202]

143 Ein Anfechtungsgrund liegt demgegenüber regelmäßig nicht vor, wenn sich der Verstoß auf bloße Ordnungsvorschriften beschränkt. Soll nach der Satzung jeder Beschluss in einem Protokoll festgehalten werden, ist auch ein mündlicher Beschluss wirksam. Wenn die Gesellschafter in dem Gesellschaftsvertrag allerdings vereinbart haben, dass ihre Beschlüsse einer notariellen Beurkundung bedürfen, ist jeder schriftliche oder mündliche Beschluss anfechtbar.[203]

### b) Relevanzerfordernis

144 Bei einem Verfahrensverstoß hängt der Erfolg einer Anfechtungsklage davon ab, ob sich dieser Verstoß auf das Beschlussergebnis ausgewirkt hat. Hierbei muss der Kläger nicht nachweisen, dass der Verfahrensmangel **kausal** für das Beschlussergebnis war. Der BGH hatte früher einen Kausalzusammenhang zwischen Verfahrensverstoß und Beschlussergebnis verlangt. Inzwischen hat er sich für die Hauptversammlungsbeschlüsse von Aktiengesellschaften klar gegen solche Kausalitätserwägungen ausgesprochen. Im Schrifttum wird die Rechtsprechung zu den Aktiengesellschaften auch auf die Gesellschafterbeschlüsse einer GmbH angewendet. Unter Berücksichtigung der neueren Rechtsprechung ist eine Anfechtungsklage nicht erfolgreich, wenn die Gesellschaft nachweisen kann, dass ein Verfahrensfehler bei wertender Betrachtung schlechthin

---

195 *Lutter/Hommelhoff* in Lutter/Hommelhoff, GmbHG, § 51 Rn 16.
196 *Scholz/K.Schmidt/Seibt*, GmbHG, § 51 Rn 24.
197 BGH v. 17.10.1988 – II ZR 18/88, NJW 1989, 347.
198 BGH v. 26.10.1988 – II ZR 87/83, NJW 1984, 489.
199 BGH v. 17.9.2001 – II ZR 245/99, DStR 2001, 1898.
200 OLG Düsseldorf v. 8.3.2001 – 6 U 64/00, NZG 2001, 991.
201 BGH v. 14.2.1974 – II ZR 76/72, BB 1974, 854; zu den Grenzen einer Inhaltskontrolle, s. *Scholz/K.Schmidt/Seibt*, GmbHG, § 47 Rn 26.
202 BGH v. 7.7.2003 – II ZR 235/01, NJW 2003, 3127.
203 Vgl *Scholz/K.Schmidt/Seibt*, GmbHG, § 45 Rn 66 sowie § 48 Rn 51.

nicht **relevant** für das Beschlussergebnis gewesen sein kann.[204] Ob mit dem Wechsel von einer Kausalität des Verfahrensverstoßes zu einer Relevanz des Verfahrensverstoßes ein Unterschied in der Sache verbunden ist, erscheint zweifelhaft, da es sich jeweils um eine wertende Entscheidung handelt.[205] Entscheidend ist für eine Relevanz des Verfahrensverstoßes, ob er auf die Willensbildung der Gesellschaft oder der Gesellschafter Einfluss genommen haben kann. Von einem relevanten Verfahrensverstoß darf man u.a. ausgehen, wenn:[206]

- ein Gesellschafter trotz eines Stimmverbots abgestimmt hat und seine Stimmen für das Ergebnis des Gesellschafterbeschlusses ausschlaggebend waren;
- die Einberufung unter Nichteinhaltung der gesetzlichen oder vertraglichen Ladungsfrist erfolgt ist;
- die Einberufung keine Tagesordnung enthält;
- der Antrag eines Gesellschafters auf Aussprache zur Sache und Anhörung seines Standpunkts zurückgewiesen wird. Es ist in diesem Zusammenhang gleichgültig ob der Gesellschafter stimmberechtigt ist oder nicht.[207]

Ein Verfahrensverstoß ist demgegenüber dann nicht relevant, wenn er keinen Einfluss auf die Willensbildung gehabt haben kann. **145**

### c) Anfechtungsbefugnis

Jeder **Gesellschafter** kann gegen einen gesetzes- oder satzungswidrigen Beschluss eine Anfechtungsklage erheben. Nicht-Gesellschaftern ist dieser Rechtsweg auch dann versperrt, wenn sie und ein Gesellschafter einen Stimmbindungsvertrag abgeschlossen haben und sich der Gesellschafter bei der Beschlussfassung hieran nicht gehalten hat. Zwar kann ein Vertragspartner des Gesellschafters aus einem Stimmbindungsvertrag die Vollstreckung nach § 894 ZPO betreiben. Ein Verstoß gegen einen Stimmbindungsvertrag führt aber weder zur Nichtigkeit, noch zur Anfechtbarkeit des Gesellschafterbeschlusses.[208] **146**

Im Gegensatz zum Vorstand einer Aktiengesellschaft (s. § 245 Nr. 4 AktG) kann der Geschäftsführer einer GmbH nach der Rechtsprechung keine Anfechtungsklage einreichen. Der Geschäftsführer ist gegenüber der Gesellschafterversammlung gem. § 37 GmbHG weisungsgebunden. Die Kontrollfunktion der Gesellschafterversammlung wäre geschwächt, wenn der Geschäftsführer mit einer Anfechtungsklage selbst eine Kontrolle ausüben könnte.[209] Das Vorstehende gilt allerdings nur für den Fremdgeschäftsführer, der also nicht auch Gesellschafter der GmbH ist. Ein Gesellschafter-Geschäftsführer ist wegen seiner Mitgliedschaft in der GmbH immer anfechtungsbefugt. **147**

---

204 BGH v. 18.10.2004 – II ZR 250/02, NJW 2005, 828; zur Übertragung dieser aktienrechtlichen Rechtsprechung auf die GmbH, s. *Gehrlein*, GmbH-Recht in der Praxis, S. 204; *Schmitz-Herscheidt/Coenen* in Saenger/Aderhold/Lenkaitis/Speckmann, Handels- und Gesellschaftsrecht, § 6 Rn 272.
205 So noch BGH v. 17.11.1997 – ZR 77/97, NJW 1998, 684.
206 Hierzu und weitere Beispiele bei *Lutter/Hommelhoff* in Lutter/Hommelhoff, GmbHG, Anh. § 47 Rn 49 ff; Scholz/*K. Schmidt*, GmbHG, § 45 Rn 103.
207 Hierzu OLG Hamm, v. 3.11.1997 – 8 U 197/96, NJW-RR 1998, 967.
208 Vgl Scholz/*K. Schmidt*, GmbHG, § 47 Rn 53, wonach eine bindungswidrige Stimmabgabe zu einem fehlerhaften Gesellschafterbeschluss führen kann, wenn die Stimmbindung in der Satzung vereinbart wurde.
209 BGH 28.1.1980 – II ZR 84/79, NJW 1980, 527; hierzu auch. *Schmitz-Herscheidt/Coenen* in Saenger/Aderhold/Lenkaitis/Speckmann, Handels- und Gesellschaftsrecht, § 6 Rn 268; im Schrifttum wird indes eine Anfechtungsbefugnis des Geschäftsführers zunehmend bejaht, s. Scholz/*K. Schmidt*, GmbHG, § 45 Rn 134.

## d) Anfechtungsfrist

**148** Im Aktienrecht muss eine Anfechtungsklage gem. § 246 Abs. 1 AktG innerhalb eines Monats nach Beschlussfassung erhoben werden. Auch der Gesellschafter einer GmbH sollte eine Anfechtungsklage in diesem Zeitraum bei Gericht einreichen. Der BGH scheut sich zwar, die Monatsfrist des § 246 Abs. 1 AktG ohne Ausnahmen auf eine GmbH anzuwenden, zieht sie aber als „Leitbild" heran. § 246 Abs. 1 AktG gibt, wie der BGH und das Schrifttum betonen, einem Aktionär nur wenig Zeit, um sich die Entscheidung zur Klageerhebung zu überlegen. Die zeitliche Begrenzung mag bei einer am Kapitalmarkt tätigen Aktiengesellschaft und ihrer Abhängigkeit von einer zeitnahen Rechtssicherheit noch tragbar sein. Bei einer GmbH besteht zwischen den Gesellschaftern häufig eine enge persönliche Verbindung. Eine Anfechtungsklage muss hier wohl überlegt sein. Sie kann das Verhältnis zwischen den Gesellschaftern unwiederbringlich zerstören. Ein Gesellschafter wird häufig erst alle Möglichkeiten einer außergerichtlichen Einigung ausschöpfen und die Erfolgsaussichten einer Anfechtungsklage umfassend klären wollen, bevor er vor Gericht zieht. Wegen dieser Unterschiede bindet die Rechtsprechung den GmbH-Gesellschafter nicht an die starre Frist des § 246 AktG, sondern billigt ihm das Recht zu, die Anfechtungsklage innerhalb einer nach den konkreten Umstände des jeweiligen Falles angemessenen Zeitspanne zu erheben. Die **Monatsfrist** in § 246 Abs. 1 AktG ist dabei (nur) ein Maßstab, nicht aber eine verbindliche Vorgabe. Welche Frist angemessen ist, hängt letztlich davon ab, ob zur Vorbereitung der Klage schwierige tatsächliche oder rechtliche Fragen zu klären sind.[210]

**149** Diese Betrachtungsweise eröffnet im Einzelfall einen Entscheidungsspielraum. Sie führt aber ebenso zu Unsicherheiten. So hatte der BGH eine Anfechtungsklage, die mehr als zwei Monaten nach dem Beschluss beim Gericht einging, wegen der verwandtschaftlichen Verbindungen zwischen den Gesellschaftern und der rechtlichen Kompliziertheit der Sache (es ging in dem angegriffenen Beschluss um die Erhöhung einer Geschäftsführervergütung und deren Angemessenheit) noch als rechtzeitig erhoben angesehen.[211] In einem anderen Fall wurde gegen einen Beschluss, der während einer Gesellschafterversammlung an einem 13. Dezember zustande kam, die Anfechtungsklage an einem 22. Januar erhoben. Dies war nach der Auffassung des BGH aber trotz der zahlreichen Feiertage zu spät, da der Prozessbevollmächtigte des Gesellschafters schon in der Versammlung diese Anfechtungsklage angekündigt hatte. Bei dieser Gelegenheit betonte der BGH, dass die Monatsfrist des § 246 Abs. 1 AktG – von eng begrenzten Ausnahmen abgesehen – als Maßstab zu gelten habe.[212]

**150** Die Satzung sollte daher eine klare Frist für eine Anfechtungsklage enthalten. Bei einer kleinen oder mittelständischen GmbH dürfte es im Interesse der häufig miteinander verwandten Gesellschafter sein, wenn diese Frist nicht einen Monat, sondern zwei Mo-

---

210 Vgl BGH v. 21.3.1988 – II ZR 308/87, NJW 1988, 1844; BGH v. 14.5.1990 – II ZR 126/89, NJW 1990, 2625. Hierzu auch *Schmitz-Herscheidt/Coenen* in Saenger/Aderhold/Lenkaitis/Speckmann, Handels- und Gesellschaftsrecht, § 6 Rn 269.
211 BGH v. 14.5.1990 – II ZR 126/89, NJW 1990, 2625.
212 So BGH v. 18.4.2005 – II ZR 151/03, NZG 2005, 551. Vgl demgegenüber aber BGH v. 14.3.2005 – II ZR 153/03, NJW 2005, 708, 709, wo von der „einen Monat betragenden Anfechtungsfrist" die Rede ist und die Kritik von Scholz/*K. Schmidt*, GmbHG, § 45 Rn 142.

nate beträgt.²¹³ Eine kürzere Frist als die Monatsfrist – und seien es auch nur vier Wochen – können die Gesellschafter nicht wirksam vereinbaren.²¹⁴

Unabhängig davon ob die Anfechtungsfrist in der Satzung geregelt ist oder sich durch eine Orientierung an § 246 Abs. 1 AktG ergibt, ist zu beachten, dass innerhalb dieser Zeit alle Gründe, auf die sich die Anfechtung stützt, in den Prozess eingeführt werden müssen. Verspätet vorgebrachte Gründe sind unbeachtlich, denn sonst wäre die Frist funktionslos.²¹⁵ **151**

### e) Zuständigkeit

Für eine Anfechtungsklage ist das **Landgericht** am Sitz der GmbH ausschließlich zuständig. In der Frage, ob auch bei der Kammer für Handelssachen von einer ausschließlichen Zuständigkeit auszugehen ist, haben sich die Gerichte noch nicht zu einer einheitlichen Meinung durchgerungen.²¹⁶ Um den Rechtsstreit nicht zu verzögern, sollte sich die Klage ausdrücklich an die Kammer für Handelssachen richten.²¹⁷ **152**

## E. Ausscheiden

### I. Überblick

Es gibt zahlreiche Varianten, die zu einem Ausscheiden des Gesellschafters aus der GmbH führen können. Zu den wichtigsten zählen:²¹⁸ **153**

- Ausscheiden durch Veräußerung der Geschäftsanteile an Dritte (**Anteilsveräußerung**);
- Ausscheiden bei nicht voll eingezahlten Geschäftsanteilen (**Kaduzierungsverfahren**, §§ 21 ff GmbHG);
- Ausscheiden durch Einziehung des Geschäftsanteils (**Einziehung**, § 34 GmbHG);
- Ausscheiden auf Betreiben der Mitgesellschafter (**Ausschluss**);
- Ausscheiden auf Betreiben des Gesellschafters (**Austritt**).

Die folgende Darstellung beschränkt sich auf die wesentlichen Grundlagen zum Ausscheiden der Gesellschafter. Die Gemeinsamkeiten und Unterschiede von Einziehung, Ausschluss und Austritt werden unter VII in einer Synopse zusammenfassend dargestellt. **154**

Durch das MoMiG wurden auch die rechtlichen Rahmenbedingungen zur Einziehung von Geschäftsanteilen m. E. geändert. Nach der Neufassung des § 3 Abs. 1 Nr. 4 **155**

---

213 Ähnlich auch Scholz/*K. Schmidt*, GmbHG, § 45 Rn 144: „Monatsfrist (…), ist nicht uneingeschränkt ratsam." Anders indes das Vertragsmuster von *Kollmorgen/Friedrichsen* in Dombek/Kroiß, Formularbibliothek Vertragsgestaltung, Gesellschaftsrecht I, Teil 1, § 2 Rn 13.
214 BGH v. 21.3.1988 – II ZR 308/87, NJW 1988, 1844.
215 BGH v. 9.11.1992 – II ZR 230/91, NJW 1992, 400; BGH v. 14.3.2005 – II ZR 153/03, NJW 2005, 708, 709.
216 Nach Auffassung des OLG München v. 14.9.2007 – 31 AR 211/07, GmbHR 2007, 1108 besteht für Anfechtungsklagen eine ausschließliche Zuständigkeit bei der Kammer für Handelssachen. Das OLG Celle hat dies in seinem Beschluss v. 14.1.2008 – 4 AR 3/08, GmbHR 2008, 264 offen gelassen.
217 Eindrucksvoll hierzu ist das Verfahren zum Beschluss des OLG Celle v. 14.1.2008 – 4 AR 3/08, GmbHR 2008, 264: Die Anfechtungsklage vor dem LG Hannover enthielt keinen ausdrücklich gestellten Antrag auf Verhandlung vor der Kammer für Handelssachen. Die Klärung der funktionalen Zuständigkeit verzögerte den Rechtsstreit dann um fast vier Monate.
218 Zu weiteren Konstellationen des Ausscheidens aus der GmbH s. Beck GmbH-HB/*Zätzsch*, § 13.

GmbHG muss der Gesellschaftsvertrag u.a. die Zahl und die Nennbeträge der Geschäftsanteile enthalten, die jeder Gesellschafter gegen Einlage auf das Stammkapital (Stammeinlage) übernimmt. Die Höhe der Nennbeträge der einzelnen Geschäftsanteile kann, wie der jetzige § 5 Abs. 3 S. 1 GmbHG besagt, verschieden bestimmt werden. Allerdings muss die Summe der Nennbeträge aller Geschäftsanteile mit dem Stammkapital übereinstimmen (§ 5 Abs. 3 S. 2 GmbHG). Diese Änderungen wirken sich auf die Einziehung von Geschäftsanteilen aus. Konnten bisher nach der Einziehung eines Geschäftsanteils die Summe der Nennbeträge der Geschäftsanteile und der Nennbetrag des Stammkapitals auseinanderfallen, ist dies künftig unzulässig.[219] Von den Änderungen des MoMiG unberührt bleiben die von der Rechtsprechung entwickelten Grundsätze zum Ausschluss eines Gesellschafters und zum Austritt des Gesellschafters.

## II. Anteilsveräußerung
### 1. Zulässigkeit

156 Geschäftsanteile einer GmbH sind frei veräußerlich (§ 15 Abs. 1 GmbHG). Der Geschäftsanteil umschreibt die Mitgliedschaft des Gesellschafters und seine sich hieraus ergebenden Rechte und Pflichten.[220] Die Übertragung eines Geschäftsanteils erfolgt durch Abtretung gem. §§ 413, 398 ff BGB. Der Gesellschafter kann seinen Geschäftsanteil an einen Dritten, einen Gesellschafter und auch an die GmbH veräußern.

157 Bei dem Erwerb eigener Geschäftsanteile muss der veräußernde Gesellschafter allerdings seine Einlagen vollständig geleistet haben (§ 33 Abs. 1 GmbHG). Geschäftsanteile darf die GmbH auch nur dann erwerben, wenn sie hierfür nicht ihr nach § 30 Abs. 1 GmbHG gebundenes Vermögen einsetzen muss und sie die Rücklage für eigene Anteile bilden kann. Der **Erwerb eigener Geschäftsanteile** durch die GmbH kann an den Anforderungen des § 33 Abs. 2 GmbHG scheitern, wenn es trotz bestehender Verbindlichkeiten und einem hierzu anhängigen Rechtsstreit versäumt wurde, Rückstellungen zu bilden und es deshalb für den Erwerb der eigenen Geschäftsanteile kein den Betrag des Stammkapitals übersteigendes freies Vermögen gibt.[221] Der Gesellschafter-Geschäftsführer muss bei dem Erwerb eigener Geschäftsanteile von den Beschränkungen des § 181 BGB befreit werden.

158 Die Satzung kann die Veräußerung der Geschäftsanteile an weitere Voraussetzungen knüpfen; insbesondere kann die Veräußerung nach § 15 Abs. 5 GmbHG von der Genehmigung der Gesellschaft abhängig gemacht werden. In diesem Fall ist von einem vinkulierten (gebundenen) Geschäftsanteil die Rede.[222] Bei einer kleinen oder mittelständischen GmbH gibt es häufig nur einen überschaubaren Kreis von Gesellschaftern, die sehr eng miteinander zusammenarbeiten. Gerade wegen dieser personalistischen Struktur möchten die Gesellschafter verhindern, dass gegen ihren Willen eine unbekannte Person Mitglied in der GmbH werden kann. Aus diesem Grund sind in fast allen Gesellschaftsverträgen sog. **Vinkulierungsklauseln** enthalten.[223] Mit einer solchen Ver-

---

219 Vgl BT-Drucks. 16/6140, S. 73.
220 Scholz/Winter/Seibt, GmbHG, § 14 Rn 1; Lutter/Bayer in Lutter/Hommelhoff, GmbHG, § 14 Rn 1.
221 Hierzu OLG Zweibrücken v. 6.11.2000 – 7 U 101/00, NZG 2001, 569.
222 K. Schmidt, Gesellschaftsrecht, § 35 II 1. b (S. 1047).
223 Vgl hierzu Bayer/Hoffmann/Schmidt, GmbHR 2007, 953; Karsten, GmbHR 2007, 958.

einbarung kann die Übertragung des Geschäftsanteils von der Genehmigung der Gesellschaft, der Gesellschafterversammlung oder einzelner Gesellschafter abhängig gemacht werden. Die Vinkulierungsklausel berührt dabei nicht das Verpflichtungsgeschäft zwischen dem derzeitigen Gesellschafter und dem Anteilserwerber. Sie sorgt vielmehr dafür, dass das Verfügungsgeschäft über den Geschäftsanteil bis zur Erteilung der Genehmigung nach § 182 BGB schwebend unwirksam ist. Die Gesellschafter dürfen die Genehmigung der Anteilsveräußerung allerdings nicht grundlos, willkürlich oder aus sachfremden Gründen verweigern. Dies wäre ein Verstoß gegen die Treuepflicht.[224]

## 2. Verpflichtungsgeschäft

Für die Übertragung des Geschäftsanteils ist zunächst eine Vereinbarung erforderlich, durch welche die Verpflichtung des Gesellschafters zur Abtretung eines Geschäftsanteils begründet wird (§ 15 Abs. 4 S. 1 GmbHG). Sodann bedarf es eines weiteren Vertrages zur Abtretung des Geschäftsanteils an den neuen Gesellschafter (Verfügungsgeschäft, § 15 Abs. 3 GmbHG). Verpflichtungs- und Verfügungsgeschäft werden in der Regel in einer Urkunde zusammengefasst. 159

Bei dem Verpflichtungsgeschäft handelt es sich regelmäßig um einen Kaufvertrag. Der Gesellschafter verkauft an den Käufer seinen Geschäftsanteil und bekommt hierfür den vereinbarten Kaufpreis. Diese Vereinbarung bedarf nach § 15 Abs. 4 GmbHG der notariellen Beurkundung. Dem Beurkundungszwang unterliegt der gesamte Vertrag einschließlich aller Nebenabreden, auch solcher über die Modalitäten der Vertragserfüllung.[225] 160

Wenn eine Gesellschaft bürgerlichen Rechts die Inhaberin des Geschäftsanteils einer GmbH ist, muss das Verpflichtungsgeschäft zur Übertragung der Mitgliedschaft an dieser GbR nicht ohne weiteres nach § 15 Abs. 4 GmbHG beurkundet werden. Ein solcher Vertrag ist nur dann formbedürftig, wenn die GbR lediglich errichtet wurde, um die Formvorschriften des GmbHG auszuhebeln. Wenn die GbR allerdings nur dazu gegründet wurde, Angestellten der GmbH eine Mitarbeiterbeteiligung zu gewähren und die Veräußerung von GbR-Anteilen nur an Mitarbeiter der GmbH möglich ist, wird der Schutzzweck des § 15 Abs. 4 GmbHG nicht tangiert.[226] 161

Die Formvorschrift des § 15 Abs. 4 GmbHG verfolgt **zwei Ziele**: Sie soll den Beweis über die Inhaberschaft eines Geschäftsanteils erleichtern. Weiterer – und nach dem Willen des Gesetzgebers vorrangiger – Zweck ist es, den leichten und spekulativen Handel mit Geschäftsanteilen zu unterbinden bzw in jedem Fall zu erschweren. Anteile an einer GmbH sollen im Gegensatz zu Aktien nicht Gegenstand des freien Handelsverkehrs sein.[227] Im Schrifttum wird das Formerfordernis nach § 15 Abs. 4 GmbHG ebenso kritisiert, wie der in § 15 Abs. 3 GmbHG geregelte Formzwang für das Verfü- 162

---

224 Scholz/*Winter/Seibt*, GmbHG, § 15 Rn 127; zur Frage, wann eine AG verpflichtet sein kann, der Übertragung vinkulierter Namensaktien zuzustimmen, s. BGH v. 1.12.1986 – II ZR 287/85, NJW 1987, 1019.
225 BGH v. 25.9.1996 – VIII ZR 172/95, NJW 1996, 3338.
226 BGH v. 10.3.2008 – II ZR 312/06, NJW-RR 2008, 773.
227 So zuletzt BGH v. 10.3.2008 – II ZR 312/06, NJW-RR 2008, 773 und schon BGH v. 24.3.1954 – II ZR 23/53.

gungsgeschäft.²²⁸ Es gibt allerdings auch Stimmen, die eine notarielle Beurkundung der Anteilsveräußerung für unverzichtbar halten, weil der Erwerber für die Aufbringung des Stammkapitals haftet.²²⁹ Da durch die GmbH-Reform die Möglichkeit des gutgläubigen Erwerbs von Geschäftsanteilen eingeführt wurde, ist die Aufrechterhaltung des Beurkundungserfordernisses zumindest für die Abtretung von Geschäftsanteilen gerechtfertigt.²³⁰

163 Ein Formmangel des Verpflichtungsgeschäfts wird durch die notariell zu beurkundende Abtretung des Geschäftsanteils nach § 15 Abs. 4 S. 2 GmbHG geheilt. Wenn der Geschäftsanteil dinglich und unter Beachtung der notariellen Form wirksam übertragen wird, hat sich der Handel mit Geschäftsanteilen, der durch § 15 Abs. 4 S.1 GmbHG eigentlich erschwert werden sollte, vollzogen. Der Formzweck kann zwar nicht mehr erreicht werden. Der Sachverhalt ist aber abgeschlossen und eine Wiederholung unter Einhaltung der Formvorschriften ist überflüssig.²³¹

164 Die notarielle Beurkundung kann auch im Ausland vorgenommen werden, wenn sie dort in gleichwertiger Art erfolgt. Bei der Beurkundung einer Anteilsabtretung durch einen Notar in Basel-Stadt ist eine Gleichwertigkeit der Anteilsabtretung gegeben.²³²

**3. Verfügungsgeschäft**

165 Der Vertrag zur Übertragung des Geschäftsanteils muss nach § 15 Abs. 3 GmbHG ebenfalls notariell beurkundet werden. Bei der Übertragung von Geschäftsanteilen handelt es sich um einen Forderungserwerb. Im Gegensatz zur bisherigen Rechtslage gibt es nun die Möglichkeit des gutgläubigen Erwerbs (hierzu sogleich unter Rn 173 ff). Wie alle anderen Verfügungsgeschäfte muss auch die Abtretung hinreichend bestimmt sein. Hierfür ist es erforderlich, die Geschäftsanteile genau zu bezeichnen. Wenn bspw ein Gesellschafter mehrere Geschäftsanteile an einer GmbH hält und in der Abtretungsvereinbarung ein Geschäftsanteil mit einem Nennwert bezeichnet wird, der weder einem Anteil noch der Summe mehrerer Anteile des veräußernden Gesellschafters entspricht, ist der Abtretungsvertrag mangels hinreichender Bestimmbarkeit nichtig.²³³

**4. Eintragung in die Gesellschafterliste**

166 Von 1892 bis zum Inkrafttreten des MoMiG galt bei einer Veräußerung des Geschäftsanteils gegenüber der GmbH derjenige als Erwerber, dessen Erwerb unter Nachweis des Übergangs bei der Gesellschaft angemeldet wurde. Hierfür genügte eine formlose Erklärung gegenüber einem Geschäftsführer. Diese legitimierte den neuen Gesellschafter gegenüber der GmbH und konnte vom Veräußerer wie auch vom Erwerber abge-

---

228 Vgl Scholz/*Winter/Seibt*, GmbHG, § 15 Rn 5 mwN.
229 Statt aller *Zöllner*, Die GmbH-Reform in der Diskussion (2006), S. 175, 182.
230 So auch Scholz/*Winter/Seibt*, GmbHG, § 15 Rn 9; zu den sich abzeichnenden Änderungen bei der Beurkundung des schuldrechtlichen Vertrags RegEMoMiG, BT-Drucks. 16/614, S. 60.
231 BGH v. 21.9.1994 – VIII ZR 257/93, NJW 1994, 3227; zum Zeitpunkt der Heilung des formnichtigen Kaufvertrags s. BGH v. 25.3.1998 – VIII ZR 185/96.
232 OLG München v. 19.11.1997 – 7 U 2511/97, NJW-RR 1998, 758; eine Beurkundung im Ausland bietet sich nur bei hohen Gegenstandswerten wegen der damit verbundenen hohen Beurkundungsgebühren an, s. *Kollmorgen/Friedrichsen* in Dombek/Kroiß, Formularbibliothek Vertragsgestaltung Gesellschaftsrecht I, Teil 1, § 6 Rn 17.
233 OLG Brandenburg v. 11.2.1998 – 3 U 55/97, NZG 1998, 951; vgl auch *Kollmorgen/Friedrichsen* in Dombek/Kroiß, Formularbibliothek Vertragsgestaltung Gesellschaftsrecht I, Teil 1, § 6 Rn 12.

geben werden.²³⁴ Mit der Anmeldung verlor der Veräußerer seine Stellung als Gesellschafter. Alle Rechte und Pflichten gingen in diesem Zeitpunkt auf den Erwerber über.²³⁵ Da einzig und allein die Anmeldung nach § 16 Abs. 1 GmbHG aF für die Ausübung der Mitgliedschaftsrechte in der GmbH entscheidend war, sahen die Geschäftsführer regelmäßig davon ab, die Gesellschafterliste so zu aktualisieren, wie es bereits vor Inkrafttreten des MoMiG vorgeschrieben war.²³⁶

Durch das MoMiG wurde die Anmeldung als Legitimationsbasis für die Ausübung von Gesellschafterrechten abgeschafft. Nach § 16 Abs. 1 GmbHG gilt nun im Fall einer Veränderung in den Personen der Gesellschafter oder des Umfangs ihrer Beteiligungen gegenüber der Gesellschaft nur derjenige als Inhaber eines Geschäftsanteils, der als solcher in der im Handelsregister aufgenommenen Gesellschafterliste eingetragen ist. Damit bekommt die Gesellschafterliste eine vollständig neue Bedeutung. Erst mit der Eintragung in die Gesellschafterliste und die Aufnahme dieser Liste in das Handelsregister kann der neue Gesellschafter seine Mitgliedschaftsrechte ausüben.²³⁷ **167**

Es ist durchaus möglich, dass unmittelbar nach der Veräußerung eines Geschäftsanteils, aber noch vor Aufnahme der aktualisierten Gesellschafterliste in das Handelsregister der Erwerber bereits bei Gesellschafterbeschlüssen mitwirken möchte. Für diese Konstellationen bietet § 16 Abs. 1 S.1 GmbHG eine Lösung: Die vom Erwerber vorgenommenen Rechtshandlungen gelten als von Anfang wirksam, wenn die Gesellschafterliste unverzüglich nach Vornahme dieser Handlungen in das Handelsregister aufgenommen wird. **168**

Die Änderungen in § 16 Abs. 1 S.1 GmbHG knüpfen an die Regelungen des § 67 AktG an, der ebenfalls die Legitimation des Gesellschafters von der Eintragung in die Gesellschafterliste abhängig macht. Damit wird ein Anreiz für die Aktualisierung und Richtigkeit der Gesellschafterliste geschaffen. Auf diese Weise soll die Gesellschafterliste auch als Rechtsscheinträger dienen und einen gutgläubigen Erwerb von Geschäftsanteilen ermöglichen.²³⁸ **169**

Nach § 40 Abs. 1 S.1 GmbHG hat der Geschäftsführer unverzüglich nach Wirksamwerden jeder Veränderung in den Personen der Gesellschafter oder des Umfangs ihrer Beteiligung eine von ihm unterschriebene Liste der Gesellschafter zum Handelsregister einzureichen, aus welcher Name, Vorname, Geburtsdatum und Wohnort der letzten sowie die Nennbeträge und die laufenden Nummern der von einem jeden Gesellschafter übernommenen Geschäftsanteile zu entnehmen sind. Diese haftungsbewehrte Pflicht entsteht nach § 40 Abs. 1 S.2 GmbHG erst, wenn dem Geschäftsführer die Veränderung mitgeteilt und nachgewiesen wird. Ohne eine solche Mitteilung darf der Geschäftsführer eine veränderte Gesellschafterliste nicht einreichen.²³⁹ **170**

---

234 Gehrlein, GmbH-Recht in der Praxis, S. 108.
235 Vgl *Lutter/Bayer* in Lutter/Hommelhoff, GmbHG, § 16 Rn 12.
236 Vgl *Harbarth*, ZIP 2008, 57.
237 RegEMoMiG, BT-Drucks. 16/6140, S. 90.
238 Vgl *Harbarth*, ZIP 2008, 57; das rechtspolitische Bedürfnis für die Einführung von Gutglaubensschutz wird von *Zöllner*, Die GmbH-Reform in der Diskussion (2006), S. 175, 183 mit guten Gründen in Zweifel gezogen.
239 In Zusammenhang mit § 40 Abs. 1 S.2 GmbHG verweist die Gesetzesbegründung auf die Parallelvorschrift in § 67 Abs. 3 AktG; der Vorstand darf die Veränderung des Aktienregisters eigenmächtig nicht vornehmen, *Hüffer*, AktG, § 67 Rn 17; vgl auch *Götze/Bressler*, NZG 2007, 894.

# § 4 Gesellschafter

171 Durch das MoMiG wurde auch die Rolle des Notars bei der Abfassung der Gesellschafterliste geändert. Nach dem neu eingefügten § 40 Abs. 2 GmbHG ist ein Notar, soweit er an den Veränderungen im Gesellschafterkreis mitgewirkt hat, anstelle des Geschäftsführers verpflichtet, unverzüglich nach Wirksamwerden der Veränderung eine aktuelle Gesellschafterliste zum Handelsregister einzureichen. Der Begründung zum Regierungsentwurf ist zu entnehmen, dass die in § 40 Abs. 2 S.1 GmbHG gewählte Formulierung „anstelle" deutlich machen soll, dass die Erstellung und die Einreichung der Liste allein im Verantwortungsbereich des Notars liegt, wenn er bei der Veränderung mitgewirkt hat. Die Verpflichtungen des Geschäftsführers reduzieren sich dann auf eine nachträgliche Kontrolle.[240]

172 Geschäftsführer, die eine Gesellschafterliste nicht rechtzeitig einreichen, haften den Gesellschaftern und den Gesellschaftsgläubigern für den daraus entstandenen Schaden (§ 40 Abs. 3 GmbHG). Obwohl der Notar nun „anstelle der Geschäftsführer" bei einer Anteilsveräußerung für die Änderung und Einreichung der Gesellschafterliste verantwortlich ist, wird er aber nicht als Haftungsschuldner in § 40 Abs. 3 GmbHG erwähnt. Insoweit besteht eine Haftungslücke.[241]

**5. Gutgläubiger Erwerb von Geschäftsanteilen**

173 Zu den grundlegenden Änderungen durch das MoMiG zählt auch die neugeschaffene Möglichkeit des gutgläubigen Erwerbs von GmbH-Geschäftsanteilen.[242] Nach § 16 Abs. 3 S.1 GmbHG kann der Erwerber einen Geschäftsanteil oder ein Recht daran durch Rechtsgeschäft wirksam vom Nichtberechtigten erwerben, wenn der Veräußerer als Inhaber des Geschäftsanteils in der im Handelsregister aufgenommenen **Gesellschafterliste** eingetragen ist. Mit der Einführung eines gutgläubigen Erwerbs von Geschäftsanteilen kommt der Gesetzgeber einer Forderung aus der Wissenschaft und der Praxis nach.[243]

174 Bislang konnte ein Geschäftsanteil abgetreten werden, ohne dass dies in den Registerakten hätte belastbar vermerkt werden müssen. In der ehemaligen Fassung des § 16 Abs. 1 GmbHG galt gegenüber der Gesellschaft derjenige als Erwerber eines Geschäftsanteils, der bei der Gesellschaft angemeldet wurde. Für die Inhaberschaft war es hierbei ohne Bedeutung, ob die beim Handelsregister vorliegende Gesellschafterliste aktualisiert wurde. Eine zeitnahe Überprüfung der Anteilsübertragung fand nicht statt. So ging der Erwerber eines Geschäftsanteils das Risiko ein, dass der Anteil einem anderen als dem Veräußerer zustand. Ein gutgläubiger Erwerb war ausgeschlossen und so musste der Erwerber alle einschlägigen Unterlagen bis zurück zur Gründungsurkunde daraufhin überprüfen, ob der Veräußerer auch der rechtmäßige Inhaber des Geschäftsanteils war. Diese Überprüfung war zeit- und kostenintensiv. So musste bspw bei früheren Abtretungen überprüft werden, ob eine möglicherweise erforderliche Zustimmung (§ 15 Abs. 5 GmbHG) eingeholt wurde oder ob eine Aufstockung der Geschäftsanteile

---

240 RegEMoMiG, BT-Drucks. 16/6140, S. 106.
241 *Noack*, DB 2007, 1305.
242 Der gutgläubige Erwerb von nicht existierenden Geschäftsanteilen ist aber weiter ausgeschlossen, s. *Bednarz*, BB 2008, 1854.
243 RegEMoMiG, BT-Drucks. 16/6140, S. 90.

tatsächlich auch wirksam war. Da auch bei einer solchen Überprüfung immer noch Unsicherheiten blieben, verlangte der Erwerber von dem Veräußerer Garantieerklärungen, die allerdings nur Zahlungsansprüche begründeten, den eigentlich beabsichtigten Erwerb der Geschäftsanteile aber nicht sicherstellen konnten. Um diesem schwerfälligen System mit unnötigen hohen Transaktionskosten und Rechtsunsicherheiten ein Ende zu bereiten, wurde durch das MoMiG der gutgläubige Erwerb von Geschäftsanteilen eingeführt.[244]

Anknüpfungspunkt für den gutgläubigen Erwerb ist nach § 16 Abs. 3 S.1 GmbHG die Gesellschafterliste. Anders als nach bisherigem Recht hat diese Liste nun eine besondere Bedeutung. Mit der Aufnahme in die Gesellschafterliste wird nicht nur der Gesellschafter gegenüber der GmbH legitimiert (vgl den geänderten § 16 Abs. 1 GmbHG), sondern auch gegenüber jedem Dritten. Ganz unproblematisch ist dies allerdings nicht. Zwar wird der Notar durch die Neufassung des § 40 Abs. 2 GmbHG verstärkt in die Aktualisierung der Gesellschafterliste einbezogen, gleichwohl können **Manipulationen** an der Gesellschafterliste nicht ausgeschlossen werden. Die Gesellschafterliste kann auch von einem vermeintlichen Geschäftsführer angefertigt werden, denn sie wird nach § 12 Abs. 2 HGB als elektronische Aufzeichnung ohne Signatur zum Handelsregister eingereicht. Der Streit über die Richtigkeit und Authentizität der Liste ist damit vorprogrammiert.[245] Deshalb eine allgemeine und ausschließliche Zuständigkeit der Notare für die Erstellung und Veränderung der Gesellschafterliste festzulegen, macht allerdings wegen der damit verbundenen Kosten und Mühen nur wenig Sinn.[246]

175

Ein gutgläubiger Erwerb ist nach § 16 Abs. 3 S.2 ausgeschlossen, wenn die Liste zum Zeitpunkt des Erwerbs hinsichtlich des Geschäftsanteils weniger als **drei Jahre unrichtig** und die Unrichtigkeit dem Berechtigten nicht zuzurechnen ist. Diese durch ihre doppelte Negation nur schwer lesbare Formulierung soll dem Veräußerer die Beweislast aufbürden. Ein gutgläubiger Erwerb setzt nach § 16 Abs. 3 S.2 GmbHG daher voraus, dass die Unrichtigkeit dem wirklichen Gesellschafter zuzurechnen ist oder die Liste zum Zeitpunkt des Erwerbs hinsichtlich des Geschäftsjahres seit mindestens drei Jahren unrichtig ist.[247]

176

**Beispiel:**
Der Gesellschafter A verkauft 2008 seinen Geschäftsanteil an B unter der aufschiebenden Bedingung einer vollständigen Kaufpreiszahlung. B wird nicht in die Gesellschafterliste eingetragen, weil dem Notar der Bedingungseintritt nicht mitgeteilt wird. Der Kaufpreis wird 2009 gezahlt. Wenn A den Geschäftsanteil an einen Dritten veräußert, kann dieser den Geschäftsanteil gutgläubig erwerben. Die Benachrichtigung des Notars fällt auch in den Verantwortungsbereich des B als Erwerber. Er ist der eigentliche Berechtigte und ihm ist die Unrichtigkeit zuzurechnen.[248]

177

---

244 Vgl Begründung RegEMoMiG, BT-Drucks. 16/6140, S. 90; zu den Rechtsunsicherheiten beim Erwerb von GmbH-Anteilen *Vossius*, DB 2007, 2299; *Götze/Bressler*, NZG 2007, 895; *Böttcher/Blasche*, NZG 2007, 565.
245 So *Ries*, in seiner Stellungnahme zum MoMiG für die Anhörung vor dem Rechtsausschuss, abrufbar im Internet unter www.bundestag.de; vgl hierzu auch *Vossius*, DB 2007, 2301.
246 Hierzu der Vorschlag von *Bednarz*, BB 2008, 1854, 1861.
247 Vgl hierzu die Stellungnahme zum MoMiG für die Anhörung vor dem Rechtsausschuss von *Hoffmann-Becking*, abrufbar im Internet unter www.bundestag.de; hierzu auch *Vossius*, DB 2007, 2299.
248 Bsp. nach *Götze/Bressler*, NZG 2007, 894; nach der Begründung zum Regierungsentwurf liegt eine zurechenbare Unrichtigkeit bspw auch vor, wenn zunächst der Scheinerbe des früheren Gesellschafters in der Gesellschafterliste eingetragen wird und der wahre Erbe es unterlässt, die Geschäftsführer zur Einreichung einer korrigierten Liste zu veranlassen, vgl Begründung RegEMoMiG, BT-Drucks. 16/6140, S. 93.

178 **Beispiel:**
Der Geschäftsführer G nimmt eigenmächtig Änderungen an der Gesellschafterliste vor und reicht diese beim Handelsregister ein. Statt des Gesellschafters A steht nunmehr B als Inhaber auf der Liste. Wenn B drei Jahre später den Geschäftsanteil veräußert, kann ein Dritter ihn gutgläubig erwerben.[249]

179 Gerade weil die Gesellschafterliste ohne Mitwirkung des betroffenen Gesellschafters abgeändert werden kann, wurde die Regelung zum gutgläubigen Erwerb von GmbH-Geschäftsanteilen stark kritisiert.[250]

180 Ein **gutgläubiger Erwerb** des Geschäftsanteils ist allerdings ausgeschlossen, wenn dem Erwerber die mangelnde Berechtigung bekannt oder in Folge grober Fahrlässigkeit unbekannt geblieben ist. Insoweit gelten die allgemeinen Grundsätze, wie sie zu §§ 892, 932 BGB entwickelt wurden. Wie auch beim Erwerb von beweglichem Eigentum ist der Erwerber eines Geschäftsanteils nur dann zu Nachforschungen hinsichtlich der Inhaberstellung des Veräußerers verpflichtet, wenn ein konkreter Verdacht gegen die Berechtigung des Veräußerers vorliegt.[251]

181 Nach § 16 Abs. 3 S.3 GmbHG ist der gutgläubige Erwerb auch ausgeschlossen, wenn der Gesellschafterliste ein **Widerspruch** zugeordnet ist. Die Zuordnung eines Widerspruchs erfolgt aufgrund einer einstweiligen Verfügung oder aufgrund einer Bewilligung desjenigen, gegen dessen Berechtigung sich der Widerspruch richtet (§ 16 Abs. 3 S.4 GmbHG). „Zuordnung" bedeutet, dass der elektronisch eingereichte Widerspruch mit dem Dokument der Gesellschafterliste im entsprechenden Registerordner nach § 9 HRV verbunden ist.[252] Eine Gefährdung des Rechts des Widersprechenden muss nach § 16 Abs. 3 S.5 GmbHG nicht glaubhaft gemacht werden. Die Löschung des Widerspruchs ist nicht im Gesetz geregelt. Wie auch bei § 19 GBO soll nach dem Schrifttum eine Löschung nur aufgrund einer Bewilligung des Widersprechenden erfolgen, die notfalls gerichtlich erzwungen werden muss.[253]

### 6. Haftung des Erwerbers neben dem Veräußerer

182 Bisher war in § 16 Abs. 3 GmbHG geregelt, dass der Erwerber neben dem Veräußerer für die zurzeit der Anmeldung auf den Geschäftsanteil **rückständigen Leistungen** verhaftet ist. Die Haftung des Veräußerers neben dem Erwerber ist nun in § 16 Abs. 2 GmbHG platziert: Für **Einlageverpflichtungen**, die in dem Zeitpunkt rückständig sind, ab dem der Erwerber im Verhältnis zur Gesellschaft als Inhaber des Geschäftsanteils gilt, haftet er neben dem Veräußerer. In dem neu gefassten § 16 Abs. 2 GmbHG wird nach der Begründung zum Regierungsentwurf die bisherige Regelung des § 16 Abs. 3 GmbHG aF aufgegriffen. Lediglich der zeitliche Anknüpfungspunkt ändert sich, statt der **Anmeldung** gegenüber der GmbH kommt es nun auf die **Aufnahme** in die aktualisierte Gesellschafterliste an.[254] Die ehemals geltende Regelung war in ihrem Wortlaut

---

249 Die 3-Jahresfrist beginnt mit dem Einstellen der Liste in den elektronischen Dokumentenabruf, s. *Vossius*, DB 2007, 2301.
250 Hierzu *Harbarth*, ZIP 2008, 57.
251 Hierzu *Götze/Bressler*, NZG 2007, 894.
252 Zu den technischen Schwierigkeiten vgl die Stellungnahme des Bundesrates v. 6. 7. 2007, BR-Drucks. 354/07, S. 30 f.
253 *Noack*, DB 2007, 1395.
254 Begründung RegEMoMiG BT-Drucks. 16/6140, S. 91.

weiter gefasst, indem sie den Erwerber allgemein für rückständige „Leistungen" haften ließ und nicht allein für rückständige „Einlageverpflichtungen". Nach früherem Recht haftete der Erwerber zumindest für die noch nicht erbrachten Bar- und Sacheinlagen sowie für die Überbewertung einer Sacheinlage.[255] Diese beiden Haftungstatbestände lassen sich problemlos auch unter den Wortlaut der neuen Regelung subsumieren. Nicht ganz so eindeutig ist die Rechtlage bei der Verwendung eines „alten" GmbH-Mantels. Hier besteht eine Verlustdeckungshaftung.[256] Diese Haftung war nach früherem Recht auch gegen den Erwerber gerichtet. Trotz des etwas missverständlichen Wortlauts im Gesetz lässt sich der Begründung zum MoMiG kein sachlicher Grund für einen veränderten Haftungsumfang entnehmen. Aus diesem Grund darf man davon ausgehen, dass die Haftung des Erwerbers auch bei einer nicht offen gelegten Mantelverwendung fortbesteht.[257]

## III. Kaduzierung

### 1. Grundlagen

Auf jeden Geschäftsanteil ist eine Einlage zu leisten. Die Höhe der zu leistenden Einlage richtet sich nach dem bei der Errichtung der Gesellschaft im Gesellschaftsvertrag festgesetzten Nennbetrag des Geschäftsanteils (§ 3 Abs. 1 Nr. 4 und § 14 S. 1 und S. 2 GmbHG). Die Gesellschafter müssen eine Bareinlage nicht in voller Höhe leisten. Die Anmeldung der GmbH zum Handelsregister kann bei einer Bargründung bereits erfolgen, wenn auf jeden Geschäftsanteil ein Viertel des Nennbetrags eingezahlt wurde und der Gesamtbetrag der eingezahlten Einlagen die Hälfte des Mindeststammkapitals erreicht (vgl § 7 Abs. 2 S. 1 und S. 2 GmbHG). Nach der Eintragung der GmbH können die Gesellschafter das Interesse an einer Leistung ihrer Einlagen verlieren. Um die Aufbringung des Stammkapitals sicher zustellen, gibt es die gesetzliche Möglichkeit, einen säumigen Gesellschafter aus der GmbH auszuschließen. Im Gegensatz zur Einziehung des Geschäftsanteils (§ 34 GmbHG) und zum Gesellschafter-Ausschluss erhält der **säumige Gesellschafter** keine Abfindung.[258] Das hierfür erforderliche Verfahren hat der Gesetzgeber schon 1892 ausführlich in den §§ 21 ff GmbHG geregelt. Die Neufassung des § 22 GmbHG ist eine Folge des geänderten § 16 GmbHG, verbunden mit einer sprachlichen Modernisierung. 183

Der Ausschluss eines Gesellschafters, der seine Einlage nicht in voller Höhe geleistet hat, hat in der Insolvenz große praktische Bedeutung. Eine solche Kaduzierung muss ein **Insolvenzverwalter** nämlich unter anderem vornehmen, um schließlich auch zahlungskräftige Mitgesellschafter in die Haftung zu nehmen (§ 24 GmbHG). Aber auch außerhalb eines Insolvenzverfahrens kann eine Kaduzierung für die GmbH interessant sein. Möchte sich eine GmbH von einem Gesellschafter trennen, ohne dass die Vo- 184

---

255 Hierzu *Sembacher/Walz*, BB 2004, 680; zur Differenzhaftung nach § 9 GmbHG s. BGH v. 14.3.1977 – II 105/75, NJW 1977, 1196.
256 Vgl OLG Düsseldorf v. 27.6.2003 – 14 U 21/03, NZG 2004, 380; OLG Schleswig v. 7.9.2006 – 5 U 25/06, NZG 2007, 75 sowie in derselben Sache BGH v. 25.11.2007 – II ZR 15/06, DStR 2008, 933.
257 Hierzu *Götze/Bressler*, NZG 2007, 894.
258 *Lutter/Bayer* in Lutter/Hommelhoff, GmbHG, § 21 Rn 1 sprechen hier auch von einer „quasi entschädigungslosen Enteignung".

raussetzungen einer Einziehung oder eines Gesellschafterausschlusses vorliegen,[259] kann der Weg über § 21 GmbHG eine interessante Alternative sein, sofern der betreffende Gesellschafter nicht über die notwendigen finanziellen Mittel für die Einlage verfügt.

## 2. Verfahren

185 Erste Voraussetzung für ein Kaduzierungsverfahren ist die **Fälligkeit** der Einlage, denn § 21 Abs. 1 S. 1 GmbHG wendet sich nur gegen den „säumigen Gesellschafter". In den meisten Fällen wird die noch ausstehende Einlage erst durch einen Beschluss der Gesellschafter nach § 46 Nr. 2 GmbHG fällig. Eher selten ist eine Vereinbarung im Gesellschaftsvertrag, nach der die restliche Einlage zu einem bestimmten Termin zu zahlen ist. Mit Eröffnung des Insolvenzverfahrens über das Vermögen der GmbH ist der Insolvenzverwalter befugt, auch eine bis dahin noch nicht fällig gestellte Einlageforderung unmittelbar zur Masse einzufordern. Ein Gesellschafterbeschluss ist in dieser Konstellation nicht mehr erforderlich.[260]

186 Zur Vorbereitung einer Kaduzierung muss der Geschäftsführer (bzw der Insolvenzverwalter) den Einlageschuldner dann zur Zahlung unter Androhung des Ausschlusses auffordern. Die Aufforderung erfolgt durch Einschreiben. Dem betreffenden Gesellschafter ist eine Frist zur Zahlung von mindestens einem Monat zu setzen.[261] Für die Fristberechnung ist nach den rechtsgeschäftlichen Grundsätzen nicht die Versendung des Schreibens entscheidend, sondern der Zugang beim Empfänger.

187 Wenn die Frist verstrichen ist und der betreffende Gesellschafter keine Zahlungen geleistet hat, ist er schließlich nach § 21 Abs. 3 S. 1 GmbHG „seines Geschäftsanteils und der geleisteten Teilzahlungen zugunsten der Gesellschaft für verlustig zu erklären". Auch diese Ausschlusserklärung erfolgt mittels eingeschriebenen Briefs (§ 21 Abs. 3 S. 2 GmbHG).

## 3. Rechtsfolgen

188 Sobald die Ausschlusserklärung dem säumigen Gesellschafter zugegangen ist, verliert dieser seine Mitgliedschaft in der GmbH. Der Ausschluss hat dingliche Wirkung und kann auch im gegenseitigen Einvernehmen zwischen der GmbH und dem Gesellschafter nicht mehr rückgängig gemacht werden. Der Gesellschafter hat keinen Abfindungsanspruch. Sein Geschäftsanteil gehört nun zum Sondervermögen der GmbH; sie muss den Anteil verwerten.[262]

---

259 Dies ist bspw der Fall, wenn ein wichtiger Grund in der Person des auszuschließenden Gesellschafters vorliegt, es für diesen aber keinen Beweis gibt.
260 So die ständige Rechtsprechung, zuletzt bestätigt durch die BGH v. 15.10.2007 – II ZR 216/06, NZG 2008, 73.
261 Falls es sich bei dem Einlageschuldner um eine bereits im Handelsregister gelöschte GmbH handelt, muss wegen der Aufforderung nach § 21 GmbHG keine Nachtragsliquidation durchgeführt werden, vgl OLG Jena v. 8.6.2007 – 6 U 311/07, NZG 2007, 717.
262 Zu den Rechtsfolgen ausführlich *Lutter/Bayer* in Lutter/Hommelhoff, GmbHG, § 21 Rn 14 ff; *Gehrlein*, GmbH-Recht in der Praxis, S. 331.

## 4. Exkurs: Rückgriffshaftung

Die Gesellschaft hat nach einer Kaduzierung einen Rückgriffsanspruch. Die §§ 22 ff GmbHG legen fest, gegen wen und in welcher Reihenfolge eine Haftung besteht. 189

Der Rückgriffsanspruch hat sich demnach zuerst gegen die **Rechtsvorgänger** des ausgeschlossenen Gesellschafters zu richten. Nach der Neufassung des § 22 Abs. 1 GmbHG haftet für eine von dem ausgeschlossenen Gesellschafter nicht erfüllte Einlageverpflichtung der letzte und jeder frühere Rechtsvorgänger des Ausgeschlossenen, der im Verhältnis zur Gesellschaft als Inhaber des Geschäftsanteils galt. Ein früherer Rechtsvorgänger haftet nur, soweit die Zahlung von seinem Rechtsnachfolger nicht zu erlangen ist (§ 21 Abs. 2 GmbHG). Die Haftung des Rechtsvorgängers ist nach der Neufassung des § 21 Abs. 3 GmbHG auf die innerhalb der Frist von fünf Jahren auf die Einlageverpflichtung eingeforderten Leistungen beschränkt. Die Frist beginnt mit dem Tag, ab welchem der Rechtsnachfolger im Verhältnis zur Gesellschaft als Inhaber des Geschäftsanteils gilt.[263] 190

Ist die Zahlung der noch offenen Einlage vom Rechtsvorgänger nicht zu erlangen, kann die Gesellschaft den Anteil im Wege einer **öffentlichen Versteigerung** verkaufen (§ 23 S. 1 GmbHG). In entsprechender Anwendung des § 22 Abs. 2 GmbHG geht man davon aus, dass von dem Rechtsvorgänger keine Zahlungen geleistet werden können, wenn er nicht innerhalb eines Monats nach Erhalt der Zahlungsaufforderung geleistet hat. Eine öffentliche Versteigerung muss nicht versucht werden, wenn sie nicht erfolgversprechend ist. Befindet sich die GmbH in der Insolvenz, braucht der Insolvenzverwalter keine öffentliche Versteigerung durchzuführen, um gegen den Ausgeschlossenen oder seine Mitgesellschafter (hierzu sogleich) vorgehen zu können.[264] 191

Wenn der Anspruch auf Zahlung der Einlage gegen die Rechtsvorgänger nicht durchgesetzt werden kann und auch eine öffentliche Versteigerung nicht erfolgreich war, haftet der **ausgeschlossene Gesellschafter** für die rückständige Einlage nach § 21 Abs. 3 GmbHG. Er wird jedoch den Anspruch nicht erfüllen können, denn sonst hätte er schon die Kaduzierung abgewendet. 192

Wenn die drei geschilderten Wege nicht zu einer Erfüllung der Einlageverpflichtung geführt haben, kann sich die Gesellschaft schließlich an die **Mitgesellschafter** wenden. Sie haben nach § 24 GmbHG den Fehlbetrag nach dem Verhältnis ihrer Geschäftsanteile aufzubringen.[265] Wenn der Insolvenzverwalter erst einen Gesellschafter auf Zahlung der rückständigen Einlage erfolgreich verklagt hat, die Zwangsvollstreckung gegen den säumigen Gesellschafter aber nicht erfolgreich war, ist ein weiterer Rechtsstreit gegen den Mitgesellschafter auf Zahlung des Fehlbetrags nach § 24 GmbHG erforderlich. Hierbei ist das Gericht nicht an die Feststellungen aus dem Prozess gegen den säumigen Gesellschafter gebunden.[266] 193

---

263 Vgl Scholz/*Emmerich*, GmbHG, § 22 Rn 16.
264 *Lutter/Bayer* in Lutter/Hommelhoff, GmbHG, § 24 Rn 2.
265 Zur Berechnung vgl das Bsp. bei *Lutter/Bayer* in Lutter/Hommelhoff, GmbHG, § 24 Rn 3.
266 Hierzu BGH v. 8.11.2004 – II ZR 362/02, NJW-RR 2005, 338; die GmbH bzw der Insolvenzverwalter können das Risiko einer unterschiedlichen richterlichen Beurteilung über die Erfüllungswirkung einer Zahlung durch eine Streitverkündung gegen den Mitgesellschafter ausschließen.

## IV. Einziehung

### 1. Grundlagen

194 Durch die Einziehung wird der Geschäftsanteil des betroffenen Gesellschafters vernichtet. Sämtliche aus dem Geschäftsanteil resultierenden Rechte und Pflichten gehen mit der Einziehung unter. Wegen dieser weitreichenden Folgen kann die Einziehung von Geschäftsanteilen nach § 34 Abs. 1 GmbHG nur erfolgen, wenn die Satzung hierfür eine Regelung vorsieht.[267] Die Einziehung hat keinen Einfluss auf die Höhe des Stammkapitals der GmbH. Mit der Einziehung eines Geschäftsanteils fallen die Summe der Nennbeträge der Geschäftsanteile und der Nennbetrag des Stammkapitals auseinander. Dies ist nach der Neufassung des § 5 Abs. 3 S. 2 GmbHG unzulässig (hierzu noch ausführlich unter Rn 201 ff).[268]

195 Die Einziehung des Geschäftsanteils kann mit Zustimmung des betroffenen Gesellschafters erfolgen. Eine solche **freiwillige Einziehung** kommt in der Praxis nur selten vor und kann hier außer Betracht bleiben.[269] Von größerer praktischer Bedeutung ist die sogenannte **Zwangseinziehung**, die ohne Zustimmung des betroffenen Gesellschafters erfolgt (§ 34 Abs. 2 GmbHG). Die folgenden Ausführungen beschränken sich daher auf die Voraussetzungen und die Rechtsfolgen einer Zwangseinziehung.

196 Die Einziehung von Geschäftsanteilen ist ohne die Zustimmung des Gesellschafters nur zulässig, wenn deren Voraussetzungen im Gesellschaftsvertrag festgesetzt sind. Dabei müssen die Voraussetzungen schon in der Satzung enthalten sein, bevor der betreffende Gesellschafter Mitglied der GmbH geworden ist (vgl § 34 Abs. 2 GmbHG). Möchten die Gesellschafter den Gesellschaftsvertrag mit einer Klausel ergänzen, die eine zwangsweise Einziehung ermöglichen soll, geht dies nur mit Zustimmung aller Gesellschafter gem. § 53 Abs. 3 GmbHG.[270]

197 Ein Zwangseinziehung findet nach § 34 Abs. 2 GmbHG nur statt, wenn deren Voraussetzungen im „Gesellschaftsvertrag festgesetzt" sind. Die Gründe für eine Zwangseinziehung müssen in der Satzung daher klar geregelt sein. Die Verwendung von unbestimmten Rechtsbegriffen („schwerwiegende Pflichtverletzung", „Unzumutbarkeit weiterer Zusammenarbeit") ist nicht nur zulässig, sondern auch ratsam, da eine Satzung neben einzelnen Gründen stets den Auffangtatbestand des wichtigen Grundes enthalten sollte.[271] Eine Satzungsvereinbarung ist allerdings unwirksam, wenn sie die Zwangseinziehung bereits dann vorsieht, wenn ein Gesellschafter fahrlässig die Gesellschaftsinteressen verletzt. Eine solche Satzungsregelung verstößt gegen § 138 BGB, weil der Gesellschafter stets der Gefahr ausgesetzt wäre, selbst bei einer einfachen Verfehlung

---

267 Zur Abgrenzung von Einziehung und Ausschluss vgl *Gehrlein*, GmbH-Recht in der Praxis, S. 113.
268 Vgl *Lutter/Hommelhoff* in Lutter/Hommelhoff, GmbHG, § 34 Rn 2; *Scholz/H. P. Westermann*, GmbHG, § 34 Rn 62.
269 Vgl auch *Lutter/Hommelhoff* in Lutter/Hommelhoff, GmbHG, § 34 Rn 1 sowie Rn 8, wonach eine freiwillige Einziehung in Betracht kommen kann, wenn die GmbH den Wunsch des Gesellschafters auf Austritt entspricht, aber kein Mitgesellschafter den Gesellschaftsanteil erwerben will oder kann.
270 Eine Mehrheit von Dreiviertel aller Gesellschafter genügt nicht, s. *Lutter/Hommelhoff* in Lutter/Hommelhoff, GmbHG, § 34 Rn 16.
271 So die Empfehlung von *Gehrlein*, GmbH-Recht in der Praxis, S. 116; zur Verwendung unbestimmter Rechtsbegriffe vgl *Scholz/H. P. Westermann*, GmbHG, § 34 Rn 16.

seinen Geschäftsanteil zu verlieren.²⁷² In der Praxis sehen Satzungen die Einziehung vor allem bei der Pfändung eines Geschäftsanteils und bei der Insolvenz eines Gesellschafters vor. Auf diese Weise soll der Einfluss von Pfandgläubigern und Insolvenzverwaltern auf die unternehmerischen Entscheidungen der GmbH verhindert werden.²⁷³ Die Gesellschafter müssen bei ihrem Beschluss über die Einziehung des Geschäftsanteils keine dem § 626 Abs. 2 BGB vergleichbare Regelung beachten. Dennoch können die Gesellschafter das Einziehungsrecht nicht zeitlich unbegrenzt ausüben, da sie sonst ein jederzeitiges Einziehungsrecht hätten, welches in keinem sachlichen Zusammenhang mit der Pfändung oder der Eröffnung des Insolvenzverfahrens stünde. Die Einziehung eines Geschäftsanteils wegen der Insolvenz des Gesellschafters kann bei länger zurückliegender Eröffnung des Insolvenzverfahrens daher unzulässig sein.²⁷⁴ Als weitere Gründe für eine Zwangseinziehung kommen in Betracht: Verstoß gegen ein Wettbewerbsverbot, Krankheit und Alter, Niederlegung der Geschäftsführung oder der Mitarbeit.²⁷⁵ Ob die in der Satzung aufgestellten Voraussetzungen für einen Einziehungsbeschluss tatsächlich gegeben sind, unterliegt einer richterlichen Kontrolle. Hierbei werden alle Umstände des Einzelfalls betrachtet, so dass selbst die Strafanzeige eines Gesellschafters gegen einen Mitgesellschafter nicht in jedem Fall die Grundlage für eine Einziehung des Geschäftsanteils ausreichen muss.²⁷⁶

## 2. Verfahren

### a) Gesellschafterbeschluss

Die Entscheidung über die Einziehung eines Geschäftsanteils ist der Gesellschafterversammlung nach § 46 Nr. 4 GmbHG vorbehalten. Bei der Beschlussfassung hat der betroffene Gesellschafter nach § 47 Abs. 4 GmbHG kein Stimmrecht. Der Beschluss kommt mit der einfachen Mehrheit der abgegebenen Stimmen zustande. Damit unterscheidet sich die Einziehung von dem Gesellschafterbeschluss über die Erhebung einer Ausschließungsklage gegen einen Mitgesellschafter aus wichtigem Grund, der in Anlehnung an § 60 Abs. 1 Nr. 2 GmbHG einer qualifizierten Mehrheit von drei Vierteln der abgegebenen Stimmen bedarf, sofern die Satzung keine anderweitige Regelung für eine Ausschließungsklage enthält.²⁷⁷ Die Gesellschafter können in der Satzung vereinbaren, dass ein Beschluss nach § 46 Nr. 4 GmbHG nur mit einer qualifizierten Mehrheit der stimmberechtigten Gesellschafter zustande kommt.²⁷⁸

198

Bei dem Gesellschafterbeschluss müssen die Regeln zur Kapitalaufbringung und -erhaltung beachtet werden. Wenn der betreffende Gesellschafter die Einlage noch nicht

199

---

272 In dem Sachverhalt zur Entscheidung des OLG Brandenburg lag eine notariell beurkundete Satzung vor, die die Einziehung eines Geschäftsanteils bei jedem vorsätzlichen und fahrlässigen Verstoß gegen Gesellschaftsinteressen möglich machen sollte, s. OLG Brandenburg v. 30.8.2005 – 6 U 149/04, MDR 2006, 582.
273 Vgl *Scholz*/H. P. *Westermann*, GmbHG, § 34 Rn 14.
274 Vgl OLG Düsseldorf v. 21.6.2007 – I-9U7/07, GmbHR 2008, 262; in diesem Verfahren wurde die Einziehung erst vier Jahre nach Eröffnung des Insolvenzverfahrens über das Vermögens eines GmbH-Gesellschafters beschlossen. Gegen die Entscheidung wurde unter dem Az II ZR 172/07 Revision eingelegt.
275 Weitere Beispiele bei *Lutter/Hommelhoff* in Lutter/Hommelhoff, GmbHG, § 34 Rn 18; *Gehrlein*, GmbH-Recht in der Praxis, S. 115; *Heckschen* in Heckschen/Heidinger, Die GmbH in der Gestaltungspraxis, § 3 Rn 170.
276 Vgl hierzu die Einzelfallprüfung in BGH v. 24.2.2003 – II ZR 243/02, NZG 2003, 530.
277 BGH v. 13.1.2002 – II ZR 227/00, NJW 2003, 2314.
278 Ähnlich auch *Lutter/Hommelhoff* in Lutter/Hommelhoff, GmbHG, § 34 Rn 21.

entrichtet hat, kann eine Einziehung des Geschäftsanteils nicht erfolgen. Mit einer solchen Einziehung würde die Einlageforderung erlöschen und dies stünde im Widerspruch zu § 19 Abs. 2 S.1 GmbHG, wonach die Gesellschafter nicht von ihrer Einlageverpflichtung befreit werden können. Neben der Kapitalaufbringung müssen wegen § 34 Abs. 3 GmbHG auch die Grundsätze der Kapitalerhaltung beachtet werden. So ist die Einziehung eines Geschäftsanteils nichtig, wenn bereits zum Zeitpunkt der Beschlussfassung feststeht, dass die GmbH die geschuldete und sofort fällige Abfindung unter Beachtung des § 30 Abs. 1 GmbHG nicht zahlen kann.[279]

**b) Einziehungserklärung**

200 Der Beschluss zur Einziehung des Geschäftsanteils wird durch eine Erklärung der GmbH gegenüber dem betroffenen Gesellschafter durchgeführt. Diese Erklärung ist rechtsgestaltend und mit ihrem **Zugang** kann die GmbH sie nicht mehr widerrufen. Häufig erfolgt die Einziehungserklärung schon in der Gesellschafterversammlung, wenn der betreffende Gesellschafter anwesend und die GmbH durch einen Geschäftsführer vertreten ist.

**3. Rechtsfolgen**

201 Sofern der Gesellschaftsvertrag dies zulässt, verliert der Gesellschafter seine Mitgliedschaft in der GmbH unmittelbar mit der Mitteilung des Einziehungsbeschlusses. Der Geschäftsanteil gilt dann als vernichtet, der Gesellschafter hat nun einen Abfindungsanspruch.

202 Die **Vernichtung des Geschäftsanteils** hat keinen Einfluss auf die Höhe des Stammkapitals, es bleibt unverändert bestehen. Als Folge der Einziehung erhöhen sich auch nicht automatisch die Geschäftsanteile der verbliebenen Gesellschafter. Die Summe der Nennbeträge der verbliebenen Geschäftsanteile stimmt aber nicht mehr mit dem Stammkapital überein und steht damit im Widerspruch zu § 5 Abs. 3 S. 2 GmbHG, der mit Inkrafttreten des MoMiG vorschreibt, dass die Summe der Nennbeträge aller Geschäftsanteile mit dem Stammkapital übereinstimmen muss. Im Gegensatz zum bisher geltenden Recht ist ein Auseinanderfallen der Summe der Nennbeträge der Geschäftsanteile und des Nennbetrags des Stammkapitals unzulässig.[280] Um die unzulässige Abweichung von Stammkapital und Nennbetrag der Geschäftsanteile aus der Welt zu schaffen, haben die Gesellschafter drei Möglichkeiten:

- Die Gesellschafter können das **Kapital herabsetzen**, bis es wieder der Summe der Geschäftsanteile entspricht. Hierbei ist selbstverständlich das gesetzliche Stammkapital gem. § 5 Abs. 1 GmbHG zu beachten. Die Kapitalherabsetzung ist umständlich. Sie kann von den Geschäftspartnern der GmbH als Indiz für eine Krise angesehen werden und ist deshalb nicht besonders attraktiv.[281]
- Die Gesellschafter können einen **Aufstockungsbeschluss** fassen, in dem die Nennbeträge der Geschäftsanteile so erhöht werden, dass sie in ihrer Summe mit dem

---

279 BGH v. 17.7.2006 – II ZR 313/05, DStR 2006,1901; hierzu auch OLG Düsseldorf v. 23.11.2006 – 6 U 283/05, NZG 2007, 278, wonach der Beschluss über die Einziehung des Geschäftsanteils unter der aufschiebenden Bedingung der Abfindungszahlung unter Beachtung des § 30 Abs. 1 GmbHG steht.
280 Vgl BT-Drucks. 16/6140, S. 73.
281 Im Ergebnis auch H. P. Westermann, FS 100 Jahre GmbHG, 1992, S. 447, 469.

Stammkapital der GmbH wieder in Einklang stehen.²⁸² Aufgrund der Neufassung des § 3 Abs. 3 Nr. 4 GmbHG sind die Zahl- und die Nennbeträge der Geschäftsanteile, die jeder Gesellschafter gegen Einlage auf das Stammkapital (Stammeinlage) übernimmt, zwingender Bestandteil einer GmbH-Satzung. Im Gegensatz zur bisherigen Rechtslage ist der Aufstockungsbeschluss nach § 53 Abs. 2 GmbHG notariell zu beurkunden. Der Beschluss ist beim Handelsregister anzumelden.²⁸³

- Sie können einen **neuen Geschäftsanteil** bilden.²⁸⁴ Der neue Geschäftsanteil wird durch einen entsprechenden Gesellschafterbeschluss geschaffen. Es handelt sich hierbei zunächst um einen eigenen Anteil der Gesellschaft. Sie kann den Anteil an Gesellschafter oder andere Personen veräußern. Der Beschluss über die Neubildung eines Geschäftsanteils kann nach der überwiegenden Meinung im Schrifttum nur einstimmig erfolgen.²⁸⁵

Der Gesellschafter hat als Ausgleich für die Einziehung seines Geschäftsanteils einen **Abfindungsanspruch**. Wenn die Satzung keine Regelung zur Berechnung des Abfindungsanspruchs enthält, ist der Verkehrswert des Geschäftsanteils maßgebend. Im Zweifel ist der Anteilswert auf der Grundlage des wirklichen Werts des am Markt tätigen Unternehmens einschließlich der stillen Reserven und gegebenenfalls auch des sogenannten „Goodwill" zu errechnen. Dieser ergibt sich im Allgemeinen aus dem Preis, der bei einer Veräußerung des Unternehmens als Einheit erzielt würde. Der Preis muss regelmäßig durch einen Sachverständigen ermittelt werden.²⁸⁶ Der Abfindungsanspruch kann durch den Gesellschaftsvertrag eingeschränkt werden. Vereinbarungen dieser Art dienen dazu, den Bestandsschutz der Gesellschaft zu gewährleisten. Außerdem soll die Berechnung der Höhe des Abfindungsanspruchs vereinfacht werden. Eine Beschränkung des Abfindungsanspruchs unterliegt den Grenzen des § 138 BGB.²⁸⁷ Nach einer zutreffenden Ansicht in der Rechtsprechung hat der durch Einziehungsbeschluss ausgeschiedene Gesellschafter bereits mit der Durchführung des Einziehungsbeschlusses keine Mitgliedschaftsrechte mehr. Der Fortbestand seiner Mitgliedschaft in der GmbH hängt deshalb nicht von dem Erhalt eines Abfindungsguthabens ab.²⁸⁸ Da es hierzu aber noch keine höchstrichterliche Entscheidung gibt, sollte die Satzung eine Regelung enthalten, nach der die sofortige Wirksamkeit der Einziehung mit der Beschlussfassung angeordnet wird, ohne dass es hierbei auf die Zahlung eines Entgeltes ankommt.²⁸⁹

---

282 Eine Formulierungshilfe für einen Aufstockungsbeschluss steht in *Kollmorgen/Friedrichsen* in Dombek/Kroiß, Formularbibliothek Vertragsgestaltung, Gesellschaftsrecht I, Teil 1 § 9 Rn 15.
283 Zur bisherigen Rechtslage s. BayObLG v. 25.10.1991 – BReg 3 Z 125/91, NJW-RR 1992, 736.
284 Vgl BT-Drucks. 16/6140, S. 73.
285 Vgl *Müller*, DB 1999, 2045, 2048 mwN in Fn Rn 40. Nach seiner Meinung sollte in den Gesellschaftsvertrag eine Vereinbarung aufgenommen werden, die es den Gesellschaftern ermöglicht, statt der Einziehung den Geschäftsanteil einer dritten Person oder einem anderen Gesellschafter zu übertragen.
286 Vgl hierzu BGH v. 16.12.1991 – II ZR 58/91, NJW 1992, 892.
287 Hierzu BGH v. 19.12.1991 – II ZR 58/91, NJW 1992, 892; zu den Vor- und Nachteilen des Stuttgarter Verfahrens ausführlich *Kallmeyer*, GmbH-Handbuch, Rn I 1345.
288 So KG v. 6.2.2006 – 23 U 206/04 NZG 2006, 437.
289 Zur Zulässigkeit einer solchen Vereinbarung bei einer Kündigung durch den Gesellschafter s. BGH v. 30.6.2003 – II ZR 326/01, NJW-RR 2003, 1265; diese Entscheidung kann auch bei einer Zwangseinziehung entsprechend angewendet werden, vgl *Lutter/Hommelhoff* in Lutter/Hommelhoff, GmbHG, § 34 Rn 25; eine Formulierungshilfe für eine solche Vereinbarung steht in *Kollmorgen/Friedrichsen* in Dombek/Kroiß, Formularbibliothek Vertragsgestaltung, Gesellschaftsrecht I, Teil 1, § 2 Rn 10.

## V. Ausschluss

### 1. Grundlagen

204 Gerade bei einem kleinen und mittelständischen Unternehmen ist die personalistische Struktur der GmbH besonders stark ausgeprägt. Oft gibt es dort nur zwei oder drei Gesellschafter, die Tag für Tag zusammenarbeiten. Wenn sich ein Gesellschafter hierbei in einer Weise verhält, die eine weitere Zusammenarbeit unmöglich macht, und damit die unternehmerische Betätigung der GmbH gefährdet, gibt es ein starkes und dringendes Bedürfnis, diesen Gesellschafter aus der GmbH ausschließen zu können. Während es für den Ausschluss von Gesellschaftern bei einer Personengesellschaft (§§ 737 BGB, 140 HGB, 161 HGB) und bei der Genossenschaft (§ 68 GenG) hierfür eine gesetzliche Regelung gibt, fehlt im GmbHG eine einschlägige Vorschrift. Wenn auch der Gesellschaftsvertrag keine Klausel über den Ausschluss eines Gesellschafters enthält und auch die Einziehung nach § 34 GmbHG dort nicht geregelt wurde, bietet das GmbHG der Gesellschaft nur wenige Möglichkeiten, um den „Störenfried" aus der Gesellschaft zu drängen. Zum einen könnte die Gesellschaft ein Kaduzierungsverfahren einleiten. Dies setzt nach § 21 GmbHG aber voraus, dass der Gesellschafter mit der Zahlung auf den Geschäftsanteil säumig ist. Zum anderen könnte sie die Auflösung der GmbH nach § 61 GmbHG betreiben. Hiermit riskiert die Gesellschaft aber die Vernichtung des Betriebes und der Arbeitsplätze.

205 Es liegt auf der Hand, dass es eine Möglichkeit geben muss, einen Gesellschafter beim Vorliegen eines in seiner Person gegebenen wichtigen Grundes aus der GmbH auszuschließen. Gerade die vorgenannten Vorschriften der Personengesellschaften zeigen, dass es im Zivil- und Handelsrecht einen allgemeinen Grundsatz gibt, sich von längerfristigen Vertragsbeziehungen bei Vorliegen eines wichtigen Grundes lösen zu können. Die Lücke im GmbHG wird durch eine gefestigte Rechtsprechung gefüllt, die den Ausschluss eines Gesellschafters auch ohne eine satzungsrechtliche Grundlage ermöglicht.[290] Dass die Ausschließung eines GmbH-Gesellschafters ohne eine einschlägige Vereinbarung zulässig ist, leitet der BGH unter Bezugnahme auf das Schrifttum auch aus der Treuepflicht der Gesellschafter ab. Weil die Beziehungen des Gesellschafters zur GmbH und seinen Mitgesellschaftern nicht rein kapitalistisch, sondern auch persönlicher Art sind, treffe jeden Gesellschafter die Pflicht, sich persönlich für die Belange der Gesellschaft einzusetzen und alles zu unterlassen, was deren Interesse schädigen könnte. Zerstört ein Gesellschafter die gesellschaftliche Verbundenheit, so ist für ihn in der GmbH kein Raum mehr.[291]

206 Die Rechtsprechung zum Ausschluss aus der Gesellschaft ist vor allem bei einer insoweit lückenhaften GmbH-Satzung von Bedeutung. Die Satzung kann aber auch eine Ausschlussklausel enthalten (hierzu unter § 2 Rn 67).

---

290 Grundlegend war hier die Entscheidung des BGH v. 1.4.1953 – II ZR 235/52, NJW 1953, 780. Neben einer sehr ausführlichen Begründung enthält diese lesenswerte Entscheidung auch den Satz: „Das Recht hat dem Leben zu dienen und muss die entsprechenden Formen zur Verfügung stellen. Ein pflichtbewusster Richter kann sich der Aufgabe, das Recht notfalls fortzuentwickeln, nicht entziehen." Die Rechtsprechung wurde seit dieser Entscheidung von einer breiten Zustimmung im Schrifttum gestützt, s. Scholz/H. Winter/Seibt, GmbHG, Anhang § 34 Rn 21 mwN in Fn 6.
291 So BGH v. 1.4.1953 – II ZR 235/52, NJW 1953, 780.

## E. Ausscheiden 4

Die folgenden Ausführungen beschränken sich auf die Voraussetzungen und Rechtsfolgen eines Gesellschafterausschlusses, wenn keine Ausschlussklausel im Gesellschaftsvertrag vorgesehen ist. 207

Ein Gesellschafter kann nur dann aus der GmbH ausgeschlossen werden, wenn ein **wichtiger Grund** vorliegt. Hierfür muss seine weitere Mitgliedschaft in der Gesellschaft unter Berücksichtigung aller relevanter Umstände als untragbar erscheinen und eine gedeihliche Fortführung des Unternehmens in Frage stellen. Für die Ausschließung eines Gesellschafters und die Einziehung eines Geschäftsanteils aus wichtigem Grund gilt ein einheitlicher Bewertungsmaßstab, da in beiden Fällen die Beziehung zwischen der GmbH und ihrem Gesellschafter endgültig beendet werden soll. Oft besteht der wichtige Grund für einen Ausschluss in einem Verhalten des Gesellschafters und einer damit verbundenen schuldhaften Pflichtverletzung. Er kann auch in der Person des Gesellschafters oder in den von ihm gesetzten äußeren Umständen liegen. Stets ist eine Gesamtabwägung erforderlich.[292] 208

Ein Gesellschafterausschluss wegen eines wichtigen Grundes kann in folgenden Konstellationen in Betracht kommen: 209

- der Gesellschafter entzieht der GmbH liquide Mittel zugunsten einer weiteren GmbH, an der er beteiligt ist;[293]
- der Gesellschafter begeht zugunsten der GmbH einen Versicherungsbetrug;[294]
- der Gesellschafter verstößt nachhaltig gegen ein Wettbewerbsverbot;[295]
- der Gesellschafter nutzt missbräuchlich die Erwerbschancen der GmbH für sich selber aus;[296]
- der Gesellschafter vermietet Gewerberäume an einen örtlich ansässigen Konkurrenten der GmbH;[297]
- der Gesellschafter verliert eine in der Satzung vorausgesetzte Eigenschaft (Entzug der Zulassung zur Ausübung eines Freien Berufes);[298]
- der Gesellschafter ist zahlungsunfähig oder überschuldet oder seine Gläubiger pfänden seinen Geschäftsanteil.[299]

Ein wichtiger Grund für eine Ausschließung liegt demgegenüber nicht vor: 210

- wenn der Gesellschafter ein über die Grenzen des § 51 a GmbHG hinausgehendes Informationsverlangen stellt, denn hier ist die Auskunftsverweigerung das mildere Mittel,[300]

---

292 Vgl BGH v. 1.4.1953 – II ZR 235/52, NJW 1953, 780; Scholz/H. *Winter/Seibt*, GmbHG, Anhang § 34 Rn 25 ff; *Lutter/Hommelhoff* in Lutter/Hommelhoff, GmbHG, § 34 Rn 33; *Gehrlein*, GmbH-Recht in der Praxis, S. 128.
293 BGH v. 20.9.1999 – II ZR 345/97, NJW 1999, 3779.
294 BGH v. 20.2.1995 – II ZR 46/94, NJW-RR 1995, 667; den Urteilsgründen ist zu entnehmen, dass dieser Vorwurf für sich genommen den Ausschluss rechtfertigen kann, wenn zwischen dem Betrug und dem Gesellschafterausschluss zwei Jahre liegen.
295 Vgl BGH v. 20.2.1995 – II ZR 46/94, NJW-RR 1995, 667;.
296 BGH v. 13.2.1995 – II ZR 225/93, NJW 1995, 1358.
297 Hierzu OLG Nürnberg v. 29.3.2000 – 12 U 33/00, NJW-RR 2001, 403; die Vermietung wurde u.a. auch deshalb als illoyal angesehen, weil die GmbH nur zwei Gesellschafter hatte.
298 BGH v. 1.4.1953 – II ZR 235/52, NJW 1953, 780.
299 *Gehrlein*, GmbH-Recht in der Praxis, S. 128.
300 OLG Dresden v. 5.2.2001 – 2 U 2422/00, NZG 2001, 809.

- wenn der Gesellschafter Ansprüche gegen die GmbH gerichtlich geltend macht, sofern es sich nicht um eine reine Schikane handelt;[301]
- bei der Erhebung einer Strafanzeige gegen einen Mitgesellschafter, wenn der Sachverhalt vorher sorgfältig überprüft wurde, und der Gesellschafter vergeblich versucht hatte, die Probleme intern zu klären.[302]

211 Ob ein Verhalten eines Gesellschafters seinen Ausschluss aus der Gesellschaft rechtfertig, hängt nicht einzig und allein von seinem Verhalten ab. Im Rahmen einer umfassenden Prüfung des Sachverhalts und bei einer **Gesamtabwägung** der beteiligten Interessen ist auch das Verhalten der übrigen Gesellschafter zu berücksichtigen. So kann der Ausschluss eines Gesellschafters daran scheitern, dass bei dem Gesellschafter, der die Initiative für den Ausschluss ergriffen hat, selbst Umstände vorliegen, die seine eigene Ausschließung rechtfertigen würden. Wenn sich der Gesellschafter, der den Ausschluss betreibt, selbst ein Fehlverhalten zuschreiben lassen muss, kann der Vorwurf gegen den auszuschließenden Gesellschafter in einen derart „milden Licht" erscheinen, dass ein Ausschließungsgrund nicht gegeben ist.[303]

### 2. Verfahren

212 Der BGH hat mit seiner Entscheidung vom 1.4.1953 ein zweistufiges Verfahren für den gesetzlich nicht geregelten Gesellschafterausschluss entwickelt.[304] Zunächst ist ein **Gesellschafterbeschluss** über die Erhebung einer Ausschließungsklage erforderlich.[305]

#### a) Gesellschafterbeschluss

213 Sofern der Gesellschaftsvertrag keine gegenteilige Vereinbarung enthält, kommt er nur mit einer Mehrheit von drei Viertel der abgegebenen Stimmen zustande. Das in Anlehnung an § 60 Abs. 1 Nr. 2 GmbHG aufgestellte Erfordernis einer qualifizierten Mehrheit ist notwendig, da die Ausschließung einen existentiellen Eingriff in das Mitgliedschaftsverhältnis des betroffenen Gesellschafters darstellt und sie wegen des Abfindungsanspruchs auch weitreichende Folgen für die verbleibenden Gesellschafter hat. Das Mehrheitserfordernis steht dabei nicht im Widerspruch zu den Anforderungen an einem Gesellschafterbeschluss über die Einziehung eines Geschäftsanteils, der lediglich die einfache Mehrheit der abgegebenen Stimmen voraussetzt (§§ 34, 46 Nr. 4, 47 Abs. 1 GmbHG), denn eine Zwangseinziehung ist nur mit einer Ermächtigungsgrundlage in der Satzung möglich und somit durch eine 100 %-Zustimmung der Gesellschafter (bei Abschluss des Gesellschaftsvertrages) legitimiert.[306] Diese Grundsätze gelten

---

301 OLG Dresden v. 5.2.2001 – 2 U 2422/00, NZG 2001, 809.
302 BGH v. 24.2.2003 – II ZR 243/02, NJW-RR 2003, 672; vgl aber auch BGH v. 9.12.1969 – II ZR 42/67, NJW 1969, 794.
303 Hierzu BGH v. 13.2.1995 – II ZR 225/93, NJW 1995, 1358.
304 BGH v. 1.4.1953 – II ZR 235/52, NJW 1953, 332.
305 In diesem Beschluss muss die Entscheidung erkennbar sein, dass die GmbH gegen den betreffenden Gesellschafter eine Ausschlussklage erheben soll, s. *Gehrlein*, GmbH-Recht in der Praxis, S. 137.
306 Vgl BGH v. 1.4.1953 – II ZR 235/52, NJW 1953, 332. Das Erfordernis einer qualifizierten Mehrheit wurde bestätigt durch BGH v. 13.1.2003 – II ZR 227/00, NJW 2003, 2314. Die Rechtsprechung stößt im Schrifttum auf Kritik. Scholz/H.*Winter/Seibt*, GmbHG, Anhang § 34 Rn 35; sowie *K. Schmidt*, Gesellschaftsrecht, § 35 IV 2 c (S. 1063) halten die einfache Mehrheit für ausreichend, wenn die Satzung keine Regelung enthält.

bei einer GmbH mit drei und mehr Gesellschaftern. Hat die GmbH zwei Gesellschafter, bedarf es keines gesonderten Beschlusses über eine Ausschließungsklage.[307]

Bei der Beschlussfassung hat der auszuschließende Gesellschafter kein Stimmrecht, denn letzten Endes geht es bei dem Beschluss um die Entscheidung, ob gegen ihn selbst ein Rechtsstreit – hier in Form einer Ausschließungsklage – eingeleitet werden soll (s. § 47 Abs. 4 S. 2 Alt 2 GmbHG).[308] Der Beschluss kommt mit einer qualifizierten Mehrheit der stimmberechtigten (und nicht aller) Gesellschafter zustande. Damit droht auch einem Mehrheitsgesellschafter ein Ausschlussverfahren. Dies ist von der Rechtsprechung auch so gewollt. Eine Mehrheitsbeteiligung soll kein Freibrief für gesellschaftswidriges Verhalten sein.[309]

214

Wie auch bei der Einziehung eines Geschäftsanteils nach § 34 GmbHG muss der Beschluss über einen Gesellschafterausschluss im Einklang mit den Regeln zur Kapitalaufbringung und -erhaltung stehen.

215

Selbst wenn die GmbH gegen den Gesellschafter, wie sogleich erläutert, eine Ausschließungsklage erheben muss, sollte sich der Gesellschafter mit einer Anfechtungsklage gegen einen Ausschließungs-Beschluss wehren, wenn dieser an einem Verfahrensfehler leidet. In einem Prozess über die Ausschließungsklage sind formelle Mängel des Gesellschafterbeschlusses nicht streitentscheidend. Mit einer erfolgreichen Anfechtungsklage des Gesellschafters wird der Ausschließungsklage der GmbH indes die Grundlage entzogen.[310]

216

**b) Ausschließungsklage**

Der betroffene Gesellschafter scheidet nicht bereits aufgrund des Gesellschafterbeschlusses aus der GmbH aus. Vielmehr muss die GmbH in einem zweiten Schritt eine **Ausschließungsklage** erheben. Eine gerichtliche Klärung ist nach der Rechtsprechung erforderlich, weil es sich bei dem Ausschluss um eine einschneidende Maßnahme handelt. Es soll vermieden werden, dass sich ein Gesellschafter über die Rechtmäßigkeit eines solch weitreichenden Gesellschafterbeschlusses unsicher oder ungewiss ist. Der Rechtsgedanke des § 140 HGB, der den Ausschluss eines OHG-Gesellschafters durch eine Ausschlussklage vorsieht, findet somit auch hier Anwendung. Die Ausschließung eines GmbH-Gesellschafters kann ohne eine diesbezügliche Vereinbarung in der Satzung nur durch ein gestaltendes Urteil aufgrund der Erhebung einer Ausschließungsklage, nicht jedoch durch Gesellschafterbeschluss erfolgen.[311]

217

---

307 BGH v. 20.9.1999 – II ZR 345/97, NJW 1999, 3779. Bei einer Zweipersonen-GmbH kann diese Gesellschaft oder ihr (bald einziger) Gesellschafter die Ausschließungsklage einreichen, s. *Gehrlein*, GmbH-Recht in der Praxis, S. 137.
308 Hierzu BGH v. 13.1.2003 – II ZR 227/00, NJW 2003, 2314.
309 So BGH v. 1.4.1953 – II ZR 235/52, NJW 1953, 332.
310 Vgl BGH v. 13.1.2003 – II ZR 227/00, NJW 2003, 2314; somit sind zwei Gerichtsverfahren notwendig, was prozessökonomisch nur wenig sinnvoll erscheint, vgl auch *Lutter/Hommelhoff* in Lutter/Hommelhoff, GmbHG, Anhang § 47 Rn 69.
311 BGH v. 1.4.1953 – II ZR 235/52, NJW 1953, 332; bestätigt u.a. durch BGH v. 20.9.1999 – II ZR 345/97, NJW 1999, 3779. Gerade wegen der notwendigen Ausschließungsklage und der damit verbundenen richterlichen Kontrolle genügt nach *K. Schmidt*, Gesellschaftsrecht, § 35 IV 2 c (S. 1063) für den Ausschließungsbeschluss die einfache Mehrheit.

### 3. Rechtsfolgen

218 Wenn das angerufene Gericht von dem Vorliegen eines wichtigen Grundes für den Gesellschafterausschluss überzeugt ist, erlässt es ein rechtsgestaltendes Urteil. Dabei wird der Ausschluss an die Bedingung geknüpft, dass der betroffene Gesellschafter von der GmbH innerhalb einer vom Gericht festgesetzten Frist die im Urteil zu bestimmende Abfindung für seinen Geschäftsanteil erhält. In analoger Anwendung des § 140 Abs. 2 HGB wird der Zeitpunkt der Klageerhebung als Stichtag für die Wertbemessung herangezogen.[312] Der Abfindungsbetrag ist nach dem vollen wirtschaftlichen Wert (Verkehrswert) des Geschäftsanteiles zu bemessen, soweit der Gesellschaftsvertrag keine davon abweichende, seine Höhe beschränkende Abfindungsklausel enthält. Entscheidend ist, welchen Preis ein Dritter für diesen Geschäftsanteil zahlen würde. Da es einen Handel mit GmbH-Anteilen nicht gibt, wird ein Gericht in einem Prozess regelmäßig einen Gutachter mit der Bewertung beauftragen.[313]

219 Wenn der beklagte Gesellschafter die im Ausschlussurteil festgesetzte Abfindung erhalten hat, fällt sein Geschäftsanteil an die Gesellschaft. Bis dahin bleibt er Gesellschafter. Er hat einen Anspruch auf Gewinnbeteiligung und kann seine Mitgliedschaftsrechte wahrnehmen, indem er bspw bei der Gewinnverwendung mitstimmt.[314] Ein Stimmrecht des auszuschließenden Gesellschafters besteht allerdings dann nicht, wenn die übrigen Gesellschafter einen Beschluss über Maßnahmen fassen wollen, der zur Durchführung seines Ausschlusses notwendig ist (hierzu zählt bspw eine Kapitalherabsetzung).[315] Diese Rechtsfolgen können durch eine vorausschauende Satzungsgestaltung vermieden werden. Der Gesellschaftsvertrag kann vorsehen, dass ein Gesellschafter bereits aufgrund eines Gesellschafterbeschlusses ausgeschlossen wird. Bei einer solchen Vereinbarung verliert der Betroffene bereits mit dem rechtmäßigen Ausschließungsbeschluss seine Gesellschafterrechte.[316]

### VI. Austritt
#### 1. Grundlagen

220 Bei einem Ausschluss des Gesellschafters ergreift die GmbH die Initiative, um sich von einem „untragbaren" Gesellschafter zu trennen. Auch ein Gesellschafter muss das Recht haben, bei Vorliegen eines **wichtigen Grundes** aus der GmbH auszutreten. Es handelt sich hierbei um ein gleichermaßen zwingendes wie unverzichtbares Mitgliedschaftsrecht, das eine Satzung nicht in unzulässiger Weise einschränken darf.[317]

221 Im GmbHG ist kein Austrittsrecht des Gesellschafters enthalten. Wie auch bei der Einziehung eines Geschäftsanteils und beim Gesellschafterausschluss können die Gesellschafter in der Satzung eine Regelung zum Austritt treffen. Hierbei haben Sie die Mög-

---

312 BGH v. 1.4.1953 – II ZR 235/52, NJW 1953, 332.
313 Vgl BGH v. 16.12.1991 – II ZR 58/91, NJW 1992, 892. Zur Berechnung der Abfindung s. ausführlich *Lutter/Hommelhoff* in Lutter/Hommelhoff, GmbHG, § 34 Rn 49.
314 Vgl BGH v. 1.4.1953 – II ZR 235/52, NJW 1953, 332; *Gehrlein*, GmbH-Recht in der Praxis, S. 142; bei dem Beschluss über die Gewinnverwendung werden bis auf den auszuschließenden Gesellschafter alle anderen eine Rücklagenbildung statt einer Gewinnausschüttung favorisieren.
315 BGH v. 26.10.1983 – II ZR 87/83, NJW 1984, 489.
316 S. BGH v. 7.4.1960 – II ZR 69/58, NJW 1960, 1053.
317 BGH v. 16.12.1991 – II ZR 58/91, NJW 1992, 892.

lichkeit, das Austrittsrecht wie ein **Kündigungsrecht** auszugestalten. Der Austritt wird durch Einziehung oder Übernahme des Geschäftsanteils durch die Gesellschaft oder die Mitgesellschafter vollzogen.[318] Auch können die Gesellschafter in der Satzung vereinbaren, ob der Austritt unter der aufschiebenden Bedingung einer Abfindungszahlung oder mit sofortiger Wirkung erfolgen soll.[319] Des weitern kann die Satzung eine Abfindung für den Austritt eines Gesellschafters vorsehen. Beschränkungen in der Höhe sind zulässig. Es darf aber kein grobes Missverhältnis zwischen dem vertraglichen und dem nach dem Verkehrswert zu bemessenden Abfindungsanspruch bestehen, denn die Satzung darf das Austrittsrecht des Gesellschafters nicht in unzulässiger Weise erschweren.[320]

Wie schon beim Ausschluss beschränken sich die folgenden Ausführungen zum Austritt eines Gesellschafters auf die Fälle, in denen die Satzung keine einschlägige Klausel enthält. 222

Ohne eine Regelung in der Satzung kann ein Gesellschafter nur dann aus der GmbH austreten, wenn wichtige Gründe vorliegen, die seinen weiteren Verbleib in der Gesellschaft unzumutbar machen. Die **Ursachen** für einen wichtigen Grund können in der Person des Gesellschafters liegen, in dem Verhalten seiner Mitgesellschafter oder in der GmbH.[321] Hierzu folgende Beispiele: 223

- der Gesellschafter ist stark erkrankt und kann seinen Beruf in der Gesellschaft nicht mehr ausüben;[322]
- die anderen Gesellschafter der GmbH missbrauchen ihre Stimmenmehrheit bei der Beschlussfassung über eine Gewinnausschüttung.[323]

Demgegenüber kann ein Austrittsrecht nicht begründet werden mit: 224

- der Vorlage einer fehlerhaften Bilanz;[324]
- der Erschwerung einer Anteilsveräußerung in der Satzung;[325]
- offenen Forderungen des Gesellschafters aus einem Arbeitsverhältnis mit der GmbH.[326]

## 2. Verfahren

Das Verfahren ist bei einem Austritt des Gesellschafters sehr übersichtlich: Sofern die eben beschriebenen Voraussetzungen vorliegen, kann der Gesellschafter seinen Austritt 225

---

318 BGH v. 26.10.1983 – II ZR 87/83, NJW 1984, 489; BGH v. 30.6.2003 – II ZR 326/01, NJW-RR 2003, 1265.
319 Zur Zulässigkeit einer solchen Vereinbarung, s. BGH v. 30.6.2003 – II ZR 326/01, NJW-RR 2003, 1265.
320 Hierzu BGH v. 16.12.1991 – II ZR 58/91, NJW 1992, 892; an die Stelle der unwirksamen Abfindungsklausel tritt ein Anspruch auf Gewährung einer angemessenen Abfindung.
321 Hierzu *Lutter/Hommelhoff* in Lutter/Hommelhoff, GmbHG, § 34 Rn 44; BGH v. 16.12.1991 – II ZR 58/91, NJW 1992, 892.
322 Scholz/*H. Winter/Seibt*, GmbHG, Anhang § 34 Rn 8.
323 Vgl *Kallmeyer*, GmbH-Handbuch, Rn I, 1347; zur Verletzung der Treuepflicht bei einem Beschluss über die Gewinnverwendung, s. BGH v. 14.2.1974 – II ZR 76/72, BB 1974, 854.
324 OLG Hamm v. 28.9.1992 – 8 U 9/92, GmbHR 1993, 656.
325 OLG Hamm v. 28.9.1992 – 8 U 9/92, GmbHR 1993, 656; ein Austrittsrecht kann allerdings bestehen, wenn die GmbH eine notwendige Zustimmung zur Anteilsveräußerung aus sachfremden Gründen ablehnt, s. *Kallmeyer*, GmbH-Handbuch, Rn I, 1349.
326 OLG Hamm v. 28.9.1992 – 8 U 9/92, GmbHR 1993, 656.

mit einer empfangsbedürftigen Erklärung gegenüber der GmbH geltend machen. Als einseitige Erklärung ist der Austritt unwiderruflich.

### 3. Rechtsfolgen

226 Der Austritt wird durch Einziehung oder Übernahme des Geschäftsanteils durch die Gesellschaft oder die Mitgesellschafter vollzogen.[327] Der Gesellschafter hat einen **Abfindungsanspruch**. Dessen Höhe bestimmt sich grundsätzlich nach dem Verkehrswert des Geschäftsanteils.[328] Der Austritt und die Einziehung bzw die Übernahme des Geschäftsanteils erfolgen Zug um Zug gegen Zahlung der Abfindung. Diese Zahlung muss in Einklang mit § 30 Abs. 1 GmbHG stehen. Wie bei der Einziehung des Geschäftsanteils und beim Gesellschafterausschluss bleibt der austretende Gesellschafter bis zum Erhalt der Abfindung Gesellschafter der GmbH, sofern die Satzung keine anderweitige Regelung enthält. Das **Stimmrecht** des Austretenden ruht bis zur Einziehung oder Übernahme nur, wenn die Satzung dies vorsieht. Jedoch missbraucht der betreffende Gesellschafter sein Stimmrecht, wenn er bis zur Einziehung oder Übernahme des Geschäftsanteils grundlos gegen einen Gesellschafterbeschluss stimmt, der seine Vermögensinteressen weder unmittelbar noch mittelbar beeinträchtigen kann.[329]

227 Wenn die GmbH keine Abfindung zahlt und damit den Austritt des Gesellschafters verzögert, kann dieser eine Auflösungsklage nach § 61 GmbHG erheben. In Abweichung von den gesetzlichen Voraussetzungen in gem § 61 Abs. 2 S. 2 GmbHG ist dabei nicht erforderlich, dass die Geschäftsanteile des Gesellschafters mindestens 10 % des Stammkapitals ausmachen.[330]

### VII. Synopse

228

|  | Einziehung | Ausschluss | Austritt |
|---|---|---|---|
| Regelung in der Satzung: | notwendig, s. § 34 GmbHG | erforderlich, um eine interessengerechte Regelung zu haben, ansonsten gilt das vom BGH entwickelte zweistufige Verfahren | erforderlich, um eine interessengerechte Regelung zu haben |
| Voraussetzung: | wichtiger Grund, der in der Satzung erwähnt sein muss | wichtiger Grund | wichtiger Grund |

---

327 BGH v. 26.10.1983 – II ZR 87/83, NJW 1984, 489; BGH v. 30.6.2003 – II ZR 326/01, NJW-RR 2003, 1265.
328 Auch hier sind Vereinbarungen in der Satzung zulässig, s. Scholz/H. Winter/Seibt, GmbHG, Anhang § 34 Rn 16.
329 Vgl BGH v. 26.10.1983 – II ZR 87/83, NJW 1984, 489.
330 Lutter/Hommelhoff in Lutter/Hommelhoff, GmbHG, § 34 Rn 47; Scholz/H. Winter/Seibt, GmbHG, Anhang § 34 Rn 18.

# E. Ausscheiden 4

| | Einziehung | Ausschluss | Austritt |
|---|---|---|---|
| Verfahren: | Gesellschafterbeschluss mit einfacher Mehrheit; kein Stimmrecht des betroffenen Gesellschafters; Mitteilung des Beschlusses an den betroffenen Gesellschafter (Einziehungserklärung). | Gesellschafterbeschluss mit qualifizierter Mehrheit; kein Stimmrecht des betroffenen Gesellschafters; (Satzung kann einfache Mehrheit vorsehen). Ausschließungsklage nach § 114 HGB analog (Satzung kann Abweichung vorsehen). | Erklärung des Gesellschafters gegenüber der GmbH. |
| Rechtsfolgen: | Geschäftsanteil gilt als vernichtet; Gesellschafter hat einen Abfindungsanspruch; die GmbH fasst in der Regel einen Aufstockungsbeschluss, mit dem die Geschäftsanteile der verbliebenen Gesellschafter so erhöht werden, dass sie wieder mit dem Stammkapital übereinstimmen. | Gesellschafter scheidet durch rechtsgestaltendes Urteil (bei Satzungsregelung bereits durch Beschluss) aus der GmbH aus und enthält Zug um Zug eine Abfindung. Ausscheiden kann schon mit der Beschlussfassung und damit noch vor einer Abfindungszahlung erfolgen, sofern die Satzung dies vorsieht. Geschäftsanteil gehört der GmbH; die GmbH kann den Anteil einziehen, damit die Geschäftsanteile der verbliebenen Gesellschafter erhöht werden; hierfür ist aber wieder eine Ermächtigung in der Satzung notwendig. | Gesellschafter scheidet durch Erklärung Zug um Zug gegen Erhalt einer Abfindung aus. Geschäftsanteil gehört dann der GmbH. Der Austritt wird danach durch Einziehung oder Veräußerung des Geschäftsanteils vollzogen. Ausscheiden kann schon mit der Beschlussfassung und damit noch vor einer Abfindungszahlung erfolgen, sofern die Satzung dies vorsieht. |

# § 5 Geschäftsführer

A. Grundlagen ........................... 1
  I. Vertretung und Geschäftsführung ................................ 3
    1. Unterschied .................... 3
    2. Vertretung .................... 6
      a) Inhaltlicher Umfang der Vertretungsmacht .......... 6
      b) Persönlicher Umfang der Vertretungsmacht .......... 11
      c) Insichgeschäft ............... 14
      d) Gerichtliche Vertretung ... 19
    3. Geschäftsführung .............. 21
      a) Inhaltlicher Umfang der Geschäftsführungsbefugnis ........................... 21
      b) Beschränkung der Geschäftsführungsbefugnis durch Weisungen ...... 22
      c) Persönlicher Umfang der Geschäftsführungsbefugnis ........................... 23
      d) Geschäftsverteilung ....... 25
  II. Organstellung und Anstellung ... 26
  III. Einteilung von Geschäftsführern ................................... 30
    1. Gesellschafter-Geschäftsführer ............................ 30
    2. Fremdgeschäftsführer ......... 31
    3. Faktischer Geschäftsführer ... 32
    4. Notgeschäftsführer ............ 37
  IV. Rechtliche Einordnung ............ 39
    1. Gesellschaftsrecht .............. 39
    2. Handelsrecht .................... 40
    3. Vertragsrecht .................... 41
      a) Die Arbeitnehmereigenschaft des Geschäftsführers im seltenen Ausnahmefall ....................... 41
      b) Die Anwendung und Nicht-Anwendung arbeitsrechtlicher Vorschriften ..................... 45
      c) Das ruhende Arbeitsverhältnis im seltenen Ausnahmefall .................... 50
    4. Sozialversicherungsrecht ...... 54
      a) Sozialversicherungspflichtige Beschäftigung .......... 54
      b) Fallgruppen ................. 57
        aa) Gesellschafter-Geschäftsführer mit einem Geschäftsanteil von 50 % und mehr .................. 57
        bb) Gesellschafter-Geschäftsführer mit einem Geschäftsanteil von weniger als 50 % ............. 58
        cc) Fremdgeschäftsführer ..... 62
      c) Statusfeststellung .......... 63
    5. Steuerrecht ..................... 64
B. Rechte ................................ 66
C. Pflichten .............................. 68
  I. Überblick .......................... 68
  II. Externe Transparenzpflichten .... 72
    1. Offenlegung der Jahresabschlüsse und Bilanzen ......... 72
      a) Einreichung und Bekanntmachung ..................... 72
      b) Folgen eines Verstoßes gegen die Offenlegungspflichten ...................... 76
      c) Strategien zur Publizitätsvermeidung .................. 79
    2. Pflichtangaben auf Geschäftsbriefen ........................... 82
  III. Pflicht zur Einberufung der Gesellschafterversammlung ....... 85
  IV. Buchführungspflicht .............. 88
  V. Wettbewerbsverbot ................ 90
    1. Persönlicher Anwendungsbereich ............................. 90
    2. Sachlicher Anwendungsbereich ............................. 92
    3. Zeitlicher Anwendungsbereich ............................. 95
    4. Rechtsfolgen eines Wettbewerbsverstoßes ................ 96
    5. Befreiung vom Wettbewerbsverbot ...................... 98
  VI. Arbeits- und sozialversicherungsrechtliche Pflichten ................ 99
  VII. Steuerrechtliche Pflichten ........ 102
  VIII. Insolvenzantragspflicht ............ 104
    1. Bedeutung ...................... 104
    2. Insolvenzgrund ................. 107
      a) Zahlungsunfähigkeit ...... 107
        aa) Legaldefinition ............. 107
        bb) Vorübergehende Zahlungsstockung .............. 109

|  |  |
|---|---|
| cc) Geringfügige Liquiditätslücke ........................ 110 | 5. Wettbewerbsverbot ............. 217 |
| b) Überschuldung ............. 111 | a) Beschreibung im Anstellungsvertrag ................ 217 |
| aa) Legaldefinitionen .......... 111 | b) Vereinbarung eines nachvertraglichen Wettbewerbsverbots ............... 223 |
| bb) Überschuldungsstatus ..... 118 | |
| (1) Vermögen ................... 119 | |
| (2) Verbindlichkeiten .......... 121 | 6. Laufzeit und Kündigungsfrist ........................ 232 |
| cc) Fortführungsprognose .... 129 | 7. Koppelungsklausel ............. 239 |
| D. Organstellung ........................ 133 | 8. Verfallklausel ................ 245 |
| I. Bestellung ........................ 133 | III. Kündigung des Anstellungsvertrags ........................ 249 |
| 1. Zuständigkeit .................. 133 | |
| 2. Gesellschafterbeschluss ....... 134 | 1. Kündigung durch die GmbH ........................ 249 |
| 3. Bekanntgabe und Anmeldung ........................... 137 | |
| 4. Bestellungshindernisse ........ 139 | a) Ordentliche fristgemäße Kündigung ............. 249 |
| II. Abberufung ........................ 145 | |
| 1. Zuständigkeit .................. 146 | aa) Zuständigkeit ............. 249 |
| 2. Gesellschafterbeschluss ....... 148 | bb) Kündigungsfrist ........... 254 |
| a) Verfahren ................... 148 | cc) Kündigungsschutz ......... 259 |
| b) Freie Abberufung .......... 152 | b) Außerordentliche fristlose Kündigung ................. 263 |
| c) Abberufung aus wichtigem Grund ................. 156 | |
| | aa) Zuständigkeit ............. 265 |
| 3. Bekanntgabe und Anmeldung ........................... 165 | bb) Wichtiger Grund .......... 266 |
| | (1) Personenbedingte Gründe .................... 269 |
| 4. Rechtsschutz .................... 167 | |
| III. Amtsniederlegung ................ 168 | (2) Verhaltensbedingte Gründe .................... 270 |
| 1. Voraussetzungen ............... 168 | |
| 2. Anmeldung ..................... 176 | (3) Betriebsbedingte Gründe .................... 271 |
| E. Anstellung ............................. 177 | |
| I. Zustandekommen des Anstellungsvertrages ...................... 177 | cc) Fehlendes Erfordernis für eine Abmahnung .......... 272 |
| 1. Vertragspartner ................. 177 | dd) Frist .................... 273 |
| 2. Zuständigkeit .................. 178 | ee) Umdeutung ............... 276 |
| 3. Schriftform .................... 185 | ff) Vergütungsanspruch ...... 277 |
| II. Inhalt des Anstellungsvertrags ... 186 | c) Prozessuale Auseinandersetzung nach einer Kündigung ........................ 278 |
| 1. Tätigkeit ....................... 186 | |
| 2. Vergütung ...................... 189 | |
| a) Allgemeines Zivilrecht .... 189 | 2. Kündigung durch den Geschäftsführer ............... 279 |
| b) Gesellschaftsrecht .......... 192 | |
| c) Steuerrecht ................. 193 | a) Ordentliche Kündigung ... 280 |
| 3. Entgeltfortzahlung bei Krankheit und Tod ................... 210 | b) Außerordentliche Kündigung ........................ 282 |
| 4. Urlaub .......................... 214 | |

# A. Grundlagen

In § 35 Abs. 1 sowie in § 45 GmbHG finden sich zwei Grundaussagen zum GmbH-Geschäftsführer. Nach erstgenannter Regelung wird die Gesellschaft durch die Geschäftsführer gerichtlich und außergerichtlich vertreten. Etwas überraschend ist § 45 GmbHG: Die Rechte, welche den *Gesellschaftern* (also nicht den Geschäftsführern) in Angelegenheiten der Gesellschaft, insbesondere in Bezug auf die Geschäftsführung zustehen, sowie die Ausübung derselben bestimmen sich, soweit nicht gesetzliche Vor-

**1**

schriften entgegenstehen, nach dem Gesellschaftsvertrag. Zunächst sollen daher die Begriffe „Vertretung" und „Geschäftsführung" beleuchtet werden (Rn 3 ff).

2 Zwischen der GmbH und ihren Geschäftsführern bestehen **zwei Rechtsverhältnisse**. Es ist zu unterscheiden zwischen der Bestellung zum Organ der Gesellschaft und dem schuldrechtlichen Vertragsverhältnis, das der Bestellung zugrunde liegt. **Organ- und Anstellungsverhältnis** stehen selbständig nebeneinander und haben grundsätzlich ein eigenes rechtliches Schicksal[1] (hierzu unter Rn 26 ff). Der Unterschied zwischen Gesellschafter-Geschäftsführern, Fremd-Geschäftsführern und faktischen Geschäftsführern wird unter Rn 30 ff erklärt. Hieran anknüpfend wird die rechtliche Einordnung der GmbH-Geschäftsführer unter Berücksichtigung des Gesellschafts-, Steuer-, Sozialversicherungs- und Arbeitsrechts vorgenommen (Rn 39 ff).

## I. Vertretung und Geschäftsführung

### 1. Unterschied

3 Zum **Kernbereich** der Aufgaben eines Geschäftsführers gehört die gerichtliche und außergerichtliche Vertretung der GmbH (§ 35 Abs. 1 GmbHG). Vertretung bedeutet die Abgabe und Entgegennahme von Willenserklärungen. Die Vertretungsbefugnis kann nach § 37 Abs. 1 GmbHG gegenüber außenstehenden Dritten nicht eingeschränkt werden.

4 Ganz anders verhält es sich mit der „Geschäftsführung", die man bei natürlichem Sprachverständnis als charakteristische und vor allem unentziehbare Aufgabe eines „Geschäftsführers" ansehen könnte. Dem ist aber nicht so. Mit der Geschäftsführung werden die Entscheidungen umschrieben, die innerhalb einer GmbH über die Geschäftspolitik (Geschäftsführung im weiteren Sinne) und über die laufende Geschäftsführung (Geschäftsführung im engeren Sinne) getroffen werden.[2] Es geht also um die interne Willensbildung. Den Gesellschaftern ist es vorbehalten, die Grundzüge der Geschäftspolitik zu bestimmen. Schließlich legen sie mit ihrer Satzung den Unternehmensgegenstand (§ 3 Abs. 1 Nr. 2 GmbHG) fest. Zur laufenden Geschäftsführung zählen u.a. die Organisation des Unternehmens, die Entwicklung von Ideen zur Umsetzung der Unternehmenspolitik sowie die Steuerung und Überwachung der Betriebsabläufe. Die laufende Geschäftsführung gehört grundsätzlich zu den Aufgaben des Geschäftsführers. Allerdings können die Gesellschafter die laufende Geschäftsführung an sich ziehen. In der Satzung und im Anstellungsvertrag können generelle Regelungen enthalten sein, die einen Geschäftsführer verpflichten, sich vor einem Vertragsabschluss die Zustimmung der Gesellschafterversammlung einzuholen. Ein Gesellschafterbeschluss kann einen Geschäftsführer für einen Einzelfall anweisen, einen bestimmten Vertrag abzuschließen oder ein konkretes Angebot auszuschlagen. Die Geschäftsführer sind verpflichtet, die ihnen so auferlegten Beschränkungen einzuhalten (§ 37 Abs. 1 GmbHG), nur im Außenverhältnis haben diese Beschränkungen aus Gründen des Verkehrsschutzes keine Wirkungen.

---

[1] BGH v. 28.10.2002 – II ZR 146/02, NJW 2003, 351; BAG v. 25.10.2007 – 6 AZR 1045/06, NJW 2008, 1018.
[2] Vgl Scholz/*Schneider*, GmbHG, § 37 Rn 2 f.

Während es bei der Vertretung um das Außenverhältnis zwischen der GmbH und Dritten geht, betrifft die Geschäftsführung das Innenverhältnis zwischen GmbH, dem Geschäftsführer und den Gesellschaftern. Die Vertretung der GmbH obliegt nach der gesetzlichen Regelung dem Geschäftsführer (§ 35 Abs. 1 GmbHG), die Geschäftsführung aber den Gesellschaftern, die sie freilich auf den Geschäftsführer im gewissem Umfang übertragen können.[3]

## 2. Vertretung

### a) Inhaltlicher Umfang der Vertretungsmacht

Der Geschäftsführer hat eine inhaltlich unbeschränkte Vertretungsmacht. Seine Erklärungen wirken für und gegen die GmbH auch dann, wenn der Vertrag nicht im Zusammenhang mit der unternehmerischen Tätigkeit der GmbH steht.[4] Aus § 37 Abs. 2 S. 1 GmbHG ergibt sich, dass eine **Beschränkung** des Geschäftsführers bei der Stellvertretung der GmbH dritten Personen gegenüber **unwirksam** ist. Dies gilt insbesondere für den Fall, dass die Vertretung sich nur auf gewisse Geschäfte oder Arten von Geschäften erstrecken oder nur unter gewissen Umständen oder für eine gewisse Zeit oder an einzelnen Orten stattfinden soll, oder dass die Zustimmung der Gesellschafter oder eines Organs der Gesellschafter für einzelne Geschäfte erforderlich ist (§ 37 Abs. 2 S. 2 GmbHG). Wie auch die Parallelvorschrift für die AG (§ 82 Abs. 1 AktG) soll auch § 37 Abs. 2 GmbHG im Handelsverkehr für klare Verhältnisse bei der rechtsgeschäftlichen und organschaftlichen Vertretung sorgen. Für außenstehende Dritte ist es zumindest unzumutbar, sich in jedem einzelnen Fall über den Umfang der Vertretungsbefugnis eines Geschäftsführers informieren zu müssen. Aus diesem Grund hat der Gesetzgeber den Umfang der Vertretungsbefugnis bei der GmbH und auch bei den anderen Handelsgesellschaften zwingend festgelegt.[5] Daher sind von der Vertretungsbefugnis des Geschäftsführers selbst Vertragsabschlüsse des Geschäftsführers gedeckt, die sich nicht mit dem Gesellschaftszweck und dem Unternehmensgegenstand decken.[6] Eine GmbH ist etwa auch zur Zahlung eines Anwaltshonorars verpflichtet, wenn der Rechtsanwalt mit der Vertretung des Geschäftsführers in einer mit der Geschäftsführertätigkeit zusammenhängenden Steuerstrafsache beauftragt wurde.[7]

Der Gesichtspunkt des Verkehrsschutzes ist für die Auslegung des § 37 Abs. 2 GmbHG entscheidend. Wenn es um ein Vertragsverhältnis zwischen der Gesellschaft und einem Gesellschafter geht, außenstehende Dritte also nicht betroffen werden können, sind Beschränkungen der Vertretungsmacht wirksam.[8]

---

[3] Hierzu *Gehrlein*, GmbH-Recht in der Praxis, S. 215; *Lutter/Hommelhoff* in Lutter/Hommelhoff, GmbHG, § 37 Rn 3 ff; Scholz/*Schneider*, GmbHG, § 37 Rn 2; zur Kritik an der herrschenden Meinung im Schrifttum und in der Rechtsprechung s. *Zöllner/Noack* in Baumbauch/Hueck, GmbHG, § 37 Rn 7; zur Zuständigkeit der Gesellschafter bei der Bestimmung der Geschäftspolitik, s. BGH v. 25.2.1991 – II ZR 76/90, NJW 1991, 1683.
[4] Vgl hierzu OLG München v. 12.12.1991 – 1 U 4192/91, GmbHR 1992, 533 (zulässig ist auch die Beauftragung eines Rechtsanwalts mit der Prozessvertretung des Geschäftsführers in einer Steuerstrafsache, wenn diese im Zusammenhang mit der Geschäftsführertätigkeit steht).
[5] Hierzu BGH v. 23. 6. 1997 – II ZR 353/95, NJW 1997, 2678.
[6] Vgl *Hümmerich*, Gestaltung von Arbeitsverträgen, § 2 Rn 181.
[7] OLG München v. 12.12.1991 – 1 U 4192/91, GmbHR 1992, 533.
[8] Scholz/*Schneider*, GmbHG, § 35 Rn 25 ff; *Zöllner/Noack* in Baumbauch/Hueck, GmbHG, § 37 Rn 35 sprechen in diesem Zusammenhang von „sozialrechtlichen" Rechtsgeschäften.

**8** **Beispiel (in Anlehnung an BAG v. 28.4.1994 – 2 AZR 730/93, NJW 1994, 869):**
Der Gesellschafter A ist bei der A, B & C GmbH als Arbeitnehmer angestellt. Da es sich um ein Innenverhältnis handelt, verstößt eine Vereinbarung in Arbeitsvertrag nicht gegen § 37 Abs. 2 GmbHG, wenn für die Erteilung einer fristgerechten Kündigung erst die vorherige Zustimmung der Gesellschafterversammlung erforderlich ist.

**9** Der Geschäftsverkehr wird auch nicht tangiert, wenn der Geschäftsführer bei Vertragsabschluss auf den an sich nur im Innenverhältnis wirkenden Zustimmungsvorbehalt für den Vertrag hinweist und die noch fehlende Zustimmung dann als Wirksamkeitsvoraussetzung zum Vertragsinhalt wird.[9]

**10** Die in § 35 Abs. 2 GmbHG aufgestellte Regel über eine im Außenverhältnis unbeschränkbare Vertretungsmacht des Geschäftsführers wird durch die Grundsätze über den **Missbrauch der Vertretungsmacht** relativiert. Wenn der Vertragspartner der GmbH nämlich weiß, dass der Geschäftsführer mit dem Vertragsabschluss die im Innenverhältnis gezogenen Grenzen überschreitet, ist die vom Geschäftsführer abgegebene Willenserklärung unwirksam und damit für die GmbH nicht verbindlich. Das gleiche gilt auch, wenn es sich dem Vertragspartner anhand der Umstände hätte aufdrängen müssen, dass der Geschäftsführer gegen die internen Beschränkungen verstößt. Allein die Kenntnis oder die Erkennbarkeit einer Beschränkung im Innenverhältnis führen zur Unwirksamkeit des Vertretungshandelns. Ob der Geschäftsführer hierbei auch zum Nachteil der GmbH gehandelt hat, ist nach der Rechtsprechung des BGH nicht entscheidend. Wenn das Geschäft für die vertretene GmbH nachteilig ist, kann sich demnach für den Vertragspartner allerdings die Vermutung aufdrängen, dass hier ein missbräuchliches Verhalten des Geschäftsführers vorliegt.[10] In der Literatur ist diese Rechtsprechung auf Kritik gestoßen.[11]

### b) Persönlicher Umfang der Vertretungsmacht

**11** Wenn eine GmbH mehrere Geschäftsführer hat, stellt sich die Frage nach dem persönlichen Umfang ihrer Vertretungsmacht: Können sie die GmbH nur gemeinsam vertreten oder kann jeder einzelne von ihnen allein für die GmbH handeln? Das Gesetz trifft für die **aktive Stellvertretung** (Abgabe von Willenserklärungen) eine unpraktische Entscheidung. Nach dem durch das MoMiG geänderten Wortlaut des § 35 Abs. 2 S. 1 GmbHG sind mehrere Geschäftsführer nur gemeinschaftlich zur Vertretung der Gesellschaft befugt, es sei denn, dass der Gesellschaftsvertrag etwas anderes bestimmt. Der gesetzliche Regelfall ist daher die Gesamtvertretung. Sie ist abzugrenzen von der unechten Gesamtvertretung, der Einzel- sowie der Alleinvertretung.

- **Gesamtvertretung:** Mehrere Geschäftsführer sind nur gemeinschaftlich zur Vertretung der GmbH befugt (von der A & B-GmbH müssen die beiden Geschäftsführer A und B einen Vertrag unterzeichnen);
- **Unechte Gesamtvertretung:** Bei mehreren Geschäftsführern kann die GmbH auch durch einen Geschäftsführer gemeinsam mit einem Prokuristen vertreten werden.

---

9 BGH v. 23.6.1997 – II ZR 353/95, NJW 1997, 2678.
10 Hierzu BGH v. 10.4.2006 – II ZR 337/05, NJW 2006, 2776; BGH v. 14.3.1988 – II ZR 211/87.
11 Nach Scholz/*Schneider*, GmbHG, § 35 Rn 134 soll ein Missbrauch der Vertretungsmacht bei der Verletzung interner Beschränkungen ohne Nachteil für die GmbH nur in sehr eng begrenzten Ausnahmefällen in Betracht kommen.

Eine solche Vereinbarung ist grundsätzlich wirksam, solange ein Geschäftsführer alleine oder die Geschäftsführer gemeinsam eine Erklärung für die GmbH abgeben können, ohne dass sie hierfür auf die Unterstützung des Prokuristen angewiesen sind[12] (bei der A & B – GmbH kann die Satzung vorsehen, dass die Gesellschaft durch den Geschäftsführer A gemeinsam mit einem Prokuristen und einzeln durch den Geschäftsführer B vertreten wird);

- **Einzelvertretung und Alleinvertretung:** Beide Begriffe können nach der Rechtsprechung des BGH synonym verwendet werden, obwohl zwischen ihnen nach zutreffender Auffassung ein (kleiner) Unterschied besteht. Eine **Einzelvertretung** liegt vor, wenn die GmbH mehrere Geschäftsführer hat und jeder einzelne für die GmbH eine Erklärung abgeben kann (von der A & B – GmbH kann jeder der beiden Geschäftsführer A und B den Vertrag unterzeichnen); bei einer **Alleinvertretung** hat die GmbH nur einen Geschäftsführer, der die GmbH alleine vertreten kann (und muss). Sind nach der Satzung einer GmbH einzelne von mehreren Geschäftsführern „allein" zur Vertretung der Gesellschaft befugt, so darf der Registerrichter für die Eintragung dieser Form der Vertretung in das Handelsregister – unabhängig vom Wortlaut der Anmeldung – die Begriffe: „Alleinvertretungsbefugnis" und „Einzelvertretungsbefugnis" verwenden, denn die soeben dargestellte Differenzierung findet keine Stütze im Gesetz (s. § 78 Abs. 3 AktG und § 25 Abs. 2 GenG) und entspricht auch nicht dem allgemeinem Sprachgebrauch.[13] Sobald die GmbH also einen Geschäftsführer hat, kann man sowohl von einer Einzel- als von einer Alleinvertretung sprechen.

Die Vertretungsbefugnis ist in das **Handelsregister** einzutragen. Dritten gegenüber gilt lediglich die Regelung, die sich auch aus dem Handelsregister entnehmen lässt. Abweichende Vereinbarungen zwischen Gesellschaftern und Geschäftsführern bzw Prokuristen wirken nur im Innenverhältnis, nicht aber gegenüber Dritten, außer sie haben von den Abreden nachweisbar Kenntnis erlangt.

Soweit es die **passive Stellvertretung**, also die Entgegennahme von Willenserklärungen anbelangt, genügt nach § 35 Abs. 2 GmbHG die Abgabe gegenüber einem Geschäftsführer. Die Erklärung muss einem Geschäftsführer nicht persönlich zugehen. An ihn können unter der im Handelsregister eingetragenen Geschäftsanschrift Willenserklärungen abgegeben und Schriftstücke für die Gesellschaft zugestellt werden (so der neue § 35 Abs. 2 S. 3 GmbHG). Unabhängig hiervon kann die Abgabe und die Zustellung auch unter der eingetragenen Anschrift der empfangsberechtigten Person nach § 10 Abs. 2 S. 2 GmbHG erfolgen (so die Neufassung des § 35 Abs. 2 S. 4 GmbHG). Durch die beiden Änderungen in § 35 Abs. 2 S. 3 und 4 GmbHG wird der Zugang von Willenserklärungen sowie die **Zustellungen an die Vertreter** der Gesellschaft deutlich vereinfacht. Alle Vertreter der Gesellschaft sind nun unter der **eingetragenen Geschäftsanschrift** zu erreichen. Darunter können Schriftstücke für die Gesellschaft ohne weiteres

---

12 Zu den Grenzen einer Vertragsgestaltung bei der unechten Gesamtvertretung, s. Scholz/*Schneider*, GmbHG, § 37 Rn 72.
13 So unter Berufung auf den Brockhaus BGH v. 19.3.2007 – II ZB 19/06, NJW 2007, 3287. Zutreffend aber das Begriffsverständnis des OLG Zweibrücken v. 12.10.1992 – 3 W 134/92, NJW-RR 1993, 933; *Altmeppen* in Roth/Altmeppen, GmbHG, § 35 Rn 2.

an sie zugestellt werden. Hierdurch findet eine Kanalisation auf diese Geschäftsanschrift statt, unter der wirksam Willenserklärungen zugehen und Zustellungen bewirkt werden können. Voraussetzung ist allerdings, dass bei der Geschäftsanschrift tatsächlich ein Geschäftslokal besteht oder der zurechenbare Rechtsschein eines Geschäftsraums gesetzt worden ist. Sollte dort eine Zustellung unmöglich sein, so droht künftig die Zustellung im Wege der **öffentlichen Bekanntgabe** nach § 185 Nr. 2 ZPO.[14]

### c) Insichgeschäft

14 Für den Geschäftsführer einer GmbH gilt das allgemeine Verbot des Selbstkontrahierens (§ 181 BGB). Der Geschäftsführer kann daher nicht im Namen der GmbH mit sich im eigenen Namen ein Rechtsgeschäft abschließen, es sei denn, das Rechtsgeschäft besteht ausschließlich in der Erfüllung einer Verbindlichkeit.

15 **Beispiel:**
A ist Geschäftsführer der A & B – GmbH. Diese GmbH veräußert an den A ein Auto aus dem eigenen Anlagevermögen. Hierbei vertritt A die GmbH als Geschäftsführer. Darüber hinaus unterschreibt der A einen Überweisungsträger, damit er sein Gehalt bekommt. Schließlich schenkt A der A & B – GmbH einen Computer, den er nicht mehr benötigt.
Der Kaufvertrag über das Auto ist unwirksam, wenn der Geschäftsführer nicht von den Beschränkungen des § 181 BGB befreit wurde. Der Vertrag kann gegebenenfalls durch Mit-Geschäftsführer B (sofern dies von der Satzung gedeckt ist) oder aber durch die GmbH-Gesellschafter genehmigt werden. Die Gehaltsauszahlungen des Geschäftsführers an sich selbst sind wirksam, da sie als der Erfüllung einer bereits bestehenden Verbindlichkeit (Anstellungsvertrag des Geschäftsführers) dienen. Die Schenkung des Computers begründet für die GmbH lediglich einen rechtlichen Vorteil und ist wirksam.

16 Insbesondere bei Gesellschafter-Geschäftsführern empfiehlt es sich, den Geschäftsführer vom Verbot des § 181 BGB zu befreien. Hierfür ist eine Ermächtigungsgrundlage in den Gesellschaftsvertrag aufzunehmen.

17 Die Befreiung eines Geschäftsführers vom § 181 BGB ist zum Handelsregister anzumelden und dort einzutragen. Die Befreiung kann nur generell, nicht aber für ein einzelnes konkretes Rechtsgeschäft erfolgen.

18 Auch der geschäftsführende Gesellschafter einer Einmann-GmbH hat das Verbot des Selbstkontrahierens zu beachten (vgl § 35 Abs. 3 S. 1 GmbHG). Rechtsgeschäfte mit sich selbst kann der geschäftsführende Alleingesellschafter nur vornehmen, wenn ihm dies von vornherein im Gesellschaftsvertrag gestattet wurde oder aber dies nachträglich durch eine Satzungsänderung erfolgt.[15] Nach § 35 Abs. 3 S. 2 GmbHG besteht für Insichgeschäfte eines Alleingesellschafter-Geschäftsführers eine Protokollierungspflicht.[16]

### d) Gerichtliche Vertretung

19 Die Geschäftsführer sind nach § 78 GmbHG befugt, die im GmbHG vorgesehenen Anmeldungen zum Handelsregister zu bewirken. Soweit es die Anmeldungen nach § 7

---

14 Vgl hierzu die Begründung zum RegE, BT-Drucks. 16/614, S. 102.
15 BGH v. 28.2.1983 – II ZB 8/82, NJW 1983, 1676.
16 Zu den Anforderungen an die Darlegungs- und Beweislast hinsichtlich der Aktivlegitimation des geschäftsführenden Alleingesellschafters einer Einpersonen-GmbH im Hinblick auf eine durch Selbstkontrahieren an sich abgetretene Forderung der Gesellschaft s. BGH v. 8.3.2004 – II ZR 316/01, NJW-RR 2004, 1035.

Abs. 1 GmbHG (Anmeldung bei Gründung), § 57 Abs. 1 GmbHG (Anmeldung der effektiven Kapitalerhöhung), § 57i Abs. 1 GmbHG (Anmeldung der nominellen Kapitalerhöhung) und § 58 Abs. 1 Nr. 3 GmbHG (Anmeldung der Kapitalherabsetzung) betrifft, sind diese durch sämtliche Geschäftsführer zu bewirken.

Nach § 35 Abs. 1 S. 1 GmbHG wird die GmbH vor Gericht durch ihren Geschäftsführer vertreten. Er kann daher nicht als Zeuge aussagen.[17] In einem Rechtsstreit zwischen der GmbH und ihrem Geschäftsführer wird die GmbH von der Gesellschafterversammlung (und nicht von einem etwaigen Mitgeschäftsführer) vertreten.[18]

### 3. Geschäftsführung

#### a) Inhaltlicher Umfang der Geschäftsführungsbefugnis

Das Schrifttum zählt zu der Geschäftsführung alle zur Verfolgung des Gesellschaftszwecks erforderlichen Maßnahmen und Entscheidungen, insbesondere die Bestimmung über den Einsatz und die Koordinierung der Unternehmensressourcen einschließlich der Fixierung von Zielen für die Angestellten der GmbH.[19] Die Gesellschafter entscheiden über die Geschäftspolitik in allgemeinen Festlegungen (als erstes durch den Unternehmensgegenstand bei Unterzeichnung der Satzung), die sie durch ihre Beschlüsse näher konkretisieren können. Es bleibt Ihnen unbenommen, diese Aufgaben den Geschäftsführern anzuvertrauen.[20] Die Gesellschafter können dabei dem Geschäftsführer **Leitungsfunktionen** zuweisen, die dann auch nicht auf andere Mitarbeiter der GmbH übertragen werden dürfen. Sie können den Geschäftsführer aber auch auf die Funktion eines **reinen Ausführungsorgans** für Gesellschafterentscheidungen beschränken, sofern er noch seine gläubigerschützenden Pflichten (Insolvenzantrag) erfüllen kann.[21] Innerhalb der von den Gesellschaftern gezogenen Grenzen hat der Geschäftsführer seine eigenen Entscheidungskompetenzen. Maßnahmen und Entscheidungen, die diese Grenzen oder den Rahmen des bisherigen Geschäftsbetriebs sprengen, müssen von den Gesellschaftern getroffen werden.[22]

#### b) Beschränkung der Geschäftsführungsbefugnis durch Weisungen

Gerade bei einer kleinen und mittelständischen GmbH sind die Geschäftsführer häufig selbst auch Gesellschafter oder mit diesen verwandt oder verheiratet. In einer solchen personalistisch geprägten GmbH hat ein Geschäftsführer regelmäßig umfassende Kompetenzen bei der Unternehmensplanung. Bei einem Fremdgeschäftsführer ohne familiäre Verbindung zu den Gesellschaftern oder bei Tochtergesellschaften innerhalb eines Konzerns können Geschäftsführer mit weniger weitreichenden Befugnissen ausgestattet

---

17 Die GmbH hat es in der Hand, den Geschäftsführer durch Abberufung eine Zeugenstellung zu verschaffen, s. BGH v. 29.4.2003 – IX ZR 54/02, NJW-RR 2003, 1212; diese dürfte allerdings nur in sehr begrenzten Ausnahmefällen ratsam sein.
18 Hierzu *Gehrlein*, GmbH-Recht in der Praxis, S. 214.
19 *Zöllner/Noack* in Baumbach/Hueck, GmbHG, § 37 Rn 2; vgl auch *Lutter/Hommelhoff* in Lutter/Hommelhoff, GmbHG, § 37 Rn 1 und 3.
20 Mit diesem Argument wenden sich *Lutter/Hommelhoff* in Lutter/Hommelhoff, GmbHG, § 37 Rn 8 zu Recht gegen die Kritik von *Zöllner/Noack* in Baumbach/Hueck, GmbHG, § 37 Rn 13 die den Begriff der Unternehmenspolitik für nicht justitiabel halten.
21 Für eine generelle Einschränkung der Geschäftsführungsbefugnis, s. *Lutter/Hommelhoff* in Lutter/Hommelhoff, GmbHG, § 37 Rn 1.
22 BGH v. 25.2.1991 – II ZR 76/90, NJW 1991, 1683.

sein. Hier kann es zu Meinungsverschiedenheiten zwischen den Gesellschaftern und den Geschäftsführern kommen. Der Geschäftsführer hat hierbei zu beachten, dass er nach § 37 Abs. 2 GmbHG bei der Wahrnehmung seiner Aufgaben den Weisungen der Gesellschafter unterworfen ist. Diese Weisungen können durch die Satzung oder durch einen Gesellschafterbeschluss erfolgen, nicht aber durch einen einzelnen Gesellschafter.[23] Wenn die GmbH aber lediglich einen Gesellschafter hat, ist ein förmlicher Gesellschafterbeschluss nicht erforderlich.[24] Der Geschäftsführer darf sich den Weisungen nicht widersetzen, nur weil sie für die GmbH offensichtlich mit wirtschaftlichen Nachteilen verbunden sind. Lediglich wenn die Weisungen der Gesellschafter die GmbH „sehenden Auges" in eine Insolvenz führen, bei der er es zwangsläufig zu einer Schädigung der Gesellschaftsgläubiger kommen muss, besteht für den Geschäftsführer keine Bindungswirkung an die Gesellschafterweisungen.[25] Eine weitere **Grenze** für das Weisungsrecht der Gesellschafter markiert § 43 Abs. 3 GmbHG. Eine Weisung der Gesellschafterversammlung, die gegen den Grundsatz der Kapitalerhaltung verstößt, muss der Geschäftsführer in Hinblick auf die ihm drohende Haftung nicht befolgen.

**c) Persönlicher Umfang der Geschäftsführungsbefugnis**

23   Sind mehrere Geschäftsführer bestellt, sind sie nach § 35 Abs. 2 GmbHG nur **gemeinschaftlich** zur Vertretung der Gesellschaft befugt, es sei denn, dass der Gesellschaftsvertrag etwas anderes bestimmt. Diese Vorschrift wurde durch das MoMiG nur sprachlich geändert. Inhaltlich fehlt nach wie vor eine Regelung über die Geschäftsführungsbefugnis von mehreren Geschäftsführern.[26] Diese Regelunglücke ist aber nicht weiter tragisch, denn im Schrifttum besteht darüber Einigkeit, dass mehrere Geschäftsführer nur gemeinschaftlich zu handeln befugt sind. Hierbei wird auch eine Parallele zu der Gesamtgeschäftsführungsbefugnis des mehrköpfigen Vorstandes einer Aktiengesellschaft gezogen; sie ist in § 77 Abs. 1 S. 1 AktG normiert.[27] Über alle Maßnahmen der Geschäftsführung haben alle Geschäftsführer daher einen Beschluss zu fassen. Dieser Beschluss ist nur verbindlich, wenn er einstimmig zustande kommt.[28]

24   Die Satzung kann auch eine **Einzelgeschäftsführung** festlegen. Wenn in der Satzung keine Regelung über die Geschäftsführung enthalten ist, die Gesellschafter aber Einzelvertretungsbefugnis vereinbart haben, besteht auch eine Vermutung für eine Einzelgeschäftsführungsbefugnis.[29] Die Geschäftsführer haben bei einer Einzelgeschäftsführung aufgrund einer analogen Anwendung des § 115 Abs. 1 HGB ein Widerspruchsrecht.[30]

---

23   *Lutter/Hommelhoff* in Lutter/Hommelhoff, GmbHG, § 37 Rn 17.
24   BGH v. 28.9.1992 – II ZR 299/91, NJW 1993, 193.
25   Vgl OLG Frankfurt v. 7.2.1997 – 24 U 88/95, NJW-RR 1997, 736; *Lutter*, GmbHR 2000, 301.
26   Nach dem RegE 1971 sollte im GmbHG in einer Regelung das Bestehen einer Gesamtgeschäftsführungsbefugnis ausdrücklich erwähnt werden, s. Scholz/*Schneider*, GmbHG, § 37 Rn 21.
27   Scholz/*Schneider/Sethe*, GmbHG, § 35 Rn 21 mwN.
28   Vgl *Zöllner/Noack* in Baumbach/Hueck, GmbHG, § 37 Rn 24 mwN; nach §§ 28, 32 BGB kommt ein Geschäftsführungsbeschluss mit einer Mehrheit der abgegebenen Stimmen zustande, diese Regelung wird bei einer GmbH allerdings nicht analog angewendet, s. auch Scholz/*Schneider/Sethe*, GmbHG, § 35 Rn 21.
29   Vgl BGH v. 28.9.1992 – II ZR 299/91, NJW 1993, 193.
30   Scholz/*Schneider/Sethe*, GmbHG, § 35 Rn 24 a.

## A. Grundlagen

#### d) Geschäftsverteilung

Bei einer GmbH mit mehreren Geschäftsführern findet häufig eine Geschäftsverteilung statt. Ein Geschäftsführer ist bspw für die Buchhaltung zuständig, ein anderer für die Organisation der Arbeitsabläufe, wieder ein anderer ist mit der Akquise betraut. In dem jeweils zugewiesenen Bereich hat jeder Geschäftsführer regelmäßig Einzelgeschäftsführungsbefugnis. Im Innenverhältnis sind die Geschäftsführer jeder einzeln für ihre Bereiche verantwortlich. Gegenüber Dritten besteht allerdings eine Gesamtverantwortung.[31] Das Vorhandensein eines weiteren Geschäftsführers entbindet den anderen nämlich nicht von seiner eigenen **Verantwortlichkeit** für die ordnungsgemäße Führung der GmbH. Das Gesetz verpflichtet *alle* Geschäftsführer einer GmbH u.a. für eine ordnungsgemäße Buchführung zu sorgen oder aber rechtzeitig einen Insolvenzantrag zu stellen. Jeder Geschäftsführer ist gehalten, für die Einhaltung dieser Verpflichtungen Sorge zu tragen. Er hat daher nicht nur das Recht, sondern auch die Pflicht, seine Mitgeschäftsführer zu kontrollieren und zu überwachen.[32] Diese Pflicht trifft auch den als Strohmann eingesetzten Geschäftsführer.[33]

25

### II. Organstellung und Anstellung

Jede GmbH muss mindestens einen Geschäftsführer haben. Zwischen der GmbH und einem Geschäftsführer bestehen zwei unterschiedliche Rechtsverhältnisse. Da ist zum einen das Organverhältnis. Es wird im Regelfall durch einen **Gesellschafterbeschluss** begründet (Bestellung) und meistens durch einen solchen Beschluss auch wieder aufgehoben (Abberufung), wenn der Geschäftsführer beispielsweise nicht sein Amt niederlegt. Aufgrund seiner Organstellung ist der Geschäftsführer der organschaftliche Vertreter der GmbH. Er hat Aufgaben, die ihm das Gesetz als Organ anvertraut und die einem rechtsgeschäftlichen Vertreter nicht mit einer Vollmacht übertragen werden können. Zu diesen Aufgaben zählen unter anderem die Buchführungspflicht (§ 41 GmbHG), die Einberufung einer Gesellschafterversammlung wenn die Hälfte des Stammkapitals verloren ist (§ 49 Abs. 3 GmbHG) und die Einhaltung der Publizitätspflichten (§ 325 Abs. 1 S. 1 HGB).[34] Zum anderen besteht zwischen der GmbH und dem Geschäftsführer ein **Anstellungsverhältnis**. Hierbei handelt es sich regelmäßig um einen Dienstvertrag. Auch dieser Vertrag kann Verpflichtungen des Geschäftsführers begründen, in dem er beispielsweise einen Katalog von Rechtsgeschäften enthält, die vor einer Unterzeichnung den Gesellschaftern vorgelegt werden müssen. Der Vertrag kann aber Verpflichtungen der GmbH gegenüber dem Geschäftsführer begründen. Hierzu zählt vor allem der Vergütungsanspruch des Geschäftsführers.

26

Beide Rechtsverhältnisse stehen in einem logischen Zusammenhang. Niemand wird sich zum Geschäftsführer bestellen lassen, wenn er dafür kein Geld bekommt oder aufgrund eines Versprechens zumindest bekommen soll. Das rechtliche Schicksal des Organstellungs- und des Anstellungsverhältnisses kann aber unterschiedlich sein. Die Ge-

27

---

31 *Zöllner/Noack* in Baumbach/Hueck, GmbHG, § 37 Rn 27.
32 Hierzu BGH v. 1.3.1993 – II ZR 61/92, NJW 1994, 2149.
33 BGH v. 24.11.2003 – II ZR 171/01, NJW 2004, 1111.
34 Für die Insolvenzantragspflicht ist der Bestellungsakt nicht unbedingt entscheidend, da auch einen faktischen Geschäftsführer diese Pflichten treffen, s. BGH v. 21.3.1988 – II ZR 194/87, NJW 1988, 1789.

sellschafterversammlung kann den Geschäftsführer unbeschadet seiner Vergütungsansprüche aus dem Dienstvertrag abberufen (§ 38 Abs. 1 GmbHG). Sie kann ihn aber auch zum Geschäftsführer berufen, ohne dass sie mit ihm einen Dienstvertrag abschließen muss.

28 **Beispiel:**
Der langjährige Prokurist P hat sich um die A & B-GmbH verdient gemacht und wird in der Gesellschafterversammlung von den Gesellschaftern A und B zum Geschäftsführer bestellt. Ein Dienstvertrag wird entgegen vorheriger Versprechungen nicht abgeschlossen. Vielmehr bleibt der Arbeitsvertrag des P mit allen Rechten (Gehaltsanspruch) weiter bestehen. Wenn die GmbH auf den Wunsch des P nach einer Gehaltserhöhung nicht eingeht, bleibt seine Bestellung zum Geschäftsführer solange wirksam, bis er sein Amt niederlegt.

29 Bei dem Anstellungsvertrag handelt es sich regelmäßig um einen Dienstvertrag und nicht um ein Arbeitsverhältnis (hierzu noch unter Rn 41).

### III. Einteilung von Geschäftsführern
#### 1. Gesellschafter-Geschäftsführer

30 Gerade bei kleinen und mittelständischen Unternehmen ist es üblich, dass der Gesellschafter einer GmbH auch die Geschäftsführung übernimmt. Solche Gesellschafter bezeichnet man Gesellschafter-Geschäftsführer. Bei ihnen besteht die Besonderheit, dass die Finanzverwaltung die Vergütung für die Geschäftsführertätigkeit als **verdeckte Gewinnausschüttung** ansehen kann.

#### 2. Fremdgeschäftsführer

31 Wenn die GmbH jemanden zum Geschäftsführer bestellt, der bei ihr nicht Gesellschafter ist, handelt es sich um einen Fremdgeschäftsführer. Dem Fremdgeschäftsführer kommt eine spezielle Bedeutung bei der Kapitalerhaltung zu. Mit § 30 Abs. 1 GmbHG ist es nicht vereinbar, wenn das zur Erhaltung des Stammkapitals erforderliche Vermögen an die Gesellschafter ausgezahlt wird. Während ein Gesellschafter-Geschäftsführer solche Zahlungen oft schon deshalb nicht verhindern mag, weil sie in seine eigenen Taschen wandern, wird sich ein Fremdgeschäftsführer gegen eine solche Zahlung in Hinblick auf die damit verbundene Haftung (§ 43 Abs. 3 GmbHG) wehren.

#### 3. Faktischer Geschäftsführer

32 Von nicht unerheblicher Bedeutung ist der faktische Geschäftsführer. Hierbei geht es um Personen, die zwar nicht durch einen diesbezüglichen Gesellschafterbeschluss mit den Geschäftsführungsaufgaben betraut wurden, gleichwohl aber **tatsächlich** die Befugnisse und die Stellung eines Geschäftsführers innehaben. Auch der faktische Geschäftsführer ist verpflichtet, rechtzeitig einen Insolvenzantrag zu stellen. Deshalb haftet er auch bei einer **Insolvenzverschleppung**. Grund hierfür ist, dass der derjenige, der ohne dazu berufen zu sein, wie ein Geschäftsführer handelt, auch die Verantwortung

eines Geschäftsführers trägt und wie dieser haften muss, da sonst der jeweilige Schutzzweck eines Gesetzes gefährdet werden könnte.[35]

Angesichts der in Detailfragen unterschiedlichen Rechtsprechung bereitet es allerdings Schwierigkeiten, die Voraussetzungen für das Vorliegen einer faktischen Geschäftsführerung exakt zu bestimmen. Als faktischer Geschäftsführer handelt grundsätzlich derjenige, der auf sämtliche Geschäftsvorgänge der GmbH einen **bestimmenden Einfluss** nimmt.[36] Hierbei ist es nicht erforderlich, dass der vorhandene und von den Gesellschaftern eingesetzte Geschäftsführer durch den faktischen Geschäftsführer völlig verdrängt wird.[37] Für die Annahme einer faktischen Geschäftsführung ist es aber erforderlich, dass der Betreffende nach dem Gesamterscheinungsbild seines Auftretens die Geschicke der GmbH – über die interne Einwirkung auf die satzungsmäßige Geschäftsführung hinaus – durch eigenes Handeln im Außenverhältnis, das die Tätigkeit des rechtlichen Geschäftsführungsorgans nachhaltig prägt, maßgeblich in die Hand genommen hat.[38] Indizien hierfür können sein: 33

- die Übernahme von Personalverantwortung durch das Einstellen und Entlassen von Mitarbeitern,[39]
- die Unterzeichnung einer Vielzahl von Bauverträgen mit einem erheblichen Umfang und die Anfertigung der Zahlungspläne,[40]
- die Begleichung von Verbindlichkeiten der GmbH mit dem eigenen Vermögen,[41]
- alleinige Bank- und Zeichnungsvollmacht über das einzige Geschäftskonto der GmbH;[42]
- Vollmacht des Alleingesellschafters, diesen umfassend gegenüber der GmbH zu vertreten, und zwar insbesondere bei Gesellschafterversammlungen und allen Tätigkeiten, Aufgaben und Überwachungen als Gesellschafter;[43]
- das Führen von Verhandlungen mit Banken und dem Finanzamt in einer Weise, die dem Verhandlungspartner den Eindruck vermittelt, die satzungsmäßigen Geschäftsführer hätten nichts mehr zu sagen.[44]

Umstritten ist, wie lange ein Dritter auf die GmbH Einfluss nehmen muss, um als faktischer Geschäftsführer angesehen zu werden. Nach der Rechtsprechung des BGH kann schon das einzelne Auftreten als Geschäftsführer ausreichend sein.[45] Dagegen hält das 34

---

35 BGH v. 21.3.1988 – II ZR 194/87, NJW 1988, 1789 zur Konkursverschleppung. Zur Haftung des faktischen Geschäftsführers aus § 823 Abs. 2 BGB iVm § 263 StGB s. OLG Jena v. 28.11.2001 – 4 U 234/01, ZIP 2002, 631.
36 BGH v. 10.5.2000 – 3 StR 101/00, NJW 2000, 2285.
37 So BGH v. 21.3.1988 – II ZR 194/87, NJW 1988, 1789.
38 So BGH v. 11.7.2005 – II ZR 235/03, NZG 2005, 816; Vgl BGH v. 21.3.1988 – II ZR 194/87, NJW 1988, 1789 (Zivilsenat); abweichend hiervon soll nach Auffassung der für das Strafrecht zuständigen Gerichte eine faktische Geschäftsführung erst dann vorliegen, wenn der Geschäftsführung eine „überragende Stellung" zukommt, so: BGH v. 22.9.1982 – 3 StR 287/82, NJW 1983, 240.
39 *Meyke*, Haftung des Geschäftsführers, Rn 276.
40 OLG Jena v. 28.11.2001 – 4 U 234/01, ZIP 2002, 631.
41 OLG Jena v. 28.11.2001 – 4 U 234/01, ZIP 2002, 631.
42 BGH v. 11.7.2005 – II ZR 235/03, NZG 2005, 816.
43 BGH v. 11.7.2005 – II ZR 235/03, NZG 2005, 816.
44 BGH v. 21.3.1988 – II ZR 194/87, NJW 1988, 1789; BGH v. 11.7.2005 – II ZR 235/03, NZG 2005, 816; *Meyke*, Haftung des Geschäftsführers, Rn 276.
45 BGH v. 9.7.1979 – II ZR 118/77, NJW 1979, 1823.

OLG Brandenburg einen Zeitraum von 11 Wochen für zu kurz, um die Haftung eines Dritten als faktischen Geschäftsführer anzunehmen.[46]

35 Für die Annahme einer faktischen Geschäftsführung im haftungsrechtlichen Sinne genügt es allerdings nicht, wenn jemand intern auf den satzungsmäßigen Geschäftsführer einwirkt. Es genügt also nicht, wenn der Geschäftsführer nach außen als „reiner Befehlsempfänger" angesehen wird. Erforderlich ist vielmehr ein Handeln im Außenverhältnis, welches vom Geschäftsverkehr üblicherweise mit einer Geschäftsführung in Verbindung gebracht wird.[47]

36 Neben den zum Organ bestellten Geschäftsführern können daher auch die faktischen Geschäftsführer haften. Hat eine GmbH mehrere Geschäftsführer, haftet jeder von ihnen grundsätzlich nur für sein eigenes Fehlverhalten. Allerdings können in Einzelfällen – hierzu zählt die Haftung wegen Insolvenzverschleppung – mehrere Geschäftsführer als **Gesamtschuldner** zur Verantwortung gezogen werden.[48]

**4. Notgeschäftsführer**

37 Die Gesellschafter können in einer Gesellschafterversammlung die Bestellung eines Geschäftsführers beschließen. Falls ein Geschäftsführer sein Amt niederlegt oder die Gesellschafter ihn abberufen haben, sind die Gesellschafter allerdings weder gegenüber den Gesellschaftsgläubigern, noch gegenüber dem Registergericht verpflichtet, einen Geschäftsführer zu bestellen. Bis zum Inkrafttreten des MoMiG mussten die Gläubiger vom Registergericht einen Notgeschäftsführer bestellen lassen, wenn sie die GmbH in Anspruch nehmen wollten. Hierzu hatten sie (in den Worten des BGH) „ohne weiteres die Möglichkeit."[49] Mit der Ergänzung in § 35 Abs. 1 GmbHG ist die umständliche und schwierige Bestellung[50] eines Notgeschäftsführers nicht mehr erforderlich. Hat eine Gesellschaft keinen Geschäftsführer (**Führungslosigkeit**), wird die Gesellschaft nach § 35 Abs. 1 S. 2 für den Fall, dass ihr gegenüber Willenserklärungen abgegeben oder Schriftstücke zugestellt werden, durch die Gesellschafter vertreten.[51] Auf diese Weise wird insbesondere dem Fall vorgebeugt, dass die Gesellschafter versuchen, durch eine **Abberufung** der Geschäftsführer Zustellungen und den Zugang von Erklärungen an die Gesellschaft zu vereiteln. Dieser Praxis wird nunmehr ein Riegel vorgeschoben, indem für den Fall der – vorliegend legal definierten – „Führungslosigkeit" der Gesellschaft jeder einzelne Gesellschafter ersatzweise zum Empfangsvertreter für die Gesellschaft wird.[52]

38 Die Bestellung eines Notgeschäftsführers ist nun nur noch für Gesellschafter interessant, wenn diese sich nicht auf einen Geschäftsführer einigen können. Allerdings kann

---

46 OLG Brandenburg v. 15.11.2000 – 7 U 114/00, NZG 2001, 807.
47 Vgl BGH v. 25.2.2002 – II ZR 196/00, NJW 2002, 1803.
48 Zum Verhältnis zwischen interner Geschäftsverteilung und der deliktischen Außenhaftung der Geschäftsführer, *Medicus*, GmbHR 1998, 9, 12.
49 So BGH v. 22.10.1984 – II ZR 31/84, NJW 1985, 637.
50 Hierzu *Gustavus*, GmbHR 1992, 15.
51 In dem RegE war noch vorgesehen, dass bei einer führungslosen GmbH auch ein Aufsichtsrat passiv vertretungsbefugt sein soll (RegE, BT-Drucks. 16/6140 zu § 35 Abs. 1 S. 1 GmbHG-E). Diese Änderung war der Kritik aus dem Schrifttum ausgesetzt, weil Aufsichtsratsmitglieder ein Nebenamt ausüben, Scholz/*Schneider*, GmbHG, § 35 Rn 406.
52 Vgl hierzu schon die Begründung des RegE, BT-Drucks. 16/6140, S. 96.

das Amtsgericht, bei dem die GmbH im Handelsregister eingetragen ist, in entsprechender Anwendung des § 29 BGB nur in besonders gelagerten Fällen einen Notgeschäftsführer auf Antrag eines Gesellschafters bestellen. Voraussetzung für eine Bestellung ist, dass ein für die Vertretung unentbehrlicher Geschäftsführer fehlt oder der bereits vorhandene Geschäftsführer aus rechtlichen oder tatsächlichen Gründen (bspw Haftstrafe oder Krankheit) an der Geschäftsführung gehindert ist. Es muss ein dringender Fall vorliegen, der nur anzunehmen ist, wenn die Gesellschafter selber nicht in der Lage sind, innerhalb einer angemessenen Frist einen Geschäftsführer zu bestellen.[53]

## IV. Rechtliche Einordnung

### 1. Gesellschaftsrecht

Die GmbH hat mindestens zwei Organe, die Gesellschafterversammlung und den Geschäftsführer. Die Gesellschafterversammlung trifft die unternehmerischen Entscheidungen. Die Geschäftsführer sind das **ausführende Organ**. Sie sind gem. § 37 Abs. 1 GmbHG der Gesellschaft gegenüber verpflichtet, die Beschränkungen einzuhalten, welche durch die Satzung oder die Gesellschafterbeschlüsse festgesetzt sind. Die Geschäftsführer haben aber nicht nur Verpflichtungen gegenüber der Gesellschaft. So sind sie u.a. im Interesse der Gläubiger verpflichtet, einen Insolvenzantrag zu stellen, wenn die GmbH zahlungsunfähig oder überschuldet ist (§ 15 a Abs. 1 InsO); sie haben die Jahresabschlüsse bei den Betreibern des elektronischen Bundesanzeigers einzureichen (§ 325 Abs. 1 HGB) und sind für die Erfüllung sozialrechtlicher, steuerrechtlicher und öffentlich-rechtlicher Pflichten verantwortlich. Sie sind daher nicht nur die Sachwalter der Gesellschafterinteressen, sondern auch die Garanten für ein Mindestmaß an seriöser Geschäftsführung.[54]

39

### 2. Handelsrecht

Die GmbH ist als Handelsgesellschaft ein Formkaufmann, s. § 13 Abs. 3 GmbHG iVm § 6 Abs. 1 HGB. Der Geschäftsführer ist **kein Kaufmann**, denn er betreibt keine Geschäfte unter eigenem Namen. Ein Geschäftsführer wird auch nicht zum Kaufmann, wenn er Alleingesellschafter der GmbH ist.[55] Die Grundsätze des kaufmännischen Bestätigungsschreibens gelten allerdings auch für ihn. Diese Grundsätze gelten nicht nur unter Kaufleuten, sondern können für jeden Verpflichtungen begründen, der ähnlich wie ein Kaufmann am Rechtsverkehr teilnimmt und erwarten kann, dass ihm gegenüber nach kaufmännischer Sitte verfahren wird. Das Wissen um einen solchen Handelsbrauch und das Bewusstsein seiner Verbindlichkeit kann bei einem Geschäftsführer aufgrund seiner Position in der GmbH vorausgesetzt werden.[56]

40

---

53 Hierzu BayObLG v. 28.8.1997 – 3Z BR 1/97, NJW-RR 1998, 1254.
54 So *Drygala*, ZIP 2005, 423, 431; ihm folgend Scholz/*Schneider*, GmbHG, § 6 Rn 1.
55 BGH v. 12.5.1986 – II ZR, NJW-RR 1987, 42.
56 Hierzu Palandt-*Heinrichs*, BGB § 148 Rn 10.

## 3. Vertragsrecht

### a) Die Arbeitnehmereigenschaft des Geschäftsführers im seltenen Ausnahmefall

41  Bei dem Anstellungsvertrag des Geschäftsführers einer GmbH handelt es sich meistens um einen Dienstvertrag mit Geschäftsbesorgungscharakter (§§ 611, 675 BGB), nicht aber um einen Arbeitsvertrag.[57] Als organschaftlicher Vertreter einer GmbH kann der Geschäftsführer nämlich nur in sehr **seltenen Ausnahmefällen als Arbeitnehmer** angesehen werden. Dies entspricht der ständigen Rechtsprechung des BAG und (wohl) mittlerweile auch der Auffassung des BGH. Zwar hatte der BGH über Jahre hinweg entschieden, dass ein Anstellungsverhältnis des Geschäftsführers selbst bei starker interner Weisungsgebundenheit kein Arbeitsverhältnis sein kann, sondern ein freies Dienstverhältnis darstellt.[58] Von dieser starren Linie ist der BGH m. E. aber in seiner Entscheidung vom 8. Januar 2007 abgerückt. Unter Bezugnahme auf die Rechtsprechung des BAG wird dort deutlich, dass ein Anstellungsverhältnis ausnahmsweise nicht als freies Dienst- sondern als Arbeitsverhältnis ausgestaltet sein kann.[59]

42  Das BAG geht in ständiger Rechtsprechung davon aus, dass es sich bei dem Anstellungsverhältnis im Einzelfall um ein Arbeitsverhältnis handeln kann und dem GmbH-Geschäftsführer somit eine Arbeitnehmereigenschaft zukommt. Der Status des Geschäftsführers als Vertretungsorgan der GmbH steht nach Auffassung des BAG einer arbeitsrechtlichen Weisungsabhängigkeit nicht zwingend entgegen. Gerade bei einer Mehrpersonen-Geschäftsführung kann es durchaus möglich sein, dass einzelne Mitglieder der Geschäftsführung wegen einer entsprechenden Weisungsabhängigkeit materiell-rechtlich als Arbeitnehmer anzusehen sind. Damit kann auch der Geschäftsführer ein Arbeitnehmer sein. Allerdings kommt dies nur in sehr seltenen Fällen vor.

43  Nach der Rechtsprechung des BAG ist ein Arbeitnehmer derjenige, der die vertraglich geschuldete Leistung im Rahmen einer von seinem Vertragspartner bestimmten Arbeitsorganisation erbringt. Die Eingliederung in eine fremde Arbeitsorganisation zeigt sich insbesondere darin, dass der Beschäftigte einem umfassenden Weisungsrecht seines Vertragspartners (Arbeitgebers) unterliegt. Dieses kann Inhalt, Durchführung, Zeit, Dauer, Ort und sonstige Modalitäten der Tätigkeiten betreffen.[60] Ob ein GmbH-Geschäftsführer ein Arbeitnehmer ist, hängt davon ab, ob eine über das gesellschaftsrechtliche Weisungsrecht (§ 37 Abs. 1 GmbHG) hinausgehende Weisungsbefugnis auch bezüglich der Umstände besteht, unter denen der Geschäftsführer seine Leitungstätigkeit zu erbringen hat. Ein Arbeitsverhältnis liegt daher nur dann vor, wenn die hinter der GmbH stehenden Gesellschafter über einen Gesellschafterbeschluss dem Geschäftsführer auch arbeitsbegleitende und verfahrensorientierte Weisungen erteilen und auf diese Weise die konkreten Modalitäten der Leistungserbringung bestimmen können. Wenn der Geschäftsführer (bildlich gesprochen) „an eine ganz enge Leine" gelegt wird,

---

57  Sofern der Geschäftsführer unentgeltlich tätig wird, liegt ein Auftragsverhältnis nach § 626 BGB vor, s. *Gehrlein*, GmbH-Recht in der Praxis, S. 240.
58  BGH v. 11.7.1953 – II ZR 126/52, NJW 1953, 1465; BGH v. 9.11.1967 – II ZR 64/67, NJW 1968, 396; dies entspricht auch der weit überwiegenden Ansicht im Schrifttum, s. Scholz/*Schneider/Sethe*, GmbHG, § 35 Rn 169 mwN in Fn 5.
59  BGH v. 8.1.2007 – II ZR 267/05, NJW-RR 2007, 1632.
60  So BAG v. 13.5.1992 – 5 AZR 344/91, GmbHR 1993, 35.

die ihm keinen Entscheidungsspielraum lässt, qualifiziert das BAG ihn als Arbeitnehmer. Dies ist allerdings nur in sehr **begrenzten Ausnahmefällen** möglich.[61]

Die Annahme einer Arbeitnehmereigenschaft des GmbH-Geschäftsführers ist grundsätzlich ausgeschlossen, wenn er auch Gesellschafter der GmbH ist und er mit seiner Kapitalbeteiligung einen so erheblichen Einfluss auf die Beschlussfassung der GmbH hat, dass er jede ihm unangenehme Entscheidung verhindern kann.[62] Ein Mehrheitsgesellschafter ist selbst dann kein Arbeitnehmer der GmbH, wenn er nicht Geschäftsführer sondern offiziell als „einfacher Angestellter" bei der GmbH beschäftigt ist.[63]  44

**b) Die Anwendung und Nicht-Anwendung arbeitsrechtlicher Vorschriften**

Unabhängig von der rechtlichen Einordnung des Anstellungsverhältnisses durch den BGH und das BAG gehen Rechtsprechung und Schrifttum übereinstimmend davon aus, dass soziale Schutzvorschriften, die der Gesetzgeber für Arbeitnehmer vorgesehen hat, unter Umständen auf GmbH-Geschäftsführer anzuwenden sind.[64] Für die Anwendung arbeits- und sozialrechtlicher **Schutzbestimmungen** kommt es nicht auf die konkrete Ausgestaltung des Dienstverhältnisses und den unternehmerischen Spielraum eines Geschäftsführers an, sondern auf den **Zweck der Schutznorm**.  45

In der Praxis werden im Anstellungsvertrag häufig Vereinbarungen getroffen, weil das einschlägige Gesetz für den Geschäftsführer wegen des Normzwecks keine Anwendung findet. Ein Beispiel von vielen ist der gesetzliche Mindesturlaubsanspruch nach § 2 BUrlG. Er findet auf einen Geschäftsführer keine Anwendung.[65] Diese Lücke wird durch eine Vereinbarung im Anstellungsvertrag ersetzt. Bei Gesellschafter-Geschäftsführern kann man vermeiden, dass ein Finanzamt die Vergütungszahlung während des Urlaubs als verdeckte Gewinnausschüttung ansieht.  46

Auch wenn man die Arbeitnehmereigenschaft eines Geschäftsführers grundsätzlich verneint, steht der Geschäftsführer zur GmbH in einem persönlichen Abhängigkeitsverhältnis. Einzelne Vorschriften des Arbeitsrechts können daher analog angewendet werden, wenn sie der Sicherung seiner persönlichen und wirtschaftlichen Existenz dienen und dies mit seiner Organstellung vereinbar ist.[66]  47

Für den Geschäftsführer sind trotz seiner fehlenden Arbeitnehmereigenschaft folgende Vorschriften **anwendbar**:  48

---

61 Die Arbeitnehmereigenschaft eines Geschäftsführers wurde bejaht, weil dieser lt. Stellenbeschreibung einem „disziplinarischen Vorgesetzten mit Einspruchrecht in Sachfragen" unterstellt war, dessen Zustimmung bei Aufnahmen und Entlassungen notwendig sein sollte. Bei allen im Einzelnen aufgeführten Aufgaben war vermerkt, dass „Sachanweisungen" von der „Zentrale" erteilt werden müssen. Bei der Anschaffung von Investitionsgütern war ihm ein Limit von 800,00 DM gesetzt worden. Bei dieser außergewöhnlichen rechtlichen Einengung des Geschäftsführers hatte das BAG in seiner Entscheidung v. 5.4.1982 – 2 AZR 1101/79, NJW 1983, 2405 die Arbeitnehmereigenschaft eines Geschäftsführers bejaht; verneint wurden sie in BAG v. 13.5.1992 – 5 AZR 344/91, GmbHR 1993, 35; BAG v. 26.5.1991 – 5 AZR 664/98, NJW 1999, 3731.
62 BAG v. 26.5.1999 – 5 AZR 664/98, NJW 1999, 3731; vgl hierzu Schaub/*Vogelsang*, Arbeitsrechts-Handbuch, § 15 Rn 7; *Ahrens/Beckmann*, Die anwaltliche Beratung des GmbH-Geschäftsführer, § 1 Rn 5.
63 Ob er als Gesellschafter seine Leitungsmacht tatsächlich ausübt, ist für die rechtliche Zuordnung unerheblich, s. BAG v. 6.5.1998 – 5 AZR 612/97, NJW 1998, 3796.
64 BGH v. 26.3.1984 – II ZR 229/83, NJW 1984, 2366.
65 Vgl *Hommelhoff/Kleindiek* in Lutter/Hommelhoff, GmbHG, Anh. § 6 Rn 3.
66 Vgl *Hommelhoff/Kleindiek* in Lutter/Hommelhoff, GmbHG, Anh. § 6 Rn 3; *Ahrens/Beckmann*, Die anwaltliche Beratung des GmbH-Geschäftsführers, § 1 Rn 6.

- § 630 BGB (Der Geschäftsführer hat einen Anspruch auf Zeugniserteilung);[67]
- § 622 Abs. 2 BGB (Die Kündigungsfrist verlängert sich mit der Dauer des Anstellungsverhältnisses; dies gilt allerdings nur für den Fremd-Geschäftsführer und den nicht beherrschenden Gesellschafter-Geschäftsführer, § 622 Abs. 2 BGB findet keine Anwendung auf Gesellschafter-Geschäftsführer, welche zur Hälfte oder mehr an der GmbH beteiligt sind. Bei der Kündigung des Anstellungsvertrages eines Gesellschafter-Geschäftsführers richtet sich die Kündigungsfrist nach § 621 Nr. 3 BGB, wenn die Vergütung nach Monaten bemessen ist.);[68]
- § 850 ff ZPO (Pfändungsschutz für den Vergütungsanspruch);[69]
- § 616 BGB (Entgeltfortzahlung bei Arbeitsunfähigkeit für eine verhältnismäßig nicht erhebliche Zeit);[70]
- § 629 BGB (Freizeit zur Suche eines neuen Dienstverhältnisses);[71]
- §§ 183 ff SGB III (Anspruch auf Insolvenzgeld, wenn es sich um einen Fremdgeschäftsführer oder um einen Gesellschafter-Geschäftsführer ohne beherrschenden Einfluss handelt).[72]

49 Auf den GmbH-Geschäftsführer sind folgende Vorschriften **nicht anzuwenden**:

- das **Bundesurlaubsgesetz** (Der Geschäftsführer hat keinen Anspruch auf Urlaub, allerdings kann er einen Anspruch auf Urlaubsabgeltung haben, wenn die Gewährung von Freizeit wegen Beendigung des Arbeitsverhältnisses nicht mehr möglich ist oder der Umfang der geleisteten Arbeit und die Verantwortung für das Unternehmen die Gewährung von Freizeit im Urlaubsjahr ausgeschlossen haben);[73]
- das **Mutterschutzgesetz** (Schwangere Geschäftsführerinnen unterliegen daher keinem besonderen Kündigungsschutz);[74]
- §§ 85 ff SGB IX (Geschäftsführer können sich nicht auf den Sonderkündigungsschutz für schwerbehinderte Menschen berufen);[75]

---

67 Vgl BGH v. 9.11.1997 – II ZR 64/67, NJW 1968, 396; der BGH hatte den Zeugnisanspruch in dieser Entscheidung nur einem Fremdgeschäftsführer zugestanden; die Differenzierung zwischen einem Gesellschafter- und einem Fremdgeschäftsführer wird im Schrifttum aber zutreffend nicht vorgenommen, s. *Ahrens/Beckmann*, Die anwaltliche Beratung des GmbH-Geschäftsführers, § 1 Rn 6; *Gehrlein*, GmbH-Recht in der Praxis, S. 241.
68 Für diese Differenzierung ausdrücklich BGH v. 9.3.1987 – II ZR 132/86, NJW 1987, 2073 unter Verweis auf BGH v. 26.3.1984 – II ZR 120/83, NJW 1984, 2528. Der BGH hält die Frage, ob in einer kürzeren (§ 621 Nr. 3) oder längeren Frist (§ 622 BGB) gekündigt werden kann, für bedeutungslos, da gegen den Willen des beherrschenden Geschäftsführer keine Kündigung möglich sei. Dem ist aber in Hinblick auf einen Gesellschafterwechsel oder die Kündigung in der Insolvenz nicht zuzustimmen; vgl hierzu auch OLG Düsseldorf v. 10.10.2003 – 17 U 35/03, NZG 2004, 478.
69 BGH v. 8.12.1977 – II ZR 219/75, NJW 1978, 756 (für Versorgungsbezüge von Vorstandsmitgliedern einer Aktiengesellschaft); diese Entscheidung ist auf die Vergütungsansprüche von GmbH-Geschäftsführern entsprechend anwendbar, s. Scholz/*Schneider/Sethe*, GmbHG, § 35 Rn 180.
70 BSG v. 14.12.1995 – 2 RU 41/94, NZS 1996, 343.
71 *Schaub/Vogelsang*, Arbeitsrechts-Handbuch, § 15 Rn 10.
72 Hierzu *Ahrens/Beckmann*, Die anwaltliche Beratung des GmbH-Geschäftsführers, § 10 Rn 41 ff; Scholz/*Schneider/Sethe*, GmbHG, § 35, 365 ff.
73 *Hommelhoff/Kleindiek* in Lutter/Hommelhoff, GmbHG, Anh. § 6 Rn 29; Scholz/*Schneider/Sethe*, GmbHG, § 35 Rn 247; zum Anspruch auf Urlaubsabgeltung s. BGH v. 3.12.1962 – II ZR 201/61, NJW 1963, 535; OLG Düsseldorf v. 23.12.1999 – 6 U 119/99, NJW-RR 2000, 768.
74 BAG v. 26.5.1999 – 5 AZR 664/98, NJW 1999, 3731.
75 BGH v. 9.2.1978 – II ZR 189/76, NJW 1978, 1435; sowie Scholz/*Schneider/Sethe*, GmbHG, § 35 Rn 322 mit Hinweisen auf die gegenteilige Auffassung im Schrifttum in Fn 1.

# A. Grundlagen

- § 613 a BGB (Der Anstellungsvertrag eines GmbH-Geschäftsführers geht nicht auf einen Betriebserwerber über);[76]
- §§ 74 ff HGB (Der Anstellungsvertrag kann ein nachvertragliches Wettbewerbsverbot enthalten, ohne dass eine Karenzentschädigung enthalten sein muss, eine solche ist aber in § 74 Abs. 2 HGB für die Karenzentschädigung eines Handlungsgehilfen zwingend vorgeschrieben);[77]
- das **Kündigungsschutzgesetz** (bei einer Kündigung kann sich der Geschäftsführer nach § 14 Abs. 1 KSchG nicht auf den gesetzlichen Kündigungsschutz berufen; die dort bezeichneten Personengruppen sind allein wegen ihrer organschaftlichen Stellung aus dem Anwendungsbereich des allgemeinen Kündigungsschutzes ausgenommen);[78]
- das **Arbeitsgerichtsgesetz** (der Geschäftsführer kann seine Ansprüche nicht vor einem Arbeitsgericht geltend machen, sondern muss eine Klage bei einem Zivilgericht einreichen;[79] sofern ein LG für die Klage zuständig ist, besteht Anwaltszwang; die Kosten des Rechtsstreits trägt auch in der ersten Instanz die unterlegene Partei).

### c) Das ruhende Arbeitsverhältnis im seltenen Ausnahmefall

Mit der Bestellung zum Geschäftsführer hat man in einer GmbH meistens die höchste Sprosse der Karriereleiter erklommen. Nicht selten rekrutiert sich deren Führungsnachwuchs aus den eigenen Reihen. Es sind daher oft leitende Angestellte oder Arbeitnehmer, die zum Geschäftsführer befördert werden. Möchte sich die GmbH von einem Geschäftsführer trennen, stellt sich in diesen Konstellationen gerade wegen des fehlenden Kündigungsschutzes als organschaftlicher Vertreter die Frage, ob der Geschäftsführer wegen eines „ruhenden Arbeitsverhältnisses" einen sozialen Schutz durch das KSchG genießt. Dies hängt im Wesentlichen davon ab, ob mit dem Dienstverhältnis eines Geschäftsführers auch das bisherige Arbeitsverhältnis aufgehoben wurde. Nach der Rechtsprechung des BAG ist dies regelmäßig der Fall. Auch ein ehemaliger Angestellter einer GmbH kann als späterer Geschäftsführer keinen Kündigungsschutz mehr für sich in Anspruch nehmen.[80]

Schließt ein Arbeitnehmer mit seinem Arbeitgeber einen schriftlichen Geschäftsführerdienstvertrag, darf man mit der Rechtsprechung des BAG vermuten, dass ein bis dahin bestehendes Arbeitsverhältnis einvernehmlich beendet wird, soweit nicht klar und eindeutig etwas anderes vereinbart worden ist.[81] Diese Vermutung besteht nicht nur für einen Geschäftsführer als ehemaligen Arbeitnehmer der GmbH, sondern auch für den Geschäftsführer einer Komplementär-GmbH als ehemaligen Arbeitnehmer der GmbH

---

76 BAG v. 13.2.2003 – 8 AZR 654/01, NJW 2003, 2473; nach Auffassung von Scholz/*Schneider/Sethe*, GmbHG, § 35 Rn 182 sollen die Arbeitsverhältnisse von Fremdgeschäftsführern beim Betriebsübergang auf den Erwerber übergehen.
77 BGH v. 26.3.1984 – II ZR 229/83, NJW 1984, 2366.
78 BAG v. 25.10.2007 – 6 AZR 1045/06, NJW 2008, 1018; BGH v. 3.11.2003 – II ZR 158/01, NJW-RR 2004, 540.
79 BAG v. 19.7.2007 – 6 AZR 774/06, NJW 2007, 3228.
80 Vgl BAG v. 19.7.2007 – 6 AZR 774/06, NJW 2007, 3228.
81 BAG v. 19.7.2007 – 6 AZR 774/06, NJW 2007, 3228; das BAG ging in seiner früheren Rechtsprechung noch von der gegenteiligen Vermutung aus, wonach das Arbeitsverhältnis in Ermangelung einer ausdrücklichen Regelung im Geschäftsführerdienstvertrag im Zweifel fortbestehen sollte, wenn die übrigen Vertragsbedingungen nicht geändert werden; s. hierzu *Gravenhorst*, NJW 2007, 3230.

& Co. KG.⁸² Den Ausgangspunkt für eine solche Vermutung sieht das BAG in den charakteristischen Unterschieden zwischen einem Arbeitnehmerverhältnis und dem Anstellungsverhältnis eines Geschäftsführers. Der Geschäftsführer vertrete die GmbH gem. § 35 Abs. 1 GmbHG nach außen; er hafte der GmbH nach §§ 43, 64 Abs. 2 GmbHG. Dem Arbeitnehmer müsse nach Auffassung des BAG daher klar sein, dass mit dem Abschluss eines Geschäftsführerdienstvertrags und der Bestellung zum Geschäftsführer das Arbeitsverhältnis ende. Zwingend ist dies freilich nicht, denn die Geschäftsführerbestellung bedarf keiner notariellen Beurkundung und die vom BAG erwähnten Rechtsfolgen treffen den Geschäftsführer schon aufgrund seiner Bestellung zum Geschäftsführer, nicht aber aufgrund einer vertraglichen Absprache.⁸³ Allerdings ist schon der Aufstieg vom Arbeitnehmer zum leitenden Angestellten mit einer Verschlechterung des sozialen Bestandsschutzes verbunden. Wegen seines § 14 Abs. 2 ist das Kündigungsschutzgesetz für den ehemals leitenden Angestellten nicht mehr ein *„Bestandsschutzgesetz"*, sondern nur noch ein *„Abfindungsgesetz"*. Wenn der zur Beförderung anstehende Arbeitnehmer seinen Kündigungsschutz auch als leitender Angestellter in vollem Umfang aufrecht erhalten möchte, ist es in der Rechtsprechung und im Schrifttum unbestritten, dass hierüber eine besondere Vereinbarung getroffen werden muss.⁸⁴ Es ist nur konsequent, wenn man in gleicher Weise bei einem Geschäftsführer verfährt und auch für den Fortbestand eines sozialen Schutzes eine besondere Vereinbarung fordert.

52 Mit dem schriftlichen Geschäftsführerdienstvertrag ist auch eine konkludente Aufhebung des Arbeitsverhältnisses verbunden. Eine solche Vereinbarung bedarf nach § 623 BGB der Schriftform. Da mit dem Abschluss des Geschäftsführerdienstvertrags und der damit einhergehenden Bestellung zum Geschäftsführer zahlreiche neue Rechte und Pflichten begründet werden, besteht nach dem BAG eine tatsächliche Vermutung dafür, dass die Parteien mit einem schriftlichen Dienstvertrag das bereits vorher begründete Arbeitsverhältnis auflösen wollen. Die Vermutung ist nach Auffassung des BAG so stark, dass selbst bei einem Dienstvertrag, der das Arbeitsverhältnis mit keinem Wort erwähnt, nicht einmal Zweifel iSd § 305 c Abs. 2 BGB daran bestehen, dass ein Arbeitnehmer mit Abschluss des Anstellungsvertrags als Geschäftsführer seine vertraglichen Beziehungen zu der GmbH ausschließlich auf diese neue vertragliche Grundlage stellen möchte.⁸⁵ Da Geschäftsführerdienstverträge in der Regel erst nach längeren Verhandlungen geschlossen werden und diese Verhandlungen in eine Vertragsurkunde münden, ist der Arbeitnehmer hinreichend gewarnt, so dass auch dem Schutzweck des § 623 BGB genüge getan wird.⁸⁶

53 Beiden Vertragsparteien bleibt es unbenommen, in dem Geschäftsführervertrag zu vereinbaren, dass das bereits bestehende Arbeitsverhältnis beendet wird oder dass das Arbeitsverhältnis als ruhend fortbestehen soll. Im ersten Fall handelt es sich um eine

---

82 BAG v. 19.7.2007 – 6 AZR 774/06, NJW 2007, 3228.
83 Vgl auch die Kritik an der vom BAG aufgestellten Vermutung von *Lembke*, BB 2008, 393.
84 BAG v. 19.7.2007 – 6 AZR 774/06, NJW 2007, 3228.
85 BAG v. 19.7.2007 – 6 AZR 774/06, NJW 2007, 3228; berechtigte Zweifel (und zwar nicht iSv § 305 c Abs. 2 BGB, sondern in Hinblick auf die Vereinbarkeit der Rechtsprechung des BAG mit der Warnfunktion des § 623 BGB) äußert *Gravenhorst*, NJW 2007, 3230.
86 BAG v. 19.7.2007 – 6 AZR 774/06, NJW 2007, 3228; Vgl hierzu *Fischer*, NJW 2003, 2417.

Klausel, die auch als Allgemeine Geschäftsbedingung einer Inhaltskontrolle standhält. Im zweiten Fall ist die vertragliche Regelung notwendig, wenn sich der zum Geschäftsführer aufgestiegene Arbeitnehmer den Bestand eines Arbeitsverhältnisses sichern möchte. Wird der Geschäftsführervertrag allerdings nur mündlich geschlossen, bleibt das Arbeitsverhältnis wegen des Formzwangs durch § 623 BGB weiter bestehen.

### 4. Sozialversicherungsrecht

#### a) Sozialversicherungspflichtige Beschäftigung

Eine sozialversicherungspflichtige Beschäftigung ist nach § 7 Abs. 1 S. 1 SGB IV die **nichtselbständige Arbeit**, insbesondere in einem Arbeitsverhältnis. Anhaltspunkte für eine sozialversicherungsrechtliche Beschäftigung können nach dem zweiten Satz dieser Vorschrift eine Tätigkeit nach Weisungen und eine Eingliederung in die Arbeitsorganisation des Weisungsgebers sein. Der persönliche Anwendungsbereich des Sozialversicherungsrechts beschränkt sich (schon wegen des Tatbestandsmerkmals „insbesondere") also nicht auf Arbeitsverhältnisse. Auch wenn ein GmbH-Geschäftsführer nur in seltenen Ausnahmekonstellationen ein Arbeitnehmer der GmbH ist, kann es sich bei seiner Tätigkeit um eine sozialversicherungspflichtige Beschäftigung handeln, so dass seine Bezüge der Sozialversicherungspflicht unterliegen. In diesem Fall sind Beiträge

- für die gesetzliche Krankenversicherung (§ 2 Abs. 2 Nr. 1 SGB IV und § 5 Abs. 1 Nr. 1 SGB V),
- für die gesetzliche Rentenversicherung (§ 1 S. 1 Nr. SGB VI),[87]
- für die gesetzliche Unfallversicherung (§ 2 Abs. 1 Nr. 1 SGB VII),
- für die soziale Pflegeversicherung (§ 20 Abs. 1 S. 2 Nr. 1 SGB XI)
- und für die Arbeitsförderung (§ 25 Abs. 1 SGB III).

zu entrichten. Abgesehen von der Pflichtversicherung für Handwerker besteht die Sozialversicherungspflicht nicht für einen selbständigen Unternehmer. Auch aus diesem Grund möchten Unternehmer ein sozialversicherungspflichtiges Beschäftigungsverhältnis eher vermeiden.

Das entscheidende Kriterium für die Abgrenzung der sozialversicherungsfreien von der sozialversicherungspflichtigen Tätigkeit ist die **persönliche Abhängigkeit** des Geschäftsführers von der GmbH.[88] Eine persönliche Abhängigkeit liegt im Allgemeinen bei einem sozialversicherungspflichtigen Beschäftigungsverhältnis vor, wenn der Beschäftigte in den Betrieb des Arbeitgebers eingegliedert ist und er einem Weisungsrecht des Arbeitgebers unterliegt, das Zeit, Dauer und Ort der Arbeitsausführung umfasst. Demgegenüber ist für die selbständige und sozialversicherungsfreie Tätigkeit charakteristisch, dass der Beschäftigte ein unternehmerisches Risiko trägt und über die eigene Arbeitskraft, über den Arbeitsort und die Arbeitszeit frei entscheiden kann.[89]

---

87 Für Aufsehen sorgte die Entscheidung des BSG v. 24.11.2005 – B 12 RA 1/04 R, NJW 2006, 1162 nach der GmbH-Geschäftsführer als selbständig Erwerbstätige rentenversicherungspflichtig sind, wenn sie selbst keinen versicherungspflichtigen Arbeitnehmer beschäftigen und im Wesentlichen nur für die GmbH tätig sind. Damit bestand die Gefahr für Tausende von GmbH-Geschäftsführern eine Rentenversicherungspflicht. Der Gesetzgeber hat mit einer Klarstellung in § 2 Abs. 1 Nr. 9 SGB VI dafür gesorgt, dass Gesellschafter-Geschäftsführer regelmäßig nicht der Rentenversicherungspflicht unterliegen, s. hierzu *Wank/Maties*, NZA 2007, 353.
88 So *Freckmann*, BB 2006, 2077.
89 Vgl *Nägele*, BB 2001, 305, 310 mwN.

**56** Eine Abhängigkeit des Geschäftsführers von der GmbH entsteht nicht schon durch seine Organstellung als Geschäftsführer.[90] Wenn der Geschäftsführer auch Gesellschafter der GmbH ist, kommt es für das Vorliegen eines sozialversicherungspflichtigen Beschäftigungsverhältnis darauf an, ob der Geschäftsführer einen bestimmenden Einfluss auf die Entscheidungen der GmbH ausüben kann. Dies hängt letztlich vom Umfang seiner Beteiligung an der GmbH und von der Ausgestaltung des Anstellungsvertrages ab. Bei einem Fremdgeschäftsführer ist zu prüfen, ob nach dem Gesamtbild eine persönliche Abhängigkeit gegenüber der GmbH besteht. In diesem Zusammenhang ist der Anstellungsvertrag entscheidend, der dem Geschäftsführer zB einen Entscheidungsspielraum über Zeit, Dauer und Ort seiner Tätigkeit einräumen kann.[91] Für eine erste Orientierung dienen die folgenden Fallgruppen.

**b) Fallgruppen**

**aa) Gesellschafter-Geschäftsführer mit einem Geschäftsanteil von 50 % und mehr**

**57** Sofern der Gesellschafter-Geschäftsführer mindestens über die Hälfte der Geschäftsanteile der GmbH verfügt, besteht regelmäßig **kein abhängiges Beschäftigungsverhältnis**. Als Mehrheitsgesellschafter hat der Geschäftsführer einen maßgeblichen Einfluss auf die Geschicke der GmbH. Wer schon kraft seiner Gesellschaftsrechte die für das Arbeitnehmerverhältnis typische Abhängigkeit von einem Arbeitgeber vermeiden kann, kann auch nicht abhängig Beschäftigter der GmbH sein.[92]

**bb) Gesellschafter-Geschäftsführer mit einem Geschäftsanteil von weniger als 50 %**

**58** Bei einem Gesellschafter-Geschäftsführer, der weniger als 50 % der Geschäftsanteile hat, liegt ein versicherungspflichtiges Beschäftigungsverhältnis nicht vor, wenn er aufgrund der Satzung über eine Sperrminorität verfügt, die es ihm gestattet, nicht genehme Weisungen zu verhindern.[93] Dies kann der Fall sein, wenn alle Angelegenheiten der Gesellschaft nur einstimmig von der Gesellschafterversammlung beschlossen werden können und der Geschäftsführer mit mehr als 33 % am Stammkapital der GmbH beteiligt ist.[94] Sofern der Gesellschafter-Geschäftsführer keine Sperrminorität hat, ist eine Beteiligung von weniger als 50 % zumindest ein Indiz für eine abhängige Beschäftigung.[95]

**59** Wenn der Gesellschafter-Geschäftsführer in der GmbH frei „schalten und walten" kann, weil er die Gesellschafter persönlich dominiert oder weil diese wirtschaftlich von ihm abhängig sind, spricht dies trotz seiner geringeren Beteiligung an der GmbH gegen eine abhängige Beschäftigung.[96] Ebenso kann auch bei einem Minderheitsgesellschafter das Vorliegen einer sozialversicherungsrechtlichen Beschäftigung wegen seiner alleinigen und umfassenden Branchenkenntnisse ausscheiden.[97]

---

90 BSG v. 18.4.1991 – 7 RAr 32/90, NZA 91, 869.
91 Hierzu *Freckmann*, BB 2006, 2077; *Nägele*, BB 2001, 305, 310.
92 BSG v. 18.4.1991 – 7 RAr 32/90, NZA 91, 869.
93 BSG v. 14.12.1999 – B 2 U 48/93 R, NZS 2000, 147.
94 Ob der Minderheitsgesellschafter seine Rechtsmacht in Hinblick auf das wirtschaftliche Übergewicht seines Mitgesellschafters tatsächlich ausübt, ist dabei nicht entscheidend BSG v. 18.4.1991 – 7 RAr 32/90, NZA 91, 869.
95 So *Freckmann*, BB 2006, 2077.
96 BSG v. 14.12.1999 – B 2 U 48/93 R, NZS 2000, 147.
97 *Freckmann*, BB 2006, 2077.

## A. Grundlagen

Insbesondere bei einem Gesellschafter-Geschäftsführer mit einem geringeren Anteil am Stammkapital kommt dem Geschäftsführerdienstvertrag eine besondere Bedeutung für die sozialversicherungsrechtliche Beurteilung der Beschäftigung zu. Folgende Vereinbarungen sprechen für eine abhängige und damit sozialversicherungspflichtige Beschäftigung eines Gesellschafter-Geschäftsführers:[98] 60

- Festlegungen bezüglich Zeit, Ort und Ausführung der Tätigkeit;
- festes Jahresgehalt;
- festes Weihnachts- und Urlaubsgeld;
- Zuschuss zur Altersversorgung und privaten Krankenversicherung;
- Verpflichtung, die gesamte Arbeitskraft der GmbH zu widmen;
- nachvertragliches Wettbewerbsverbot;
- Vereinbarung, nach der Urlaub nur unter Berücksichtigung der unternehmerischen Belange genommen werden darf.

**Indizien** gegen eine abhängige und damit auch sozialversicherungsfreie Beschäftigung sind: 61

- Teilnahme am unternehmerischen Risiko durch Gewinn- und Verlustbeteiligung;
- Eigenständige Festlegung des Urlaubs.

Keine Weisungsunterworfenheit bzw Zustimmungsvorbehalt der Gesellschafterversammlung nur bei außergewöhnlichen Geschäften.

### cc) Fremdgeschäftsführer

Bei einem Fremdgeschäftsführer liegt in der Regel ein **versicherungspflichtiges Beschäftigungsverhältnis** vor. Allerdings gilt auch für den Geschäftsführer ohne Kapitalbeteiligung, dass eine abhängige Beschäftigung eine Unterordnung unter das Weisungsrecht eines Arbeitgebers in Bezug auf Zeit, Dauer und Ort der Arbeitsausführung voraussetzt. Insbesondere bei einer familiären Verbundenheit zwischen dem Fremdgeschäftsführer und den Gesellschaftern kommt eine selbständige Tätigkeit in Betracht. Das in einer derartigen Familiengesellschaft vorliegende Näheverhältnis zwischen Gesellschaftern und Geschäftsführer kann zwischen ihnen ein Gefühl erhöhter Verantwortung füreinander schaffen und einen Einklang der Interessen bewirken. Im Einzelfall können die familiären Beziehungen dazu führen, dass das Verhalten der Gesellschafter überwiegend durch Rücksichtnahme geprägt ist und sie ein Weisungsrecht gegenüber dem Geschäftsführer nicht ausüben.[99] 62

### c) Statusfeststellung

Die vorstehenden Fallgruppen zeigen, dass die Feststellung der Sozialversicherungspflicht eines Geschäftsführers mit erheblichen Schwierigkeiten verbunden ist.[100] Empfehlenswert ist daher, einen schriftlichen Antrag bei den Sozialversicherungsträgern auf eine verbindliche Entscheidung über den sozialversicherungsrechtlichen Status des Ge- 63

---

98 Vgl *Hümmerich*, NZA 2006, 709; *Nägele*, BB 2001, 305, 310 mwN; *Freckmann*, BB 2006, 2077; sowie versicherungsrechtliche Beurteilung von Gesellschafter-Geschäftsführern und mitarbeitenden Gesellschaftern einer GmbH durch die Spitzenverbände der Sozialversicherungsträger nach ihrer Besprechung vom 22./23.11.2000, s. BB 2001, 728.
99 BSG v. 14.12.1999 – B 2 U 48/93 R, NZS 2000, 147.
100 So auch *Langenfeld*, GmbH-Praxis, S. 189.

schäftsführers zu stellen. Seit dem 1.1.2005 wird ein **Statusfeststellungsverfahren** von Amts wegen von der Deutschen Rentenversicherung Bund (ehemals Bundesversicherungsanstalt für Angestellte) durchgeführt, wenn sich aus der Meldung der GmbH nach § 28a SGB IV ergibt, dass der Beschäftigte geschäftsführender Gesellschafter der GmbH ist. Die Deutsche Rentenversicherung Bund teilt den Beteiligten schriftlich mit, welche Angaben und Unterlagen sie für ihre Entscheidung benötigt. Sie setzt den Beteiligten dann eine angemessene Frist, innerhalb der diese die Angaben zu machen und die Unterlagen vorzulegen haben (§ 7 Abs. 3 SGB IV).[101]

**5. Steuerrecht**

64 Aus der Warte des Steuerrechts handelt es sich nicht nur bei einem Fremdgeschäftsführer, sondern auch bei einem Gesellschafter-Geschäftsführer um einen Arbeitnehmer. Jeder Geschäftsführer erzielt **Einkünfte aus nichtselbständiger** Arbeit nach § 19 EStG. Die Arbeitnehmerbegriffe nach der Rechtsprechung des BAG und des BSG sind für den BFH nicht ausschlaggebend.[102]

65 Die Unterscheidung zwischen Fremd- und Gesellschaftergeschäftsführern ist aber auch im Steuerrecht von herausgehobener Bedeutung. Im Gegensatz zum Fremdgeschäftsführer kann es sich bei Zahlungen der GmbH an einen Gesellschafter-Geschäftsführer um eine **verdeckte Gewinnausschüttung** handeln. Eine verdeckte Gewinnausschüttung nach § 8 Abs. 3 S. 2 KStG ist bei einer Kapitalgesellschaft eine Vermögensminderung oder verhinderte Vermögensmehrung, die durch das Gesellschaftsverhältnis veranlasst ist, sich auf die Höhe des Einkommens auswirkt und in keinem Zusammenhang mit einer offenen Ausschüttung steht.[103] Diese Zahlungen sollen das zu versteuernde Einkommen der GmbH und damit die Bemessungsgrundlage für die Körperschaftssteuer gem. § 7 KStG nicht vermindern können. Ein typisches Beispiel für eine verdeckte Gewinnausschüttung ist die Auszahlung einer nicht angemessenen Vergütung an einen Gesellschafter-Geschäftsführer.[104]

**B. Rechte**

66 Auch wenn die Pflichten eines Geschäftsführers sehr umfangreich sind und hier nur die wichtigsten Pflichten kurz dargestellt werden können, enthält das GmbHG keine besonderen Rechte für den Geschäftsführer. So besteht für einen Fremdgeschäftsführer zum Beispiel die Pflicht, in bestimmten Konstellationen die Gesellschafterversammlung einzuberufen. Daraus resultiert allerdings nicht ein Recht an einer Teilnahme an der Gesellschafterversammlung (das Mitwirkungsrecht des Gesellschaftergeschäftsführers besteht aufgrund seiner Beteiligung an der GmbH). Wenn also nicht eine unentgeltliche

---

101 Zum weiteren Verfahren ausführlich *Arens/Beckmann*, Die anwaltliche Beratung des GmbH-Geschäftsführers, § 10 Rn 106 ff.
102 Hierzu *Neumann* in GmbH-Handbuch, Rn III 6480.
103 So die Zusammenfassung der Rechtsprechung des BFH durch *Arens/Beckmann*, Die anwaltliche Beratung des GmbH-Geschäftsführers, § 11 Rn 136.
104 Zur Beurteilung der Angemessenheit der Gesamtbezüge von Gesellschafter-Geschäftsführern vgl das Schreiben des BMF vom 14.10.2002 – IV A 2 – S. 2742 – 62/02, BStBl. I 2002, 972 (ist mehrfach im Internet eingestellt). Zu den Folgen einer verdeckten Gewinnausschüttung nach dem Unternehmenssteuergesetz 2008 s. *Neumann* in GmbH-Handbuch, Rn III 1228 ff.

Geschäftsführung vereinbart wurde, hat der Geschäftsführer also lediglich einen Vergütungsanspruch.

Bei einer mehrköpfigen Geschäftsführung besteht eine Gesamtverantwortung aller Geschäftsführer für die Einhaltung besonderer gesetzlicher Verpflichtungen (bspw Buchführungspflichten, Abführung von Steuern und Sozialversicherungsbeiträgen). Wenn hier ein Geschäftsführer aufgrund einer internen Geschäftsverteilung zuständig ist, bleibt die Gesamtverantwortung aller Geschäftsführer bestehen. Sollten Sozialversicherungsbeiträge für Arbeitnehmer der GmbH nicht abgeführt werden, kann sich ein Geschäftsführer gegenüber einer Krankenkasse nicht darauf berufen, dass für die Zahlungen ein anderer Geschäftsführer zuständig und damit auch verantwortlich gewesen sei. Weil die Gesamtverantwortung aller Geschäftsführer auch bei einer Delegation auf einen bestimmten Geschäftsführer bestehen bleibt, hat jeder andere Geschäftsführer das Recht, die Einhaltung der gesetzlichen Vorschriften zu kontrollieren.[105]

## C. Pflichten

### I. Überblick

Ganz im Gegensatz zu seinen Rechten, sind die Pflichten eines Geschäftsführers sehr umfangreich. Zahlreiche Pflichten ergeben sich unmittelbar aus dem Gesetz und gelten für jeden Geschäftsführer einer GmbH. Hierzu zählen vor allem folgende gesetzliche **„Kardinalpflichten"**:

- Pflichten bei der GmbH-Gründung;
- Externe Transparenzpflichten (Einreichung des Jahresabschlusses);
- Einberufung von Gesellschafterversammlungen;
- Buchführungspflichten;
- Arbeits- und sozialversicherungsrechtliche Pflichten;
- Steuerrechtliche Pflichten;
- Insolvenzantragspflicht.

Der Geschäftsführer hat freilich nicht nur das **Gesetz** zu beachten, sondern ist auch zur Einhaltung der **Satzung**, einer eventuell vorhandenen **Geschäftsordnung**, der Gesellschafterbeschlüsse und des Anstellungsvertrages verpflichtet. Hier haben die Gesellschafter einen weiten Gestaltungsspielraum. Sie können sich als Kapitalgeber aus dem Tagesgeschäft vollständig zurückziehen und dem Geschäftsführer einen weiten Entscheidungsspielraum einräumen. Ebenso können sie aber auch dem Geschäftsführer für jeden Einzelfall Weisungen erteilen oder den Abschluss bestimmter Verträge von der vorherigen Zustimmung der Gesellschafterversammlung abhängig machen. Ein Geschäftsführer kann auf diese Weise als reines Ausführungsorgan benutzt werden.[106] Sicherlich sollte dem Geschäftsführer noch ein Handlungsspielraum bleiben, denn sonst wird es ihm schwer fallen, seine gesetzlichen Pflichten zu erfüllen. Wer von der Gesellschafterversammlung „an der kurzen Leine gehalten" wird, hat in einer Unternehmenskrise nicht das Rückrat, um einen Insolvenzantrag gegen den Willen der Gesell-

---

105 So bspw für die Kontrolle des Geschäftsführers, der für die Buchhaltung zuständig ist, BGH v. 26.6.1995 – II ZR 109/94, NJW 1995, 2850.
106 So *Lutter/Hommelhoff* in Lutter/Hommelhoff, GmbHG, § 37 Rn 1.

schafter zu stellen. Der Geschäftsführer darf daher nicht zur bloßen „Vertretungsmarionette" verkümmern.[107] Von weitreichender rechtlicher Relevanz ist dieser Appell aus dem Schrifttum aber nicht. Wer als Geschäftsführer nicht rechtzeitig einen Insolvenzantrag stellt, wird sich seiner Haftung aus § 823 Abs. 2 BGB iVm § 15 a InsO nicht mit dem Hinweis auf einen übermächtigen Gesellschafter entziehen können.

70 Neben der Einhaltung von Gesetzen und den Regelungen der GmbH (Satzung, Geschäftsordnung, Gesellschafterbeschlüsse und Anstellungsvertrag) ist der Geschäftsführer verpflichtet, die internen Abläufe des Unternehmens zu organisieren und Kontrollmechanismen für die Unternehmensorganisation einzuführen. Allgemeinverbindliche Richtlinien gibt es hierfür nicht.[108] Die **Organisation** ist auf die individuellen Anforderungen des Unternehmens der GmbH auszurichten. Nur wenn bei der GmbH Mitarbeiter beschäftigt sind, die in Altersteilzeit gehen, muss sich der Geschäftsführer darüber Gedanken machen, ob die in einem Blockmodell entstehenden Wertguthaben vor einer Insolvenz der GmbH geschützt werden müssen (hierzu noch gleich unter § 5 Rn 101). Nur wenn eine GmbH in der Baubranche tätig ist, trifft den Geschäftsführer die Pflicht, den von einem Auftraggeber erhaltenen Werklohn an eventuelle Nachunternehmer der GmbH weiterzureichen (hierzu noch ausführlich unter § 7 Rn 162).

71 Nachfolgend werden einiger der besonders wichtigen Pflichten eines Geschäftsführers dargestellt:

## II. Externe Transparenzpflichten
### 1. Offenlegung der Jahresabschlüsse und Bilanzen
#### a) Einreichung und Bekanntmachung

72 Nach § 325 Abs. 1 HGB müssen die Geschäftsführer als gesetzliche Vertreter von mittelgroßen und großen Kapitalgesellschaften den Jahresabschluss beim Betreiber des elektronischen Bundesanzeigers elektronisch einreichen; bei einer kleinen Kapitalgesellschaft genügt die Veröffentlichung einer nach § 266 Abs. 1 S. 3 HGB verkürzten Bilanz und des bereinigten Anhangs (§ 326 HGB). Diese Pflicht trifft nicht nur die Leitungsorgane einer GmbH oder einer AG. Wegen § 264 a HGB sind auch die Geschäftsführer einer GmbH & Co KG gehalten, die Jahresabschlüsse beim elektronischen Bundesanzeiger einzureichen, wenn keine natürliche Person mittelbar oder unmittelbar persönlich für diese Gesellschaft haftet.

73 Auch wenn der Umfang der offenlegungspflichtigen Unterlagen nicht erweitert wurde, beinhaltet das zum 1.1.2007 in Kraft getretene **EHUG** insbesondere für kleine und mittelgroße Kapitalgesellschaften wesentliche Änderungen. Mussten diese Gesellschaften vorher ihre Unterlagen zur Rechnungslegung an das örtlich zuständige Handelsregister schicken und danach dafür Sorge tragen, dass diese Einreichung nebst Registergericht und Register-Nummer im Bundesanzeiger bekanntgemacht wurde, ist nun eine Einreichung der Unterlagen beim Betreiber des elektronischen Bundesanzeigers erfor-

---
107 Vgl *Zöllner/Noack* in Baumbach/Hueck, GmbHG, § 37 Rn 17.
108 Näher hierzu *Lutter*, GmbHR 2000, 301.

derlich.[109] Dies muss nach § 325 Abs. 1 S. 1 HGB zudem elektronisch erfolgen. Aufgrund der Verordnung des Bundesministeriums der Justiz vom 15.12.2006 können Unternehmen die Dokumente aber bis zum 31.12.2009 auch in Papierform einreichen. Auf diese Weise soll der Übergang zur elektronischen Offenlegung erleichtert werden.[110]

Die Regelung des § 325 HGB ist nach Art. 61 Abs. 5 S. 1 EGHGB iVm § 326 HGB erstmals auf Jahresabschlüsse und Bilanzen für das nach dem 31. Dezember 2005 beginnende Geschäftsjahr anzuwenden. Diese Unterlagen zur Rechnungslegung sind unverzüglich nach ihrer Vorlage an die Gesellschafter, jedoch spätestens vor Ablauf des zwölften Monats des dem Abschlussstichtag nachfolgenden Kalenderjahres, gem. § 325 Abs. 1 HGB nF iVm § 326 HGB beim elektronischen Bundesanzeiger einzureichen.[111] Da bei den mittelständischen GmbHs das Geschäftsjahr regelmäßig mit dem Kalenderjahr übereinstimmt, bedeutet dies für die Praxis, dass für das abgeschlossene Geschäftsjahr 2006 die noch zu erstellende Bilanz nebst Anhang bis zum 31. Dezember 2007 an den elektronischen Bundesanzeiger geschickt werden muss. Sofern die Einreichung auf elektronischem Weg erfolgt, kann der Absender zwischen den üblichen Datenformaten wählen[112] und die Versendung per e-mail unmittelbar von der Gesellschaft oder dem Steuerberater erfolgen. Eine notarielle Beglaubigung ist nicht erforderlich.[113]

74

Die **Bekanntmachung des Jahresabschlusses** und der Bilanz erfolgt im elektronischen Bundesanzeiger. Außerdem leitet der Betreiber des elektronischen Bundesanzeigers die Unterlagen nach § 8 Abs. 3 Nr. 2 HGB nF an das Unternehmensregister weiter. Auch dort sind die Unterlagen für jeden kostenlos abrufbar.

75

**b) Folgen eines Verstoßes gegen die Offenlegungspflichten**

Durch das EHUG wurde der Druck auf Unternehmen, ihre Jahresabschlüsse und Bilanzen offen zu legen, wesentlich erhöht. Der Betreiber des elektronischen Bundesanzeigers prüft nämlich **von Amts** wegen, ob bei ihm die Unterlagen zur Rechnungslegung fristgemäß und vollzählig eingereicht worden sind (§ 329 Abs. 1 S. 1 HGB). Stellt er fest, dass die offen zu legenden Unterlagen nicht oder unvollständig eingereicht wurden, wird die zuständige Verwaltungsbehörde für das nun anstehende **Ordnungsgeldverfahren**, das Bundesamt für Justiz (Bundesamt),[114] gem. § 329 Abs. 4 HGB hiervon unterrichtet. Das Bundesamt kann dieses Ordnungsgeldverfahren gegen die Mitglieder des vertretungsberechtigten Organs einer Kapitalgesellschaft (Geschäftsführung einer GmbH, bzw der Vorstand einer AG), aber auch gegen die Kapitalgesellschaft selbst einleiten (§ 335 Abs. 1 S. und S. 2 HGB). Der Beschlussempfehlung des Rechtsaus-

76

---

109 Große Gesellschaften mussten schon vor Inkrafttreten des EHUG ihren Jahresabschluss an den (noch nicht elektronischen) Bundesanzeiger zur Bekanntmachung schicken (vgl § 325 Abs. 2 S. 1 HGB aF).
110 Vgl § 4 der Verordnung über die Übertragung der Führung des Unternehmensregisters und die Einreichung von Dokumenten beim Betreiber des elektronischen Bundesanzeigers vom 15.12.2006, BGBl. 2006, S. 3202, 3203, sowie die Begründung zu dieser Regelung in BR-Drucks. 785/06, S. 7.
111 Für die am Kapitalmarkt tätigen Gesellschaften wurde die Offenlegungsfrist auf vier Monate verkürzt (§ 325 Abs. 4 HGB).
112 Näheres hierzu unter www.ebundesanzeiger.de.
113 *Seibert/Decker*, DB 2006, 2446, 2451.
114 Der Bund hat mit Wirkung zum 1.1.2007 das Bundesamt für Justiz als Bundesbehörde errichtet, vgl hierzu das Gesetz zu Errichtung und zur Regelung der Aufgaben des Bundesamts für Justiz vom 17.12.2007, BGBl. I 2006, S. 3171.

schusses ist zu entnehmen, dass die Verhängung des Ordnungsgeldes *alternativ* auch gegen die Kapitalgesellschaft erfolgen kann und mit dieser Verfahrensweise die Zustellung sichergestellt werden soll.[115]

77 Den Beteiligten ist unter Androhung eines Ordnungsgelds in bestimmter Höhe – mindestens 2.500, aber höchstens 25.000 EUR – aufzugeben, innerhalb einer Frist von 6 Wochen den gesetzlichen Verpflichtungen nachzukommen. Mit der Androhung des Ordnungsgeldes sind zugleich die Kosten des Verfahrens iHv 50 EUR aufzuerlegen. Wird innerhalb der gesetzten Frist die Offenlegung gem. § 325 Abs. 1 HGB nF nachgeholt, sind lediglich die Verfahrenskosten zu tragen.

78 Werden die Offenlegungspflichten trotz der ersten Androhung nicht erfüllt, hat das Bundesamt die Möglichkeit, das Ordnungsgeld solange zu verhängen, bis die Unterlagen zur Rechnungslegung beim elektronischen Bundesanzeiger eingereicht sind. Sollte ein Ordnungsgeld gegen einen organschaftlichen Vertreter der Gesellschaft festgelegt werden, sollte er aus steuerlichen Gründen dieses Ordnungsgeld selber bezahlen.[116] Wenn das Bundesamt ein Ordnungsgeld festsetzen muss, kann es die Vollstreckung aus diesem Bescheid selbst betreiben (§ 2 Abs. 2 Justizbeitreibungsordnung).[117]

### c) Strategien zur Publizitätsvermeidung

79 Indem der Betreiber des elektronischen Bundesanzeigers den Eingang der Unterlagen zur Rechnungslegung auf eigene Initiative hin überwachen kann, bekam die Pflicht zur Offenlegung der Unternehmensdaten „Krallen".[118] Vom Schrifttum werden Empfehlungen gegeben, wie man den Publizitätspflichten entgehen kann.

80 Eine zeitlich begrenzte Möglichkeit zur Publizitätsvermeidung ist das Ausnutzen der Übergangsfrist aus der Verordnung des Bundesministeriums der Justiz vom 15.12. 2006. Demnach können Unternehmen die Unterlagen bis 31.12.2009 in **Papierform** beim elektronischen Bundesanzeiger einreichen. Von dort aus werden sie zwar gem. § 8b Abs. 3 Nr. 1 iVm § 8 Abs. 2 Nr. 4 HGB nF an das Unternehmensregister weitergeleitet, allerdings liegen sie dort zunächst nur in Papierform vor und können erst nach einer Übertragung in ein elektronisches Dokument sowie einer daran anschließenden Aufnahme ins Unternehmensregister im Internet eingesehen werden. Die Transformation eines in Papierform eingereichten Dokuments in eine Datei erfolgt allerdings nur, wenn ein Auskunftsuchender nach §§ 9 Abs. 2, Abs. 6 iVm § 8b Abs. 4 S. 2 HGB nF einen Antrag auf Übermittlung der Schriftstücke in elektronischer Form stellt.[119] Nur gegenüber diesem Antragsteller kann das Unternehmensregister eine Mindestgebühr

---

115 Vgl BT-Drucks. 16/2781, S. 158. Gegen diese Regelung hat *Grasshoff*, DB 2006, 2641, 2642 verfassungsrechtliche Bedenken, da das Ziel einer Zustellungserleichterung mit einer Regelung über eine Ersatzzustellung auch auf einem wenig einschneiden Weg hätte erreicht werden können.
116 Nach der Berechnung von *Grasshoff*, DB 2006, 2641, 2644 führt die Zahlung des Ordnungsgeldes durch eine Kapitalgesellschaft zu einem Steueraufschlag von 80 %, wenn die Verfügung über das Ordnungsgeld gegenüber ihrem Geschäftsführer ergangen ist, da diese Zahlungen als verdeckte Gewinnausschüttung gewertet werden. Zahlt dieser Geschäftsführer selbst, besteht ein Steueraufschlag von 40 %.
117 BGBl. I 2006, S. 3171.
118 So der Aufsatztitel von *Leuering/Nießen*; NJW Special 2006, 411.
119 In der Gegenäußerung der Bundesregierung zur Stellungnahme des Bundesrats zum EHUG, s. BR-Drucks. 942/05 – Beschluss, S. 10, wird im Zusammenhang mit der Geltendmachung von Ansprüchen auf Übermittlung von Schriftstücken in elektronischer Form ausgeführt, dass ein vom Unternehmensregister erstelltes elektronische Dokument anschließend auch in das Unternehmensregister eingestellt werden sollte.

von 30 EUR gem. Ziff. 503 des Gebührenverzeichnisses zur Justizverwaltungskostenverordnung für eine Übertragung der Unterlagen zur Rechnungslegung in ein elektronisches Dokument erheben. Von dem publizitätspflichtigen Unternehmer, der seinen Jahresabschluss oder seine Bilanz in Papierform beim Betreiber des elektronischen Bundesanzeigers eingereicht hat, kann nach der hier vertretenen Ansicht keine Gebühr für eine Übertragung in ein elektronisches Dokument verlangt werden.[120]

Mit der Einreichung in Papierform können Unternehmen die Veröffentlichung ihrer Jahresabschlüsse und Bilanzen nur etwas hinauszögern, nicht aber ausschließen. Bisweilen wird der Wechsel in eine **Kapitalgesellschaft & Co – KG** nebst der Aufnahme eines persönlich haftenden Gesellschafters empfohlen, da auf diese Weise zumindest der Wortlaut des § 264a Abs. 1 S. 1 Nr. 1 HGB nicht mehr erfüllt wäre und die §§ 325 ff HGB nicht zur Anwendung kämen.[121] Hierzu wird aber nur jemand bereit sein, der nichts mehr zu verlieren hat. Die Aufnahme eines vermögenslosen Gesellschafters kann wiederum als eine Gläubigergefährdung angesehen werden, die zu einer Gesellschafterhaftung führen kann[122] und es ist derzeit nicht klar, in welchem Umfang die Rechtsprechung solche Konstruktionen toleriert oder als Gesetzesumgehung ansieht.[123] Derzeit sollte man die Offenlegung der Unternehmensdaten im Zweifel lieber hinnehmen, als sich auf eine riskante Gestaltung der Gesellschaftsverträge einzulassen.

### 2. Pflichtangaben auf Geschäftsbriefen

§ 35a Abs. 1 GmbHG legt fest, welche Angaben auf den Geschäftsbriefen einer GmbH stehen müssen. Diese sind:

- die Rechtsform (aus § 4 GmbHG ergibt sich, dass die Abkürzung „GmbH" genügt),
- der Sitz der Gesellschaft,
- das Registergericht des Sitzes der Gesellschaft,
- die Nummer, unter der die Gesellschaft in das Handelsregister eingetragen ist,
- alle Geschäftsführer mit dem Familiennamen und mindestens einem ausgeschriebenen Vornamen;
- sofern die Gesellschaft einen Aufsichtsrat gebildet und dieser einen Vorsitzenden hat, der Vorsitzende des Aufsichtsrats mit dem Familiennamen und mindestens einem ausgeschriebenen Vornamen.

Werden Angaben über das Kapital der Gesellschaft gemacht, so müssen in jedem Fall das Stammkapital sowie, wenn nicht alle in Geld zu leistenden Einlagen eingezahlt sind, der Gesamtbetrag der ausstehenden Einlagen angegeben werden.

Geschäftsbriefe sind alle Mitteilungen in schriftlicher Form gegenüber bestimmten, außenstehenden Dritten. Das hierbei gewählte Kommunikationsmittel ist nicht entscheidend. In den Anwendungsbereich des § 35a Abs. 1 GmbHG fallen auch ein **Telefax** oder eine **E-Mail**, die in der Praxis längst neben dem förmlichen Geschäftsbrief ver-

---

[120] Hierzu ausführlich *Karsten*, GewArch 2007, 55, 64.
[121] Vgl *Clausnitzer/Blatt*, GmbHR 2006, 1301, 1307; *Deilmann*, BB 2006, 2347; *Höfner/Bäumler*, GmbHR 2006, R 205.
[122] Hierzu *Chr. Schmidt*, DStR 2006, 2272, 2276 mwN; sowie *Kleindiek* in Lutter/Hommelhoff, GmbHG, Anh. § 42a Rn 43.
[123] *Waßner*, GmbHR 2000, 412, 419.

wendet werden.[124] Bestellscheine gelten nach § 35 a Abs. 3 GmbHG als Geschäftsbriefe und müssen auch die eben erwähnten Angaben erhalten. Der Angaben nach § 35 a Abs. 1 S. 1 GmbHG bedarf es nicht bei Mitteilungen oder Berichten, die im Rahmen einer bestehenden Geschäftsverbindung ergehen und für die üblicherweise Vordrucke verwendet werden, in denen lediglich die im Einzelfall erforderlichen besonderen Angaben eingefügt zu werden brauchen (§ 35 a Abs. 2 GmbHG).

84 Fehlen in einem Geschäftsbrief die Angaben aus § 35 a Abs. 1 GmbHG, kann das zuständige Registergericht den Geschäftsführer unter Androhung eines Zwangsgeldes anhalten, den Geschäftsbrief an die gesetzlichen Anforderungen anzupassen. Außerdem ist § 35 a Abs. 1 GmbHG ein **Schutzgesetz** im Sinne des § 823 Abs. 2 BGB. Falsche Angaben auf einen Geschäftsbrief können daher (in eher seltenen Fällen) Schadensersatzansprüche begründen.[125] Bei einem unvollständigen Geschäftsbrief können Mitbewerber und Abmahnvereine über das Wettbewerbsrecht gegen die GmbH und auch deren Geschäftsführer vorgehen. Da ein Wettbewerbsverstoß aber eine nicht unerhebliche Beeinträchtigung (§ 3 UWG) voraussetzt und Bagatellverstöße nicht ahndet, dürfte eine wettbewerbsrechtliche Abmahnung nur bei einem vollständigen Fehlen der Pflichtangaben oder einer bewussten Verschleierung der eigenen Identität gerechtfertigt sein.[126] Deshalb liegt ein Wettbewerbsverstoß wegen einer Verletzung des § 35 a GmbHG vor, wenn auf dem Geschäftsbrief nur eine gebührenpflichtige Sondernummer als Geschäftsadresse angegeben wird.[127]

### III. Pflicht zur Einberufung der Gesellschafterversammlung

85 Das GmbHG begründet für den Geschäftsführer in drei verschiedenen Konstellationen die Pflicht zur Einberufung einer Gesellschafterversammlung. Der Geschäftsführer muss die Gesellschafterversammlung gem. § 50 Abs. 1 GmbHG einberufen, wenn eine Gesellschafterminderheit von **10 % des Stammkapitals** dies verlangt. Außerdem ist der Geschäftsführer nach § 49 Abs. 2 GmbHG zur Einberufung der Gesellschafterversammlung verpflichtet, wenn es im Interesse der Gesellschaft erforderlich erscheint. Dies ist bei allen außergewöhnlichen Maßnahmen der Fall, sofern die Satzung dem Geschäftsführer keine weitreichenden Entscheidungsbefugnisse einräumt.[128] In den Anwendungsbereich des § 49 Abs. 2 GmbHG zählt weiter die Pflicht zur Einberufung der Gesellschafterversammlung, wenn das vom Geschäftsführer ins Auge gefasste Geschäft den Rahmen des bisherigen Geschäftsbetriebs sprengt.[129] Schließlich muss der Geschäftsführer nach § 49 Abs. 3 GmbHG die Gesellschafterversammlung unverzüglich einberufen, wenn sich aus der Jahresbilanz oder aus einer im Laufe des Geschäftsjahres aufgestellten Bilanz ergibt, dass die Hälfte des Stammkapitals verloren ist.

---

124 Vgl auch zur Erfüllung der Angabepflichten mit Hilfe eines Anhangs oder Hyperlinks in der E-Mail *Glaus/Gabel*, BB 2007, 1744; eine SMS ist mit Scholz/*Schneider*, GmbHG, § 35 a Rn 6, kein Geschäftsbrief.
125 Vgl LG Detmold v. 20.10.1989 – 9 O 402/98, NJW-RR 1990, 1872.
126 Hierzu *Maaßen/Orlikowski-Wolf*, BB 2007, 561; *Glaus/Gabel*, BB 2007, 1744:.
127 Ein solcher Geschäftsbrief lag den Richtern im Verfahren des OLG Düsseldorf v. 6.5.2003 – 20 U 147/02, NJW-RR 2004, 20, vor.
128 *Lutter/Hommelhoff*, in Lutter/Hommelhoff GmbHG, § 49 Rn 11.
129 BGH v. 25.2.1991 – II ZR 76/90, NJW 1991, 1681; zu weiteren Konstellationen s. Scholz/*K. Schmit/Seibt*, GmbHG, § 49 Rn 20.

**Beispiel:** 86
Eine GmbH hat das gesetzliche Mindeststammkapital, 75.000 EUR Verbindlichkeiten und ein Vermögen von 100.000 EUR.

| Aktiva | | Passiva | |
|---|---|---|---|
| Vermögen: | 100.000 EUR | Stammkapital: | 25.000 EUR |
| | | Verbindlichkeiten: | 75.000 EUR |

Zu dem Vermögen gehört eine Forderung in Höhe von 13.000 EUR gegen die A-AG. Die AG wird insolvent, der Insolvenzverwalter zahlt der GmbH lediglich 500 EUR. Die GmbH muss eine Forderung iHv 12.500 EUR aus der Bilanz ausbuchen, es entsteht eine Unterbilanz in Höhe der Hälfte des Stammkapitals. Der Geschäftsführer muss nun die Gesellschafterversammlung nach § 49 Abs. 3 GmbHG einberufen.

Die Pflicht zur Einberufung der Gesellschafterversammlung bei einem Verlust in Höhe der Hälfte des Stammkapitals steht unter der Strafandrohung des § 84 Abs. 1 Nr. 1 GmbHG. Der Geschäftsführer einer UG (haftungsbeschränkt) muss die Gesellschaft nach § 5a Abs. 4 GmbHG (erst) bei drohender Zahlungsunfähigkeit unverzüglich einberufen. 87

### IV. Buchführungspflicht

Die Geschäftsführer sind verpflichtet, für die ordnungsgemäße Buchführung der Gesellschaft zu sorgen (§ 41 GmbHG). Es handelt sich hierbei um eine gesetzliche Pflicht, die auch das Weisungsrecht der Gesellschafter in diesem Punkt beschränkt. Die Geschäftsführer müssen die Bücher nicht selber führen. Sie können diese Aufgabe an einen Geschäftsführer oder einen Dritten übertragen, stehen aber weiter in der Verantwortung. Die Buchführungspflichten dürfen daher nur an eine qualifizierte Person delegiert werden und es muss eine kontinuierliche und angemessene Überwachung erfolgen.[130] Ist eine Kontrolle nicht möglich, weil ein dafür zuständiger Mitgeschäftsführer oder ein Gesellschafter systematisch Informationen zur Buchführung der GmbH vorenthält, steht dem so hintergangenen Geschäftsführer ein außerordentliches Kündigungsrecht zu.[131] Verstößt ein Geschäftsführer gegen die Buchführungspflicht, liegt ein wichtiger Grund vor, der eine sofortige Abberufung und außerordentliche Kündigung rechtfertigen kann.[132] 88

Im Schrifttum wird die Auffassung vertreten, dass es sich bei § 41 GmbHG um ein **Schutzgesetz** iSd § 823 Abs. 2 BGB handelt.[133] Der BGH verneint indes die Schutzgesetzeigenschaft dieser Vorschrift.[134] Das Für und Wider der unterschiedlichen Ansichten braucht hier nicht näher vertieft zu werden, denn den Gläubigern wäre mit einem Schadensersatzanspruch aus § 823 Abs. 2 BGB iVm § 41 GmbHG nicht geholfen, da ihnen kaum der Nachweis darüber gelingen dürfte, dass gerade die Verletzung der 89

---

130 Scholz/*Crezelius*, GmbHG, § 41 Rn 5.
131 BGH v. 26.6.1995 – II ZR 109/94, NJW 1995, 2850.
132 OLG Bremen v. 20.3.1997 – 2 U 110/96, NJW-RR 1998.
133 *K. Schmidt*, ZIP 1994, 837, 842; *Biletzki*, BB 2000, 521, 524; Scholz/*Schneider*, GmbHG (9. Aufl. 2002), § 43 Rn 236.
134 BGH v. 13.4.1994 – II ZR 16/93, NJW 1994, 1801, 1803.

Buchführungspflichten zu dem jeweils geltend gemachten Schaden geführt haben soll.[135]

## V. Wettbewerbsverbot

### 1. Persönlicher Anwendungsbereich

90 Die Geschäftsführer haben nach § 43 Abs. 1 GmbHG in den Angelegenheiten der Gesellschaft die Sorgfalt eines ordentlichen Geschäftsmannes anzuwenden. Damit korrespondiert die Verpflichtung, unter allen Umständen das Wohl der Gesellschaft im Auge zu behalten und nicht einen eigenen wirtschaftlichen Vorteil zu verfolgen, indem die Kenntnisse über die Gesellschaft und deren Geschäftsbeziehungen für eigene Zwecke ausgenutzt werden. Ein GmbH-Geschäftsführer unterliegt daher nach übereinstimmender Auffassung in der Rechtsprechung und im Schrifttum einem Wettbewerbsverbot, auch wenn es keine ausdrückliche Regelung wie für den geschäftsführenden Gesellschafter einer OHG (§ 112 HGB) oder den Vorstand einer Aktiengesellschaft (§ 88 AktG) gibt.[136] Wegen der **umfassenden Loyalitätspflicht** zur GmbH ist es dem Geschäftsführer auch verboten, Geschäftschancen zu nutzen, von denen er privat Kenntnis erlangt hat und deren Ausnutzung ihm eine wirtschaftliche Selbständigkeit ermöglichen würde.[137]

91 Das Wettbewerbsverbot gilt grundsätzlich für **alle Geschäftsführer** und hängt nicht von einer Beteiligung an der Gesellschaft ab.[138] Gesellschafter-Geschäftsführer und Fremdgeschäftsführer unterliegen daher einem Wettbewerbsverbot. Eine Ausnahme gibt es lediglich bei dem Gesellschafter-Geschäftsführer einer **Einpersonen-GmbH**: Für den Alleingesellschafter einer GmbH besteht kein Wettbewerbsverbot. Seine Interessen sind mit denen der GmbH identisch. Außerdem muss kein Mitgesellschafter geschützt werden.[139]

### 2. Sachlicher Anwendungsbereich

92 Für die Reichweite des Wettbewerbsverbots ist zunächst der **Unternehmensgegenstand** aus der Satzung (§ 3 Abs. 1 Nr. 2 GmbHG) entscheidend. Auch wenn die GmbH noch nicht in allen Bereichen des statutarischen Unternehmensgegenstandes tätig ist, wird durch den **Gesellschaftsvertrag** der sachliche Umfang des Wettbewerbsverbots bestimmt. Falls die GmbH außerhalb des Unternehmensgegenstandes Geschäfte betreibt, erstreckt sich das Wettbewerbsverbot auch auf diese Tätigkeiten.[140]

---

135 So auch *Roth/Altmeppen*, GmbHG (5. Aufl. 2005), § 41 Rn 12; aA *Schnorr*, ZHR 170 (2006), S. 9, 34 ff.
136 BGH v. 23.9.1985 – II ZR 247/84, NJW 1986, 585; s. auch Scholz/*Schneider*, GmbHG, § 43 Rn 153 ff, der in Hinblick auf § 88 AktG zwischen einem Wettbewerbsverbot im engeren Sinne und einem Betätigungsverbot (Betreiben eines Handelsgewerbes) differenziert. Sinnvoller erscheint es, auch das Betreiben eines konkurrierenden Handelsgewerbes als Bestandteil eines Wettbewerbsverbots anzusehen, wie hier *Hommelhoff/Kleindiek* in Lutter/Hommelhoff, GmbHG, Anh. § 6 Rn 20.
137 BGH v. 12.6.1989 – II ZR 334/87, NJW-RR 1989, 1255; verboten ist auch der Erwerb einer Immobilie, um sie danach mit Gewinn an die GmbH zu veräußern, s. BGH v. 17.2.1997 – II 278/95, NJW 1997, 2055.
138 Der Mehrheitsgesellschafter einer GmbH (ab 51 % Beteiligung) unterliegt einem Wettbewerbsverbot, auch wenn er nicht Geschäftsführer ist, s. Lutter/Bayer in Lutter/Hommelhoff, GmbHG, § 14 Rn 24; OLG Karlsruhe v. 6.11.1998 – 15 U 179/97, GmbHR 1999, 539.
139 Vgl BGH v. 28.9.1992 – II ZR 299/91, NJW 1993, 193.
140 *Gehrlein*, GmbH-Recht in der Praxis, S. 258.

## C. Pflichten

Innerhalb des statutarischen und tatsächlich ausgeübten Unternehmensgegenstandes ist es dem Geschäftsführer verboten, für eigene oder fremde Rechnung Geschäfte zu machen (vgl § 88 Abs. 1 S. 1 AktG für den Vorstand einer Aktiengesellschaft). Unter den Begriff des „Geschäftemachens" fällt jede, wenn auch nur spekulative, auf Gewinnerzielung gerichtete Teilnahme am geschäftlichen Verkehr, die nicht nur zur Befriedigung privater Bedürfnisse erfolgt.[141] Ebenso ist das Betreiben eines Handelsgewerbes oder die Leitung eines anderen Unternehmens vom Wettbewerbsverbot umfasst. Eine Beteiligung an einer Gesellschaft, die im Geschäftsbereich der GmbH tätig wird, ist nur zulässig, wenn der Geschäftsführer über keine Mehrheitsbeteiligung verfügt und auch nicht über nahe Angehörige einen bestimmenden Einfluss auf die konkurrierende Gesellschaft ausüben kann. Der Geschäftsführer darf sich daher als stiller Gesellschafter, Kommanditist oder Minderheitsgesellschafter an einem weiteren Unternehmen beteiligen.[142]

93

Das Wettbewerbsverbot schützt die GmbH vor einer Konkurrenz durch ihren Geschäftsführer. Die GmbH braucht einen Schutz, wenn sie wirtschaftlich tätig ist. Dies kann schon während der Gründung als Vor-GmbH der Fall sein, ist aber auch noch im Liquidationsverfahren möglich. Der Geschäftsführer hat also schon *vor* der Eintragung der GmbH im Handelsregister und *nach* dem Gesellschafterbeschluss über die Durchführung eines Liquidationsverfahrens das Wettbewerbsverbot zu beachten. Ist der Geschäftsführer zum **Liquidator** bestellt worden, besteht das Wettbewerbsverbot wegen der geringen unternehmerischen Tätigkeit der GmbH nur noch in einem sehr eingeschränkten Umfang. Dem Geschäftsführer sind in diesem Stadium lediglich Wettbewerbshandlungen untersagt, die eine geordnete und wirtschaftlich erfolgreiche Liquidation verhindern könnten.[143]

94

### 3. Zeitlicher Anwendungsbereich

Der Geschäftsführer muss das Wettbewerbsverbot während seiner **Amtszeit** beachten, da hier die Gefahr einer Interessenkollision besteht. Das Wettbewerbsverbot reicht daher nur von der Bestellung bzw dem Abschluss des Anstellungsvertrages bis zur Abberufung bzw Kündigung oder Aufhebung des Anstellungsvertrages. Wenn das Anstellungsverhältnis nach der Abberufung bis zum Ablauf der Kündigungsfrist bestehen bleibt, ist der Geschäftsführer noch an das Wettbewerbsverbot gebunden.[144] Nach Ablauf des Vertragsverhältnisses besteht aber kein organschaftlich begründetes Wettbewerbsverbot für den Geschäftsführer mehr.[145] Insbesondere bei Fremdgeschäftsführern kann es für die GmbH von Interesse sein, ein nachvertragliches Wettbewerbsverbot zu vereinbaren. Auf diese Weise kann man verhindern, dass Interna und Geschäftsbeziehungen zum Nachteil der GmbH verwendet werden. Ein nachvertragliches Wettbewerbsverbot sollte bereits Bestandteil des Anstellungsvertrags sein, denn bei Vertrags-

95

---

141 BGH v. 17.2.1997 – II 278/95, NJW 1997, 2055.
142 Hierzu *Arens/Beckmann*, Die anwaltliche Beratung des GmbH-Geschäftsführers, § 1 Rn 48; Scholz/*Schneider*, GmbHG, § 43 Rn 164 f.
143 Sollte das Unternehmen während der Liquidation fortgeführt werden, um es zu veräußern, besteht das Wettbewerbsverbot weiter fort, s. *Hommelhoff/Kleindiek* in Lutter/Hommelhoff, GmbHG, Anh. § 6 Rn 21.
144 Scholz/*Schneider*, GmbHG, § 43 Rn 172.
145 Vgl OLG Frankfurt v. 13.5.1997 11 U 68/96, GmbHR 1998, 376.

abschluss ist die Verhandlungsposition der GmbH am Stärksten (zur Vereinbarung eines nachvertraglichen Wettbewerbsverbots vgl Rn 223).

**4. Rechtsfolgen eines Wettbewerbsverstoßes**

96 Wenn der Geschäftsführer gegen das Wettbewerbsverbot verstößt, hat die GmbH einen **Unterlassungs- und Schadensersatzanspruch**. Die GmbH kann mit einem Schadensersatzanspruch gegenüber den Gehaltsansprüchen eines Geschäftsführers aufrechnen. Sie ist aber grundsätzlich nicht berechtigt, die Zahlung der Dienstbezüge zu verweigern. Allenfalls in besonders krass liegenden Fällen, in denen sich der Geschäftsführer gegenüber der GmbH grob unanständig verhalten hat, kann es gerechtfertigt sein, dem Vergütungsanspruch den Arglisteinwand entgegenzuhalten.[146] In analoger Anwendung der §§ 88 Abs. 2 AktG und 113 HGB kann die GmbH auch verlangen, dass die aus Geschäften für fremde Rechnung bezogene Vergütung herausgegeben oder der Anspruch auf die Vergütung abgetreten wird.[147]

97 Bei der Geltendmachung eines Schadensersatzanspruchs wegen eines Verstoßes gegen ein Wettbewerbsverbot gilt nach § 43 Abs. 4 GmbHG die **Verjährungsfrist** von fünf Jahren. Die Verjährungsfrist ist so lang, weil die GmbH den schwierigen Nachweis für einen Schadenseintritt führen muss. Ein solcher Nachweis ist bei einem Anspruch auf Herausgabe der Vergütung nicht erforderlich. Wie auch bei §§ 88 Abs. 3 AktG und 113 Abs. 3 HGB verjährt dieser Anspruch in drei Monaten ab Kenntnis vom Wettbewerbsverstoß.[148]

**5. Befreiung vom Wettbewerbsverbot**

98 Die GmbH kann einen Geschäftsführer von den Beschränkungen eines Wettbewerbsverbots befreien. Dies geschieht durch einen Gesellschafterbeschluss. Um rechtliche Unsicherheiten auszuschließen, sollte für Befreiung eines Gesellschafter-Geschäftsführers von einem Wettbewerbsverbot eine Regelung in der **Satzung** enthalten sein.

**VI. Arbeits- und sozialversicherungsrechtliche Pflichten**

99 Der Geschäftsführer hat als gesetzlicher Vertreter der GmbH auch dafür zu sorgen, dass die Pflichten der GmbH gegenüber den Sozialversicherungsträgern eingehalten werden. Aus diesem Grunde muss ein Geschäftsführer

- die bei der GmbH beschäftigten Arbeitnehmer beim Krankenversicherungsträger anmelden und hierbei auch den Beginn der Beschäftigung und das beitragspflichtige Arbeitsentgelt angeben;
- den Einzugsstellen auf Verlangen Auskunft über alle Tatsachen geben, die nach § 28a SGB IV meldepflichtig sind;

---

146 BGH v. 19.10.1987 – II ZR 97/87, NJW-RR 1988, 352.
147 Hierzu im Einzelnen *Arens/Beckmann*, Die anwaltliche Beratung des GmbH-Geschäftsführers, § 1 Rn 50.
148 Vgl auch Scholz/*Schneider*, GmbHG, § 43 Rn 170; auch die Ansprüche gegen den Geschäftsführer und Kommanditisten einer Komplementär-GmbH unterliegen der kurzen Verjährung, s. OLG Köln v. 10.1.2008 – 18 U 1/07, BB 2008, 800.

## C. Pflichten 5

- nach § 28 h Abs. 1 SGB IV dafür sorgen, dass die gesamten Sozialversicherungsbeiträge für Kranken-, Renten- und Arbeitslosenversicherung an die Einzugsstellen (Krankenkassen) abgeführt werden.

Wer als Arbeitgeber der Einzugsstelle Beiträge des Arbeitnehmers zur Sozialversicherung einschließlich der Arbeitsförderung vorenthält, dem droht nach § 266 a Abs. 1 StGB eine Freiheitsstrafe bis zu 5 Jahren oder eine Geldstrafe. In besonders schweren Fällen sieht § 266 a Abs. 4 StGB eine Freiheitsstrafe bis zu 10 Jahren vor. Ein strafbares Vorenthalten der Arbeitnehmerbeiträge zur Sozialversicherung liegt vor „unabhängig davon, ob Arbeitsentgelt gezahlt wird" (§ 266 a Abs. 1 StGB). Der Schutzzweck des § 266 a StGB besteht darin, durch eine individuelle **Strafandrohung** das Beitragsaufkommen im Interesse der Solidargemeinschaft der Sozialversicherten zu gewährleisten.[149] Nach seinem klaren Wortlaut enthält § 266 a StGB nur für den Arbeitgeber eine Strafandrohung. Handelt es sich hierbei aber um eine GmbH, ist diese Vorschrift wegen § 14 Abs. 1 Nr. 1 StGB auch auf deren Geschäftsführer anwendbar. Da nach ständiger Rechtsprechung § 266 a StGB als Schutzgesetz im Sinne von § 823 Abs. 2 BGB qualifiziert wird,[150] besteht auch eine **zivilrechtliche Haftung** des Geschäftsführers für nicht abgeführte Sozialversicherungsbeiträge. Die Haftung des Geschäftsführers aus § 823 Abs. 2 BGB iVm § 266 a StGB wird noch ausführlich unter § 7 Rn 134 dargestellt. Schon jetzt sei aber darauf hingewiesen, dass bei der Haftung wegen der Nichtabführung von Sozialversicherungsbeiträgen der **Beweislastverteilung** eine ganz entscheidende Bedeutung zukommt. Krankenkassen müssen nach der Rechtsprechung des BGH nämlich den Nachweis darüber führen, dass die GmbH noch genug Geld hatte, um überhaupt die Arbeitnehmerbeiträge zahlen zu können („Zumutbarkeit normgemäßen Verhaltens"). Dies wird ihnen so ohne weiteres nicht gelingen und den Geschäftsführer trifft wegen § 266 a StGB **keine besondere Dokumentationspflicht** zur Abwehr von Schadensersatzansprüchen.[151]

**100**

Eine besondere sozialversicherungsrechtliche Pflicht besteht aufgrund des § 8 a AltTZG (**Altersteilzeitgesetz**). Bei einer Altersteilzeit wird häufig das sogenannte Blockmodell vereinbart. Hierbei erbringt der Arbeitnehmer während der Arbeitsphase eine Vorleistung und erzielt damit ein **Wertguthaben**, das in der Freistellungsphase ausgezahlt wird. Führt eine Vereinbarung über die Altersteilzeitarbeit zum Aufbau eines solchen Wertguthabens, ist der Arbeitgeber nach § 8 a Abs. 1 S. 1 AltTZG verpflichtet, das Wertguthaben einschließlich des darauf entfallenden Arbeitgeberanteils am Gesamtsozialversicherungsbeitrag mit der ersten Gutschrift in geeigneter Weise gegen das Risiko einer Zahlungsunfähigkeit abzusichern.[152] Bilanzielle Rückstellungen sowie zwischen Konzernunternehmen (§ 18 AktG) begründete Einstandspflichten, insbesondere Bürgschaften, Patronatserklärungen oder Schuldbeitritte, gelten nicht als geeignete Siche-

**101**

---

149 Hierzu BGH, NJW 2002, 512.
150 Vgl hierzu BGH, GmbHR 2005, 874, 875. Kritik an der Einordnung des § 266 a StGB als Schutzgesetz äußern *Dreher*, FS Kraft (1998), S. 59, 61 ff; *Kiethe*, ZIP 2003, 1957, 1958; *Stein*, DStR 1998, 1055, 1056.
151 BGH v. 18.4.2005 – II ZR 61/03, NJW 2005, 2546; hierzu *Schröder*, GmbHR 2005, 877; *Karsten*, NJ 2005, 534.
152 Weitere Voraussetzung für die Insolvenzsicherung ist, dass der zu sichernde Betrag das Dreifache des Regelarbeitsentgelts nach § 6 Abs. 1 AltTZG einschließlich des darauf entfallenden Arbeitgeberanteils am Gesamtsozialversicherungsbeitrag übersteigt; zur Altersteilzeit s. *Ahlbrecht/Ickenroth*, BB 2002, 2440.

rungsmittel (§ 8a Abs. 1 s. AltTZG). Es ist derzeit noch nicht geklärt, ob die GmbH oder der Geschäftsführer in der Pflicht steht, das Wertguthaben gegen eine Zahlungsunfähigkeit abzusichern. Zwar hat das BAG in zwei Urteilen entschieden, dass GmbH-Geschäftsführer den Arbeitnehmern nicht persönlich über § 823 Abs. 2 BGB in Verbindung mit der Verletzung eines Schutzgesetzes für Schäden haften, die durch die Nichterfüllung von Ansprüchen aus Wertguthaben wegen einer Insolvenz der GmbH entstehen.[153] Diese Entscheidungen ergingen allerdings noch zu § 7d SGB IV aF, der später durch die anderslautende Regelung des § 8a Abs. 1 S. 1 AltTZG ersetzt wurde. Aus Gründen äußerster Vorsicht ist ein Geschäftsführer daher gut beraten, wenn er die Wertguthaben bei einem Blockmodell gegen eine Insolvenz der GmbH absichert.[154]

**VII. Steuerrechtliche Pflichten**

102 Der Geschäftsführer ist nach § 34 AO verpflichtet, die steuerlichen Pflichten der GmbH zu erfüllen. Hierzu gehören vor allem:[155]

- fristgerechte, richtige und vollständige Anfertigung der Steuererklärung (§§ 149 bis 153 AO);
- Entrichtung der Steuern aus dem Vermögen der GmbH (§ 34 Abs. 1 S. 2 AO);
- Einhaltung der steuerlichen Buchführungs- und Aufzeichnungspflichten (§§ 140 bis 148 AO);
- Mitwirkung bei einer Außenprüfung (§ 77 AO);
- Abführung der Lohnsteuer für die Arbeitnehmer der GmbH.

103 Die Einhaltung der steuerlichen Pflichten richtet sich an alle Geschäftsführer. Es besteht (wie auch bei der Insolvenzantragspflicht) der Grundsatz der **Gesamtverantwortung**. Eine Delegation befreit nur unter sehr strengen Anforderungen von dieser Verantwortung und der damit verbundenen Haftung (§ 69 AO), denn jeder Geschäftsführer muss sich auch bei einer Ressortaufteilung persönlich um eine Einhaltung der steuerlichen Pflichten kümmern, wenn sich die GmbH in einer wirtschaftlichen Krise befindet[156] (zur Haftung des Geschäftsführers wegen der Verletzung steuerlicher Pflichten, s. § 7 Rn 150).

**VIII. Insolvenzantragspflicht**

**1. Bedeutung**

104 Ein Geschäftsführer ist verpflichtet, bei einer Insolvenz der GmbH einen Insolvenzantrag zu stellen. Diese Pflicht war für den Geschäftsführer einer GmbH in § 64 Abs. 1 GmbHG aF festgeschrieben. Die Pflicht zur Stellung eines Insolvenzantrags besteht für alle gesetzlichen Vertretungsorgane von Gesellschaften, bei denen kein persönlich haftender Gesellschafter vorhanden ist. Aus historischen Gründen wurde diese Pflicht in den jeweiligen Gesellschaftsrechtsgesetzen einzeln normiert (s. § 130a Abs.1 HGB,

---

153 BAG v. 13.12.2005 – 9 AZR 436/04, GmbHR 2006, 878 (mit ausdrücklichem Hinweis, dass die unterbliebene Insolvenzsicherung von Wertguthaben nach Inkrafttreten des § 8a AltTZG nicht entschieden wird); BAG v. 21.11.2006 – 9 AZR 206/06, GmbHR 2007, 601.
154 Vgl hierzu *Streit/Bürk*, DB 2008, 742.
155 Scholz/*Schneider*, GmbHG, § 43 Rn 362.
156 BFH v. 26.4.1984 – V R 128/79, GmbHR 1985, 30.

§ 92 Abs. 2 AktG, § 99 Abs. 1 GenG). Die Antragspflicht gehört sachlich aber in die **Insolvenzordnung**.[157] Durch das MoMiG wurde die Insolvenzantragspflicht rechtsformneutral in der Insolvenzordnung platziert, eine Verschärfung des Haftungstatbestands oder Veränderung der Haftungsgrundlage ist damit nicht verbunden.[158] Die Insolvenzantragspflicht ist nunmehr in § 15 a InsO geregelt: Wird eine juristische Person zahlungsunfähig oder überschuldet, haben die Mitglieder des Vertretungsorgans und damit auch die GmbH-Geschäftsführer ohne schuldhaftes Zögern, spätestens aber drei Wochen nach Eintritt der Zahlungsunfähigkeit oder Überschuldung, einen Insolvenzantrag zu stellen (§ 15 a Abs. 1 S. 1 InsO).

Die Insolvenzantragspflicht ist ein wesentliches Element des Gläubigerschutzes. Ein **Gläubigerschutz** kann mit präventiven und mit repressiven Mitteln gewährleistet werden. Das Stammkapital gehört zum vorbeugenden Gläubigerschutz; die Insolvenzantragpflicht greift demgegenüber erst im Nachhinein ein, weil mit ihr und der damit verbundenen Haftung und Strafandrohung ein unternehmerisches Fehlverhalten nachträglich sanktioniert wird.[159] Sinn und Zweck der Insolvenzantragspflicht ist die rechtzeitige Einleitung des Insolvenzverfahrens. Altgläubiger sollen vor einer weiteren Verringerung der Haftungsmasse und Neugläubiger vor einem Vertragsabschluss mit notleidenden Gesellschaften geschützt werden. Dieser Regelungszweck ist von jeher Anliegen des Insolvenzrechts. Weil außerdem eine enge Verbindung zwischen dem Insolvenz*antrag* und den Insolvenz*gründen* (§ 17 InsO: Zahlungsunfähigkeit, § 19 InsO: Überschuldung) besteht, spricht vieles dafür, beides in einem Gesetz zu regeln.[160] Die Verortung der Insolvenzantragspflicht war im Referentenentwurf zum MoMiG noch nicht enthalten, wurde aber vom Schrifttum angeregt, da auch die Organvertreter von sog. „Scheinauslandsgesellschaften" bzw nur formalen ausländischen Gesellschaften der Verpflichtung unterworfen werden sollten, spätestens drei Wochen nach Eintritt der Insolvenzreife einen Insolvenzantrag zu stellen.[161] Diese Anregung hat der Gesetzgeber aufgenommen, um eine Lücke beim Gläubigerschutz zu vermeiden.[162]

105

Nach wie vor setzt die Insolvenzantragspflicht einen Insolvenzgrund der Gesellschaft voraus. Wird die GmbH zahlungsunfähig oder überschuldet, haben die Geschäftsführer ohne schuldhaftes Zögern, spätestens aber drei Wochen nach Eintritt der Zahlungsunfähigkeit oder Überschuldung, gem. § 15 a Abs. 1 S. 1 InsO einen Insolvenzantrag zu stellen. Zahlungsunfähigkeit oder die Überschuldung sollen daher sogleich näher erläutert werden.

106

---

157 *Lutter/Kleindiek* in Lutter/Hommelhoff, GmbHG, § 64 Rn 1.
158 *Poertzgen*, GmbHR 2007, 1258.
159 Hierzu *Haas*, in Verhandlungen des 66. DJT Stuttgart 2006, Bd. I, E 12 ff, mit dem Hinweis, dass auch ein nachträglicher Gläubigerschutz durchaus präventive Funktionen hat, da die drohenden Sanktionen alle Entscheidungen beeinflussen können.
160 Vgl hierzu die Begründung zum RegE, BT-Drucks. 16/614, S. 133.
161 Hierzu *Poertzgen*, GmbHR 2007, 1258 mwN.
162 Begründung zum RegE, BT-Drucks. 16/614, S. 134.

## 2. Insolvenzgrund
### a) Zahlungsunfähigkeit
#### aa) Legaldefinition

107 Nach der Legaldefinition des § 17 Abs. 2 InsO ist ein Schuldner **zahlungsunfähig**, wenn er nicht in der Lage ist, die fälligen Zahlungspflichten zu erfüllen. Die Zahlungsfähigkeit ist in der Regel anzunehmen, wenn der Schuldner seine Zahlungen eingestellt hat. Für das Vorliegen einer Zahlungsunfähigkeit kommt es auf eine Gegenüberstellung der fälligen und auch ernsthaft eingeforderten Verbindlichkeiten mit den liquiden Mitteln an. Können mit Gläubigern Stundungsvereinbarungen getroffen werden, sind deren Verbindlichkeiten derzeit nicht fällig, müssen also zumindest bei der Feststellung der Zahlungsunfähigkeit nicht berücksichtigt werden.[163]

108 Zu den liquiden Mitteln zählen vor allem Bargeld, die Guthaben auf den Geschäftskonten und fällige Forderungen, die vermutlich auch bezahlt werden. Übersteigen die Verbindlichkeiten die freie Liquidität, besteht eine **Liquiditätslücke**. Nun ist § 17 Abs. 2 InsO aber nicht so zu verstehen, dass ein Schuldner schon dann zahlungsunfähig ist, wenn er die fälligen Zahlungspflichten nicht *sofort* erfüllen kann, ebenso wenig ist eine GmbH schon insolvenzreif, wenn sie nicht zur Begleichung *sämtlicher* Zahlungsverpflichtungen fähig ist. Allerdings können – wie schon den Gesetzesmaterialien zur Insolvenzordnung zu entnehmen ist[164] – nur eine **vorübergehende Zahlungsstockung** und auch nur eine **ganz geringfügige Liquiditätslücke** unbeachtlich sein.

#### bb) Vorübergehende Zahlungsstockung

109 Wann genau die Grenze zwischen einer unschädlichen Zahlungsstockung und einer Zahlungsunfähigkeit überschritten ist, kann man nicht generell festlegen. Noch vor Inkrafttreten der Insolvenzordnung ging man regelmäßig davon aus, dass eine Zahlungsstockung innerhalb eines Monats beseitigt sein müsse, andernfalls seien die Voraussetzungen für eine Zahlungsunfähigkeit gegeben.[165] Eines der Ziele der Insolvenzordnung war es, den Zeitpunkt der Zahlungsunfähigkeit nach vorne zu verlagern, um auf diese Weise die Zahl der masselosen Verfahren zu verringern. Konkrete Vorgaben hinsichtlich des maßgeblichen Betrachtungszeitraums und der noch zu tolerierenden Liquiditätslücke sind aber weder im Gesetz noch in den Materialien zu finden. Als Zahlungsstockung ist nach der Rechtsprechung nur noch eine Illiquidität anzusehen, die den Zeitraum nicht überschreitet, den eine kreditwürdige Person benötigt, um sich die erforderlichen Mittel zu leihen. Als Zeitraum für die Kreditbeschaffung sind nach Auffassung des BGH zwei bis drei Wochen erforderlich, aber auch ausreichend.[166] Die Vorschrift des § 15 a InsO zeigt, dass das Gesetz eine Ungewissheit über die Wiederherstellung der Zahlungsfähigkeit der Gesellschaft längstens drei Wochen hinzuneh-

---

163 Verbindlichkeiten, auch wenn sie derzeit nicht fällig sind, können aber bei der Feststellung der Überschuldung eine Rolle spielen. Auch deshalb tritt eine Zahlungsunfähigkeit in der Regel nach einer Überschuldung im Sinne des § 19 InsO ein.
164 Vgl BT-Drucks. 12/2443, S. 114.
165 BGH, Urt. v. 3.12.1998 – IX ZR 313/97, NJW 1999, 645; v. 4.10.2001 – IX ZR 81/99, NJKW-RR 2002, 261.
166 So BGH v. 24.5.2005 – IX ZR 123/04, NJW 2005, 3062; vgl auch *Burger/Schellberg*, BB 1995, 261.

men bereit ist.[167] Diese Frist erscheint für die Baubranche, die davon geprägt ist, dass der Werkunternehmer in Vorleistung tritt und die Werklohnforderung häufig erst lange nach der Leistungserbringung fällig wird, zu lang. Bei strenger Anwendung der 3-Wochen-Frist müssten viele Unternehmen, die auf Dauer lebensfähig wären, einem Insolvenzverwalter überantwortet werden.[168]

#### cc) Geringfügige Liquiditätslücke

Sofern es eine Liquiditätslücke gibt, darf diese – wie eingangs geschildert – nur in einem *ganz geringfügigen* Umfang bestehen, denn sonst liegt eine Zahlungsunfähigkeit vor. Der BGH hat die kritische Marke für Liquiditätslücken auf 10 % der fälligen Gesamtverbindlichkeiten festgelegt. Hierbei handelt es sich allerdings nicht um eine starre Grenze, sondern um ein Indiz. Beträgt eine innerhalb von drei Wochen nicht zu beseitigende Liquiditätslücke des Schuldners weniger als 10 % seiner fälligen Gesamtverbindlichkeiten, ist regelmäßig von Zahlungs*fähigkeit* auszugehen, es sei denn, es ist bereits absehbar, dass die Lücke demnächst mehr als 10 % erreichen wird. Beträgt die Liquiditätslücke des Schuldners 10 % oder mehr, besteht eine Vermutung für Zahlungs*unfähigkeit*, sofern nicht ausnahmsweise mit an Sicherheit grenzender Wahrscheinlichkeit zu erwarten ist, dass die Liquiditätslücke demnächst vollständig oder fast vollständig beseitigt werden kann und den Gläubigern ein Zuwarten nach den besonderen Umständen des Einzelfalls zuzumuten ist.[169] Eine einmal eingetretene Zahlungsunfähigkeit wird regelmäßig erst beseitigt, wenn die geschuldeten Zahlungen an die Gesamtheit der Gläubiger im Allgemeinen wieder aufgenommen werden können. Bei der Ermittlung der Zahlungsunfähigkeit kommt den Arbeitnehmeranteilen zur Sozialversicherung eine besondere Bedeutung zu. Wegen der Strafandrohung des § 266a StGB lässt ein GmbH-Geschäftsführer Zahlungsrückstände bei den Sozialversicherungsträgern nicht zu. Dementsprechend wird angenommen, dass bei der halbjährigen Nichtabführung von Sozialversicherungsbeiträgen ohne weiteres auf eine Zahlungsunfähigkeit geschlossen werden kann.[170]

110

### b) Überschuldung

#### aa) Legaldefinitionen

Kurz vor Inkrafttreten des MoMiG wurde der Überschuldungsbegriff durch das **Finanzmarktstabilisierungsgesetz** (FMStG) geändert. Die Überschuldung wird in § 19 Abs. 2 InsO bis zum 1.1.2011 wie folgt definiert: Eine Überschuldung liegt vor, wenn das Vermögen des Schuldners die bestehenden Verbindlichkeiten nicht mehr deckt, es sei denn, die Fortführung des Unternehmens ist nach den Umständen überwiegend wahrscheinlich. Ab dem 1.1.2011 liegt eine Überschuldung vor, wenn das Vermögen des Schuldners die bestehenden Verbindlichkeiten nicht mehr deckt. Bei der Bewertung des Vermögens des Schuldners ist jedoch die Fortführung des Unternehmens zugrunde zu legen, wenn diese nach den Umständen überwiegend wahrscheinlich ist (§ 19 Abs. 2

111

---

167 So BGH v. 24.5.2005 – IX ZR 123/04, NJW 2005, 3062 noch zu § 64 Abs. 1 S. 1 GmbHG; s. auch *Schulze-Osterloh* in Baumbauch/Hueck, GmbHG, § 64 Rn 5.
168 Wie hier *Himmelsbach/Thonfeld*, NZI 2001, 11, die in diesem Zusammenhang zutreffend auch auf die branchentypischen Engpässe der Baubranche in der Winterzeit hinweisen.
169 So BGH v. 24.5.2005 – IX ZR 123/04, NJW 2005, 3062.
170 Hierzu BGH v. 20.11.2001 – IX ZR 48/01, NJW 2002, 515.

S. 1 und S. 2 InsO). Dies ist die Definition einer Überschuldung wie sie vom 1.1.1999 bis 18.10.2008 galt. Es gibt daher einen aktuellen Überschuldungsbegriff und einen ehemaligen Überschuldungsbegriff (der gleichzeitig auch noch der zukünftige ist).

112 Bevor die beiden Überschuldungsbegriffe näher erläutert werden, ist die Überschuldung von der **Unterbilanz** abzugrenzen. Bei der Überschuldung handelt es sich um einen Insolvenzgrund, der den Geschäftsführer verpflichtet, unverzüglich, spätestens aber innerhalb von drei Wochen, einen Insolvenzantrag zu stellen. Eine Unterbilanz liegt demgegenüber vor, wenn das nach den Bilanzvorschriften (§§ 238 ff HGB) zu ermittelnde Reinvermögen der Gesellschaft, also die Aktiva (Anlage- und Umlaufvermögen) abzüglich der Passiva (hier: Verbindlichkeiten und Rückstellungen, ohne Stammkapital und Rücklagen) nicht mehr das Stammkapital deckt.[171] Das Bilanzrecht reagiert auf diese Situation mit der Verpflichtung, den Betrag, der sich aus einem Überschuss der Passivposten über die Aktivposten ergibt, am Schluss der Bilanz auf der Aktivseite gesondert unter der Bezeichnung „nicht durch Eigenkapital gedeckter Fehlbetrag" auszuweisen (vgl § 268 Abs. 3 HGB). Auch im GmbH-Recht bleibt eine Unterbilanz nicht ohne Folgen. Sie verpflichtet den Geschäftsführer zwar nicht dazu, einen Insolvenzantrag zu stellen, führt aber zu dem in § 30 Abs. 1 GmbHG enthaltenem Verbot, Zahlungen an die Gesellschafter zu leisten.[172]

113 Die Überschuldung darf ferner nicht mit der **Unterkapitalisierung** verwechselt werden. Eine GmbH gilt als unterkapitalisiert, wenn ein Missverhältnis zwischen dem Eigenkapital und dem Kapitalbedarf aufgrund des Gesellschaftszwecks besteht. Die Unterkapitalisierung begründet – allerdings nur in Missbrauchsfällen – eine Haftung der GmbH-Gesellschafter gegenüber Dritten nach § 826 BGB.[173]

114 Die Überschuldungstatbestände in § 19 Abs. 2 InsO nF und § 19 Abs. 2 InsO aF bestehen beide aus zwei verschiedenen, gleichwohl miteinander verwobenen Elementen: die **Ermittlung der Vermögensverhältnisse**, die in einem gesonderten Überschuldungsstatus erfolgt und die **Fortführungsprognose**. Der Unterschied zwischen den beiden Definitionen besteht in der Bedeutung der Fortführungsprognose. Nach der bis zum 1.1.2011 geltenden Fassung schließt eine positive Fortführungsprognose eine Überschuldung im Sinne des § 19 Abs. 2 InsO aus. Eine Überschuldung ist daher nicht gegeben, wenn nach überwiegender Wahrscheinlichkeit die Finanzkraft des Unternehmens mittelfristig zur Fortführung ausreicht. Ab dem 1.1.2011 ist die Fortführungsprognose (wieder) lediglich für die Bewertung des Gesellschaftsvermögens entscheidend.

115 Der Gesetzgeber ist mit dem FMStG zum sog. zweistufigen Insolvenzbegriff zurückgekehrt, wie er vom BGH bis zum Inkrafttreten der Insolvenzordnung vertreten wurde. Dieser Überschuldungsbegriff hat den Vorteil, dass die Ermittlung der Vermögensverhältnisse (sog. exekutorisches Element) und die Fortführungsprognose (sog prognostisches Element) gleichwertig nebeneinander stehen. Bei einer positiven Fortführungsprognose ist (zumindest bis zum 1.1.2011) eine Überschuldung im Sinne des § 19

---

171 So *K. Schmidt*, Gesellschaftsrecht, § 37 III 1. d (S. 1135); Rechnungsabgrenzungsposten bleiben unberücksichtigt, vgl *Lutter/Hommelhoff*, in Lutter/Hommelhoff GmbHG, § 30 Rn 19.
172 Hierzu unter § 3 Rn 114.
173 Vgl BGH v. 28.4.2008 – II ZR 264/06, NJW 2008, 2437.

Abs. 2 InsO ausgeschlossen. Eine Fortführungsprognose ist positiv, wenn nach überwiegender Wahrscheinlichkeit die Finanzkraft des Unternehmens mittelfristig zur Fortführung ausreicht. Die Rückkehr zum alten Überschuldungsbegriff wurde wegen der **Finanzkrise** angetreten. Sie hatte spätestens im September/Oktober 2008 zu erheblichen Wertverlusten insbesondere bei Aktien und Immobilien geführt. Würden zu diesem Zeitpunkt die Vermögensverhältnisse bei Unternehmen ermittelt, die von diesen Verlusten besonders betroffen waren, könnte eine rechnerische Überschuldung festgestellt werden. Unternehmen müsste dann innerhalb der nächsten drei Wochen einen Insolvenzantrag stellen. Dies würde auch bei einer positiven Fortführungsprognose oder einem absehbaren Turnaround binnen weniger Monate gelten.[174]

Nach dem früheren (bis 18.10.2008) und gleichermaßen zukünftigen (ab 1.1.2011) Überschuldungsbegriff konnte eine positive Fortführungsprognose für sich allein eine Insolvenzreife der GmbH nicht ausräumen. Sie war lediglich für die Bewertung des Vermögens nach Fortführungs- oder Liquidationswerten von Bedeutung. Der Gesetzgeber hatte sich 1994 ganz bewusst dafür entschieden, die Bedeutung der Fortführungsprognose zu reduzieren. Wenn nämlich bereits schon eine positive Fortführungsprognose zu einer Verneinung der Überschuldung führen würde, dann könnte ein Schuldner weiter wirtschaften, obwohl ein Vermögen vorhanden ist, das geringer als die Verbindlichkeiten ist. Die Gläubiger dieses Schuldners wären benachteiligt, wenn sich die Prognose als falsch erweist.[175] Von dem Gläubigerschütz, wie er noch bei der Einführung der InsO verfolgt wurde, hat sich der Gesetzgeber (vorübergehend) verabschiedet. Soweit bisher vernehmbar, war das Echo auf diese Gesetzesänderung sehr unterschiedlich.[176] Der Gesetzgeber war angesichts der Finanzmarktkrise zum Handeln gezwungen. Bei der Flutkatastrophe im August 2002 hatte er für die Flutopfer lediglich die Fristen zur Beantragung der Eröffnung eines Insolvenzverfahrens außer Kraft gesetzt.[177] Bei einer Unterbrechung der Insolvenzantragspflicht bleibt die Haftung des Geschäftsführer (ua nach § 64 GmbHG) gleichwohl bestehen.[178] Dieses Risiko ist aber angesichts der Finanzkrise unzumutbar.

116

Beide Überschuldungsbegriffe bestehen, wie gesagt, aus denselben Elementen. Lediglich ihre Bedeutung hat sich geändert. Die Ermittlung der Vermögensverhältnisse erfolgt in einem Überschuldungsstatus. Sie wird sogleich erläutert. Danach werden die Besonderheiten bei der Fortführungsprognose dargestellt. Hierbei wird von dem Überschuldungsbegriff ausgegangen, wie er bis zum 1.1.2011 gilt.

117

#### bb) Überschuldungsstatus

Die Ermittlung der Vermögensverhältnisse erfolgt bei einer Überschuldungsprüfung in einem **Überschuldungsstatus** (auch Überschuldungsbilanz genannt). So wie sich in einer Bilanz die Aktiva und Passiva gegenüberstehen (§ 266 HGB), stehen bei einem Über-

118

---
174 BT-Drucks. 16/10600, S. 21.
175 Vgl Begründung des Rechtsausschusses BT-Drucks. 12/7302, S. 157-
176 Vgl *Hölzle*, ZIP 2008, 2003, 2005, der statt einer Änderung gleich die Abschaffung des Überschuldungstatbestands fordert; s. auch *K. Schmidt*, DB 2008, 2467.
177 Flutopfersolidaritätsgesetz vom 19.9.2002, BGBl. 2002, 3651.
178 Hierzu *Seibert*, ZIP 2003, 91.

schuldungsstatus auf der linken Seite das Vermögen, auf der rechten die Verbindlichkeiten.

**(1) Vermögen**

119 Bei der **Bewertung** des **Vermögens** kommt es auf die bei einer evtl Verwertung zu erzielenden Erlöse an, nicht aber auf die bilanziellen Wertverhältnisse. Entscheidend sind – unterstellt man den negativen Ausgang einer Fortführungsprognose – die Liquidationswerte. Die bilanziellen Wertverhältnisse sind demgegenüber nicht maßgeblich, denn die Buchwerte sagen nichts über die tatsächlichen Verwertungsmöglichkeiten aus.

120 Zu berücksichtigen sind nur die zum Anlage- und Umlaufvermögen zählenden Sachen und Rechte, die im Falle alsbaldiger Insolvenzeröffnung als Massebestandteile verwertbar wären. Anhand der für eine Handelsbilanz vorgegebenen Gliederung der Aktivseite (§ 266 Abs. 2 HGB), sind folgende **verwertbare Vermögensgegenstände** im Überschuldungsstatus zu berücksichtigen: Die **immateriellen Vermögensgegenstände** nach § 266 Abs. 2 A I HGB (insbesondere Patente, Konzessionen und Lizenzen) sind nur anzusetzen, wenn sie selbständig verwertbar, also veräußerlich sind. Der Geschäfts- oder Firmenwert, der nur im Falle des § 255 Abs. 4 HGB in einer Bilanz aktivierbar ist, muss bei einer negativen Fortführungsprognose nicht in den Überschuldungsstatus aufgenommen werden.[179] Bei den **Sachanlagen** iSv § 266 Abs. 2 A II HGB sind vor allem die technischen Anlagen, die Maschinen, sowie die Betriebs- und Geschäftsausstattung mit ihren Einzelveräußerungspreisen anzusetzen;[180] stille Reserven sind in diesem Zusammenhang aufzulösen.[181] Vermögensgegenstände, deren Verwertung als eher unwahrscheinlich anzusehen ist, sind allerdings nur mit Erinnerungswerten zu berücksichtigen.[182] Die **Finanzanlagen** (§ 266 Abs. 2 A III HGB) sind im Überschuldungsstatus mit dem jeweiligen Verkehrs- oder Kurswert zu berücksichtigen.[183] Eine negative Fortführungsprognose hat vor allem Auswirkungen auf die Bewertung des Umlaufvermögens. In einem Überschuldungsstatus sind für **Roh-, Hilfs- und Betriebsstoffe** (§ 266 Abs. 2 B I 1 HGB) nur die Liquidationswerte anzusetzen und dies auch nur mit großer Zurückhaltung. Sofern die insolvente GmbH selbst in der Baubranche, bspw als Generalunternehmer, tätig war, sind halbfertige Bauten (**unfertige Erzeugnisse** iSv § 266 Abs. 2 B I 2 HGB) und die damit begründeten Werklohnforderungen nur mit höchster Vorsicht zu bewerten.[184] Im Allgemeinen sind **Forderungen** (§ 266 Abs. 2 B II HGB) in

---

[179] *Mönning* in Nerlich/Römermann, InsO, § 19 Rn 35. Auch bei einer positiven Fortführungsprognose ist nur eine sehr zurückhaltende Bewertung des Firmenwerts im Überschuldungsstatus angebracht, s. *Beck*, in *Beck/Depre*, Praxis der Insolvenz, § 5 Rn 104 mwN.
[180] Bei einer positiven Fortführungsprognose müssten diese Gegenstände mit den höheren Wiederbeschaffungswerten anzusetzen, s. *Beck*, in *Beck/Depre*, Praxis der Insolvenz, § 5 Rn 102.
[181] Stille Reserven kennzeichnen den Unterschied zwischen dem Buchwert und dem regelmäßig höheren Verkehrswert eines Vermögensgegenstandes. Sie entstehen beispielsweise durch bilanzrechtliche und steuerrechtliche Abschreibungen. Zu den Abschreibungen nach der Handelsbilanz zählt u.a. § 253 Abs. 2 HGB; danach sind bei Vermögensgegenständen des Anlagevermögens, sofern deren Nutzung zeitlich begrenzt ist, die Anschaffungs- oder Herstellungskosten um planmäßige Abschreibungen zu vermindern. Ein Beispiel für eine steuerrechtliche Abschreibung ist die Sonderabschreibung zur Förderung kleiner und mittlerer Betriebe, vgl § 254 HGB iVm § 7 g EstG.
[182] *Mönning* in Nerlich/Römermann, InsO, § 19 Rn 34.
[183] S. *Beck* in *Beck/Depre*, Praxis der Insolvenz, § 5 Rn 128.
[184] Vgl hierzu *Beck* in *Beck/Depre*, Praxis der Insolvenz, § 5 Rn 104, Rn 129 ff, die zutreffend auf die Probleme hinweisen, die man bei der Durchsetzung einer Werklohnforderung insbesondere nach einem gekündigten Pauschalvertrag hat.

Höhe ihres Buchwertes anzusetzen, sofern mit ihrer Erfüllung trotz der drohenden Insolvenz gerechnet werden kann.[185] Forderungen der GmbH gegen ihre Gesellschafter im Zusammenhang mit der Kapitalaufbringung und -erhaltung können in einem Überschuldungsstatus nur aktiviert werden, wenn sie aller Wahrscheinlichkeit nach durchsetzbar und vollwertig sind.

**(2) Verbindlichkeiten**

Bei den **Verbindlichkeiten** müssen all diejenigen berücksichtigt werden, die in einem Insolvenzverfahren geltend gemacht werden könnten. Anzusetzen sind demnach alle Verbindlichkeiten iSd § 266 Abs. 3 C HGB, auch wenn sie noch nicht fällig sind (wie soeben gezeigt, kommt es demgegenüber für die Zahlungsunfähigkeit nur auf die fälligen Verbindlichkeiten an). 121

Eine Besonderheit besteht bei den **Gesellschafterdarlehen**. Sie müssen als Verbindlichkeiten der GmbH gegenüber ihren Gesellschaftern in der Bilanz immer passiviert werden.[186] Ob Forderungen der Gesellschafter auf Rückzahlung eines Darlehens immer in ein Überschuldungsstatut aufgenommen werden müssen, zählte zu den umstrittensten Fragen während des Gesetzgebungsverfahrens zum MoMiG. Der Regierungsentwurf sah vor, dass **Forderungen auf Rückgewähr von Gesellschafterdarlehen**, die in einem Insolvenzverfahren über das Vermögen einer Gesellschaft nach § 39 Abs. 1 Nr. 5 berichtigt werden, nicht bei den Verbindlichkeiten nach Satz 1 zu berücksichtigen sind.[187] Der Gesetzgeber zog hierbei die Konsequenz aus den Änderungen zum Eigenkapitalersatzrecht. Wenn nach § 39 Abs. 1 Nr. 5 InsO jedes Gesellschafterdarlehen ohne Rücksicht auf seine Zweckbestimmung nachrangig zu befriedigen sei, könne auf das Erfordernis einer Rangrücktrittserklärung verzichtet werden.[188] 122

Mit der geplanten **Änderung in § 19 Abs. 2 InsO** stand der Gesetzentwurf der Bundesregierung **im Widerspruch zur Rechtsprechung**. Der BGH hatte in seinem Urteil vom 8. Januar 2001 entschieden, dass **Forderungen aus eigenkapitalersetzenden Gesellschafterleistungen** in einem Überschuldungsstatut als Verbindlichkeiten ausgewiesen werden müssen. Eine Ausnahme könne nur dann gemacht werden, wenn der betreffende Gesellschafter einen **Rangrücktritt** mit dem Inhalt erklärt habe, „er wolle wegen der genannten Forderung erst nach Befriedigung sämtlicher Gesellschaftsgläubiger und – bis zur Abwendung der Krise – auch nicht vor, sondern nur zugleich mit den Einlagerückgewähransprüchen seiner Mitgesellschafter berücksichtigt, also so behandelt werden, als handele es sich bei seiner Gesellschafterleistung um **statutarisches Kapital**."[189] 123

Für den Verzicht auf eine Rangrücktrittserklärung gab es gute Argumente. So kann man durchaus bezweifeln, ob eine solche Erklärung von praktischem Nutzen ist, wenn Gesellschafter und Geschäftsführer identisch sind oder wenn der Geschäftsführer vom 124

---

185 OLG Hamm v. 25.1.1993 – 8 U 250/91, NJW-RR 1993, 1445.
186 So K. *Schmidt*, Gesellschaftsrecht, § 37 IV 6. c (S. 1170), ferner auch *Kleindiek* in Lutter/Hommelhoff, GmbHG, § 42 Rn 41 sowie Müller, DStR 1997, 1577, 1581 mwN in FN 72.
187 Vgl Art. 9 RegE, BT-Drucks. 16/614, S. 31.
188 RegE, BT-Drucks. 16/614, S. 129.
189 BGH v. 8.1.2001 – II ZR 88/99, NJW 2001, 1280.

Gesellschafter abhängig ist.[190] Außerdem ist die Beurteilung, ob ein qualifizierter Rangrücktritt vorliegt, der auch den Anforderungen des BGH standhält, nicht gerade einfach. Dies ist auch für die Gläubiger von Nachteil. Sie können einen Geschäftsführer nur wegen einer schuldhaften Insolvenzverschleppung in Anspruch nehmen. Ein Verschuldensvorwurf kann aber nicht erhoben werden, wenn sich selbst die Gerichte über die Voraussetzungen eines Rangrücktritts nicht einig sind.[191] Schließlich vermochte der Regierungsentwurf zum MoMiG auch in Hinblick auf die Unternehmergesellschaft (haftungsbeschränkt) zu überzeugen. Sie wendet sich an Unternehmer, die mit wenig Eigenkapital eine Gesellschaft gründen. Ohne ein Stammkapital ist ein Unternehmen aber sehr bald auf ein Darlehen der Gesellschafter angewiesen. Damit wird aber eine Verbindlichkeit begründet, die nach der Rechtsprechung des BGH sofort zu einer Überschuldung der Unternehmergesellschaft (haftungsbeschränkt) führen kann, wenn die Gesellschafter keine Rangrücktrittserklärung abgeben. Das Dilemma einer unterkapitalisierten, ohne Gesellschafterdarlehen nicht lebensfähigen, nach Erhalt der benötigten Gesellschafterkredite aber überschuldeten Gesellschaft wäre durch die im Regierungsentwurf vorgesehen Änderung beseitigt gewesen.[192]

125   Trotz dieser Argumente blieb es nicht bei den von der Bundesregierung geplanten Änderungen. Nach der jetzigen Fassung des § 19 Abs. 2 S. 2 InsO sind Forderungen auf Rückgewähr von Gesellschafterdarlehen oder aus Rechtshandlungen, die einem solchen Darlehen wirtschaftlich entsprechen, nicht bei den Verbindlichkeiten nach § 19 Abs. 2 S. 1 InsO zu berücksichtigen, wenn für sie gemäß § 39 Abs. 2 InsO zwischen Gläubiger und Schuldner der Nachrang im Insolvenzverfahren hinter den in § 39 Abs. 1 Nr. 1 bis 5 InsO bezeichneten Forderungen vereinbart worden ist. Damit wird an einer **ausdrücklichen Rangrücktrittserklärung** des Gesellschafters als Voraussetzung für die Passivierungspflicht festgehalten. Der Rechtsausschuss des Deutschen Bundestages hatte sich dabei von der Erwägung leiten lassen, dass mit der Erklärung eines Rangrücktritts durch den Gesellschafter eine **Warnfunktion** verbunden ist, die sich bewährt hat.[193] Auch ließ sich der Rechtsausschuss von zahlreichen Stimmen aus dem Schrifttum davon überzeugen, dass der im Regierungsentwurf vorgesehene automatische Rangrücktritt zu einer Vielzahl von masselosen Insolvenzen führen könnte.[194]

126   Die **Abgrenzungsschwierigkeiten** für einen Geschäftsführer sind nach Auffassung des Rechtsausschusses zukünftig beseitigt. Der Geschäftsführer weiß zum einen, dass nur bei Abgabe einer Rangrücktrittserklärung auf eine Passivierung einer Gesellschafterverbindlichkeit verzichtet werden kann. Zum anderen sei der Inhalt der Rangrücktrittserklärung nun durch das Gesetz vorgeschrieben. Nach Auffassung des Rechtsausschusses ist es für eine Rangrücktrittserklärung erforderlich, ausdrücklich den Rücktritt hinter den gesetzlich subordinierten Ansprüchen (§ 39 Abs. 1 Nr. 1 bis 5 InsO) zu erklären. Wenn eine derartige Erklärung vorliegt, kann eine Verbindlichkeit gegenüber

---

190  *Huber/Habersack*, BB 2006, 1, 7.
191  Hierzu *Gehrlein*, BB 2008, 846.
192  *Gehrlein*, BB 2008, 846.
193  Beschlussempfehlung und Bericht des Rechtsausschusses, BT-Drucks. 16/9737, S. 105.
194  Vor einer Zunahme masseloser Insolvenzen warnten vor allem *Haas*, Stellungnahme zur öffentlichen Anhörung vor dem Rechtsausschuss des Deutschen Bundestags, S. 6 ff; *K. Schmidt*, ZIP 2006, 1925; *ders.*, GmbHR 2007, 1; *ders.* BB 2008, 461.

einem Gesellschafter bei der Überschuldungsprüfung unberücksichtigt bleiben.[195] Die Rangrücktrittserklärung kann lauten: *„Der Gesellschafter und die GmbH vereinbaren gem. § 39 Abs. 2 InsO einen Nachrang im Insolvenzverfahren hinter den in § 39 Abs. 1 Nr. 1 bis 5 InsO bezeichneten Forderungen von allen gegenwärtigen und zukünftigen Gläubigern."*[196]

Rückstellungen (§ 266 Abs. 3 B HGB) für ungewisse Verbindlichkeiten sind zu berücksichtigen, sofern ernsthaft mit der Inanspruchnahme des Unternehmens gerechnet werden muss, und schließlich auch die Verbindlichkeiten aus bereits bestehenden Pensionszusagen.[197] Im Gegensatz zu den Passiva einer Bilanz wird auf der Vermögensseite eines Überschuldungsstatus nicht das Stammkapital ausgewiesen (§ 266 Abs. 3 A I HGB), da es sich hierbei nicht um eine Verbindlichkeit handelt. **127**

Wenn das nach Liquidationswerten errechnete Vermögen geringer ist als die Verbindlichkeiten, liegt eine rechnerische Überschuldung vor. Der Geschäftsführer kann die Richtigkeit der im Überschuldungsstatut angesetzten Liquidationswerte nicht pauschal bestreiten. Vielmehr ist der darlegungs- und gegebenenfalls beweispflichtig für die konkreten Umstände, aus denen sich ein höherer Wert einzelner oder aller Vermögenspositionen ergibt. Gelingt ihm das nicht, kann er also die rechnerische Überschuldung nicht widerlegen, muss er substantiiert darlegen, warum es aus seiner damaligen Sicht gerechtfertigt war, die GmbH trotzdem fortzuführen.[198] Dies erreicht er nur durch eine positive Fortführungsprognose. Die Darlegungs- und Beweislast liegt auch insofern beim Geschäftsführer, weil er ohnehin zu einer laufenden Prüfung der wirtschaftlichen Situation der GmbH verpflichtet war und er im Gegensatz zum Kläger die erforderlichen betriebsinternen Informationen ermitteln und aufbereiten kann.[199] **128**

### cc) Fortführungsprognose

Eine positive Fortführungsprognose liegt vor, wenn mit überwiegender Wahrscheinlichkeit damit gerechnet werden kann, dass das Unternehmen bis zum Ende des nächsten Geschäftsjahres zahlungsfähig bleibt.[200] Eine Fortführungsprognose setzt ein dokumentiertes **Unternehmenskonzept** und einen nach betriebswirtschaftlichen Grundsätzen erstellten **Ertrags- und Finanzplan** voraus.[201] **129**

In dem Unternehmenskonzept werden die Ursachen für die Krise des Unternehmens analysiert, wofür eine kritische und realistische Auseinandersetzung u.a. mit den Marktverhältnissen, den Fixkosten und den personellen, sachlichen, fachlichen sowie finanziellen Ressourcen notwendig ist. Ausgehend von dieser Analyse enthält das Unternehmenskonzept eine Darstellung der Maßnahmen, mit denen die wirtschaftliche **130**

---

195 Zur Vermeidung einer Überschuldung bei einem gesellschafterbesicherten Drittdarlehen s. *K.Schmidt*, BB 2008, 461.
196 Weitere Formulierungshilfen bei *Wälzholz*, GmbHR 2008, 841, 847; *Blöse* in Römmermann/Wachter, GmbH-Beratung nach dem MoMiG, 71, 78,
197 S. hierzu *Lutter/Kleindiek* in Lutter/Hommelhoff, GmbHG, § 64 Rn 21 ff.
198 So auch *Bork*, ZIP 2000, 1709, 1713; *Haas*, DStR 2003, 423, 432 f.
199 Hierzu *Haas*, DStR 2003, 423, 432 f.
200 So *Bork*, ZIP 2000, 1709, 1710 mwN; *Lutter/Kleindiek* in Lutter/Hommelhoff, GmbHG, § 64 Rn 15.
201 Hierzu ausführlich *Bork*, ZIP 2000, 1709, 1710 mwN sowie BGH v. 5.2.2007 – II ZR 234/05, NJW-RR 2007, 759; vgl auch *K. Schmidt*, DB 2008, 2467, 2479.

Schieflage des Unternehmens überwunden werden kann (Gesellschafterdarlehen, Stellenabbau, Veräußerung von Vermögensgegenständen).

131 In einem weiteren Schritt ist auf der Grundlage des Unternehmenskonzepts ein Finanzplan zu erstellen. Basierend auf einer systematischen Gegenüberstellung geplanter Einnahmen und Ausgaben wird in dem Finanzplan Auskunft darüber gegeben, ob die Finanzkraft eine Fortführung des Unternehmens ermöglicht. Aus dem Ergebnis des Finanzplans ist sodann die Fortführungsprognose abzuleiten. Wird die GmbH nach dem Finanzplan ihre Verbindlichkeiten bis zum Ende des folgenden Geschäftsjahres voraussichtlich bezahlen können, fällt die Fortführungsprognose positiv, anderenfalls negativ aus.

132 In die Fortführungsprognose können bereits festgelegte Sanierungsmaßnahmen eingehen, wie bspw die Zuschüsse von Gesellschaftern oder der Erlass von Verbindlichkeiten. Eine positive Fortführungsprognose kann aber nicht auf einseitige Sanierungsbemühungen der Gesellschaft und ein von ihr entworfenes Sanierungskonzept gestützt werden, wenn dessen Umsetzung von der Zustimmung eines Gläubigers abhängt und dieser seine Zustimmung verweigert hat.[202]

## D. Organstellung

### I. Bestellung

#### 1. Zuständigkeit

133 Die Bestellung kann aufgrund eines Gesellschafterbeschlusses oder in der Satzung erfolgen (§ 6 Abs. 3 S. 2 GmbHG). Wenn der Geschäftsführer bereits durch die **Satzung** berufen wird, stellt sich die Frage, ob ihm somit ein nur aus wichtigem Grund entziehbares Sonderrecht eingeräumt wurde oder ob es sich bei der Bestellung um einen unechten Satzungsbestandteil handelt, der nur deshalb im Gesellschaftsvertrag erscheint, weil der Gründungsgesellschafter ohnehin Geschäftsführer der GmbH werden wollte. Von der Beantwortung dieser Frage hängen die Voraussetzungen für die Abberufung des Geschäftsführers ab. Als Sonderrecht kann die Abberufung nur mit Zustimmung aller Gesellschafter erfolgen; als unechter Satzungsbestandteil bedarf es für eine Abberufung lediglich einer einfachen Mehrheit.[203] Im Zweifel liegt nach der Rechtsprechung des BGH ein Sonderrecht nicht vor.[204] Mit dieser Regel sind die Schwierigkeiten bei einer Vertragsauslegung nicht behoben. Die Gesellschaft oder der Geschäftsführer werden in einem Streit über eine Beendigung des Organverhältnisses nach Anhaltspunkten suchen, die für das Vorliegen des Regel- oder eben des Ausnahmefalls sprechen. Aus diesem Grunde rät das Schrifttum von der Bestellung eines Geschäftsführers durch die Satzung regelmäßig ab.[205] Wenn die Gesellschafter allerdings erreichen wollen, dass sie als Geschäftsführer nicht ohne Weiteres ihr Amt verlieren können, sollte die Satzung

---

[202] So BGH v. 23.2.2004 – II ZR 207/01, ZIP 2004, 1049.
[203] Hierzu *Gehrlein*, GmbH-Recht in der Praxis, S. 222.
[204] BGH v. 16.2.1981 – II ZR 89/79, GmbHR 1982, 129.
[205] So auch die Empfehlung von *Kallmeyer*, GmbH-Handbuch, Rn I, 2049, der von einer Bestellung des Geschäftsführers durch die Satzung auch abrät, weil zweifelhaft ist, ob der nächste Geschäftsführer überhaupt noch durch einen Gesellschafterbeschluss bestellt werden kann oder für einen neuen Geschäftsführer die Änderung des Gesellschaftsvertrages erforderlich ist.

vorsehen, dass Gesellschafter-Geschäftsführer nur aus wichtigem Grund abberufen werden können.[206] Im Regelfall beschließt die **Gesellschafterversammlung** über die Bestellung eines Geschäftsführers gem. § 46 Nr. 5 GmbHG.[207]

### 2. Gesellschafterbeschluss

Dieser Beschluss über eine Bestellung eines Geschäftsführers kommt mit der einfachen Mehrheit aller abgegebenen Stimmen zustande (§ 47 Abs. 1 GmbHG). Die Satzung kann höhere Voraussetzungen für die Beschlussfassung vorsehen. Hiervon macht man in der Praxis aus Gründen des Minderheitenschutzes häufig Gebrauch.[208] Im Gegensatz zum Beschluss über seine Abberufung aus wichtigem Grund kann der Gesellschafter bei seiner Bestellung zum Geschäftsführer mitwirken. Auch der Gesellschafter einer Einpersonen-GmbH kann sich selbst zum Geschäftsführer seiner GmbH bestellen, muss allerdings § 48 Abs. 3 GmbHG beachten. 134

In dem Beschluss sollte zum Ausdruck kommen, ob der Geschäftsführer einzel- oder gesamtvertretungsberechtigt ist. Des Weiteren sollte aus dem Beschluss ersichtlich werden, ob der Geschäftsführer von den Beschränkungen des § 181 BGB befreit ist.[209] 135

Der Gesellschafterbeschluss kann die Bestellung befristen. Bei einem solchen Beschluss verliert der Geschäftsführer mit Fristablauf seine Organstellung, ohne dass es einer weiteren Befristung bedarf.[210] Wenn jemand bei einer GmbH Geschäftsführer werden soll, der bis dahin noch nicht im Unternehmen gearbeitet hat, einigen sich die Vertragsparteien häufig auf einen zeitlich befristeten Dienstvertrag. Die Bestellung zum Geschäftsführer kann gleichwohl unbefristet erfolgen. Auf diese Weise müssen die Gesellschafter keinen neuen Beschluss fassen, wenn nach Ablauf der Befristung ein neuer Vertrag abgeschlossen wird. Schließlich kann der der Geschäftsführer einer GmbH unter einer auflösenden Bedingung bestellt werden.[211] 136

### 3. Bekanntgabe und Anmeldung

Der Gesellschafterbeschluss ist dem Geschäftsführer bekanntzugeben. Dieser muss ihn annehmen. In der Praxis tauchen hier regelmäßig keine Probleme auf, weil der Geschäftsführer bereits bei der Beschlussfassung anwesend ist und spätestens mit der Unterzeichnung des Geschäftsführervertrags die Annahme erklärt. Ab diesem Zeitpunkt hat der Geschäftsführer eine Organstellung. 137

---

206 Eine Formulierungshilfe für eine solche Vereinbarung steht bei *Kollmorgen/Friedrichsen* in Dombek/Kroiß, Formularbibliothek Vertragsgestaltung, Gesellschaftsrecht I, Teil 1, § 2 Rn 10.
207 Zur Übertragung der Bestellungskompetenz auf einen fakultativen Aufsichtsrat oder Beirat s. *Arens/Beckmann*, Die anwaltliche Beratung des GmbH-Geschäftsführers, § 3 Rn 8 ff.
208 Vgl Kallmeyer, GmbH-Handbuch, Rn I, 2050.
209 Hierzu *Kollmorgen/Friedrichsen* in Dombek/Kroiß, Formularbibliothek Vertragsgestaltung, Gesellschaftsrecht I, Teil 1, § 3 Rn 72.
210 *Scholz/Schneider*, GmbHG, § 38 Rn 3.
211 Wenn der Beschluss über die Bestellung vorsieht, dass das Amt endet, wenn der Geschäftsführer ab einem bestimmten Zeitpunkt der GmbH nicht seine volle Arbeitskraft zur Verfügung stellt, so verliert der Geschäftsführer automatisch sein Amt, wenn er zu dem genannten Zeitpunkt diese Voraussetzung nicht erfüllt, etwa weil er außerdem einer weiteren Tätigkeit nachgeht, s. BGH v. 24.10.2005 – II ZR 55/04, NJW-RR 2006, 182.

138 Nach § 39 Abs. 1 GmbHG ist der Geschäftsführer verpflichtet, seine Bestellung beim Handelsregister anzumelden. Die daran anschließende Eintragung hat allerdings nur deklaratorische Natur.[212]

**4. Bestellungshindernisse**

139 Nach § 6 Abs. 2 S. 1 GmbHG kann jede natürliche, unbeschränkt geschäftsfähige Person Geschäftsführer einer GmbH sein. Weitere Voraussetzungen (Mindestqualifikation, Staatsangehörigkeit, Wohnsitz in Deutschland oder Sprachkenntnisse) stellt das GmbHG nicht auf.[213]

140 Dieser Grundsatz wird durch die in § 6 Abs. 2 S. 2 Nr. 1–3 GmbHG geregelten Bestellungshindernisse durchbrochen. Geschäftsführer kann nach § 6 Abs. 2 S. 2 Nr. 1 GmbHG nicht sein, wer als **Betreuer** bei der Besorgung einer Vermögensangelegenheit ganz oder teilweise einem Einwilligungsvorbehalt (§ 1903 BGB) unterliegt. Falls ein Geschäftsführer nach seiner Bestellung seine unbeschränkte Geschäftsfähigkeit verliert, endet damit automatisch auch seine Stellung als Geschäftsführer.[214] Des Weiteren kann nach § 6 Abs. 2 Nr. 2 GmbHG nicht Geschäftsführer sein, wer aufgrund eines gerichtlichen Urteils oder einer vollziehbaren Entscheidung einer Verwaltungsbehörde einen Beruf, einen Berufszweig, ein Gewerbe oder einen Gewerbezweig nicht ausüben darf, sofern der Unternehmensgegenstand ganz oder teilweise mit dem Gegenstand des Verbots übereinstimmt. Eine **Gewerbeuntersagung** wegen Unzuverlässigkeit ist nach § 35 GewO auszusprechen, wenn Tatsachen, welche die Unzuverlässigkeit des Gewerbetreibenden oder einer mit der Leitung des Gewerbebetriebes beauftragten Person in Bezug auf diese Gewerbe vorliegen, sofern die Untersagung zum Schutz der Allgemeinheit oder der im Betrieb Beschäftigten erforderlich ist.[215] Eine Untersagungsverfügung nach § 16 Abs. 3 S. 1 HwO führt demgegenüber nicht zu einem Bestellungshindernis.[216]

141 Aufgrund der Änderungen durch das MoMiG werden die Bestellungshindernisse infolge einer **strafrechtlichen Verurteilung** an praktischer Bedeutung gewinnen. Nach der bisherigen Fassung des § 6 Abs. 2 S. 3 GmbHG aF konnten diejenigen Personen nicht Geschäftsführer sein, die wegen einer Bankrott-Straftat nach §§ 283–283 d StGB verurteilt worden sind. Für sie bestand auf die Dauer von fünf Jahren seit der Rechtskraft des Urteils ein Bestellungshindernis; in die Frist wurde die Zeit nicht eingerechnet, in welcher der Täter auf behördliche Anordnung in einer Anstalt verwahrt wurde.

142 Zu dieser 5-jährigen Sperre soll es nun kommen, wenn jemand wegen

- des Unterlassens der Stellung des Antrags auf Eröffnung des Insolvenzverfahrens (Insolvenzverschleppung),
- nach den §§ 283–283 d StGB,

---

212 BayObLG v. 17.9.2003 – 3Z BR 183/03, NJW-RR 2004, 1039.
213 Bei Nicht-EU-Bürgern kann eine fehlende Aufenthaltsgenehmigung allerdings zur Unwirksamkeit einer Geschäftsführerbestellung führen, s. Scholz/*Schneider*, GmbHG, § 6 Rn 19.
214 Scholz/*Schneider*, GmbHG, § 6 Rn 12.
215 Eine Gewerbeuntersagung wird häufig im Umfeld einer Insolvenz ausgesprochen, wenn öffentlich-rechtliche Zahlungspflichten (Steuern und Sozialversicherungsbeiträge) nicht abgeführt werden, s. BVerwG v. 5.3.1997 – 1 B 56/97, GewArch 1997, 244.
216 So noch zu § 6 Abs. 2 S. 3 GmbHG aF s. BayObLG v. 11.6.1986 BReg 3. Z 78/86, NJW-RR 1986, 1362.

## D. Organstellung

- der falschen Angaben nach § 82 GmbHG oder § 399 AktG,
- der unrichtigen Darstellung nach § 400 AktG,
- § 331 HGB, § 313 UmwG oder § des 17 PublG oder
- nach den §§ 263 bis 264 a oder den §§ 265 b bis 266 a StGB

zu einer Freiheitsstrafe von mindestens einem Jahr verurteilt worden ist. Der Umfang der Bestellungshindernisse geht weit über den Katalog des Referentenentwurfs zum MoMiG hinaus.[217] Er entspricht im Wesentlichen den Änderungen, die das Gesetz zur Sicherung von Werkunternehmeransprüchen und zur verbesserten Durchsetzung von Forderungen (Forderungssicherungsgesetz – FoSiG) bereits für § 6 GmbHG vorsah. Das FosiG wurde seit 2002 mehrmals vom Bundesrat in den Bundestag eingebracht und dann mit dem MoMiG verabschiedet.[218] Der Referentenentwurf wollte die Tätigkeitsverbote lediglich um die vorsätzlich begangenen Straftaten nach §§ 82, 84 GmbHG sowie in den §§ 399–401 AktG ergänzen. Nach dem FoSiG sollten u.a. diejenigen als Geschäftsführer ausgeschlossen sein, die sich wegen eines Betrugs gem. § 263 StGB strafbar gemacht haben.[219]

Die Ausweitung der Bestellungshindernisse ist in der nun vorliegenden Form stärkt den Gläubigerschutz und hätte auch einen angemessenen Ausgleich für die geplante, dann aber doch nicht erfolgte Herabsetzung des gesetzlichen Stammkapitals bedeutet. Der Gesetzgeber vollzieht mit der Ausweitung der Bestellungshindernisse eine Kehrtwende. Ursprünglich verzichtete man auf Bestellungshindernisse, weil man es den Gesellschaftern überlassen wollte, geeignete Personen zum Geschäftsführer ihrer GmbH zu bestellen. Die Aufgaben der Geschäftsführer beschränken sich indes längst nicht darauf, die Interessen der GmbH zu wahren. Vielmehr sind sie verpflichtet, auch für die Einhaltung der steuerlichen und sozialversicherungsrechtlichen Vorschriften zu sorgen. Schon aus diesem Grunde schien eine Erweiterung des § 6 Abs. 2 GmbHG angezeigt.[220] Auch hat man mit der Ausweitung der Bestellungsverbote für Geschäftsführer im Ausland keine schlechten Erfahrungen gemacht. So schützt das englische Recht die Gesellschaftsgläubiger durch weitreichende Tätigkeitsverbote für ungeeignete Geschäftsführer, die bei einer Limited „directors" heißen. Längst nicht jeder kann in England director einer Limited werden. Eine Verletzung der Publizitätspflichten, eine persönliche Haftung aus *fraudolent* oder *wrongful trading* oder die Mitgliedschaft in einer insolventen Limited können bereits die spätere Bestellung als director einer neuen Limited ausschließen.[221] In Deutschland waren die Tätigkeitsverbote für Geschäftsführer vergleichsweise milde. Auch die wirtschaftsrechtliche Abteilung des Deutschen Juristentages sprach sich 2006 für eine Erweiterung der Geschäftsführer-Tätigkeitsverbote aus und erwähnte hierbei die §§ 266, 266 a StGB, die in dem seinerzeit noch vorlie-

143

---

217 Der Referentenentwurf findet sich auf der Internetseite des Bundesministerium der Justiz: www.bmj.de (Themen, Gesellschaftsrecht, GmbH-Reform).
218 Das Forderungssicherungsgesetz wurde insgesamt dreimal vom Bundesrat eingebracht. Es enthielt jeweils dieselben Änderungen für eine Ausweitung der Bestellungshindernisse, s. BT Drucks. 14/9848, 15/3594 u. 16/511; vgl hierzu *Karsten*, NJ 2002, 178.
219 Außerdem sah das FoSiG noch die Gesellschafterhaftung vor, die letztlich zu dem Haftungstatbestand des § 6 Abs. 5 GmbHG führte, s. hierzu § 6 Rn 225.
220 Vgl *Drygala*, ZIP 2005, 423, 424.
221 Hierzu *Triebel/Otte*, ZIP 2006, 311, 315.

genden Referentenentwurf fehlten.²²² Tatsächlich wird die Neuregelung in der Praxis weitreichende Auswirkungen haben.²²³

144 Die Neuregelung gilt nach § 3 Abs. 2 EGmbHG nur für Verurteilungen wegen Straftaten, die nach Inkrafttreten des MoMiG rechtskräftig geworden sind.

## II. Abberufung

145 Wenn die Bestellung zum Geschäftsführer befristet erfolgt, erlischt die Organstellung mit **Fristablauf**. Ebenso automatisch endet das Amt des Geschäftsführers mit dessen Tod oder dem Eintritt eines gesetzlichen Bestellungshindernisses.²²⁴ Von diesen Konstellationen abgesehen, führt regelmäßig eine Entscheidung der Gesellschafter oder des Geschäftsführers zu einer Beendigung der Organstellung. Geht die Initiative von den Gesellschaftern aus, spricht man trotz des ausdrücklichen Wortlauts in § 38 GmbHG (dort: „Widerruf") im Allgemeinen auch von einer Abberufung. Wenn der Geschäftsführer indes seiner Organstellung ein Ende bereiten möchte, handelt es sich um eine Amtsniederlegung (hierzu im Anschluss unter Rn 168 ff).

### 1. Zuständigkeit

146 Über die Abberufung von Geschäftsführern entscheiden regelmäßig die **Gesellschafter**, indem sie hierüber einen Beschluss in einer Gesellschafterversammlung fassen (§§ 46 Nr. 5, 48 Abs. 1 GmbHG). Ist eine GmbH & Co. KG Alleingesellschafterin der GmbH, fasst den Beschluss der Geschäftsführer der Komplementär-GmbH.²²⁵ Die Satzung kann die Zuständigkeit für die Abberufung eines Geschäftsführers einem anderen Organ (Beirat oder Aufsichtsrat) zuweisen.²²⁶ Ob der Gesellschaftsvertrag das Recht zur Abberufung auch einem Nichtgesellschafter übertragen kann, ist sehr umstritten.²²⁷

147 Wenn über das Vermögen der GmbH ein **Insolvenzverfahren** eröffnet wird, endet damit nicht automatisch die Organstellung des Geschäftsführers. Der Insolvenzverwalter ist auch nicht berechtigt, die Bestellung des GmbH-Geschäftsführers zu widerrufen.²²⁸ Er hat lediglich die Möglichkeit, den Anstellungsvertrag zu kündigen. Nach § 113 Abs. 3 S. 1 InsO beträgt die Kündigungsfrist ohne Rücksicht auf eine vereinbarte Vertragsdauer oder einen vereinbarten Ausschluss des Rechts zur ordentlichen Kündigung höchstens drei Monate zum Monatsende. Wenn der Vertrag eine kürzere Kündigungsfrist vorsieht, ist diese auch für den Insolvenzverwalter maßgeblich. Auch nach der Kündigung durch den Insolvenzverwalter bleibt der Geschäftsführer im Amt. Auch

---

222 Die Beschlüsse des Deutschen Juristentages können eingesehen werden unter www.djt.de. Für die Erweiterung der Tätigkeitsverbote stimmten 165 Teilnehmer bei fünf Enthaltungen und zwei Gegenstimmen.
223 *Drygala*, ZIP 2005, 423, 424, geht davon aus, dass aufgrund der Gesetzesänderung dreimal so viele Personen vom Amt des Geschäftsführers ausgeschlossen werden.
224 Die Geschäftsführer können bei einer Umwandlung automatisch ihre Organstellung verlieren, vgl Scholz/*Schneider*, GmbHG, § 38 Rn 10.
225 BGH v. 27.3.1995 – II ZR 140/93, NJW 1995, 1750.
226 Beschäftigt eine GmbH in der Regel mehr als 2.000 Arbeitnehmer, hat sie nach dem Mitbestimmungsrecht einen Aufsichtsrat einzurichten, der für die Abberufung des Geschäftsführers zuständig ist, s. Scholz/*Schneider*, GmbHG, § 38 Rn 28.
227 Hierzu *Kallmeyer*, GmbH-Handbuch, Rn I, 2094.
228 *Arens/Beckmann*, Die anwaltliche Beratung des GmbH-Geschäftsführers, § 4 Rn 16.

wenn er keinen Vergütungsanspruch gegen die GmbH hat, ist er nach § 97 Abs. 2 iVm § 101 Abs. 1 S. 1 InsO verpflichtet, als organschaftlicher Vertreter Verfahrensrechte und -pflichten wahrzunehmen und den Insolvenzverwalter zu unterstützen.[229]

## 2. Gesellschafterbeschluss

### a) Verfahren

148 Die Abberufung eines Geschäftsführers erfolgt regelmäßig durch einen Beschluss in der Gesellschafterversammlung. Die Einhaltung der Verfahrensvorschriften ist hierbei besonders wichtig. Für den Geschäftsführer kann die Abberufung den Verlust seiner gesamten wirtschaftlichen Existenzgrundlage bedeuten. Es ist daher nicht unwahrscheinlich, dass er sich gegen diesen Beschluss, sei es vor Gericht, sei es in außergerichtlichen Vergleichsverhandlungen, wehren wird. Hierbei wird er sich jeden Verfahrensfehler bei der Beschlussfassung zunutze machen, um somit die eigene Position zu stärken. Häufig sind es daher gerade abberufene Geschäftsführer, die sich mit einer Klage gegen einen für sie nachteiligen Gesellschafterbeschluss wehren und auf die Einhaltung der Verfahrensvorschriften pochen.

149 Hierzu einige Beispiele:

- Der Geschäftsführer wehrt sich gegen seine Abberufung, weil die Gesellschafterversammlung nicht von dem dafür zuständigen Organ einberufen wurde;[230]
- Der Gesellschafter-Geschäftsführer wendet sich gegen den Beschluss, weil die Ladungsfrist nicht eingehalten wurde;[231]
- Der Geschäftsführer greift den Beschluss an, weil in der Einladung die Tagesordnung nicht hinreichend bestimmt war. Seine Abberufung wurde in dem Einladungsschreiben unter dem Tagesordnungspunkt „Geschäftsführerangelegenheiten" angekündigt. Dies reicht allerdings nach Rechtsprechung des BGH nicht aus.[232]

150 Sofern ein Gesellschafter-Geschäftsführer abberufen wird, hat er bei der Beschlussfassung nur dann kein Stimmrecht, wenn die Abberufung aus **wichtigem Grund** erfolgt. Ansonsten darf er bei der Abberufung mit stimmen. Selbst wenn in dem Gesellschaftsvertrag eine qualifizierte Mehrheit für eine Beschlussfassung vorausgesetzt wird, kann ein Minderheitsgesellschafter daher einen Gesellschafter-Geschäftsführer bei Vorliegen eines wichtigen Grundes ausschließen. Die Stimmen des Mehrheits-Gesellschafters sind bei der Berechnung einer qualifizierten Mehrheit nicht entscheidend.[233]

151 In dem Protokoll zu einem Gesellschafterbeschluss müssen die Gründe für eine Abberufung des Geschäftsführers nicht genannt werden. Der Gesellschafterbeschluss kann grundsätzlich formfrei gefasst werden. Wenn die Satzung allerdings einem Gesellschafter das **Sonderrecht** einräumt, zum Geschäftsführer bestellt zu werden, bedarf der Beschluss über seine Abberufung einer notariellen Beurkundung.[234] Bei einer Einpersonen-GmbH bedarf der Gesellschafterbeschluss, den Geschäftsführer abzuberufen und

---

229 Hierzu *Uhlenbruck*, BB 2003, 1185.
230 BGH v. 7.2.1983 – II ZR 14/82, NJW 1983, 1677.
231 BGH v. 13.2.2006 – II ZR 200/04, NJW-RR 2006, 831.
232 BGH v. 29.5.2000 – II ZR 47/99, NJW-RR 2000, 1278.
233 Vgl hierzu *Arens/Beckmann*, Die anwaltliche Beratung des GmbH-Geschäftsführers, § 4 Rn 17.
234 OLG Nürnberg v. 10.11.1999 – 12 U 813/99, BB 2000, 687.

fristlos zu kündigen, zu seiner Wirksamkeit nicht der Protokollierung nach § 48 Abs. 3 GmbHG, wenn die Kündigung schriftlich von ihm ausgesprochen worden ist. Sinn dieser Vorschrift ist es, Sicherheit über den Inhalt eines von einem Alleingesellschafter gefassten Beschluss zu schaffen und nachträgliche Manipulationen auszuschließen. Dieser Sinn wird mit dem nachträglich nicht abänderbaren Kündigungsschreiben mit der gleichen Gewissheit erreicht, als wäre eine Niederschrift nach § 48 Abs. 3 GmbHG gefertigt worden.[235]

### b) Freie Abberufung

152 Die Bestellung der Geschäftsführer ist nach § 38 Abs. 1 GmbHG zu jeder Zeit widerruflich. Die Satzung kann die Zulässigkeit des Widerrufs auf den Fall beschränken, dass hierfür wichtige Gründe vorliegen (§ 38 Abs. 2 S. 1 GmbHG). Wenn die Gesellschafter über die Abberufung keine besonderen Vereinbarungen in der Satzung treffen, gilt der Grundsatz der jederzeitigen Abberufbarkeit des Geschäftsführers auch ohne Vorliegen eines wichtigen Grundes. Damit wird zum einen der Grundsatz der Weisungsabhängigkeit des Geschäftsführers gegenüber der Gesellschafterversammlung sinnvoll ergänzt. Ein Geschäftsführer wird es sich angesichts einer ihn drohenden Abberufung sehr gut überlegen, ob er sich den **Weisungen der Gesellschafterversammlung** widersetzen möchte. Zum anderen ist die freie Abberufung vor dem Hindergrund zu sehen, dass die Vertretungsmacht des Geschäftsführers nach Außen unbeschränkt und unbeschränkbar ist. Gerade wenn die Meinungen über eine weitere gemeinsame Zukunft der GmbH und ihrem Geschäftsführer deutlich auseinander gehen, muss es der GmbH möglich sein, für sie nachteilige oder auch nur sinnlose Vertretungshandlungen des Geschäftsführers durch dessen Abberufung zu unterbinden.[236]

153 Obwohl die Gesellschafter es mit einer Vereinbarung in der Satzung selbst in der Hand haben, die Abberufung eines Gesellschafter-Geschäftsführers unter strengere Voraussetzungen zu stellen, besteht nach der Rechtsprechung auch beim Fehlen einer solchen Klausel eine Einschränkung für eine freie Abberufung: Wenn nämlich der Geschäftsführer in nicht unerheblichem Umfang an der GmbH beteiligt ist, er seine gesamte Arbeitskraft dem Unternehmen gewidmet hat und seine gesamte Lebensplanung von einer weiteren Tätigkeit als Geschäftsführer für dieses Unternehmen ausging, ist eine Abberufung nur aus sachlichem Grund möglich.[237]

154 Eine weitere Einschränkung der freien Abberufbarkeit eines Geschäftsführers gab es bis zum Inkrafttreten des MoMiG bei der Abberufung des alleinigen Gesellschafter-Geschäftsführers einer Einpersonen-GmbH. Wenn der Alleingesellschafter den Geschäftsführer – also sich selbst – abberuft, machte er die GmbH damit handlungsunfähig. Dies war insbesondere für die Gesellschaftsgläubiger mit nachteiligen Konse-

---

235 BGH v. 27.3.1995 – II ZR 140/93, NJW 1995, 1750.
236 Wenn sich schon vor der Gesellschafterversammlung zur Abberufung abzeichnet, dass der Geschäftsführer zu Lasten der GmbH handeln wird, kann ein dringender Fall vorliegen, der es den Gesellschaftern gestattet, die Abberufung durch eine einstweilige Verfügung zu erwirken, s. OLG Frankfurt v. 18.9.1998 – 5W 22-98, NJW-RR 1999, 257.
237 BGH v. 29.11.1993 – II ZR 61/93, DStR 1994, 214; s. auch OLG Zweibrücken v. 5.6.2003 – 4 U 117/02, NZG 2003, 931, wonach eine Einschränkung von der freien Abberufung des Geschäftsführers besteht, wenn er 1/3 der Geschäftsanteile der GmbH hält; hierzu Scholz/*Schneider*, GmbHG, § 38 Rn 18. Auch bei einer langjährigen Tätigkeit als Gesellschafter-Geschäftsführer ist eine Abberufung bei Vorliegen eines wichtigen Grundes möglich, vgl OLG Stuttgart v. 30.3.1994 – 3 U 154/93, NJW-RR 1995, 295.

## D. Organstellung 5

quenzen verbunden. Um die GmbH nämlich zu verklagen oder einen Titel gegen sie zu vollstrecken, mussten sie in Hinblick auf § 51 ZPO zunächst die Handlungsfähigkeit der GmbH herstellen, indem sie von dem zuständigen Gericht einen Notgeschäftsführer (§ 29 BGB analog) bzw Prozesspfleger (§ 57 ZPO) bestellen ließen. Hierbei oblag den Gläubigern die Zahlung eines Kostenvorschusses, so dass sie letztlich gezwungen waren, gutem Geld weiteres hinterher zu werfen, ohne zu wissen, ob es ihnen die Gesellschaft jemals erstatten wird.[238] Aus diesem Grund wurden auch höhere Anforderungen an die Amtsniederlegung des alleinigen Gesellschafter-Geschäftsführers gestellt (hierzu sogleich unter Rn 168). Die Abberufung des alleinigen Gesellschafter-Geschäftsführers einer Einpersonen-GmbH ist daher nur bei einer gleichzeitigen Bestellung eines neuen Geschäftsführers möglich.[239] Aufgrund der Änderungen durch das MoMiG kann der Alleingesellschafter das Ziel, welches er mit seiner Abberufung verfolgt, zwar nicht mehr erreichen, denn der Gesetzgeber hat auf die Missstände mit einer Ergänzung in § 35 Abs. 1 GmbHG reagiert. Demnach wird die GmbH, wenn sie **keinen Geschäftsführer** mehr hat (Führungslosigkeit) und ihr gegenüber Willenserklärungen abgegeben oder Schriftstücke zugestellt werden, **durch die Gesellschafter vertreten**. Ein Notgeschäftsführer oder Prozesspfleger ist für eine Klage gegen die GmbH daher nicht mehr erforderlich. Allerdings ist die Rechtsprechung zur beschränkten Abberufbarkeit eines Alleingeschäftsführers auch nach dem Inkrafttreten des MoMiG von Bedeutung. Eine solche Abberufung soll in der Praxis auch dazu dienen, den Pflichten während eines Insolvenzverfahrens zu entgehen. Gerade während des Insolvenzverfahrens muss die GmbH nämlich mit Blick auf ihre Auskunfts- und Mitteilungspflichten §§ 97, 101 InsO einen organschaftlichen Vertreter und damit einen Geschäftsführer haben (§§ 35 Abs. 1 GmbHG, 101 Abs. 1 S. 1 InsO). Vor diesem Hintergrund ist die Abberufung eines Alleingesellschafter-Geschäftsführers nach wie vor rechtsmissbräuchlich.

Soweit es seine finanziellen Interessen anbelangt, wird der Geschäftsführer allein durch den **Anstellungsvertrag** geschützt. Auch wenn die Abberufung jederzeit möglich ist, kann der Vergütungsanspruch bestehen bleiben. In § 38 Abs. 1 GmbHG – eine Vorschrift die seit 1892 unverändert geblieben ist – kommt dies für das heutige Sprachverständnis etwas undeutlich zum Ausdruck: Die Bestellung des Geschäftsführers ist zu jeder Zeit widerruflich, unbeschadet der Entschädigungsansprüche aus bestehenden Verträgen. Nach allgemeiner Meinung zählt vor allem der Vergütungsanspruch des Geschäftsführers zu einem Entschädigungsanspruch iSd § 38 Abs. 1 GmbHG. Für diesen vertraglichen Anspruch ist einzig und allein entscheidend, ob die GmbH ein Kündigungsrecht hat. Sollte der zeitlich befristete Anstellungsvertrag nur aus besonderen Gründen gekündigt werden können, bleibt der Vergütungsanspruch des Geschäftsführers auch nach einem Abberufungsbeschluss bestehen. Diesen Anspruch vernichtet der Geschäftsführer im Übrigen, wenn er seine Abberufung zum Anlass nimmt, das Vertragsverhältnis zu kündigen. Der Geschäftsführer hätte nach § 628 Abs. 2 BGB lediglich dann einen Schadensersatzanspruch, wenn seine Kündigung auf einem vertragswidrigen Verhalten der GmbH beruht. Wenn die GmbH allerdings mit der Abberufung des

155

---
238 So *Gustavus*, GmbHR 1992, 15, 16.
239 OLG Zweibrücken v. 15. 2. 2006 – 3 W 209/05, BB 2006, 1179.

Geschäftsführers von ihrem gesetzlich einberäumten Recht Gebrauch macht, kann dieses Verhalten nicht als vertragswidrig gesehen werden.[240]

**c) Abberufung aus wichtigem Grund**

156 Die Satzung kann die Zulässigkeit einer Abberufung auf den Fall beschränken, dass hierfür ein wichtiger Grund vorliegt (§ 38 Abs. 2 GmbHG). Der Gestaltungsspielraum der Gesellschafter wird durch die beiden Alternativen in § 38 GmbHG beschränkt. Die Gesellschafter haben die Wahl zwischen einer freien Abberufung und der Abberufung aus wichtigem Grund. Sie können aber nicht noch einen Schritt weiter gehen und die Abberufung auch für den Fall eines wichtigen Grundes ausschließen.[241]

157 Die Beschränkung einer Abberufung auf das Vorliegen eines wichtigen Grundes muss in der Satzung stehen. Aus der Regelung im Anstellungsvertrag eines Geschäftsführers, wonach das Dienstverhältnis nur aus wichtigem Grund und nur bei Widerruf der Geschäftsführerbestellung gekündigt werden kann, kann nicht auf eine Einschränkung einer Abberufung des Geschäftsführers geschlossen werden.[242]

158 Eine Abberufung aus wichtigem Grund setzt voraus, dass es der Gesellschaft unzumutbar ist, wenn der Geschäftsführer weiter in seinem Amt bleibt. Dabei sind die gesamten Umstände des Einzelfalls unter Berücksichtigung der Interessen der Beteiligten zu würdigen. In einer Gesamtwürdigung ist auch die Dauer der Geschäftsführertätigkeit zu berücksichtigen.[243]

159 Beispiele für eine Abberufung aus wichtigem Grund können sein:
- der Geschäftsführer greift auf das Kontoguthaben der GmbH zu, ohne dass vorher die vereinbarte Absprache mit einem weiteren Geschäftsführer erfolgte;[244]
- der Geschäftsführer lässt sich zu Tätlichkeiten gegenüber einem Mit-Geschäftsführer oder einem Angestellten der GmbH hinreißen;[245]
- der Geschäftsführer ist über einen längeren Zeitraum krank;[246]
- der Geschäftsführer rechnet die im Auftrag der GmbH durchgeführten Dienstfahrten fehlerhaft ab.[247]

160 Hat eine GmbH **mehrere Geschäftsführer** und sind diese in einer Weise untereinander zerstritten, dass eine Zusammenarbeit nicht mehr möglich ist, können die Gesellschafter jeden abberufen, der mit seinem Verhalten zu dem Zerwürfnis beigetragen hat. Hierbei ist es nicht erforderlich, dass der betreffende Geschäftsführer schuldhaft gehandelt hat.[248]

---

240 BGH v. 28.10.2002 – II ZR 146/02, NJW 2003, 351.
241 *Gehrlein*, GmbH-Recht in der Praxis, S. 230.
242 Hierzu OLG Stuttgart v. 30.3.1994 – 3 U 154/93, NJW-RR 1995, 295. Gesetz und Satzung haben Vorrang vor dem Anstellungsvertrag, vgl *Lutter/Hommelhoff* in Lutter/Hommelhoff, GmbHG, § 38 Rn 13.
243 So OLG Stuttgart v. 30.3.1994 – 3 U 154/93, NJW-RR 1995, 295.
244 OLG Frankfurt v. 4.12.1998 – 5 W 33-98, NJW-RR 1999, 980.
245 OLG Stuttgart v. 30.3.1994 – 3 U 154/93, NJW-RR 1995, 295.
246 Das OLG Zweibrücken geht in seinem Urteil v. 5.6.2003 – 4 U 117/02, NZG 2003, 931, davon aus, dass ein wichtiger Grund für eine Abberufung vorliegt, wenn der Geschäftsführer infolge seines geschwächten Gesundheitszustandes durchgehend über 5 Monate arbeitsunfähig und deshalb zu einer ordnungsgemäßen Geschäftsführung nicht in der Lage war.
247 BGH v. 14.10.1991 – II ZR 239/90, NJW-RR 1992, 292.
248 BGH v. 24.2.1992 – II ZR 79/91, NJW-RR 1992, 993.

## D. Organstellung

Auch das Recht zur Abberufung aus wichtigem Grund kann nach allgemeinen Grundsätzen **verwirkt** sein. Hierfür muss eine GmbH über einen längeren Zeitraum von einer Abberufung aufgrund eines ihr bekannten Sachverhalts abgesehen haben, so dass der Geschäftsführer annehmen durfte, die GmbH werde ihn wegen dieser Umstände nicht abberufen.[249]

161

**Beispiel (nach BGH v. 14.10.1991 – II ZR 239/90, NJW-RR 1992, 292):**
Beide Gesellschafter-Geschäftsführer (A und B) vereinbarten, künftig nur noch gemeinsam ein Lager der GmbH zu betreten. A hielt sich nicht daran, brach das Schloss auf und verschaffte sich gewaltsam Zutritt zu dem Lager. B beantragte daraufhin eine einstweilige Verfügung und fasste erst 5 Monate nach dem Einbruch einen Beschluss über die Abberufung des A. Der BGH hielt eine Verwirkung in einem solchen Fall zumindest nicht für ausgeschlossen, weil man die einstweilige Verfügung auch als Ausdruck des Willens verstehen könne, die Zusammenarbeit fortzusetzen.

162

Im Gegensatz zur Kündigung des Anstellungsvertrages müssen die Gesellschafter bei einer Abberufung allerdings nicht die in § 626 Abs. 2 BGB geregelte Frist von **zwei Wochen** beachten.[250]

163

Besonders strenge Anforderungen an das Vorliegen eines wichtigen Grundes bestehen schließlich bei einer GmbH, bei der beide Gesellschafter zum Geschäftsführer bestellt wurden. Hier kann eine Abberufung nicht auf einzelne Verfehlungen gestützt werden. Erforderlich ist, dass ein objektiver Beobachter (und nicht die Gesellschaft) zu dem Ergebnis kommen würde, dass eine Fortsetzung der Geschäftsführertätigkeit unzumutbar ist.[251] Die hohen Anforderungen für eine Abberufung eines Geschäftsführers aus wichtigem Grund sind dem personalistischen Charakter einer Zweipersonen-GmbH mit zwei Gesellschafter-Geschäftsführern geschuldet. Er führt dazu, dass ein Geschäftsführer selbst nur dann aus sachlichem Grund abberufen werden kann, wenn die Abberufung in der Satzung nicht davon abhängig gemacht wird, dass ein wichtiger Grund vorliegt.[252]

164

### 3. Bekanntgabe und Anmeldung

Der Beschluss über die Abberufung muss dem Geschäftsführer bekanntgemacht werden. Formvorschriften müssen die Gesellschafter hierbei nicht beachten. Es genügt eine mündliche Mitteilung eines hierfür Bevollmächtigten. Diese Erklärung ist entbehrlich, wenn der Geschäftsführer bei der Gesellschafterversammlung anwesend war. Bereits mit der Bekanntgabe, bei der Teilnahme an der Gesellschafterversammlung mit der Feststellung des Beschlussergebnisses, verliert der Geschäftsführer seine Organstellung. Dies ist nach § 39 Abs. 1 GmbHG zur Eintragung im Handelsregister anzumelden. Die Abberufung hängt nicht von der Eintragung im Handelsregister ab. Die Eintragung hat nur deklaratorische (verlautbarende) Wirkung.[253] Die Gesellschafter werden die Anmeldung der Abberufung unverzüglich in die Wege leiten, da gutgläubige Dritte über

165

---

249 BGH v. 14.10.1991 – II ZR 239/90, NJW-RR 1992, 292. Eine Verwirkung kann auch in Betracht kommen, wenn ein wichtiger Grund bereits bei der Bestellung zum Geschäftsführer vorlag und die Gesellschafter hiervon wussten, s. BGH v. 12.7.1993 – II ZR 65/92, NJW-RR 1993, 1253.
250 *Lutter/Hommelhoff* in Lutter/Hommelhoff, GmbHG, § 38 Rn 18.
251 Hierzu Scholz/*Schneider*, GmbHG, § 38 Rn 53. Zum Nachschieben von Gründen bei der Abberufung eines Geschäftsführers bei einer Zwei-Mann-GmbH s. BGH v. 14.10.1991 – II ZR 239/90, NJW-RR 1992, 292.
252 *Arens/Beckmann*, Die anwaltliche Beratung des GmbH-Geschäftsführers, § 4 Rn 22.
253 Scholz/*Schneider*, GmbHG, § 39 Rn 25.

§ 15 HGB in ihrem Vertrauen auf eine Vollmacht des im Handelsregister eingetragenen Geschäftsführers geschützt sind.

**166** Sollte zwischen der GmbH und dem Geschäftsführer Streit darüber bestehen, ob der Geschäftsführer durch einen Gesellschafterbeschluss abberufen worden ist, kann die GmbH eine Klage auf Feststellung der nicht mehr bestehenden Geschäftsführereigenschaft einreichen. Im Gegensatz zur Anfechtungsklage des Geschäftsführers[254] muss sich die GmbH bei der Feststellungsklage nicht an der Frist des § 246 Abs. 1 AktG orientieren. Die Geltendmachung einer solchen Klage unterliegt indes der Verwirkung.[255]

### 4. Rechtsschutz

**167** Für den Rechtsschutz gegen eine Abberufung kommt es entscheidend darauf an, ob der Geschäftsführer an der GmbH beteiligt ist. Ein Gesellschafter-Geschäftsführer kann gegen seine Abberufung sowohl mit einer Anfechtungs- als auch mit einer Nichtigkeitsklage vorgehen.[256] Der Fremdgeschäftsführer ist indes grundsätzlich auf eine Nichtigkeitsklage beschränkt. Ob sich ein Gesellschafter-Geschäftsführer bis zur Rechtskraft eines Urteils über eine einstweilige Verfügung im Amt halten kann, ist in der Rechtsprechung und Literatur umstritten.[257] Statt mit einer einstweiligen Verfügung eine vorläufige Klärung über die Rechtmäßigkeit des Beschlusses herbeizuführen, empfiehlt das Schrifttum, sich auch mit einer einstweiligen Verfügung gegen die Eintragung der Abberufung in das Handelsregister zur Wehr zu setzen. In der Sache geht es dabei um dieselbe Frage (lag ein wichtiger Grund für eine Abberufung vor), dogmatische Klippen können auf diese Weise aber umschifft werden.[258] Bei einem Fremdgeschäftsführer besteht in der Regel keine Möglichkeit, gegen die Abberufung mit einer einstweiligen Verfügung vorzugehen. Selbst wenn ihm in der Satzung ein Sonderrecht zur Geschäftsführung eingeräumt wurde, dürften bei einer Interessenabwägung die Interessen der GmbH an einer sofortigen Abberufung eines Vertreters, der im Außenverhältnis unbeschränkt schalten und walten kann, schwerer ins Gewicht fallen als die Interessen eines Geschäftsführers, dessen finanzielle Interessen vom Bestehen des Anstellungsvertrages, nicht aber von der Organstellung abhängen.[259]

### III. Amtsniederlegung

### 1. Voraussetzungen

**168** Die Amtsniederlegung ist das Gegenstück zur Abberufung. Beide führen zu einer Beendigung der Organstellung des Geschäftsführers. Bei der Amtsniederlegung ist es allerdings der Geschäftsführer, der sich von der GmbH und seinen organschaftlichen Pflichten lösen möchte. Die Amtsniederlegung ist eine einseitige, empfangsbedürftige

---

254 Hierzu BGH v. 18.4.2005 – II ZR 151/03, NZG 2005, 551.
255 BGH v. 1.3.1999 – II ZR 205/98, NJW 1999, 2268. Zum vorläufigen Rechtsschutz s. *Arens/Beckmann*, Die anwaltliche Beratung des GmbH-Geschäftsführers, § 4 Rn 32.
256 Hierzu § 4 Rn 149.
257 Nach OLG Stuttgart v. 18.2.1995 – 20 W 11/97, GmbHR 1997, 312 gibt es einen einstweiligen Rechtsschutz für den abberufenen Geschäftsführer; aA OLG Hamm v. 30.8.2001 – 27 U 26/01, GmbHR 2002, 327. Zu den Besonderheiten bei einer Zwei-Personen-GmbH s. *Kallmeyer*, GmbH-Handbuch, Rn I, 2114.
258 Hierzu ausführlich *Lutz*, BB 2000, 833.
259 Vgl hierzu *Arens/Beckmann*, Die anwaltliche Beratung des GmbH-Geschäftsführers, § 4 Rn 31.

## D. Organstellung

Willenserklärung des Geschäftsführers.[260] Sie braucht nicht schriftlich erklärt zu werden.[261] Gleichwohl ist es ratsam, bei der Amtsniederlegung die Schriftform zu wahren und sich hierbei möglichst klar auszudrücken. Hierfür genügt grundsätzlich der Satz: *„Hiermit lege ich mit sofortiger Wirkung mein Amt als Geschäftsführer der (Angabe der Firmierung)-GmbH nieder."*[262]

Die Amtsniederlegung ist gegenüber dem für die Bestellung zuständigen Organ der Gesellschaft, in der Regel also gegenüber der Gesellschafterversammlung (§ 46 Nr. 5 GmbHG), zu erklären. Jeder Gesellschafter kann die Gesellschafterversammlung bei der Entgegennahme von Willenserklärungen einzeln vertreten. Aus diesem Grund genügt es, wenn der Geschäftsführer die Amtsniederlegung gegenüber einem Gesellschafter erklärt.[263] Ein Geschäftsführer kann seine Amtsniederlegung nicht wirksam gegenüber einem Mitgeschäftsführer erklären, wenn dieser keine Geschäftsanteile hat (Fremdgeschäftsführer).[264]

169

Der Geschäftsführer kann sein Amt grundsätzlich jederzeit und mit sofortiger Wirkung niederlegen. Nach einer inzwischen gefestigten Rechtsprechung des BGH ist es hierbei nicht erforderlich, dass ein wichtiger Grund vorliegt. Die von einem Geschäftsführer erklärte Amtsniederlegung ist grundsätzlich selbst dann wirksam, wenn objektiv kein wichtiger Grund vorliegt und wenn sich der Geschäftsführer auch nicht auf das Bestehen eines solchen beruft. Die jederzeitige Möglichkeit einer Amtsniederlegung und deren **sofortige Wirksamkeit** sind nicht aus Gründen der Haftungsvermeidung für den Geschäftsführer geboten, sondern dienen der Rechtssicherheit über die Vertretungsverhältnisse. Es wäre für die GmbH und deren Vertragspartner unzumutbar, wenn nach einer Amtsniederlegung nicht klar wäre, ob diese Erklärung wirksam war und durch wen die GmbH nun vertreten werden kann.[265]

170

Die Amtsniederlegung ist für einen Geschäftsführer von großer Bedeutung. Gerade wenn die Gesellschaft in eine wirtschaftliche Schieflage geraten ist und sich die Verantwortlichen untereinander zerstritten haben, kann ein Geschäftsführer mit einer Amtsniederlegung zahlreichen Haftungsgefahren aus dem Wege gehen, die mit seiner

171

---

260 Vgl *Kallmeyer*, GmbH-Handbuch, Rn I, 2090.
261 BGH v. 8.2.1993 – II ZR 58/92, NJW 1993, 1198.
262 Vgl *Kollmorgen/Friedrichsen* in Dombek/Kroiß, Formularbibliothek Vertragsgestaltung, Gesellschaftsrecht I, Teil 1, § 4 Rn 34; wie wichtig hier eine klare Ausdrucksweise sein kann, zeigt der Sachverhalt zu BGH v. 17.2.2003 – II ZR 340/01, NJW-RR 2003, 756: dort versuchte eine Krankenkasse (letztlich ohne Erfolg) einen Geschäftsführer wegen der Nichtabführung von Arbeitnehmeranteilen zur Sozialversicherung in Anspruch zu nehmen, obwohl dieser bereits sein Amt durch eine auslegungsbedürftige Erklärung niedergelegt hatte.
263 BGH v. 17.9.2001 – II ZR 378/99, NZG 2002, 43; nach Auffassung von Scholz/*Schneider*, GmbHG, § 38 Rn 91 soll diese Rechtsprechung allerdings nur für Gesellschaften mit überschaubarem Gesellschafterkreis gelten, nicht aber für Gesellschaften mit einer größeren Zahl von Gesellschaftern. Dies ist allerdings schon wegen der damit heraufbeschworenen Abgrenzungsschwierigkeiten abzulehnen.
264 OLG Düsseldorf v. 3.6.2005 – 3Wx 118/05, NJW-RR 2005, 1199.
265 BGH v. 8.2.1993 – II ZR 58/92, NJW 1993, 216; ob die sofortige Wirksamkeit einer Amtsniederlegung ohne einen wichtigen Grund auch für einen Geschäftsführer gelten kann, der seinerseits nur bei Vorliegen eines wichtigen Grundes gem. § 38 Abs. 2 GmbHG abberufen werden kann, hat der BGH in dieser Entscheidung ausdrücklich offen gelassen; die jederzeitige Amtsniederlegung kann daher durch die Satzung eingeschränkt werden, vgl Scholz/*Schneider*, GmbHG, § 38 Rn 88; *Wachter*, GmbHR 2001, 1131.

Organstellung verbunden sind.[266] Bei einer rechtsmissbräuchlichen Amtsniederlegung gibt es allerdings Einschränkungen. Eine solche kommt nach einer gefestigten Rechtsprechung vor allem in zwei Konstellationen in Betracht:

- der Allein-Geschäftsführer und zugleich alleiniger Gesellschafter der GmbH legt sein Amt nieder, ohne zugleich einen neuen Geschäftsführer zu bestellen;[267]
- beide Gesellschafter-Geschäftsführer einer GmbH legen gleichzeitig ihr Amt nieder, ohne zugleich einen neuen Geschäftsführer zu bestellen.[268]

**172** Eine rechtsmissbräuchliche Amtsniederlegung ist unwirksam. Grund für die Missbilligung der Amtsniederlegung ist der Gedanke, dass sich ein Geschäftsführer nicht aus der freiwillig übernommenen Verantwortung für die GmbH (§ 43 GmbHG) stehlen darf, wenn die GmbH ihn in einer wirtschaftlich schwierigen Situation und im Interesse der Handlungsfähigkeit der Gesellschaft besonders dringend braucht.[269]

**173** Das OLG Köln hat in einer aktuellen Entscheidung die Rechtsprechung zu den beiden eben beschriebenen Konstellationen auf einen weiteren Sachverhalt ausgedehnt. Demnach kann auch die von einem alleinigen Geschäftsführer und Mehrheitsgesellschafter einer GmbH erklärte Amtsniederlegung **missbräuchlich** und damit unwirksam sein, wenn dieser nicht gleichzeitig einen neuen Geschäftsführer bestellt.[270] Das OLG Köln hob zwar in seiner Entscheidung hervor, dass es nicht die Aufgabe eines Geschäftsführers sei, sich um einen Amtsnachfolger zu kümmern. Allerdings können bestimmte Umstände vorliegen, die auch die Amtsniederlegung eines Alleingeschäftsführers rechtsmissbräuchlich machen. In diesem Falle hatte nämlich der Geschäftsführer sein Amt niedergelegt, als bereits ein Antrag auf Eröffnung des Insolvenzverfahrens über das Vermögen der GmbH gestellt worden war. Angesichts eines solchen Antrags musste der Geschäftsführer fürchten, bei der Eröffnung eines Insolvenzverfahrens die sich aus §§ 97, 101 InsO ergebenden Auskunfts- und Mitteilungspflichten der GmbH als deren organschaftlichen Vertreter zu erfüllen. Da die Amtsniederlegung offensichtlich auch erfolgte, um die Eröffnung des Insolvenzverfahrens zu verzögern, war diese nach der zutreffenden Argumentation des OLG Köln rechtsmissbräuchlich und damit unwirksam.[271]

**174** Die Amtsniederlegung ist mit Inkrafttreten des MoMiG kein Zustellungshindernis mehr. Wenn eine GmbH keinen Geschäftsführer mehr hat, können nach § 35 Abs. 1 S. 2 GmbHG nun Willenserklärungen gegenüber den Gesellschaftern abgegeben werden. Im Gegensatz zur bisherigen Rechtslage muss das Registergericht keinen Notgeschäftsführer mehr bestellen, um die Handlungsfähigkeit der GmbH wieder herzustel-

---

266 So zur Haftung wegen der Nichterfüllung von Sozialversicherungsbeiträgen BGH v. 17.2.2003 – II ZR 340/01, NJW-RR 2003, 756; der Geschäftsführer kann sich allerdings nicht auf eine Amtsniederlegung berufen, wenn er danach die Geschicke der GmbH als faktischer Geschäftsführer bestimmt hat, s. OLG Naumburg v. 15.3.2000, 5 U 183/99, GmbHR 2000, 558.
267 Vgl BayOLG v. 29.7.1992 – 3Z BR 71/92, GmbHR 1992, 47; BayOLG v. 15.6.1999 – 3Z BR 35/99, NJW-RR 2000, 179; OLG Düsseldorf v. 6.12.2000 – 3Wx 393/00, NJW-RR 2001, 609.
268 KG v. 1.11.2000 – 23W 3250/00, GmbHR 2001, 147.
269 Hierzu OLG Düsseldorf v. 6.12.2000 – 3Wx 393/00, NJW-RR 2001, 609; *Lutter/Hommelhoff* in Lutter/Hommelhoff, GmbHG, § 38 Rn 43.
270 Vgl OLG Köln v. 1.2.2008 – 2Wx 3/08, ZIP 2008, 646.
271 Vgl OLG Köln v. 1.2.2008 – 2Wx 3/08, ZIP 2008, 646; der Mehrheitsgesellschafter dessen Amtsniederlegung für unwirksam erklärt wurde, war an der GmbH mit 67,4 % beteiligt; vgl auch die zustimmenden Anmerkungen von *Micker*, BB 2008, 638.

len.²⁷² Unter Berücksichtigung der Auskunfts- und Mitteilungspflichten, die einen GmbH-Geschäftsführer nach §§ 97, 101 InsO treffen können, kann die Amtsniederlegung eines Allein-Geschäftsführers nach wie vor rechtsmissbräuchlich sein.

Die Amtsniederlegung berührt nicht die Wirksamkeit des Anstellungsvertrages. Gleichwohl dürfte mit einer Amtsniederlegung im Regelfall auch die Kündigung des Anstellungsvertrages verbunden sein.²⁷³   **175**

## 2. Anmeldung

Die Amtsniederlegung wird mit Zugang der Erklärung wirksam. Ihre Anmeldung und spätere Eintragung im Handelsregister hat lediglich deklaratorische Wirkung. Die Anmeldung ist nach § 12 Abs. 1 S. 1 HGB elektronisch in öffentlich beglaubigter Form einzureichen. Möchte der Geschäftsführer noch selbst seine Amtsniederlegung bei Gericht anmelden, muss er bei der Anmeldung auch den Zugang oder die Zustellung der Niederlegungserklärung gegenüber einem weiteren Gesellschafter durch Urschrift oder in öffentlich beglaubigter Abschrift beifügen. Wenn der Mitgesellschafter die Annahme der Niederlegungserklärung verweigert, ist der Geschäftsführer gehalten, den Zugang des Nachweises per Einschreiben mit Rückschein zu beweisen und die Anmeldung mit einer beglaubigten Abschrift des Niederlegungsschreibens sowie des Rückscheins vorzunehmen.²⁷⁴ Der Geschäftsführer ist nicht mehr anmeldeberechtigt iSv § 39 Abs. 1 GmbHG, wenn er sein Amt bereits vor der Anmeldung wirksam niedergelegt hat. Sein Interesse an einer baldigen Verlautbarung seiner Amtsniederlegung im Handelsregister kann er nur durchsetzen, wenn er das Wirksamwerden seiner Amtsniederlegung von der Eintragung im Handelsregister abhängig macht.²⁷⁵   **176**

## E. Anstellung

### I. Zustandekommen des Anstellungsvertrages

### 1. Vertragspartner

Bei den Rechtsverhältnissen zwischen der GmbH und einem Geschäftsführer ist zu unterscheiden zwischen der Bestellung zum Organ der Gesellschaft und dem schuldrechtlichen Vertragsverhältnis. Allein durch die Bestellung wird noch keine vertragliche Beziehung zwischen der GmbH und dem Geschäftsführer begründet.²⁷⁶ Es ist daher ein Vertrag erforderlich, um vor allem die schuldrechtlichen Ansprüche des Geschäftsführers (Gehalt, Urlaub etc.) und der GmbH (ggf Vertragsstrafe bei Verstoß gegen ein Wettbewerbsverbot) zu begründen. Dieser Vertrag wird auch regelmäßig zwischen der GmbH und ihrem Geschäftsführer abgeschlossen. Aus der rechtlichen Trennung zwischen Bestellung und Anstellung folgt aber auch, dass das Anstellungsverhältnis nicht unbedingt zwischen der GmbH und dem Geschäftsführer zustande kommen muss. Es kann auch ein Dritter Vertragspartner des Geschäftsführers sein. Bei der GmbH & Co   **177**

---

272  Zu den praktischen Problemen bei der Bestellung eines Notgeschäftsführers s. *Helmschrott*, ZIP 2001, 636.
273  *Lutter/Hommelhoff* in Lutter/Hommelhoff, GmbHG, § 38 Rn 46.
274  Eine eidesstattliche Versicherung über die Amtsniederlegung genügt nicht, s. OLG Frankfurt v. 19.7.2006 – 20W 229/06 GmbHR 2006, 1151.
275  So OLG Frankfurt v. 19.7.2006 – 20W 229/06 GmbHR 2006, 1151.
276  BAG v. 25.10.2007 – 6 AZR 1045/06, NJW 2008, 1018; BGH v. 3.11.2003 – II ZR 158/01, NJW-RR 2004, 540.

KG ist kommt es sogar häufig vor, dass der Anstellungsvertrag zwischen dem Geschäftsführer der Komplementär-GmbH und der KG geschlossen wird. Die KG übernimmt häufig sämtliche Kosten des Geschäftsbetriebs; hierzu zählt auch das Geschäftsführer-Gehalt[277] Die Organpflichten bestehen aufgrund der Bestellung gegenüber der GmbH. Vertragliche Ansprüche bestehen nur zwischen den Vertragsparteien.

## 2. Zuständigkeit

178 Über die Bestellung eines Geschäftsführers entscheidet – vorbehaltlich einer anderen Regelung in der Satzung – die **Gesellschafterversammlung** nach § 46 Nr. 5 GmbHG. Aufgrund des engen Zusammenhanges mit der Bestellung ist die Gesellschafterversammlung auch für den Vertragsabschluss zuständig. In die Zuständigkeit der Gesellschafterversammlung fallen auch die Änderungen und die Aufhebung dieses Vertrages.[278]

179 Ein alleinvertretungsberechtigter **Mitgeschäftsführer** ist nicht kraft Gesetzes berechtigt, die GmbH gegenüber einem weiteren Geschäftsführer zu vertreten und hierbei den Anstellungsvertrag zu ändern. Der BGH hielt dies früher für zulässig. Es setzte sich aber dann die Erkenntnis durch, dass sich Geschäftsführer unter Missbrauch ihrer Rechtsstellung Vorteile verschaffen können. Soweit das Gesetz[279] oder die Satzung keine anderweitige Zuständigkeitsregelung enthält, obliegt es daher einzig und allein der Gesellschafterversammlung, über den Anstellungsvertrag zu bestimmen.[280]

180 Wenn ein **Gesellschafter-Geschäftsführer** gegen diese gesellschaftsrechtliche Kompetenzordnung verstößt und für die GmbH mit einem Geschäftsführer einen Anstellungsvertrag abschließt, ohne dass hierüber ein Gesellschafterbeschluss gefasst wurde, ist der Vertrag schwebend unwirksam. Der Anstellungsvertrag ist in entsprechender Anwendung der Grundsätze zum fehlerhaften Arbeitsverhältnis für die Dauer der Geschäftsführertätigkeit als wirksam zu behandeln. Er kann für die Zukunft jederzeit aufgelöst werden.[281]

181 **Beispiel (nach BGH v. 3.7.2000 – II ZR 282/98, NJW 2000, 1983):**
A schließt mit dem geschäftsführenden Gesellschafter G einen Anstellungsvertrag. Nach diesem Vertrag soll er für die Dauer von 10 Jahren Geschäftsführer der XY-GmbH sein. Für den Fall, dass das Vertragsverhältnis vor Ablauf dieser Frist gekündigt wird, soll die XY-GmbH an A eine Abfindungssumme von zwei Bruttojahresgehältern zahlen. Ein Beschluss der Gesellschafterversammlung ist über den Vertrag nicht gefasst worden. Drei Jahre und sechs Monate später erhält A von der XY-GmbH eine fristlose Kündigung. Der BGH hatte hier entschieden, dass die Kündigung wirksam war. A konnte keinen Abfindungsanspruch gegen die GmbH geltend machen, da die Gesellschaftersammlung keine Kenntnis von dem Anstellungsvertrag hatte und die Abfindungsvereinbarung in unzulässiger Weise das Recht zur außerordentlichen Kündigung einschränkt.

---

277 *Reiserer*, BB 1996 2461; *Schulze zur Wiesche/Ottersbach*, GmbH & Co. KG, § 1 Rn 213. Zu dieser Konstellation findet sich für das Vertragsmuster eine Formulierungshilfe bei *Arens/Beckmann*, Die anwaltliche Beratung des GmbH-Geschäftsführers, § 1 Rn 19.
278 BGH v. 3.7.2000 – II ZR 282/98, NJW 2000, 1983.
279 In der mitbestimmten GmbH ist der Aufsichtsrat für den Abschluss, Änderung und Aufhebung des Anstellungsvertrags mit einem Geschäftsführer gem. § 31 MitbestG zuständig.
280 Hierzu BGH v. 25.3.1991 – II ZR 169/90, NJW 1991, 1680; BGH v. 14.11.1983 – II ZR 33/83, NJW 1984, 733.
281 BGH v. 3.7.2000 – II ZR 282/98, NJW 2000, 1983.

Ein weiterer Verstoß gegen die gesellschaftsrechtliche Zuständigkeit kann darin liegen, dass sich Gesellschafter-Geschäftsführer gegenseitig Gehaltszahlungen genehmigen, ohne dass hiervon weitere Gesellschafter in einer Gesellschafterversammlung Kenntnis erlangen. Hier kann die GmbH einen Schadensersatzanspruch gegen die Geschäftsführer haben. In einem Rechtsstreit können sich die Gesellschafter-Geschäftsführer darauf berufen, dass die Auszahlung aufgrund der Wirtschaftskraft der Gesellschaft angemessen sei und die Gesellschafter deshalb die Gehaltszahlung wegen ihrer gesellschaftsrechtlichen Treuepflicht hätten genehmigen müssen. Allerdings haben die Gesellschafter-Geschäftsführer hierbei zu beweisen, dass es sich bei den Auszahlungen um keinen unzulässigen Sondervorteil handelte.[282]

182

Der Gesellschafter-Geschäftsführer hat bei der Beschlussfassung über „seinen" Geschäftsführervertrag ein Stimmrecht. Beim Vertragsabschluss vertreten dann die Gesellschafter in beschlussfähiger Mehrheit die GmbH. Sie haben hierbei die Möglichkeit, sich von einem Gesellschafter oder einem Dritten vertreten zu lassen.[283] Die Gesellschafter unterzeichnen den Anstellungsvertrag für die GmbH. Es kann dabei durchaus vorkommen, dass der betreffende Gesellschafter-Geschäftsführer den Vertrag zweimal unterschreibt, nämlich zum ersten Mal als Vertreter der GmbH, zum zweiten Mal in eigener Sache.

183

Bei der Einpersonen-Gesellschaft kann der Alleingesellschafter nur dann mit der GmbH einen Vertrag abschließen, wenn er vorher in der Satzung von den Beschränkungen des Insichgeschäfts befreit wurde.[284]

184

### 3. Schriftform

Da es sich bei dem Anstellungsvertrag regelmäßig nicht um einen Arbeitsvertrag handelt, besteht **kein Schriftformerfordernis** (vgl § 623 BGB). Allerdings steht die Einhaltung der Schriftform sowohl im Interesse der Fremdgeschäftsführer, auch der Gesellschafter-Geschäftsführer. Ohne einen schriftlichen Vertrag kann ein Fremdgeschäftsführer jederzeit gekündigt werden, da die Schutzvorschriften des KSchG für ihn nicht anwendbar sind. Häufig vereinbaren die Parteien daher entweder eine Befristung oder eine im Vergleich zu § 622 Abs. 2 BGB längere Kündigungsfrist. Auf beides kann sich ein Fremd-Geschäftsführer regelmäßig nur berufen, wenn eine solche Vereinbarung schriftlich fixiert wurde. Ein Gesellschafter-Geschäftsführer braucht einen schriftlichen Anstellungsvertrag, denn die Finanzverwaltung wertet Gehaltszahlungen aufgrund eines mündlichen Anstellungsvertrages nicht als Betriebsausgaben, sondern als verdeckte Gewinnausschüttung.[285]

185

### II. Inhalt des Anstellungsvertrags

### 1. Tätigkeit

Um Meinungsverschiedenheiten über den Umfang der Tätigkeiten vorzubeugen, sollten diese in dem Anstellungsvertrag genau festgelegt werden. Es ist üblich, den Umfang der

186

---

282 BGH v. 11.12.2006 – II ZR 166/05, NJW 2007, 917.
283 Scholz/*Schneider/Sethe*, GmbHG, § 35 Rn 196.
284 Hierzu *Gehrlein*, GmbH-Recht in der Praxis, S. 238.
285 *Arens/Beckmann*, Die anwaltliche Beratung des GmbH-Geschäftsführers, § 1 Rn 14.

Vertretungsbefugnis festzulegen. Hierbei ist allerdings zu beachten, dass die im Verhältnis zwischen GmbH und ihrem Geschäftsführer (Innenverhältnis) bestehenden Beschränkungen nicht gegenüber den Vertragspartnern der GmbH gelten (Außenverhältnis). Weiterhin kann im Anstellungsvertrag ein Katalog von zustimmungspflichtigen Geschäften enthalten sein, der im Einzelnen festlegt, bei welchen Handlungen sich der Geschäftsführer eine vorherige Zustimmung der Gesellschafter einholen muss. Auch diese Vereinbarung entfaltet nur Rechtsfolgen im Innenverhältnis. Schließt ein Geschäftsführer einen Vertrag ab, ohne die vorherige Zustimmung seiner Gesellschafter einzuholen, droht ihm eine außerordentliche Kündigung. Eine Vereinbarung zur Tätigkeit des Geschäftsführers kann wie folgt formuliert werden:[286]

**187** **Muster: Tätigkeitsumschreibung**

(1) Der Geschäftsführer vertritt die Gesellschaft in allen Angelegenheiten gerichtlich und außergerichtlich. Er hat die Gesellschaft mit der Sorgfalt eines ordentlichen Geschäftsmannes zu führen und die ihm nach Gesetz, Satzung sowie diesem Vertrag obliegenden Pflichten gewissenhaft zu erfüllen. Der Geschäftsführer ist verpflichtet, den Anweisungen der Gesellschafterversammlung Folge zu leisten.

(2) Der Geschäftsführer ist grundsätzlich einzelgeschäftsführungsberechtigt und vertretungsberechtigt. Falls die Gesellschafterversammlung einen oder mehrere weitere Geschäftsführer bestellt, kann die Gesellschafterversammlung beschließen, dass die Geschäftsführer nur gemeinsam vertretungsberechtigt sind.

(3) Zur Vornahme von Handlungen, die über den gewöhnlichen Geschäftsbetrieb hinausgehen, muss der Geschäftsführer die vorherige Zustimmung der Gesellschafterversammlung einholen. Dies gilt insbesondere bei folgenden Rechtsgeschäften:
- Errichtung von Zweigniederlassungen;
- Erwerb, Veräußerung und Belastung von Grundstücken und grundstücksgleichen Rechten sowie die Verpflichtung zur Vornahme solcher Rechtsgeschäfte;
- Bauliche Maßnahmen und Anschaffung von Sachmitteln aller Art, soweit die hierfür erforderlichen Aufwendungen einen Betrag von (■■■) EUR übersteigen;
- Abschluss, Änderung oder Aufhebung von Miet-, Pacht- oder Leasingverträgen mit einer Vertragsdauer von mehr als (■■■) Monaten oder einer monatlichen Verpflichtung von mehr als (■■■) EUR;
- Inanspruchnahme und Gewährung von Krediten oder Sicherheitsleistungen jeglicher Art, die einen Betrag von (■■■) EUR übersteigen;
- Übernahme von Bürgschaften und Garantien jeder Art.

Die Gesellschafterversammlung ist berechtigt, den Aufgabenbereich des Geschäftsführers einzuschränken, zu erweitern und zu modifizieren, sofern dadurch Art und Umfang der seiner Tätigkeit nicht grundlegend verändert werden

(4) Der Geschäftsführer ist verpflichtet, sein gesamte Arbeitskraft, sein fachliches Wissen sowie seine Erfahrung ausschließlich der Gesellschaft zur Verfügung zu stellen.

**188** Der vorstehende Formulierungsvorschlag entspricht den gängigen Mustern, bei denen der Katalog der zustimmungsbedürftigen Geschäfte oft noch umfangreicher ausfällt. Der Anstellungsvertrag kann neben den Tätigkeiten des Geschäftsführers auch noch

---

[286] Nach *Arens/Beckmann*, Die anwaltliche Beratung des GmbH-Geschäftsführers, § 1 Rn 29 ff; *Hümmerich*, Gestaltung von Arbeitsverträgen, § 2 Rn 218; *Kollmorgen/Friedrichsen* in Dombek/Kroiß, Formularbibliothek Vertragsgestaltung, Gesellschaftsrecht I, Teil 1, § 4 Rn 51.

dessen Pflichten detailliert festlegen.[287] Dieselben Verpflichtungen können allerdings auch durch einen Gesellschafterbeschluss begründet werden.

## 2. Vergütung

### a) Allgemeines Zivilrecht

Aus naheliegenden Gründen ist die Vergütungsvereinbarung für die Vertragsparteien die wichtigste Regelung in einem Anstellungsvertrag.[288] Die Vergütung eines Geschäftsführers setzt sich regelmäßig aus mehreren Bestandteilen zusammen. Neben einem **Festgehalt** werden häufig feste jährliche **Einmalzahlungen** (zB Urlaubsgeld, Weihnachtsgeld), sowie **variable Gehaltsbestandteile** (zB Tantieme, Gratifikationen) vereinbart. Regelmäßig finden sich in Anstellungsverträgen auch Zusagen über Leistungen der betrieblichen Altersversorgung und Sachbezüge (vor allem ein Dienstwagen). 189

Der Vergütungsanspruch unterliegt der regelmäßigen **Verjährung** nach §§ 195 ff BGB (Beginn der Verjährung am Ende des Jahres, in dem der Vergütungsanspruch fällig wurde; drei Jahre später endet die Verjährungsfrist). Pfänden die Privatgläubiger des Geschäftsführers seinen Vergütungsanspruch, sind die **Schutzvorschriften der §§ 850 ff ZPO** zu beachten. Das Existenzminimum eines Geschäftsführers kann daher nicht gepfändet werden.[289] 190

Die **Höhe der Vergütung** und ihre Zusammensetzung sind grundsätzlich frei verhandelbar. Vorgaben, wie sie für den Vorstand einer Aktiengesellschaft in § 87 AktG geregelt sind, existieren bei einem GmbH-Geschäftsführer nicht. Dem Verhandlungsspielraum sind allerdings gerade bei den Gesellschafter-Geschäftsführern durch das Gesellschaftsrecht, aber noch viel mehr durch das Steuerrecht Grenzen gesetzt. 191

### b) Gesellschaftsrecht

Erhält ein Gesellschafter-Geschäftsführer eine Vergütung, die eine GmbH einem Fremdgeschäftsführer nicht geben würde, kann die GmbH einen Erstattungsanspruch über die Höhe der Differenz zwischen der Zahlung und der angemessenen Leistung haben, wenn bei der Auszahlung das durch § 30 Abs. 1 GmbHG gebundene Vermögen angegriffen wird.[290] Wenn einem Gesellschafter-Geschäftsführer ein angemessener vertraglicher Vergütungsanspruch eingeräumt wurde, verstößt die Zahlung einer Geschäftsführervergütung auch dann nicht gegen den Grundsatz der Kapitalerhaltung, wenn hierfür das zur Erhaltung des Stammkapitals erforderliche Vermögen angegriffen werden muss. Verschlechtern sich die wirtschaftlichen Verhältnisse der Gesellschaft allerdings in einem wesentlichen Maße, kann ein Gesellschafter aufgrund in der von 192

---

287 Zur Vereinbarung besonderer Unterrichtungspflichten und der Erstellung eines Finanzplans, s. *Arens/Beckmann*, Die anwaltliche Beratung des GmbH-Geschäftsführers, § 1 Rn 38 sowie *Hümmerich*, Gestaltung von Arbeitsverträgen, § 2 Rn 230.
288 Würde sie fehlen, hätte ein Geschäftsführer nach § 612 BGB einen Anspruch auf angemessene Vergütung. Ohne eine schriftliche Vergütungsvereinbarung droht bei einem beherrschenden Gesellschafter-Geschäftsführer allerdings das Vorliegen einer verdeckten Gewinnausschüttung, s. *Kallmeyer*, GmbH-Handbuch, Rn I, 2162.
289 BGH v. 8.12.1977 – II ZR 219/75, NJW 1978, 756 (für Versorgungsbezüge von Vorstandsmitgliedern einer Aktiengesellschaft); diese Entscheidung ist auf die Vergütungsansprüche von GmbH-Geschäftsführern entsprechend anwendbar, s. *Scholz/Schneider/Sethe*, GmbHG, § 35 Rn 180.
290 BGH v. 14.5.1990 – II ZR 126/89, NJW 1990, 2625.

ihm geschuldeten Treuepflicht gehalten sein, einer Herabsetzung seiner Bezüge zuzustimmen (hierzu ausführlich unter § 3 Rn 127).[291]

**c) Steuerrecht**

193 Von größerer praktischer Bedeutung sind die **steuerlichen Konsequenzen** bei einer unangemessen hohen Geschäftsführervergütung. Der Grund hierfür liegt im Steuerrecht und der Tatsache, dass die GmbH und die dahinterstehenden Gesellschafter jeweils selbständige Steuersubjekte sind. Beide erzielen steuerpflichtige Einkünfte, die in einem engen Zusammenhang stehen.

194 Das zu versteuernde Einkommen der GmbH unterliegt der Körperschaftssteuer. Bemessungsgrundlage ist nach § 7 KStG das Einkommen iS des § 8 Abs. 1 KStG, vermindert um die Freibeträge der §§ 24, 25 KStG. Was als Einkommen gilt und wie es zu ermitteln ist, bestimmt sich nach den Vorschriften des EStG (§ 8 Abs. 1 S. 1 KStG). Vergütungszahlungen an den Geschäftsführer führen bei der GmbH zu Betriebsausgaben, die den Unterschiedsbetrag im Sinne des § 4 Abs. 1 S. 1 EStG mindern. Im Gegensatz hierzu führen Zahlungen der GmbH an die Gesellschafter aufgrund ihrer Gewinnbeteiligung aber nicht zu einer Minderung des steuerpflichtigen Einkommens (vgl § 8 Abs. 3 S. 2 KStG). Ein Gesellschafter-Geschäftsführer bezieht, soweit es seine Geschäftsführertätigkeit anbelangt, Einkünfte aus nichtselbständiger Arbeit (§ 19 EStG). Erhält der Gesellschafter-Geschäftsführer eine Gewinnbeteiligung, hat er diese als Einkünfte aus Kapitalvermögen (§ 20 EStG) zu versteuern.

195 Wenn ein Gesellschafter-Geschäftsführer eine Zahlung von der GmbH erhält, ist zu prüfen, ob sie in Zusammenhang mit seiner Tätigkeit als Geschäftsführer steht. In einem solchen Fall handelt es sich um eine Betriebsausgabe, die zur Verringerung der Körperschaftssteuer und im Übrigen auch der Gewerbesteuer führt. Ergibt die Prüfung aber, dass die Zahlung an ihn als Gesellschafter erfolgt – es sich also um eine Gewinnausschüttung handelt – dann kann der Betrag nicht als Betriebsausgabe gewertet werden. Körperschaftssteuer und Gewerbesteuer werden in dieser Konstellation nicht durch die Zahlungen reduziert.

196 Nun wäre es sehr einfach, wenn die GmbH allein schon durch eine Tilgungsbestimmung bei einer Überweisung festlegen könnte, dass eine Zahlung als Geschäftsführervergütung und damit als Betriebsausgabe einzuordnen ist. Tatsächlich aber prüft das Finanzamt, ob es sich bei einer Zahlung an den Gesellschafter-Geschäftsführer um eine Betriebsausgabe handelt oder aber um eine **verdeckte Gewinnausschüttung**. Eine verdeckte Gewinnausschüttung wird im Allgemeinen umschrieben als Vermögensminderung oder verhinderte Vermögensmehrung, die durch das Gesellschaftsverhältnis veranlasst ist, sich auf die Höhe des Einkommens auswirkt und nicht im Zusammenhang mit einer offenen Ausschüttung steht.[292] Ein typisches Beispiel für eine verdeckte Gewinnausschüttung ist ein überhöhtes Gehalt an einen Gesellschafter-Geschäftsführer.[293]

---

291 BGH v. 15.6.1992 – II ZR 88/91, NJW 1992, 2894.
292 BFH v. 1.1.1999 – I R 2/85, BStBl. II 1989, 473.
293 Vgl Scholz/*Schneider*/*Sethe*, GmbHG, § 35 Rn 223 mwN.

## E. Anstellung 5

Ob und in welcher Höhe ein überhöhtes Gehalt an einen Gesellschafter-Geschäftsführer ausgezahlt wurde, ermittelt die Finanzverwaltung auf Grundlage eines Schreibens des BMF vom 14.10.2002 in einer **dreistufigen Prüfung**.[294]   **197**

Auf der **ersten Stufe** werden alle vereinbarten Vergütungsbestandteile einzeln danach beurteilt, ob sie **dem Grunde nach** als durch das Gesellschaftsverhältnis veranlasst anzusehen sind. Ist dies der Fall, führt die Vermögensminderung, die sich durch die Vereinbarung ergibt, in vollem Umfang zu einer verdeckten Gewinnausschüttung.   **198**

Beispiele hierfür sind:   **199**

- die Vereinbarung von Überstundenvergütungen, weil sie nicht mit dem Aufgabenbild eines Geschäftsführers vereinbar sind;[295]
- Pensionszusagen, die gegen die Grundsätze der Wartezeit verstoßen;[296]
- zeitlich unbefristete Nur-Tantiemezusagen.[297]

Auf der **zweiten Stufe** sind die verbleibenden Vergütungsbestandteile danach zu beurteilen, ob sie **der Höhe nach** als durch das Gesellschaftsverhältnis veranlasst anzusehen sind. Soweit die gesellschaftliche Veranlassung reicht, führt dies zu verdeckten Gewinnausschüttungen. Auf dieser zweiten Stufe prüft die Finanzverwaltung insbesondere die variablen Vergütungsbestandteile (Boni oder Tantiemen), für die das BMF besondere Grundsätze mit Schreiben vom 1.2.2002 festgelegt hat. So können Tantiemenzusagen an mehrere Gesellschafter-Geschäftsführer, die insgesamt die Grenze von 50 % des Jahresüberschusses übersteigen, zu einer verdeckten Gewinnausschüttung führen. Diese Grenze ist auch bei einem Gesellschafter-Geschäftsführer maßgebend. Bemessungsgrundlage für die 50 %-Grenze ist der handelsrechtliche Jahresüberschuss vor Abzug der Gewinntantieme und der ertragsabhängigen Steuern. Ferner ist bei Tantiemezusagen an den Gesellschafter-Geschäftsführer zu beachten, dass die Bezüge im Allgemeinen wenigstens zu 75 % aus einem festen und höchstens zu 25 % aus erfolgsabhängigen Bestandteilen (Tantieme) bestehen. Bei der Ermittlung des der Höhe nach angemessenen Teils der Tantieme ist von der angemessenen Gesamtausstattung des Gesellschafter-Geschäftsführers auszugehen. Die Vereinbarung einer Nur-Tantieme ist grundsätzlich eine verdeckte Gewinnausschüttung.[298]   **200**

Auf der **dritten Stufe** ist bezogen auf die verbliebene, nicht durch das Gesellschaftsverhältnis veranlasste Vergütung zu prüfen, ob sie **in der Summe als angemessen** angesehen werden kann. Soweit die Vergütung die Grenze der Angemessenheit übersteigt, führt dies zu einer verdeckten Gewinnausschüttung. Beurteilungskriterien für die Angemessenheit sind Art und Umfang der Tätigkeit, die künftigen Ertragsaussichten des Unternehmens, das Verhältnis des Geschäftsführergehaltes zum Gesamtgewinn und zur verbleibenden Eigenkapitalverzinsung sowie Art und Höhe der Vergütungen, die im selben   **201**

---

294 BMF, Schreiben vom 14.10.2002 – IVA 2 – S. 2742 – 62/02, BStBl. I 2002, 972 (auch im Internet erhältlich bei www.bundesfinanzministerium.de).
295 BFH v. 19.3.1997 – I R 75/96, BStBl. II 1997, 577.
296 BMF-Schreiben vom 14.5.1999 – IV C 6-S 2742-9/99, BStBl. I, 512.
297 BMF, Schreiben vom 1.2.2002 – IV A 2 S. 2742 – 4/02, BStBl. I, 219 (auch im Internet erhältlich bei www.bundesfinanzministerium.de).
298 Zu den Ausnahmefällen, wie Gründungsphase der Gesellschaft, Phasen vorübergehender wirtschaftlicher Schwierigkeiten oder Tätigkeiten in stark risikobehafteten Geschäftszweigen s. BMF, Schreiben vom 1.2.2002 – IV A 2 S. 2742 – 4/02, BStBl. I, 219.

Betrieb gezahlt werden oder in gleichartigen Betrieben an Geschäftsführer für entsprechende Leistungen gewährt werden.[299] Im Einzelnen ist nach den durch das BMF festgelegten Grundsätzen folgendes zu beachten:

202 **Art und Umfang der Tätigkeit**: Beide werden vorrangig durch die Größe des Unternehmens bestimmt. Von der Größe des Unternehmens hängen der Arbeitseinsatz, Anforderung und Verantwortung des Geschäftsführers ab. Die Unternehmensgröße ist vorrangig anhand der **Umsatzhöhe und der Beschäftigtenzahl** zu bestimmen. Übt der Gesellschafter außerhalb seiner Geschäftsführerfunktion anderweitige unternehmerische Tätigkeiten aus (zB als Einzelunternehmer, in einer Personengesellschaft oder einer anderen Kapitalgesellschaft), reduziert sich die Angemessenheitsgrenze in dem Umfang, in dem der Gesellschafter-Geschäftsführer anderweitig tätig wird. Entsprechendes gilt in den Fällen, in denen zwei oder mehrere Geschäftsführer sich die Verantwortung für die Kapitalgesellschaft teilen.[300]

203 **Ertragsaussichten** der Gesellschaft und das **Verhältnis zur Eigenkapitalverzinsung**: Neben der Unternehmensgröße stellt die Ertragssituation das entscheidende Kriterium für die Angemessenheitsprüfung dar. Maßgebend ist hierbei vor allem das Verhältnis der Gesamthöhe des Geschäftsführergehalts zum Gesamtgewinn der Gesellschaft und zur verbleibenden Eigenkapitalverzinsung. Die angemessene Verzinsung des Eigenkapitals ist dabei aus dem gesamten von der Gesellschaft eingesetzten Eigenkapital zu ermitteln. Wenn der gesamte Gewinn der GmbH an den Gesellschafter-Geschäftsführer gezahlt wird, stellt dies ein wesentliches Indiz für die Annahme einer unangemessenen Gesamtvergütung dar. Im Regelfall kann daher von der Angemessenheit der Geschäftsführerbezüge ausgegangen werden, wenn der Gesellschaft nach Abzug der Geschäftsführervergütungen noch ein Jahresüberschuss vor Ertragsteuern in mindestens gleicher Höhe wie die Geschäftsführervergütungen verbleibt. Bei mehreren Gesellschafter-Geschäftsführern ist hierbei auf die Gesamtsumme der diesen gewährten Vergütungen abzustellen.[301] Nach dem Schrifttum liegt eine rentierliche Mindestverzinsung des Eigenkapitals bei 10 bis 15 %.[302]

204 **Fremdvergleichsmaßstab**: Für die Ermittlung der Angemessenheitsgrenze ist schließlich auch entscheidend, was vergleichbare Geschäftsführer in der GmbH (interner Betriebsvergleich) oder außerhalb des Unternehmens (externer Betriebsvergleich) verdienen.

205 Die Prüfung der Angemessenheit der Gesamtbezüge von Gesellschafter-Geschäftsführern nimmt das Finanzamt im Einzelfall nach den dargestellten drei Stufen vor. Die Prüfung darf auch nicht aus Vereinfachungsgründen unterbleiben, dh betragsmäßige Unter- oder Obergrenzen finden keine Anwendung.[303]

---

299 Hierzu BMF, Schreiben vom 14.10.2002 – IVA 2 – S. 2742 – 62/02, BStBl. I 2002, 972; BFH v. 5.10.1994 – I R 50/94, BStBl. II 1995, 549.
300 Vgl BMF, Schreiben vom 14.10.2002 – IVA 2 – S. 2742 – 62/02, BStBl. I 2002, 972; BFH v. 11.12.1991 – I R 152/90, BStBl. II 1992, 690.
301 In diesem Zusammenhang ist allerdings die Ertragsstärke des Unternehmens zu berücksichtigen, s. BMF, Schreiben vom 14.10.2002 – IVA 2 – S. 2742 – 62/02, BStBl. I 2002, 972.
302 *Arens/Beckmann*, Die anwaltliche Beratung des GmbH-Geschäftsführers, § 1 Rn 60 mwN.
303 Die OFD Stuttgart hatte aus Vereinfachungsgründen eine Nichtaufgriffsgrenze von 300.000 DM angeordnet, vgl BB 1997, 243. Diese Vorgehensweise wurde jedoch vom BMF abgelehnt, s. BMF, Schreiben vom 14.10.2002 – IVA 2 – S. 2742 – 62/02, BStBl. I 2002, 972.

## E. Anstellung 5

Für die Angemessenheit der Bezüge kann man sich zum einen an den Empfehlungen der Finanzverwaltung orientieren.[304] Zum anderen können Marktanalysen über Geschäftsführergehälter Anhaltspunkte bieten, um eine verdeckte Gewinnausschüttung bei der Auszahlung einer Geschäftsführervergütung an einen Gesellschafter zu vermeiden.[305] Auf der Suche nach der angemessenen Vergütung müssen die Gesellschafter nicht fürchten, dass sie den „richtigen" Betrag genau ermitteln müssen. Nach der Rechtsprechung des BFH liegt bei einer nur geringfügigen Überschreitung der Angemessenheitsgrenze noch keine verdeckte Gewinnausschüttung vor. Eine verdeckte Gewinnausschüttung ist erst dann anzunehmen, wenn die tatsächliche Vergütung die Angemessenheitsgrenze um mehr als 20 % überschreitet.[306]   206

In Hinblick auf die Finanzverwaltung kann man folgende Vereinbarung im Anstellungsvertrag aufnehmen:[307]   207

**Muster: Vergütung**   208

Der Geschäftsführer erhält für seine Tätigkeit eine jährliche Grundvergütung von (Betrag) EUR brutto, zahlbar in 12 gleichen monatlichen Raten, die jeweils am Monatsende nach Abzug von Steuern und Sozialversicherungsabgaben zur Auszahlung fällig ist.

Zudem erhält der Geschäftsführer eine Tantieme von (Betrag) % des Jahresüberschusses der Gesellschaft. Die Tantieme ist auf höchstens (Betrag, höchstens ein Viertel der jährlichen Grundvergütung) begrenzt. Die Tantieme wird von der Gesellschaft als Einmalzahlung nach Ablauf des Geschäftsjahres der Gesellschaft und Feststellung des Jahresüberschusses der Gesellschaft ausbezahlt.

Die Gewinnminderung, die auf dem durch das Gesellschaftsverhältnis veranlassten Teil der Vereinbarung beruht, ist außerhalb der Steuerbilanz dem Steuerbilanzgewinn im Rahmen der Ermittlung des Einkommens hinzuzurechnen (§ 8 Abs. 3 S. 2 KStG). Dies hat auch Auswirkungen für den Gesellschafter-Geschäftsführer. Soweit gegenüber der GmbH ein Steuerbescheid hinsichtlich der Berücksichtigung einer verdeckten Gewinnausschüttung erlassen, aufgehoben oder geändert wird, kann ein Steuerbescheid oder ein Feststellungsbescheid gegenüber dem Gesellschafter, dem die verdeckte Gewinnausschüttung zuzurechnen ist, oder einer diesem nahe stehenden Person erlassen, aufgehoben oder geändert werden (§ 32 a KStG).   209

### 3. Entgeltfortzahlung bei Krankheit und Tod

Aus § 616 S. 1 BGB ergibt sich, dass ein Geschäftsführer seinen Vergütungsanspruch nicht dadurch verliert, dass er für eine verhältnismäßig nicht erhebliche Zeit durch einen in seiner Person liegenden Grund ohne sein Verschulden an der Dienstleistung verhindert wird.[308] Es ist unklar, wie lange die „verhältnismäßig nicht erhebliche Zeit" dauern darf. Aus diesem Grunde sollte im Anstellungsvertrag klar geregelt werden, für welchen **Zeitraum** der Geschäftsführer einen Anspruch auf Entgeltfortzahlung hat.   210

---

304 Vgl Schreiben der OFD Karlsruhe vom 17.3.2001, GmbHR 2001, 538; hierzu ausführlich *Arens/Beckmann*, Die anwaltliche Beratung des GmbH-Geschäftsführers, § 11 Rn 219.
305 *Tänzer*, BB 2004, 2757.
306 BFH v. 28.6.1989 – I R 89/85, BStBl. 1989 II, 854.
307 Nach *Kollmorgen/Friedrichsen* in Dombek/Kroiß, Formularbibliothek Vertragsgestaltung, Gesellschaftsrecht I, Teil 1, § 4 Rn 51.
308 Zur Anwendbarkeit des § 616 BGB auf GmbH-Geschäftsführer s. BSG v. 14.12.1995 – 2 RU 41/94, NZS 1996, 343.

Ferner sollte im Anstellungsvertrag eine Klausel enthalten sein, nach der sich der Geschäftsführer auf die Vergütung während der vorübergehenden Verhinderung dasjenige anrechnen lassen muss, was er für die Dauer seiner Verhinderung von einer gesetzlichen oder privaten Krankenversicherung erhält.

211 Im Zusammenhang mit der Entgeltfortzahlung bei Krankheit ist es üblich, eine Regelung über die Versorgung der Angehörigen des Geschäftsführers zu vereinbaren, mit der die finanziellen Härten bei seinem Tod abgemindert werden. Eine Vereinbarung zur Entgeltfortzahlung bei Krankheit und Tod kann wie folgt lauten:[309]

212 **Muster: Entgeltfortzahlung bei Krankheit und Tod**

(1) Im Fall vorübergehender Arbeitsunfähigkeit aufgrund von Krankheit oder anderen von dem Geschäftsführer nicht zu vertretenden Gründen hat der Geschäftsführer einen Anspruch auf das volle Bruttomonatsgehalt für die Dauer von längstens 6 Wochen. Auf die Gehaltsfortzahlung an den Geschäftsführer werden Entschädigungszahlungen wegen Verdienstausfalls, Krankengeld oder Pensionen durch die Krankenversicherung oder andere Versicherungen angerechnet.

(2) Stirbt der Geschäftsführer während des Dienstverhältnisses, erhält seine Witwe die vollen Bezüge für den Sterbemonat sowie 3 weitere Monate.

213 Für den Fall einer langfristigen Erkrankung kann in dem Anstellungsvertrag eine Regelung vorgesehen werden, unter welchen Voraussetzungen die dauernde Dienstunfähigkeit festgestellt wird und das Anstellungsverhältnis endet.[310]

### 4. Urlaub

214 Weil Geschäftsführer regelmäßig keine Arbeitnehmer sind, findet der gesetzliche Mindesturlaubsanspruch nach § 2 BUrlG keine Anwendung.[311] Der Geschäftsführer hat aus der Treue- und Fürsorgepflicht der GmbH einen Anspruch auf angemessenen Erholungsurlaub, der in Anlehnung an den gesetzlichen Mindesturlaubsanspruch für Arbeitnehmer 24 Werktage (also 20 Tage auf Basis einer Fünf-Tage-Woche) betragen sollte.[312] Regelmäßig vereinbaren die Parteien in einem Anstellungsvertrag einen Urlaubsanspruch von 5 Wochen. Hierbei ist es üblich, dass sich die Geschäftsführer über die Lage und Dauer des Urlaubes abzustimmen haben. Eine Urlaubsklausel kann wie folgt formuliert werden:[313]

215 **Muster: Urlaub**

Der Geschäftsführer hat einen Anspruch auf bezahlten Erholungsurlaub von (■■■) Arbeitstagen auf Basis einer Fünf-Tage-Woche (der Samstag gilt nicht als Arbeitstag). Der Urlaub ist im Einvernehmen mit dem/den weiteren Geschäftsführer/n abzustimmen.

216 Wenn ein Urlaub wegen der Beendigung des Anstellungsverhältnisses nicht mehr möglich ist oder aber betriebliche Gründe einer Urlaubsinanspruchnahme entgegen stehen, hat der Geschäftsführer einen Anspruch auf Abgeltung. Dieser Anspruch muss nicht

---

309 Vgl *Kollmorgen/Friedrichsen* in Dombek/Kroiß, Formularbibliothek Vertragsgestaltung, Gesellschaftsrecht I, Teil 1, § 4 Rn 51; *Bartz* in Saenger/Aderhold/Lenkaitis/Speckmann, Handels- und Gesellschaftsrecht, § 15 Rn 31.
310 Hierzu *Arens/Beckmann*, Die anwaltliche Beratung des GmbH-Geschäftsführers, § 1 Rn 77.
311 Scholz/*Schneider/Sethe*, GmbHG, § 35 Rn 247.
312 So *Bartz* in Saenger/Aderhold/Lenkaitis/Speckmann, Handels- und Gesellschaftsrecht, § 15 Rn 31.
313 Hierzu auch *Ahrens/Beckmann*, Die anwaltliche Beratung des GmbH-Geschäftsführers, § 1 Rn 89 ff; *Hümmerich*, Gestaltung von Arbeitsverträgen, § 2 Rn 603.

ausdrücklich in dem Anstellungsvertrag erwähnt werden. Bei Gesellschafter-Geschäftsführern liegt in der Abgeltung daher keine verdeckte Gewinnausschüttung.[314]

### 5. Wettbewerbsverbot

#### a) Beschreibung im Anstellungsvertrag

Jeder Geschäftsführer unterliegt einem Wettbewerbsverbot. Der persönliche, sachliche und zeitliche Anwendungsbereich eines Wettbewerbsverbots wurde unter Rn 90 bereits dargestellt. Dort stehen auch Ausführungen zu den Folgen eines Wettbewerbsverstoßes. Sofern ein Geschäftsführer nicht von den Beschränkungen eines Wettbewerbsverbots befreit werden soll, ist es aus Gründen der Klarstellung empfehlenswert, in dem Anstellungsvertrag eine Wettbewerbsklausel aufzunehmen. Diese könnte lauten:[315]   217

**Muster: Wettbewerbsverbot**   218
Während der Bestellung zum Geschäftsführer und der Dauer des Anstellungsvertrages ist es dem Geschäftsführer verboten, selbständig oder unselbständig oder auf andere Weise für ein anderes Unternehmen tätig zu werden, das direkt oder indirekt mit der GmbH im Wettbewerb steht. In dieser Zeit darf der Geschäftsführer keine im Wettbewerb mit der GmbH stehende Gesellschaft errichten, erwerben oder sich direkt oder indirekt an ihr beteiligen. Der Geschäftsführer hat die Gesellschafterversammlung zu informieren, wenn ein mit ihm Verwandter im Sinne des § 15 AO Anteile an einer solchen Gesellschaft hält. Der Erwerb von Aktien als Geldanlage ist nicht verboten, wenn die Aktiengesellschaft nicht im Wettbewerb mit der GmbH steht.

Mit einer solchen Vereinbarung wird das gesetzliche Wettbewerbsverbot – allerdings nur geringfügig – erweitert. Der Geschäftsführer darf sich daher als stiller Gesellschafter, Kommanditist oder Minderheitsgesellschafter an einer konkurrierenden Gesellschaft beteiligen, sofern er keinen bestimmenden Einfluss ausüben kann.[316] Da man aber nur schwer einschätzen kann, welchen Einfluss ein Geschäftsführer mit seiner Minderheitsbeteiligung ausüben kann, ist ein umfassenderes Beteiligungsverbot ratsam.   219

Die Einhaltung eines Wettbewerbsverbots kann insbesondere bei Fremdgeschäftsführern durch eine **Vertragsstrafe** abgesichert werden:[317]   220

**Muster: Vertragsstrafe für Wettbewerbsverstoß**   221
Der Geschäftsführer hat für jeden Fall der Zuwiderhandlung gegen dieses Wettbewerbsverbot eine Vertragsstrafe in Höhe von (Betrag) zu zahlen. Im Falle eines Dauerverstoßes, zu dem auch die Beteiligung an einer Gesellschaft gehört, entsteht ein Vertragsstrafenanspruch für jeden neu angefangenen Monat. Weitergehende Ansprüche der GmbH bleiben von dem Anspruch auf Vertragsstrafe unberührt.

Gerade bei Fremdgeschäftsführern ist aber zu beachten, dass es sich bei ihnen nach einer im Schrifttum vertretenen Auffassung um einen Verbraucher handeln kann, wenn er entsprechend der Rechtsprechung des BSG einer sozialversicherungspflichtigen Tätigkeit nachgeht. Infolgedessen kann eine Vereinbarung in einem Anstellungsvertrag   222

---

314 Vgl BFH v. 28.1.2004 – I R 50/03, GmbHR 2004, 671.
315 *Kollmorgen/Friedrichsen* in Dombek/Kroiß, Formularbibliothek Vertragsgestaltung, Gesellschaftsrecht I, Teil 1, § 4 Rn 51.
316 Hierzu *Arens/Beckmann*, Die anwaltliche Beratung des GmbH-Geschäftsführers, § 1 Rn 48; Scholz/*Schneider*, GmbHG, § 43 Rn 164 f.
317 Nach *Bartz* in Saenger/Aderhold/Lenkaitis/Speckmann, Handels- und Gesellschaftsrecht, § 15 Rn 34.

mit einem Geschäftsführer einer Inhaltskontrolle nach den AGB-Vorschriften der §§ 305 ff BGB unterliegen.[318] Schon aus diesem Grunde sollte die Vertragsstrafe nicht unangemessen hoch sein.[319]

**b) Vereinbarung eines nachvertraglichen Wettbewerbsverbots**

223 Ein Geschäftsführer ist bis zur Beendigung seiner Bestellung und der Auflösung des Anstellungsvertrages an das Wettbewerbsverbot gebunden. Nach seiner Amtszeit besteht kein Risiko für eine Interessenkollision.[320] Lediglich für den Gesellschafter-Geschäftsführer, der mit mindestens 51 % an der GmbH beteiligt ist, bleibt das Wettbewerbsverbot auch nach seiner Ablösung als Geschäftsführer bestehen.[321] Eine solche Konstellation ist in der Praxis allerdings ausgesprochen selten.

224 Von besonderer Bedeutung ist aber der Verlust des Geschäftsführeramtes bei einem Minderheitsgesellschafter oder einem Fremdgeschäftsführer. Sie können nach ihrer Amtszeit in Konkurrenz zur GmbH treten. Für die GmbH ist diese Rechtslage durchaus prekär. Ein Geschäftsführer repräsentiert weit mehr als jeder Angestellte das Gesellschaftsunternehmen. Häufig konzentrieren sich die geschäftlichen Beziehungen auf seine Person. Der ehemalige Geschäftsführer kann deshalb durchaus in der Lage sein, sowohl in den Kundenkreis des Unternehmens einzubrechen und dessen Geschäftspartner an sich zu binden, als auch alle weiteren wirtschaftlichen Kontakte des Unternehmens auszunutzen. Die GmbH kann sich vor diesem Risiko nur schützen, wenn sie mit dem Geschäftsführer ein nachvertragliches Wettbewerbsverbot vereinbart. Bei einem Wettbewerbsverbot musste man bis zum 31.12.2003 noch § 148 SGB III berücksichtigen, der einen Erstattungsanspruch der Agentur für Arbeit gegen den Arbeitgeber (also die GmbH) in Höhe von 30 % des gezahlten Arbeitslosengeldes für die Dauer eines Wettbewerbsverbots vorgesehen hatte. Diese Vorschrift ist allerdings durch das 3. Gesetz für moderne Dienstleistungen am Arbeitsmarkt vom 31.12.2003 aufgehoben worden. Da das Risiko einer Erstattungspflicht gegenüber der Arbeitsagentur nicht mehr besteht und die GmbH ein Interesse an einem Schutz vor einer Konkurrenz ihres ehemaligen Geschäftsleiters hat, finden sich in Geschäftsführer-Anstellungsverträgen häufig auch Regelungen zu einem nachvertraglichen Wettbewerbsverbot.

225 Die Vereinbarung eines nachvertraglichen Wettbewerbsverbots ist grundsätzlich zulässig. Der BGH kommt der GmbH bei der Vertragsgestaltung insoweit entgegen, als er die gesetzlichen Schranken eines nachvertraglichen Wettbewerbsverbots für Handlungsgehilfen (§§ 74 ff HGB) nicht analog auf Geschäftsführer anwendet.[322] Allerdings sind neben den Interessen der GmbH auch die Belange des Geschäftsführers zu berücksichtigen, der zur Bestreitung seines Lebensunterhalts weiter arbeiten muss. Hierbei kann sich ein Geschäftsführer auf das Grundgesetz berufen und daher stellt der BGH an die Zulässigkeit von Vereinbarungen, die den Geschäftsführer für die Zeit nach

---

318 Ausführlich hierzu *Hümmerich*, NZA 2006, 712.
319 Vgl *Hümmerich*, Gestaltung von Arbeitsverträgen, § 2 Rn 719 (Vertragsstrafe in Höhe einer halben durchschnittlichen Monatsvergütung).
320 So *Gehrlein*, GmbH-Recht in der Praxis, S. 259.
321 Ein Mehrheitsgesellschafter unterliegt schon aufgrund seines bestimmenden Einflusses einem Wettbewerbsverbot, s. OLG Karlsruhe v. 6.11.1998 – 15 U 179/97, GmbHR 1999, 539. Für den Alleingesellschafter einer GmbH besteht kein Wettbewerbsverbot, vgl BGH v. 28.9.1992 – II ZR 299/91, NJW 1992, 2053.
322 Grundlegend BGH v. 26.3.1984 – II ZR 229/83, NJW 1984, 2366.

der Beendigung des Anstellungsverhältnisses in seiner gewerblichen Betätigung beschränken, ausdrücklich „strenge Anforderungen".[323]

Ein nachvertragliches Wettbewerbsverbot darf den Verpflichteten in seiner Berufsausübung nicht übermäßig beschränken und damit über die schützenswerten Interessen der GmbH als Begünstigte hinausgehen. Der zwischen der GmbH und dem Geschäftsführer vorzunehmende Ausgleich der widerstreitenden Interessen erfordert eine umfassende Berücksichtigung der jeweiligen Umstände des Einzelfalls. Wettbewerbsverbote sind grundsätzlich nur zulässig, wenn sie dem Schutz eines berechtigten Interesses des Gesellschaftsunternehmens dienen und nach Ort, Zeit und Gegenstand die Berufsausübung und wirtschaftliche Betätigung des Geschäftsführers nicht unbillig erschweren.[324] 226

Die Rechtsprechung stellt bei der Vereinbarung eines nachvertraglichen Wettbewerbsverbots hinsichtlich der Beschränkungen auf Ort, Zeit und Gegenstand folgende Anforderungen: 227

- **Ort:** Das Wettbewerbsverbot muss der wirtschaftlichen Tätigkeit der GmbH räumlich übereinstimmen; eine nur in der Provinz tätige Gesellschaft kann kein weltweites Wettbewerbsverbot aussprechen;[325]
- **Zeit:** Nach einer Beendigung des Geschäftsführeramtes ist ein schutzwertes Interesse der GmbH an einem Wettbewerbsverbot im Allgemeinen nur für einen Zeitraum anzuerkennen, in dem die während der Vertragsdauer geschaffenen geschäftlichen Beziehungen fortwirken. Erfahrungsgemäß verflüchtigen sich diese Beziehungen nach einer gewissen Zeit, sodass das geschützte Unternehmen durch eine spätere Konkurrenz des Geschäftsführers keine wesentlichen Einbußen erfahren kann. Hat ein Wettbewerbsverbot eine Laufzeit von zwei Jahren, liegt ein Verstoß gegen § 138 BGB regelmäßig nicht vor;[326]
- **Gegenstand:** Der Gegenstand des Wettbewerbsverbots muss der wirtschaftlichen Betätigung der GmbH identisch sein, da andernfalls kein schützenswertes Interesse für ein Wettbewerbsverbot vorliegt.[327]

Bei einem nachvertraglichen Wettbewerbsverbot stehen die Interessen der GmbH im Vordergrund. Sie möchte sich davor bewahren, dass der Geschäftsführer die im Unternehmen erlangten Kenntnisse und Verbindungen zum Schaden der GmbH ausnutzt. Nach dem Konzept des BGH wird ein Geschäftsführer in seiner wirtschaftlichen Betätigung hinreichend geschützt, indem ein Wettbewerbsverbot zeitlich, örtlich und ge- 228

---

323  Auch hierzu BGH v. 26.3.1984 – II ZR 229/83, NJW 1984, 2366; Scholz/*Schneider*, GmbHG, § 43 Rn 175.
324  BGH v. 26.3.1984 – II ZR 229/83, NJW 1984, 2366; bestätigt durch BGH v. 8.5.2000 – II ZR 308/98, NJW 2000, 2584; BGH v. 29.9.2003 – II ZR 59/02, NJW 2004, 66.
325  Hierzu Scholz/*Schneider*, GmbHG, § 43 Rn 179.
326  BGH v. 14.7.1997 – II ZR 238/96, NJW 1997, 3089, BGH v. 29.10.1990 – II ZR 241/89, NJW 1991, 699; BGH v. 8.5.2000 – II ZR 308/98, NJW 2000, 2584; alle Entscheidungen betreffen die Dauer eines nachvertraglichen Wettbewerbsverbotes für den ausgeschiedenen Gesellschafter einer Personengesellschaft, sie werden von der Literatur auch auf das nachvertragliche Wettbewerbsverbot eines GmbH-Geschäftsführers angewandt, s. Scholz/*Schneider*, GmbHG, § 43 Rn 178; *Gehrlein*, GmbH-Recht in der Praxis, S. 260; verstößt eine Wettbewerbsklausel allein gegen die Zweijahresfrist, kann eine geltungserhaltende Reduktion möglich sein, s. BGH v. 29.9.2003 – II ZR 59/02, NJW 2004, 66.
327  BGH v. 26.3.1984 – II ZR 229/83, BGH v. 14.7.1997 – II ZR 238/96, NJW 1997, 3089 (in der letztgenannten Entscheidung war ein Wettbewerbsverbot zu weit gefasst, weil es einem freiberuflich tätigen Gesellschafter auch die Möglichkeit nahm, zukünftig als Angestellter einer Behörde tätig zu werden).

genständlich beschränkt ist. Aus diesem Grunde kann nach der Rechtsprechung ein nachvertragliches Wettbewerbsverbot mit einem Geschäftsführer auch ohne Karenzentschädigung vereinbart werden. Die für einen Handlungsgehilfen einschlägige Regelung des § 74 Abs. 2 HGB ist auf einen Geschäftsführer nicht anwendbar.[328] Im Schrifttum wird allerdings die Auffassung vertreten, dass ein Geschäftsführer zum Ausgleich für das nachvertragliche Wettbewerbsverbot in analoger Anwendung des § 74 Abs. 2 HGB einen Anspruch auf **Karenzentschädigung** in Höhe der Hälfte seiner bisherigen Vergütung hat.[329]

229 Bei einer Karenzentschädigung können die Parteien vereinbaren, dass Einkünfte aus selbständiger oder unselbständiger Tätigkeit, die der Geschäftsführer durch die Verwertung seiner Arbeitskraft erzielt, anzurechnen sind. Diese Vereinbarung entspricht dem Regelungsinhalt des § 74 c Abs. 1 HGB. Sie wird dahingehend ergänzt werden, dass auch Arbeitslosengeld als Lohnersatzleistung wie ein anderweitiger Verdienst zu berechnen ist. Für die Höhe der Karenzentschädigung kann man sich an § 74 Abs. 2 HGB orientieren (Hälfte der bisher bezogenen Vergütung pro Monat). Mit *Hümmerich* kann daher wie folgt formuliert werden:[330]

230 **Muster: Karenzentschädigung**

(1) Der Geschäftsführer verpflichtet sich, für die Dauer von zwei Jahren nach Beendigung des Anstellungsvertrages weder in selbständiger noch in unselbständiger Stellung oder in sonstiger Weise für ein Unternehmen tätig zu werden, welches mit der Gesellschaft in direktem oder indirektem Wettbewerb steht. In gleicher Weise ist es dem Geschäftsführer untersagt, während dieser Dauer ein solches Unternehmen zu errichten, zu erwerben oder sich hieran mittelbar oder unmittelbar zu beteiligen. Dieses Wettbewerbsverbot gilt (räumlicher Geschäftsbereich der GmbH).

(2) Für die Dauer des nachvertraglichen Wettbewerbsverbots verpflichtet sich die Gesellschaft, dem Geschäftsführer eine Karenzentschädigung zu zahlen, die für jedes Jahr des Verbots die Hälfte der von dem Geschäftsführer zuletzt bezogenen vertragsmäßigen Leistungen beträgt. Die Zahlung der Entschädigung wird in 12 gleichen Monatsraten am Ende eines Monats fällig.

(3) Auf die Entschädigung gemäß Abs. 2 werden die Einkünfte angerechnet, welche der Geschäftsführer während der Dauer des nachvertraglichen Wettbewerbsverbots aus selbständiger, unselbständiger oder sonstiger Erwerbstätigkeit erzielt oder zu erzielen unterlässt, soweit die Entschädigung unter Hinzurechnung der Einkünfte den Betrag der zuletzt bezogenen vertragsmäßigen Leistungen übersteigt. Zu den Einkünften zählt auch etwaiges vom Geschäftsführer bezogenes Arbeitslosengeld. Der Geschäftsführer ist verpflichtet, der Gesellschaft auf Verlangen über die Höhe seiner Einkünfte Auskunft zu erteilen.

(4) Endet das Anstellungsverhältnis aufgrund des Eintritts des Geschäftsführers in den vorzeitigen oder endgültigen Ruhestand, so tritt das nachvertragliche Wettbewerbsverbot nicht in Kraft.

231 Sofern die Parteien nichts Gegenteiliges vereinbaren, kann eine GmbH ihren Geschäftsführer aus einem nachvertraglichen Wettbewerbsverbot entlassen. In einem solchem Fall wird sie von ihrer Verpflichtung zur Zahlung der versprochenen Karenzentschädigung frei. Die vereinbarte Karenzentschädigungspflicht entfällt allerdings dann nicht, wenn der Verzicht nach ordentlicher Kündigung des Anstellungsvertrages erst zu einem Zeitpunkt erklärt wird, in dem der Geschäftsführer sich auf die mit dem Wettbewerbs-

---

[328] BGH v. 26.3.1984 – II ZR 229/83, NJW 1984, 2366; BGH v. 17.2.1992 – II ZR 140/91, NJW 1992, 1892; BGH v. 4.3.2002 – II ZR 77/00, NJW 2002, 1875.
[329] *Goette*, in FS Wiedemann, 2002, S. 884; Scholz/*Schneider*, GmbHG, § 43 Rn 83.
[330] So auch das Vertragsmuster von *Hümmerich*, Gestaltung von Arbeitsverträgen, § 2 Rn 766.

verbot verbundenen Einschränkungen seiner neuen beruflichen Tätigkeit eingerichtet hat.[331]

## 6. Laufzeit und Kündigungsfrist

Die Vorschriften zum allgemeinen Kündigungsschutz finden auf einen GmbH-Geschäftsführer keine Anwendung. Er ist ein Mitglied des Organs, das zur gesetzlichen Vertretung einer juristischen Person berufen ist, und nach § 14 Abs. 1 Nr. 1 KSchG vom Anwendungsbereich der §§ 1 bis 13 KSchG ausgeschlossen. Auch § 14 Abs. 2 S. 1 KSchG erstreckt den Kündigungsschutz nicht auf einen GmbH-Geschäftsführer, obwohl nach dem Wortlaut dieser Regelung die Vorschriften des ersten Abschnitts des Kündigungsschutzgesetzes mit Ausnahme des § 3 KSchG auf *Geschäftsführer*, Betriebsleiter und ähnliche leitende Angestellte, soweit diese zur selbständigen Einstellung und Entlassung von Arbeitnehmern berechtigt sind, anwendbar sind. Geschäftsführer iSd § 14 Abs. 2 S. KSchG ist aber nicht ein GmbH-Geschäftsführer, da er als Vertretungsorgan einer juristischen Person bereits der spezielleren Regelung in § 14 Abs. 1 Nr. 1 KSchG unterfällt.[332]

232

Die gesetzlichen Kündigungsfristen sind bei beherrschenden Gesellschafter-Geschäftsführern (über 50 % der Geschäftsanteile) auf der einen Seite und bei nicht beherrschenden Gesellschafter-Geschäftsführern sowie Fremdgeschäftsführern auf der anderen Seite unterschiedlich. Bei einem **beherrschenden** Gesellschafter-Geschäftsführer richtet sich die gesetzliche Kündigungsfrist regelmäßig nach § 621 Nr. 3 BGB, da eine Vergütung nach Monaten bemessen ist.[333] Die GmbH kann einen beherrschenden Gesellschafter-Geschäftsführer daher spätestens am 15. eines Monats für den Schluss eines Kalendermonats ordentlich kündigen. Da der Gesellschafter-Geschäftsführer bei der Beschlussfassung über eine gegen ihn gerichtete ordentliche Kündigung ein Stimmrecht hat, kann er mit seinem Einfluss eine solche Kündigung verhindern. Allerdings kann sich ein Insolvenzverwalter bei einer Insolvenz der GmbH diese Kündigungsfrist zunutze machen. Als Alternative hierzu kann er den Anstellungsvertrag auch außerordentlich wegen einer schuldhaften Insolvenzverschleppung kündigen. Bei einem **nicht beherrschenden** Gesellschafter-Geschäftsführer und bei einem **Fremdgeschäftsführer** hängt die gesetzliche Kündigungsfrist nach § 622 Abs. 2 BGB von der Dauer des Anstellungsverhältnisses ab.

233

Da der Geschäftsführer keinen gesetzlichen Kündigungsschutz für sich in Anspruch nehmen kann, werden in Anstellungsverträgen regelmäßig Kündigungsfristen vereinbart, die länger als die gesetzlichen sind und dem Geschäftsführer die Möglichkeit geben sollen, sich nach einer neuen Anstellung umsehen zu können, ohne in Zugzwang zu geraten. Üblich ist dabei eine Kündigungsfrist von sechs oder zwölf Monaten zum Ende eines Kalenderjahres. Hierbei kann man auf folgende Formulierung zurückgreifen:

234

---

331 BGH v. 17.2.1992 – II ZR 140/91, NJW 1992, 1892; BGH v. 4.3.2002 – II ZR 77/00, NJW 2002, 1875.
332 BAG v. 25.10.2007 – 6 AZR 1045/06, NJW 2008, 1018; BGH v. 3.11.2003 – II ZR 158/01, NJW-RR 2004, 540.
333 Hierzu BGH v. 9.3.1987 – II ZR 132/86, NJW 1987, 2073 unter Verweis auf BGH v. 26.3.1984 – II ZR 120/83, NJW 1984, 2528.

## 235 Muster: Kündigungsfrist

Dieser Vertrag beginnt am (Datum) und wird auf unbestimmte Zeit geschlossen. Er kann von jeder Partei mit einer Frist von ■■■ zum Jahresende gekündigt werden.

236 Der Anstellungsvertrag kann auch befristet abgeschlossen werden, da das Teilzeit- und Befristungsgesetz auf den Geschäftsführer wegen seiner fehlenden Arbeitnehmereigenschaft keine Anwendung findet. Wenn der Anstellungsvertrag eine feste Laufzeit enthält, ist eine ordentliche Kündigung mangels gegenteiliger Vereinbarung im Hinblick auf § 620 Abs. 1 BGB ausgeschlossen.[334] Ein befristeter Anstellungsvertrag kann wie folgt vereinbart werden:[335]

## 237 Muster: Befristung

Das Anstellungsverhältnis beginnt zum (Datum) und endet am (Datum). Mit Ablauf der Vertragsdauer endet der Vertrag, ohne dass es einer Kündigung bedarf.

238 Gerade bei kleinen und mittelständischen Unternehmen kommt es eher selten vor, dass eine GmbH einen Gesellschafter-Geschäftsführer oder einen Fremdgeschäftsführer, der mit einem Gesellschafter in einem familiären Näheverhältnis steht, ordentlich kündigt. Hier ist es regelmäßig erst der Insolvenzverwalter, der eine Kündigung des Anstellungsvertrags ausspricht. Ein Insolvenzverwalter kann den Anstellungsvertrag des Geschäftsführers ohne Rücksicht auf eine vereinbarte Vertragsdauer oder einen vereinbarten Ausschluss des Rechts zur ordentlichen Kündigung mit einer Frist von drei Monaten kündigen, wenn nicht eine kürzere Frist maßgeblich ist (§ 113 S. 1 und S. 2 InsO). Sofern der Gesellschaftsvertrag keine einschlägige Regelung enthält, wird der Insolvenzverwalter sich für eine Berechnung der Kündigungsfristen auf § 621 Nr. 3 BGB bei einem beherrschenden Gesellschafter-Geschäftsführer berufen und bei den anderen Geschäftsführern die Kündigungsfrist nach den Vorgaben des § 622 Abs. 2 BGB berechnen, wenn der Geschäftsführer noch nicht acht Jahre bei der GmbH angestellt war. Für einen Geschäftsführer kann es daher mit einem (überschaubaren) finanziellen Vorteil verbunden sein, wenn der Insolvenzverwalter wegen einer längeren vertraglichen Kündigungsfrist auf die drei Monate in § 113 S. 2 InsO angewiesen ist. Die innerhalb dieser dreimonatigen Kündigungsfrist fällig werdenden Vergütungsansprüche des Geschäftsführers muss ein Insolvenzverwalter im Rang einer Masseforderung (§ 55 Abs. 1 Nr. 2 InsO) erfüllen.[336] Dieser Vorteil besteht allerdings nicht, wenn der Insolvenzverwalter dem Geschäftsführer eine schuldhafte **Insolvenzverschleppung** nachweisen und ihm außerordentlich kündigen kann.[337]

### 7. Koppelungsklausel

239 Die Organstellung des Geschäftsführers und der Anstellungsvertrag mit der GmbH sind zwei verschiedene Rechtsverhältnisse. Beide sind getrennt voneinander zu betrachten und können ein unterschiedliches rechtliches Schicksal haben. Die Trennung zwischen

---

334 BGH v. 21.6.1999 – II ZR 27/98, NJW 1999, 3263; BGH v. 29.5.1989 – II ZR 220/88, NJW 1989, 2683.
335 Zahlreiche Varianten für Befristungsklauseln stehen bei *Hümmerich*, Gestaltung von Arbeitsverträgen, § 2 Rn 364; sowie bei *Flatten*, GmbHR 2000, 922.
336 Vgl *Uhlenbruck*, BB 2003, 1185, 1190.
337 BGH v. 20.6.2005 – II ZR 18/03, NJW 2005, 3069.

der Organstellung des Geschäftsführers und seinem Anstellungsverhältnis wird bisweilen übersehen, wenn sich die GmbH von ihrem Geschäftsführer lösen möchte.

**Beispiel (nach OLG Köln v. 6.12.1999 – 16 U 94/98, NZG 2000, 551):** 240

Nach anwaltlicher Beratung widerrief die Gesellschafterversammlung der AB-GmbH einstimmig die Bestellung des X zum Geschäftsführer mit sofortiger Wirkung. Den Widerruf meldete die AB-GmbH zur Eintragung in das Handelsregister an. In der Folgezeit fanden Vergleichsgespräche statt, wobei der Geschäftsführer von der Arbeitsleistung im Unternehmen freigestellt war. Drei Monate nach der Gesellschafterversammlung kündigte die AB-GmbH den Geschäftsführervertrag des X fristlos. Der Widerruf der Bestellung konnte auf das Vorliegen eines außerordentlichen Grundes gestützt werden. Die außerordentliche Kündigung war aber unwirksam, weil sie nicht innerhalb der Zwei-Wochen-Frist des § 626 BGB erklärt wurde. Da die Beendigung der Organstellung nicht automatisch zu einem Beendigung des Anstellungsverhältnisses führt, bleibt der Vergütungsanspruch des Geschäftsführers so lange erhalten, bis eine Kündigung des Anstellungsverhältnisses wirksam wird.[338]

Um Nachteile der GmbH zu vermeiden, enthält ein Anstellungsvertrag mit einem Geschäftsführer häufig eine Koppelungsklausel. Hierfür bietet sich folgende Formulierung an:[339] 241

**Muster: Koppelungsklausel** 242

Die Abberufung des Geschäftsführers gilt zugleich als Kündigung des Dienstvertrages zum nächstmöglichen Termin, es sei denn die Abberufungserklärung sieht etwas anderes vor.

Bei einer Koppelungsklausel ist allerdings zu beachten, dass der Widerruf einer Bestellung gemäß § 38 Abs. 1 GmbHG grundsätzlich jederzeit erfolgen kann und er nur bei einer dementsprechenden Vereinbarung in der Satzung vom Vorliegen eines wichtigen Grundes abhängig gemacht werden kann (§ 38 Abs. 2 GmbHG). Häufig vereinbaren die GmbH und ihr Geschäftsführer in dem Anstellungsvertrag aber entweder eine längere Kündigungsfrist oder sie schließen die Möglichkeit einer ordentlichen Kündigung aus. In diesen Fällen führt eine Abberufung des Geschäftsführers nur zu einer sofortigen Beendigung des Vertragsverhältnisses, sofern die Abberufung von dem Vorliegen eines wichtigen Grundes getragen wird. Wenn ein **wichtiger Grund** für die Abberufung eines Geschäftsführers nicht vorliegt, die Gesellschafter sich aber gleichwohl von ihm trennen wollen, kann bei einer Koppelungsklausel die Abberufung nur zu einer Beendigung des Anstellungsvertrages unter Einhaltung der gesetzlichen Kündigungsfristen oder der vertraglichen Kündigungsfristen erfolgen. Die Kündigungsfristen aus dem Anstellungsvertrag können durch eine Koppelungsklausel nicht ausgehöhlt werden.[340] 243

Sollte das Anstellungsverhältnis des Geschäftsführers befristet und die Möglichkeit einer ordentlichen Kündigung ausgeschlossen worden sein, endet das Vertragsverhältnis über eine Koppelungsklausel nur dann, wenn die Abberufung aus einem wichtigen Grund erfolgte und gleichzeitig die Voraussetzungen für eine außerordentliche Kündigung nach § 626 BGB erfüllt sind.[341] Für den Fall, dass der Anstellungsvertrag die Abberufung als wichtigen Grund für eine außerordentliche Kündigung nennt, führt die 244

---

338 Auch eine rechtskräftige Entscheidung über das Vorliegen eines wichtigen Grundes für die Abberufung hat keine Rechtskraftwirkung hinsichtlich eines wichtigen Grundes für die Kündigung, s. BGH v. 28.5.1990 – II ZR 245/89, NJW-RR 1990, 1123.
339 So auch *Arens/Beckmann*, Die anwaltliche Beratung des GmbH-Geschäftsführers, § 1 Rn 116.
340 BGH v. 1.12.1997 – II ZR 232/96, NJW 1998, 1480.
341 BGH v. 21.6.1999 – II ZR 27/98, NJW 1999, 3263.

Koppelungsklausel nur zu einer Beendigung des Anstellungsverhältnisses mit einer dem Gesetz entsprechenden Frist.[342]

### 8. Verfallklausel

245 Falls die Geschäftsführer in den Angelegenheiten der Gesellschaft nicht die Sorgfalt eines ordentlichen Geschäftsmannes anwenden, haften sie der GmbH solidarisch für den entstandenen Schaden (§ 43 Abs. 1 u. 2 GmbHG). Neben diesem **allgemeinen Haftungstatbestand** regelt § 43 Abs. 3 GmbHG eine Sondersituation: Wenn unter Verstoß gegen die Grundsätze der **Kapitalerhaltung** Zahlungen an die Gesellschafter erfolgen, sind die Geschäftsführer der GmbH zum Ersatz verpflichtet (hierzu noch ausführlich unter § 3 Rn 239). Die Schadensersatzansprüche wegen der Nichtanwendung der erforderlichen Sorgfalt sowie des Verstoßes gegen den Grundsatz der Kapitalerhaltung verjähren nach § 43 Abs. 4 GmbHG in fünf Jahren.

246 So lange nicht der Anwendungsbereich des § 43 Abs. 3 GmbHG betroffen ist, es also nicht um Zahlungen an die Gesellschafter im Stadium einer Unterbilanz geht, können die Gesellschafter frei darüber entscheiden, ob und ggf in welchem Umfang sie die Ansprüche der Gesellschaft gegen einen pflichtwidrig handelnden Geschäftsführer verfolgen wollen. Dies folgt aus § 46 Nr. 8 GmbHG, der die Geltendmachung von Ersatzansprüchen der Gesellschaft gegenüber den Geschäftsführern von einem Gesellschafterbeschluss abhängig macht. Weil die Gesellschafter im Einzelfall über die Geltendmachung eines Schadensersatzanspruches beschließen können, dürfen sie nach der Rechtsprechung des BGH auch eine generelle Regelung in einem Anstellungsvertrag treffen. Aus diesem Grund kann die Frist für die Verjährung des Anspruchs nach § 43 Abs. 2 GmbHG abgekürzt werden, solange die Pflichtverletzung des Geschäftsführers nicht darin besteht, dass er entgegen in § 43 Abs. 3 GmbHG an der Auszahlung gebundenen Kapitals der GmbH an die Gesellschafter mitgewirkt hat.[343] Die **Verjährungsverkürzung** kann hierbei im Wege einer sog. Verfallklausel vereinbart werden. Hierfür bietet sich folgende Klausel an:[344]

247 **Muster: Verfallklausel**
Alle Ansprüche aus dem Anstellungsverhältnis sind von den Vertragspartnern innerhalb von 6 Monaten nach Fälligkeit, im Falle der Beendigung des Anstellungsverhältnisses jedoch innerhalb von 3 Monaten nach Beendigung, schriftlich geltend zu machen, andernfalls sind sie erloschen. Bleibt die Geltendmachung erfolglos, erlöschen sie, wenn der Anspruch nicht innerhalb einer Frist von 2 Monaten nach der Ablehnung gerichtlich geltend gemacht wird.

---

342 Hierzu BGH v. 29.5.1989 – II ZR 220/88, NJW 1989, 2683; *Reiserer/Peters*, DB 2008, 167, 169. Nach *Reiserer*, DB 2006, 1787 können in einem Anstellungsvertrag die wichtigen Gründe für eine außerordentliche Kündigung festgelegt werden. Zweifel an der Vereinbarkeit vorformulierter Koppelungsklauseln mit dem AGB-Recht der §§ 305 ff BGB bei Verbraucher-Geschäftsführern äußert *Hümmerich*, Gestaltung von Arbeitsverträgen, § 2 Rn 501.
343 BGH v. 16.9.2002 – II ZR 107/01, NJW 2002, 3777; bis zu dieser Entscheidung war nach der Rechtsprechung des BGH eine Verkürzung der Verjährungsfrist des § 43 Abs. 4 GmbHG durch Vereinbarung nur insoweit zulässig, als der Schadensersatzbetrag zur Befriedigung der Gesellschaftsgläubiger nicht erforderlich war, vgl BGH v. 15.11.1999 – II ZR 122/98, NJW 2000, 576.
344 Die Vertragsklausel entspricht der Formulierung, die vom BGH bereits als zulässig angesehen wurde, s. BGH v. 16.9.2002 – II ZR 107/01, NJW 2002, 3777.

Eine solche Verfallklausel ist nicht im Interesse der Gesellschaftsgläubiger und trotz ihrer rechtlichen Zulässigkeit nicht frei von rechtspolitischen Bedenken.[345] Gleichwohl eröffnet der BGH mit seiner Rechtsprechung einen Gestaltungsspielraum, der insbesondere für Gesellschafter-Geschäftsführer sowie Fremdgeschäftsführer, die den Gesellschaftern familiär verbunden sind, von Interesse sein kann. Bei personalistisch geprägten Gesellschaften ist es in aller Regel der Insolvenzverwalter, der Ansprüche der GmbH gegenüber den Gesellschaftern geltend macht. Vor diesem Hintergrund können Verfallklauseln die Geschäftsführer vor einer Inanspruchnahme durch den Insolvenzverwalter (wenn auch nur eingeschränkt) schützen.

248

### III. Kündigung des Anstellungsvertrags
### 1. Kündigung durch die GmbH
#### a) Ordentliche fristgemäße Kündigung
#### aa) Zuständigkeit

Obwohl § 46 Nr. 5 GmbHG nur von der Bestellung und der Abberufung des Geschäftsführers spricht, ist es inzwischen anerkannt, dass bei einer GmbH die Gesellschafter auch darüber zu entscheiden haben, ob neben der Geschäftsführerabberufung auch die Kündigung des Anstellungsvertrages erfolgen soll. Diese Zuständigkeit geht ausnahmsweise auf die Mitgeschäftsführer über, wenn das besondere Geschäftsführeranstellungsverhältnis einvernehmlich in ein gewöhnliches Arbeitsverhältnis geändert worden ist und dieses nunmehr gekündigt werden soll.[346] Die **Gesellschafterversammlung** kann die Kündigungsbefugnis auf einen fakultativen Aufsichtsrat oder Beirat übertragen. Im Anwendungsbereich des MitbstG ist der Aufsichtsrat Kraft Gesetzes nach § 31 MitbstG für die Bestellung des Geschäftsführers zuständig. Mit Eröffnung des Insolvenzverfahrens geht die Entscheidungsbefugnis für eine Kündigung des Anstellungsvertrages auf den Insolvenzverwalter über.[347]

249

Die Entscheidung über die Kündigung eines Geschäftsführers trifft daher grundsätzlich die Gesellschafterversammlung unter Einhaltung der gesetzlichen und statutarischen Formvorschriften. Die Kündigung des Anstellungsvertrages, die im Zusammenhang mit der Abberufung des Geschäftsführers erfolgt, setzt einen wirksamen Beschluss voraus.[348]

250

Der Gesellschafterbeschluss über die Entscheidung für eine Kündigung bedarf grundsätzlich keiner besonderen Form. Eine Ausnahme hiervon begründet § 48 Abs. 3 GmbHG, der für die **Einpersonen-GmbH** vorschreibt, dass der Gesellschafter unverzüglich nach der Beschlussfassung eine Niederschrift aufzunehmen und diese zu unterschreiben hat. Allerdings muss der Beschluss eines Alleingesellschafters einer GmbH nicht protokolliert werden, wenn die Kündigung schriftlich von dem Gesellschafter

251

---

345 Dies wird auch vom BGH erkannt, s. BGH v. 16.9.2002 – II ZR 107/01, NJW 2002, 3777; vgl auch die Kritik von *Altmeppen*, DStR 2002, 2048; *Hommelhoff/Kleindiek* in Lutter/Hommelhoff, GmbHG, § 43 Rn 41. Dem Sachverhalt zur Entscheidung des BGH v. 16.9.2002 – II ZR 107/01, NJW 2002, 3777 ist zu entnehmen, dass die Schadensersatzklage eines Insolvenzverwalters gegen einen Fremdgeschäftsführer (es handelte sich hierbei um einen Bäckermeister) an einer Verfallklausel scheitern kann.
346 BGH v. 14.11.1983 – II ZR 33/83, NJW 1984, 733; BGH v. 25.3.1991 – II ZR 169/90, NJW 1991, 1680.
347 Hierzu *Ahrens/Beckmann*, Die anwaltliche Beratung des GmbH-Geschäftsführers, § 2 Rn 3 ff.
348 OLG Köln v. 21.2.1990 – 13 U 195/89, GmbHR 1991, 156.

ausgesprochen worden ist und damit der Sinn des § 48 Abs. 3 GmbHG (Sicherheit über den Beschlussinhalt bei einer Einpersonen-GmbH) mit der gleichen Gewissheit erreicht ist, als wäre eine Niederschrift nach § 48 Abs. 3 GmbHG gefertigt worden.[349] Eine weitere Besonderheit bei den formellen Voraussetzungen eines Beschlusses über die Kündigung des Anstellungsvertrages mit einem Geschäftsführer gibt es, wenn in dem Anstellungsvertrag die Kündigung einem Schriftformerfordernis unterstehen soll. Nach dem Schrifttum begründet eine solche Vereinbarung in dem Anstellungsvertrag eine Protokollierungspflicht des Gesellschafterbeschlusses.[350]

252 Sofern in dem Anstellungsvertrag keine Koppelungsklausel enthalten ist, haben die Gesellschafter nicht nur über die Abberufung des Geschäftsführers als Organ der Gesellschaft zu beschließen, sondern sie müssen auch einen Beschluss über die Kündigung des Anstellungsvertrages fassen.[351]

253 Die Kündigungserklärung muss dem Geschäftsführer **zugehen**. Wenn in dem Anstellungsvertrag keine Schriftformklausel enthalten ist und der Geschäftsführer bei der entscheidenden Gesellschafterversammlung anwesend war, muss eine eigenständige Erklärung nicht abgegeben werden. Sofern ein Kündigungsschreiben erforderlich ist, können die Gesellschafter jemanden mit der Abgabe der Kündigungserklärung bevollmächtigen. Dies kann beispielsweise ein Mitgesellschafter, ein weiterer Geschäftsführer oder ein Anwalt der GmbH sein. Der Ausführende handelt dabei als Bevollmächtigter der Gesellschaft, nicht aber als deren Organ.[352]

### bb) Kündigungsfrist

254 Bei einer ordentlichen Kündigung richtet sich die Beendigung des Anstellungsvertrages in erster Linie nach den **vertraglich vereinbarten Kündigungsfristen**. Ist im Anstellungsvertrag eine Kündigungsfrist nicht geregelt oder die ordentliche Kündigung trotz einer Befristungsvereinbarung aufgrund einer ausdrücklichen Regelung möglich, so finden die gesetzlichen Kündigungsfristen Anwendung.

255 Bei einem beherrschenden Gesellschafter-Geschäftsführer sind die kurzen Kündigungsfristen des **§ 621 BGB** anzuwenden.[353] Da eine Geschäftsführervergütung im Regelfall nach Monaten bemessen ist, kann das Anstellungsverhältnis mit einem beherrschenden Gesellschafter-Geschäftsführer nach **§ 621 Nr. 3 BGB** spätestens am 15. eines Monats für den Schluss des Kalendermonats gekündigt werden. Für die Minderheitsgesellschafter-Geschäftsführer und die Fremdgeschäftsführer ist hingegen § 622 BGB maßgeblich. Aus § 622 Abs. 1 ergibt sich, dass das Anstellungsverhältnis mit einer Frist von vier Wochen zum 15. oder zum Ende eines Kalendermonats gekündigt werden kann. Allerdings verlängert sich die Kündigungsfrist nach § 622 Abs. 2 BGB entsprechend der Beschäftigungsdauer bis sieben Monate zum Ende eines Kalendermonats.

---

349 BGH v. 27.3.1995 – II ZR 140/93.
350 Vgl *Ahrens/Beckmann*, Die anwaltliche Beratung des GmbH-Geschäftsführers, § 2 Rn 13.
351 OLG Köln v. 6.12.1999 – 16 U 94/98, NZG 2000, 551.
352 *Reiserer*, DB 2006, 1787.
353 BGH v. 9.3.1987 – II ZR 132/86, NJW 1987, 2073; da auch der beherrschende Gesellschafter-Geschäftsführer seine gesamte Arbeitskraft in den Dienst der GmbH stellt und wirtschaftlich auf die Vergütung angewiesen ist, möchten Teile des Schrifttums hier die längeren Kündigungsfristen des § 622 BGB anwenden, s. Scholz/*Schneider/Sethe*, GmbHG, § 35 Rn 314 mwN.

Die Berechnung der Kündigungsfrist ist ohne Probleme möglich, wenn der Geschäfts- 256
führer vor Abschluss des Anstellungsvertrages kein Arbeitnehmer bei der GmbH war.
In einem solchen Fall ist lediglich der Abschluss des Geschäftsführervertrages für die
Kündigungsfrist maßgeblich. War der Geschäftsführer vor Abschluss des Geschäfts-
führer-Dienstvertrags als Arbeitnehmer bei der GmbH beschäftigt, stellt sich die Frage,
ob der Beginn des Arbeitsverhältnisses oder die Aufnahme der Geschäftsführertätigkeit
für die Berechnung der Kündigungsfrist ausschlaggebend ist. Nach Auffassung des BAG
besteht kein Zweifel daran, dass ein Geschäftsführer mit Abschluss des Geschäftsführer-Dienstvertrages seine vertraglichen Beziehungen zu der GmbH ausschließlich auf
diese neue vertragliche Grundlage gestellt und damit zugleich das zuvor bestandene
Arbeitsverhältnis zum Zeitpunkt der Aufnahme der Geschäftsführertätigkeit beendet
hat. Durch den schriftlichen Geschäftsführer-Dienstvertrag werden die zuvor vereinbarten Rechte und Pflichten der Parteien konkludent aufgehoben.[354] Die Ausführungen
des BAG lassen offen, ob auch die gesetzlichen Rechte aus dem vorherigen Anstellungsverhältnis mit Abschluss des Geschäftsführervertrages aufgehoben werden.

Die Verlängerung der Kündigungsfristen gem. § 622 Abs. 2 BGB wird von dem Ab- 257
schluss eines Geschäftsführer-Anstellungsvertrages mE nicht umfasst, da sie kraft Gesetzes eintritt und zumindest der Geschäftsführer eine Verkürzung nicht wirklich gewollt haben kann. Für die Berechnung der Kündigungsfristen bei einem Geschäftsführer, der vor seiner Amtszeit als Arbeitnehmer der GmbH beschäftigt war, ist daher der
Abschluss des früheren Arbeitsvertrages entscheidend.

Bei einer Eröffnung des Insolvenzverfahrens kann das Anstellungsverhältnis mit einem 258
Geschäftsführer vom Insolvenzverwalter ohne Rücksicht auf eine vereinbarte Vertragsdauer oder einen vereinbarten Ausschluss des Rechts zur ordentlichen Kündigung gekündigt werden. Die Kündigungsfrist beträgt drei Monate zum Monatsende, wenn
nicht eine kürzere Frist maßgeblich ist (vgl § 113 S. 1 u. S. 2 InsO).

### cc) Kündigungsschutz

Arbeitnehmer genießen unter besonderen Voraussetzungen einen Sonderkündigungs- 259
schutz. Solche Schutzvorschriften, die nach dem Mutterschutzgesetz für werdende
Mütter oder nach den §§ 85 ff SGB IX für schwerbehinderte Menschen gelten, sind
nach der Rechtsprechung auf GmbH-Geschäftsführer allerdings nicht anwendbar.[355]

Nach § 14 Abs. 1 Nr. 1 KSchG finden auch die Vorschriften des Kündigungsschutzge- 260
setzes für die Mitglieder der Vertretungsorgane von juristischen Personen und damit
für die GmbH-Geschäftsführer **keine Anwendung**. Dies gilt sowohl für den Fremdgeschäftsführer, für den nur geringfügig beteiligten Gesellschafter-Geschäftsführer, als
auch für den beherrschenden Gesellschafter-Geschäftsführer.[356] Die ordentliche Kündigung des Anstellungsverhältnisses des GmbH-Geschäftsführers bedarf im Hinblick
auf seine Vertrauensstellung als organschaftlicher Vertreter der Gesellschaft mit Un-
ternehmerfunktion keiner Rechtfertigung. Es müssen lediglich die formellen Voraus-

---

354 So wörtlich BAG v. 19.7.2007 – 6 AZR 774/06, NJW 2007, 3228.
355 Zum Mutterschutzgesetz s. BAG v. 26.5.1999 – 5 AZR 664/98, NJW 1999, 3731; zum Sonderkündigungsschutz für schwerbehinderte Menschen s. BGH v. 9.2.1978 – II ZR 189/76, NJW 1978, 1435.
356 So Scholz/*Schneider/Sethe*, GmbHG, § 35 Rn 317 mwN.

setzungen erfüllt sein, damit die Kündigung wirksam ist. Die Wirksamkeit einer von der GmbH ordnungsgemäß erklärten ordentlichen Kündigung hängt nicht von den Motiven der Gesellschafter ab.[357]

261 **Beispiel (in Anlehnung an BGH v. 3.11.2003 – II ZR 158/01, NJW-RR 2004, 540):**
Die Gesellschafter wollen von dem Fremdgeschäftsführer die Unterzeichnung einer wahrheitswidrigen Erklärung. Als er dies verweigert, beschließt die Gesellschafterversammlung die sofortige Abberufung des Geschäftsführers und die ordentliche Kündigung des Anstellungsvertrages. Der Beschluss war formell einwandfrei und deshalb war die Kündigung auch wirksam.

262 Die ordentliche Kündigung eines abberufenen GmbH-Geschäftsführers trägt somit ihre Rechtfertigung in sich. Sie ist von dem Geschäftsführer hinzunehmen, auf welchen Erwägungen sie auch beruhen mag.[358]

**b) Außerordentliche fristlose Kündigung**

263 Wegen des fehlenden Kündigungsschutzes legen die Geschäftsführer besonderen Wert auf den Abschluss eines befristeten Anstellungsvertrages oder die Vereinbarung einer langen Kündigungsfrist. Kein qualifizierter Geschäftsführer wird sich zu einem Anstellungsvertrag bereit erklären, der ihn im übertragenen Sinne für „vogelfrei" erklärt. In Anstellungsverträgen stehen daher regelmäßig Vereinbarungen über eine bestimmte Vertragsdauer oder lange Kündigungsfristen. In beiden Fällen kann sich die GmbH nicht mehr kurzfristig von dem Geschäftsführer trennen. Auch ist eine Kündigung mit erheblichen Kosten verbunden, denn die Gehaltsansprüche bleiben bis zur ordentlichen Beendigung des Anstellungsvertrages bestehen. Es ist daher nicht weiter überraschend, dass die Gesellschafter versuchen, den Anstellungsvertrag außerordentlich und fristlos zu kündigen.[359]

264 Für eine außerordentliche Kündigung muss ein **wichtiger Grund** iSd § 626 BGB vorliegen. Dies ist allerdings nur dann der Fall, wenn der GmbH bei Abwägung aller Umstände die Weiterbeschäftigung des Geschäftsführers in seiner bisherigen oder einer entsprechenden Stellung bis zum Ablauf der ordentlichen Kündigungsfrist nicht zuzumuten ist. Sollten solche Umstände nicht gegeben sein, veranlassen die Gesellschafter gelegentlich intensive Forschungen nach Verfehlungen des Geschäftsführers.[360] Von besonderer Bedeutung ist die außerordentliche Kündigung schließlich in der Insolvenz, da ein Anstellungsvertrag wegen der Verletzung der Insolvenzantragspflicht fristlos gekündigt werden kann.[361]

**aa) Zuständigkeit**

265 Auch für die Entscheidung über eine außerordentliche Kündigung ist die Gesellschafterversammlung zuständig. Der Unterschied zu einer ordentlichen Kündigung besteht in dem **Stimmverbot** des Gesellschafter-Geschäftsführers, gegen den sich die außeror-

---

357 BGH v. 3.11.2003 – II ZR 158/01, NJW-RR 2004, 540.
358 BGH v. 3.11.2003 – II ZR 158/01, NJW-RE 2004, 540; vgl auch *Gehrlein*, GmbH-Recht in der Praxis, S. 265. Der Ausspruch einer ordentlichen Kündigung vor Beginn der Probezeit ist ohne eine entsprechende Vereinbarung ausgeschlossen, s. OLG Hamm v. 8.10.1984 – 8 U 265/83, BB 1984, 2214.
359 Eine GmbH kann grundsätzlich auch außerordentlich und fristgerecht kündigen, s. *Gehrlein*, BB 2005, 1700; dies ist aber nur ausgesprochen selten der Fall.
360 Vgl hierzu BGH v. 28.10.2002 – II ZR 353/00, NJW 2003, 431.
361 BGH v. 15.10.2007 – II ZR 236/06, NZG 2008, 148; BGH v. 20.6.2005 – II ZR 18/03, NJW 2005, 3069.

dentliche Kündigung richten soll.³⁶² Durch die Eröffnung des Insolvenzverfahrens über das Vermögen der GmbH wird der Anstellungsvertrag nicht automatisch beendet. Nun ist aber nicht mehr die Gesellschafterversammlung, sondern der Insolvenzverwalter für eine Kündigung des Anstellungsverhältnisses nach Maßgabe des § 113 InsO zuständig.

### bb) Wichtiger Grund

Aus § 626 Abs. 1 BGB ergibt sich, dass der Anstellungsvertrag mit dem Geschäftsführer 266 von der GmbH aus wichtigem Grund ohne Einhaltung einer Kündigungsfrist gekündigt werden kann, wenn Tatsachen vorliegen, aufgrund derer der GmbH unter Berücksichtigung aller Umstände des Einzelfalls und unter Abwägung der Interessen beider Vertragsteile die Fortsetzung des Anstellungsverhältnisses bis zum Ablauf der Kündigungsfrist oder bis zur vereinbarten Beendigung des Anstellungsvertrages nicht zugemutet werden kann.

Zu würdigen sind die Gesamtumstände im Einzelfall. Wenn bei einer GmbH mit meh- 267 reren Gesellschafter-Geschäftsführern wechselseitig die außerordentliche Kündigung des Anstellungsvertrages sowie die Einziehung eines Geschäftsanteils betrieben wird, bedarf es neben einer umfassenden Prüfung aller Umstände des Einzelfalls und einer **Gesamtabwägung** der beteiligten Interessen auch einer Berücksichtigung des Verhaltens des anderen Gesellschafters. Verfehlungen eines Gesellschafters, der die Kündigung mit betreibt, können das Fehlverhalten des zu kündigenden Gesellschafter-Geschäftsführers in einem derart milden Licht erscheinen lassen, dass eine außerordentliche Kündigung ausscheidet.³⁶³

Wie auch bei der Kündigung eines Arbeitnehmers kann man hier zwischen personen-, 268 verhaltens- und betriebsbedingten Gründen unterscheiden.³⁶⁴

### (1) Personenbedingte Gründe

Wenn die Kündigung des Anstellungsvertrages durch Gründe bedingt sind, die in der 269 Person des Geschäftsführers liegen, müssen die persönlichen Eigenschaften und Fähigkeiten des Geschäftsführers so ausgeprägt sein, dass der GmbH aus Sicht eines verständigen Betrachters und unter Berücksichtigung aller Umstände und unter Abwägung der Interessen beider Vertragsteile die Fortsetzung des Anstellungsverhältnisses bis zu einem ordentlichen Ablauf nicht zugemutet werden kann. Ein wichtiger Grund für die Kündigung des Geschäftsführer-Anstellungsvertrages liegt daher vor, wenn der Geschäftsführer dauerhaft arbeitsunfähig erkrankt ist und deshalb zu einer ordnungsgemäßen Geschäftsführung nicht mehr in der Lage ist.³⁶⁵

### (2) Verhaltensbedingte Gründe

In der Praxis ist die außerordentliche Kündigung aufgrund eines Verhaltens des Ge- 270 schäftsführers von besonderer Bedeutung. Dabei setzt ein wichtiger Grund kein Ver-

---

362 BGH v. 20.12.1982 – II ZR 110/82, NJW 1983, 938.
363 So ausdrücklich für die Einziehung eines Geschäftsanteils, BGH v. 13.2.1995 – II ZR 225/93, NJW 1995, 1358; s. auch BGH v. 10.12.2007 – II ZR 289/06, NZG 2008, 316.
364 Vgl auch Scholz/*Schneider/Sethe*, GmbHG, § 35 Rn 327 ff.
365 OLG Zweibrücken v. 5.6.2003 – 4 U 117/02, NJW-RR 2003, 1398; in dem der Entscheidung zugrunde liegenden Sachverhalt war der Gesellschafter-Geschäftsführer bei der Beschlussfassung über seine Abberufung 5 ½ Monate krank.

schulden des Geschäftsführers voraus. In aller Regel führen aber vorwerfbare Pflichtwidrigkeiten zu einer außerordentlichen Kündigung.[366] Aus den unzähligen Entscheidungen über die außerordentliche Kündigung von Geschäftsführern hier einige Beispiele:

- Der Geschäftsführer nutzt seine Stellung dazu aus, um ein günstiges Geschäft, von dem er nur wegen seiner Funktion als Geschäftsführer etwas erfahren konnte, ohne Unterrichtung der Gesellschafterversammlung für eigene Rechnung und zum eigenen Vorteil abzuschließen;[367]
- der Geschäftsführer setzt Arbeitskräfte der GmbH für den Bau seines privaten Hauses ein und verwendet hierbei Materialien der Gesellschaft;[368]
- der Geschäftsführer bezichtigt einen Gesellschafter der betrügerischen Kompetenzüberschreitung, mehrfachen Untreue und wissentlich falscher eidesstattlicher Aussagen sowie einer erheblichen Schädigung der GmbH.[369] In einem anderen Fall bezeichnet ein Geschäftsführer den Alleingesellschafter gegenüber Angestellten der GmbH als „Wurzel allen Übels" und nannte ihn einen „ganz einfachen Mann, nicht besonders gebildet";[370]
- der Geschäftsführer verwendet die Firmenkreditkarte für private Zwecke;[371]
- der Geschäftsführer verschweigt den Gesellschaftern, dass er an einem Vertragspartner der GmbH maßgeblich beteiligt ist;[372]
- der Geschäftsführer verstößt massiv gegen ein gesellschaftsvertragliches Wettbewerbverbot, indem er heimlich eine Parallelgesellschaft mit einer identischen geschäftlichen Tätigkeit gründet;[373]
- der Geschäftsführer einer GmbH holt vor der Veräußerung von Beteiligungen nicht die Zustimmung der Gesellschafterversammlung ein;[374]
- der Geschäftsführer verweigert den Mitgeschäftsführern Informationen über die Buchführung der GmbH;[375]
- der Geschäftsführer lässt sich einen Bonus durch entsprechende Anweisung an den Leiter des Finanz- und Rechnungswesens auszahlen, ohne dass er vorher eine Entscheidung der Gesellschafterversammlung eingeholt hat;[376]
- der Geschäftsführer erstellt den Jahresabschluss fehlerhaft und weigert sich, die maßgeblichen Unterlagen der beauftragten Wirtschaftsprüfungsgesellschaft zu überlassen oder selbst für einen ordnungsgemäßen Jahresabschluss zu sorgen;[377]
- der Geschäftsführer stellt schuldhaft den Insolvenzantrag nicht rechtzeitig.[378]

---

366 So *Gehrlein*, GmbH-Recht in der Praxis, S. 268.
367 BGH v. 8.5.1967 – II ZR 126/65, GmbHR 1968, 141; bestätigt durch BGH v. 13.2.1995 – II ZR 225/93, NJW 1995, 1358; vgl auch BGH v. 17.2.1997 – II ZR 278/95, NJW 1997, 2055.
368 BGH v. 2.6.1997 – II ZR 101/96, GmbHR 1997, 998.
369 BGH v. 15.6.1998 – II ZR 318/96, NJW 1998, 3274.
370 BGH v. 14.2.2000 – II ZR 218/98, NJW 2000, 1638.
371 OLG Brandenburg v. 20.2.2007 – 6 U 22/06, GmbHR 2007, 874.
372 OLG Brandenburg v. 2.7.2002 – 6 U 177/01, OLG-NL 2005, 174.
373 OLG Düsseldorf v. 24.2.2000 – 6 U 77/99, NZG 2000, 135.
374 BGH v. 10.12.2007 – II ZR 289/06, NZG 2008, 316.
375 BGH v. 26.6.1995 – II ZR 109/94, NJW 1995, 2850.
376 BGH v. 9.11.1992 – II ZR 234/91, NJW 1993, 463.
377 OLG Bremen v. 20.3.1997 – 2 U 110/96, NJW-RR 1998.
378 BGH v. 20.6.2005 – II ZR 18/03, NJW 2005, 3069.

## E. Anstellung 5

**(3) Betriebsbedingte Gründe**

Der wirtschaftliche Niedergang des Unternehmens kann einen Grund für eine außerordentliche Kündigung darstellen, wenn für eine Geschäftsführertätigkeit in der vereinbarten Art kein Raum mehr ist.[379] Im Gegensatz dazu rechtfertigt die auf geschäftspolitischen Gründen beruhende Entscheidung einer Muttergesellschaft, den Betrieb ihrer Tochtergesellschaft einzustellen, keine außerordentliche Kündigung des Geschäftsführers der Tochtergesellschaft.[380]

**cc) Fehlendes Erfordernis für eine Abmahnung**

Die Abmahnung ist im Arbeitsrecht wegen der sozialen Schutzbedürftigkeit abhängiger Beschäftigter entwickelt worden. Einem Arbeitnehmer sollen die Konsequenzen des vertragswidrigen Verhaltens vor Augen geführt werden. Dieser Gesichtspunkt kann bei Geschäftsführern von Kapitalgesellschaften nicht ausschlaggebend sein. Der BGH geht daher davon aus, dass Geschäftsführer regelmäßig die ihnen obliegenden Pflichten kennen und sich über die Tragweite etwaiger Pflichtverletzungen auch ohne besondere Hinweise und Ermahnungen im Klaren sind. Aus diesem Grund setzt die fristlose Kündigung des Anstellungsvertrages eines GmbH-Geschäftsführers **keine Abmahnung** voraus.[381] Da der Geschäftsführer als organschaftlicher Vertreter einer GmbH Arbeitgeberfunktionen wahrzunehmen hat, besteht auch im Hinblick auf § 314 Abs. 2 BGB kein Erfordernis der Abmahnung vor Ausspruch der außerordentlichen Kündigung des Anstellungsvertrages mit dem organschaftlichen Vertreter einer GmbH.[382]

**dd) Frist**

Eine fristlose Kündigung aus wichtigem Grund kann laut § 626 Abs. 2 S. 1 BGB nur innerhalb von **zwei Wochen** erfolgen. Nach der allgemeinen Regelung im Dienstvertragsrecht beginnt die Frist mit dem Zeitpunkt, in dem der Kündigungsberechtigte von dem für die Kündigung maßgebenden Tatsachen Kenntnis erlangt hat (§ 626 Abs. 2 S. 2 BGB). Für den Fristbeginn der außerordentlichen Kündigung eines Geschäftsführers ist bei der GmbH grundsätzlich die Kenntnis der Mitglieder der Gesellschafterversammlung in ihrer Eigenschaft als Mitwirkende an der kollektiven Willensbildung maßgeblich. Daher löst nicht schon deren außerhalb der Gesellschafterversammlung, sondern erst die nach dem Zusammentritt erlangte Kenntnis der für die Kündigung maßgeblichen Tatsachen die Zwei-Wochen-Frist der § 626 Abs. 1 S. 1 BGB aus. Die Gesellschafterversammlung ist ein Kollegialorgan, das seinen Willen durch Beschlussfassung bilden muss. Daher kommt es für die Wissenszurechnung an die Gesellschaft und den Beginn der Zwei-Wochen-Frist nur auf die Kenntnis der Organmitglieder in ihrer Eigenschaft als Mitwirkende an der kollektiven Willensbildung an. Kenntnis der Gesellschafter als kollegiales Beratungs- und Beschlussorgan liegt daher erst dann vor, wenn der für die Tatsachenkenntnis maßgebliche Sachverhalt hinsichtlich der Entlassung des Geschäftsführers einer Gesellschafterversammlung (§ 48 Abs. 1 GmbHG) un-

271

272

273

---

[379] Scholz/*Schneider/Sethe*, GmbHG, § 35 Rn 331.
[380] BGH v. 28.10.2002 – II ZR 353/00, NJW 2003, 431.
[381] BGH v. 14.2.2000 – II ZR 218/98, NJW 2000, 1638; BGH v. 10.9.2001 – II ZR 14/00, NJW-RR 2002, 173.
[382] Die Funktion als organschaftlicher Vertreter ist ein besonderer Umstand iSv § 323 Abs. 2 Nr. 3 BGB, auf den § 314 Abs. 2 S. 2 BGW verweist, s. BGH v. 2.7.2007 – II ZR 71/06, NJW-RR 2007, 1520; vgl auch *Reiserer*, DB 2006, 1787.

terbreitet wird. Durch § 626 Abs. 2 BGB wird der Kündigungsberechtigte angehalten, auf Grundlage seiner Kenntnis die nach seiner Ansicht gebotenen Konsequenzen zu ziehen. Hierzu sind die Gesellschafter, selbst wenn sie sämtlich als Einzelne außerhalb einer Gesellschafterversammlung Kenntnis vom Kündigungssachverhalt erlangt haben, nicht ohne den Zusammentritt als Kollegialorgan in der Lage. Um einen Beschluss zu fassen, müssen sich die Gesellschafter erst zu einer Versammlung treffen.[383] Wenn der Alleingesellschafter einer Einpersonen-GmbH von den Gründen für eine Kündigung Kenntnis erlangt, beginnt damit auch der Lauf der Kündigungsfrist.[384]

274 Die Gesellschafter dürfen allerdings nach Kenntnis der maßgebenden Tatsachen nicht abwarten, bis die nächste ordentliche Gesellschafterversammlung einberufen wird. Vielmehr sind sie gehalten, die Einberufung der Gesellschafterversammlung in die Wege zu leiten. Wird nämlich die Einberufung der Gesellschafterversammlung von den einberufungsberechtigten Gesellschaftern nach Kenntniserlangung von dem Kündigungssachverhalt unangemessen verzögert, so muss sich die Gesellschaft so behandeln lassen, als wäre die Gesellschafterversammlung mit der billigerweise zumutbaren Beschleunigung einberufen worden.[385] Ein Gesellschafter kann die Gesellschafterversammlung einberufen, wenn er auch Geschäftsführer der GmbH ist (§ 49 Abs. 1 GmbHG) oder ihm in der Satzung ein Recht auf Einberufung gewährt wurde. Falls die Gesellschafter nicht Geschäftsführer und zur Einberufung der Gesellschafterversammlung auf die gesetzlichen Regelungen beschränkt sind, haben sie diese anzuwenden. Sofern die Gesellschafter mindestens 10 % der Geschäftsanteile haben, können sie unter den Voraussetzungen des § 50 Abs. 1 GmbHG eine Gesellschafterversammlung selbst einberufen. Wenn Gesellschafter aufgrund ihrer Beteiligung nicht die Voraussetzungen des § 50 Abs. 1 GmbHG erfüllen, müssen sie auf einberufungsberechtigte Gesellschafter einwirken.[386]

275 Die Frist für die Erklärung einer außerordentlichen Kündigung beginnt bei einem dauernden Fehlverhalten nicht vor Beendigung des pflichtwidrigen Dauerverhaltens. Eine schuldhafte Insolvenzverschleppung kann daher auch dann von einem Insolvenzverwalter zum Anlass für eine außerordentliche Kündigung genommen werden, wenn die GmbH beim Ausspruch der Kündigung schon länger als zwei Wochen zahlungsunfähig und/oder überschuldet war.[387]

### ee) Umdeutung

276 Sollte sich in einem Rechtsstreit oder einer außergerichtlichen Auseinandersetzung herausstellen, dass die Voraussetzungen für eine außerordentliche Kündigung nicht vorliegen, die Erklärung als ordentliche Kündigung aber wirksam wäre, stellt sich die Frage nach einer Umdeutung. Bei einem Fremdgeschäftsführer kann die Umdeutung der außerordentlichen Kündigung eines Anstellungsvertrages in eine ordentliche Kündigung

---

383 So BGH v. 15.6.1998 – II ZR 318/96, NJW 1998, 3274 in Abweichung der bis dahin bestehenden Rechtsprechung, s. BGH v. 2.6.1997 – II ZR 101/96, GmbHR 1997, 998.
384 *Gehrlein*, GmbH-Recht in der Praxis, S. 271.
385 So erneut BGH v. 15. 6. 1998 – II ZR 318/96, NJW 1998, 3274.
386 *Gehrlein*, GmbH-Recht in der Praxis, S. 272.
387 BGH v. 20.6.2005 – II ZR 18/03, NJW 2005, 3069, s. dort auch zum Nachschieben eines wichtigen Grundes für die vor der Insolvenzeröffnung erfolgte Kündigung eines Anstellungsvertrages des GmbH-Geschäftsführers durch en Insolvenzverwalter.

vorgenommen werden, wenn nach der Sachlage anzunehmen ist, dass auch die ordentliche Kündigung vom Willen der Gesellschafterversammlung gedeckt ist und dieser Wille in dem Kündigungsschreiben für den zu kündigenden Geschäftsführer erkennbar zum Ausdruck kommt.[388] Bei einem Gesellschafter-Geschäftsführer wird man indes berücksichtigen müssen, dass er bei der Beschlussfassung über den Ausspruch einer gegen ihn gerichteten Kündigung nur dann von seinem Stimmrecht ausgeschlossen ist, wenn die Kündigung auf das Vorliegen eines wichtigen Grundes gestützt werden kann. Die Umdeutung einer außerordentlichen Kündigung in eine ordentliche ist mit dem Stimmrecht eines Gesellschafter-Geschäftsführers nicht vereinbar.[389] Wenn sich die Gesellschafter die „Hintertür" für eine ordentliche Kündigung offenlassen wollen, müssen sie in der Gesellschafterversammlung daher den Beschluss über den Ausspruch einer außerordentlichen, hilfsweise ordentlichen Kündigung beschließen, wobei dem betreffenden Gesellschafter bei dem nur hilfsweise gefassten Beschluss ein Stimmrecht zusteht. Sollte der Gesellschafter über eine Stimmenmehrheit verfügen, kann er als Geschäftsführer nur bei Vorliegen eines wichtigen Grundes außerordentlich gekündigt werden.

#### ff) Vergütungsanspruch

Wenn sich bei einer außerordentlichen Kündigung herausstellt, dass sie in Ermangelung eines wichtigen Grundes unwirksam ist, dann sind seit dem Ausspruch der Kündigung einige Monate ins Land gezogen, in denen der Geschäftsführer die GmbH verklagt, für diese aber nicht mehr gearbeitet hat. Hat eine GmbH in dieser Zeit an die Stelle des gekündigten Geschäftsführers einen anderen Geschäftsführer bestellt, gibt sie damit in der Regel zu erkennen, dass sie unter keinen Umständen zur weiteren Beschäftigung des gekündigten Geschäftsführers bereit ist. Der Geschäftsführer kann unter diesen Umständen die Weiterzahlung seines Gehaltes fordern, ohne seine Dienste der Gesellschaft zumindest wörtlich angeboten zu haben. Ein verzugsbegründendes Angebot iSd § 615 S. 1 BGB ist nicht erforderlich, wenn die GmbH zu erkennen gibt, dass sie auf die Dienste des Geschäftsführers verzichten will. Zur Vermeidung einer streitigen Auseinandersetzung ist es aber in jedem Fall empfehlenswert, wenn der Geschäftsführer, der zu diesem Zeitpunkt auch anwaltlich vertreten sein sollte, seine Arbeitskraft der GmbH anbietet. Geht der Geschäftsführer einer anderen Tätigkeit nach, so muss er sich diese Einkünfte nach § 615 S. 2 BGB anrechnen lassen.[390]

### c) Prozessuale Auseinandersetzung nach einer Kündigung

Für die Klage des Geschäftsführers einer GmbH gegen die Kündigung seines Anstellungsvertrags ist die Kammer für Handelssachen beim Sitz der GmbH zuständig, nicht aber die Arbeitsgerichte (§ 2 Abs. 1 Nr. 3 b, § 5 Abs. 1 S. 3 ArbGG). Das gilt auch dann, wenn der Geschäftsführer geltend macht, er sei wegen seiner eingeschränkten Kompetenz in Wirklichkeit Arbeitnehmer gewesen.[391] Der Vergütungsanspruch kann auch im Rahmen eines gesonderten Urkundenprozesses durchgesetzt werden.[392]

---

388 So bei der Kündigung eines Fremdgeschäftsführers BGH v. 8.9.1997 – II ZR 165/96, NJW 1998, 76.
389 So *Gehrlein*, GmbH-Recht in der Praxis, S. 265.
390 BGH v. 9.10.2000 – II ZR 75/99, NJW 2001, 287.
391 BAG v. 6.5.1999 – 5 AZB 22/98, NJW 1999, 3069.
392 Hierzu *Reiserer/Peters*, DB 2008, 167, 170.

## 2. Kündigung durch den Geschäftsführer

279 Auch ein Geschäftsführer hat die Möglichkeit, den Anstellungsvertrag ordentlich oder außerordentlich zu kündigen.

### a) Ordentliche Kündigung

280 Für die Kündigungserklärung bestehen keine gesetzlichen Formvorschriften. In dem Anstellungsvertrag können die GmbH und der Geschäftsführer eine Schriftform für die Kündigung vereinbaren. Eine Schriftformklausel ermöglicht nach einer Auffassung im Schrifttum auch die Erklärung einer Kündigung per Fax.[393] Für die Entgegennahme der Kündigungserklärung ist ein Mitgeschäftsführer zuständig.[394] Falls der einzige Geschäftsführer kündigt, ist für die Kündigung des Anstellungsvertrages und deren Entgegennahme die Gesamtheit der Gesellschafter zuständig. Es reicht aus, wenn die Kündigung gegenüber einem Gesellschafter erklärt wird. Ob dieser Gesellschafter die übrigen von der Geschäftsführerkündigung benachrichtigt, ist für die Wirksamkeit der Kündigung unerheblich.[395]

281 Wie auch bei der ordentlichen Kündigung durch die GmbH muss die ordentliche Kündigung durch den Geschäftsführer keine besonderen Bedingungen erfüllen. Auch sie trägt ihre Rechtfertigung in sich. Sie ist von der GmbH hinzunehmen, auf welchen Erwägungen sie auch beruhen mag.[396] Entscheidend ist lediglich, dass die Kündigung fristgerecht erfolgt. Wenn der Anstellungsvertrag mit einer Frist von sechs Monaten zum Jahresende gekündigt werden kann, muss die Kündigungserklärung spätestens am 30. Juni zugehen. Eine Besonderheit gibt es bei Verträgen, mit denen das Anstellungsverhältnis für die Lebenszeit des Geschäftsführers oder für eine längere Zeit als fünf Jahre eingegangen wurde. Hier kann der Geschäftsführer nach Ablauf von fünf Jahren den Anstellungsvertrag gem. § 624 BGB mit einer Frist von sechs Monaten kündigen. Hat sich ein Gesellschafter in dem Gesellschaftsvertrag verpflichtet, als Geschäftsführer für die GmbH tätig zu sein (§ 3 Abs. 2 GmbHG), kann er den Anstellungsvertrag trotz § 624 BGB nur bei Vorliegen eines wichtigen Grundes kündigen.[397]

### b) Außerordentliche Kündigung

282 Wenn ein Geschäftsführer vor Ablauf des zeitlich befristeten Anstellungsvertrages oder kurzfristig das Vertragsverhältnis gegen den Willen der GmbH beenden möchte, muss ein wichtiger Grund für eine außerordentliche Kündigung vorliegen. Hierzu einige Beispiele aus der Rechtsprechung und dem Schrifttum:

- dem Geschäftsführer werden von den weiteren Geschäftsführern oder den Gesellschaftern systematisch Informationen zur Buchführung der GmbH vorenthalten, so dass er den für die Buchführung zuständigen Mitgeschäftsführer nicht kontrollieren kann; bei dem systematischen und umfassenden Ausschluss des Klägers von der

---

[393] *Arens/Beckmann*, Die anwaltliche Beratung des GmbH-Geschäftsführers, § 2 Rn 28.
[394] *Gehrlein*, GmbH-Recht in der Praxis, S. 264.
[395] BGH v. 17.9.2001 – II ZR 378/99, NZG 2002, 43; OLG München v. 26.5.1993 18 U 7176/92, GmbHR 1994, 122; vgl hierzu auch Scholz/*Schneider*, GmbHG, § 38 Rn 91.
[396] BGH v. 3.11.2003 – II ZR 158/01, NJW-RE 2004, 540 (für die Kündigung durch die GmbH).
[397] Scholz/*Schneider/Sethe*, GmbHG, § 35 Rn 315.

Buchführung handelt es sich um ein sogenanntes Dauerverhalten, die Kündigungserklärungsfrist beginnt daher nicht vor Beendigung des Zustandes;[398]
- der Geschäftsführer erhält eine ungerechtfertigte fristlose Kündigung;[399]
- die Gesellschafter beschränken den Geschäftsführer in seinen Geschäftsführungsbefugnissen so sehr, dass auch der Kernbereich seiner vertraglich eingeräumten Befugnisse tangiert wird;[400]
- ein Mitgeschäftsführer erhebt unberechtigte Vorwürfe gegen den Geschäftsführer, beschimpft ihn vor den Angestellten mehrmals als Lügner und bezeichnet ihn als unfähig;[401]
- die Gesellschafter verlangen von dem Geschäftsführer die Durchführung einer offensichtlich rechtswidrigen Maßnahme.[402]

Kündigt ein Geschäftsführer von sich aus fristlos, kann er einen Schadensersatz nach § 628 Abs. 2 BGB verlangen, wenn seine Kündigung durch ein vertragswidriges Verhalten der Gesellschaft veranlasst worden ist.[403] Der Geschäftsführer kann dabei den Ausgleich aller adäquat kausal verursachten Schadensfolgen verlangen, die durch die vorzeitige Beendigung des Anstellungsvertrages entstanden sind. Der Anspruch geht auf das Erfüllungsinteresse, der Berechtigte ist so zu stellen, wie er bei Fortbestand des Dienstverhältnisses stehen würde. Dabei bildet die ordentliche Kündigungsfrist die zeitliche Grenze des Schadensersatzanspruchs. Der Schaden besteht im Ausfall der Vergütung einschließlich aller besonderen Zuwendungen sowie einer etwaigen Naturalvergütung. Bei der Ermittlung des Verdienstausfallschadens ist von der sogenannten Bruttolohnmethode auszugehen. Danach ist bei der Schadensberechnung der entgangene Bruttoverdienst des Geschäftsführers anzusetzen. Vorteile, die ihm auf Grund des Schadensereignisses durch den Wegfall zB von Steuern zufließen, sind im Wege des Vorteilsausgleichs zu berücksichtigen.[404]

---

398 BGH v. 26.6.1995 – II ZR 109/94, NJW 1995, 2850.
399 BGH v. 1.12.1993 – VIII ZR 129/92, NJW 1994, 443 (in dieser Entscheidung ging es um die außerordentlich Kündigung eines Werkvertrags zwischen der GmbH und ihrem Geschäftsführer, ein Recht zur außerordentlichen Kündigung des Anstellungsvertrags besteht nach dem Schrifttum auch bei einer vorherigen ungerechtfertigten Kündigung des Anstellungsvertrags, s. *Arens/Beckmann*, Die anwaltliche Beratung des GmbH-Geschäftsführers, § 2 Rn 33).
400 OLG Frankfurt v. 17.12.1992 – 26 U 54/92, NJW-RR 1993, 288.
401 BGH v. 9.3.1992 – II ZR 102/91, NJW-RR 1992, 992.
402 Scholz/*Schneider/Sethe*, GmbHG, § 35 Rn 348.
403 Hierzu BGH v. 28.10.2002 – II ZR 146/02, NJW 2003, 351 mit dem Hinweis, dass der rechtmäßig erfolgte Widerruf der Geschäftsführerbestellung kein vertragswidriges Verhalten der GmbH darstellt.
404 So BAG v. 5.8.2002 – 8 AZR 574/01, NZG 2002, 1177.

# § 6 Beseitigung

- A. Überblick .................. 1
- B. Auflösung .................. 8
  - I. Auflösungsgründe .......... 8
    1. Zeitablauf ............... 9
    2. Auflösungsbeschluss ...... 10
    3. Auflösungsklage .......... 14
    4. Auflösung durch Verwaltungsbehörde ........... 15
    5. Insolvenzverfahren ....... 16
    6. Masselose Insolvenz ...... 17
    7. Mängel des Gesellschaftsvertrages .............. 19
    8. Vermögenslosigkeit ....... 21
  - II. Anmeldung ................ 23
  - III. Rechtsfolgen ............ 26
  - IV. Fortsetzung .............. 28
- C. Liquidation ................. 30
  - I. Liquidator ................ 30
    1. Person ................... 30
    2. Bestellung und Abberufung . 33
    3. Anstellungsverhältnis .... 40
    4. Vertretungsbefugnis ...... 42
    5. Aufgaben ................. 45
    6. Haftung .................. 46
  - II. Verfahren ................ 49
    1. Anmeldung und Bekanntmachung der Auflösung .... 49
    2. Beendigung der laufenden Geschäfte ............... 51
    3. Erfüllung der Verbindlichkeiten ................ 52
    4. Einziehung von Forderungen ..................... 53
    5. Verwertung des Gesellschaftsvermögens ............ 54
    6. Verteilung des Liquidationsvermögens ............. 55
    7. Schluss der Liquidation .. 58
- D. Beendigung .................. 59
- E. Nachtragsliquidation ........ 61

## A. Überblick

1 Die Beseitigung einer GmbH erfolgt in einem formalisierten Verfahren. Es ist in den §§ 60 bis 74 GmbHG geregelt. Diese Vorschriften wurden durch das MoMiG nicht wesentlich geändert. Es erfolgten lediglich redaktionelle Anpassungen.

2 Die Beseitigung einer GmbH erfolgt in drei Phasen:
- Auflösung
- Liquidation (Abwicklung)
- Beendigung (Erlöschen als juristische Person)

3 Die **Auflösung** markiert das Ende der werbenden Tätigkeit einer GmbH. Obwohl der allgemeine Sprachgebrauch eine andere Vermutung nahelegt, bedeutet „Auflösung" in diesem Zusammenhang noch nicht das Ende der GmbH als juristische Person. Die Auflösung stellt vielmehr den Auftakt für die nun anstehende Verwertung des Gesellschaftsvermögens und damit für die zweite Phase der Beseitigung einer Gesellschaft (Liquidation) dar. Die Gesellschafter können die Auflösung ihrer GmbH durch einen diesbezüglichen Beschluss herbeiführen (§ 60 Abs. 1 Nr. 2 GmbHG). Häufig führt auch ein Insolvenzverfahren zur Auflösung der GmbH. Dabei sind die Eröffnung des Insolvenzverfahrens und die Rechtskraft des Beschlusses, durch den die Eröffnung des Insolvenzverfahrens mangels Masse abgelehnt worden ist, jeweils eigenständige Auflösungsgründe (vgl § 60 Abs. 1 Nr. 4 und Nr. 5 GmbHG).

4 Nach der Auflösung folgt die **Liquidation**. Hierbei geht es im Wesentlichen um die Beendigung der laufenden Geschäfte, die Erfüllung der Verpflichtungen der aufgelösten GmbH, den Forderungseinzug und schließlich die Verteilung des möglicherweise noch

## B. Auflösung

vorhandenen Vermögens unter den Gesellschaftern (§ 70 S. 1 GmbHG). Die Liquidation ist beendet, wenn:

- das Sperrjahr abgelaufen ist (§ 73 GmbHG),
- kein verteilbares Vermögen mehr vorhanden ist und
- keine sonstigen Liquidationsmaßnahmen mehr zu erledigen sind.[1]

Das in den §§ 65 bis 74 GmbHG geregelte gesellschaftsrechtliche Liquidationsverfahren kommt jedoch nicht zur Anwendung, sobald ein Insolvenzverfahren eröffnet worden ist. Statt eines Liquidators sorgt dann ein Insolvenzverwalter für die Verwertung des Gesellschaftsvermögens, sofern eine Fortführung des Unternehmens nicht in Betracht kommt. Weiterhin kommt das Liquidationsverfahren nicht zum Zuge, wenn die GmbH gem. § 141 a FGG (§ 394 FamFG)[2] im Handelsregister gelöscht wird. Voraussetzung für eine solche Löschung ist nämlich die festgestellte Vermögenslosigkeit der Gesellschaft; ein Liquidationsverfahren ist in einer solchen Situation also überflüssig.

Von einer **stillen Liquidation** ist die Rede, wenn die Gesellschaft ohne einen förmlichen Gesellschafterbeschluss sukzessive ihre Tätigkeiten einstellt und das Gesellschaftsvermögen an die Gesellschafter auszahlt. Wenn bei der GmbH lediglich noch ein Vermögen in Höhe des jeweiligen Stammkapitals vorhanden ist, holen die Gesellschafter die öffentliche Liquidation nach, indem sie einen diesbezüglichen Beschluss fassen und diesen dann beim Handelsregister anmelden. Solange die Interessen der Gesellschaftsgläubiger dabei beachtet werden, spricht zunächst nichts gegen diese Vorgehensweise. Allerdings ist in der Praxis eine stille Liquidation regelmäßig dadurch motiviert, dass die Gesellschafter das Gesellschaftsvermögen dem Zugriff durch die Gläubiger zu entziehen versuchen.[3]

Die gesetzlich nicht geregelte **Beendigung** der GmbH setzt neben der Löschung im Handelsregister die Vermögenslosigkeit der GmbH voraus.[4] Die Löschungseintragung der GmbH führt daher nichts stets zu ihrem Erlöschen und dem Verlust der Parteifähigkeit. Sollte sich nach der Löschung im Handelsregister noch herausstellen, dass ein verwertbares Vermögen vorhanden ist, ist eine **Nachtragsliquidation** möglich.[5]

## B. Auflösung

### I. Auflösungsgründe

Die gesetzlichen Auflösungsgründe sind in § 60 GmbHG zusammengefasst. Der Gesellschaftsvertrag kann nach § 60 Abs. 2 GmbHG weitere Auflösungsgründe vorsehen. Diese Regelung hat allerdings ebenso wenig praktische Bedeutung, wie eine Nichtig-

---

[1] *Lutter/Kleindiek* in Lutter/Hommelhoff, GmbHG, § 74 Rn 2.
[2] Die Regelungen des zukünftigen FamFG in §§ 394 ff. FamFG über die Löschungs- und Auflösungsverfahren gleichen im Wesentlichen den jetzigen Regelungen des FGG (§§ 141 ff. FGG). Vorschriften über die Löschungs- und Auflösungsverfahren werden durch das FamFG teilweise neu systematisiert und an die neue Terminologie angepasst.
[3] Vgl zu einer solchen (un)geordneten faktischen Liquidation BGH v. 12.7.1999 – II ZR 97/98, NZG 2004, 619.
[4] *Lutter/Kleindiek* in Lutter/Hommelhoff, GmbHG, § 74 Rn 6; OLG Koblenz v. 9.3.2007 – 8 U 228/06, NZG 2007, 431.
[5] Hierzu *Lutter/Kleindiek* in Lutter/Hommelhoff, GmbHG, § 74 Rn 17; *Hohlfeld*, GmbHR 2001, 255.

keitsklage nach § 75 Abs. 1 GmbHG, die wegen § 77 Abs. 1 GmbHG ebenfalls zu einer Auflösung der GmbH führen kann.

### 1. Zeitablauf

9 Eine GmbH wird nach § 60 Abs. 1 Nr. 1 GmbHG durch Ablauf der im Gesellschaftsvertrag bestimmten Zeit aufgelöst. Die Gesellschafter können hierbei einen konkreten Zeitpunkt bestimmen. Sie haben aber auch die Möglichkeit, den fraglichen Zeitpunkt an ein bestimmtes Ereignis zu knüpfen (Tod eines Gesellschafters, Widerruf einer Anwaltszulassung). Die Gesellschafter haben es selber in der Hand, den Auflösungsgrund noch vor dem maßgeblichen Zeitpunkt durch eine Satzungsänderung zu verhindern. Hier ist zunächst ein Fortsetzungsbeschluss erforderlich, der (vorbehaltlich einer anderslautenden Satzungsregelung) einer Mehrheit von Dreivierteln der abgegebenen Stimmen bedarf. Dieser Beschluss kann nicht gegen die Stimme eines Gesellschafters gefasst werden, der aufgrund einer Fortsetzung der Gesellschaft zu weiteren Nebenleistungen verpflichtet würde.[6]

### 2. Auflösungsbeschluss

10 Die Gesellschafter können nach § 60 Abs. 1 Nr. 2 GmbHG mit einer Mehrheit von Dreivierteln der abgegebenen Stimmen jederzeit die Auflösung der Gesellschaft beschließen. Der Beschluss der Gesellschafter bedarf keiner besonderen Form; er kann mündlich, schriftlich oder in notarieller Form wirksam gefasst werden. Ein Auflösungsbeschluss liegt auch vor, wenn sämtliche Gesellschafter zum selben Zeitpunkt und übereinstimmend den Gesellschaftsvertrag kündigen.[7] Dem § 60 Abs. 1 Nr. 2 GmbHG ist zu entnehmen, dass der Auflösungsbeschluss einer Mehrheit von Dreivierteln der *abgegebenen* Stimmen bedarf. Stimmenthaltungen gelten als „nicht abgegeben" und sind für die Berechnung der Mehrheit nicht relevant. Bei der Beschlussfassung ist daher nur die Mehrheit nach der Zahl der abgegebenen Ja-Stimmen und Nein-Stimmen zu berechnen.[8] Die Satzung kann einen Auflösungsbeschluss von der Zustimmung aller oder bestimmter Gesellschafter abhängig machen. Ebenso ist es möglich, einen Auflösungsbeschluss an eine einfache Mehrheit zu binden.

11 Die Wirksamkeit eines Auflösungsbeschlusses hängt nicht vom Vorhandensein besonderer, die Auflösung rechtfertigender Gründe ab. Freilich kann unter besonderen Umständen des Einzelfalls ein Missbrauch der Auflösungsbefugnis durch die Mehrheit in der Gesellschafterversammlung vorliegen, gegen den sich ein Minderheitsgesellschafter im Wege einer Anfechtungsklage wehren kann. Ein **Missbrauch der Auflösungsbefugnis** durch die Mehrheit liegt allerdings nur vor, wenn sie dazu instrumentalisiert wird, die Minderheit ohne Vorliegen eines wichtigen Grundes aus der Gesellschaft herauszudrängen oder die Minderheit bewusst zu schädigen.[9] Ein Auflösungsbeschluss kann ferner in die Rechte der Minderheitsgesellschafter eingreifen, wenn dieser Beschluss

---

6 Hierzu *Lutter/Kleindiek* in Lutter/Hommelhoff, GmbHG, § 60 Rn 3.
7 BayObLG v. 2.11.1994 – 3Z BR 152, 94, NJW-RR 1995, 1001.
8 So für die Mehrheitsberechnung bei der Beschlussfassung in einem Verein BGH v. 25.1.1982 – II ZR 164/81, NJW 1982, 1585; zur Anwendbarkeit dieser Grundsätze bei § 60 Abs. 1 Nr. 2 GmbHG s. *Lutter/Kleindiek* in Lutter/Hommelhoff, GmbHG, § 60 Rn 6.
9 BGH v. 28.1.1980 – II ZR 124/78, NJW 1980, 1278; *Timm*, JZ 1980, 665, 672.

vornehmlich auf eine Übertragung des Gesellschaftsvermögens auf den Mehrheitsgesellschafter hinauslaufen soll.[10]

Die Verlegung des Satzungssitzes einer nach deutschem Recht gegründeten GmbH ins Ausland wird von der Rechtsprechung ebenfalls als Auflösungsbeschluss gewertet.[11] Hieran hat sich auch durch das MoMiG nichts geändert. Nach § 4a GmbHG ist der Sitz der Gesellschaft der Ort *im Inland*, den der Gesellschaftsvertrag bestimmt.[12] Im Gegensatz zum bisherigen Recht kann eine GmbH allerdings ihren effektiven Verwaltungssitz in das Ausland verlegen. Auch dies führte vor den Änderungen des MoMiG noch zu einer Auflösung der Gesellschaft.[13]

Der Auflösungsbeschluss ist sofort wirksam. Die Eintragung des Beschlusses im Handelsregister hat nur deklaratorischen Charakter.[14]

### 3. Auflösungsklage

Nach § 60 Abs. 1 Nr. 3 GmbHG kann die Gesellschaft durch gerichtliches Urteil aufgelöst werden. Diese Regelung wird in § 61 Abs. 1 GmbHG näher konkretisiert. Demnach kann die Gesellschaft durch gerichtliches Urteil aufgelöst werden, wenn die Erreichung des Gesellschaftszweckes unmöglich wird oder wenn andere, in den Verhältnissen der Gesellschaft liegende, wichtige Gründe für die Auflösung vorhanden sind. Ein tiefgreifendes und nicht zu beseitigendes Zerwürfnis unter den Gesellschaftern einer GmbH kann einen wichtigen Grund zur Auflösung der Gesellschaft iSd § 61 Abs. 1 GmbHG bilden, wenn es das Gedeihen der Gesellschaft beeinträchtigt oder hiermit über kurz oder lang zu rechnen ist. Dies gilt insbesondere, wenn die Gesellschafter sich über wesentliche, für die Fortführung der Gesellschaft zentrale Fragen so zerstritten haben, dass eine Verständigung nicht mehr möglich erscheint.[15] Die Auflösungsklage kann von einem oder mehreren Gesellschaftern erhoben werden. Die Geschäftsanteile müssen zusammen mindestens **10 % des Stammkapitals** der GmbH ausmachen (§ 61 Abs. 2 S. 2 GmbHG). Die Satzung kann für die Erhebung der Auflösungsklage Erleichterungen vorsehen; eine Einschränkung dieses Rechtes ist nicht möglich.[16] Die Klage ist gegen die GmbH zu richten. Für die Auflösungsklage ist ausschließlich das Landgericht zuständig, in dessen Bezirk die Gesellschaft ihren Sitz hat (§ 61 Abs. 3 GmbHG). Weder in der Satzung noch in einer Gerichtsstandsvereinbarung kann diese Zuständigkeit abgeändert werden.[17]

### 4. Auflösung durch Verwaltungsbehörde

Wenn eine Gesellschaft das Gemeinwohl dadurch gefährdet, dass die Gesellschafter gesetzwidrig Beschlüsse fassen oder gesetzwidrige Handlungen der Geschäftsführer

---

10 Vgl BGH v. 1.2.1988 – II ZR 75/87, NJW 1988, 1579 zu der Anfechtbarkeit eines Mehrheitsbeschlusses über die Auflösung einer AG.
11 BayObLG v. 11.2.2004 – 3Z BR 175/03, NJW-RR 2004, 836.
12 Vgl hierzu BegrRegEMoMiG, BT-Drucks. 16/6140, S. 65.
13 So noch zum damaligen Recht OLG Hamm v. 30.4.1997 – 15 W 91/97, NJW-RR 1998, 615.
14 BGH v. 23.11.1998 – II ZR 70/97, NJW 1999, 1481.
15 BGH v. 20.6.1983 – II ZR 237/82, NJW 1983, 2880; OLG München v. 2.3.2005 – 7 U 4759/04, NZG 2005, 554.
16 *Gehrlein*, GmbH-Recht in der Praxis, S. 451.
17 Vgl *Lutter/Kleindiek* in Lutter/Hommelhoff, GmbHG, § 61 Rn 5.

wissentlich geschehen lassen, so kann die GmbH nach § 62 Abs. 1 GmbHG aufgelöst werden, ohne dass deshalb ein Anspruch auf Entschädigung entsteht. Diese ausgesprochen drakonisch anmutende Regelung gibt es im GmbHG seit 1892 in unveränderter Form. Ihre praktische Bedeutung ist ausgesprochen gering. Es ist in diesem Zusammenhang noch nicht einmal klar, welche Behörde überhaupt für die Auflösung zuständig sein soll. Im Schrifttum wird hier auf den örtlich zuständigen Regierungspräsidenten (bzw den Leiter der Regierungsdirektion) oder aber den Wirtschaftsminister verwiesen.[18]

**5. Insolvenzverfahren**

16 Von großer praktischer Bedeutung indes ist die Auflösung der GmbH durch Eröffnung des Insolvenzverfahrens gem. § 60 Abs. 1 Nr. 4 GmbHG. Die Auflösung tritt mit Rechtskraft des Eröffnungsbeschlusses ein. Sie wird von Amts wegen im Handelsregister eingetragen. Die Geschäftsstelle des Insolvenzgerichts ist nach § 31 Nr. 1 InsO verpflichtet, dem Registergericht eine Ausfertigung des Eröffnungsbeschlusses zu übermitteln. Durch die Eröffnung des Insolvenzverfahrens ist die Weiterführung des gesellschaftsrechtlichen Liquidationsverfahrens ausgeschlossen. Statt der Gesellschafterversammlung und dem Geschäftsführer ist nunmehr der Insolvenzverwalter für die Abwicklung der Gesellschaft zuständig.

**6. Masselose Insolvenz**

17 Auch die Ablehnung der Eröffnung des Insolvenzverfahrens mangels Masse führt zu einer Auflösung der GmbH (§ 60 Abs. 1 Nr. 5 GmbHG). Das Registergericht wird von der Geschäftsstelle des Insolvenzgerichts gem. § 31 Nr. 2 InsO von der Abweisung des Eröffnungsantrags mangels Masse informiert. Die Eintragung der Auflösung im Handelsregister erfolgt von Amts wegen und hat nur deklaratorischen Charakter. Die GmbH bleibt daher weiter rechts- und parteifähig. Ist eine GmbH infolge Zurückweisung eines Insolvenzantrages wegen Masselosigkeit aufgelöst worden, kann sie gleichwohl einen Aktivprozess führen, wenn sie einen vermögensrechtlichen Anspruch darlegen kann.[19]

18 Die Abweisung des Insolvenzverfahrens mangels Masse eröffnet daher den Anwendungsbereich einer Liquidation nach den gesellschaftsrechtlichen Vorschriften. Die Abwicklung einer GmbH nach Ablehnung des Insolvenzantrags passt allerdings nicht zum gesetzlichen Leitbild des Liquidationsrechts und berücksichtigt auch nicht die schützenswerten Gläubigerinteressen.[20] Bedenkt man, dass der Geschäftsführer regelmäßig auch Liquidator der GmbH ist (§ 66 Abs. 1 GmbHG), wird schnell deutlich, dass hier der „*Bock zum Gärtner*" gemacht wird. Gerade der Geschäftsführer ist zur rechtzeitigen Stellung eines Insolvenzantrags verpflichtet. Wenn er diese Pflicht nicht erfüllt hat, kommt es regelmäßig zur Abweisung des Verfahrens mangels Masse. Ihn dann auch noch mit der Verteilung des Gesellschaftsvermögens zu beauftragen, wäre sinnlos.

---

18 Hierzu *Lutter/Kleindiek* in Lutter/Hommelhoff, GmbHG, § 62 Rn 2.
19 Vgl BGH v. 3.4.2003, IX ZR 287/99, NJW 2003, 2231; BGH v. 21.10.1985 – II ZR 82/85, NJW-RR 1986, 394.
20 Ausführlich *Horn*, FS Ulmer (2003), S. 323, 328.

Eine wesentliche Schwäche der Liquidationsvorschriften ist es, die Grundregel des § 66 Abs. 1 GmbHG ohne Differenzierung auf alle Auflösungsgründe des § 60 Abs. 1 GmbHG anzuwenden, obwohl diese sehr unterschiedlich sein können. So kann es bei einem Auflösungsbeschluss nach § 60 Abs. 1 Nr. 2 GmbHG durchaus sinnvoll sein, den Geschäftsführer auch mit der Liquidation des Gesellschaftsvermögens zu betrauen. Im Falle des § 60 Abs. 1 Nr. 5 GmbHG ist dem aber nicht so.

### 7. Mängel des Gesellschaftsvertrages

Eine GmbH kann vom Handelsregistergericht als nichtig gelöscht werden, wenn die Voraussetzungen vorliegen, unter denen nach den §§ 75, 76 GmbHG eine **Nichtigkeitsklage** erhoben werden kann (§ 144 Abs. 1 FGG, zukünftig § 397 FamFG). Die Aufzählung der Nichtigkeitsgründe in § 144 FGG (§ 397 FamFG) ist abschließend. Es kommt daher lediglich eine Nichtigkeitsklage in Betracht, wenn der Gesellschaftsvertrag keine Bestimmungen über die Höhe des Stammkapitals oder den Unternehmensgegenstand enthält oder wenn die Bestimmung des Gesellschaftsvertrags über den Unternehmensgegenstand nichtig ist (§ 75 GmbHG). Sonstige Mängel des Gesellschaftsvertrages sind für eine Nichtigkeitsklage unbeachtlich.[21] Da eine Löschung einer GmbH nur in den in §§ 75, 76 GmbHG genannten Ausnahmefällen zugelassen ist, kann eine im Handelsregister eingetragene GmbH nicht deshalb als nichtig gelöscht werden, weil zB ihr alleiniger Gründungsgesellschafter bei der Errichtung der Gesellschaft geschäftsunfähig war.[22] Gerade wegen der abschließenden Voraussetzungen einer Nichtigkeitsklage ist die Auflösung einer GmbH nach § 60 Abs. 1 Nr. 6 GmbHG ausgesprochen selten.

19

Bis zum Inkrafttreten des MoMiG führte ein Verstoß gegen § 19 Abs. 4 GmbHG aF ebenfalls zu einer Auflösung der GmbH. Nach früherem Recht musste bei der Gründung einer Einpersonen-GmbH die Stammeinlage voll geleistet werden, anderenfalls war eine Sicherheitsleistung notwendig (§ 7 Abs. 2 S. 3 GmbHG aF). Um eine Umgehung des § 7 Abs. 2 S. 3 im Wege der Strohmanngründung zu verhindern, bestimmte § 19 Abs. 4 GmbHG aF, dass bei einer Vereinigung der Geschäftsanteile in der Hand eines Gesellschafters innerhalb von drei Jahren nach der Eintragung der GmbH in das Handelsregister die Gesellschaft alle Geldeinlagen voll einzuzahlen hatte. Dies musste innerhalb von drei Monaten seit der Vereinigung der Geschäftsanteile erfolgen. Andernfalls musste die Gesellschaft für die Zahlung der noch ausstehenden Beiträge eine Sicherung bestellen. Bei Nichteinhaltung dieser gesetzlichen Anforderung drohte eine Auflösung nach § 144 b FGG aF. Indem das MoMiG die Eintragung einer Einpersonen-GmbH lediglich davon abhängig macht, dass bei einer Bargründung die Einzahlung des hälftigen Stammkapitals versichert wird, sind die Sanktionsvorschriften des § 19 Abs. 4 GmbHG aF, § 144 b FGG aF sowie die damit verbundene Auflösung der Gesellschaft überflüssig.

20

---

21 OLG Frankfurt v. 4.12.2001 – XX W 31/01, NJW-RR 2002, 605; zur Wirksamkeit des Unternehmensgegenstands einer Anwalts-GmbH s. BayObLG v. 28.8.1996 – 3Z BR 75/96, NJW 1996, 3217.
22 KG Berlin v. 14.11.2000 – I W 6828/99, NJW-RR 2001, 1117.

## 8. Vermögenslosigkeit

21 Eine Besonderheit stellt der in § 60 Abs. 1 Nr. 7 GmbHG geregelte Auflösungsgrund dar. Demnach kann eine Gesellschaft wegen Vermögenslosigkeit nach § 141a FGG (zukünftig § 394 FamFG) gelöscht werden. Im Gegensatz zu den anderen Auflösungsgründen findet bei der Löschung vermögensloser Gesellschaften weder ein gesellschaftsrechtliches Liquidationsverfahren, noch ein Insolvenzverfahren statt. Die Löschung der GmbH im Handelsregister führt sogleich zur Beendigung der GmbH. Wo kein Vermögen ist, gibt es auch keinen Sinn für eine Abwicklung. Sollte sich nach der Löschung allerdings herausstellen, dass doch noch ein Vermögen vorhanden ist, findet eine Nachtragsliquidation statt. War die Eintragung der soeben gegründeten GmbH konstitutiv (§ 11 Abs. 1 GmbHG), ist deren Löschung aus dem Handelsregister nur deklaratorisch (*Lehre vom Doppeltatbestand der Beendigung*).[23]

22 Die Amtslöschung nach § 141a Abs. 1 FGG (zukünftig § 394 Abs. 1 FamFG) setzt voraus, dass die Gesellschaft kein Vermögen besitzt. Das ist nur dann der Fall, wenn es an einer verteilungsfähigen Masse, die zur Gläubigerbefriedigung verwertbar wäre, fehlt. Schon das Vorhandensein von Vermögen auch nur in geringem Umfang steht der Annahme der Vermögenslosigkeit entgegen.[24] Das Registergericht muss wegen der schwerwiegenden Folgen der Löschung die Voraussetzungen für die Annahme einer Vermögenslosigkeit genau prüfen und die erforderlichen Tatsachen von Amts wegen gem. § 12 FGG (§ 26 FamFG) ermitteln. Schon die Ankündigung der Löschungsabsicht darf es erst vornehmen, wenn es nach Abschluss seiner Ermittlungen über entsprechend gesicherte Erkenntnisse zur Vermögenslosigkeit der GmbH verfügt. Die bloße Überzeugung des Registergerichts von der Vermögenslosigkeit genügt nicht; die Überzeugung muss vielmehr auf ausreichenden Ermittlungen fußen.[25] Das Registergericht muss die Absicht der Löschung den gesetzlichen Vertretern der GmbH gem. § 141a Abs. 2 S. 1 FGG (zukünftig § 394 Abs. 1 FamFG) nach den für die Zustellung von Amts wegen geltenden Vorschriften der ZPO bekannt machen. Hierbei hat das Registergericht eine angemessene Frist zur Geltendmachung des Widerspruchs zu bestimmen. Wird der Widerspruch erhoben, darf eine Löschung erst erfolgen, wenn die den Widerspruch zurückweisende Verfügung rechtskräftig geworden ist.[26]

## II. Anmeldung

23 Die Anmeldung der Auflösung erfolgt in den wichtigsten Konstellationen von Amts wegen, nämlich:

- bei der Eröffnung des Insolvenzverfahrens,
- bei der Ablehnung des Insolvenzverfahrens mangels Masse und
- (eher selten) bei der gerichtlichen Feststellung eines Mangels der Satzung.

---

23 *Lutter/Kleindiek* in Lutter/Hommelhoff, GmbHG, § 60 Rn 17.
24 BGH v. 16.3.1992 – II ZB 17/91, NJW 1992, 1824; OLG Düsseldorf v. 5.4.2006 – 3 Wx 222/05, NJW-RR 2006, 903.
25 OLG Düsseldorf v. 5.4.2006 – 3 Wx 222/05, NJW-RR 2006, 903; OLG Zweibrücken 3 W 38/02, NJW-RR 2002, 825.
26 OLG Zweibrücken 3 W 38/02, NJW-RR 2002, 825.

In allen anderen Fällen meldet der Liquidator die Auflösung der Gesellschaft beim örtlich zuständigen Registergericht an. Dies hat auch dafür zu sorgen, dass die Auflösung zu drei verschiedenen Zeitpunkten bekannt gemacht wird (vgl § 65 Abs. 2 GmbHG und sogleich unter Rn 50).   24

Wenn die GmbH wegen Vermögenslosigkeit gelöscht wird, entfällt gem. § 65 Abs. 1 S. 4 GmbHG die Eintragung der Auflösung.   25

### III. Rechtsfolgen

Die Auflösung führt noch nicht zum Erlöschen der Gesellschaft. Hierzu ist grundsätzlich noch ein Liquidationsverfahren erforderlich (Ausnahme: Löschung wegen Vermögenslosigkeit). Die zwischen der Gesellschaft und Dritten geschlossenen Verträge bleiben daher wirksam. Wird etwa die Eröffnung eines Insolvenzverfahrens über das Vermögen des Vermieters mangels Masse abgelehnt, so besteht kein Anlass, dem Mieter allein deshalb ein außerordentliches Kündigungsrecht zu gewähren. Zwar ist die GmbH mit der Ablehnung des Insolvenzverfahrens aufgelöst. Dies ist aber ohne Einfluss auf den Bestand der Gesellschaft.[27] Es bleiben aber nicht nur die Vertragsverhältnisse grundsätzlich bestehen. Die aufgelöste GmbH ist auch weiterhin **parteifähig**. Freilich stellt sich die Frage, ob für den Kläger noch ein Rechtsschutzbedürfnis besteht, wenn er gegen eine GmbH gerichtlich vorgeht, die sich nach Ablehnung des Insolvenzantrags mangels Masse in Liquidation befindet. Die Rechtsprechung verneint in diesen Konstellationen nur dann ein Rechtsschutzbedürfnis, wenn die Möglichkeit einer späteren Vollstreckung in das Vermögen der GmbH auch hinsichtlich eines verhältnismäßig kleinen Betrages mit Sicherheit ausgeschlossen werden kann.[28]   26

Durch die Auflösung wird aus einer werbenden Gesellschaft eine in Abwicklung befindliche. Statt auf Gewinnerzielung ist der Zweck der GmbH nunmehr auf die eigene Liquidation gerichtet.[29] Während der Abwicklung muss die GmbH den Zusatz „in Liquidation" oder „i. L." führen.[30]   27

### IV. Fortsetzung

Trotz ihrer Auflösung kann eine GmbH unter bestimmten Voraussetzungen fortgesetzt werden. Ihr Zweck wandelt sich dann wieder um. Die Gesellschaft ist nicht mehr darauf ausgerichtet, die Abwicklung des Gesellschaftsvermögens unter Berücksichtigung der Gläubigerinteressen zu betreiben. Sie wird wieder in ein werbendes Stadium zurückversetzt. Gesetzlich vorgesehen ist die Fortsetzung einer aufgelösten GmbH lediglich in § 60 Abs. 1 Nr. 4 GmbHG: Wird ein Insolvenzverfahren auf Antrag der GmbH eingestellt oder nach Bestätigung eines Insolvenzplans, der den Fortbestand der Gesellschaft vorsieht, aufgehoben, dann können die Gesellschafter die Fortsetzung der Gesellschaft beschließen. Die Fortsetzungsmöglichkeit besteht über den Wortlaut des § 60 Abs. 1 Nr. 4 GmbHG hinaus auch für andere Auflösungsgründe. Sofern die Auflösung aller-   28

---

27 BGH v. 23.1.2001 – XII ZR 5/00, NJW-RR 2002, 946.
28 KG Berlin v. 30.6.2000 – 21 U 8550/99, GmbHR 2001, 35.
29 BGH v. 23.11.1998 – II ZR 70/97, NJW 1999, 1481.
30 Zu weiteren üblichen Abkürzungen s. *Lutter/Kleindiek* in Lutter/Hommelhoff, GmbHG, § 68 Rn 6.

**§ 6 Beseitigung**

dings darauf beruht, dass ein Insolvenzverfahren mangels Masse abgewiesen wurde, kommt eine Fortsetzung der Gesellschaft nicht in Betracht.[31]

29 Erste Voraussetzung für eine Fortsetzung der GmbH ist ein **Gesellschafterbeschluss**. In entsprechender Anwendung des § 274 Abs. 1 S. 2 AktG erfordert dieser Beschluss eine Mehrheit von drei Vierteln der abgegebenen Stimmen.[32] Des Weiteren muss die Fortsetzung beschlossen werden, **bevor** mit der Verteilung des Vermögens an die Gesellschafter begonnen wurde, da sonst die Regelungen über die Kapitalerhaltung ausgehebelt werden könnten (analog § 274 Abs. 1 S. 1 AktG).[33] Schließlich muss der **Auflösungsgrund beseitigt** werden. Erfolgte die Auflösung der Gesellschaft nach § 60 Abs. 1 Nr. 1 GmbHG durch den Ablauf der im Gesellschaftsvertrag bestimmten Zeit, ist eine Satzungsänderung erforderlich. Haben die Gesellschafter die Auflösung gem. § 60 Abs. 1 Nr. 2 GmbHG beschlossen, müssen sie nun eine Beschluss über die Fortsetzung der Gesellschaft fassen.[34]

## C. Liquidation

### I. Liquidator

#### 1. Person

30 Jede natürliche und juristische Person kann Liquidator sein. Für die Auswahl der Liquidatoren finden nach § 66 Abs. 4 GmbHG die für Geschäftsführer geltenden Bestellungshindernisse des § 6 Abs. 2 S. 2 und 3 GmbHG entsprechende Anwendung. Da § 66 Abs. 4 GmbHG eben nicht auf § 6 Abs. 2 S. 1 GmbHG verweist (dort wird das Geschäftsführeramt natürlichen, unbeschränkt geschäftsfähigen Personen vorbehalten), kommt zumindest theoretisch auch eine juristische Person als Liquidator in Betracht.

31 Bei den Liquidatoren unterscheidet man zwischen den sog. „geborenen" und „gekorenen" Liquidatoren. Außer bei der Eröffnung eines Insolvenzverfahrens erfolgt die Liquidation nach § 66 Abs. 1 GmbHG durch die Geschäftsführer, sofern der Gesellschaftsvertrag oder ein Gesellschafterbeschluss keine andere Person als Liquidator vorsieht. Die im Zeitpunkt der Auflösung amtierenden Geschäftsführer sind daher die **geborenen Liquidatoren**. Als Geschäftsführer sind sie auch zur Tätigkeit eines Liquidators verpflichtet. Kommen sie dieser Aufgabe nicht nach, besteht für die GmbH in Liquidation ein Schadensersatzanspruch.[35]

---

31 BGH v. 8.10.1979 – II ZR 257/78, NJW 1980, 233.
32 *Galla*, GmbHR 2006, 635, 636 mwN; ein Muster für einen Fortsetzungsbeschluss sowie für eine Anmeldung sind enthalten in *Kollmorgen/Friedrichsen* in Dombek/Kroiß, Formularbibliothek Vertragsgestaltung, Gesellschaftsrecht I, Teil 1, § 10 Rn 38 und 39.
33 OLG Düsseldorf v. 13.7.1979 – 3 W 139/79, GmbHR 1979, 227; *Lutter/Kleindiek* in Lutter/Hommelhoff, GmbHG, § 60 Rn 29.
34 Zur Beseitigung des Auflösungsgrundes bei § 60 Abs. 1 Nr. 3 und Nr. 6 GmbHG vgl *Gehrlein*, GmbH-Recht in der Praxis, S. 456 ff.
35 Vgl *Lutter/Kleindiek* in Lutter/Hommelhoff, GmbHG, § 66 Rn 2.

## C. Liquidation 6

Durch die Satzung oder durch einen Gesellschafterbeschluss kann die Liquidation auch anderen natürlichen oder juristischen Personen übertragen werden; hierbei handelt es sich um die **gekorenen Liquidatoren**.[36] 32

### 2. Bestellung und Abberufung

Die Geschäftsführer sind Kraft ihres Amtes die **geborenen Liquidatoren**. Ein besonderer Beschluss der Gesellschafterversammlung ist daher nicht notwendig. 33

Bei den **gekorenen Liquidatoren** muss man unterscheiden, ob ihnen das Amt aufgrund einer Vereinbarung im Gesellschaftsvertrag oder durch einen Gesellschafterbeschluss zugewiesen wurde. Nennt die Satzung bereits eine bestimmt Person als Liquidator, so steht diese Vereinbarung unter der aufschiebenden Bedingung des Vorliegens eines Auflösungsgrundes. Mit der Auflösung der GmbH wird die in der Satzung benannte Person daher automatisch zum Liquidator. Falls der Liquidator aufgrund eines Gesellschafterbeschlusses ernannt werden soll, ist eine diesbezügliche Beschlussfassung der Gesellschafterversammlung notwendig. Für diesen Gesellschafterbeschluss genügt grundsätzlich die einfache Mehrheit. Sollte die Satzung allerdings eine Regelung enthalten, nach der für die Bestellung und Abberufung des Geschäftsführers eine Dreiviertelmehrheit der insgesamt vorhandenen Stimmen erforderlich ist, so findet im Wege der ergänzenden Vertragsauslegung und im Hinblick auf die Wahrung der Rechte und Interessen der Minderheitsgesellschafter dieses Mehrheitserfordernis auch auf die Bestellung und Abberufung von Liquidatoren Anwendung.[37] 34

Gerade bei einer **masselosen Insolvenz** ist es oft nicht sinnvoll, dass ausgerechnet der Geschäftsführer als geborener Liquidator weiter für die Gesellschaft handelt. In den häufigsten Fällen hat gerade er die Insolvenz verschleppt und man kann nicht unbedingt davon ausgehen, dass dieser Geschäftsführer nach einer Abweisung des Verfahrens ein besonderes Augenmerk auf die nach wie vor zu beachtenden Gläubigerinteressen richten wird. Auch aus diesem Grund kann die Gesellschafterversammlung nach § 69 Abs. 1 GmbHG iVm § 38 GmbHG den Geschäftsführer abberufen. Die in einer Satzung möglicherweise enthaltene Beschränkung der Abberufung auf das Vorliegen eines wichtigen Grundes entfaltet während des Liquidationsverfahrens keine Wirkung; der Liquidator einer GmbH kann daher ohne Einschränkung jederzeit abberufen werden.[38] 35

Das Registergericht kann auf Antrag von Gesellschaftern, die zusammen mit mindestens 10 % am Stammkapital der Gesellschaft beteiligt sind, einen Liquidator abberufen. Die Abberufung eines Liquidators setzt das Vorliegen eines **wichtigen Grundes** voraus (§ 66 Abs. 2 und Abs. 3 GmbHG). Ein solcher ist gegeben, wenn ohne das Eingreifen des Registergerichts ein ordnungsgemäßer, reibungsloser und ungestörter Ablauf der Abwicklung ohne Benachteiligung auch nur eines Beteiligten (hierzu zählen die Gesellschaft und die Gesellschafter) nicht gewährleistet und somit das Ziel einer geordneten Abwicklung gefährdet ist. Das ist insbesondere der Fall bei groben Pflichtverletzungen 36

---

36 Wie hier *Gehrlein*, GmbH-Recht in der Praxis, S. 459, *Kollmorgen/Friedrichsen* in Dombek/Kroiß, Formularbibliothek Vertragsgestaltung, Gesellschaftsrecht I, Teil 1, § 10 Rn 16; nach *Lutter/Kleindiek* in Lutter/ Hommelhoff, GmbH, § 66 Rn 3, sollen auch die in der Satzung bestimmten Personen zu den geborenen Liquidatoren zählen.
37 So OLG Frankfurt v. 29.1.1999 – II U 125/98, NZG 1999, 833.
38 KG Berlin v. 26.11.1997 – 23 U 5873/95, GmbHR 1998, 1039; vgl hierzu Meyer, GmbHR 1998, 1018.

des Liquidators und seiner Unfähigkeit zur ordentlichen Geschäftsführung, der Gefahr eines Interessenwiderstreits oder dem Abschluss eigennütziger, schädlicher Geschäfte oder bei begründetem Misstrauen gegenüber der notwendigen Unparteilichkeit des Liquidators.[39] Sind die beiden einzigen gleichberechtigten Gesellschafter als ehemalige Geschäftsführer zu Liquidatoren bestellt worden, so liegt ein wichtiger Grund für die Abberufung durch das Registergericht vor, wenn beide Gesellschafter heillos miteinander zerstritten sind und schon mehrere Jahre lang nicht in der Lage gewesen waren, sich über die Veräußerung oder Verwertung des Grundstücks als einzigem verbliebenen Vermögensgegenstand der Gesellschaft zu einigen.[40] Ein Verschulden des Abzuberufenden ist nicht erforderlich. Für die Entscheidung des Registergerichts ist allein maßgeblich, ob der wichtige Grund den Abwicklungszweck gefährdet. Dabei kann auch ein Fehlverhalten aus früheren Geschäftsführertagen einen wichtigen Grund für die Abberufung eines geborenen Liquidators darstellen.[41]

37 Die Bestellung und Abberufung eines Liquidators aus wichtigem Grund setzt nach § 66 Abs. 2 sowie Abs. 3 GmbHG den Antrag von Gesellschaftern voraus, deren Geschäftsanteile zusammen 10 % des Stammkapitals entsprechen. Es gibt durchaus Konstellationen, in denen auch Gläubiger ein lebhaftes Interesse an der Bestellung eines Liquidators haben. Hier greift die Rechtsprechung auf § 29 BGB zurück, der analog für die Bestellung eines **Notliquidators** anwendbar ist.

38 **Beispiel (nach OLG Köln v. 1.8.2007 – 2 Wx 33/07, GmbHR 2008, 103):**
Vermieter V hat der A-GmbH einen Geschäftsraum vermietet. Die Gesellschaft hat mittlerweile so wenig Vermögen, dass das Insolvenzverfahren mangels Masse abgelehnt wurde. Der Gesellschafter und Geschäftsführer A kommt als Liquidator nicht in Betracht. Das Handelsregister hat ihn nämlich von Amts wegen gem. § 6 Abs. 2 S. 2 Nr. 2 GmbHG (Gewerbeuntersagung) als Geschäftsführer gelöscht. V möchte seinen Räumungstitel vollstrecken. Dafür muss er beim Amtsgericht die Bestellung eines Notgeschäftsführers beantragen. Bei der Bestellung durch das Amtsgericht wird der Wirkungskreis des Notliquidators auf die Vertretung der aufgelösten GmbH im einschlägigen Räumungsverfahren beschränkt.

39 Die Notbestellung eines Liquidators für eine GmbH in analoger Anwendung des § 29 BGB kommt nur als außerordentliche Maßnahme in Betracht. Der Aufgabenkreis eines gerichtlich bestellten Notliquidators einer aufgelösten GmbH ist daher auf die Angelegenheit zu beschränken, in denen konkret ein dringendes Bedürfnis für eine Vertretung der Gesellschaft besteht.[42] Die Gesellschafter einer GmbH können den Notliquidator aus dem Amt drängen, indem sie selber den längst fälligen Gesellschafterbeschluss fassen und jemanden zum Liquidator bestellen. Hierfür ist allerdings erforderlich, dass die jeweilige Person dann auch das Amt eines Liquidators tatsächlich ausführt.[43]

### 3. Anstellungsverhältnis

40 Bei der Auflösung der GmbH besteht im Regelfall ein Dienstvertrag zwischen der GmbH und ihrem Geschäftsführer. Dieser Vertrag bleibt auch bei einer Auflösung bestehen. Als geborene Liquidatoren bestimmen sich die Rechte und Pflichten nach diesem

---

39 So OLG Düsseldorf v. 22.7.1998 – 3 Wx 202/98, NJW-RR 1999, 37.
40 OLG Frankfurt v. 17.11.2005 – 20 W 388/05, GmbHR 2006, 493.
41 BayObLG v. 6.12.1995 – 3 Z BR 216/95, NJW-RR 1996, 1384.
42 OLG München v. 14.7.2005 – 31 Wx 12/05, GmbHR 2005, 1431.
43 OLG Köln v. 1. 8. 2007 – 2 Wx 33/07 – GmbHR 2008, 103.

Dienstvertrag, wobei hier die besonderen Umstände zu berücksichtigen sind. Statt einer werbenden Tätigkeit ist nunmehr eine Abwicklung notwendig. Vor diesem Hintergrund kann mE ein **Wettbewerbsverbot** aus dem Dienstvertrag die Aktivitäten des Geschäftsführers nicht mehr einschränken.

Indem ein gekorener Liquidator die Bestellung abnimmt, schließt er konkludent auch einen Dienstvertrag mit der in Liquidation befindlichen GmbH ab. Sofern keine Vereinbarung über die Höhe eines Honorars zustande kommt, kann der von der Gesellschafterversammlung bestellte Liquidator die übliche Vergütung gem. § 612 Abs. 2 BGB verlangen. Üblich sind hierbei die Gebührensätze eines Insolvenzverwalters.[44] Falls ein Rechtsanwalt als Liquidator tätig wird, kann er ein zusätzliches **Honorar** nach anwaltlichen Gebührenrecht für die Wahrnehmung solcher Aufgaben verlangen, zu denen er von einem als Liquidator erfahrenen Nichtjuristen auch beauftragt worden wäre.[45] Bei der gerichtlichen Bestellung eines Liquidators wird die Vergütung von dem Registergericht analog § 265 Abs. 4 AktG bestimmt.[46] Für die Kündigung des Dienstverhältnisses mit einem Liquidator gelten dieselben Grundsätze wie bei der Kündigung eines Geschäftsführer-Dienstvertrages.[47]

**4. Vertretungsbefugnis**

Die Liquidatoren vertreten die GmbH gerichtlich und außergerichtlich (§ 70 Abs. 1 S. 1 GmbHG). Sofern der Gesellschaftsvertrag keine Vereinbarungen zu den Vertretungsbefugnissen eines Liquidators enthält, müssen die Erklärungen durch sämtliche Liquidatoren erfolgen; sie sind **gesamtvertretungsberechtigt** gem. § 68 Abs. 1 S. 2 GmbHG.[48]

In der Satzung werden Gesellschafter-Geschäftsführer häufig von den Beschränkungen des § 181 BGB befreit. Die Befreiung vom Verbot des Selbstkontrahierens gilt allerdings nicht für den ehemaligen Geschäftsführer als Liquidator der Gesellschaft.[49] Sollte die Satzung eine Befreiungsermächtigung enthalten, müssen die Gesellschafter den Geschäftsführer in einem Gesellschafterbeschluss von den Beschränkungen des § 181 BGB dennoch erneut befreien.

Falls die GmbH nur einen Liquidator hat, ist im Rahmen der Anmeldung der ersten Liquidatoren einer GmbH gem. § 67 Abs. 1 GmbHG die gesetzliche vorgesehene, dh die generell für ein mehrköpfiges Organ geltende Vertretungsregelung zur Eintragung anzumelden.[50]

---

44 Hierzu BGH v. 25.7.2005 – II ZR 199/03 (zur Vergütungsverordnung für Konkursverwalter).
45 BGH v. 17.9.1998 – IX ZR 237/97, NJW 1998, 3567.
46 *Lutter/Kleindiek* in Lutter/Hommelhoff, GmbHG, § 66 Rn 9; so auch für die Bestellung eine Nachtragsliquidators OLG Hamm v. 8.5.2001, 15 W 43/01, NJW-RR 2002, 324.
47 Zur Kündigung des Dienstverhältnisses mit einem Liquidator durch die GmbH s. OLG Rostock v. 14.10.1998 – 6 U 234/97, NZG 1999, 216.
48 Falls in der Satzung lediglich die Ermächtigung zur Erteilung einer Einzelvertretung vorgesehen war, gilt diese in der Liquidation nicht automatisch weiter. Die Gesellschafter müssen einen diesbezüglichen Beschluss fassen, s. BayObLG v. 24.10.1996 – 3 Z BR 262/96, GmbHR 1997, 176.
49 OLG Rostock v. 6.10.2003 – 3 U 188/03, NJW-RR 2004, 1109.
50 BGH v. 7.5.2007 – II ZB 21/06, NJW-RR 2007, 1261.

## 5. Aufgaben

**45** Die Liquidatoren haben gem. § 70 S. 1 GmbHG die laufenden Geschäfte zu beenden, die Verpflichtungen der aufgelösten Gesellschaft zu erfüllen, die Forderungen derselben einzuziehen und das Vermögen der Gesellschaft in Geld umzusetzen; sie haben die Gesellschaft gerichtlich und außergerichtlich zu vertreten. Zur Beendigung schwebender Geschäfte können die Liquidatoren auch neue Geschäfte eingehen (§ 70 Abs. 1 S. 2 GmbHG). Im Außenverhältnis können die Liquidatoren die Gesellschaft allerdings vollumfänglich vertreten und damit auch jedes neue Rechtsgeschäft abschließen.[51]

## 6. Haftung

**46** Wie auch bei einem GmbH-Geschäftsführer besteht für einen Liquidator das Risiko einer Haftung im Innen- und im Außenverhältnis. Gegenüber der Gesellschaft kann der Liquidator nach § 71 Abs. 4 GmbHG iVm § 43 Abs. 1 GmbH haften. Zur Geltendmachung von Ersatzansprüchen der Gesellschaft gegen einen Liquidator bedarf es eines diesbezüglichen Beschlusses nach § 46 Nr. 8 GmbHG.[52]

**47** Liquidatoren können gegenüber außenstehenden Dritten auch wegen der Verletzung einer **Insolvenzantragspflicht** in die Haftung genommen werden. Die Liquidatoren sind nach § 15 a Abs. 1 InsO als Abwickler verpflichtet, einen Insolvenzantrag innerhalb der Drei-Wochen-Frist zu stellen, wenn die GmbH zahlungsunfähig oder überschuldet ist.

**48** **Beispiel (OLG Naumburg v. 24.11.2006 – 10 U 50/06, DStR 2007, 1220):**
Die in der Baubranche tätige A + B-GmbH wird aufgrund eines Gesellschafterbeschlusses aufgelöst. Die Gesellschafter-Geschäftsführer A und B werden in dem Beschluss als Liquidatoren bestellt. Die Beendigung der Liquidation wurde im November 2001 ins Handelsregister eingetragen. Schon vorher leitete ein Auftragnehmer der GmbH ein selbständiges Beweisverfahren ein und erhob eine Zahlungsklage gegen die GmbH. Mit Urteil vom 6.4.2005 wurde dem Kläger ein Zahlungsanspruch in Höhe von 23.000 EUR gegen die GmbH i. L. zugesprochen. Der Kläger nahm die Liquidatoren wegen einer Insolvenzverschleppung erfolgreich in Anspruch. Da er bereits mit einer insolventen GmbH einen Vertrag abgeschlossen hatte, konnte er als sog. „Altgläubiger" nur einen Quotenschaden geltend machen. Hierfür hafteten die beiden Liquidatoren, da sie aufgrund einer Überschuldung der Gesellschaft verpflichtet gewesen waren, einen Insolvenzantrag zu stellen.

## II. Verfahren

### 1. Anmeldung und Bekanntmachung der Auflösung

**49** Sofern die Auflösung der Gesellschaft nicht von Amts wegen einzutragen ist (§ 60 Abs. 1 Nr. 4, 5 und 6 GmbHG), gehört es zur ersten Amtshandlung des Liquidators, die Auflösung beim Handelsregister anzumelden. Der Anmeldung sind nach § 67 Abs. 2 GmbHG die Urkunden über die Bestellung der Liquidatoren beizufügen. In der Anmeldung haben die Liquidatoren zu versichern, dass keine Umstände vorliegen, die ihrer Bestellung nach § 66 Abs. 4 iVm § 6 Abs. 2 S. 2 bis 4 GmbHG entgegenstehen,

---

[51] Die Vertretungsmacht der Liquidatoren bleibt auch dann unbeschränkt, wenn die Gesellschaft entgegen § 68 Abs. 2 GmbHG nicht als Liquidationsfirma bezeichnet wurde, s. OLG Stuttgart v. 28.2.1986 – 2 U 148/85, NJW-RR 1986, 836.

[52] Die Entscheidung des BGH v. 20.11.1985 – II ZR 17/57, NJW 1959, 194, wonach ein Gesellschafterbeschluss auch für Ersatzansprüche gegen einen ausgeschiedenen Geschäftsführer notwendig ist, wird vom Schrifttum auch auf Ersatzansprüche gegen Liquidatoren übertragen, s. *Lutter/Kleindiek* in Lutter/Hommelhoff, GmbHG, § 71 Rn 17.

und dass sie über ihre unbeschränkte Auskunftspflicht gegenüber dem Gericht belehrt worden sind (§ 67 Abs. 3 GmbHG).

Neben der Eintragung der Auflösung im Handelsregister müssen die Liquidatoren diese außerdem **dreimal** im Elektronischen Bundesanzeiger (§ 12 GmbHG)[53] bekannt machen und die Gläubiger auffordern, sich bei der Gesellschaft zu melden (§ 65 Abs. 2 GmbHG). Das Gesetz schreibt nicht vor, in welchen Abständen diese Bekanntmachungen erfolgen müssen. Daher ist eine Bekanntmachung an drei aufeinanderfolgenden Tagen zulässig. 50

### 2. Beendigung der laufenden Geschäfte

Die Liquidatoren müssen die bereits eingegangenen Verträge der Gesellschaft beenden. Mit der Liquidation soll eine günstige Verwertung des Gesellschaftsvermögens erfolgen. Aus diesem Grund ist ein Liquidator nicht generell dazu verpflichtet, sämtliche vertraglichen Beziehungen so schnell es geht zu beenden. Sofern es dem Abwicklungszweck dient, können sogar neue Geschäfte abgeschlossen werden. Hierzu zählt etwa die Beauftragung eines Sachverständigen zur Bewertung verschiedener Vermögensgegenstände. 51

### 3. Erfüllung der Verbindlichkeiten

Die Tilgung der Gesellschaftsschulden ist das eigentliche Ziel der Liquidation und Voraussetzung für die Beendigung der GmbH.[54] Bei der Erfüllung von Verbindlichkeiten muss der Liquidator nicht den Grundsatz der gleichmäßigen Befriedigung aller Gläubiger (par conditio creditorum) beachten. Auch wenn die Auflösung der GmbH wegen der Ablehnung eines Insolvenzverfahrens mangels Masse erfolgte, kann der insolvenzrechtliche Grundsatz der verhältnismäßigen Befriedigung aller Gläubiger keine ausschlaggebende Rolle mehr spielen. Aus diesem Grund können Gläubiger daher auch Ansprüche der Gesellschaft gegenüber Geschäftsführern (§ 64 GmbHG) oder gegen Gesellschafter (rückständige Einlageforderungen nach § 19 Abs. 1 GmbHG) pfänden.[55] Nach früherem Recht war es einem Liquidator verboten, Darlehen, die Gesellschafter der GmbH gewährt hatten, zurückzuzahlen. Einer Rückführung standen hierbei die Rechtsprechungsregeln zu den eigenkapitalersetzenden Gesellschafterdarlehen entgegen. Eine solche Sperre gibt es nach Inkrafttreten des MoMiG nicht mehr.[56] 52

### 4. Einziehung von Forderungen

Eine weitere Aufgabe des Liquidators ist es, Forderungen der Gesellschaft beizutreiben. Sofern die GmbH im Vorfeld der Insolvenz Gesellschafterdarlehen zurückgezahlt hat und danach das Insolvenzverfahren abgewiesen wurde, hat die GmbH keinen Rückzahlungsanspruch gegen die Gesellschafter, da die hierfür erforderliche Anspruchs- 53

---

53 Der Gesellschaftsvertrag kann neben dem Elektronischen Bundesanzeiger auch andere öffentliche Blätter oder elektronische Informationsmedien als Gesellschaftsblätter bezeichnen (§ 12 S. 2 GmbHG).
54 *Lutter/Kleindiek* in Lutter/Hommelhoff, GmbHG, § 70 Rn 9.
55 Zur Pfändung eines Anspruchs gegen den Geschäftsführer wegen verbotener Zahlungen nach § 64 Abs. 2 GmbHG aF s. BGH v. 11.9.2000 – II ZR 370/99, NJW 2001, 304; zur Pfändung einer rückständigen Einlageforderung der Gesellschaft s. BGH v. 15.6.1992 – II ZR 229/91, NJW 1992, 2229.
56 Zur früheren Rechtslage s. Henze, BB 1999, 1624.

grundlage (analoge Anwendung des § 31 GmbHG aufgrund der Rechtsprechungsregeln)[57] durch das MoMiG weggefallen ist. Die Geltendmachung von Rückerstattungsansprüchen bleibt daher den Anfechtungsgläubigern vorbehalten. Der Liquidator kann von den Gesellschaftern auch die Erfüllung einer noch offenen Einlageforderung verlangen, sofern dies zur Befriedigung der Gläubiger erforderlich ist.[58] Die Beweislast für die Behauptung, dass der eingeforderte Betrag nicht für eine Liquidation notwendig ist, trägt der Gesellschafter.[59]

### 5. Verwertung des Gesellschaftsvermögens

54 Der Liquidator hat das Gesellschaftsvermögen zu verwerten. Mit dem Verwertungserlös soll einerseits die Forderungen der Gesellschaftsgläubiger erfüllt werden. Andererseits ist eine Verwertung erforderlich, um eine Verteilung des Vermögens unter den Gesellschaftern vorzubereiten. Sollte die Gesellschaft keine Gläubiger haben, können die Gesellschafter den Liquidator auch anweisen, eine Verteilung der Vermögensgegenstände ohne eine vorherige „Versilberung" vorzunehmen. Gerade bei einer Auflösung einer GmbH durch den Ablauf der im Gesellschaftsvertrag bestimmten Zeit (§ 60 Abs. 1 Nr. 1 GmbHG) oder aufgrund eines Gesellschafterbeschlusses (§ 60 Abs. 1 Nr. 2 GmbHG) kann ein Unternehmen vorhanden sein, das der Liquidator gewinnbringend an einen Dritten veräußern kann. Möchte der Erwerber die Firmierung fortführen haftet er, vorbehaltlich einer abweichenden und gem. § 25 Abs. 2 HGB bekannt zu machenden Vereinbarung, für die bereits bestehenden Verbindlichkeiten. Da die Firmierung nach § 3 Abs. 1 Nr. 1 GmbHG zu den obligatorischen Bestandteilen eines Gesellschaftsvertrags zählt, ist deren Fortführung dem Erwerber erst gestattet, nachdem die Satzung der GmbH geändert wurde.

### 6. Verteilung des Liquidationsvermögens

55 Das Vermögen der Gesellschaft wird unter die Gesellschafter nach Verhältnis ihrer Geschäftsanteile verteilt (§ 72 S. 1 GmbHG). Die Verteilung darf allerdings nicht vor der Tilgung der Gesellschaftsschulden und auch nicht vor Ablauf eines Jahres seit dem Tag vorgenommen werden, an welchen die Aufforderung an die Gesellschaftsgläubiger zum dritten Mal erfolgt ist (§ 73 Abs. 1 GmbHG). Erhält ein Gesellschafter im Einverständnis mit den übrigen Gesellschaftern noch vor Ablauf des sog. Sperrjahres von der Gesellschaft Vermögensgegenstände, steht der Gesellschaft ein Bereicherungsanspruch gegen den betreffenden Gesellschafter nach § 812 Abs. 1 S. 1 Alt. 1 BGB zu. Hierbei ist es unerheblich, ob die Gesellschafter bei der Übertragung des Gesellschaftsvermögens davon ausgingen, dass es sich um eine vorweggenommene Auskehrung des Liquidationserlöses handelt.[60] Für eine Geltendmachung dieses Anspruchs müssen die Gesellschafter vorher keinen diesbezüglichen Beschluss gem. § 46 Nr. 8 GmbHG fassen.[61]

56 Falls ein Gläubiger gegen die GmbH eine Forderung hat und er sich nicht innerhalb des **Sperrjahres** meldet, hat er grundsätzlich keinen Anspruch mehr. Wenn dem Liquidator

---

57 Ausführlich hierzu bei § 3 Rn 170 ff.
58 Hierzu kritisch *Müller*, DB 2003, 1939 bei einer persönlichen Insolvenz des Gesellschafters.
59 BGH v. 18.11.1969 – II ZR 83/68, NJW 1970.
60 Vgl OLG Rostock v. 11.4.1996 – 1 U 265/94, NJW-RR 1996, 1185.
61 Vgl OLG Rostock v. 11.4.1996 – 1 U 265/94, NJW-RR 1996, 1185.

allerdings das Bestehen einer Verbindlichkeit bereits bekannt war, sie also unstrittig und fällig ist, muss diese von der Gesellschaft erfüllt werden. Hat sich der Gläubiger nicht innerhalb des Sperrjahres gemeldet, so ist der Betrag zu hinterlegen.[62] Sollten Liquidatoren die Jahresfrist nicht einhalten oder eine Verteilung des Gesellschaftsvermögens entgegen den sonstigen Bestimmungen vornehmen, haften sie gegenüber der Gesellschaft nach § 73 Abs. 3 iVm § 43 Abs. 1 GmbHG. Nach der herrschenden Meinung im Schrifttum kann ein geschädigter Gesellschaftsgläubiger diesen Anspruch in analoger Anwendung der §§ 93 Abs. 5, 268 Abs. 2 AktG (Gläubigerverfolgungsrecht) direkt gegen den Liquidator geltend machen.[63]

57 Ist das Sperrjahr abgelaufen, kann das etwaige noch vorhandene Vermögen der Gesellschaft entsprechend dem Verhältnis der Geschäftsanteile unter die Gesellschafter verteilt werden.

### 7. Schluss der Liquidation

58 Die Liquidation ist nach Ablauf des Sperrjahres beendet, sofern kein verteilbares Vermögen mehr vorhanden ist und keine sonstigen Liquidationsmaßnahmen mehr zu erledigen sind. Die Liquidatoren haben den Abschluss der Liquidation zur Eintragung in das Handelsregister nach § 74 Abs. 1 GmbHG anzumelden. Wenn kein verteilungsfähiges Vermögen der Gesellschaft vorhanden ist, kann von der Einhaltung des Sperrjahres abgesehen werden.[64]

## D. Beendigung

59 Wenn die Liquidatoren den Abschluss der Liquidation zur Eintragung in das Handelsregister angemeldet haben, ist die Gesellschaft nach § 74 Abs. 1 S. 2 GmbHG zu löschen. Die Löschung im Handelsregister ist aber nicht die einzige Voraussetzung für eine Beendigung der GmbH. Erforderlich ist darüber hinaus auch die (weitere) **Vermögenslosigkeit** der Gesellschaft und damit die tatsächliche Beendigung der Liquidation. Der Eintragung der Löschung kommt daher lediglich eine konstitutive Wirkung zu.[65] Gerade weil die Eintragung im Handelsregister nur deklaratorische Bedeutung hat, ist eine Nachtragsliquidation (hierzu sogleich) möglich.

60 Nach Beendigung der Liquidation sind die Bücher und Schriften der Gesellschaft für die Dauer von zehn Jahren einem der Gesellschafter oder einem Dritten in Verwahrung zu geben (§ 74 Abs. 2 S. 1 GmbHG). Dies gehört also nicht zu den Aufgaben des Liquidators. Das Registergericht kann durch Beschluss verfügen, welcher Gesellschafter oder Dritte zur Aufbewahrung der Gegenstände verpflichtet ist.

---

62 § 73 Abs. 2 GmbHG spricht in diesem Zusammenhang von dem „bekannten Gläubiger"; gemeint ist damit aber eine „bekannte Verbindlichkeit", s. *Lutter/Kleindiek* in Lutter/Hommelhoff, GmbHG, § 73 Rn 5.
63 Hierzu *Lutter/Kleindiek* in Lutter/Hommelhoff, GmbHG, § 73 Rn 13; ein eigenes Verfolgungsrecht der Gläubiger stand auch bei der GmbH-Novelle 1980 in der Diskussion, wurde dann aber nicht in das Gesetz aufgenommen, s. *Ulmer*, ZIP 2001, 2021, 2027; nach *Schulze-Osterloh/Noack* in Baumbach/Huck, GmbHG, § 73 Rn 13 besteht ein unmittelbarer Anspruch der Gläubiger gegen die Liquidatoren aus § 823 Abs. 2 BGB iVm § 73 GmbHG als Schutzgesetz.
64 OLG Köln v. 5.11.2004 – 2 Wx 33/04, NZG 2005, 83.
65 Vgl auch OLG Koblenz v. 1.4.1998 – 1 U 463/97, NJW-RR 1999, 39 (dort auch zur fortbestehenden Partei- und Prozessfähigkeit einer gelöschten GmbH); BAG v. 4.6.2003 – 10 AZR 448/02 NZA 2003, 1049.

## E. Nachtragsliquidation

**61** Wird nach der Löschung der GmbH zunächst unerkannt gebliebenes Vermögen ermittelt, findet auf Antrag eines Beteiligten eine Nachtragsliquidation statt. Antragsteller ist hierbei häufig ein Gesellschaftsgläubiger. Das Vermögen der Gesellschaft besteht gerade bei einer Nachtragsliquidation häufig im Anspruch auf Einzahlung der Stammeinlage. Ein **Nachtragsliquidator** ist nur zu bestellen, wenn das Vorhandensein von Gesellschaftsvermögen konkret vorgetragen wird. Dazu reicht die einfache Behauptung einer unwirksamen Stammeinlageleistung nicht aus. Die Gläubiger müssen vielmehr die ihnen möglichen Ermittlungen durchführen.[66] Die Nachtragsliquidation wird in entsprechender Anwendung des § 273 Abs. 4 S. 1 AktG vom Registergericht angeordnet, wenn die Gesellschaft noch Vermögen hat. Gegen die Entscheidung ist die sofortige Beschwerde statthaft.[67] Die Vertretungsbefugnis der früheren Liquidatoren lebt durch die Anordnung einer Nachtragsliquidation nicht auf. Das Gericht hat vielmehr auf Antrag (die bisherigen oder andere) Liquidatoren nach eigenem Ermessen zu bestellen.

**62** Neben einem Gläubiger kann auch ein Gesellschafter gegen die Bestellung eines Nachtragsliquidators Beschwerde einlegen. Hierbei kann er auch die Abberufung des Nachtragsliquidators aus wichtigem Grund beantragen. Ein wichtiger Grund liegt vor, wenn der Antragsteller mit der Nachtragsliquidation lediglich eigennützige Zwecke verfolgt und die von dem Liquidator durchzuführenden Maßnahmen nicht der Abwicklung dienen.[68]

---

66 Vgl KG Berlin v. 13.2.2007 – 1 W 272/06, GmbHR 2007, 542.
67 So OLG München v. 7.5.2008 – 31 Wx 28/08, NZG 2008, 555; für eine einfache, unbefristete Beschwerde OLG Hamm v. 26.11.1986 – 14 W 78/85, GmbHR 1987, 432.
68 KG Berlin v. 30.8.2005 – 1 W 25/04, NZG 2005, 934; zur Fortsetzung einer GmbH in Nachtragsliquidation ausführlich *Galla*, GmbHR 2006, 635.

# § 7 Haftung

A. Geschäftsführer ..................... 1
I. Innenhaftung ..................... 1
  1. Sorgfaltspflichtverletzung .... 4
    a) Sorgfaltsmaßstab .......... 4
    b) Pflichtverletzung .......... 8
    c) Entlastung ................. 11
    d) Verjährung ................ 13
    e) Geschäftsführender Alleingesellschafter ........ 14
    f) Beweislast .................. 15
  2. Verstoß gegen die Kapitalerhaltung ........................ 16
  3. Zahlungen bei Insolvenzreife ........................... 19
    a) Bedeutung des Erstattungsanspruchs ............ 19
    b) Zahlungen .................. 25
    aa) Begriff ..................... 25
    bb) Privilegierte Zahlungen ... 30
    c) Insolvenz ................... 34
    d) Verschulden ................ 35
    e) Verjährung ................. 38
  4. Zahlungen vor Insolvenzreife ........................... 39
    a) Bedeutung des Erstattungsanspruchs ............ 39
    b) Zahlungen .................. 42
    c) Kausalität .................. 46
II. Außenhaftung ..................... 50
  1. Vertrag ........................ 51
    a) Bürgschaft ................. 52
    b) Garantieversprechen ...... 54
    c) Schweigen auf ein kaufmännisches Bestätigungsschreiben ................... 55
  2. Vertrauen ..................... 58
    a) Wirtschaftliches Eigeninteresse ..................... 59
    b) Inanspruchnahme besonderen persönlichen Vertrauens ..................... 60
  3. Delikt ......................... 64
    a) Verletzung von Rechtsgütern ........................ 66
    aa) Unmittelbare Rechtsgutverletzungen ................ 66
    bb) Mittelbare Rechtsgutverletzungen ................... 67
    b) Verletzung von Schutzgesetzen ...................... 75
    aa) Einzahlung der Sicherheit auf ein Sperrkonto nach § 17 VOB/B ................ 76
    bb) Untreue nach § 266 StGB ................ 78
    cc) Betrug nach § 263 StGB ................ 81
    (1) Objektiver Tatbestand .... 85
    (2) Subjektiver Tatbestand ... 93
    (3) Rechtswidrigkeit und Schuld ...................... 94
    (4) Schaden .................... 95
    (5) Darlegungs- und Beweislast .......................... 98
    dd) Vollstreckungsvereitelung nach § 288 StGB .......... 101
  4. Insolvenzverschleppung ....... 104
    a) Gläubiger .................. 106
    b) Insolvenzgrund ............ 111
    aa) Zahlungsunfähigkeit ...... 112
    bb) Überschuldung ............. 119
    c) Schaden .................... 121
    d) Geschäftsführer ............ 128
    e) Verschulden ................ 130
    f) Verjährung ................. 133
  5. Sozialversicherungsbeiträge .. 134
    a) Grundlagen ................ 134
    b) Möglichkeit normgemäßen Verhaltens ............ 137
    c) Insolvenzanfechtung ...... 142
    d) Verhältnis zur Innenhaftung nach § 64 GmbHG ............. 146
  6. Steuerverbindlichkeiten ....... 150
    a) Grundlagen ................ 150
    aa) Pflichtverletzung ........... 152
    bb) Vermögensschaden ........ 154
    cc) Kausaler Zusammenhang ...................... 155
    dd) Verschulden ................ 156
    b) Anteilige Tilgung .......... 158
    c) Insolvenzanfechtung ...... 160
    d) Verhältnis zur Innenhaftung nach § 64 GmbHG 161
  7. Zweckwidrige Baugeldverwendung ..................... 162
    a) Grundstruktur des Bauforderungssicherungsgesetzes ......................... 162
    b) Baugeld .................... 174

| | |
|---|---|
| aa) Der herkömmliche Baugeldbegriff nach § 1 Abs. 3 S. 1 Nr. 1 BauFordSiG.... 175 | h) Verjährung................. 213 |
| (1) Fremdmittel................ 177 | B. Gesellschafter......................... 214 |
| (2) Zweckbindung............. 178 | I. Innenhaftung....................... 216 |
| (3) Besicherung durch Grundpfandrecht.................. 181 | 1. Existenzvernichtender Eingriff............................. 217 |
| bb) Der erweiterte Baugeldbegriff nach § 1 Abs. 3 S. 1 Nr. 2 BauFordSiG......... 182 | a) Grundstruktur.............. 217 |
| | aa) Lückenhafter Gläubigerschutz........................ 219 |
| c) Baugeldempfänger......... 187 | bb) Konzernhaftung............ 220 |
| d) Zweckwidrige Verwendung....................... 194 | cc) Gesellschaftsrechtliche Durchgriffshaftung („KBV")..................... 222 |
| aa) Verwendungspflicht....... 194 | dd) Deliktsrechtliche Innenhaftung („Trihotel")...... 229 |
| bb) Reihenfolge der Baugeldverwendung................ 196 | b) Voraussetzungen........... 235 |
| cc) Mischfinanzierung......... 199 | aa) Gezielter Eingriff.......... 236 |
| dd) Eigenleistung des Baugeldempfängers.................. 200 | bb) Insolvenzverursachung.... 240 |
| e) Baugläubiger............... 202 | cc) Sittenwidrigkeit............ 242 |
| aa) Vertragspartner............ 202 | dd) Vorsatz..................... 244 |
| bb) Herstellung eines Baus.... 203 | c) Rechtsfolge................. 246 |
| f) Schaden.................... 205 | 2. Überlassung der Geschäftsführung trotz Vorliegens eines Bestellungshindernisses....... 252 |
| aa) Forderungsausfall......... 205 | |
| bb) Umfang des Schadensersatzanspruchs.............. 206 | II. Außenhaftung....................... 257 |
| cc) Insolvenzanfechtung...... 207 | 1. Unterkapitalisierung........... 258 |
| g) Verschulden................ 212 | 2. Institutsmissbrauch............ 263 |
| | 3. Vermögensvermischung....... 267 |
| | 4. Insolvenzverschleppung....... 271 |

# A. Geschäftsführer

## I. Innenhaftung

**1** Die Innenhaftung umschreibt die Ansprüche der GmbH gegen den Geschäftsführer. Vor einem **Insolvenzverfahren** setzt die GmbH ihre Forderungen gegen das Leitungsorgan häufig nicht durch. Der Geschäftsführer ist häufig auch Gesellschafter der GmbH. Er kann durch seinen Einfluss verhindern, dass die GmbH gegen ihn vorgeht. In einem eröffneten Insolvenzverfahren tritt allerdings ein Insolvenzverwalter an die Stelle des Geschäftsführers. Frei von persönlichen Bindungen verklagt er dann den Geschäftsführer.

**2** Bei eine **masselosen Insolvenz** können die Gesellschaftsgläubiger Forderungen der GmbH gegen den Geschäftsführer pfänden und diese in einem daran anschließenden Einziehungsprozess durchsetzen. Eine solche Vorgehensweise kann durchaus sinnvoll sein, denn die Abweisung des Insolvenzverfahrens hat nichts mit den Vermögensverhältnissen des Geschäftsführers zu tun. Der Abweisungsbeschluss besagt lediglich, dass bei der GmbH entweder kein verwertbares Vermögen vorhanden ist oder der Insolvenzverwalter die finanziellen Risiken eines masselosen Verfahrens nicht eingehen will.¹ Die Abweisung mangels Masse eröffnet also zahlreiche Chancen für die Gesellschaftsgläubiger, die zum Bedauern mancher nicht genutzt werden.²

Die Innenhaftung des Geschäftsführers setzt sich aus vier verschiedenen Haftungstatbeständen zusammen:

- Der Geschäftsführer hat in den Angelegenheiten der GmbH die Sorgfalt eines ordentlichen Geschäftsmannes anzuwenden (§ 43 Abs. 1 GmbHG) und haftet, wenn er diese Obliegenheiten verletzt, der GmbH laut § 43 Abs. 2 GmbHG für den entstandenen Schaden (**Sorgfaltspflichtverletzung**).
- Eine Haftung des Geschäftsführer ist insbesondere bei einem **Verstoß gegen die Regeln zur Kapitalerhaltung** gegeben (§ 43 Abs. 3 GmbHG).
- Ferner ist der Geschäftsführer nach § 64 S. 1 GmbHG (ehemals § 64 Abs. 2 GmbHG aF) grundsätzlich zum Ersatz der Zahlungen verpflichtet, die nach Eintritt der Zahlungsunfähigkeit der Gesellschaft oder nach Feststellungen deren Überschuldung geleistet werden (**Zahlungen bei Insolvenzreife**).
- Durch das MoMiG wurde die Innenhaftung erweitert. Die Erstattungspflicht trifft nach § 64 S. 3 GmbHG den Geschäftsführer prinzipiell auch für Zahlungen an die Gesellschafter, soweit diese zur Zahlungsunfähigkeit der GmbH führen mussten (**Zahlungen vor Insolvenzreife**).

### 1. Sorgfaltspflichtverletzung

#### a) Sorgfaltsmaßstab

Der Geschäftsführer hat in den Angelegenheiten der Gesellschaft die Sorgfalt eines **ordentlichen Geschäftsmannes** anzuwenden (§ 43 Abs. 1 GmbHG). Die Rechtsprechung setzt einen strengen Sorgfaltsmaßstab für den Geschäftsführer, denn er ist schließlich ein treuhänderischer Verwalter fremden Vermögens (nämlich des Vermögens der GmbH), der in verantwortlich leitender Position tätig ist. Aus dieser treuhänderischen Bindung folgt die Verpflichtung zu gewissenhafter zuverlässiger Verwaltung der dem Geschäftsführer anvertrauten Vermögenswerte, mit der Folge, dass er wie jeder andere Treuhänder bei seinen Tätigkeiten ausschließlich das Wohl des Treugebers zu beanspruchen hat.³

Zur Präzisierung dieses Sorgfaltsmaßstabs greift der BGH auf Grundsätze zurück, die er bereits im Zusammenhang mit den Pflichten des Vorstandsmitglieds einer Aktiengesellschaft in der Entscheidung „ARAG/Garmenbeck" festgelegt hat.⁴ Wenn man die für das AktG geltende Urteilsbegründung in das GmbH-Recht „übersetzt", lauten die für einen Geschäftsführer zu beachtenden Leitlinien wie folgt:

Dem Geschäftsführer muss bei der Leitung der Geschäfte des Unternehmens ein **weiter Handlungsspielraum** zugebilligt werden, ohne den eine unternehmerische Tätigkeit schlechterdings nicht denkbar ist. Dazu gehört neben dem bewussten Eingehen ge-

---

1 *Stobbe*, Durchsetzung gesellschaftsrechtlicher Ansprüche, Rn 333.
2 *Uhlenbruck*, ZIP 1996, 1641.
3 OLG Koblenz v. 12.5.1999 – 1 U 1649/97, NJW-RR 2000, 483, 484.
4 Zu den Schadensersatzansprüchen gegen Vorstandsmitglieder einer AG vgl BGH v. 21.4.1997 – II ZR 175/95, NJW 1997, 1926; zur Übertragung dieser Grundsätze auf GmbH-Geschäftsführer s. bereits *Weber/Lohr*, GmbHR 2002, 968, 969.

schäftlicher Risiken grundsätzlich auch die Gefahr von Fehlbeurteilungen und Fehleinschätzungen, der jeder Unternehmensleiter, mag er auch noch so verantwortungsbewusst handeln, ausgesetzt ist. Eine Schadensersatzpflicht des Geschäftsführers kann in Betracht kommen, wenn die Grenzen, in denen sich ein von Verantwortungsbewusstsein getragenes, ausschließlich am Unternehmenswohl orientiertes, auf sorgfältiger Ermittlung der Entscheidungsgrundlagen beruhendes unternehmerisches Handeln bewegen muss, deutlich überschritten sind, die Bereitschaft, unternehmerische Risiken einzugehen, in unverantwortlicher Weise überspannt worden ist oder das Verhalten des Geschäftsführers aus anderen Gründen als pflichtwidrig gelten muss.[5]

7   Es besteht ein objektiver Sorgfaltsmaßstab, der durch die Art und Größe des Unternehmens näher konkretisiert wird. Persönliche Eigenschaften wie Alter oder Unerfahrenheit bleiben außer Betracht.[6]

**b) Pflichtverletzung**

8   In der Rechtsprechung finden sich zahlreiche **Beispiele**, in denen eine Pflichtverletzung des Geschäftsführers zu einem Schadensersatzanspruch der GmbH aus § 43 Abs. 2 GmbHG geführt hat:[7]

- Der Geschäftsführer übersieht, dass eine Forderung der GmbH verjährt.[8]
- Der Geschäftsführer beauftragt einen Rechtsreferendar damit, für die GmbH Fragen der Vertriebsgestaltung zu lösen und zahlt hierfür ein horrendes Honorar.[9]
- Obwohl Planungsmaßnahmen für ein Bauvorhaben noch nicht abgerechnet waren, veranlasst der Geschäftsführer eine Überweisung an das Planungsbüro.[10]
- Der Geschäftsführer lässt sich zu Unrecht Spesen und Aufwendungen ersetzen und bestreitet seinen aufwendigen Lebensstil mit Mitteln aus der GmbH, die letztlich Insolvenz anmelden musste.[11]
- Der Geschäftsführer versäumt es, beim Arbeitsamt Kurzarbeitergeld zu beantragen, obwohl die Voraussetzungen dafür gegeben waren. Die GmbH verlangte Schadensersatz in Höhe der dadurch entstandenen Lohnkosten.[12]
- Der Geschäftsführer sorgt dafür, dass die GmbH ihm eine nach dem Anstellungsvertrag nicht zustehende Vergütung von der Gesellschaft überweist.[13]
- Die GmbH erhält in einem Subventionsbescheid die Auflage, bestimmte Gewerke nach der VOB/A auszuschreiben. Der Geschäftsführer vergibt Aufträge ohne eine vorherige Ausschreibung. Werden die Subventionen deshalb zurückgefordert, besteht ein Schadensersatzanspruch nach § 43 Abs. 2 GmbHG.[14]

---

5   Dieser Sorgfaltsmaßstab entspricht den Ausführungen von BGH v. 14.7.2008 – II ZR 202/07, NZG 2008, 705.
6   So *Altmeppen* in Roth/Altmeppen, GmbHG, § 43 Rn 4 m. zahlreichen Hinweisen auf die Rechtsprechung.
7   Zu weiteren Beispielen s. die Erläuterungen zu den Kündigungsgründen aufgrund eines Fehlverhaltens des Geschäftsführers, § 5 Rn 266 ff.
8   BGH v. 10.6.1959 – V ZR 25/58, NJW 1959, 1820.
9   BGH v. 9.12.1996 – II ZR 240/95, NJW 1997, 741.
10  OLG Koblenz v. 12.5.1999 – 1 U 1649/97, NJW-RR 2000, 483.
11  BGH v. 16. 9. 2002 – II ZR 107/01, NJW 2002, 3777.
12  BGH v. 4.11.2002 – II ZR 224/00, NJW 2003, 358.
13  BGH v. 26.11.2007 – II ZR 161/06, NZG 2008, 104.
14  LG Münster v. 18.5.2006 – 12 O 484/05, NZBau 2006, 523.

- Der Geschäftsführer verwendet eine Firmenkreditkarte für private Zwecke.[15]
- Der Geschäftsführer mietet Maschinen, die für die GmbH nicht verwendbar sind.[16]
- Der Geschäftsführer verkalkuliert sich bei den Auftragspreisen.[17]

Wird allerdings **Baugeld** von dem Geschäftsführer einer GmbH zweckwidrig verwendet, entsteht den Baugläubigern regelmäßig, nicht aber ohne weiteres auch der GmbH ein Schaden. Die zweckwidrige Baugeldverwendung kann daher nicht mit einer Schädigung der Gesellschaft gleichgesetzt werden und ist deshalb auch keine Verletzung der dem Geschäftsführer durch § 43 Abs. 1 und 2 GmbHG auferlegten Pflichten.[18]

Der Wille einer GmbH wird im Verhältnis zu ihrem Geschäftsführer durch die Gesellschafter repräsentiert. Jedes Handeln oder Unterlassen des Geschäftsführers, das auf **Weisung der Gesellschafter** oder **im Einverständnis mit den Gesellschaftern** erfolgt, kann daher grundsätzlich keine haftungsbegründende Pflichtverletzung iSv § 43 Abs. 2 GmbHG darstellen.[19]

### c) Entlastung

Aus § 46 Nr. 5 GmbHG ergibt sich, dass die Gesellschafter einen Beschluss über die Entlastung des Geschäftsführers fassen können. Danach kann die Gesellschaft gegen den Geschäftsführer keine Ersatzansprüche mehr geltend machen. Dies gilt allerdings nur für solche Ansprüche, die bei sorgfältiger Prüfung aller Unterlagen und erstatteter Berichte erkennbar waren. Darüber hinaus kann – im Sinne einer sogenannten „**Generalbereinigung**" aus Anlass seines Ausscheidens – auf jegliche Haftungsansprüche gegen den Geschäftsführer verzichtet werden.

Solange es sich um Pflichtverletzungen iSv § 43 Abs. 2 GmbHG handelt und der Anwendungsbereich des § 43 Abs. 3 GmbHG nicht betroffen ist, ist es Sache der Gesellschafter, darüber zu befinden, ob ein Geschäftsführer wegen etwaiger Pflichtverletzungen zur Rechenschaft gezogen oder ob auf Ansprüche gegen ihn durch einen **Entlastungs- oder Generalbereinigungsbeschluss** verzichtet werden sollen. Dass durch den Anspruchsverzicht das Vermögen der GmbH zulasten ihrer Gläubiger geschmälert wird, nimmt das Gesetz – wie sich auch aus § 46 Nr. 6, 8 GmbHG ergibt – in Kauf, soweit nicht der Verzicht auf eine durch § 30 Abs. 1 S. 1 GmbHG verbotene Auszahlung an einen Gesellschafter-Geschäftsführer hinausläuft oder den unverzichtbaren Schadensersatzanspruch gem. § 43 Abs. 3 GmbHG zum Gegenstand hat. Mit einer Entlastung oder einem Verzicht, fällt ein Anspruch gegen den Geschäftsführer weg. Damit verringert sich auch das Vermögen der Gesellschaft, was letztlich zulasten der

---

15 OLG Brandenburg v. 20.2.2007 – 6 U 22/06, GmbHR 2007, 874.
16 BGH v. 21.2.2005 – II ZR 112/03, GmbHR 2005, 544.
17 BGH v. 18.2.2008 – II ZR 62/07, NJW-RR 2008, 905.
18 So BGH v. 21.3.1994 – II ZR 260/92, NJW-RR 1994, 806. In dieser Entscheidung ging es um die Pfändung eines Erstattungsanspruchs aus § 43 Abs. 2 GmbHG. Dieser Umweg war erforderlich, weil der Anspruch des Klägers wegen zweckwidriger Baugeldverwendung aus § 823 Abs. 2 BGB iVm § 1 Abs. 1 S. 1 BauFordSiG bereits verjährt war.
19 Aus diesem Grund besteht auch keine Schadensersatzpflicht des Geschäftsführers, wenn ein Gesellschafter einen Scheck der GmbH veruntreut, s. BGH v. 7.4.2003 – II ZR 193/02, NJW-RR 2003, 895. Dort handelte es sich um einen letztlich erfolglosen Einziehungsprozess wegen der unterlassenen Beaufsichtigung eines Gesellschafters.

Gesellschaftsgläubiger geht. Solange kein Verstoß gegen die Kapitalerhaltung vorliegt, akzeptiert die Rechtsprechung einen solchen Beschluss.[20]

**d) Verjährung**

13 Schadensersatzansprüche nach § 43 Abs. 2 GmbHG verjähren ohne Rücksicht auf die Kenntnis der Gesellschaft von den anspruchsbegründenden Tatsachen in **fünf Jahren** ab Entstehung des Anspruchs. Eine Verkürzung der in § 43 Abs. 4 GmbHG verankerten Verjährungsfrist durch eine vertragliche Vereinbarung ist grundsätzlich zulässig.[21] Die Frist für die Verjährung des Anspruchs nach § 43 Abs. 2 GmbHG kann allerdings nur abgekürzt werden, solange die Pflichtverletzung des Geschäftsführers nicht darin besteht, dass er entgegen § 43 Abs. 3 S. 1 GmbHG an der Auszahlung gebundenen Vermögens der GmbH an die Gesellschafter mitgewirkt hat.

**e) Geschäftsführender Alleingesellschafter**

14 Wie gesehen, kann die Haftung des Geschäftsführers aus § 43 Abs. 2 GmbHG durch eine Entlastung weitestgehend abgemildert werden. Bei einem geschäftsführenden Alleingesellschafter ergibt sich die Haftungsbeschränkung schon aus seiner Gesellschafterfunktion. Denn der Geschäftsführer, der gleichzeitig alleiniger Gesellschafter ist, haftet der GmbH grundsätzlich nicht nach § 43 Abs. 2 GmbHG. Gegenüber der GmbH haftet er auch nicht für den Fall, dass er gegenüber einen Dritten eine Pflichtverletzung begangen hat und dadurch ein Schadensersatzanspruch des Dritten gegen die GmbH entstand. Dies gilt auch dann, wenn es durch die Schadensersatzverpflichtung zu einer Beeinträchtigung des Stammkapitals oder zur Insolvenz der GmbH kommt.[22]

**f) Beweislast**

15 Wenn die GmbH Schadensersatzansprüche gegen ihren Geschäftsführer gemäß § 43 Abs. 2 GmbHG geltend macht, trägt sie im Rechtsstreit nur dafür die Darlegungs- und Beweislast, dass und inwieweit ihr durch ein Verhalten des Geschäftsführers in dessen Pflichtenkreis ein Schaden erwachsen ist. Hierbei kann die GmbH von den Erleichterungen des § 287 ZPO profitieren. Der Geschäftsführer muss darlegen und ggf auch beweisen können, dass er seinen Sorgfaltspflichten gemäß § 43 Abs. 1 GmbHG nachgekommen ist oder ihn kein Verschulden trifft, oder dass der Schaden auch bei pflichtgemäßem Alternativverhalten eingetreten wäre.[23]

**2. Verstoß gegen die Kapitalerhaltung**

16 Nach § 43 Abs. 3 S. 1 GmbH ist der Geschäftsführer der Gesellschaft insbesondere dann zum Schadensersatz verpflichtet, wenn entgegen den Bestimmungen des § 30 GmbHG Zahlungen aus dem zur **Erhaltung des Stammkapitals** erforderlichen Vermögen der Gesellschaft an die Gesellschafter fließen.[24] Damit ist es einem Geschäftsführer

---

20 BGH v. 7.4.2003 – II ZR 193/02, NJW-RR 2003, 895.
21 BGH v. 16.9.2002 – II ZR 107/01, NJW 2002, 3777. Demgegenüber ist nach *Lutter/Hommelhoff* in Lutter/Hommelhoff, GmbHG, § 43 Rn 30, eine Vereinbarung über eine Verkürzung dieser Verjährungsfrist regelmäßig schon deshalb unzulässig, weil spätere Gesellschafter hieran gebunden wären.
22 BGH v. 31.1.2000 – II ZR 189/99, NJW 2000, 1571.
23 BGH v. 4.11.2002 – II ZR 224/00, NJW 2003, 358; BGH v. 18.2.2008 – II ZR 62/07, NJW-RR 2008, 905.
24 Die in § 43 Abs. 3 S. 1 GmbHG ebenfalls enthaltenen Haftung der Geschäftsführer für den Fall, dass entgegen der Bestimmungen des § 33 GmbHG eigene Geschäftsanteile der Gesellschaft erworben wurden, hat keine nennenswerte Bedeutung für die Praxis.

verboten, Geld oder Vermögensgegenstände der GmbH den Gesellschaftern zukommen zu lassen, wenn und soweit dadurch eine **Unterbilanz** herbeigeführt oder noch weiter vertieft oder gar eine Überschuldung herbeigeführt oder noch weiter vertieft wird. Das Besondere dieser Haftung ergibt sich aus § 43 Abs. 3 S. 3 GmbHG. Dort ist geregelt, dass der Geschäftsführer der GmbH auch dann haftet, wenn er aufgrund eines Gesellschafterbeschlusses gehandelt hat. Daraus folgt nach allgemeiner Auffassung, dass dieser Anspruch nicht durch einen Entlastungsbeschluss der Gesellschafter ausgeschlossen werden kann. Ebenso wenig können Gesellschafter und Geschäftsführer über einen Anspruch nach § 43 Abs. 3 S. 1 GmbHG einen Erlassvertrag abschließen.[25]

Die Haftung des Geschäftsführers setzt voraus, dass ein Erstattungsanspruch der GmbH gegen die Gesellschafter besteht. Werden nämlich entgegen § 30 Abs. 1 GmbHG Zahlungen an einen Gesellschafter geleistet, dann führt dies in erster Linie zu einem Erstattungsanspruch der GmbH gegen die Gesellschafter aus § 31 GmbHG. Die Haftung des Geschäftsführers hat hier eine ergänzende Funktion und zeigt, dass im Stadium der Unterbilanz selbst die Interessen der Gesellschafter an einer Auszahlung zurückzustehen haben und der Grundsatz der Kapitalerhaltung zu beachten ist (hierzu ausführlich unter § 3 Rn 81 ff). 17

Die GmbH bzw deren Insolvenzverwalter müssen in einem Rechtsstreit die Voraussetzungen des § 43 Abs. 3 GmbHG darlegen und beweisen. Wegen der damit verbundenen Schwierigkeiten besteht allerdings für den Geschäftsführer eine sekundäre Darlegungslast.[26] 18

### 3. Zahlungen bei Insolvenzreife

#### a) Bedeutung des Erstattungsanspruchs

Der nun in § 64 GmbHG geregelte Erstattungsanspruch, war früher in § 64 Abs. 2 GmbHG aF enthalten. Weil die Insolvenzantragspflicht des § 64 Abs. 1 GmbHG aF in die Insolvenzordnung verschoben wurde, besteht die Regelung nur noch aus einem Absatz. § 64 Abs. 2 GmbHG aF wurde wörtlich übernommen. Hinzugekommen ist allerdings die Haftung für Zahlungen vor Insolvenzreife (dazu noch unter Rn 39 ff) 19

Nach § 64 S. 1 GmbHG ist der Geschäftsführer einer GmbH der Gesellschaft gegenüber zum Ersatz von Zahlungen verpflichtet, die nach Eintritt der Zahlungsunfähigkeit oder nach Feststellung der Überschuldung der Gesellschaft geleistet werden. Sinn und Zweck dieses Zahlungsverbots ist es, die verteilungsfähige Vermögensmasse einer insolvenzreifen GmbH im Interesse der Gläubigergesamtheit zu erhalten und eine bevorzugte Befriedigung einzelner Gläubiger zu verhindern.[27] Die Regelung in § 64 S. 1 GmbHG enthält einen **Ersatzanspruch eigener Art**, der unabhängig von den sonst bestehenden Rechten des Insolvenzverwalters geltend gemacht werden kann.[28] 20

---

25 BGH v. 7.4.2003 – II ZR 193/02, NJW-RR 2003, 895.
26 BGH v. 13.3.2006 – II ZR 165/04, NZG 2006, 429.
27 BGH v. 29.11.1999 – II ZR 273/98, NJW 2000, 668.
28 BGH v. 8.1.2001 – II ZR 88/99, NJW 2001, 1280. Die rechtsdogmatischen Grundlagen des § 64 GmbHG sind in der Literatur umstritten, s. hierzu *K. Schmidt* in K. Schmidt/Uhlenbruck, GmbH in Krise, Sanierung und Insolvenz, Rn 1885 mit zahlreichen Nachweisen.

**21** In der Regel verfolgt ein **Insolvenzverwalter** diesen Erstattungsanspruch. Er macht in einem Insolvenzverfahren die Ansprüche der Gesellschaft geltend und kann unter Berufung auf § 64 S. 1 GmbHG verlangen, dass das Gesellschaftsvermögen wieder aufgefüllt wird, damit es zur ranggerechten und gleichmäßigen Befriedigung aller Gesellschaftsgläubiger zur Verfügung steht. Daneben hat der Insolvenzverwalter die Möglichkeit, über eine Insolvenzanfechtung gegen den *Empfänger* jener Zahlungen vorzugehen. Der Erstattungsanspruch gegen den *Geschäftsführer* ergänzt die Insolvenzanfechtung, denn es geht jeweils darum, eine Benachteiligung der Gläubigergemeinschaft aus der Welt zu schaffen. Es gibt keinen Vorrang des Anfechtungsrechts und keine Subsidiarität der Erstattungspflicht.[29] Wenn der Geschäftsführer aus § 64 S. 1 GmbHG in Anspruch genommen wird, sind ihm allerdings die aus einer möglichen Insolvenzanfechtung resultierenden Erstattungsansprüche Zug um Zug abzutreten.[30] Außerdem nimmt der Geschäftsführer mit einem eigenen Erstattungsanspruch am Insolvenzverfahren teil, der in Höhe der damaligen Zahlung der GmbH besteht. Endet eine Klage gegen einen Geschäftsführer mit einem stattgebenden Urteil, ist dem Geschäftsführer vorzubehalten, einen Gegenanspruch, der sich nach Rang und Höhe mit dem Betrag deckt, den der begünstigte Gesellschaftsgläubiger im Insolvenzverfahren erhalten hätte, nach Erstattung an die Masse gegen den Insolvenzverwalter zu verfolgen. Diese fiktive Insolvenzquote des befriedigten Gesellschaftsgläubigers kann nicht vom Erstattungsanspruch des § 64 S. 1 GmbHG abgezogen werden.[31]

**22** Bei einer **masselosen Insolvenz** entfällt der Ersatzanspruch gegen den Geschäftsführer nicht. Es gibt keinen vernünftigen Grund, den Geschäftsführer gerade in diesem besonders drastischen Fall einer Vermögensverschlechterung von der Haftung aus § 64 GmbHG freizustellen.[32] Die Ablehnung des Insolvenzantrags mangels Masse führt zur Auflösung der GmbH nach § 60 Abs. 1 Nr. 5 GmbHG und der Geschäftsführer wird als „geborener" Liquidator dafür sorgen, dass die Gesellschaft gelöscht wird. Die Gesellschaft selbst wird einen Anspruch aus § 64 GmbHG zwar regelmäßig nicht geltend machen. Dafür hat aber jeder Gesellschaftsgläubiger mit einem Vollstreckungstitel gegen die GmbH die Möglichkeit, den eigentlich der Gesellschaft zugeordneten Anspruch aus § 64 Abs. 2 S. 1 GmbHG zu **pfänden**.

**23** **Beispiel (BGH v. 11.9.2000 – II ZR 370/99, NJW 2001, 304):**
Der Geschäftsführer G einer insolvenzreifen GmbH veranlasst den Einzug eines Kundenschecks auf ein debitorisches Geschäftskonto der von ihm geführten GmbH. Hierbei handelt es sich um eine Zahlung iSd § 64 S. 1 GmbHG. Drei Tage später stellt G einen Insolvenzantrag, der mangels Masse zurückgewiesen wird. Ein paar Monate später erfolgt die Löschung der GmbH aus dem Handelsregister. Erst danach beantragt ein Gläubiger den Erlass eines Vollstreckungsbescheids gegen die GmbH und pfändet – etwa drei Jahre nach Zurückweisung der Eröffnung des Insolvenzverfahrens – eine angebliche Forderung der GmbH gegen den G aus § 64 S. 1 GmbHG. Danach erhebt der Gläubiger Klage gegen G und beruft sich hierbei auf die Einreichung des Schecks, die für die Gesamtheit aller Gläubiger von Nachteil war. Dieser Klage wurde letztinstanzlich – in voller Höhe – stattgegeben.[33]

---

29 So *K. Schmidt*, ZIP 2005, 2177, 2179.
30 BGH v. 8.1.2001 – II ZR 88/99, NJW 2001, 1280, 1282; *Streit/Bürk*, DB 2008, 742.
31 BGH v. 5.2.2007 – II ZR 51/06, NJW-RR 2007, 1490; näher hierzu *Arends/Möller*, GmbHR 2008, 169, 171.
32 BGH v. 11.9.2000 – II ZR 370/99, NJW 2001, 304.
33 BGH v. 11.9.2000 – II ZR 370/99, NJW 2001, 304. Aus dem nicht veröffentlichten Berufungsurteil des OLG Celle (9 U 110/99), ergibt sich, dass es sich bei dem Kläger um ein Inkassounternehmen handelte.

Indem der BGH den Begriff der Zahlungen iSv § 64 S. 1 GmbH weit interpretiert und er eine Pfändung dieses Anspruchs bei einer masselosen Insolvenz zulässt, ist die Insolvenzverschleppung für den Geschäftsführer sehr gefährlich, denn jede Gläubigerbefriedigung in der Krise ist mit **höchsten Haftungsrisiken** verbunden.[34] Dabei ist der Erstattungsanspruch vor allem für die Gläubiger besonders interessant, die bereits vor der Zahlungsunfähigkeit oder Überschuldung der GmbH einen Anspruch erworben hatten. Diese sog. **Altgläubiger**[35] können den Erstattungsanspruch in voller Höhe pfänden und sind im Gegensatz zur Außenhaftung nach § 823 Abs. 2 BGB iVm § 64 Abs. 1 GmbHG nicht auf einen Quotenschaden begrenzt. Auch im Vergleich zu der Rechtslage bei einem Haftungsanspruch aus § 43 Abs. 2 GmbHG gewährt die Pfändung eines Anspruchs der GmbH gegen den Geschäftsführer einen besseren Gläubigerschutz, da Weisungen der Gesellschafter hier unbeachtlich sind und der Geschäftsführer auch nicht von den Gesellschaftern in einem Beschluss entlastet werden kann. 24

**b) Zahlungen**
**aa) Begriff**

§ 64 S. 1 GmbHG nimmt den Geschäftsführer in die Pflicht, Zahlungen zu vermeiden, die das Vermögen der GmbH schmälern können. Der Begriff „**Zahlungen**" iSv § 64 GmbHG ist – dem Zweck der Vorschrift entsprechend – *weit auszulegen*. Über reine Geldzahlungen hinaus sind damit alle Leistungen, die das Gesellschaftsvermögen schmälern, gemeint. Daher können auch **Abbuchungen vom Geschäftskonto**,[36] **Lieferungen von Waren** an Vertragspartner der GmbH und die **Leistung von Diensten** einen Erstattungsanspruch nach § 64 S. 1 GmbHG auslösen.[37] 25

Eine besondere Bedeutung hat der BGH dieser Vorschrift verliehen, indem er auch die **Einzahlungen auf ein debitorisches Geschäftskonto** einer Zahlung an die Bank gleichstellt, weil der auf das debitorische Konto eingezahlte Scheckbetrag aufgrund der Kontokorrentabrede mit dem Sollsaldo bzw mit dem Kreditrückzahlungsanspruch der Bank verrechnet wird und damit unterm Strich nur einem Gläubiger, nämlich der Bank, zufließt. Gegenteiliges ergibt sich nach der Rechtsprechung auch nicht aus dem Umstand, dass die GmbH über den Scheckbetrag bis zu Höhe des Kreditlimits bei der Bank wieder verfügen kann. Denn dies ändert im Ergebnis nichts daran, dass der Betrag im Ergebnis zum Nachteil der der Gläubigergesamtheit in der Masse fehlt.[38] 26

Das Zahlungsverbot des § 64 S. 1 GmbHG beschränkt sich nicht auf die Einreichung von Kundenschecks auf ein debitorisches Konto. Der Geschäftsführer darf im Stadium der Zahlungsunfähigkeit oder Überschuldung auf ein im Soll befindliches Konto weder Zahlungen noch **Überweisungen** zulassen.[39] 27

Der Geschäftsführer kann der Erstattungspflicht aus § 64 S. 1 GmbHG nur entgehen, wenn er ein neues Geschäftskonto bei einer anderen Bank eröffnet und dort den Scheck 28

---

34 So ausdrücklich *K. Schmidt* in K. Schmidt/Uhlenbruck, GmbH in Krise, Sanierung und Insolvenz, Rn 1884.
35 Hierzu BGH v. 6.6.1994 – II ZR 292/91, NJW 1994, 2220, 2222; BGH v. 5.2.2007 – II ZR 234/05, NZG 2007, 347.
36 OLG Düsseldorf v. 12.3.1999 – 22 W 12/99, NJW-RR 1999, 1411.
37 OLG Düsseldorf v. 19.1.1995 – 6 U 272/93, NJW-RR 1996, 1443; *Lutter/Kleindiek* in Lutter/Hommelhoff, GmbHG, § 64 Rn 5.
38 BGH v. 29.11.1999 – II ZR 273/98, NJW 2000, 668; BGH v. 11.9.2000 – II ZR 370/99, NJW 2001, 304.
39 BGH v. 26.3.2007 – II ZR 310/05, NJW-RR 2007, 984.

einlöst. Für einen Fremdgeschäftsführer kann dies durchaus eine Option sein.[40] Ob allerdings auch ein Gesellschafter-Geschäftsführer diesen Weg beschreitet, wenn er sich für die Kreditlinie gegenüber der Bank verbürgt hat, ist eher fraglich. In einer solchen Situation ist es durchaus denkbar, dass der Geschäftsführer weiter Zahlungen auf das im Soll befindliche Konto zulässt und auf eine masselose Insolvenz spekuliert. Die Rechnung geht allerdings nur auf, wenn nach einer Abweisung des Insolvenzantrags mangels Masse kein Gläubiger den Erstattungsanspruch pfändet.

29   Wenn allerdings Zahlungen vom debitorischen Konto an einen Gesellschaftsgläubiger fließen, besteht kein Erstattungsanspruch nach § 64 S. 1 GmbHG. Die Gläubigergesamtheit hat hier keinen Nachteil erlitten, denn es wurde lediglich ein Gläubiger (der Forderungsinhaber) durch einen anderen Gläubiger (die Bank) ausgetauscht.[41]

**bb) Privilegierte Zahlungen**

30   Nicht alle Zahlungen, die nach Insolvenzreife der GmbH vorgenommen werden, führen zu einer Ersatzpflicht des Geschäftsführers. Zahlungen, die mit der Sorgfalt eines ordentlichen Geschäftsmanns vereinbar sind, darf er vornehmen, ohne eine persönliche Haftung fürchten zu müssen. Für die Frage, ob eine Zahlung mit dem in § 64 S. 2 GmbHG festgelegten Sorgfaltsmaßstab vereinbar ist, kann man allerdings nicht auf die allgemeine Verhaltenspflicht des Geschäftsführers abstellen, sondern auf den vorstehend beschriebenen Normzweck (Erhaltung der verteilungsfähigen Vermögensmasse).[42]

31   Hieraus ergibt sich, dass der Geschäftsführer Zahlungen,

- die entweder nicht zu einer Schmälerung der Insolvenzmasse führen oder
- die erforderlich sind, um den sofortigen Zusammenbruch der GmbH zu verhindern,
- oder denen eine vollwertige Gegenleistung gegenüber steht, die zum Zeitpunkt der Leistung in das Gesellschaftsvermögen geflossen ist,

vornehmen darf.[43] Letztlich soll über die Erstattungspflicht aus § 64 S. 1 GmbHG der Erhalt des vorhandenen Gesellschaftsvermögens gesichert werden, auch dies kann Geld kosten.

32   Was eine zulässige, weil Masse bewahrende Ausgabe ist, ist eine Frage des Einzelfalls. Der Geschäftsführer hat sich an den Interessen der Gläubiger sowie dem öffentlichen Interesse am Bestand überlebensfähiger Betriebe zu orientieren, nicht aber mehr am Zweck der GmbH. Erlaubt sind regelmäßig Zahlungen, die auch ein vorläufiger Insolvenzverwalter nach § 22 InsO vornehmen dürfte. Hierzu zählen: **Löhne, Telefonkosten und die Geschäftsraummiete**.[44]

33   Wegen der Strafandrohung bei einer Nichtabführung von Sozialabgaben (§ 266 a StGB) sind **Leistungen an die Krankenkassen** mit den Pflichten eines ordentlichen und gewis-

---

40   Vgl BGH v. 26.3.2007 – II ZR 310/05, NJW-RR 2007, 984.
41   Hierzu *Arends/Möller*, GmbHR 2008, 169, 171; BGH v. 26.3.2007 – II ZR 310/05, NJW-RR 2007, 984.
42   BGH v. 8.1.2001 – II ZR 88/99, NJW 2001, 1280, 1282; *Goette*, GmbH, Rn 222.
43   Hierzu *Lutter/Kleindiek* in Lutter/Hommelhoff, GmbHG, § 64 Rn 61; OLG Düsseldorf v. 19.1.1995 – 6 U 272/93, NJW-RR 1996, 1443.
44   Hierzu Michalski/*Nerlich*, GmbHG, § 64 Rn 46; BGH v. 5.11.2007 – II ZR 262/06, NZI 2008, 126 (Zahlungen auf die Wasser-, Strom- und Heizrechnungen).

senhaften Geschäftsleiters vereinbar. Entgegen der früheren Rechtsprechung des II. Zivilsenats beim BGH besteht kein Erstattungsanspruch nach § 64 S. 1 GmbHG. Ebenso verstößt ein Geschäftsführer nicht gegen die Massesicherungspflicht, wenn er fällige **Leistungen an die Steuerbehörden** anweist. Daher führt bspw die Zahlung fälliger Umsatzsteuerschulden nicht zu einem Erstattungsanspruch nach § 64 S. 1 GmbHG.[45] Wer die sozial- und steuerrechtlichen Vorschriften einhält, erfüllt die Pflichten eines ordentlichen und gewissenhaften Geschäftsleiters und kann nicht aus § 64 S. 1 GmbHG in Anspruch genommen werden (hierzu ausführlich unter Rn 146 ff).[46]

#### c) Insolvenz

Die Zahlung muss zu einem Zeitpunkt erfolgt sein, als die GmbH bereits **zahlungsunfähig** oder **überschuldet** war. Der Gläubiger trägt die Darlegungs- und Beweislast für die Zahlungsunfähigkeit bzw die Überschuldung der Gesellschaft. Darüber hinaus muss der Gläubiger darlegen und beweisen, dass die Zahlung nach Eintritt der Insolvenzvoraussetzungen erfolgte. Auch hierbei kann ihm teilweise das Gutachten eines vorläufigen Insolvenzverwalters weiterhelfen.[47]

34

#### d) Verschulden

Der Anspruch aus § 64 S. 1GmbHG setzt ein Verschulden des Geschäftsführers voraus. Der BGH geht zulasten des Geschäftsführers von einer **Vermutung** dafür aus, dass er bei allen während der Insolvenzreife getätigten Zahlungen schuldhaft, nämlich nicht mit der von einem ordentlichen Geschäftsmann zu erwartenden Sorgfalt gehandelt hat.[48] Der Geschäftsführer kann diese Vermutung durch den Nachweis widerlegen, dass die Zahlung keine Masseverkürzung zur Folge hatte oder durch sie im Einzelfall größere Nachteile verhindert wurden.

35

Ferner wird zu seinen Lasten vermutet, dass der Insolvenzeintritt für ihn erkennbar war. Zur Entlastung muss der Geschäftsführer nicht nur seine Unkenntnis darlegen und beweisen, er muss auch unter Beweis stellen, dass er trotz entsprechender organisatorischer Vorkehrungen nicht in der Lage war, die Insolvenzreife der GmbH zu erkennen.[49] Wenn der Geschäftsführer nicht über ausreichende Fachkenntnisse verfügt, muss er sich ggf extern beraten lassen. Hierbei kann er es nicht bei einer schlichten Frage an eine für fachkundig gehaltene Person belassen. Er muss vielmehr einen **qualifizierten Berater**[50] umfassend über die die Verhältnisse der Gesellschaft informieren und alle erforderlichen Unterlagen offenlegen. Führt eine derart in Auftrag gegebene Prüfung zu der fachkundigen und für den Geschäftsführer nachvollziehbaren Feststellung, dass

36

---

45 LG München I v. 14.9.2007 – 14 HK O 1877/07, ZIP 2007, 1960.
46 Obwohl der Straftatbestand des § 266 a StGB nur die Nichtabführung von Arbeitnehmerbeiträgen unter Strafe stellt, hält der BGH allgemein Leistungen an die Sozialkassen (also: Arbeitnehmer – und Arbeitgeberbeiträge) nun für zulässig, s. BGH v. 14.5.2007 – II ZR 48/06, NJW 2007, 2118; anders noch BGH v. 18.4.2005 – II ZR 61/03, NJW 2005, 2546.
47 Der Entscheidung des BGH v. 11.9.2000 – II ZR 370/99, NJW 2001, 304. ging das nicht veröffentlichte Berufungsurteil des OLG Celle (Az 9 U 110/99) voraus, dem zu entnehmen ist, dass sich aus dem im Konkursantragsverfahren eingeholten Gutachten eindeutig ergebe, dass der Geschäftsführer die Kundenschecks zu einem Zeitpunkt eingereicht hatte, als die GmbH zahlungsunfähig und überschuldet war.
48 BGH v. 29.11.1999 – II ZR 273/98, NJW 2000, 668; BGH v. 11.9.2000 – II ZR 370/99, NJW 2001, 304; BGH v. 8. 1. 2001 – II ZR 88/99, NJW 2001, 1280.
49 Hierzu *Lutter/Kleindiek* in Lutter/Hommelhoff, GmbHG, § 64 Rn 62.
50 Zu den qualifizierten Beratern zählen Wirtschaftsprüfer, Steuerberater, vereidigter Buchprüfer und spezialisierte Rechtsanwälte, s. *Müller-Seils*, BB 2008, 1803, 1804.

die GmbH nicht insolvent ist, können Zahlungen der (tatsächlich insolventen) Gesellschaft dem Geschäftsführer nicht vorgeworfen werden. In Ermangelung eines Verschuldens besteht keine Erstattungspflicht nach § 64 S. 1 GmbHG.[51]

37 Sofern mehrere Geschäftsführer tätig waren, kann sich der in die Haftung genommene Geschäftsführer nicht darauf berufen, dass er aufgrund einer internen Aufgabenverteilung für die Feststellung der Zahlungsunfähigkeit oder Überschuldung nicht verantwortlich gewesen war.

**e) Verjährung**

38 Der Erstattungsanspruch verjährt in fünf Jahren (§ 64 S. 4 iVm § 43 Abs. 4 GmbHG). Die Verjährung beginnt mit der jeweiligen Zahlung oder Leistung. Im Gegensatz zu den Ansprüchen der GmbH aus § 43 Abs. 2 GmbHG ist hier eine Vereinbarung über eine Verkürzung der Verjährungsfrist nicht möglich.

**4. Zahlungen vor Insolvenzreife**

**a) Bedeutung des Erstattungsanspruchs**

39 Das MoMiG hat in § 64 S. 3 GmbHG einen neuen Haftungstatbestand für den Geschäftsführer eingefügt. Künftig soll der Geschäftsführer auch für Zahlungen an die Gesellschafter haften, wenn sie die Zahlungsunfähigkeit der Gesellschaft zur Folge haben mussten, es sei denn, dass diese aus Sicht eines sorgfältigen Geschäftsführers nicht erkennbar war. Mit dieser Regelung sollen Gläubiger vor Vermögensverschiebungen zwischen der Gesellschaft und den Gesellschaftern geschützt werden.[52] Das Gesetz enthält hierfür zwar bereits Schutzinstrumente. Im Einzelfall können sie allerdings wirkungslos sein. So darf zum einen das zur Erhaltung des Stammkapitals erforderliche Vermögen nach § 30 Abs. 1 S. 1 GmbHG nicht an die Gesellschafter ausgezahlt werden. Dieser Schutzmechanismus versagt allerdings bei Zahlungen, die das zur Erhaltung des Stammkapitals erforderliche Gesellschaftsvermögen nicht antasten, aber dennoch die Zahlungsunfähigkeit der Gesellschaft herbeiführen.[53] Zum anderen enthält die Insolvenzordnung ein ganzes Arsenal an Anfechtungstatbeständen. Sie nützen einem Insolvenzverwalter jedoch nicht, wenn er den Gläubigerbenachteiligungsvorsatz und die entsprechende Kenntnis des Empfängers nicht beweisen kann.[54]

40 Die nun eingeführte Haftungsregelung des § 64 S. 3 GmbHG steht im engen Zusammenhang mit der Rechtsprechung zum **existenzvernichtenden Eingriff**, bei dem es ebenfalls um existenzbedrohende Vermögensverschiebungen geht. Mit der gesetzlichen Regelung soll zwar nicht der richterlichen Rechtsfortbildung vorgegriffen werden.[55] Das MoMiG legt mit § 64 S. 3 GmbHG aber eine Geschäftsführerhaftung fest, die es bei

---

51 BGH v. 14.5.2007 – II ZR 48/06, NJW 2007, 2118.
52 Begründung zum RegE des MoMiG, BT-Drucks. 16/6140, S. 105.
53 Vgl hierzu den Sachverhalt zur KBV-Entscheidung, BGH v. 24.6.2002 – II ZR 300/00, NJW 2002, 3024.
54 Begründung zum RegE des MoMiG, BT-Drucks. 16/6140, S. 105 ff; die Erweiterung in § 64 S. 3 GmbHG war schon im Regierungsentwurf vorgesehen und sollte auch wegen der seinerzeit noch geplanten Herabsetzung des Stammkapitals auf 10.000 Euro erfolgen. Obwohl die Höhe des Mindeststammkapitals nicht geändert wurde, blieb es bei der geplanten Änderung.
55 Die Zurückhaltung ist durchaus angebracht, weil die Rechtsprechung zum existenzvernichtenden Eingriff noch sehr in Bewegung ist, wie man auch an dem Wechsel von der ehemaligen Außenhaftung (BGH v. 24.6.2002 – II ZR 300/00, NJW 2002, 3024) zur jetzigen Innenhaftung des Gesellschafters (BGH v. 16.7.2007 – II ZR 3/04, NJW 2007, 2689) sieht.

der Veröffentlichung des Regierungsentwurfs am 20.5.2007 (als § 64 S. 3 GmbHG in der jetzt geltenden Fassung präsentiert wurde) nach der damaligen Rechtsprechung noch nicht gab.[56] Diese Haftung sollte auch den Geschäftsführer als mutmaßlichen Auslöser der existenzbedrohenden Vermögensverschiebung oder willfährigen Gehilfen treffen.[57] Indem der BGH mit seinem Urteil vom 16.7.2007 Existenzvernichtungshaftung als eine besondere Fallgruppe der sittenwidrigen Schädigung in § 826 BGB einordnete,[58] öffnete er auch den Anwendungsbereich des § 830 BGB. Geschäftsführer können nun, wenn auch unter anderen Voraussetzungen als in § 64 S. 3 GmbHG, als Teilnehmer eines existenzvernichtenden Eingriffs in die Haftung einbezogen werden.[59]

Schließlich soll § 64 S. 3 GmbHG eine Lücke schließen, die durch § 30 Abs. 1 S. 3 GmbHG entstanden ist. Mit dieser Regelung wird die Rechtsprechung zu den eigenkapitalersetzenden Darlehen abgeschafft, die bei einer Darlehensrückzahlung an die Gesellschafter über eine analoge Anwendung der §§ 30, 31 GmbHG und § 43 Abs. 3 S. 1 GmbHG zu einer Geschäftsführerhaftung führte.[60] Da der Geschäftsführer bei einer Rückzahlung von Gesellschafterdarlehen nicht mehr nach den bisherigen Regelungen in Anspruch genommen werden kann, soll ihm eine Haftung drohen, wenn Zahlungen an die Gesellschafter zu einer Zahlungsunfähigkeit der Gesellschaft führen mussten. **41**

### b) Zahlungen

Mit der Regelung in § 64 S. 3 GmbHG möchte das MoMiG der Gefahr vorbeugen, dass der Geschäftsführer der Gesellschaft Mittel entnimmt, obwohl diese unmittelbar vor der Zahlungsunfähigkeit steht. Die Begründung zum Regierungsentwurf hebt hervor, dass sich der Begriff „Zahlungen" wie bei § 64 S. 1 GmbHG nicht auf reine Geldleistungen beschränkt, sondern auch sonstige vergleichbare Leistungen zulasten des Gesellschaftsvermögens umfasst, sofern der Gesellschaft im Ergebnis Liquidität entzogen wird.[61] **42**

**Beispiel (sehr stark vereinfacht nach BGH v. 24.6.2002 – II ZR 300/00, NJW 2002, 3024):** **43**
Die Gesellschafter A und B haben zwei Gesellschaften, die Alt-GmbH und die neu gegründete Neu-GmbH. Für die Alt-GmbH beschließen A und B den Geschäftsbetrieb einzustellen und den mit A über die Anmietung der Fabrikations- und Geschäftsräume geschlossenen Vertrag zu kündigen und das vorhandene Personal von der Y-GmbH übernehmen zu lassen. Darauf schließen die Alt-GmbH und die Neu-GmbH einen Vertrag, bei dem die eine Gesellschaft durch A, die andere durch B vertreten wird. Nach diesem Vertrag bekommt die Neu-GmbH von der Alt-GmbH den gesamten Warenbestand und übernimmt dafür noch offene Verbindlichkeiten aus dem Mietvertrag über die Fabrikations- und Geschäftsräume. In der Bilanz wird nicht bemerkbar, dass in gleichem Maße Aktiva und Passiva ausgebucht werden. Die Alt-GmbH hat aber kein verwertbares Vermögen mehr und muss Insolvenz anmelden. Dieser hier nur sehr verkürzt wiedergegebenen Sachverhalt war Gegenstand des KBV-Urteils, mit dem der BGH erstmals die Haftung der Gesellschafter für existenzvernichtende Eingriffe einführte. Der Sachverhalt dürfte nach der hier vertretenen Ansicht auch zu einer Geschäftsführerhaftung aus § 64 S. 3 GmbHG führen.

---

56 *Meyer*, BB 2008, 1742, 1745.
57 Begründung zum RegE des MoMiG, BT-Drucks. 16/6140, S. 107.
58 BGH v. 16.7.2007 – II ZR 3/04, NJW 2007, 2689 (Trihotel.).
59 *Gehrlein*, WM 2008, 761, 764; allgemein hierzu *Habersack*, ZGR 2008, S. 533, 546.
60 Hierzu § 3 Rn 256.
61 Vgl Begründung zum RegE des MoMiG, BT-Drucks. 16/6140, S. 105.

**44** Zu den verbotenen Zahlungen nach § 64 S. 3 GmbHG dürfte ebenso die Entnahme wichtiger Produktionsgüter zählen, die wegen der in § 30 Abs. 1 GmbHG maßgeblichen bilanziellen Bewertung der Vermögensgegenstände lediglich mit den abgeschriebenen Anschaffungskosten erfasst werden.[62]

**45** Das Verbot erstreckt sich auf Zahlungen an die Gesellschafter der GmbH. Zahlungen an Dritte können nur dann zu einer Haftung des Geschäftsführers nach § 64 S. 3 GmbHG führen, wenn sie mit dem Gesellschafter aus wirtschaftlichen oder persönlichen Gründen eng verbunden sind.[63]

**c) Kausalität**

**46** Die Ersatzpflicht des Geschäftsführers setzt zunächst voraus, dass die Zahlung für den späteren Eintritt der Zahlungsunfähigkeit kausal gewesen war. Eine solche Kausalität ist nicht gegeben, wenn die GmbH vom Gesellschafter eine Gegenleistung bekommen hat, die in gleichem Maße wie die Zahlung der Gesellschaft verwertet werden kann. Verkauft die GmbH dem Gesellschafter bspw im Vorfeld der Insolvenz einen Vermögensgegenstand zu marktgerechten Bedingungen, erhält sie mit dem Geld eine Gegenleistung, die nicht zu einer Zahlungsunfähigkeit der GmbH führen muss. Im Gegensatz hierzu liegt die Verschleuderung von abgeschriebenen Wirtschaftsgütern, bei denen der Gesellschafter lediglich den Buchwert als Kaufpreis an die GmbH zahlt, im Anwendungsbereich des § 64 S. 3 GmbHG. Die Ersatzpflicht des Geschäftsführers besteht nur in dem Umfang („soweit"), wie der GmbH tatsächlich liquide Vermögensmittel entzogen und nicht durch eine Gegenleistung des Gesellschafters ausgeglichen worden sind.[64] Der Geschäftsführer muss daher besonders darauf achten, dass Leistung und Gegenleistung in einem angemessenen Verhältnis stehen. Hierzu ist er ohnehin verpflichtet und daher ist § 64 S. 3 GmbHG mE nicht sanierungsfeindlich.[65]

**47** Die Erstattungspflicht des § 64 S. 3 GmbHG besteht allerdings nicht schon bei Zahlung an einen Gesellschafter, die in irgendeiner Weise kausal für eine – möglicherweise erst mit erheblichem zeitlichem Abstand eintretende – Zahlungsunfähigkeit der Gesellschaft geworden sind. Vielmehr **muss** die Zahlung ohne Hinzutreten weiterer Kausalbeiträge zur Zahlungsunfähigkeit der Gesellschaft führen. Im Moment der Leistung muss die Zahlungsunfähigkeit zwar noch nicht eingetreten sein, es muss sich allerdings zu diesem Zeitpunkt bereits klar abzeichnen, dass die Gesellschaft unter normalem Verlauf der Dinge ihre Verbindlichkeiten nicht mehr wird erfüllen können. Mit dem Tatbestandsmerkmal „führen musste" möchte das Gesetz unmissverständlich deutlich machen, dass nicht jede Leistung gemeint ist, die erst nach Hinzutretenden weiterer Umstände zur Zahlungsunfähigkeit führt.[66] Wenn die GmbH durch die überraschende Kündigung einer Kreditlinie von heute auf morgen zahlungsunfähig wird, muss eine unmittelbar vor der Kündigung erfolgte Zahlung an die Gesellschafter nicht die Erstattungspflicht des § 64 S. 3 GmbHG auslösen.

---

62 Zum beschränkten Gläubigerschutz durch § 30 Abs. 1 S. 1 GmbHG, s. *Röhricht*, FS BGH, 2000, S. 83, 93 ff sowie *Bitter*, WM 2001, 2133, 2135 f.
63 Vgl *Streit/Bürk*, DB 2008, 742, 750.
64 Begründung zum RegE des MoMiG, BT-Drucks. 16/6140, S. 107.
65 So auch *Streit/Bürk*, DB 2008, 742, 750; aA *Poertzgen*, GmbHR 2007, 1258, 1261.
66 Der Referentenentwurf enthielt diese Einschränkung noch nicht, vgl hierzu die Kritik von *K. Schmidt*, GmbHR 2007, 1, 6.

Die Ersatzpflicht des Geschäftsführers hängt davon ab, dass die Herbeiführung der  48
Zahlungsunfähigkeit durch die Zahlung für ihn auch bei Beachtung der Sorgfalt eines
ordentlichen Geschäftsmanns nicht erkennbar war (§ 64 S. 3 GmbHG). Er kann sich
daher entlasten, wenn er die Tatbestandsmerkmale des Zahlungsverbots, also insbesondere ihre Geeignetheit, die Zahlungsunfähigkeit herbeizuführen, auch unter Anwendung der Sorgfalt eines ordentlichen Geschäftsmanns nicht erkennen konnte. Um
sich zu entlasten, muss der Geschäftsführer darlegen und beweisen können, dass er
einen sorgfältigen und realistischen Zahlungsplan erstellt hat und nach diesem Plan,
eine Zahlungsunfähigkeit der Gesellschaft nicht zu befürchten war.[67]

Insbesondere für Fremdgeschäftsführer ist bei der Haftungserweiterung durch § 64  49
S. 3 GmbHG zu bedenken, dass sie an **Weisungen der Gesellschafter** gebunden sind und
in einem wirtschaftlichen Abhängigkeitsverhältnis zu den Gesellschaftern stehen können. Grundsätzlich muss der Geschäftsführer Weisungen auch dann befolgen, wenn er
sie für unternehmerisch verfehlt hält. Die Weisungsgebundenheit besteht allerdings
nicht, wenn sich der Geschäftsführer durch die Ausführung einer Weisung gegenüber
der Gesellschaft ersatzpflichtig machen würde. Bei einer Inanspruchnahme aus § 64
S. 3 GmbHG kann der Geschäftsführer nicht einwenden, dass er weisungsgemäß gehandelt hat. Vielmehr muss er selbständig prüfen, ob eine Zahlung an die Gesellschafter
gegen den § 64 S. 3 GmbHG verstoßen kann. Sollte dies der Fall sein, muss er sein Amt
niederlegen, statt die von den Gesellschaftern gewünschte Zahlung vorzunehmen.[68]

## II. Außenhaftung

Die Außenhaftung des Geschäftsführers setzt sich aus der Vertrags-, der Vertrauens-  50
und der Deliktshaftung (sogleich unter Rn 51 ff, 58 ff und 64 ff) zusammen. Die mit
Abstand größte Bedeutung hat hierbei die Deliktshaftung.[69] Neben der allgemeinen
Deliktshaftung sind die Insolvenzverschleppungshaftung, die Haftung gegenüber den
Sozialversicherungsträgern, die Haftung für Steuerverbindlichkeiten der GmbH sowie
die Baugeldhaftung von besonderer Bedeutung wichtig. Sie werden ausführlich unter
Rn 104 bis 213 dargestellt.

### 1. Vertrag

Grundsätzlich können die Gesellschaftsgläubiger die vertraglichen Ansprüche nur gegen ihren Vertragspartner, also gegen die GmbH, geltend machen. Solche Forderungen  51
dürften sich aber in der Krise einer GmbH schnell als wertlos erweisen. Zur weiteren
Absicherung bestehen die Vertragspartner deshalb häufig auf einer gesonderten Vereinbarung mit dem Geschäftsführer, um ihn gegebenenfalls persönlich in Anspruch
nehmen zu können. Typische Beispiele für eine solche vertragliche Haftung des Geschäftsführers sind zunächst die die Übernahme einer **Bürgschaft** für eine Verbindlichkeit der GmbH und die Abgabe **selbständiger Garantieversprechen** oder abstrakter
Schuldanerkenntnisse. In diesem Zusammenhang von Interesse ist auch ein **Schweigen**

---

67 Hierzu ausführlich *Meyer*, BB 2008, 1742, 1747.
68 Hierzu BT-Drucks. 16/6140, S. 108.
69 *Streit/Bürk*, DB 2008, 742.

auf ein kaufmännisches Bestätigungsschreiben, das eine selbständige Verpflichtung des Geschäftsführers begründen kann.

### a) Bürgschaft

**52** Ein geschätztes Sicherungsmittel ist die **Bürgschaft** eines Geschäftsführers. Gerade wegen der einfacheren Durchsetzbarkeit eines solchen Anspruchs sollten Gläubiger versuchen, Bürgschaften des Geschäftsführers zu erhalten. Durch einen Bürgschaftsvertrag verpflichtet sich der Bürge (Geschäftsführer) gegenüber dem Gläubiger der GmbH für deren Verbindlichkeiten einzustehen. Auch die Bürgschaftsverpflichtung kann einen unmittelbaren vertraglichen Anspruch gegen den Geschäftsführer begründen. Die Regelungen der §§ 355 ff und § 488 ff BGB sind hier zwar nicht einschlägig,[70] dafür gibt es aber eine andere Besonderheit: Eine Bürgschaftserklärung muss nach § 766 S. 1 BGB **schriftlich erteilt** werden; die Erteilung einer Bürgschaftserklärung in elektronischer Form ist ausgeschlossen (s. § 766 S. 2 BGB). Wird ein Bürgschaftsvertrag unterschrieben und sodann per **Telefax** übermittelt, sind diese Formvorschriften nicht erfüllt. Die Urkunde mag zwar eigenhändig unterzeichnet sein, so dass die Schriftform (§ 126 Abs. 3 BGB) gewahrt ist. Es fehlt aber an einer formgerechten *Erteilung* dieser Erklärung. Der Begriff des Erteilens verlangt nämlich eine Entäußerung gegenüber dem Gläubiger, indem ihm die schriftliche Erklärung (im Original) zur Verfügung gestellt wird. Bei einem Telefax erhält der Gläubiger aber nur eine Kopie.[71]

**53** Nach § 350 HGB finden die Formvorschriften des § 766 S. 1 und 2 BGB keine Anwendung, wenn die Bürgschaft auf der Seite des Bürgen ein Handelsgeschäft ist, was wiederum nur dann der Fall sein kann, wenn es sich bei dem Bürgen um einen Kaufmann handelt (vgl § 343 HGB). Somit ist unter Kaufleuten eine per Fax abgegeben Bürgschaftserklärung bindend. Der Geschäftsführer ist aber kein Kaufmann, sondern nur die im Handelsregister eingetragen GmbH (vgl § 6 Abs. 1 HGB i. V. m § 13 Abs. 3 GmbHG).[72] Ein Geschäftsführer kann daher nur dann aus einer Bürgschaftserklärung in Anspruch genommen werden, wenn die Anforderungen des § 766 BGB erfüllt sind.

### b) Garantieversprechen

**54** Das selbständige Garantieversprechen ist ein Vertrag eigener Art, der dadurch gekennzeichnet ist, dass sich der Garant verpflichtet, für den Eintritt eines bestimmten Erfolgs einzustehen und die Gefahr eines künftigen Schadens zu übernehmen.[73] Die Besonderheit eines solchen Garantieversprechens besteht zum einen darin, dass es formfrei erklärt werden kann. Damit unterscheidet sich das Garantieversprechen von einem

---

70 Im Gegensatz zum Schuldbeitritt wird die Bürgschaft nicht einem Kreditvertrag gleichgestellt, da es sich hierbei um eine an die Hauptschuld angelehnte akzessorische Haftung handelt. Ferner sind zahlreiche Schutzvorschriften zugunsten des Bürgen vorhanden (§§ 765, 771 BGB), die es bei einem Schuldbeitritt nicht gibt. Die verbraucherschützenden Regelungen gelangen bei einer Bürgschaft für die Verbindlichkeiten aus einem Darlehens- oder Kreditvertrag daher nicht zur Anwendung, vgl BGH v. 21.4.1998, IX ZR 258/97, NJW 1998, 1939.
71 So BGH v. 28.1.1993 – IX ZR 259/91, NJW 1993, 1126.
72 Selbst der Alleingesellschafter und -geschäftsführer einer GmbH ist nicht Kaufmann, s. BGH v. 12.5.1986 – II ZR 225/85, NJW-RR 1987, 42.
73 Vgl hierzu noch BGH v. 13.6.1996 – IX ZR 172/95, NJW 1996, 2569, 2570.

Schuldanerkenntnis.⁷⁴ Zum anderen begründet das Garantieversprechen eine verschuldensunabhängige Haftung, wohingegen der Anspruch aus Verschulden bei Vertragsabschluss stets ein Verschulden voraussetzt. Das Vorliegen eines Garantieversprechens wird nur dann angenommen, wenn eine hinreichend eindeutige Erklärung abgegeben wurde. Die einem Warenlieferanten im Rahmen laufender Geschäftsverbindung von dem Gesellschafter-Geschäftsführer einer GmbH gegebene Versicherung, man werde bei einer Verschlechterung der wirtschaftlichen Lage der GmbH Kapital nachschießen, so dass der Lieferant auf jeden Fall „sein Geld bekomme", wurde einem Geschäftsführer zum haftungsbegründenden Verhängnis, da diese Erklärung als so hinreichend deutlich angesehen wurde, dass der BGH von einem selbständigen Garantieversprechen ausging.⁷⁵

### c) Schweigen auf ein kaufmännisches Bestätigungsschreiben

Schließlich kann auch das **Schweigen auf ein kaufmännisches Bestätigungsschreiben** 55
die Grundlage für einen vertraglichen Anspruch gegen den GmbH-Geschäftsführer bilden. Im Handelsverkehr ist es gang und gäbe, nach einer mündlichen, fernmündlichen oder fernschriftlichen (Telefax) Vereinbarung das Zustandekommen und den Inhalt des Vertrages durch ein Schreiben zu dokumentieren, das häufig ebenfalls per Fax versandt wird. Widerspricht der Empfänger eines solchen kaufmännischen Bestätigungsschreibens nicht unverzüglich, ist der darin fixierte Vertragsinhalt verbindlich, es sei denn, der Absender hat das Verhandlungsergebnis bewusst unrichtig wiedergegeben oder so abgeändert, dass er vernünftigerweise nicht mit dem Einverständnis des Empfängers rechnen kann.⁷⁶

Vordergründig erscheint es so, dass ein Schweigen auf ein kaufmännisches Bestäti- 56
gungsschreiben nicht für den Geschäftsführer, sondern nur für die von ihm vertretene GmbH von Bedeutung sein könnte, denn schließlich ist nur die GmbH ein Kaufmann und nicht auch der Geschäftsführer. Die Grundsätze des kaufmännischen Bestätigungsschreibens gelten jedoch nicht nur unter Kaufleuten, sondern können für jeden Verpflichtungen begründen, der ähnlich wie ein Kaufmann am Rechtsverkehr teilnimmt und erwarten kann, dass ihm gegenüber nach kaufmännischer Sitte verfahren wird. Das Wissen um einen solchen Handelsbrauch und das Bewusstsein seiner Verbindlichkeit kann bei Personen, die ähnlich einem Kaufmann am Geschäftsleben teilnehmen, vorausgesetzt werden. Dies gilt auch Geschäftsführer einer GmbH, denen aufgrund ihrer Position die Handelsbräuche bekannt sein müssen.⁷⁷

Ein Geschäftsführer kann allerdings nur dann aufgrund seines Schweigens auf ein kauf- 57
männisches Bestätigungsschreiben haften, wenn diese Schreiben den Hinweis auf die von ihm tatsächlich erklärte Übernahme einer persönlichen Haftung enthält und es

---

74 Sofern ein Schuldanerkenntnis von einem Geschäftsführer unterschrieben wird, um eine Weiterbelieferung der nicht leistungsfähigen GmbH zu erreichen, spricht dies auch dann für eine persönliche Verpflichtung des Geschäftsführers, wenn die Lieferung an die GmbH erfolgte, s. BGH v. 4.4.2000 XI ZR 152/99, NJW 2000, 2984.
75 Der Kläger des Rechtsstreits BGH v. 18.6.2001 – II ZR 248/99, NJW-RR 2001, 1611, 1612, konnte sich mit Erfolg auf ein selbständiges Garantieversprechen berufen. Der ebenfalls geltend gemachte Anspruch wegen Insolvenzverschleppung scheiterte, weil der Geschäftsführer bei Vertragsschluss wegen der seinerzeit noch geduldigen Hausbank von einer positiven Fortführungsprognose ausgehen durfte.
76 Vgl hierzu Baumbach/Hopt, HGB, § 346 Rn 16 ff mwN.
77 Hierzu Palandt-*Heinrichs*, BGB § 148 Rn 10.

auch an ihn gerichtet ist. Des Weiteren muss das zu bestätigende Geschäft zu den kaufmännischen bzw Berufsgeschäften des Empfängers gehören.[78]

## 2. Vertrauen

58 Die Grundsätze zum **Verschulden bei Vertragsschluss** begründen (allerdings nur in Ausnahmefällen) eine Vertrauenshaftung des Geschäftsführers nach §§ 311 Abs. 2, 280 Abs. 1 BGB. Wenn bei den Vertragsverhandlungen ein Vertreter tätig wird, haftet nämlich grundsätzlich der Vertretene für Verletzungen der vorvertraglichen Aufklärungs- und Obhutspflichten. Eine eigene Haftung des Vertreters (und damit des Geschäftsführers) ist regelmäßig erst dann gerechtfertigt, wenn dieser entweder ein **starkes wirtschaftliches Eigeninteresse** an dem Vertragsschluss hat oder er persönlich in besonderem Maße das **Vertrauen des Verhandlungspartners in Anspruch genommen** hat. Diese allgemeinen Grundsätze gelangen bei einem GmbH-Geschäftsführer wie folgt zur Anwendung:

### a) Wirtschaftliches Eigeninteresse

59 Die Rechtsprechung hatte eine Zeit lang das eigene Interesse des Geschäftsführers am Geschäftsabschluss als Anknüpfungspunkt für eine Haftung aus Verschulden bei Vertragsabschluss genügen lassen und unter diesem Gesichtspunkt einen Anspruch bejaht, wenn der Geschäftsführer für die Verbindlichkeiten eine Bürgschaftserklärung abgegeben hat,[79] ihn aber wiederum verneint, wenn sich das Eigeninteresse des Geschäftsführers lediglich aus seiner Beteiligung an der GmbH ergeben sollte.[80] Diesen Ansatz hat der BGH aber mit in seiner grundlegenden Entscheidung vom 6.6.1994 aufgegeben und die Weichen für eine Haftung des Geschäftsführers wegen einer Insolvenzverschleppung gestellt, indem er den Neugläubigern einen selbständig einklagbaren Schadensersatzanspruch gegen den Geschäftsführer aus § 823 Abs. 2 BGB iVm § 64 Abs. 1 GmbHG aF (nun § 15 a Abs. 1 InsO) zusprach.[81] Der BGH wollte mit der Änderung seiner Rechtsprechung von der Rechtsfigur der Haftung des Geschäftsführers aus Verschulden bei Vertragsschluss wegen wirtschaftlichen Eigeninteresses abrücken, die, ließe man sie bereits mit dem Merkmal der Beteiligung des Geschäftsführers an der von ihm vertretenen GmbH einsetzen, in Konflikt zu § 13 Abs. 2 GmbHG zu geraten schien, und die, fasste man sie enger, zu einer von Einzelfällen getragenen Kasuistik zu entarten drohte, weil keine brauchbaren Kriterien für das „wirtschaftliche Eigeninteresse" zur Verfügung standen.[82]

---

78 Vgl OLG Düsseldorf v. 2.9.2003 – 21 U 220/02, ZIP 2004, 1211 zur Haftung eines Geschäftsführers für die Vergütung eines Beraters, der einen Insolvenzplan für eine GmbH erstellen sollte und aufgrund eines von ihm verfassten kaufmännischen Bestätigungsschreibens mit Erfolg gegen den Geschäftsführer vorgehen konnte.
79 BGH v. 1.3.1993 – II ZR 292/91, ZIP 1993, 763.
80 BGH v. 23.9.1985 – II ZR 246/84, NJW 1986, 586.
81 BGH v. 6.6.1994 – II ZR 292/91, NJW 1994, 2220. Aufgrund dieser Rechtsprechung gehört auch die früher oft erörterte Hinweispflicht auf eine Zahlungsunfähigkeit und Überschuldung der GmbH zur deliktischen Haftung wegen Insolvenzverschleppung. Für eine Beibehaltung der Geschäftsführerhaftung nach den Grundzügen aus Verschulden bei Vertragsschluss sprechen sich u.a. *Altmeppen/Wilhelm*, NJW 1999, 673, 680 und *K. Schmidt*, Gesellschaftsrecht, § 36 II 5 d (S. 1089 f) aus.
82 So *Henze/Bauer*, Kölner Schrift zur Insolvenzordnung, S. 1311, 1313.

### b) Inanspruchnahme besonderen persönlichen Vertrauens

Somit verbleibt nur die Eigenhaftung des Geschäftsführers aufgrund der Inanspruchnahme besonderen persönlichen Vertrauens. Die Haftung des Geschäftsführers für ein Verschulden bei Vertragsverhandlungen kommt aber auch bei dieser Fallgruppe nur ausnahmsweise dann in Betracht, wenn bei den Verhandlungen das in Anspruch genommene Vertrauen über das normale Vertrauen hinausgegangen ist, das bei Anbahnungen von Geschäftsbeziehungen zu dem Vertragspartner immer besteht oder jedenfalls vorhanden sein sollte, und er ein zusätzliches, von ihm selbst ausgehendes Vertrauen in seine Person hervorgerufen hat.[83] Hierfür ist es erforderlich, dass der Geschäftsführer eben nicht nur als neutrales Organ der GmbH gehandelt, sondern er selbst bei dem Verhandlungspartner der Eindruck erweckt hat, er persönlich werde die ordnungsgemäße Geschäftsabwicklung gewährleisten.[84]

60

**Beispiele:**

61

Nachdem der zukünftige Vertragspartners der GmbH Zweifel an deren Zahlungsfähigkeit erklärt hat, sagt der Geschäftsführer: „ Aber Herr .... , Sie kennen doch *mich*. Auf mich können Sie sich verlassen". Sollte eine Forderung gegen die GmbH ausfallen, wäre ein Anspruch des Geschäftsführers aus Verschulden bei Vertragsabschluss gegeben.[85] Im Gegensatz dazu begründet die Erklärung „Geld ist für die Firma kein Problem, finanzielle Schwierigkeiten bestehen nicht" allenfalls ein Vertrauen in die fortbestehende Solvenz der GmbH, nicht aber ein persönliches Vertrauen gegenüber dem Geschäftsführer und begründet keine Haftung aus Verschulden bei Vertragsabschluss.[86]

Ein Geschäftsführer haftet wegen der Inanspruchnahme besonderen persönlichen Vertrauens regelmäßig[87] nur, wenn er eine „Erklärung im Vorfeld einer Garantiezusage" abgibt und er hierbei in einer doppelten Funktion, nämlich als Geschäftsführer und eigenständige Person handelt.[88]

62

Im Vorfeld einer Klage kann es nur von Vorteil sein, etwaige Erklärungen des Geschäftsführers, die für eine Haftung aus Verschulden bei Vertragsabschluss geeignet sein können, in der allgemeinen Korrespondenz zu dokumentierten. So kann bspw eine Auftragsbestätigung durchaus mit dem Hinweis ergänzt werden, dass der Geschäftsführer bei den Vertragsverhandlungen, angesprochen auf die angespannte finanzielle Situation der GmbH erklärt habe, dass man sich zumindest auf ihn verlassen könne. Die Beweisführung für eine Haftung aus Verschulden bei Vertragsabschluss ist mit der Vorlage dieses Schreibens im Prozess sicherlich noch nicht abgeschlossen. Sollte der Geschäftsführer den Inhalt des Schreibens allerdings erst vor Gericht bestreiten, wird er sich fragen lassen müssen, warum er dies nicht schon vorher getan hat.

63

---

83 Vgl hierzu BGH v. 6.6.1994 – II ZR 292/91, NJW 1994, 2220 und schon BGH v. 1.7.1991 – II ZR 180/90, NJW-RR 1991,1312.
84 So *Hommelhoff/Kleindiek* in Lutter/Hommelhoff, GmbHG, § 43 Rn 52.
85 Beispiel nach *Lutter*, GmbHR 1997, 329, 330.
86 Beispiel angelehnt an OLG Köln v. 1.9.1999 – 2 U 19/99, NZG 2000, 439; zur Haftung wegen der Inanspruchnahme persönlichen Vertrauens vgl auch BGH v. 23.2. 1983 VIII ZR 325/81, NJW 1983, 1607.
87 Vgl auch *Meyke*, Haftung des Geschäftsführers, Rn 303 mit weiteren Beispielen aus der Rechtsprechung, die allerdings aus der Zeit vor der Entscheidung BGH V. 6.6.1994 – II ZR 292/91, NJW 1994, 2220 stammen und nicht mehr zu einer Geschäftsführerhaftung führen dürften.
88 BGH V. 6.6.1994 – II ZR 292/91, NJW 1994, 2220; die Grenzen zwischen einer "Erklärung im Vorfeld einer Garantiezusage" und der haftungsbegründenden Garantieerklärung des Geschäftsführers sind ausgesprochen vage, so dass man mit *Geißler*, ZIP 1997, 2184, 2190, durchaus die Meinung vertreten kann, dass für die Haftung aus Verschulden bei Vertragsabschluss bei einem Geschäftsführer keinen Bedarf gibt.

## 3. Delikt

64 Ein Geschäftsführer haftet nach Deliktsrecht, wenn er bei der Durchführung seiner Aufgaben eine unerlaubte Handlung begeht. Dies kommt zum einen in Betracht, wenn der Geschäftsführer eines der in § 823 Abs. 1 BGB genannten Rechtsgüter verletzt. Zum anderen kann den Geschäftsführer die Haftung nach § 823 Abs. 2 BGB treffen, wenn er den Tatbestand eines Schutzgesetzes verwirklicht.[89]

Bei dem Anspruch aus unerlaubter Handlung gibt es zunächst eine Besonderheit im **Vollstreckungsrecht**, auf die man schon bei der Ausarbeitung der Klageschrift achten sollte: Soll gegen einen Geschäftsführer ein Schadensersatzprozess geführt werden, dann ist die von ihm geführte GmbH meistens schon abgewickelt, jedenfalls aber nicht mehr gewerblich tätig. Der Geschäftsführer befindet sich dann oft in einem Anstellungsverhältnis bei einem neuen Arbeitgeber. Die dabei entstehenden Lohn- und Gehaltsansprüche unterliegen grundsätzlich einem Pfändungsschutz, der auch durch die Pfändungsfreigrenzen bestimmt wird (§ 850 c ZPO). Wird die Zwangsvollstreckung aber wegen einer Forderung aus unerlaubter Handlung betrieben, so kann das Vollstreckungsgericht auf Antrag des Gläubigers nach § 850 f Abs. 2 ZPO den pfändbaren Teil des Einkommens ohne Rücksicht auf die Pfändungsfreigrenzen bestimmen. Diesen Antrag kann man allerdings nur stellen, wenn in dem zu vollstreckenden Titel die Anspruchsgrundlage aus unerlaubter Handlung genannt ist.[90] Dementsprechend sollte dann auch der Klageantrag formuliert werden.

Eine weitere Besonderheit besteht im **Insolvenzrecht**. Deliktische Ansprüche bleiben nach § 302 Abs. 1 Nr. 1 InsO von einer Restschuldbefreiung unberührt. Geschäftsführer können daher nur auf eine Restschuldbefreiung hoffen, wenn sie die Gläubiger eines Anspruchs wegen Insolvenzverschleppung, die Sozialversicherungsträger und die Baugläubiger befriedigt haben.

65 Der Reihenfolge von § 823 BGB entsprechend, wird im Folgenden zunächst die Verletzung von Rechtsgütern und die damit verbundene Schadensersatzpflicht aus § 823 Abs. 1 BGB erläutert, um sodann auf die Verletzung der Schutzgesetze iSd § 823 Abs. 2 BGB einzugehen.

### a) Verletzung von Rechtsgütern
#### aa) Unmittelbare Rechtsgutverletzungen

66 Es versteht sich von selbst, dass ein Geschäftsführer durch sein eigenes Verhalten eine unerlaubte Handlung im Sinne des § 823 Abs. 1 BGB begehen kann, indem er unmittelbar eines der dort genannten Rechtsgüter verletzt, und dass er sich nicht auf die Haftungsbeschränkung der GmbH berufen kann, wenn er bspw bei einer Dienstreise einen Passanten mit einem Firmenwagen der GmbH verletzt. In der Rechtsprechung finden sich zahlreiche Beispiele für unerlaubte Handlungen, die einem Geschäftsführer zugerechnet wurden.[91]

---

89 Zur Haftung aus § 826 BGB vgl die Ausführungen zur Gesellschafterhaftung.
90 So BGH v. 26.9.2002, IX ZB 180/02, NJW 2003, 515, 516; sofern ein dementsprechender Klageantrag im Erkenntnisverfahren nicht gestellt wurde, bleibt dem Gläubiger nur noch die Möglichkeit, eine titelergänzende Feststellungsklage zu erheben, vgl hierzu Musielak-*Becker*, ZPO, § 850 f Rn 10.
91 Vgl hierzu die Zusammenstellung der Rechtsprechung von *Groß*, ZGR 1998, 552, 553.

### bb) Mittelbare Rechtsgutverletzungen

Um mittelbare Rechtsgutverletzungen ging es in dem heftig diskutierten „**Baustoff-Ur-** **67** **teil**".[92] Auch wenn diese Entscheidung wegen einer späteren Gesetzesänderung deutlich an Brisanz verloren hat, ist sie wegen des dort entwickelten Haftungskonzepts immer noch von besonderer Bedeutung.

**Beispiel nach BGH, NJW 1990, 976:** **68**
Eine Baustoffgroßhandlung lieferte Baumaterialien an eine GmbH unter verlängerten Eigentumsvorbehalt (Einbau des Baumaterials nur gegen Abtretung von daraus resultierenden Werklohnansprüchen gegen den Besteller). In den Werkverträgen mit einem Bauherrn verpflichtete sich die GmbH, Forderungen aus dem Werkvertrag nicht an Dritte abzutreten. Durch den erfolgten Einbau der Baumaterialien verlor die Baustoffgroßhandlung wegen § 946 BGB ihr Eigentum, erhielt aber wegen des Abtretungsverbots keine Werklohnforderung gegen den Bauherrn. Der verlängerte Eigentumsvorbehalt ging somit ins Leere. Obwohl der Geschäftsführer der GmbH weder an dem Vertrag mit der Baustoffgroßhandlung noch an dem mit dem Bauherrn mitgewirkt hatte, verurteilte der BGH ihn auf Schadensersatz wegen einer Eigentumsverletzung nach § 823 Abs. 1 BGB.

Dieses Beispiel verdeutlicht zunächst eine Besonderheit bei der deliktischen Haftung **69** des Geschäftsführers. Er haftet nicht nur für Rechtsgutverletzungen, die von ihm unmittelbar vorgenommen wurden, sondern auch für mittelbare Rechtsgutverletzungen; schließlich wurden die Baumaterialen nicht von ihm selbst, sondern von einem Mitarbeiter in das Gebäude eingefügt. Anknüpfungspunkt für eine Schadensersatzpflicht des Geschäftsführers war hier ein Unterlassen. Ihm wurde in dem Baustoff-Urteil die Verletzung einer Organisationspflicht vorgeworfen, denn er hätte im konkreten Fall für einen Informationsaustausch zwischen Einkauf und Vertrieb sorgen müssen. Weil er aber gerade dies unterlassen hat, hatte die Baustoffgroßhandlung in der Kollision zwischen verlängerten Eigentumsvorbehalt und Abtretungsverbot ihr Eigentum verloren, ohne dafür einen Ersatz zu erhalten. Da nicht nur verlängerte Eigentumsvorbehalte sondern auch Abtretungsverbote in der Baubranche weit verbreitet sind, wäre es die Aufgabe des Geschäftsführers gewesen, solche Kollisionen durch geeignete organisatorische Maßnahmen zu verhindern.[93]

Eine persönliche Verantwortlichkeit des Geschäftsführers ist zumindest dann noch gerechtfertigt, wenn er von den Rechtsgutverletzungen der Mitarbeiter oder dem Bevorstehen solcher Handlungen Kenntnis hatte und nichts dagegen unternahm, obwohl er dies aufgrund seiner Leitungsbefugnisse gekonnt hätte.[94] In dem Baustoff-Urteil kannte der Geschäftsführer aber weder den verlängerten Eigentumsvorbehalt noch das Abtretungsverbot. Dies führt uns zu einer weiteren Besonderheit bei der Haftung des Geschäftsführers aus § 823 Abs. 1 BGB: Der Geschäftsführer kann auch dann in Anspruch genommen werden, wenn er von der Rechtsgutverletzung nichts wusste. Dieses Ergebnis leitete der BGH aus der besonderen Stellung des Geschäftsführers als Organ der GmbH ab. Seine Argumentation kann man im Kern wie folgt zusammenfassen: Für einen GmbH-Geschäftsführer bestehen grundsätzlich nur gegenüber der GmbH Pflich-

---

92 BGH v. 5.12.1989 – VI ZR 335/88, NJW 1990, 976.
93 So BGH v. 5.12.1989 – VI ZR 335/88, NJW 1990, 976, 978.
94 Ein weiteres Beispiel für eine durch Mitarbeiter der GmbH unmittelbar begangene, gleichwohl dem Geschäftsführer angelastete Rechtsgutverletzung ist die Verletzung von Warenzeichen, vgl BGH v. 26.9.1985 – I ZR 86/83, NJW 1987, 127.

ten aus seiner Organstellung. Deshalb hat auch nur die GmbH bei einer Pflichtverletzung einen Schadensersatzanspruch nach § 43 Abs. 2 GmbHG. Anderes gilt aber, wenn mit den Organpflichten gegenüber der GmbH Pflichten einhergehen, die den Geschäftsführer aus besonderen Gründen persönlich gegenüber Dritten treffen. Dies kann insbesondere wegen einer dem Geschäftsführer als Aufgabe zugewiesenen oder von ihm jedenfalls in Anspruch genommenen **Garantenstellung** zum Schutz fremder Rechtsgüter iSd § 823 Abs. 1 BGB der Fall sein, die der Einflusssphäre der GmbH anvertraut wurden. Hier kann über die Organstellung hinaus eine mit der Zuständigkeit für die Organisation und Leitung und der daraus erwachsenden persönlichen Einflussnahme auf die Gefahrenabwehr verbundene persönliche Verantwortung des Geschäftsführers gegenüber Außenstehenden zum Tragen kommen. Wenn die GmbH Materialien mit verlängertem Eigentumsvorbehalt erwirbt, ihr damit also Eigentum anvertraut wird, dann hat auch der Geschäftsführer dafür zu sorgen, dass dieses Vorbehaltseigentum nicht verletzt wird.[95]

71  Das Baustoff-Urteil hatte zu einer regen Diskussion geführt.[96] Weil der BGH aus dem Innenverhältnis zwischen GmbH und Geschäftsführer eine Garantenstellung zum Schutz Außenstehender vor der Gefährdung ihrer Rechtsgüter abgeleitet hatte, ohne hierfür eine wirklich tragfähige Begründung bieten zu können, stand das Urteil in der Kritik. In der Tat führt die Argumentation des BGH zu einer tendenziell uferlosen Außenhaftung des Geschäftsführers, die mit dem Haftungssystem – man denke nur an § 13 Abs. 2 GmbHG – im Widerspruch steht.[97] Freilich hat die Entscheidung auch ihre Fürsprecher gewonnen.[98]

72  Mit der Einführung des § 354 a HGB[99] ist die Haftung des Geschäftsführers für Ware, die unter Eigentumsvorbehalt an die GmbH geliefert wurde, allerdings deutlich abgemildert worden. Ist die Abtretung einer Geldforderung durch Vereinbarung mit dem Schuldner gemäß § 399 BGB ausgeschlossen, und ist das Rechtsgeschäft, das diese Forderung begründet hat, für beide Teile ein Handelsgeschäft, oder ist der Schuldner eine juristische Person des öffentlichen Rechts oder ein öffentlich-rechtliches Sondervermögen, so ist die Abtretung nach der jetzigen Rechtslage gleichwohl wirksam. Abweichende Vereinbarungen sind laut § 354 a S. 3 HGB unwirksam.

73  Wenn also, wie es in dem Baustoff-Urteil der Fall war, der Bauherr ein Kaufmann iSd HGB ist, dann ist ein mit ihm vereinbartes Abtretungsverbot unwirksam, der Lieferant kann daher Zessionar einer Werklohnforderung werden und der Geschäftsführer macht sich durch den Einbau der Baumaterialien nicht schadensersatzpflichtig. Sollte aber der Bauherr kein Kaufmann sein (und auch nicht zu den juristischen Personen des öffentlichen Rechts zählen), dann greift § 354 a HGB nicht ein. Die Haftung des Geschäftsführers besteht dann nach den eben dargestellten Grundsätzen. Eine solche Konstellation kommt allerdings nur in Betracht, wenn es sich bei dem Bauherr um eine

---

95  BGH v. 5.12.1989 – VI ZR 335/88, NJW 1990, 976, 978.
96  Hierzu im Detail *Haas*, Geschäftsführerhaftung und Gläubigerschutz, S. 211 ff; *Kleindiek*, Deliktshaftung und juristische Person, S. 8 ff, 368 ff.
97  *Lutter*, GmbHR 1997, 329, 335. Zur Kritik an dem Baustoff-Urteil vgl ferner *Medicus*, ZGR 1998, 570, 584; *K. Schmidt*, Gesellschaftsrecht, § 36 II 5 d (S. 1089 f).
98  *Altmeppen*, ZIP 1995, 881, 885; *Kessler*, GmbHR 1994, 429, 434.
99  Vgl BGBl. 1994 I S. 1682.

Privatperson handelt oder um ein Unternehmen, das nach Art und Umfang einen in kaufmännischer Weise eingerichteten Geschäftsbetrieb nicht erfordert. In diesen Fällen dürften die Bauherren aber nur sehr selten auf die Vereinbarung eines Abtretungsverbots bestehen. Seit der Einführung des § 354a HGB erhält der Lieferant bei einem verlängerten Eigentumsvorbehalt nach Einbau der Materialien eine Forderung gegenüber den Bauherrn, so dass der Geschäftsführer wegen einer Eigentumsverletzung zumindest nicht aus § 823 Abs. 1 BGB haftet.

Trotz dieser Gesetzesänderung kommt dem Baustoff-Urteil eine besondere Bedeutung zu, weil es für die Haftung des Geschäftsführers aus § 823 Abs. 1 BGB seit dieser Entscheidung nicht mehr ausschlaggebend ist, ob der Geschäftsführer selbst gehandelt hat oder von den Rechtsgutverletzungen durch die Mitarbeiter der GmbH überhaupt wusste.[100] **74**

#### b) Verletzung von Schutzgesetzen

Eine Haftung des Geschäftsführers nach § 823 Abs. 2 BGB setzt die **Verletzung eines Schutzgesetzes** voraus. Dies sind Rechtsnormen, die Einzelne oder einzelne Personenkreise gegen die Verletzung eines Rechtsguts schützen sollen. Dabei ist auf den Inhalt und Zweck des Gesetzes nach der Intention des Gesetzgebers abzustellen. Maßgeblich ist, ob er einen individuellen Schadensersatzanspruch schaffen wollte.[101] Von den Schutzgesetzen sind diejenigen Vorschriften zu unterscheiden, die lediglich dem Schutz der Allgemeinheit dienen. Viele Vorschriften des StGB (Untreue in § 266 StGB, Betrug in § 263 StGB, Vollstreckungsvereitelung in § 288 StGB, Vorenthalten und Veruntreuung von Arbeitsentgelt in § 266a StGB) sind Schutzgesetze. Diese Straftatbestände, die ja in erster Linie zu einer Bestrafung des Täters gedacht sind, werden durch § 832 Abs. 2 BGB mit einer zusätzlichen Rechtsfolge (Schadensersatzpflicht) ausgestattet. Neben der Untreue, dem Betrug und der Vollstreckungsvereitelung werden sogleich noch § 17 VOB/B als mögliche Schutzgesetze erläutert.[102] **75**

#### aa) Einzahlung der Sicherheit auf ein Sperrkonto nach § 17 VOB/B

Bisweilen vereinbaren die Vertragsparteien aus der Baubranche in einem Werkvertrag unter Einbeziehung der VOB/B, dass zu Sicherung der Mängelansprüche oder der Vertragserfüllung die Sicherheitsleistung durch die Hinterlegung von Geld erfolgen soll. Aus § **17 VOB/B** ergibt sich die Verpflichtung, Sicherheitseinbehalte auf ein Sperrkonto einzuzahlen. Sollte der Vertragspartner des Bauunternehmers aber in eine Krise geraten, stellt sich in einem daran anschließenden Insolvenzverfahren vielfach heraus, dass der einbehaltene Betrag zunächst auf dem Geschäftskonto belassen wurde und nun nicht mehr vorhanden ist. Sofern es sich bei dem Besteller um eine GmbH gehandelt hatte, ist in Erwägung zu ziehen, ob deren Geschäftsführer nach § 823 Abs. 2 BGB iVm § 17 VOB/B zum Schadensersatz verpflichtet ist. **76**

---

100 So zutreffend *Meyke*, Haftung des Geschäftsführers, Rn 338.
101 Vgl Palandt-*Thomas*, BGB, §823 Rn 141.
102 Kein Schutzgesetz iSd § 823 Abs. 2 BGB ist § 43 Abs. 1 GmbHG, der den Geschäftsführer gegenüber der GmbH verpflichtet, in deren Angelegenheiten die Sorgfalt eines ordentlichen Geschäftsmannes anzuwenden, s. BGH v. 13.4.1994 – II ZR 16/93, NJW 1994, 1801.

77 Eine Schadensersatzpflicht besteht allerdings – zumindest de lege lata – nicht, da es sich bei der VOB/B nicht um ein Gesetz handelt. Die VOB werden zwar von einem hoheitlich eingesetzten Gremium ausgearbeitet und im Bundesanzeiger veröffentlicht; es handelt sich aber zumindest bei dem Teil B der VOB nicht um Gesetze im materiellen Sinn, sondern lediglich um typisierte und in der Inhaltskontrolle privilegierte Allgemeine Vertragsbedingungen.[103] Die Verletzung einer vertraglich vereinbarten VOB-Pflicht begründet daher allenfalls einen vertraglichen Schadensersatzanspruch, der sich aber allein gegen den Vertragspartner, also gegen die insolvente GmbH, richten würde.[104] Bauunternehmern und ihren Beratern ist allerdings zu raten, hier die Entwicklung in der Gesetzgebung im Auge zu behalten.

**bb) Untreue nach § 266 StGB**

78 Der Straftatbestand der Untreue spielt im GmbH-Recht eine nicht unerhebliche Rolle. Regelmäßig geht es aber hierbei um Ansprüche der GmbH gegen ihre Gesellschafter oder Geschäftsführer, wenn diese in die Kasse der GmbH greifen, um damit persönliche Verbindlichkeiten zu tilgen, oder der GmbH wertlose Rechtspositionen verkaufen.[105] Für die Vertragspartner der GmbH kommt dagegen ein Anspruch aus § 823 Abs. 2 BGB iVm § 266 StGB regelmäßig nicht in Betracht.

79 Auch bei einer unterlassenen Einzahlung des Sicherheitseinbehalts auf ein Sperrkonto sind die Voraussetzungen für diesen Schadensersatzanspruch nicht gegeben. Dabei scheitert eine Haftung des Geschäftsführers nicht schon an dem Umstand, dass die GmbH und nicht er selbst Vertragspartner gewesen ist. Als vertretungsberechtigtes Organ der GmbH (§ 14 Abs. 1 Nr. 1 StGB) haftet der Geschäftsführer strafrechtlich für einen Verstoß gegen § 266 StGB. Dieser Straftatbestand setzt aber den Eintritt eines Vermögensschadens voraus, der auf dem Missbrauch einer Verfügungs- bzw Verpflichtungsbefugnis oder einer Vermögensbetreuungspflicht beruht. Unter den **Vermögensbetreuungspflichten** iSd § 266 StGB sind nur inhaltlich besonders qualifizierte Pflichten zu verstehen, dh Pflichten aus einem Verhältnis, das seinem Inhalt nach wesentlich durch die Besorgung fremder Vermögensangelegenheiten bestimmt wird. Bei Vertragsverhältnissen, in denen als bloße Nebenpflicht bspw die Pflicht zur Rückgabe einer Sicherheit oder einer Kaution besteht, wird das Vorliegen einer Vermögensbetreuungspflicht generell nicht angenommen.[106] Vor diesem Hintergrund kann die vertragliche Vereinbarung, einen Sicherheitseinbehalt auf ein Sperrkonto zu überweisen, keine Vermögensbetreuungspflicht begründen; ein Verstoß gegen die Vereinbarung erfüllt daher auch nicht den Straftatbestand des § 266 StGB.

80 Hiergegen ließe sich zwar einwenden, dass es sich nach der Rechtsprechung des BGH bei der nach § 551 Abs. 3 BGB bestehenden Pflicht des Vermieters, eine Mietkaution auf ein besonderes Konto anzulegen, trotz ihres zivilrechtlichen Charakters als bloßer Nebenpflicht strafrechtlich um eine Vermögensbetreuungspflicht gegenüber dem Mieter handelt, deren Verletzung nach § 266 StGB strafbar ist. Allerdings verstößt der

---

103 Hierzu Ingenstau/Korbion- *Vygen*, Einleitung Rn 83 ff.
104 So LG Bonn v. 31.3.2004 – 5 S. 6/04, BauR 2004, 1471, 1472; aA OLG München v. 23.2.2006 – 2 Ws 22/06, NJW 2006, 2278.
105 Vgl BGH v. 21.6.1999 – II ZR 47/98, NJW 1999, 2817; hierzu *Gehrlein*, NJW 2000, 1089.
106 *Lenckner/Perron*, in Schönke/Schröder, StGB, § 266 Rn 23 f.

Vermieter gegen eine gesetzliche Verpflichtung, der Vertragspartner eines Werkvertrages aber „nur" gegen § 17 VOB/B und damit gegen eine vertragliche Vereinbarung. Die unterlassene Einzahlung des Sicherheitseinbehalts auf ein Sperrkonto ist daher keine strafrechtliche Untreue und führt deshalb auch nicht zu einer gesetzlichen Haftung des Geschäftsführers.[107]

### cc) Betrug nach § 263 StGB

Einen nach § 263 StGB strafbaren Betrug begeht derjenige, der in der Absicht, sich oder einem Dritten einen rechtswidrigen Vermögensvorteil zu verschaffen, das Vermögen eines anderen dadurch beschädigt, dass er durch Vorspiegelung falscher oder durch Entstellung oder Unterdrückung wahrer Tatsachen einen Irrtum erregt oder unterhält. Diese Regelung ist nach allgemeiner Auffassung ein **Schutzgesetz** iSd § 823 Abs. 2 BGB und ihre Verletzung kann einen Schadensersatzanspruch begründen. 81

Ein solcher Sachverhalt kann einen sog. **Eingehungsbetrug** darstellen. Hierunter versteht man im Allgemeinen den Eintritt eines Gefährdungsschadens durch die täuschungsbedingte Übernahme einer Leistungspflicht.[108] Wegen der Vorleistungspflicht liegt regelmäßig ein **abgewickelter Eingehungsbetrug**[109] vor, wenn ein Werkunternehmer von seinem Auftraggeber getäuscht wurde und der Schwindel erst nach Auftragsausführung entdeckt wurde. 82

Der Schadensersatzanspruch aus § 823 Abs. 2 BGB richtet sich grundsätzlich gegen denjenigen, der mit seinem Verhalten alle objektiven und subjektiven Tatbestandsmerkmale des § 263 StGB verwirklicht und hierbei rechtswidrig sowie schuldhaft gehandelt hat. Dies ist häufig der Geschäftsführer, wenn er selbst den Vertragspartner der GmbH getäuscht hat. Erfolgt die Täuschungshandlung durch Dritte (Mitarbeiter der GmbH) kann der Geschäftsführer gleichwohl einen Betrug begehen. Nach der Rechtsprechung kann ein **Täter kraft Tatherrschaft** auch derjenige sei, der durch die Organisation des Unternehmens Rahmenbedingungen schafft und diese ausnützt, weil deren regelhafte Abläufe darauf hinauslaufen, dass die Kunden über die Zahlungsbereitschaft bzw -fähigkeit des Unternehmens zumindest konkludent getäuscht werden. Dies kann bei der Fortführung eines Betriebs trotz Zahlungsunfähigkeit der Fall sein. Die Strafbarkeit und damit auch die Haftung wegen Betruges hängen dabei nicht davon ab, ob die am Vertragsschluss unmittelbar beteiligten Mitarbeiter der GmbH gutgläubig waren, oder ob sie bei den Vertragsverhandlungen die Zahlungsunfähigkeit der GmbH gekannt hatten.[110] 83

Für die Haftung des Geschäftsführers aus § 823 Abs. 2 BGB iVm § 263 StGB ist der der konkrete Tatbeitrag entscheidend. Dieser kann in der Täuschung der Vertragspartner liegen, aber auch schon in der Entscheidung, den Betrieb der GmbH fortzuführen, sofern auf diese Weise Rahmenbedingungen ausgenutzt werden, die zu der beabsichtigten Tatbestandsverwirklichung führen. Auf die Wirksamkeit oder das Vorliegen einer Geschäftsführerbestellung kommt es demgegenüber nicht an. Mithin kann daher 84

---

107 Vgl hierzu LG Bonn v. 31.3.2004 – 5 S. 6/04, BauR 2004, 1471, 1472; aA OLG München v. 23.2.2006 – 2 Ws 22/06, NJW 2006, 2278.
108 *Kindhäuser*, LPK-StGB, § 263 Rn 196.
109 Hierzu *Rengier*, JuS 2000, 644, 645.
110 Hierzu Tröndle/*Fischer*, StGB, § 263 Rn 9 mwN.

auch ein **faktischer Geschäftsführer** über § 823 Abs. 2 BGB iVm § 263 StGB auf Schadensersatz haften.[111]

**(1) Objektiver Tatbestand**

85  Am Anfang eines Betrugs steht immer eine **Täuschungshandlung.** Unter einer Täuschung ist die Irreführung durch eine ausdrückliche oder konkludente Fehlinformation oder das pflichtwidrige Unterlassen der Aufklärung über Tatsachen zu verstehen. Tatsachen sind alle vergangenen und gegenwärtigen Sachverhalte.[112] Die Täuschungshandlung kann beispielsweise darin bestehen, dass der Geschäftsführer **ausdrücklich** versichert, die GmbH sei finanziell bestens aufgestellt und man könne sich deshalb die Kosten für eine Sicherheitsleistung nach § 648 a BGB sparen. Sollte die GmbH aber in Wirklichkeit insolvenzreif sein, wäre eine Täuschung über eine Tatsache – nämlich Zahlungsfähigkeit der GmbH – gegeben. Ausdrücklicher Erklärungen dieser Art liegen aber häufig nicht vor, oder lassen sich nicht beweisen.

86  Der Betrugstatbestand kann aber auch verwirklicht werden, wenn eine wahre Tatsache unterdrückt, also die gebotene Aufklärung über einen bestimmten Umstand – wiederum die Zahlungsfähigkeit der GmbH – **unterlassen** wird. Voraussetzung hierfür ist aber eine **Offenbarungspflicht,** dh eine Verpflichtung des Geschäftsführers etwa auf die angespannte finanzielle Situation der GmbH hinzuweisen.

87  Ist die GmbH **zahlungsunfähig** oder **überschuldet** und ist mit einer erfolgreichen Sanierung nicht zu rechnen, kann ein Geschäftsführer einen Eingehungsbetrug begehen, wenn er die Vertragspartner der GmbH durch sein Schweigen über die wirtschaftliche Lage der Gesellschaft täuscht und deren Schädigung bewusst in Kauf nimmt.[113] Die Offenbarungspflicht des Geschäftsführers ergibt sich aus § 242 BGB als Ausprägung des Grundsatzes von Treu und Glauben, wonach in besonderen Fällen neben der Pflicht zur Auskunft auf Verlangen auch die vertragliche Verpflichtung zur ungefragten Information des Geschäftspartners besteht. Der Geschäftsführer ist daher bei Vertragsschluss verpflichtet, auf Zahlungsschwierigkeiten der GmbH, insbesondere Zahlungsunfähigkeit hinzuweisen.[114] Ein Geschäftsführer haftet aber nicht nach § 823 Abs. 2 BGB iVm § 263 StGB, wenn er während eines kurzfristigen Sanierungsversuchs die Vertragspartner nicht ungefragt auf die angespannte wirtschaftliche Situation der GmbH hinweist.[115] Etwas anderes gilt für den Geschäftsführer, wenn er in dem Zeitpunkt, in dem die Vertragspartner die Vorleistungen erbringen, nicht offenbart, dass die Realisierbarkeit des Projekts äußerst zweifelhaft ist.[116] Ist die GmbH allerdings noch nicht insolvenzreif, lässt sich eine Offenbarungspflicht regelmäßig nicht aus dem allgemeinen Grundsatz von Treu und Glauben herleiten. Erforderlich ist vielmehr ein be-

---

111  Zur Strafbarkeit des faktischen Geschäftsführers einer GmbH wegen Betrugs zum Nachteil von Lieferanten durch Fortführung des Betriebs trotz Zahlungsunfähigkeit, BayObLG v. 20.2.1997 – 5St RR 159/96, NJW 1997, 1936.
112  Vgl *Kindhäuser,* LPK-StGB, § 263 Rn 2, 7.
113  Scholz/*Schneider,* GmbHG, § 43 Rn 238.
114  OLG Hamm v. 22.4.1998 – 12 U 37/97, NJW-RR 1999, 530, 531.
115  Scholz/*Schneider,* GmbHG, § 43 Rn 238.
116  So für die Vorleistung der Grundstückserwerber bei einem Generalunternehmervertrag OLG Hamm v. 22.4.1998 – 12 U 37/97, NJW-RR 1999, 530, 531.

sonderes Vertrauensverhältnis, das nicht allein durch vorherige Geschäftsbeziehungen begründet wird.[117]

Durch die Täuschungshandlung muss ein **Irrtum** erregt oder unterhalten werden. Ein Irrtum setzt wiederum einen Widerspruch zwischen Vorstellung und Wirklichkeit voraus. In dem eingangs geschilderten Beispielsfall ist ein tatbestandsmäßiger Irrtum gegeben, wenn der Bauunternehmer eine **bestimmte positive Fehlvorstellung** über die Zahlungsfähigkeit seines Auftraggebers hat. Für die Bejahung eines Irrtums genügt hierbei schon die aus bestimmten Tatsachen abgeleitete Vorstellung des Getäuschten, dass „alles in Ordnung" sei.[118] Der Betrugstatbestand wird nicht bereits dadurch ausgeschlossen, dass der Getäuschte bei hinreichend sorgfältiger Prüfung die Täuschung hätte erkennen können.[119] Ebenso wenig schließen Zweifel an der Richtigkeit einer Tatsachenbehauptung einen Irrtum aus.[120] 88

Durch den Irrtum muss der Getäuschte zu einer **Vermögensverfügung** veranlasst worden sein. Dieses ungeschriebene Tatbestandsmerkmal verbindet den Irrtum und den sogleich noch zu erläuternden Schaden. Eine Vermögensverfügung ist jedes Tun oder Unterlassen, das zu einer unmittelbaren Vermögensminderung im wirtschaftlichen Sinne führt. Der Begriff der Vermögensverfügung ist nicht zivilrechtlich, sondern rein faktisch zu verstehen.[121] Bereits der Vertragsabschluss kann eine solche Vermögensverfügung darstellen, wenn der Getäuschte zur Vorleistung verpflichtet ist.[122] 89

Die durch eine Vermögensverfügung eingetretene Vermögensminderung muss zu einem **Vermögensschaden** geführt haben. Bei einem Eingehungsbetrug wird der Vermögensschaden durch einen Vergleich der beiderseitigen Vertragsverpflichtungen festgestellt und bejaht, wenn der Wert der übernommenen Verpflichtung hinter dem des erlangten Anspruchs zurückbleibt.[123] Bei der Bewertung des Anspruchs kommt es vor allem auf die Leistungswilligkeit und Leistungsfähigkeit des Vertragspartners sowie die Durchsetzbarkeit der Forderung an.[124] Erbringt ein Vertragspartner der GmbH seine Leistung und gerät die Gesellschaft gleich darauf in die Insolvenz, liegt ein Vermögensschaden vor. 90

Zwischen dem erstrebten Vermögensvorteil und dem Schaden des Opfers muss eine **Stoffgleichheit** bestehen. Der Täter muss einen Vermögensvorteil unmittelbar aus dem Vermögen des Geschädigten in der Weise anstreben, dass dieser Vorteil „die Kehrseite des Schadens" ist.[125] Das Kriterium der Stoffgleichheit erlangt vor allem dann Bedeu- 91

---

117 Vgl *Kindhäuser*, LPK-StGB, § 263 Rn 93; Tröndle/*Fischer*, StGB, § 263 Rn 13 mwN; aA *Kallmeyer/Fuhrmann*, GmbH-Handbuch, Rn I 2494, wonach die Anforderungen an ein besonderes Vertrauensverhältnis in der Rechtsprechung nicht sehr hoch sein sollen.
118 OLG Hamburg v. 4.11.1981 1 Ss 177/81, NJW 1983, 769; vgl auch *Kindhäuser*, LPK-StGB, § 263 Rn 98.
119 BGH v. 25.7.2000 – 1 StR 162/99, NJW 2000, 3013, 3014.
120 BGH v. 5.12.2002 – 3 StR 161/02, NJW 2003, 1198.
121 *Kindhäuser*, LPK-StGB, § 263 Rn 133; sofern es sich bei dem beauftragten und getäuschten Bauunternehmen ebenfalls um eine GmbH handelt, sind der Verfügende – also der Geschäftsführer, der die Mitarbeiter zur Erstellung des Werks anweist – und die Geschädigte – also die GmbH, die eine wertlose Werklohnforderung erhält – nicht personenidentisch. In einer solchen Konstellation liegt ein Dreiecksbetrug vor.
122 BGH v. 5.3.2002 – VI ZR 398/00, NJW 2002, 1643, 1644.
123 BGH v. 12.6.1991 – 3 StR 155/91, NJW 1991, 2573.
124 BGH v. 28.5.2002 – 5 StR 16/02, NJW 2002, 2480, 2483.
125 BGH v. 19.7.2004 – II ZR 218/03, NJW 2004, 2664, 2666 mwN.

tung, wenn Verfügender und Geschädigter nicht identisch sind.[126] Wird – wie in dem Ausgangsbeispiel – ein Subunternehmer über die Zahlungsfähigkeit des Auftraggebers getäuscht, ist eine Stoffgleichheit zwischen dem Vermögensvorteil (Werkleistung) und dem Schaden (Erbringung der Werkleistung) regelmäßig erfüllt.[127]

92 Täuschungshandlung, Irrtumserregung, Vermögensschaden müssen in einem **kausalen Zusammenhang**, Irrtum und Vermögensverfügung in einem **funktionalen Zusammenhang** stehen. Mit dem funktionalen Zusammenhang soll zum Ausdruck gebracht werden, dass dem Verfügenden das Schädigende seines Verhaltens verborgen geblieben ist.[128]

### (2) Subjektiver Tatbestand

93 Der subjektive Seite Tatbestand des § 263 Abs. 1 StGB setzt zunächst voraus, dass der Täter vorsätzlich – also mit dem Wissen über alle objektiven Tatbestände und dem Willen zur Tatbestandsverwirklichung – gehandelt hat. Bedingter Vorsatz reicht aus und liegt vor, wenn der Geschäftsführer mit den zu offenbarenden Zahlungsschwierigkeiten rechnet.[129] Weiterhin muss der Täter in der Absicht gehandelt haben, sich oder einem Dritten einen rechtswidrigen Vermögensvorteil zu verschaffen.

### (3) Rechtswidrigkeit und Schuld

94 Der Betrug muss rechtswidrig und schuldhaft begangen worden sein. Die Weisungen der Gesellschafter an einen Geschäftsführer, das Unternehmen auch auf Kosten der Gesellschaftsgläubiger fortzuführen, können weder einen Rechtfertigungs- noch einen Entschuldigungsgrund darstellen.[130]

### (4) Schaden

95 Da es sich bei § 263 StGB um ein Schutzgesetz handelt, hat der Getäuschte über § 823 Abs. 2 BGB einen zivilrechtlichen Schadensersatzanspruch. Der Täuschende ist mithin verpflichtet, den Zustand herzustellen, der bestehen würde, wenn der zum Ersatz verpflichtenden Umstand – die Täuschung bei Vertragsabschluss – nicht eingetreten wäre. Der Schadensersatzanspruch beinhaltet auch den **entgangenen Gewinn**, nicht aber die Mehrwertsteuer.

96 War für die Schadensentehung auch ein Verschulden des Geschädigten ursächlich, ist dies als **Mitverschulden** über § 254 BGB dahingehend zu berücksichtigen, dass der Schadensersatzanspruch nur noch in einer geringeren Höhe besteht.

97 In der Baubranche ist der vorleistungspflichtige Unternehmer nicht hinreichend abgesichert und sollte auf die Stellung einer Sicherheit nach § 648 a BGB bestehen. Sofern der Bauunternehmer von einer solchen Sicherheitsleistung absieht, ist sein Unterlassen für den späteren Schaden ebenfalls ursächlich. Aus diesem Umstand lässt sich allerdings nicht ableiten, dass der Schadensersatzanspruch des Bauunternehmers in jedem Falle zu kürzen ist. Vielmehr kann gerade die durch die Täuschung verleitete Annahme, dass

---

126 Tröndle/*Fischer*, StGB, § 263 Rn 39.
127 Zur Betrugsstrafbarkeit bei manipulierten Angeboten im Rahmen eines Ausschreibungsverfahrens, s. BGH v. 15.5.1997 – 1 StR 233/96, NJW 1997, 3034.
128 Näher hierzu *Kindhäuser*, LPK-StGB, § 263 Rn 182, 183.
129 So *Wimmer*, NJW 1996, 2546, 2548.
130 Hierzu *Bruns*, Forderungsdurchsetzung am Bau, Rn 421 ff mwN.

der Werklohn von der GmbH gezahlt werden könne, zu der Entscheidung führen, keine Sicherheitsleistung nach § 648 a BGB zu verlangen. Dem vorsätzlich handelnden Täter ist zwar nicht in jedem Falle der Einwand verwehrt, dass der Geschädigte durch sein fahrlässiges Verhalten ebenfalls an der Schadensentstehung mitgewirkt hat, da sonst der Vorsatz des Schädigers zum Freibrief für jeden Leichtsinn des Geschädigten würde. Allerdings rechtfertigen nur besondere Umstände des Einzelfalls eine Schadensteilung bei einem strafbaren Betrug.[131]

#### (5) Darlegungs- und Beweislast

Im Rechtsstreit hat der Geschädigte sämtliche objektiven und subjektiven Tatbestandsmerkmale sowie das Vorliegen eines Schadens darzulegen und zu beweisen. Die größten Schwierigkeiten hat er regelmäßig bei dem Nachweis dafür, dass der Geschäftsführer vorsätzlich gehandelt hat. In den meisten Fällen wird der Geschäftsführer keine ausdrückliche Erklärung über die Zahlungsfähigkeit der GmbH gemacht habe. Oft lässt sich eine solche Erklärung auch nicht durch Zeugen beweisen. Allerdings ist es möglich, das Gericht von dem Vorliegen eines vorsätzlichen Handelns zu überzeugen, wenn hierfür aussagekräftige **Indizien** nachgewiesen werden können. Hierzu zählt beispielsweise die Fortführung des Betriebs trotz **Zahlungsunfähigkeit** der GmbH.[132]

Indizien für einen Betrugsvorsatz können ferner sein:

- Pfändung der Geschäftskonen der GmbH,
- der letzte vor den Vertragsverhandlungen liegende Jahresabschluss weist eine Überschuldung auf, ohne dass der Geschäftsführer einen Beseitigung darlegen kann,
- die Hereinnahme oder Anforderung von Gesellschafterdarlehen, insbesondere wenn sie nachrangig ausgestaltet werden,
- der zeitweise Verzicht auf das Geschäftsführergehalt.[133]

Weiterhin kann in einem Schadensersatzprozess der Nachweis über einen Betrug durch eine vorherige strafrechtliche Verurteilung des Geschäftsführers geführt werden, in dem die Akten aus dem Strafverfahren beigezogen werden.

#### dd) Vollstreckungsvereitelung nach § 288 StGB

Nach § 288 Abs. 1 StGB macht sich derjenige strafbar, der bei einer ihm drohenden Zwangsvollstreckung in der Absicht, die Befriedigung des Gläubigers zu vereiteln, Bestandteile seines Vermögens veräußert oder beiseite schafft. Diese Vorschrift ist ein Schutzgesetz iSd § 823 Abs. 2 StGB und begründet einen Schadensersatzanspruch gegen einen GmbH-Geschäftsführer, wenn dieser das Vermögen der GmbH durch eine Veräußerung oder ein Beiseiteschaffen dem Zugriff der Gesellschaftsgläubiger entzieht. Täter des § 288 StGB können auch Geschäftsführer als Organe iSv § 14 Abs. 1 Nr. 1 StGB sein.[134] Voraussetzung der Vollstreckungsvereitelung ist nicht, dass die Forderung

---

131 Vgl BGH v. 5.3.2002 – VI ZR 398/00, NJW 2002, 1643, 1646.
132 *Bruns*, Forderungsdurchsetzung am Bau, Rn 420.
133 Nach *Wimmer*, NJW 1996, 2546, 2548.
134 *Tröndle/Fischer*, StGB, § 288 Rn 5.

zur Tatzeit schon tituliert und vollstreckbar ist, sondern nur, dass sie materiell besteht.[135]

102 Das Beiseiteschaffen von Gegenständen begründet grundsätzlich auch das Recht des Gläubigers, gegen diese Rechtshandlung unter Berufung auf das **Anfechtungsgesetz** vorzugehen. Das Anfechtungsgesetz regelt die Anfechtung von Rechtshandlungen eines Schuldners außerhalb des Insolvenzverfahrens. Ziel des Anfechtungsgesetzes ist es, die Gläubiger davor zu schützen, dass der Schuldner pfändbare Vermögensgegenstände ihrem Zugriff entzieht. Insoweit entspricht der Zweck des Gesetzes der Insolvenzanfechtung im Insolvenzverfahren gemäß §§ 129 ff InsO.[136] Bei einer Gläubigeranfechtung wendet sich der geschädigte Gläubiger nicht an den Geschäftsführer der GmbH, sondern an denjenigen, der von der GmbH etwas erhalten hat. Allein die Möglichkeit, über eine Gläubigeranfechtung gegen den Empfänger des GmbH-Vermögens vorzugehen, schließt nach der Rechtsprechung regelmäßig einen Schadensersatzanspruch gegen den Geschäftsführer aus § 823 Abs. 2 BGB iVm § 288 StGB aus.[137]

103 Ein Schadensersatzanspruch aus unerlaubter Handlung setzt daher **besondere erschwerende Umstände** voraus. Dies ist regelmäßig der Fall bei einer sittenwidrigen vorsätzlichen Schädigung, wenn der Schuldner planmäßig mit eingeweihten Dritten zusammenwirkt, um sein wesentliches pfändbares Vermögen dem Zugriff von Gläubigern zu entziehen. In solchen Fällen kommt auch eine vorsätzliche sittenwidrige Schädigung iSd **§ 826 BGB** in Betracht.[138] In Einzelfällen kann ein Schadensersatzanspruch gegen den Geschäftsführer aufgrund einer sogenannten **Firmenbestattung** bestehen.[139]

#### 4. Insolvenzverschleppung

104 Nach früherem Recht bestand für den Geschäftsführer einer GmbH eine Insolvenzantragspflicht gem. § 64 Abs. 1 GmbHG aF. Wird die GmbH zahlungsunfähig, so hatte jeder Geschäftsführer nach § 64 Abs. 1 S. 1 GmbHG die Pflicht, ohne schuldhaftes Zögern, spätestens aber drei Wochen nach Eintritt der Zahlungsunfähigkeit, die Eröffnung des Insolvenzverfahrens zu beantragen. Dies galt nach § 64 Abs. 1 S. 2 GmbHG sinngemäß, wenn sich eine Überschuldung der GmbH ergab. Die Regelung der Insolvenzantragspflicht im GmbHG war historisch bedingt; eine dogmatische Einordnung oder bewusste Entscheidung lag dem nicht zugrunde.[140]

105 Mit dem MoMiG wird die Insolvenzantragspflicht in die Insolvenzordnung verschoben. Wird eine juristische Person zahlungsunfähig oder überschuldet, haben die Mitglieder des Vertretungsorgans oder die Abwickler ohne schuldhaftes Zögern, spätestens aber drei Wochen nach Eintritt der Zahlungsunfähigkeit oder Überschuldung, nunmehr nach § 15 a Abs. 1 S. 1 InsO einen Insolvenzantrag zu stellen. Die Insolvenzantragspflicht ist nunmehr rechtsformneutral ausgestaltet. Sie ist nicht nur von GmbH-Ge-

---

[135] BGH v. 7.5.1991 – VI ZR 259/90, NJW 1991, 2420; zu den einzelnen Voraussetzungen eines Schadensersatzanspruchs wegen einer Vollstreckungsvereitelung s. *Bruns*, Forderungsdurchsetzung am Bau, Rn 433.
[136] Zum Anfechtungsgesetz vgl *Henckel* in FS 50 Jahre BGH, Band 3, S. 785 ff.
[137] BGH v. 13.7.1995 – IX ZR 81/94, NJW 1995, 2846.
[138] BGH v. 9.5.1996 – IX ZR 50/95, NJW 1996, 2231, 2232.
[139] Hierzu *Hirte*, ZInsO 2003, 833, 840 (Missbrauch der juristischen Person und Haftung der Gesellschafter nach § 826 BGB).
[140] So Begründung zum RegE des MoMiG, BT-Drucks. 16/6140, S. 127.

schäftsführern zu beachten, sondern auch von Vorständen einer Aktiengesellschaft sowie einer Genossenschaft (früher geregelt in § 92 Abs. 2 AktG bzw § 99 Abs. 1 GenG). Die Normierung der Insolvenzantragspflicht in § 15 a Abs. 1 S. InsO erfolgte aber vor allem mit dem Ziel, nunmehr auch die Vertretungsorgane von Auslandsgesellschaften, insbesondere die directors von Limiteds in die Pflicht zu nehmen.[141] Diese rechtstechnische Veränderung führt für einen GmbH-Geschäftsführer aber nicht zu einer Haftungserweiterung.[142] Der Begründung zum Regierungsentwurf des MoMiG setzt die bisherige Rechtsprechung für die weitere Anwendung des § 15 a Abs. 1 InsO voraus, in dem sie die vom BGH geprägten Begriffe des „Altgläubigers" und des „Neugläubigers" erwähnt.[143] Die zu § 64 Abs. 1 GmbHG ergangene Rechtsprechung ist daher auch weiterhin von großer praktischer Bedeutung.

### a) Gläubiger

Wird eine GmbH zahlungsunfähig oder überschuldet, hat jeder Geschäftsführer ohne schuldhaftes Zögern, spätestens aber drei Wochen nach Eintritt der Zahlungsunfähigkeit oder Überschuldung einen Insolvenzantrag zu stellen (vgl § 15 a Abs. 1 S. 1 InsO). Mit der Insolvenzantragspflicht soll zum einen verhindert werden, dass Dritte mit einer insolvenzreifen GmbH in Vertragsbeziehungen treten und wegen der in § 13 Abs. 2 GmbHG enthaltenen Haftungsbeschränkung einen Schaden erleiden.[144] Zum anderen soll im Interesse der Gläubiger, die bei Eintritt der Zahlungsunfähigkeit oder Überschuldung bereits vorhanden waren, das noch vorhandene Vermögen der GmbH erhalten bleiben.[145] Die Vorschrift des § 15 a Abs. 1 S. 1 InsO ist zugunsten aller vertraglichen Gläubiger der GmbH ein Schutzgesetz iSd § 823 Abs. 2 BGB.[146] Damit ist aber nicht gesagt, dass alle Vertragspartner der GmbH einen Anspruch gegen den Geschäftsführer durchsetzen können. 106

Von besonderer Bedeutung ist, ob die Forderung erst nach dem Zeitpunkt *erworben*[147] wurde, zu dem der Insolvenzantrag von dem Geschäftsführer hätte gestellt werden müssen. In einem solchen Falle sind sie nämlich – in den Worten des BGH – „Neugläubiger" und haben gegen den Geschäftsführer einen Anspruch auf Ausgleich des vollen Schadens, der ihnen dadurch entsteht, dass sie in Rechtsbeziehungen zu der insolventen GmbH getreten sind. Neugläubiger wären, wenn der Geschäftsführer seiner durch § 15 a Abs. 1 S. 1 InsO auferlegten Pflicht nachgekommen wäre, nicht in die Gläubigerstellung gelangt, sie hätten mit der GmbH keinen Vertrag mehr geschlossen, wären nicht in Vorleistung getreten und hätten damit keinen Schaden erlitten.[148] Neugläubiger können ihren Anspruch selber gegen den Geschäftsführer durchsetzen und müssen dabei nicht den Abschluss des Insolvenzverfahrens abwarten. 107

---

141 Hierzu *Poertzgen*, NZI 2008, 9, 10.
142 *Poertzgen*, GmbHR 2007, 1258.
143 So Begründung zum RegE des MoMiG, BT-Drucks. 16/6140, S. 127.
144 Hierzu BGH v. 6.6.1994 – II ZR 292/91, NJW 1994, 2220; *Medicus*, ZGR 1998, 570, 581.
145 Hierzu *Henze/Bauer*, Kölner Schrift zur Insolvenzordnung, S. 1311, 1317; *Uhlenbruck*, ZIP 1980. 73.
146 *Poertzgen*, GmbHR 2007, 1258; *Meyer*, BB 2008, 1742, 1747.
147 Entscheidend ist nach überwiegender Ansicht, wann der Vertragsschluss erfolgt ist, so OLG Thüringen v. 28.11.2001 – 4 U 234/01, GmbHR 2002, 112; *Haas*, DStR 2003, 423, 427.
148 Hierzu BGH v. 6.6.1994 – II ZR 292/91, NJW 1994, 2220, 2222; BGH v. 5.2.2007 – II ZR 234/05, NZG 2007, 347.

**§ 7 Haftung**

108 Neugläubiger können sein:
- **Lieferanten** und **Auftragnehmer** sowie weitere Vertragspartner der GmbH, die erst nach Insolvenzeintritt einen Vertrag mit der GmbH geschlossen haben;
- nach einer umstrittenen Rechtsprechung auch **Arbeitnehmer**, die während der Insolvenzverschleppung weiterbeschäftigt werden und nicht über das Insolvenzausfallgeld abgesichert sind;[149]
- eine **Bank**, bei der eine GmbH einen Kontokorrentkredit unterhält, soweit sich das von der GmbH in Anspruch genommene Kreditvolumen im Stadium der Insolvenzverschleppung erhöht (entscheidend ist hierbei nicht der Zeitpunkt der Eröffnung des Kontos, sondern die vertragsgemäße Erhöhung des Kredits).[150]

109 Nicht zu den Neugläubigern gehört die **Bundesagentur für Arbeit** wegen der Rückzahlung von Insolvenzausfallgeld, das für die Zeit nach Eintritt der Insolvenzantragspflicht gezahlt wurde. Die Bundesagentur für Arbeit ist gemäß § 183 SGB III zur Zahlung des Insolvenzgelds gesetzlich verpflichtet. Sie ist daher kein vertraglicher Gläubiger, dessen Vertrauen in die Zahlungsfähigkeit einer GmbH durch die Insolvenzantragspflicht geschützt werden soll, sondern ein gesetzlicher Gläubiger, der somit aus dem Schutzbereich des § 15 a Abs. 1 InsO fällt.[151] Allerdings kann die Bundesagentur den GmbH-Geschäftsführer wegen verspäteter Insolvenzantragstellung auf Ersatz des von ihr geleisteten Insolvenzgeldes aus § 826 BGB in Anspruch nehmen.[152] Hierbei muss sie allerdings darlegen und beweisen, dass die Zahlungen nicht wegen der Insolvenz, sondern wegen der Insolvenzverschleppung geleistet werden mussten. Hierfür muss sie vor allem darlegen und beweisen, dass bei Eintreten der Insolvenz die Gesellschaft noch über genügend finanzielle Mittel verfügte, um die Löhne und Gehälter zu zahlen.[153] Dieser Beweis dürfte der Bundesagentur zwar meistens nicht gelingen,[154] auf die leichte Schulter sollte man die dem Grunde nach gegebene Haftung gleichwohl nicht nehmen.[155]

110 In einer ganz anderen Position befinden sich die **Altgläubiger**. Das sind diejenigen Gläubiger, die einen Anspruch gegen die GmbH bereits hatten, als diese noch nicht zahlungsunfähig oder überschuldet war. Sie erleiden durch die Insolvenzverschleppung einen finanziellen Nachteil, der regelmäßig darin besteht, dass die GmbH weitere Verluste anhäuft und auf diese Weise das Gesellschaftsvermögen aufgezehrt wird. Ihre Forderung kann – wenn überhaupt – nur noch zum Teil erfüllt werden. Altgläubiger sollen deshalb nach der Rechtsprechung nur den Quotenschaden ersetzt erhalten, also die durch die Verzögerung des Insolvenzantrags auf ihre Forderung bezogene Verminderung der Insolvenzquote. Sofern das Insolvenzverfahren eröffnet wird, ist lediglich der Insolvenzverwalter befugt, den Quotenschaden gegen den Geschäftsführer einzu-

---

149 LAG Köln 26.7.2006 – 8 Sa 1660/05, NZG 2007 aA allerdings OLG Hamburg, 31.7.2007 – 14 U 71/07, ZIP 2007, 2318; demnach sind Arbeitnehmer auch für Arbeitslohn, der erst nach Eintritt der Insolvenzreife entsteht, lediglich als Altgläubiger zu behandeln.
150 BGH v. 5.2.2007 – II ZR 234/05; NZG 2007, 347.
151 BGH v. 18.12.2007 – VI ZR 231/06, NZI 2008, 242 (noch zu § 64 Abs. 1 GmbHG aF); anders die Vorinstanz, s. OLG Koblenz v. 26.10.2006 – 6 U 175/06, ZIP 2007, 120; hierzu kitisch *Schmülling*, ZIP 2007, 1095.
152 So schon BGH v. 26.6.1989 – II ZR 289/88, NJW 1989, 3247; BGH v. 18.12.2007 – VI ZR 231/06, NZI 2008, 242.
153 *Streit/Bürk*, DB 2008, 742, 747.
154 So die Prognose von *Trendelenburg*, BB 2008, 517.
155 *Streit/Bürk*, DB 2008, 742, 747.

klagen und die so erhaltenen Ersatzleistungen unter den Altgläubigern zu verteilen. Der Quotenschaden ist allerdings nur sehr schwer zu berechnen,[156] und der Insolvenzverwalter hat mit § 64 GmbHG eine ebenfalls gegen den Geschäftsführer gerichtete Anspruchsgrundlage, die wesentlich höhere Erfolgsaussichten für einen Prozess bietet.[157] Aus diesem Grund wird ein Quotenschaden in der Praxis nicht verfolgt.[158] Er bedarf daher an dieser Stelle keiner weiteren Erläuterung.

### b) Insolvenzgrund

Wenn ein Neugläubiger einen GmbH-Geschäftsführer in Anspruch nehmen möchte, hat er den Zeitpunkt der Zahlungsunfähigkeit oder Überschuldung der GmbH darzulegen und zu beweisen. Hierfür ist es zunächst erforderlich, die beiden Insolvenzgründe Zahlungsunfähigkeit und Überschuldung zu erklären, um sodann auf die Besonderheiten bei der Beweisführung einzugehen.

111

### aa) Zahlungsunfähigkeit

Ein Schuldner ist **zahlungsunfähig**, wenn er nicht in der Lage ist, die fälligen Zahlungspflichten zu erfüllen. Die Zahlungsfähigkeit ist in der Regel anzunehmen, wenn der Schuldner seine Zahlungen eingestellt hat (§ 17 Abs. 2 InsO). Für das Vorliegen einer Zahlungsunfähigkeit kommt es auf eine Gegenüberstellung der fälligen und auch ernsthaft eingeforderten Verbindlichkeiten mit den liquiden Mitteln an. Können mit Gläubigern Stundungsvereinbarungen getroffen werden, sind deren Verbindlichkeiten derzeit nicht fällig, müssen also zumindest bei der Feststellung der Zahlungsunfähigkeit nicht berücksichtigt werden.[159]

112

Zu den liquiden Mitteln zählen vor allem das Bargeld, die Guthaben auf den Geschäftskonten und fällige Forderungen, die vermutlich auch bezahlt werden. Übersteigen die Verbindlichkeiten die freie Liquidität, besteht eine **Liquiditätslücke**. Nach § 17 Abs. 2 InsO ist ein Schuldner aber nicht bereits zahlungsunfähig, wenn er die fälligen Zahlungspflichten nicht *sofort* erfüllen kann. Ebenso wenig ist eine GmbH schon insolvenzreif, wenn sie nicht zur Begleichung *sämtliche* Zahlungsverpflichtungen fähig ist. Allerdings können nur eine **vorübergehende Zahlungsstockung** und auch nur eine **ganz geringfügige Liquiditätslücke** unbeachtlich sein.[160] Hierzu hat der BGH klargestellt, dass eine Zahlungsstockung anzunehmen ist, wenn der Zeitraum nicht überschritten wird, den eine kreditwürdige Person benötigt, um sich die benötigten Mittel zu leihen. Dafür erscheinen nach der Rechtsprechung des BGH drei Wochen erforderlich, aber auch ausreichend. Wenn innerhalb dieser drei Wochen 90 % der fälligen

113

---

156 Die Schwierigkeiten bei der Bemessung des Quotenschadens werden besonders deutlich, wenn man sich die vom BGH erarbeitete „Berechnungsformel" vergegenwärtigt: „Die fiktive Quote ist aus dem Verhältnis der den Altgläubigern bei Konkursreife zur Verfügung stehenden Masse zu ihren damaligen Forderungen zu ermitteln. Diese Quote ist mit den tatsächlichen Konkursforderungen der Altgläubiger zu multiplizieren; von dem Ergebnis ist der auf die Altgläubiger entfallende Masseanteil abzuziehen, der sich aus dem Verhältnis ihrer Forderungen zur Summe der Kreditforderungen ergibt", so BGH v. 30.3.1998 – II ZR 146/96, NJW 1998, 2667, 2669.
157 Zur Kritik an der Rechtsprechung zu § 64 GmbHG, s. *K. Schmidt*, ZIP 2008, 1401, 1409.
158 So *Altmeppen*, ZIP 2001, 2201, 2203 mwN.
159 Verbindlichkeiten, auch wenn sie derzeit nicht fällig sind, können aber bei der Feststellung der Überschuldung eine Rolle spielen. Auch deshalb tritt eine Zahlungsunfähigkeit in der Regel nach einer Überschuldung im Sinne des § 19 InsO ein.
160 Vgl BT-Drucks. 12/2443, S. 114.

Gesamtverbindlichkeiten getilgt wurden, kann man regelmäßig von einer Zahlungsfähigkeit ausgehen, es sei denn, es ist bereits absehbar, dass demnächst eine Liquiditätslücke von mehr als 10 % erreicht wird. Beträgt die Liquiditätslücke des Schuldners 10 % oder mehr, liegt regelmäßig eine Zahlungsunfähigkeit vor, sofern nicht ausnahmsweise mit an Sicherheit grenzender Wahrscheinlichkeit zu erwarten ist, dass die Liquiditätslücke demnächst vollständig oder fast vollständig beseitigt werden wird und den Gläubigern ein Zuwarten nach den besonderen Umständen des Einzelfalls zuzumuten ist.[161]

114 In einem Schadensersatzprozess gegen den GmbH-Geschäftsführer wegen Insolvenzverschleppung muss der Kläger beweisen, dass die GmbH zum Zeitpunkt des Vertragsabschlusses zahlungsunfähig war. Haftungsklagen gegen die Geschäftsführung wegen Insolvenzverschleppung werden zunehmend darauf gestützt, dass die GmbH bereits bei Abschluss des Vertrages zahlungsunfähig war.[162] Dies muss der Gläubiger beweisen. Als außenstehendem Dritter ist es ihm aber regelmäßig nicht bekannt, welche fälligen Verbindlichkeiten die GmbH hatte. Dennoch kann ein Rechtsstreit gegen einen Geschäftsführer mit Erfolg geführt werden.

115 So gibt es zahlreiche **Indizien** für eine Zahlungsunfähigkeit, auf die sich der Gläubiger in einem Rechtsstreit gegen den Geschäftsführer berufen kann.[163] Hierzu zählen:
- fruchtlos verlaufene Vollstreckungsversuche von Gläubigern (oft weiß man, dass auch andere Bauunternehmer ihren Anspruch nicht durchsetzen konnten);
- Kreditkündigungen durch die Bank (im Insolvenzgutachten häufig erwähnt);
- Stundungs- und Vergleichsversuche,
- die Nichtleistung von Zahlungen, die für die Aufrechterhaltung des Betriebes von existentieller Bedeutung sind. Hierzu zählen u.a. Löhne, Kosten für die Energieversorgung und die Miete, sofern sie nicht an einen Gesellschafter zu entrichten ist (im Gutachten des Insolvenzverwalters sind die Verbindlichkeiten aufgezählt).
- Sozialversicherungsbeiträge und Steuern werden nicht abgeführt.

116 Diese Indizien können durch Einsicht in die Insolvenzakte und eine gegebenenfalls vorhandene Strafakte in Erfahrung gebracht werden.

117 Insbesondere bei einer masselosen Insolvenz kann die Zahlungsunfähigkeit der GmbH durch das **Gutachten** nachgewiesen werden, welches der **Insolvenzverwalter** erstellt hat. Sicherlich enthält nicht jedes Gutachten eine klare Aussage über den Beginn der Zahlungsunfähigkeit, da der Insolvenzverwalter lediglich feststellen muss, dass ein Insolvenzgrund zur Zeit der Erstellung des Gutachtens vorliegt. Bisweilen kommt es aber vor, dass der Insolvenzverwalter darlegt, dass die GmbH schon seit mehreren Jahren zahlungsunfähig oder überschuldet war, und dann sollte das Insolvenzgutachten in einem Haftungsprozess vorgelegt werden.[164]

---

161 So BGH v. 24.5.2005 – IX ZR 123/04, NJW 2005, 3062.
162 So die Feststellung von *Meyke*, Haftung des Geschäftsführers, Rn 183.
163 Vgl *Hartung*, wistra 1997, 1, 11; *Meyke*, Haftung des Geschäftsführers, Rn 178 ff; *Reck*, GmbHR 1999, 267, 269.
164 Ein Bauunternehmer konnte bspw in der Entscheidung OLG Thüringen v. 28.11.2001 – 4 U 234/01, GmbHR 2002, 112 durch Vorlage des Verwaltergutachtens nachweisen, dass die GmbH bei Vertragsschluss insolvenzreif war.

A. Geschäftsführer

Ferner kann der Kläger die Zahlungsunfähigkeit bei Vertragsschluss teilweise durch ein 118
Strafurteil nachweisen.[165] Im Zusammenhang mit einer masselosen Insolvenz begeht
ein Geschäftsführer regelmäßig eine Fülle von Straftaten. Häufig werden Arbeitnehmerbeiträge zur Sozialversicherung nicht abgeführt, der Geschäftsführer begeht einen
Kreditbetrug, und auch die Insolvenzverschleppung als solche ist strafbar. Die Staats-
anwaltschaft erhält die für einen Strafantrag notwendigen Informationen von den
Krankenkassen und den Banken.[166] Hiervon profitieren auch die Gläubiger, da sie über
einen bevollmächtigten Rechtsanwalt eine Akteneinsicht beantragen können.[167]

**bb) Überschuldung**

Kurz vor Inkrafttreten des MoMiG wurde der Überschuldungsbegriff durch das **Fi-** 119
**nanzmarktstabilitätsgesetz** (FMStG) geändert. Die Überschuldung wird in § 19 Abs. 2
InsO bis zum 1.1.2011 wie folgt definiert: Eine Überschuldung liegt vor, wenn das
Vermögen des Schuldners die bestehenden Verbindlichkeiten nicht mehr deckt, es sei
denn, die Fortführung des Unternehmens ist nach den Umständen überwiegend wahrscheinlich. Ab dem 1.1.2011 beginnt § 19 Abs. 2 wieder mit dem Wortlaut, wie er durch
die Insolvenzreform 1994 in das Gesetz aufgenommen wurde: Eine Überschuldung liegt
demnach dann vor, wenn das Vermögen des Schuldners die bestehenden Verbindlichkeiten nicht mehr deckt. Bei der Bewertung des Vermögens des Schuldners ist jedoch
die Fortführung des Unternehmens zugrunde zu legen, wenn diese nach den Umständen
überwiegend wahrscheinlich ist.

Beide Tatbestände bestehen aus zwei verschiedenen, gleichwohl miteinander verwobe- 120
nen Elementen: die **Ermittlung der Vermögensverhältnisse**, die in einem gesonderten
**Überschuldungsstatus** erfolgt und die **Fortführungsprognose**. Der Unterschied zwischen den beiden Definitionen besteht in der Bedeutung der Fortführungsprognose.
Nach der bis zum 1.1.2011 geltenden Fassung schließt eine positive Fortführungsprognose eine Überschuldung im Sinne des § 19 Abs. 2 InsO aus. Eine Überschuldung ist
daher nicht gegeben, wenn nach überwiegender Wahrscheinlichkeit die Finanzkraft des
Unternehmens mittelfristig zur Fortführung ausreicht. Ab dem 1.1.2011 ist die Fortführungsprognose lediglich für die Bewertung des Gesellschaftsvermögens entscheidend (ausführlich hierzu unter § 5 Rn 111).

**c) Schaden**

**Neugläubiger** sind grundsätzlich so zu stellen, als hätten sie mit der insolvenzreifen 121
Gesellschaft keinen Vertrag geschlossen.[168] Sofern ein Werkunternehmer zu den Neugläubigern einer GmbH zählt, kann er den Geschäftsführer über die Insolvenzverschleppungshaftung auf Ausgleich des Schadens in Anspruch nehmen, der ihm dadurch
entstanden ist, dass er infolge des unterbliebenen Insolvenzantrags mit der GmbH einen
Werkvertrag abschlossen hat und hierauf in Vorleistung getreten ist. Dieser Schadens-

---

165 Vgl hierzu OLG Koblenz v. 3.8.1999 3 U 1806/98, NZI 2000, 27, 28.
166 Hierzu näher *Goltz/Klose*, NZI 2000, 108, 110.
167 Nach Ziff. 185 Abs. 3 der Richtlinien für das Straf- und Bußgeldverfahren wird einem bevollmächtigten
Rechtsanwalt Akteneinsicht gewährt, wenn er ein berechtigtes Interesse (zB für die Prüfung bürgerlich-recht-
licher Ansprüche) darlegt, und wenn sonst keine Bedenken bestehen.
168 BGH v. 2.10.2000 – II ZR 164/99, DStR 2001, 1537.

ersatzanspruch umfasst das **negative Interesse**, also den Vertrauensschaden.[169] Ein Neugläubiger kann daher in erster Linie den Ersatz der Aufwendungen (verarbeitetes Material und Arbeitslohn) fordern, den er in Erwartung des dafür geschuldeten Werklohns machte.

122 Darüber hinaus umfasst der Schadensersatzanspruch aber auch den **entgangenen Gewinn**. Hierbei ist allerdings nicht der Gewinn gemeint, den der Gläubiger eingebüßt hat, weil die von dem Geschäftsführer geleitete GmbH in die Insolvenz gegangen ist, denn mit dieser GmbH hätte der Geschädigte bei einem rechtzeitigen Insolvenzantrag keinen Vertrag geschlossen. Vielmehr geht es um die Einnahmen, die dem Geschädigten dadurch entgangen sind, dass er wegen seiner Verpflichtungen gegenüber der insolventen GmbH keinen Vertrag mit einem zahlungskräftigen Kunden abschließen und ausführen konnte. Der Gläubiger kann sich hierbei auf die widerlegliche Vermutung berufen, dass ein nach Rentabilitätsgesichtspunkten geführter Gewerbebetrieb stets hinreichend ausgelastet und gewinnbringend tätig ist (§ 252 BGB).[170] Dem Geschäftsführer steht allerdings der Gegenbeweis offen. Sofern der Werkunternehmer seine Leistungen erbracht hat, kann er den in seiner Schlussrechnung ausgewiesenen Betrag vom Geschäftsführer wegen einer Insolvenzverschleppung verlangen. Die in der Schlussrechnung ausgewiesene **Mehrwertsteuer** ist allerdings nicht Bestandteil des Schadensersatzanspruchs. Der Geschäftsführer schuldet keine Leistung im Rahmen eines steuerbaren Umsatzes. Schadensersatzleistungen aus unerlaubter Handlung sind grundsätzlich kein Entgelt iSd § 1 Abs. 1 Nr. 1 UStG, weil ihnen keine Leistung eines Vertragspartners (dies wäre nur die insolvente GmbH) im Austauschverhältnis gegenübersteht.[171]

123 Zu dem wegen einer Insolvenzverschleppung zu ersetzenden Schaden gehören auch die Kosten aus einem früheren Rechtsstreit mit der mittlerweile insolventen GmbH, sofern hierbei ein Neugläubiger einen vertraglichen Anspruch geltend machte. Die klageweise Durchsetzung gegen die GmbH ist eine Folge der Nichterfüllung ihrer vertraglichen Verpflichtungen. Die hierbei nutzlos aufgewendeten **Rechtsverfolgungskosten** werden somit vom Schutzzweck Insolvenzantragspflicht umfasst.[172]

124 Nach Auffassung des OLG Celle soll der Geschäftsführer nach den Grundsätzen der Insolvenzverschleppungshaftung sogar für die **Mängelansprüche** eines Auftraggebers der insolventen GmbH haften, wenn der ihnen zugrunde liegende Vertrag mit der GmbH zu einem Zeitpunkt abgeschlossen wurde, in dem der Insolvenzantrag hätte gestellt werden müssen, und diese Ansprüche nicht mehr erfolgreich gegen die insolvente GmbH geltend gemacht werden können.[173] Diese Auslegung dürfte allerdings am

---

169 BGH v. 6.6.1994 – II ZR 292/91, NJW 1994, 2220, 2222. Der Geschäftsführer haftet gegenüber den Neugläubigern nicht auf das positive Interesse, da mit der GmbH und eben nicht mit ihm selbst der Vertrag geschlossen wurde.
170 So hat auch das OLG Koblenz v. 3.8.1999 3 U 1806/98, NZI 2000, 27 bei der Klage eines Bauunternehmers gegen einen Geschäftsführer entschieden. Demgegenüber meint *Altmeppen*, ZIP 1997, 1173, 1181, dass die Insolvenzantragspflicht den Neugläubiger nicht auch davor schützen solle, dass ihm infolge des Geschäfts mit der insolventen GmbH eine anderweitige Gewinnchance verloren gehe.
171 BFH, BStBl. II 1980, 538; Bisweilen wird aber auch eine gegen eine GmbH titulierte Werklohnforderung als ersatzfähiger Schaden angesehen, so OLG Thüringen v. 28.11.2001 – 4 U 234/01, GmbHR 2002, 112.
172 Hierzu auch OLG Celle v. 21.4.1999 – 9 U 188/98, NJW-RR 2000, 39, 40; OLG Thüringen v. 28.11.2001 – 4 U 234/01, GmbHR 2002, 112.
173 So OLG Celle v. 21.4.1999 – 9 U 188/98, NJW-RR 2000, 39, 40.

äußersten Rand des durch die Insolvenzantragspflicht gesicherten Schutzbereichs liegen. Sie ist zwar in sich schlüssig, denn wenn der Geschäftsführer rechtzeitig seiner in § 15 a Abs. 1 S. InsO normierten Antragspflicht nachgekommen wäre, hätte die GmbH nicht mehr am Rechtsverkehr teilgenommen, es wäre nicht zu einem Vertragsschluss, nicht zu einer mangelhaften Ausführung durch Mitarbeiter der GmbH und somit auch nicht zu einem Mangelanspruch gekommen. Ob der Mangelanspruch allerdings noch in einem inneren Zusammenhang zu Verletzung der Insolvenzantragspflicht steht, ist aber zweifelhaft. Der Geschäftsführer wird durch diese Vorschrift angehalten, die richtigen Konsequenzen aus einer wirtschaftlichen Schieflage der GmbH zu ziehen. Ihn für Mängelansprüche in die Haftung zu nehmen, hat aber nur etwas mit seinem Versäumnis zu tun, die Mitarbeiter nicht so angewiesen und überwacht zu haben, dass bspw fehlerhafte Werkleistungen vermieden werden. Für eine solche Nachlässigkeit kann er aber, ohne dass die Insolvenz der GmbH eine Rolle spielen dürfte, allenfalls bei einer ihm anzulastenden mittelbaren Rechtsgutverletzung (§ 823 Abs. 1 BGB) haften.

**Arbeitnehmer** können zwar Neugläubiger sein, haben allerdings nur dann einen Schadensersatzanspruch, wenn sie nachweisen können, dass sie während der Insolvenzverschleppung ein anderes Arbeitsverhältnis mit derselben Entlohnung hätte abschließen können. Eine dahingehende Lebenserfahrung, dass jeder Arbeitnehmer sofort einen anderen Arbeitgeber findet und dort Vergütung in mindest gleicher Höhe erhält, gibt es nicht.[174]

Eine **Bank** kann als Neugläubigerin von einem Geschäftsführer zunächst den während der Insolvenzverschleppung erhöhten Darlehensbetrag beanspruchen. Für die Schadenshöhe ist die Differenz zwischen dem bis zur tatsächlichen Stellung des Insolvenzantrags bestehendem Saldo und demjenigen, der sich bei pflichtgemäßer Stellung des Insolvenzantrags ergeben hätte, entscheidend. Soweit es die Darlehenszinsen anbelangt, kann eine Bank diese nur über eine deliktische Haftung wegen Insolvenzverschleppung vom Geschäftsführer verlangen, wenn die Kreditgewährung aus eigenem Kapital erfolgte. Andernfalls sind die Refinanzierungskosten maßgeblich.[175]

Entgegen der früheren Rechtsprechung muss ein Neugläubiger nicht die zu erwartende Insolvenzquote auf seinen Schadensersatzanspruch anrechnen lassen. Er kann den Anspruch in voller Höhe geltend machen. Dem Geschäftsführer wird die Insolvenzforderung wegen § 255 BGB Zug um Zug abgetreten.[176]

#### d) Geschäftsführer

Der Anspruch wegen einer Insolvenzverschleppung richtet sich in erster Linie gegen den Geschäftsführer, dh gegen denjenigen, der wirksam zum Geschäftsführer **bestellt** wurde. Entscheidend ist, wer zur Zeit des Vertragsschlusses als Geschäftsführer bestellt gewesen war. Der einmal begründeten Haftung kann man sich nicht dadurch entziehen, dass man sein Amt als Geschäftsführer niederlegt.[177]

---

174 LAG Köln 26.7.2006 – 8 Sa 1660/05, NZG 2007.
175 BGH v. 5.2.2007 – II ZR 234/05; NZG 2007, 347; hierzu *Gehrlein*, BB 2007, 901.
176 BGH v. 5.2.2007 – II ZR 234/05; NZG 2007, 347; anders noch BGH v. 6.6.1994 – II ZR 292/91, NJW 1994, 2220.
177 So *Lutter/Kleindiek* in Lutter/Hommelhoff, GmbHG, § 64 Rn 55 mwN.

129 Vom Anwendungsbereich des § 15 a InsO wird aber auch der **faktische Geschäftsführer** umfasst. Wer ohne Bestellungsakt mit Wissen und Wollen der Gesellschafter für die GmbH wie ein Geschäftsführer tätig wird und hierbei die Geschicke der Gesellschaft maßgeblich in die Hand nimmt, kann ein faktischer Geschäftsführer sein, so dass ihn die Pflicht trifft, den Insolvenzantrag zu stellen. Ebenso haftet der faktische Geschäftsführer, wenn diese Pflicht verletzt wird.[178]

### e) Verschulden

130 Die Haftung des Geschäftsführers setzt eine schuldhafte Pflichtverletzung voraus. Fahrlässigkeit reicht hierbei aus. Gerät die GmbH in die Insolvenz, wird das Verschulden des Geschäftsführers **vermutet**. Der Geschäftsführer kann sich regelmäßig nicht darauf berufen, die Gesellschafter der GmbH hätten ihn zu einer Fortführung des Unternehmens angewiesen.[179]

131 Hat eine GmbH **mehrere Geschäftsführer**, sind grundsätzlich alle verantwortlich und haften den Gläubigern jeweils bei einer Insolvenzverschleppung. Zwar ist zwischen den Geschäftsführern eine Aufgabenverteilung möglich, in der Krise ist sie allerdings für den Verschuldensvorwurf regelmäßig unbeachtlich. Eine interne Geschäftsverteilung kann den Geschäftsführer nicht von seiner Verantwortung für die rechtzeitige Stellung des Insolvenzantrags entbinden. Bei einer Insolvenzreife bestehen Kontroll- und Überwachungspflichten, an die ein strenger Maßstab anzulegen ist..[180]

132 Ein Verschulden des Geschäftsführers kann ausgeschlossen sein, wenn er bei der Prüfung der Zahlungsunfähigkeit oder Überschuldung unabhängigen und **fachkundigen Rat** in Anspruch genommen hat. Wenn der Geschäftsführer sich den Rat eines unabhängigen, fachlich qualifizierten Berufsträgers einholt, diesen umfassend über alle relevanten Tatsachen informiert und die Antwort einer eigenen Plausibilitätskontrolle unterzieht, liegt kein schuldhaftes Handeln vor, wenn der Geschäftsführer dem Rat folgt und keine Insolvenzantrag stellt.[181]

### f) Verjährung

133 Die Frage, nach welcher Vorschrift ein Anspruch aus Insolvenzverschleppungshaftung verjährt, wurde nach dem bisherigen Recht unterschiedlich beantwortet. Nach überwiegender Auffassung verjährte der Anspruch wegen Insolvenzverschleppung in fünf Jahren, da § 43 Abs. 4 GmbHG an Stelle von § 195 BGB auf jede Schadensersatzsanktion aus § 64 GmbHG aF anzuwenden war.[182] Die Frist begann mit der Entstehung des Anspruchs; auf eine Kenntnis der Gläubiger von den anspruchsbegründenden Tatsachen kam es nicht an.[183] Nach anderer Ansicht verjährte der Anspruch innerhalb der regelmäßigen Verjährungsfrist von drei Jahren ab Kenntnis des Gläubiger (§§ 195, 199

---

178 Vgl BGH v. 21.3.1988 – II ZR 194/87, NJW 1998, 1789; BGH, 11.7.2005 – II ZR 235/03, NZG 2005, 816.
179 OLG Hamm v. 10.4.2002 – 11 U 180/01, NZI 2002, 437, 438.
180 BGH, NJW 1994, 2149, 2150; vgl auch *Medicus*, GmbHR 1998, 9, 12.
181 BGH v. 14.5.2007 – II ZR 48/06, NJW 2007, 2118.
182 Im Ergebnis auch *Lutter/Kleindiek* in Lutter/Hommelhoff, GmbHG, § 64 Rn 3; *Meyke*, Haftung des Geschäftsführers, Rn 419; *Scholz/K. Schmidt*, GmbHG, § 64 Rn 53; ebenso OLG Köln, NZG 2001, 411, 412; OLG Saarbrücken, NZI 2000, 20.
183 *Hommelhoff/Kleindiek* in Lutter/Hommelhoff, GmbHG, § 43 Rn 44.

BGB).¹⁸⁴ Wegen der Verschiebung der Insolvenzantragspflicht in die Insolvenzordnung, ist eine Heranziehung des § 43 Abs. 3 GmbHG für diese Frage nicht mehr möglich. Der Anspruch nach § 823 Abs. 2 BGB iVm § 15 a InsO verjährt daher innerhalb der regelmäßigen Verjährungsfrist.

### 5. Sozialversicherungsbeiträge

#### a) Grundlagen

Wer als Arbeitgeber der Einzugsstelle Beiträge des Arbeitnehmers zur Sozialversicherung einschließlich der Arbeitsförderung vorenthält, dem droht nach § 266 a Abs. 1 StGB eine Freiheitsstrafe von fünf Jahren oder eine Geldstrafe. In besonders schweren Fällen sieht § 266 a Abs. 4 StGB eine Freiheitsstrafe bis zu 10 Jahren vor. Nach seinem klaren Wortlaut enthält § 266 a StGB nur für den Arbeitgeber eine Strafandrohung. Handelt es sich hierbei aber um eine GmbH, ist diese Vorschrift wegen § 14 Abs. 1 Nr. 1 StGB auch auf deren Geschäftsführer anwendbar. Da nach ständiger Rechtsprechung § 266 a StGB als Schutzgesetz im Sinne von § 823 Abs. 2 BGB qualifiziert wird,¹⁸⁵ besteht grundsätzlich eine zivilrechtliche Haftung des Geschäftsführers für nicht abgeführte Sozialversicherungsbeiträge.  **134**

§ 266 a StGB soll im Interesse der Solidargemeinschaft der Sozialversicherten das Beitragsaufkommen durch eine individuelle Strafandrohung sichern.¹⁸⁶ Es war lange umstritten, ob die Strafbarkeit nach dieser Vorschrift von einer Lohnzahlung abhängt. Nach der Lohnpflichttheorie konnte sich ein Arbeitgeber bereits dann strafbar machen, wenn er gegenüber den Arbeitnehmern zur Lohnzahlung verpflichtet war.¹⁸⁷ Für die von der Gegenansicht vertretene Lohnzahlungstheorie führte die Vorenthaltung der Sozialversicherungsbeiträge erst bei einer Lohnzahlung zu einer Strafbarkeit nach § 266 a StGB.¹⁸⁸ Der Meinungsstreit wurde vom BGH zugunsten der Lohnpflichttheorie¹⁸⁹ entschieden und die Gesetzgebung nahm die Rechtsprechung zur Klarstellung in den Tatbestand auf.¹⁹⁰ Ein strafbares Vorenthalten der Arbeitnehmerbeiträge zur Sozialversicherung liegt also auch vor, wenn kein Arbeitsentgelt gezahlt wird. Dies gilt auch für die Haftung aus § 823 Abs. 2 BGB iVm § 266 a StGB.  **135**

In § 266 a StGB ist nur von den Arbeitnehmerbeiträgen die Rede. Geschäftsführer sind also gut beraten, zunächst die Abführung der *Arbeitnehmerbeiträge* zur Sozialversicherung sicherzustellen. Wenn nicht genügend finanzielle Mittel vorhanden sind, um die Gesamtsozialversicherungsbeiträge zu zahlen, kann der Geschäftsführer durch eine **Tilgungsbestimmung** eine vorrangige Begleichung der aktuell fälligen Arbeitnehmer-  **136**

---

184 So OLG Stuttgart v. 29.6.2000 – 13 U 186/99, NZI 2000, 597, sofern der Geschäftsführer sowohl gegen § 64 Abs. 1 GmbHG als auch gegen § 263 StGB verstoßen hat. Generell für eine dreijährige Verjährungsfrist, *Bruns*, Forderungsdurchsetzung am Bau, Rn 291; *Haas*, DStR 2003, 423, 430.
185 Vgl hierzu BGH v. 18.4.2005 – II ZR 61/03, NJW 2005, 2546; Kritik an der Einordnung des § 266 a StGB als Schutzgesetz äußern *Dreher*, FS Kraft (1998), S. 59, 61 ff; *Kiethe*, ZIP 2003, 1957, 1958; *Stein*, DStR 1998, 1055, 1056.
186 Hierzu BGH v. 25.10.2001 – IX ZR 17/01, NJW 2002, 512.
187 So OLG Naumburg v. 10.2.1999 – 6 U 1566/97, NJW-RR 1999, 1343.
188 So OLG Hamm v. 15.1.1999 – 9 U 181/97, NJW- RR 1999, 915; *Medicus*, GmbHR 2000, 7, 10.
189 BGH v. 16.5.2000 – VI ZR 90/99, NJW 2000, 2993; ebenso BGH v. 28.5.2002 – 5 StR 16/02, NJW 2002, 2480.
190 Ges. zur Erleichterung und Bekämpfung von illegaler Beschäftigung und Schwarzarbeit v. 23. 7. 2002, BGBl. I 2787.

beiträge erreichen.[191] Auf diese Weise kann er auch seine Haftung verringern. Überweist er kommentarlos lediglich einen Teilbetrag, so werden die Zahlungen von der Krankenkasse als zuständige Einzugsstelle (§ 28 h Abs. 1 SGB IV) in folgender Reihenfolge mit diesen Posten verrechnet: Auslagen der Einzugsstelle, Gebühren, Gesamtsozialversicherungsbeiträge, Säumniszuschläge, Zinsen, Geldbußen oder Zwangsgelder.[192]

**b) Möglichkeit normgemäßen Verhaltens**

137 Bei § 266 a StGB handelt es sich um ein Unterlassungsdelikt. Der Geschäftsführer macht sich strafbar, wenn er es unterlässt, die fraglichen Beiträge spätestens am Fälligkeitstag abzuführen. Ein Unterlassungsdelikt darf dem Verpflichteten nichts Unmögliches abverlangen.[193] Die Regelung des § 266 a StGB kann für einen Geschäftsführer daher nur zu einer Haftung führen, wenn die GmbH die tatsächliche und rechtliche Möglichkeit zur Erfüllung der sozialversicherungsrechtlichen Verbindlichkeiten hatte. Ist noch nicht einmal soviel Geld vorhanden, um wenigstens die Beiträge an die Krankenkassen abzuführen, kann der Tatbestand des § 266 a StGB allerdings trotzdem erfüllt sein, wenn es der Geschäftsführer unterlassen hatte, die Zahlungsfähigkeit der GmbH bei Beitragsfälligkeit zu gewährleisten (sog. *„omissio libera in causa"*). Der Geschäftsführer ist notfalls verpflichtet, durch besondere Maßnamen (zB die Aufstellung eines Liquiditätsplans und die Bildung von Rücklagen) die Zahlung zum Fälligkeitstag sicherzustellen.[194]

138 Wie so oft im Zivilprozess spielt auch bei der Frage, ob man von einem Geschäftsführer die Abführung der Sozialversicherungsbeiträge noch verlangen kann, die Verteilung der Darlegungs- und Beweislast eine ganz entscheidende Rolle. Nach allgemeinen Grundsätzen muss der Anspruchsinhaber alle Tatsachen behaupten und beweisen, aus denen sich sein Anspruch herleitet.[195] Wenn ein Kläger den Beklagten nach § 823 Abs. 2 BGB wegen der Verletzung eines Schutzgesetzes in Anspruch nimmt, muss er die Umstände darlegen, aus denen sich die von ihm behauptete Tatbestandsverwirklichung ergibt.[196] Handelt es sich bei dem Schutzgesetz um § 266 a StGB, zählt hierzu auch die Möglichkeit normgemäßen Verhaltens, also die Möglichkeit, die Beiträge zu den relevanten Terminen zahlen zu können. Allerdings sind für das Vorliegen dieser Anspruchsvoraussetzungen Umstände maßgeblich, die eine Krankenkasse nicht kennen kann. Ob das Unternehmen noch Zahlungen wenigstens in der Höhe der Sozialversi-

---

191 BGH v. 26.6.2001 – VI ZR 111/00, NJW-RR 2001, 1536.
192 Vgl BGBl. I 2006, 1138; die Reihenfolge bestimmt sich nach § 4 der Verordnung über die Berechnung, Zahlung, Weiterleitung, Abrechnung und Prüfung des Gesamtsozialversicherungsbeitrages (Beitragsverfahrensverordnung), der wie folgt lautet: „Schuldet der Arbeitgeber oder ein sonstiger Zahlungspflichtiger Auslagen der Einzugsstelle, Gebühren, Gesamtsozialversicherungsbeiträge, Säumniszuschläge, Zinsen, Geldbußen oder Zwangsgelder, kann er bei der Zahlung bestimmen, welche Schuld getilgt werden soll; der Arbeitgeber kann hinsichtlich der Beiträge bestimmen, dass vorrangig die Arbeitnehmeranteile getilgt werden sollen. Trifft der Arbeitgeber keine Bestimmung, werden die Schulden in der genannten Reihenfolge getilgt. Innerhalb der gleichen Schuldenart werden die einzelnen Schulden nach ihrer Fälligkeit, bei gleichzeitiger Fälligkeit anteilmäßig getilgt.
193 BGH v. 28.5.2002 – 5 StR 16/02, NJW 2002, 2480.
194 BGH, NJW 1997, 1237; BGH v. 14.11.2001 – VI ZR 149/99, NJW 2001, 967. Hierzu kritisch *Renzikowski*, FS Weber (2004), S. 334, 338.
195 Zu dieser Grundregel vgl *Reichold*, in Thomas/Putz, ZPO, vor § 284, Rn 23.
196 Hierzu BGH v. 24.11.1998 – VI ZR 388/97, NJW 1999, 714.

cherungsbeiträge zu leisten vermag, hängt einzig und allein vom Vorhandensein liquider Mittel – bildlich gesprochen: vom Kontostand – ab. Weil ein Geschäftsführer darüber schon in Hinblick auf seine Insolvenzantragspflicht bestens Bescheid wissen muss, wurde ihm von der früheren Rechtsprechung die Beweislast für die Möglichkeit der Beitragsabführung auferlegt.[197] Dogmatisch wurde dies auch damit begründet, dass bei der Erfüllung objektiver Voraussetzungen eines Schutzgesetzes wie § 266 a StGB (Bestehen eines Versicherungsverhältnisses mit Angestellten einer GmbH, Ausbleiben der Beitragsabführung) eine Umkehr der Beweislast gerechtfertigt ist, wenn allein der Täter (hier der Geschäftsführer einer GmbH) die ihn entlastenden Umstände kennt.[198] Im Ergebnis musste der GmbH-Geschäftsführer nach dieser Rechtsprechung die finanzielle Situation der GmbH zum Fälligkeitszeitpunkt im Einzelnen unter Beweis stellen, wenn er sich darauf berufen wollte, dass die Zahlung der Arbeitnehmerbeiträge unmöglich gewesen sei. Diese Auffassung wurde in der Literatur stark kritisiert.[199]

Der BGH hatte diese Beweislastverteilung bereits mit seinem Urteil vom 11.12. 2001 **139** abgelehnt.[200] Die internen Kenntnisse über die Zahlungsfähigkeit des Unternehmens führen angesichts des § 138 Abs. 2 ZPO lediglich zu einer sekundären Darlegungslast des Beklagten. Das bedeutet für einen Schadensersatzprozess der Krankenkasse gegen einen Geschäftsführer: Die primär darlegungspflichtige Klägerin muss zur angeblichen Zahlungsfähigkeit konkret vortragen. Hierfür genügt bereits der Nachweis irgendeiner Zahlung an einen Dritten in nicht unwesentlicher Höhe. Die Krankenkassen können die notwendigen Informationen durch Einsicht in die Insolvenzakte oder vom (vorläufigen) Insolvenzverwalter selbst beschaffen und diesen gegebenenfalls als Zeugen benennen.[201] Der in Anspruch genommene Geschäftsführer ist dann gehalten, dieses Vorbringen substantiiert zu bestreiten. Im Rahmen der ihm nach § 138 Abs. 2 ZPO obliegenden Erklärungspflicht ist er sodann (sekundär) verpflichtet, zu den wesentlichen Umständen nähere Angaben zu machen.

Nach der Rechtsprechung des BGH besteht keine besondere Dokumentationspflicht **140** zur Abwehr von Schadensersatzansprüchen, auch wenn es dabei um Ansprüche wegen der Nichtabführung von Sozialversicherungsbeiträgen geht.[202] Im Ergebnis wird damit die zivilprozessuale Ausgangsposition des Geschäftsführers deutlich verbessert. Sofern er ein vollständiges Ausbleiben der Lohnzahlungen beweisen kann, dürfte es für eine Krankenkasse in den typischen Fällen nicht leicht sein, noch den Nachweis über die Möglichkeit eines normgemäßen Verhaltens im Rahmen des § 823 Abs. 2 BGB iVm § 266 a StGB zu erbringen. Hierbei vergrößern sich sogar die Beweisschwierigkeiten der Krankenkassen, wenn sie gegen den Geschäftsführer ein Strafverfahren wegen Insolvenzverschleppung initiieren und hierfür in den Zeugenstand treten, denn die für eine Verurteilung notwendige Zahlungsunfähigkeit schließt eine Anwendung des

---

197 OLG Düsseldorf. 27.10.1995 – 22 U 53/95, NJW-RR 1996, 289; OLG Naumburg v. 10.2.1999 6 U 1566/97, NJW-RR 1999, 1343.
198 OLG Rostock v. 16.5.1997 – 1 W 47/96, NJW-RR 1998, 688.
199 OLG Hamm v. 13.9.1999 – 13 U 61/99, GmbHR 2000, 113.
200 BGH v. 11.12.2001 – VI ZR 350/00, NJW 2002, 1123.
201 BGH v. 11.12.2001 – VI ZR 350/00, NJW 2002, 1123.
202 BGH v. 18.4.2005 – II ZR 61/03, NJW 2005, 2546.

§ 266 a StGB wegen der damit verbundenen Unmöglichkeit normgemäßen Verhaltes aus.[203]

141 Haben die Arbeitnehmer allerdings ihren Lohn erhalten, werden die Krankenkassen dies schon allein deshalb in Erfahrung bringen können, weil sie deren Vertragspartner sind. Unter diesen Voraussetzungen wird es ihnen in einem Schadensersatzprozess gegen den Geschäftsführer gelingen, den Nachweis normgemäßen Verhaltens zu erbringen. Diese Rechtslage erinnert somit ein wenig an die eingangs erwähnte Lohnzahlungstheorie, die ja vom BGH abgelehnt wurde. Zwar hängt § 266 a StGB nicht von einer Lohnzahlung ab, mit dieser können Krankenkassen (in Strafverfahren die Staatsanwälte) aber am ehesten ein haftungsbegründendes (und strafbares) Verhalten des Geschäftsführers darlegen und beweisen. Die Beweislastverteilung sollte allerdings nicht zum Anlass genommen werden, § 266 a StGB nicht mehr zu beachten. Wenn finanzielle Mittel noch vorhanden waren, ist eine erfolgreiche Beweisführung nicht ausgeschlossen. Außerdem geht der Geschäftsführer mit einer Verurteilung wegen § 266 a StGB das Risiko ein, in den nächsten fünf Jahren nicht mehr als Geschäftsführer tätig sein zu können (§ 6 Abs. 2 S. 2 Nr. 3 e GmbHG).

**c) Insolvenzanfechtung**

142 Der Nachweis etwaiger Zahlungen bei Fälligkeit der Sozialversicherungsbeiträge, sei es an die Arbeitnehmer, sei es an Dritte, führt aber noch nicht per se zu einer Haftung aus § 823 Abs. 2 BGB iVm § 266 a StGB. Ein Geschäftsführer kann sich nämlich gegenüber den Krankenkassen darauf berufen, dass etwaige Beitragszahlungen im anschließenden Insolvenzverfahren vom Insolvenzverwalter angefochten werden können. Wenn nun die Beiträge infolge einer Insolvenzanfechtung ohnehin zurückgewährt werden müssen, fehlt es aber an einem erforderlichen Kausalzusammenhang zwischen dem Versäumnis des Geschäftsführers (Nichtabführung der Arbeitnehmerbeiträge) und dem Vermögensschaden der Krankenkassen. Aus diesem Grund kann sich ein Geschäftsführer nach ständiger Rechtsprechung erfolgreich gegen eine Schadensersatzklage der Krankenkassen wehren.[204] Dieser Einwand besteht allerdings nur, wenn es zu einer Verfahrenseröffnung und der damit verbundenen Bestellung eines Insolvenzverwalters kommt.[205]

143 Der Insolvenzverwalter kann gem. § 129 InsO Rechtshandlungen nach Maßgabe der §§ 130 bis 146 InsO anfechten, die vor der Eröffnung des Insolvenzverfahrens vorgenommen worden sind und die Insolvenzgläubiger benachteiligen. Die Vorschriften über die Insolvenzanfechtung haben das Ziel, Handlungen rückgängig zu machen, die insbesondere in zeitlicher Nähe zu dem Antrag auf Eröffnung des Insolvenzverfahrens vorgenommen wurden. Auf diese Weise soll schon im Vorfeld der Verfahrenseröffnung dem Grundsatz der Gleichbehandlung aller Gläubiger Geltung verschafft werden.[206]

---

203 Das von der klagenden Krankenkasse veranlasste Strafverfahren gegen den Geschäftsführer erwies sich als „Eigentor" in der Entscheidung des BGH v. 18.4.2005 – II ZR 61/03, NJW 2005, 2546; ausführlich *Karsten*, NJ 2005, 534.
204 BGH v. 14.11.2001 – VI ZR 149/99, NJW 2001, 967; BGH v. 18.4.2005 – II ZR 61/03, NJW 2546; zur möglichen Anfechtbarkeit der Zahlungen an die Krankenkassen vgl auch BGH v. 25.10.2001 – IX ZR 17/01, NJW 2002, 512. Die weit überwiegende Ansicht in der Literatur stimmt dieser Rspr zu, vgl nur *Flöther/Bräuer*, DZWiR 2003, 353 ff. *Gundlach/Frenzel/Schmidt*, DZWiR 2002, 89, 90.
205 Hierzu *Karsten*, NJ 2003, 449, 452.
206 *Nerlich/Römermann/Nerlich*, InsO, § 129, Rn 5.

Diesem Prinzip entspricht es eben nicht, wenn angesichts offensichtlicher Unzulänglichkeit des Schuldnervermögens einzelne Gläubiger aufgrund ihrer Schnelligkeit titulierte Forderungen eintreiben können, während die übrigen Gläubiger leer ausgehen. Darüber hinaus dient die Insolvenzanfechtung dazu, das den Gläubigern haftende Schuldnervermögen zu mehren.[207] Oft kann ein Insolvenzverwalter nur über eine Anfechtungsklage finanzielle Mittel für die Masse bekommen. Hierbei geraten ihm aus naheliegenden Gründen die Krankenkassen ins Visier, denn ein gegen sie gerichteter Titel kann auch mit Erfolg vollstreckt werden kann.

**144** Eine Insolvenzanfechtung setzt das Vorliegen einer *Gläubigerbenachteiligung* voraus (§ 129 InsO). Auf den ersten Blick scheint es so, dass die Arbeitnehmeranteile an den Sozialversicherungsbeiträgen bei wirtschaftlicher Betrachtungsweise den jeweiligen Arbeitnehmern gehören, schließlich wurden sie von deren Löhnen abgezogen. Wenn der Arbeitgeber nun dieses Geld an die Krankenkassen weiterleitet, handelt er gewissermaßen als Treuhänder fremden Vermögens, so dass seine Gläubiger durch solche Zahlungen nicht benachteiligt werden können. Diese nur noch gelegentlich anzutreffenden Argumentation[208] hat die weit überwiegende Ansicht in der Rechtsprechung und Literatur[209] bisher zurückgewiesen: Da ein Arbeitgeber die Beiträge selbst dann zu zahlen habe, wenn ein Lohn an die Arbeitnehmer nicht ausgezahlt wurde, sei nicht einzusehen, weshalb man die Verpflichtung zur Zahlung der Arbeitnehmeranteile wirtschaftlich nicht dem Arbeitgeber zurechnen solle. An den Arbeitnehmeranteilen bestehe auch regelmäßig keine treuhänderische Mitberechtigung des Arbeitnehmers, die einer Insolvenzanfechtung entgegenstehen könnte. Wenn der Arbeitgeber aber mit der Abführung der Arbeitnehmeranteile auch eine eigene Pflicht erfülle, so können diese Zahlungen die übrigen Gläubiger benachteiligen, so dass eine Insolvenzanfechtung zulässig sei. Schließlich sei mit § 266 a StGB auch kein vorrangiger Zugriff der Einzugsstellen auf Vermögenswerte der Insolvenzschuldner verbunden. Seit Inkrafttreten der Insolvenzordnung seien die früheren Vorrechte der Krankenkassen entfallen, so dass auch für sie der Grundsatz der Gleichbehandlung aller Gläubiger gelte. Dieser dürfe aber nicht auf den Umweg über § 266 a StGB mittelbar durchbrochen werden.[210]

**145** Die Krankenkassen nehmen an, dass ihnen durch die Insolvenzanfechtung eine Beitragsausfall von 800.000.000,- EUR jährlich entsteht.[211] Mit einigen Mühen ist es ihnen gelungen, eine gesetzliche Änderung herbeizuführen. Zwar konnten sie nicht erreichen, dass das Recht zu Insolvenzanfechtung zu ihren Gunsten abgemildert wurde, denn der Gesetzentwurf wurde von der Praxis heftig kritisiert, da er die Insolvenzrechtsreform und deren Bemühen um eine Gleichbehandlung aller Gläubiger konterkariere.[212] Im zweiten Anlauf setzen sich die Kassen allerdings erfolgreich für eine Neufassung im Sozialversicherungsrecht ein. Die neu geschaffene Vorschrift des § 28 e

---

207 Vgl hierzu BGH, Urt. v. 11.4.2002 – IX ZR 211/01, NJW 2002, 2568 mwN.
208 So *Brückl/Kersten*, NZI 2001, 288, 281 Fn 44; OLG Köln v. 20.12.1996 – 19 U 30/96, NJW-RR 1997, 734.
209 BGH v. 25.10.2001 – IX ZR 17/01, NJW 2002, 512; *Gundlach/Frenzel/Schmidt*, DZWIR 2002, 89; 90; *Kulzer/Müller*, ZInsO 2002, 313, 314.
210 So BGH v. 25.10.2001 – IX ZR 17/01, NJW 2002, 512.
211 Vgl BR-Drucks. 618/05.
212 Hierzu *Leithaus*, NZI 2005, 436; S. auch Pape/Uhlenbruck, ZIP 2005, 417, die angesichts der geplanten Einschränkungen der Insolvenzanfechtung die Frage stellten, ob 30 Jahre Insolvenzrechtsreform für die Katz gewesen sein sollen.

Abs. 1 S. 2 SGB IV legt fest, dass die Arbeitnehmeranteile zur Sozialversicherung dem Vermögen des Arbeitnehmers zuzurechnen sind.[213] Aufgrund des § 28 e Abs. 1 S. 2 SGB IV ist nun fraglich, ob der für den Arbeitgeber bestellte Insolvenzverwalter eine Entrichtung der Sozialversicherungsbeiträge anfechten kann. In Hinblick auf den Wortlaut dieser Regelung dürften die Sozialversicherungsbeiträge kein aussonderungsfähige Treugut sein, so dass eine Insolvenzanfechtung nach wie vor noch möglich ist.[214] Die Frage ist allerdings gleichermaßen aktuell wie offen. Der BGH hat bisher lediglich geklärt, dass die zum 1.1.2008 in Kraft getretene Änderung des § 28 e Abs. 1 S. 2 SGB IV nicht auf Insolvenzverfahren anwendbar ist, die vor diesem Stichtag eröffnet wurden.[215] Mit dem überwiegenden Schrifttum kann man von einer Anfechtbarkeit der Beitragszahlungen ausgehen, so dass sich ein Geschäftsführer nach wie vor mit dem Einwand der Insolvenzanfechtung gegen eine Haftung aus § 823 Abs. 2 BGB iVm § 266 a StGB verteidigen kann.

### d) Verhältnis zur Innenhaftung nach § 64 GmbHG

**146** In den vergangenen Jahren gab es auch innerhalb der Rechtsprechung keine einheitliche Meinung zu der Frage, ob die GmbH über § 64 Abs. 2 GmbHG aF (heute § 64 GmbHG) einen Erstattungsanspruch gegen den Geschäftsführer hat, wenn die Gesellschafter die Sozialversicherungsbeiträge an die Krankenkasse entrichtet. Nach der früheren Auffassung des II. Zivilsenats des BGH führten Zahlungen an die Krankenkassen zu einem Erstattungsanspruch der Gesellschaft nach § 64 Abs. 2 GmbHG aF. Damit bestand eine Pflichtenkollision. Einerseits sollte der Geschäftsführer durch § 266 a StGB angehalten werden, die Sozialversicherungsbeiträge abzuführen, andererseits sollten solche Zahlungen zu einem Erstattungsanspruch nach § 64 Abs. 2 GmbHG aF führen. Diesen Widerspruch löste der II. Zivilsenat des BGH auf, in dem er das deliktische Verschulden bei § 823 Abs. 2 BGB iVm § 266 a StGB verneinte und somit eine Außenhaftung des Geschäftsführers gegenüber den Krankenkassen im Anwendungsbereich des § 64 Abs. 2 GmbHG grundsätzlich vermied.[216]

**147** Demgegenüber ist der 5. Strafsenat des BGH seit eh und je der Auffassung, dass sich ein Geschäftsführer lediglich während der Insolvenzantragsfrist von drei Wochen nicht nach § 266 a StGB strafbar macht. Nach Ablauf dieser Frist ist eine Nichtbeachtung der strafbewehrten Pflicht zur Abführung der Arbeitnehmerbeiträge nicht mehr gerechtfertigt.[217]

**148** Beide Auffassungen waren nicht miteinander zu vereinbaren, weil sie den Sozialversicherungsbeiträgen in der Unternehmenskrise eine vollkommen unterschiedliche Bedeutung beimessen. Der II. Zivilsenat wollte die verteilungsfähige Vermögensmasse einer insolvenzreifen GmbH im Interesse der Gesamtheit aller Gläubiger erhalten und eine

---

213 Diese Vorschrift wurde eingefügt durch das Gesetz zur Änderung des IV Buches Sozialgesetzbuch und anderer Gesetze vom 19. 12. 2007 BGBl. 2007 I, S. 3024; zur Kritik am Gesetzgebungsverfahren s. *Sterzinger*, NZI 2008, 221; *Blank*, ZInsO 2008, 1.
214 So auch im Ergebnis *Sterzinger*, NZI 2008, 221; ebenso *Bräuer*, ZInsO 2008, 169; Brinkmann/Luttmann, ZIP 2008, 901; *Dahl/Schmitz*, NZI 2008, 294; *Leithaus/Krings*, NZI 2008, 393; aA *Looff*, DZWiR 2008, 270.
215 BGH v. 27.3.2008 – IX ZR 210/07, NJW 2008, 1535-1536.
216 BGH v. 18.4.2005 – II ZR 61/03, NJW 2005, 2546. Diese Auffassung hatte der II. Zivilsenat bereits in einer früheren Entscheidung angedeutet, s. BGH v. 8. 1. 2001 – II ZR 88/99, NJW 2001, 1280.
217 BGH v. 30.7.2003 – 5 StR 221/03, NJW 2003, 3787; BGH, ZIP 2005, 1678.

zu ihrem Nachteil gehende, bevorzugte Befriedigung einzelner Gläubiger verhindern. Er berief sich hierbei auf § 64 Abs. 2 GmbHG aF, der einen Erstattungsanspruch der GmbH gegen den Geschäftsführer begründet, wenn die Gesellschaft nach Eintritt ihrer Zahlungsunfähigkeit oder nach Feststellung einer Überschuldung noch Zahlungen leistet. Die damit verbundene Sicherung und Erhaltung der Insolvenzmasse war nach seiner Auffassung ein besonderer Zweck, der den allgemeinen Verhaltenspflichten – hierzu zählte er auch die Abführung der Arbeitnehmeranteile an die Krankenkassen – vorgehe.[218] Ganz anders sieht dies der 5. Strafsenat. Seiner Ansicht nach ergibt sich schon allein aus der Strafbewehrung für den Geschäftsführer die Pflicht zur vorrangigen Abführung der Arbeitnehmerbeiträge an die Krankenkassen. Auch in Kenntnis der zivilrechtlichen Rechtsprechung hielt der 5. Strafsenat an diesem Vorrang fest, da der Schutzzweck des § 266 a StGB sonst nicht zu wahren sei.[219]

Die Auseinandersetzung zwischen den beiden Senaten wurde schließlich durch die Entscheidung des BGH vom 14.5.2007 beendet. Seitdem steht fest, dass ein Geschäftsführer, der bei Insolvenzreife der Gesellschaft Arbeitnehmeranteile der Sozialversicherung abführt, mit der Sorgfalt eines ordentlichen und gewissenhaften Geschäftsleiters handelt. Ein Erstattungsanspruch der Gesellschaft nach 64 Abs. 2 GmbHG aF besteht daher nicht. Mit erkennbaren Unbehagen nimmt der II. Zivilsenat Rücksicht auf die Einheit der Rechtsordnung und begründet so seine Kehrtwende.[220] Bei der Haftung aus § 823 Abs. 2 BGB iVm § 266 a StGB kann sich ein Geschäftsführer daher nicht mehr mit dem Hinweis auf § 64 GmbHG aus der Affäre ziehen.

## 6. Steuerverbindlichkeiten

### a) Grundlagen

Der Geschäftsführer ist nach § 34 AO verpflichtet, die steuerlichen Pflichten der GmbH zu erfüllen. Er hat insbesondere dafür zu sorgen, dass die Steuern aus den Mitteln der GmbH entrichtet werden. Hierzu zählen auch die Entrichtung der Steuern der GmbH und die Abführung der Lohnsteuer für die Arbeitnehmer der GmbH.[221] Bei einer Pflichtverletzung droht dem Geschäftsführer eine Haftung nach § 69 AO. Dieser Haftungstatbestand setzt voraus:

- eine schuldhafte **Pflichtverletzung** des Geschäftsführers als Vertreter der Steuerschuldnerin und damit der GmbH (§§ 34, 35 AO),
- ein **Vermögensschaden** des Fiskus,
- ein adäquat **kausaler Zusammenhang** zwischen der Pflichtverletzung und dem Vermögensschaden,
- ein **Verschulden** des Geschäftsführers.[222]

Das Finanzamt kann auch nach Eröffnung eines Insolvenzverfahrens über das Vermögen der GmbH einen Haftungsbescheid gegen einen Geschäftsführer erlassen. Dem

---

218 BGH v. 18.4.2005 – II ZR 61/03, NJW 2005, 2546.
219 BGH v. 9.8.2005 – 5 StR 67/05, NJW 2005, 3650.
220 BGH v. 14.5.2007 – II ZR 48/06, NJW 2007, 2118.
221 Scholz/*Schneider*, GmbHG, § 43 Rn 362.
222 *Arens/Beckmann*, Die anwaltliche Beratung des GmbH-Geschäftsführers, § 12 Rn 101 ff; *Müller*, GmbHR 2003, 389.

steht auch § 93 InsO nicht entgegen. Die Sperrwirkung dieser Vorschrift beschränkt sich auf die Gesellschafterhaftung gemäß § 128 HGB; sie gilt nicht für den abgaberechtlichen Haftungstatbestand des § 69 AO.[223]

**aa) Pflichtverletzung**

152 Zu den haftungsrelevanten Pflichtverletzungen zählen vor allem die unterlassene Abführung der Umsatz- sowie der Lohnsteuer.[224] Diese Steuern können auch bei einer wirtschaftlich angeschlagenen GmbH anfallen. Die Finanzverwaltung verlangt hier zunächst nur Säumniszuschläge, weshalb es für manche Geschäftsführer trotz der persönlichen Haftungsgefahr reizvoll ist, die Forderungen des Fiskus gegenüber den Ansprüchen von Lieferanten zurückzustellen. Hierbei hoffen sie auf eine Sanierung der GmbH und gehen ein eigenes Risiko ein.[225] Neben der Haftung nach § 69 AO droht für die Nichtzahlung von Umsatzsteuer aber ein Bußgeld nach § 26 b UStG. In ähnlicher Weise kann die Gefährdung der Lohnsteuer gem. § 380 AO iVm §§ 38 Abs. 3, 41 a Abs. 1 EStG durch ein Bußgeld sanktioniert werden.[226]

153 Bei einer GmbH stehen in erster Linie deren Geschäftsführer als Vertretungsorgane im Sinne des § 35 GmbHG in der Pflicht (vgl § 34 AO). Hierzu zählen zunächst die aufgrund eines Gesellschafterbeschlusses oder in der Satzung ernannten Geschäftsführer. Ebenso hat auch ein **faktischer Geschäftsführer** die Pflichten des § 69 AO einzuhalten. Wer den formellen Mangel eines Gesellschafterbeschlusses durch einen maßgeblichen Einfluss auf die GmbH ausgleicht, wird wie ein ordentlich bestellter Geschäftsführer behandelt und von der Finanzverwaltung über § 69 AO in Anspruch genommen.[227] In gleicher Weise steht ein lediglich nominell bestellter Geschäftsführer (**Strohmann**) in der Pflicht. Er kann sich nicht gegen Haftung mit dem Einwand wehren, als Strohmann missbraucht worden zu sein und aufgrund vertraglicher Bindungen keinerlei Einfluss auf die GmbH gehabt zu haben.[228] Ein Geschäftsführer steht allein aufgrund seiner nominellen Bestellung in der haftungsbewehrten Verantwortung. Ob er tatsächlich Möglichkeit hatte, die Geschäfte der GmbH zu führen, ist nicht entscheidend.[229]

**bb) Vermögensschaden**

154 Der Vermögensschaden des Fiskus besteht häufig in Form eines Steuerausfalls, denkbar ist aber auch ein Schaden aufgrund einer zu Unrecht ausgezahlten Steuererstattung; ebenso sind die in § 69 S. 2 AO erwähnten Säumniszuschläge eine Schadensposition.[230] Wenn das Verhalten des Geschäftsführers zu einer Verzögerung der Steuerfestsetzung führt, kann ein Schaden in der Vereitelung einer aussichtsreichen Vollstreckung in das Gesellschaftsvermögen liegen.[231]

---

223 BFH v. 2.11.2001 – VII B 155/01, NZG 2002, 345.
224 Streit/Bürk, DB 2008, 742.
225 Vgl die praxisorientierte Darstellung von *Müller*, GmbHR 2003, 389.
226 Hierzu BGH v. 30.7.2003 – 5 StR 221/03, NJW 2003, 3787.
227 Vgl BFH v. 27.2.2007 – VII R 67/05, NZG 2007, 953.
228 BGH v. 13.2.1996 – VII B 245/95, BFH/NV 1996, 657.
229 Hierzu *Arens/Beckmann*, Die anwaltliche Beratung des GmbH-Geschäftsführers, § 12 Rn 111.
230 Zum Erlass der Säumniszuschläge bei Zahlungsunfähigkeit des Steuerschuldners s. BFH v. 19. 12. 2000 – VII R 63/99, GmbHR 2001, 427.
231 BFH v. 5.3.1991 – VII R 93/88, DStR 1991, 1014.

## cc) Kausaler Zusammenhang

Die Haftung nach § 69 AO setzt einen ursächlichen Zusammenhang zwischen der Pflichtverletzung des Geschäftsführers und dem Vermögensschaden des Fiskus voraus. Die Kausalität richtet sich, wie bei zivilrechtlichen Schadensersatzansprüchen, nach der **Adäquanztheorie**. Diese besagt, dass Pflichtverletzungen für einen Schaden ursächlich sind, wenn sie im Allgemeinen oder erfahrungsgemäß geeignet sind, diesen Schaden zu verursachen. Bei der Haftung nach § 69 AO wurde regelmäßig die Abführung von Steuern unterlassen. Nach der Adäquanztheorie wird die Ursächlichkeit des Unterlassens bejaht, wenn ein Hinzudenken der unterbliebenen Handlung zu dem Ergebnis führen würde, dass der Schaden ohne das Unterlassen nicht eingetreten wäre; die bloße Möglichkeit oder eine gewisse Wahrscheinlichkeit des Nichteintritts des Erfolgs genügen hierzu nicht.[232] Bei der verzögerten Abgabe einer Umsatzsteuervoranmeldung besteht mit der durch diese Verzögerung vereitelten Verrechnungsmöglichkeit des Finanzamts mit Vorsteuererstattungsansprüchen gegen die GmbH bspw ein haftungsrelevanter Ursachenzusammenhang.[233] Säumniszuschläge, auch wenn sie erst nach dem Insolvenzantrag über das Vermögen der GmbH entstehend, sind eine Folge der früheren Pflichtverletzung des Geschäftsführers.[234]

155

## dd) Verschulden

Steckt die GmbH in finanziellen Schwierigkeiten, muss der Geschäftsführer die Einhaltung der steuerlichen Pflichten besonders im Auge behalten. Bei bereits eingetretenen Zahlungsschwierigkeiten zählt es zu seinen Aufgaben, die Zahlung der Steueransprüche, die in absehbarer Zeit fällig werden, abzusichern.[235] Hat eine GmbH mehrere Geschäftsführer können sie die Aufgaben untereinander aufteilen. Allerdings besteht in einer Krise keine getrennte Ressortverantwortlichkeit. Die Geschäftsführer müssen in dieser Situation die Erfüllung der steuerlichen Pflichten überwachen. Dies beinhaltet auch eine Kontrolle der damit beauftragten Personen, seien es Mitgeschäftsführer oder weisungsgebundene Mitarbeiter. Die Aufgabenverteilung zwischen den Geschäftsführern kann bei einer wirtschaftlich angeschlagenen GmbH keine haftungsbeschränkende Wirkung entfalten. Befindet sich eine GmbH in der Krise und werden über mehrere Monate keine Lohnsteuern entrichtet, liegt regelmäßig ein Überwachungsverschulden der Geschäftsführer vor.[236]

156

Das Hoffen auf einen Kredit durch eine privaten Kreditgeber oder auf Liquidität durch das Eintreiben von Außenständen, durch den Erhalt von Fördermitteln oder durch die Aufrechnung mit vermeintlichen Steuerguthaben, befreit den Geschäftsführer nicht von seiner Pflicht, die Steuern der GmbH zu begleichen.[237]

157

---

232 BFH v. 25.4.1995 – VII R 99/94, BFH/NV 1996, 97.
233 BFH v. 25.4.1995 – VII R 99/94, BFH/NV 1996, 97; BFH v. 26.8.1992 – VII R 50/91, DStR 1992, 1584.
234 BFH v. 19.12.2000 – VII R 63/99, GmbHR 2001, 362.
235 *Arens/Beckmann*, Die anwaltliche Beratung des GmbH-Geschäftsführers, § 12 Rn 115.
236 BFH v. 6.7.2005 – VII B 296/04, GmbHR 2005, 1315.
237 Gerade in einer Liquiditätskrise ist der Geschäftsführer gehalten, den Lohn zu kürzen und die auf die gekürzte Lohnsumme entfallene Umsatzsteuer zu entrichten, s. BFH v. 6.7.2005 – VII B 296/04, GmbHR 2005, 1315.

### b) Anteilige Tilgung

**158** Der bereits bei der Haftung wegen der Nichtabführung von Sozialversicherungsbeiträgen erläuterte Einwand der Zumutbarkeit normgemäßen Verhaltens (hierzu soeben unter Rn 137 ff) spielt auch bei § 69 AO in etwas abgewandelter Form eine Rolle. Auch ein abgabenrechtlicher Haftungstatbestand kann von einem Geschäftsführer nichts Unmögliches verlangen. Wenn die GmbH nicht mehr über ausreichend finanzielle Mittel verfügt, um sämtliche Verbindlichkeiten der Gesellschaft zu begleichen, hat der Geschäftsführer die Steuerschulden grundsätzlich in dem Verhältnis zu tilgen, wie die übrigen Schulden. Machen die Verbindlichkeiten gegenüber dem Fiskus (wegen Umsatzsteuer, Gewerbesteuer etc.) einen Anteil von 10 % an den gesamten Gesellschaftsverbindlichkeiten aus, müssen die Forderungen des Finanzamts zumindest in einer Höhe von 10 % bedient werden. Der Haftungsumfang eines Geschäftsführers besteht in der Differenz zwischen den nach dieser Berechnung zu entrichtenden Zahlungen und den tatsächlichen Leistungen.[238] Weil die Lohnsteuer allerdings wegen ihres treuhänderischen Charakters von dem Grundsatz der anteiligen Tilgung ausgenommen ist, sind bei der Ermittlung der Haftungsquote die im Haftungszeitraum getilgten Lohnsteuern weder bei den Gesamtverbindlichkeiten noch bei den geleisteten Zahlungen zu berücksichtigen.[239]

**159** Die von der GmbH für ihre Arbeitnehmer zu entrichtende Lohnsteuer ist allerdings vorrangig an das Finanzamt zu entrichten. Nach ständiger Rechtsprechung des BFH liegt eine zumindest grob fahrlässige Verletzung der Geschäftsführerpflichten vor, wenn die GmbH die einbehaltene und angemeldete Lohnsteuer nicht abführt.[240] Auch bei Zahlungsschwierigkeiten der GmbH ist der Geschäftsführer für die Einhaltung der steuerlichen Pflichten verantwortlich. Wenn nicht genug Geld für die Auszahlung der gesamten geschuldeten Löhne und Gehälter vorhanden ist, so darf der Geschäftsführer diese nur entsprechend gekürzt auszahlen und muss aus den dadurch übrig bleibenden Mitteln die auf die gekürzten Löhne entfallende Lohnsteuer an das Finanzamt abführen.[241] Die Haftung für die Lohnsteuer besteht für einen Geschäftsführer sogar dann, wenn er sein Privatvermögen für die Lohnzahlungen verwendet.[242] Die besondere Haftungsgefahr besteht für den Geschäftsführer bei der Lohnsteuer, weil es sich hierbei nicht um Geld der Gesellschaft, sondern um finanzielle Mittel der Arbeitnehmer handelt, welche die GmbH als Arbeitgeber nur treuhänderisch verwaltet.[243]

### c) Insolvenzanfechtung

**160** Wie bei der Abführung von Sozialversicherungsbeiträgen stellt sich auch bei der Entrichtung von Steuern im Vorfeld einer Insolvenz die Frage, ob eine Zahlungen an das Finanzamt mit dem Grundsatz der Gläubigergleichbehandlung zu vereinbaren ist. Bei der Haftung des Geschäftsführers aus § 823 Abs. 2 BGB iVm § 266 a StGB entfällt nach

---

238 Hierzu *Müller*, GmbHR 2003, 389, 392.
239 BFH v. 27.2.2007 – VII R 60/05, BB 2007, 1714.
240 Vgl BFH v. 9.12.2005 – VII B 124-125/05, BFH/NV 2006, 897; BFH v. 6.7.2005 – VII B 296/04, GmbHR 2005, 1315.
241 BFH v. 27.2.2007 – VII R 67/05, NZG 2007, 953; BFH v. 21.12.1998 – VII R 175/98, BFH/NV 1999, 745,.
242 BFH v. 20.11.2005 – VII R 21/05, DStR 2006, 181.
243 Vgl BFH v. 26.3.1985 – VII R 139/81, GmbHR 1985, 382; zur Kritik an der treuhänderischen Bindung bei der Lohnsteuer s. *Müller*, GmbHR 2003, 389, 392.

der Rechtsprechung des BGH ein Schaden der Krankenkassen, wenn der Insolvenzverwalter die nicht erfolgten Zahlungen hätte anfechten können.[244] Ein vergleichbarer Wegfall der Haftung besteht nach der Rechtsprechung des BFH allerdings nicht. Auch wenn dem Insolvenzverwalter ein Anfechtungsrecht wegen der unterbliebenen Zahlung an den Fiskus zugestanden hätte, bleibt es bei der Geschäftsführerhaftung nach § 69 AO. Die Insolvenzanfechtung ist als Reserveursache nicht zu berücksichtigen.[245]

#### d) Verhältnis zur Innenhaftung nach § 64 GmbHG

Entgegen der früheren Rechtsprechung des BGH begründen Zahlungen an das Finanzamt keinen Erstattungsanspruch nach § 64 GmbHG, wenn die Leistungen zu einem Zeitpunkt erfolgten, zu den die GmbH zahlungsunfähig oder überschuldet war. Der Geschäftsführer einer GmbH, der bei Insolvenzreife der Gesellschaft den steuerrechtlichen Normbefehlen folgend Lohnsteuer abführt, handelt mit der Sorgfalt eines ordentlichen und gewissenhaften Geschäftsleiters.[246] Nach der Rechtsprechung des BFH kann allenfalls während der Insolvenzantragsfrist von drei Wochen die Haftung des Geschäftsführers gem. § 69 AO ausgeschlossen sein.[247] **161**

### 7. Zweckwidrige Baugeldverwendung

#### a) Grundstruktur des Bauforderungssicherungsgesetzes

Mit dem MoMiG wurde am 26.6.2008 vom Bundestag und am 19.9.2008 vom Bundesrat auch das Gesetz zur Sicherung von Werkunternehmeransprüchen und zur verbesserten Durchsetzung von Forderungen (Forderungssicherungsgesetz – FoSiG) erlassen.[248] Das FoSiG enthält einschneidende Änderungen zum Gesetz zur Sicherung von Bauforderungen (Bauforderungssicherungsgesetz im Folgenden: BauFordSiG)[249] Diese Änderungen treten am 1.1.2009 in Kraft.[250] Damit wird das BauFordSiG, das aus dem Jahre 1909 stammt und noch von *Wilhelm II.* sowie dem *Fürsten v. Bülow* unterzeichnet wurde, kurz vor seinem 100. Geburtstag modernisiert und insgesamt praktikabler gestaltet. Vor allem aber wird sein Anwendungsbereich durch eine Änderung des Baugeldbegriffs erweitert.[251] Damit korrespondiert auch eine Erweiterung der Geschäftsführerhaftung. **162**

Das BauFordSiG basierte ursprünglich auf folgender Überlegung: Bauvorhaben werden regelmäßig durch Kredite finanziert, bei denen sich die Bank den Rückzahlungsanspruch durch die Bestellung vorrangiger Grundpfandrechte an dem zu bebauenden Grundstück absichert. Die Kreditmittel fließen an den Kunden, der in seiner Eigenschaft **163**

---

244 BGH v. 14.11.2001 – VI ZR 149/99, NJW 2001, 967; BGH v. 18.4.2005 – II ZR 61/03, NJW 2546; zur möglichen Anfechtbarkeit der Zahlungen an die Krankenkassen vgl auch BGH v. 25.10.2001 – IX ZR 17/01, NJW 2002, 512.
245 BFH v. 5.6.2007 – VII R 65/05, GmbHR 2007, 1114; vgl hierzu die ausführliche Kritik von *Tiedtke/Peterek*, GmbHR 2008, 617.
246 BGH v. 14.5.2007 – II ZR 48/06, NJW 2007, 2118 unter Aufgabe BGH v. 8. 1. 2001 – II ZR 88/99, NJW 2001, 1280; BGH v. 18.4.2005 – II ZR 61/03, NJW 2005, 2546.
247 Vgl BFH v. 27.2.2007 – VII R 67/05, NZG 2007, 953 (noch zu § 64 Abs. 2 GmbHG aF).
248 Vgl BT-Drucks. 16/511 (Gesetzentwurf); BT-Drucks. 16/9787 (Empfehlung des Rechtsausschusses).
249 Bei „BauFordSiG" handelt es sich um die noch amtliche Abkürzung des Bauforderungssicherungsgesetzes, BT-Drucks. 16/9787; üblich waren bis dahin „BauFG" (so BT-Drucks. 16/511) oder „GSB" (so beispielsweise der Titel des Kommentars von *Stammkötter*).
250 Art. 3 Nr. 1 Forderungssicherungsgesetz, BGBl. 2008, 2022.
251 BT-Drucks. 16/511, S. 23 ff.

als Bauherr einen Generalunternehmer damit beauftragt, auf dem Grundstück ein Gebäude zu errichten. Der Generalunternehmer wiederum beauftragt Nachunternehmer (häufig Bauhandwerker) mit der Durchführung einzelner Werkleistungen. Bei dem Generalunternehmer handelt es sich regelmäßig um eine GmbH. Geht diese in die Insolvenz, ist die Bank durch die Grundpfandrechte oft abgesichert. Sie kann sich durch eine Zwangsversteigerung über das zwischenzeitlich bebaute Grundstück den Darlehensbetrag wieder zurückholen und profitiert hierbei von den Leistungen der Nachunternehmer. Die Nachunternehmer sind im Vergleich mit den Banken aus mehreren Gründen benachteiligt: Sie sind vorleistungspflichtig, verlieren das Eigentum an den eingefügten Baumaterialien und können ihre Werklohnforderung praktisch nicht absichern; sei es, weil sie keinen Werkvertrag mit dem Grundstückseigentümer abgeschlossen haben und sich deshalb nicht auf § 648 BGB berufen können, sei es, weil sie auf Folgeaufträge des Generalunternehmers angewiesen sind und deshalb keine Sicherheitsleistung nach § 648 a BGB verlangen wollen.[252] Typisch ist folgender Sachverhalt, auf den im weiteren Verlauf noch wiederholt Bezug genommen wird:

164 **Beispiel (in Anlehnung an OLG Stuttgart v. 19.5.2004 – 3 U 222/03, BauR 2004, 1347):**
Grundstückseigentümer E will auf seinem Grundstück ein Bürogebäude errichten. Er nimmt hierfür ein Darlehen bei der Bank B auf, diese lässt sich eine Hypothek auf dem Grundstück eintragen. E beauftragt einen Generalunternehmer, die GU-GmbH, mit der schlüsselfertigen Erstellung des Gebäudes. Die GU-GmbH beauftragt einen Nachunternehmer mit der Errichtung des Rohbaus. Die GU-GmbH erhält den Darlehensbetrag von E, verwendet aber das gesamte Geld, um die Verluste aus einem vorherigen Bauvorhaben auszugleichen, und meldet dann Insolvenz an. Zu diesem Zeitpunkt hat der Nachunternehmer aber seine Werkleistungen bereits erbracht, so dass er nun befürchten muss, für seine Arbeit kein Geld zu bekommen.

165 Das BauFordSiG will sicherstellen, dass die zur Finanzierung des Baus gewährten Mittel, den an der Herstellung des Baues Beteiligten auch wirklich zufließen, soweit diese durch ihre Leistungen den Wert des Grundstück und damit auch den Wert der für den Baugeldkredit bestellten Grundschulden oder Hypotheken erhöhen. Es hat also zum Ziel, eine möglichst vollständige Befriedigung aller am Bau beteiligten Personen zu gewährleisten und dient damit insbesondere den Bauhandwerkern, die sich nicht hinreichend vor einen Forderungsausfall absichern können.[253]

166 Dieses Ziel soll auf folgendem Wege erreicht werden: Das BauFordSiG bestimmt, dass ein Darlehensbetrag, der für die Bestreitung von Baukosten gewährt wurde und dessen Rückzahlung sich die Bank durch ein Grundpfandrecht an dem zu bebauenden Grundstück gesichert hat, **Baugeld** ist (§ 1 Abs. 3 Nr. 1 BauFordSiG). Der **Baugeldempfänger** wird durch das BauFordSiG verpflichtet, dieses Geld nur zur Befriedigung von solchen Personen zu verwenden, die an der Herstellung des Baus auf dem betreffenden Grundstück aufgrund eines Werk-, Dienst- oder Kaufvertrages als **Baugläubiger** beteiligt sind (vgl § 1 Abs. 1 S. 1 BauFordSiG).

167 Wenn das Baugeld nicht an die Baugläubiger gezahlt wird, dann meist deshalb, weil es der Baugeldempfänger zur Erfüllung anderweitiger Verbindlichkeiten verwendet hat. In diesen Fällen kommt es häufig vor, dass er auch nicht mit anderen finanziellen Mit-

---

[252] Hierzu *Schulze-Hagen*, NJW 1986, 2403, 2405; *Stammkötter*, BauR 1998, 954, 955.
[253] Hierzu BGH v. 9.10.1990 – VI ZR 230/89, NJW-RR 1991, 141, 142; *Bruns*, Jahrbuch Baurecht 2001, S. 49; *Stammkötter*, BauR 1998, 954, 955; vgl auch BT-Drucks. 16/9787, S. 23.

teln die berechtigten Forderungen seiner Auftragnehmer erfüllen kann. Deren daraus resultierender Forderungsausfall führt dann zu einem **Schadensersatzanspruch**. Die Besonderheit dieses Anspruchs besteht darin, dass er sich nicht nur direkt gegen den – meist insolventen – Vertragspartner richtet, sondern auch persönlich gegen dessen Geschäftsführer.[254] Dies hat zwei Gründe: Zum einen handelt es sich bei Baugeldempfängern regelmäßig um Unternehmen, die als juristische Person in der Rechtsform einer GmbH betrieben werden. Zum anderen wird die zweckmäßige Baugeldverwendung durch § 1 BauFordSiG vorgeschrieben, und diese Vorschrift ist nach allgemeiner Auffassung ein **Schutzgesetz** iSd § 823 Abs. 2 BGB.[255] Ist der Empfänger von Baugeld eine juristische Person, so haftet gemäß § 823 Abs. 2 BGB iVm § 1 BauFordSiG, 14 Abs. 1 Nr. 1 StGB nicht nur die juristische Person, sondern neben dieser auch ihr Geschäftsführer persönlich.[256] Sind mehrere Geschäftsführer bestellt, kann grundsätzlich jeder Einzelne in Anspruch genommen werden.[257] Hatte eine GmbH mehrere Geschäftsführer, haften diese als **Gesamtschuldner**.

Gerade in der Haftung des GmbH-Geschäftsführers liegt die zentrale Bedeutung des BauFordSiG. Von vergleichsweise geringerer Relevanz ist die Tatsache, dass sich ein Geschäftsführer mit einem Verstoß gegen das BauFordSiG auch strafbar machen kann, sofern die von ihm geführte GmbH Zahlungen einstellt oder über ihr Vermögen ein Insolvenzverfahren eröffnet wird (§2 BauFordSiG).[258] **168**

**Beispiel (in Anlehnung an OLG Stuttgart v. 19.5.2004 – 3 U 222/03, BauR 2004, 1347):** **169**
Bei den oben beschriebenen Darlehenszahlungen an E handelt es sich um Baugeld, denn die Bank gewährte das Darlehen zur Finanzierung der Baukosten und sicherte sich über ein Grundpfandrecht an dem zu bebauenden Grundstück ab. E erhielt dieses Geld als erster Baugeldempfänger. Sodann wurden die Zahlungen an die GU-GmbH weitergeleitet, die somit der zweite Baugeldempfänger war. Da die GU-GmbH das Geld aber nicht an den von ihr beauftragten Nachunternehmer weiterreichte, lag eine zweckwidrige Verwendung des Baugelds vor. Sollte die GU-GmbH in die Insolvenz gehen, hat der Nachunternehmer die Möglichkeit, gegen den Geschäftsführer der GU-GmbH aus § 823 Abs. 2 BGB iVm § 1 BauFordSiG vorzugehen.

Der Baugeldbegriff wurde zum 1.1.2009 erweitert. Nach § 1 Abs. 3 S. 1 Nr. 2 BauFordSiG sind auch Geldbeträge Baugeld, die der Empfänger von einem Dritten für eine im Zusammenhang mit der Herstellung des Baues oder Umbaues stehende Leistung, die der Empfänger dem Dritten versprochen hat, erhalten hat, wenn an dieser Leistung andere Unternehmer (§ 14 BGB) aufgrund eines Werk-, Dienst- oder Kaufvertrags beteiligt waren. Damit entfernt sich das BauFordSiG wesentlich von seinem ursprünglichen Gedanken. Noch 1909 wollte man vor allem einen Ausgleich dafür schaffen, dass sich die Banken hypothekarisch absichern können, die Bauhandwerker aber nicht. Nach § 1 Abs. 3 S. 1 Nr. 2 BauFordSiG kommt es auf ein Grundpfandrecht am Baugrundstück aber nicht mehr an. Mit dieser Erweiterung möchte das FoSiG eine nachhaltigen Verbesserungen für Handwerker schaffen, die am Ende einer längeren Liefer- **170**

---

254 Handelt es sich bei dem Baugeldempfänger um eine GmbH & Co KG, haftet der Geschäftsführer der Komplementärin, s. KG Berlin v. 10.7.1985 – 24 U 6328, NJW-RR 1986, 185. Die Haftung eines Prokuristen kommt nur ausnahmsweise in Betracht. Sie setzt voraus, dass der Prokurist wie ein Geschäftsführer unmittelbar über die Baugelder verfügen kann, s. BGH v. 24.11.1982 – VI ZR 47/80, NJW 1982, 1037, 1039.
255 BGH v. 24.11.1982 – VI ZR 47/80, NJW 1982, 1037, 1039.
256 BGH v. 12.12.1989 – VI ZR 311/88, NJW-RR 1990, 914.
257 Hierzu *Stammkötter*, GSB, § 1 Rn 88.
258 Vgl *Bruns*, Jahrbuch Baurecht 2001, S. 49, 50.

kette stehen.²⁵⁹ Entscheidend ist vor allem, dass die Werkleistung für einen Bau oder Umbau erfolgte.

**171** **Beispiel (in Abwandlung des Sachverhalts zu OLG Stuttgart v. 19.5.2004 – 3 U 222/03, BauR 2004, 1347):**
Grundstückseigentümer E will auf seinem Grundstück ein Bürogebäude errichten. Seine Eltern sterben und hinterlassen ihm ein beträchtliches Barvermögen. E beauftragt einen Generalunternehmer, die GU-GmbH, mit der schlüsselfertigen Erstellung des Gebäudes. Die GU-GmbH beauftragt einen Nachunternehmer mit der Errichtung des Rohbaus. Die GU-GmbH verwendet aber das gesamte von E erhaltene Geld, um die Verluste aus einem vorherigen Bauvorhaben auszugleichen, und meldet dann Insolvenz an. Im Gegensatz zur bisherigen Rechtslage muss am Anfang einer Baugeldkette keine Bank mehr stehen und der Nachunternehmer kann auch in dieser Konstellation einen Schadensersatzanspruch aus § 823 Abs. 2 BGB iVm § 1 BauFordSiG gegen den Geschäftsführer der GU-GmbH geltend machen.

**172** Das FoSiG hat außerdem die Beweisführung für Baugläubiger erleichtert. Ist die Baugeldeigenschaft oder die Verwendung streitig, so trifft den Empfänger hierfür die Beweislast (§ 1 Abs. 4 BauFordSiG). Nach früherem Recht war der Baugeldempfänger noch verpflichtet, ein **Baubuch** zu führen (§ 2 GSB aF). Durch Einsichtnahme in das Baubuch konnte ein Baugläubiger klären, ob und in welcher Höhe Baugeld geflossen ist. Dies setzte selbstverständlich voraus, dass ein Baubuch ordnungsgemäß geführt wurde. War das nicht der Fall, bestanden nach der Rechtsprechung Beweiserleichterungen, die regelmäßig zu einer Beweislastumkehr führten.²⁶⁰ Diese Beweislasterleichterung gilt nun automatisch. Sie steht im krassen Gegensatz zu den allgemeine Beweisregeln und den Hürden, die insbesondere die Krankenkassen bei der Durchsetzung ihres Schadensersatzanspruchs überwinden müssen.²⁶¹

**173** Wird daher Baugeld von einem Baugeldempfänger zweckwidrig verwendet, hat der Baugläubiger bei einem schuldhaften Verhalten einen Schadensersatzanspruch. In dieser Reihenfolge werden sogleich die Voraussetzungen für einen Anspruch aus § 823 Abs. 2 BGB iVm § 1 BauFordSiG im Einzelnen dargestellt, um daran anschließend auf die Besonderheiten der Beweisführung einzugehen.

### b) Baugeld

**174** Zunächst wird der herkömmliche Baugeldbegriff nach § 1 Abs. 3 S. 1 Nr. 1 BauFordSiG erläutert (unter Rn 175 ff). Die Erweiterung des Baugeldbegriffs nach § 1 Abs. 3 S. 1 Nr. 2 BauFordSiG wird danach unter Rn 182 ff dargestellt.

#### aa) Der herkömmlicher Baugeldbegriff nach § 1 Abs. 3 S. 1 Nr. 1 BauFordSiG

**175** Unter **Baugeld** sind nach der Legaldefinition des § 1 Abs. 3 S. 1 Nr. 1 BauFordSiG solche Geldbeträge zu verstehen, die zum Zweck der Bestreitung von Baukosten in der Weise gewährt werden, dass zur Sicherung der Ansprüche des Geldgebers eine Hypothek oder Grundschuld an dem zu bebauenden Grundstück dient oder die Übertragung des Eigentums an dem Grundstück erst nach gänzlicher oder teilweiser Herstellung des Baus oder Umbaus erfolgen soll. Diese Regelung knüpft an den herkömmlichen Baugeldbegriff an, wie er in § 1 Abs. 3 S. 1 GSB aF definiert wurde. Beträge, die zum Zweck

---

259 BT-Drucks. 16/9787, S. 19.
260 Hierzu *Möller*, BauR 2005, 8, 11.
261 BGH v. 18.4.2005 – II ZR 61/03, NJW 2005, 2546.

der Bestreitung der Kosten eines Baus gewährt werden, sind nach § 1 Abs. 3 S. 2 BauFordSiG insbesondere Abschlagszahlungen und solche, deren Auszahlung ohne nähere Bestimmung des Zweckes der Verwendung nach Maßgabe des Fortschreitens des Baus erfolgen soll.

Die Baugeldeigenschaft nach § 1 Abs. 3 S. 1 Nr. 1 BauFordSiG hat drei Voraussetzungen: Erstens muss es sich um **Fremdmittel** („gewährte Geldbeträge") handeln, die zweitens für die Bestreitung der Baukosten **zweckgebunden** ausgereicht wurden und deren Rückzahlung drittens durch ein **Grundpfandrecht** an dem zu bebauenden Grundstück abgesichert ist. 176

### (1) Fremdmittel

Baugelder sind Fremdmittel, die zur Finanzierung von Baukosten auf der Grundlage eines Darlehensvertrages gewährt werden. **Eigenmittel**, für die kein Kredit aufgenommen werden muss, sind folglich kein Baugeld im Sinne des § 1 Abs. 3 S. 1 Nr. 1 BauFordSiG. **Öffentliche Fördermittel**, die als verlorene Zuschüsse zur Finanzierung von Baukosten gewährt werden, sind demgegenüber auch dann kein Baugeld § 1 Abs. 3 S. 1 Nr. 1 BauFordSiG, wenn sie im Falle des Widerrufs der Subventionsbewilligung zurückgezahlt werden müssen und im Grundbuch ein Grundpfandrecht zur Sicherung des Rückzahlungsanspruchs eingetragen ist. Diese Subventionen vermehren das Vermögen des Fördermittelempfängers und sind daher dessen (zweckgebundene) Eigenmittel.[262] 177

### (2) Zweckbindung

Die Fremdmittel werden erst bei einer entsprechenden Zweckbindung zu Baugeld. Das bedeutet, dass die von einem Darlehensgeber aus Anlass des Bauvorhabens zur Verfügung gestellten Mittel nur dann als Baugeld iSd § 1 Abs. 3 S. 1 Nr. 1 BauFordSiG angesehen werden können, wenn sie zur Bestreitung der Baukosten zweckbestimmt sind. Dies ist zB der Fall, wenn die Vereinbarungen des Darlehensnehmers mit dem Darlehensgeber ausdrücklich vorsehen, dass der Kredit bewilligt wird, damit der Darlehensnehmer die Verbindlichkeiten gegenüber den Unternehmen tilgen kann, die an der Herstellung des Baus aufgrund eines Werkvertrages beteiligt sind.[263] Ohne eine solche Vereinbarung wird die Baugeldeigenschaft nach § 1 Abs. 3 S. 2 BauFordSiG vermutet, wenn die Auszahlung des Darlehens ohne nähere Bestimmung des Zweckes der Verwendung nach Maßgabe des Baufortschritts erfolgen soll. Die gesetzliche Vermutung greift allerdings nur bei Zahlungen des Darlehensgebers an den Darlehensnehmer ein.[264] 178

Nicht notwendig ist, dass es sich bei dem gesamten Darlehensbetrag um Baugeld handelt. Ergibt sich aus dem Darlehensvertrag, dass das Geld teilweise nicht zur Bestreitung der Baukosten diente, sondern andere Zwecke erfüllen soll, handelt es sich insoweit nicht um Baugeld; in diesem Zusammenhang spricht man auch von einem **modifizierten** 179

---

262 So BGH v. 15.6.2000 – VII ZR 84/99, NJW-RR 2000, 1261, 1262 unter Hinweis auf die Entstehungsgeschichte des BauFordSiG. Vgl hierzu die Kritik von *Bruns*, BauR 2000, 1814, 1816, der hervorhebt, dass gerade Sinn und Zweck der Baugeldverwendungspflicht es erfordern würden, öffentliche Zuschüsse dem Anwendungsbereich des BauFordSiG zu unterstellen.
263 Hierzu *Bruns*, Jahrbuch Baurecht 2001, S. 49, S. 59.
264 Vgl BGH v. 18.4.1996 – VII ZR 157/95, NJW-RR 1996, 976, 977.

Baugelddarlehen.²⁶⁵ Grundsätzlich kein Baugeld sind daher Fremdmittel, die zur Finanzierung eines Grundstückskaufvertrages vorgesehen sind. Ferner fehlt es an der Zweckbestimmung als Baugeld bei den Beträgen, die nach dem Darlehensvertrag als Provision, Zinstilgung oder Disagio verwendet werden sollen.²⁶⁶ Welcher Teil des Darlehensbetrages Baugeld ist, ergibt sich primär aus dem Darlehensvertrag. Wenn ein modifiziertes Baugelddarlehen nur zum Teil ausgezahlt wurde, entscheidet die im Vertrag enthaltene Zweckbestimmung darüber, ob es sich bei der jeweiligen Rate um Baugeld handelt. Fehlt eine ausdrückliche oder schlüssige Zweckbestimmung, ist bei einer teilweisen Auszahlung davon auszugehen, dass das Baugeld zuletzt ausgezahlt wird, da dies dem Schutzzweck des BauFordSiG entspricht.²⁶⁷

**180** Die Parteien des Darlehensvertrages können nach der Auszahlung des Darlehens dessen Zweckbestimmung nur im Ausnahmefall einvernehmlich ändern. Dem Zweck des BauFordSiG entspricht es, die an der Errichtung des Bauwerkes beteiligten Unternehmer vor einer nachträglichen „Umwidmung" des Darlehenszweckes zu schützen. Eine Beseitigung der Baugeldeigenschaft setzt voraus, dass bereits im Darlehensvertrag eine Änderung der Zweckbestimmung vorbehalten wurde. Die vorbehaltslose Zweckbestimmung eines Kredits für die Errichtung eines bestimmten Bauwerks führt zu einer Einschränkung der Dispositionsbefugnisse der Vertragsparteien.²⁶⁸

### (3) Besicherung durch Grundpfandrecht

**181** Fremdmittel, die zur Bestreitung der Baukosten zweckbestimmt sind, erfüllen nur dann die Voraussetzungen des § 1 Abs. 3 S. 1 Nr. 1 BauFordSiG, wenn zur Sicherung der Ansprüche des Geldgebers eine Hypothek oder Grundschuld an dem zu bebauenden Grundstück eingetragen werden soll. Der Darlehensnehmer muss nicht Eigentümer des Grundstücks sein, auf dem das Bauwerk errichtet werden soll. Allein entscheidend für die Begründung der Baugeldeigenschaft nach § 1 Abs. 3 S. 1 Nr. 1 BauFordSiG ist lediglich, dass das Grundpfandrecht auf dem zu bebauenden Grundstück lastet und der Sicherung eines Baugelddarlehens dient.²⁶⁹ Unerheblich ist demgegenüber, ob die Auszahlung des Darlehensbetrages vor oder nach Eintragung eines Grundpfandrechts erfolgte. Die Baugeldeigenschaft wird ferner auch nicht aufgehoben, wenn das zur Sicherung des Baugelddarlehens eingetragene Grundpfandrecht wieder gelöscht wird.²⁷⁰

### bb) Der erweiterte Baugeldbegriff nach § 1 Abs. 3 S. 1 Nr. 2 BauFordSiG

**182** Nach dem erweiterten Baugeldbegriff des § 1 Abs. 3 S. 1 Nr. 2 BauFordSiG gehören zum Baugeld nun auch Beträge, die der Empfänger von einem Dritten für eine im Zusammenhang mit der Herstellung des Baues oder Umbaues stehende Leistung, die der Empfänger dem Dritten versprochen hat, erhalten hat, wenn an dieser Leistung andere Unternehmer (§ 14 BGB) aufgrund eines Werk-, Dienst- oder Kaufvertrags beteiligt waren. Angesichts des weitgefassten Wortlauts von § 1 Abs. 3 S. 1 Nr. 2 BauFordSiG

---

265 BGH v. 13.12.1988 – VI ZR 260/99, NJW-RR 1989, 788, 789.
266 Hierzu *Schulze-Hagen*, NJW 1986, 2403, 2405.
267 OLG Dresden v. 15.4.1999 – 9 U 3454/97, BauR 2000, 585, 587.
268 So OLG Düsseldorf, IBR 2004, 505; *Maritz*, BauR 1990, 401, 403; aA Ingenstau/Korbion/*Joussen*, VOB, Anhang 2 Rn 222.
269 OLG Dresden v. 13.9.2001 – 19 U 346/01, BauR 2002, 486, 487.
270 KG Berlin v. 27.8.2002 – 6 U 159/01, BauR 2004, 1346.

es vordergründig so, dass für den herkömmlichen Baugeldbegriff kein eigenständiger Anwendungsbereich verbleibt. Dem ist aber nicht so; beide Regelungen erfassen unterschiedliche Sachverhalte und ergänzen sich. Dies wird auch bei den **Eigenmitteln** deutlich, die für einzelne Beteiligte eines Bauvorhabens nun Baugeld sein können.

**Beispiel:** 183
Es gibt die Vertragskette Bauherr, Generalunternehmer, Nachunternehmer. Alle sind als GmbH am Markt tätig (B-GmbH, G-GmbH, N-GmbH). Für die G-GmbH ist der Unterschied zwischen dem herkömmlichen und dem erweiterten Baugeldbegriff wesentlich. Wenn die B-GmbH das Bauvorhaben mit einem Darlehen finanziert und der Rückzahlungsanspruch mit einer Hypothek oder einer Grundschuld an dem zu bebauenden Grundstück gesichert wurde, kann die G-GmbH in der Insolvenz einen Schadensersatzanspruch gegen den Geschäftsführer der B-GmbH einen Schadensersatzanspruch nach § 823 Abs. 2 iVm § 1 Abs. 3 S. 1 Nr. 1 BauFordSiG haben. Verwendet die B-GmbH allerdings Eigenmittel, fällt dieses Geld weder unter § 1 Abs. 3 S. 1 Nr. 1 BauFordSiG (das Tatbestandsmerkmal „Darlehen" ist nicht erfüllt), noch unter § 1 Abs. 3 S. 1 Nr. 2 BauFordSiG (die B-GmbH hat nichts von einem Dritten erhalten). In diesem Fall wird die G-GmbH nicht durch das BauFordSiG geschützt. Von der Erweiterung des Baugeldbegriffs profitiert allerdings die N-GmbH. Sie kann in beiden Varianten einen Schadensersatzanspruch gegen den Geschäftsführer der insolventen G-GmbH geltend machen, da die G-GmbH als Empfängerin von einem Dritten (hier die B-GmbH) Geldbeträge für die Herstellung eines des Baus erhalten hat und die N-GmbH als Unternehmerin an dieser Leistung beteiligt ist.

Auch bei den **öffentlichen Fördermitteln** ist nicht jedes Glied in der Vertragskette durch das BauFordSiG geschützt. 184

**Beispiel (in Anlehnung an BGH v. 15.6.2000 – VII ZR 84/99, NJW-RR 2000, 1261):** 185
Die B-GmbH bekommt vom Freistaat Sachsen Fördermittel in sechsstelliger Höhe und zwar zweckgebunden für den Neubau eines Altenpflegeheims. Sie beauftragt als Generalunternehmer die G-GmbH mit der Errichtung des Altenpflegeheims. Diese wiederum erteilt weitere Aufträge an diverse Nachunternehmer. Aufgrund der Neufassung des § 1 Abs. 3 S. 1 Nr. 2 BauFordSiG handelt es sich bei dem Geld, das von der B-GmbH an die G-GmbH fließt, um Baugeld. Die G-GmbH („Empfängerin") hat nämlich der L-GmbH („Dritte") die Errichtung eines Bauwerks versprochen und an der Leistung der G-GmbH sind weitere Unternehmer, nämlich die Nachunternehmer beteiligt. Sollte der Generalunternehmer insolvent werden, können die Nachunternehmer den Geschäftsführer der G-GmbH auf Schadensersatz gem. § 823 Abs. 2 BGB iVm § 1 Abs. 3 S. 1 Nr. 2 BauFordSiG verklagen, wenn das Baugeld zweckwidrig verwendet wurde. Sollte der Geschäftsführer der L-GmbH die Fördermittel allerdings für private Zwecke ausgegeben haben, ist unklar, ob die Beantragung des Fördermittelbescheides dahingehend verstanden werden kann, dass die L-GmbH (in dieser Konstellation als „Empfängerin") der Freistaat Sachsen (hier „Dritter") die Errichtung eines Bauwerks versprochen hat.

Mit der Erweiterung des Baugeldbegriffs sollen vor allem kleinere Handwerksbetriebe, die am Ende einer Lieferkette stehen, geschützt werden.[271] Es erscheint nun auf der einen Seite nicht stimmig, den Schadensersatzanspruch wegen einer zweckwidrigen Baugeldverwendung davon abhängig zu machen, ob ein Handwerksbetrieb seinen Werkvertrag mit dem Empfänger der Fördermittel oder mit einem Unternehmer abgeschlossen hat, der vom Adressaten des Bewilligungsbescheides beauftragt wurde. Auf der anderen Seite ist die Baugeldverwendungspflicht aber strafbewehrt, so dass eine enge Auslegung der hier in Rede stehenden Regelung angebracht ist.[272] Aus diesem Grund dürfte es sich bei den Zahlungen des Fördermittelgebers an den Fördermittel- 186

---

271 BT-Drucks. 16/9787, S. 23.
272 Der BGH hat auch bisher die Strafdrohung des BauFordSiG zum Anlass genommen, die Regelungen dieses Gesetzes eng auszulegen, s. BGH v. 16.12.1999 – VII ZR 39/99, NJW 2000, 956.

empfänger nicht um Baugeld handeln. Wenn der Fördermittelempfänger einen (General-)Unternehmer mit der Errichtung eines Bauvorhabens beauftragt, wandeln sich die finanziellen Mittel in Baugeld um. Etwaige Auftragnehmer des Generalunternehmers werden dann durch das BauFordSiG geschützt, der Generalunternehmer allerdings bleibt schutzlos.[273]

### c) Baugeldempfänger

187  Das BauFordSiG enthält keine Legaldefinition für den Begriff des Baugeldempfängers. Nach der Rechtsprechung gehören zu den Baugeldempfängern alle an der Herstellung des Bauwerks beteiligte Personen, die über Baugeld tatsächlich verfügen können. Es ist dabei unerheblich, ob sie selbst mit der Herstellung des Bauwerks beauftragt wurden, ob sie das Geld wegen einer von ihnen selbst erbrachten Werkleistung bekommen, oder ob sie den Betrag erhalten, weil sie mit einem weiteren Unternehmen einen Vertrag über die Herstellung des Baus geschlossen haben. Hinsichtlich des Teils der ihnen als Vergütung gezahlten Beträge, die bei wirtschaftlicher Betrachtungsweise den ihnen nachgeordneten Unternehmen gebühren, sind die Baugeldempfänger einem Treuhänder angenähert. Dem Schutzzweck des BauFordSiG entspricht es, den in § 1 Abs. 1 S. 1 BauFordSiG verwendeten Begriff „Empfänger von Baugeld" im Interesse der Baugläubiger weit zu fassen. Schon der Wortlaut der Bestimmung vermeidet es, nur die durch einen Vertrag mit dem Geldgeber verbundenen Personen als Baugeldempfänger zu bezeichnen, und lässt damit zahlreichen Gestaltungen Raum.[274]

188  Der zeitlich erste Baugeldempfänger ist der **Bauherr**, wenn er ein grundpfandrechtlich gesichertes Darlehen zur Durchführung des Bauvorhabens aufnimmt. Wenn der Bauherr das Bauvorhaben mit Eigenmitteln finanziert, übernimmt der von ihm beauftragte Unternehmer diese Rolle. Ein von ihm beauftragter **Baubetreuer** ist nach § 1 Abs. 1 S. 3 BauFordSiG ebenfalls Empfänger von Baugeld, wenn er zur Verfügung über die Finanzierungsmittel des Bestellers ermächtigt ist.[275] Insbesondere bei größeren Bauvorhaben wird oft ein **Generalunternehmer** tätig, der sich gegenüber dem Bauherrn zur Herstellung des Bauwerks verpflichtet hat, dabei aber nicht alle Bauarbeiten selber ausführt, sondern einzelne Arbeiten an Subunternehmen vergibt. Solche Generalunternehmer sind nach der gefestigten Rechtsprechung Empfänger von Baugeld.[276] Zu dem Kreis der Baugeldempfänger zählen auch die **Generalübernehmer**, die im Unterschied zum Generalunternehmer keine eigenen Werkleistungen erbringen und somit das gesamte Bauvorhaben von Nachunternehmern ausführen lassen.[277]

189  Ferner wird auch der **Verkäufer schlüsselfertiger Häuser** von der Rechtsprechung als Empfänger von Baugeld angesehen, wenn er über den Erwerber oder unmittelbar von einem Kreditinstitut Geldbeträge erhält, die dem Erwerber darlehensweise gewährt

---

273  Vgl hierzu die Kritik von *Stammkötter* in seiner Stellungnahme vom 20.5.2008 zur Vorbereitung auf die öffentliche Anhörung zum FoSiG vor dem Rechtsausschuss des Deutschen Bundestags; abrufbar unter www.bundestag.de.
274  BGH v. 16.12.1999 – VII ZR 39/99, NJW 2000, 956; BGH v. 24.11.1982 – VI ZR 47/80, NJW 1982, 1037, 1039.
275  Der Baubetreuer war schon nach der Rechtsprechung zum GSB ein Baugeldempfänger, s. OLG Düsseldorf v. 7.3.2003, 22 U 129/02, IBR 2004, 505.
276  So der BGH seit BGH v. 24.11.1982 – VI ZR 47/80, NJW 1982, 1037, 1038; aA *Möller*, BauR 2005, 8, 13 f.
277  BGH v. 12.12.1989 – VI ZR 12/89, NJW-RR 1990, 280.

wurden und hinsichtlich derer zur Sicherung von Ansprüche des Kreditinstituts eine Hypothek oder eine Grundschuld auf dem zu bebauenden Grundstück eingetragen worden ist.[278]

Der lediglich **mit einem Teil des Baus beauftragte Unternehmer** (häufig ein Nach- oder Subunternehmer) ist entgegen der früheren Rechtsprechung des BGH[279] nun auch Empfänger von Baugeld, da der Baugeldbegriff durch § 1 Abs. 3 S. 1 Nr. 2 BauFordSiG erweitert wurde.

**Beispiel (in Anlehnung an BGH v. 16.12.1999 – VII ZR 39/99, BGH NJW 2000, 956):**
Bauhandwerker N wurde als Nachunternehmer der G-GmbH mit Elektroarbeiten an einer größeren Baustelle beauftragt. Die G-GmbH war wiederum vom Bauherrn nur mit einem Teil der Arbeiten an dieser Baustelle beauftragt worden. Die G-GmbH viel in Konkurs (heute Insolvenz). Der BGH wies die gegen den Geschäftsführer der G-GmbH gerichtete Schadensersatzklage des B ab, da nach seiner Auffassung der lediglich mit einem Teil des Baus beauftragte Unternehmer oder Subunternehmer nicht Empfänger vom Baugeld sein könne. Eine Erstreckung des Anwendungsbereichs auf diese Unternehmer hätte nach Ansicht des BGH den Inhalt des Gesetzes unzulässig erweitert und unter Berücksichtigung der Strafandrohung des § 5 GSB aF (heute § 2 BauFordSiG) gegen das zu beachtende Analogieverbot verstoßen. Entscheidend war hierbei auch der Gedanke, dass der lediglich mit einem Teil des Baus beauftragte Unternehmer nicht die Funktion eines Treuhänders haben könne, die wiederum die Rechtfertigung für eine Strafandrohung ist. Nach dem Wortlaut des § 1 Abs. 3 S. 1 Nr. 2 BauFordSiG kann es sich bei den Zahlungen des Bauherrn an die G-GmbH nun durchaus um Baugeld handeln. Damit wird der auch nur mit einem Teil des Bauvorhabens beauftragte Unternehmer Baugeldempfänger, so dass für dessen Geschäftsführer nun ein Haftungsrisiko nach § 823 Abs. 2 BGB iVm § 1 Abs. 3 S. 1 Nr. 2 BauFordSiG grundsätzlich besteht.

Das BauFordSiG ist vor allem dann von praktischer Bedeutung, wenn der Baugeldempfänger eine bankrotte GmbH ist. Macht ein Bauunternehmer in dieser Situation einen Schadensersatzanspruch gegen den Geschäftsführer aus § 823 Abs. 2 BGB iVm § 1 BauFordSiG geltend, geht er dabei auch das Risiko ein, dass er auch nach einem erfolgreichen Rechtsstreit kein Geld erhält, da der Geschäftsführer selbst kein Vermögen mehr hat. Verständlich ist daher der Gedanke, die zahlungskräftige Bank in Anspruch zu nehmen, bei der ein Baugeldempfänger sein Geschäftskonto hat, und die aufgrund ihrer Entscheidung zur Finanzierung des Bauvorhabens weiß, dass die von ihr verwalteten Gelder für die am Bau beteiligten Werkunternehmer gedacht sind.

Die **kontoführende Bank** eines Baugeldempfängers ist selbst aber nicht Empfängerin des Baugeldes, denn sie verwahrt nur das Geld und kann ohne eine diesbezügliche Anweisung des Kontoinhabers nicht über die eingehenden Gelder verfügen. Die kontoführende Bank wird auch dann nicht zur Baugeldempfängerin, wenn ihr der Anspruch auf Zahlung von Baugeld abgetreten wird.[280] Solange die Bank lediglich auf Anweisungen des Kontoinhabers Überweisungen ausführt, verstößt sie auch nicht gegen eine Baugeldverwendungspflicht. Die kontoführende Bank haftet aber (ausnahmsweise) aus § 823 Abs. 2 BGB iVm § 1 BauFordSiG, §§ 830 Abs. 1 und 2, 31 analog BGB, gegenüber Baugläubigern auf Schadensersatz, wenn auf Veranlassung eines Bankmitarbeiters

---

278 BGH, NJW 1986, 1105.
279 So BGH v. 16.12.1999 – VII ZR 39/99, NJW 2000, 956; zustimmend *Stammkötter*, GSB, § 1 Rn 12. Der BGH wurde für diese Entscheidung kritisiert von *Bruns*, Jahrbuch Baurecht 2001, S. 49, 62 f.
280 OLG Karlsruhe v. 30.10.2002 – 12 U 182/01, IBR 2004, 140; hierzu auch *J. Schmidt*, BauR 2001, 150, 153 mwN.

Baugeld zweckwidrig verwendet wird und dadurch eine Befriedigung der Baugläubiger nicht mehr möglich ist.[281]

**d) Zweckwidrige Verwendung**
**aa) Verwendungspflicht**

194 Der Baugeldempfänger wird durch § 1 Abs. 1 S. 1 BauFordSiG verpflichtet, Baugeld nur zu Befriedigung solcher Personen zu verwenden, die an der Herstellung des Baues aufgrund eines Werk-, Dienst- oder Kaufvertrag beteiligt sind. Aus § 1 Abs. 1 S. 2 BauFordSiG ergibt sich, dass eine anderweitige Verwendung des Baugeldes nur dann statthaft ist, wenn die eben genannten Gläubiger aus anderen Mittel befriedigt wurden. Eine **zweckwidrige Verwendung** des Baugeldes liegt typischerweise vor, wenn das Baugeld für Verbindlichkeiten aus früheren Bauvorhaben oder zu persönlichen Zwecken verbraucht wird. Eine **ordnungsgemäße Verwendung** des Baugeldes ist demgegenüber dann gegeben, wenn das gesamte Baugeld an Personen gezahlt wurde, die dem Schutzbereich des BauFordSiG unterliegen. Reicht das Baugeld nicht aus, um die Werklohnforderungen aller Bauhandwerker zu bedienen, so sind die Anforderungen des BauFordSiG auch dann erfüllt, wenn das Baugeld vollständig an die Baubeteiligten ausgezahlt wird, aber einzelne Werkunternehmer leer ausgehen. Das BauFordSiG schützt nicht vor **unterfinanzierten Bauvorhaben**.[282]

195 Die Verwendungspflicht verlangt von einem Baugeldempfänger, das Baugeld bei einer sich abzeichnenden Pfändung der Geschäftskonten durch Überweisung auf ein **Treuhandkonto** vor dem Zugriff Dritter zu schützen.[283] Die Meinungen über die Wirksamkeit einer Pfändung von Baugeld gehen allerdings auseinander. Nach zutreffender Ansicht darf Baugeld vom Empfänger nur zur Befriedigung solcher Personen verwenden werden, die an der Herstellung des Baus beteiligt sind. Der Anspruch auf Auszahlung dieser Gelder ist aufgrund der Zweckbindung nur für Baugläubiger pfändbar. Diese Zweckbindung gilt auch gegenüber dem Insolvenzverwalter.[284]

**bb) Reihenfolge der Baugeldverwendung**

196 Eine **bestimmte Reihenfolge** der Baugeldverwendung wird ebenso wenig vorgeschrieben, wie eine anteilige Auszahlung an alle Baubeteiligten.[285] Die Verwendungspflicht des § 1 Abs. 1 S. 1 BauFordSiG besteht für das gesamte Baugeld ohne Rücksicht darauf, in welchem Bauabschnitt es an den Baugeldempfänger ausgezahlt wurde. Die Auszahlung von Geldbeträgen nach Maßgabe des Fortschreitens des Baus begründet nach § 1 Abs. 3 S. 2 BauFordSiG nur die widerlegbare Vermutung dafür, dass es sich überhaupt um Baugeld handelt. Eine dahingehende Beschränkung der Verwendungspflicht, dass die in den Bauabschnitten zu zahlenden Raten nur für die Baugläubiger vorgesehen sind, die in diesen Abschnitten ihre Leistungen erbracht hatten, ist nach dem Gesetz nicht vorgesehen. Eine bestimmte Rangfolge kann sich allerdings aus dem **Kreditver-**

---

281 So die Entscheidung des LG Bielefeld v. 30.10.2001 – 2 O 650/99, BauR 2003, 398.
282 Hierzu *Hagenloch*, GSB, Rn 108.
283 BGH v. 13.10.1987 – VI ZR 270/86, NJW 1988, 263; Im Gegensatz dazu soll nach *Schulze-Hagen*, NJW 1986, 2403, 2407, bei einer Pfändung keine zweckwidrige Baugeldverwendung vorliegen. Dies berücksichtigt allerdings nicht die Verpflichtung des Geschäftsführers, eine solche Pfändung zu verhindern.
284 So Hierzu *Heidland*, Der Bauvertrag in der Insolvenz, Rn 437.
285 BGH v. 6.6.1986 – VI ZR 281/88, NJW-RR 1989, 1045.

A. Geschäftsführer

trag ergeben, mit dem das Baugeld gewährt wurde. Insoweit kann durch eine Vereinbarung zwischen Kreditnehmer und Kreditgeber die Zweckbestimmung des § 1 Abs. 1 S. 1 BauFordSiG näher konkretisiert werden.[286]

Allerdings muss die Reihenfolge zwischen den Parteien des Kreditvertrages vereinbart werden. Spätere Vereinbarungen zwischen dem ursprünglichen Baugeldempfänger und einem ihm nachfolgenden Baugeldempfänger können die Verwendungspflicht nicht einschränken. 197

**Beispiel (nach BGH v. 6.6.1986 – VI ZR 281/88, NJW-RR 1989, 1045, 1047):** 198
Zwischen dem Auftraggeber und dem Generalunternehmer G-GmbH wird ein bestimmter Zahlungsplan vereinbart. Dieser sieht vor, dass für die Errichtung des Rohbaus und weiterer Arbeiten in diesem Bauabschnitt ein Betrag von 100.000,- EUR zu zahlen sei. Nachdem die G-GmbH 100.000,- EUR erhalten hatte, zahlte sie dieses Geld an die Nachunternehmer aus, die mit der Erstellung des Rohbaus beschäftigt waren. Allerdings wurde die Werklohnforderung eines Nachunternehmers (N-GmbH) nur zum Teil erfüllt. Er hat noch eine weitere offene Werklohnforderung von 5.000 EUR. Wenn der Auftraggeber nun für den nächsten Bauabschnitt Baugeld an die G-GmbH zahlt, ohne dass dieses Geld zweckentsprechend verwendet wird, hat auch die N-GmbH einen Schadensersatzanspruch gegen den Geschäftsführer der G-GmbH wegen der zweckwidrigen Baugeldverwendung. Der Geschäftsführer kann nicht einwenden, dass auf die zweckentsprechende Verwendung jeder einzelnen Rate abzustellen sei und er die 100.000,- EUR wie vereinbart ausgegeben habe, denn die Vereinbarung erfolgte zwischen dem Auftraggeber und der GU-GmbH als Auftragnehmer. Demgegenüber könnte sich der Geschäftsführer auf eine diesbezügliche Vereinbarung zwischen Auftraggeber und dessen Bank berufen.

#### cc) Mischfinanzierung

Bauvorhaben werden nicht ausschließlich durch Baugeld finanziert. Oft werden von dem Bauherrn auch eigene Mittel verwendet. Möglich ist es auch, dass der Kredit durch eine Bürgschaft abgesichert wird oder aber ein Grundpfandrecht an einem anderen als dem zu bebauenden Grundstück bestellt wird. Bei einer solchen **Mischfinanzierung** war der Baugeldempfänger nach früherem Recht verpflichtet, zuerst die Eigenmittel zu verwenden, bevor er auf das Baugeld zugreift.[287] Dies gilt zumindest nicht mehr in den Konstellationen, in denen auch die Eigenmittel einer Baugeldverwendungspflicht unterliegen. 199

#### dd) Eigenleistung des Baugeldempfängers

Eine besondere Regelung für die Baugeldverwendung ist bei den **Eigenleistungen des Baugeldempfängers** zu beachten. Wenn der Baugeldempfänger nämlich selbst an der Herstellung des Baues beteiligt ist, darf er nach § 1 Abs. 2 BauFordSiG das Baugeld in Höhe der Hälfte des angemessenen Wertes der von ihm in dem Bau verwendeten Leistung, oder, wenn seine Leistung noch nicht in dem Bau verwendet worden ist, der von ihm geleisteten Arbeit und der von ihm gemachten Auslagen für sich behalten. Diese Regelung trägt den widerstreitenden Interessen des Baugeldempfängers, der selbst Bauleistungen erbringt, und der übrigen Baubeteiligten Rechnung. Wäre dieser Baugeldempfänger berechtigt, seinen gesamten Werklohn unabhängig von dem objektiven Wert seiner Leistung einzubehalten, könnte er durch dieses Entnahmerecht seine For- 200

---

[286] BGH v. 6.6.1986 – VI ZR 281/88, NJW-RR 1989, 1045; BGH v. 13. 12.1988 – VI ZR 260/99, NJW-RR 1989, 788, 789; zusammenfassend *Stammkötter*, BauR 1998, 954, 958.
[287] Wie hier OLG Düsseldorf v. 12.7.1996 – 22 U 266/95, NJW-RR 1996, 1363, 1364; *Stammkötter*, GSB, § 1 Rn 7, 75; *Hagenloch*, GSB, Rn 45.

derungen vorweg auf Kosten der übrigen Beteiligten befriedigen.[288] Der Baugeldempfänger kann in den Grenzen des § 1 Abs. 2 BauFordSiG für eigene Leistungen in Höhe der Hälfte ihres angemessenen Wertes verwenden. Diese Möglichkeit hat der Baugeldempfänger auch dann, wenn er die Leistungen erbracht hat, bevor Baugeld geflossen ist.[289]

201 Um zu vermeiden, dass sich der Baugeldempfänger wegen seiner Eigenleistungen vorrangig bedient, wendet die Rechtsprechung die in § 1 Abs. 2 BauFordSiG enthaltene Einschränkung auf jede einzelne **Rate** an, die der Baugeldempfänger enthält. Das bedeutet, dass der bei der Herstellung beteiligte Baugeldempfänger von der jeweiligen Rate einen seiner Leistung angemessenen Betrag zur Hälfte für sich vereinnahmen darf und er sodann die anderen Baugläubiger bedienen muss, die für den Bauabschnitt, für den die Rate bestimmt war, Leistungen erbracht haben.[290] In diesem Zusammenhang darf nicht übersehen werden, dass die Rechtsprechung lediglich die Anwendung des § 1 Abs. 2 BauFordSiG durch den Baugeldempfänger auf eine bestimmte Rate beschränkt. Die Verwendungspflicht des § 1 Abs. 1 S. 1 BauFordSiG erstreckt sich auf sämtliches an den Baugeldempfänger gezahltes Baugeld ohne Rücksicht darauf, in welchem Bauabschnitt es gezahlt worden ist. Die Verwendungspflicht schützt grundsätzlich alle Baugläubiger ohne Rücksicht auf die Zuordnung einer bestimmten Zahlungsrate.[291]

### e) Baugläubiger
#### aa) Vertragspartner

202 Die Baugelder sind an die Baugläubiger zu zahlen. Dies sind alle Personen, die an der Herstellung des Baues aufgrund eines Werk-, Dienst- oder Kaufvertrags beteiligt sind (§ 1 Abs. 1 S. 1 BauFordSiG). In einer Kette von **Generalübernehmer, Generalunternehmer, Subunternehmer, Baustofflieferanten** können sämtliche Beteiligte Baugläubiger sein, sofern ihr unmittelbarer Vertragspartner Baugeldempfänger ist.[292] Sie sind grundsätzlich alle an der Herstellung des Baues aufgrund eines Werk-, Dienst- oder Kaufvertrags beteiligt und können, sofern es sich bei dem vertraglich gebundenen Baugeldempfänger um eine GmbH handelt, gegen deren Geschäftsführer einen Anspruch aus § 823 Abs. 2 BGB iVm § 1 BauFordSiG geltend machen.[293]

#### bb) Herstellung eines Baus

203 Nach der Rechtsprechung des VI. Zivilsenats des BGH sollen nur solche Leistungen der in § 1 Abs. 1 BauFordSiG erwähnten **Herstellung eines Baus** dienen, die sich auf **wesentliche Bestandteile** des Gebäudes iSd §§ 93, 94 BGB beziehen.[294]

---

288 Hierzu OLG Dresden v. 13.9.2001 – 19 U 346/01, BauR 2002, 486.
289 BGH v. 8.1.1991 – VI ZR 108/90, NJW-RR 1991, 728, 729.
290 BGH v. 6.6.1986 – VI ZR 281/88, NJW-RR 1989, 1045.
291 Hierzu BGH v. 12.12.1989 – VI ZR 311/88, NJW-RR 1990, 914; *Koppmann*, in Hofmann/Koppmann, Bauhandwerkersicherung, S. 266 f.
292 Hierzu Ingenstau/Korbion/*Joussen*, VOB, Anhang 2 Rn 232.
293 Vgl *Schulze-Hagen*, NJW 1986, 2403, 2405. Da das BauFordSiG auch den Dienstvertrag erwähnt, können sich grundsätzlich auch Arbeitnehmer darauf berufen. Wegen deren Absicherung durch das Insolvenzausfallgeld dürfte eine Schadensersatzklage gegen den Geschäftsführer ihres Arbeitgebers eher ausgeschlossen sein. Zu den Arbeitnehmern als Baugläubiger s. auch *Hagenloch*, GSB, Rn 264 f.
294 BGH v. 12.12.1989 – VI ZR 311/88, NJW-RR 1990, 914, 915. Zustimmend *Bruns*, Jahrbuch Baurecht 2001, S. 49, 55; Ingenstau/Korbion/*Joussen*, VOB, Anhang 2 Rn 232.

Allerdings ist es auch mit dem Wortlaut des BauFordSiG durchaus zu vereinbaren, solche Unternehmen in den Schutzbereich dieses Gesetzes einzubeziehen, die mit ihrer Leistung zur Herstellung des Baus beigetragen haben, ohne dabei ihr Eigentum an den Materialien zu verlieren.[295] Die Baumaßnahme muss nicht in die Bausubstanz eingreifen und eine weitgehende Umgestaltung des Bauwerks bewirken. Erforderlich ist allerdings, dass der Unternehmer einen **unmittelbar** der Errichtung des Baus zukommenden Beitrag geleistet hat. Für die Frage der Unmittelbarkeit können in diesem Zusammenhang die für die Parallelproblematik der Anerkennung als Bauwerkunternehmer bei der Auslegung des § 648 BGB herausgearbeiteten Kriterien entsprechend herangezogen werden. Nach § 648 BGB haben nur diejenigen Personen einen Anspruch auf Eintragung einer Bauhandwerkersicherungshypothek, die dazu beitragen, das Bauwerk in Bezug auf seinen bestimmungsgemäßen Bestand ganz oder in seinen Teilen zu errichten, zu ergänzen oder zu ändern. Die Bauleistung muss hierbei in eine so enge Beziehung zu dem Grundstück gelangt sein, dass dessen Wert hierdurch gestiegen ist. Das ist bei dem alleinigen Aufbauen von Baugerüsten zB nicht der Fall, so dass Gerüstbauer grundsätzlich nicht als Baugeldempfänger anzusehen sind.[296]

204

**f) Schaden**

**aa) Forderungsausfall**

Voraussetzung für einen Schaden ist, dass der Baugläubiger mit seiner fälligen Forderung gegen den Baugeldempfänger ausgefallen ist. Er muss in diesem Zusammenhang also darlegen, dass seine Forderung nicht erfüllt wurde und auch nicht erfüllt werden kann. In den meisten veröffentlichten Entscheidungen wird der Geschäftsführer wegen einer zweckwidrigen Baugeldverwendung erst dann in Anspruch genommen, wenn ein **Insolvenzantrag** über das Vermögen des betreffenden Baugeldempfängers gestellt wurde. In einer solchen Konstellation liegt es auf der Hand, dass der Baugeldgläubiger geschädigt ist. Das OLG Dresden hatte über einen Fall zu entscheiden, in dem der Baugläubiger ein Insolvenzverfahren nicht abwarten wollte und eine Schadensersatzklage gegen den Geschäftsführer einreichte, obwohl zu diesem Zeitpunkt noch nicht klar war, ob der Baugeldempfänger zahlungsunfähig war.[297] Die Klage wurde abgewiesen. Auch wenn man der Entscheidung im Ergebnis zustimmen kann, erscheint es sachgerecht, einen Schaden des Baugeldgläubigers bereits anzunehmen, wenn ein **Zwangsvollstreckungsversuch** gegen den Baugeldempfänger erfolglos war.[298]

205

**bb) Umfang des Schadensersatzanspruchs**

Wie auch bei der Insolvenzverschleppungshaftung sind die Kosten einer **erfolglosen Rechtsverfolgung** gegen den Baugeldgläubiger erstattungsfähig.[299] Der **Umsatzsteuer-**

206

---

295 So *Kniffka/Koeble*, Kompendium des Baurechts, 7. Teil, Rn 54, die auch den Einbau einer individuellen Einbauküche und das Verlegen eines neuen Teppichs in einen Altbau entgegen der Rechtsprechung des VI. Senats als Herstellung eines Baues im Sinne des BauFordSiG ansehen.
296 Hierzu OLG Hamburg v. 20.8.1993 – 11 U 82/92, BauR 1994, 123 mwN. Sofern die Aufstellung des Gerüstes als Vorbereitungsmaßnahme Bestandteil eines einheitlichen Pauschalvertrages erfasst war, ist der Anwendungsbereich des BauFordSiG auch nach Ansicht des OLG Hamburg eröffnet.
297 OLG Dresden v. 10.7.2002 – 6 U 434/02, BauR 2002, 1871, 1872.
298 Ähnlich auch *Stammkötter*, GSB, § 1 Rn 66 a.
299 BGH v. 12.12.1989 – VI ZR 12/89, NJW-RR 1990, 280, 281; OLG Dresden v. 13.9.2001 – 19 U 346/01, BauR 2002, 486, 489; aA *Stammkötter*, GSB, § 1 Rn 103.

anteil des Vergütungsanspruchs ist jedoch nicht Gegenstand dieses Schadensersatzanspruchs.[300]

#### cc) Insolvenzanfechtung

207 Wie auch bei der Haftung des Geschäftsführers wegen der Nichtabführung von Sozialversicherungsbeiträgen sowie der Haftung nach § 69 AO stellt sich auch bei der Baugeldhaftung die Frage, ob sich der Geschäftsführer gegen eine Inanspruchnahme mit dem Einwand verteidigen kann, dass die unterlassenen Zahlungen für ein Schaden nicht kausal waren, denn etwaige Zahlungen hätte der Insolvenzverwalter anfechten können.[301]

208 Dieser Einwand kann jedenfalls nur dann durchgreifen, wenn ein Insolvenzverwalter überhaupt die Verwendung von Baugeld anfechten kann. Dies wird in der Rechtsprechung und im Schrifttum überwiegend bejaht.[302] Die Zahlung von Baugeld ist eine Rechtshandlung, die die Insolvenzgläubiger nach § 129 InsO benachteiligt. Weder dem Wortlaut der InsO noch des BauFordSiG ist ein Hinweis zu entnehmen, dass das Baugeld nicht zum Vermögen des Schuldners (Baugeldempfänger) zählen soll. Im Gegensatz zu Treuhandverhältnissen oder sonstigen Aus- und Absonderungsrechten begründet die Baugeldverwendungspflicht keine rechtliche Zuordnung des Baugelds zu einem bestimmten Baugläubiger, weil der Baugeldempfänger frei darüber entscheiden könne, welchen Baugläubiger er in welcher Höhe und in welcher Reihenfolge er mehrere Baugläubiger befriedigt.[303] Die Baugeldeigenschaft haftet dem Baugeld daher nur als unselbständige Verhaltenspflicht an.[304] Nun mag es zunächst befremdlich sein, wenn Geld, das im Einklang mit § 1 Abs. 1 S. 1 BauFordSiG verwendet wird, über die Insolvenzanfechtung in die Masse zurückgelangt, um es dann auch an Nicht-Baugläubiger auszuzahlen. Nach § 1 Abs. 1 S. 1 BauFordSiG besteht aber lediglich eine Pflicht des Baugeldempfängers, das Baugeld nur den Baugläubigern zuzuwenden. Dieser Pflicht steht eben kein Recht des Baugläubigers auf vorzugsweise Befriedigung gegenüber. Die Zweckbindung geht daher nicht so weit, dass das Baugeld zu einem Sondervermögen wird. Wenn der Gesetzgeber gewollt hätte, dass das Baugeld in der Insolvenz des Baugeldempfängers nicht zur Insolvenzmasse gehören soll, hätte er – wie in § 35 Abs. 1 S. 1 Hypothekenbankgesetz[305] geschehen – eine ausdrückliche Regelung im BauFordSiG aufnehmen müssen.

209 Bei der Nichtabführung von Sozialversicherungsbeiträgen kann ein Schaden der Krankenkassen zu verneinen sein, wenn die Zahlung im Insolvenzverfahren erfolgreich angefochten wäre.[306] Würde dieses Ergebnis auch bei der zweckwidrigen Baugeldver-

---

300 Hierzu *Bruns/Rensing*, NZBau 2001, 670, 671.
301 So für die Haftung aus § 823 Abs. 2 BGB iVm § 266a StGB s. BGH v. 14.11.2001 – VI ZR 149/99, NJW 2001, 967; BGH v. 18.4.2005 – II ZR 61/03, NJW 2546.
302 OLG Hamm, Urt. v. 12.12.2006 – 27 U 98/06, BauR 2007, 331. *Heidland*, Der Bauvertrag in der Insolvenz von Auftraggeber und Auftragnehmer, Rn 437; vgl auch *Stammkötter*, GSB, § 1 Rn 268; aA *Kirchhof* in MünchKommInsO, § 129 Rn 106.
303 Vgl hierzu BGH v. 12.12.1989 – VI ZR 311/88, NJW-RR 1990, 914; *BGH* v. 11.4.2991 – 3 StR 456/00, NJW 2001, 2484, 2485.
304 So auch *Hagenloch*, Handbuch zum Gesetz über die Sicherung von Bauforderungen (1991), Rn 62 ff 78.
305 Wenn über das Vermögen einer Hypothekenbank das Insolvenzverfahren eröffnet wird, fallen die im Hypothekenregister eingetragenen Werte nach § 35 I 1 Hypothekenbankgesetz nicht in die Insolvenzmasse.
306 BGH v. 14.11.2001 – VI ZR 149/99, NJW 2001, 967.

wendung gelten, könnte sich der Geschäftsführer mit dem Einwand verteidigen, dass im Anfechtungszeitraum (in Betracht kommen regelmäßig nur die letzten drei Monate vor dem Insolvenzantrag) zwar noch Baugeld vorhanden war, ein Unterlassen der zweckgemäßen Weiterleitung aber nicht zu einem Schaden geführt hat, da der Baugläubiger das erhaltene Geld als Folge einer Insolvenzanfechtung hätte zurückerstatten müssen. Dieser Einwand kann regelmäßig nur bei einer Eröffnung des Insolvenzverfahrens und nur gegenüber Baugläubigern erhoben werden, die einen Vollstreckungstitel haben und einer Insolvenzanfechtung nach § 131 InsO ausgesetzt sind.

Der BGH hat bei der Haftung wegen der Nichtabführung von Sozialversicherungsbeiträgen die spätere Insolvenzanfechtung als eine Reserveursache berücksichtigt, ohne seine Erwägungen näher zu erläutern.[307] Dies entspricht dem allgemeinen Trend, in den Urteilsgründen grundsätzliche Stellungnahmen über die Beachtlichkeit hypothetischer Kausalverläufe zu vermeiden und einzelne Fälle mehr apodiktisch zu entscheiden.[308] Die Rechtsprechung enthält deshalb keinen Hinweis für das Zusammenspiel von Insolvenzanfechtung und Baugeldhaftung. 210

Der Einwand, ein Baugläubiger hätte das erhaltene Baugeld wieder zurückzahlen müssen, stellt sich schadensrechtlich als Einwand unter dem Aspekt des rechtmäßigen Alternativverhaltens dar. Hierbei wendet der Schädigende ein, der rechtswidrig verursachte Schaden (keine Weiterleitung des Baugelds) wäre nämlich auch durch ein rechtmäßiges Verhalten (Weiterleitung und anschließende Insolvenzanfechtung) entstanden.[309] Ob und unter welchen Voraussetzungen der Einwand des rechtmäßigen Alternativverhaltens einem Schadensersatzanspruch entgegengesetzt werden kann, hängt vom Schutzzweck der jeweils verletzten Norm ab.[310] Im Gegensatz zur Strafnorm des § 266a StGB wird in § 2 BauFordSiG das Insolvenzverfahren ausdrücklich erwähnt: Baugeldempfänger, welche ihre Zahlungen eingestellt haben oder über deren Vermögen das Insolvenzverfahren eröffnet worden ist und deren in § 1 Abs. 1 BauFordSiG bezeichneten Gläubiger zur Zeit der Zahlungseinstellung oder der Eröffnung des Insolvenzverfahrens benachteiligt sind, werden mit Freiheitsstrafe bis zu fünf Jahren oder mit Geldstrafe bestraft, wenn sie zum Nachteil der bezeichneten Gläubiger den Vorschriften des § 1 BauFordSiG zuwider gehandelt haben. Der Schutzzweck des BauFordSiG ist gerade auf die Insolvenz eines Baugeldempfängers zugeschnitten. Es wäre mit diesem Schutzzweck nicht vereinbar, wenn der Baugeldempfänger sich auf eine mögliche Insolvenzanfechtung berufen könnte und auf diese Weise genau der Schadensersatzanspruch ausgeschlossen wird, mit dem das BauFordSiG nicht befriedigte Baugläubiger schützen möchte. Anders als bei der Haftung aus § 823 Abs. 2 BGB iVm § 266a StGB sind bei der Baugeldhaftung der Einwand eines rechtmäßigen Alternativverhaltens und etwaige Anfechtungsmöglichkeiten des Insolvenzverwalters nicht zu berücksichtigen. 211

---

307 BGH v. 14.11.2001 – VI ZR 149/99, NJW 2001, 967; BGH v. 18.4.2005 – II ZR 61/03, NJW 2546, vgl. A. Schmidt, BGH EWiR § 266a StGB 1/01, 186.
308 Oetker in MünchKomm, § 249 Rn 203.
309 Hierzu OLG Dresden v. 16.1.2003 – 7 U 1167/03, NZI 2003, 375; s. auch Oetker in MünchKomm, BGB, § 249 Rn215; Staudinger/Schiemann, BGB, § 249 Rn 108.
310 BGH v. 24.10.1985 – IX ZR 91/84, NJW 1986, 576, 579.

## § 7 Haftung

### g) Verschulden

212 Für den Schadensersatzanspruch aus § 823 Abs. 2 BGB iVm § 1 Abs. 1 BauFordSiG ist eine schuldhafte und damit vorsätzliche Verletzung der Baugeldverwendungspflicht erforderlich. Dabei genügt bedingter Vorsatz. Es ist deshalb erforderlich, dass der für die Verwendung des Baugeldes Verantwortliche (der GmbH-Geschäftsführer des Baugeldempfängers) entweder wusste, dass die erhaltenen Gelder aus einem zur Bestreitung der Baukosten gewährten sowie grundpfandrechtlich abgesicherten Darlehen stammten oder er dies zumindest für möglich hielt und einen Verstoß gegen die Verwendungspflicht billigend in Kauf nahm oder sich zumindest damit abfand.

### h) Verjährung

213 Der Schadensersatzanspruch aus § 823 Abs. 2 iVm § 1 Abs. 1 BauFordSiG verjährt nach §§ 195, 199 BGB in drei Jahren. Die Verjährungsfrist beginnt mir dem Schluss des Jahres, in dem der Anspruch entstanden ist und der Baugläubiger von den anspruchsbegründenden Umständen und der Person des verantwortlichen Geschäftsführers Kenntnis erlangt oder ohne grobe Fahrlässigkeit erlangen müsste. Das ist spätestens der Fall, wenn der Baugeldempfänger versucht, sich in einer Weise seiner Zahlungsverpflichtung zu entziehen, die für den Baugläubiger erkennbar ist.[311] Wenn Rechnungen von dem Baugeldempfänger nicht mehr bezahlt werden und die anschließenden Vollstreckungsversuche erfolglos sind, liegt aus Sicht des Baugläubigers die Annahme einer zweckwidrigen Verwendung der Baugelder nahe, so dass die Verjährung mit Schluss des Jahres beginnt, in dem die fruchtlose Vollstreckung erfolgte.

## B. Gesellschafter

214 Die begriffsbildende Vorschrift für die Gesellschaft mit beschränkter Haftung befindet sich in § 13 Abs. 2 GmbHG. Dort ist geregelt, dass die GmbH für ihre Verbindlichkeiten nur bis zur Höhe ihres Vermögens haftet. Den Gesellschaftsgläubigern ist damit ein Zugriff auf das Privatvermögen der Gesellschafter verwehrt. Diese Haftungsbeschränkung soll gerade Unternehmern die Möglichkeit eröffnen, eine wirtschaftliche Tätigkeit mit einem begrenzten persönlichen Risiko auszuüben. Dies ist für eine Volkswirtschaft, die letztlich nur von Unternehmern leben kann, besonders wichtig. Auch deshalb nimmt es die Rechtsordnung bewusst in Kauf, dass die Gläubiger einen Teil des wirtschaftlichen Risikos des Unternehmens tragen. Es verwirklicht sich, wenn Gläubiger ihre Forderungen gegen die GmbH nicht durchsetzen können.[312]

215 Im GmbH-Recht gibt es in Ausnahmefällen eine Haftung der Gesellschafter. Sie ist eng umrissen und häufig eine Reaktion der Rechtsprechung[313] oder der Gesetzgebung[314] auf eine missbräuchliche Verwendung der GmbH. Bildlich gesprochen sollen die Gesellschafter dann zur Verantwortung gezogen werden können, wenn sie den Haftungsschirm des § 13 Abs. 2 GmbHG nur aufgespannt haben, um die Gesellschaftsgläubiger

---

311 *Bruns*, Jahrbuch Baurecht 2001, S. 49, 86.
312 Hierzu *Haas*, WM 2003, 1929, 1930; *Röhricht*, FS BGH, 2000, S. 83, 98.
313 So die Rechtsprechung zum Existenzvernichtenden Eingriff, s. BGH v. 24.6.2002 – II ZR 300/00, NJW 2002, 3024.
314 So die Insolvenzverschleppungshaftung der Gesellschafter nach § 823 Abs. 2 BGB iVm § 15 a Abs. 3 InsO, *Hirte*, ZInsO 2003, 833, 838.

im Regen stehen zu lassen. Auch bei den Gesellschaftern ist zwischen der Innen- und der Außenhaftung zu differenzieren.

## I. Innenhaftung

Neben der Ausfallhaftung für die rückständigen Einlagen eines Mitgesellschafters und der Haftung nach § 31 Abs. 3 GmbHG kann eine GmbH vor allem einen Haftungsanspruch gegen einen Gesellschafter nach der Rechtsprechung zum **existenzvernichtenden Eingriff** haben (hierzu sogleich unter Rn 217 ff). Hinzugekommen durch das MoMiG ist die Innenhaftung der Gesellschafter, die vorsätzlich oder grob fahrlässig einer Person, die aufgrund eines Bestellungshindernisses nicht Geschäftsführer sein kann, die Führung der Geschäfte überlassen haben (vgl § 6 Abs. 5 GmbHG, hierzu nachfolgend unter Rn 252 ff).

216

### 1. Existenzvernichtender Eingriff

#### a) Grundstruktur

Bei einem existenzvernichtenden Eingriff geht es im Wesentlichen um die Frage, ob und unter welchen Voraussetzungen Gesellschafter trotz des § 13 Abs. 2 GmbHG persönlich haften sollen, wenn ihr Handeln in einem direkten Zusammenhang zur späteren Zahlungsunfähigkeit der GmbH steht. Diese Frage stellt sich insbesondere, wenn das Insolvenzverfahren über eine „ausgeblutete" GmbH mangels Masse abgewiesen wird, die Gesellschafter von den zur Seite geschafften Vermögensgegenständen profitieren und die Gläubiger der insolventen GmbH leer ausgehen.

217

Der existenzvernichtende Eingriff ist Richterrecht. Bevor seine Voraussetzungen und Folgen erklärt werden, ist es für das Verständnis notwendig, kurz auf die Hintergründe dieser noch jungen Rechtsprechung einzugehen. Am Anfang steht der **lückenhafte Gläubigerschutz** im GmbH-Recht. Der BGH versuchte diese Lücke zunächst mit **konzernrechtlichen Haftungstatbeständen** zu füllen. Er entwickelte in seiner Entscheidung vom 24.6.2002 (dem sog. „KBV-Urteil") eine **gesellschaftsrechtliche Durchgriffshaftung**, die er aber bereits 5 Jahre später mit seinem Urteil vom 16.7.2007 („Trihotel") aufgab. Gesellschafter haften bei einem existenzvernichtenden Eingriff im Innenverhältnis nun ausschließlich nach **Deliktsrecht** und somit über § 826 BGB.[315]

218

#### aa) Lückenhafter Gläubigerschutz

Der Gläubigerschutz bei einer GmbH basiert zunächst auf der Haftung des Geschäftsführers (zB § 64 GmbHG) und den Haftungstatbeständen der Kapitalerhaltung (§§ 30, 31 GmbHG, § 43 Abs. 3 GmbHG). Die Geschäftsführerhaftung stößt allerdings dort an ihre Grenzen, wo der Geschäftsführer im Einverständnis mit den Gesellschaftern gehandelt hat, und beschränkt sich damit auf die Haftung wegen Insolvenzverschleppung (nun § 823 Abs. 2 BGB iVm § 15 a InsO). Auch die Regelungen zur Kapitalerhaltung erfassen nicht alle haftungsrelevanten Sachverhalte. Durch § 30 Abs. 1 S. 1 GmbHG wird lediglich untersagt, dass zur Erhaltung des Stammkapitals erforderliche Vermögen an die Gesellschafter ausgezahlt wird. Der Entzug von Liquidität ist

219

---

315 Die Entwicklung in der Rechtsprechung verlief nicht sonderlich geradlinig, wie *Habersack*, ZGR 2008, S. 533, 546, zutreffend hervorhebt.

nach dieser Vorschrift aber auch dann nicht verboten, wenn absehbar ist, dass die GmbH wegen der noch nicht zu bilanzierenden Verbindlichkeiten aus Dauerschuldverhältnissen (Mietverträge, Lohnzahlungen an die Arbeitnehmer) bald überschuldet sein wird.[316] Die Entnahme wichtiger Produktionsgüter wird wegen der in § 30 Abs. 1 GmbHG maßgeblichen bilanziellen Bewertung der Vermögensgegenstände lediglich mit den abgeschriebenen Anschaffungskosten erfasst, ohne dass deren Bedeutung für den Fortbestand des Unternehmens eine Rolle spielt. Die Entnahme des grundsätzlich nicht zu bilanzierenden Kundestammes wird ebenso wenig durch § 30 Abs. 1 GmbHG verboten wie der Entzug eines Betätigungsfeldes der GmbH (statt der ursprünglichen GmbH erhält nun die Auffanggesellschaft die lukrativen Aufträge).[317] Sofern Vermögensverschiebungen von § 30 Abs. 1 GmbHG erfasst werden, begründen sie lediglich einen Anspruch der GmbH gegen ihren Gesellschafter aus § 31 Abs. 1 GmbHG. Diese Innenhaftung wird von einem Insolvenzverwalter gerne dazu benutzt, einen Gesellschafter in die Haftung zu nehmen. In der masselosen Insolvenz können Gesellschaftsgläubiger diesen Anspruch allerdings nur selten durchsetzen.[318]

**bb) Konzernhaftung**

220 Der BGH wollte diese Lücke zunächst mit seiner Rechtsprechung zur Haftung im **qualifiziert faktischen Konzern** schließen[319] Hierbei wollte er vor allem eine Lösung für die sog. „Konzerngefahr" entwickeln, die darin besteht, dass ein Gesellschafter seine unternehmerischen Interessen in mehreren Gesellschaften verwirklicht und Entscheidungen trifft, die ihm zwar insgesamt nützen, die aber mit Nachteilen für zumindest eine GmbH – der sog. „Aschenputtel-GmbH" – verbunden sind.[320]

221 Für diese Gefährdungslage gibt es im Aktienrecht umfangreiche Schutzvorschriften (§§ 219 ff; 311 ff AktG), deren analoge Anwendung nach der BGH-Rechtsprechung im Ergebnis darauf hinausliefen, dass der herrschende Unternehmer-Gesellschafter bei einem Zusammenbruch der GmbH für deren Verluste persönlich einzustehen hat, wenn er seine Konzernleitungsmacht in einer Weise ausübt, die keine angemessene Rücksicht auf die eigenen Belange der GmbH nimmt, und sich der zugefügte Nachteil nicht durch Einzelausgleichsmaßnahmen kompensieren lässt.[321] Der BGH hat sich von der Rechtsfigur des qualifiziert faktischen Konzerns verabschiedet und die sich anbahnende Änderung in zwei Gerichtsentscheidungen angekündigt[322] Ausgangspunkt dieser Rechtsprechungsänderung dürfte wohl die Einsicht gewesen sein, dass die Vorschriften des aktienrechtlichen Vertragskonzerns nicht analogiefähig sind, und dass es sich hier um

---

316 Vgl hierzu das Beispiel von *Lutter/Hommelhoff* in Lutter/Hommelhoff, GmbHG, § 13 Rn 16.
317 Ausführlich *Röhricht*, FS BGH, 2000, S. 83, 93 ff und *Bitter*, WM 2001, 2133, 2135 f; zusammenfassend *Benecke*, BB 2003, 1190, 1191.
318 Hierzu *Haas*, WM 2003, 1929, 1935; *Burgard*, ZIP 2002, 1578, 1580.
319 BGH v. 16.9.1985 – II ZR 275/84, NJW 1986, 188 („Autokran"); BGH v. 23.9.1991 – II ZR 135/90, NJW 1991, 3142 („Video"); BGH v. 29.3.1993 – II ZR 265/91, NJW 1993, 1200 („TBB"); zusammenfassend *Goette*, GmbH, § 9 Rn 11 bis 22.
320 Hierzu *Röhricht*, FS BGH, 2000, S. 83, 85.
321 Vgl BGH v. 29.3.1993 – II ZR 265/91, NJW 1993, 1200; hierzu Henze, NZG 2003, 649, 654; die bisweilen sehr turbulente Rechtsprechung wird anschaulich und amüsant von *K. Schmidt* in NJW 2001, 3577, 3578 zusammengefasst.
322 BGH v. 17.9.2001 – II ZR 178/99, NJW 2001, 3622 („Bremer Vulkan"); BGH v. 25.2.2002 – II ZR 196/00, NJW 2002, 1803.

ein allgemeines Problem der Kapitalgesellschaften handelt, für das es einen allgemeinen Lösungsansatz geben muss.³²³

### cc) Gesellschaftsrechtliche Durchgriffshaftung („KBV")

Der BGH entwickelte eine gesellschaftsrechtliche Durchgriffshaftung, die er zum ersten Mal in seinem berühmten KBV-Urteil anwandte. Hierbei ging es um folgenden Sachverhalt: 222

**Beispiel (sehr stark vereinfacht nach BGH v. 24.6.2002 – II ZR 300/00, NJW 2002, 3024):** 223
Die Gesellschafter A und B haben zwei Gesellschaften, die Alt-GmbH und die neu gegründete Neu-GmbH. Für die Alt-GmbH beschließen A und B den Geschäftsbetrieb einzustellen und den mit A über die Anmietung der Fabrikations- und Geschäftsräume geschlossenen Vertrag zu kündigen sowie das vorhandene Personal von der Neu-GmbH übernehmen zu lassen. Darauf schließen die Alt-GmbH und die Neu-GmbH einen Vertrag, bei dem die eine Gesellschaft durch A, die andere durch B vertreten wird. Nach diesem Vertrag bekommt die Neu-GmbH von der Alt-GmbH den gesamten Warenbestand und übernimmt dafür noch offene Verbindlichkeiten aus dem Mietvertrag über die Fabrikations- und Geschäftsräume. In der Bilanz macht sich das nicht bemerkbar, da in gleichem Maße Aktiva und Passiva ausgebucht werden. Die Alt-GmbH hat aber kein verwertbares Vermögen und muss Insolvenz anmelden. Die Eröffnung des Insolvenzverfahrens über das Vermögen der Alt-GmbH wird mangels Masse abgelehnt. Ein Werkunternehmer hat eine titulierte Forderung gegen die Alt-GmbH, für die er kein Geld erhält. Er verklagt daher die A und B.³²⁴

Das OLG München wies die Klage ab.³²⁵ Der BGH hob dieses Urteil auf, da aus dem Gesichtspunkt des existenzvernichtenden Eingriffs, aber auch wegen einer vorsätzlichen sittenwidrigen Schädigung nach § 826 BGB ein Schadensersatzanspruch des Werkunternehmers gegen die beiden Gesellschafter der Alt-GmbH bestehen könnte. 224

Die Argumentation des BGH zur Begründung des existenzvernichtenden Eingriffs kann man wie folgt nachzeichnen: Das System der auf das Gesellschaftsvermögen beschränkten Haftung beruht darauf, dass dieses Gesellschaftsvermögen bei der GmbH verbleiben muss, wenn es von ihr zur Erfüllung der vertraglichen Verbindlichkeiten benötigt wird. Insoweit ist dieses Vermögen der Dispositionsbefugnis der Gesellschafter entzogen. Den Gesellschaftern ist es vor allem nicht erlaubt, der GmbH das Vermögen zu entziehen und ihr dadurch die Möglichkeit zu nehmen, die Verbindlichkeiten zu erfüllen. Die Notwendigkeit der Trennung des Vermögens der Gesellschaft von dem übrigen Vermögen der Gesellschafter und die strikte Zweckbindung des Gesellschaftsvermögens zur – vorrangigen – Befriedigung der Gesellschaftsgläubiger besteht während der gesamten Lebensdauer der GmbH. Vermögenstrennung und Zweckbindung sind unabdingbare Voraussetzungen dafür, dass die Gesellschafter die in § 13 Abs. 2 GmbHG geregelte Haftungsbeschränkung in Anspruch nehmen können.³²⁶ 225

---

323 So auch *Wilhelmi*, DZWIR 2003, 45, 47 mwN.
324 Bei der Alt-GmbH handelte es sich in der Entscheidung des BGH v. 24.6.2002 – II ZR 300/00, NJW 2002, 3024 um die sog. „Kindl Backwaren Vertriebs-GmbH", weswegen die Entscheidung auch unter dem Namen „KBV" bekannt geworden ist.
325 Die konzernrechtliche Ausfallhaftung der Gesellschafter wurde mit der Erwägung abgelehnt, dass es an einem ausreichenden Sachvortrag für eine entsprechende konzernrechtliche Verbindung fehle, s. OLG München 31 U 2191/00, S. 10 f.
326 So BGH v. 24.6.2002 – II ZR 300/00, NJW 2002, 3024, 3025. Das Besondere an dieser Argumentation ist die Tatsache, dass der BGH über die aus §§ 30, 31 GmbHG folgende Ausschüttungssperre hinausgeht und nicht darauf abstellt, ob noch Vermögen i. H. d. Kapitalziffer vorhanden ist, sondern auf das Vermögen abstellt, das zur Erfüllung der Gesellschaftsverbindlichkeiten benötigt wird; hierzu auch *Drygala*, GmbHR 2003, 729, 730.

226 Nehmen die Gesellschafter auf die Zweckbindung des Gesellschaftsvermögens nicht im gebotenen Maße Rücksicht, indem sie durch offene oder verdeckte Entnahmen Vermögenswerte entziehen und dadurch in einem ins Gewicht fallenden Ausmaß die Fähigkeit der Gesellschaft zur Erfüllung ihrer Verbindlichkeiten beeinträchtigen, liegt darin ein Missbrauch der Rechtsform der GmbH. Dieser Missbrauch führt zum Verlust der Haftungsbeschränkung, soweit nicht der Nachteil, welcher der GmbH durch den Eingriff insgesamt zugefügt wird, schon nach §§ 30, 31 GmbHG vollständig ausgeglichen werden kann oder kein ausreichender Ausgleich in das Gesellschaftsvermögen erfolgt. Das gilt auch und erst recht bei Vorliegen einer Unterbilanz. Außerhalb des Insolvenzverfahrens müssen daher die Gläubiger, soweit sie von der Gesellschaft keine Befriedigung erlangen können, grundsätzlich berechtigt sein, ihre Forderungen unmittelbar gegen die Gesellschafter geltend zu machen.[327]

227 Während eines laufenden Insolvenzverfahrens soll in analoger Anwendung des § 93 InsO ein Insolvenzverwalter den Anspruch gegen einen Gesellschafter wegen eines existenzvernichtenden Eingriffs geltend machen, nicht der einzelne Gläubiger der GmbH.[328]

228 Gerade weil es dem BGH aber darum ging, Lücken zu schließen, hatte das gesellschaftsrechtliche Haftungskonzept einem „Geburtsfehler". Dem KBV-Urteil war nämlich zu entnehmen, dass die Gesellschafter durchaus über § 826 BGB wegen einer planmäßigen Vermögensverschiebung in Anspruch genommen werden konnten.[329] Eine Lücke war also eigentlich nicht vorhanden. Auch in den nachfolgenden Entscheidungen zur Gesellschafterhaftung hatte der BGH mal einen Anspruch wegen eines existenzvernichtenden Eingriffs geprüft, mal aber ebenso – bisweilen sogar ausschließlich – einen Schadensersatzanspruch wegen einer planmäßigen Vermögensverschiebung nach § 826 BGB bejaht.[330]

**dd) Deliktsrechtliche Innenhaftung („Trihotel")**

229 Eine grundlegende Änderung nahm der BGH dann bei seinem Urteil in Sachen „Trihotel" vor. Folgendes hatte sich ereignet:

230 **Beispiel (wieder sehr stark vereinfacht, diesmal angelehnt an BGH v. 16.7.2007 – II ZR 3/04, NJW 2007, 2689):**
Als Im Jahr 2000 das Insolvenzverfahren über das Vermögen der Alt-GmbH eröffnet wird, hat die ausgeplünderte Gesellschaft als verfügbare Insolvenzmasse nur noch einen Kassenbestand von 108,07 DM. Der Insolvenzverwalter nimmt den Gesellschafter A wegen eines existenzvernichtenden Eingriffs auf Zahlung in Höhe der zur Insolvenztabelle angemeldeten und anerkannten Gläubigerforderungen von 713.996,51 EUR in Anspruch. Die Alt-GmbH betrieb auf einem gemieteten Grundstück die sog. Trihotel. A gründete die Neu-GmbH, die später die Alt-GmbH als Hotelbetreiberin ablösen sollte. Abgestimmt mit anderen Transaktionen schlossen die Alt-GmbH und die Neu-GmbH, beide vertreten durch A, einen Geschäftsbesorgungs- und Managementvertrag dahingehend, dass die Alt-GmbH die Management- und Organisationsaufgaben des Hotelbetriebes

---

327 So BGH v. 24.6.2002 – II ZR 300/00, NJW 2002, 3024, 3025 f.
328 BGH v. 25.7.2005 – II ZR 390/03, NJW 2005, 3137.
329 Vgl BGH v. 24.6.2002 – II ZR 300/00, NJW 2002, 3024, 3025. In dem Berufungsurteil wurde ein Anspruch aus § 826 BGB noch abgelehnt, weil der Gesellschafter-Geschäftsführer der KBV-GmbH in der Vergangenheit bei finanziellen Engpässen seiner Firmen mehrmals mit persönlichem Engagement eingesprungen war (OLG München, Az 31 U 2191/00).
330 BGH v. 20.9.2004 – II ZR 302/02, NJW 2005, 145.

zu erledigen hatte und hierfür als Pauschalhonorar eine Umsatzbeteiligung iHv 40 % der Hotelumsätze erhalten sollte; zudem verpflichtete sich die Alt-GmbH, das gesamte Hotelinventar in den unmittelbaren Besitz der Neu-GmbH zu übertragen und selbst nur noch Besitzdienerin zu sein.

Sollte die Umsatzbeteiligung der Alt-GmbH von nur 40 % grob unangemessen und damit unternehmerisch unvertretbar gewesen sein und führte dies im Zeitpunkt der Vereinbarung – für A erkennbar – zwangsläufig zur Insolvenz der Alt-GmbH, könnte nach Auffassung des BGH ein existenzvernichtender Eingriff vorliegen. Da hierzu aber noch eine Beweiserhebung fehlte, verwies der BGH die Angelegenheit an die Revisionsinstanz. Die Existenzvernichtungshaftung des Gesellschafters war nach dieser Entscheidung des BGH eine schadensersatzrechtliche Innenhaftung gegenüber der Gesellschaft und eine besondere Fallgruppe der sittenwidrigen vorsätzlichen Schädigung im Sinne des § 826 BGB.

**231** Der BGH gab in seiner Trihotel-Entscheidung das bisherige Konzept einer eigenständigen Haftungsfigur, die an den Missbrauch der Rechtsform anknüpft und als Durchgriffs(außen)haftung des Gesellschafters gegenüber den Gesellschaftsgläubigern ausgestaltet war, auf. Diesen sehr überraschenden Wechsel[331] begründeten die Karlsruher Richter wie folgt: Die Existenzvernichtungshaftung soll die Lücken schließen, die das gesetzliche System der §§ 30, 31 GmbHG hinterlässt. Wenn aber nun im Wege der richterlichen Rechtsfortbildung ein Schutzmodell entwickelt wird, muss es zur Lückenschließung genau an dem Schutzobjekt ansetzen, welches durch die lückenhafte Regelung geschützt werden soll. Die §§ 30, 31 GmbH schützen das namentlich im Gläubigerinteresse gebundenen Gesellschaftsvermögen und begründen eine Haftung des Gesellschafters als Zahlungsempfänger gegenüber der Gesellschaft. Wie bei dem „Basisschutzkonzept" der §§ 30, 31 GmbHG kommt auch bei einem existenzvernichtenden Eingriff nur eine Ersatzhaftung gegenüber der Gesellschaft als Trägerin des geschädigten Gesellschaftsvermögens und damit eine Innenhaftung in Betracht. Auf diese Weise wird die Schutzlücke, die durch den engen Anwendungsbereich der §§ 30, 31 GmbHG entstanden ist, systemkonform geschlossen: Die Existenzvernichtungshaftung soll nach den Vorstellungen des BGH wie eine das gesetzliche Kapitalerhaltungssystem ergänzende, aber deutlich darüber hinausgehende „Entnahmesperre" wirken, indem sie die sittenwidrige „Selbstbedienung" des Gesellschafters durch die repressive Anordnung einer Schadensersatzpflicht ausgleicht. Anknüpfungspunkt der Haftung für einen existenzvernichtenden Eingriff bleibt daher die missbräuchliche Schädigung des im Gläubigerinteresse zweckgebundenen Gesellschaftsvermögens. Die Rechtsfolge ist eine schadensersatzrechtliche Innenhaftung gegenüber der Gesellschaft, die eine besondere Fallgruppe der sittenwidrigen vorsätzlichen Schädigung iSv § 826 BGB darstellt.[332]

**232** Die Kehrtwende kam nicht von ungefähr. Nach seinem KBV-Urteil hatte der BGH bei späteren Entscheidungen und bei der Auswertung des gesellschaftsrechtlichen Schrifttums erkannt, dass die von ihm begründete uneingeschränkte Erfolgshaftung in einer Vielzahl von Fällen weit über das Ziel hinausschießen konnte. Er war daher sehr zeitig zu Einschränkungen bei der Durchgriffshaftung gezwungen. Eine uneingeschränkte Haftung gegenüber den Gesellschaftsgläubigern wegen eines existenzvernichtenden Eingriffs berücksichtigt nämlich nicht die Möglichkeit, dass die Forderung eines Gläubigers zum Zeitpunkt der Schädigung durch den Gesellschafter nicht mehr vollwertig

---

331 Vgl *Weller*, ZIP 2007, 1681; *Vetter*, BB 2007, 1965.
332 BGH v. 16.7.2007 – II ZR 3/04, NJW 2007, 2689.

war. Die hier in Rede stehenden Eingriffe erfolgen typischerweise bei einer bereits angeschlagenen GmbH. Hier müssen die Gläubiger ohnehin mit einem Forderungsausfall rechnen. Zwar werden die Gläubiger durch die Manipulationen eines Gesellschafters geschädigt, allerdings erleiden sie keinen Vermögensschaden in Form eines kompletten Forderungsausfalls. Daher musste der BGH eine Korrektur vornehmen und räumte dem Gesellschafter die Möglichkeit ein, den Nachweis darüber zu führen, dass bei ordnungsgemäßem Vorgehen ein geringerer Schaden entstanden wäre. Nur der soweit ermittelte Schaden war dann vom Gesellschafter auszugleichen.[333] Schon bei dieser Abkehr von der rein erfolgsbezogenen Verursachungshaftung wurde deutlich, dass die im KBV-Urteil skizzierten Erwägungen einer Korrektur bedurften. Die Begrenzung der Schadensersatzpflicht nach § 826 BGB auf mindestens eventualvorsätzliches Handeln stellt nach der neueren Rechtsprechung des BGH eine angemessene Beschränkung der Haftung für einen existenzvernichtenden Eingriff dar. Nach wie vor setzt der BGH einen gezielten, betriebsfremden Zwecken dienenden Entzug von Vermögenswerten voraus, die die Gesellschaft eigentlich zur Begleichung ihrer Verbindlichkeiten benötigen würde.

233  Wird ein **Insolvenzverfahren eröffnet**, hat der Insolvenzverwalter den Anspruch der Gesellschaft wegen Existenzvernichtung aus § 826 BGB geltend zu machen. Im Gegensatz zum früheren Außenhaftungsmodell besteht eine originäre Zuständigkeit. Für eine analoge Anwendung des § 93 InsO besteht keine Notwendigkeit mehr.[334]

234  Kommt es allerdings zu einer **masselosen Insolvenz**, hat der einzelne Gesellschaftsgläubiger nach dem Konzept der Trihotel-Entscheidung allerdings keinen eigenen (Durchgriffs-)Anspruch gegen den Gesellschafter. Hier hat der Gläubiger nur die Möglichkeit, aufgrund eines Titels gegen die Gesellschaft und nach der Pfändung sowie Überweisung des Gesellschaftsanspruchs gegen den Gesellschafter gem. § 826 BGB vorgehen zu können. Dieser Weg ist allerdings sehr beschwerlich und setzt bei einer masselosen Insolvenz und der späteren Löschung der GmbH nach überwiegender Auffassung auch noch eine Nachtragsliquidation voraus. Aus guten Gründen ist das Schrifttum daher der Auffassung, dass die Gläubiger bei einer masselosen Insolvenz einen Durchgriffsanspruch gegen die Gesellschafter haben müssen.[335] Der BGH lehnt genau diesen Anspruch in dem Trihotel-Urteil jedoch ausdrücklich ab. Hierbei lässt er sich von der Annahme leiten, dass die Ansprüche der GmbH gegen die Gesellschafter nach § 826 BGB wertlos sein müssen, da ein Insolvenzverwalter sonst das Verfahren eröffnet hätte. Aus diesem Grund würden die weiteren Schwierigkeiten für die Gläubiger keine Rolle spielen. Unter Berufung auf das KBV-Urteil kann man diese These zumindest bezweifeln: Dort wurde das Insolvenzverfahren abgewiesen, und der BGH kam in seiner Entscheidung sehr wohl zu dem Ergebnis, dass ein (vom Insolvenzverwalter offensichtlich

---

333  BGH v. 13.12.2004 – II ZR 206/02, NJW-RR 2005, 335.
334  BGH v. 25.7.2005 – II ZR 390/03, NJW 2005, 3137.
335  Hierzu *Habersack*, ZGR 2008, S. 533, 548; *Vetter*, BB 2007, 1965, 1968; neben einer Durchgriffshaftung nach § 826 BGB setzen sie sich auch für ein Gläubigerverfolgungsrecht nach dem aktienrechtlichen Vorbild bei einer masselosen Insolvenz ein; zu letzterem s. *Ulmer*, ZIP 2001, 2021, 2027; *Gehrlein*, WM 2008, 761, 766 wünscht sich, dass der BGH bei Masselosigkeit zu dem praktisch allein angemessenen Ergebnis eines Direktanspruchs findet.

nicht erkannter) Anspruch in der Revision zumindest nicht ausgeschlossen werden konnte.³³⁶

**b) Voraussetzungen**

Für eine Gesellschafterhaftung wegen eines existenzvernichtenden Eingriffs müssen zunächst die folgenden vier Voraussetzungen erfüllt sein:³³⁷

- ein (gezielter) Eingriff in das Gesellschaftsvermögen,
- eine Insolvenzverursachung,
- ein sittenwidriges und
- vorsätzliches Handeln. ³³⁸

**aa) Gezielter Eingriff**

Der Haftungstatbestand des „existenzvernichtenden Eingriffs" setzt einen gezielten, betriebsfremden Zwecken dienenden Eingriff des Gesellschafters in das Vermögen voraus, welches die GmbH zur Begleichung ihrer Verbindlichkeiten benötigt. Ferner muss der Eingriff zu einer Vermögensübertragung auf den GmbH-Gesellschafter oder eine ihm nahe stehende Person (Ehefrau, Verwandte oder eine weitere Gesellschaft, an der der Gesellschafter maßgeblich beteiligt ist) führen.

Ein existenzvernichtender Eingriff kann in folgenden Fällen in Betracht kommen:

- der Abzug von Finanzmitteln ohne Gegenleistung (dies ist der „Prototyp" eines existenzvernichtenden Eingriffs). Werden sonstige Vermögensgegenstände beiseitegeschafft, kommt es darauf an, wie sich deren Abzug auf die Solvenz der GmbH auswirkt.³³⁹ Ein typisches Beispiel hierfür ist der bereits unter Rn 223 geschilderte Sachverhalt der KBV-Entscheidung.³⁴⁰
- die Übernahme des Fahrzeugparks oder der Arbeitsleistung der ausgeplünderten GmbH.³⁴¹ Diese Sachverhalte werden bisweilen auch „**GmbH-Staffetten**" genannt.³⁴²
- Der Gesellschafter einer GmbH veranlasste, dass deren Vertriebssystem und deren Kundenstamm auf eine andere, von ihm ebenfalls beherrschte GmbH übertragen wurde. Hierfür erhielt sie keinen Ausgleich. Die GmbH konnte im regulären Geschäftsbetrieb keine nennenswerten Einnahmen zur Deckung ihrer laufenden Kosten erzielen, so dass ihr baldiger Zusammenbruch absehbar war.³⁴³

---

336 BGH v. 24.6.2002 – II ZR 300/00, NJW 2002, 3024.
337 Zum Schaden und Haftungsumfang s. noch unter § 7 Rn 246.
338 *Gehrlein*, WM 2008, 761, 766.
339 Näher hierzu *Drygala*, GmbHR 2003, 729, 733 f.
340 Hierzu BGH v. 24.6.2002 – II ZR 300/00, NJW 2002, 3024.
341 BGH v. 13.12.2004 – II ZR 206/02, NJW-RR 2005, 335, 336.
342 Vgl *Henze*, NZG 2004, 649, 658; s. hierzu BGH, NJW 1996, 1283. Seinerzeit wurde vom BGH eine sittenwidrige Schädigung von Gesellschaftsgläubigern noch verneint, wenn der Geschäftsbetrieb einer GmbH mit dem Ziel der Weiterführung durch eine neue GmbH eingestellt wird. Heute würde die Rechtsfigur des existenzvernichtenden Eingriffs zur Anwendung gelangen. Ob die Entscheidung im Ergebnis dann anders ausfallen würde, kann angesichts der sehr knappen Sachverhaltsdarstellungen nicht gesagt werden.
343 Vgl BGH v. 16.7.2007 – II ZR 3/04, NJW 2007, 2689; Nach BGH v. 13.12.2004 – II ZR 256/02, NJW-RR 2005, 681. Die Haftung wegen eines existenzvernichtenden Eingriffs wurde in dieser Entscheidung aufgrund der vom Berufungsgericht getroffenen Tatsachenfeststellungen abgelehnt. Im Zusammenhang mit der Zurückverweisung wies der BGH allerdings darauf hin, dass aus den im Beispiel genannten Gründen eine Gesellschafterhaftung in Betracht kommen könnte.

- Die GmbH geht Risiken ein, die außer Verhältnis zu ihren Vermögensverhältnissen stehen und daher im Ergebnis die Gläubiger treffen müssen.[344]
- Die abhängige GmbH wurde von ihrer Muttergesellschaft in ein zentrales Cash-Management eingegliedert, ohne dass ihre jederzeitige Liquidität gewährleistet war.[345]

238 Die soeben genannten Beispiele dürfen nicht darüber hinwegtäuschen, dass der BGH überaus **strenge Anforderungen** an einen existenzvernichtenden Eingriff stellt.[346] Auch deshalb bezieht sich der Haftungstatbestand des existenzvernichtenden Eingriffs **nicht** auf **Managementfehler**.[347] Es steht den Gesellschaftern frei, ein Unternehmen zu erhalten, den Geschäftsbetrieb einzustellen oder eine sich ihm bietende Geschäftschance nicht zu nützen. Angesichts dieser Freiheiten kann nicht jede Fehlentscheidung eine persönliche Haftung des Gesellschafters begründen. So verneinte der BGH beispielsweise das Vorliegen eines existenzvernichtenden Eingriffs, als sich der Gesellschafter des Mutterunternehmens dafür entschied, Tochterunternehmen auf Kredit zu beliefern, weil die Muttergesellschaft auch auf die Tätigkeiten der Tochtergesellschaften angewiesen war.[348]

239 Für die Abgrenzung zwischen einem haftungsauslösenden Eingriff und einer schlechten, aber noch zulässigen Unternehmensentscheidung ist entscheidend, ob der Eingriff über das operative Tagesgeschäft hinausgeht oder nicht. Hat die Handlung nichts mehr mit dem Tagesgeschäft zu tun, kann ein existenzvernichtender Eingriff vorliegen.[349]

**bb) Insolvenzverursachung**

240 Der Eingriff muss zur Insolvenz der Gesellschaft geführt haben. Es reicht nicht aus, wenn die Entscheidungen des Gesellschafters nur deshalb die Insolvenz der GmbH zur Folge hatten, weil nach dem Eingriff noch weitere, zum Zeitpunkt des Eingriffs noch nicht absehbare Ereignisse eintraten. Anders ausgedrückt: Durch den Eingriff muss die Insolvenz der GmbH für jeden erkennbar „vorprogrammiert" gewesen sein. Sofern besonders **risikoreiche Geschäfte** auf Veranlassung des Gesellschafters abgeschlossen werden, können sie angesichts der unternehmerischen Freiheit des Gesellschafters nur dann einen existenzvernichtenden Eingriff darstellen, solange dem finanziellen Risiko keine aussichtsreichen Gewinnchancen für die Gesellschaft gegenüberstanden[350] und die nachfolgende Insolvenz bei objektiver Betrachtung im Zeitpunkt der Vornahme des Geschäfts mit überwiegender Wahrscheinlichkeit zu erwarten war[351]

241 War die GmbH zum Zeitpunkt des Eingriffs durch den oder die Gesellschafter bereits zahlungsunfähig oder überschuldet, so kann auch bei einer **Insolvenzvertiefung** eine Haftung des Gesellschafters vorliegen.[352]

---

344 Nach *Lutter/Banerjea*, ZGR 2003, 402, 414.
345 Nach *Henze*, NZG 2004, 649, 658; vgl auch *Theiselmann*, GmbHR 2007, 904, 905.
346 So auch *Gehrlein*, WM 2008, 761, 763.
347 *Gehrlein*, WM 2008, 761, 762; *K. Schmidt*, NJW 2001, 3577, 3580.
348 In BGH v. 13.12.2004 – II ZR 256/02, NJW-RR 2005, 681, 686, benötigte das Mutterunternehmen eine funktionierende Betriebsorganisation durch die Tochterunternehmen.
349 Vgl *Lutter/Hommelhoff*, in Lutter/Hommelhoff, GmbHG, § 13 Rn 16.
350 Hierzu *Lutter/Banerjea*, ZGR 2003, 402, 416.
351 Vgl *Drygala*, GmbHR 2003, 729, 736.
352 So *Lutter/Hommelhoff* in Lutter/Hommelhoff, GmbHG, § 13 Rn 18.

### cc) Sittenwidrigkeit

Nach einer schon vom Reichsgericht gewählten Definition ist ein Verhalten sittenwidrig, wenn es gegen das *„Anstandsgefühl aller billig und gerecht Denkenden"* verstößt.[353] Für die Haftung wegen eines existenzvernichtenden Eingriffs nach § 826 BGB ist es wichtig zu wissen, dass die Rechtsprechung sittenwidriges Handels regelmäßig annimmt, wenn die planmäßige „Entziehung" von Gesellschaftsvermögen zu deren Insolvenz führt und dies zum unmittelbaren oder mittelbaren Vorteil des Gesellschafters oder eines Dritten geschieht.

242

Die GmbH-Gesellschafter sind zwar nicht verpflichtet, die GmbH im Interesse der Gesellschaftsgläubiger fortzuführen. Sie können den Geschäftsbetrieb sogar mit dem Ziel der Weiterführung durch eine neu gegründete Gesellschaft einstellen. Dabei müssen sie aber die für die Abwicklung der GmbH geltenden Regeln beachten. Insbesondere dürfen sie nicht außerhalb eines Liquidationsverfahrens planmäßig das Vermögen einschließlich der Geschäftschancen von der alten Gesellschaft auf die neue Gesellschaft verlagern und so den Gläubigern der alten Gesellschaft den Haftungsfonds entziehen. Ein solches Verhalten widerspricht dem Anstandsgefühl aller billig und gerecht Denkenden und ist damit sittenwidrig.[354] Wenn ein existenzvernichtender Eingriff vorliegt, ist regelmäßig auch ein sittenwidriges Handeln gegeben.[355]

243

### dd) Vorsatz

Ein Schadensersatzanspruch gem. § 826 BGB setzt eine vorsätzliche Schädigung des Gesellschaftsvermögens, die gegen die guten Sitten verstößt, voraus. Dem Vorsatzerfordernis ist Genüge getan, wenn dem Gesellschafter bewusst ist, dass durch die von ihm veranlassten Maßnahmen das Gesellschaftsvermögen sittenwidrig geschädigt wird.[356] Der Vorsatz muss sich nur auf die Verletzungshandlung, nicht aber auf alle Folgeschäden beziehen. Der Täter braucht nicht im Einzelnen zu wissen, welche oder wie viele Personen durch sein Verhalten geschädigt werden; vielmehr reicht es aus, dass er die Richtung, in der sich sein Verhalten zum Schaden irgendwelcher anderer auswirken könnte, und die Art des möglicherweise eintretenden Schadens vorausgesehen und mindestens billigend in Kauf genommen hat.[357] Ein Bewusstsein über die Sittenwidrigkeit ist nicht erforderlich, es reicht aus, wenn dem Gesellschafter die Tatsachen bewusst sind, die den Eingriff zu einem sittenwidrigen werden lassen.[358] In Einzelfällen kann der Vorsatz auch bei einem leichtfertigen Handeln bejaht werden.[359]

244

Im Einklang mit dem BGH geht das Schrifttum überwiegend davon aus, dass das Vorsatzerfordernis regelmäßig zu bejahen ist.[360] Diese Auffassung ist allerdings umstrit-

245

---

353 Seit RG v. 11.4.1901 – VI ZS 443/00, RGZ 48, 114, 124.
354 So der BGH v. 24.6.2002 – II ZR 300/00, NJW 2002, 3024, 3025; vgl auch BGH v. 20.9.2004 – II ZR 302/02, NJW 2005, 145; BGH v. 16.7.2007 – II ZR 3/04, NJW 2007, 2689.
355 Vgl auch *Gehrlein*, WM 2008, 761, 763.
356 BGH v. 16.7.2007 – II ZR 3/04, NJW 2007, 2689.
357 So BGH v. 19.7.2004 – II ZR 218/03, NJW 2004, 2664.
358 BGH v. 16.7.2007 – II ZR 3/04, NJW 2007, 2689.
359 Vgl hierzu MünchKommBGB/*Wagner*, § 826 Rn 19.
360 *Gehrlein*, WM 2008, 761, 763; *Wilhelmi*, DZWIR 2003, 45, 49.

ten.³⁶¹ Die Kritiker des BGH können sich hierbei auch auf *Röhricht*, den ehemaligen Vorsitzenden des II. Zivilsenats, berufen, der eine deliktische Haftung nur bei einer Vergewaltigung vor allem der subjektiven Tatbestandsmerkmale des § 826 BGB als gegeben erachtete.³⁶² Der BGH scheint bei seiner Rechtsprechung indes sehr hohe Anforderungen an das Vorliegen eines gezielten, zur Insolvenz führenden Eingriffs zu stellen, um danach ohne große Mühen die Sittenwidrigkeit des Handelns und den Vorsatz des Handelnden zu bejahen. Weil der BGH das Vorliegen einer Existenzvernichtung auf wenige Ausnahmekonstellationen beschränkt, bleibt der Anwendungsbereich dieses Haftungskonzept überschaubar.

### c) Rechtsfolge

246  In erster Linie haftet der **Gesellschafter**, der den existenzvernichtenden Eingriff initiiert hat. Weil nun § 826 BGB die Grundlage für eine Existenzvernichtungshaftung darstellt, können auch Beteiligte über § 830 schadensersatzpflichtig sein. Wenn der existenzvernichtende Eingriff durch eine gemeinschaftlich begangene unerlaubte Handlung erfolgt und einen Schaden verursacht, so ist nach § 830 Abs. 1 S. 1 BGB dafür jeder verantwortlich. Nach § 830 Abs. 2 BGB stehen Anstifter und Gehilfen den Mittätern gleich.

247  Im Gegensatz zur Konzeption des KBV-Urteils können nun also auch die **Geschäftsführer** als Gehilfen³⁶³ des Gesellschafters haften. Das MoMiG hat ohnehin mit § 64 S. 3 GmbHG einen Ersatzanspruch der GmbH gegen einen Geschäftsführer geschaffen, dessen Voraussetzungen mit einem existenzvernichtenden Eingriff ähnlich sind.³⁶⁴

248  Ferner haftet auch der **Mitgesellschafter**, der selbst nichts empfangen, jedoch durch sein Einverständnis mit dem Vermögensabzug an der Existenzvernichtung der GmbH mitgewirkt hat. Die Voraussetzungen für eine Haftung des Mitgesellschafters aufgrund der Rechtsprechung zum existenzvernichtenden Eingriff sind daher enger als in § 31 Abs. 3 GmbHG. Im Gegensatz zur gesetzlichen Regelung genügt nicht schon die Stellung als Gesellschafter, um in die Haftung zu gelangen. Vielmehr ist ein Einverständnis des Mitgesellschafters erforderlich, und dieses kann nur bei einer diesbezüglichen Sachverhaltskenntnis angenommen werden.³⁶⁵

249  Auch der **Gesellschafter-Gesellschafter** kann wegen eines existenzvernichtenden Eingriffs haften.³⁶⁶ Er wird jedenfalls dann wie ein unmittelbarer Gesellschafter behandelt, wenn er über die zwischengeschaltete Gesellschaft einen beherrschenden Einfluss auf diejenige Gesellschaft ausüben kann, deren Vermögen entzogen wird. Entscheidend für die Anwendung dieses Haftungstatbestandes sind die tatsächlichen Einflussmöglichkeiten, die auch bei einer mittelbaren Beteiligung an einer GmbH bestehen können. Es

---

361 Vgl *Vetter*, BB 2007, 1965, 1966, der die begrenzende Wirkung des Vorsatzerfordernisses als Möglichkeit ansieht, um den Tatbestand der sittenwidrigen Schädigung nicht ausufern zu lassen; hierzu auch *Altmeppen*, NJW 2007, 2657, 2659.
362 So *Röhricht*, FS BGH, 2000, S. 83, 97.
363 Nach Auffassung von *Gehrlein*, WM 2008, 761, 764, können auch Banken, Rechtsanwälte und sonstige Berater als Teilnehmer eines existenzvernichtenden Eingriffs in Betracht kommen; aA *Vetter*, BB 2007, 1965, 1969.
364 Begründung zum RegE des MoMiG, BT-Drucks. 16/6140, S. 105.
365 Vgl auch *Vetter*, ZIP 2003, 601, 607.
366 Wenn in dem Beispielsfall zum existenzvernichtenden Eingriff (Rn 223) an der Alt-GmbH nicht A persönlich, sondern die A-GmbH beteiligt gewesen wäre und A Gesellschafter dieser GmbH wäre, dann würde es sich um einen Gesellschafter-Gesellschafter der Alt-GmbH handeln.

wäre, wie der BGH zutreffend betont, unbillig, wenn sich derjenige, in dessen Händen die Entscheidungsstränge der verschiedenen Gesellschaften zusammenlaufen, mit dem Hinweis auf seinen nur mittelbaren Anteilsbesitz aus der Verantwortung entziehen und die Gläubiger auf eine Inanspruchnahme verweisen könnte. Wer wie ein Gesellschafter handelt, muss sich auch wie ein solcher behandeln lassen.[367]

Noch nicht abschließend beantwortet ist die Frage, ob auch der Empfänger der Vermögensgegenstände (regelmäßig die **Schwestergesellschaft**) wegen eines existenzvernichtenden Eingriffs haften kann. Die besseren Gründe sprechen dafür, eine Haftung dieser Gesellschaften zu verneinen.[368] Sie nehmen an dem existenzvernichtenden Eingriff nur insoweit teil, als dass sie die Vermögensgegenstände von der anderen Gesellschaft entgegennehmen. Dies kann ihnen aber nicht zum Vorwurf gemacht werden, sondern allenfalls den dahinter stehenden Gesellschaftern. Diese sind an der Schwestergesellschaft immer beteiligt, so dass über eine Pfändung ihrer Anteile zumindest ein mittelbarer Zugriff auf das beiseitegeschaffte Gesellschaftsvermögen möglich ist.[369]

250

Das Haftungskonzept aus dem KBV-Urteil bestand aus einer eigenständigen Haftungsfigur, die an den Missbrauch der Rechtsform anknüpfte und als unbeschränkte Durchgriffsaußenhaftung des Gesellschafters gegenüber den Gesellschaftsgläubigern ausgestaltet war. Es bestand eine Subsidiarität der Existenzvernichtungshaftung gegenüber den §§ 30, 31 GmbHG. Die unbegrenzte Haftung setzte nämlich voraus, dass die der GmbH zugefügten Nachteile nicht über einen Anspruch der Gesellschaft aus §§ 30, 31 GmbHG wegen einer Verletzung der Grundsätze zur Kapitalerhaltung ausgeglichen werden können und der Gesellschafter auch nicht nachweisen konnte, dass der Gesellschaft im Vergleich zu der Vermögenslage bei einem redlichen Verhalten nur ein begrenzter – und dann in diesem Umfang auszugleichender – Nachteil entstanden war.[370] Nach dem jetzigen Haftungsmodell besteht für eine Subsidiarität des Schadensersatzanspruchs aus § 826 BGB im Verhältnis zu den Ansprüchen aus §§ 30, 31 GmbHG keine Notwendigkeit. Soweit sich diese beiden Ansprüche überschneiden, besteht eine Anspruchskonkurrenz.[371] Der Schaden bemisst sich nach einem Vergleich des Gesellschaftsvermögens vor und nach der schädigenden Handlung. Zu dem von einem Gesellschafter jedenfalls zu ersetzenden Schadensersatz gehören auch die Kosten des gesamten Insolvenzverfahrens, soweit die Gesellschaft ohne den schädigenden Eingriff nicht insolvenzreif geworden wäre.[372]

251

---

367 Vgl BGH v. 13.12.2004 – II ZR 206/02, NJW-RR 2005, 335. Dort wurde der Beklagte von dem Gläubiger einer GmbH in Anspruch genommen, die die 100 %-ige Tochter einer GmbH war, die wiederum dem Beklagten zu 50 % gehörte. Auch weil der Beklagte Geschäftsführer beider GmbHs war, kam seine Haftung als Gesellschafter-Gesellschafter in Betracht. Zur Haftung der Konzernspitze wegen eines existenzvernichtenden Eingriffs, s. *Vetter*, ZIP 2003, 601, 607.
368 So wohl auch BGH v. 20.9.2004 – II ZR 302/02, NJW 2005, 145, 146. Dort wird die Ersatzpflicht einer Schwestergesellschaft aus den Grundsätzen zur Haftung wegen eines existenzvernichtenden Eingriffs als „zweifelhaft" bezeichnet.
369 Die Haftung der Schwestergesellschaft wird ebenfalls verneint von *Vetter*, ZIP 2003, 601, 609; aA *Raiser*, FS Ulmer, 2003, S. 493, 505 f.
370 So BGH v. 13.12.2004 – II ZR 206/02, NJW-RR 2005, 335.
371 BGH v. 16.7.2007 – II ZR 3/04, NJW 2007, 2689, 2671.
372 BGH v. 16.7.2007 – II ZR 3/04, NJW 2007, 2689, 2671.

## 2. Überlassung der Geschäftsführung trotz Vorliegens eines Bestellungshindernisses

252 Das MoMiG hat die Bestellungshindernisse für Geschäftsführer deutlich erweitert. Nach neuem Recht können nun auch Personen, die bspw wegen einer Insolvenzverschleppung, eines Betrugs oder der Nichtabführung von Sozialversicherungsbeiträgen zu einer Freiheitsstrafe von einem Jahr verurteilt wurden, für die Dauer von fünf Jahren nicht als Geschäftsführer bestellt werden (vgl § 6 Abs. 2 S. 2 Nr. 3 a bis e GmbHG).

253 Die Erweiterung der Bestellungshindernisse stand schon seit 2002 in der Diskussion. Seinerzeit hatte der Bundesrat den Entwurf eines Forderungssicherungsgesetzes (FoSiG) in den Bundestag eingebracht, das insbesondere in der Bauwirtschaft für einen verbesserten Gläubigerschutz sorgen sollte. Das FoSiG sollte auch eine Gesellschafterhaftung begründen, wenn eine amtsunfähige Person zum Geschäftsführer bestellt wurde.[373] Der Regierungsentwurf enthielt eine Ausweitung der Bestellungshindernisse, sah aber von der Einführung einer vergleichbaren Haftungsnorm ab. Als der Bundesrat dann zum Regierungsentwurf Stellung nahm, erinnerte er sich an „sein" FoSiG und regte an, eine Haftung der Gesellschafter einzufügen, die einer Person die Geschäftsführung überlassen oder sie zum Geschäftsführer bestellen, obwohl ein Bestellungshindernis – bspw aufgrund einer vorherigen Verurteilung – vorliegt. Gesellschafter, die vorsätzlich oder grob fahrlässig eine Person, die nicht Geschäftsführer sein kann, zum Geschäftsführer bestellen oder nicht abberufen oder ihr tatsächlich die Führung der Geschäfte überlassen, sollten nach § 6 Abs. 5 GmbHG-E der Gesellschaft solidarisch für den Schaden haften, der dadurch entsteht, dass diese Person die ihr gegenüber der Gesellschaft bestehenden Obliegenheiten verletzt. Bei dieser Haftung handelt es sich nach den Vorstellungen des Bundesrats um eine Haftung der Gesellschafter gegenüber der Gesellschaft für eigenes Auswahl- bzw Handlungs- und Unterlassensverschulden im Rahmen der Geschäftsführerbestellung, die Verstöße gegen § 6 Abs. 2 GmbHG sanktionieren soll.[374]

254 Der Rechtsausschuss des Deutschen Bundestages ließ sich davon überzeugen und deshalb wurde folgender Absatz 5 dem § 6 GmbHG angefügt: *„Gesellschafter, die vorsätzlich oder grob fahrlässig einer Person, die nicht Geschäftsführer sein kann, die Führung der Geschäfte überlassen, haften der Gesellschaft solidarisch für den Schaden, der dadurch entsteht, dass diese Person die ihr gegenüber der Gesellschaft bestehenden Obliegenheiten verletzt"*. Da die Bestellung einer amtsunfähigen Person unwirksam ist und ein Geschäftsführer, bei dem während seiner Amtszeit ein Bestellungshindernis eintritt, nicht abberufen werden muss, reicht es im Gegensatz zum Vorschlag des Bundesrats aus, dass allein die faktische Überlassung der Geschäftsführung auf eine dafür ausgeschlossene Person haftungsbegründend ist.[375]

255 Es ist derzeit noch nicht absehbar, welche Auswirkungen § 6 Abs. 5 GmbHG auf die Praxis haben wird.[376] Freilich gibt es eine Konstellation, bei der man sich zunächst

---

373 Das Forderungssicherungsgesetz wurde insgesamt dreimal vom Bundesrat eingebracht. Es enthielt jeweils dieselben Änderungen für eine Ausweitung der Bestellungshindernisse, s. BT Drucks. 14/9848, 15/3594 u. 16/511; vgl hierzu *Karsten*, NJ 2002, 178.
374 Vgl BR-Drucks. 354/07, S. 9 ff.
375 Hierzu *Drygala*, ZIP 2005, 423, 428; sowie die Stellungnahme des Rechtsausschusses BT-Drucks. 16/9737, S. 96.
376 Scholz/*Schneider*, GmbHG, § 6 Rn 82 hält die Innenhaftung für effektiv; aA *Haas*, GmbHR 2006, 729, 732.

fragen kann, ob Bestellungshindernisse effizient durchgesetzt werden könne. Sollte ein Gesellschafter nämlich wegen § 6 Abs. 2 S. 3 a bis e GmbHG kein Geschäftsführer sein können, kann er das Bestellungshindernis ausheben, in dem er zunächst eine insoweit unbescholtene Person als Geschäftsführer einsetzt, um danach mit seinem Weisungsrecht als Gesellschafter die tatsächliche Leitung über das Unternehmen auszuüben. Für solche Konstellationen gibt es allerdings schon die Rechtsprechung zum **faktischen Geschäftsführer**, die eben auch im Innenverhältnis anwendbar ist und eine Haftung des Gesellschafters als faktischen Geschäftsführer wegen einer Pflichtverletzung gegenüber der GmbH begründen kann.[377] Die Regelung in § 6 Abs. 5 GmbHG hilft in diesen Fällen nicht weiter.[378]

Wenn die Gesellschafter die Geschäftsführung einer amtsunfähigen Person überlassen, haftet der Geschäftsführer schon nach bisherigem Recht als faktischer Geschäftsführer. Neu hinzugekommen ist nun auch die Gesellschafterhaftung nach § 6 Abs. 5 GmbHG. Damit werden die Haftungsgefahren bei einer faktischen Geschäftsführung auf die Gesellschafter ausgeweitet, wenn die Gesellschafter einen faktischen Geschäftsführer gewähren lassen, bei dem ein Bestellungshindernis vorliegt. Die Gesellschaft kann in einem Beschluss nicht ohne weiteres auf diesen Anspruch verzichten, da die Gesellschafter wegen § 47 Abs. 4 S. 1 GmbHG kein Stimmrecht haben.[379]

## II. Außenhaftung

In folgenden vier Konstellationen ist eine direkte Haftung der Gesellschafter gegenüber den Außengläubigern denkbar: Die Fälle einer Außenhaftung von GmbH-Gesellschaftern sind sehr selten.[380] Man kann hier vier Fallgruppen unterscheiden, in denen eine direkte Haftung der Gesellschafter gegenüber den Gesellschaftsgläubigern bestehen kann:

- bei einer Unterkapitalisierung der GmbH[381]
- einem Institutsmissbrauch
- bei einer Vermögensvermischung
- und bei einer Insolvenzverschleppung wenn die GmbH Führungslos ist

### 1. Unterkapitalisierung

Eine GmbH muss ein Stammkapital von 25.000 EUR haben, welches nur zur Hälfte eingezahlt sein muss, damit die GmbH im Handelsregister eingetragen wird (§§, 5 Abs. 1; 7 Abs. 2 GmbHG). Dieser Betrag dürfte für einen Großteil der Unternehmen

---

377 Ausführlich hierzu *Drygala*, ZIP 2005, 423, 427 ff, der zutreffend darauf hinweist, dass es hier nicht um Obliegenheitsverletzungen, sondern um Pflichtverletzungen geht.
378 Wenn die GmbH überhaupt keinen Geschäftsführer hat, kann eine Haftung der Gesellschafter nach § 823 Abs. 2 BGB iVm § 15 a Abs3. InsO bestehen.
379 Demgegenüber vertritt *Drygala*, ZIP 2005, 423, 430, die Auffassung, dass die Gesellschaft auf ihren Anspruch verzichten kann.
380 Treffend *Zimmer*, NJW 2003, 3585, 3588; an seiner Einschätzung dürfte sich auch durch die Einführung des § 15 a Abs3. InsO nichts ändern.
381 Eine allgemeinverbindliche Einteilung der Haftungstatbestände für einen GmbH-Gesellschafter gibt es nicht. So sind nach Ansicht von *Benecke*, BB 2003, 1190, 1193 viele Fälle des existenzvernichtenden Eingriffs gleichzeitig Fälle der Vermögensvermischung. *K. Schmidt*, NJW 2001, 3577, 3580, ist der Ansicht, dass die Gesellschafterhaftung wegen existenzvernichtenden Eingriffs geeignet sei, die Fälle der materiellen Unterkapitalisierung zu sanktionieren.

nicht ausreichen, um den Geschäftsbetrieb dauerhaft zu finanzieren. Trotzdem schreibt der Gesetzgeber ihnen regelmäßig nicht vor, wie hoch das Stammkapital der jeweiligen GmbH sein soll. Dies mit gutem Grund, denn auch in der Betriebswirtschaftslehre gibt es nur wenige handhabbare Kriterien für eine angemessene Eigenkapitalausstattung, so dass gesetzlich angeordnete Kapitalziffern an der Realität vorbeigehen würden.[382] Damit wird aber auch die Möglichkeit eröffnet, durch eine GmbH am Markt teilzunehmen, die mit unzureichendem Eigenkapital ausgestattet ist. Ob die Gesellschafter sich in einer solchen Situation erfolgreich hinter der GmbH verschanzen können, oder sie aber persönlich gegenüber den Gesellschaftsgläubigern wegen eines Forderungsausfalls haften können, ist ein seit eh und je diskutiertes Problem im Gesellschaftsrecht.

259 Vom gesellschaftsrechtlichen **Schrifttum** wird überwiegend eine gesellschaftsrechtlich fundierte Haftung des GmbH-Gesellschafters wegen „materieller" Unterkapitalisierung mit unterschiedlichen Ansätzen in der Begründung und Ausformung gefordert. Eine GmbH ist nach der Definition von *Ulmer* unterkapitalisiert, wenn *„das Eigenkapital nicht ausreicht, um den nach Art und Umfang der angestrebten oder tatsächlichen Geschäftstätigkeit (...) bestehenden, nicht durch Kredite zu deckenden mittel- oder langfristigen Finanzbedarf zu befriedigen"*.[383] Die Gesellschaft ist also mit **völlig unzureichenden Mitteln** ausgestattet. Es ist dabei zwischen einer nominellen und einer materiellen Unterkapitalisierung zu unterscheiden. Eine **nominelle Unterkapitalisierung** liegt vor, wenn das Eigenkapital zwar nicht den Finanzbedarf der GmbH deckt, der Gesellschafter aber Fremdkapital in Form eines Darlehens zur Verfügung stellt. Bei einer **materiellen Unterkapitalisierung** deckt das Eigenkapital ebenfalls nicht den Finanzbedarf der Gesellschaft, der Gesellschafter weigert sich aber der GmbH Fremdkapital zu geben. Nur die Fälle der materiellen Unterkapitalisierung können – dies ist allerdings höchst umstritten – eine Außenhaftung der Gesellschafter begründen.[384]

260 Der **Gesetzgeber** hatte bislang davon abgesehen, eine am jeweiligen konkreten Kapitalbedarf orientierte Mindestkapitalausstattung vorzuschreiben und auf diesem Wege eine spezielle Haftung des Gesellschafters bei materieller Unterkapitalisierung in das GmbHG einzufügen. Eine solche Haftung wäre mit dem Gebot der Rechtssicherheit nicht vereinbar und könnte letztlich die GmbH als solche in Frage stellen.[385] Selbst die Einführung der Unternehmergesellschaft, die ja ein Stammkapital von nur einen Euro haben kann, wurde nicht zum Anlass genommen, eine Durchgriffshaftung für unterkapitalisierte Gesellschaften in das GmbHG aufzunehmen.

261 Auch die **Rechtsprechung** stand einer gesellschaftsrechtlichen Durchgriffshaftung sehr reserviert gegenüber. Das BSG hatte bei einem Missverhältnis zwischen dem satzungsmäßigen Zweck einer Gesellschaft und deren Stammkapital eine Durchgriffshaftung in Erwägung gezogen, ließ aber in späteren Entscheidungen eine deutliche Zurückhaltung

---

382 Hierzu Scholz/*Emmerich*, GmbHG, § 13 Rn 84, der auf die Verpflichtungen der Banken und Versicherungen zur angemessenen Kapitalausstattung hinweist.
383 Hachenburg/*Ulmer*, GmbHG, Anh. § 30 Rn 6; ihm folgend K. *Schmidt*, Gesellschaftsrecht, § 18 II 4 b (S. 524).
384 Vgl *Lutter/Hommelhoff* in Lutter/Hommelhoff, GmbHG, § 13 Rn 7.
385 Hierzu Begründung zum Regierungsentwurf GmbH-Novelle 1980, BT-Drucks. 8/1347, S. 39.

zu diesem Thema erkennen.[386] Das BAG ist der Auffassung, dass eine Unterkapitalisierung für sich allein noch nicht zur Durchgriffshaftung der GmbH-Gesellschafter führen kann.[387] Der BGH hatte in seiner Entscheidung vom 28.4.2008 nun klargestellt, dass er eine gesellschaftsrechtliche Durchgriffshaftung wegen einer materiellen Unterkapitalisierung ablehnt. Die Regelungen der §§ 19, 30, 31, 64 GmbHG und die Innenhaftung des Gesellschafters gemäß § 826 BGB bei existenzvernichtenden Eingriffen schützen nach seiner Auffassung den Haftungsfond der GmbH. Durch die Regelungen zur Kapitalaufbringung wird gewährleistet, dass die Gesellschafter der GmbH das Stammkapital effektiv zur Verfügung stellen. Durch den gesetzlichen Basisschutz der §§ 30, 31 GmbHG und der im Wege richterlicher Rechtsfortbildung entwickelten Existenzvernichtungshaftung wird gewährleistet, dass der Haftungsfond nicht nachträglich durch rechtsmissbräuchliche Handlungen entzogen wird. Nach dem BGH ist der GmbH-Gesellschafter grundsätzlich nicht verpflichtet, der GmbH ein – ggf „mitwachsendes" – Finanzpolster zur Verfügung zu stellen, falls sich herausstellt, dass der finanzielle Bedarf der Gesellschaft, gemessen am Geschäftsumfang, nicht gedeckt ist.[388] Da keine Gesetzeslücke besteht, kommt die Statuierung einer allgemeinen gesellschaftsrechtlichen Haftung des Gesellschafters wegen materieller Unterkapitalisierung im Wege der Rechtsfortbildung nicht in Betracht.[389]

Vor der Entscheidung des BGH vom 28.4.2008 wurde eine Unterkapitalisierung vom Schrifttum noch als mögliche Existenzvernichtung angesehen. Wenn Gesellschafter dafür haften, dass sie zielgerichtet Vermögen der GmbH entziehen, dann können sie sich konsequenterweise auch nicht auf eine Haftungsbeschränkung berufen, wenn sie ebenso zielgerichtet der GmbH von Anfang an kein Vermögen zur Verfügung gestellt haben.[390] Ob etwa innerhalb des Tatbestandes des § 826 BGB – ähnlich wie für die Fälle des existenzvernichtenden Eingriffs – Platz für die Bildung einer besondere Fallgruppe der „Haftung wegen Unterkapitalisierung einer GmbH" ist, hat der BGH aber nun ausdrücklich offengelassen.[391] Die Entscheidung lässt die Tendenz erkennen, dass allenfalls bei einer missbräuchlichen Verwendung der GmbH eine Haftung nach § 826 BGB in Betracht kommt.

### 2. Institutsmissbrauch

In Rechtsprechung und Literatur wird auch diskutiert, unter welchen Umständen man dem Gesellschafter einer GmbH die Berufung auf die Haftungsbeschränkung des § 13 Abs. 2 GmbHG mit der Begründung verweigert, er habe für seine unternehmerischen Tätigkeiten in rechtsmissbräuchlicher Weise eine GmbH verwendet. Ein solcher Institutsmissbrauch ist nicht schon gegeben, weil eine GmbH als Vertragspartner „vorge-

---

386 BSG v. 12.1996 – 2 RU 7/95, ZIP 1996, 1134, 1135; sowie BSG v. 29.101997 – 7 RAR 80/96, NZS 1998, 346, 347.
387 BAG v. 10.2.1999 – 5 AZR 677/97, NJW 1999, 2296, 2297.
388 So BGH v. 28.4.2008 – II ZR 264/06, NJW 2008, 2437; aA *Lutter/Hommelhoff*, in Lutter/Hommelhoff, GmbHG, § 13 Rn 7.
389 Zu den Schwierigkeiten, eine justitiable Definition für die Unterkapitalisierung zu finden, s. BGH v. 28.4.2008 – II ZR 264/06, NJW 2008, 2437.
390 *Hölzle*, ZIP 2004, 1729, 1734.
391 BGH v. 28.4.2008 – II ZR 264/06, NJW 2008, 2437; vgl auch *K. Schmidt*, Gesellschaftsrecht, § 9 IV (S. 243 f), der bei einer Unterkapitalisierung eine Innenhaftung der Gesellschafter mit Verschuldenserfordernis annimmt.

schoben" wird, um die dahinterstehenden Gesellschafter von etwaigen Verpflichtungen freizuhalten. Aus eben diesem Grunde wird eine GmbH gegründet, so dass allein deshalb eine Durchgriffshaftung nicht in Betracht kommen kann. Ein Institutsmissbrauch liegt vielmehr erst dann vor, wenn die GmbH **ganz bewusst zum Nachteil der Gläubiger eingesetzt wird.**[392]

264 Erforderlich ist also, dass die GmbH in **sittenwidriger Weise** vorsätzlich dazu eingesetzt wird, eine persönliche Inanspruchnahme der Gesellschafter zu vermeiden. Auch in der Baubranche sind solche Fälle bereits Gegenstand höchstrichterlicher Entscheidungen gewesen. So war es bis Anfang der 90er Jahre des letzten Jahrhunderts für einen Grundstückseigentümer nur zu verlockend, extra für die Errichtung eines Bauwerks eine GmbH zu gründen, die dann mit den Bauhandwerkern Werkverträge abschloss. Dahinter stand die Erwägung, den Bauunternehmern die Absicherung einer Werklohnforderung über eine Bauhandwerkersicherungshypothek zu nehmen, da diese eben nur auf das Grundstück des Bestellers eingetragen werden konnte, und Besteller war die GmbH, nicht aber der Grundstückseigentümer. Diese Konstellationen nahm der BGH zum Anlass, eine Durchgriffshaftung der Gesellschafter über § 826 BGB zu bejahen.[393] Allerdings liegt diese Rechtsprechung schon lange zurück. Zwischenzeitlich hat der Gesetzgeber reagiert, indem er dem Werkunternehmer die Möglichkeit einer Sicherheitsleistung nach § 648 a BGB eröffnete.[394]

265 Nach der Rechtsprechung haftet der Alleingesellschafter einer GmbH wegen sittenwidriger Schädigung, wenn er die von ihm abhängige und im Hinblick auf Art und Umfang der Geschäftstätigkeit erheblich unterkapitalisierte GmbH nur zu dem Zweck benutzt, vertragliche Beziehungen zwischen ihm und einem Generalübernehmer nicht entstehen zu lassen und zu verhindern, dass der Generalübernehmer auf die von ihm auf einem im Eigentum des Alleingesellschafters stehenden Grundstück geschaffenen Werte zugreifen kann.[395] Ein weiteres Beispiel für die missbräuchliche Verwendung einer GmbH in der Baubranche ist die **systematisch betriebene Unterfinanzierung von Bauprojekten**. Eine solche liegt vor, wenn es an einer ordnungsgemäßen Kalkulation fehlt, weil die GmbH schon mit dem geplanten Erlös aus den Bauvorhaben nicht in der Lage ist, die Forderungen der beteiligten Bauunternehmer zu befriedigen. In einer solchen Konstellation kann die Gesellschaft ihre Zahlungsunfähigkeit oft nur durch das geschickte Ausnutzen von Zahlungszielen und das rechtzeitige Anfordern von Abschlagszahlungen aufrechterhalten. Da mit einem solchen Verhalten das mit den Bauvorhaben verbundene Verlustrisiko in weitem Umfang auf die Geschäftsgläubiger abgewälzt wurde, hat der BGH in einer solchen Konstellation einen Verstoß gegen die guten Sitten und somit auch eine Haftung nach § 826 BGB für möglich gehalten.[396]

---

392 Für den Fall des wirtschaftlichen Idealvereins s. BGH v. 10.12.2007 – II ZR 239/05, NZG 2008, 670.
393 BGH v. 25.4.1988 – II ZR 157/87, NJW-RR 1988, 1181.
394 Die Sicherheitsleistung nach § 648 a BGB wurde durch das Bauhandwerkersicherungsgesetz vom 27. April 1994 in das BGB aufgenommen, s. BGBl. I S. 509.
395 So der Leitsatz der Entscheidung des OLG Oldenburg, NZG 2000, 555.
396 In der Entscheidung BGH v. 16.3.1992 – II ZR 152/91, NJW-RR 1992, 1061, 1062 wurde die Verurteilung des Gesellschafters aufgehoben, weil das Berufungsgericht zu Unrecht eine Haftung des Gesellschafter-Geschäftsführers aus Verschulden bei Vertragsabschluss annahm. Gleichwohl machte der BGH deutlich, dass durchaus eine Haftung nach § 826 BGB in Betracht kommt.

**B. Gesellschafter**

Die Rechtsprechung löst die Fälle des Institutsmissbrauchs über § 826 BGB und kommt somit zu einem Schadensersatzanspruch des Gesellschaftsgläubigers. Nach der Literatur besteht eine persönliche Haftung der Gesellschafter aufgrund einer analogen Anwendung des § 128 HGB.[397]

**3. Vermögensvermischung**

In der grundlegenden Entscheidung zum existenzvernichtenden Engriff hat der BGH hervorgehoben, dass neben der Zweckbindung des Gesellschaftsvermögens auch die Notwendigkeit der **Trennung** des Vermögens der Gesellschaft von dem übrigen Vermögen der Gesellschafter unabdingbare Voraussetzung für die in § 13 Abs. 2 GmbHG geregelte Haftungsbeschränkung sei.[398] Bei der Durchgriffshaftung wegen einer Vermögensvermischung geht es im Kern um die Nichtbeachtung dieses Trennungsprinzips. Wer das Vermögen der GmbH nicht ordnungsgemäß von dem eigenen Vermögen oder von dem Vermögen einer weiteren GmbH trennt, soll sich nicht auf eine beschränkte Haftung der GmbH berufen können. Auf eine zweckwidrige Verwendung des Gesellschaftsvermögens zulasten der Gläubiger kommt es hier nicht an, da ja noch nicht einmal klar ist, was überhaupt Gesellschaftsvermögen war.

Die persönliche Haftung eines Gesellschafters kann in Betracht kommen, wenn die Abgrenzung zwischen Gesellschafts- und Privatvermögen durch eine **undurchsichtige Buchführung** oder auf andere Weise verschleiert worden ist. Der im GmbH-Recht festgeschriebene Gläubigerschutz wird durch ein solches Verhalten erschwert, da es weder den Gläubigern, noch einem Insolvenzverwalter möglich ist, einen Anspruch aus §§ 30, 31 GmbHG durchzusetzen. Die Einhaltung der Vorschriften über die Kapitalerhaltung ist ohne eine Buchführung nicht kontrollierbar. Davon darf nicht der Gesellschafter profitieren, der selbst erkennen muss, dass der Geschäftsführer nicht für eine ordnungsgemäße Buchhaltung sorgt. Schon das Fehlen einer korrekten Buchführung kann unter Umständen zu einer persönlichen Haftung der Gesellschafter führen.[399]

Die persönliche Haftung kann allerdings nur denjenigen Gesellschafter treffen, der aufgrund seiner Stellung einen **Einfluss in der Gesellschaft** ausüben konnte und deshalb für eine Vermögensvermischung verantwortlich ist. Wer wegen geringer Beteiligung und fehlender interner Mitspracherechte einen solchen Einfluss nicht ausüben kann, kann auch nicht verantwortlich gemacht werden.[400] Die Vermögensvermischung kann daher insbesondere bei einer Einpersonen-GmbH auftreten, wenn sich nicht klären lässt, welche Vermögensgegenstände der GmbH und welche dem Privatvermögen zuzurechnen sind.[401]

Gelingt dem Gläubiger der GmbH der Nachweis einer unzulässigen und vom Gesellschafter zu verantwortenden Vermischung von Privatvermögen und Vermögen der Ge-

---

397 Hierzu *Lutter/Hommelhoff*, in Lutter/Hommelhoff, GmbHG, § 13 Rn 23.
398 BGH v. 24.6.2002 – II ZR 300/00, NJW 2002, 3024, 3025.
399 Fall des OLG Celle v. 29.8.2001 – 9 U 120/01, GmbHR 2001, 1042.
400 So BGH v. 13.4.1994 – II ZR 16/93, NJW 1994, 1801 1802; die Beklagte war die Ehefrau eines flüchtigen GmbH-Gesellschafters. Sie war mit 20 % an der GmbH beteiligt und hatte de facto keinen Einfluss auf die Geschicke der GmbH gehabt, so dass der BGH eine Haftung nach § 826 BGB ablehnte.
401 Hierzu *Hirte*, Kapitalgesellschaften, Rn 5.165; vgl auch OLG Celle v. 29.8.2001 – 9 U 120/01, GmbHR 2001, 1042; demnach kann in einem Insolvenzverfahren der Anspruch wegen Vermögensvermischung in analoger Anwendung des § 93 InsO vom Insolvenzverwalter durchgesetzt werden.

sellschaft, so kann der Gesellschafter aus § 128 HGB analog in Anspruch genommen werden, sobald die Gläubiger von der Gesellschaft keine Befriedigung erlangen können.[402]

### 4. Insolvenzverschleppung

271 Das MoMiG möchte den Missbrauch mit einer GmbH bekämpfen und hat hierbei insbesondere die Firmenbestattungen im Visier. Neben der Erweiterung der Bestellungshindernisse für Geschäftsführer und der hiermit korrespondierenden Gesellschafterhaftung (§ 6 Abs. 2 S. 1 Nr. 3 und § 6 Abs. 5 GmbHG) soll auch die Zustellung von Erklärungen an die GmbH bei einer Führungslosigkeit der Gesellschaft (§§ 10 Abs. 1, 35 Abs. 1 GmbHG, § 15a HGB) möglich sein. Diese Änderungen wären allerdings unvollständig, wenn ein Gläubiger nicht auch noch gegen die Gesellschafter vorgehen könnte. Hierfür ist § 15a Abs. 3 InsO einschlägig. Im Fall der Führungslosigkeit einer GmbH ist demnach jeder Gesellschafter zur Stellung eines Insolvenzantrags verpflichtet, es sei denn, er hat von der Zahlungsunfähigkeit und der Überschuldung oder der Führungslosigkeit keine Kenntnis. Neben der **Antragspflicht** besteht im Fall der Führungslosigkeit auch ein **Antragsrecht** der Gesellschafter nach § 15 Abs. 1 S. 2 InsO.[403]

272 Die **Ersatzzuständigkeit** des Gesellschafters für die Stellung eines Insolvenzantrags soll den Gläubigerschutz stärken. Sie nimmt den Gesellschafter in die Pflicht, ohne ihm hierbei eine Frist von drei Wochen einzuräumen, die dem Geschäftsführer unter bestimmten Umständen zustehen kann. Der Gesellschafter muss bei einer Führungslosigkeit der GmbH einen Insolvenzantrag stellen, sofern die Gesellschaft zahlungsunfähig oder überschuldet ist.[404]

273 Für die **Führungslosigkeit** gibt es in § 10 Abs. 2 InsO eine Legaldefinition: „Ist der Schuldner eine juristische Person und hat diese keinen organschaftlichen Vertreter (Führungslosigkeit) …". Ob eine GmbH einen organschaftlicher Vertreter hat, bestimmt sich nach den hierfür einschlägigen Regeln. Eine Abberufung durch die Gesellschafter, eine Amtsniederlegung durch den Geschäftsführer, das Entstehen eines Bestellungshindernisses (§ 6 Abs. 2 GmbHG) oder der Tod des Geschäftsführers können die GmbH führungslos machen.[405] Indem der Gesellschafter nun durch § 15a Abs. 3 InsO in die Pflicht genommen wird, besteht für ihn ein Anreiz, wieder einen Vertreter für die juristische Person zu bestellen. Mit der Bestellung eines Geschäftsführers geht die Antragspflicht der Gesellschafter auf das Vertretungsorgan über.

274 Die Antragspflicht besteht für die Gesellschafter allerdings dann nicht, wenn sie von der Zahlungsunfähigkeit und der Überschuldung oder der Führungslosigkeit keine Kenntnis haben. Den Gesellschafter trifft hierfür die volle Beweislast.

---

402 BGH v. 16.9.1985 – II ZR 275/84, NJW 1986, 188; BGH v. 13.4.1994 – II ZR 16/93, NJW 1994, 1801; vgl auch *Lutter/Hommelhoff* in Lutter/Hommelhoff, GmbHG, § 13 Rn 13; Scholz/*Emmerich*, § 13 Rn 92.
403 Diese Regelung setzt einen Vorschlag von *Hirte*, ZInsO 2003, 833, 838, um.
404 Der Referentenentwurf zum MoMiG hatte eine Antragspflicht der Gesellschafter bereits vorgesehen, wenn den Gesellschaftern der Aufenthalt der Geschäftsführer unbekannt war; vgl hierzu *Blöse* in Römmermann/Wachter, GmbH-Beratung nach dem MoMiG, S. 71, 76.
405 Zur Führungslosigkeit der GmbH aufgrund eines nichtigen Bestellungsbeschlusses s. *Schmal*, NZI 2007, 6, 7.

Die Begründung zum Regierungsentwurf betont ausdrücklich, dass dem Gesellschafter mit der Antragspflicht keine ausufernde Nachforschungspflicht auferlegt wird. Sollte der Gesellschafter allerdings die Führungslosigkeit der GmbH kennen, was gerade bei einer Abberufung oder einer Amtsniederlegung der Fall sein dürfte, hat er Anlass nachzuforschen, wie es um die Vermögensverhältnisse der Gesellschaft steht.

275

Jeder Gesellschafter ist unabhängig von seiner Beteiligung zu einem Insolvenzantrag berechtigt und verpflichtet. Eine Ausnahme für Gesellschafter mit einer Beteiligung von lediglich 10 %, die es bei § 32 a Abs. 3 S. 2 GmbHG gab und bei § 39 Abs. 5 InsO gibt, existiert weder bei § 15 Abs. 2 InsO noch bei § 15 a Abs. 3 InsO. Solche Gesellschafter haben nach der Begründung zum Regierungsentwurf weniger oder keinen Anlass, um die Vermögensverhältnisse zu ermitteln. Sie dürften sich regelmäßig und ohne Schwierigkeiten entlasten können.[406]

276

Die Insolvenzantragspflicht nach § 15 a Abs. 3 InsO setzt eine positive Kenntnis der Insolvenzreife und der Führungslosigkeit voraus; Kennenmüssen genügt grundsätzlich nicht. Auch das bewusste Verschließen vor der Kenntnis soll nach der Begründung des Regierungsentwurfs der positiven Kenntnis gleichstehen.

277

Bei der Regelung zur Insolvenzantragspflicht des Gesellschafters handelt es sich um ein Schutzgesetz im Sinne des § 823 Abs. 2 BGB. Im Falle der Führungslosigkeit haftet der Gesellschafter genauso wie ein Geschäftsführer für eine Insolvenzverschleppung. Dabei können Neugläubiger einen Schadensersatzanspruch gegen einen Gesellschafter haben, wenn bei einer Führungslosigkeit der GmbH noch jemand vorhanden war (bspw ein Prokurist), der für die Gesellschaft Verpflichtungen eingehen konnte.[407] Bei der Erweiterung der Insolvenzantragsverpflichtung und des korrespondierenden Insolvenzantragsrechts darf nicht übersehen werden, dass eine Haftung gegen vermögenslose Gesellschafter nur schwer durchgesetzt werden kann.[408]

278

---

[406] So Begründung zum RegE des MoMiG, BT-Drucks. 16/6140, S. 128; vom Schrifttum wurde vorgeschlagen eine 10 %-Beteiligung als Voraussetzungen für eine Antragspflicht aufzunehmen, s. *K. Schmidt*, GmbHR 2007, 1072, 1078.
[407] So im Ergebnis auch *Casper* in Ulmer/Habersack/Winter, GmbHG, § 64 Rn 173; *Kindler*, NJW 2008, 3249, 3255.
[408] Hierzu bereits *Hirte*, ZInsO 2003, 833, 838.

# § 8 Unternehmergesellschaft

A. Einführung .................................... 1
B. Musterprotokoll ............................. 8
   I. Vorbemerkung ........................... 10
   II. Musterprotokoll für die Einpersonen-UG ................................. 20
   III. Musterprotokoll für die Zwei- oder Dreipersonen-UG ............. 27
C. Sonderrecht ................................... 32
   I. Bezeichnung (§ 5 a Abs. 1 GmbHG) ................. 32
   II. Kapitalaufbringung (§ 5 a Abs. 2 GmbHG) ................. 38
   III. Rücklagenbildung (§ 5 a Abs. 3 GmbHG) ................. 44
   IV. Einberufung von Gesellschafterversammlungen (§ 5 a Abs. 4 GmbHG) ................. 55
D. Umwandlung ................................ 58
   I. Von der UG in die GmbH („upgrading") ............................. 61
      1. Nominelle Kapitalerhöhung ................................... 62
      2. Effektive Kapitalerhöhung ... 68
   II. Von der GmbH in die UG („downsizing") ......................... 75
E. Vergleich mit Limiteds ................. 78
   I. Gründung ................................... 81
   II. Kosten ....................................... 91
   III. Ansehen der Rechtsform .......... 94
   IV. Haftung .................................... 97
      1. Kollisionsrecht ................... 97
      2. Gesetzliche Außenhaftung.... 102
      3. Insolvenzverschleppungshaftung ............................... 104
      4. Gesellschafterhaftung bei Limiteds ........................ 116
   V. Resümee .................................. 119

## A. Einführung

1 Die Rechtsprechung des EuGH zur Niederlassungsfreiheit von Kapitalgesellschaften hat zu einem Wettbewerb der Rechtsformen geführt. Seit der Centros-Entscheidung sind Unternehmer aus Deutschland bei der Rechtsformwahl nicht mehr auf das inländische Angebot der deutschen Rechtsordnung beschränkt (hierzu bereits unter § 1 Rn 30).

2 Zwar konnte man sich über die Anzahl der gegründeten Limiteds trefflich streiten und es wurde auch zunehmend deutlich, dass viele Limiteds sehr schnell wieder in der Versenkung verschwanden, weil die englischen Publizitätsvorschriften sehr streng sind.[1] Das GmbH-Recht stand aber zumindest unter einem gefühlten Konkurrenzdruck. Nicht zuletzt war auch in Hinblick auf die Lissabon-Strategie („think small first") eine Reform des GmbHG unter stärkerer Berücksichtigung der Interessen von kleinen und mittelständischen Unternehmen angezeigt. Die Europäische Union hatte hierbei die Empfehlung gegeben, einen rechts- und verwaltungstechnischen Rahmen zu schaffen, der die unternehmerische Tätigkeit insbesondere von kleinen und mittelständischen Unternehmen durch ein kostengünstigeres und schnelleres Verfahren der Gesellschaftsgründung fördert.[2] Dies führte auch in anderen Ländern (England, Spanien und Frankreich) zu grundlegenden Änderungen im Gesellschaftsrecht.[3] In Deutschland indes do-

---

[1] Hierzu *Niemeier*, ZIP 2007, 1794, der anhand der Gewerbean- und abmeldungen belegt, dass die eine Hälte der Limiteds nach dem 1. Jahr, nahezu die andere Hälfte nach dem 2. Jahr aufgibt.
[2] Vgl hierzu *Fröhlingsdorf*, RIW 2003, 584.
[3] Vgl *Dirksmeier/Scharbert*, BB 2006, 1517 (1518) für England; *Cohnen*, ZVglRWiss 104 (2005), S. 479 (482) für Spanien; *Becker*, GmbHR 2003, 706 für Frankreich.

minierte in der Diskussion über eine Reform des Gesellschaftsrechts der Wettbewerb zwischen der GmbH und der Limited.

In der Auseinandersetzung standen sich zwei unterschiedliche rechtspolitische Positionen gegenüber. Die einen wollten die GmbH soweit verändern, dass sie eine Konkurrenz durch die Limiteds nicht mehr fürchten müsse. Eine Kernforderung war hierbei die Absenkung des Mindeststammkapitals.[4] Den anderen ging es vor allem um das Ansehen der GmbH. Diese bewährte Rechtsform sollte im Wesentlichen unverändert bleiben. Zusätzlich zur GmbH sollte nach dieser Auffassung eine neue Rechtsform eingeführt werden, die sich mit der Limited messen sollte.[5] Mit der Herabsetzung des Stammkapitals auf 10.000 EUR folgten der Referenten- und der Regierungsentwurf noch der Auffassung, die wegen des Konkurrenzkampfes mit der Limited eine Öffnung der GmbH für finanzschwache Unternehmer forderten. In den Beratungen des Rechtsausschusses beim Deutschen Bundestag hat sich diese Ansicht aber nicht durchgesetzt. Vielmehr blieb es bei dem gesetzlichen Stammkapital von 25.000 EUR. Der Wettbewerbsdruck auf die GmbH soll nun allein durch die haftungsbeschränkte Unternehmergesellschaft (im Folgenden: **UG**) aufgefangen werden, die ohne ein bestimmtes Mindeststammkapital gegründet werden kann. Wie der Rechtsausschuss ausführte, werde mit der UG Kleinunternehmern und Existenzgründern, deren Unternehmen nur ein geringes Startkapital benötige, eine äußerst flexible Variante der GmbH angeboten. Vor diesem Hintergrund habe die Absenkung des Mindeststammkapitals bei der „klassischen" GmbH ihre Bedeutung verloren. Sie sollte unterbleiben, um das Renommee der bereits gegründeten GmbHs nicht zu unterlaufen.[6]

Die UG verbindet zwei verschiedene Vorschläge, die schon vor dem Referentenentwurf unterbreitet worden waren. Das **Konzept** der UG stammt im Wesentlichen aus Nordrhein-Westfalen. Dort hatte das Justizministerium den Entwurf eines Gesetzes zur Vereinfachung der Gründung von Gesellschaften mit beschränkter Haftung (GVGG-Entwurf) formuliert und in die Diskussion gebracht.[7] Mit § 12 a GmbHG-E sollte eine „Basisgesellschaft mit beschränkter Haftung" in das GmbHG aufgenommen werden, die eine Variante der GmbH darstellen sollte. Das Stammkapital der Basisgesellschaft mit beschränkter Haftung sollte lediglich 2.500 EUR betragen und konnte auch nur als Bareinlage von den Gesellschaftern übernommen werden. In der Firmierung musste die Bezeichnung „Basisgesellschaft mit beschränkter Haftung" oder eine allgemein verständliche Abkürzung dieser Bezeichnung enthalten sein. Es durfte höchstens fünf Gesellschafter geben und für die Gründung sollte eine Mustersatzung zur Verfügung stehen, für deren Erlass das Bundesjustizministerium zuständig seien sollte. Die **Bezeichnung** Unternehmergesellschaft ist eine Erfindung des Bundestagsabgeordneten Gehb. Er wollte mit der von ihm geplanten „Unternehmergesellschaft" eine neue Gesell-

---

4 *Grunewald/Noack*, GmbHR 2005, 189 ff; in diese Richtung auch *Barta*, GmbHR 2005, 657, 661 f, der einen gesetzlich festgelegten Mindestbetrag durch eine effektive Missbrauchshaftung ersetzen möchte.
5 *Priester*, DB 2005, 1315, 1319; *ders.*, ZIP 2005, 921, 922.
6 BT-Drucks. 16/9737, S. 95.
7 Der Gesetzentwurf ist im Internet abrufbar bei www.jura.uni-duesseldorf.de (Lehrstuhl Prof. Noack und dort unter der Rubrik „Rechtspolitik").

schaftsform schaffen und hatte dazu auch einen Gesetz entworfen, das nicht weniger als 73 neue Paragrafen enthielt.[8]

5  Nach § 5a Abs. 1 S. 1 GmbHG kann eine Gesellschaft mit einem Stammkapital gegründet werden, das den Betrag des Mindeststammkapitals von 25.000 EUR unterschreitet. Die Gesellschaft ist eine Variante der GmbH. Das gesamte GmbHG ist daher anwendbar, wenn nicht die besonderen Vorschriften der UG Anwendung finden. Das Sonderrecht der UG ist ebenfalls in § 5a GmbHG geregelt und besteht aus folgenden Regelungen:

- Eine UG muss die Bezeichnung „Unternehmergesellschaft (haftungsbeschränkt)" oder „UG (haftungsbeschränkt)" führen (§ 5a Abs. 1 GmbHG).
- Das Stammkapital muss in voller Höhe eingezahlt werden. Sacheinlagen sind ausgeschlossen (§ 5a Abs. 2 GmbHG).
- Im Jahresabschluss ist eine gesetzliche Rücklage zu bilden, in die ein Viertel des um einen Verlustvortrag aus dem Vorjahr geminderten Jahresüberschuss einzustellen ist. Sie darf nur für eine nominelle Kapitalerhöhung oder für einen Verlustausgleich verwendet werden (§ 5a Abs. 3 GmbHG).
- Abweichend von § 49 Abs. 3 GmbHG muss der Geschäftsführer die Gesellschafterversammlung bei drohender Zahlungsunfähigkeit unverzüglich einberufen (§ 5a Abs. 4 GmbHG).

6  Dieses Sonderrecht findet nach § 5a Abs. 5 GmbHG keine Anwendung, wenn die Gesellschaft ihr Stammkapital auf mindestens 25.000 EUR erhöht. Mit § 5a GmbHG wird *keine* neue Rechtsform geschaffen.[9] Die Begeisterung für die UG hielt sich im Schrifttum in engen Grenzen.[10] Trotz der kritischen Stimmen ließ sich der Gesetzgeber aber nicht von diesem Vorhaben abbringen.

7  Die UG ähnelt in ihrem Konzept der Basisgesellschaft mit beschränkter Haftung aus Nordrhein-Westfalen, da es sich bei beiden Gesellschaften lediglich um Varianten der GmbH handelt und sie bis auf die Sondervorschriften dem gesamten GmbHG unterstehen. Im Vergleich zur Basisgesellschaft mit beschränkter Haftung überzeugt allerdings die UG. Die im nordrhein-westfälischen Entwurf enthaltene Beschränkung auf höchstens fünf Gesellschaftern hätte zu Problemen bei einer Vererbung der Geschäftsanteile geführt.[11]

## B. Musterprotokoll

8  Nach § 2 Abs. 1a S. 1 GmbG kann eine Gesellschaft in einem vereinfachten Verfahren gegründet werden, wenn sie höchstens drei Gesellschafter und einen Geschäftsführer hat. Für die Gründung im vereinfachten Verfahren ist das in der Anlage zum GmbHG

---

8 Vgl den Entwurf eines Gesetzes über die Unternehmergesellschaft von *Gehb*; im Internet erhältlich unter www.gehb.de.
9 So *Seibert*, GmbHR 2007, 673 (675); im Ergebnis auch *Noack*, DB 2007, 1395, 1396; *Wilhelm*, DB 2007, 1510.
10 *Veil*, GmbHR 2007, 1080, 1086: „Die Unternehmergesellschaft sollte möglichst schnell wieder in der Schublade verschwinden"; *Freitag/Riemenschneider*, ZIP 2007, 1485, 1491: „Die vorstehenden Ausführungen verdeutlichen, dass der RegE zum MoMiG noch der Überarbeitung bedarf." aA *Joost*, ZIP 2007, 2224, 2248: „Attraktives legislatorisches Angebot".
11 Hierzu bereits *K. Schmidt*, DB 2006, 1096, 1097.

B. Musterprotokoll 8

enthaltene Musterprotokoll zu verwenden. Das GmbHG enthält je ein Musterprotokoll für die Gründung einer Einpersonen-Gesellschaft und für die Gründung einer Gesellschaft mit zwei oder drei Gesellschaftern. Beide Protokolle enthalten eine Ziffer 3, aus der hervorgeht, dass eine Gründung im vereinfachten Verfahren die Erbringung der Einlage in bar voraussetzt. Die Bestimmungen der Musterprotokolle sind zwar so formuliert, dass man mit ihnen sowohl eine GmbH als auch eine UG gründen kann. Da die Musterprotokolle, wie der Rechtsausschuss des Deutschen Bundestages zurecht hervorhob, insbesondere bei der UG zu einer echten Kosteneinsparung führen können, darf man mit guten Gründen davon ausgehen, dass sie vornehmlich bei der Gründung einer UG verwendet werden.[12]

Wie auch bei der GmbH wird zunächst erläutert, auf welcher vertraglichen Grundlage eine UG entsteht. Nach der Darstellung des Musterprotokolls (Rn 8 ff) wenden wir uns dem Sonderrecht der UG zu (Rn 32 ff). Die besonderen Regelungen zur Bezeichnung und zur Rücklagenbildung machen dabei deutlich, dass es sich bei der UG nur um einen weiteren Weg zur GmbH handelt. Unter Rn 58 ff soll daher erläutert werden, wie der Wechsel einer UG in die GmbH (sog. „upgrading") erfolgt. In diesem Zusammenhang soll auch die Frage beantwortet werden, ob auch Wechsel von einer GmbH in eine UG (sog. „downsizing") möglich ist. Danach soll unter Rn 78 ff ein Rechtsformvergleich der UG mit der GmbH und der Limited vorgenommen werden. 9

### I. Vorbemerkung

Die Wirtschaft forderte schon vor der Veröffentlichung des RefE zum MoMiG die Einführung einer Mustersatzung.[13] Im ersten Entwurf zum MoMiG wurde diese Forderung noch nicht aufgegriffen. Der für den Entwurf zuständige Referent *Seibert* machte allerdings deutlich, dass damit die Diskussion über eine Standardsatzung noch nicht abgeschlossen sei.[14] 10

Als der RegE eine beurkundungsfreie **Mustersatzung** enthielt, war sich auch der Bundesrat zunächst noch uneins, wie er sich zu diesem Thema positionieren sollte. Sein Wirtschaftsausschuss plädierte für eine Abschaffung der notariellen Beurkundung von GmbH-Satzungen, die Mitglieder aus dem Rechtsausschuss des Bundsrats lehnten die Einführung einer Standardsatzung ab und brachten ein Musterprotokoll ins Spiel, ohne hierbei konkret zu äußern, wie dieses denn aussehen solle. Letztlich setzte sich der Rechtsausschuss in der Länderkammer durch.[15] Auch in der weiteren Auseinandersetzung gingen die Meinungen über eine Mustersatzung weit auseinander. Manche stimmten dem Anliegen generell zu und unterbreiteten punktuelle Änderungsvorschläge.[16] Andere wiederum erteilten dem Vorhaben eine schroffe Absage.[17] 11

---

12 BT-Drucks. 16/9737, S. 93.
13 Aus der Industrie vgl die Untersuchung des BDI mit dem Titel: Die GmbH im Wettbewerb der Rechtsformen, im Internet abrufbar unter www.bdi-online.de/dokumente/recht-wettbewerb-versicherungen/diegmbhimwettbewerbderrechtsformen.pdf; aus dem Handwerk vgl *Karsten*, GmbHR 2006, 58.
14 *Seibert*, ZIP 2006, 1157, 1159.
15 Vgl Empfehlung der Ausschüsse BR-Drucks. 354/1/07, S. 1 ff, sowie S. 3 f.
16 *Bayer/Hoffmann/Schmidt*, GmbHR 2007, 953; *Karsten*, GmbHR 2007, 958.
17 *Heckschen*, DStR 2007, 1442; *Ries*, NotBZ 2007, 244.

**12** Die überwiegend kritische Haltung gegenüber einer Mustersatzung war erstaunlich, denn in der EU gibt es zahlreiche Länder, die bereits Mustersatzungen eingeführt haben.[18] Den Anfang machte **England**. Dort gibt es seit über 150 Jahren Mustersatzungen. Die heute geltende Mustersatzung ist die fünfte Fassung, die seit 1865 erlassen wurde. Sie wurde zuletzt im Rahmen der Company Law Reform Bill überarbeitet. Zurzeit gilt der Companies Act 1985 mit den am 1.10.2007 in Kraft getretenen Änderungen.[19] In England verwenden die meisten Gesellschaften die komplette Mustersatzung. Diese Vorgehensweise hat sich als ein sehr preiswertes und einfaches Verfahren für die Gesellschaftsgründung erwiesen. Selbst die führenden englischen Anwaltssozietäten benutzen die Standardsatzung und modifizieren nur einige wenige Vorschriften.[20]

**13** **Spanien** war nach England das zweite Land, in dem eine gesetzliche Mustersatzung eingeführt wurde. Dort gibt es seit 2003 die Sociedad Limitada Nueva Empressa (SLNE). Die SLNE ist eine Unterart der spanischen Gesellschaft mit beschränkter Haftung (Sociedad de Responsabilidad Limitada – SRL). Der Unterschied zwischen beiden Gesellschaftsformen besteht vor allem in einer Mustersatzung, die nur von den Gesellschaftern einer SLNE verwendet werden kann.[21] Die vom spanischen Justizminister erlassene Modellsatzung entspricht inhaltlich dem üblichen Standard, ist aber für jede SLNE zwingend vorgegeben.[22] Lediglich bei der Anzahl der Gesellschafter (eins bis fünf), beim Gesellschaftsnamen, dem Unternehmensgegenstand, Dauer und Sitz der Gesellschaft, bei der Höhe des Stammkapitals (3.012 bis 120.212 EUR) und bei der Lage des Wirtschaftsjahres haben Gesellschafter einen begrenzten Gestaltungsspielraum. Alle übrigen Vereinbarungen können nicht verändert werden. Die verbindlichen Festlegungen des Gesellschaftsvertrages sind mithin der Preis für eine schnelle Gesellschaftsgründung. Die Einschränkungen der Vertragsfreiheit zeigen sich besonders deutlich bei der Firmierung, die aus dem Vornamen und beiden Nachnamen eines Gesellschaftsgründers gebildet werden muss. Zwingender Bestandteil der Firma ist ferner ein alphanumerischer Code, der eine unverwechselbare Identifikation der Gesellschaft ermöglichen soll.[23]

**14** In **Frankreich** gibt es seit 2006 eine Mustersatzung für die französische **Einpersonen-GmbH** (SARL). Mit dem Gesetz zur Förderung kleinerer und mittlerer Unternehmen hat der französische Gesetzgeber Art. L 223-1 Abs. 2 Code de comerce um einen 3. Satz ergänzt, der die Ermächtigungsgrundlage für den Erlass einer amtlichen Mustersatzung

---

18 Nämlich: England, Spanien, Frankreich, Portugal und Ungarn, s. *Wachter*, Die GmbH-Reform in der Diskussion, 2006, S. 55 (77).
19 Sämtliche Mustersatzungen sind in der Internetpräsenz des Companieshouse eingestellt, s. www.companieshouse.gov.uk/about/tableA/index.shtml. Zur Reform des englischen Gesellschaftsrechts s. *Dirksmeier/Scharbert*, BB 2006, 1517 (1518).
20 So der Praxisbericht von *Helms*, in *Hommelhoff/Helms*, Neue Wege in die Europäische Privatgesellschaft, 2001, S. 259, 261. Nach *Heckschen/Heidinger*, Die GmbH in der Gestaltungspraxis, 2005, S. 428, werden meist nur sehr kleine Abweichungen von den Satzungen vorgenommen.
21 Hierzu *Fröhlingsdorf*, RIW 2006, 584, 586; *Lindner*, ZfRV 2004, 204, 206. Da das Mindeststammkapital von SLNE und SRL mit 3.012 EUR dasselbe ist, kann man das Verhältnis dieser beiden Varianten nicht mit einer UG und der GmbH vergleichen.
22 Die Verordnung mit der Mustersatzung kann unter www.boe.es abgerufen werden (bei „boletines anteriores" das Datum der Veröffentlichung – 5. Juni 2003 – eingeben). Zum Inhalt der Satzung s. *Karsten*, GmbHR 2006, 58, 61.
23 Kritisch hierzu *Irujo*, RIW 2004, 760, 762.

enthält.[24] Diese Mustersatzung wurde aufgrund der Verordnung Nr. 2006-301 vom 9.3.2006 für die SARL erlassen. Die Mustersatzung besteht aus 13 Artikeln und gilt nur für eine SARL mit einem einzigen Gesellschafter, der die Geschäftsführung übernimmt.[25]

Auch vor dem Hintergrund der Erfahrungen in der EU setzte sich die Erkenntnis durch, dass man die einfach gelagerten Gesellschaftsgründungen mit einem Formular erleichtern kann. Allerdings wurde die beurkundungsfreie Mustersatzung aus dem RegE im Laufe des Gesetzgebungsverfahrens durch das **beurkundungspflichtige Musterprotokoll** ersetzt. Das GmbHG enthält nun zwei Musterprotokolle: eins für die Einpersonen-Gesellschaft, das andere ist für eine Gesellschaft mit zwei oder drei Gesellschaftern. Jedes Musterprotokoll besteht im Wesentlichen aus dem notwendigen Satzungsinhalt (Firma, Sitz, Unternehmensgegenstand, Stammkapital und Stammeinlage). Es enthält ferner die Geschäftsführerbestellung, eine Befreiung des Geschäftsführers von den Beschränkungen des § 181 BGB, und gilt gem. § 2 Abs. 1a S. 4 GmbHG als Gesellschafterliste. 15

Der inhaltliche Unterschied zwischen der Satzung aus dem RegE und dem nun als Anlage zum GmbHG enthaltenen Protokoll ist eher gering. Die Mustersatzung aus dem RegE enthielt eine sehr umstrittene Regelung zum Unternehmensgegenstand. Die Gesellschafter konnten nach § 3 der Mustersatzung aus dem RegE lediglich aus drei verschiedenen Unternehmensgegenständen wählen: „*Handel mit Waren*", „*Produktion von Waren*" oder „*Dienstleistungen*".[26] Diese Klausel ähnelte zwar dem spanischen Vorbild, denn auch die SLNE ist über einen Verweis von der Satzung auf das spanische GmbH-Recht (hier: Art. 132 LSRL) gezwungen, einen im Gesetz genannten Gesellschaftszweck aufzugeben (landwirtschaftliche Tätigkeiten, Viehwirtschaft, forstwirtschaftliche Tätigkeiten, Fischerei, Industriegewerbe, Baugewerbe, Handelsgewerbe, Vermittlungsgewerbe, freiberufliche Tätigkeiten oder allgemeine Dienstleistungen).[27] Die in der Mustersatzung des RegE vorgeschlagenen drei Varianten ließen sich allerdings nur schwer mit den tatsächlichen Verhältnissen in Einklang bringen. Viele Unternehmen stellen eben nicht nur Waren her, sondern veräußern sie auch und manches Unternehmen kann in der Gründungsphase von Dienstleistungen alleine nicht leben. Da es bei der Bestimmung des Unternehmensgegenstandes auch den Gedanken der „Gegenstandswahrheit"[28] gibt, stand diese Klausel in der Kritik. Außerdem standen die drei Unternehmensgegenstände aus der Mustersatzung im Widerspruch zur Rechtsprechung und herrschenden Lehre, wonach derartige Gegenstandsbezeichnungen mangels erforderlicher Individualisierung nicht ausreichend sind.[29] Man kann es als 16

---

24 *Karst*, in *Süß/Wachter*, Handbuch des internationalen GmbH-Rechts, 2006, 799, 807.
25 Auf der Homepage des französischen Ministeriums für kleine und mittlere Unternehmen, Handel, Handwerk und die freien Berufe ist die Mustersatzung mit einfachen Erläuterungen einsehbar, s. www.pme.gouv.fr/informations/entreprise/statut_eurl.pdf.
26 Begründung zum RegE, BR-Drucks. 354/07, S. 62.
27 Hierzu *Karsten*, GmbHR 2007, 958, 961.
28 Zu diesem Begriff s. *Wallner*, JZ 1986, 721 (725).
29 Für die Rechtsprechung: BayObLG v. 8.1.2003 – 3 Z BR 234/02, NJW-RR 2003, 686 (zu: „Handel mit Waren aller Art"); BayObLG v. 1.8.1994 – 3 Z BR 157/94, NJW-RR 1995, 31 (zu: „Produktion und Vertrieb von Waren aller Art"). Zur Kritik s. *Karsten*, GmbHR 2007, 958, 963; *Schröder/Cannivé*, NZG 2008, 1, 4.

wesentliche Verbesserung des Musterprotokolls ansehen, dass der Unternehmensgegenstand individuell formuliert werden kann.[30]

17 Das Musterprotokoll enthält im Gegensatz zu der Mustersatzung auch noch die Erklärung der Gesellschafter, eine Gesellschaft zu errichten. Außerdem steht der Beschluss zur Bestellung des Geschäftsführers im Musterprotokoll. Er war im RegE noch Bestandteil des Gründungssets. Der Vorteil des Musterprotokolls liegt auch darin, dass es im Vergleich zum Gründungsset aus dem RegE wesentlich knapper gefasst ist.

18 Die Gesellschafter einer UG sind grundsätzlich **nicht** gezwungen, das Musterprotokoll zu verwenden. Sie können eine UG auch auf herkömmliche Weise gründen, in dem sie in einer Urkunde die GmbH errichten und die üblichen Vereinbarungen in einer Satzung treffen. Gerade bei der Gründung einer UG durch zwei oder drei Gesellschafter sind die Beteiligten gut beraten, wenn sie wie bisher einen Gesellschaftsvertrag schließen, der unter anderem eine Vinkulierungsklausel enthält (hierzu noch sogleich ausführlich unter Rn 27 ff). Sobald die UG vier oder mehr Gesellschafter haben soll, darf man das Musterprotokoll nicht mehr verwenden. In einem solchen Fall müssen die Gesellschafter einen bisher üblichen Gesellschaftsvertrag abschließen und beurkunden lassen. Obwohl das Stammkapital der UG unter dem gesetzlichen Mindeststammkapital liegen dürfte, richtet sich auch in diesen Konstellationen die Beurkundungsgebühr nach dem Mindestwert von 25.000 EUR (§ 41 d KostO).[31]

19 Nachfolgend soll zunächst das Musterprotokoll für eine Einpersonen-UG beleuchtet werden. Danach wenden wir uns dem Musterprotokoll für eine Zwei- oder Dreipersonen-UG zu.

## II. Musterprotokoll für die Einpersonen-UG

20 Bei einer Unternehmergesellschaft darf die Anmeldung nach § 5 a Abs. 2 GmbHG erst erfolgen, wenn das **Stammkapital** in voller Höhe eingezahlt wurde. Demgegenüber müssen die Gesellschafter einer GmbH mit einem Stammkapital von 25.000 EUR lediglich den hälftigen Betrag des gesetzlichen Mindeststammkapitals vor der Anmeldung einzahlen (§ 7 Abs. 2 GmbHG). Das in der Anlage 1 zum GmbHG enthaltene Musterprotokoll enthält unter Ziff. 3 beide Varianten. In der Fußnote 3 steht der Hinweis, dass die Variante für eine Teilzahlung bei einer UG zu streichen ist. Berücksichtigt man diesen Hinweis, so hat das Musterprotokoll für die Gründung einer Einpersonen-UG folgenden Wortlaut:

21 **Muster:**
UR. Nr. ■■■
Heute, den ■■■, erschien vor mir, ■■■, Notar/in mit dem Amtssitz in ■■■, Herr/Frau ■■■.
1. Der Erschienene errichtet hiermit nach § 2 Abs. 1a GmbHG eine Gesellschaft mit beschränkter Haftung unter der Firma ■■■ mit dem Sitz in ■■■.
2. Gegenstand des Unternehmens ist ■■■.

---

30 So *Wälzholz*, GmbHR 2008, 841, 843.
31 Hierzu *Wälzholz*, GmbHR 2008, 841, 843.

3. Das Stammkapital der Gesellschaft beträgt ■■■ EUR (i.W. ■■■ EUR) und wird vollständig von Herrn/Frau ■■■ (Geschäftsanteil Nr. 1) übernommen. Die Einlage ist in Geld zu erbringen und zwar sofort in voller Höhe.
4. Zum Geschäftsführer der Gesellschaft wird Herr/Frau ■■■, geboren am ■■■, wohnhaft in ■■■, bestellt. Der Geschäftsführer ist von den Beschränkungen des § 181 des Bürgerlichen Gesetzbuchs befreit.
5. Die Gesellschaft trägt die mit der Gründung verbundenen Kosten bis zu einem Gesamtbetrag von 300 EUR, höchstens jedoch bis zum Betrag ihres Stammkapitals. Darüber hinausgehende Kosten trägt der Gesellschafter.
6. Von dieser Urkunde erhält eine Ausfertigung der Gesellschafter, beglaubigte Ablichtungen die Gesellschaft und das Registergericht (in elektronischer Form) sowie eine einfache Abschrift das Finanzamt – Körperschaftsteuerstelle –.
7. Der Erschienene wurde vom Notar/von der Notarin insbesondere auf folgendes hingewiesen: ■■■.

Ergänzt wird dieses Musterprotokoll durch vier Fußnoten, mit überwiegend marginalem Inhalt. Bei der Errichtungserklärung wird nach „Herr/Frau" im Fußnotentext zu Ziff. 1 darauf hingewiesen, dass nicht Zutreffendes gestrichen werden müsste und bei juristischen Personen die Anrede Herr/Frau wegzulassen sei. In diesem Fußnotentext werden die Personengesellschaften nicht erwähnt. Eine GbR, OHG und KG kann aber ohne weiteres Gesellschafterin einer GmbH und damit auch einer UG sein. Wegen des klaren Wortlauts in Ziff. 1 des Fußnotentextes kann eine Personengesellschaft für die Gründung einer Tochter-UG nicht auf das Musterprotokoll zurückgreifen. Neben der Bezeichnung des Gesellschafters sind nach dem Fußnotentext zur Mustersatzung noch Angaben zur notariellen Identitätsfeststellung, ggf der Güterstand und die Zustimmung des Ehegatten sowie Angaben zu einer etwaigen Vertretung zu vermerken.

Das Musterprotokoll enthält alle wesentlichen Regelungen, die auch vom Schrifttum für die Errichtung einer Gesellschaft mit nur einer Person empfohlen werden.[32] Insoweit entspricht es auch den Bedürfnissen einer **Einpersonen-Gesellschaft**. Eine GmbH mit nur einem Gesellschafter hat im Regelfall auch nur einen Geschäftsführer. Bei der UG wird dies nicht wesentlich anders sein. Wenn die UG von einer einzigen Person gegründet wird, ist es daher nicht weiter bedenklich, dass das Musterprotokoll nur die Bestellung eines Geschäftsführers vorsieht. Bemerkenswert ist allerdings, dass das Musterprotokoll die Befreiung des Geschäftsführers von den Beschränkungen des § 181 BGB vorsieht. Bei der Einpersonen-GmbH ist diese Befreiung nur wirksam, wenn sie in der Satzung ausdrücklich erwähnt wird oder der Gesellschafter einen solchen Beschluss fasst, zu dem er allerdings von der Satzung ermächtigt werden muss.[33] Da das Musterprotokoll eine Befreiung von den Beschränkungen des Insichgeschäfts enthält, hat es an dieser Stelle die Funktion einer Satzung.

Das Geschäftsjahr der UG ist mit dem Kalenderjahr identisch. Eine abweichende Vereinbarung lässt das Musterprotokoll nicht zu. Bei der Gründung der UG während eines Kalenderjahres bilden die Monate bis einschließlich Dezember ein Rumpfgeschäftsjahr. Da auch hierfür ein Jahresabschluss zu erstellen und zu veröffentlichen ist, sollte eine UG nur zum **Jahresanfang** gegründet werden.

---

32 Vgl *Heinrich* in Münchener Handbuch des Gesellschaftsrechts, Bd. 3, § 10 Rn 7.
33 BGH v. 28.2.1983 – II ZB 8/82, NJW 1983, 1676.

25  Indem das Musterprotokoll auch die Bestellung eines Fremdgeschäftsführers ermöglicht, weicht es von den Satzungen aus Spanien und Frankreich ab. Bei einer spanischen SLNE muss nach der Satzung der Geschäftsführer auch Gesellschafter sein (Art. 8 Abs. 3 der Mustersatzung sowie Art. 139 Abs. 3 LSRL).[34] Auch die Mustersatzung für die französische SARL gilt nur für Gesellschaften, bei denen der einzige Gesellschafter die Geschäftsführung übernimmt.[35] In Anlehnung an die spanische und französische Mustersatzung wäre es im Interesse des Gläubigerschutzes gewesen, dass der Gründungsgesellschafter auch der *erste* Geschäftsführer sein muss. Diese Änderung hätte den Charme, dass die Bestellungshindernisse nach § 6 Abs. 2 GmbHG den Kreis der Gesellschafter enger gezogen hätten. Damit wäre ein größeres Maß an Seriosität auch bei der Verwendung des Musterprotokolls gewährleistet gewesen.[36]

26  Der Verzicht auf ein Mindeststammkapital hat in Frankreich dazu geführt, dass eine SARL durchschnittlich mit einem Stammkapital von 3.000 EUR gegründet wird.[37] Schon in Hinblick auf eine drohende Überschuldung der UG kann man mit guten Gründen annehmen, dass auch die Gesellschafter einer UG nicht mit einem Stammkapital von lediglich einem EUR gründen werden, sondern sich für einen vergleichbaren Betrag entscheiden. Bei der Gründung einer Einpersonen-UG mit einem Stammkapital von 3.000 EUR entstehen Kosten für die Beurkundung der Errichtung, für die Beurkundung der Geschäftsführerbestellung und für die Handelsregisteranmeldung von insgesamt **46 EUR** zzgl Mehrwertsteuer, XML-Datenerfassung und Auslagen.[38]

### III. Musterprotokoll für die Zwei- oder Dreipersonen-UG

27  Das Musterprotokoll für die Gründung einer Mehrpersonen-UG mit bis zu drei Gesellschaftern enthält im Wesentlichen die Regelungen, die bereits aus dem eben dargestellten Musterprotokoll bekannt sind:

28  **Muster:**
UR. Nr ■■■.
Heute, den ■■■, erschien vor mir, ■■■, Notar/in mit dem Amtssitz in ■■■,
Herr/Frau ■■■,
Herr/Frau ■■■,
Herr/Frau ■■■.

1. Die Erschienenen errichten hiermit nach § 2 Abs. 1a GmbHG eine Gesellschaft mit beschränkter Haftung unter der Firma ■■■ mit dem Sitz in ■■■.
2. Gegenstand des Unternehmens ist ■■■.
3. Das Stammkapital der Gesellschaft beträgt ■■■ EUR (i.W. ■■■ EUR) und wird wie folgt übernommen:
Herr/Frau ■■■ übernimmt einen Geschäftsanteil mit einem Nennbetrag in Höhe von ■■■ EUR (i.W. ■■■ EUR) (Geschäftsanteil Nr. 1),

---

34  Vgl *Löber/Wendland/Bilz/Lozano*, Die neue spanische GmbH, 3. Aufl. 2006, S. 42.
35  Hierzu *Karsten*, GmbHR 2007, 958, 962.
36  Die zwingende Bestellung eines Gesellschafter-Geschäftsführers hätte vorausgesetzt, dass die UG nur von natürlichen Personen gegründet werden darf. Dies wäre mit dem Anliegen, nur Standardgründungen zu erleichtern, vereinbar gewesen, s. *Karsten*, GmbHR 2007, 958, 962.
37  *Seibert*, GmbHR 2007, 673, 675 mwN.
38  *Wälzholz*, GmbHR 2008, 841, 843.

Herr/Frau ■■■ übernimmt einen Geschäftsanteil mit einem Nennbetrag in Höhe von ■■■ EUR (i.W. ■■■ EUR) (Geschäftsanteil Nr. 2),
Herr/Frau ■■■ übernimmt einen Geschäftsanteil mit einem Nennbetrag in Höhe von ■■■ EUR (i.W. ■■■ EUR) (Geschäftsanteil Nr. 3).
Die Einlagen sind in Geld zu erbringen und zwar sofort in voller Höhe.
4. Zum Geschäftsführer der Gesellschaft wird Herr/Frau ■■■, geboren am ■■■, wohnhaft in ■■■, bestellt. Der Geschäftsführer ist von den Beschränkungen des § 181 des Bürgerlichen Gesetzbuchs befreit.
5. Die Gesellschaft trägt die mit der Gründung verbundenen Kosten bis zu einem Gesamtbetrag von 300 EUR, höchstens jedoch bis zum Betrag ihres Stammkapitals. Darüber hinausgehende Kosten tragen die Gesellschafter im Verhältnis der Nennbeträge ihrer Geschäftsanteile.
6. Von dieser Urkunde erhält eine Ausfertigung jeder Gesellschafter, beglaubigte Ablichtungen die Gesellschaft und das Registergericht (in elektronischer Form) sowie eine einfache Abschrift das Finanzamt – Körperschaftsteuerstelle –.
7. Die Erschienenen wurden vom Notar/von der Notarin insbesondere auf folgendes hingewiesen: ■■■.

Bei einem Vergleich des Musterprotokolls mit der herkömmlichen Satzung einer GmbH fällt auf, dass vor allem die **Vinkulierungsklausel** fehlt. Mit einer solchen Vereinbarung wollen die Gesellschafter verhindern, dass der Geschäftsanteil frei veräußerlich bleibt. Nach § 15 Abs. 1 GmbHG sind Geschäftsanteile frei veräußerlich. Allerdings steht diese gesetzliche Regelung nicht im Interesse der Gesellschafter. Wer sich mit anderen Gesellschaftern auf die Gründung einer Gesellschaft einlässt, möchte verhindern, dass ohne seine Zustimmung ein Gesellschafterwechsel stattfindet oder sich die Mehrheitsverhältnisse ändern. Aus gutem Grund gibt es daher in fast jeder Satzung einer Mehrpersonen-GmbH eine Vinkulierungsklausel, die häufig von einer Einziehungsregelung flankiert ist.[39] Hierauf wies das Schrifttum schon während der Diskussion zum MoMiG hin. Der Gesetzgeber hätte diese Bedenken auf zwei verschiedene Weisen ausräumen können. Zum einen hätte er den Anwendungsbereich des Musterprotokolls auf die Gründung von Einpersonen-Gesellschaften beschränken können.[40] Zum anderen hätte er – wie im spanischen GmbH-Recht – regeln können, dass die Übertragung von Gesellschaftsanteilen nur ohne Zustimmung möglich ist, wenn sie an andere Gesellschafter, Ehegatten, Eltern oder Abkömmlinge sowie an Gesellschaften einer Unternehmensgruppe erfolgt (vgl Art. 29 Abs. 1 LSRL).[41] Beides wurde unterlassen und so stellt sich die Frage, ob der Gesetzgeber mit der Verkündung des MoMiG auch eine Produktwarnung hätte veröffentlichen müssen. Wegen der fehlenden Vinkulierungsklausel sollten die Gesellschafter einer UG das Musterprotokoll im Zweifel lieber nicht verwenden.[42]

29

Eine weitere Schwäche hat das Musterprotokoll für die Zwei- oder Dreipersonen-UG in Hinblick auf die Bestellung des Geschäftsführers. Das Protokoll sieht lediglich die Bestellung *eines* Geschäftsführers vor, der von den Beschränkungen des § 181 BGB

30

---

39 Vgl die statistische Auswertung von *Bayer/Hoffmann/Schmidt*, GmbHR 2007, 953, 957 (97 % aller Mehrpersonen-Gesellschaften haben eine Vinkulierungsklausel, 61 % eine Einziehungsklausel).
40 Auch wegen der Haftungsverfassung bei der Vor-GmbH wäre es sinnvoll gewesen, eine Mustersatzung bzw ein Musterprotokoll nur für eine Einpersonen-GmbH einzuführen, s. *Karsten*, GmbHR 2006, 58, 61.
41 Eine Übertragung an andere Personen setzt die Einwilligung der Gesellschaft voraus. Hierzu näher *Löber/Wendland/Bilz/Lozano*, Die neue spanische GmbH, 3. Aufl. 2006, S. 57 f. In der Mustersatzung wird diese Regelung unter Art. 6 (*Transmisiones*) dargestellt und die Gesellschafter haben die Möglichkeit, den Namen eines zukünftigen Anteilseigners (andere Gesellschafter, Ehegatten etc.) einzufügen.
42 *Wälzholz*, GmbHR 2008, 841, 843.

befreit wird. Gerade bei kleinen und mittelständischen Unternehmen legen die Anteilsinhaber großen Wert darauf, Geschäftsführer zu sein. Sie meinen, nur auf diese Weise die Geschicke des Unternehmens lenken zu können. Die Weisungsbefugnis der Gesellschafter gegenüber der Geschäftsleitung wird aus Gründen des eigenen Renommees ebenso verdrängt wie die Haftungsgefahren, die nur einem Geschäftsführer drohen. Freilich hindert niemand die Gesellschafter, gleich nach der Unterzeichnung des Musterprotokolls einen weiteren Geschäftsführer zu bestellen.[43] Allerdings sind mehrere Geschäftsführer gemäß § 35 Abs. 2 S. 1 GmbHG nur gemeinschaftlich zur Vertretung der Gesellschaft befugt. Eine **Gesamtvertretung** ist gerade bei personalistisch geprägten Gesellschaften unüblich. In den Satzungen finden sich daher häufig Vereinbarungen zu einer Einzelvertretung. In dem Musterprotokoll können die Gesellschafter eine solche Vereinbarung allerdings nicht treffen. Die Geschäftsführer können sich zwar gegenseitig zum alleinigen Handeln bevollmächtigen. Hierbei müssen sie aber beachten, dass eine Vollmacht nur für einzelne oder eine bestimmte Art von Geschäften erteilt werden kann.[44]

31  Bei der Gründung einer Zwei- oder Dreipersonen-UG mit einem Stammkapital von 3.000 EUR entstehen Kosten für die Beurkundung der Errichtung, für die Beurkundung der Geschäftsführerbestellung und für die Handelsregisteranmeldung von insgesamt 72 EUR zzgl Mehrwertsteuer, XML-Datenerfassung und Auslagen.[45]

## C. Sonderrecht

### I. Bezeichnung (§ 5 a Abs. 1 GmbHG)

32  Eine Gesellschaft, die mit einem Stammkapital gegründet wird, das den Betrag des Mindeststammkapitals von 25.000 EUR unterschreitet, muss nach § 5 a Abs. 1 GmbHG die Bezeichnung „Unternehmergesellschaft (haftungsbeschränkt)" oder „UG (haftungsbeschränkt)" führen. Beide Bezeichnungen sollen den Rechtsverkehr sensibilisieren. Jedem soll klar sein, dass er es mit einer Gesellschaft zu tun hat, die nicht mit dem gesetzlichen Mindeststammkapital einer GmbH ausgestattet ist. Aus diesem Grund sollen beide Bezeichnungsvarianten zwingend sein. Eine **Abkürzung** des Zusatzes „(haftungsbeschränkt)" ist, wie sich auch aus den Gesetzgebungsmaterialien ergibt, nicht zulässig.[46]

33  Nach dem Regierungsentwurf handelte es sich gem. § 5 a Abs. 1 GmbHG-E bei dem Begriff „Unternehmergesellschaft (haftungsbeschränkt)" um einen Rechtsformzusatz. Dieses Tatbestandsmerkmal wurde allerdings durch den Begriff „Bezeichnung" ergänzt. Auf diese Weise wird deutlich, dass es sich bei der UG nicht um eine eigene Rechtsform handelt, sondern lediglich um eine Variante der GmbH.[47]

---

43 Demgegenüber vertritt *Wälzholz*, GmbHR 2008, 841, 843 die Auffassung, dass die Bestellung eines weiteren Geschäftsführers erst nach der Eintragung erfolgen kann.
44 *Wälzholz*, GmbHR 2008, 841, 842.
45 *Wälzholz*, GmbHR 2008, 841, 843.
46 Vgl BegrRegE MoMiG, BT-Drucks. 16/6140, S. 71; im Ergebnis auch *Freitag/Riemenschneider*, ZIP 2007, 1485, 1486.
47 Vgl BT-Drucks. 16/9737, S. 95.

**C. Sonderrecht** **8**

Schon die Verfasser des Regierungsentwurfs hatten ihre Zweifel, ob die Besonderheiten **34**
der UG mit der Bezeichnung „Unternehmergesellschaft (haftungsbeschränkt)" optimal
zum Ausdruck gebracht werden.[48] Verbesserungsvorschläge ließen auch nicht lange auf
sich warten. In seiner Stellungnahme zum Regierungsentwurf schlug der Bundesrat als
Bezeichnung „Gesellschaft mit beschränkter Haftung (ohne Mindestkapital)" oder die
Abkürzung „GmbH (o. M.)" vor.[49]

Weder die vom Bundesrat vorgeschlagene, noch die in § 5a Abs. 1 GmbHG enthaltene **35**
Bezeichnung ist wirklich überzeugend. Auch eine Unternehmergesellschaft hat ein Mindeststammkapital. Auch wenn es lediglich einen EUR beträgt, ist die Angabe „ohne Mindeststammkapital" eben nicht zutreffend. Irreführend ist aber auch der Begriff „haftungsbeschränkt". Er kann eben nicht den Unterschied zwischen der herkömmlichen GmbH und ihrer neuen Variante markieren, da beide Gesellschaften mit ihrem gesamten Vermögen haften.[50]

Sinnvoller wäre es mE gewesen, die Unterform der GmbH lediglich „Unternehmerge- **36**
sellschaft" zu nennen und in der Firmierung die Abkürzung „UG" zuzulassen. Diese bisher unbekannte Bezeichnung wäre deutlich genug gewesen, um bei den angesprochenen Verkehrskreisen eine Nachfrage auszulösen. Außerdem dürfte die UG durch das Reformvorhaben einen solchen Bekanntheitsgrad erhalten, dass der Klammerzusatz in § 5a Abs. 1 GmbHG überflüssig ist.[51] Trotz der bereits im Gesetzgebungsverfahren aufgezeigten Schwächen ist es bei der sperrigen Bezeichnung „Unternehmergesellschaft (haftungsbeschränkt)" geblieben. Darauf werden sich die Gesellschafter und Vertragspartner der UG einstellen können. Wegen des unschönen Klammerzusatzes wird die UG im Gegensatz zur GmbH kein Exportschlager werden. Wenn man sich einmal vorstellt, wie ein Franzose den Klammerzusatz „haftungsbeschränkt" aussprechen soll oder sich ein Engländer darum bemüht, dies Bezeichnung in voller Länge zu buchstabieren, kann man sich nur schwer vorstellen, dass der UG eine internationale Karriere beschieden sein soll.

Jedoch kann man schon mit Inkrafttreten des MoMiG darauf gespannt sein, wie die **37**
Rechtsprechung reagieren wird, wenn eine UG die falsche Bezeichnung verwendet und einfach als GmbH auftritt.[52] Wenn der durch § 4 GmbHG vorgeschriebene Formzusatz nicht verwendet wird, trifft wegen dieser Fortlassung ausschließlich die für die Gesellschaft handelnden Vertreter eine **Rechtsscheinhaftung**.[53] Diese Rechtsscheinhaftung analog § 179 BGB setzt allerdings voraus, dass durch das Zeichnen der Firma *ohne einen Formzusatz* ein berechtigtes Vertrauen des Vertragspartners auf die Haftung mindestens einer natürlichen Person hervorgerufen wird.[54] Bei der Verwendung der

---

48 Vgl BegrRegE MoMiG, BT-Drucks. 16/6140, S. 71.
49 Vgl BR-Drucks. 354/07 S. 5.
50 Vgl hierzu *Wilhelm*, BB 2007, 1510, 1512, der in diesem Zusammenhang auch darauf hinweist, dass die Bezeichnung Gesellschaft mit beschränkter Haftung eigentlich schief sei, sich aber wenigstens eingebürgert habe.
51 Vgl auch die Stellungnahme von *Lutter* zum Regierungsentwurf zur Vorbereitung der öffentlichen Anhörung vor dem Rechtsausschuss des Deutschen Bundestags, abrufbar unter www.bundestag.de. *Seibert*, ZIP 2008, 1208 führt zutreffend aus, dass sich die „Unternehmergesellschaft" in der öffentlichen Diskussion bereits in einer solchen Weise verfestigt habe, dass sie zur „Marke" geworden sei.
52 Hierzu *Veil*, GmbHR 2007, 1080, 1082.
53 BGH v. 5.2.2007 – II ZR 84/05, NJW 2007, 1529.
54 BGH v. 5.2.2007 – II ZR 84/05, NJW 2007, 1529; BGH v. 8.7.1996 – II ZR 258/95, NJW 1996, 2645.

435

*falschen Bezeichnung* wird der Geschäftsverkehr lediglich dahingehend getäuscht, dass bei seinem Vertragspartner zumindest bei der Gründung die Hälfte des Mindeststammkapitals von 12.500 EUR aufgebracht worden ist. Ein Vertragspartner kann nicht davon ausgehen, dass dieser Betrag noch bei Abschluss des Vertrages vorhanden ist. Wenn eine UG in unzutreffender Weise die Bezeichnung „GmbH" verwendet, kann man mit guten Gründen davon ausgehen, dass hier keine Rechtsscheinhaftung der für sie handelnden Personen besteht.[55]

## II. Kapitalaufbringung (§ 5 a Abs. 2 GmbHG)

38  Aus § 5 a Abs. 1 GmbHG geht auch hervor, dass eine UG mit einem Stammkapital gegründet werden kann, das den Betrag des gesetzlichen Mindeststammkapitals von 25.000 EUR unterschreitet. Da der Nennbetrag jedes Geschäftsanteils nach § 5 Abs. 2 S. 1 einerseits auf volle EUR lauten muss und es sich andererseits bei einer Gesellschaft mit einem Stammkapital von 25.000 EUR oder mehr um eine normale GmbH handelt, können die Gesellschafter das Stammkapital der UG auf jeden vollen Eurobetrag zwischen 1 EUR und 24.999 EUR festsetzen.[56] Es dürfte allerdings in der Praxis ausgeschlossen sein, dass eine UG mit einem fünfstelligen Eurobetrag gegründet wird.

39  Nach § 5 a Abs. 2 GmbHG darf eine Anmeldung zum Handelsregister nämlich erst erfolgen, wenn das Stammkapital **in voller Höhe** eingezahlt ist. Für diese Regelung hat sich der Gesetzgeber entschieden, weil jede UG nach der Gründung ein Barvermögen benötigt, das die Gesellschafter in dem Musterprotokoll bzw der Satzung festlegen können. Weil die Gründer das Stammkapital frei wählen können, ist eine Halbeinzahlung nicht erforderlich.[57] Der Regelung in § 5 a Abs. 2 GmbHG liegt ein vernünftiger Gedanke zugrunde. Es könnte in der Theorie zwar dazu führen, dass die Gesellschafter einer UG ein Stammkapital von 20.000 EUR vereinbaren und diese Gesellschaft bei der Gründung über ein höheres Barvermögen verfügt, als es bei der GmbH wegen § 7 Abs. 2 GmbHG typischerweise der Fall ist. Allerdings dürfte eine solche Konstellation in der Praxis nicht vorkommen.

40  Die Gründer einer UG sind nicht gut beraten, wenn sie eine Gesellschaft mit einem Stammkapital von nur einem EUR gründen. Jedes Unternehmen benötigt ein Startkapital. Diese wirtschaftliche Binsenweisheit wird auch durch die Einführung einer UG nicht in Frage gestellt. Dass auch eine UG nicht ohne finanzielle Mittel auskommt, zeigt schon das Musterprotokoll unter Ziffer 5. Dort ist festgelegt, dass die Gesellschaft die mit der Gründung verbundenen Kosten bis zu einem Gesamtbetrag von 300 EUR, höchstens jedoch bis zum Betrag ihres Stammkapitals selbst trägt. Sollte die UG diese Verbindlichkeiten übernehmen, ohne dass hierfür ein Eigenkapital zur Verfügung steht, ist sie bereits bei ihrer Gründung überschuldet.[58] Schon im Hinblick auf die straf- und zivilrechtlichen Folgen einer **Insolvenzverschleppung** sollten die Gründer bei der Festsetzung des Stammkapitals mit Augenmaß agieren. Stellen sie hierbei fest, dass ihr Unternehmen ein Anfangskapital in einer Größenordnung von 12.500 EUR benötigt, soll-

---

[55] So im Ergebnis auch *Veil*, GmbHR 2007, 1080, 1082.
[56] Vgl auch *Freitag/Riemenschneider*, ZIP 2007, 1485, 1486.
[57] BegrRegE MoMiG, BT-Drucks. 16/6140, S. 71.
[58] *Seibert*, GmbHR 2007, 673.

C. Sonderrecht  **8**

ten sie auf die herkömmliche GmbH zurückgreifen. Auch sollten die Gesellschafter bei der Festlegung des Stammkapitals berücksichtigen, dass sich der BGH in seiner Entscheidung vom 28.4.2008 auch in Hinblick auf die seinerzeit diskutierte Einführung der UG zwar gegen eine allgemeine gesellschaftsrechtliche Haftung der Gesellschafters wegen **materieller Unterkapitalisierung** im Wege der Rechtsfortbildung ausgesprochen hat.[59] Ob aber innerhalb des Tatbestandes des § 826 BGB – ähnlich wie für die Fälle des existenzvernichtenden Eingriffs – Platz für die Bildung einer besondere Fallgruppe der „Haftung wegen Unterkapitalisierung einer GmbH", hat der BGH ausdrücklich offengelassen.[60] Die Entscheidung lässt die Tendenz erkennen, dass bei einer missbräuchlichen Verwendung der GmbH (damit auch der UG) eine Haftung nach § 826 BGB in Betracht kommt. Bei der Gründung einer UG mit nur einem EUR Stammkapital wird man eine missbräuchliche Verwendung nicht ausschließen können.[61]

§ 5a Abs. 2 GmbHG schließt die Möglichkeit einer **Sachgründung** bei einer UG aus. **41**
Der Gesetzgeber hält Sacheinlagen schlichtweg für nicht erforderlich und erklärt sie daher auch für unzulässig.[62] Das Verbot einer Sacheinlage wirft insbesondere die Frage auf, welche Rechtsfolgen den Gesellschaftern bei einer verdeckten Sacheinlage drohen. Bei der herkömmlichen GmbH wurde durch die Neufassung des § 19 Abs. 4 S. 1 festgelegt, dass bei einer verdeckten Sacheinlage die Gesellschafter nicht von ihrer Einlageverpflichtung befreit werden. Jedoch sind die Verträge über die Sacheinlage und die Rechtshandlungen zu ihrer Ausführung nicht unwirksam (§ 19 Abs. 4 S. 2 GmbHG). Die Haftung der Gesellschafter beschränkt sich bei der herkömmlichen GmbH auf die Differenz der Geldeinlagepflicht und dem Wert des Vermögensgegenstandes zum Zeitpunkt der Anmeldung der Gesellschaft zur Eintragung in das Handelsregister (§ 19 Abs. 4 S. 3 GmbHG). Ob diese Differenzhaftung auch bei einer UG eingreifen soll, ist im Schrifttum umstritten. Einerseits könnte man im Hinblick auf das nach § 5 Abs. 2 S. 2 GmbHG bestehende Verbot einer Sachgründung vertreten, die verdeckte Sacheinlage müsse dazu führen, dass die Gesellschafter die Einlage noch einmal zu erbringen haben.[63] Demgegenüber kann man sich aber auch auf den Standpunkt stellen, dass es ohne die Möglichkeit von Sacheinlagen auch keine verdeckte Sacheinlage geben kann und das Risiko einer irgendwie gearteten Haftung entfällt.[64] Die letztgenannte Auffassung überzeugt, da sie das Grundanliegen der UG stärker berücksichtigt. Der Gesetzgeber wollte mit dieser Variante der GmbH den Einstieg in die Haftungsbegrenzung erleichtern. Genau aus diesem Grund hat er sich auch dafür entschieden, eine Differenzhaftung bei der verdeckten Sacheinlage einzuführen. Unter verständiger Würdi-

---

59 BGH v. 28.4.2008 – II ZR 264/06, NJW 2008, 2437.
60 BGH v. 28.4.2008 – II ZR 264/06, NJW 2008, 2437; vgl auch *K. Schmidt*, Gesellschaftsrecht, § 9 IV (S. 243 f), der bei einer Unterkapitalisierung eine Innenhaftung der Gesellschafter mit Verschuldenserfordernis annimmt.
61 Nach der Einschätzung von *Wachter* in Römermann/Wachter, GmbH-Beratung nach dem MoMiG, S. 25, 32, wird der BGH gerade bei der UG verstärkt eine persönliche Haftung in Betracht ziehen.
62 BegrRegE MoMiG, BT-Drucks. 16/6140, S. 71.
63 Vgl Die Stellungnahme von *Götte* zum RegE MoMiG zur Vorbereitung der Anhörung vor dem Rechtsausschuss des Deutschen Bundestages, abrufbar unter www.bundestag.de; im Ergebnis auch *Freitag/Riemenschneider*, ZIP 2007, 1485, 1486.
64 So *Joost*, ZIP 2007, 2224, 2244.

gung der Intension des Gesetzgebers führt die verdeckte Sacheinlage auch bei einer UG nur zu einer Differenzhaftung.[65]

42 Da auch eine UG über ein Anfangsvermögen verfügen muss, stellt sich für die Gründer die Frage, ob sie das Unternehmen mit Eigen- oder Fremdkapital finanzieren sollen. Wenn sie sich dafür entscheiden, der UG ein **Darlehen** zu gewähren, müssen sie aufpassen, dass dieses Darlehen nicht zu einer Überschuldung iSd § 19 Abs. 2 InsO führt. Der Regierungsentwurf sah noch vor, dass Gesellschafterdarlehen, denen durch § 39 Abs. 1 Nr. 5 InsO ein insolvenzrechtlicher Nachhang zugewiesen wird, im Rahmen der Überprüfung einer Überschuldung nicht als Verbindlichkeiten zu berücksichtigen sind (§ 19 Abs. 2 S. 3 InsO-E).[66] Mit dieser Regelung hätten die Gesellschafter die Möglichkeit gehabt, ihre UG mit einem Gesellschafterdarlehen zu finanzieren, ohne auf diese Weise die Überschuldung ihrer Gesellschaft herbeizuführen.[67]

43 Allerdings wurde der automatische Nachrang von Gesellschafterdarlehen vom insolvenzrechtlichen Schrifttum stark kritisiert.[68] Damit die Warnfunktion einer Rangrücktrittserklärung erhalten bleibt, empfahl der Rechtsausschuss des Deutschen Bundestags, keinen automatischen Nachrang für Gesellschafterdarlehen festzulegen.[69] Nach § 19 Abs. 2 S. 3 InsO sind daher Forderungen auf Rückgewähr von Gesellschafterdarlehen, für die gemäß § 39 Abs. 2 InsO zwischen Gläubiger und Schuldner der Nachrang im Insolvenzverfahren hinter den in § 39 Abs. 1 Nr. 1 bis 5 bezeichneten Forderungen vereinbart worden ist, nicht als Verbindlichkeit bei einer Überschuldungsprüfung zu berücksichtigen.[70] Der Gesellschafter-Kreditgeber muss daher auch in Zukunft eine **Rangrücktrittserklärung** abgeben, damit die Passivierungspflicht des Gesellschafterdarlehens entfällt. Allerdings sind die inhaltlichen Anforderungen nicht mehr so streng, wie nach bisherigem Recht. Wenn die UG im Gründungsstadium von ihren Gesellschaftern ein Darlehen erhält, sollte eine Rangrücktrittserklärung in dem Vertrag enthalten sein.[71] Gerade in der Anlaufphase produziert ein Unternehmen in aller Regel zunächst Schulden.[72] Die Rangrücktrittserklärung kann lauten: *„Der Gesellschafter und die UG vereinbaren gem. § 39 Abs. 2 InsO einen Nachrang im Insolvenzverfahren hinter den in § 39 Abs. 1 Nr. 1 bis 5 InsO bezeichneten Forderungen von allen gegenwärtigen und zukünftigen Gläubigern."*[73]

---

65 Im Ergebnis aus *Wälzholz*, GmbHR 2008, 841, 844.
66 Vgl hierzu BegrRegE MoMiG, BT-Drucks. 16/6140, S. 129.
67 So auch die Einschätzung von *Gehrlein*, BB 2008, 846, 847.
68 *Haas*, ZInsO 2007, 617, 626.
69 Vgl. BT-Drucks. 16/9737, S. 105.
70 In gleicher Weise ist bei Rechtshandlungen zu verfahren, die einem Gesellschafterdarlehen wirtschaftlich entsprechen.
71 Von *Drygala*, NZG 2007, 561, 563 stammte der Vorschlag, bei Unternehmergesellschaften den Insolvenzgrund der Überschuldung für die Dauer von etwa zwei Jahren ab Gründung auszusetzen. Dieser Vorschlag wurde aber wegen der damit verbundenen erheblichen Gläubigergefährdung nicht weiter verfolgt; s. *Gehrlein*, BB 2008, 846.
72 Vgl. BGH v. 14.5.2007 – II ZR 48/06, NJW 2007, 2118.
73 Weitere Formulierungshilfen bei *Wälzholz*, GmbHR 2008, 841, 847; *Blöse* in Römmermann/Wachter, GmbH-Beratung nach dem MoMiG, 71, 78,

## III. Rücklagenbildung (§ 5 a Abs. 3 GmbHG)

Eine für das GmbH-Recht völlig neuartige Regelung findet sich in § 5 a Abs. 3 GmbHG. Zur Sicherung einer angemessenen Eigenkapitalausstattung wird die UG verpflichtet, eine Rücklage zu bilden, in die ein Viertel des jeweiligen Jahresüberschusses einzustellen ist. Die Rücklage darf gem. § 5 a Abs. 1 S. 2 GmbHG nur verwandt werden:

- für Zwecke des § 57 c GmbHG (nominelle Kapitalerhöhung);
- zum Ausgleich eines Jahresfehlbetrages, soweit er nicht durch einen Gewinnvortrag aus dem Vorjahr gedeckt ist;
- zum Ausgleich eines Verlustvortrags aus dem Vorjahr, soweit er nicht durch einen Jahresüberschuss gedeckt ist.

Die Verpflichtung zum Aufbau einer gesetzlichen Rücklage macht deutlich, dass es sich bei der UG nach den Vorstellungen des Gesetzgebers um eine **Übergangslösung** zur Schaffung einer gewöhnlichen GmbH handelt. Die Vorschrift ist ein „Kunstgriff", mit dem einerseits inländischen Unternehmern eine Gesellschaftsform angeboten wird, die auch der Konkurrenz durch Auslandsgesellschaften gewachsen ist. Andererseits dient die UG der Erhaltung des aus deutscher Sicht bewährten Kapitalschutzsystems.[74] Durch die in § 5 a Abs. 3 S. 1 GmbHG angeordnete Verpflichtung der UG zur Bildung einer Gewinnrücklage soll auch gesichert werden, dass diese Variante der GmbH durch Thesaurierung innerhalb einiger Jahre eine wirtschaftlich ausreichende Eigenkapitalausstattung erreicht.[75]

Das GmbHG kennt keine generelle gesetzliche Pflicht zur Bildung von Rücklagen. Vorbehaltlich einer anders lautenden Satzungsregelung haben die Gesellschafter nach § 29 Abs. 1 S. 1 GmbHG einen Anspruch auf den vollen Jahresüberschuss zuzüglich eines Gewinn- und abzüglich eines Verlustvortrags. Eine Verpflichtung zur Rücklagenbildung gab es bei Kapitalgesellschaften bisher lediglich bei der AG. Sie hat eine Rücklage nach § 150 Abs. 1, 2 AktG zu bilden. Nach dieser Regelung sind so lange 5 % des um einen Verlustvortrag aus dem Vorjahr geminderten Jahresüberschusses einzustellen, bis eine Kapitalrücklage von 10 % des Grundkapitals erreicht ist.[76]

Die Verpflichtung zur Rücklagenbildung ist bei der UG strenger ausgestaltet als bei der AG. Bei einer UG müssen **25 %** des Jahresüberschusses in die Rücklage eingestellt werden; bei einer AG sind es lediglich 5 %. Im Gegensatz zu einer AG gibt es auch keine Beschränkung bei der Höhe der Rücklagenbildung. Die AG wird von der Verpflichtung einer gesetzlichen Rücklage befreit, wenn 10 % des Grundkapitals erreicht wurden. Demgegenüber muss die UG Jahr für Jahr erneut 25 % des Gewinns in die Rücklage fließen lassen, ohne dass es auf deren Höhe ankommt. Die vergleichsweise strenge Regelung des § 5 a Abs. 3 GmbHG soll die Gesellschafter motivieren, möglichst schnell den Weg von der UG in die GmbH zu bestreiten.

Mit einer Erhöhung des Stammkapitals auf 25.000 EUR können die Gesellschafter über die erzielten Gewinne frei verfügen. Dem Gesetzgeber blieb nicht anderes übrig, als mit § 5 a Abs. 3 S. 1 GmbHG einen gewissen **Druck** auf die Gründer auszuüben, denn die

---
74 Hierzu *Joost*, ZIP 2007, 2242, 2245.
75 Hierzu BegrRegE MoMiG, BT-Drucks. 16/6140, S. 71 f.
76 Zur Berechnung der Rücklage s. *Hüffer*, AktG § 150 Rn 5; *Hentzen/Rau*, BB 2008, 713, 714.

Haftungsbeschränkung auf das Gesellschaftsvermögen hatten sie sicher bereits durch die Gründung einer UG verdient.[77]

49 Schon während des Gesetzgebungsverfahrens haben zahlreiche Vertreter des Schrifttums auch darauf hingewiesen, dass die vorgesehene Verpflichtung zum Aufbau einer gesetzlichen Rücklage sehr leicht ausgehebelt werden kann.[78] In der Tat bietet es sich an, die lästige Rücklagenbildung durch **verdeckte Gewinnausschüttungen** zu umgehen. Der Geschäftsführer einer UG wird regelmäßig auch Geschäftsanteile an dieser Gesellschaft haben. Zivilrechtlich ist es für ihn kein großes Problem die Höhe seiner Vergütung so festzulegen, dass kein Jahresüberschuss mehr für die UG übrig bleibt. Ebenso können hochvergütete Geschäfte der UG mit Angehörigen der Gesellschafter zu verdeckten Gewinnausschüttungen führen. Geht man davon aus, dass eine UG regelmäßig einen Gesellschafter-Geschäftsführer hat und die Gesellschafter (sollte es überhaupt mehr als einen geben) ebenso regelmäßig miteinander verwandt sind, so dürften diese verdeckten Gewinnausschüttungen wohl kaum zu einer gerichtlichen Auseinandersetzung zwischen den Gesellschaftern oder den Geschäftsführern führen.

50 Nichtsdestotrotz hat eine unterlassene Rücklagenbildung zumindest auf dem Papier einschneidende Rechtsfolgen. Ein Verstoß gegen § 5 a Abs. 3 S. 1 GmbHG zieht in entsprechender Anwendung des § 256 AktG die **Nichtigkeit** der Feststellung des Jahresabschlusses nach sich. Sie führt wiederum zur Nichtigkeit des Gewinnverwendungsbeschlusses gem. § 253 AktG analog.[79] In einer solchen Konstellation hat die UG daher zum einen Ansprüche gegen die Gesellschafter nach § 812 Abs. 1 S. 1 Alt. 1 BGB; gegenüber den Geschäftsführern besteht ein Anspruch nach § 43 GmbHG. Diese Ansprüche können von Gläubigern der UG gepfändet werden.[80]

51 Es ist allerdings ausgesprochen unwahrscheinlich, dass ein Gläubiger sich die notwendigen Informationen verschaffen kann, um erfolgreich gegen die verantwortlichen Gesellschafter oder Geschäftsführer vorzugehen. Die Gläubiger können eben nur den Jahresabschluss einsehen, nicht aber die Gewinn- und Verlustrechnung. Nur letztere könnte aber Aufschluss über die Zahlungen an Gesellschafter oder Geschäftsführer geben.

52 Eine **Pfändung** der vorgenannten Ansprüche dürfte außerdem allenfalls dann in Betracht kommen, wenn das Insolvenzverfahren über das Vermögen der UG mangels Masse abgewiesen wurde. Die Wirksamkeit der Pfändung und Überweisung eines Bereicherungsanspruchs oder eines Schadensanspruchs einer gelöschten UG ist nach der überwiegenden Meinung im Schrifttum aber ausgesprochen schwierig. Bei einer gelöschten GmbH geht man davon aus, dass für die Zustellung des Pfändungs- und Überweisungsbeschlusses ein Vertreter nach § 66 Abs. 5 GmbHG bestellt werden muss.[81] Gerade wegen der Schwierigkeiten bei einer Zwangsvollstreckung wird vom Schrifttum schon seit langem gefordert, die aktienrechtlichen Vorschriften zum Gläubigerverfol-

---

77 Hierzu auch *Freitag/Riemenschneider*, ZIP 2007, 1485, 1488.
78 Vgl *Freitag/Riemenschneider*, ZIP 2007, 1485, 1488; *Veil*, GmbHR 2007, 1080, 1083; *Joost*, ZIP 2007, 2242, 2247; *Kleindiek*, BB 2007, Editorial zu Heft 27.
79 BegrRegE MoMiG, BT-Drucks. 16/6140, S. 72; *Hüffer*, AktG § 150 Rn 13.
80 Hierzu *Freitag/Riemenschneider*, ZIP 2007, 1485, 1488.
81 Hierzu ausführlich *Stobbe*, Die Durchsetzung gesellschaftsrechtlicher Ansprüche der GmbH in Insolvenz und masseloser Liquidation, Rn 643.

gungsrecht bei einer GmbH analog anzuwenden.[82] Auch bei der UG eine analoge Anwendung des § 93 Abs. 5 S. 2 AktG in Erwägung gezogen werden. Schließlich führt ein Verstoß gegen § 150 AktG zur Anwendung des § 93 Abs. 5 S. 2 AktG.[83] Da sich die Gesetzesbegründung aber dezidiert mit den Rechtsfolgen einer unterbliebenen Rücklagenbildung auseinandersetzt und hierbei auch ausdrücklich Vorschriften des Aktiengesetzes erwähnt,[84] steht eine analoge Anwendung des aktienrechtlichen Gläubigerverfolgungsrechts nicht in Einklang mit den Willen des Gesetzgebers.

Sollte das Insolvenzverfahren eröffnet werden, hätte der Insolvenzverwalter die Möglichkeit, insbesondere die Ersatzansprüche gegen den Geschäftsführer aus § 43 Abs. 1 GmbHG zu verfolgen. Seine Klage wäre erfolgreich, wenn er darlegen könnte, dass die gesetzlich vorgeschriebene Rücklagenbildung durch **verdeckte Gewinnausschüttungen** umgangen wurde. Da aber einerseits die masselose Insolvenz bei einer UG der Regelfall sein dürfte, es andererseits auch für einen Insolvenzverwalter nicht ohne weiteres möglich ist, die Unangemessenheit von Geschäftsführerbezügen oder der Verträge mit den Gesellschaftern darzulegen, dürfte es nur in seltenen Ausnahmefällen zu einer Inanspruchnahme wegen einer Verletzung des § 5 a Abs. 3 GmbHG kommen.[85]

53

Bei näherer Betrachtung erscheinen die gesellschaftsrechtlichen Konsequenzen eines Verstoßes gegen § 5 a Abs. 3 S. 1 GmbHG zunächst nicht besonders abschreckend. Wenn man also mit guten Gründen die praktischen Konsequenzen eines zweifelsfrei vorliegenden Verstoßes gegen das Gesellschaftsrecht ausblendet, bleiben die verdeckten Gewinnausschüttungen nicht ohne Folgen. Zumindest die **Finanzverwaltung** wird sich die Verträge von Gesellschafter-Geschäftsführern einer UG sehr genau ansehen. Gerade eine UG, die über mehrere Jahre am Wirtschaftsleben teilnimmt, ohne die gesetzlich Rücklage angespart zu haben, setzt sich dem Verdacht aus, verdeckte Gewinnausschüttungen vorzunehmen.

54

## IV. Einberufung von Gesellschafterversammlungen (§ 5 a Abs. 4 GmbHG)

Ein Geschäftsführer ist nach § 49 Abs. 2 GmbHG zur Einberufung der Gesellschafterversammlung verpflichtet, wenn es im Interesse der Gesellschaft erforderlich erscheint. Außerdem muss er nach § 49 Abs. 3 GmbHG die Gesellschafterversammlung unverzüglich einberufen, wenn sich aus der Jahresbilanz oder aus einer im Laufe des Geschäftsjahres aufgestellten Bilanz ergibt, dass die Hälfte des Stammkapitals verloren ist. Soweit es die Pflicht aus § 49 Abs. 3 GmbHG anbelangt gibt es für die UG eine Sonderregelung. Nach § 5 a Abs. 4 GmbHG muss die Versammlung der Gesellschafter bei drohender Zahlungsunfähigkeit unverzüglich einberufen werden. Der Gesetzgeber hatte diese Sonderregelung eingeführt, weil § 49 Abs. 3 GmbHG bei einer UG mit einem geringen Stammkapital nicht funktionieren kann.[86]

55

---

82 Hierzu *Ulmer*, ZIP 2001, 2021, 2027.
83 Hierzu *Hüffer*, AktG § 150 Rn 13.
84 BegrRegE MoMiG, BT-Drucks. 16/6140, S. 72.
85 Eine gegenteilige Prognose wagen *Freitag/Riemenschneider*, ZIP 2007, 1482, 1488; sie meinen, dass im Hinblick auf § 5 a Abs. 3 S. 1 GmbHG in der Regierungsbegründung zum MoMiG unter dem Stichwort „Vollzugsaufwand für die Länder" redlicher Weise zusätzliche Richterstellen hätten erwähnt werden müssen.
86 Begr. RegE MoMiG, BT-Drucks. 16/6140, S. 72; *Veil*, GmbHR 2007, 1080, 1083. Dass § 5 a Abs. 4 GmbHG auch bei UG mit einem hohen Stammkapital anwendbar ist, kritisiert *Joost*, ZIP 2007, 2224, 2248.

56 Eine **drohende Zahlungsunfähigkeit** liegt vor, wenn die Gesellschaft voraussichtlich nicht in der Lage sein wird, die bestehenden Zahlungspflichten zu erfüllen (§ 18 Abs. 2 InsO). Zu diesem Zeitpunkt kommt jede Information an die Gesellschafter aber schon zu spät. Im Interesse der Gesellschaft wäre es gewesen, die Gesellschafterversammlung schon früher einzuberufen. Diese Anforderung besteht auch für den Geschäftsführer einer UG nach § 49 Abs. 2 GmbHG. Wegen dieser Verpflichtung wird die Pflicht zur Einberufung nach § 5 Abs. 4 GmbHG in der Praxis keine Bedeutung haben.[87]

57 Die Einberufungspflicht nach § 49 Abs. 3 GmbHG ist ein gesetzlicher Sonderfall der allgemeinen Regel in § 49 Abs. 2 GmbHG.[88] Auch ohne diese Regelung wäre ein Geschäftsführer schon aufgrund des § 49 Abs. 2 GmbHG verpflichtet, die Gesellschafter zu einer Versammlung einzuberufen, wenn ein wesentlicher Teil des Stammkapitals verloren gegangen ist. Der entscheidende Inhalt des § 49 Abs. 3 GmbHG besteht daher in einer Klarstellung: Ein Verlust des hälftigen Stammkapitals ist so wesentlich, dass der Geschäftsführer zur Einberufung der Gesellschafterversammlung verpflichtet sein soll. Wenn eine UG über ein Stammkapital in vierstelliger Höhe verfügt, sollte auch der Geschäftsführer einer UG die Gesellschafterversammlung einberufen, wenn sich aus der Jahresbilanz oder einer Zwischenbilanz ergibt, dass die Hälfte des Stammkapitals verloren ist. Aus diesem Grunde wäre es besser gewesen, wenn der Gesetzgeber in § 5 a Abs. 4 GmbHG statt des Wortes „Abweichend" den Begriff „Unbeschadet" verwendet hätte. Dann wäre bei der UG eine kumulative Einberufungspflicht geschaffen worden.[89]

## D. Umwandlung

58 Aufgrund der Pflicht zur Rücklagenbildung und des sperrigen Klammersatzes „(haftungsbeschränkt)" als vorgeschriebenen Firmen-Bestandteil besteht für ein Unternehmen nur wenig Anreiz, dauerhaft eine UG zu bleiben. Die UG ist eben nur als Durchgangsstadium auf den Weg zur GmbH konzipiert. Die Gesellschafter werden daher eine Umwandlung der UG in eine GmbH vornehmen.

59 Der Übergang von der UG zur GmbH wird hier beschreibend als „Umwandlung" bezeichnet. Mit einer Umwandlung im Sinne des Umwandlungsgesetzes hat der **Wechsel** einer UG in eine GmbH freilich nichts zu tun. Es wird lediglich das Stammkapital auf 25.000 EUR erhöht. Die Gesellschaft bleibt an sich dieselbe. Der Übergang von einer UG in eine GmbH erinnert aber an den Wechsel von einer Personengesellschaft (GbR) in eine Personenhandelsgesellschaft (OHG, KG), den die Rechtsprechung als „identitätswahrende Umwandlung" bezeichnet. Eine derartige Umwandlung ändert nur den rechtlichen Charakter der Gesellschaft, die Identität aber bleibt gewahrt.[90] Durch den Wechsel in die GmbH entfallen für die UG einzelne Pflichten. Die einschlä-

---

[87] So im Ergebnis auch *Joost*, ZIP 2007, 2224, 2248.
[88] Scholz/K. *Schmidt/Seibt*, GmbHG, § 49 Rn 23.
[89] So auch *Freitag/Riemenschneider*, ZIP 2007, 1485, 1489.
[90] BGH v. 10.5.1971 – II ZR 177/68, NJW 1971, 1698 mwN; kritisch zu dieser Terminologie *K. Schmidt*, DB 1971, 2345, 2347. Hiernach sollte nicht von einer Identität, sondern von einer Kontinuität der Gesellschaft die Rede sein.

gige Bezeichnung nach § 5 a Abs. 1 GmbHG ist nicht mehr zu verwenden, eine Rücklage gem. § 5 a Abs. 3 GmbHG muss nicht mehr gebildet werden und die Gesellschafterversammlung ist nicht schon bei drohender Zahlungsunfähigkeit unverzüglich einzuberufen (§ 5 a Abs. 4 GmbHG). Diese Pflichten sind für die UG charakteristisch. Wenn die UG mit dem gesetzlichen Stammkapital ausgestattet wird, entfallen lediglich diese charakteristischen Pflichten, die Identität der Gesellschaft aber bleibt gewahrt. Auch bei dem Wechsel von einer UG in eine GmbH kann man daher von einer identitätswahrenden Umwandlung reden.[91]

Sogleich werden die rechtlichen Aspekte beleuchtet, wenn eine UG ihr Stammkapital auf 25.000 EUR erhöht (sog. „upgrading"). Danach soll kurz dargestellt werden, dass der umgekehrte Weg nicht möglich ist. Eine Herabsetzung des Stammkapitals unterhalb des gesetzlichen Mindestbetrags (sog. „downsizing") ist nicht möglich.

## I. Von der UG in die GmbH („upgrading")

Die Umwandlung einer UG in eine GmbH erfolgt durch die Erhöhung des Stammkapitals. Wie auch bei der normalen GmbH können die Gesellschafter einer UG zwischen einer **nominellen Kapitalerhöhung** und einer **effektiven Kapitalerhöhung** wählen. Das besondere bei der UG ist allerdings, dass das Gesetz explizit lediglich die Kapitalerhöhung aus Gesellschaftsmitteln vorsieht und diese damit als Regelfall erscheint. Wenn man einmal von dem Verlustausgleich absieht, darf die aus dem Gewinn zu bildenden Rücklage lediglich für eine nominelle Kapitalerhöhung verwendet werden (§ 5 a Abs. 3 S. 2 Nr. 1 GmbHG iVm § 57 c GmbHG). Erst aus der Begründung zum Regierungsentwurf ergibt sich, dass eine Umwandlung auch durch eine (effektive) Kapitalerhöhung durch Einlage der Gesellschafter erfolgen kann.[92] Entgegen dem gesetzlichen Leitbild dürfte mE die nominelle Kapitalerhöhung die Ausnahme bleiben. Mit guten Gründen darf man davon ausgehen, dass die Gesellschafter eine Kapitalerhöhung mit ihren eigenen Mitteln finanzieren werden.

### 1. Nominelle Kapitalerhöhung

Wenn die Kapitalerhöhung bei der UG aus Gesellschaftsmitteln erfolgen soll, wird in erster Linie die nach § 5 a Abs. 2 GmbHG gebildete Rücklage in Stammkapital umgewandelt. Hierfür ist ein Gesellschafterbeschluss erforderlich, der nach § 57 c Abs. 4 GmbHG iVm § 53 Abs. 2 GmbHG auch bei der UG **notariell zu beurkunden** ist.[93]

Das GmbHG enthält keine unmittelbare Lösung für den Fall, dass sich die Gesellschafter nicht über die Kapitalerhöhung einig sind. So könnte es durchaus vorkommen, dass bei einer aus mehreren Gesellschaftern bestehenden UG die Interessen an einer weiteren Rücklagenbildung gem. § 5 a Abs. 3 S. 1 GmbHG unterschiedlich sein können.

**Beispiel:**
Eine UG hat die Gesellschafter A, B und C. Im Laufe der ersten zwei Jahre wurde eine Rücklage von 25.000 EUR gebildet. Der Mehrheitsgesellschafter und Geschäftsführer A möchte gerne, dass

---
91 Ähnlich *Freitag/Riemenschneider*, ZIP 2007, 1485, 1491 „(formwahrende Umwandlung)"; aA *Veil*, GmbHR 2007, 1080, 1081.
92 Begr. RegE MoMiG, BT-Drucks. 16/6140, S. 72.
93 Hierzu *Joost*, ZIP 2007, 2224, 2245.

auch der Gewinn der nächsten Jahre in die Rücklage eingestellt wird und damit im Vermögen der UG bleibt. Im Gegensatz zu B und C ist er auf eine Gewinnausschüttung nicht angewiesen. Deshalb spekuliert A darauf, dass sich B und C die weitere Rücklagenbildung nicht leisten können und zu Zugeständnissen bei der zukünftigen Änderung seines Geschäftsführervertrags bereit sind.

65 Wie das Beispiel zeigt, kann die Entscheidung des Gesellschafters für eine Fortführung der UG trotz Umwandlungsfähigkeit der gesetzlichen Rücklage zu einem schwierigen Mehrheits-Minderheitskonflikt führen, der mit einem ungewissen Ende vor Gericht ausgetragen werden muss.[94]

66 Entscheiden sich die Gesellschafter für eine nominelle Kapitalerhöhung, müssen sie in dem Beschluss außerdem angeben, ob die Kapitalerhöhung durch die Bildung neuer Geschäftsanteile oder durch die Erhöhung des Nennbetrags der bestehenden Geschäftsanteile ausgeführt werden (§ 57 h GmbHG). In diesem Beschluss muss neben dem genauen Erhöhungsbetrag außerdem noch der Hinweis enthalten sein, dass die Kapitalerhöhung aus Gesellschaftsmitteln finanziert wird.[95]

67 Damit die Gesellschafter nicht nach freien Belieben Rücklagen in der Bilanz angeben und so den Gläubigerschutz gefährden, muss dem Beschluss über eine nominelle Kapitalerhöhung ein Jahresabschluss oder aber eine Zwischenbilanz zugrunde gelegt werden, die ein **vereidigter Buchprüfer**[96] mit einem uneingeschränkten Bestätigungsvermerk zu versehen hat. Bei der Anmeldung der Kapitalerhöhung darf der Jahresabschluss oder die Bilanz nicht älter als acht Monate sein (§ 57 e Abs. 1 bzw § 57 f Abs. 1 S. 2 GmbHG). Die Geschäftsführer haben dem Registergericht gegenüber zu erklären, dass nach ihrer Kenntnis seit dem Stichtag der Bilanz keine Vermögensminderung eingetreten sei, welche der Kapitalerhöhung entgegen stünden (§ 57 i Abs. 1 S. 2 GmbHG). Der Anmeldung sind der Gesellschafterbeschluss zur Kapitalerhöhung und die Änderung des Gesellschaftsvertrages; die in der Kapitalerhöhung zugrunde gelegte Bilanz nebst Bestätigungsvermerk sowie der geänderte Gesellschaftsvertrag beizufügen. Die Kapitalerhöhung aus Gesellschaftsmitteln ist deshalb mit erheblichen Kosten verbunden, denn schließlich fallen hierfür nicht nur die Gebühren für den Notar an (Beschluss über die Satzungsänderung, Änderung des Musterprotokolls bzw der Satzung), sondern es muss auch ein vereidigter Buchprüfer für den **Bestätigungsvermerk** bezahlt werden. Die zu erwartenden Kosten werden die Gesellschafter einmal mehr davon abhalten, Rücklagen nach § 5 a Abs. 3 S. 1 GmbHG zu bilden.

**2. Effektive Kapitalerhöhung**

68 Statt einer Kapitalerhöhung durch Umwandlung der Rücklagen in Stammkapital bietet es sich für die Gesellschafter einer UG an, die Erhöhung des Stammkapitals mit eigenen Mitteln zu finanzieren. Auch bei einer UG steht am Anfang einer effektiven Kapitalerhöhung der beurkundungsbedürftige Beschluss der Gesellschafterversammlung über

---

94 Vgl *Veil*, GmbHR 2007, 1080, 1084.
95 Zu den weiteren Inhalt eines Beschlusses über die Kapitalerhöhung aus Gesellschaftsmitteln s. *Kollmorgen/Friedrichsen* in Dombek/Kroiß, Formularbibliothek Vertragsgestaltung, Gesellschaftsrecht I, Teil 1 § 7 Rn 84; *Heckschen* in Heckschen/Heidinger, Die GmbH in der Gestaltungspraxis, § 6 Rn 323.
96 Bei einer UG dürfte es sich ausschließlich um eine kleine Kapitalgesellschaft handeln, ansonsten müsste für eine nominelle Kapitalerhöhung eine Wirtschaftsprüfer beauftragt werden.

die Kapitalerhöhung. Er kommt nur mit einer qualifizierten Mehrheit zustande.[97] Wird eine Kapitalerhöhung beschlossen, so bedarf es nach § 55 Abs. 1 S. 1 GmbHG zur Übernahme jedes Geschäftsanteils an dem erhöhten Kapital einer notariell aufgenommenen oder beglaubigten Erklärung des Unternehmers. Der Kapitalerhöhungsbeschluss wird üblicherweise mit der förmlichen Übernahme eines Geschäftsanteils verbunden und bildet somit die maßgebliche Zäsur einer Kapitalerhöhung (zum weiteren Verfahren s. § 3 Rn 66).[98] Auch bei einer effektiven Kapitalaufbringung ist zwischen einer Bar- und einer Sacheinlage zu unterscheiden.

Wenn die Kapitalerhöhung mit Barmitteln finanziert werden soll, kann sie nach der hier vertretenen Auffassung beim Handelsregister angemeldet werden, wenn auf jeden Geschäftsanteil ein Viertel des Nennbetrags eingezahlt wurde (§ 56a GmbHG iVm § 7 Abs. 2 S. 1 GmbHG) und der Gesamtbetrag der Geldeinlagen 12.500 EUR entspricht (§ 7 Abs. 2 S. 2 GmbHG). 69

**Beispiel:** 70
Der Gesellschafter A gründet eine UG mit einem Stammkapital von 3.000 EUR. Er ist der einzige Gesellschafter-Geschäftsführer. Sobald A ein Barvermögen von 9.500 EUR angespart hat, beschließt er eine effektive Kapitalerhöhung und zahlt den nach § 7 Abs. 2 S. 2 GmbHG noch erforderlichen Betrag ein. Soweit es die restlichen 12.500 EUR anbelangt, muss sich A verpflichten, diese als Bareinlage zu erbringen. Die UG kann dann als GmbH im Handelsregister eingetragen werden.

Es ist allerdings im Schrifttum umstritten, ob die soeben beschriebene Halbeinzahlung auch bei der Erhöhung des Stammkapitals einer UG auf 25.000 EUR zulässig ist. Die gesetzlichen Vorgaben sind nicht eindeutig. Klar ist zunächst, dass § 5 Abs. 2 GmbHG bei der Gründung einer UG die Volleinzahlung der Bareinlagen vorschreibt und die Sacheinlagen verbietet. § 5a Abs. 5 GmbHG sorgt aber dann für Schwierigkeiten. Sein (mE unglücklicher) Wortlaut ist folgender: „*Erhöht* die Gesellschaft ihr Stammkapital so, dass es den Betrag des Mindeststammkapitals erreicht oder übersteigt, finden die Absätze 1 bis 4 (des § 5a GmbHG) keine Anwendung mehr; die Firma nach § 5a Abs. 1 GmbHG darf beibehalten werden." Die Rechtslage wäre eindeutig, wenn das MoMiG folgende Regelung eingefügt hätte: „*Nachdem* die Gesellschaft ihr Stammkapital so *erhöht hat*, dass es den Betrag des Mindeststammkapitals erreicht oder übersteigt, finden die Absätze 1 bis 4 (des § 5a GmbHG) keine Anwendung mehr (…)." Dann wäre die im vorigen Beispiel dargestellte Kapitalerhöhung unzulässig. Für Klarheit hätte auch folgender Wortlaut gesorgt: „*Bei einem Beschluss* über eine Erhöhung des Stammkapitals auf einen Betrag, der den Betrag des Mindeststammkapitals erreicht oder übersteigt, finden die Absätze 1 bis 4 (des § 5a GmbHG) keine Anwendung mehr (…)." Dann bestünden keine rechtlichen Bedenken gegen die soeben skizzierte Kapitalerhöhung. 71

---

97 Eine Zustimmung aller Gesellschafter gem. § 53 Abs. 3 GmbHG ist nicht erforderlich, s. *Lutter/Hommelhoff* in Lutter/Hommelhoff, GmbHG, § 55 Rn 8.
98 BGH v. 26.6.2006 – II ZR 43/05, NJW 2007, 515; sinnvoll ist es in dem Beschluss auch festzulegen, ab wann ein Gewinnbezugsrecht besteht, da sonst ein möglicherweise durch die Kapitalerhöhung beitretender Gesellschafter für das volle Geschäftsjahr, in dem die Kapitalerhöhung in das Handelsregister eingetragen wird, ein solches Recht besitzt, s. *Schmitz-Herscheidt/Coenen* in Saenger/Aderhold/Lenkaitis/Speckmann, Handels- und Gesellschaftsrecht, § 6 Rn 373.

Angesichts des nicht eindeutigen Wortlauts wird § 5 a Abs. 5 GmbHG von *Wachter* so verstanden, dass erst nach einer bereits erfolgten Erhöhung des Stammkapitals auf 25.000 EUR die Beschränkungen des § 5 Abs. 2 GmbHG keine Anwendung mehr finden.[99] Nach dieser Auslegung müssten die Gesellschafter, die ihre UG mit 3.000 EUR gegründet haben, 22.000 EUR auf einmal einzahlen, um aus der UG im Wege einer Kapitalerhöhung eine GmbH zu machen. Dieses Ergebnis steht allerdings im Widerspruch zu den Zielen, die das MoMiG verfolgt. In der Regierungsbegründung wurde noch ausgeführt, dass die UG „in Kombination mit der Vereinfachung der Gründung unter Verwendung der Mustersatzung ein der GmbH bisher unbekanntes Maß an Flexibilität, Schnelligkeit, Einfachheit und Kostengünstigkeit erreicht".[100] Vor diesem Hintergrund ist es doch erstaunlich, wenn die flexible Regelung einer Teileinzahlung von Bareinlagen (die es im Übrigen seit 1892 gibt) bei einer Kapitalerhöhung auf 25.000 EUR nicht anwendbar sein soll. Daher ist der Wortlaut des § 5 a Abs. 5 GmbHG eben so zu verstehen, dass das Gebot der Volleinzahlung für eine Bareinlage nur bei der Gründung und bei einer Kapitalerhöhung besteht, mit der die Schwelle von 24.999 EUR nicht überschritten wird. Diese Auslegung entspricht dem Willen des Gesetzgebers. Bei der UG handelt es sich um eine *Einstiegsvariante* auf dem Weg zu einer normalen GmbH.[101] Es macht keinen Sinn, die UG ausgerechnet in einer Phase zu benachteiligen, wo sie sich auf dem Weg zu einer normalen GmbH befindet. § 5 a Abs. 2 und Abs. 5 GmbHG sind teleologisch einschränkend dahingehend auszulegen, dass das Gebot der Volleinzahlung bei einer Bareinlage nicht bei einer Kapitalerhöhung besteht, mit der das Stammkapital auf 25.000 EUR erhöht wird.[102]

Wenn die Gesellschafter eine Kapitalerhöhung mit einer **Sacheinlage** finanzieren wollen, müssen der Einlagegegenstand und der Nennbetrag des Geschäftsanteils auf den sich die Sacheinlage bezieht, im Kapitalerhöhungsbeschluss festgesetzt werden (§ 56 Abs. 1 S. 1 GmbHG). Ebenso ist in diesem Beschluss die Person des Sacheinlegers anzugeben.[103] Auch bei einer Kapitalerhöhung sind die Sacheinlagen schon vor deren Anmeldung so an die GmbH zu bewirken, dass sie endgültig zur freien Verfügung der Geschäftsführer stehen (§ 56 a GmbHG iVm § 7 Abs. 3 GmbHG). Wie auch bei der Bareinlage hat sich im Schrifttum noch keine einheitliche Meinung darüber gebildet, ob die Kapitalerhöhung einer UG mit einer Sacheinlage finanziert werden kann, wenn damit die Schwelle von 25.000 EUR erreicht wird. Es handelt sich hier um dieselbe Problematik wie bei dem Gebot der Volleinzahlung. Nach der hier vertretenen Auffassung entspricht es nicht der Intention des MoMiG, wenn das GmbHG für die herkömmliche Gründung einer GmbH Erleichterungen enthält, zu denen neben der Halbeinzahlung von Bareinlagen auch die Möglichkeit einer Sacheinlage zählen, und diese Erleichterungen den Gesellschaftern aber andererseits nicht für den Wechsel ihrer UG

---

99  Vgl *Wachter* in Römermann/Wachter, GmbH-Beratung nach dem MoMiG, S. 25, 32.
100 RegE MoMiG, BT-Drucks. 16/6140, S. 70.
101 So *Seibert*, GmbHR 2007, 673, 674; der Bundesrat bezeichnete in seiner Stellungnahme die UG als „Durchgangsstadium hin zur Voll-GmbH", s. BR-Drucks. 354/07, S. 5.
102 Im Ergebnis auch *Freitag/Riemenschneider*, ZIP 2007, 1485, 1491; ebenso A. *Klose*, Die Stammkapitalerhöhung bei der UG, auf der Homepage der GmbHR zur Veröffentlichung in einer der nächsten Ausgaben nach November 2008 angekündigt.
103 Vgl *Schmitz-Herscheidt/Coenen* in Saenger/Aderhold/Lenkaitis/Speckmann, Handels- und Gesellschaftsrecht § 6 Rn 373.

## D. Umwandlung 8

in die GmbH zur Verfügung stehen sollen. Nach der hier vertretenen Auffassung ist bei einer Kapitalerhöhung eine Sacheinlage zulässig, wenn mit ihr das Mindeststammkapital des § 5 Abs. 1 GmbHG erreicht wird.[104]

Gerade wenn eine UG aus einem bereits bestehenden Einzelunternehmen hervorgeht, kann die effektive Kapitalerhöhung in Form einer Sacheinlage ein idealer Weg für eine GmbH-Gründung sein. Bisher sah man von Sachgründungen häufig ab, weil die Prüfung des Sachgründungsberichts durch das Registergericht langwierig war. Gerade in Hinblick auf die drohende Haftung bei der Vor-GmbH empfahl es sich aber, jede Verzögerung des Eintragungsverfahrens zu vermeiden. Mit der UG drohen die Haftungsgefahren bei einer Vor-GmbH allerdings nicht mehr. Außerdem hat der Gesetzgeber mit dem MoMiG den Prüfungsmaßstab des Registerrichters herabgesetzt. Nach § 9c Abs. 1 S. 2 GmbHG kann die Eintragung (nur noch) abgelehnt werden, wenn die Sacheinlagen nicht unwesentlich überbewertet wurden. Künftig sollen nur für den Fall, dass sich auf Grundlage der mit der Anmeldung eingereichten Unterlagen begründete Zweifel ergeben, die auf eine wesentliche Überbewertung der Sacheinlage hindeuten, weitere Unterlagen angefordert werden.[105] Für einen Unternehmer kann es daher interessant sein, zunächst mit einem geringen Stammkapital eine UG zu gründen, um dann in aller Ruhe eine effektive Kapitalerhöhung mit dem ohnehin schon vorhandenen Sachvermögen vorzubereiten. 72

**Beispiel:** 73
Der Gesellschafter A gründet eine UG mit einem Stammkapital von 3.000 EUR. Er ist der einzige Gesellschafter-Geschäftsführer. A hat bereits ein Einzelunternehmen. Unter der UG schließt er alle zukünftigen Verträge ab. Parallel hierzu bereitet er in aller Ruhe eine effektive Kapitalerhöhung vor. Sein Unternehmen soll als Sacheinlage im Wege einer partiellen Gesamtrechtsnachfolge oder einer Einzelrechtsnachfolge zum Vermögen der GmbH gehören. Wenn das Unternehmen mindestens einen Wert von 9.500 EUR erreicht, kann die UG dann als GmbH im Handelsregister eingetragen werden. Soweit es die restlichen 12.500 EUR anbelangt, muss sich A verpflichten, diese als Bareinlage zu erbringen.

Unabhängig davon, ob die Gesellschafter eine Kapitalerhöhung mit Bar- oder Sachmitteln finanzieren, ist noch umstritten, wie mit einer möglicherweise noch vorhandenen Rücklage nach einer Kapitalerhöhung auf 25.000 EUR verfahren werden darf. § 5a Abs. 3 S. 2 GmbHG sieht vor, dass eine solche Rücklage nur für eine nominelle Kapitalerhöhung oder für einen Verlustausgleich verwendet werden darf. Allerdings gilt diese Vorschrift ja nur für eine UG. Nach der hier in Rede stehenden Kapitalerhöhung liegt aber eine GmbH vor. Bei einer GmbH kann das Sonderrecht des § 5a GmbHG aber nicht mehr anwendbar sein. Eine nach § 5a Abs. 3 S. 2 GmbHG gebildete Rücklage kann, soweit sie nicht für die Erhöhung des Stammkapitals, verwendet wurde, daher aufgelöst werden.[106] Im Ergebnis können die Gesellschafter daher eine Auszahlung beschließen und diese durchführen, sofern die Ausschüttungssperre des § 30 Abs. 1 GmbHG dem nicht entgegensteht. Im Schrifttum wird diese Auffassung allerdings bestritten. Nach *Freitag/Riemenschneider* besteht die Verpflichtung zur Rückla- 74

---

104 Vgl. *Freitag/Riemenschneider*, ZIP 2007, 1485, 1491; im Ergebnis auch *A. Klose*, Die Stammkapitalerhöhung bei der UG, auf der Homepage der GmbHR zur Veröffentlichung in einer der nächsten Ausgaben nach November 2008 angekündigt.
105 Begr. RegE MoMiG, BT-Drucks. 16/6140, S. 84.
106 So auch Begr. RegE MoMiG, BT-Drucks. 16/6140, S. 84.

genumwandlung gem. § 5a Abs. 2 GmbHG auch noch fort, wenn aus der UG durch eine effektive Kapitalerhöhung eine GmbH geworden ist. Im Interesse des Gläubigerschutzes sei davon auszugehen, dass die in der Rücklage gebundenen Mittel nur dann als Gewinn ausgeschüttet werden können, wenn die Gesellschafter zunächst mit der Rücklage eine Kapitalerhöhung aus Gesellschaftsmitteln durchführen und abschließend eine Kapitalherabsetzung beschließen.[107] Die Berufung auf den Gläubigerschutz ist hier allerdings kein tragfähiges Argument. Die Auffassung von *Freitag/Riemenschneider* scheint von dem Gedanken getragen zu sein, dass die Gesellschafter nicht ohne weiteres die Rücklage untereinander aufteilen dürfen. Der von ihnen vorgeschlagene Weg ist allerdings so kostenintensiv, dass die Rücklage zwischen dem beurkundenden Notar und dem für eine nominelle Kapitalerhöhung notwendigen Buch- oder Wirtschaftsprüfer aufgeteilt wird. Damit wäre aber auch den Gesellschaftsgläubigern nicht gedient. Da die Interessen der Gesellschaftsgläubiger außerdem durch die effektive Kapitalerhöhung gewahrt sind, können die Gesellschafter frei über die Rücklage verfügen.

## II. Von der GmbH in die UG („downsizing")

75 Die Bezeichnung „UG (haftungsbeschränkt)" wirkt längst nicht auf alle abschreckend. *Römermann* rechnet sogar damit, dass mancher die Modernität der UG als Vorteil verkaufen wird.[108] GmbH-Gesellschafter werden sich mit der Einführung der UG daher fragen, ob sie das in der Satzung auf 25.000 EUR festgelegte Stammkapital ändern sollen. Gerade weil die Gesellschafter sehr häufig nur die Hälfte des Stammkapitals bei der Gründung einzahlen und die verbliebene Einlageforderung bei den Insolvenzverwaltern ein beliebtes Mittel ist, um auf Kosten des Inferenten das Insolvenzverfahren zu subventionieren, liegt der Gedanke nicht fern, das Stammkapital einer GmbH auf den bereits eingezahlten Betrag von 12.500 EUR herabzusetzen und dafür die Umwandlung in eine UG in Kauf zu nehmen.

76 Bereits der Wortlaut des § 5a Abs. 1 GmbHG versperrt der GmbH allerdings den Weg in die UG. Der Anfang dieser Regelung lautet: „Eine Gesellschaft, die mit einem Stammkapital gegründet wird, das den Betrag des Mindeststammkapitals nach § 5 Abs. 1 GmbHG unterschreitet (...)." Die Unterschreitung des gesetzlichen Stammkapitals ist daher nur bei soeben gegründeten Gesellschaften möglich, nicht aber bei einer bereits bestehenden GmbH.[109] Auch der Gesetzesbegründung ist der Hinweis zu entnehmen, dass der Verzicht des Gesetzgeber auf das Einlage-Versprechen der Gesellschafter in Höhe von 25.000 EUR ein Zugeständnis an die „jungen Existenzgründer" ist. Ihnen soll es mit der UG einfach gemacht werden, „unternehmerische Ziele in Angriff zu nehmen."[110]

77 Es ist jedoch rechtspolitisch wie rechtsdogmatisch kaum überzeugend, die Ausnahme vom gesetzlichen Mindeststammkapital auf gegründete Gesellschaften zu begrenzen. Den Gesellschaftern steht es frei, ihr Unternehmen auch dann noch im Rechtskleid der

---

107 *Freitag/Riemenschneider*, ZIP 2007, 1485, 1491.
108 *Römermann*, GmbHR 2007, R 193.
109 So auch *Seibert*, GmbHR 2007 673, 675; im Ergebnis auch *Freitag/Riemenschneider*, ZIP 2007, 1485, 1491.
110 Begr. RegE MoMiG, BT-Drucks. 16/6140, S. 70.

# E. Vergleich mit Limiteds 8

UG zu führen, wenn über die Rücklage gem. § 5 a Abs. 3 GmbHG ein Betrag angespart wurde, der weit über den 25.000 EUR liegt. Wenn die Gesellschafter bei einer UG nicht gezwungen werden, ab einer bestimmten Rücklage oder zu einer bestimmten Zeit in eine GmbH zu wechsln, sollte es für den umgekehrten Weg keine Beschränkungen geben.[111] Auch wenn die Intention des Gesetzgebers nicht über jeden Zweifel erhaben ist, so ist er doch in § 5 a Abs. 1 GmbHG hinreichend deutlich zum Ausdruck gekommen. Das Stammkapital darf nur bei der Gründung unter 25.000 EUR liegen und für eine GmbH ist die Umwandlung in eine UG nicht möglich.

## E. Vergleich mit Limiteds

Die UG ist die deutsche Antwort auf die ausländische Konkurrenz der Rechtsformen. **78** In Deutschland hatten nach der EuGH-Rechtsprechung einige Unternehmen den Wettbewerb der Rechtsordnung für sich als gewinnbringenden Markt erkannt. Man sah, dass manche Unternehmer eine Haftung zum Nulltarif haben wollten und ihnen das deutsche Gesellschaftsrecht diesen Wunsch auch in der Form einer „GbRmbH" versagte. Es entwickelte sich daher in Deutschland eine Dienstleistungsbranche, die dem hiesigen Unternehmer die Gründung einer Limited von Deutschland aus ermöglichte und aus naheliegenden Gründen hierfür kräftig die Reklametrommel rühren. Hierbei warben sie mit allen erdenklichen Argumenten für die Gründung einer Limited.[112]

Mit der Einführung der UG werden die Karten neu gemischt. Insbesondere Kleinunternehmer werden sich nun fragen, ob sie nicht eine UG statt der heftig beworbenen Limited gründen sollen. Bei dieser Entscheidung dürften vor allem folgende Kriterien ausschlaggebend sein: **79**

- die Gründung;
- die Kosten;
- das Ansehen der Rechtsform und *(last but not least)*
- die Haftung.

Anhand dieser Kriterien sollen nun die UG und die Limited miteinander verglichen werden. Dabei konzentrieren sich diese Ausführungen auf die Vor- und Nachteile, die gerade für kleine und mittelständische Unternehmen ausschlaggebend sein können. **80**

### I. Gründung

Die Werbebroschüren der Limiteds preisen vor allem drei Vorteile bei der Gründung an. **81**

**Erstens:** Das Gründungsprocedere ist für eine Limited relativ simpel. Sie entsteht durch die das certificat of incorporation, das der registrator des companies house in Cardiff ausstellt. Beim **companies house** handelt es sich um das zentrale Register für alle Limiteds und andere englische Gesellschaftsformen. Die Gründungsgesellschafter müssen dort die Limited anmelden, eine Eintragungsgebühr entrichten (üblich sind 20 englische **82**

---

[111] Vgl *Veil*, GmbHR 2007, 1080, 1084.
[112] Zur Kritik an dieser oft reißerischen Werbung für die Limited s. *Zöllner*, GmbHR 2006, 1, 2; *Karsten*, GewArch 2006, 234, 235.

449

Pfund; wenn es schnell gehen soll, kostet die Gründung 50 englische Pfund). Außerdem müssen sie eine Gesellschaftssatzung vorlegen, die Regelungen zum Außenverhältnis (memorandum of association) und zum Innenverhältnis (articles of association) enthält. Bis zum **Companies Act 2006** mussten die Gesellschafter im memorandum festlegen, welchen Zweck die Gesellschaft verfolgt. Wird der Unternehmensgegenstand im Gesellschaftsvertrag nicht bestimmt, so ist die Gesellschaft nun berechtigt, jeden Gesellschaftszweck zu betreiben.[113] Ferner haben die Unternehmensgründer eine schriftliche Erklärung des Geschäftsführers (**directors**) zu übergeben und die Anschrift des Firmensitzes zu benennen, wobei eine Zustelladresse innerhalb von England erforderlich ist. Die Firmenwahl wird durch eine Mustersatzung nicht eingeschränkt, gesetzliche Regeln sind selbstverständlich zu beachten.[114] Hierüber können sich die Gesellschafter anhand einer Broschüre des **companies house** informieren.[115] Die Geschäfte einer Limited werden durch die **directors** geführt. Eine Limited muss grundsätzlich nur einen **director** haben.[116] Aufgrund des Companies Act 2006 müssen Limiteds nicht mehr zwingend über einen **company secretary** verfügen.[117] Normalerweise dauert die Gründung fünf Tage. Bei allen Verfahren sind die Anbieter von Limiteds behilflich, die oftmals beim **companies house** registriert sind und alle Unterlagen online vorlegen dürfen.[118]

83 **Zweitens:** Für eine Limited muss kein nennenswertes Stammkapital eingezahlt werden. Damit ist diese Rechtsform nicht nur für Unternehmensgründer attraktiv, die sich die Aufbringung des deutschen Mindeststammkapitals nicht leisten können, sondern auch für diejenigen, die angesichts der verästelten und nicht immer einsichtigen Rechtsprechung zur Kapitalaufbringung – man denke nur an die (bisherigen) Unsicherheiten im Zusammenhang mit einer verschleierten Sacheinlage – die Flucht ins ausländische Recht antreten.[119]

84 **Drittens:** Die Haftungsbeschränkung tritt bereits mit der Gründung in England ein und hängt nicht von einer deutschen Handelsregistereintragung ab.[120]

85 Die UG ist in einem Wettbewerb mit der Limited in diesen drei Disziplinen überlegen. Beginnen wir als **erstes** mit dem Gründungsverfahren. Die Gesellschafter einer UG können mit einem sehr schlanken Musterprotokoll eine Gesellschaft gründen. Das Protokoll enthält alle notwendigen Angaben und die (fehlende) Anmeldung nimmt der beurkundende Notar vor. Für die Gründung einer Einpersonen-UG ist das knapp gefasste Musterprotokoll ausreichend. Das Protokoll hat bei einem zweiten und dritten

---

113 Vgl *Kadel*, MittbayNot 2006, 111, 112. Zur *ultra-vires* Lehre bei der Gegenstandsklausel einer Limited ausführlich *Triebel/von Hase/Melerski*, Die Limited in Deutschland, Rn 74. Vgl auch *Heinz*, Die englische Limited, § 4 Rn 22.
114 Zur Firmierung einer Limited, *Levedag*, in Römermann/Wachter, Die Limited und andere EU-Gesellschaften im Praxistest, 1, 6.
115 S. www.companieshouse.gov.uk/about/guidance.shtml.
116 *Triebel/von Hase/Melerski*, Die Limited in Deutschland, Rn 166.
117 *Wachter*, GmbHR 2006, R 317.
118 Die Gründung einer Limited erläutern u.a. *Zöller*, GmbHR 2006, 1, 2 sowie *Heinz*, Die englische Limited, § 8 Rn 1 ff. Das *companies house* in Cardiff hat, wie man seiner Internetpräsenz (www.companieshouse.gov.uk) entnehmen kann, auch deutschsprachige Mitarbeiter und auch zahlreiche Broschüren sowie Formulare ins Netz gestellt.
119 Vgl *Schöpflin*, GmbHR 2003, 57, 62.
120 BGH v. 14.3.2005 – II ZR 5/03, NJW 2005, 1648, 1649; zustimmend *Eidenmüller*, NJW 2005, 1618; 1619.

Gesellschafter zwar seine Schwächen, doch daraus kann man noch längst nicht die Schlussfolgerung ziehen, dass die englische Mustersatzung dem deutschen Musterprotokoll inhaltlich überlegen ist. Eine der entscheidenden Schwächen der englischen Mustersatzung ist die dort vorgesehene freie Übertragbarkeit der Geschäftsanteile. Selbstverständlich können die Gesellschafter einer Limited auch nach englischem Recht eine Vinkulierungsklausel vereinbaren. Hierfür ist aber dann eine Änderung der **articles of association** notwendig.[121] Es dürfte aber wesentlich einfacher und vor allem auch günstiger sein, einen deutschen Notar mit der Formulierung einer Vinkulierungsklausel zu beauftragen, als dies in die Hände eines Rechtsanwalts zu legen, der die dafür notwendigen profunden Kenntnisse englischem Gesellschaftsrecht hat. Auch ist die **Modellsatzung** nach englischem Recht mit ihren 118 Klauseln sehr umfangreich und zumindest für kleine und mittelständische Unternehmer nicht verständlich. Das nur aus wenigen Regeln bestehende Musterprotokoll und die ergänzenden Regelungen aus dem GmbHG sind zumindest für diesen Personenkreis wesentlich besser geeignet.

Ob eine UG im Vergleich zu einer Limited schneller gegründet werden kann, hängt davon ab, welche Schritte man zum Gründungsverfahren zählt. Geht es nur um den Vergleich zwischen der Anmeldung und Eintragung einer Limited beim **companies house** in Cardiff sowie der Anmeldung und Eintragung einer UG beim Handelsregister, so dürfte die Differenz nicht groß sein und nicht in jedem Falle ins Gewicht fallen. Das Musterprotokoll nach dem MoMiG muss von den Richtern nur auf etwaige Änderungen überprüft werden. Wenn man außerdem bedenkt, dass einzelne Registergerichte (München, Berlin) schon vor der GmbH-Reform eine Eintragung innerhalb von ein bis drei Tagen nach der Anmeldung vornahmen, dürfte das Registerverfahren einer UG nun sogar schneller laufen, als es bei der Anmeldung einer Limited der Fall ist.

Die Eintragung einer Limited-Zweigniederlassung bei einem deutschen Registergericht ist zwar für die Beschränkung der Gesellschafterhaftung nicht erforderlich. Sobald aber eine Limited ein Fahrzeug auf ihren Namen anmelden möchte oder aber eine Umsatzsteuer-Nummer benötigt, gibt es mancherorts Behörden, die auf eine Vorlage des Registerauszugs bestehen. Die Eintragung einer Zweigniederlassung ist schon deshalb beschwerlich, weil auch in Registerverfahren die Gerichtssprache deutsch (§ 8 FGG, § 184 GVG) ist. Die **Übersetzung** der notwendigen Dokumente muss durch einen öffentlich bestellten und vereidigten Dolmetscher erfolgen. Außerdem bestehen nach wie vor unterschiedliche Auffassungen zu einzelnen Fragen im Zusammenhang mit der Registereintragung, die zu erheblichen Verfahrensverzögerungen führen können.[122]

Zu einer zusätzlichen Verfahrensbeschleunigung hat außerdem der Wegfall von § 8 Abs. 1 Nr. 6 GmbHG aF geführt. Nach früherem Recht mussten die Geschäftsführer dem Registerrichter eine Genehmigungsurkunde vorlegen, sofern der Gegenstand des Unternehmens einer staatlichen Genehmigung bedarf. Die Regelung des § 8 Abs. 1 Nr. 6 GmbHG aF sollte die Entstehung von GmbHs verhindern, die einen für sie un-

---

121 *Levedag*, in *Römermann/Wachter*, Die Limited und andere EU-Gesellschaften im Praxistest, 1, 15; *Triebel/von Hase/Melerski*, Die Limited in Deutschland, Rn 81.
122 Uneinig ist man sich u.a. darüber, ob Anlagen bei der Handelsregisteranmeldung zum Nachweis des Bestehens der Limted und der Geschäftsführerbestellung vorzulegen sind, s. hierzu ausführlich *Heckschen/Heidinger*, Die GmbH in der Gestaltungspraxis, § 13 Rn 100.

erlaubten Unternehmensgegenstand haben. Auf diese Weise sollte auch für die Einhaltung der öffentlich-rechtlichen Genehmigungserfordernisse gesorgt werden (sog. „Präventivzweck").[123] Diese Regelung konnte allerdings zu Verzögerungen im Gründungsverfahren führen, wenn bei der Formulierung des Unternehmensgegenstandes ein Genehmigungserfordernis übersehen wurde. Sie stand daher schon lange in der Kritik und wurde mit guten Gründen aus dem Gesetz gestrichen. Da die Genehmigungspflicht des Unternehmensgegenstandes bei einer Limited noch nie eine Rolle gespielt hatte, hatte sie bei der Dauer des Gründungsverfahrens in England einen Wettbewerbsvorteil. Nach der Aufhebung des § 8 Abs. 1 Nr. 6 GmbHG aF ist dieser Vorteil weggefallen. Auch deshalb dürfte man mit der Gründung einer Limited im Vergleich zur UG keine Zeit sparen.

89 Wenn man nun als zweites das Mindeststammkapital einer Limited mit dem einer UG vergleicht, liegen beide Gesellschaften gleichauf. Sowohl Limited als auch UG verlangen kein festes Stammkapital. Man könnte nun für die Limited argumentieren, dass die UG nur ein Vorstadium zur GmbH sei und man früher oder später nicht umhin kommen werde, von der UG in die GmbH zu wechseln. Spätestens dann müsste das Stammkapital auf 25.000 EUR heraufgesetzt werden. Dem Grunde nach ist dieser Einwand zutreffend. Allerdings darf nicht übersehen werden, dass jedes Unternehmen über eine ausreichende finanzielle Basis verfügen muss. Diese Binsenweisheit wird auch durch die Möglichkeit, eine Limited gründen zu können, nicht in Frage gestellt. Das Mindeststammkapital einer GmbH ist insoweit auch die notwendige finanzielle Basis eines Unternehmens. Die Gesellschafter können über dieses Kapital frei verfügen, sie dürfen es nur nicht an sich selbst zurückzahlen.[124] Es dürfte wohl wirklich nur ganz wenige Dienstleister geben, die ihr Unternehmen mit einem geringeren **Betriebsvermögen** als die 25.000 EUR ausstatten müssen. Aus diesem Grund spricht der sich schon bei der Gründung abzeichnende Wechsel von einer UG in eine GmbH nicht für die Errichtung einer Limited.

90 Kommt man als drittes nun zum Haftungsschirm, der sich bei einer Limited bereits mit der Gründung in England aufspannt und nicht von der Registereintragung in Deutschland abhängt, wird ebenfalls deutlich, dass sich hier die UG als attraktivere Unternehmensform präsentiert. Das Gründungsverfahren kann bei einer UG so schnell abgeschlossen sein, dass sich wohl kaum ein Gericht mit der Haftung einer **Vor-UG** beschäftigen wird. Aller Voraussicht nach dürfte man schneller einen Notar finden, der einem das Musterprotokoll beurkundet, als man über einen Vermittler die Gründung einer Limited in England organisieren kann. Wenn es also darum geht, möglichst schnell eine Haftung auf ein Gesellschaftsvermögen zu beschränken, scheint die UG die schnellste Möglichkeit zu sein.

---

123 Vgl BGH v. 9.11.1987 – II ZB 49/87, NJW 1988, 1087.
124 Vgl *Römermann*, in *Römermann/Wachter*, Die Limited und andere EU-Gesellschaften im Praxistest, 67, 69, der zutreffend darauf hinweist, dass man das Stammkapital nicht mit den Gründungskosten verwechseln darf.

## II. Kosten

Vergleicht man die Angebote im Internet, so sind die Preise für die Gründung einer Limited sehr unterschiedlich. Mittlerweile liegen diese etwa bei 500 EUR, wobei nicht nur die Kosten bei der Gründung in England, sondern auch bei der Anmeldung der Limited in Deutschland entstehen. Regelmäßig ist dann noch ein jährliches Fixum für einen vermeintlichen **Geschäftssitz in England** zu entrichten. Für die Gründung einer Limited muss man nicht nach England reisen. In Deutschland gibt es zahlreiche Anbieter, die vor Ort die Unterzeichnung eines Gesellschaftsvertrages in englischer Sprache ermöglichen und die weiteren Formalitäten über ein Büro in England erledigen. Die Vermittler suggerieren mit dem simplen Vergleich des notwendigen Gründungskapitals – einerseits ein englisches Pfund, andererseits 25.000 EUR für eine GmbH – ein vermeintlich gutes Geschäft. Dabei darf man aber nicht übersehen, dass neben den Gründungskosten auch die laufenden Kosten für eine Domiziladresse zu berücksichtigen sind. Außerdem müssen für eine Limited **jährlich Registrierungskosten** beim companies house gezahlt werden, sie muss in England ein registered office haben und unterliegt einer laufenden Buchführungspflicht (original accounting records). Jährlich ist ein **Jahresabschluss** (annual account) zu erstellen, der gemeinsam mit dem Jahresbericht (annual report) an das companies house geschickt werden muss.[125] Die Kosten hierfür sollen nach den einschlägigen Werbebroschüren bei etwa 300 EUR liegen. Auffallend ist allerdings, dass zahlreiche Limiteds gelöscht werden, sobald sie den ersten Jahresbericht nicht vorgelegt haben. Ganz so einfach und kostengünstig scheint die Einhaltung der englischen Publizitätsvorschriften also nicht zu sein. Hinzu kommt, dass auch Limiteds den Publizitätspflichten nach dem deutschen Recht unterliegen. Dieselben Unternehmenszahlen sind daher als Jahresabschluss an das Unternehmensregister und als **annual account** an das **companies house** zu schicken.

Die Gründungskosten einer UG sind im Vergleich zur Limited deutlich niedriger. Statt der etwa 500 EUR entstehen bei der Gründung einer Einpersonen-UG mit einem Stammkapital von 3.000 EUR Kosten für die Beurkundung der Errichtung, für die Beurkundung der Geschäftsführerbestellung und für die Handelsregisteranmeldung von insgesamt 46 EUR zzgl Mehrwertsteuer, XML-Datenerfassung und Auslagen. Bei der Gründung einer Zwei- oder Dreipersonen-UG mit einem Stammkapital von 3.000 EUR erhöhen sich diese Kosten auf 72 EUR.[126]

Mit einer UG fallen ohnehin schon geringere Kosten für die Einhaltung der Publizitätspflichten an, weil eben nur beim Unternehmensregister in Deutschland die Jahresabschlüsse einzureichen sind. Im Vergleich mit England scheinen die Publizitätskosten auch günstiger zu sein. Der Betreiber des elektronischen Bundesanzeigers hatte die Kosten für die Einreichung eines Jahresabschlusses bei kleinen Gesellschaften zum 1.10.2008 auf 35 EUR herabgesetzt. Voraussetzung hierfür ist allerdings die Einreichung des Abschlusses im Anlieferungsformat XML/XBRL. Hierfür hat der Betreiber

---

125 Detailliert hierzu *Kasolowsky*, in: Hirte/Brückner, Grenzüberschreitende Gesellschaften (2005), § 4 Rn 125 ff. Trotz dieser Verpflichtungen nach dem englischen Gesellschaftsrecht muss eine Limited auch eine nach dem deutschen Recht zu erstellenden Steuerbilanz für die deutsche Finanzverwaltung aufstellen, s. hierzu *Just*, Die englische Limited in der Praxis, Rn 247.
126 *Wälzholz*, GmbHR 2008, 841, 843.

des elektronischen Bundesanzeigers ein besonderes Programm ins Internet gestellt.[127] Die Gründungskosten und die Kosten für die laufende Verwaltung sind bei der UG insgesamt wesentlich günstiger als bei einer Limited.

### III. Ansehen der Rechtsform

94 Anhand der Gewerbean- und abmeldungen wurde im Schrifttum festgestellt, dass die eine Hälfte der Limiteds nach dem 1. Jahr, nahezu die andere Hälfte nach dem 2. Jahr aufgibt. Diese Feststellung beschränkt sich auf Limiteds, die ausschließlich in Deutschland tätig werden.[128] In Deutschland genießt die Limited daher kein großes Ansehen. Auch aus diesem Grund ist die Zahl der Limited-Gründungen rückläufig.

95 Außerhalb Deutschlands wird den Limiteds ein guter Ruf nachgesagt. Die GmbH konnte zumindest bis zur GmbH-Reform 2008 im Ausland kein besonders Ansehen genießen. Bis dahin musste der Gesellschaftsvertrag als Sitz der GmbH in der Regel den Ort, an dem die Gesellschaft einen Betrieb hat oder den Ort, an dem sich die Geschäftsleitung befindet oder die Verwaltung geführt wird, bestimmen (§ 4 a Abs. 2 GmbHG aF). Wegen der bisher vorherrschenden Sitztheorie musste der Sitz der GmbH in Deutschland sein und eine spätere Sitzverlegung ins Ausland führte zur Auflösung der GmbH.[129] Für kleine und mittelständische Unternehmen mit internationalen Ambitionen konnte die Gründung einer Limited allein deshalb reizvoll gewesen sein.

96 Ob das Renommee der UG in Deutschland besser als das einer Limited sein wird, lässt sich zum Zeitpunkt der Markteinführung wie bei jedem anderen Produkt nur schwer vorhersagen. Wenn sich die UG als Vorstufe zur GmbH durchsetzt, wird sie an Ansehen gewinnen. Der Geschäftsverkehr wird darauf spekulieren, dass die Gesellschafter bald aus der UG eine GmbH machen und hierbei das Stammkapital der Gesellschaft erhöhen. Zu internationalem Ruhm wird es die UG indes nicht bringen. Nach § 5 a Abs. 1 GmbHG muss das Unternehmen die Bezeichnung „Unternehmergesellschaft (haftungsbeschränkt)" oder „UG (haftungsbeschränkt)" tragen. In Frankreich wird man diesen Klammersatz nur mit Mühe aussprechen, in England nur ungern buchstabieren. Für grenzüberschreitende Tätigkeiten eignet sich die UG daher nicht.

### IV. Haftung

#### 1. Kollisionsrecht

97 Beschränkungen der freien Niederlassung von Staatsangehörigen eines Mitgliedstaats der EU im Hoheitsgebiet eines anderen Mitgliedstaats sind nach Maßgabe der Art. 43 ff EGV verboten. Das Gleiche gilt für Beschränkungen der Gründung von Agenturen, Zweigniederlassungen oder Tochtergesellschaften durch Angehörige eines Mitgliedstaats, die im Hoheitsgebiet eines Mitgliedstaats ansässig sind (Art. 43 Abs. 1 S. 1 EGV). Die nach den Rechtsvorschriften eines Mitgliedstaats gegründeten Gesellschaften, die ihren satzungsmäßigen Sitz, ihre Hauptverwaltung oder ihre Hauptniederlas-

---

[127] Abrufbar unter www.publikations-plattform.de.
[128] Hierzu *Niemeier*, ZIP 2007, 1794.
[129] Scholz/*Emmerich*, GmbHG, § 4 a Rn 7, Rn 23.

sung innerhalb der Gemeinschaft haben, stehen in diesem Zusammenhang den natürlichen Personen gleich, die Angehörige der Mitgliedstaaten sind (Art. 48 Abs. 1 EGV).

Aufgrund der Entscheidung des EuGH in Sachen **Inspire Art** steht fest, dass eine Limited, wenn sie in England wirksam gegründet worden ist, in Deutschland nach dem Recht des Gründungsstaats anzuerkennen ist. Für eine Limited gilt daher das **englische Gesellschaftsrecht**. 98

**Insolvenzverfahren** über das Vermögen von Limiteds, die überwiegend in Deutschland tätig sind, fallen allerdings in die Zuständigkeit der deutschen Gerichte. Für die Eröffnung des Insolvenzverfahrens sind nach Art. 3 Abs. 1 S. 1 der Verordnung der Europäischen Union über Insolvenzverfahren (EuInsVO) die Gerichte des Mitgliedstaates zuständig, in dessen Gebiet der Schuldner den Mittelpunkt seiner hauptsächlichen Interessen hat (sog. **centre of main interests**).[130] Zwar könnte der statutarische Sitz der Limited gegen eine Eröffnung des Insolvenzverfahrens in Deutschland sprechen, denn es besteht nach Art. 3 Abs. 1 S. 2 EuInsVO eine gesetzliche Vermutung, wonach der Mittelpunkt der hauptsächlichen Interessen der Ort des satzungsmäßigen Sitzes ist. Diese Vermutung ist allerdings nach der deutschen Rechtsprechung widerlegt, wenn die Geschäfts- und Verwaltungstätigkeit der Limited ausschließlich in Deutschland stattfindet und das gesamte operative Geschäft somit von der Niederlassung in Deutschland gesteuert wird.[131] Nach der Rechtsprechung des High Court of Justice London ist die Eröffnung des Insolvenzverfahrens über eine englische Limited für unwirksam zu erklären, wenn sich herausstellt, dass der Mittelpunkt der hauptsächlichen Interessen iSd Art. 3 Abs. 1 S. 1 EuInsVO nicht in England, sondern in Deutschland liegt.[132] Gerade die Bejahung der **Insolvenzfähigkeit** einer englischen Limited ist die konsequente Fortsetzung der Rechtsprechung des EuGH zur Rechts- und Parteifähigkeit einer im Ausland gegründeten Gesellschaft.[133] Ist eine Limited ausschließlich in Deutschland tätig, gilt für sie im Grundsatz deutsches Insolvenzrecht.[134] Auf einem anderen Blatt steht die Frage, ob die Insolvenzantragspflicht zum deutschen Insolvenzrecht zählt. Man könnte sie schon vor der Verschiebung des § 64 Abs. 1 GmbHG aF in § 15 a InsO bejahen, hierzu aber noch ausführlich sogleich unter Rn 104 ff). 99

Hinsichtlich der **Haftung** von Gesellschaftern und Geschäftsführern einer ausländischen Gesellschaft ist nach der Rechtsprechung des EuGH lediglich anerkannt, dass zwingende Gründe des Gemeinwohls, zu denen auch der **Gläubigerschutz** zählt, unter bestimmten Voraussetzungen Beschränkungen der Niederlassungsfreiheit rechtfertigen können.[135] Für die Anforderungen an eine derartige Rechtfertigung greift der EuGH 100

---

130 Verordnung (EG) Nr. 1346/2000 des Rates über Insolvenzverfahren v. 29.5.2000, ABlEG 160/2000 S. 1 ff.
131 Vgl AG Nürnberg v. 1.10.2006 – 8034 IN 1326/06, NZI 2007, 667 und die ergänzenden Sachverhaltsangaben von *Kebekus*, ZIP 2007, 84.
132 *High Court of Justice London* v. 15.8.2006 – 5618/06, NZI 2007, 187; wenn in England allerdings ein Hauptinsolvenzverfahren über das Vermögen einer Limited eröffnet wird, ist ein in Deutschland gestellter Insolvenzantrag nicht mehr zulässig, s. BGH v. 29.5.2008 – IX ZB 103/07, ZInsO 2008, 745.
133 Vgl AG Hamburg v. 14.5.2003 – 67 g IN 358/02, NZI 2003, 442, 443; wenn die Limited in England gelöscht ist, verliert sie ihre Insolvenzfähigkeit, es sei denn, dass in Deutschland Gesellschaftsvermögen vorhanden ist, welches noch verteilt werden kann, s. LG Duisburg v. 20.2.2007 – 7 T 269/06, NZI 2007, 475.
134 So auch *Bittmann/Gruber*, GmbHR 2008, 867, 869.
135 EuGH v. 5.11.2002 – Rs. C-208/00 (*Überseering*), NJW 2002, 3614.; EuGH v. 30.9.2003 – Rs. C 167/01 (*Inspire Art*), NJW 2003, 3331, 3332.

auf die so genannte **Gebhard-Formel**[136] zurück. Eine Behinderung der durch den EG-Vertrag garantierten Niederlassungsfreiheit ist demnach nur unter vier engen Voraussetzungen gerechtfertigt:

- Die Maßnahme muss in nicht-diskriminierender Weise angewandt werden,
- sie muss zwingenden Gründen des Allgemeininteresses entsprechen,
- sie muss zur Erreichung des verfolgten Ziels geeignet sein und
- sie darf nicht über das hinausgehen, was zur Erreichung des Ziels erforderlich ist.[137]

101 Aufgrund dieser eher vagen Vorgaben ist es nicht weiter verwunderlich, wenn bei der Frage über die Haftung von Geschäftsführern und Gesellschaftern einer ausländischen Kapitalgesellschaft, die Antworten in der Literatur sehr weit auseinander gehen.[138] In diesem Zusammenhang sind viele Meinungen vertretbar. Der BGH konnte bisher nur zu wenigen Konstellationen Stellung nehmen und so kann es zu vielen Fragen keine eindeutigen Antworten geben.

**2. Gesetzliche Außenhaftung**

102 So wie die Geschäftsführer einer GmbH oder einer UG aus § 823 Abs. 2 BGB iVm § 263 StGB für einen **Betrug** auf Schadensersatz haften, können auch die Geschäftsführer einer Limited über diese Vorschriften in Anspruch genommen werden. Betrugshandlung und der dadurch verursachte Schaden sind inlandsbezogen, so dass sich eine Haftung des Geschäftsführers einer Limited nach deutschem Recht richtet.[139] Bei diesem Haftungstatbestand geht es nach Art. 40 EGBGB um allgemeines Verkehrsrecht, das auch für im Inland tätige Ausländer gilt, und unterschiedslos auf natürliche und juristische Personen anwendbar ist. Ein Verstoß gegen die Niederlassungsfreiheit kann daher im Regelfall nicht vorliegen.[140]

103 Anders verhält sich allerdings die Rechtslage bei der Haftung des Geschäftsführers aus **§ 11 Abs. 2 GmbHG**. Nach dieser Regelung haften die Handelnden persönlich und solidarisch, wenn vor der Eintragung der GmbH in das Handelsregister im Namen der Gesellschaft gehandelt worden ist. Sinn dieser Vorschrift ist es, die Geschäftsführer und Gesellschafter zur baldigen Anmeldung der GmbH zu motivieren. Da die Gründung der Limiteds in England noch recht leicht ist, sich ihre Eintragung in einem hiesigen Handelsregister wegen der bisweilen unzureichenden Übersetzung der Gesellschaftsverträge aber verzögern kann, gibt es durchaus Fälle, in denen die Limited ohne Eintragung einer Zweigniederlassung in Deutschland Verträge abschließt. Der BGH hat

---

136 EuGH v. 30.11.1995 – C 55/94 m Slg 1995, I – 4165 Rn 37 – Gebhard; vgl hierzu *Ulmer*, NJW 2004, 1201, 1204; *Schulz*, NJW 2003, 2705, 2708.
137 EuGH v. 30.9.2003 – Rs. C 167/01 (*Inspire Art*), NJW 2003, 3331, 3332; vgl hierzu auch BGH v. 14.3.2005 – II ZR 5/03, NJW 2005, 1648, 1649; LG Stuttgart v. 10.8.2001 – 5 KfH 76/01, NJW-RR 2002, 463, 466. In diesem Zusammenhang ist auch die Formulierung „Vier-Kriterien-Test" gebräuchlich, s. *Bitter*, WM 2004, 2190, 2191.
138 Hierzu *Bittmann/Gruber*, GmbHR 2008, 867 mit zahlreichen Nachweisen auf die verschiedenen Auffassungen im Schrifttum.
139 Vgl LG Stuttgart v. 10.8.2001 – 5 KfH 76/01, NJW-RR 2002, 463, 466. Der BGH nimmt – allerdings nur in einem *obiter dictum* – die Zuständigkeit deutscher Gerichte für Haftungstatbestände des Deliktsrechts an, s. BGH v. 14.3.2005 – II ZR 5/03, NJW 2005, 1648, 1649.
140 Vgl *Ulmer*, NJW 2004, 1201, 1205.

eine Haftung der Geschäftsführer von Limiteds, die noch nicht im Handelsregister eingetragen sind, allerdings verneint.[141] Die Haftung des Geschäftsführers für die Verbindlichkeiten einer Limited mit tatsächlichem Verwaltungssitz in der BRD richtet sich nach dem Ort ihrer Gründung geltenden Recht. Der Niederlassungsfreiheit steht es entgegen, den Geschäftsführer einer Limited mit Verwaltungssitz in Deutschland wegen der fehlenden Eintragung in einem deutschen Handelsregister der persönlichen Handelndenhaftung analog § 11 Abs. 2 GmbHG für deren rechtsgeschäftliche Verbindlichkeiten zu unterwerfen. Einzige Sanktion für das Nichterfüllen der Anmeldepflicht ist lediglich die Festsetzung eines Zwangsgeldes nach § 14 HGB.[142]

### 3. Insolvenzverschleppungshaftung

Für den Rechtsformvergleich zwischen einer Limited und einer UG ist es von zentraler Bedeutung, ob auch der **director** einer Limited aus § 823 Abs. 2 BGB iVm § 15 a InsO wegen einer Insolvenzverschleppung haften kann. 104

Ausgangspunkt für die Anwendbarkeit des deutschen Insolvenzrechts ist Art. 3 Abs. 1 EuInsVO, der bestimmt, dass für die Eröffnung des Insolvenzverfahrens die Gerichte des Mitgliedstaats zuständig sind, in dessen Gebiet der Schuldner den Mittelpunkt seiner hauptsächlichen Interessen hat. Dies ist bei einer in Deutschland agierenden Limited häufig das örtlich zuständige Amtsgericht.[143] 105

Eng verknüpft mit der nationalen Zuständigkeit ist auch das anwendbare Insolvenzrecht. Nach Art. 4 Abs. 1 EuInsVO gilt für das gesamte Insolvenzverfahren und seine Wirkungen grundsätzlich das Insolvenzrecht des Mitgliedstaats, in dem das Verfahren eröffnet wird (**lex fori concursus**). Was insbesondere als insolvenzrechtlich zu qualifizieren ist, wird in Art. 4 Abs. 2 EuInsVO näher beschrieben. Darunter fallen u.a.: die Zuordnung der Vermögenswerte zur Masse, die Auswirkungen der Eröffnung des Insolvenzverfahrens auf die Rechtsverfolgungsmaßnahmen einzelner Gläubiger, die Voraussetzung, Durchführung und Beendigung des Verfahrens. 106

Die Insolvenzverschleppung war ursprünglich in § 64 Abs. 1 GmbHG aF geregelt. Schon nach früherem Recht ging das Schrifttum – mit unterschiedlicher Begründung – davon aus, dass auch der Geschäftsführer einer Limited dem Regime der deutschen Insolvenzverschleppungshaftung untersteht. Die Unterschiede in der Argumentation bestanden darin, dass die eine Auffassung die Insolvenzverschleppungshaftung dem Insolvenzrecht zuordnete und über Art. 3 und 4 EuInsVO so zur Anwendbarkeit des deutschen Rechts kam.[144] Die andere Ansicht ordnete die Haftung aus § 823 Abs. 2 BGB iVm § 64 Abs. 1 GmbHG dem Deliktsrecht zu und kam auf diese Weise zur Gel- 107

---

141 BGH v. 14.3.2005 – II ZR 5/03, NJW 2005, 1648.
142 BGH v. 14.3.2005 – II ZR 5/03, NJW 2005, 1648, 1649; zustimmend *Eidenmüller*, NJW 2005, 1618; 1619.
143 Hierzu AG Hamburg v. 14.5.2003 – 67 g IN 358/02, NZI 2003, 442, 443.
144 *Borgers*, ZIP 2004, 733, 737; *Müller*, NZG 2003, 414, 416; *Wachter*, GmbHR 2003, 1254, 1257.

tung des inländischen Rechts.[145] Wieder andere mochten den Geschäftsführer nur nach den Vorschriften des englischen Gesellschaftsrechts haften lassen.[146]

**108** Die Rechtsprechung meldete sich vor allem mit dem Urteil des LG Kiel zu Wort. Demnach war die in § 64 Abs. 1 GmbHG aF normierte Insolvenzantragspflicht des Geschäftsführers dem materiellen Insolvenzrecht iSd Art. 4 Abs. 1 EuInsVO zuzurechnen. Die aus Art. 43 und 48 EGV fließende Niederlassungsfreiheit werde durch das Bestehen einer Insolvenzantragspflicht nicht berührt.[147] Ein Urteil des EuGH über das Verhältnis zwischen § 64 Abs. 1 GmbHG aF und der Niederlassungsfreiheit gab es nicht. Das LG Kiel musste den Rechtsstreit seinerzeit nicht gemäß Art. 234 EGV dem EuGH vorlegen, da es der gegen den **director** einer Limited gerichtete Klage auch wegen § 823 Abs. 2 BGB iVm § 263 StGB stattgeben konnte und die Auslegung des europäischen Insolvenzrechts nicht entscheidungserheblich war.[148]

**109** Bei aller Vorsicht kann man sagen, dass noch zu Zeiten des § 64 Abs. 1 GmbHG aF diejenige Ansicht herrschend war, die eine Haftung des **directors** einer Limited wegen Insolvenzverschleppung bejahte, weil sie von der Anwendbarkeit des deutschen Insolvenzrechts ausging, und weil sie die Pflicht zur Stellung eines Insolvenzantrags wie auch die damit verbundene Haftung als Bestandteil des Insolvenzrechts ansah.[149] Allerdings gab es auch namhafte Stimmen aus dem Schrifttum, die genau gegenteiliger Ansicht waren.[150]

**110** Der Gesetzgeber wollte mit dem MoMiG auch in dieser Frage für Klarheit sorgen und verschob die Insolvenzantragspflicht aus dem GmbHG in die InsO. Zur Begründung wies er zunächst darauf hin, dass die bisherige Regelung der Insolvenzantragspflicht in den einzelnen Gesellschaftsgesetzen (§ 64 Abs. 1 GmbHG aF; § 92 Abs. 2 AktG aF; § 99 Abs. 1 GenG) historisch bedingt gewesen sei. Eine dogmatische Einordnung oder bewusste Entscheidung läge dem nicht zugrunde.[151] Die Grundlage für diese Feststellung wurde bereits vom Schrifttum entwickelt. Namentlich *Borges* hatte festgestellt, dass die Niederlegung der Insolvenzantragspflicht in den einzelnen gesellschaftsrechtlichen Regeln seit Mitte des 19. Jahrhunderts nicht mehr überdacht wurde und daher nicht als Argument dafür herhalten konnte, dass es sich bei dieser Pflicht um eine gesellschaftsrechtliche Vorschrift handelt.[152]

**111** Es ist allerdings unerheblich, in welchem Gesetz die Regelung platziert ist. Entscheidend ist, ob es sich bei der Insolvenzantragspflicht tatsächlich um **insolvenzrechtliche Materie** handelt. Daran könnte man zweifeln, denn die Insolvenzantragspflicht liegt ja zeitlich vor dem Insolvenzverfahren und damit im Grenzbereich zwischen Gesell-

---

145 So *Riedemann*, GmbHR 2004, 345, 349. Einen besonderen Weg beschreitet *Ulmer*, NJW 2004, 1201, 1209 f. Seiner Ansicht nach soll die Insolvenzverschleppungshaftung zum Gesellschaftsrecht gehören, die Anwendung aber nach Maßgabe des Vier-Kritierien-Tests nicht gegen die Niederlassungsfreiheit verstoßen. Ähnlich argumentiert *Bitter*, WM 2004, 2190, 2199.
146 *Haberack/Verse*, ZHR 168 (2004), 174, 207. Zur Insolvenzverschleppungshaftung nach englischem Recht („wrongful trading") vgl *Schall*, ZIP 2005, 965, 970.
147 LG Kiel v. 20.4.2006 – 10 S. 44/05, NZI 2006, 482; anders noch die Vorinstanz AG Bad Segeberg v. 24.3.2005 – 17 C 289/04, NZI 2005, 411.
148 LG Kiel v. 20.4.2006 – 10 S. 44/05, NZI 2006, 482, 483.
149 Statt aller: *Wachter*, BB 2006, 1468; *Borges*, ZIP 2004, 733; *Zimmer*, NJW 2003, 3585.
150 Vgl *v. Hase*, BB 2006, 2141; *Hirte/Mock*, ZIP 2005, 474; *Gross/Schork*, NZI 2006, 10, 14.
151 BegrRegE MoMiG, BT-Drucks. 16/6140, S. 126.
152 *Borges*, ZIP 2004, 733.

schafts- und Insolvenzrecht.¹⁵³ In diesem Zusammenhang macht die Gesetzesbegründung aber deutlich, dass die Insolvenzantragspflicht einen **insolvenzrechtlichen Zweck** verfolgt und damit auch zum Insolvenzrecht zählt. Sinn und Zweck der Antragspflicht ist nämlich die rechtzeitige Einleitung des Insolvenzverfahrens. Altgläubiger werden damit vor einer weiteren Verringerung der Haftungsmasse, Neugläubiger vor einem Vertragsschluss mit einer insolventen Gesellschaft geschützt. Dieser Regelungszweck ist ein Kernanliegen des Insolvenzrechts.¹⁵⁴

Zudem besteht eine enge Verbindung zwischen der Insolvenzantragspflicht und dem bereits in der InsO geregelten Insolvenzantragsrecht. Sofern ein Insolvenzgrund (Zahlungsfähigkeit oder Überschuldung) vorliegt, und eine weitere Voraussetzung (eine die Verfahrenskosten deckende Vermögensmasse) erfüllt ist, wird dem Antrag durch Eröffnung des Insolvenzverfahrens entsprochen. Damit war bisher allerdings nur das **Recht**, nicht aber die haftungsbegründende **Pflicht** zur Antragstellung in der InsO geregelt. Diese Verpflichtung ist nach ihrem materiellen Gehalt dem Insolvenzrecht zuzuordnen. Einerseits steht die Pflicht zur Antragstellung im engen Zusammenhang mit der (zweifelsohne) insolvenzrechtlichen Regelung zum Antragsrecht. Nur wer berechtigt ist, einen Antrag zu stellen, kann auch dazu verpflichtet sein. Andererseits dient die Verpflichtung des Geschäftsführers gerade dazu, dass er ein Insolvenzverfahren zu einem Zeitpunkt beantragt, in dem noch Vermögen vorhanden ist, um es zur gleichmäßigen Befriedigung der Gläubiger zu verwenden. Somit rundet § 15 a Abs.1 InsO die Vorschriften über das Eröffnungsverfahren ab, und ist dem (deutschen) Insolvenzstatut zu unterstellen.¹⁵⁵ 112

Für eine insolvenzrechtliche Einordnung spricht auch der Vergleich mit anderen Rechtsordnungen wie Frankreich und England. Die der deutschen Insolvenzverschleppungshaftung vergleichbare englische **wrongful-trading-rule** wird nach englischem Verständnis als insolvenzrechtlich angesehen und die französische action en comblement de passif wurde bereits durch den EuGH¹⁵⁶ als insolvenzrechtlich eingeordnet.¹⁵⁷ 113

Indem der Geschäftsführer bei Vorliegen eines Insolvenzgrundes zur Stellung des Insolvenzantrags verpflichtet ist, wird die **Niederlassungsfreiheit** einer im EU-Ausland gegründeten Gesellschaft nicht eingeschränkt. Zwar beschränkt die Insolvenzantragspflicht die Betätigungsmöglichkeiten für (insolvenzreife) Auslandsgesellschaften im Inland. Die Verpflichtung zur rechtzeitigen Einleitung eines Insolvenzverfahrens hält jedoch dem Vier-Kriterien-Test stand, ist sie doch eine nicht diskriminierende, aus zwingenden Gründen des Allgemeininteresses (Gläubigerschutz) gerechtfertigte und zur Erreichung des Ziels geeignete sowie erforderliche und damit gerechtfertigte Beeinträch- 114

---

153 So auch *Bittmann/Gruber*, GmbHR 2008, 867, 869.
154 BegrRegE MoMiG, BT-Drucks. 16/6140, S. 126.
155 So schon zu § 64 Abs. 1 GmbHG aF *Müller*, NZG 2003, 414, 416.; aA *Ulmer*; NJW 2004, 1201, 1207, der die Insolvenzverschleppungshaftung dem Gesellschaftsrecht zuordnet, deren Anwendung aber mit dem EG-Recht für vereinbar hält..
156 EuGH v. 22. 2. 1979 – Rs. 133/78 – *Gourdain/Nadler*, Slg 1979, 733, 743; hierzu *Kuntz*, NZI 2007, 424, 428; vgl aber auch *Bittmann/Gruber*, GmbHR 2008, 867, 870.
157 BegrRegE MoMiG, BT-Drucks. 16/6140, S. 126.

tigung der Niederlassungsfreiheit.¹⁵⁸ Würde man dies anders beurteilen, ergäbe sich auch das Problem eines Normenmangels, der als Rechtfertigungsgrund für eine Einschränkung der Niederlassungsfreiheit anerkannt ist.¹⁵⁹ Würde man § 15 a Abs. 1 InsO für nicht anwendbar halten, würde gleichwohl aus der internationalen Zuständigkeit der deutschen Gerichte gemäß Art. 3 Abs. 1 EuInsVO zugleich die Unzuständigkeit der englischen Gerichte folgen. Gläubiger einer in Deutschland ansässigen Limited können aber in Deutschland keine Ansprüche wegen **wrongful trading** gegen den Beklagten einklagen, denn diese Ansprüche können ausschließlich durch einen Liquidator im Rahmen eines Insolvenzverfahrens in England geltend gemacht werden.¹⁶⁰ Ein englischer Liquidator würde jedoch wegen § 3 EuInsVO seine Zuständigkeit verneinen.¹⁶¹ Das hätte zur Folge, dass der Beklagte keinem Insolvenzverschleppungsregime unterliegen würde. Dies erscheint nicht vertretbar.¹⁶² Zudem wird der Marktzugang durch diese Verpflichtung nicht erschwert, und die Folgen einer Insolvenzverschleppung treffen die Geschäftsführer ausländischer Gesellschaften in gleicher Weise wie die GmbH-Geschäftsführer. Die Insolvenzantragspflicht sichert den geordneten Austritt aus dem Markt ab, so dass eine Haftung auch unter Berücksichtigung der Rechtsprechung zum Marktzutritt (Niederlassungsfreiheit) europakonform ist.¹⁶³

**115** Mit der Begründung zur Verschiebung der Insolvenzantragspflicht in die InsO hat der Gesetzgeber noch einmal deutlich gemacht, dass diese Pflicht Bestandteil des Insolvenzrechts ist und damit für alle insolventen Gesellschaften innerhalb Deutschlands gilt. Selbstverständlich ist kein Richter dazu gezwungen, die Formulierungen aus der Gesetzesbegründung in sein Urteil aufzunehmen. Allerdings dürfte die Rechtsprechung mehr denn je dazu neigen, das inländische Insolvenzrecht für anwendbar zu erklären. Vor diesem Hintergrund besteht für **directors** in einer Insolvenz nicht nur ein Haftungsrisiko. Da die bisherige Regelung des § 82 Abs. 1 Nr. 2 GmbHG aF ebenfalls in die InsO platziert wurde, können sich nun auch **directors** von Limiteds wegen einer Insolvenzverschleppung **strafbar** machen.¹⁶⁴

### 4. Gesellschafterhaftung bei Limiteds

**116** Nach der Rechtsprechung des EuGH findet bei Auslandsgesellschaften nur das Gesellschaftsrecht des Gründungsstaats Anwendung. Die in einem anderen Mitgliedstaat gegründete ausländische Gesellschaft ist als ausländische Rechtsform anzuerkennen und auch als solche zu achten.¹⁶⁵ Eine Haftung der Limited-Gesellschafter kann daher nur bestehen, wenn die Regelung nicht im Gesellschaftsrecht verankert ist. Inländische

---

158 *Müller*, NZG 2003, 414, 416; *Zimmer*, NJW 2003, 3585, 3590; aA *Schall*, ZIP 2005, 965, 974, der meint, dass die Anwendbarkeit der inländischen Insolvenzverschleppungshaftung nicht erforderlich sei, weil es in England ebenfalls Haftungstatbestände gebe. Ähnlich auch *Hirte/Mock*, ZIP 2005, 474, 478. Demgegenüber weist *Altmeppen*, NJW 2004, 97, zu Recht auf die Gefahr der Überforderung deutscher Gerichte hin.
159 Vgl *Eidenmüller*, NJW 2005, 1618, 1621, der die inländische Insolvenzverschleppungshaftung insbesondere auf Geschäftsführer von Limiteds anwenden möchte, da deren Haftung gem. § 214 Insolvency Act 1986 wegen Art. 4 EuInsVO nicht gegeben ist.
160 Hierzu Gräfe, DZWIR 2005, 410.
161 Vgl *High Court of Justice London* v. 15.8.2006 – 5618/06, NZI 2007, 187.
162 So auch LG Kiel v. 20.4.2006 – 10 S. 44/05, NZI 2006, 482, 483.
163 Vgl *Eidenmüller*, NJW 2005, 1618, 1621.
164 Kritisch hierzu *Bittmann/Gruber*, GmbHR 2008, 867, 870.
165 So *Bayer*, BB 2004, 2357, 2365.

Haftungsvorschriften können aber anwendbar sein, wenn sie dem Deliktsrecht oder dem Insolvenzrecht zugeordnet werden können und dies nicht zu einer unzulässigen Einschränkung der Niederlassungsfreiheit führt.[166]

Die **Existenzvernichtungshaftung** des Gesellschafters knüpft nach der Rechtsprechung des BGH an die missbräuchliche Schädigung des im Gläubigerinteresse zweckgebundenen Gesellschaftsvermögens an. Sie gehört daher zum § 826 BGB, ist eine besondere Fallgruppe der sittenwidrigen vorsätzlichen Schädigung und zählt somit zum Deliktsrecht.[167] Voraussetzung für eine Haftung der Gesellschafter nach Deliktsrecht ist ein vorsätzliches Handeln.[168] Liegt dies vor, ist eine Haftung der Gesellschafter nach deutschem Deliktsrecht gegeben. Für eine solche Haftung gilt das Recht des Handlungsorts (Art. 40 Abs. 1 EGBGB). Den Gesellschaftern einer Limited droht daher auch die Haftung für einen existenzvernichtenden Eingriff. Die Grundsätze zur Existenzvernichtungshaftung können auf ausländische Kapitalgesellschaften auch deshalb angewandt werden, weil sie den Marktzutritt allenfalls geringfügig beeinträchtigen.[169] 117

Ebenso haften die Gesellschafter wegen einer missbräuchlichen Verwendung einer Limited nach deutschem Recht, sofern man mit der Rechtsprechung die Grundlage für eine Haftung in § 826 BGB sieht.[170] Ein **Institutsmissbrauch** liegt allerdings nicht schon dann vor, wenn der Gesellschafter eine Limited gründet, um somit die strengeren deutschen Regelungen zur Kapitalaufbringung zu umgehen.[171] 118

## V. Resümee

Dem Gesetzgeber ist es mit der UG gelungen, ein **konkurrenzfähiges Produkt** im Wettbewerb der Rechtsordnungen zu platzieren. Die UG ist in den Anschaffungskosten und im laufenden Unterhalt billiger. Ihr Konzept ist auf die Zukunft des Unternehmens gerichtet. Setzt sich die Geschäftsidee durch, die ein Unternehmer mit seiner UG verwirklichen möchte, wird er unter dem Haftungsschirm des § 13 Abs. 2 GmbHG Gewinne erwirtschaften. In absehbarer Zeit kann er dann über die finanziellen Mittel verfügen, die er für die Umwandlung seiner UG in eine „richtige" GmbH benötigt. Die Pflicht zur Rücklagenbildung nach § 5 a Abs. 3 GmbHG ist dabei stark genug, um die Gesellschafter in die GmbH zu drängen. Sie ist aber auch nicht so abschreckend, als dass man sich allein wegen der vorgeschriebenen Thesaurierung von Gewinnen für eine Limited entscheiden müsste. 119

---

166 Zum Insolvenzrecht als sicherer Haften für die Anwendung deutschen Rechts vgl *Fischer*, ZIP 2004, 1477, 1479; *Ulmer*, NJW 2004, 1201, 1205. Kritisch hierzu: *Bitter*, WM 2004, 2190, 2191.
167 BGH v. 16.7.2007 – II ZR 3/04, NJW 2007, 2689.
168 Hierzu *Bayer*, BB 2004, 2357, 2365, und *Bitter*, WM 2004, 2190, 2197 jew. mwN.
169 So *Bitter*, WM 2004, 2190, 2197. Ganz anders sieht dies *Eidenmüller*, NJW 2005, 1618, 1620. Seiner Meinung nach sind die Haftungstatbestände auch für den Marktzugang entscheidend und können, wenn sie wie § 826 BGB vage und deshalb potentiell weit reichend formuliert sind, die Niederlassungsfreiheit beeinträchtigen.
170 Hierzu *Bitter*, WM 2004, 2190, 2196 f. Nach Ansicht des LG Stuttgart v. 10.8.2001 – 5 KfH 76/01, NJW-RR 2002, 463, 466, kennt auch das englische Case-Law Fallgruppen der Durchgriffshaftung bei juristischen Personen (sog. „lifting the veil"), so dass es auf die dogmatische Grundlage dieser Anspruchsgrundlage nicht ankommt.
171 Vgl *Zimmer*, NJW 2003, 3585, 3588.

# § 8 Unternehmergesellschaft

120 Soweit es eine Insolvenz anbelangt, deuten alle Anzeichen darauf hin, dass die organschaftlichen Vertreter der UG und der Limited bei einer Insolvenzverschleppung gleichermaßen mit ihrem Privatvermögen haften und ihnen auch dieselben strafrechtlichen Konsequenzen drohen.

# Stichwortverzeichnis

Fette Zahlen verweisen auf Kapitel, magere Zahlen auf Randnummern.

**Abberufung von Geschäftsführern**
- Abberufung aus wichtigem Grund **5** 156 ff
- Anmeldung **5** 165 ff
- Bekanntgabe **5** 165 ff
- freie Abberufung **5** 152 ff
- Gesellschafterbeschluss **5** 148 ff
- Stimmrecht des Abberufenen **5** 150 ff
- Zuständigkeit **5** 146 ff

**Anmeldung**
- Anlagen **1** 88 ff
- Form **1** 75 ff
- Handwerksrolle **1** 75 ff
- Inhalt **1** 75 ff

**Anstellungsvertrag des Geschäftsführers**
- Entgeltfortzahlung bei Krankheit und Tod **5** 211 ff
- Inhalt **5** 186 ff
- Karenzentschädigung **5** 229 ff
- kein Schriftformerfordernis **5** 185 ff
- Koppelungsklausel **5** 242 ff
- Kündigung durch den Geschäftsführer **5** 279 ff
- Kündigung durch die GmbH **5** 249 ff
- Kündigungsfrist **5** 232 ff
- Laufzeit **5** 232 ff
- nachvertragliches Wettbewerbsverbot **5** 224 ff
- Tätigkeitsumschreibung **5** 186 ff
- Urlaub **5** 214 ff
- verdeckte Gewinnausschüttung **5** 194 ff
- Verfallklausel **5** 247 ff
- Vergütung **5** 189 ff
- Vertragspartner **5** 177 ff
- Wettbewerbsverbot **5** 217 ff
- Zuständigkeit **5** 178 ff

**Anteilsveräußerung**
- Eintragung in die Gesellschafterliste **4** 166 ff
- gutgläubiger Erwerb von Geschäftsanteilen **4** 173 ff
- Haftung des Erwerbers neben dem Veräußerer **4** 182 ff
- notarielle Beurkundung **4** 162 ff
- Verfügungsgeschäft **4** 165 ff
- Verpflichtungsgeschäft **4** 159 ff
- Vinkulierungsklausel **4** 158 ff
- Zulässigkeit **4** 156 ff

**Auflösung**
- Anmeldung **6** 23 ff
- Auflösungsgründe **6** 8 ff
- Fortsetzung einer aufgelösten Gesellschaft **6** 28 ff
- Rechtsfolgen **6** 26 ff

**Auflösungsgründe**
- Auflösung durch Verwaltungsbehörde **6** 15 ff
- Auflösungsbeschluss **6** 10 ff
- Auflösungsklage **6** 14 ff
- eröffnetes Insolvenzverfahren **6** 16 ff
- Mängel des Gesellschaftsvertrages **6** 19 ff
- masselose Insolvenz **6** 17 ff
- Vermögenslosigkeit **6** 21 ff
- Zeitablauf **6** 9 ff

**Auslandsgesellschaften 1** 30 ff
- Centros **1** 33 ff
- Gründungstheorie **1** 31 ff
- Inspire Art **1** 33 ff
- Limiteds **1** 35 ff
- Niederlassungsfreiheit **1** 30 ff
- Reklame **1** 36 ff
- SARL **1** 35 ff
- Sitztheorie **1** 31 ff
- SLNE **1** 35 ff
- Überseering **1** 33 ff

## Stichwortverzeichnis

- Vorteile einer Limited  1 37 ff

**Ausschluss**  4 204 ff, 220 ff
- Ausschließungsklage  4 217 ff
- Gesellschafterbeschluss  4 213 ff
- Rechtsfolge  4 218 ff
- Verfahren  4 212 ff, 225 ff
- wichtiger Grund  4 208 ff

**Außenhaftung des Geschäftsführers**
- Baustoff-Urteil  7 67 ff
- Betrug nach § 263 StGB  7 81 ff
- Bürgschaft  7 52 ff
- deliktische Haftung  7 64 ff
- Garantieversprechen  7 54 ff
- Insolvenzverschleppung  7 104 ff
- kaufmännisches Bestätigungsschreiben  7 55 ff
- Nichtabführen von Sozialversicherungsbeiträgen  7 134 ff
- Steuerverbindlichkeiten der GmbH  7 150 ff
- unterlassene Einzahlung auf ein Sperrkonto  7 76 ff
- Untreue nach § 266 StGB  7 78 ff
- Verletzung von Rechtsgütern  7 66 ff
- Verletzung von Schutzgesetzen  7 75 ff
- Vertrag  7 50 ff
- Vertrauenshaftung  7 58 ff
- zweckwidrige Baugeldverwendung  7 162 ff

**Austritt**
- Rechtsfolgen  4 226 ff
- wichtiger Grund  4 223 ff

**Bareinlage**  1 64 ff
- Prüfung durch den Registerrichter  1 99 ff

**Bargründung**
- Einpersonen-GmbH  3 9 ff
- Fälligkeit der Einlage  3 9 ff

**Beschlussfassung ohne eine Gesellschafterversammlung**  4 128 ff

**Besicherung eines Drittdarlehens (MoMiG)**  3 312 ff
- Anfechtung gegen Bürgen  3 317 ff
- Doppelbesicherung  3 316 ff
- fehlender Freistellungsanspruch  3 313 ff

**Bestellung**
- Anmeldung  5 137 ff
- Bestellungshindernisse  5 139 ff
- Gesellschafterbeschluss  5 133 ff

**Bestellungshindernisse**
- Betreuter  5 140 ff
- Gesellschafterhaftung  7 252 ff
- Gewerbeuntersagung  5 140 ff
- Verurteilungen  5 140 ff

**Beurkundung**  2 1 ff
- Motive des Gesetzgebers  2 2 ff
- Musterprotokoll  2 5 ff
- Mustersatzung nach dem RegE  2 5 ff
- Rechtssicherheit  2 3 ff
- Warnfunktion  2 4 ff

**Doppeltatbestand der Beendigung**  6 21 ff

**Eigenkapitalersetzende Besicherung eines Drittdarlehens**
- Besicherung  3 261 ff
- Darlehen  3 257 ff
- Doppelbesicherung  3 271 ff
- Krise der Gesellschaft  3 262 ff
- Rechtsfolgen  3 267 ff
- Umqualifizierung in Eigenkapitalersatz  3 266 ff

**Eigenkapitalersetzende Gebrauchsüberlassung**  3 273 ff
- Gesellschafter  3 274 ff
- Krise der Gesellschaft  3 277 ff
- Nutzungsrecht in der Insolvenz  3 284 ff
- Rechtsfolgen  3 283 ff
- Umqualifizierung in Eigenkapitalersatz  3 280 ff

## Stichwortverzeichnis

Eigenkapitalersetzendes Gesellschafterdarlehen
- Ausfallhaftung der Mitgesellschafter 3 253 ff
- Darlehen 3 202 ff
- Dritte mit einem besonderen Näheverhältnis zum Gesellschafter 3 213 ff
- Finanzplankredit 3 204 ff
- Geschäftsführerhaftung 3 256 ff
- Gesellschafter als Darlehensgeber 3 205 ff
- Kenntnis der Krise 3 225 ff
- Kleinbeteiligungsprivileg 3 207 ff
- Kreditunwürdigkeit 3 219 ff
- Krise der Gesellschaft 3 215 ff
- masselose Insolvenz 3 251 ff
- Rechtsfolgen 3 237 ff
- Sanierungsprivileg 3 207 ff
- Überbrückungskredit 3 203 ff
- Umqualifizierung in Eigenkapitalersatz 3 229 ff

Einziehung 4 194 ff
- Einziehungserklärung 4 200 ff
- freiwillige Einziehung 4 195 ff
- Gesellschafterbeschluss 4 198 ff
- Rechtsfolgen 4 201 ff
- Voraussetzungen einer Zwangseinziehung 4 197 ff
- Zwangseinziehung 4 195 ff

Existenzvernichtender Eingriff
- Erstattungsanspruch nach § 64 S. 3 GmbHG 7 40 ff

Fakultativer Inhalt einer Satzung
- Abfindung 2 74 ff
- Anteilsveräußerung 2 56 ff
- Ausscheiden von Gesellschaftern 2 53 ff
- Ausschluss eines Gesellschafters 2 67 ff
- Befreiung vom Insichgeschäft 2 47 ff
- Bekanntmachungen 2 79 ff
- Einziehung eines Geschäftsanteils 2 62 ff
- Geschäftsführung 2 40 ff
- Kündigungsrecht 2 71 ff
- Regelungen zu Gesellschafterbeschlüssen 2 50 ff
- Stellvertretung 2 40 ff
- Übernahme der Gründungskosten 2 80 ff
- Vinkulierungsklausel 2 58 ff
- Wettbewerbsverbot 2 75 ff

Fehlerhafter Gesellschafterbeschluss
- anfechtbarer Gesellschafterbeschluss 4 142 ff
- nichtiger Gesellschafterbeschluss 4 137 ff
- Rechtsschutz 4 135 ff

Finanzierung
- Finanzierungsformen 3 1 ff
- Gesellschafterhaftung 3 2 ff

Finanzierungsfolgeverantwortung 3 232 ff

Finanzmarktstabilitätsgesetz 5 115 ff

Firma 2 8 ff
- Fantasiefirma 2 17 ff
- gGmbH 2 18 ff
- Personenfirma 2 13 ff
- Sachfirma 2 16 ff

Führungslosigkeit 5 37 ff

Gebrauchsüberlassung (MoMiG)
- Doppelbesicherung 3 333 ff
- Kleinbeteiligungsprivileg 3 321 ff
- Mietvertrag 3 320 ff
- Nutzungsrecht 3 324 ff
- Rechtsfolgen 3 322 ff
- Sanierungsprivileg 3 321 ff
- wirtschaftlicher Hintergrund 3 318 ff

Geschäftsführer
- Abgrenzung von Vertretung und Geschäftsführung 5 3 ff
- Amtsniederlegung 5 168 ff
- Anstellung 5 26 ff
- Anstellungsvertrag 5 177 ff

## Stichwortverzeichnis

- anwendbare Schutzvorschriften 5 48 ff
- Arbeitnehmereigenschaft 5 41 ff
- Außenhaftung 7 50 ff
- faktischer Geschäftsführer 5 32 ff
- Fremdgeschäftsführer 5 31 ff
- Geschäftsführung 5 21 ff
- Gesellschafter-Geschäftsführer 5 30 ff
- Innenhaftung 7 1 ff
- Notgeschäftsführer 5 37 ff
- Organstellung 5 26 ff, 133 ff
- Pflichten 5 68 ff
- Pflichtverletzung 7 8 ff
- Rechte 5 66 ff
- rechtliche Einordnung 5 39 ff
- ruhendes Arbeitsverhältnis 5 50 ff
- Sorgfaltsmaßstab 7 4 ff
- Sozialversicherungsrecht 5 54 ff
- sozialversicherungsrechtliche Pflichten 5 99 ff
- Steuerrecht 5 64 ff
- Vertretung der GmbH 5 6 ff
- Zahlungen bei Insolvenzreife 7 19 ff

**Geschäftsführungsbefugnis**
- Beschränkungen 5 22 ff
- Geschäftsverteilung 5 25 ff
- inhaltlicher Umfang 5 21 ff
- persönlicher Umfang 5 23 ff

**Gesellschafter**
- Alleingesellschafter 4 4 ff
- Gesellschafterbeschluss 4 44 ff
- Mehrheitsgesellschafter 4 4 ff
- Minderheitsgesellschafter 4 4 ff
- Pflichten 4 30 ff
- Rechte 4 7 ff
- Treuepflicht 4 33 ff
- Wettbewerbsverbot 4 38 ff

**Gesellschafterbeschluss 4 44 ff**
- Abberufung von Geschäftsführern 4 62 ff
- Beschlussgegenstände 4 46 ff
- Bestellung von Geschäftsführern 4 59 ff
- Dienstvertrag mit dem Geschäftsführer 4 68 ff
- Einforderung der Einlagen 4 56 ff
- Entlastung des Geschäftsführers 4 64 ff
- Ersatzansprüche gegen den Geschäftsführer 4 71 ff
- Feststellung des Jahresabschlusses und der Ergebnisverwendung 4 48 ff
- Generalbereinigung 4 67 ff
- Überwachung des Geschäftsführers 4 70 ff

**Gesellschafterdarlehen 3 166 ff**
- Anfechtungsregeln (MoMiG) 3 181 ff
- Novellenregeln 3 176 ff
- Rechtsprechungsregeln 3 171 ff
- zeitlicher Anwendungsbereich 3 188 ff

**Gesellschafterdarlehen (MoMiG)**
- Abtretung der Darlehensforderung 3 300 ff
- Darlehen 3 285 ff
- Dritte mit Näheverhältnis zum Gesellschafter 3 299 ff
- Finanzplankredit 3 287 ff
- Jahresfrist 3 307 ff
- Kleinbeteiligungsprivileg 3 291 ff
- masselose Insolvenz 3 311 ff
- Rechtsfolgen 3 302 ff
- Sanierungsdarlehen 3 291 ff

**Gesellschafterrechte**
- Abgrenzung zu den Geschäftsführerrechten 4 16 ff
- Gewinnbeteiligung 4 12 ff
- Individualrechte 4 8 ff
- Informationsrecht 4 21 ff
- Kollektivrechte 4 10 ff
- Minderheitsrechte 4 9 ff
- Überblick 4 7 ff

**Gesellschafterversammlung**
- Ablauf 4 104 ff
- Adressaten des Einberufungsschreibens 4 90 ff

## Stichwortverzeichnis

- Beschlussfähigkeit 4 110 ff
- Besonderheiten bei der Einpersonen-GmbH 4 127 ff
- Einberufung 4 72 ff
- Form der Einberufung 4 81 ff
- Frist für die Einberufung 4 82 ff
- Heilung von Einberufungsmängeln 4 98 ff
- Mehrheitserfordernis 4 118 ff
- notwendiger Inhalt eines Einberufungsschreibens 4 85 ff
- Protokollierung 4 124 ff
- Rechtsfolgen von Einberufungsmängeln 4 101 ff
- Stimmrecht 4 112 ff
- Stimmverbot 4 114 ff
- Teilnahmerecht 4 106 ff
- Universalversammlung 4 98 ff

**Gesellschaftsvertrag 1 53 ff**
- Mindestinhalt 1 53 ff

**Gründerhaftung**
- Aufgabe der Eintragungsabsicht 1 121 ff
- Handelndenhaftung 1 127 ff
- Unversehrtheitsgrundsatz 1 107 ff
- Verlustdeckungshaftung 1 114 ff
- Vorbelastungshaftung 1 107 ff
- Vorgesellschaft 1 106 ff
- Vorgründungsgesellschaft 1 104 ff

**Gründungsurkunde 1 50 ff**

**Gründungsverfahren**
- Amtsermittlungsgrundsatz 1 93 ff
- Bestellung des Geschäftsführers 1 57 ff
- Bestellungshindernisse 1 59 ff
- EGVP 1 74 ff
- Einpersonen-GmbH 1 56 ff
- Gesellschafterliste 1 61 ff
- Leistung der Einlagen 1 63 ff
- reguläres Verfahren 1 39 ff
- vereinfachtes Verfahren 1 43 ff
- zuständiges Registergericht 1 73 ff

**Haftung für Sozialversicherungsbeiträge 7 134 ff**
- Beweislast 7 138 ff
- Möglichkeit normgemäßen Verhaltens 7 137 ff
- Straftatbestand 7 135 ff
- Tilgungsbestimmung 7 136 ff
- Verhältnis zur Innenhaftung nach § 64 GmbHG 7 146 ff
- Verhältnis zur Insolvenzanfechtung 7 142 ff

**Haftung für Steuerverbindlichkeiten 7 150 ff**
- anteilige Tilgung 7 158 ff
- Kausalität 7 155 ff
- Pflichtverletzung 7 152 ff
- Verhältnis zur Innenhaftung nach § 64 GmbHG 7 161 ff
- Verhältnis zur Insolvenzanfechtung 7 160 ff
- Vermögensschaden 7 154 ff
- Verschulden 7 156 ff

**Haftung für zweckwidrige Baugeldverwendung 7 162 ff**
- Baugeld 7 174 ff
- Baugeldempfänger 7 187 ff
- Baugläubiger 7 202 ff
- Schaden 7 205 ff
- Struktur des BauFordSiG 7 162 ff
- Verhältnis zur Insolvenzanfechtung 7 207 ff
- Verjährung 7 213 ff
- Verschulden 7 212 ff
- zweckwidrige Verwendung 7 194 ff

**Inländische Geschäftsanschrift 1 76 ff**

**Innenhaftung des Geschäftsführers**
- Beweislast 7 15 ff
- Entlastung 7 11 ff
- Sorgfaltspflichtverletzung 7 4 ff
- Verjährung 7 13 ff
- Verstoß gegen die Kapitalerhaltung 7 16 ff
- Weisungen der Gesellschafter 7 10 ff
- Zahlungen bei Insolvenzreife 7 19 ff

467

## Stichwortverzeichnis

**Insolvenzverschleppung**
- Altgläubiger 7 110 ff
- Antragspflicht nach § 15a Abs. 1 InsO 7 105 ff
- Außenhaftung des Geschäftsführers 7 104 ff
- Insolvenzgrund 7 111 ff
- Neugläubiger 7 107 ff
- Umfang des Schadensersatzanspruchs 7 121 ff
- Verjährung 7 133 ff
- Verschulden 7 130 ff

**Kaduzierung**
- Bedeutung 4 183 ff
- Insolvenz der GmbH 4 184 ff
- Rechtsfolgen 4 188 ff
- Rückgriffsanspruch 4 189 ff
- Verfahren 4 185 ff

**Kapitalerhaltung**
- Änderungen durch das MoMiG 3 99 ff
- Ausfallhaftung der Mitgesellschafter 3 93 ff
- Bedeutung 3 81 ff
- Bestandsaufnahme des Vermögens 3 102 ff
- bilanzielle Erfassung des Gesellschaftsvermögens 3 84 ff
- Darlehen an Gesellschafter 3 132 ff
- Erstattungsanspruch 3 150 ff
- Erstattungsanspruch gegen den Empfänger 3 93 ff
- Geschäftsführerhaftung 3 160 ff
- gutgläubiger Empfänger 3 159 ff
- Haftung der Mitgesellschafter 3 160 ff
- Haftung des Geschäftsführers 3 93 ff
- November-Entscheidung 3 133 ff
- Unterbilanz 3 86 ff
- Veräußerung von Vermögen 3 117 ff
- verbotene Auszahlung 3 114 ff
- verdeckte Gewinnausschüttung 3 120 ff
- Vergleich GmbHG mit AktG 3 96 ff

- Verjährung 3 165 ff
- Zahlungsempfänger 3 139 ff

**Kapitalerhöhung**
- Bezugsrecht 3 76 ff
- effektive Kapitalerhöhung 3 62 ff
- genehmigtes Kapital 3 69 ff
- Leistung der Einlage 3 73 ff
- nominelle Kapitalerhöhung 3 62 ff

**Kleinbeteiligungsprivileg**
- eigenkapitalersetzendes Gesellschafterdarlehen 3 207 ff
- Gesellschafterdarlehen (MoMiG) 3 291 ff
- § 32a Abs. 3 S. 2 GmbHG aF 3 208 ff
- § 39 Abs. 5 InsO 3 292 ff

**Kombinierte Beschlussfassung** 4 132 ff

**Kreditunwürdigkeit** 3 221 ff

**Kündigung des Anstellungsvertrages**
- betriebsbedingte Gründe 5 271 ff
- personenbedingte Gründe 5 269 ff
- Stimmverbot in der Gesellschafterversammlung 5 265 ff
- verhaltensbedingte Gründe 5 270 ff

**Kündigung des Anstellungsvertrags**
- außerordentliche fristlose Kündigung 5 263 ff
- Kündigungsfrist 5 254 ff
- Kündigungsschutz für den Geschäftsführer 5 259 ff
- wichtiger Grund 5 266 ff
- Zuständigkeit 5 249 ff

**Limited** 8 2
- Ansehen der Rechtsform 8 94 ff
- Gründung 8 78 ff
- Gründungshaftung 8 84 ff
- Haftung 8 97 ff
- Insolvenzverfahren 8 99 ff
- Insolvenzverschleppung 8 104 ff
- Kosten 8 91 ff
- Stammkapital 8 83 ff
- Übersetzung der notwendigen Dokumente 8 87 ff

468

## Stichwortverzeichnis

**Liquidation**
- Liquidator 6 30 ff
- Verfahren 6 49 ff

**Liquidationsverfahren**
- Anmeldung und Bekanntmachung 6 49 ff
- Beendigung der laufenden Geschäfte 6 51 ff
- Einziehung von Forderungen 6 53 ff
- Erfüllung der Verbindlichkeiten 6 52 ff
- Schluss der Liquidation 6 58 ff
- Sperrjahr 6 56 ff
- Verteilung des Liquidationsvermögens 6 55 ff
- Verwertung des Gesellschaftsvermögens 6 54 ff

**Liquidator**
- Anstellungsverhältnis 6 40 ff
- Aufgaben 6 45 ff
- Bestellung und Abberufung 6 33 ff
- geborener Liquidator 6 31 ff
- gekorener Liquidator 6 32 ff
- Haftung 6 46 ff
- Insolvenzantragspflicht 6 46 ff
- masselose Insolvenz 6 35 ff
- Person 6 30 ff
- Vertretungsbefugnis 6 42 ff

**Löschung der Gesellschaft** 6 59 ff

**Lufttaxi-Entscheidung** 3 231 ff

**Mindestinhalt einer Satzung**
- Firma 2 8 ff
- Geschäftsanteil 2 33 ff
- Sitz 2 20 ff
- Stammkapital 2 32 ff
- Unternehmensgegenstand 2 28 ff

**Musterprotokoll**
- Einpersonen-UG 8 20 ff
- Kosten 8 18 ff
- Mehrpersonen-UG 8 27 ff
- Schwächen 8 30 ff

**Mustersatzung**
- England 8 12 ff
- Frankreich 8 14 ff
- Regierungsentwurf 8 11 ff
- Spanien 8 13 ff
- Unternehmensgegenstand 8 16 ff

**Nachtragsliquidation** 6 61 ff

**Nichtigkeitsklage** 6 19 ff

**Notliquidator** 6 37 ff

**November-Entscheidung** 3 133 ff
- MoMiG 3 137 ff

**Pflichtangaben auf Geschäftsbriefen** 5 82 ff

**Pflichten des Geschäftsführers**
- Buchführung 5 88 ff
- Einberufung der Gesellschafterversammlung 5 85 ff
- externe Transparenzpflichten 5 72 ff
- Insolvenzantrag 5 104 ff

**Rechtsformwahl** 1 1 ff
- Kriterien 1 3 ff

**Rücklagenbildung**
- bei der Aktiengesellschaft 8 44 ff
- bei der Unternehmergesellschaft 8 44 ff

**Sacheinlage**
- Prüfung durch den Registerrichter 1 103 ff

**Sacheinlagen** 1 65 ff

**Sachgründung**
- Anmeldung 3 44 ff
- Sacheinlagen 3 43 ff
- Sachgründungsbericht 3 44 ff
- Überbewertung von Sacheinlagen 3 45 ff
- Vereinbarung in der Satzung 3 44 ff

**Sachgründungsbericht** 1 71 ff

**Sanierungsprivileg**
- § 32a Abs. 3 S. 3 GmbHG aF 3 210 ff
- § 39 Abs. 4 InsO 3 296 ff

**Satzung**
- fakultativer Inhalt 2 40 ff
- Mindestinhalt 2 8 ff

469

## Stichwortverzeichnis

Sicherung der realen Kapitalaufbringung
- Befreiungs- und Aufrechnungsverbote 3 35 ff
- Cash-Pool 3 27 ff
- Darlehen der Gesellschaft 3 16 ff
- debitorisches Geschäftskonto 3 21 ff
- Erfüllung 3 16 ff
- formelle Sicherung 3 13 ff
- Geschäftskonto 3 20 ff
- GmbH & Co KG 3 27 ff
- Hin- und Herzahlen 3 15 ff
- materielle Sicherung 3 13 ff
- Pfändung der Einlageforderung 3 39 ff
- Rückwirkung 3 34 ff
- Tilgungsbestimmung 3 16 ff
- Transparenz 3 29 ff
- verdeckte Sacheinlage 3 15 ff
- Verjährung der Einlageforderung 3 37 ff
- Versicherung des Geschäftsführers 3 14 ff
- Vorlage Kontoauszug 3 14 ff
- Zeitpunkt der Einzahlung 3 19 ff

Stammkapital
- europäischer Vergleich 3 6 ff
- Funktion 3 4 ff
- Höhe des Mindeststammkapitals 3 4 ff

Synopse
- Kapitalaufbringung 3 80 ff
- Rechte und Pflichten von Gesellschaftern 4 5 ff
- Synopse zum Fremdkapital von Gesellschaftern 3 334 ff
- Synopse zum Gründungsrecht 1 127 ff
- Synopse zum Satzungsrecht 2 81 ff

Überschuldung
- Abgrenzung zur Unterbilanz 5 112 ff
- Abgrenzung zur Unterkapitalisierung 5 113 ff
- FMStG 5 111 ff
- Fortführungsprognose 5 129 ff
- Legaldefinitionen 5 111 ff
- Rangrücktrittserklärung bei UG 8 43 ff
- Überschuldungsstatus 5 117 ff
- Verbindlichkeiten 5 121 ff
- verwertbares Vermögen 5 120 ff
- zweistufiger Überschuldungsbegriff 5 116 ff

Umwandlung eines Einzelunternehmens 1 66 ff
- Einzelrechtsnachfolge 1 67 ff
- Gesamtrechtsnachfolge 1 67 ff

Unterbilanz 3 103 ff
- Abgrenzung zur Überschuldung 3 111 ff
- ausstehende Einlagen 3 107 ff
- Darlehen 3 110 ff
- Firmenwert 3 106 ff
- Fortschreibung der Buchwerte 3 104 ff
- nachträgliche Beseitigung der Unterbilanz 3 157 ff
- Rangrücktrittserklärung 3 110 ff
- Rückstellungen 3 109 ff
- Verbindlichkeiten 3 109 ff

Unternehmergesellschaft
- Bareinlage 8 39 ff
- Bezeichnung 8 5 ff, 32 ff
- drohende Zahlungsunfähigkeit 8 56 ff
- effektive Kapitalerhöhung 8 68 ff
- Einberufung der Gesellschafterversammlung 8 55 ff
- Kapitalaufbringung 8 38 ff
- Musterprotokoll 8 8 ff
- nominelle Kapitalerhöhung 8 62 ff
- Rangrücktrittserklärung 8 42 ff
- Rücklage 8 5 ff
- Rücklagenbildung 8 44 ff
- Sonderrecht 8 5 ff
- Umwandlung 8 58 ff
- Variante der GmbH 8 3 ff
- Verbot einer Sacheinlage 8 40 ff

## Stichwortverzeichnis

- verdeckte Gewinnausschüttung 8 49 ff
- Vergleich mit den Limiteds 8 78 ff
- Verwendung einer falschen Bezeichnung 8 37 ff

**Verdeckte Gewinnausschüttung** 3 120 ff
- Aufdeckung stiller Reserven 3 124 ff
- Geschäftsführervergütung 3 127 ff

**Verdeckte Sacheinlage**
- Abrede 3 50 ff
- Legaldefinition durch das MoMiG 3 49 ff
- Rechtsfolgen nach altem Recht 3 57 ff
- Rechtsfolgen nach MoMiG (Anrechnungslösung) 3 58 ff
- sachlicher Zusammenhang 3 48 ff
- Strafbarkeit 3 60 ff
- zeitlicher Zusammenhang 3 48 ff

**Vereinfachtes Verfahren**
- Einführung durch das MoMiG 1 43 ff
- Einpersonen-GmbH 1 46 ff
- Kosten 1 44 ff
- Mehrpersonen-GmbH 1 47 ff

**Vertretung durch den Geschäftsführer**
- Alleinvertretung 5 11 ff
- Einzelvertretung 5 11 ff
- gerichtliche Vertretung 5 14 ff
- Gesamtvertretung 5 11 ff
- Inhalt der Vertretungsmacht 5 6 ff
- Insichgeschäft 5 11 ff
- Missbrauch der Vertretungsmacht 5 10 ff
- persönlicher Umfang 5 11 ff
- unechte Gesamtvertretung 5 11 ff

**Vorgesellschaft** 1 39 ff

**Vorgründungsgesellschaft** 1 39 ff

**Vorteile der GmbH**
- gegenüber Auslandsgesellschaften 1 30 ff
- gegenüber einem Einzelunternehmen 1 6 ff
- gegenüber einer Aktiengesellschaft 1 23 ff
- gegenüber einer GbR 1 10 ff
- gegenüber einer KG 1 18 ff
- gegenüber einer OHG 1 16 ff
- gegenüber einer Partnerschaftsgesellschaft 1 19 ff
- gegenüber einer Unternehmergesellschaft 1 20 ff

**Wettbewerbsverbot**
- Geschäftsführer 5 90 ff
- Gesellschafter 4 38 ff

**Wettbewerbsverbot des Geschäftsführers** 5 90 ff
- Anstellungsvertrag 5 217 ff
- Befreiung von Wettbewerbsverbot 5 98 ff
- nachvertragliches Wettbewerbsverbot 5 223 ff
- Rechtsfolgen eines Wettbewerbsverstoßes 5 96 ff
- sachlicher Anwendungsbereich 5 92 ff
- zeitlicher Anwendungsbereich 5 95 ff

**Wettbewerbsverbot des Gesellschafters** 4 38 ff
- Alleingesellschafter 4 39 ff
- sachlicher Umfang 4 40 ff
- Schadensersatzanspruch 4 42 ff
- Unterlassungsanspruch 4 42 ff
- verdeckte Gewinnausschüttung 4 43 ff

**Zahlung bei Insolvenzreife**
- Pfändung des Erstattungsanspruchs 7 22 ff

**Zahlungen bei Insolvenzreife** 7 19 ff
- Erstattungsanspruch 7 20 ff
- Insolvenz 7 34 ff
- privilegierte Zahlungen 7 30 ff
- Verjährung 7 38 ff
- Verschulden 7 35 ff
- Zahlungen 7 25 ff

## Stichwortverzeichnis

**Zahlungen vor Insolvenzreife**
- Bedeutung des Erstattungsanspruchs 7 39 ff
- Entlastung 7 48 ff
- existenzvernichtender Eingriff 7 40 ff
- Kausalität 7 46 ff
- Weisungen der Gesellschafter 7 49 ff
- Zahlungen 7 42 ff

**Zahlungsunfähigkeit**
- Definition 5 107 ff
- geringfügige Liquiditätslücke 5 110 ff
- vorübergehende Zahlungsstockung 5 109 ff

**Zustellung von Willenserklärungen** 1 79 ff
- inländische Geschäftsanschrift 1 84 ff
- öffentliche Zustellung 1 84 ff